长寿年鉴

CHANGSHOU YEARBOOK

2019

重庆市长寿区人民政府 编

方志出版社
Publishing House of Local Records

图书在版编目（CIP）数据

长寿年鉴. 2019 / 重庆市长寿区人民政府编. --北京：方志出版社，2019.12
ISBN 978-7-5144-4052-2

Ⅰ. ①长… Ⅱ. ①重… Ⅲ. ①长寿区—2019—年鉴
Ⅳ. ①Z527.193

中国版本图书馆CIP数据核字（2019）第298002号

长寿年鉴（2019）

编　　者：	重庆市长寿区人民政府
责任编辑：	顾　洁
出 版 者：	方志出版社
	地址　北京市朝阳区潘家园东里9号（国家方志馆4层）
	邮编　100021
	网址　http://www.fzph.org
发　　行：	方志出版社图书经销中心
	电话（010）67110500
经　　销：	各地新华书店
印　　刷：	重庆巴南彩印厂
开　　本：	889×1194　　1/16
印　　张：	37.75
字　　数：	1188千字
版　　次：	2019年12月第1版　　2019年12月第1次印刷
印　　数：	001~700册

ISBN 978-7-5144-4052-2　　　定价：180.00元

《长寿年鉴》编纂委员会

顾　　问　赵世庆　张明生　张　华

主　　任　巴川江

副 主 任　师明萌　潘晓林　张昌红　陈志洪

成员单位　区委办、区人大办、区政府办、区政协办、

　　　　　经开区办、区委组织部、区委宣传部、

　　　　　区财政局、区志办

主　　审　师明萌　张昌红

主　　编　游　江

《长寿年鉴》编辑部

主　　编　游　江

执行编辑　朱凤乔

责任编辑　杨　耀　刘雪颖　张晓明　张玉洁

　　　　　何　章　冉莉丽　李春兰　程　伟

《长寿年鉴（2019）》编写人员

（按姓氏音序排列）

宝瑞琪	曹　平	车　姗	陈　航	陈　娟	陈　侃
陈　骁	陈文丁	陈文雯	陈秀菊	陈宇凝	陈跃勇
程文龙	戴　璐	但吉飞	邓君莉	邓银婕	董　龙
董金津	费建梅	冯　亚	付　玉	付妮娜	付新轶
傅歆芯	高　凤	高　露	高　勇	高丽岚	高小鸿
郭　利	郭　岩	郭凤霞	郭永乐	韩　黎	韩　林
何　欣	何　艳	何　颖	何　章	贺　莉	洪　啸
胡　梅	胡小强	黄　婕	黄　巧	黄　伟	黄家菊
黄建明	黄晓容	黄游宇	简　勇	江　霞	蒋昊邑
孔　杰	孔祥波	雷　达	雷福中	李　鹏	李　娅
李冰洁	李慧玲	李佳宏	李唐贤	李祥运	李亚霏
李永鑫	李勇军	林　露	刘　刚	刘　嘉	刘　强
刘　睿	刘　源	刘代明	刘和平	刘良安	刘时亮
刘显碧	刘星星	刘学瑜	刘永洋	刘园园	刘政权
罗　晋	罗　娟	罗洪波	罗明江	吕兴建	马　涛
毛志莉	倪春红	聂　鹏	宁　娜	潘　艳	彭　娟
戚晓容	邱　林	任　川	邵　鹏	沈冯珍	沈亮亮
史晋岳	舒　莉	孙　祥	汤　梅	唐　婕	唐　榕
唐嘉佩	陶　超	陶　亮	陶世英	田　媛	涂熙成
汪月琴	王　红	王　华	王　梅	王刘章	王元梅
王志华	韦爱群	魏　溶	文　星	文　燕	文　瑶
吴　锐	吴永礼	向柳颖	项淮垣	肖　寒	肖　举
谢劲松	熊席跃	徐　里	徐小林	徐元照	晏小丽
杨　静	杨　娟	杨　莉（农工党）		杨　莉（社会保险局）	
杨　敏	杨　娜	杨　琪	杨　妍	杨顺民	杨永超
叶　颖	叶佳龙	叶凌云	叶云芬	殷俊刚	游　苑
余　琼	余川霞	余剑梅	余开华	余晓莹	余勇士
余志鹏	宇文何川	喻　荭	喻　鹏	袁国勤	袁时雨
张　草	张　吕	张　娜	张　婷	张　周	张成文
张洪维	张环环	张可宣	张七昌	张情隆	张熙琳
张小敏	张晓强	张笑薇	张鑫妹	张玉洁	张玉兰
章　梅	赵　俊	赵　勇（审计局）		赵　勇（新世纪百货）	
赵玮炜	郑智文	钟文艺	周　强	周　洋	周　一
周多琦	周方文	周家修	周建村	周丽容	邹　川
邹乔璐	邹若思	左其超			

编 辑 说 明

一、《长寿年鉴》以马克思列宁主义、毛泽东思想、邓小平理论、“三个代表”重要思想、科学发展观、习近平新时代中国特色社会主义思想为指导，坚持辩证唯物主义和历史唯物主义的立场、观点和方法，逐年系统地记述重庆市长寿区自然、政治、经济、文化和社会等方面情况，真实、全面、系统地反映重庆市长寿区改革开放、经济发展、社会进步等状况，旨在为决策参谋、为经济导航、为民众服务、为修志积智提供依据，是各级组织、社会各界和广大民众认识、了解长寿的一个窗口。

二、《长寿年鉴（2019）》记载2018年重庆市长寿区经济、政治、文化、社会和生态文明建设的发展变化情况。正文的主体部分以类目、分目、条目组成框架结构，以条目为表现内容的基本形式。全卷设特载、大事记、长寿概况、中共重庆市长寿区委员会、重庆市长寿区人民代表大会、重庆市长寿区人民政府、政协重庆市长寿区委员会、中共重庆市长寿区纪律检查委员会（区监察委员会）、民主党派·工商联、群众团体、法治、军事、农业和农村经济、工业、工业园区建设、中央市属在长寿企业、商贸物流业、交通·邮政、信息业、城乡建设与管理、建筑业·房地产业、环境保护与管理、旅游业、库区移民、财政·税务、金融业、非公有制经济、经济管理与监督、文化·体育、教育·科技、医疗卫生·计划生育、社会事务、社会保障、镇（街）、人物、文献、统计资料、索引等38个类目、268个分目、1182个条目。条目标题以黑体字加【 】表示。一些黑白照片插入内文，以求图文并茂，以图补文。彩页的时政要闻图片以“繁荣长寿”为主题刊载，继续设《数字长寿》版。

三、《长寿年鉴（2019）》在保持上年基本框架的前提下，恢复“特载”“文献”类目，将类目“商贸服务业”改为“商贸物流业”，将所有领导人名录载于“附录”类目；新设置“巡察工作”“药品业”分目，暂不设置“交通银行”“重庆钢铁”分目，不再设置“武警消防支队”“长化公司”“川东天然气净化总厂”“盐政管理”分目。

四、《长寿年鉴（2019）》的计量单位采用国家法定计量单位，但个别仍沿用常用非法定计量单位，以适应习惯的使用方法。经济社会统计资料由区统计局提供。一些单位报送的统计数据因统计口径不同，使用时应以统计局的数据为准。

五、稿件作者署名，除在编写人员栏目中罗列外，在文末标出。

《长寿年鉴（2019）》时政要闻彩页版提供图片的单位和个人

重庆市长寿区人民代表大会常委会办公室

中共重庆市长寿区纪检监察委员会办公室

中共重庆市长寿区委统战部

长寿经济技术开发区管委会办公室

重庆市长寿工业园区管委会

重庆市长寿区商务委员会

长寿日报社

共青团重庆市长寿区委

重庆市长寿区归侨侨眷联合会

重庆市长寿区工商业联合会（总商会）

重庆市长寿区人民法院

重庆市长寿区公安局

重庆市长寿湖风景名胜区管委会

重庆市长寿区龙河镇人民政府

重庆市长寿区海棠镇人民政府

中国人民财产保险股份有限公司重庆市长寿支公司

陈小平　张　娟　兰　缔　杨　梅　傅智治　袁志龙

长寿区标准地名图

湖南地图出版社：编制 出版 发行
长寿区民政局 ：校对 监制
责任编辑：银 波
设计制作：唐 程 周栩平
资料采集：袁荣飞 张同先
审图号：渝S（2017）059
书号：125530.9
重庆宸筹图文制作中心 策划
湖南地图出版社印刷厂印刷
584mmX1726mm 大度对开
印数：50000张 定价：6.00元
2017年12月 第一版 2017年12月 第一次印刷
地图采编销售咨询电话：18623388851

审图号：渝S（2017）059号 庆市长寿区民政局 监制 二0一七年十二月

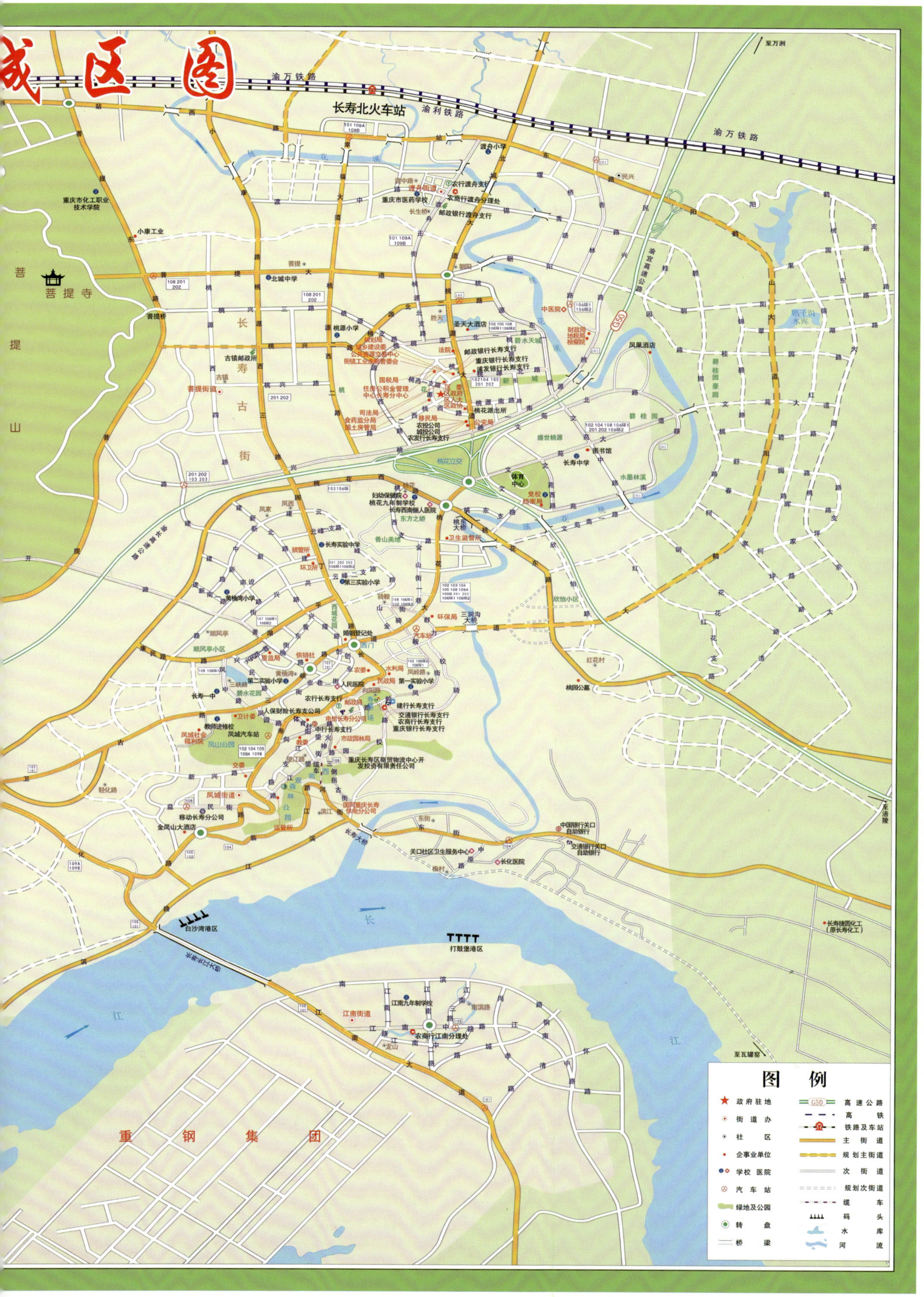

重庆市长寿区民政局 监制 二〇一七年十二月

开放与合作

2018年5月25日，第二十一届中国西部国际投资贸易洽谈会，长寿区签约重点项目5个，合同金额40余亿元

2018年1月12日，长寿区举行产业发展招商推介会暨入驻项目签约仪式

2018年11月9日，长寿经开区院士专家智库签约仪式。区委书记赵世庆为清华大学化学工程系教授、工科院院士费维扬颁发聘书

2018年9月21日，举办第一个中国农民丰收节，长寿区举行乡村振兴项目集中签约仪式

2018年12月28日，长寿区承办“世界侨商重庆行”走进长寿活动

2018年6月26日，长寿区与重庆国际复合材料股份有限公司、 欧文斯科宁复合材料（中国）有限公司签订战略合作协议，三方联手在长寿经开区建设国内最大的高模量玻纤材料生产线

2018年8月23日，长寿区5家企业参展2018年中国国际智能产业博览会

2018年9月14日，海峡两岸八个姊妹湖所在地代表在长寿湖景区举办姊妹园开园仪式

2018年11月1日，区领导率队考察北京金盾影视中心

2018年1月19日，在第十七届中国西部（重庆）农交会上，长寿区现场销售农产品60.5万元

2018年6月8—10日，长寿区参加在重庆国际博览中心举行的2018重庆国际旅游狂欢节

2018年3月21日，长寿区在第十七届中国国际门业展览会、第五届中国国际集成定制家居展览会上，推出2018中国·重庆“长寿家居”首届大学生家居设计大赛，全球征集设计方案

2018年11月6日，在首届中国国际进口博览会上，长寿区LG化学（重庆）工程塑料有限公司参加重庆市交易团重大项目现场签约活动

2018年6月30日，“执行总攻·决战重庆”长寿分会场大型宣传活动在区体育中心开幕

2018年10月25—26日，2018年重庆市卫生护理技能竞赛在长寿的重庆医药学校举行，全市39个区县代表队参加

2018年10月8—12日，在上海召开的全国共青团权益工作会上，长寿区团委代表区县级团委交流经验

2018年1月22日，重庆市“红色文艺轻骑兵”送文化进基层在长寿区龙河镇保合村举办开幕式和首场演出

重庆市长寿区第十八届人民代表大会第二次会议

区长巴川江报告政府工作

区人大常委会主任张明生报告人大工作

区领导和代表们参加分团讨论

会议期间，区人大代表视察晏家发展

2018年1月11—13日，重庆市长寿区第十八届人民代表大会第二次会议在区科技文化中心举行。图为开幕式会场

中国人民政治协商会议重庆市长寿区第十五届委员会第二次会议

区政协主席张华报告政协工作

区领导和委员们参加分组讨论

2018年1月10—12日，政协重庆市长寿区第十五届委员会第二次会议在区科技文化中心召开。图为大会会场

工业经济提质增效

2018年，长寿区坚持工业优先、工业立区，实现规模以上工业总产值949.6亿元，比2017年增长14.2%；新增工业利润23.6亿元，居全市前列。稳住龙头强支撑，60户重点工业企业完成产值650亿元，增长24.3%；6家企业产值增幅超过50%；11家企业税收突破亿元，巴斯夫实现税收6.3亿元（增长9倍）。做大增量调结构，投资98亿元的62个项目开工，投资26.3亿元的43个项目投产。做优存量增效益，重钢全年实现产值253亿元，增产72.2%，实现利润17.5亿元；川维实现产值56.7亿元，利润1.1亿元。78家企业实施技改项目101个，技改投资增长81.6%。

长寿区2018年引进12家法人化研发机构和研发创新中心

2018年6月26日，长寿区与重庆国际复合材料股份有限公司、欧文斯科宁复合材料（中国）有限公司签订战略合作协议

2018年7月6日，长寿经开区望变电气集团院士专家工作站签约仪式

2018年8月23日，长寿经开区负责人在中国国际智博会签约

长寿工业园区创建市级高新技术产业开发区

创建汇报会

专家指导创建工作

建设中的长寿高新技术产业开发区

长寿经开区实施创新发展、绿色发展、和谐发展

小康汽车公司对设备进行信息化数据组装

望变电气集团高感铁芯新材料生产现场

重庆星宇海特克汽车配件有限公司生产线的机器人

5月19日，巴斯夫重庆基地举办环保开放日活动

长寿经开区企业2018迎新春晚会

安全监察服务企业

农村实施乡村振兴

2018年，长寿区乡村振兴战略破题起步，抓点带面、先试先行。实现农业总产值68.5亿元，比2017年增长3.8%；实现农业增加值46.75亿元，增长1.9%；全区水稻种植面积22100公顷，产量17.44万吨；玉米种植面积12113.33公顷，产量8.45万吨；油菜种植面积5486.67公顷，产量1.08万吨；水果投产面积14720公顷，产量18.80万吨；蔬菜种植面积13593.33公顷，产量33.74万吨；农村居民人均可支配收入15571元。

2018年12月6日，区领导到龙河镇专题调研乡村振兴工作

实施市级乡村振兴综合试验示范

美丽乡村示范点
——龙河镇秀才湾

农旅融合示范点
——洪湖镇称沱村

乡村振兴文化宣传
进村坝展演

全年完成农村承包土地颁证5万公顷，全区已培育新型农业经营主体1510个

2018年全区农产品地理标志商标“三品一标”总量达到320个

2018年实施1533.33公顷柑橘品种高换改造

2018年2个村获评全国“一村一品”示范村

区农委技术服务站到现代农业园区指导无人机喷洒农药

2018年投入6.5亿元全面实施“五改”“五治”，改善农村人居环境

落实脱贫攻坚主体责任，完成244户463人建档立卡贫困户脱贫任务，贫困发生率从2015年年初的2.99%降到2018年年底的0.035%

文旅融合提档升级

2018年，长寿区加快旅游聚人气、汇文气，全年接待游客人次、旅游收入均增长10%。在全市率先完成旅游资源普查，完成旅游总规编制。邻封镇、万顺镇成功创建市级特色景观旅游名镇。

2018年9月14日，长寿湖景区举办首届海峡两岸姊妹湖产业协作年会

2018年1月18日，长寿旅游年会提出构建“一湖一山一谷”全域旅游发展空间布局

乡村旅游

踏青赏花乡村游

第三届邻封油菜花文化旅游节

亲子游体验乡村文化

但渡回龙寨乡村生态游

一湖一山一谷

直升机瞰寿湖

长寿湖畔百万株郁金香迎来万人观光团

滨江长寿谷的定慧寺受游客青睐

2018年重庆长寿湖龙舟赛

菩提山登高赏春景

长寿菩提古镇舞龙巡游活动

商贸物流加快发展

2018年，长寿区以全面建成区域商贸物流中心为总目标，加强商贸基础设施建设，改善营商环境，激发城乡消费活力，全区商贸物流产业实现新跨越。社会零售总额实现137.2亿元，电子商务交易额突破70亿元，新培育限额以上企业42家，全区限额以上入库市场主体达到451家，举办大型会展活动26场（次），聚商选资合同引资30.51亿元。

2018年1月13日，重庆东部国际农产品交易中心、重庆东部汽贸城、重庆东部智慧物流中心三大专业市场开工建设

160万平方米商业体量的重庆东部三大百亿级专业市场总平面图

水铁公路四通八达

2018年6月，长寿长江黄金水道运输忙

渝怀、渝利、渝万三条铁路线为长寿带来便利

2018年实施渝长高速扩能工程改造项目

会展经济拉动消费

2018年8月23日，长寿区5个企业参展2018年中国国际智能产业博览会

2018年1月19日，长寿区在第十七届中国西部（重庆）农交会销售农产品60.5万元

电子商务物流天下

2018年7月，区供销社开展电商惠农专题研讨

长寿农特产品通过网络销往国内外

建立农村快递服务站，加快农村与城市市场之间双向流通

实体商贸保持活力

2018年6月17日，长寿湖有机鱼日销量突破100吨

2018年10月，长寿菩提古镇共产党员经营户亮牌经营

创新改革开放

2018年，长寿区创新驱动按照“一三五十百千”工作思路，推进创新生态区建设，申报创建“国家知识产权试点城市”，获市政府批准“重庆市高新技术产业开发区”，2家企业获评2018年重庆市创新企业100强，新增高新技术企业12家、科技型企业101家，引进32家中介服务机构开展科技服务，全年新增高技能人才3200名。全年实现进出口总额100亿元、离岸服务外包执行额1.22亿美元，实际利用外资2.77亿美元，利用内资21.8亿元，位居全市前列；长寿区西药国家外贸转型升级示范基地获商务部考核认定。

长寿区推动监察职能向村（居）延伸，全区选聘村（居）监察监督员262名

2018年，按照“八有”标准，长寿区在村、社区建成人大代表工作站60个

培育市场主体，推进“三十一证合一”改革，全年新增市场主体6856户。民营经济增加值达到365亿元

落实“放管服”改革，2018年人保财险与公安交管部门共建6个农村交通安全劝导站

2018年8月29日，住长寿市政协委员走访川维化工公司助力创新型企业发展

小康动力智能化生产线在全市综合评比中排名第一

2018年11月29日，长寿经开区知识产权专家智库、重庆（长寿）知识产权运营公共服务平台专家委员会正式成立

区中医院在大厅设置“悦动书吧”

全年引进亿元级以上项目61个，其中十亿级项目25个，百亿级项目5个

民生福祉增强

2018年，长寿区推进保障和改善民生行动计划。全区民生投入44.6亿元，占一般公共预算支出比重66.5%。实施生态优先绿色发展行动，全年空气质量优良天数311天；编制完成全区“一河一策”“一河一图”，龙溪河流域水环境统筹规划精准治理获国务院第五次大督查典型经验通报表扬。

2018年7月3日，长寿区政协委员到海棠镇视察污水管网工程。全区19个镇级污水处理厂实现24小时在线监控

长寿区的7艘清漂船在长江清漂

2018年10月18日，长寿区人民法院举行“金秋行动”暨2018年度第三次执行案款集中兑付活动，群众受益1080万余元

实施扫黑除恶和“渝警行动”2018专项工作，全区刑事案件、八类案件、侵财案件分别下降9%、18.2%、10.4%

加强市场监管，保障供应充足、物价稳定、安全放心

“劳有所得”，公益性岗位安置2445人就业，全年新增城镇就业2.1万人

“学有所教”，投入4千万元改造薄弱学校36所，全区九年义务教育巩固率95.4%，高中教育入学率97%

“病有所医”，设立500万元医疗兜底基金，在全市首创贫困户医疗兜底制度，公立医院的“药占比”下降6.6个百分点

“老有所养”，实施社区养老服务“千百工程”，新建3个社区养老服务站，城乡养老保险参保率97.9%

“弱有所扶”，全年发放各类救助金1.16亿元，完成贫困户危房改造1702户，“清零”存量危房

“文化体育惠民”，“两馆一中心”（区图书馆、文化馆和镇街文化中心）免费开放，受益群众200余万人（次）

村民自发组织坝坝宴欢度2018年春节

全面加强党的建设

2018年，长寿区认真落实新时代党的建设总要求，制订实施区委《关于深化落实全面从严治党主体责任的实施意见》。把党的政治建设摆在首位，把学习贯彻习近平新时代中国特色社会主义思想和中共十九大精神作为党员干部的必修课，严格执行新时代党的组织路线，加强基层党组织建设，严格开展正风肃纪和反腐败斗争。

多种形式宣传贯彻十九大精神

中共十九大之后，长寿区及时召开区委全会，深入学习贯彻党的十九大精神和市委五届三次全会精神

2018年，区领导继续保持深入农村和企业一线的工作作风

2018年1月13日，全市第一个监察委员会——重庆市长寿区监察委员会成立挂牌

宣传和执行《中国共产党纪律处分条例》和《中华人民共和国监察法》，2018年立案97件，查处“四风”问题73件、146人

开展“以案四说”警示教育，党员干部受教育4671人（次）

加强基层组织建设，为民服务受赞誉

推进“两学一做”学习教育常态化、制度化，全年领导干部上专题党课800场（次）

年内成立新的社会阶层专业人士联合会党支部，新建非公经济和社会组织党组织14个

定期开展主题党日活动

创 新 与

——改革开放40年长寿区经

	1978年	1988年	1998年	2008年	2018年
年末总人口（人）	808119	849281	878863	898702	893000
地区生产总值（万元）	25637	43810	400976	1556500	5975000
第一产业（万元）	6813	（1990年）35747	98391	187403	457000
第二产业（万元）	16288	（1990年）72069	183237	781517	3053000
第三产业（万元）	2536	（1990年）19036	119348	587580	2465000
非公经济增加值（万元）	—	—	（税收）3130	（2013年）1979000	3656000
人均地区生产总值（元）	318	590	4557	20528	70604
工业总产值（万元）	59305	26545	345099	2510261	（规上）9496000
全社会固定资产投资总额（万元）	652	6396	171088	1486515	（统计口径调整后）2339000
社会消费品零售总额（万元）	6488	37632	134560	377907	（统计口径调整后）1372000
旅游收入（万元）	—	—	—	17000	570000
旅游人数（万人次）	—	—	—	135	935
税收收入（万元）	—	（1991年）24057	29789	162677	577900

2001年12月25日，中华人民共和国国务院批准，撤销长寿县，设立重庆市长寿区。图为2002年4月9日，召开长寿撤县设区大会

跨 越

会发展主要指标对比

	1978年	1988年	1998年	2008年	2018年
地方财政收入（万元）	2047	9248	15780	172790	941000
地方财政支出（万元）	1842	4589	23076	253000	1308000
金融机构存款余额（万元）	4114	17481	322501	1597357	5421000
金融机构贷款余额（万元）	5214	（1990年）64647	367144	699231	3327000
全城公路通车总里程（千米）	347	（1992年）627	—	2984.5	3380.5
非私营单位职工年平均工资（元）	566	1392	5402	26305	78805
农村居民人均纯收入（元）	432	557	—	4901	（可支配收入）15571
城镇居民人均纯收入（元）	—	—	（2005年）9300	13415	（可支配收入）35055
高考升学人数（人）	218	539	760	3333	5175
幼儿园（所）	（1980年）4	17	70	68	132
卫生机构数（个）	87	134	62	150	548
卫生机构床位数（张）	1206	1525	1974	2474	4680
卫生机构人员（人）	1222	2455	2959	2862	5007

大力发展非公有制经济。1978年长寿县有个体工商户9户，1980年发展到129户； 2018年全区实现民营经济增加值365亿元，民营市场主体总量接近6万户；民营经济从业人员占城镇从业人员88%以上，民营高新技术企业占全区企业总数84.2%。左图为改革开放初期的长寿县个体私营经济试验园区，中图为2010年9月长寿区首批微型企业营业执照发放仪式， 右图为2018年9月19日全区民营经济发展大会表彰贡献突出集体和个人

实施工业强区战略

上图为2002年4月长寿化工园区奠基（左），2008年1月中英合资扬子乙酰醋酸扩建项目合资备忘录在北京人民大会堂签字（右）。2018年全区规模以上工业总产值实现949.6亿元

到2018年底，长寿经开区开发面积40平方千米，引进国内外企业320户。其中，世界500强企业19户，上市公司56户；合同引资3500亿元。先后获国家化工新材料高新技术产业化基地、全国循环经济园区、中国化工园区20强、中国十大最佳投资环境园区、国家知识产权试点园区等称号。图为长寿经开区一瞥

2003年开始建设的长寿工业园区（街镇工业走廊）到2018年底建成投产企业119家，当年实现规模以上工业总产值187.7亿元。先后获得中国家居（木业）产业基地、中国建材园区20强等称号；2018年12月3日，市政府批准同意设立重庆长寿高新技术产业开发区。上左图为新市组团一瞥，上右图为中科未来城开工仪式

全域旅游从无到有

长寿区旅游业发展不断提档升级，到2018年已形成一湖（长寿湖）、一山（菩提山含长寿菩提古镇）、一谷（滨江长寿谷）和观光农业配套的全域旅游模式，建成国家AAAA级旅游景区3个，“天赐长寿·人人向往”唱响神州大地、海峡两岸。上图从左至右为长寿湖景区、滨江长寿谷、邻封油菜花节、龙河“长寿慢城”

创新与跨越

传统农业涅槃腾飞

从推行农业生产责任制，到大力发展现代农业产业基地，实施乡村振兴战略，2018年全区实现农业总产值68.5亿元，农业增加值46.75亿元，农村常住居民人均可支配收入15571元。 左上图为1979年葛兰公社八一大队推行农业生产责任制会议，右上图为联合国粮农组织专家考察长寿夏橙基地

长寿区以“园区模式”探索农业发展新路子， “三园”“五区”总规划面积1004.87平方千米， 成为重庆市第一个实现适农区域园区规划全覆盖的区县。图为双龙镇现代农业园区一瞥

商贸物流全方位流通

长寿区着力建设区域商贸物流中心，实施协信商圈、桃花商圈和长寿菩提古镇商业区以及三大百亿级专业市场建设，实现互联网和实体店线上线下融合发展。2018年全区社会零售总额实现137.2亿元，电子商务交易额70亿元。左图为长寿菩提古镇吸引众多消费者，右图为开启互联网+走近寻常百姓

2016年12月，长寿长江二桥开工。长寿区继三条铁路、 三条高速公路之后，开启新的对外物流通道

继建成钢材市场之后，2018年长寿区全面启动重庆东部农副产品交易中心、智慧物流中心、汽贸城三大专业市场建设

数字长寿

幅员面积	1421.43平方千米
截至2018年末常住人口	85.5万人
地区生产总值	597.5亿元
人均生产总值	70604元
地方财政收入	94.1亿元
地方财政支出	130.8亿元
农业总产值	68.5亿元
工业增加值	217.2亿元
固定资产投资总额	233.9亿元
社会消费品零售总额	同比增长3.4%
旅游收入	57亿元
金融机构存款余额	542.1亿元
金融机构贷款余额	332.7亿元
城镇常住居民人均可支配收入	35055元
农村常住居民人均可支配收入	15571元

（摘自《重庆市长寿区2018年国民经济和社会发展统计公报》）

目 录

特 载

大事记

长寿概况

政　治

经 济

社会事业

镇（街道）

人 物

文 献

统计资料

附　录

索　引

特 载

- ❖ 在区委十三届四次全会上的讲话
- ❖ 重庆市长寿区人民代表大会常务委员会工作报告
- ❖ 重庆市长寿区人民政府工作报告
- ❖ 中国人民政治协商会议重庆市长寿区委员会常务委员会工作报告

特　载

在区委十三届四次全会上的讲话

中共重庆市长寿区委书记　赵世庆

（2018 年 12 月 14 日）

同志们：

这次区委全会，我们坚持以习近平新时代中国特色社会主义思想为指导，全面贯彻中共十九大和十九届二中、三中全会精神，深入学习贯彻习近平总书记关于深化党和国家机构改革的重要论述，按照市委五届五次全会部署及市委关于区县机构改革要求，审议通过了《长寿区机构改革方案（送审稿）》（以下简称《方案》）和《中国共产党重庆市长寿区第十三届委员会第四次全体会议决议》，一致同意将《方案》报市委审批。会议开得很紧凑、很成功，达到了统一思想、凝聚共识的预期效果。

中共十九届三中全会作出深化党和国家机构改革的重要决定以来，区委高度重视，切实把机构改革工作摆在突出位置，坚决担负起主体责任。按照党中央确定的时间表、路线图、任务书和市委部署要求，区委第一时间作出安排、建立机制、搭建专班、细化任务，紧锣密鼓、有条不紊地组织研究起草《方案》，统筹谋划和推进机构改革各项任务落实。在《方案》起草过程中，区委机构改革协调小组组长、副组长多次开会研究，区级有关部门多次到市委区县机构改革联络组汇报衔接，经过几上几下反复修改，征求并吸纳有关方面的意见，按程序报经市委预审通过。总体来看，全区机构改革前期工作抓得紧、抓得实，为机构改革顺利推进打下良好基础。

这次会后，《方案》将立即上报市委审批，一经审批通过，就要立即组织实施，时间紧、任务重、要求高、责任大。我们要按照党中央的部署、市委的要求和区委的安排，以高度的政治自觉、饱满的工作热情、强烈的责任担当，扎实有效推进机构改革各项工作。

下面，我代表区委常委会，讲三个方面的意见。

一、对深化机构改革的重大意义要入心入脑

党的十八大以来，以习近平同志为核心的党中央多次就深化党和国家机构改革提出明确要求。中共十九大明确提出，统筹考虑各类机构设置，科学配置党政部门及内设机构权力、明确职责。中共十九届三中全会专题研究深化党和国家机构改革，并作出战略部署。这次党和国家机构改革，是在习近平总书记直接领导下进行的。我们区县层面搞好机构改革，最重要的是深学笃用习近平总书记关于深化党和国家机构改革的重要论述，做到学思用贯通、知信行统一，以习近平总书记重要论述为指引把改革蓝图转化为生动实践，为把中共十九大精神和习近平总书记殷殷嘱托全面落实在长寿大地上提供更加坚实的体制机制支撑。

第一，从讲政治的角度看，机构改革是落实党中央重大决策部署的政治责任。习近平总书记指出，深化党和国家机构改革是坚持和加强党的全面领导、加强党的长期执政能力建设的必然要求。深化党和国家机构改革，是以习近平同志为核心的党中央从党和国家事业发展全局高度作出的重大政治决策，是一项重大政治任务、重要政治责任。此次机构改革，是检验“四个意识”的试金石，是践行“两个维护”的重要标尺，是落实市委“三个确保”政治承诺的重要行动。增强“四个意识”、做到“两个维护”，不仅看表态，关键看行动，最终看效果。因此，我们要切实把思想和行动统一到党中央关于深化党和国家机构改革的重大决定上来，以高度的政治站位、政治自觉、政治担当，拥护、支持和参与机构改革，做到从体制机制上对全面加强党的领导作出制度安排、从机构职能上把加强党的领导落实到各领域各方面各环节，确保党中央深化党和国家机构改革重大决策部署在长寿落地生根。

第二，从促发展的角度看，机构改革是推动高质量发展的迫切需求。习近平总书记强调，深化党和国家机构改革是决胜全面建成小康社会、开启全面建设社会主义现代化国家新征程的必然要求。这次机构改革的直接目的，就是要科学界定政府职能边界，进一步理顺政府与市场、社会的关系，最大限度减少政府对市场资源的直接配置、对市场活动的直接干预，充分发挥市场对资源配置的决定性作用和更好发挥政府作用，从而实现更高质量更有效率更加公平更可持续的发展。实践也反复证明，机构改革有利于破除体制机制上的顽瘴痼疾，为发展环境提供制度保障，进一步解放和发展生产力。当前，长寿正处于推动高质量发展的爬坡过坎关键期，统筹贯彻、一体落实新发展理念的水平还不高，城乡区域发展还不平衡不充分，推动产业转型升级的任务还十分艰巨，这些都亟需通过完善体制机制来解决。因此，我们要通过这次机构改革，进一步精简机构、理顺和优化部门职能，破除制约发展的体制机制障碍，激发市场主体活力和社会创造力，为决胜全面建成小康社会和全面建成“三地一中心”、为实现更高质量更有效率更加公平更可持续的发展，提供完善有力的体制机制保障。

第三，从惠民生的角度看，机构改革是满足人民群众美好生活新期待的重要保障。习近平总书记强调，深化党和国家机构改革是更好适应我国发展新的历史方位、推动解决我国社会主要矛盾的必然要求。深化机构改革，是落实以人民为中心发展思想的必然要求，也是适应社会主要矛盾变化做出的重大安排。当前，长寿区在保障和改善民生方面还存在诸多短板和薄弱环节，如环保民生一段时期以来广受诟病，公立医院优质医疗资源“下沉”不够，民生安稳的“基石”还不够牢固等，满足人民群众对美好生活的向往还任重道远。这就要求我们通过深化机构改革，在生态环保、卫生健康、医疗保障、市场监管、应急管理等重点热点民生领域加大机构调整和优化力度，使机构设置和职能配置更加突出民生，有效解决公共服务管理体制不完善等的问题。因此，我们要通过这次机构改革，进一步完善惠民便民利民的体制机制，建立健全更加公平、更可持续的社会保障制度和公共服务体系，切实解决好人民群众最关心最直接最现实的利益问题，更好顺应人民群众对美好生活的新期待。

第四，从推改革的角度看，机构改革是全面深化改革的重要内容。习近平总书记强调，深化党和国家机构改革是全面深化改革、推进国家治理体系和治理能力现代化的必然要求。在全面深化改革的大格局中，党和国家机构改革是重要领域和关键环节，直接关系国家治理体系的完善和治理能力的提升，对各领域改革发挥着体制支撑和保障作用。2002 年撤县设区以来，长寿区相继经历了三次较大的机构改革，通过整合机构、优化职能，为长寿经济社会发展提供了有力体制机制保障。但是，随着社会主要矛盾发生变化，党政机构设置和职能配置与推进基层治理体系和治理能力现代化的要求还不完全相适应，部分机构重叠、职责交叉、权责脱节、效能不高的问题还一定程度存在，亟待从根本上加以解决。因此，我们要把此次机构改革作为全面深化改革的“当头炮”“重头戏”，改革机构设置，优化职能配置，创新体制机制，合理划分事权，理顺权责关系，深化转职能、转方式、转作风，从根本上破解深层次矛盾和问题，加快构建系统完善、科学规范、运行有效的机构职能体系，为推进治理体系和治理能力现代化提供有效支撑。

二、对机构改革任务的推进落实要有序有力

深化党和国家机构改革，是在新时代背景下对党和国家机关进行的一次全方位、战略性、革命性的组织体系重塑、职能配置重塑、效率效能重塑，是全国自上而下的重大政治任务。区县机构改革是深化地方机构改革的重要组成部分和关键环节。我们必须严格按照党中央决策部署和市委要求，坚持正确改革方向，精心组织、周密安排、统筹推进，把各项任务落到实处。尤其是要牢牢遵循习近平总书记关于深化党和国家机构改革重要论述和“六个贯穿始终”要求。这“六个贯穿始终”，即：把坚持和加强党的全面领导贯穿始终，把践行以人民为中心的发展思想贯穿始终，把坚持社会主义市场经济改革方向贯穿始终，把坚持优化协同高效的原则贯穿始终，把坚持在党中央统一领导下发挥地方积极性贯穿始终，把坚持以法治方式推进改革贯穿始终，是贯彻落实习近平总书记关于深化党和国家机构改革重要论述的根本要求，既是深化机构改革的认识论，又是推进机构改革的方法论，我们必须深入学习、深切领会、深刻把握，将其落实到机构改革的全过程和各方面，确保长寿区机构改革始终沿着习近平总书记指引的方向前进。在具体操作过程中，还要注重以下四个方面：

*第一，要坚持紧凑有序，把好时间节点。*各级各部门要全面贯彻“先立后破，不立不破”原则，有组织、有步骤、有纪律地推进机构改革工作。本月15日前，要将机构改革方案上报市委审批。在市委批复前，要抓紧考虑领导班子调整配备、人员转隶、资产划转、集中办公等工作，提前研究改革涉及部门的机构编制职数框架，为部门组建和制定“三定”规定打好基础。市委批复后，各级各部门要按照中央决策部署、市委统一安排和区委工作要求，按照既定路线图、时间表，倒排工期、压茬推进。同时，要把控好工作节奏，打足提前量、赢得主动权，留下足够的回旋余地和调整时间，确保在明年3月底前基本完成机构改革任务。

*第二，要坚持基本对应，注重有效衔接。*中央明确要求，地方机构改革要着力维护党中央权威和集中统一领导的体制机制，各级涉及党中央集中统一领导和国家法制统一、政令统一、市场统一的机构职能要基本对应，同时赋予省级及以下机构更多自主权。市委也提出，区县主要机构及其职能必须同中央保持基本对应、与市级机构改革有效衔接，同时赋予区县更多自主权。因此，我们要对标中央和市级机构改革，针对当前和今后一个时期长寿经济社会发展的重大目标和重点任务，做到总体上与市委市政府机构职能基本对应，同时在一些领域因地制宜设置机构，加大机构职能整合归并力度，做到该设的设、该撤的撤、该合的合，确保上下贯通、执行有力，决不能含糊，进一步完善和优化符合长寿区实际的机构职能体系。

*第三，要坚持突出重点，紧扣关键环节。*机构改革是一个系统工程，必须理清头绪、抓住关键、安排妥当。要吃准吃透政策。在进一步摸准和核实机构人员编制底数基础上，全面掌握和消化政策，切实优化和完善方案。要搞好班子配备。抓紧对新组建机构领导班子的考察，按照新时期好干部标准选优配强班子。机构改革启动后，要及时宣布新组建机构的党组织负责人和筹备班子，分管区领导要抓紧同新班子谈心，提出工作要求。要推进转隶组建。按照先转隶、再做“三定”的原则，建立新机构工作联系渠道，明确集中办公地点，提前做好文件收发、印章使用、档案交接管理等工作，决不允许出现工作“脱节”。要落实“三定”规定。以市委批准的改革方案为准绳，就职责划转、内设机构、人员编制、领导职数等作出明确规定，按程序报批后实施。要根据工作内在联系重新设计和整合，不仅要有形式上的“物理变化”，更要有人员融合、职能整合的“化学反应”，让新部门尽快运转。同时，要提前启动改革涉及的相关规范性文件制定或修改，推进机构编制规范化、法定化。

*第四，要坚持系统思维，释放整体效应。*坚持把机构改革放到全面深化改革中来统筹谋划和推进落实，着力发挥机构改革对各领域改革的体制支撑和保障作用。一方面，要以机构改革促进转职能、转方式、转作风。机构改革不是简单整合撤并，要建立起适应新要求的机构设置和职能配置体系，理顺内部和外部、上级和下级的职能职责，厘清政府和市场的边界，把更多资源配置到服务群众的岗位上去，推动各项工作协调行动、高效运行。另一方面，要以机构改革推动相关领域改革提质增效。这次机构改革，有的整合了分散的职能职责，实现一件事由一个部门管理；有的对相近或相关的职能作了归并，管理体制更加顺畅。要主动思考如何突破各领域的瓶颈障碍，谋划一批以前不敢想、干不了、推不动的重大改革，推动各项工作取得新的更大突破。

三、对机构改革工作的组织领导要抓紧抓好

机构改革是一项政治性、政策性、敏感性很强的工作，涉及到多领域工作格局、多方面利益关系的调整，情况复杂、社会关注。必须把党的领导贯彻到机构改革全过程、各环节，确保机构改革平稳有序推进。

第一，要建立环环相扣的责任链条。这次机构改革涉及党政群各领域，必须强化统一领导，周密部署实施。一是区委统一部署推进实施机构改革。区委负责牵头抓总、统筹协调全区机构改革各项工作，区委机构改革协调小组及时研究解决机构改革中的重大问题，协调小组办公室具体负责统筹谋划各项任务的推进落实。各级各部门必须严格按照区委部署抓落实，既不能拖延懈怠，也不能抢跑越位。二是各级党组织要切实肩负起机构改革的领导责任。要把机构改革摆到突出位置，搭建工作专班，开展调查研究，进行论证模拟，切实履行好本部门、本系统机构改革的领导职责。三是党委（党组）主要负责同志要认真履行第一责任人责任。坚持“一把手”抓机构改革、机构改革抓“一把手”，牵头挂帅、靠前指挥，切实当好机构改革的“施工队长”。

第二，要构建协同高效的分工体系。机构改革“牵一发而动全身”，要坚持从系统性、整体性和协同性的角度整体推进。区委办公室、区政府办公室要做好文件发送、印章使用及部门牌子悬挂等事宜；组织人事部门要牵头负责改革涉及的部门领导班子调整配备、有关区管干部消化安排、干部转入转出等事宜；纪检监察巡察部门要对机构改革落实情况开展监督执纪和巡察；宣传部门要牵头负责舆论宣传和新闻报道；编制部门要指导区级部门开展“三定”工作；财政部门要重新调整区级机关经费预算；机关事务管理部门要做好区级机构改革后勤保障。此外，相关部门还要做好改革涉及的规范性文件制定或修改等工作。

第三，要严明刚性约束的纪律要求。越是改革关键阶段，越要把纪律规矩挺在前面，时刻绷紧纪律这根弦。要严明政治纪律，确保机构职能按要求、按时限调整到位，不允许搞变通、拖延改革。要严明组织纪律，改革方案需报市委审批后方可实施，不能擅自行动，重大改革事项要及时报告市委。要严明机构编制纪律，强化机构编制管理刚性约束，严禁擅自提高机构规格、调整和增设内设机构、增加人员编制和领导职数。要严明干部人事纪律，严禁借机构改革之机突击进人、超编进人、突击提拔干部、突击提高干部职级待遇。要严明财经纪律，严禁违规调动资金、转移资产、私分钱物、突击花钱。要严明保密纪律，控制知悉范围，杜绝跑风漏气，更不能传播小道消息。各级领导干部要带头讲政治、顾大局、守纪律，正确对待个人进退去留，做改革促进派。区纪委监委要加强监督执纪问责，坚决查处借机构改革之机以权谋私、违法乱纪的人和事，坚决维护机构改革的严肃性和权威性。

第四，要凝聚共推改革的良好氛围。机构改革和人员调整，涉及部门和干部个人的权益与切身利益，难免会出现思想波动。要密切关注改革过程中的各种思想动态，建立和落实机构改革谈话机制，有针对性地做好思想政治工作，把政策阐释到位、把思想沟通到位，确保思想不乱、工作不断、队伍不散、干劲不减。各单位和各级干部在机构整合和新职能界定之前，要以“守土有责”的精神，认真履行原有职责，把心思用在事业上、把精力用在工作上，切实做到干一天、负责一天，防止出现“空档”。要加强宣传和舆论引导，特别是要主动发声、敢于发声，消弭杂音噪音，凝聚社会共识，引导广大干部群众支持改革、拥护改革、参与改革。

第五，要坚持统筹兼顾的工作方法。现在离全年收官仅剩半个月的时间，各方面工作头绪多、时间紧、任务重、压力大。各级各部门要正确处理好机构改革与当前工作的关系，统筹兼顾、科学安排，做到“两手抓、两不误、两促进”。要对照年度目标任务，聚焦“三大攻坚战”“八项行动计划”等工作重点，抓紧补措施、还欠账、抢进度。要毫不松懈抓好重大项目建设，集中精力走访服务民营企业，全力以赴优化营商环境，为全年稳增长奠定“压舱石”。要下大力气推进乡村振兴，做好城乡融合文章。要一着不让做好社会民生各项工作，打赢打好精准脱贫年度攻坚战，千方百计办好重点民生实事，认真开展困难群众慰问帮扶。要时刻绷紧安全稳定这根弦，坚决防范各类风险，做到守土有责、守土有方、守土有效。要扎实抓好年末岁尾其他各项工作，提前谋划好明年工作，确保今年工作收好尾、明年工作开好局。

同志们，机构改革是高举改革大旗、破解时代课题的大文章，意义十分深远、责任十分重大。让我们更加紧密团结在以习近平同志为核心的党中央周围，发扬真抓实劲、敢抓狠劲、善抓巧劲、常抓韧劲，统筹扎实做好机构改革和经济社会发展的大文章，以实干实绩向改革开放40周年献礼！

重庆市长寿区人民代表大会常务委员会工作报告

——2018年1月12日在重庆市长寿区第十八届人民代表大会第二次会议上

重庆市长寿区人民代表大会常务委员会主任　张明生

各位代表：

我受区十八届人民代表大会常务委员会委托，向大会报告工作，请予审议。

2017年主要工作

过去一年，区人大常委会全面贯彻党的十八大、十九大和十八届三中四中五中六中全会精神，认真贯彻习近平新时代中国特色社会主义思想，全面落实习近平总书记视察重庆重要讲话精神，坚持党的领导、人民当家作主、依法治国有机统一，紧紧围绕“五位一体”总体布局和“四个全面”战略布局，认真履行法定职责，召开常委会会议6次、主任会议26次，听取和审议专项工作报告20项，听取工作情况汇报7项，开展执法检查3项、专题询问1项、专项视察4项，完成了区十八届人大一次会议确定的各项任务，实现了新一届人大工作良好开局。

一、加强思想政治建设，坚定人大工作正确政治方向

（一）旗帜鲜明讲政治，坚持把学习宣传贯彻中共十九大精神作为首要政治任务。始终把政治建设摆在首位，把迎接中共十九大胜利召开和学习宣传贯彻中共十九大精神作为首要政治任务，贯穿全年工作始终。中共十九大召开前，区人大常委会按照区委的要求，扎实做好人大自身工作，积极参与“迎接十九大、忠诚保平安”系列活动，以新业绩新气象迎接中共十九大胜利召开。中共十九大胜利召开后，按照学懂、弄通、做实的要求，及时通过收看电视直播、参加各类培训、开展专题讲座、组织交流讨论、深入基层宣讲、出台贯彻意见等形式，把全区人大干部、人大代表的思想和行动统一到中共十九大精神上来，把智慧和力量凝聚到推动中共十九大精神全面落实在长寿大地上来。

（二）牢固树立“四个意识”，坚持把党的领导贯彻于人大工作全过程各方面。始终坚持党对人大工作的领导，牢固树立政治意识、大局意识、核心意识、看齐意识，坚决维护以习近平同志为核心的党中央权威和集中统一领导。严守党的政治纪律和政治规矩，坚决清除孙政才恶劣影响和“薄、王”思想遗毒，在政治立场、政治方向、政治原则、政治道路上同以习近平同志为核心的党中央保持高度一致。坚决贯彻区委决策部署，围绕区十三次党代会提出的“三地一中心”全面建成、城乡整体面貌全域改观、改革发展成果全民共享三大目标，谋划和开展人大工作，使人大工作与区委中心工作同频共振、同力合拍。认真落实区委《关于加强区镇人大工作和建设的若干意见》精神，坚持重大事项向区委请示报告制度，把党对人大工作的各项要求体现在工作部署上、落实到履职实践中。坚决服从区委工作安排，积极推进渝长高速扩能改造项目，认真落实河长制，扎实做好精准扶贫、文明共建等工作。全面履行从严治党主体责任，区人大常委会党组和区人大机关党组织建设得到全面加强。严格执行中央八项规定精神，自觉接受纪委监督，着力改进工作作风。

（三）不断强化思想引领，坚持用习近平新时代中国特色社会主义思想武装头脑。坚持把习近平新时代中国特色社会主义思想，作为做好人大工作的根本遵循，作为“两学一做”学习教育的基本内容，做到常学常新、入脑入心。换届以来，区人大常委会多次召开党组会、主任会、常委会、专题学习会，深入学习习近平总书记“7·26”重要讲话和视察重庆重要讲话精神、《习近平谈治国理政》（第二卷）以及关于人民代表大会制度、意识形态、生态文明建设等方面的重要论述，深刻领会习近平新时代中国特色社会主义思想的精神实质和丰富内涵，坚定不移用这一新思想武装头脑、指导实践、推动工作，确保人大工作在习近平新时代中国特色社会主义思想引领下不断前进。

二、强化人大职能作用，规范履行宪法法律赋予的各项职责

（一）*加强计划、预算监督*。听取审议2017年计划执行情况报告，提出抓好十大重点项目建设、科学布局专业市场、加快场镇污水管网建设等15条审议意见，推动区政府年度计划有序实施。听取审议2016年审计工作报告和2017年预算执行情况报告，提出加强审计监督、强化审计结果运用、科学编制预算、保障重点支出等审议意见，确保预算严格执行到位。听取审议区政府关于审计查出问题整改情况报告，对18项整改不到位的问题进行跟踪督办，推动整改落实率从93.6%提高到98.9%。主动将预算审查监督条例提请区委中心组集中学习，为依法开展预算审查监督营造良好氛围。出台预算审查监督专家库管理办法，聘请14名财政、审计、会计、法律等方面的专业人员为首批专家库成员，充实预算审查监督力量，增强预算审查的专业性。

（二）*讨论决定重大事项*。审查批准2016年区级财政决算和2017年新增债务分配方案，及时对决算中的有关问题、新增债务使用范围等提出审查意见。作出关于批准计划调整和预算调整方案的决议，对地区生产总值、地方财政收入、固定资产投资等指标进行了调整。作出关于开展第七个五年法治宣传教育的决议，将普法工作从“软任务”变成“硬指标”。听取审议区政府关于法治政府建设、城乡规划、环境保护、教育督导、政府性债务以及区人民法院、区人民检察院公正司法等年度工作情况报告，并提出审议意见。

（三）*做好人事任免工作*。坚持党管干部原则和人大依法任免干部相统一，任免国家机关工作人员110人（次），决定任命的27名干部向区人大常委会提交了任期目标和工作措施，顺利完成了各项人事任免工作。通过任前法律考试、任前表态发言、颁发任命书、举行宪法宣誓等任免工作程序，增强了任命国家机关工作人员的宪法意识、责任意识。

（四）*开展法律监督*。开展农业技术推广法执法检查，督促区政府及有关部门落实农技推广责任，充实农技专业人员，增加农技推广经费，促进农民增收、农业增效。开展残疾人保障法执法检查，对残疾人基本生活保障、就业创业、医疗康复、教育文化等情况进行专项检查，保障残疾人合法权益。开展固体废物污染环境防治法执法检查，提出完善城乡生活垃圾处理设施、加强固体废物回收利用、强化污染防治执法监管等意见。加强备案审查工作，对区人大常委会现行的规范性文件进行全面清理审查，对10件行政规范性文件进行合法性审查，维护了国家法制统一。加强人大信访工作，受理群众信访205件，督促“一府两院”及有关部门解决了一批群众信访问题。

三、围绕改革发展大局，推动新发展理念在长寿落地生根

（一）*助推实体经济发展*。围绕园区建设、产业发展、国资金融、现代农业等重点工作，采取视察、听取汇报等方式，多角度、多方面助推实体经济发展。组织市区人大代表视察经开区运行情况，就园区聚商选资、技术研发、对外开放、服务企业、安全环保等方面提出意见建议。组织常委会组成人员视察长寿工业园区建设情况，提出壮大园区主导产业、提高园区环境容量、促进产城融合等意见建议。听取区政府战略性新兴产业发展情况汇报，提出加快传统产业供给侧结构性改革、完善产业政策环境、提高产业集中度和含金量等意见建议。听取区政府国资金融情况汇报，提出加快推进区管国有企业转型、引导资金脱虚向实、加强金融及债务风险防范等意见建议。组织市区人大代表视察生态水产养殖情况，提出积极推广生态养殖技术、利用水产养殖优势发展特色乡村旅游、塑造“长寿鲜鱼”品牌形象等意见建议。

（二）*助推创新驱动发展*。听取科技工作情况汇报，督促区政府完善科技创新政策体系，搭建科技成果转化平台，积极培育各类创新主体，推动技术创新与大众创新、管理创新、体制机制创新互动融合。听取农村电子商务发展情况汇报，督促区政府及有关部门合理布局农村电商网点，打造物流配送体系，培育农村电商人才，为长寿农业农村“触网”提供平台支撑、政策扶持和人才保障，促进“互联网＋”与农业农村经济深度融合。

（三）助推文明长寿建设。与19个镇街人大上下联动开展文明长寿建设专题询问，重点围绕市政建设、农贸市场、交通秩序、小区管理等七个方面的问题，对区政府及相关部门开展询问，推动文明长寿建设全面铺开、长效开展、惠及群众。组织市区人大代表视察公共文化服务情况，督促区政府优化公共文化服务设施布局，加快游泳馆、博物馆等大型场馆建设，推动公共文化服务体系建设与经济社会发展同步、与老百姓日益增长的文化需求同步。

（四）助推依法治区。听取审议普法工作情况报告，督促区政府建立普法责任清单制度，健全普法宣传教育机制，形成办事依法、遇事找法、解决问题用法、化解矛盾靠法的良好法治环境。听取区人民法院执行工作情况汇报，提出规范人民法院执行行为，强化执行公开、执行宣传、执行联动，深入推进社会失信惩戒体系建设，确保如期实现“基本解决执行难”目标。组织市区人大代表视察区人民检察院工作情况，提出加强标兵院、特色院建设，推动检察职能向基层延伸，使检察工作更好地维护社会公平正义、服务地方经济社会发展。开展“12·4国家宪法日”、“贯彻十九大精神·人大代表在行动”法治宣传活动，营造全民学法、尊法、守法、用法的良好氛围。

（五）助推城乡规划建设。听取审议区政府海绵城市建设、新市片区总体规划修编情况的报告，提出将海绵城市理念融入城市规划建设、预留城区向北拓展的空间和通道等审议意见，相关专项规划吸纳了这些审议意见。听取北部新城规划建设情况报告，督促区政府加快专项规划编制工作，高起点、高标准推进新城基础设施建设，完善城市功能，提升城市品质。听取城乡建设管理工作情况汇报，督促区政府认真落实中央城市工作会议精神，完善老城区公共服务设施，延续长寿文化脉络，协调推进中心城区、特色小城镇、美丽乡村建设，不断提高城乡建设管理的科学化、精细化、智能化水平。

四、突出代表主体地位，代表作用得到更好发挥

（一）加强履职服务管理。围绕履行代表职务、审议工作报告、提出议案建议等内容，对200多名区人大代表开展了履职培训。健全代表履职网络，组建19个区人大代表小组，完成区人大代表之家规范化建设，在双龙、云台等镇街探索筹建了代表工作站，将代表活动阵地延伸到选区，推动代表履职下沉到基层。制定区人大代表视察办法，为代表闭会期间开展视察、约见等活动提供制度保障。出台加强和规范区人大代表履职的若干意见，对代表出席会议、参加活动、联系选民等方面作出具体规定。建立代表履职档案，强化履职服务保障，开展代表履职考核，激发了代表的履职热情。认真做好市四届人大代表服务工作，在长市代表履职期间共提出议案建议169件，其中“关于加快推进龙溪河流域生态经济带建设”等9件建议被市人大评为优秀建议，区人大常委会被评为全市代表工作先进单位。

（二）推进“两联一述”工作。健全常委会组成人员联系基层代表、代表联系选民和代表向选民述职制度，35名常委会组成人员联系175名基层人大代表，每名区人大代表固定联系10户选民，120名区人大代表向选民作了面对面述职。坚持开展主任接待日活动，定期向代表寄送常委会公报，代表列席常委会会议、公民旁听人代会和常委会会议形成制度、成为常态，畅通了代表意见表达和社情民意反映渠道。

（三）督促建议办理工作。坚持以提高建议落实率为目标，不断改进建议督办方式，通过领导牵头督办、邀请代表面商、听取办理情况报告、向社会公开代表建议及其办理情况等措施，持续加大建议督办力度，促进代表建议得到及时回复、有效办理。对区委、区人大、区政府领导牵头督办的27件代表建议，督促承办部门进行“二次回复”，推动了建议办理工作从“重回复”向“重落实”转变。代表提出的325件建议全部办理完毕，其中办理落实的有185件，列入计划办理的有83件，留作意见参考的有57件，代表对建议办理工作及办理结果普遍表示满意。

（四）开展代表主题活动。围绕“密切联系群众、推动富民兴区”这一主题，积极组织市区镇三级人大代表开展视察促进、检查监督、调研献策、联系群众、学习培训五项活动，合力推动渝长

高速路扩能改造、农村人饮工程运营管理、北城医院建设、农村配电网建设、桃花溪环境综合整治、农村道路互联互通等一批重点工程和民生实事，有效发挥了代表在反映民情、服务群众、化解矛盾、助推发展等方面的积极作用。

五、发挥人大整体作用，区镇两级人大建设得到全面加强

（一）加强人大制度建设。坚持把制度建设摆在自身建设的突出位置，按照“工委室起草、法制委合法性审查、主任会议集体会审、常委会审议表决”的程序，修订完善区人大常委会议事规则等14项工作制度，精简了制度的数量，提高了制度的质量和执行力，基本形成系统完备、科学规范、运行有效的人大工作制度体系。

（二）加强常委会履职能力建设。出台常委会组成人员履职规定，常态化开展常委会组成人员履职培训，坚持重要情况向常委会组成人员通报、重大事项征求常委会组成人员意见、重要报告提前印送常委会组成人员审议、重大决定由常委会组成人员集体作出，有效发挥了常委会组成人员在常委会工作中的主体作用、在代表履职中的表率作用。

（三）加强专委会建设。高度重视区人大专委会建设，配齐专委会组成人员，明确专委会工作职责，指导专委会建立议事规则和工作制度，注重把常委会的一些重要工作交由专委会组织实施、牵头办理，全力支持专委会依法开展工作，积极发挥专委会的职能作用，实现了专委会工作的良好开局。

（四）加强镇街人大建设。加强对镇人大工作的指导，出台加强镇人大工作和建设的若干意见、镇人民代表大会年中会议有关问题的指导意见等文件，督促镇人大健全组织机构、配齐工作人员、开展代表活动，每年召开两次人民代表大会、四次主席团会议。加强对区人大常委会街道工委的领导，任命新一届街道工委组成人员，听取各街道工委工作情况报告，建立健全街道工委听取街道办事处专项工作报告、每年至少组织一次代表会议、每季度至少举行一次工委会议等工作机制。注重镇街人大干部的交流培养，激发了基层人大干部履职活力。在去年全市乡镇人大工作座谈会上，区人大常委会就加强镇街人大建设作了大会发言。

（五）做好学习培训、调查研究、宣传信息、对外交流工作。坚持请进来与走出去相结合，开展人大干部政治理论、法律法规和业务知识培训。注重调查研究，坚持在审议报告、执法检查、专题询问、代表视察等监督活动前深入基层调研；围绕全区中心工作和常委会监督议题，开展旅游发展、“三农”工作、司法体制改革、国有资产管理、城市公共服务设施建设等专题调研，形成调研报告和课题32篇；编纂完成《长寿人大年鉴（2012－2016）》，启动《长寿人大志》编纂工作。加强信息宣传工作，上报市人大调研报告、理论文章、信息稿件141篇（条），其中市人大采用77篇（条），市人大公民报头版采用22条，获市人大新闻奖、优秀论文奖5篇，“出台常委会组成人员履职规定”入选2017年度重庆十大人大新闻事件。加强对外交流，主动走出去学习预算监督、代表考核、专委会建设等方面的经验，接待全国人大、市人大领导及外地省市县人大26批次、280人（次）来长视察、调研、考察。

各位代表，过去一年成绩的取得，是区委坚强领导的结果，是市人大及其常委会精心指导的结果，是全体人大代表和人大工作者共同努力的结果，是“一府两院”和各镇街人大支持配合的结果，是全区人民充分信任的结果。在此，向大家表示崇高的敬意和衷心的感谢！

同时，我们清醒地认识到，工作中还存在一些不足，主要是：履行宪法和法律赋予的各项职责还不平衡、不充分，与代表和群众的联系还不紧密、不经常，对新时代人大工作的研究还不全面、不深入。这些问题和不足，我们将在今后的工作中高度重视、认真研究、着力解决。

2018年工作建议

2018年是全面贯彻中共十九大精神的开局之年，是决胜全面建成小康社会的关键一年。做好今年人大工作的总体要求是：高举中国特色社会主义伟大旗帜，以习近平新时代中国特色社会主义思想为指导，全面贯彻中共十九大精神，坚持党的领导、人民当家作主、依法治国有机统一，坚持稳中求进工作总基调，扎实贯彻新发展理念，认真落实市委五届三次全会和区委十三届二次全会的各项部署，全面担负起宪法法律赋予的各项职责，不断加强同人民群众的密切联系，践行新思想、拥抱新时代、实现新作为，为把中共十九大精神全面落实在长寿大地上作出应有的贡献。

一、以习近平新时代中国特色社会主义思想为指导，把中共十九大精神全面落实到人大工作中

坚持把学习贯彻中共十九大精神作为当前和今后一个时期的首要政治任务。继续抓好十九大精神的学习贯彻，着重在学懂、弄通上下功夫，坚持读原著、学原文、悟原理，做到学深悟透、融会贯通；着重在做实、落地上下功夫，坚持学用结合、学以致用，努力将学习成果转化为增强“四个意识”、坚定“四个自信”、统揽人大工作的政治定力和业务能力，转化为做好人大工作的强大动力和实际行动，确保新时代人大工作有新气象、有新作为。

坚持以习近平新时代中国特色社会主义思想统领人大各项工作。中共十九大把习近平新时代中国特色社会主义思想确立为党必须长期坚持的指导思想，并对人大制度、人大工作提出了许多新论断、新要求，这是我们做好新时代人大工作的根本遵循，必须长期坚持，一以贯之抓好落实。要坚定不移坚持党对人大工作的领导，坚决维护以习近平同志为核心的党中央权威和集中统一领导，坚决贯彻中央精神和市委、区委决策部署，严格执行重大事项向区委请示报告制度，牢牢把握人大工作正确的政治方向。要坚定不移坚持以人民为中心，把党的群众路线贯彻到依法履职全部活动之中，把人民对美好生活的向往作为人大工作的奋斗目标。要坚定不移贯彻新发展理念，找准人大工作与中心工作的切入点，推动实现更高质量、更有效率、更加公平、更可持续的发展。要坚定不移坚持全面依法治区，忠实履行各项法定职责，支持和保证人民通过人民代表大会行使国家权力，保障宪法和法律的有效实施。要坚定不移全面从严治党，把党的建设贯彻于人大工作自身建设的全过程各方面，不断加强人大的政治建设、思想建设、组织建设、作风建设，把制度建设贯穿其中，全面增强依法履职的本领。

二、履行各项法定职责，把区人大及其常委会建成全面担负起宪法法律赋予职责的工作机关

中共十九大提出“把人大及其常委会建设成为全面担负起宪法法律赋予的各项职责的工作机关。”这是新时代各级人大的新坐标、新定位，我们一定要深刻领会、准确把握、认真落实。

依法行使监督权。按照“依法监督、正确监督、有效监督”的要求，进一步创新监督方式，完善监督机制，增强监督实效，着力推动问题解决、工作改进、法律实施。加强对计划执行情况的监督，听取审议“十三五”规划纲要中期评估、计划执行情况等工作报告。加强预算审查监督，听取审议预算执行情况、决算、审计等工作报告，建立预算审查监督联网机制和代表预算审查监督联络员制度，在预算审查前广泛听取人大代表和社会各界意见。加强法律实施情况的监督，开展城乡规划条例、河道管理条例执法检查，继续做好备案审查和人大信访工作。按照区委的统一部署，有序推进长寿区深化国家监察体制改革试点工作。

依法行使决定权。认真贯彻落实中央关于健全人大讨论决定重大事项制度、各级政府重大决策出台前向本级人大报告的实施意见，完善区人大及其常委会讨论决定重大事项工作机制，落实重大事项年度报告制度，听取审议法治政府建设、公正司法、城乡规划、环境保护、教育督导等年度工作情况报告。积极开展人大协商，发挥好人大代表在基层民主协商中的重要作用。

依法行使任免权。坚持党管干部原则，依法按程序开展人事任免工作，确保党组织推荐人选通过法定程序成为国家政权机关的领导人员。加强干部的任后监督，对区经信委、区环保局、区规划局、区国土房管局、区农委、区商务局、区卫计委、区审计局、区统计局9个区人大常委会决定任命干部所在部门开展工作评议。

三、践行新发展理念，在服务全区改革发展大局中实现新作为

区委十三届二次全会作出了《把中共十九大精神全面落实在长寿大地上的决定》，为区人大及其常委会围绕中心、服务大局开出了任务清单。要重点围绕全会提出的实施“八项战略行动计划”、打好“三大攻坚战”、建设“四个示范区”等工作部署，积极发挥人大职能作用，推动全区经济社会高质量发展。

助推八项战略行动计划实施。围绕创新驱动发展战略行动计划，视察经开区智能化建设情况，听取信息通信工作情况汇报，助推转型升级示范区、创新生态示范区建设。围绕乡村振兴战略行动计划，开展旅游产业发展专项工作评议，持续关注农村人居环境整治，助推乡村振兴示范区建设。围绕基础设施建设提升战略行动计划，视察城市管理工作和重大项目建设情况，听取国网长寿供电公司工作情况汇报，助推互联互通建设。围绕实施军民融合发展战略行动计划，开展视察、调研，助推军地产业对接和“双拥共建”工作。围绕实施科教兴区和人才强区战略行动计划，开展学前教育专项工作评议，助推教育事业和科技事业发展。围绕对外开放战略行动计划，听取专业市场群园区建设情况汇报，助推开放发展示范区建设。围绕以需求为导向的保障和改善民生战略行动计划，专题询问食品安全监督工作，听取审议交巡警执法工作情况报告，视察区人民法院工作、公共卫生及重点医院建设情况，开展全民健身、物业管理、殡葬管理等专题调研，助推健康长寿、和谐长寿建设。围绕生态优先绿色发展战略行动计划，听取审议环境状况和环保目标任务完成情况报告，开展森林资源保护工作专题调研，助推美丽长寿和生态文明建设。

助推三项攻坚战实施。围绕防范化解重大风险攻坚战，听取审议政府新增债务分配方案、政府性债务情况报告，听取人民银行工作情况汇报，严格控制政府性债务，确保区域金融安全。围绕精准扶贫攻坚战，扎实做好扶贫对口联系点的脱贫攻坚工作，开展小微企业财政扶持资金使用情况专题调研，督促区政府如期完成脱贫攻坚任务。围绕污染防治攻坚战，认真落实河长制，持续关注桃花溪、龙溪河等生态治理，督促区政府解决群众普遍关注的环境问题。

四、健全联系人大代表机制，把区人大及其常委会建成同人民群众保持密切联系的代表机关

中共十九大提出“把人大及其常委会建设成为同人民群众保持密切联系的代表机关。”这是做好新时代人大代表工作的新要求。

做好服务代表工作。建全代表履职培训长效机制，以学习贯彻中共十九大精神为重点，分批次、分专题开展代表履职培训。加强代表履职管理，强化履职考核结果运用，探索建立不称职代表退出机制。完善代表履职平台，推进代表工作站规范化建设，深化代表信息平台建设和运用。认真做好市五届人大代表履职服务工作，积极发挥市代表在服务大局、反映区情、模范履职等方面的独特作用。

深化“两联一述”制度。认真落实常委会组成人员联系基层人大代表、代表联系选民和向选民述职等制度，通过主任接待日、联系走访代表、代表主题活动、向代表寄送资料、开通代表网上履职平台等形式，拓展基层人大代表参与人大工作的渠道，使常委会与代表的联系、代表与群众的联系更加紧密、更加经常、更加畅通。建立公开透明的工作运行机制，坚持重要监督征集群众意见、重要决策听取群众意见，自觉接受群众监督，扩大公民有序政治参与。

办好代表议案建议。按照重庆市代表建议批评和意见工作条例的规定，进一步明确代表建议办理要求，规范代表建议办理程序，健全代表建议办理机制，对综合性强、涉及面广的代表建议实行区领导牵头督办，对承办代表建议较多的部门组织专项督查，对跨年度继续办理的代表建议开展“回头看”，对承诺办理的代表建议督促承办部门进行“二次回复”。

五、加强常委会及机关自身建设，在人民群众中展现人大机关新气象

不断加强常委会自身建设。坚持把政治建设作为自身建设的首要任务，深学笃用习近平新时代中国特色社会主义思想，做到学思践悟、知行合一，始终在思想上政治上行动上同以习近平同志为核心的党中央保持高度一致。严守党的政治纪律和政治规矩，彻底清除孙政才恶劣影响和“薄、王”思想遗毒。全面落实从严治党主体责任，积极发挥区人大常委会党组在人大工作中的领导作用、区人大机关党组织在日常工作中的战斗堡垒作用。深入推进“两学一做”学习教育常态化制度化，开展“不忘初心、牢记使命”专题教育，认真贯彻中央八项规定精神，全力支持派驻纪检组工作，持之以恒加强作风建设。健全人大工作制度，不断推动人大工作与时俱进。

不断增强人大工作整体性。做好区委第五次人大工作会议的前期调研，务实提出新时代加强和改进人大工作的建议。积极支持区人大专委会、区人大常委会街道工委依法开展工作，积极发挥作用。加强对镇街人大的联系指导，通过召开座谈会、交流会、培训会、现场会，印发工作意见，上下联动监督等方式，推进镇街人大工作规范化制度化。

不断提升机关服务保障能力。全面加强人大机关建设，着力提升人大干部自身学习、依法履职、改革创新、科学发展、群众工作、狠抓落实等本领，打造一支高素质、有担当、专业化的人大干部队伍。加强和改进调查研究，更加注重深入基层、深入群众，掌握真实情况，形成高质量的调研报告和研究成果。扎实推进机关信息化建设，启用区人民代表大会会议电子表决系统，更加注重运用人大网站、微信公众号等信息平台，开展工作、服务代表、联系群众。加强宣传信息和对外交流，不断提高人大工作的透明度和影响力。

各位代表！中国特色社会主义进入了新时代。新时代要有新气象，更要有新作为。让我们紧密地团结在以习近平同志为核心的党中央周围，以习近平新时代中国特色社会主义思想为指引，对标对表中共十九大精神，以永不懈怠的精神状态、一往无前的奋斗姿态，不忘初心、牢记使命，依法履职、真抓实干，为决胜全面建成小康社会、夺取新时代中国特色社会主义伟大胜利而努力奋斗！

重庆市长寿区人民政府工作报告

——2018 年 1 月 11 日在重庆市长寿区第十八届人民代表大会第二次会议上

重庆市长寿区人民政府区长　巴川江

各位代表：

现在，我代表区人民政府，向大会报告工作，请予审议，并请各位政协委员提出意见。

一、2017 年工作回顾

过去一年是中共十九大胜利召开之年，也是长寿区深入实施“十三五”规划的关键之年。我们认真学习贯彻中共十九大精神，全面落实中央和市委、市政府各项决策部署，在区委的坚强领导下，在区人大和区政协的监督支持下，统筹推进“五位一体”1 总体布局，协调推进“四个全面”2 战略布局，扎实做好改革发展民生稳定各项工作，实现了新一届政府良好开局。

一年来，全区经济社会发展有速度、有质量、有效益。地区生产总值实现 509.9 亿元，同比增长（以下简称增长）9%；地方财政收入 91.3 亿元、增长 1.2%，其中一般公共预算收入 36.8 亿元、增长 1.3%；全社会固定资产投资 600.8 亿元、增长 6.6%；社会消费品零售总额 130.8 亿元、增长 11.6%。产业结构调整按下快进键、跑出加速度，成功纳入国家首批产业转型升级示范区，战略性新兴产业 3 实现产值 165 亿元、增长 100.5%，装备制造、新材料新能源、电子信息、智能家居及健康制造业占工业产值比重提高至 59%。经济发展质量效益显著提升，规上工业企业实现利润总额 40.8 亿元，一举扭转连续 5 年亏损局面。发展新动能加快形成，有效期内高新技术企业 37 家、科技型企业 235 家，新增市场主体 7580 户，其中新发展微企 1014 户，总量达 5.7 万户。非公经济增加值增长 15%，占地区生产总值比重突破 60%。民生福祉有新改善，城镇新增就业 2.1 万人，城镇登记失业率控制在 2.9% 以内。城乡居民人均可支配收入增长 9.8%。

一年来，我们重点抓了以下工作：

（一）着力稳增长，经济发展稳中向好

投资拉动增强。精准有力抓调度、推进度，实行重大项目审批“一卡通”制 4、经开区行政审批首席代表制，压缩投资类项目审批时限达 70%，助推投资放量提速。统筹推进 322 个重大项目，新开工 91 个、竣工 81 个，完成重大项目投资 301 亿元、增长 14%。发挥工业投资主力军作用，完成工业投资 365.1 亿元、增长 15.7%。激发社会投资活力，完成中科未来城 5 创新产业园、长寿湖旅游提升工程 2 个 PPP6 项目编制申报，总投资 67 亿元。

开放支撑有力。深入实施聚商选资“提升年”活动，建立千亿级重点项目储备库，引进项目 153 个，合同引资 618 亿元。三次产业招商全面开花，其中签约百亿级特大项目 4 个、十到百亿级重大项目19个、一到十亿级重点项目67个。引进战略性新兴产业项目46个，引资占工业板块38.6%，为经济发展增添新动力、汇聚新优势。外贸进出口总额创历史新高，达108亿元，实际利用外资达1.6亿美元，连续6年保持在1.5亿美元以上。成功创建全市首批承接加工贸易梯度转移示范园[7]。

要素保障到位。新增2.4平方千米城镇建设用地规划空间，新获批各类建设用地29宗、406.4公顷。加强资金平衡调度，争取政府新增债券资金9亿元，用于城乡基础设施建设。加大金融支持发展力度，引进大连银行等6家金融机构，人民币存款余额508.2亿元、贷款余额294.7亿元、新投放各类贷款150亿元。强化能源保障，协调落实工业电力、天然气、煤炭和蒸汽供应量分别达49亿度、24亿立方米、458万吨和98万吨。

（二）着力调结构，主导产业转型升级

工业聚新集优。规上工业总产值首破千亿大关，达1051.7亿元、增长27.9%。夯实“一区一园”[8]发展平台，长寿经开区、工业园区成功纳入国家首批产业转型升级示范园区，规上工业产值分别增长18.6%、97.6%。夯实六大工业主导产业，钢铁冶金、综合化工转暖回温，产值分别增长45%、18%。重钢顺利实施司法重整，突围解困迈出新步伐，川维降本扭亏成效显著。装备制造、新材料新能源、电子信息、智能家居及健康制造业产值分别增长6.5%、29%、106%和52%。17家现代汽车配套企业投产，20家电子信息企业开工，锂离子电池隔膜、锰系新材料、电子特气等项目落地。成功签约330亿元人工智能与物联网、智能家居、无人科技产业项目，开启智能化发展新局面。

农业稳产增效。实现农业总产值67.4亿元，增长1.7%。粮食总产量稳定在37.7万吨，柑橘、蔬菜、水产品、禽蛋等产量稳中有升，新增“三品一标”972个，获批重庆市名牌农产品8个，农产品质量抽检合格率达100%。农业园区提档升级，新建高标准农田2.8万亩，水电路讯等19个重大项目有序推进。现代农业经营体系不断完善，新认定区级农业产业化龙头企业24家、家庭农场100家，新发展农民合作组织68个，培训新型职业农民1200人（次）。完成龙门桥水库工程建设，5座小型水电站扩容增效。编报三峡后续项目47个，争取专项补助资金4.3亿元。

旅游持续升温。文体农商旅融合发展，接待游客850万人（次），实现旅游收入52亿元，分别增长10.4%、12%。编制完成区旅游总体规划、五华山乡村旅游总体策划。启动长寿湖国家级旅游度假区创建前期工作，引进恒大旅游特色小镇、龙鑫大型游乐园项目，迪信通房车露营地对外营业。菩提山成功创建国家AAAA级旅游景区，古镇尾期工程顺利推进。青龙嘴片区文物保护修复工程一期（定慧寺）完工并对外开放，三倒拐历史文化街区保护示范段项目开工。十里柚香·百里花海、清迈良园核心区基本建成，橘香悦动村、紫薇花海示范项目加快推进，乡村休闲旅游收入近4亿元。

商贸补短提质。实现商品销售额377.1亿元，增长20.4%。优化商贸物流“一心三园”[10]布局，完成铁公水联运规划。引龙头、建品牌，申报限额以上企业46家。积极发展会展经济，举办各类展会113场次。总投资62亿元的重庆东部国际农产品交易中心、智慧物流中心、汽贸城三大专业市场签约落地，城中城商业广场开业运营。“互联网+”引领商贸提档升级，化工品交易市场交易额超过30亿元，“胖胖狗”物流项目实现线上交易12亿元，绿安电商带动农产品销售1160万元。新建农村电商服务点68个。

（三）着力抓统筹，城乡面貌加速改观

中心城区优化拓展。推进“城市双修”[11]，完成海绵城市[12]、综合管廊规划和智慧城市[13]顶层设计，高精度地理信息数据实现全覆盖。推进城市外联内通，铁路客运长寿到主城日增发至52班次，通达全国68个城市，两江新区至长寿快速通道纳入市级项目统筹推进，渝长高速扩能改造、长寿长江二桥建设进展顺利，完成菩提大道粮站段、重钢大道连接卫古路段等城市干道建设。补齐基础设施短板，整治城区道路34.6万平方米，推进城市公共区域和小区配套停车场建设，新建停车泊位1万余个。大力美化、亮化城市空间，启动桃花溪城区段、渝长高速古佛至桃花段、高铁城区段绿化工程，新增城市绿地21.6公顷，改造城市棚户区2.1万平方米，整治违法建筑41.5万平方米。实施“六大攻坚行动”[14]，文明长寿建设成效显著。

镇村建设齐头并进。初步建成休闲旅游、现代农业、集镇工业和商贸物流错位发展的城镇体系。投入2.2亿元实施小城镇基础设施项目61个，实施镇街污水管网整改工程6个，小城镇“561工程”15覆盖率达90%。长寿湖镇成功创建国家级特色小镇，双龙镇成功创建全国文明村镇，邻封镇成功申报市级历史文化名镇。着力改善农村人居环境，启动189个村规划和66个村土地规划编制，成功创建重庆市绿色新村1个、市级绿色示范村庄6个，实施改善农村人居环境示范片项目2个，建设整洁庭院849个，整治山坪塘475口，新建农村公路214千米，完成农村危房改造1220户。

生态环保强基提质。生态优先、绿色发展理念厚植全区，坚决有力整改中央环保督察反馈问题。筑牢生态安全屏障，划定生态保护红线337.1平方千米、永久基本农田3.8万公顷，完成水土保持生态建设治理32.6平方千米。开展沿长江1千米范围内22家化工企业风险排查并全面完成整治。实施大气污染百日攻坚，淘汰黄标车4228辆、居全市第一，城区环境空气质量优良天数达282天。三级河长制覆盖全区所有河库，桃花溪污染整治持续推进，龙溪河流域纳入国家首批水环境综合治理与可持续发展试点，完成50个集中式饮用水源地规范化建设。建成高速公路沿线3千米隔音墙和56.9平方千米噪声达标区。危险废物和医疗废物规范化处置达100%，畜禽养殖等面源污染问题得到有效遏制。全区林地稳定在100万亩以上，森林覆盖率达45.5%。

（四）着力推改革，发展活力不断释放

供给侧质量有效提升。去除永航钢铁90万吨产能，注销空壳市场主体503户。商品房销售面积81.6万平方米，去化周期处于7个月合理区间。简并增值税税率，减免企业社保费8600万元，运用“助保贷”16帮助26家企业续贷7460万元，为47家中小微企业发放转贷应急周转资金2.5亿元。加快推进用电、用气市场化改革，年降企业用电、用气成本分别达1.7亿元、2.6亿元以上。清理整治互联网金融风险，打击非法集资工作得到国务院处置非法集资部际联席会议办公室高度肯定。

重点改革纵深推进。全面推进行政许可“五位一体”标准化体系建设，对应取消行政审批14项、承接30项，清理规范行政审批中介服务69项、保留53项。“信用长寿”网站、公共信用信息平台建成投用，区政务信息共享交换平台建设纳入全市首批示范试点。加快区属国企改革转型，将全区政府平台公司整合为4家商业类集团公司、1家建设类公司。文化市场综合执法改革、城市管理执法体制改革有序推进。深化保险发展示范区建设，开展农业增信保证保险，完善巨灾保险、血橙价格指数保险。加快投融资体制改革，建立长寿重银双创基金、盛世投资基金、中科院科技成果转移转化基金。加快农业农村改革，启动“三权”分置17改革试点和涉农项目财政补助资金股权化改革，农村集体资产量化确权和集体经营性资产股份合作试点覆盖所有镇街。

创新大幕全面开启。实施“一三五十百千”工程18，构建项目、人才、资金、政策完备一体的服务体系。实施区级科技项目33项、创新奖励219项，万人有效发明专利达3.9件。全社会R&D19经费增长32%，占地区生产总值比重达1.8%。建成市级研发中心25个、区级研发中心17个、市级众创空间3家、院士工作站2家。成功创建国家知识产权试点城市。长寿经开区获评国家级知识产权示范园区，建成光电产业校地合作研发基地。长寿工业园区启动创建市级、国家级高新技术产业开发区，中科未来城科技企业孵化基地、科技成果转化中心、科技岛启动建设。国家农业科技园区累计建成农业专家大院7个。（五）着力惠民生，社会和谐持续巩固

脱贫攻坚精准发力。投入3000万元支持10个脱贫村发展，全区新脱贫529户、1316人。支持贫困户发展产业、转移就业，设立3000万元免息免担保金融扶贫产业资金，累计培育40名致富带头人，帮助824名贫困人员实现就业。分类帮扶因学、因病致贫人员，发放教育扶贫款432.4万元、资助贫困户学生4916人（次），基本医疗保险实现扶贫对象全覆盖，投入170余万元为建档立卡贫困户购买精准扶贫保险。实施兜底扶贫近1.3万人（次），发放低保兜底金287.5万元。实现建卡贫困户D级危房改造全覆盖。

民生之基夯实筑牢。智慧人力资源市场21基本建成，开展创业培训2099人、发放创业担保贷款6829万元。社保扩面征缴持续推进，城乡养老保险、医疗保险参保率分别达96%和100%。机关事业单位养老保险制度改革初步完成，生育保险与职工医疗保险合并实施，医保支付方式改革统筹推进，跨省异地就医住院费实现联网直接结算。使用

住房公积金8.2亿元，支持2.1万人购房，新配租公租房3086户，解决7700余人住房困难。夯实社会救助福利体系，建立扶贫济困医疗基金，落实特困供养救助制度，发放城乡低保金7562万元、医疗救助金3713万元、特困人员基本生活费3627万元、临时救助金662.6万元。新建4个城镇社区养老服务站。探索建立退役士兵三级服务平台。

社会事业协调发展。促进教育公平和质量提升，完成农村薄弱学校改造项目27个，中小学校标准化率达90%，幼儿园、义务教育、高中阶段入学率分别达90%、100%和97.8%，高考重本上线率再创历史新高。全面取消公立医院药品加成和药事服务费，落实药品采购“两票制”22，医联体23建设成效显著，分级诊疗格局初步形成。区人民医院北城分院等5个重点卫生项目建设有序推进，区中医院启动国家三级甲等中医医院创建。建成长寿菩提古镇文化创意产业孵化园等一批市级文化产业基地，12件艺术作品入围国家级文艺展，区图书馆成功创建国家一级馆。获全国群众体育先进单位，成功举办四项体育品牌赛事24、五项文化品牌活动25。

平安建设深入推进。加强立体化、信息化防控体系建设，开展“渝安2号”专项行动26，社会治安形势持续向好，全年治安、刑事、八类27、侵财和可防性案件分别下降54%、23.6%、21.4%、27.4%和43.3%。加强矛盾纠纷源头预防、分类化解，中共十九大安保维稳工作受市委、市政府通报表彰。持续推进安全生产“五大行动”28，全区安全生产形势保持稳定。国家食品安全示范城市创建取得阶段性进展，人民群众饮食用药安全得到有效保障。

过去一年，我们认真落实全面从严治党主体责任，牢固树立“四个意识”，推进“两学一做”学习教育常态化制度化，坚决清除孙政才恶劣影响和“薄、王”思想遗毒，严格落实中央八项规定精神，开展收送红包礼金、公款吃请、违规发放津补贴三项整治，驰而不息抓公务人员廉洁从政从业，以党的建设新成效，促进了政务水平新提升。自觉接受区人大和区政协监督，认真办理人大代表建议323件和政协提案371件，办理结果满意率分别达98.8%、97%。健全行政决策规则和程序，加大政务督查力度，行政监察、审计监督、政务信息公开、行政复议和应诉工作得到全面加强。民族宗教、外事侨务、行政学校、编制、修志、档案、保密、统计、气象、老龄、妇女儿童、青少年、残疾人、双拥共建、国防后备力量建设等方面工作均取得新成绩。

各位代表！这些成绩的取得，得益于市委、市政府和区委的正确领导，得益于区人大、区政协的大力支持、有效监督，更得益于全区干部群众开拓进取和艰苦奋斗。在此，我谨代表区人民政府，向各位代表、委员，向战斗在各条战线上的工人、农民、干部、知识分子、驻长部队、武警官兵，向积极支持政府工作的各民主党派、工商联、人民团体和社会各界人士，向所有关心支持长寿发展的同志们、朋友们表示衷心的感谢，并致以崇高的敬意！

总结成绩之余，我们也清醒地看到，长寿发展还面临不少困难和问题。主要是：经济总量不够大、质量不够优，传统产业升级、新兴产业培育任重道远；改革力度还不够强，创新意识、创新驱动能力亟待增强；城乡区域发展不均衡，基础设施欠账较多；社会事业存在短板，保障和改善民生仍需持续用力；资源环境约束趋紧，生态环保突出问题尚未彻底解决；社会矛盾和各类风险交织，社会治理需进一步创新；政府工作与发展所需、群众所盼还有差距，借力借势借资源发展长寿的能力还需不断提升，自身建设有待进一步加强。对此，我们一定高度重视，努力解决，决不辜负全区人民的期待！

二、今后三年行动计划

中共十九大作出了中国特色社会主义进入新时代、我国社会主要矛盾发生新变化的重大政治判断，擘画了到本世纪中叶建成社会主义现代化强国的路线图和时间表。从现在到2020年，是我国全面建成小康社会、实现第一个百年奋斗目标的决胜期。市委五届三次全会立足重庆实际，对标中共十九大精神，作出了打好“三大攻坚战”、实施“八项行动计划”的具体部署。我们要全面学习贯彻中共十九大精神，认真落实市委五届三次全会和区委十三届二次全会部署，抓重点、补短板、强弱项，坚决打好“三大攻坚战”，奋力实施“八项行动计划”，建设产业转型升级示范区、创新生态示范区、乡村振兴示范区、开放发展示范区，决胜全面建成“三地一中心”29，努力建成得到人民认可、经得起历史检验的全面小康社会。

（一）实施以大数据智能化为引领的创新驱动发展战略行动计划。紧跟现代科技前沿，超前推动5G技术合作，建设5G技术应用示范基地，搭建物联网及智能技术应用平台。构建物联网产业链，推动智能卡芯片、传感器及模块等生产制造，加快物联网在生产生活领域的广泛应用。加快发展智能手机、车载电子、芯片封测、石墨烯手机智能终端等产业，提升电子信息产业核心竞争力和附加值。加快培育智能装备产业链，引进智能机器人制造、高档数控机床、自动化成套生产线、智能控制系统等项目发展。推进智能家具、智能家居控制系统、智能家居服务平台三大领域协调发展，建设百亿级智能家居产业基地。以智能化推动传统产业优化升级，加强数控系统在化工、钢铁冶金、装备制造等行业的运用，培育和发展一批生产线自动化集成企业。加快建设智慧城市，推进“智慧长寿”公共平台建设，以公共信息资源共享开放和政务信息开发利用为先导，推动智能化在公共领域的广泛应用。

（二）实施乡村振兴战略行动计划。坚持农业农村优先发展，按照产业兴旺、生态宜居、乡风文明、治理有效、生活富裕的总要求，坚持自治、法治、德治相结合，建立健全城乡融合发展体制机制和政策体系。到2020年，在全市率先实现适农区域农业现代化，建成全市现代农业融合发展先行区。稳步提升农业综合生产能力，促进农村一二三产深度融合，全面建成现代农业“三园五区”30，基本建成“1+5+2”特色效益农业体系31，农业总产值实现75亿元，五大特色产业链综合产值提升到100亿元以上。深化农业农村改革，巩固和完善农村基本经营制度，深化农村土地制度改革，实施农村“三变”改革32试点。健全农业支持保护制度，扩展涉农保险覆盖面，增强农业抗风险能力。发展适度规模经营，培育和完善新型农业经营体系，农民组织化程度达90%以上。着力发展乡村旅游、休闲农业等新业态，按照小单元、微庭院、生态化理念，实施农村人居环境整治三年行动，建设美丽乡村。

（三）实施基础设施建设提升行动计划。织密交通网，加强铁路、高速公路规划建设，全面融入全国铁路网和全市高速公路网。启动两江新区至长寿快速通道项目，打通明月山屏障，力争渝汉高铁过境设站，促进长寿与主城互联互通。建成渝长高速扩能改造等重点项目，启动沿江高速长寿支线二期（长寿东南环线高速）建设，争取沿江高速北线延伸至长寿。实施农村小康路建设，改造一批普通干线公路，同步实施安全护栏等生命保障工程。到2020年，形成长寿城区高速环线，铁公水多式联运，干线公路路面铺装率达100%，行政村主干路达四级以上标准。织密水利网，加快骨干水系和高效节水灌区建设，发展规模化集中供水，推进城乡供水一体化。到2020年，全区农村集中供水率达85%以上，农村自来水普及率达80%以上，全面解决城乡饮水安全问题。织密信息网，加速信息通信设施共建共享，实现城乡宽带网络全面提升、基础网络全面覆盖。夯实能源网，规划实施220千伏晏家花庄和东新村变电站扩容等工程，启动3座变电站及电力输送管线建设。完善天然气管线网络和输配设施。

（四）实施军民融合发展战略行动计划。加快建立军民融合发展的组织管理体系、工作运行体系、政策制度体系，着力推动军民基础设施、产业发展、科技创新、人才培养、社会服务、应急应战等方面融合。深入挖掘全区军工资源，利用现有产业基础，助推军地产业技术对接，着力推进医药制造、特种装备、关键部件、人才联训等领域的军民融合。主动对接上级规划，积极争取重大国防科技工业项目落户长寿，支持在长涉军及与军工关联度高的企业发展军转民项目，引导一批优势民企进入军工装备科研、生产和维修领域，努力打造军民融合、产学研一体的科技创新中心和平台。深入开展双拥共建，加强国防动员和后备力量建设。

（五）实施科教兴区和人才强区行动计划。强化科技引领支撑，深入实施“一三五十百千”工程，培育创新主体、夯实创新平台、构建创投体系、完善创新生态。到2020年，全社会R&D经费支出占地区生产总值比重达2.5%，规上工业企业研发投入占销售比重达1.5%，科技进步贡献率提高到60%以上，每万人发明专利拥有量超过全市平均水平。优先发展教育事业，深化教育领域综合改革，完善新城区中小学校配套建设，完成农村义务教育薄弱学校改造，推进全区幼儿园标准化建设，大力引进高等院校和中高职业院校来长办学，支持和规范民办教育发展。到2020年，基本实现教育现代化。以“高精尖缺”为导向，完善人才培养、使用、引进、评价、激励、保障机制和政策，造就高素质人才队伍。对接全市“鸿雁计划”“巴渝工匠2020计划”，引进一批海内外高层次人才，培养一批“长寿工匠”。依托重庆化工职院、医药学校和川维、云天化、重钢等大型国企，利用市级继续教育基地和博士后科研工作站，促进人才交流、合作、培养。到2020年，全区专业技术人才达5.1万人，技能人才达15万人。

（六）实施内陆开放高地建设行动计划。以新的思想观念、体制机制拓展开放范围和层次，主动融入国家全面开放和重庆内陆开放高地建设新格局。进一步完善口岸功能，推进重钢专用码头等重点项目建设，提升大宗物流进出能力。进一步夯实开放平台，用好用活用足国家产业转型升级示范区和承接加工贸易梯度转移示范园相关政策，大力度推进经开区科技创新园、中科未来城等开放平台建设，构建国际产业合作创新示范基地。进一步壮大开放主体，大力引进外资企业、加工贸易和服务贸易企业，面向“一带一路”沿线国家，引导区内企业开拓国际市场。进一步提升开放环境，完善投资、信贷、财政、金融等开放型经济政策体系，创新外经外贸服务体制机制，指导企业用好国际贸易“单一窗口”平台33，整体提升贸易便利化程度。

（七）实施以需求为导向的保障和改善民生行动计划。完善公共创业就业服务体系，扩大就业容量、提高就业质量、增加人民收入。实施全民参保计划，稳妥推进基础养老金全国统筹、渐进式延迟退休年龄、机关事业单位养老保险制度改革。建好多主体供给、多渠道保障、租购并举的住房制度，充分保障各类住房需求。大力实施“健康长寿2030”规划，建立覆盖城乡居民的基本医疗卫生制度，健全分级诊疗、现代医院、全民医保和药品供应保障体系，实施食品药品放心工程。深化计划生育管理服务改革，促进人口长期均衡发展。放开养老服务市场，支持新兴养老业态发展，推动养老服务设施标准化。推进“厕所革命”，建设改造城区、景区和农村公共厕所400座以上。建设现代公共文化服务体系，规划新建科技馆、博物馆、全民健身中心、老年活动中心、老年大学分校、青少年活动中心、儿童游乐场、专业运动场等公共文体设施。深度发掘长寿地域文化，推出更多精品力作、举办更多精品活动。

（八）实施生态优先绿色发展行动计划。坚持“共抓大保护、不搞大开发”，建立健全绿色发展空间体系、经济体系、文化体系、制度体系。严守生态保护红线、永久基本农田、城镇开发边界三条控制线，优化生产、生活、生态空间，促进空间规划、开发保护统一衔接、分级管控。实施国土绿化和生态修复工程，加大农村土地整治和退耕还林还草力度，全区森林覆盖率提高到46%。大力发展循环经济，积极创建绿色园区、绿色工厂、绿色产品，加快企业循环式生产、产业循环式组合、园区循环式改造。倡导简约适度、绿色低碳的生活方式，引导全社会树立生态文明意识。严格执行源头保护、过程严管、结果严惩制度，把住规划环评、总量排放关口，加强监测预警、污染治理协调联动，强化领导干部生态环境损害责任追究。

（九）坚决打好防范化解重大风险攻坚战。保持社会政治大局持续稳定，严厉打击各种渗透破坏、暴力恐怖、宗教极端、民族分裂等活动。提升企业本质安全水平，深化道路交通、危化品、建筑施工等专项领域整治，坚决遏制较大及以上生产安全事故。推进政府治理、社会调节、居民自治良性互动，构建高效便捷的网格化管理和社会化服务体系、畅通有序的社会矛盾调处和权益保障体系、全方位立体化的公共安全体系、反应灵敏高效的防灾减灾救灾体系。防范化解经济领域风险，坚决打击非法集资，加强互联网金融监管，严控政府性债务，守住不发生区域性、系统性金融风险底线。加强沿江环境风险企业监管治理，绝不在沿长江1千米范围内新建化工项目。

（十）坚决打好精准脱贫攻坚战。围绕“六个精准”34要求，努力构建专项扶贫、行业扶贫、社会扶贫三位一体精准脱贫格局，全力巩固脱贫攻坚成果，确保到2020年，长寿区现行标准下的农村贫困人口全部脱贫，脱贫村农民人均可支配收入增幅高于全区平均水平，与全区同步进入全面小康。实施产业扶贫、金融扶贫、电商扶贫联动，破解贫困户产业发展缺资金、农产品销售缺通道的问题。扩大教育、医疗扶贫政策覆盖面，加大危房改造、就业帮扶力度，稳定低保兜底政策，切实解决贫困户后顾之忧。

（十一）坚决打好污染防治攻坚战。坚持全民共治、源头防治，持续开展五大环保行动，守住一江绿水、两岸青山。打赢蓝天保卫战，加强工业废气、汽车尾气、道路扬尘监管治理，确保年空气质量优良率稳定在75%以上。保护好长江母亲河，确保长江长寿段流出水质不低于流入。纵深推进桃花溪污染整治，实现水清岸绿景美目标。加强龙溪河生态治理跨区域联动。加快城市污水处理厂扩建，提标改造城镇污水处理设施，完善管网配套，城市建成区和乡镇污水集中处理率分别达95%和85%以上。强化土壤污染防治修复，受污染耕地和污染地块安全利用率分别达90%和95%。加强农业面源污染治理，开展化肥、农药零增长行动，推进畜禽养殖粪污循环化利用。加强噪声源头管控，噪声达标区实现建成区全覆盖。

三、2018年目标任务

各位代表！今年是贯彻中共十九大精神的开局之年，是改革开放40周年，也是决胜全面建成小康社会、实施“十三五”规划承上启下的关键一年，做好政府各项工作意义重大。2018年政府工作的总体要求是：全面贯彻落实中共十九大精神，以习近平新时代中国特色社会主义思想为指导，坚持以人民为中心的发展思想，坚持稳中求进工作总基调，以供给侧结构性改革为主线，按照高质量发展的要求，统筹推进稳增长、促改革、调结构、惠民生、防风险各项工作，促进经济发展质量变革、效率变革、动力变革，进一步增强人民群众获得感、幸福感、安全感，为如期全面建成小康社会、开启社会主义现代化建设新征程奠定坚实基础。

今年经济社会发展主要预期目标是：地区生产总值增长9%左右。地方财政收入94.1亿元，其中一般公共预算收入37.2亿元；全社会固定资产投资增长4%；社会消费品零售总额增长8.5%，商品销售总额增长15%；民营经济增加值增长10%；城乡居民人均可支配收入增长9%。重点做好七个方面工作：

（一）进一步推动产业集聚融合发展

促进工业集群化高新化发展。夯实新型工业高地基础，提高园区规模工业产出强度和集中度，推动互联网、大数据、人工智能与制造业深度融合。大力建设千亿产业集群、发展百亿产值企业、培育亿元税收企业，力争全年工业增加值增长11%。把稳定工业投资作为保增长、调结构的压舱石，新开工中欧电子、正海汽车等30个项目，续建博俊工业、大禹防水等35个项目，投产世纪之光、亚太纸业等30个项目，确保工业投资增长10%。把发展先进制造业作为转型升级的主攻方向，大力引进动力电池、半导体封测、3D打印、机器人等产业项目，力争战略性新兴制造业增加值增长13%。把补链延链作为传统产业优化升级的实施路径，加快打造中德、中韩产业园，发展生物医药、化工新材料产业，促进综合化工向高端化、精细化转变。推进钢铁产品结构调整，加快实施70万吨特殊钢产能置换项目，发展新型钢构、新型电子用钢等产品，促进钢铁冶金向新型化多元化转变。

促进农业规模化特色化发展。巩固现代农业基地优势，坚持质量兴农、绿色兴农，推进农业供给侧结构性改革，农业总产值增长4%。夯实现代农业“三园五区”平台，建设高标准农田2万亩，实施1.5万亩现代农业基地标准化改造，推进畜禽养殖场标准化建设。做优做强“1+5+2”特色效益产业，提升产业品质和品牌附加值，新认证“三品一标”100个，打造晚熟柑橘、生态鱼等区域公用品牌。推进农业融合发展，启动渔业休闲园区建设，基本建成农畜产品加工区一期，引进一批农畜产品加工优质企业。构建新型农业经营体系，培育农业产业化龙头企业10家以上、农民合作组织60个、家庭农场100家，扶持新型职业农民500名。申报三峡后续项目78个，争取补助资金7.2亿元。

促进旅游全域化品牌化发展。坚持文化铸魂、旅游兴业，全年接待过夜游客人数增长4%、旅游收入增长10%。提档升级长寿湖旅游度假区，支持康养、运动、休闲、垂钓、露营等旅游业态发展，加快长寿湖恒大旅游特色小镇、重医附三院康养中心建设，推动五星级酒店等度假区配套项目投用运营。促进菩提山文化旅游区与古镇融合发展，完成长寿三贤35纪念园、古镇尾期项目建设。启动滨江长寿谷库岸整治和综合开发，加快三倒拐历史文化街区保护修复和三洞沟避险搬迁。基本建成橘香悦动村、紫薇花海、清迈良园等乡村旅游示范项目，完善十里柚香·百里花海配套设施，打造“长寿人家”36乡村旅游品牌。开展旅游资源普查，建成旅游产业运行监测与应急指挥平台。加快智慧旅游建设，实现4A级景区免费WiFi全覆盖。

促进商贸物流差异化专业化发展。坚持生产生活、传统现代、线上线下同步推进，繁荣活跃商贸流通。大力培育文体创意、健康养老、电子信息等新兴消费热点，稳定住房消费，打造沙田柚文化旅游节、古镇庙会两大特色会展品牌。以“智慧商圈”[37]建设为引领，改造升级协信、桃花两大商圈，引进无人售卖业务，促进商业形态提档升级。培育限额以上企业30家，引进大宗商品贸易和新能源汽车总部贸易企业，支持大型企业建立独立法人销售公司。以大市场支撑大产业、服务大物流，推动重庆东部智慧物流中心、汽贸城开工，国际农产品交易中心一期投用。加快培育电商新业态，做大做强“胖胖狗”“渝化工”等电商平台，力争阿里巴巴、猪八戒网等知名电商入驻，加快电商物流综合配送体系建设。

（二）进一步推动发展动力培育转换

强化创新驱动。推动企业加大研发投入，全面落实研发费用加计扣除减免税、高新技术企业减免税、重大新产品研发补助政策和研发准备金制度，全社会R&D经费支出占地区生产总值比重达到2%。大力培育一批具有创新能力的排头兵企业，建立科技型重点企业培育库，培育高新技术企业10家、科技型企业100家以上，新建市级知识产权优势企业5家。继续推进研发机构法人化，支持企业联合高校、科研院所组建新型高端研发机构，力争引进更多国家级、市级工程中心和研发中心。加快经开区科技创新园、光电产业园和工业园区中科未来城等创新平台建设，推动长寿经开区建设国家级科技孵化器，长寿工业园区升级市级高新技术产业开发区、完成国家高新技术产业开发区创建申报。加快集聚一批高层次创新型人才。深化质量强区、品牌强区建设，培育以技术、标准、品牌、质量、服务为核心的发展新优势。

强化投资拉动。发挥投资对优化供给结构的关键作用，围绕“八项行动计划”和“三大攻坚战”，加强项目策划储备，形成开工一批、推进一批、储备一批滚动发展的良性循环。保持投资强度，发挥百亿级、十亿级项目的牵引作用，全年实施重大建设项目221个，确保完成投资297亿元。优化投资结构，重点保障基础性、公益性、长远性项目，引导鼓励社会资本投向战略性新兴产业、基础设施、生态环境和公共服务领域，推动中科未来城创新产业园、长寿湖旅游提升工程等2个PPP项目开工建设。完善重大项目调度、考核、激励机制，加快规划设计、征地拆迁等前期工作，确保按期开工、如期完工。

强化改革推动。以“破”“立”“降”为重点，深化供给侧结构性改革，做好钢铁、船舶、水泥等去产能扫尾工作，出清僵尸企业、空壳公司，多举措降低企业税费、融资、用能等成本，发展金融、中介等现代服务业。防控非法集资、互联网金融等重点领域金融风险。强化政府性债务管控，严格规范举债。深化投融资体制改革，建立天使、种子、产业引导等股权投资基金。深化财政预算管理，完善部门预算零结转和区级预算公开评审制度，强化预决算信息公开和绩效管理。增强区管重点国企市场化营运能力，推进非平台类区属国企分类改革。落实支持民营企业发展政策措施，深化商事登记制度改革，促进非公有制经济健康发展和非公有制经济人士健康成长。启动农村“三变”改革试点，加快农村集体产权制度改革、农村土地确权颁证和涉农项目财政补助资金股权化改革，引导农民以土地、资金、技术入股发展合作经营。

强化开放带动。大力实施聚商选资“深化年”行动，引龙头、补链条、壮集群，力争合同引资600亿元，其中工业引资400亿元，战略性新兴产业引资占工业板块比重30%以上，实际利用内资250亿元、外资1.4亿美元。扩大对外交流合作，加强与两江新区产业对接，主动承接东南沿海地区产业转移，积极争取实施中新（重庆）战略性互联互通示范项目。做大外贸总量、做优外贸结构，实现外贸进出口总额70亿元以上，培育进出口额1000万元以上的外贸企业5家。推进承接加工贸易梯度转移示范园、服务外包示范区建设，力争引进加工贸易企业5家、服务外包企业2家，实现离岸服务外包执行额1亿美元以上。

（三）进一步推动城乡建设协调共进

提高城市品质。启动城乡总规实施评估及发展战略研究，修编土地规划，深化“多规合一”[38]平台应用，推进城市综合管廊、海绵城市、智慧城市试点建设。优化城市路网，开工建设经开大道、阳鹤山南北中路等一批城市道路。扮靓城市空间，实施中央公园、北城大道、城区沿江两岸等景观提升工程，完成渝长高速古佛至桃花段、高铁城区段等景观绿化改造，启动城区夜景灯饰工程建设，改造桃东片区棚户区，加强城镇C、D级危房解危帮扶。遏制新增违法建筑，消除存量违法建筑15.9万平方米。优化城市功能配套，启动阳鹤山截污干管、垃圾转运站建设，推进桃花体育中心、格林广场等城市公共停车场建设，完成城市公共厕所、公交站台、绿色照明设施改造。

培育特色小城镇。坚持定位有别、功能互补，支持中心镇、重点镇宜工则工、宜农则农、宜旅则旅发展，形成“一镇一产业、一镇一特色”总体布局。实施场镇环境综合整治工程，加快场镇市民广场、公共停车场等设施建设，启动葛兰综合广场、双龙休闲公园等一批小城镇改善人居环境项目建设。推动长寿湖镇国家级特色小镇做精做优，谋划建立特色小镇项目库，完成休闲公园、街区环境整治，打造长寿湖特色旅游风情风貌。推进历史文化名镇规划保护建设，开展历史文化名村和传统村落保护示范点申报。

建设美丽乡村。挖掘长寿乡村文化特色，着眼完善功能、彰显风貌，深入推进自然村落美化亮化。完成189个村规划编制，实现村规划全覆盖，划定村域生产、生活、生态空间。加快水电路气讯等基础设施建设，引导农村采用标准图集建房。加强农村生活垃圾和污水治理，逐步推进污水处理设施向农村延伸，农村生活垃圾治理通过国家级验收。启动邻封镇美丽乡村田园综合体和现代农业园区“慢城”39项目建设。创建市级乡村振兴示范镇、改善农村人居环境示范片及美丽宜居村庄示范点。

（四）进一步推动基础设施互联互通

完善交通网。做好重大交通设施规划预研预控，力争更多高速公路、铁路、水路航运项目纳入市级规划。开展明月山公铁两用隧道研究，加快推进两江新区至长寿快速通道前期工作，建成火车北站综合交通枢纽主体工程，完成渝长高速复线工程总体进度50%以上，启动沪渝高速石堰互通建设。升级改造地方干线公路，改建国省道4条45千米，重要连接道9条76千米。加快长寿长江二桥建设，启动北城大道向北延伸前期工作，加快乐温大桥建设前期工作。开工建设老槽口大桥和官栈河大桥，构建长寿湖环湖路。实施农村小康路建设，改造农村公路500千米以上。推进城乡公交一体化建设。

完善水利网。科学论证城镇水源统筹调配，大力发展规模化集中供水，推进城乡供水一体化。抓好重点水源工程建设，确保龙门桥水库工程下闸蓄水。推进小型农田水利基础设施建设，新增提水能力15万立方米。实施中小河流综合治理，整治河段6.9千米。深化水土流失预防治理，加强山洪灾害防治非工程措施建设。启动龙溪河、桃花溪水系连通工程建设。加强长江河道管理，严厉打击非法采砂行为。

完善信息网。深入推进政务资源信息共享平台建设，整合政务资源信息，消除信息孤岛，推进跨部门政务信息大数据分析运用，促进智能化政府建设。进一步提升工业企业信息化运用水平，新增“两化”融合企业2家。加快信息惠民工程建设，新建4G通信基站150个，新建物联网基站200个，完成城市光纤网络改造5000户以上，实现4G网络信号城区、镇街和行政村全覆盖。

（五）进一步推动社会民生共建共享

精准实施脱贫攻坚。培育壮大脱贫村集体经济，持续打造“一村一品”，抓好农业龙头企业金融扶贫试点，带动贫困户发展持续增收产业。加大贫困户转移就业力度，开展订单、定向、储备和创业培训。健全贫困家庭子女各学段资助体系。推进大病集中救治一批、慢病签约服务管理一批、重病兜底保障一批行动计划，落实基本医疗、大病医保、商业保险、医疗救助、社会救助“五重保障”。对符合低保条件的新增贫困户应保尽保。全面完成现存建卡贫困户D级危房改造任务。

完善就业社保体系。注重解决结构性就业矛盾、防范规模性失业风险，全年实现新增城镇就业1.7万人，城镇登记失业率控制在3.5%以内。提升智慧人力资源市场服务水平，鼓励初创企业做大做强，培育中小微企业1750户。加强社保经办服务平台及标准化建设，拓展社保经办业务下沉广度、深度，深化医保支付方式改革。创新公租房管理机制，新增公租房配租600户。启动社会综合福利中心建设，完善民政公共服务基础设施。出台系列社会养老优惠政策，促进“医养结合”发展。规范殡葬管理，推动城区文明治丧。加强救孤、助残、扶弱工作，规范发展社会慈善事业。

办好优质公平教育。落实立德树人根本任务，加强师德师风建设，推进教育公平。实施第三期学前教育三年行动计划，推动学校附设幼儿园独立办学，幼儿园普惠率达到78%。统筹城乡教育均衡发展，着力解决“大班额”等突出问题，启动桃花溪中学、古镇二小建设，完成万顺中学等19所学校改造，推动远恒佳重庆公学持续发展。扩建重庆市医药学校，力争引进1至2所高校来长办学。深化产教融合、校企合作，推进重庆化工职院“五年一贯制”40“3+4”41和校企联合招生。加快云教育公共服务平台建设，实施“校校通”42“班班通”43“人人通”44建设与提升工程。

优化医疗卫生服务。继续解决“看病难、看病贵”问题，推进公立医院综合改革，建立现代医院管理制度。深化医联体建设和分级诊疗工作，推进家庭医生签约服务。健全公共卫生服务体系，落实14类基本公共卫生服务项目。加快区人民医院北城分院建设，区中医院、区妇幼保健计生服务中心扩建项目建成投用。提升基层卫生服务能力，建设“群众满意乡镇卫生院”。传承发展中医药事业，推进国家三级甲等中医医院创建。推动计划生育工作转型发展，不断提高出生人口素质。

繁荣发展文体事业。持续实施文化惠民工程，办好四项体育品牌赛事，开展五项文化品牌活动，推进群众性文体活动全覆盖。启动区档案馆新馆建设，实施区体育中心大修，优化提升“三馆一站”45功能。以完善体育设施配套，筹办大型赛事为依托，打造长寿湖体育小镇。举办系列文体展演赛事活动，推荐优秀文艺作品参加国家级、市级文艺作品展。挖掘一批文化遗产，引进一批文体人才，发展一批文体企业。

（六）进一步推动生态环保联防联治

加快绿色低碳循环发展。以节能减排推进经济结构优化、资源节约高效利用，单位GDP能耗及主要污染物排放完成市下达目标任务，一般工业固废综合利用率达98.7%。推进长寿经开区、长寿工业园区节能环保发展，加速引进绿色制造企业，完善和延伸化工新材料、氯碱化工、钢铁冶金、特色副产物等循环经济产业链。推动交通运输低碳发展，推广绿色建筑及建材。广泛开展节约型社会、节约型机关、绿色家庭、绿色学校、绿色社区等群众性绿色生态创建活动。

加快突出环境问题治理。深化大气污染防治，完成12家企业挥发性有机物治理，强化高污染燃料禁燃区和露天焚烧管控。加强饮用水源保护，城市和乡镇集中式饮用水源地水质达标率分别达100%和85%以上。建立河长制信息系统和河库清漂长效机制，落实“一河一策”、完善“一河一档”、完成“一河一图”，实施龙溪河环境综合整治与生态保护示范项目。推进镇街污水处理厂、污水管网达标改造，实现镇街污水处理厂在线监测系统全覆盖，完成城镇污水处理厂污泥无害化处置和垃圾填埋场渗滤液预处理设施改造。开展土壤污染隐患排查治理，实施长化原厂址污染场地治理修复。深化农村生活垃圾治理，严控畜禽养殖污染。开展社会生活噪声、工业噪声专项整治，确保功能区环境噪声达标。

加快生态文明体制改革。强化环境保护“党政同责、一岗双责”，健全生态保护考核评价和环境损害责任追究机制。开展生态保护红线勘界定标，严格管控各类开发建设活动。严格执行环境准入政策，落实排污许可制度，深入实施排污权有偿使用。动员全社会积极参与环境保护，充分发挥市场机制作用，逐步完善生态补偿机制。积极适应市级环保集中督察的新形势、新要求，扎实开展环保问题自查整改。完善环境执法司法联动机制，严厉打击环境违法行为。

（七）进一步推动社会治理改进创新

预防化解社会矛盾纠纷。加强社会矛盾源头预防，推动领导干部联系基层、定期接访、带案下访、群众工作日等活动常态化、制度化，充分听取群众真实意愿，推进阳光信访、责任信访、法治信访建设。做好重大决策稳定风险评估。完善矛盾纠纷多元化解机制，深化人民调解、行政调解、司法调解衔接联动，加快区重大矛盾调处中心建设，充分发挥基层综治中心职能，完成三级公共法律服务体系建设。坚持分类施策，有效化解房地产、小区物业、环境污染、非法集资、土地流转、征地拆迁等重点领域、重点群体的矛盾纠纷。

加强公共安全协同监管。做实政府监管责任、强化企业主体责任，督促企业安全投入到位、安全培训到位、基础管理到位，实现高危行业企业安全标准化100%达标，规模以上工贸、冶金企业标准化创建率达80%以上。持续开展安全生产“五大行动”，深入推进危化品运输、建筑施工等专项领域整治，坚决杜绝重特大事故、遏制较大事故、减少一般事故。持续推进高层建筑消防安全综合治理，实施危险路段整治、市政消火栓、老安置房综合消防改造、智慧消防等一批安全工程，加快国家危化品应急救援重庆基地和江南综合应急救援大队建设。全力创建国家食品安全示范城市。强化突发事件应急处置，提升防灾减灾救灾能力。

强化社会治安综合治理。突出抓好政治、经济、社会等各方面安全工作，坚决维护社会政治大局稳定。完善网上网下一体化工作机制，提升新媒体时代舆情导控能力。健全社会面立体化防控体系，推进“雪亮工程”建设，实现区、镇街综治中心与同级公安视频图像联网共享。强化社会治安重点地区排查整治，坚决严厉打击黑拐枪、盗抢骗、黄赌毒、环食药违法犯罪，确保公众安全感指数、政法队伍满意度和司法公信力指数均保持在90%以上。

创新社会治理机制方式。加强区、镇（街）、村三级公共服务中心建设，启动市民服务中心建设，提高服务群众工作系统运行效能。加强基层政权建设，完善村（居）民自治、城乡社区民主协商机制。加强社区体系建设，完善“三社联动”[46]机制，引导社会组织参与公共事务，探索政府购买社工服务机制，实施一批社工项目。加强和改进住宅小区物业管理，增强社区统筹小区管理能力。支持工会、共青团、妇联等人民团体发挥联系和服务群众作用，汇聚共建共治共享合力。

四、切实加强政府自身建设

新的一年，政府肩负着繁重的任务，承载着群众的期望。我们要恪尽职守、勤勉工作，锐意进取、求实创新，以新气象、新作为，努力建设人民满意的法治政府、廉洁政府和服务型政府。

（一）*以政治建设统揽政府工作*。旗帜鲜明讲政治，牢固树立“四个意识”，把党的纪律规矩挺在前面，坚决肃清孙政才恶劣影响和“薄、王”思想遗毒，坚决维护以习近平同志为核心的党中央权威和集中统一领导。推进“两学一做”学习教育常态化制度化，扎实开展“不忘初心、牢记使命”主题教育。深纠“四风”不放松，认真落实中央八项规定及其实施细则，坚决整治侵害群众利益的不正之风和腐败问题。强化不敢腐、不能腐、不想腐的体制机制建设，巩固发展反腐败斗争压倒性态势。

（二）*以法治篱笆规范权力运行*。坚持依法决策，严格落实重大行政决策程序规定，加强行政规范性文件的制定、公布、备案、清理。坚持依法履职，推行权力清单、责任清单、负面清单制度并实行动态管理。坚持公正文明执法，推行行政执法公示、全过程记录等制度，深化城市管理、环境保护、文化市场综合执法体制改革。自觉接受区人大及其常委会的法律监督、工作监督和区政协民主监督，认真落实区人大及其常委会的决议、决定和审议意见，做好人大代表建议、政协提案办理工作。改革审计管理体制，增强审计监督实效。深入推进政务公开。

（三）*以简政放权转变政府职能*。进一步优化审批流程、缩短审批时限，全面推行网上审批、并联审批、投资项目审批服务首问负责制、告知承诺制，清理规范区级行政审批中介服务，深化行政许可标准化体系建设。加快“互联网+政务服务”建设，推行服务清单制，构建一网政务服务体系。强化事中事后监管，推进“双随机一公开”[47]监管模式。加快社会信用体系建设，建立完善守信联合激励和失信联合惩戒制度。落实行政体制改革要求，完成旅游综合体制改革，稳步推进事业单位分类改革。

（四）*以狠抓落实促进勤政有为*。坚持扭住重点、猛锤重敲，对重大决策、重大项目、重点工作精准立标、高效对标、全力达标。坚持环环相扣、传导压力，完善政务督查机制体制，健全行政效能考核制度，加快全市政务督查“一张网”信息系统改革试点，强化各级各部门担当实干、今日事今日办的意识。坚持动真碰硬、奖惩分明，加强正向激励，浓厚容错氛围，让改革创新者大展拳脚，让各种不作为、慢作为、乱作为现象无处容身、无所遁形。

各位代表！新时代承载新梦想，新时代赋予新使命。站在新的历史方位，让我们更加紧密地团结在以习近平同志为核心的党中央周围，不忘初心、牢记使命，在区委的坚强领导下，把思想和行动统一到中共十九大精神上来，把智慧和力量凝聚到落实中共十九大提出的各项任务上来，奋力推进长寿各项事业不断进步，向着决胜全面建成小康社会、开启社会主义现代化建设新征程的宏伟目标大步前进！

名词解释

1. 五位一体：即中国特色社会主义事业的总体布局，包括经济建设、政治建设、文化建设、社会建设、生态文明建设。

2. 四个全面：是党中央治国理政的总方略，即全面建成小康社会、全面深化改革、全面依法治国、全面从严治党。

3. 战略性新兴产业：是以重大技术突破和重大发展需求为基础，对经济社会全局和长远发展具有重大引领带动作用，知识技术密集、物质资源消耗少、成长潜力大、综合效益好的产业。如长寿区重点培育和发展的智能终端、集成电路、新型显示、物联网、人工智能、智能制造、高端交通装备、新材料、新能源、节能环保、生物医药等产业。

4. 重大项目审批“一卡通”制：是为重大项目开辟的绿色审批通道，即给每个重大项目建立一张“一卡通”卡片，并倒排各环节完成时间，项目业主单位持卡报件，审批部门按承诺时限办结。

5. 中科未来城：由长寿区与中科院重庆绿色智能技术研究院共同打造的科技产业综合体，是长寿实施创新驱动发展的重要平台，主要包括“四基地一中心”，即环保与健康科技产业基地、智能制造与新能源产业基地、通用航空产业基地、长江生态环境科创基地和中科院科技成果转化中心。

6. PPP：是英文 public—private—partnership 的缩写，指政府通过特许经营权、合理定价、财政补贴等事先公开的收益约定规则，引入社会资本参与城市基础设施等公益性事业投资和运营，以利益共享和风险共担为特征，发挥双方优势，提高公共产品或服务的质量和供给效率。

7. 承接加工贸易梯度转移示范园：是经市商务委认定，具有承接加工贸易转移能力，并有条件形成加工贸易集聚化、特色化、规模化集群的相关区县和国家级、市级开放园区。长寿区于 2017 年 5 月被市商务委认定为全市首批 8 个示范园之一。

8. 一区一园：即国家级长寿经开区和市级长寿工业园区。

9. 三品一标：指无公害农产品、绿色食品、有机农产品和农产品地理标志，是政府主导的安全优质农产品公共品牌。

10. 一心三园：指区域商贸物流中心和沿江现代物流园区、中央商务园区、专业市场群园区。

11. 城市双修：指生态修复、城市修补。

12. 海绵城市：指城市能够像海绵一样，在适应环境变化和应对雨水带来的自然灾害等方面具有良好的“弹性”，下雨时吸水、蓄水、渗水、净水，需要时将蓄存的水“释放”并加以利用。

13. 智慧城市：指将物联网、云计算、大数据、空间地理信息集成等新一代信息技术应用到城市规划、服务和管理过程中，对包括民生、环保、公共安全、城市服务、工商业活动在内的各种需求做出智能响应，实现信息化与城市化的高度融合。

14. 六大攻坚行动：指推进文明长寿建设的六大专项整治行动，即整容行动、正风行动、良序行动、家园行动、提素行动和造势行动。

15. 561 工程：“5”是“五个一”，即一个综合市民广场、一条绕镇过境公路、一座自来水厂、一座简易污水处理厂、一个垃圾收运处理系统；“6”是“六个有”，即有一套镇级卫生服务体系、一个公共文化活动中心、一所标准福利院、一个品牌连锁超市、一个农产品交易市场、一个汽车客运站；“1”是“一条街”，即综合整治一条主街道。

16. 助保贷：是政银企合作创新的一种金融产品，由地方政府和银行共同筛选企业组成“中小微企业池”，同时政府提供风险补偿资金和企业缴纳助保金共同组成“助保金池”，银行按照政府提供风险补偿资金不高于 10 倍向“中小微企业池”的企业发放贷款。

17. “三权”分置：是中央深化农村土地制度改革，将土地承包经营权分为承包权和经营权，实行所有权、承包权、经营权分置并行，经营权流转的格局。

18. “一三五十百千”工程：“一”即建成创新生态示范区；“三”即打造长寿经开区科技创新园、工业园区中科未来城创新产业园、现代农业科技园区三大创新服务平台；“五”即实施生物医药、精细化工、装备制造、新材料新能源、电子信息五大科技专项；“十”即创建国家级科技孵化器、国家级知识产权示范园区、国家级知识产权试点城市、国家级企业研发中心、国家级农业科技园区、国家化工新材料高新技术产业化基地、智能穿戴健康科技产业园、市级高新技术产业园区、院士专家工作站、博士后创新实践基地（博士科研工作站）等十大科技创新品牌；“百千”即引进和培育成百上千家科技型企业、成百上千名科技创新人才、成百上千项科技创新成果。

19. R&D：是英文researchanddevelopment的缩写，即研究与开发。

20. 智慧人力资源市场：指整合各种人力资源信息数据库，通过信息化手段，为用人单位提供员工招聘、劳务派遣、劳务外包、人才培训等人力资源服务，为求职者提供职业指导、岗位推荐、素质测评、技能培训等就业服务，实现人力资源优化配置的网络化和智能化平台。

21. 药品采购“两票制”：指药品生产企业到流通企业开一次购销发票，流通企业到公立医疗机构开一次购销发票。是规范药品流通秩序、压缩流通环节、降低虚高药价的重要手段。

22. 医联体：指区域医疗联合体，将同一个区域内的医疗资源整合在一起，通常一个区域内的三级医院与二级医院、社区医院、村医院组成一个医疗联合体。

23. 四项体育品牌赛事：指长寿湖铁人三项赛、龙舟赛、半程马拉松赛和菩提山迎新登高健身活动。

24. 五项文化品牌活动：社区文化节、镇街文艺调演、文化遗产宣传月活动、美丽乡村美术书法摄影展、全民阅读活动。

25. “渝安2号”专项行动：是重庆市公安局实施的一次打击整治违法犯罪专项行动。

26. 八类案件：指杀人、纵火、投毒、抢劫、强奸、绑架、爆炸、故意伤害等八种暴力恶性案件。

27. 安全生产“五大行动”：指安全生产大宣教、大排查、大整治、大执法、大督查五大专项行动。

28. 三地一中心：即重庆工业高地、现代农业基地、休闲旅游胜地和区域物流中心。

29. 三园五区：“三园”即现代农业种植园、现代畜牧养殖园、沙田柚种植园；“五区”即现代粮食生产区、果蔬生态种植区、东山生态农业区、西山生态农业区和三峡移民生态农业区。

30. “1+5+2”特色效益农业体系：即以粮油产业为基础，以柑橘、渔业、畜牧、蔬菜、林果五大产业为支撑，以中药材、花卉苗木两大产业为增长点的特色效益农业体系。

31. “三变”改革：通过实施以“资源变资产、资金变股金、农民变股东”为核心的农村集体产权制度改革，促进农民增收、产业增效、生态增值。

32. 国际贸易“单一窗口”平台：指参与国际贸易和运输的各方，通过单一的平台提交标准化的信息和单证以满足相关法律法规及管理的要求。该平台由国家口岸办开发运维，具有货物申报、舱单申报、运输工具申报、原产地申报、企业资质备案、税费办理、出口退税、综合查询、许可证办理共九项功能。

33. 六个精准：扶贫对象精准、项目安排精准、资金使用精准、措施到户精准、因村派人精准、脱贫成效精准。

34. 长寿三贤：指长寿历史上三位名人，即秦代巴寡妇清、北宋谯定、民国“还珠楼主”李寿民。

35. 长寿人家：是按照统一甄选管理、统一形象标识、统一服务标准、统一营销推广、统一行业培训为标准的规范化乡村旅游品牌。

36. 智慧商圈：是利用互联网、云计算和大数据等先进技术实现“互联网+商圈”发展的创新模式，涵盖数据获取智慧化、商圈消费智慧化、交通引导智慧化、物流配送智慧化、公共服务智慧化、商圈管理智慧化的智慧应用平台。

37. 多规合一：指推动国民经济与社会发展规划、城乡规划、土地利用规划、生态环境保护规划以及各类、各专业、各行业规划高度衔接统一，实现一个区县一本规划、一张蓝图，解决现有各类规划内容冲突、缺乏衔接等问题。

38. 慢城：指放慢生活节奏的城市形态，人口在5万以下的城镇、村庄或社区，无污染、无噪音，支持都市绿化，支持绿色能源，支持传统手工方法作业，没有快餐区和大型超市。

39. 五年一贯制：又称“初中起点大专教育”，招收参加中考的初中毕业生，达到录取成绩后，直接进入高等职业技术院校学习，进行一贯制的培养。毕业后获国家承认的全日制大专学历。

40. 3+4：即中等职业学校3年和普通本科4

年的分段培养专业班，在完成中等职业学校相关专业学习后，经考核测试进入本科院校学习。毕业后获国家承认的全日制本科学历。

41. 校校通：指解决各级各类学校的宽带接入条件，完成各级各类学校网络条件下的基本教学环境建设。

42. 班班通：指学校班级的课堂教学能够使用优质数字教育资源，通过信息技术手段提高教学质量和促进教育均衡发展。

43. 人人通：指以提高教师素质、提高教学质量为目的，以教师、学生、家长为服务对象的网络交流平台，为教师在网络上开展教学教研活动，为教师和学生、家长实现网络互动提供支撑。

44. 三馆一站：即区文化馆、区图书馆、区档案馆和镇街综合文化站（文化服务中心）。

45. 三社联动：指在社会治理中，充分发挥社区的基础平台作用、社会组织的服务载体作用、社会工作专业人才的专业支撑作用，使三者有机融合、相互促进。

46. 双随机一公开：指随机抽取检查对象，随机选派执法检查人员，抽查情况及查处结果及时向社会公开。

中国人民政治协商会议
重庆市长寿区委员会常务委员会
工　作　报　告

——2018 年 1 月 10 日在政协重庆市长寿区第十五届委员会第二次会议上

政协重庆市长寿区委员会主席　张　华

各位委员：

我代表政协重庆市长寿区第十五届委员会常务委员会，向大会报告工作。请予审议。

2017 年主要工作回顾

2017 年，是十五届区政协的开局之年。一年来，我们在区委的坚强领导下，高举中国特色社会主义伟大旗帜，以迎接中共十九大胜利召开和学习宣传贯彻中共十九大精神为主线，深学笃用习近平新时代中国特色社会主义思想，深入学习贯彻习近平总书记视察重庆重要讲话精神，认真贯彻落实中央、市委和区委关于人民政协和统一战线的重要部署要求，始终坚持团结民主两大主题，团结带领区政协各参加单位、广大政协委员，紧扣全区工作大局，对照年度履职计划，认真履行政治协商、民主监督、参政议政职能，充分发挥协商民主重要渠道和专门协商机构作用，为实现区第十三次党代会确立的“三地一中心”全面建成、城乡整体面貌全域改观、改革发展成果全民共享三大目标做出了积极贡献。

一年来，我们提高政治站位，把握方向原则，加强统筹谋划，政治基础、思想基础和工作基础进一步夯实。

一是坚决维护习近平总书记在党中央和全党的核心地位。维护党中央权威是中国共产党长期实践中形成的优良传统和独特优势，维护党中央权威，首先要维护习近平总书记的核心地位；维护习近平总书记的核心地位，就是维护党中央权威。我们坚持把维护习近平总书记在党中央和全党的核心地位作为政治建设的重中之重。换届以来，区政协召开 15 次党组会议、13 次主席会议、5 次常委会议、14 次中心组学习会，深入学习中共十八大、十八届三中四中五中六中七中全会、习近平总书记“7. 26”重要讲话精神和习近平谈治国理政（第二卷），深刻领会习近平新时代中国特色社会主义思想精神实质和丰富内涵，切实增强政治认同、思想认同、理论认同，更加自觉地坚持中国共产党的领导，牢固树立“四个意识”，始终把维护习近平总书记核心地位、向核心看齐作为第一位的政治要求，做到思想上充分信赖、政治上坚决维护、组织上自觉服从、感情上深刻认同、行动上始终跟随，始终在政治立场、政治方向、政治原则、政治道路上同以习近平同志为核心的中共中央保持高度一致。

二是深入学习宣传贯彻中共十九大精神。切实把迎接中共十九大胜利召开作为重要政治任务，中共十九大召开前，我们按照区委的统一部署，动员广大政协委员和区政协机关干部积极投身“迎接十九大，忠诚保平安”系列活动，为中共十九大胜利召开营造团结奋进的浓厚氛围。中共十九大胜利召开后，我们把学习宣传贯彻中共十九大精神作为首要政治任务，认真收听收看中共十九大开幕会和十九届中共中央政治局常委中外记者见面会，组织参加全市领导干部大会和中央、市委宣讲团报告会，分期分批参加各级各类专题培训班，及时传达学习中共十九大精神；制定学习宣传贯彻十九大精神方案，召开党组中心组学习会、主席会、党员大会、职工大会开展学习培训；增开一次政协常委（扩大）会议，邀请区委主要领导作十九大精神专题辅导；审定出台《关于认真学习宣传贯彻中共十九大精神的意见》，推动区政协各参加单位、界别、街镇联络组和广大政协委员切实在学懂弄通做实上下功夫，努力为把中共十九大精神全面落实在长寿大地上贡献智慧凝聚力量。

三是坚定不移把区政协工作置于中共长寿区委坚强领导之下。区政协党组认真履行政治领导责任，充分发挥对政协工作把方向、管大局、保落实的重要作用，及时传达学习区委重要会议精神，研究具体举措落实区委决策部署，始终做到区委提倡的坚决响应、区委决定的坚决执行、区委禁止的坚决不做。一年来，我们紧紧围绕区委中心工作，精心谋划部署年度履职计划，报经区委批准实施重点协商13项、重点调研7项、重点视察9项、重点监督7项。完善区政协党组重大事项向区委书面请示报告制度，全年向区委报送重要会议、重要活动请示7份，报送调研视察报告11份、民主评议报告3份、协商报告8份，确保了区委决策部署在政协工作中得到全面落实。

四是扎实推进人民政协民主监督规范化制度化程序化。党的十八大以来，习近平总书记多次指出，要强化政协民主监督，完善制度规范，适时制定改进办法，增强监督实效。2017年3月，中共中央办公厅印发《关于加强和改进人民政协民主监督工作的意见》，对人民政协民主监督工作作出系统安排部署，这是党中央颁发的第一个关于加强和改进人民政协民主监督工作的专门文件。8月，重庆市委办公厅印发《关于加强和改进人民政协民主监督工作的实施意见》。随后，区政协党组提请区委常委会审议通过《关于加强和改进人民政协民主监督工作的实施意见》，进一步明确了长寿区加强和改进人民政协民主监督的重大意义、总体要求、主要内容、基本形式、程序机制和组织领导，为区政协开展民主监督提供了根本遵循和制度保障。

一年来，我们围绕中心服务大局，认真履行政治协商、民主监督、参政议政职能，履职实效和工作质量进一步提升。

一是深化“四位一体”协商格局，协商民主成果更加丰富。以区委确定的年度协商计划为重点，继续坚持全体会议总体协商、常委会议专题协商、主席会议每月协商、提案办理全程协商的“四位一体”协商格局，政协协商议政能力进一步提升。全年开展全委会议总体协商1次，常委会议专题协商4次，主席会议每月协商12次，提案办理协商制度化建设迈出新步伐，一批协商成果得到区委、区政府及其职能部门的采纳。

总体协商关注全局。政协全体会议是人民政协履行职能的最高形式，区政协十五届一次全体会议期间，政协各参加单位和广大政协委员围绕区政府工作报告和计划、财政报告，围绕区人民法院、区人民检察院工作报告进行充分协商，就促进长寿工业结构转型升级、提升城市管理水平、完善创新服务体系、全面推进依法治区等前瞻性、全局性问题积极建言献策，提交大会发言49篇、撰写提案402件、反映意见建议320余条，得到区委、区政府及相关部门的高度重视，很多建议转化为区委、区政府工作决策和部门单位具体工作举措。

专题协商突出难点。突出政协常委会议专题协商的重要功能，专题听取区政府关于全区经济社会发展情况、提案办理情况的通报，听取区人民法院、区人民检察院工作情况通报，进行深入协商讨论。针对全区上半年经济社会发展情况，提出长寿区经济运行中存在“工业经济增速相对较慢、现代服务业发展仍然滞后、实体经济融资难融资贵问题仍然突出、创新动力仍然不足”等四个方面的问题，针对性提出“激发投资主体信心，增强经济发展活力；加大供给侧结构性改革力度，夯实经济发展基础；深入推进创新驱动，加快新旧动能转换；加强资金投放保障，支持实体经济发展”等四个方面的协商意见，区委主要领导对政协协商成果给予充分肯定，要求区政府和相关部门“认真吸收相关建议于工作中”。

每月协商聚焦热点。按照“大视野、小切口”的原则，区政协主席会议围绕长寿区污染防治暨环保督查情况、校园安保及周边秩序整治工作、乡村旅游推进、食品药品安全监督管理、水资源管理、渝长高速公路扩能建设等专题进行每月协商，形成有价值的协商意见60余条，很多协商意见得到区委、区政府及相关部门的重视和采纳。区政协主席会议还根据区委的安排，就全区换届工作和重要人事任免事项开展专题协商4次，涉及正处级干部34人，增强了全区干部选任工作的科学性和公信力。

提案办理协商注重实效。提案工作是一项最具政协特色的基础性工作，在区委、区政府的重视支持下，区委办、区政府办、区政协办联合颁布实施《长寿区政协提案办理协商办法》，进一步推进了提案办理协商规范化制度化程序化。全年主席会议成员牵头开展提案办理协商、视察、调研20余次，有力推动了提案的办理落实。区政协十五届一次会议立案的394件提案，办理答复率为100%，满意率为97%，当年落实率达70.6%，创历年最高。特别是33件重点提案得到区委、区政府领导的高度重视和领衔督办，提案反映的一批重点难点问题得到有效解决。

二是聚焦全区中心任务，议政监督成效更加彰显。围绕推进供给侧结构性改革、实施创新驱动发展战略等全区中心工作，组织开展调研、视察、评议、反映社情民意等履职活动，报送各类建言报告20余份，政协的话语权、影响力得到进一步提升。

专题调研的深度进一步增强。紧扣全区重点工作和民生热点问题，选取龙溪河流域生态经济带建设、基础设施互联互通、城市管理工作、民工劳动维权、返乡农民工就业创业等课题开展专题调研，委员们深入基层、深入群众、深入现场，多层次、全方位、多渠道了解情况，力求做到言之有物、言之有据、言之有理，相关调研报告得到市、区领导和有关方面的高度肯定。比如，我们抽调精干力量组成调研组，深入龙溪河流域相关区县，围绕流域生态经济带建设开展近3个月调研，经过多次交流座谈、征求意见、研究论证，集中各方智慧形成的《关于龙溪河流域生态经济带建设的调研报告》得到市领导的充分肯定和市发改委的积极采纳，助推龙溪河流域成为首批16个全国流域水环境综合治理与可持续发展试点流域。

专题视察的精度进一步增强。注重视察的精准度，有针对性地开展重大项目推进、经开区科技创新园建设、水产品供给侧结构性改革、桃花河整治提升工程、学前教育三年行动计划等重点视察，形成的视察成果得到区委、区政府主要领导高度重视和充分肯定，有力推动了相关工作的改进落实。比如，在专题视察重大项目推进情况过程中，委员们深入长寿经开区科技创新园、世纪之光塑料光纤、长寿长江二桥等项目现场，听取相关情况介绍，分析项目建设存在的困难和问题，针对性提出“抓重点突节点，确保重大项目科学高效推进；抓进度突质量，打造高质量的精品工程；抓谋划突超前，及早启动策划一批重大项目；抓统筹突保障，协调推进重大项目建设”等建议，区委主要领导批示“区政府和有关部门认真吸纳政协对重大项目专题视察提出的意见建议，加力推进重大项目建设和谋划储备。”据此，区政府2次专题研究全区重大项目调度和策划工作，强力推进有关问题解决。

民主监督的力度进一步增强。认真落实区委《关于加强和改进人民政协民主监督工作的实施意见》精神，注重把握监督方向和原则、节奏和力度，在继续开展民主评议、特邀监督员等常规性民主监督工作的基础上，首次在区政协主席会议、常委会议开展以监督性通报为主要内容的会议监督，先后听取区城乡规划、基础设施规划、审计、气象等工作情况通报。不断丰富民主监督形式，委派60多名政协委员担任廉政监督员、人民陪审员，委员们通过参加会议、参与庭审、调研座谈、行风评议、明察暗访等形式，对区委、区政府专项工作的推进情况开展民主监督，为部门单位更好改进作风、推动发展、服务群众发挥了积极作用。继续开展集中评议部门工作，组织部分政协常委集中2个月时间，分3个评议小组分别对区经信委、区科委、区城乡建委工作开展民主评议。区委、区政府主要领导对3个评议报告都作了重要批示，3个部门都制定了整改方案并认真落实，评议取得了良好的监督效果。

社情民意信息的广度进一步增强。充分发挥政协委员来自基层、联系广泛的资源优势，积极拓宽社情民意反映渠道，及时把广大群众关注的热点难点问题，通过政协渠道反映给区委、区政府和相关部门单位，推动有关问题及时解决，较好地发挥了反映民情、汇集民智、维护民利的作用。全年收集社情民意信息248篇，编印《社情民意专报》132篇，区领导批示转送86篇，市政协刊用11篇，长寿区社情民意信息工作跻身全市区县前10位。其中，《关于推进我市危险废物处置力度的建议》、《关于促进我市共享汽车有序发展的建议》、《关于优化煤矿关闭工作配套政策的建议》等信息被市政协采用，并报送相关市领导和市级部门决策参考。

三是突出团结民主两大主题，合作共事氛围更加浓厚。充分发挥政协包容性强、联系面广的优势，认真做好协调关系、理顺情绪、增进共识、加强团结的工作，努力汇聚推动长寿改革发展的强大合力。

市政协委员助推发展有实效。成立服务市政协委员长寿地区组工作领导小组，精心做好在长市政协委员履职服务保障工作。在长市政协委员通过参加市政协全委会、常委会、专题协商会以及视察调研等活动，积极向市政协提交提案、反映社情民意，努力营造有利于长寿发展的良好环境。集体提案“关于加快建设重庆主城区东出新通道的建议”纳入市政府决策予以推进；“关于加快形成‘长垫梁’区域协同发展的建议”被市政协纳入年度重点调研课题；“关于将长寿区纳入沿江货运铁路线范围并在长寿设站的建议”、“关于城镇化背景之下教师区管校用的建议”、“关于以医疗救助介入精准扶贫推进全面建成小康社会的建议”等12件个人提案转交市级相关部门办理落实，市政协委员长寿地区组获得全市先进委员组荣誉称号。

政协系统协同联动有影响。热情规范接待全国各地政协来长视察调研、考察学习20余起、150余人（次），为提高长寿知名度、美誉度发挥了积极作用。积极争取市政协的指导支持，精心做好市政协领导来长调研视察相关工作。参加市政协东部片区会、区县政协主席研讨班和区县政协工作经验交流会，围绕“加强和改进人民政协民主监督”、“提升四种能力增强履职实效”等课题进行交流发言；积极参与市政协组织的重大课题调研协商，市、区政协工作协同度进一步提升。强化对街镇联络组的联系指导，邀请联络组参加区政协重要会议，参与重大调研视察，推动政协工作向基层延伸，进一步增强了全区政协工作合力。

党派团体凝心聚力有作为。始终坚持民主协商、平等议事、求同存异、体谅包容的原则，加强与各民主党派、工商联和无党派人士的合作共事，坚持党派团体的提案重点督办、发言重点安排、社情民意信息重点报送，各民主党派、工商联、无党派以集体或个人名义提交的22篇大会发言材料、提出的198件提案、报送的62篇社情民意信息，都得到了充分反映和及时办理，人民政协成为各民主党派、工商联、无党派人士展示风采、体现价值的重要舞台。换届完成后，我们及时明确各界别小组负责人，并由区政协党组成员牵头走访党派团体界别，联络感情、了解情况、沟通意见，形成书面报告报区委。区委、区政府对反映的具体问题和困难进行任务分解和责任落实，推动有关问题得到解决。

四是深化委员履职实践活动，联系服务群众更加紧密。围绕脱贫攻坚等重大民生事项，充分发挥委员来自界别、联系广泛的优势，继续开展以“四个一”活动为载体的委员履职实践活动，促进委员走基层、惠民生，识民情、接地气，发出好声音、传递正能量。

倾情助力脱贫攻坚。始终把脱贫攻坚作为一项重要政治任务，引导全区政协委员为贫困村组、贫困群众脱贫增收献计出力。继续牵头做好云台镇整体脱贫攻坚帮扶工作，从改善基础设施条件、提升公共服务水平、夯实稳定增收基础等方面，集中研究破解脱贫攻坚工作中存在的困难和问题。换届后，及时调整政协机关结对帮扶安排，16名处级干部对16户帮扶对象进行回访，了解脱贫情况，解决具体问题，巩固脱贫成果。截至目前，云台镇建档立卡贫困户414户1250人，已实现脱贫398户1200人，区政协机关对口帮扶的拱桥村建档立卡贫困户70户228人全部脱贫。

深入开展帮扶走访。牵头负责渡舟街道果园村后进基层党组织整顿工作，多次组织对口帮扶部门深入现场，研究办法对策，协调筹集资金，完成新建400平方米便民服务中心、扩宽硬化公路2.6千米、整治山坪塘6口，果园村在村级组织建设、基础设施建设、产业发展等方面都有了明显改善。政协主席会成员深入重庆望变电气集团、穗花食为天粮油公司等企业开展走访活动，实地了解企业生存发展状况，协调解决用电用地等具体问题，帮助企业排忧解难。积极投身文明长寿创建，持续开展“社区工作日”活动，协调解决实际问题，促进和谐社区建设。

创新丰富界别活动。充分发挥界别紧密联系群众的独特优势，结合委员自身专业特长，开展形式多样的界别活动，真正实现服务群众零距离。中共界别围绕党建、法治、社会治理、文明长寿建设等开展调研；民革界别开展“牵手困难群众”、“送教下乡”、“送医下乡”、“普法进社区”等活动；民进界别开展“教育扶贫·智力支教”、“春蕾行动”等活动；农工党界别整合各方力量，开展“打造中华长寿文化名城”专题调研；九三学社界别通过开展“九地合作”行动，持续深化对街镇卫生院的精准帮扶；工商联界别深入企业走访，积极了解企业困难和呼声；无党派界别围绕区域经济一体化发展、完善重大项目投融资机制等开展调研。总工会、共青团、妇联、侨联等界别也结合自身优势，组织界别委员深入基层开展服务群众活动，政协界别的特色得到充分彰显，人民政协服务基层、服务群众的能力得到明显提升。

一年来，我们坚决落实管党治党新要求，推动全面从严治党新实践，不断夯实政协履职基础，服务保障能力进一步提升。

一是党的建设不断加强。充分发挥政协委员中的中共党员的先锋模范作用，强化思想政治教育，严守政治纪律和政治规矩，坚决拥护中共中央对孙政才严重违纪案处理决定，坚决消除孙政才恶劣影响，彻底清除“薄、王”思想遗毒。区政协党组班子和主席班子成员率先垂范，压实全面从严治党主体责任，深入贯彻中央八项规定精神，持之以恒反对“四风”，推动作风建设持续好转。切实抓好《关于新形势下党内政治生活的若干准则》、《中国共产党党内监督条例》等党内法规制度的学习宣传贯彻，健全完善领导干部廉政档案，大力支持派驻纪检组开展工作，区政协党风廉政建设明显加强。扎实推进“两学一做”学习教育常态化制度化，圆满完成区政协机关党委、支部换届调整，坚持“三会一课”制度，定期开展主题党日活动，切实规范党内政治生活，党员干部思想理论素养明显增强，机关支部战斗堡垒作用得到较好发挥。

二是学习机制不断健全。把学习作为政协履职之要、创新之本，围绕建设学习型组织，在完善政协党组中心组学习、主席会议学习、常委会学习制度的基础上，健全了委员集中培训、委员专题培训和“政协大讲坛”等学习机制。举办2期新任委员培训班，帮助委员更好地明确履职要求、增强主体意识、提升履职能力。探索创办“政协大讲坛”，围绕国学修养与人格塑造等主题举办专题讲座7场，增强了广大委员的政治素质和人文素养。

三是工作影响力不断扩大。注重讲好政协故事，传播政协声音，扩大政协影响，主动加强与新闻媒体的沟通联系、策划合作，《为科技创新引“活水”》等59篇反映长寿政协工作的新闻稿件，在人民政协报、重庆政协报头版和重要版面刊发，较好宣传了广大政协委员的履职成果，提高了社会对政协的认知度。以承办“参政议政巴渝行”集中采访报道活动为契机，组织人民政协报、人民网、重庆日报、大公报、华龙网等10余家国内知名媒体，对长寿政协工作进行全方位宣传报道。充分发挥政协文史工作及书画院作用，编辑出版纪念重庆直辖二十周年，反映长寿发展变化的《见证成长》画册，举办以“讴歌新时代、赞美新生活、展现新面貌”为主题的庆祝中共十九大胜利召开书画摄影作品展。积极参与市政协关于“人民政协与国家治理体系和治理能力现代化”主题年度理论研讨，选送的《提高人民政协民主监督实效的思考》论文在全市获奖。

四是机关规范化水平不断提高。根据新形势新情况，征求多方意见建议，修订完善《政协委员“四个一”活动方案》、《优秀政协委员评选表彰办法》、《政协委员年度述职方案》，政协机关《办文制度》、《保密制度》等工作制度，推动政协机关管理服务水平持续提升。成立区政协信息中心，加快政协信息化建设步伐，完善“内部办公网上系统、门户网站、委员微信群、云企信”等信息平台，基本实现办公无纸化、委员履职信息化、联系交流便捷化。大力推进“学习型、服务型、效能型、创新型”机关建设，努力建设一支“开口能说、提笔能写、遇事能办”的政协干部队伍，着力把政协机关打造成为“委员之家”、“协商民主之家”。

各位委员，过去一年区政协工作取得的成绩，是学习贯彻习近平新时代中国特色社会主义思想的结果，是中共长寿区委坚强领导的结果，是区人大常委会、区政府、长寿经开区大力支持的结果，是全区各部门、各单位以及社会各界热情帮助的结果，也是区政协各参加单位、广大委员协力奋斗的结果。全体委员以高度的政治责任感、强烈的委员意识和良好的精神风貌，认真履职，扎实工作，为长寿政协事业发展付出了辛劳、贡献了智慧。在此，我代表区政协常委会向大家表示衷心感谢！

回顾总结一年来的工作，我们也清醒地认识到，区政协工作还存在一些需要提高和改进的地方。比如：调查研究如何更加深入，协商议政如何更加充分，民主监督如何更加有效，团结联谊如何更加紧密等等。这些问题需要我们认真研究，并在今后的工作中切实加以解决。

2018 年主要工作安排

2018 年，是贯彻中共十九大精神的开局之年，是改革开放 40 周年，也是决胜全面建成小康社会、实施“十三五”规划承上启下的关键之年。新的一年，区政协工作的总体要求是：更加紧密地团结在以习近平同志为核心的中共中央周围，高举中国特色社会主义伟大旗帜，以习近平新时代中国特色社会主义思想为指导，全面贯彻落实中共十九大精神，在中共长寿区委的坚强领导下，认真落实市委五届三次全会和区委十三届二次全会部署，聚焦全区中心工作，坚持团结民主两大主题，充分发挥协商民主重要渠道和专门协商机构作用，认真履行政治协商、民主监督、参政议政职能，着力推进履职能力现代化建设，为把中共十九大精神全面落实在长寿大地上贡献智慧凝聚力量，不断谱写新时代人民政协事业发展新篇章。

一是深入学习贯彻中共十九大精神，用习近平新时代中国特色社会主义思想武装头脑、指导实践、推动工作。学懂弄通、学深悟透中共十九大精神，是新时代新起点提高政治站位和政治觉悟的必然要求。要按照“全党全国来一次大学习”的要求，原原本本、原汁原味地学习好十九大报告，准确领会把握十九大精神的思想精髓、核心要义。要更加牢固树立“四个意识”，时时处处事事维护以习近平同志为核心的中共中央权威和集中统一领导，始终在思想上政治上行动上同以习近平同志为核心的中共中央保持高度一致，坚定自觉向中共中央看齐、向习近平总书记看齐，在重大原则问题上，头脑特别清醒、立场特别坚定，始终做政治上的明白人、老实人。要深学笃用习近平新时代中国特色社会主义思想，深刻理解这一重要思想的时代背景、历史地位、科学体系、精神实质、实践要求，始终用习近平新时代中国特色社会主义思想武装头脑、指导实践、推动工作。要发挥人民政协制度优势和组织优势，引导各参加单位和广大委员用好界别渠道，紧贴各界群众思想实际，与他们一道学报告、讲精神、理思路、谋发展，帮助群众掌握“认识世界”的钥匙，获得“改造世界”的力量，让新思想深植于社会实践的沃土，成为人们的自觉行动，激发强大的前进力量。

二是坚持围绕中心服务大局履职尽责，为长寿区决胜全面建成小康社会、开启社会主义现代化建设新征程贡献政协智慧。区委十三届二次全会对把中共十九大精神全面落实到长寿大地上作出了具体部署。要按照“全区上下要来一次大落实”的要求，聚焦落实区委决策部署，切实把十九大精神体现到谋划工作、推进落实的具体措施中。要引导广大委员深入贯彻落实新发展理念，按照经济发展质量变革、效率变革、动力变革新要求，围绕推动供给侧结构性改革和建设现代化经济体系、发展社会主义民主政治、推进文化强区建设、加强和创新社会治理、建设山清水秀美丽之地、扎实推进全面深化改革、深入推进全面依法治区等献计献策，尽力看清发展征程中的矛盾转化和问题更迭，理清面临的机遇和挑战，努力为实现更高质量、更有效率、更加公平、更可持续的发展履职尽责。要围绕实现新的“两步走”战略目标，瞄准实施“八项战略行动计划”、打好“三项攻坚战”、打造“四个示范区”，认真选择一些战略性、前瞻性强的重大议题开展调查研究，提出意见建议，使各项工作更加符合新时代新特点新要求。要围绕打赢决胜全面建成小康社会这场硬仗，按照市政协的统一部署，组织引导各参加单位和广大政协委员扎实开展“决胜全面小康·委员凝心聚力”活动，团结鼓劲释放正能量，发扬民主增进共识度，真知灼见共促新发展，不断激发同新时代相匹配、与新征程相呼应的责任担当。要深入贯彻以人民为中心的发展思想，围绕教育、就业、医疗、住房、养老等难题和民主、公正、安全等需求，广泛开展协商议政，为不断增强人民群众的获得感、幸福感、安全感做出积极贡献。

三是更好发挥人民政协作为统一战线组织作用，为全区改革发展民生各项事业广泛凝聚人心汇聚力量。努力推进中共十九大精神和各项部署在长寿落地落实，需要全区上下万众一心，以团结共识为基础，用齐心协力作保障，最大限度地凝聚共识、凝聚人心、凝聚智慧、凝聚力量。要贯彻落实中共十九大关于巩固和发展最广泛的爱国统一战线的新部署，引导各党派团体、无党派人士和各界群众高举爱国主义、社会主义旗帜，始终坚持大团结大联合，坚持一致性和多样性统一，找到最大公约数，画出最大同心圆，更好地用中共十九大精神统一思想、凝聚力量。要坚持长期共存、互相监督、肝胆相照、荣辱与共的基本方针，加强合作共事，为各民主党派在政协履职创造条件，支持各民主党派按照中国特色社会主义参政党的要求更好履职。要加强同党外知识分子的联系，做好新社会阶层人士的工作，发挥他们在中国特色社会主义事业中的重要作用。要加强同港澳台侨、少数民族、宗教界委员的联系，发挥他们在促进经济社会发展中的积极作用。要加强同非公有制经济人士的联系，推动构建亲清新型政商关系，为他们创造更多有序参与协商、合理表达诉求的条件。要加强同社会各界群众联系，积极协助区委、区政府做好协调关系、理顺情绪、化解矛盾、增进团结的工作，为巩固民主团结、生动活泼、安定和谐的政治局面贡献政协力量。

四是积极践行新时代中国特色社会主义民主政治发展新要求，探索完善政协协商民主新格局。深刻领会把握新时代人民政协工作的新要求，牢牢把握人民民主的真谛，积极搭建各类履职平台和协商载体，着力营造各抒己见、畅所欲言的良好协商氛围，让来自各方的意见建议得到充分表达，有事好商量，商量好办事，着力发扬民主、增进共识、促进团结。要继续深化人民政协协商民主规范化制度化程序化建设，不断优化政协年度协商、通报、视察、调研选题机制，拓展协商内容，规范协商程序，完善协商形式，健全协商成果采纳、落实和反馈机制，使政协协商更加“商之有道”、“商之有据”、“商之有效”。要进一步擦亮每月协商品牌，完善以全体会议为龙头，以专题议政性常委会议为重点，以提案办理协商、界别协商、对口协商为常态的协商议政新格局，提高协商民主规范化制度化程序化水平。要切实加强和改进政协民主监督工作，发挥协商式监督特色优势，重点监督区委、区政府决策部署的贯彻落实，切实做到敢监督不缺位、善监督不任性、真监督不应付。要完善政协协商与区委、区政府工作有效衔接的机制，政协委员与所代表的界别群众密切联系机制，广大群众反映民情民意的机制，为各界人士广泛持续深入参与社会治理搭建平台、畅通渠道，发挥好人民政协这一“具有中国特色的制度安排”的功能和作用。

五是以加强党的建设带动自身建设，不断提高政协履职能力和水平。中共十九大对新时代全面从严治党提出了新的更高要求。区政协党组要切实担负起全面从严治党的主体责任，坚持党要管党、全面从严治党，始终把党的政治建设摆在首位，严肃党内政治生活，涵养健康党内政治文化，坚持破立并举，坚决清除孙政才恶劣影响和“薄、王”思想遗毒，大力支持派驻纪检组工作，持之以恒正风肃纪，深入推进反腐败斗争，努力营造风清气正的良好政治生态。要深入贯彻习近平总书记关于进一步纠正“四风”、加强作风建设的重要指示精神，以高度思想自觉和行动自觉，严格执行中央八项规定精神和市、区相关规定，全面查找存在的“四风”突出问题特别是形式主义、官僚主义新表现，切实找准深化作风建设的着力点和突破口，以“钉钉子”的精神抓细抓实抓到底。要拓宽委员学习渠道，对全区所有政协委员来一次大培训，促进政协委员增进政协情、当好政协人、讲好政协话、干好政协事。要加强委员服务管理，认真落实《长寿区政协委员履职考评办法》等相关制度，增强委员责任感和荣誉感，激励委员更好履职尽责，建设一支更加懂政协、会协商、善议政，守纪律、讲规矩、重品行的委员队伍。要深入推进“两学一做”学习教育常态化制度化，根据区委部署，扎实开展“不忘初心、牢记使命”主题教育，用新思想武装头脑，用新精神激励干部，用新使命锻造队伍，打造一支高素质的专业化政协干部队伍。要充分发挥政协文史工作“存史、资政、团结、育人”的独特作用，进一步加强新闻宣传和反映社情民意信息工作，积极推进理论研究工作常态化，持续提高政协话语权和影响力。

各位委员、同志们，潮起宜踏浪，风正好扬帆。今天的中国，已经踏上民族复兴的伟大征程；今天的长寿，正在迎来前所未有的华丽蜕变。置身这样一个伟大时代，人民政协更需要呈现新气象、展示新作为、体现新担当。让我们更加紧密地团结在以习近平同志为核心的中共中央周围，在中共长寿区委领导下，不驰于空想，不骛于虚声，一步一个脚印，不忘初心为民，牢记使命履职，以永不懈怠的精神状态和一往无前的奋斗姿态，不断谱写新时代人民政协事业发展新篇章，为决胜全面建成小康社会、决胜全面建成“三地一中心”、实现人民对美好生活的向往而努力奋斗！

重庆长寿现代农业园区一瞥

大事记

❖ 2018年长寿区大事记

2018年长寿区大事记

1月

2日，召开长寿区政府第三十八次常务会，听取并原则同意关于2018年重庆市长寿区人民政府工作报告、关于重庆市长寿区国民经济和社会发展计划执行情况及2018年计划草案、重庆市长寿区2017年财政预算执行情况和2018年财政预算草案等3个送审稿有关情况的汇报等10个议程。

3日，长寿区政府召开第一次全体（扩大）会议，讨论审议《政府工作报告（送审稿）》。

同日，长寿区法学会第二次代表大会召开。区委常委、政法委书记王身高当选区法学会第二届理事会会长。

4日，长寿区召开深化国家监察体制改革人员转隶干部大会。区委书记赵世庆讲话，区纪委书记谭伟主持会议。

5日，召开中共长寿区委常委会第三十八次会议。

8日，召开中共长寿区委常委会第三十九次会议。

同日，召开长寿区政府第三十九次常务会，研究重庆市长寿区建设国家知识产权试点城市工作方案、关于工业园区与中科院科技成果转移转化基金合作的请示、关于城乡垃圾转运系统建设有关事宜的请示等议题。

10—12日，政协重庆市长寿区第十五届委员会第二次会议在区科技文化中心召开。会议审议通过政协重庆市长寿区常务委员工作报告的决议和政协重庆市长寿区第十五届委员会第二次会议决议。

11—13日，重庆市长寿区第十八届人民代表大会第二次会议在区科技文化中心召开。会议表决通过关于重庆市长寿区人民政府工作报告的决议、关于重庆市长寿区2017年国民经济和社会发展计划执行情况及2018年计划的决议、关于重庆市长寿区2017年财政预算执行情况和2018年财政预算的决议、关于重庆市长寿区人民代表大会常务委员会工作报告的决议、关于重庆市长寿区人民法院工作报告的决议、关于重庆市长寿区人民检察院工作报告的决议。

12日，举行长寿区产业发展招商推介会暨入驻项目签约仪式。

13日，重庆市首个监察委员会重庆市长寿区监察委员会正式成立。区领导赵世庆、谭伟为长寿区监察委员会挂牌。十八届区人大二次会议选举谭伟为区监察委员会主任，区人大常委会任命3名区监察委员会副主任和3名区监察委员会委员。

同日，重庆市首个现代化农副产品交易中心重庆东部国际农产品交易中心项目奠基仪式在渡舟街道甘蔗村举行，区领导宋平出席开工仪式并致辞。

17日，共青团长寿区委组织的2018年“冬日阳光·温暖你我”新春关爱行动结束，全区25个企事业单位和社会团体，130余名爱心人士为贫困、留守青少年和儿童实现449个新年心愿。

19日，召开中共长寿区委常委会第四十次会议。

22日，召开长寿区政府第四十次常务会，研究重庆市长寿区危险化学品道路运输安全综合治理专项实施方案、关于开展明月山综合交通新通道研究的请示等议题。

同日，重庆市“红色文艺轻骑兵送文化进基层”在长寿区龙河镇保合村秀才湾举行开幕式和首场演出。市文化委主任张洪斌宣布开幕，区委书记赵世庆致辞。

26日，重庆市长寿区社会科学界联合会召开第二次代表大会，选举产生新一届领导班子，李元凯当选主席。

29日，国务院三峡办、水利部、环保部等9

部委办一行到长寿，视察三峡库区长寿段175米试验性蓄水和水环境安全情况。

31日，区纪委通报石堰镇石坝村党支部书记、村委会主任违规操办女儿婚宴问题，云集镇尖峰村党支部书记、村委会主任等人违规套取残疾人建房补助款及在危房改造中违规安排无从业资格人员管理和施工，发生一人死亡问题等两起违纪案例。

2　月

1日，重庆市美术家协会2018工作会议暨十三届全国美展创作动员会在长寿召开。

2日，召开中共长寿区委常委会第四十一次会议。

3日，2017年度重庆摄影家大会在长寿召开。中国摄影家协会著作权协会副主席、新华社领衔编辑陈小波及市、区相关负责人出席会议。

6日，召开长寿区政府第四十一次常务会，研究关于区中医院医养中心建设项目的请示、关于提请审定长寿区盐业体制改革实施方案的请示、关于报批长寿区电力设施及通道规划的请示等议题。

7日，召开中共长寿区委常委会第四十二次会议。

9日，中共中央政治局委员、重庆市委书记陈敏尔率队到长寿视察调研乡村振兴，并召开兴调研转作风促落实专题座谈会。市委常委、秘书长王斌，市政府副市长陆克华和市级有关部门负责人、中共长寿区委书记赵世庆、区长巴川江和区四大班子成员参加。

12日，中共重庆市长寿区第十三届纪律检查委员会第三次全体会议召开。

23日，中共长寿区委常委会第四十三次会议审定新成立的中共重庆市长寿区委巡察办公室职能职责、人员编制、内设机构“三定”方案。

27日，召开中共长寿区委常委会2017年度民主生活会，市委常委、市纪委书记、监察委主任陈雍到会指导，区委常委会委员、区人大常委会主任、区政协主席、区人武部政委参加会议。

28日，召开长寿区政府第四十二次常务会，听取并原则同意关于长寿区区管重点国有企业薪酬管理办法（暂行）、区属国有企业管理暂行办法、区属国有企业投资监督管理暂行办法等19项情况汇报，传达全市实施乡村振兴战略行动计划和精准脱贫攻坚战部署等会议精神，通报开通党风政风监督大数据平台等情况。

同日，民政部救灾司和市民政局相关领导到长寿，调研社区综合减灾工作。

同日，中央电视台9频道“餐桌上的美食”栏目于17:24首播在长寿摄制的节目“长寿肉汤元”。

3　月

1日，召开中共长寿区委常委会第四十四次会议，传达学习中共十九届三中全会精神，研究全区发展措施；传达学习市纪委书记陈雍在长寿区委常委班子专题民主生活会上的讲话精神，研究落实措施。

2日，长寿区政府在《长寿日报》刊登《长寿区城市品质提升意见征集问卷》，利用《长寿日报》全媒体向广大群众征集意见；同时进行城市品质提升“金点子”有奖征集。

同日，由区委宣传部、区总工会、区人社局、区科协、《长寿日报》主办的“长寿区第二届‘长寿工匠’评选”启动。

同日，全区经济工作会暨区政府第二次全体（扩大）会议在区科技文化中心礼堂召开。全区部门、街镇和企业的主要负责人466人参加会议。

同日，“寻长寿文化之根 扬长寿美食之名”主题元宵节万人品尝长寿历史名小吃肉汤圆活动，在长寿菩提古镇举行，吸引数万市民汇聚。

6日，召开长寿区政府第四十三次常务会，研究长寿区乡村振兴战略实施方案、长寿区精准脱贫攻坚战实施方案、高速集团在长寿高速公路上跨车行天桥移交事项等议题，听取重庆市长寿区消防安全风险评估报告，通报2018年全市消防工作电视电话会议精神、全市国资工作会议精神等。

同日，交通运输部天津水运工程科学研究院一行到长寿考察。

8日，市人大常委会副主任刘学普到长寿，调研人大代表建议办理情况和街镇人大工作。

9日，召开中共长寿区委常委会第四十五次会议。

13日，全区乡村振兴战略行动计划动员会暨精准脱贫攻坚战部署会召开。区委书记赵世庆出席并讲话，区委副书记、区长巴川江主持会议并作工作部署。全区街镇、相关部门的主要负责人189人出席会议。

16日，召开中共长寿区委常委会第四十六次会议。

19日，长寿区8幅优秀摄影作品被选送国家数字图书馆参展。

20日，召开长寿区政府第四十四次常务会，研究长寿区公共视频监控建设联网项目（“雪亮工程”）、开展长寿区第三次国土调查、实施区文化馆图书馆总分馆建设等议题。

同日，2018重庆·长寿邻封油菜花文化旅游节开幕。

21日，2018中国重庆“长寿家居”首届大学生家居设计大赛，在北京中国国际展览中心开幕。大赛设计方案全球征集，金奖奖金10万元。

21—23日，长寿工业园区的双羽、豪迈、佳禾、坤秀等13家木门企业，联合组团参加在北京中国国际展览中心举行的第十七届中国国际门业展览会、第五届中国国际集成定制家居展览会。

23日，《中共重庆市长寿区委 重庆市长寿区人民政府关于将区委农村工作领导小组更名为区委实施乡村振兴战略工作领导小组的通知》印发全区街镇、部门和有关企事业单位。

同日，《重庆市长寿区人民政府关于印发〈重庆市长寿区区属国有企业管理暂行办法〉的通知》印发区属各国有企业。

同日，长寿区通信发展办公室揭牌仪式举行，市通信管理局党组书记、局长蔡立志，区领导赵世庆、巴川江、张明生、张华出席揭牌仪式。

同日，召开中共长寿区委常委会第四十七次会议。专题学习全国“两会”精神，传达学习市委书记陈敏尔在全市干部大会上的讲话精神，研究长寿区贯彻落实措施。

24日，中共重庆市委常委、秘书长王斌一行到长寿，调研乡村振兴工作。

26日，长寿区公安局和区教委联合主办的“平安校园行”中小学生安全教育宣传活动在长寿中学举行启动仪式。

27日，召开长寿区政府第四十五次常务会。学习总书记习近平重要讲话和全国两会、全市干部大会精神；研究2017年重大项目考核结果及奖励方案等议题；通报全市工业和信息化工作会议等情况。

同日，长寿区召开专题会议，研究“橘香福地，长寿慢城”项目规划，推进实施乡村振兴战略，探索全域旅游、庄园经济、美丽乡村“三位一体”发展模式。

同日，中国铝业股份有限公司党组成员、高级副总裁刘祥民，西南铝业集团董事长尹学春一行到长寿考察。

28日，召开中共长寿区委中心组（扩大）集中学习会。浙江大学教授汪成设作“全域旅游发展”专题报告。

同日，《长寿日报》公布全区24个党群及政法部门、37个区政府部门及事业单位、12个在长寿市属管理部门、19个街镇2017年执政为民服务发展评议的结果。

同日，长寿区政府公布第九批区级文物保护单位，张家祠堂（双龙镇）、秦家大湾碉楼（葛兰镇）、廖井丹故居（双龙镇）列为区级文物保护单位。长寿区区级文物保护单位达到39处。

29日，长寿区政府办公室发出《关于成立重庆市长寿区推动“一带一路”和长江经济带发展领导小组的通知》，巴川江任组长，蒋牧宸、宋平、汤晓强、张万明、肖庆华任副组长，相关部门负责人任成员。

30日，重庆市长寿区扫黑除恶办公室发布关于开展扫黑除恶专项斗争的通告。

同日，长寿区人民检察院、区教委、团区委联合签署《关于构建未成年人检察工作社会支持体系框架协议》，共同加强未成年人司法保护。

同日，区纪委通报区公共民生工程建设管理服务中心社会事务科科长违规送礼金、但渡镇兴同村党支部书记行贿问题、但渡镇曾祠村党支部书记骗取国家补偿资金问题、但渡镇农业服务中心副主任兼林业站站长受贿和滥用职权造成国家经济损失问题四起违纪案例。

下旬，长寿区五家企业上榜重庆市2018年第一批科技型中小企业拟入库名单。这五家企业是：重庆市民崧科技研发中心、重庆康普化学工业股份有限公司、重庆欣欣向荣精细化工有限公司、重庆复融科技有限公司、重庆英斯凯化工有限公司。

下旬，长寿区获得商务部认定为国家级外贸转型升级基地，是全市获批的5个区县基地之一。

4 月

2日，长寿工业园区的双驰门窗有限公司“定制3D打印装饰木质门”项目，获得第四届中国林业产业创新奖（木门业）二等奖。

同日，区地税局向川维公司开具232478.35元的环境保护税票。这是重庆市开具的第一张环境保护税票。

3日，召开长寿区政府第四十六次常务会。研究全区2018年安全生产工作考核办法等议题；通报2018年全市发展改革和统计工作会议精神，全区森林防火安全监管工作情况；通过有关人事任免。

同日，长寿区人力资源和社会保障局、财政局、卫生和计划生育委员会联合发文《关于成立重庆市长寿区公立医院薪酬制度改革试点工作领导小组的通知》。

同日，中华全国台湾同胞联谊会副会长郑平一行到长寿。

4日，长寿区与重庆银行就推进金融支持精准扶贫和乡村振兴举行合作对接会，区委书记赵世庆，重庆银行党委书记、董事长林军，区委常委、常务副区长蒋牧宸参加会议。

9日开始，全区范围内车辆购置税可以在网上办理，用电脑或是手机登录重庆国税电子税务局后，只需确认申报信息和缴纳税款，就能完成申报缴纳。

10日，西藏自治区类乌齐县委副书记、县长潘毅带领党政代表团到长寿，就拓宽对援渠道、深化合作、共同发展进行交流座谈。

同日，渝东南片区关心下一代工作委员会联席会议在长寿区召开。

11日，召开中共长寿区委常委会第四十八次会议。传达市委五届四次全会精神，传达学习陈敏尔在市委理论学习中心组（扩大）专题学习会上的讲话精神，研究长寿区贯彻落实措施。

同日，举行贯彻习近平总书记全国“两会”期间系列重要讲话精神市级宣讲报告会暨区委理论学习中心组（扩大）专题学习会。重庆社科院党组书记、院长陈全作专题报告。区委书记赵世庆主持并讲话。

同日，长寿区公共卫生服务中心到化工职业学院，现场招募100名结核病防治知识传播行动志愿者。

12日，召开长寿区乡村振兴试点工作动员会。

同日，长寿区乡村振兴试点工作组入驻试点村，随即成立乡风文明工作组，及时开展相关工作。

同日，长寿区召开决胜“基本解决执行难”动员大会，决定采取司法拘留、资产处置、限制出境等多项强制措施保证取得成功。

同日，长寿区邀请重庆师范大学地理与旅游学院专家，对区级部门、街镇分管领导和工作人员进行旅游资源普查培训。

同日，长寿经济技术开发区关心下一代工作委员会和10家企业关工委正式成立。

13日，召开长寿区旅游资源普查工作启动会，在全市率先开启旅游资源精细化普查工作，把长寿历史文化纳入重点普查范围。

14日，以“炫动长寿，快乐舞台”为主题的长寿区第七届广场舞大赛在长寿菩提古镇举行。全区各街镇34支队伍、500余人参加比赛。

15日，长寿区委政法委、区国家安全办、区公安局、区司法局在区体育中心，联合开展主题为“开拓新时代国家安全工作新局面”的第三个“全民国家安全教育日”宣传咨询活动。

同日，第三十三届重庆市青少年科技创新大赛闭幕，长寿区有37件作品获奖。其中一等奖6件、二等奖9件、三等奖9件、优秀奖13件。

16日，在重庆市第六届渝台基层乡镇联谊会上，长寿区妇联与台湾省彰化县大村乡妇联会缔结为友好单位。

17日，长寿区政府与交通运输部天津水运工程科学研究院签订战略合作协议，把长寿打造成为重庆市重要的外贸中转口岸和长江上游“铁公水”联运枢纽港的重要组成部分。交通运输部天津水运工程科学研究院院长张华勤，区领导赵世庆、巴川江、张华等参加签约仪式。

同日，召开长寿区政府第四十七次常务会。研究邻封镇历史文化名镇保护规划、小城镇及乡村环境综合整治项目规划设计战略合作协议、举办

2018 年重庆长寿湖国际铁人三项赛、长寿湖半程马拉松赛等议题。

18 日，重庆市人大常委会副主任夏祖相一行到长寿，调研法治政府建设相关情况。

同日，在为期五天的 2018 年重庆市青少年拳击锦标赛上，长寿区代表队 41 名运动员参加 6 个组别比赛，获得 8 块金牌、5 块银牌、12 块铜牌，团体总分位列第一。

中旬，长寿区医院肝胆外科完成首例腹腔镜下胆肠吻合、肠肠吻合术。65 岁的女性患者恢复良好，治愈出院。

19 日，召开中共长寿区委常委会第四十九次会议。

同日，隶属长寿工业园区的重庆启尔电子科技有限公司正式投产，成为长寿工业园区创建市级高新区的主力军。

同日，重庆市医药学校非直属附属医院揭牌、共建护理新技术推广实训基地授牌暨共建药剂专业实训基地签约仪式在区中医院举行。长寿区中医院成为重庆市医药学校非直属附属医院。

同日，由长寿区委宣传部和区旅游局联合举办的“全国媒体看长寿”大型乡村旅游采风活动举行。新华网、人民网、光明网、《重庆晚报》、《重庆商报》等数十家媒体记者、摄影师，到长寿乡村旅游景点体验采访。

20 日，中共重庆市长寿区委十三届三次全会在科技文化中心礼堂召开。全面贯彻落实习近平总书记重要讲话精神，全力营造风清气正良好政治生态。区委常委会主持会议，赵世庆讲话，巴川江作说明。区委委员、候补委员和在长寿的区领导以及全区部门、街镇、驻长寿市管单位的主要负责人等 302 人参加会议。

23 日，重庆市“在希望的田野上”乡村振兴报告会在区科技文化中心礼堂举行。在长寿的区领导和全区各基层单位青年代表、化工职业学院的学生代表 900 余人聆听报告。

同日，由区文化委主办、区图书馆承办的“亲子阅读点亮长寿，故事妈妈全城阅读接力”系列活动在区图书馆启动。全区 200 余名孩子分别在 7 个故事会集中点参加活动。

24 日，中共长寿区委召开党外人士座谈会，纪念中共中央“五一口号”发布 70 周年。中共长寿区委书记赵世庆出席会议并发表讲话。

同日，长寿区监委办理成立后首个留置案件——江南街道原党工委委员、政法书记、派出所所长李银元案。

25 日，长寿区委理论学习中心组举行专题学习（扩大）会议，学习贯彻《中华人民共和国宪法》《中华人民共和国监察法》。

26 日，长寿区在科技文化中心礼堂举行第二届“长寿工匠”颁奖典礼，10 名“长寿工匠”、29 名“技术能手”受到表彰。

同日，区纪委通报八颗街道党工委书记等、重庆盈地实业有限公司驾驶员、长寿经开区集团驾驶员三起违反中央八项规定精神问题。

同日，重庆市精神卫生专科联盟成立，长寿区第三人民医院成为理事成员单位。

27 日，重庆市医药学校与全市 17 家区县医院联合成立校院合作委员会，下设 6 个指导委员会，全市 17 家医院的医学专家参加成立大会。

28 日，广东、云南、江西、天津等全国 17 个省市的供销系统干部组团到长寿区，考察“全国强化基层合作经济组织属性试点区县”的基层供销社改革发展和创新服务工作。

同日，国务院办公厅发布《关于对 2017 年落实有关重大政策措施真抓实干成效明显地方予以督查激励的通报》，长寿区因“土地节约集约利用、土地利用秩序、土地利用计划执行情况好”受到通报，并奖励用地计划指标 66.67 公顷（1000 亩）。

下旬，长寿区档案局召开电子文件（试点）单位培训，开启长寿区电子文件归档模式。

5 月

2 日，召开长寿区政府第四十八次常务会。研究区政府关于第三期学前教育行动计划的实施意见、2018—2020 年度长寿区加快发展普惠性学前教育工作方案、关于报批长寿区“厕所革命”近期建设规划的请示等议题。

同日，长寿区第一季度经济工作会召开，传达习近平总书记在深入推动长江经济带发展座谈会上的重要讲话精神，提出认真贯彻落实党中央和市委、市政府决策部署，确保实现“双过半”。

同日，《长寿日报》载，全区“五一”小长假实现安全稳定。全区 3 天接待游客 41.84 万人(次)，与 2017 年同比增长 12.74%；实现旅游收入 25825.09 万元，增长 13.81%。

同日，《重庆日报》载，经过司法重整后的重庆钢铁股份有限公司（简称重庆钢铁）2018 年 1—3 月实现营业收入 51.52 亿元，比 2017 年同期增长 211%；实现净利润 3.51 亿元（2017 年同期亏损 5.94 亿元）；经营业绩创下自环保搬迁后的新高。

3 日，长寿区在全市首创帮扶服刑人员未成年子女长效机制，区人民检察院联合凤城监狱、团区委、区妇联共同签订《共同帮扶服刑人员未成年子女协议书》。

同日，中共重庆市委常委、组织部部长胡文容一行到长寿，调研基层党建促乡村振兴相关情况。

同日，在摩洛哥马拉喀什举行的 2018 世界中学生运动会上，代表中国队参赛的长寿籍田径运动员黎立获得 110 米栏铜牌（13.87 秒）和 400 米栏铜牌（53.44 秒）。

4 日，召开中共长寿区委常委会第五十次会议。

同日，《长寿日报》载，在长寿区新增劳动力全员技能化培训班上获悉，长寿区建立终身职业技能培训制度，每个有意愿的劳动者、创业者都能参加一次培训。

8 日，市委实施乡村振兴战略工作领导小组会议在长寿区召开。会议由中共重庆市委书记陈敏尔主持，市委副书记、市长唐良智出席会议并讲话，市人大常委会主任张轩、市政协主席王炯出席会议。当天，陈敏尔、唐良智还到长寿区龙河镇和云台镇农旅融合项目开展调研。长寿区和市有关部门负责人参加会议和调研。

同日，中共重庆市委书记陈敏尔、市长唐良智等到重庆钢铁股份有限公司调研，长寿区和市有关部门负责人参加调研。

9 日，长寿区家具饰材商会成立大会暨第一次代表大会在金凤山酒店举行。

9—11 日，中共长寿区委书记赵世庆率队到浙江省招商。

11 日，《长寿日报》载，川维中学获得中国柔道协会评定的全国首批柔道特色学校，是重庆市唯一获评的学校。

14 日，召开中共长寿区委常委会第五十一次会议，专题学习贯彻市委书记陈敏尔到长寿视察调研指示精神和市委实施乡村振兴战略工作领导小组会议精神，研究长寿区贯彻落实措施。

同日，国家卫生计生委科学技术研究所到长寿，考察调研妇幼和计生机构合并运营情况。

15 日，召开长寿区政府第四十九次常务会，研究关于报送长寿区实施乡村振兴战略规划（2018—2022）重大项目的请示、关于对 2017 年度环境保护工作目标任务完成给予通报及奖励的请示、关于成立商品混凝土公司的请示等议题。

15—16 日，重庆市橱柜衣柜定制协会 100 余家企业老板，组团考察长寿工业园区寻找投资出路。

17 日，来自北京、吉林、江西等 20 余个省市的供销系统干部 110 余人，到长寿学习考察“三位一体”农村新型合作体系建设。

17—18 日，2018 年区镇人大代表培训班在区科技文化中心礼堂举行，全区 800 名人大代表参加培训。

18 日，召开中共长寿区委常委会第五十二次会议。

21 日，全国集中式饮用水水源地环境保护专项行动督查工作组到长寿。

22 日，第六次全国县级以上公共图书馆评估定级揭晓，长寿区图书馆第三次获评国家一级图书馆。

23 日，长寿区首次用无人机在万顺镇石龙村樊家湾查勘农业灾情。

同日，山东省聊城市党政代表团在市委副书记、市长宋军继率领下，到长寿区学习考察。

24 日，举行长寿区侨联教育分会成立仪式。

25 日，第二十一届中国西部国际投资贸易洽谈会（简称西洽会）举行开幕式暨重大项目签约仪式，长寿区签约重点项目 5 个，合同金额 10 余亿元。

同日，中国少年先锋队重庆市长寿区第三次代表大会在科技文化中心举行，选举产生少先队重庆市长寿区第三届工作委员会。全区 165 名代表和区领导及团市委相关负责人出席大会。

同日，在 2018 中国化工园区与产业发展论坛，长寿经开区上榜“2018 中国化工园区 30 强”，入围累计固定资产投资前五名。

26 日，国务院国资委主任肖亚庆一行到长寿，调研重庆钢铁股份有限公司司法重整相关工作情况，市委、市政府和长寿区相关领导参加。

同日，长寿区政府与中国化学工程集团有限公司举行签约活动，长寿区委、区政府和经开区领导参加。

同日，长寿黄桷湾隧道商城 184 个摊位使用权收回工作全部完成，黄桷湾隧道市政功能得到恢复。

29 日，市供销总社、重庆农商行“三社”融合战略合作签约仪式在长寿区举行，区长巴川江等参加签约活动。

同日，长寿区首部文旅融合大戏《不老城》在长寿菩提古镇开机。

30 日，最高人民法院咨询委员会副主任杜万华一行到长寿，走进司法重整后的重钢开展调研。

同日，召开长寿区政府第五十次常务会。学习市委书记陈敏尔在全市旅游发展大会讲话和市委市政府关于进一步严肃会风会纪提高会议质量的通知，研究乡村振兴长寿慢城生态环境建设一期工程项目勘察设计施工招标、举办 2018 年长寿湖龙舟赛、电动自行车消防安全综合治理工作等议题。

同日，中国气象局发布《关于公布首批百年气象站名录的通知》，“长寿国家基本气象站”被列“五十年认定”名录中。

5 月，长寿好图影视制作的《窗内窗外》《德会妈妈》两部微电影，分别获得全国第十四届党员教育电视片评比二等奖、三等奖。

5 月，长寿区人民医院骨一科成功完成自主开展的首例颈椎后路手术，填补长寿地区颈椎后路手术空白。

6　月

1 日，召开中共长寿区委常委会第五十三次会议。

4 日，长寿桃花溪城区段延时曝气工程完工试运行。该工程治理总长度 30 千米，覆盖石堰、葛兰、新市、渡舟、菩提几个街镇。

5 日，召开中共长寿区委常委会第五十四次会议。

8 日，《长寿日报》载，重庆云天化瀚恩新材料有限公司经过 5 年研发的光学级 PVA 薄膜，客户试用反馈，质量完全满足要求，已达到国内外同类产品水平，填补国内空白。

13—17 日，在 2018 年全国青少年柔道锦标赛中，川维中学叶子获得 18 岁以下年龄组 70 公斤级别亚军。

14 日，全国人大常委会委员、市人大常委会副主任杜黎明带领在渝全国人大代表第二组到长寿，专题调研长寿区工业及生活污水处理及达标排放情况。

同日，首届海峡两岸姊妹湖产业协作年会筹备会召开。全国台联副会长、重庆市台联会长许沛，长寿区领导赵世庆等参加会议。

15 日，召开中共长寿区委常委会第五十五次会议。

同日，召开长寿区政府第五十一次常务会。传达市政府第十四次常务会议精神，部署全区旅游、聚商选资、企业上市扶持等工作，研究进一步落实涉企政策促进实体经济平稳发展，对在长寿区征召入伍大学生予以专项奖励等议题。

同日，2018 重庆长寿湖龙舟赛举行。全市 9 支龙舟队的 200 余名运动员参与比赛。区委书记赵世庆宣布龙舟赛开始，区长巴川江致辞，张明生、张华等区领导出席开幕式。

同日，区纪委通报江南街道党工委委员、政法书记、区公安局江南派出所所长严重违纪等 5 起违纪典型案例。

同日，美籍华人、重庆大学自动化学院院长、长寿区侨联海外顾问宋永端教授获得第七届中国侨界贡献奖一等奖。

20 日，长寿区网络安全和信息化工作会议召开，贯彻落实中央和市委网络安全和信息化工作会议精神，安排部署长寿区工作。

21 日，来自用友网络、阿里云、中软国际智能制造等全国工业智能化领域的专家，参加 2018 重庆市工业智能化（长寿）巡回分享会介绍实施路径、优秀成果和先进经验。

同日，中共重庆市委常委、政法委书记刘强到长寿区调研人民调解、行政调解、司法调解联动等创新工作，先后到重庆钢铁股份有限公司、江南街道龙山社区走访调研。

26日，长寿区与重庆国际复合材料有限公司、欧文斯科宁复合材料（中国）有限公司签订战略合作协议，三方联合在长寿经开区建设国内最大的高模量玻纤材料生产线。区领导赵世庆、巴川江、张明生，云天化集团董事长兼国际复合董事长张文学、欧文斯科宁复合材料业务全球总裁齐奥·桑德利出席签约仪式。

同日，召开长寿区政府第五十二次常务会。研究长寿区公共区域免费无线局域网建设实施方案、长寿区畜禽养殖废弃物资源化利用实施方案等议题。

同日，国家节能考核第十二组到长寿，考核长寿区节能降耗工作情况。

27—29日，中共长寿区委书记赵世庆带队到江苏省招商。

7　月

3日，召开长寿区扫黑除恶专项斗争工作推进会。学习贯彻习近平总书记关于扫黑除恶专项斗争重要指示、中央关于扫黑除恶系列会议文件精神及6月26日全国扫黑办主任会议精神。区委书记赵世庆讲话，区委常委、政法委书记、区扫黑除恶专项斗争领导小组组长王身高主持会议。

4日，召开中共长寿区委常委会第五十六次会议。

同日，长寿区召开深入推进长江经济带发展暨生态环境保护大会。在长寿的区级领导和区级部门、镇街、国有企业和市属部门主要负责人201人参加会议。

同日，长江长寿段水位开始上涨。到5日早上8点，长寿段迎来2018年最大洪峰，江水上涨7米。海事处从4日11点开始对长寿段全面禁航，到5日18点之前禁止所有船舶航行。

同日，长寿区工商分局与重庆农商行长寿支行签订战略合作协议，长寿区的农商行网点也可以受理营业执照申办。

同日，生态环境部“清废行动2018”回头看检查组到长寿。

5日，国家税务总局重庆市长寿区税务局挂牌成立，原长寿区国家税务局和长寿区地方税务局正式合并。

6日，长寿经开区院士专家智库暨望变电气集团院士专家工作站签约仪式举行，专家智库首位院士专家——中国科学院物理研究所研究员汪卫华院士正式入驻。区领导向汪卫华院士颁发专家聘书。

同日，长寿经开区举行“材料科技发展动态与展望”为主题的经开大讲堂。中国科学院院士汪卫华应邀授课。

10日，召开长寿区政府第五十三次常务会。传达全国全市禁毒工作电视电话会议精神及长寿区禁毒工作情况，研究长寿区殡葬领域突出问题专项整治工作方案、关于提请美丽泽京小区违法建筑分类处置细化方案和社会稳定风险评估报告的请示等议题，通报2017年度三峡移民后续工作考核结果等情况，通过人事任免事项。

12日，龙河镇举行乡村振兴动员暨慢城项目建设启动会，长寿区慢城项目正式启动。

同日，重庆市地理国情与地下管线数据成果交流暨2018年度全市更新工作会在长寿区委党校举行。

同日，农业部公布第八批全国一村一品示范村镇名单，长寿区的邻封镇邻封村和龙河镇四坪村上榜。

同日，重庆市级媒体“在行动大型系列报道”采访团到长寿区集中采访。

13日，召开中共长寿区委常委会第五十七次会议，专题学习习近平总书记在全国组织工作会上的重要讲话精神，学习中共中央办公厅印发《关于当前意识形态领域情况的通报》的通知，听取全区2018年上半年意识形态工作情况汇报。

16日，长寿城到重庆南坪四公里的专线班车开行，长寿菩提古镇和南坪四公里双向对发，每天4班。

同日，重庆市扫黑除恶专项斗争第十五检查指导组进驻长寿区，时间为15天（7月16日到7月底）。

17日，重庆市扫黑除恶专项斗争第十五检查指导组检查指导长寿区工作动员会在区行政中心召开，市第十五检查指导组组长张明、副组长侯迅讲话，区委书记赵世庆作动员，区长巴川江主持会议。

18日，召开长寿区政府第五十四次常务会，研究加快推进旅游发展、扶持建筑业做大做强、调整普惠性幼儿园生均公用经费补助标准等议题。听取关于2018年上半年全区国民经济和社会发展计划执行情况的报告等。

同日，长寿区农村合作经济组织联合会第一个分会葛兰分会成立，59家农村合作经济组织单位加入葛兰农合分会。

24日，全国人大常委会副委员长沈跃跃一行到长寿，开展全国人大长江保护立法调研，市人大常委会和长寿区相关领导参加。

同日，长寿经开区环松科技公司山地户外车比赛场地建设项目和润康文体公司爱尚羽毛球馆建设项目两大项目，入选国家体育总局与“工、农、中、建”四大银行总部联合发布的2018年全国优选体育产业项目名单。

25日，长寿区召开深化“放管服”改革，转变政府职能暨2018年国务院大督查迎检工作推进会。

同日，长寿日报社与全区19个新闻帮扶“1+1”定点村签订帮扶协议，正式启动新闻帮扶助力乡村振兴活动。

同日，2018中国·重庆“长寿家居”首届大学生家居设计大赛颁奖活动在四川美术学院举行。

26日，民革长寿区委作出决定，成立中国国民党革命委员会重庆市长寿区监督委员会。

27日，召开中共长寿区委常委会第五十八次会议，专题学习总书记习近平在十九届中央政治局第六次集体学习时的讲话精神。

30日，《长寿日报》载，长寿区教委对2017年度民办学校（72所民办幼儿园和30所民办培训机构）年检情况进行通报。

31日，重庆市扶贫专项督导组到长寿检查督导。

同日，区纪委通报长寿湖镇教育管理中心视导员违规操办女儿婚宴等5起违纪案例。

8　月

1日，长寿区省级慢性病综合防控示范区建设领导小组办公室印发《长寿区慢性病综合防控体系建设方案》。

同日，《长寿日报》载，长寿区慈善会公示2018年拟救助的94位重大疾病人员情况。

2日，召开长寿区政府第五十六次常务会，传达学习市委书记陈敏尔在市委常务会分析上半年经济形势部署下半年经济工作时的讲话精神和在全市民营经济发展大会上的讲话精神，研究《重庆环都市区产业转型升级示范区长寿区实施方案》、举办首届海峡两岸姊妹湖产业协作年会等议题。

3日，丰都县党政代表团在县委书记徐世国、县长罗成率领下，到长寿区考察交流。

同日，《长寿日报》载，长寿区启动第四届“十大孝星”评选活动。

同日，长寿区去产能职工专场招聘会在桃花体育中心人力资源市场举行。至此，全区去产能分流职工超过九成实现就业创业。

5日，《长寿日报》载，全区森林面积为64606.67公顷，森林覆盖率为45.5%。

6日，长寿区扫黑除恶专项斗争领导小组（扩大）会议暨市扫黑除恶专项斗争检查指导组意见反馈、整改落实动员部署会，在区科技文化中心礼堂召开。

8日，《长寿日报》载，长寿区商事制度改革全面实行“三十一证合一”，简化创业手续。

同日，《长寿日报》载，长寿区湿地面积为9586.67公顷。

9日，召开中共长寿区委常委会第五十九次会议。

10日，《长寿日报》载，“长寿沙田柚”商标正式申报马德里商标国际注册。

同日，《长寿日报》载，长寿中学学生夏子惟在全国青少年“五好小公民”主题教育读书活动之“红旗飘飘，引我成长”朗诵比赛中获得特等奖。

13日，《长寿日报》载，由区委宣传部、区发改委联合主办，长寿日报社、长寿区摄影家协会协办的“‘影像见证40年’——庆祝长寿区改革开放40周年成果摄影大赛”，从2018年8月15日到9月30日征集，10月8日到10月15日评选。

14日，召开长寿区政府第五十七次常务会，研究长寿区推动战略性新兴产业发展实施方案（2018—2020年）等议题。

15日，《长寿日报》载，长寿区第三届“十大乡贤”评选活动启动，到9月底结束。

同日，长寿区科学技术委员会发文，对228个2017年度长寿区创新驱动发展战略专项资金拟奖项目，在《长寿日报》上进行公示。

16日，重庆市政府副市长李明清率领市农委、市发改委、市城乡建委等部门负责人到长寿，调研乡村振兴试验示范及农村人居环境整治工作情况。

16—19日，由重庆市体育局、长寿区人民政府主办的重庆市第一届智力运动会在长寿体育中心举行，市、区相关负责人出席开幕式，全市18个区县代表队的112名选手参加比赛。

17日，召开中共长寿区委常委会第六十次会议。

同日，为庆祝首个“中国医师节”，长寿区卫生和计划生育委员会和长寿区总工会联合发文，通报长寿区十佳“优秀医师团队”、长寿区十佳“德艺双馨名医”等10个集体、124名个人系列评选结果。

同日，长寿区“金秋助学·圆梦行动”协调领导小组办公室在《长寿日报》公示2018年长寿区“金秋助学·圆梦行动”拟资助学生129人名单。

同日，长寿区总工会在《长寿日报》公示长寿区第一批建档困难职工132人名单。

19日，长寿区在科技文化中心礼堂举行首个“中国医师节”庆祝大会。

20日，长寿区首座由业主自筹资金安装电梯的银河大厦投入使用。

22日，长寿区精神文明办公室在《长寿日报》公示拟申报4个重庆市文明单位、6个文明村镇、4个文明家庭、6个文明校园和4名道德模范名单。

同日，《长寿日报》载，在2018年“优鸿杯”全国青少年艺术体操锦标赛中，重庆市艺术体操队的长寿籍运动员陶静苡获得青少年组大团体第一名，同时取得个人团体第二名等多项好成绩。

同日，长寿区第一家民营医养结合机构长寿桃缘养老院在桃源医院正式揭牌开业。

22—25日，中共长寿区委书记赵世庆到甘肃省参加中央农办、农业农村部组织召开的农村工作座谈会。

23日，首届中国国际智能产业博览会在重庆国际博览中心开幕。长寿馆面积170余平方米，参展企业5个，展出半导体、信息网络、新材料、量子科技、智能机器人等。

同日，首届智博会重大项目集中签约在重庆悦来国际会议中心举行，长寿经开区与浙江飞尔康通信技术有限公司、重庆云兴网晟科技有限公司签约，共同打造光通信芯片产业化和同城双活数据中心。

同日，长寿区召开第四次全国经济普查动员大会。

同日，长寿区发展和改革委员会发布《重庆市政府定价的涉企经营服务项目收费目录清单》《重庆市政府定价的涉企行政审批前置服务收费目录清单》公告。

同日，云集镇雷祖村一夏姓村民领到长寿区第一张电动助力车号牌。当天，该镇发放电动助力车号牌280张。

25日，长寿区医院成功实施全腔镜甲状腺切除术，不留“自刎式疤痕”。

27日，《长寿日报》载，长寿区大洪湖水产公司的鱼缘牌有机鱼、农产品商贸流通协会的长寿沙田柚和长寿血豆腐三个产品，获得重庆市“巴味渝珍”品牌使用权首批授权。

28日，长寿区2015年引进的高品质民办学校——位于长寿湖畔的重庆市远恒佳学校正式开学。

同日，重庆民革第一个区县级监督委员会，中国国民党革命委员会重庆市长寿区监督委员会召开成立大会。重庆市政协副主席、民革重庆市委主委王新强，长寿区政协主席张华等出席。

29日，召开长寿区政府第五十八次常务会，研究关于全面开放养老服务市场提升养老服务质量、关于加强和完善城乡社区治理的实施意见等议题。

30日，国务院第二十二督查组在国务院国资委副主任、总会计师沈莹率领下到长寿调研，调研重钢司法重整相关情况。

31日，召开中共长寿区委常委会第六十一次会议，传达学习总书记习近平在全国宣传思想工作会议上的重要讲话精神。

同日，长寿区人民政府发布《关于长寿区明月山禁建区非煤矿山关闭退出的通告》，决定对29家非煤矿山实施关闭退出。

8月底，长寿区生活垃圾全部实现异地焚烧处理。

8月，恒丰银行重庆长寿支行正式开业。

9　月

1日，长寿区街镇污水处理厂在线监测系统正式运行，实现智能化监管。

5日，《长寿日报》载，《长寿区“五沿”区域农村人居环境整治实施方案》出台，同时公布“五沿”（沿高铁两线、沿高速公路两旁、沿旅游景区周边、沿江两岸、沿城郊环线）区域涉及范围明细表。

11日，生态环保部全国饮用水水源地环保专项行动督查工作组到长寿，对饮用水水源地问题整改情况进行检查。长寿区对标对表完成问题整改。

同日，召开长寿区政府第五十九次常务会，学习市委书记陈敏尔在重庆市残疾人联合会第五次代表大会开幕式上的讲话，审议关于报批《重庆市长寿区旅游总体规划（2017—2025）》的请示等议题。

12日，江苏省靖江市党政代表团在市委书记、经开区党工委书记赵叶率领下，到长寿考察交流。

同日，重庆市长寿区与江苏省靖江市签订《长寿区与靖江市江海联运协同发展合作协议》，长寿经开区与靖江经开区、长寿区与千信国际、长寿经开区与千信国际、千信国际与江苏裕宝矿业分别签订合作协议。长寿区领导赵世庆、巴川江等，靖江市、重庆钢铁集团、千信国际贸易公司、江苏诚源港务集团的负责人参加签约仪式。

13日，召开中共长寿区委常委会第六十二次会议。

13—15日，全国量子通信产业最高水平学术会议——由长寿工业园区管委会主办的“2018年中国·重庆量子通信产业高端研讨会”在长寿召开。区领导蒋牧宸、潘晓林等和加拿大皇家科学院院士桑百瑞等7位量子通信行业顶级专家，重庆鲲量科技有限公司董事长王增斌、长春理工大学教授陈建等100余位嘉宾参加会议。

同日，渝长燃气自来水公司在《长寿日报》上公示2018年8月城市供水水质抽样检测结果，指标全部达标。

同日，《长寿日报》载，区公安局成功破获特大运输毒品案，收缴毒品5千克，涉案金额270余万元。

15日，首届海峡两岸姊妹湖产业协作年会在长寿湖召开，海峡两岸8个姊妹湖负责人出席，区委书记赵世庆，台湾南投县副县长陈正昇，市台办主任胡奕分别致辞。区长巴川江主持开幕式。

同日，长寿湖铁人三项赛第九届赛事、首次全国联赛——中国铁人三项联赛（重庆站）暨重庆长寿湖国际铁人三项赛、第二届长寿湖美食音乐节举行。副市长屈谦，区领导赵世庆、巴川江、张明生等出席开幕式，来自国内外的900名运动员参与竞赛。

16日，中央扫黑除恶第九督导组副组长张力一行到长寿开展下沉督导。

18日，长寿区召开宣布中央军委国防动员部命令大会，宣布任命张昕为长寿区人民武装部部长，李伟为长寿区人民武装部政委。重庆警备区副司令员南小冈，长寿区领导赵世庆、巴川江参加会议。

同日，长寿区委、区政府联合发出《关于全面优化营商环境促进民营经济发展的实施意见》。

同日，中共长寿区委办公室印发《长寿区“亲”“清”新型政商关系行为规范》。

19日，全区民营经济发展大会在科技文化中心礼堂召开。区委书记赵世庆和区长巴川江讲话，2个部门和2个企业交流发言，表彰贡献突出集体和个人。全体区领导，全区部门、街镇负责人和各类民营经济负责人400人参加会议。

同日，《长寿日报》载，长寿区将实施家庭医生签约提供基本卫生公共服务、养老机构与医疗机构协作服务、养老机构里开设医疗机构、医疗机构里开展养老服务四大措施推动医养结合。

同日，区医院与桃源医院举行“医疗联合体”签约授牌仪式，长寿区首家私立医院和公立医院结成医疗联合体。

20日，公安部副部长孙力军，市政府副市长、公安局局长邓恢林到重钢股份公司参加全国集中统一销毁非法枪爆物品活动。

21日，长寿区庆祝首届“中国农民丰收节”活动在龙河镇秀才湾举行，同时举行长寿区乡村振兴项目集中签约仪式。

同日，《长寿日报》载，长寿区在全市率先试行企业投资项目行政审批告知承诺制。

同日，《长寿日报》载，重庆小康集团在2018年中国民营企业500强中排行135位，在中国民营企业制造业500强中排行69位。

26日，《长寿日报》载，重庆钢铁股份有限公司（简称重庆钢铁）司法重整案例入选全国人民法院十大典型案例。

同日，长寿区民政局在《长寿日报》上通报2017年度社会组织年度检查结果。其中年检合格的社会团体82家，年检合格的民办非企业单位133家，年检基本合格社会组织7家；未参加年检的社会团体46家，未参加年检的民办非企业单位16家。

同日，召开长寿区休闲农业与旅游协会成立大会。

27日，召开长江长寿段生态整治、码头优化专题汇报会，交通部天津水运科学研究院副院长，区领导赵世庆、巴川江、张明生、张华等参加。

28日，召开长寿区政府第六十次常务会，审议印发重庆市长寿区军民融合发展战略行动实施方案（2018—2020）（送审稿）、关于提请审议重庆市长寿区保障和改善民生行动计划实施方案（2018—2020）的请示、关于降低重点国有景区门票价格的请示、关于提请审定取消一批行政许可等事项的请示等议题。

同日，祖籍长寿的美国马里兰大学教授、食品专业研究生主任孟江洪，被聘为中国国家食品安全风险评估中心第二届国际顾问专家委员会委员。

29日，召开中共长寿区委常委会第六十三次会议，专题学习习近平总书记在中央全面依法治国委员会第一次会议上的讲话精神。

30日，区纪委通报长寿区查处的区民族宗教事务局党组成员、副局长学习十九大精神流于形式，安排他人代写心得体会问题等四起形式主义、官僚主义典型问题。

9月，位于长寿菩提山景区的菩提禅苑开园迎客，长寿又增添一个休闲养生的去处。

10 月

1日，《长寿日报》载，长寿区入选农业部确定的2018年全国农村集体产权制度改革试点单位。

8日，《长寿日报》载，长寿区的第一实验小学小手指中队、第二实验小学的书香中队和星星家园中队，葛兰镇中心小学校萤火虫中队四个少先队中队，获得“全国优秀动感中队”称号。

同日，国家农业农村部推介150个村落为2018年中国美丽休闲乡村，长寿区邻封镇邻封村入选。

9日，长寿区第九届健康寿星评选揭晓，年龄最大的龙河镇徐荣会老人107岁。

12日，长寿区人力资源市场从体育中心搬迁到菩提大道办公后的第一次招聘会，实现全程无纸操作智能招聘。

13日，长寿区第一期文明旅游志愿者培训班开班，104位志愿者参加培训。

15日，《长寿日报》刊登《重庆市长寿区文明旅游志愿者管理暂行办法》。该办法自2018年10月13日起施行。

17日，召开长寿区政府第六十一次常务会，研究长寿区2018—2020年农业水价综合改革工作方案等议题，通报全市深入学习贯彻习近平重要论述打好精准脱贫攻坚战工作推进会等精神。

同日，长寿区摄制的微电影《不老城》首映式暨2018年长寿区第九届“十大健康寿星”“十大孝星”颁奖仪式在区科技文化中心礼堂举行。上千名群众参加。

同日，《长寿日报》载，在10月12—14日举行的全国皮划艇静水青少年锦标赛暨全国皮划艇公开赛上，长寿区5名运动员代表重庆市参加比赛获得金牌2枚、银牌3枚、铜牌1枚。

18日，部分全国人大代表及全国人大、中央统战部、最高人民法院、中央媒体、市级相关部门等相关人员到长寿，视察重庆钢铁股份有限公司司法重整和生产经营情况。

同日，长寿区首届物业服务技能竞赛在区体育中心举行。区领导李吉华出席开幕式。全区90家物业企业层层选拔的25家企业同台竞技。

19日，召开中共长寿区委常委会第六十四次会议。

同日，长寿区国土房管局在《长寿日报》公示寿城水岸二期公（廉）租房（第二批）摇号配租结果（509户）。

24日，市委常委、统战部部长李静在长寿调研。到菩提寺检查宗教场所管理情况，到望变电气

（集团）公司了解企业发展转型情况等。

25—26日，以“展医护风采，建时新功”为主题的2018年重庆市卫生护理技能竞赛在长寿区的重庆市医药学校举行，全市39个区县百余名护士参加竞赛。

26日，长寿区第二届运动会在区体育中心开幕。全区58个代表团、10000名运动员、600名裁判员参加。

28日，由市委宣传部、市文化旅游委主办，市图书馆、区委宣传部、区文化委承办的2018年“阅读之星”——重庆市民诵读大赛片区复赛在长寿湖重庆远恒佳学校举行，11个区县、30位选手参赛。

30日，长寿区十三届区委脱贫攻坚巡察工作正式启动，两个巡察组进驻区水务局党委、区卫生计生委党委、区交委党委、区委农工委4个党组织开展为期3个月的巡察工作。

同日，中共重庆市委常委、重庆警备区司令员韩志凯一行到长寿调研视察。

11　月

1日，重庆市人大常委会副主任张定宇到长寿调研，先后到长寿经开区、龙河镇了解工业经济发展、乡村振兴战略实施及基层人大代表活动和履职情况。

2日，召开中共长寿区委常委会第六十五次会议，审定《关于建立村（居）监察监督员制度的实施意见（试行）》，决定在全区选聘262名村（居）监察监督员。

2—4日，由市体育局主办，长寿区文化委承办的2018年重庆市国际式摔跤冠军赛在长寿体育中心举行，全市各区县的56支队伍参赛。

5日，区纪委通报双龙镇党委书记违规发放津补贴问题，江南街道党工委书记违规发放津补贴、公款购买香烟问题等五起违反中央八项规定精神问题。

6日，召开长寿区政府第六十二次常务会，传达学习习近平总书记在十九届中央政治局第八次集体学习时的讲话精神、陈敏尔在市委理论学习中心组专题学习会上的讲话精神，研究长寿区“自然长寿”区域公用品牌发布会暨长寿柚（长寿沙田柚）乡村文化旅游节开幕式活动方案。

8日，长寿区“自然长寿”区域公用品牌发布会暨长寿柚（长寿沙田柚）乡村文化旅游节在邻封开幕。2.26千克的柚王拍卖出10万元的天价。

9日，召开中共长寿区委常委会第六十六次会议，传达学习11月2日市委常委会议相关精神，研究长寿区下一步经济工作。

同日，长寿经开区举行院士专家智库签约仪式，清华大学化学工程系教授、中科院院士费维扬签约入驻。区委书记赵世庆为费维扬颁发聘书。

同日，《长寿日报》刊载区畜牧兽医局《关于全面禁止使用餐厨剩余物饲喂生猪的告知书》，进一步做好全区非洲猪瘟防控工作。

11日，2018重庆长寿湖半程马拉松举行。5100余名选手参加比赛，320名志愿者全程服务。

12日，召开十三届长寿区委全面深化改革领导小组第十二次会议，传达学习中央全面深化改革委员会第四次会议和市委全面深化改革委员会第一次会议精神，安排部署全面深化改革工作。

同日，《长寿日报》载，重庆小康动力有限公司生产的东风风光1.5TCDI发动机，获得“中国心2018年度十佳发动机”称号。

14日，《长寿日报》载，重庆高速公路股份有限公司长垫管理中心管辖的长寿、长寿湖、晏家、古佛、但渡等收费站的高速通行费，从即日起可以扫码支付。

15—19日，2018年重庆市跆拳道冠军赛在长寿体育中心举行，全市24个区县、468名运动员参加角逐。

16日，召开中共长寿区委常委会第六十七次会议。

18—19日，全市微型企业大赛举行总决赛及颁奖典礼。长寿区微企重庆果非果农业有限公司获得成长组二等奖，获“成长之星”称号；重庆艾米洗衣有限公司获得三等奖，获得“创新之星”称号。

18—23日，在江西省九江市举行的2018全国少年男子拳击锦标赛中，长寿区实验中学田鑫豪代表重庆队获得46公斤级冠军。

20日，长寿区新的社会阶层专业人士联合会（简称新专联）成立大会在区委党校举行，会议选举产生第一届领导班子。

同日，召开长寿区政府第六十三次常务会，学习市委书记陈敏尔在市委常委会会议分析当前经济形势研究部署下步经济工作时的讲话，研究《长寿区科教兴区和人才强区行动计划（2018—2020年）（送审稿）》、关于设立长寿区科技型企业知识价值信用贷款风险补偿基金的请示等议题。

同日，副市长李殿勋到长寿走访服务民营企业，传达习近平总书记在民营企业座谈会上的重要讲话精神和全市民营企业座谈会精神，了解民营企业生产经营情况，研究解决民营企业反映的实际问题。

21日，市政府督察组到长寿，监察指导长寿区非洲猪瘟防控工作。

同日，湘鄂渝黔四省市边界协作区第30届气象学术交流会在长寿举行，来自湖北、湖南、贵州、重庆等成员单位58名气象科技工作者展开交流。

28日，召开中共长寿区委常委会第六十八次会议。

同日，《长寿日报》载，长寿藉著名作曲家汤重稀，60多年始终保持自强不息、笔耕不辍的精神，创作1000余首乐曲，获奖无数。被录入《中国残疾人名人词典》《中国音乐家词典》《中国音乐家名录》。

29日，财政部驻重庆专员办党组书记、监察专员江湧一行，到长寿区调研推动长江经济带发展情况。

30日，《长寿日报》载，《长寿中心城区地下空间开发利用规划》已获区政府批准，将形成“一轴五点多片”的地下空间布局。

12　月

1日，2018年重庆“名人 名仕”围棋邀请赛在长寿举行。来自全市40名选手分别参加特邀组、名人组、名仕组比赛。

3日，长寿区举行学习贯彻习近平总书记在民营企业座谈会重要讲话精神宣讲报告会暨中心组（扩大）专题学习会。市委宣讲团成员、重庆师范大学党委书记曾礼做题为《深刻领会全面贯彻习近平总书记在民营企业座谈会上的重要讲话精神》的专题报告。

4日，召开长寿区政府第六十四次常务会议，专题学习《关于集中整治形式主义、官僚主义的实施方案》、通报第四次经济普查近期工作情况等。

同日，长寿区“学校—学生—家庭—社会 推进全民阅读”品牌活动获得全国阅读推广优秀项目奖。

5日，重庆市政府副市长、九三学社重庆市委主席屈谦一行到长寿，开展政党协商，与中共长寿区委就党派工作进行沟通。

6日，长寿区首个24小时自助办税服务厅在行政服务中心一楼正式投用。

7日，《长寿日报》载，重庆市人民政府以渝府〔2018〕47号正式批复重庆市长寿区人民政府请示，同意设立重庆长寿高新技术产业开发区。

同日，澳大利亚魏基成“慈善列车”进入长寿区特殊教育学校，为该校144名学生赠送新衣物。

同日，《长寿日报》载，中央文明办发布2018年12月“中国好人榜”，长寿区市民高培获评助人为乐“中国好人”。

8日，长寿的重庆市容丽平蜂业有限公司生产的“土蜂农——柑橘蜜”获“第二届全国优质蜂蜜品评大赛”金奖。

9—12日，在2018年“奥丁杯”全国少年女子拳击锦标赛中，长寿区实验中学袁惠玲在80千克级中夺得冠军。

10日，长寿区监察委员会首份监察建议书向区经信委发出。

11日，召开长寿区委常委会第六十九次会议，学习习近平总书记在中央政治局第九次集体学习时的重要讲话精神。

12日，长寿区公路运输管理所发布公告，对公交103路、106路（环1，环2）、107路、108路、201路、202路6条汽车线路的部分路段进行调整。

同日，“寻找乡村渝味”电商扶贫公益活动暨“双十二电商节”在长寿菩提古镇举行。

同日，《长寿日报》载，区委组织部和区人力社保局发布《重庆市长寿区2017年度高层次人才拟认定人员公示公告》。

13日，召开中共长寿区委常委会第七十次会议。

14 日，中国共产党重庆市长寿区第十三届委员会第四次全体会召开，贯彻习近平总书记关于深化党和国家机构改革重要论述，研究讨论长寿区机构改革工作。全会审议通过《长寿区机构改革方案（送审稿）》。

同日，召开中共长寿区委常委会第七十一次会议，听取区委十三届四次全会各组讨论情况汇报。

17 日，召开中共长寿区委常委会第七十二次会议，研究推荐 1 名区长考察人选。

18 日，重庆市人大常委会主任张轩一行到长寿，召开市人大常委会工作报告征求意见座谈会。

19 日，中共重庆市委副书记任学锋一行到长寿，调研长寿区经济社会发展情况。

20 日，重庆市政府副市长陆克华一行到长寿，调研长江沿线化工园区潜在环境安全风险防范相关情况。

24 日，长寿举行重庆千信国际贸易有限公司项目对接会暨签约仪式。

25 日，召开长寿区政府第六十六次常务会，研究审议《重庆市长寿区人民政府工作报告（送审稿）》等议题。

26 日，《长寿日报》载，《长寿区养殖水域滩涂规划（2018—2030）》通过专家评审。

同日，《长寿日报》载，长寿区的第三实验小学和长寿中学 2 所学校，入围 2018 年全国青少年校园篮球特色学校名单。

同日，长寿区首个乡村科普馆——长寿区称沱村科普馆开馆，为乡村传播创新文化、普及科学知识提供新阵地。

同日，2018 年度重庆市优秀创新型企业评选揭晓，长寿区重庆博腾制药科技股份有限公司、重庆鼎盛印务股份有限公司上榜。

27 日，召开中共长寿区委常委会第七十三次会议，研究人事问题。

同日，长寿区政府召开第三次全体（扩大）会议，审议 2019 年《区政府工作报告（送审稿）》。

同日，长寿区召开脱贫攻坚专项巡察情况通报会，会议要求确保打赢打好脱贫攻坚战。

同日，区纪委通报关于区经信委原调研员违规收受礼金问题、石堰镇中学原校长违规发放津贴补贴问题等违反中央八项规定精神问题。

28 日，“世界侨商重庆行”走进长寿，近 50 名侨商齐聚一堂，共谋投资兴业发展大计。长寿区首次代表重庆承办活动。

同日，长寿区人大常委会与“一府一委两院”联席会召开。会议通报区人大常委会、区政府、区人民法院、区人民检察院 2018 年工作情况，商议区十八届人民代表大会第三次会议有关事项。

同日，区纪委通报关于晏家街道办事处主任利用职权为特定关系人承揽项目谋取利益问题、云台镇人大主席在土地复垦工作中履职不力问题等八起民生领域违纪案例。

同日，重庆市 2019 年新年登高活动在长寿菩提山举行。全市 32 个市级部门和 29 个区县代表队的 2000 余人参加活动。

29 日，召开长寿区委常委会第七十四次会议，学习习近平总书记在中央政治局第十次集体学习时的重要讲话精神。

同日，长寿区博腾制药科技股份有限公司正式获批设立中国科协“海智计划”重庆工作基地海智工作站。这是长寿区首个“海智工作站”。

31 日，南京红太阳控股集团与长寿经开区在重庆签订投资协议。红太阳控股集团拟投资 108 亿元，在长寿经开区建生命科学循环经济产业链项目。

长寿概况

长寿概况

建置沿革

【概况】 长寿是古老的文明之地。约2万年前，现代长寿地域就有人类活动，4000年前进入渔猎和原始农耕阶段。在《尚书·禹贡》中，长寿属梁州，春秋属巴国枳邑，战国、秦汉至北朝西魏（公元前314—557年）属巴国（郡）枳县（邑）之地，其间蜀汉章武年间（221—223年）首置常安县，在县历史30余年。北周至隋朝时期（557—618年），县地划入巴县。唐武德二年（619年）分巴县地置乐温县，以“县东北有乐温山，其地常温，禾稼早熟，民亦乐之”而名。同时又置永安县、温山县，后永安、温山二县分别于唐开元二十二年（734年）、宋熙宁三年（1070年）撤并入乐温。元至元二十年（1283年），乐温撤县入涪州，置为涪陵巡检司。在县历史永安115年，温山451年，乐温664年。元至正二十三年（1363年），西系红巾军将领明玉珍建大夏国定都重庆，置长寿县，以“县东北有长寿山，居其下者，人多寿考”而名，明、清、民国前期皆属重庆府所辖。民国24年（1935年），划属大竹专区。1950年3月，划属涪陵专区。1952年9月，长寿县由涪陵专区划属重庆市。1953年1月，长寿县由重庆市划归涪陵专区辖。1959年4月，长寿县由涪陵专区划归重庆市辖。2001年12月25日，国务院批准，撤销长寿县设置重庆市长寿区，结束了638年（1363—2001年）长寿县历史，揭开重庆市长寿区历史新篇章。

政区

【地理位置】 重庆市长寿区地处重庆市中部，主城区东部，属三峡库区生态经济区，距重庆市主城区50千米。东北邻垫江县，东南接涪陵区，西南与渝北区、巴南区接壤，西北毗邻四川省邻水县。在北纬29°43′～30°12′与东经106°49′～107°27′之间。东西宽57.5千米，南北长56.56千米。辖区面积1421.43平方千米（2010年全国土地第二次调查结果）。

【行政区划】 2018年，长寿区下辖7个街道、12个镇，即：菩提街道、凤城街道、晏家街道、江南街道、渡舟街道、新市街道、八颗街道、长寿湖镇、云台镇、葛兰镇、但渡镇、邻封镇、云集镇、双龙镇、龙河镇、海棠镇、石堰镇、洪湖镇、万顺镇。

重庆市长寿区人民政府驻菩提街道桃源大道11号。

2018年，全区设221个村、45个社区。

表1　　2018年重庆市长寿区行政区划一览

单位：个

序号	街镇	社区数	居民小组	社区	村总数	村民小组	村
1	菩提街道	7	86	桃花　古镇　胜天 朝阳　菩提　文苑 碧园	6	72	东新　红花　阳鹤　松柏 菩提　田坝

续表 1

序号	街镇	社区数	居民小组	社区	村总数	村民小组	村
2	凤城街道	13	214	骑鞍　向阳路　凤岭路　望江路　三峡路　轻化路　滨江路　东街　梅村　顺风亭　黄桷湾　凤西　凤家	9	133	复元　永丰　长风　走马　三洞　陵园　过滩　古佛　白庙
3	晏家街道	9	209	中心路　查家湾　朱家岩　晏家　曹家堡　育才路　晏山　牛心山　齐心	8	80	三观　石盘　石门　沙溪　沙塘　金龙　龙门　十字
4	江南街道	2	26	南滨路　龙山	7	49	龙桥湖　扇沱　五堡　大元　锯梁　大堡　天星
5	渡舟街道	3	25	长生桥　渡中路　民兴	13	150	渡舟　堰桥　果园　黄连　三好　新道路　太平　白果　天桥　甘蔗　高峰　保丰　河塘
6	新市街道	1	6	河石桥	8	54	红土地　河石井　新合　新同　新市　东门　堰耳沱　惠民
7	八颗街道	1	5	莲花街	15	126	八颗　丰胜　石马　曙光　武华　幸福　水井　核桃　新桥　高新　美满　付何　鹿坪　梓潼　干滩
8	长寿湖镇	1	6	狮子滩	13	103	响塘　东海　回龙　红光　花山　石岭　大石　石回　龙沟　紫竹　两桂　安顺　玉华
9	云台镇	1	4	云台	13	103	八字　寨口　小岩　安坪　八角　利民　桥坝　拱桥　黄葛　应祝　青云　梅沱　鲤鱼
10	葛兰镇	1	6	葛兰桥	21	162	湾丘　白云　冯庄　罗岩　盐井　天台　天宝　大坝　塘坝　烟坡　潼观　天福　沙河　南中　金山　葛兰　枯井　兰兴　中华　黄家坝　龙井坎

续表 1

序号	街镇	社区数	居民小组	社区	村总数	村民小组	村
11	但渡镇	0	0		8	61	楠木院　但渡　升高　双河　兴同　龙寨　未名　曾祠
12	邻封镇	1	7	龙溪	10	89	邻封　上硐　青观　汪塔　上坪　三化　保家　焦家　庙山　石心
13	云集镇	1	3	华福	11	90	华中　玉龙　雷祖　飞龙　万寿　福胜　大胜　玛瑙　青丰　大同　尖峰
14	双龙镇	1	8	双龙	11	77	龙滩　谷黄　飞石　长寿寨　联合　罗围　尖山　红岩　群力　连丰　天堂
15	龙河镇	1	4	龙兴	17	115	长安　仁和　堰塘　保合　明星　合兴　明丰　骑龙　龙河　金明　四坪　河堰　咸丰　太和　永兴　盐井凼　九龙
16	海棠镇	0	0		9	59	海棠　小河　龙凤　庄严　古林　建生　清泉　土桥　金子
17	石堰镇	1	11	石兴	20	133	大塘　兴隆　石堰　海天　金星　燕耳　麒麟　石坝　普子　狮子　石安　雨台　木耳　义和　干坝　朝阳　高庙　兴庄　新寨　新滩
18	洪湖镇	1	9	沙湾	14	99	凤凰　表耳　永顺　普兴　坪滩　称沱　梯子　草堰　码头　芦池　黑岩　三合　五龙　长生
19	万顺镇	0	0		8	71	万顺　四重　白合　院子　万花　东风　石龙　垭口
合计		45	629		221	1826	

（重庆市长寿区民政局提供）

人口与民族、宗教

【人口】　截至 2018 年年底，长寿区常住人口 85.5 万人，城镇化率 66.07%，比上年提高 1.67 个百分点。年末户籍总人口 89.3 万人，其中农村居民 50.5 万人，新出生人口 7821 人，出生率 8.75‰。

（李永鑫）

【民族】 2018年，长寿区有少数民族32个（另有两个未识别民族），总人数近4000人，占全区总人口的3.5‰，分布在全区19个街镇。于1987年成立长寿区（县）少数民族联谊会。

（刘显碧）

【宗教】 2018年，长寿区有4个宗教团体。已批准开放的寺观教堂（含基督教活动点）35个，其中：佛教14个，道教4个，天主教2个，基督教15个。全年宗教会期参加活动人数15.7万人，其中信教群众5.2万人（天主教0.5万人、基督教0.4万人、佛教3.6万人、道教0.7万人）。全区有宗教房产22500平方米，有宗教界教职人员23人。 （刘显碧）

自然环境

【地质】 长寿区地质构造属压应构造形迹，以北北东向梳状褶皱形为主，具有背斜紧闭，向斜开阔和陡倾纵横张裂隙发育的特征。近背斜轴部件有压性逆冲断裂构造。区域地质构造大致分为三部分，一是华蓥山隆褶皱带。东南以明月峡背斜或开江潼梓基底断裂带为界，由平行排列的背斜向斜组成。背斜隆起较高，出现二叠系龙潭组长兴组地层。此背斜位于华蓥山隆起带东部边缘的长寿明月山一带，经东北边境穿越垫江倾优于开县中心场附近的黄家梁子，轴线平直，无大的弯曲。二是长垫梁坳褶皱带。背斜隆起较低，背轴部只露出中山三叠系地层，形成较规则的雁列，向斜轴部零星保存着遂宁组、蓬莱镇组地层，在长寿区境内分为长垫向斜，卧龙河背斜，万县向斜，狮子滩、新市多字形褶曲轴组等四种次级构造。三是南部复合构造。晏家、古佛、但渡（北纬29°50′）一线以南地带，由北东至北东东褶皱轴和南北向褶皱的复合，使北东东至北东向构造痕迹展布和组合形态。因黄草峡背斜位于蔺市盆地北缘，涪陵区、长寿区两地交界部位的崖壁陡坎、黄草山百盛寨一带，全长37千米，北东段轴向为北东35°与苟家场背斜北西翼呈锐角相交，其间形成一系列的向南北倾伏的小褶皱。南西端扬起，呈鼻状反接丰盛场背斜上，地层倾角15°~40°之间，个别达50°以上。北段南东翼稍陡，20°~50°北西两翼较缓，20°~40°背斜轴部北东段及中段各发育有一条断层。一是黄草峡断层，位于背斜中断轴部南东翼的黑山、黄草峡上袁家湾一带，断层面倾向东南，倾角57°，地层断距为165米，属走向逆冲断层。二是太平寨断层。位于黄草峡背斜北东段近轴部的百盛寨至缺头垭一带。北西翼的须家河组逆冲于南东翼侏罗系珍珠地层之上，断层面倾向北西，倾角50°，断层走向随背斜轴后而变化，属走向逆冲断层。

【地貌】 长寿区地域地貌受构造控制明显，山体走向与构造形迹展布方向基本一致。背斜构成条状中低山岭，向斜构成宽缓开阔的槽谷丘陵。岭谷相间，构成平行岭谷地貌景观，为典型的梳状褶皱地貌。长江北岸地势顺大巴山支脉由东北向西南呈阶梯下降，东侧黄草山（亦名东山，海拔600~942米），中偏西侧明月山（亦名西山，海拔500~1034米），西部边缘铜锣山（海拔500~600米）将全境切割为“三山夹两槽”地形。三山之间丘陵波状起伏，梯土层层，冲田密布。东西二山之间沿长垫公路两侧地势平缓，渡舟、双龙为较大平坝。长江南岸范围窄小，南端五堡山耸峙，岗峦起伏，沿江是丘陵台地，黄金水道长江流经凤城、晏家南部、江南北部，境内流长20.9千米。一级支流龙溪河、御临河和二级支流大洪河等河和桃花溪、大石溪、沙溪等13溪纵横全区，境东西分别有长寿湖、大洪湖。长寿湖为西南最大人造湖泊，有“川东明珠”之称。全境山区约占18%，深丘35%，浅丘42%，江湖水面5%；全境海拔高度多在300米以上，最高点是明月山主峰白云山1034米，最低点是长江黄草峡出口黄尾岭江面175.6米（三峡电站175米蓄水后）。

【山脉】 长寿区境山脉为锯齿状。明月山、黄草山、铜锣山和五堡山，是境内主要山脉。以明月山最大，其支脉支峰分布较广。

明月山，又名邻山，亦名西山。位于区境西北，源自川陕间的大巴山脉，向西南绵亘，由垫江县澄溪镇与邻水县石滓乡交界的鸡公岭入区境海棠镇，经云台（含义和）、石堰、葛兰（含大坝、天台）、万顺、洪湖（含永顺、芦池）、八颗（含付何、梓潼）、晏家（含十字、沙溪）等街镇，交渝北区张关界，至洛碛镇境被长江切断，全长约175千米，区境内长80余千米，一般海拔600~700米，区内主峰白云山海拔1034米，是全区海拔最高峰；次主峰五华山海拔1009米，是全区第二高峰。

黄草山，又名东山，古称赤甲山。位于区境

东，源自大巴山余脉。山脉由涪陵区永义乡入区境云集镇飞龙，经云集镇、长寿湖镇、但渡镇、凤城街道等地，抵黄草峡被长江切断。一般海拔600～700米，长寿湖镇太平寨最高峰，海拔942米。

铜锣山，位于区境西北边缘，万顺镇、洪湖镇的西侧，与四川邻水县和重庆渝北区以山为界，境内无主峰，一般海拔500～600米。

五堡山，位于区境内的江南街道，距扇沱场南约20千米，是巴南、涪陵、长寿三区交界地，山脉接扇沱的茶叶寨，由西向东与长江平行，主峰老山顶海拔881米，其东向西北行迂回，抵黄草峡。

（长寿区地方志办公室）

【河流】 长江。从长寿区晏家街道新沙大石门入境，流经晏家街道、凤城街道、江南街道，至黄草山灰窑沱出境，区境内长20.9千米。主要支流有北岸的御临河、沙溪河、晏家河、古佛河、桃花溪、龙溪河和南岸的步里溪、萝白溪。区境内流域面积1423.62平方千米（2000年5月《长寿县河道普查成果汇编》第十二页为1415.49平方千米）。

龙溪河。又名溶溪，发源于梁平区，经垫江县从长寿东北部云台镇入境，由北向东经海棠、云台（黄葛）、龙河（乐温）、石堰（兴隆）、双龙、云集、长寿湖（石回）、邻封、但渡、菩提、凤城（复元）11个街镇后注入长江。总长218千米（2000年5月《长寿县河道普查成果汇编》第十四页为229.8千米），区境内72.8千米；总流域面积3248平方千米（2000年5月《长寿县河道普查成果汇编》第十四页为3280平方千米），区境内653.64平方千米（2000年5月《长寿县河道普查成果汇编》第十五页为580平方千米）。多年平均流量为51.3立方米/秒（2000年5月《长寿县河道普查成果汇编》第十五页为54立方米/秒）。

御临河。发源于四川省大竹县庙坝地区，经邻水县、长寿区洪湖镇、渝北区，在渝北统景镇与大洪河合流后汇入长江。全长122.3千米（2000年5月《长寿县河道普查成果汇编》第十三页为218.2千米），区境内长5.3千米；总流域面积1683.3平方千米（2000年5月《长寿县河道普查成果汇编》第十三页为3860.9平方千米），区境内35平方千米；多年平均流量27.02立方米/秒（2000年5月《长寿县河道普查成果汇编》第十三页为50.72立方米/秒）。

大洪河。发源于大竹县，经邻水县，从长寿区万顺镇入境，流经洪湖镇，至渝北区统景镇江口与御临河汇合，至太洪岗入长江。大洪河全长145.7千米（2000年5月《长寿县河道普查成果汇编》第十三页为175千米），区境内长度18.9千米；总流域面积1452.6平方千米（2000年5月《长寿县河道普查成果汇编》第十八页为1356.4平方千米），区境内135平方千米（2000年5月《长寿县河道普查成果汇编》第十八页为135.8平方千米）；多年平均流量22.62立方米/秒（2000年5月《长寿县河道普查成果汇编》第十八页为20.12立方米/秒）。

桃花溪。主源头始于区内五华山东北2.5千米处的石梁子，由北向南流经云台、石堰、葛兰（天台）、新市、八颗（付何）、渡舟、菩提（桃花）、凤城8个街镇后注入长江。全长71.9千米（2000年5月《长寿县河道普查成果汇编》第二十页为63.1千米），总流域面积361.8平方千米，多年平均流量5.43立方米/秒。（重庆市长寿区水务局：2010年《重庆市长寿区水资源利用和保护规划报告》第四、五页）。

打鱼溪。发源于垫江县太平镇龙华村九道拐，从北至南流经长寿区海棠、云台、石堰3镇，在石堰镇木耳村注入龙溪河。总流域面积117.9平方千米，区境内79.9平方千米；全长46.4千米，区境内长36.4千米；多年平均流量1.67立方米/秒，天然落差593.2米，平均比降6.92‰。

晏家河。总流域面积81.65平方千米，长28.23千米（2000年5月《长寿县河道普查成果汇编》第二十三页为21.8千米），多年平均流量1.2立方米/秒，天然落差769米，平均比降19.36‰。

高洞河。发源于涪陵区丛林乡回龙村。总流域面积58.05平方千米，区境内49.67平方千米；全长20千米，区境内17.9千米；多年平均流量0.85立方米/秒，天然落差415米，平均比降14.13‰。

双龙河。流域面积57.2平方千米，主河长19.5千米，天然落差282米，平均比降5.95‰。

焦家河。流域面积52.75平方千米，河长17.2千米，多年平均流量0.77立方米/秒，天然落差402米，平均比降9.01‰。

干滩河。流域面积50.2平方千米，河长14.2千米，平均比降10.75‰，天然落差610米（重庆市长寿区水务局：2011 年《重庆市长寿区次级河流及重要水体水功能区划报告》第七～十一页）。

（孙　洁）

【湖泊】 长寿境内无天然湖泊。新中国成立后，兴修龙溪河狮子滩电站拦河坝和大洪河电站拦河坝，形成两大人工淡水湖，长寿湖和大洪湖。

长寿湖，位于区域东北，距主城区凤城 22.5 千米（长寿湖旅游高速公路里程）。1956 年狮子滩电站拦河大坝竣工蓄水形成，是西南第一个大型人工湖。长寿湖控制流域长 140 千米，受水面积 3020 平方千米，在设计水位 347 米时，总库容量 10.27 亿立方米，调节库容 7.5 亿立方米。水面积 65.5 平方千米。湖区平均气温略高，气温变化平缓，冬季升温和夏秋季降温均较慢，加之湖岸为深丘低山相依，形成狭长的、特殊的湖盆半封闭地形谷地气候效应，对柑橘类生长有利，对夏橙生长尤为有利，是优质水果基地。湖区内有大小岛屿 200 多个，湖水清澈，岛上花果林木茂盛，风景宜人，是重庆市著名的风景名胜旅游胜地，国家 AAAA 级旅游景区。

大洪湖，位于区域西北隅，距主城凤城约 41 千米。1958 年动工兴建大洪河电站拦河坝后蓄水形成。湖呈枝叶状，跨越四川省邻水县和重庆市长寿区，水库控制流长 90 千米，受水面积 1326 平方千米，入库总水量 6.43 亿立方米，设计水位 297 米，水库面积 43 平方千米，库容量 3.68 亿立方米。由于淹没田地较多，设计改为近期正常水位 294 米，沿岸农民亦有意见，后经重庆市（四川省）和有关部门协商，正常水位暂为 290.8 米，秋后蓄水位可达 292 米，水库面积 26 平方千米，库容量 1.6 亿立方米，有效库容 1.19 亿立方米，占多年平均入库总水量的 18.5%。

（长寿区地方志办公室）

气　候

【概况】 2018 年长寿区总体气候特征表现为：春夏季气温显著偏高，年总降水量偏少，大雨开始期偏早，入夏、入秋时间偏早，高温日数显著偏多，强度强，有轻度伏旱，暴雨次数偏多，秋季多阴雨，日照正常。年平均气温为 18.2℃，较多年平均值偏高 0.7℃；年总降水量为 1115.7 毫米，较多年平均值正常偏少 3%；年总日照时数为 1122.0 小时，接近常年。

【汛期】 2018 年汛期（5—9 月）平均气温为 26.8℃，较多年平均值偏高 1.5℃；总降水量为 567.7 毫米，较多年平均值偏少 19%；日照 740.3 小时，较多年平均值正常偏多 7.7%。7 月 8—29 日出现轻度伏旱；大于 35℃高温日数 54 天，较常年平均值偏多 34 天；极端最高气温 40.0℃（出现在 7 月 20 日）。汛期先后出现“5·5”“5·17”“6·30”“7·3—7·4”“7·5—7·7”“7·30”“8·21”“9·25” 8 次区域（局地）暴雨天气过程。

【气象灾害】 2018 年长寿区发生的气象灾害主要有暴雨、高温、雷电、大雾、连阴雨、强降温、风雹、低温雨雪等以及气象衍生灾害。年内出现特强降温 2 次（4 月 4 日、4 月 10 日）。年内出现 6 次轻度连阴雨过程（1 月 1—7 日、1 月 20—30 日，6 月 15—22 日，9 月 30 日—10 月 9 日，10 月 16—26 日，2018 年 12 月 18 日—2019 年 1 月 1 日），重度连阴雨 1 次（9 月 10—22 日）。全年区域或局地暴雨 10 次，“9·25”暴雨是年内影响范围最广暴雨过程。总体而言，2018 年度灾害性天气对农业生产具有一定影响，农业气象条件属正常年景。

（徐元照）

表 2　　2018 年长寿区气温及距多年平均值比较情况

单位：℃

月份	1 月	2 月	3 月	4 月	5 月	6 月	7 月	8 月	9 月	10 月	11 月	12 月	全年
气温（℃）	6.7	8.6	15.4	20.1	22.3	25.5	27.6	29.2	22.8	16.8	12.4	8.2	18.2
距多年平均值（℃）	-0.2	-0.3	+2.7	+2.5	+0.6	1.3	+2.8	+1.5	-0.7	-1.1	-1.0	0	+0.7

表3　　2018 年长寿区降水及距多年平均值比较情况

单位：毫米

月份	1月	2月	3月	4月	5月	6月	7月	8月	9月	10月	11月	12月	全年
降水量（毫米）	29.9	14.3	68.3	163.1	178.4	67.7	107.2	187.3	159.4	58.4	59.4	22.7	1115.7
距多年平均值（%）	+43.0	-43.0	+46.0	+53.0	-4.0	-65.0	-28.0	+42.0	+55	+46.0	+2.0	-17	-3.0

表4　　2018 年长寿区日照及距多年平均值比较情况

单位：小时

月份	1月	2月	3月	4月	5月	6月	7月	8月	9月	10月	11月	12月	全年
日照时数（小时）	44.0	27.6	81.0	156.5	104.7	126.8	206.4	245.1	65.5	19.4	39.3	5.7	1122.0
距多年平均值（%）	+36.2	-30.5	+3.4	+47.5	-14.3	+9.4	+12.1	+23.4	-46.3	-69.8	-22.8	-78.7	-1.9

（重庆市长寿区气象局提供）

自然资源

【土地资源】　2018 年，长寿区土地总面积 14.21 万公顷，其中：耕地面积 5.58 万公顷，占土地总面积的 39.22%；园地面积 1.3 万公顷，占 9.17%；林地面积 2.87 万公顷，占 20.21%；草地面积 0.42 万公顷，占 2.98%；城镇、村居民及工矿用地面积 1.68 万公顷，占 11.85%；交通用地面积 0.3 万公顷，占 2.10%；水域及水利设施面积 1.13 万公顷，占 7.93%；其他土地面积 0.93 万公顷，占 6.54%。全区集体土地面积 11.91 万公顷，占土地总面积的 83.76%；国有土地面积 2.31 万公顷，占 16.24%。（袁国勤）

【矿产资源】　长寿区境内主要矿产资源有天然气、岩盐、煤、石灰岩、页岩、砂岩、白云岩、矿泉水、铁矿、地热等。天然气主要分布在卧龙河气田，黄草峡背斜。岩盐主要分布在双龙构造，已探明资源储量 21.4 亿吨，已设采矿权 2 个。煤炭资源主要分布在明月峡背斜和黄草峡背斜，截至 2018 年年底已探明资源储量 2811.9 万吨，全区所有煤矿均按相关规定予以关闭。石灰岩主要分布在明月山背斜嘉陵江组一段、三段，飞仙关组三段，已设采矿权 27 个。白云岩主要分布在葛兰镇大坝，已探明资源储量 2160.20 万吨，已设采矿权 1 个。长寿区石灰岩与白云岩资源均赋存于“四山”管制范围明月山长寿段，全区所有石灰岩矿山及白云岩矿山均已按相关要求关闭退出。铁矿主要分布于江南、葛兰、东山、云台，品位较低，现未开发利用。矿泉水主要分布在石堰镇干坝村，已设采矿权 1 个。页岩矿分布于沙溪庙组、遂宁组，有采矿权 3 个。砂岩矿主要分布于沙溪庙组，有采矿权 4 个。（黄　巧）

【水资源】　长寿区有“一江、两湖、三河、十三溪”，均属长江水系。其中，流域面积 1000 平方千米以上的河流有长江、龙溪河、御临河、大洪河 4 条；100～1000 平方千米的河流有桃花溪、打鱼溪 2 条；50～100 平方千米的河流有晏家河、焦家河、高洞河、双龙河、干滩河 5 条；20～50 平方千米的河流有沙溪河、张巴河、但渡河、古佛河、万顺河、龙河 6 条。多年平均径流量为 6.96 亿立方米，2015 年地表水资源量 5.936 亿立方米，地下水资源量 1.589 亿立方米。

【生物资源】　2018 年，长寿区林业用地面积 67133.33 公顷，森林面积 64866.67 公顷，森林覆盖率 45.7%。乔木林主要分布在东山、西山、五堡山，主要树种为马尾松、柏木和杉木；灌木林主要分布在龙河、双龙、邻封、云集等镇，主要树种为杂柑、血脐、沙田柚等；竹林主要分布在凤城、晏家、江南、八颗、但渡、葛兰等街镇，主要为楠竹、白夹竹、大叶麻竹、慈竹等。植被分布5个植被型，18个植被群系，植物有182科、249属、619种、148个变种以上，其中绝大多数为乡土物种，珍稀保护树种有水杉、银杏、润楠等。

动物资源以农区动物和湿地水域鸟类为主。主要野生动物有219种，其中两栖类7种，爬行类13种，鸟类160种，兽类39种。国家级重点保护动物19种，其中，国家二级保护动物有大天鹅、豆雁、水獭、大灵猫、小灵猫等；三级保护动物有棕头鸥、普通燕鸥、四声杜鹃等。重庆市重点保护动物20种，主要有野猪、豹猫、草兔、黄鼬、红颊长吻松鼠、蓝翡翠等。（熊席跃）

旅游资源

【概况】 2018年，长寿区开展旅游资源普查。全区旅游资源8个主类、21个亚类、56个基本类型。旅游资源单体有528个，包括五级旅游资源3个，四级旅游资源21个，三级旅游资源86个，二级旅游资源128个，一级旅游资源290个（优良级旅游资源单体为110个，其中五级旅游资源3个，四级旅游资源21个，三级旅游资源86个）；集合型旅游资源单体32个，五级旅游资源0个，四级旅游资源4个，三级旅游资源15个，二级旅游资源13个。

长寿区旅游资源品种齐全，涵盖8个主类的全部，涉及56种基本类型，占全部110种基本类型的50.91%，旅游资源丰度属于中上等水平。地文景观类35个，水域景观类88个，生物景观类27个，天象与气候景观类13个，建筑与设施类216个，历史遗迹类68个，旅游购品类38个，人文活动类43个。

长寿区所有旅游资源中，人文旅游资源365个，自然旅游资源163个，二者的比例为2.24:1。总体形成人文旅游资源突出，自然旅游资源相互兼容的格局，资源匹配关系好，具备多种旅游开发潜力。（孙　祥）

表5　2018年长寿区旅游资源分类统计

系列	标准类型	长寿区类型
主类	8	8
亚类	23	21
基本类型	110	56

表6　2018年长寿区旅游资源基本类型

资源类型	标准类型	长寿区基本类型	
		基本类型	单体数量
地文景观	17	8	35
水域景观	13	5	88
生物景观	8	4	27
天象与气候景观	5	2	13
建筑与设施	39	26	216
历史遗迹	8	4	68
旅游购品	15	5	38
人文活动	5	2	43
合计	110	56	528

表7　2018年长寿区优良级旅游资源单体清单

序号	街　镇	名　称	等级
1	长寿湖镇	长寿湖风景名胜区	五
2	菩提街道	菩提山文化旅游景区	五
3	菩提街道	菩提古镇文化旅游区	五
4	万顺、洪湖镇	大洪湖	四
5	长寿湖镇	长寿湖西岸旅游区	四
6	长寿湖镇	百寿园	四
7	长寿湖镇	长寿湖场镇旅游区	四
8	万顺镇	玉溪寺	四

续表7

序号	街　镇	名　称	等级
9	但渡镇、邻封镇、云集镇、海棠镇、长寿湖镇	长寿柚	四
10	长寿湖镇	铁人三项赛	四
11	凤城街道	三倒拐	四
12	云台镇、石堰镇	五华山	四
13	菩提街道、凤城街道	三洞沟峡谷	四
14	新市街道	中科未来城创意产业园	四
15	云集镇	杨克明故居	四
16	双龙镇	罗山森林公园	四
17	海棠镇、万顺镇	明月山脉	四
18	龙河镇	乐温半岛	四
19	但渡镇	楠木院	四
20	渡舟街道	田园乐温	四
21	八颗街道	白云山景区	四
22	邻封镇	东林古寺	四
23	海棠镇	张家寨民居	四
24	海棠镇	海棠唢呐	四
25	凤城街道	长江	三
26	洪湖镇	徐里沟生物化石带	三
27	万顺镇	晏子山历史文化园	三
28	万顺镇	袁家湾传统村落	三
29	洪湖镇	铜锣山	三
30	葛兰镇	天台寺	三
31	菩提街道	菩提圣灯	三
32	万顺镇	谯定史迹	三
33	菩提街道	万寿天梯	三
34	凤城街道	天主教堂	三
35	菩提街道	摩崖石刻	三
36	长寿湖镇	醉美东山	三
37	葛兰镇	老龙洞	三
38	万顺镇	大洪湖岛群	三
39	凤城街道	定慧寺	三
40	石堰镇	大雄寺	三
41	万顺镇	玉溪府山门	三
42	新市街道、江南街道、长寿湖镇	血橙种植园	三
43	万顺镇	晏渊史迹	三
44	长寿湖镇	长寿湖郁金香展暨风车节	三
45	万顺镇	桂花湾水库	三
46	长寿湖镇	巴清丹砂园	三

续表 7

序号	街　镇	名　称	等级
47	洪湖镇	大洪河水库	三
48	石堰镇	五华山狮寨嘴	三
49	云台镇、凤城街道、葛兰镇、八颗街道、渡舟街道、菩提街道	桃花溪	三
50	邻封镇	百里花海	三
51	八颗街道	西山竹海	三
52	八颗街道	灵泉寺	三
53	渡舟街道	血豆腐生产工艺	三
54	渡舟街道	薄脆生产工艺	三
55	江南街道、长寿湖镇、龙河镇	柑橘	三
56	长寿湖镇	龙舟民俗文化节	三
57	江南街道	五堡山	三
58	葛兰镇	金盘山	三
59	云集镇	锅顶温泉	三
60	龙河镇	老陈菜生态农庄	三
61	菩提街道	菩提寺	三
62	菩提街道	菩提桥	三
63	凤城街道	桓侯宫	三
64	云集镇	杨克明故居	三
65	晏家街道	聂贤	三
66	江南街道	巴清	三
67	凤城街道	黄草峡	三
68	云台镇、凤城街道、石堰镇	龙溪河	三
69	石堰镇	澳凯生态园	三
70	江南街道	王爷庙（紫云宫）	三
71	葛兰镇	观音寺	三
72	但渡镇	阳鹤山水果种植场	三
73	晏家街道	聂氏宗祠	三
74	洪湖镇	洪湖酒	三
75	长寿湖镇	夏橙	三
76	新市街道	奶子山	三
77	洪湖镇	水碾河峡谷	三
78	洪湖镇	郭家大洞	三
79	新市街道	周家坡神火	三
80	江南街道	龙桥水库	三
81	但渡镇	丁木湖	三
82	龙河镇	祝家洞水库	三
83	邻封镇	百年柚树	三

续表7

序号	街　镇	名　称	等级
84	石堰镇	千亩荷花园	三
85	海棠镇、万顺镇	明月山日出日落	三
86	云台镇、石堰镇	五华山日出日落	三
87	海棠镇、万顺镇	明月山云雾	三
88	云台镇、石堰镇	五华山云雾	三
89	凤城街道	西岩观城门	三
90	晏家街道	长寿经济技术开发区	三
91	双龙镇	国家现代农业公园	三
92	龙河镇	长寿现代农业种植园区	三
93	新市街道	八洞桥梯田	三
94	新市街道	狮子嘴梯田	三
95	渡舟街道	张家洞	三
96	凤城街道	凤山公园	三
97	菩提街道	万寿公园	三
98	但渡镇	回龙寨	三
99	云台镇	清迈良园	三
100	万顺镇	东篱田园	三
101	江南街道	江家祠堂	三
102	双龙镇	张家祠堂	三
103	双龙镇	高铁长寿湖站	三
104	渡舟街道	长寿北站	三
105	双龙镇	罗围城老街民居	三
106	龙河镇	孔家花园民居	三
107	葛兰镇	秦家古村	三
108	龙河镇	永兴村石牌坊	三
109	但渡镇	杉树坪	三
110	葛兰镇	石狮艺术	三

（孙　祥）

【长湖浪屿】　含“东林柚香”“楠木林海”。风景如画的长寿湖，面积65.5平方千米，库容10.27亿立方米，有岛屿200多个，为西南地区最大的人工湖。湖面烟波浩渺，天水一色；湖中岛影成趣，鸟飞鱼翔，被誉为“西南明珠”。党和国家领导人周恩来、朱德、李富春、李先念、胡耀邦、李井泉等曾到此视察、游览或题词。是著名小说《红岩》的创作地，历史文化厚重。更有长堤抒怀、角亭仰圣、浴滨戏水、高峰日出、湖岛果香、古寨雄姿、湘子遗石、飞瀑流泉、天赐寿岛、领袖群雕等著名景点。近年建成长寿湖广场、湖滨公园等景观。曾先后两次被评为重庆巴渝十二景。附近的“东林柚香”，有长寿著名佛教古刹东林寺，有中华名果长寿（沙田）柚的十里柚林，有绚丽的龙溪河风光。附近的“楠木林海”，有近两万亩森林（主导树种为楠木），附近有丁木沟水库，还有唐代著名寺庙鹿囷寺（后为兰木院、楠木院）遗址。曾获省级森林公园称号。为长寿地区著名的风景名胜和避暑纳凉的好地方。长湖浪屿、东林柚香、楠木林海均属长寿湖风景名胜区规划的辖区范围。将三景合一为“长寿浪屿”，更使景区规模宏大、内容浩繁、风景壮观。

【凤山春色】 含“西岩瀑布”、三倒拐古街、“定慧晓钟”。长寿城所在的山岭，古名白虎山、铜鼓山，因“状如飞凤”，又名凤山。因其历史文化厚重，山水风光秀丽，明代和民国时期长寿老“八景”中，有六景均在凤山上。史上有“凤凰展翅落平沙”“飞凤立沙洲”的诗句传颂。凤山历来风光秀丽，满目春色，一派生机。位于凤山前临长江的西岩观，有三级瀑布，有明代古城墙及古城门、丹崖、凤山镵石、史子读书处、社稷坛、白虎头等名胜古迹；还有1964年建成的西南地区最长的缆车道和20世纪80年代望江亭、望江桥等。西岩观的东侧，是建于明清时期的长寿城古街——三倒拐。全程2.5千米，山高、坡陡、路弯，沿街房屋鳞次栉比，悬崖古榕参天。曾为旧时长寿河街通往长寿内地和垫江、梁平等地的交通要道，极具川东山地古街特色。至2018年，为长江三峡沿岸保存最为完好的古街。附近还有武庙、文庙等古遗址。与西岩观一桥相对的、建在青龙嘴岩石上的宋代古刹定慧寺，曾为长寿历代礼仪朝圣之地，又是国民政府龙溪河水力发电工程处驻地，还是美国著名高坝专家萨凡奇长江三峡第一个水电工程方案设计地。青龙岭、青龙嘴与凤山、白虎头相对应，使长寿城有“龙凤呈祥”和“青龙、白虎拱卫”的际会传说，“凤山春色”“西岩瀑布”“定慧晓钟”、三倒拐，地近毗邻，历史文化厚重，景色风光奇异。其中，前三景均属明代和民国时期长寿“八景”。将此四景合并为一景，保留“凤山春色”景名，使凤山、凤城更显春意盎然，生机勃发。

【菩提胜景】 含长寿菩提古镇。位于长寿城西菩提街道境内的菩提山，海拔598米。因中国佛教禅宗祖师菩提达摩到此传佛讲法得名。又因突兀而立、气势雄杰、山顶中凹的特殊地貌，史称为“巨镇群山”的长寿“镇山”。明代进士戴锦为使之与畾山相对应，曾改名为“晶山”。原山上建有菩提寨、菩提寺和菩提圣灯。曾以“菩提圣灯”和“菩提山上灯一盏”之名，被列为明代和民国时期长寿“八景”之一。史上留有多位诗人、名家为之传颂的诗篇和民间传说。建于菩提山东麓的长寿菩提古镇，是2010年开工打造“菩提山·中国长寿文化城”风景旅游区的核心景区之一。古镇以巴渝文化、长寿文化为背景，以中国西部古建筑为平台，展示巴渝及长寿人文景观。是长寿地区新近建成的规模宏大的人文建筑景观群。

【桃源仙洞】 位于长寿城东的桃花溪三洞沟，因河床陡然跌落，形成全长2.4千米的河床峡谷。南接长江，北抵桃花街，谷顶与谷底落差160余米。其间，有三座悬崖、三级瀑布、三眼深潭三个巨大石洞。林木茂密，飞瀑轰鸣，怪石嶙峋，有石笋、石鹅、风月之台、长生洞、桃源寨等名胜古迹或遗址。还有县人王绍级修建的恒星发电厂遗址，以及国民政府修建的第一座水力发电站桃花溪三洞沟电站。曾以“桃源仙洞”和“桃源三洞出仙家”之名，被列为长寿老“八景”之一。史上留有多位诗人、名家为之颂扬的诗篇。因风景独特，文化厚重，实为中国和世界少有的城市大峡谷。

【黄峡塔影】 长江流经长寿与涪陵接壤的黄草山，冲决山体夺路而出，形成江面狭窄、波涛汹涌的高山大河峡谷黄草峡。黄草峡至不语滩一线，为历代兵家必争的古战场：三国蜀汉军师诸葛亮、大将张飞，在此调兵、驻防；东汉赤甲军和明末农民起义军首领张献忠，在此征战、行军。唐代大诗人杜甫在此写下著名诗篇《黄草峡》。还有宋代兴建、明代迁建于此的桓侯宫（张飞庙）；清代修建的文峰塔、不语山寨；唐代设置的永安县治所阳关城（永丰场）遗址；历代修建的不语滩古栈道及石刻、和尚坟等历史文化古迹，成为长寿历史文化富集地区。这些自然风光、名胜古迹和古建筑，大多有遗存或保存完好。不失为长寿境内自然和人文胜景。

【罗围寿山】 含双龙镇罗围场附近的长寿山和大罗山、小罗山及相邻的何石井一带。“人多寿考”，是长寿得名的缘由，也是长寿地区人健康长寿的代表象征，更是长寿文化孕育形成的发祥之地。这里，山高势雄，山寨巍峨，植被完好，寺庙、题刻、古迹众多。也是长寿名人胡超、陈铭德、廖井丹、王秉楠和革命烈士程让泉、程冰仙、程谦谋、韩子重等人的故乡或革命活动地。以王秉楠为首的中共长寿地下县委，在这里领导长寿人民开展迎接解放的斗争，留有“润之堂”（罗围中心校）等重要革命文物或遗址。

【五华云峰】 明月山义和段的五华山，海拔1009.6米。五华山由大狮山、中狮山、小狮山、腆肚山、凤凰山五座山峰组成，故名“五华”。五峰山态各异，或形似雄狮，或状如凤凰，或宛若腆肚罗汉，形象逼真、有趣。山上植被茂密，保留完好，建有五华寨、五华寺、功德碑等古建筑。还有地缝、地热奇观和“四洞”“三石”“三库”“神仙脚板”等景观或遗址。登上最高峰狮寨嘴，极目远眺，但见群山迎候，阡陌纵横，真有耸入云端、手接云霞之感。山下，还有义和场、三条沟水库和范家桥水库等。五华山全年气温最高30℃左右，是夏日纳凉避暑、冬日赏雪的好去处。

【钢城溅花】 由重庆大渡口环保迁建在长寿江南的重庆钢铁集团重庆钢铁股份有限公司，迁建工程曾是重庆市政府的一号工程，也是国家级长寿经济技术开发区具有代表性的特大型企业之一。这里厂房林立，管网密布，绿树掩映，显现现代化工业的文明气息。特别是夜幕降临，十里钢城霓虹闪烁，钢花飞溅，宛若点点繁星缀满苍穹。这里还是中国第一个女实业家、冶炼始祖、富甲天下的巴寡妇清的故里——龙寨山（原名青台山、贞女山）所在地。有龙山寨、秦始皇女怀清台、巴寡妇清墓、神仙洞、清斋台等古遗址。曾以“龙寨秋容”之名，被列为明代长寿“八景”之一。历代诗人、名家留有多首纪念（感怀）诗篇。汉代《史记》和晋、唐等历代编修的国、州、府、县志均有记载。极具工业旅游和历史文化开发价值。

（长寿区地方志办公室）

地方文化

【长寿区第七批非物质文化遗产名录】 2018年9月7日，重庆市长寿区人民政府发布《关于公布第七批非物质文化遗产名录和第六批非物质文化遗产代表性传承人的通知》。确定龙溪大鼓、拦手门武术等4项非物质文化遗产为长寿区第七批区级非物质文化遗产名录。

编号	项目名称	项目类别	分布地区
1	龙溪大鼓	传统音乐	长寿区
2	拦手门武术	传统体育、游艺与杂技	长寿区
3	四川扬琴	曲艺	长寿区
4	四川清音	曲艺	长寿区

一、龙溪大鼓

邻封龙溪大鼓属传统打击音乐，主要分布在长寿区邻封镇（包括焦家场）；其传承方式主要为师傅带徒弟，传承人口口相传。龙溪大鼓最早名称“锣鼓”俗称“家伙”，是一种民间打击乐器合奏形式。龙溪大鼓（古代称玩艺、威风锣鼓、战鼓）源于远古尧舜时期距今4000多年历史，战国唐盛年间最为盛行，解放后随着政治经济文化的发展壮大，“文化大革命”时期出现萧条，20世纪80年代中期复兴，一度在万盛、垫江、涪陵、长寿等区县婚丧嫁娶掀起锣鼓风。90年代逐步走向衰落，近年来通过各种保护措施的实施，逐步挖掘其传承技艺加以完善、创新，以打击乐锣鼓与音乐、舞蹈相结合，形成现有的龙溪大鼓。

龙溪大鼓形式多样，内容丰富，节奏明快，威武雄壮，欢快热烈，使人感到威武无比，又称威风锣鼓。常用于包括红白喜事、开业庆典、竣工典礼、大型活动开幕式。

龙溪大鼓以大鼓、小鼓、大锣、手锣、钹、钗子等打击乐器组成，一般由5—40人组成队伍，多者近百人。龙溪大鼓具有明显的地方特色和独特的艺术效果，能传承发扬该地优秀的民间文化，为丰富人民群众文化生活，推动柚乡的乡村旅游发展起到积极作用。

二、拦手门武术

拦手门武术是中国武林久负盛名的传统武术项目，是全国二十八大的武术门派之一，也是唯一起源于天津的武术门派，是天津古老民族优秀文化传统之一。1650年，天津大直沽的李金刚（字志和）等人，继承拦路拳、练手拳的精妙之处，融合自己多年习武的经验，创造出拦手门武艺，并在大直沽天妃宫庙立门户——拦手门。距今已360多年。数代以后，天津拳师张震中承其技艺，于1933年入川至1962年传艺于重庆等地。该拳种套路原仅有拦手拳（上下两路），后发展有四大操拳、翻拳、五花炮、燕青架等五个拳套和弹腿，流行于重庆市长寿区等地。拦手门动作舒展，刚柔相济，缠绵如游，迅猛如电，踢打摔拿，手腿并用，攻防兼备，避实击虚，以虚行实，技击上讲究快、猛、狠、毒。既具有南拳短打之技法，而又有北方动作舒展之形态。其诀曰：“活身如绵长拉筋，实发寸劲气下沉，丹田内收桩站稳，虎扑猫窜走鹤行”“远靠手，近靠肘，逼身靠贴”。主要手法有揉、缠、崩、挂、拦、撕、撩、抖、抹、引、靠、抓、贴、砍、摇，腿法以弹、簸、扫、铧、踩、截、踹为主，身法讲究斜中寓直，桩架可大可小，可高可低。

拦手门武术已经发展成为由四趟母拳、六套创新拳、十五种兵器套路、八套对练套路、三套养气功、两套硬气功功法和两套基本功组成的独特的武术门派，以其传统性、科学性、竞技性和群众性的优势立足于世界武术之林，得到广泛传播，展示出其独特的艺术魅力。

三、四川扬琴

四川扬琴是流传在四川地区境内，有着独特民族风格，浓浓地方特色的传统曲艺说唱艺术。大约形成于清乾嘉年间（1736 年—1820 年），迄今（2018 年）有 280 年历史，主要流传于成都、泸州、自贡等城市，后逐渐遍布川东、川西、川南一带。早期四川扬琴又称“渔鼓扬琴”“大鼓扬琴”，在表演中以扬琴为主要伴奏乐器而得名；在清代中叶时，唱者多于家中清唱为乐，后逐渐流传于茶馆之中，多以解决盲人求生之用；后逐渐形成独具特色的四川扬琴。

四川扬琴以扬琴为主要伴奏乐器，另有京胡、二胡、三弦、大提琴、鼓、板、梆子、碰铃。

四川扬琴曲调优美，分大调和越调（月调）两大类，音乐分为大调、越调、器乐牌子三类。大调属于板腔体结构，是主要腔调，以“一字”为基础，由“一字”“快一字”“慢一字”“二流”“三板”“大腔”“跺子”等组成。曲牌有“一字”“二流”“三板”“甜皮”“苦皮”等。

四川扬琴的唱腔可以使该艺术得到淋漓尽致的发挥，当唱腔慢时如叮咚山泉，当唱腔快时又如潺潺流水；有的唱腔犹如大珠小珠落玉盘般的清脆悦耳，婉转唯美，让人如痴如醉。

四川扬琴承载着巴渝文化的深厚底蕴，并有着独特艺术的意义，是其他文化形态无法取代的一项曲艺艺术，坐唱和走唱两种表演形式，有着时代政治、经济、文化、风俗民情等研究价值，艺术欣赏价值和非物质文化遗产保存、传承价值。

四、四川清音

四川清音是唱腔类四川曲艺艺术曲种，用四川方言演唱，由明清的时调小曲及四川民歌发展而成。

明末清初时期，由于战乱和瘟疫，四川地区的人口数量较少，很多城镇乡村变成一片废墟，清政府推行移民政策，将十多个省份民众移往四川居住，移民带去新的思想、物种和新的生产生活方式，也同时带去五湖四海的文化和地方曲艺品种。由此，自然融会明清时期民间小调和多种说唱形式，音乐、戏曲的艺术。在此基础上，逐渐发展成为四川清音。

四川清音有着山西、陕西、甘肃、江南、河北、湖南、湖北、江西、浙江等地的传统民间小调曲目的艺术元素，是一种内容非常丰富驳杂的艺术形式。四川清音早期又称“小曲”“小调”或叫“唱月琴”“唱琵琶”。

四川清音的传统演唱方式为坐唱，演唱时台上摆一张八仙桌，演唱者面对观众（听众）而坐。主唱者居中左手打板，右手用竹筷敲击竹鼓（用老楠竹制成），敲击竹节凸起的地方，是四川清音特有的伴奏乐器，以控制节奏及演唱速度。琴师坐在主唱者的左右两边，月琴、琵琶、三弦在左，柳琴、二胡、高胡在右。随着时代不断发展，四川清音逐渐形成站唱形式，演唱者站在竹鼓后面（竹鼓放在支撑架上），左手提板右手拿竹筷进行演唱，伴奏乐器在演唱者的左后侧，一般用扬琴、琵琶、二胡、高胡、三弦、柳琴等伴奏。

四川清音讲究字正腔圆、清丽婉转，其唱腔优美，轻柔婉转，特别是“哈哈腔”犹如珍珠滚玉盘一般清脆，让听众听得心醉。四川清音是历史悠久、独具特色的地方曲种，是表现形式丰富、唱腔优美的民间艺术，是贴近群众、贴近生活的文化元素，值得传承发扬。

（摘自长寿府发〔2018〕56 号）

【长寿区第六批非物质文化遗产代表性传承人名录】 2018 年 9 月 7 日，重庆市长寿区人民政府发布《关于公布第七批非物质文化遗产名录和第六批非物质文化遗产代表性传承人的通知》。确定杨胜钦、杜健等11人为第六批区级非物质文化遗产代表性传承人。

表8　　长寿区第六批非物质文化遗产代表传承人

序号	项目	传承人姓名	性别	出生年月	住 址	从艺时间	备注
1	巴村人手工糍粑	杨胜钦	男	1962年8月	重庆市长寿区凤城街道永丰村4组31号	40年	
		杜 健	男	1985年7月	重庆市长寿区文苑大道8号16幢1单元5-1	23年	
2	周家食伤伏羊汤	周 镜	男	1983年2月	重庆市长寿区新市镇红土地村6组81号附1号	20年	
3	川剧变脸	袁发生	男	1952年8月	重庆市长寿区轻化村33号2-2	40年	
4	空中顶人	张华中	男	1958年2月	重庆市长寿区桃花大道10号4单元6-1	40年	
5	长寿民歌	杨百克	男	1943年11月	重庆市长寿区长寿湖镇湖滨村向阳路组66号	45年	
6	付何竹编工艺	袁廷臣	男	1968年7月	长寿区八颗镇付何村	34年	
7	长寿米粉制作工艺	田 刚	男	1986年9朋	重庆市长寿区新市镇河石井村4组57号	18年	
8	长寿湖鱼面制作工艺	徐 静	男	1975年6月	重庆市长寿区长寿湖镇东海村12组71号	23年	
		石桂霜	女	1987年6月	重庆市长寿区长寿湖镇东海村12组27号	10年	
9	花鼓	但翠莲	女	1986年7月	重庆市长寿区卫古路3号6幢5-2	12年	

（摘自长寿府发〔2018〕56号）

【长寿区第九批区级文物保护单位】 2018年3月28日，重庆市长寿区政府发布《关于公布第九批区级文物保护单位的通知》，决定将张家祠堂、秦家大湾碉楼、廖井丹故居3处公布为第九批区级文物保护单位。

张家祠堂：位于重庆市长寿区双龙镇红岩村。根据戏楼屋脊墨书记载，祠堂建于清道光二十四年（公元1844年），民国时期略有培修，为四合院建筑，坐北朝南，形制保存完整。上殿为悬山式屋顶，台梁穿斗式屋架，面阔三间13.7米，明间面阔5.2米，次间各宽4.25米，进深8.3米，通高5米。五级普通台阶下为天井。戏楼为悬山式屋顶，雕刻有张挥、张良、张飞、张果老等历史人物，还有张良拾履的故事，刻画传神生动。张家祠堂是长寿区保存较完整的清代四合院建筑，是当地家族祠堂的代表，对研究宗教文化和历史沿革有重要的参考价值。祠堂文化作为一种具有地方特色的民俗文化，既蕴涵淳朴的传统内容，也沉淀着深厚的人文根基。

秦家大湾碉楼：位于重庆市长寿区葛兰镇大坝村3组7号。房屋整体保存状况较好，结构稳定，共三层；外墙为夯土筑造，四周均留有射击孔，墙面布满弹孔；内部楼层为木制，穿斗结构，悬山屋顶。占地面积 120 平方米，建筑面积 360 余平方米。秦家大湾碉楼具有较好的军事防御功能，是新中国成立前夕历史的见证，是研究当地民国时期民间军事设施的重要实物资料。

廖井丹故居：位于重庆市长寿区双龙镇尖山村 6 组。坐北朝南，穿斗结构，小青瓦屋面，现存正屋 3 间。对于研究传统巴渝民居的发展沿革有一定价值，对于研究和纪念廖井丹同志生平及事迹具有重要意义。廖井丹，1914 年 11 月出生于长寿县罗围乡（后长寿区双龙镇）尖山村，1937 年 5 月加入中国共产党；1939 年 1 月到延安马列学院学习后，任中共中央统战部秘书，晋西北军区第八军分区政治部主任，中共中央华中局、中南局宣传部副部长，兼长江日报社社长等职；新中国成立后，历任中共中央西南局宣传部副部长，西南行政委员会委员，新华日报社社长、新华社西南总分社社长等职；1955 年至 1956 年历任中共成都市委第一书记，四川省委常委、省委书记处书记；1972 年 10 月起，历任中共成都市委第一书记，中共渡口市委第一书记兼攀枝花钢铁公司党委第一书记；1977 年 11 月，任中共中央宣传部副部长；1982 年 4 月，任中共中央宣传部顾问；退居二线后，任国家文物委员会主任委员；2004 年离职休养；2006 年 11 月在北京病故。廖井丹是中国共产党第八次全国代表大会代表，第一、第二届全国人民代表大会代表，第五、第六、第七届中国人民政治协商会议委员。（摘自长寿府发〔2018〕27 号）

地方特产

【长寿青冠李】 长寿青冠李（又名长寿青脆李），每年 7 月底至 8 月初成熟，属晚熟李系列品种；树势直立，具有透光性好，耐寒耐旱等特点，有李中王、果之冠的美称。单果重 150 ~ 200 克，果皮青绿色，果肉淡黄色、品质上等，其果如桃、核小如樱、皮薄汁多、质脆致蜜、风味浓郁、清香可口，口感脆、甜、化渣、利核，烈日辐射不裂皮、不破口，储运方便。也是赠亲送友的特色产品。

长寿青冠李由长寿区农产品商贸流通协会新市育苗基地于 2010 年从中国柑橘研究所引进试验

长寿青冠李

栽培，2013 年单株挂果 2.5 ~ 4 千克；2016 年单株挂果 10 至 25 千克；2017 年由长寿区农产品协会推广，在新市、长寿湖、石堰、云集、华中、邻封等街镇，到 2018 年已发展面积 15 公顷，实现亩栽 70 株 ×25 千克，亩产 1.5 吨，单价 20 元/500 克，亩收入 3 万至 4 万元；年产量 3000 吨，年产值 9000 万元，是农民脱贫增收的重点产业项目。

（重庆市长寿区农产品商贸流通协会）

【长寿柑橘蜜】 重庆市长寿区生产的柑橘

长寿柑橘蜜“土蜂蜜—柑橘蜜”获得的金奖奖牌

蜜，没有经过人工浓缩，也未添加任何物质，让蜜蜂自然酿造，自然浓缩为成熟的蜂蜜。其色泽、口感和各种物理指标均优于同类产品。长寿柑橘蜜气味清香鲜爽，有柑橘香气，味道甘甜微酸，鲜洁爽口，是蜂蜜当中的上品。富含多种维生素，具有清热、排毒、养颜等功效。柑橘蜜的主要成分为可被人体直接吸收的葡萄糖、果酸、多种氨基酸、矿物质、维生素和活性酶，受到区内外消费者广泛青睐。

长寿区是柑橘的主产区，2018 年有挂果柑橘林 11867 公顷，测算载蜂量 8 万群，年产柑橘蜂蜜数百吨，有较高的经济效益。经蜂蜜授粉后柑橘还可增产 20%，能促进柑橘产业增收。

2018 年 12 月 8 日，在中国蜂产业协会举办的“第二届全国优质蜂蜜品评大赛”中，重庆长寿容丽平蜂业有限公司生产的“土蜂农—柑橘蜜”获金奖。

（重庆市长寿区养蜂协会）

2018 年经济社会发展

【工业经济】 2018 年，长寿区实现规模以上工业总产值 949.6 亿元，比 2017 年增长 14.2%，其中，长寿经开区 752.3 亿元，增长 14.8%；长寿高新区 187.7 亿元，增长 15.3%。转型升级持续推进，出台长寿区产业转型升级示范区建设、推动战略性新兴产业发展实施方案，62 个重大工业项目开工，43 个重大工业项目竣工投产；钢铁、化工产业焕发生机，重钢产值增长 80%、利润 17 亿元，川维产值实现 57 亿元、利润 1.7 亿元；装备制造、新材料新能源、电子信息及智能家居产业全面发力，多元支柱产业格局更加稳固；60 户重点成长型工业企业完成产值 655 亿元，占全区规模以上工业总产值的 68.9%。发展效益再创新高，规模以上工业企业新增利润 18 亿元，主营业务利润率超过 7%，提高 3 个百分点；资产负债率 54%，下降 2 个百分点；主要工业品产销率保持在 98% 以上。发展贡献持续增强，规模以上工业企业实现销售税金及附加 28 亿元，其中入库增值税稳中有增，产品增值空间不断增大；全年用工人数稳定在 5 万人以上，有效稳定全区就业。减负支持取得实效，落实降税减费 14.6 亿元，企业利息支出减少 2 亿元，新发放“助保贷”1270 万元，使用转贷应急周转资金 7.1 亿元，108 家企业因此缓解流动性困难；新增 41 家企业加入电力直接交易，减负超千万元；水、电、煤、蒸汽等能源要素保障充分。

【农业经济】 2018 年，长寿区第一产业实现总产值 45.7 亿元，比 2017 年增长 1.9%。主要农副产品保持稳产，粮食产量 32.6 万吨，水果蔬菜产量 54.5 万吨，水产品产量 3.8 万吨，肉蛋奶产量 12.5 万吨，建成全市最大的种养循环农业基地。农业供给侧改革稳步推进，粮经作物面积比优化到 50:50，新认证“无公害农产品”193 个、“绿色食品”32 个、“有机农产品”4 个、市级名牌农产品 9 个，新发展区级龙头企业 14 家、家庭农场 100 家、农民合作组织 70 个；发布“自然长寿”农产品区域公用品牌，龙河镇四坪村、邻封镇邻封村获评全国第八批“一村一品”示范村。乡村振兴加快推进，长寿区被确定为全市综合试验示范区，全区确定 2 个市级综合试验示范镇、4 个市级示范村和 17 个区级示范村；49 项重点任务和 78 个重点项目建设逐步展开，橘乡福地·长寿慢城项目全面开工，乐温大桥破土动工；洪湖镇称沱村概念性规划、产业规划编制完成，龙河镇保合村、洪湖镇称沱村等 4 村开展农村“三变”（资源变资产、资金变股金、农民变股东。下同）改革试点。乡村旅游加速发展，十里柚香·百里花海、清迈良园核心区建成，橘香悦动村、田园乐温示范项目有序推进，年内乡村旅游接待游客 150 万人（次）。精准扶贫稳步推进，启动洪湖镇五龙村 20 公顷歪嘴李基地、石堰镇干坝村食用菌生产场等扶贫项目建设；拓宽就业脱贫渠道，2445 人（次）通过公益性岗位实现就业；设立贫困人口医疗救助兜底基金，农村贫困人口区内住院自付比例不超过 5%，区外住院不超过 10%。

【商贸旅游金融经济】 2018 年，长寿区三次产业结构比优化到 8∶50∶42，第三产业成为拉动 GDP 增长的新生动力。商贸经济稳步发展，社会消费品零售总额比 2017 年增长 3.4%，住宿餐饮业增长 5.5%，规模以上交通运输业增长 23%，商品销售总额增长 28.2%；协信商圈和桃花商圈完成升级改造，重庆东部汽贸城、智慧物流中心和农副产品交易中心三大专业市场全面开工建设，横三路、纵次一路北段等配套道路加快建设，“一江两岸”智慧物流港产业规划正式启动；全年举办各类会展活动26场（次），直接收入1.3亿元，拉动消费11.5亿元；电子商务经济加快培育，胖胖狗在重庆青创板挂牌，年内全区电子商务交易突破70亿元，增长25%。旅游升级版加速打造，印发全域旅游发展实施意见，成功举办海峡两岸姊妹湖产业协作年会、铁人三项赛、长寿湖龙舟赛等赛事活动，全年接待游客人次和旅游收入均增长10%；长寿湖高铁站换乘中心竣工投用，三倒拐历史文化街区、长寿湖东岸环湖路等项目有序推进，恒大长寿湖特色小镇一期、长寿湖龙鑫欢乐世界进展顺利。金融业稳定发展，年内新入驻金融机构3家，银行业金融机构存贷款余额分别增长6.6%、12.9%。

【创新改革开放】 2018年，长寿创新驱动迈出新步伐，按照“一三五十百千”（建成创新生态示范区，打造三大创新服务平台，实施五大科技专项，创建十大科技创新品牌，引进和培育成百上千家科技型企业、成百上千名科技创新人才、成百上千项科技创新成果）工作思路推进创新生态区建设，申报创建“国家知识产权试点城市”，重庆长寿高新技术产业开发区获市政府批准，全区研究与试验经费支出占GDP比重2%，全区万人有效发明专利6.67件，提前达到“十三五”规划目标，已赶上全市水平。新旧动能加速转换，高技术产业和战略性新兴产业实现产值213.4亿元，占规模以上工业总产值比重22.5%；全区技改投资25.6亿元，比2017年增长81.6%，8家企业完成智能化技术改造，小康动力发动机智能化生产线在全市智能工厂综合评比中排名第一，3个工业项目纳入重庆市2019年工业互联网试点示范项目。企业创新能力明显提高，2家企业获评2018年重庆市创新企业100强、19家企业开展2018年度重庆市企业技术中心评价、60家企业完成研发准备金制度备案，新增高新技术企业12家、科技型企业101家。服务体系日臻完善，引进32家中介服务机构开展科技服务，长寿高新区种子投资基金获市科委批复。创新人才加速集聚，开展高技能人才培养，举办化工职业技能竞赛、“长寿工匠”评选等活动，全年新增高技能人才3200名。

深化改革不断推进，持续推进供给侧结构性改革，大力推进综合经济体制改革，稳步推进社会信用体系建设，加快推进政务信息资源共享。启动企事业单位公务用车制度改革，加快推进“放管服”改革，出台长寿区工程建设项目审批制度改革试点实施方案，在全市率先开展企业投资项目行政审批告知承诺制改革试点，将一般工业项目前期工作时限压缩至20个工作日；培育市场主体，推进“三十一证合一”改革，全年新增市场主体6856户；全年新增规模以上工业企业23家、限额以上商贸企业75家、独立法人销售公司6家、服务外包企业3家。民营经济逐步壮大，出台扶持民营经济发展意见，制定“亲”“清”新型政商关系行为规范，推动民营经济高质量发展，民营经济增加值达到365亿元，比2017年增长8%；出台扶持建筑业做大做强实施意见，引进培育建筑企业，全年注册地建筑业总产值增长10%。

对外开放提质发展，加快实施对外开放行动计划，全年实现进出口总额100亿元、离岸服务外包执行额1.22亿美元，均保持正增长。长寿区西药国家外贸转型升级示范基地获商务部考核认定。深入实施聚商选资“深化年”活动，全年引进项目290个、合同引资730亿元，制造业引资占比57.5%，引进奕翔化学、华邦制药等百亿级、十亿级项目30个，亿元级以上项目61个。组织参加首届中国国际进口博览会，采购金额、投资意向额均达5亿元；参加首届国际智博会，与7家企业达成投资意向，投资规模70.9亿元。全力稳外资、扩内资，全年实际利用外资2.77亿美元，实际利用内资21.8亿元，总量位于全市前列。

【城乡建设】 2018年，长寿区不断优化城市建设，实施城市品质提升行动计划，启动新一轮城乡总规修编，完成智慧长寿（一期）总体建设方案。启动桃东片区城中村改造，新开工建设阳鹤组团南北中路等12条道路；渝长高速扩能改造长寿段进度过半，长寿长江二桥建设进展顺利；重庆两江新区至长寿快速通道项目完成设计和勘察招投标，加快开展明月山公铁两用隧道通过性研究工作。持续提升城市品质，完成100万盆鲜花上街和60万盆栏杆摆花，推进桃花溪环境综合整治、古桃路带状公园绿化等项目建设，新增绿地86公顷，建成区绿地率45.5%；调整公交线路7条，解决中央公园、凤西片区等区域群众出行难题，长寿缆车站恢复运行。城市管理更加智能，完成1万余盏照明路灯的LED升级改造，全区路灯实现智能化远程控制，自主研发停车收费系统并试运行。村镇建设更具魅力，启动国省县乡村道1500千米公路改造前期工作，开工“四好农村路”620千米，出台“五沿”区域（沿高铁两线，沿江两岸，沿高速公路两旁，沿城郊环线，沿旅游景区周边。下同）农村人居环境整治实施方案，完成人居环境改善续建项目67个，整治旧房2000户；出台长寿区村庄亮化工程实施方案，安装3800余盏公共照明路灯或庭院灯；启动3个美丽宜居村庄示范试点建设，创建美丽庭院900个。

【社会民生】 2018年，长寿区推进保障和改善民生行动计划，全区民生投入44.6亿元，占一般公共预算支出比重66.9%。推进“劳有所得”，全年落实就业扶持、职业培训等各项资金4600余万元，新增城镇就业2.1万人，城镇登记失业率控制在3.1%。推进“学有所教”，消除66人以上超大班额，全区九年义务教育巩固率95.4%，高中阶段教育毛入学率97%。推进“幼有所育”，建成投用公办幼儿园4所，全区公办幼儿园占比46.2%，普惠率79.9%。推进“病有所医”，加快区级公立医院扩建，落实12项便民服务措施，推进14大类基本公共卫生服务均等化，家庭医生签约率25%，区级公立医院出院者人均费用下降1200元。推进“老有所养”，市级示范养老服务中心完成项目选址，23所养老院重点部位高清视频监控设备安装完毕，医养结合型养老机构加快发展。推进“弱有所扶”，全年发放各类救助金1.16亿元，困难群众生活得到保障。推进“住有所居”，组织公（廉）租房实物配租2300套，商品房市场总体平稳，商品房去化周期保持在5个月，处于合理区间。推进“文化体育惠民”，实施区图书馆、区文化馆、街镇文化活动中心“两馆一中心”免费开放和体育场馆免费或低收费开放，受益群众200余万人（次），举办区第二届运动会、《长寿传说》非遗演出等文体赛事活动，承办市第八届全民健身运动会部分赛事。全社会主要消费品市场供应充足，物价总水平稳定。新个人所得税法正式实施，月均减税超千万元，人民获得感提高。打击非法集资，立案查处非法集资案件1件，化解陈案3件，为群众挽回损失348万元。全区安全生产、社会治安和信访秩序总体稳定。

实施生态优先绿色发展行动计划，打好污染防治攻坚战。大力治废气、控扬尘、减油烟，全年空气质量优良天数311天，比2017年增加29天。以“共抓生态保护、加强生态治理、优化产业布局、发展绿色经济”为重点，推动长江经济带发展战略有效落地。落实河长制，编制完成全区“一河一策”“一河一图”，建立河库清漂保洁长效机制；推进桃花溪污染整治，竣工投用桃花溪西岸截污干管、延时曝气等项目；加强龙溪河生态建设和环境保护，龙溪河流域水环境统筹规划精准治理获国务院第五次大督查典型经验通报表扬；与垫江、梁平及渝北、两江新区建立龙溪河、御临河流域上下游横向生态补偿机制。推动环保监测智能化，19个镇级污水处理厂实现24小时在线监控，28家重点排污企业实现排污在线监测。在全市率先完成农用地土壤污染状况详查，完成农用地和农产品环境安全排查。实施国土绿化提升行动，营造林3600公顷。

（贺　莉）

2018年综合经济体制改革

【概况】 2018年，长寿区综合经济体制改革工作小组牵头推进创新驱动发展战略、供给侧结构性改革、社会信用体系建设、政务信息资源共享等工作，总体情况好。

【创新驱动发展战略】 2018年，长寿区推进以大数据智能化为引领的创新驱动发展战略。建立健全统筹促进大数据智能化可持续健康发展的工作机制和规范性文件保障体系，出台《重庆市长寿区以大数据智能化为引领的创新驱动发展战略行动计划实施方案（2018—2020年）》《长寿区加快实施创新驱动发展战略建设创新生态区2018年重点目标任务分工》。推动数据资源共享开放应用改革，2017年12月在全市率先建成标准统一、内容融合、开放共享的区级政务信息资源共享交换平台，接入市级平台实现数据互联互通；2018年年底前，全区有55个部门开展数据接入；梳理出295项资源，已接入数据的有265项（其中数据库方式接入115项，文件接入150项，接入率90%），向市级共享平台共享资源110余项。推动大数据智能化产业发展，年内签约引进汽车、电池、芯片封装、3D 打印、物联网等 23 个大数据产业项目，合同引资 140 亿元；8 家企业完成智能化技术改造，金刚化工、博腾制药、成元汽车成功纳入 2019 年重庆市工业互联网试点示范项目。

【供给侧结构性改革】 2018 年，长寿区加快去产能、去库存。以钢铁、水泥、砖瓦等行业为重点，通过完善综合标准体系，严格常态化执法和强制性标准实施，促使一批能耗、环保、质量、安全、技术达不到标准和生产不合格产品或淘汰类产能依法依规关停退出，环境质量得到改善，产业结构持续优化升级。依法注销重庆洋生管道有限公司等 16 家僵尸企业，完成 18 家企业能耗监察。顺应住房消费个性化、差异化趋势，引导和促进房地产市场调整供给结构，增加商品房刚性需求。

降低实体经济成本。深化“放管服”改革，出台《重庆市长寿区企业投资项目行政审批告知承诺制改革试点工作方案（试行)》，重点探索建立以告知承诺为重点，集多规合一、联合踏勘、统一行政告知、多方承诺、并联审批、过程监管及信用奖惩运用等为一体的新型审管模式，项目前期工作时限压缩至 20 个工作日以内。支持在长寿银行机构对中小微企业及其产品的综合费率实行不超同期基准利率 50%、30% 比例。2018 年，全区银行金融机构对中小微企业新发放贷款 75 亿元，占新增贷款的 50%。中小微企业应急转贷资金平台审批时限缩短至 7 个工作日，全年发放 7.1 亿元转贷资金，帮助 108 家企业降低资金成本。综合施策降低经营成本，减少企业税赋 11.9 亿元，降低非税负担 3 亿元，取消行政事业性收费 12 项。落实“企业减负 30 条”“电气 15 条”等支持措施，新增直供电企业 41 家，减负超千万元；新发放助保贷 1270 万元，设立 1 亿元风险补偿金，开展政银担合作贷款。出台支持企业上市扶持政策，年内新增重庆 OTC 挂牌企业 2 家。

优化市场制度环境。贯彻落实促进民间投资 26 条政策措施，坚持民间投资与国有投资、外商投资平等市场主体地位，引进民间资本参与重大项目建设，建立非公经济联系会议制度，深化“放管服”改革，全年完成民间投资 136 亿元。有序推进实施公平竞争审查制度，出台《2018 年清理现行排除限制竞争政策措施工作方案》《关于报送 2018 年清理现行排除限制竞争措施相关资料的通知》，督促各街镇、部门开展相应工作，清理出全区涉及与市场主体相关的文件 43 件。深化“多证合一”改革，在实现“二十证合一”之后，全面实行“三十一证合一”。

【其他重点领域改革】 2018 年，长寿区加快社会信用体系建设。推进守信联合激励和失信联合惩戒，开展环保等重点领域信用评价。2018 年全区新增信用数据超过 8000 条，总计入库信用数据 3.8 万条，其中负面数据占 24%。

防范化解地方金融风险。印发《关于成立长寿区防范打击非法金融活动专项工作组的通知》，重新从公安、工商、金融等主要职能部门及菩提、凤城等主要街道抽调精干力量，组建工作专班，实行集中办公，专职开展防范和打击非法金融活动工作。落实属地监管和风险处置责任，对小贷公司和担保公司负责人进行约谈，提高其责任意识，加强对小贷、担保的日常监管，完成小贷公司专项现场检查、担保公司现场检查和监管评价工作，对发现的问题及时下达整改通知书，并抄送市级监管部门；加强非法集资、互联网金融等领域风险苗头防控，全年立案查处非法集资案件 1 件，互联网金融领域无刑事案件发生，妥善推进后期处置，全年化解非法集资陈案 3 件，为群众挽回经济损失 348 万元。

推进公务用车制度改革。推进党政机关公务用车制度改革后续工作，完成党政机关公务用车制度改革考核评估资料上报工作，研究党政机关长期租赁车辆操作细则。推进企事业单位公务用车制度改革工作，按照全市统一部署，已完成全区事业单位、国有企业车改基数摸底调研，完成事业单位特种技术专业用车摸底调查，下一步将根据市里有关要求，组织召开全区企事业单位车改动员暨政策培训会。

（董　龙）

2018 年精神文明建设

【机制健全】 2018 年，长寿区建立财政投入长效机制，区委、区政府全年投入文明长寿建设专项经费 1500 余万元；纳入年度财政常规预算，建立逐年增长机制，为推进文明长寿建设常态长效提供经费保障。健全考评考核机制，实施《长寿区文明长寿建设考评办法》，针对 14 个区级部门、

19个街镇、34个社区制定15项考评细则，实行季度考评、年度考核，量化考评环境卫生、市容市貌、市民文明行为等339项内容，年内兑现考评经费489万元；将100多个单位工作成效纳入区委、区政府年度目标考核，推进全社会共建共享，形成“日交办、周通报、月总结、季考评”工作机制。深化巡查督导机制，抽调12名工作人员，组建4个督导组，开展专项巡查督导；建立“文明长寿”微信工作群，区委、区政府及部门、街镇、社区的领导、工作人员400余人加入，畅通问题交办信息渠道；建立问题认领、整改信息台账和回头看机制，将整改情况纳入季度考评，做到落实一项、销号一项；全年交办、整改问题2500余个；实行重难点问题会商机制，针对多次交办、整改进度缓慢的问题，召开会商会、现场会12次，整合各方资源和力量，有效整改缆阳坡占道经营、古镇公交站环境卫生、八颗街道市容秩序等重难点问题6个。

【利民惠民】 2018年，长寿区在文明长寿建设中改善环境卫生，城区593万平方米的清扫保洁区域分为600多网格，实行定时、定人、定岗、定任务、定标准的“五定”作业模式，推进“机扫、冲洗、普扫、保洁、管理人员巡回监管”的“五位一体”保洁方式，实现城乡环卫管理精细化；开展绿色生活巾帼行动、“河小青”青年志愿服务等活动39场（次）；全年清理城乡露天垃圾1100余吨、牛皮癣20余万张、喷涂1500余处，城乡面貌不断提升。改善市容秩序，着力优化交通秩序，查处车辆乱停乱放、不礼让斑马线等交通问题16.7万余起，常态开展“周六文明劝导”志愿服务活动，落实15万元经费深化“桃花大道——桃源大道”交通文明劝导示范街建设；常态化开展“三乱”整治，查处、劝导农贸市场、城乡主干道等重点区域占道经营、乱堆乱放等不文明行为6.7万人（次）。丰富文化活动，加强基层文化队伍建设，采取集中轮训与定点指导相结合，培训文艺带头人1000余人（次）；开展“我们的节日”“阅读悦美·悦享长寿”全民阅读、“一周一会一特色”文化讲堂、“讴歌新长寿，共筑中国梦”文艺联展、街镇文艺调演、社区文化节等主题活动，提升群众文化获得感。

【道德建设】 2018年，长寿区用“活”群众身边的典型，突出示范引领、家风涵蕴和宣传报道，营造崇德向善的良好氛围。培育、选树群众身边的道德典型，推进全区道德风尚建设，引领广大群众见贤思齐；发动基层群众挖掘身边好人线索2756条，评选“十大乡贤”（含提名）20名；3人获评“重庆好人”，1人获评“中国好人”，1人获评“感动重庆十大人物”称号。培育好家风，评选“十佳文明家庭（最美家庭）”10户，其中5户获评重庆市“最美家庭”；评选“最美庭院”“十星级文明户”等典型190余户；开展“百名巾帼大宣讲”活动220场（次），创新开展“书香家庭”“绿色家庭”“惜福家庭”“平安家庭”“写一封家书”“清风常伴·廉洁齐家”等主题活动，促进“以德润家、以道立家、以心传家”。引导社会崇德，将道德典型慰问纳入区委、区政府春节走访慰问对象，由区领导带队走访；全年开展“道德讲堂”“榜样面对面”等宣讲活动190场，《长寿日报》、长寿广播电视台、人人长寿APP等区内主流媒体，推出“新时代好少年”“乡贤”“孝星”等系列报道150篇，营造崇德向善的良好氛围。

【人文建设】 2018年，长寿区打造“寿孝文化”，评选第九届“十大健康寿星”“十大孝星”及其提名40名，举办“寿·孝文化”图文巡展和“寿星”“孝星”微视频展播38场，开展“长寿老人游长寿”主题活动；将“孝德礼仪”纳入中小学生行为规范教育，在学校创新开展“孝园”文化教育活动，打造独具长寿特色的“寿孝文化”。保护历史文化，编辑出版《长寿可移动文物选》《荷叶唱词》《民间故事》等文化遗产书籍；秦家大湾等4处建筑进入重庆市历史建筑预备名录，葛兰镇大坝村被列入重庆市传统村落名录；实现三倒拐历史街区保护、缆车站复运、定慧寺复建，让历史人文景点彰显长寿的文化底蕴和人文特色，成为长寿人民寻根乡愁的落脚点。传承“非遗”文化，举办“长寿传说”——“非遗”专场表演、“颂非遗·强自信”青少年非遗体验公益课、戏曲艺术进校园等活动，在乡村学校少年宫开设“非遗”文化课程，弘扬“非遗”文化魅力，让“非遗”文化传下去；组织海棠唢呐、长寿血豆腐、石工号子等“非遗”项目参加国家级、市级“非遗”展演活动，推动“非遗”文化“走”出去。

（刘代明）

集体荣誉榜

表9　　2018年长寿区获市级以上表彰先进集体

获奖项目	获奖单位	授奖单位	授奖时间
2015—2017年度全国农产品成本调查工作优秀集体	长寿区发展和改革委员会	国家发展和改革委员会	2018年3月
全国优秀少先队集体	长寿区黄桷湾小学少先队大队	共青团中央、教育部、全国少工委	2018年1月
国家一级图书馆	长寿区图书馆	文化和旅游部	2018年8月
全国五四红旗团委	长寿区人民检察院团委	共青团中央	2018年4月
2018年度国家知识产权示范企业	中石化重庆川维化工公司	国家知识产权局	2018年8月
中国专利优秀奖	重庆博腾制药科技股份有限公司	国家知识产权局	2018年12月
全国侨联系统先进组织	长寿区侨联	中华全国归国华侨联合会	2018年8月
第十九届世界华人学生作文大赛组织奖	长寿区侨联	中华全国归国华侨联合会	2018年6月
全国“中华魂”读书教育活动先进集体	长寿区关心下一代工作委员会	中国关心下一代工作委员会 教育部关心下一代工作委员会	2018年7月
2017年度全国检察文化建设示范院	长寿区人民检察院	最高人民检察院	2018年3月
2018年度全国检察宣传先进单位	长寿区人民检察院	最高人民检察院	2018年9月
2018年度全国法院宣传先进单位	长寿区人民法院	最高人民法院政治部	2018年8月
2017年度中国优秀政法新媒体	“长寿检察”新媒体	中国信息化研究与促进网	2018年4月
中国石化创新型企业	中石化重庆川维化工公司	中国石化集团	2018年3月
国家高新技术维纶研发生产基地	中石化重庆川维化工公司	中国化学纤维工业协会	2018年4月

（有关单位提供）

长寿三倒拐古街

政 治

- 中共重庆市长寿区委员会
- 重庆市长寿区人民代表大会
- 重庆市长寿区人民政府
- 政协重庆市长寿区委员会
- 中共重庆市长寿区纪律检查委员会（区监察委员会）
- 民主党派　工商联
- 群众团体
- 法治
- 军事

中共重庆市长寿区委员会

重要会议

【中共重庆市长寿区委十三届三次全会】 2018年4月20日，召开中国共产党重庆市长寿区第十三届委员会第三次全体会议。28名区委委员、7名区委候补委员出席会议；不是区委委员和区委候补委员的区级领导，各街镇、区级各部门、部分金融机构、在长寿企业单位的主要负责人等220人列席会议。

全会学习贯彻中共十九大精神，以习近平新时代中国特色社会主义思想为指引，全面贯彻习近平总书记视察重庆重要讲话和参加重庆代表团审议时重要讲话精神，落实市委五届四次全会部署要求，听取讨论区委书记赵世庆代表区委常委会所作的讲话，审议通过《中共重庆市长寿区委关于营造良好政治生态的意见》《中共重庆市长寿区委关于加强法治和德治工作的实施意见》和《中共重庆市长寿区委十三届三次全会决议》，对学习贯彻习近平总书记重要讲话精神和市委五届四次全会精神作出安排部署。会期一天。

【中共重庆市长寿区委十三届四次全会】 2018年12月14日，召开中国共产党重庆市长寿区第十三届委员会第四次全体会议。33名区委委员、8名区委候补委员出席会议；不是区委委员和区委候补委员的区级领导及区纪委副书记等19人列席会议。

全会学习习近平总书记关于深化党和国家机构改革重要论述，研究讨论长寿区机构改革工作，审议通过《长寿区机构改革方案（送审稿）》和《中共重庆市长寿区委十三届四次全会决议》，表决通过《关于同意免去梁德志同志区委委员职务的决定》和《关于区委候补委员罗小玲同志递补为区委委员的决定》。区委书记赵世庆作讲话。区委副书记，区政府区长，长寿经开区党工委书记、管委会主任巴川江代表区委常委会对机构改革方案作说明。　　（陈宇凝）

工作综述

【概况】 2018年，中共长寿区委以学习贯彻习近平新时代中国特色社会主义思想和中共十九大精神为主线，围绕习近平总书记对重庆提出的“两点”定位、“两地”“两高”目标和营造良好政治生态、做到“四个扎实”的重要指示要求，坚持稳中求进工作总基调，坚持新发展理念，坚持高质量发展要求，扎实开展“兴调研转作风促落实”行动，聚焦聚力打好“三大攻坚战”（防范化解重大风险、精准脱贫、污染防治。下同）和实施“八项行动计划”（创新驱动发展、乡村振兴、城市提升、军民融合发展、科教兴区和人才强区、内陆高地建设、保障和改善民生、生态优化绿色发展。下同）等重点任务，做好稳增长、促改革、调结构、惠民生、防风险各项工作，全区经济社会发展和党的建设各项工作取得新的成效。

【思想政治建设】 2018年，长寿区把学习好、贯彻好、落实好习近平新时代中国特色社会主义思想和中共十九大精神作为重大政治任务和长期战略任务，坚持在战略部署上“扣扣子”、在责任履行上“担担子”、在任务落实上“钉钉子”，把思想和行动统一到党中央决策部署和市委工作要求上。制定学习意见和培训计划，结合深入学习贯彻习近平新时代中国特色社会主义思想，抓住区委常委会专题学习、区委理论学习中心组这个龙头以及领导干部这个关键，将习近平总书记在参加全国“两会”重庆代表团审议时重要讲话以及深入推进长江经济带发展座谈会、民营企业座谈会、庆祝改革开放40周年大会等系列重要讲话重要指示精神纳入必学内容，引导各级党组织和广大党员干部读原著、学原文、悟原理，区委中心组全年开展专题学习研讨16次，各级党委（党组）中心组开展专题学习1462次；坚持多形式、多层次、全覆盖开展专题培训，培训干部6416人（次），推动中共创新理论走深、走实、走心；组织开展贯彻落实习近平总书记对重庆所作重要讲话和系列重要指示批示精神“回头看”，确保把中共十九大精神和习近平总书记殷殷嘱托全面落实在长寿大地上。深入开展中共十九大、全国“两会”精神、习近平总书记在民营企业座谈会重要讲话精神等重大主题宣讲，组织开展学习宣传贯彻习近平新时代中国特色社会主义思想“微宣讲”比赛；区级领导带头宣讲，开展主题集中宣讲216场（次）；掀起“六进”宣讲热潮，开展各类基层宣讲1400余场（次），发放宣传资料12.6万余份；强化主题宣传，在区内主要媒体开设专题专栏刊播新闻6200余篇（条），紧密配合市级媒体“在行动大型系列报道”等系列采访活动；完善全媒体宣传格局，坚持长期推送习近平新时代中国特色社会主义思想和中共十九大报告解读文章，营造浓厚宣传氛围。坚定把习近平新时代中国特色社会主义思想作为做好各项工作的“定盘星”，教育引导各级党组织和广大党员干部自觉用以武装头脑、指导实践、推动工作，确保作任何决策、推进任何工作都从习近平新时代中国特色社会主义思想中找思路、找方法、找答案；结合开展“兴调研转作风促落实”行动，部署实施打好“三大攻坚战”、实施“八项行动计划”等，确立年度任务书、时间表、路线图，实行责任化分解、系统化推进、项目化实施、常态化督导，以此为重点统筹推进各项工作。

【经济发展】　2018年，长寿区落实高质量发展要求，推动全区经济实现稳中有进、稳中向好。实现地区生产总值597.5亿元，比2017年增长6.2%；实现地方财政收入94.1亿元，增长3%（其中一般公共预算收入35.8亿元、增长1.6%）；固定资产投资增长1.5%；社会消费品零售总额增长3.4%。

坚持改造提升传统产业与培育发展新兴产业并举。深化供给侧结构性改革，紧抓被纳入国家首批产业转型升级示范区机遇，推进产业转型升级。全年实现规模以上工业总产值949.6亿元，比2017年增长14.2%；实现规上工业企业利润54亿元，增长47%，总量及增速均创历史新高。坚持主动减量、调整存量、引导增量，减少企业税负11.6亿元，降低企业非税负担3亿元，新增直供电企业41家。推动传统重点工业企业持续扭亏为盈，重钢司法重整案入选全国人民法院十大典型案例，实现利润17.4亿元；川维和巴斯夫分别实现利润1.06亿元、10.4亿元。实施技改项目101个，技改投资增长81.6%。加快推进现代农业“三园五区”建设，实现农业总产值68.5亿元，增长3.8%。引进新兴产业项目36个，合同引资415.6亿元，占工业引资的84.5%。全年高新技术产业和战略性新兴产业实现产值213.4亿元，占规上工业总产值的22.5%。

坚持扩大有效投资和强化聚商选资并重。把重大项目建设作为稳增长的“压舱石”，完善政府投资项目管理办法，渝长高速扩能、长寿长江二桥、重庆东部国际农产品交易中心等一批重大项目加快推进，全年完成重大项目建设投资189亿元，重大项目建设开工率、完工率分别为85%、89%。发挥工业投资主力军作用，完成工业投资105亿元，比2017年增长8%，新开工工业项目41个、竣工达产48个。开展聚商选资“深化年”活动，坚持区委书记、区长带头招商，全年引进项目290个，合同引资730亿元，超额完成目标任务，其中重点工业项目合同引资416.7亿元。突出强化制造业聚商选资，合同引资额位居全市第三；着力招大引强，新引进百亿级项目5个、十亿级项目25个。

坚持推进民营经济高质量新发展与推进创业就业并行。高规格召开民营经济发展大会，制定实施《关于全面优化营商环境促进民营经济发展的实施意见》等，努力打造一流营商环境。开展集中走访、精准服务民营企业500余家（次），解决“融资难”“融资贵”等难题，使用转贷应急周转资金7.1亿元，发放“助保贷”1270万元。全年实现民营经济增加值365亿元，比2017年增长8%，占GDP比重60.8%。推进创业就业，新增市场主体6856户，民营市场主体总量接近6万户；城镇新增就业2.1万人，城镇登记失业率低于市控线1.1个百分点。

坚持防风险与强弱项并济。大力防范和化解政府隐性债务风险，完善政府举债融资机制，政府债务总债务率优化在72%合理区间。加快推进区管重点国企市场化转型，将2家企业剥离融资职能转型为公益类国企。强化土地供后监管，完成房地产去库存任务，房地产市场运行平稳。依法惩治非法金融活动，为群众挽回损失348万元。

【改革开放创新】 2018年，长寿区坚持发挥改革引领、创新驱动、开放支撑作用，着力激发加快长寿发展的动力活力和潜力后劲。

向改革要活力。以经济领域改革为重点，推进年度243项改革任务。深化“放管服”改革，建立和实施“马上办、网上办、就近办、一次办”清单，取消审批事项41项，减少证明事项38项。率先完成政务信息共享交换平台与市级联网，网上可办事项80.2%。在全市率先试点工业投资项目行政审批告知承诺制，实施建设项目行政审批首席代表制，审批时限压缩至20个工作日。完成全国第四次经济普查单位清查，法人单位数量较全国第三次经济普查增长60%。紧抓农业农村部集体产权制度改革试点和市里“三变”（资源变资产、资金变股金、农民变股东。下同）改革试点机遇，率先在市级试验示范村成立新型集体经济组织，农村产权交易规模1.2亿元、流转土地1533.33公顷，位居全市前列。长寿区作为全国唯一区县代表，参加国家农业综合执法体制改革经验交流座谈。推进机构改革，召开区委十三届四次全会，机构改革实施方案获市委审批。

向创新要动力。坚持以大数据、智能化引领创新驱动发展，中国电信重庆公司5G应用首发仪式在长寿区举行，长寿工业园区获批市级高新技术产业开发区。实施传统企业“智能+”转型，小康动力年产25万台发动机智能化生产线建成投运并获评市级智能工厂第一名，博腾制药等3个项目被纳入全市工业互联网试点示范项目。落实普惠性创新政策，全社会R&D经费增长32%，占GDP比重2%；万人有效发明专利6.67件，位居全市前列，提前实现“十三五”规划目标。组织企业参加首届国际智博会，达成意向投资70.9亿元。培育创新主体，年内新增高新技术企业12家、科技型企业101家，建成独立法人化研发机构6家。

向开放要潜力。加快打造对外开放新格局，2018年实现进出口总额100亿元、离岸服务外包执行额1.22亿美元，实际利用外资2.77亿美元，均位居渝西片区前列。组织18家单位参加首届中国国际进口博览会，采购额、投资意向额均超过5亿元。启动建设全市唯一的长江沿岸铁矿石保税仓，加快建设加工贸易梯度转移示范园、服务外包示范区，长寿经开区西药国家外贸转型升级示范基地获商务部考核认定。

【城乡融合发展】 2018年，长寿区统筹抓好乡村振兴、城市提升两大基本面，推动城乡一体发展、融合发展。

推进乡村振兴。以重庆市委书记陈敏尔蹲点联系长寿乡村振兴为契机，支持配合市委调研组下沉调研，从调研组梳理的5个方面、26个问题和十大“乡村病”入手破题，坚持以点带面、点面结合推动龙河、洪湖2个镇、4个村先行先试，取得阶段性进展和成效。启动实施79项乡村振兴综合试验示范年度重点任务，获批全市首批10公顷农村点征用地指标和全市首个4.15公顷点征用地批文，节约集约用地工作获国务院66.67公顷土地指标奖励。全区“三品一标”总量有320个。全年整治旧房2000户、卫生厕所5330户，邻封村入选2018年中国美丽休闲乡村。2018年8月，长寿区作为全国6个市区县代表之一参加农业农村部组织召开的农村工作座谈会并作交流发言。全年培育新型农业经营主体1510个，消除“空壳村”136个。

推进宜业宜居宜游宜寿卫星城建设，城市建成区面积60.4平方千米，居主城区外各区县前列，城镇化率64.9%。成立区委书记、区长任组长的“双组长”城市提升行动计划领导小组，制定实施《长寿区城市提升行动计划》等“1+3”工作方案。深化“多规合一”（即国民经济与社会发展规划、城乡规划、土地利用规划、生态环保规划及各类、各专业、各行业规划衔接统一。下同），空间规划体系及基础测绘工作在全市各区县继续保持领先；新一轮总规编修大纲通过初审，新增城乡建设用地50平方千米。加快推进城市综合管廊、海绵城市、智慧城市试点建设，新开工城市基础设施建设项目15个，长寿火车北站综合交通枢纽完成主体工程，新增城市绿地86万平方米。深化大城细管、大城智管、大城众管，数字城管系统案件办结率99.4%；改造棚户区3.7万平方米，整治存量违建28.7万平方米。

抓全域旅游促进城乡融合。召开全区旅游发展大会，创建市级全域旅游示范区，打造旅游业发展升级版。设立旅游发展专项资金，在全市率先完成旅游资源普查，长寿缆车站成为网红景点，成功举办首届海峡两岸姊妹湖产业协作年会，全年接待游客人次、旅游收入均增长10%。发展休闲农业和乡村旅游，邻封镇、万顺镇成功创建市级特色景观旅游名镇，全年乡村游客量突破150万人（次）。

【社会民生】 2018年，长寿区以人民为中心抓发展，围绕落实“八个更”（有更好的教育、更稳定的工作、更满意的收入、更可靠的社会保障、更高水平的医疗卫生服务、更舒适的居住条件、更优美的环境、更丰富的精神文化生活）“七个有”（幼有所育、学有所教、劳有所得、病有所医、老有所养、住有所居、弱有所扶）要求，坚持尽力而为、量力而行，全年近三分之二的一般公共预算支出投入民生领域；全体居民人均可支配收入28144元，增长9%。

推进脱贫攻坚工作。学习贯彻习近平总书记关于扶贫工作重要论述和党中央关于脱贫攻坚重大决策部署，把握脱贫攻坚正确政治方向。落实重庆市优化区县对口帮扶机制，严格落实脱贫攻坚主体责任，持续逗硬“区级领导包镇（街）及脱贫村、区级部门及镇（街）包片、帮扶责任人包户”联系帮扶责任体系。以迎接中央脱贫攻坚专项巡视为契机，结合各方面反馈、大排查及专项巡察发现的问题，进行“再思考”“回头看”，完成244户、463人建档立卡贫困户脱贫任务，巩固脱贫攻坚成果，贫困发生率从2015年年初的2.99%降到0.035%。在全市首创贫困户医疗兜底制度，设立500万元医疗兜底基金，将贫困户区内住院、门诊自费比例分别降到5%、10%以下。实施并完成贫困户危房改造1702户，实现现存危房“清零”。

办好重点民生实事。统筹推进重庆市定的13件重点民生实事和长寿区自拟的1件重点民生实事，提前完成发展普惠性学前教育、“增绿添园”工程、免费无线局域网建设等年度民生实事，城区交通拥堵治理、医改便民长效机制等民生实事任务按期完成。全年开工建设“四好农村路”620千米，建成社区养老服务站3个，农村卫生厕所改造、公共停车场建设、公租房优化利用等民生工程有序推进。

协调推进各项民生社会事业。基本普及学前三年教育，学前教育公办率提升至46%以上、普惠率80%，义务教育、适龄残疾儿童入学率均达100%；重庆远恒佳学校顺利开学，重庆会计专科学校启动搬迁建设。实现跨省异地就医住院费联网直接结算，城乡养老保险参保率稳定在95%以上、城乡医疗保险参保率保持100%。推进文化惠民，成功举办首届农民丰收节、长寿湖龙舟赛、铁人三项赛、半程马拉松赛、迎新登高、区运动会等大型文体活动或赛事，承办全市红色文艺轻骑兵送文化进基层活动启动式并推动送文化下基层3536场（次）。区图书馆连续3次获评国家一级馆，成功申报市级文化产业园2个。常态长效推进文明长寿建设，共建共享文明长寿进一步深入人心。

突出解决环保民生问题。制定实施区委关于深入推动长江经济带发展的实施意见，突出“建、管、治、改”，持续实施清新、蓝天、碧水、宁静、绿地“五大环保行动”，打好污染防治攻坚战，开展PM2.5和臭氧污染攻坚整治，全年城区环境空气质量优良天数311天；街镇污水处理实现24小时监测全覆盖，农村生活垃圾、污水处理率分别为94%、64%，畜禽粪污综合利用率80%以上。全面落实河（湖）长制、河库警长制，协同推进龙溪河流域综合整治获国务院第五次大督查通报表扬，长江长寿段水质稳定在Ⅲ类水质。坚守“四山”（缙云山、中梁山、铜锣山、明月山）管制和生态红线，关闭退出明月山29家非煤矿山并完成区域10平方千米生态治理，全面禁止沿江1千米新建化工项目，坚决不让一滴工业污水流入长江。截至年底前，中央环保督察反馈的12个问题已大部完成。

【社会治理】 2018年，长寿区持续加强和创新社会治理，提高社会治理社会化、法治化、智能化、专业化水平。公众安全感指数98.81%，超过全市平均指数。

做好安全工作。推进安全生产大排查、大整治、大执法，在全市率先探索危化品运输综合治理工作，危化企业、规模以上工贸企业安全生产标准化达标率100%，全年未发生较大及以上生产安全事故，安全生产事故起数、死亡人数连续10年实现“双下降”。加快应急救援体系建设，建立综合应急指挥平台，建成国家危化品应急救援重庆基地。

筑牢稳定保障线。把开展扫黑除恶专项斗争作为重大政治任务，全年立9类个案、62件，破案56件，依法一审判决黑社会性质组织犯罪案件1件、11人、恶势力团伙犯罪案件1件、4人，完成年度任务，工作得到中央督导组肯定。健全完善社会立体防控体系，全区治安、刑事、“八类”、侵财和可防性等案件持续下降。落实重大决策社会稳定风险评估制度，开展“信访突出问题集中攻坚”专项行动，信访稳定形势总体平稳。开展“枫桥经验”长寿实践十项行动，社会矛盾化解率在95%以上，社会大局实现“八年稳、八年安”。

推进全面依法治区。落实党政主要负责人履行推进法治建设第一责任人责任，将全面依法治区纳入区管领导班子和领导干部政绩考核指标体系，将法治建设成效作为衡量工作实绩重要内容。开展宪法宣传教育活动，落实国家宪法日、宪法宣誓等制度。推行行政权力清单制度，推进综合行政执法体制改革。落实司法责任制改革，区人民法院、区人民检察院实现人财物市级统管。推进国家监察体制改革，成立全市首个监察委员会。完善和落实党委政府法律顾问和公职律师制度，收到专家咨询意见1000余条。推进全民普法守法，干部群众接受法治教育4万余人（次）。

【全面从严治党】 2018年，长寿区认真落实新时代中共建设总要求，落实区委管党治党主体责任，制订实施区委《关于深化落实全面从严治党主体责任的实施意见》，为全区改革发展稳定提供政治保证。

把党的政治建设摆在首位。营造良好政治生态，组织召开区委十三届三次全会，制订实施区委《关于营造良好政治生态的意见》，破立并举全面彻底干净肃清孙政才恶劣影响和薄熙来、王立军流毒，对全区政治生态开展综合分析研判。牢牢把握意识形态工作领导权，落实意识形态责任制，区委常委会3次专题研究全区意识形态工作，完善和落实“1+10”〔“1”：党委（党组）意识形态工作责任制实施细则。“10”：党委（党组）意识形态工作责任追究处分暂行规定，未经批准举办意识形态论坛讲座预警处置办法，意识形态工作专项督查机制，意识形态工作责任制考核办法，党委（党组）网络意识形态工作责任制实施细则，意识形态领域重点人员数据库建设实施方案，网络意识形态管理机制，社会科学管理部门和研究单位领导干部定期到党校开展意识形态专题讲座规定，意识形态场所管控内部操作流程，规范党员干部网络行为的实施意见。下同〕制度体系，筑牢主阵地、唱响主旋律、坚守主战场。把党内法规制度建设作为党的政治建设重要抓手和落实全面从严治党主体责任重要任务，落实书记第一责任人职责等责任体系，年内区委常委会会议专题审议通过党内规范性文件56件。严格执行新形势下党内政治生活若干准则，落实专题民主生活会、领导干部双重组织生活会、“三会一课”、支部主题党日等制度，全年领导干部带头上党课800余场（次）。

把学习贯彻习近平新时代中国特色社会主义思想和中共十九大精神作为党员干部的“必修课”，弘扬马克思主义学风，完善并落实每月1~2次党支部和党小组集中学习、每季度1次党员大会专题学习等制度。加强领导干部政德建设，教育引导广大党员干部明大德、守公德、严私德，一体推进法治和德治建设。推进“两学一做”学习教育常态化制度化，筹备开展“不忘初心、牢记使命”主题教育。

严格执行领导干部选拔任用工作条例，落实新时代党的组织路线，坚持新时期好干部标准，锻造忠诚干净担当的高素质干部队伍。区委常委会年内先后18次专题研究干部人事，区委书记作为第一责任人亲力亲为研究重要政策、把关重要环节。把政治甄别、政治审查贯穿干部选任全过程，先后择优调配11名熟悉基层党建、乡村振兴、脱贫攻坚的干部充实基层一线，抽调和选派193名干部到乡村振兴、脱贫攻坚、信访维稳等急难险重一线岗位挂职或顶岗锻炼。制定实施区管领导干部人选推荐办法，执行干部选拔任用工作全程纪实，有效防止干部“带病提拔”。加强对机构改革期间纪律执行情况监督，为机构改革营造清朗清爽的氛围。

加强基层党组织建设。制定实施农村带头人队伍整体优化提升22条措施，调优训强14名书记，精准选派第一书记36人，一支一策整顿转化后进基层党组织29个。建立完善区、街道、社区三级联席会议制度，试点推行城市基层党建资源、需求、项目“三项清单”。完善述职、党建协作组、季度督查等机制，有效解决机关党建“灯下黑”问题。理顺国企党建运行管理体制，组建成立区国有资产监督管理委员会。加强互联网企业、律师行业等领域党建，选派党建指导员92名，成立新的社会阶层专业人士联合会党支部。新建非公经济和社会组织党组织14个，非公经济和社会组织党组织覆盖率分别为89.5%、86.5%。加强党员发展教育管理服务，年内新发展党员282名，走访慰问党员3000余名。

正风肃纪和反腐败斗争。集中整治和查处形式主义、官僚主义问题34件、51人，查处并通报曝光违反中央八项规定精神问题39起、95人。开展领导干部利用名贵特产类特殊资源谋取私利问题专项整治，查处违规公款购买烟酒、违规收受烟酒等问题4件。监督执纪处理620人（次），其中约谈函询、批评教育504人（次），81.3%。开展以案说纪、以案说法、以案说德、以案说责“以案四说”警示教育，党员干部受教育4671人（次）。推进纪检监察机关内设机构改革、派驻机构整合和派出监察机构改革，发挥巡察利器作用，延伸巡察村（社区）党组织108个。保持惩治腐败高压态势，年内立案97件，结案91件，处分115人（其中县处级22人），挽回损失400余万元。持续开展扶贫领域腐败和作风问题专项治理，查处问题49件，处分15人，组织处理66人。推进民生监督工作试点，开展征地补偿安置、公（廉）租房领域专项整治。全面推开党员干部亲属涉权事项公开工作，发现问题线索23个。严肃查处涉黑涉恶“保护伞”问题，立查“保护伞”案件2起。

（陈宁凝）

组织工作

【概况】　截至2018年年底，长寿区有基层党组织1360个。其中党委93个，党总支部26个，党支部1241个；有区级部门党组49个，市委派出工委1个，区委派出工委14个。有党员44174名，其中，35岁以下党员6530名，占14.8%；36岁至60岁党员18995名，占43%；60岁及以上党员18649名，占42.2%；从文化程度看，大专及以上学历党员15205名，占34.4%；中专（高中）学历党员9390名，占21.3%；初中及以下学历党员19579名，占44.3%。2018年新发展党员282名，其中女性127名，占45%；35岁以下217名，占77.0%；大专以上学历240名，占85.1%。

2018年5月3日，中共重庆市委常委、组织部部长胡文容在长寿调研

截至年底，全区有干部14341名。其中党政干部3373名，占23.52%；事业干部10968名，占76.48%；女干部7104名，占49.54%。年龄在35岁及以下4846名，占33.80%；36～45岁3611名，占25.18%；46～54岁4688名，占32.69%；55岁及以上1196名，占8.33%。研究生学历干部747名，占5.21%；本科学历9707名，占67.69%；大专学历3391名，占23.65%；中专（高中）及以下学历496名，占3.45%。在党政干部中，女干部1081名，占32.05%；厅级干部33名，占0.98%；处级干部1069名，占31.70%；科级干部1661名，占49.24%；科级以下干部610名，占18.08%。

截至年底，全区人才总量9.92万人。其中，党政人才0.34万人、企业经营管理人才1.61万人、专业技术人才3.63万人、高技能人才3.03万人、优秀农村实用人才0.93万人、社会工作人才0.38万人、高层次人才0.32万人。柔性引进中科院院士2人、国家“千人计划”专家4人，引进培养享受国务院政府津贴专家10人，市委直接联系专家1人，省部级突出贡献中青年专家5人，省部级学术学科带头人（含后备人选）12人，省部级优秀专业技术人才18人。创建国家级技能大师工作室2个，市级金属轧制工企业首席技师工作室1个，市级技能专家工作室2个。

【政治思想建设】　2018年，长寿区坚持以政治建设为统领，推动习近平新时代中国特色社会主义思想和中共十九大精神进党校培训、进中心组学习、进党内政治生活，推进“两学一做”学习教育常态化制度化，举办培训班16期，培训干部2774人，组织领导干部上专题党课近800场（次）。执行新形势下党内政治生活的若干准则，落实民主集中制、“三会一课”、民主评议党员和领导干部双重组织生活等基本制度规范，组建7个督导组，对区管领导班子年度民主生活会进行全覆盖指导。把作风建设融入组织工作全过程，按照市委“十破十立”和“五个结合”要求，坚决彻底肃清孙政才恶劣影响和薄熙来、王立军流毒。

【干部选拔任用】 2018年，长寿区贯彻新时期好干部标准，树正选人用人导向，突出政治标准，把政治甄别、政治审查贯穿干部选拔任用全过程。结合机构改革人事调整等工作需要，组建9个调研组，对113个区管领导班子和领导干部进行全覆盖回访调研。改进任前考察，加大实地验证力度，对15名干部进行延伸考察。坚持事业为上、按制度选人，制定实施区管领导干部人选推荐办法，全年新提拔区管干部27名，晋升处级非领导职务干部14名。抓好年轻干部工作，招录选调生13名，招录公务员和事业单位干部306名；分类掌握一批优秀处、科级年轻干部。

2018年10月16日，长寿区委党校第四期中青班开班

【干部教育培训】 2018年，长寿区把政治素质培养摆在干部教育培养首位，将政德教育贯穿始终，按照理论教育和党性教育课程不少于70%比例设置教学计划，组织800余名学员到红岩连线接受党性教育，针对性设置基层调研、实岗锻炼环节和社会主义核心价值观等课程，促进党员干部明大德、守公德、严私德。紧扣脱贫攻坚、乡村振兴，分层分类开展理论理念、政策法规、业务技能等培训班43期，培训党员干部5698人（次）。创新培训班管理模式，突出自我管理，在中青班以临时党支部建设为抓手创新管理。全年举办各类培训班45期，培训干部6416人（次），组织在线学习2421人（次）。长寿区推荐的《新时代中国共产党人的文化自信》课程入选全市首批干部教育培训好课程。

【干部监督管理】 2018年，长寿区在干部的监督管理中，加强政治监督、重点监督和日常监督。对28名机关事业单位“一把手”开展经济责任或自然资源资产离任审计，督促5名干部完成离任经济责任事项交接，对86个有用人权的单位开展拟任人选预审、年度集中检查、“一报告两评议”测评；按照“两项法规”组织965名区管干部填报个人事项，查核208人，研判处理73人。开展专项整治“回头看”，对10名区管干部在非行业性社团兼职、23名干部因私出国出境进行严格审批，全覆盖复核区管干部人事档案，分批实现数字化。扩大“八小时外”干部“负面清单”收集范围，通过筛查督促移交纪检监察机关处理1人、暂缓提拔1人。

【干部考核评价】 2018年，长寿区突出差异化考核干部，优化完善考核序列设置、指标体系和评比方式，构建形成经济社会发展、党的建设、领导评价、会议测评、民意调查、街镇/区级部门互评、奖惩情况“七位一体”的立体考核评价体系，把考核结果与干部选任、评先评优、目标绩

2018年2月26日，长寿区2018年党组织书记抓基层党建述职评议考核会

效、追责问责全面挂钩。抓好民意调查工作，设立1200万元的民意调查工作专项资金，全年完成电话民意调查问卷3200份，印发《民意调查快报》6期，解决群众反映问题152个，倒逼督促相关部门解决一系列民生实事。

【人才工作】　2018年，长寿区制定实施科教兴区和人才强区行动计划，出台党委联系服务专家工作意见，修订人才引进培养和激励办法、创新驱动发展战略专项扶持办法等制度，推进职称评审社会化。制定急需紧缺人才专业目录，加大“高精尖缺”人才引进力度，新建成院士专家工作站、企业技术中心等市区各类人才发展平台127个，组建长寿经开区院士专家智库，签约院士2人。组织实施乡村振兴创业创新女性人才培育等16个人才项目，培训各类人才6700余人（次）。首次认定区级高层次人才61名，兑现相关待遇101.4万元。利用科技创新专项资金，奖励182家企业379个创新驱动发展专项2174万元。建成投用区级人才“一站式”服务平台，支付高层次人才公寓补贴6.9万元。开展第二届“双创”人物评选，兑现奖金50万元。组织参加全市人才工作主题征文、作品评比等活动，获评一等奖等奖项16个，获奖数量居全市第一。

【基层党组织建设】　2018年，长寿区制定出台农村党组织整体优化提升22条，调整配强“不齐不强”的村党组织书记14名，做实党支部书记全覆盖培训，对村（社区）干部学历提升给予学费补贴。精准选派10个贫困村驻村工作队，严格考核管理，兑现工作经费和干部补贴；为贫困村和乡村振兴试验示范村增配1名本土人才，实施“雁归计划”，回引4名优秀大学毕业生到乡村振兴试点村工作；建立村干部奖励机制，鼓励发展集体经济，消除集体经济空壳村136个；及时兑现落实村干部养老保险和离任生活补贴，夯实工作保障。把后进基层党组织整顿和扫黑除恶专项斗争结合起来，投入资金5180余万元，统筹推进民生项目71个，提升改造便民服务中心23个，整顿转化29个后进党组织，党员群众满意度测评均在90%以上；组建“八进”宣讲队，开展扫黑除恶专项斗争集中宣讲。建立村干部“负面清单”，对26名有前科劣迹的村（社区）“两委”成员逐一研判处置，得到中央督导组肯定。

【基层党建工作】　2018年，长寿区在城市基层领域建立区、街道、社区三级联席会议机制，推行资源、需求、项目“三项清单”制度，在3个社区开展全方位试点，启动社区专职工作者统一招考，加强社区干部专业化建设。在机关领域强化思想政治教育，完善述职、党建协作组、季度督查等机制，有效解决机关党建“灯下黑”难题。在国企领域落实国企党建任务35条，成立区国资党委，理顺国企党建管理运行机制。在非公领域加强互联网企业、律师行业等领域党建，选派党建指导员92名，成立新的社会阶层专业人士联合会党支部；完成重钢112个党支部和2900余名党员整建制转移接收工作，新建非公党组织14个，非公经济和社会组织党组织覆盖率分别达到89.5%、86.5%，位居全市前列。

【党员队伍建设】　2018年，长寿区执行发展党员预审制度，实行支部大会讨论接受预备党员前上级组织前置谈话，全年发展党员282名。排查从十八大召开到2018年发展党员情况，取消预备党员资格43人，处置发展党员违规违纪问题4起。做好退役军人党员组织关系转接工作。做实党员冬训，组织远程教育终端站点参加视频互动培训和党员创业就业技能示范培训108期，培训党员10万余人（次），各站点月使用率和达标率均连续保持100%，排名并列全市第一。加大党内关怀帮扶力度，走访慰问党员3000余名，发放慰问金93万元。党内互助帮扶一次性临时救助贫困党员8名，发放救助金3.1万元。　（袁时雨）

宣传思想文化工作

【理论武装】　2018年，长寿区深化中心组学习，高标准谋划，印发《全面深入学习宣传中共十九大精神的意见》《2018年度全区党委（党组）理论学习中心组学习意见》，制定区委理论学习中心组关于中共十九大精神、《习近平新时代中国特色社会主义思想三十讲》和习近平总书记系列重要讲话精神专题学习方案；年内区委中心组组织集中研讨学习16次，全区各级党委（党组）中心组专题学习1462次。全区上下形成学习中共十九大精神和习近平新时代中国特色社会主义思想的热潮。

深化理论宣讲，领导率先垂范，组建由分管区领导任组长，街镇、部门宣讲骨干和社科理论骨干为成员的区委宣讲团，开展中共十九大精神、习近平总书记在民营企业座谈会重要讲话精神等重大主题集中宣讲活动216场（次）；组织开展学习宣传贯彻习近平新时代中国特色社会主义思想“微宣讲”比赛活动，培育典型，1名选手获渝东南片区赛第一名、全市总决赛二等奖；年内，各街镇、部门组建基层宣讲队，到田间地头、民营企业等宣讲1400余场（次），发放宣传资料126000余份；培育出《一起奔小康》《扶贫书记张大伯》等脍炙人口的宣讲文艺作品，受社会各界喜爱。

夯实理论研究制度基础，出台《关于加强长寿区新型智库建设的意见》，健全社科专家数据库、理论骨干数据库、宣讲骨干数据库等基础台账，突出成果转化，组织开展规划调研课题19项；在《重庆宣传》《重庆学习论坛》等市级刊物发表调研文章7篇；汇编领导干部理论、调研文章312篇；强化普及交流，编印理论文集《长寿（理论专刊）》《长寿发展探索》4000册；组织购买、赠阅《习近平新时代中国特色社会主义思想三十讲》4000余册。

【意识形态工作】 2018年，长寿区加强意识形态工作。区委书记坚持“三个带头”（即带头抓意识形态工作，带头管阵地把导向强队伍，带头批评错误观点和错误倾向）“三个亲自”（即重要工作亲自部署、重要问题亲自过问、重大事件亲自处置）抓意识形态工作，区委年内向市委报告意识形态工作2次；分管区委常委、宣传部部长年内向区委常委会专题汇报全区意识形态工作3次，落实对意识形态工作的安排部署、研判和实施；区委常委会班子其他成员牵头履行意识形态工作“一岗双责”，对分管领域（部门）及联系街镇的意识形态工作进行常态化督查和指导。

【舆论传播引导】 2018年，长寿区抓好主题宣传，区内主要媒体开设“把中共十九大精神全面落实在重庆大地上”“推动重庆各项事业沿着总书记指引的方向奋力前行”“壮阔东方潮 奋进新时代——庆祝改革开放40年”“改革开放40周年·百姓故事会”和“乡村振兴长寿在行动”“在行动”“看效果”等专题专栏，全年刊播新闻6200余篇（条）；配合中央电视台、中央网信办、人民网完成《直播长江》特别报道和“美丽长江中国行——共舞长江经济带·生态篇”“长江龙·舞起来”“改革开放区县行”等主题宣传活动，展示长寿区践行习近平总书记关于长江经济带“共抓大保护，不搞大开发”重要指示精神；依托“长寿湖龙舟赛”“首届海峡两岸‘姊妹湖’产业协作年会”“长寿湖国际铁人三项赛”“长寿湖半程马拉松赛”等大型外宣活动，在《人民日报》《经济日报》、央视《新闻联播》等中央媒体刊发新闻18篇（条）。

依法管网治网，把具有舆论动员能力的新媒体账号全部纳入阵地管理，建立健全舆情监测预警、分析研判、风险评估和新闻发布机制，完善重特大事件舆论引导机制，有效应对重大敏感事件舆情。开展网络安全宣传周活动，发送公益短信90万条，公益广告播放覆盖50万人（次），线下参与人数10万人（次），线上参与人数4万余人（次）。

完善全媒体工作格局，“人人长寿”APP下载量20万+，覆盖全区常住人口总数的23.9%，连续6个月被重庆客户端集群联盟评为“十佳优秀客户端”；长寿日报微信公众号关注量28万人，占常住人口总数的33.4%，单条稿件最大点击量37万+，头条平均点击量15000+，在重庆政务微信排行榜中稳居前十；手机报用户23.3万户，日均活跃人数2.8万人，活跃度12%；长寿手机台新闻点击量全年2050万人（次），位居全市第四，其中“图文栏目”信息发布量和点击量均居全市第一。

【文明长寿建设】 2018年，长寿区着力于培育和践行社会主义核心价值观，推动城乡文明程度不断提升。持续深化思想道德建设，开展“做有梦想有追求的重庆人”主题活动，打造“柚乡课堂”“保合农场”“菩提书院”等精品课堂和阵地，开展党史、国史等理想信念教育197场（次），以“有家·有爱·有梦想”为主题的梦想驿站活动服务2万余名返乡群众；开展“喜看身边变化 礼赞发展成就”等庆祝改革开放40周年系列活动108场（次）；开展“榜样面对面”脱贫攻坚先进典型宣讲活动20场；开展杨雪峰先进事迹、杨骅先进事迹、最美人物、时代楷模、凡人善举等学习宣传活动152场（次）。树立本土典型，持续开展“十大健康寿星”“十大孝星”评选，倡导孝心孝行；

常态化开展“身边好人”推荐评议，年内2人获评“重庆好人”，1人入选“感动重庆十大人物”，1人获评“中国好人”。

文明长寿建设常抓常新长效，全年落实考评经费563万元；组建4个督导组开展日常巡查，交办、整改问题2000余件，解决重难点问题16项；推进“文明在行动·长寿更洁净”工作，量化城市清洁卫生管理标准，推进规范执法、文明执法，开展整治“三乱”行为治理专项行动；市民素质不断提高，1人获全市“拥抱新时代 践行新思想 实现新作为”人生规划大赛三等奖；长寿区获第四届“爱·重庆”微电影大赛组织奖，微电影《不老城》获二等奖。

继续推进群众性精神文明创建活动，开展“十抵制十提倡”移风易俗活动，2018年命名区级文明村镇42个，区级文明家庭10个，区级文明校园21个；桃源小学等3所学校被评为创建全国文明校园先进学校；深化“文明单位爱心进农家”等主题活动，对区级文明单位开展复查。

抓好未成年人思想道德建设，全年评选“新时代长寿好少年”40名，3人获评“新时代重庆好少年”；持续开展“金秋助学·圆梦行动”，资助困难大学生129名；开展“红樱桃·冬日针爱”等关爱未成年主题志愿服务活动120余场（次），帮扶未成年人上万人次；将“孝德礼仪”纳入学生德育教育课程，编印2万册本土课本，着力于未成年人孝德传承。

【文化建设】 工作机制不断强化，印发《长寿区推动乡村文化振兴工作方案》《长寿区实施“十抵制十提倡”推动乡村移风易俗工作方案》《长寿区乡情馆建设指导方案》，建立起乡村文化振兴月报告、月通报机制；建立督导工作组，定期进行督导检查，指导试点街镇的文化振兴工作；深度打造龙河镇、洪湖镇、邻封镇的示范点，组织召开全区乡村文化振兴推进会议，发挥示范引领作用。

公共文化服务惠及民生，在全市率先出台乡情馆、文化大礼堂、民间演艺团队、文化体育志愿者建设标准；实施“两馆一中心”免费开放和体育场馆免费或低收费开放，年接待群众293万人（次）；优化提升19个街镇、42个社区综合文化服务中心功能设置，安装20套“农体工程”，建成10个社区健身点和3个街镇固定放映厅；区图书馆被文化和旅游部评为“国家一级图书馆”，公共文化绩效评价被评为全市一等。

文艺创作提质增效，常态化开展“扎根生活沃土，服务基层群众”系列活动，组织开展文艺轻骑兵进社区进农村惠民活动55场；举办纪念改革开放40周年文艺作品联展，展出优秀作品180余件；承办第十三届全国美展创作动员会、市摄影家协会“年度摄影大会”、市作家协会“红色文学轻骑带头人下基层”活动；成功申报《远去的歌谣——巴渝口承语言民俗之劳动歌谣》为国家项目；打造首台非遗歌舞集《长寿传说》，填补长寿区无国际交流项目的空白。

群众文体活动蓬勃开展，成功举办长寿湖龙舟赛、铁人三项赛、半程马拉松赛、迎新登高赛等国际国内全市大型体育赛事；成功举办长寿区第二届运动会，长寿区组织模式在全市区县推广；成功举办首届全区跨行业、跨系统的文艺调演活动；成功举办广场舞展演、社区文化节、街镇文艺调演、“拥抱新时代 共筑中国梦”文化展演、“百人快板进校园”公益活动等大型文化活动100余场；完成送文化下乡、惠民电影放映、展览等文化进村服务民生实事3536场，提升群众的文化获得感。

（董津金）

统一战线工作

【政治引领】 中共重庆市长寿区委统战部（简称区委统战部）坚持统一战线正确的政治方向，坚持用习近平新时代中国特色社会主义思想和习近平总书记关于加强和改进统一战线工作的重要思想武装统战干部、引领统战成员，利用部务会、中心组学习、支部学习会、职工大会、专题培训班等多种学习形式，结合“两学一做”学习教育，组织统战系统干部学习贯彻中共十九大精神、习近平新时代中国特色社会主义思想等重要内容。组织全区街镇统战委员、商会秘书长赴武汉大学，开展以“不忘初心、牢记使命”为主题的专题培训；组织党外政协常委赴延安梁家河干部学院举办专题培训，提升履职能力。统战系统机关干部职工结合工作实际开展大讨论，撰写心得体会，用中共十九大精神武装头脑、指导实践、推动工作。印发

《关于在全区统一战线开展“学讲做”活动的通知》，于6月13日召开全区统一战线“学讲做”活动启动仪式暨首场宣讲报告会，由区委常委、统战部部长何以龙做题为《统一思想、凝聚合力，推动长寿统战工作再上新台阶》的专题报告，启动全区统一战线“学讲做”活动。统战系统干部职工带头学习、带头宣讲、带头实践，形成“边学边讲边改、立学立讲立行”的良好氛围。全区统一战线年内开展“学讲做”集中学习15次，开展宣讲176次，5233人（次）参学，发布“学讲做”相关宣传报道6篇，形成调研报告15篇。

丰富主题学习教育活动内容。在全区统一战线开展“不忘初心、与党同心”主题教育活动，引导统战成员深入学习中共十九大精神、习近平总书记在全国两会期间关于新型政党制度的重要论述和参加重庆代表团审议时的重要讲话精神等，把中国特色社会主义思想作为巩固共同思想政治基础的主轴，不断增强思想认同、政治认同、感情认同。开展纪念中共中央发布“五一口号”70周年系列活动，召开专题座谈会、举办专题展览、开辟宣传专栏、组织到西柏坡实地考察等方式，凝聚合作共识。以街镇行业商会为主阵地，以各种学习培训、考察交流等商会活动组织广大非公经济人士持续深入学习中共十九大精神和习近平新时代中国特色社会主义思想，贯彻落实到促进“两个健康”的各项工作之中，为新时代工商联（总商会）事业发展奠定坚实的政治基础和思想基础。举办“礼赞十九大·侨眼中的新时代”“庆祝改革开放四十周年”主题活动，举行侨联紫荆花艺术团“七一”慰问演出等，凝聚发展共识。

2018年3月6日，长寿区召开2018年全区统战工作会议

【多党合作】 2018年，中共长寿区委常委会11次专题研究统战工作，区委统一战线工作领导小组召开会议3次部署统战工作，将统战工作开展情况纳入区级部门单位党政领导班子工作考核内容，占党建工作考核12%。区委统战部地路积极作为、协调各方，形成统战工作大格局，推动统战各领域工作争创一流，走在前列。

2018年，区委统战部落实党外人士个性化培养，有计划有针对性地培养党外代表人士24名，选派7名党外干部到区级实践锻炼基地挂职顶岗锻炼9个月，选派1名党外干部到市级实践锻炼基地挂职。做好党外干部实职安排和政治安排，全区有处级以上党外领导干部39人，其中，党外市管领导干部7人，区管正处级领导干部5名，区管副处级领导干部27名；区内各民主党派、区工商联、区知联会负责人分别进入区人大、区政府、区政协领导班子；14个政府工作部门配备14名党外领导干部，3个镇领导班子配备党外干部。全区293名人大代表中党外代表93名，其中人大常委10名；293名政协委员中安排党外委员175名，其中政协常委30名。

强化参政议政，开展政党协商，区委统战部将政党协商计划，政府工作报告、人事安排等重要内容同民主党派充分协商，全年开展政党协商6次。促进科学民主决策，召开情况通报会、暑期谈心会及重大问题协商会，听取党外人士意见建议，区委、区政府督查室将暑期谈心会收集的45条意见建议分解落实到责任单位，如实通报2017年暑期谈心会意见建议办理落实情况。引导党派成员围绕全区中心工作进诤言、献良策、出实招，年内提出人大议案、建议58条，其中，市人大代表提出的《关于加强我市保健品市场管理的建议》由市人大常委会主任张轩重点督办；提出政协提案259件，其中优秀提案18件，获区领导重点督办8件，《科学营造协商民主良好政治生态环境》获市政协2018年理论文章二等奖1件；确定调研课题24件，提出社情民意108件，其中8篇被市政协采用。

区委统战部支持民主党派自身发展，2018年全区各民主党派发展新成员45名，其中民革9名、民进10名、农工党16名、九三学社10名。支持各民主党派强化民主集中制，规范各项议事决策程序，完善“主委会议制度”和“区委会议制度”等；强化内部监督，民革长寿区委成立重庆市区县级首个监委会，完善监督体系。支持民主党派加强能力建设，各民主党派参加市级骨干培训，组织实地调研等，提升党派成员综合素质。

区委统战部协助4个民主党派分别加强与但渡镇、龙河镇等4个基地的一对一联系，推动挂牌成立党外人士履职实践基地，发挥民主党派在服务发展中的助推作用。民革长寿区委继续开展“普法进社区”“送医送教下乡”活动，7000多名群众受益；民进长寿区委持续开展“教育扶贫，智力支教”活动，促进城乡教育均衡发展；农工党长寿区委继续开展“国际科学与和平周”和“中国环境与健康宣传周”活动，深入农工党中央和谐社会联系点实施精准扶贫，为社会做贡献；九三学社长寿区委专职副主委向区文管所捐赠汉代青铜缶（国家三级文物），社员带安全知识和健康知识进社区、进校园、进机关，打造自身社会服务名片。

2018年8月9—10日，长寿区召开2018年党外人士暑期谈心会暨双月座谈会

【非公经济统战工作】　2018年，长寿区着力优化营商环境。召开全区民营经济发展大会，对长寿区经济发展中贡献突出的个人和集体予以通报表扬；区委、区政府印发《中共重庆市长寿区委重庆市长寿区人民政府关于全面优化营商环境促进民营经济发展的实施意见》《长寿区“亲”“清”新型政商关系行为规范》，明确具体措施。区委统战部发挥桥梁纽带作用，促进政企沟通，配合全国工商联及市委统战部副部长到长寿开展调研，反映企业实际问题；由区领导带领有关职能部门，现场办公解决急难问题20余件；协助区委组织有关部门实地查看、座谈交流、现场办公等对全区514家民营企业展开集中走访服务，其中区领导走访185家。主动破解融资难题，推动区政府出资1亿元设立风险补偿资金池，为民营企业融资提供担保，单户、单笔贷款最高额度为500万元，政府、银行、担保机构三方风险分担比例为3:2:5；将中小微企业转贷应急周转资金使用期延长至7个工作日，进一步优化审批流程；2018年，发放转贷应急周转资金126笔6.9亿元，帮助109家企业解决资金周转困难，节约企业融资成本3427万元。开展会员服务工作，为百年家私、重庆市广润实业有限公司等会员争取合法权益，与区就业局联合开展“失业保险政策惠民企”宣传活动。

着力提升企业家素质，继续推进区工商联（总商会）“执委轮训计划”，完成第三批培训；组织87名非公经济人士分两批赴哈尔滨工业大学、中国海洋大学开展能力培训，组织10余名非公企业家分赴宁夏、上海、中山、大连等地参加市工商联组织的经营管理能力提升培训。组织60余名工商联常委以上的非公企业家健康体检，提供健康保障。在《重庆日报》专题宣传企业创新发展典范，以重庆望变电气（集团）股份有限公司、重庆小康动力有限公司等为实例，引导转变发展观念。开展兴调研转作风促落实行动，组织会员到基层商会、民营企业及贵州、浙江等地进行调查研究，形成《营造良好发展环境助推民营经济持续健康发展》等多篇调研成果，提供服务和促进非公经济发展的一手决策参考资料。

加强商会建设，发挥商会作用。优化班子结构，扩大组织覆盖面，完成江南商会、但渡商会等5个基层商会换届；牵头组织成立家具饰材商会，年底前有会员企业88家。加强基层商会队伍建设，7月份组织基层商会秘书长赴武汉大学参加业务能力提升培训；组织青商会全体会员集中观看《厉害了，我的国》电影和开展植树活动。发挥异地商会桥梁纽带作用，组织昆明、成都、乌鲁木齐等异地长寿籍企业家代表回长召开座谈交流会；借长寿昆明商会换届契机，召开昆明·重庆市长寿区招商引资项目推介会，展开广泛交流。指导基层商会开展对外交流学习考察，菩提商会、江南商会等先后组织100余名非公企业家赴贵州、四川、银川等地进行乡村振兴考察。

引导非公经济人士参政议政，回馈社会。利用专题学习会、培训会等多种形式交流参政议政经验，“两会”期间提交提案议案20余件，其中《抢抓产业转移机遇，快速推进智能家居产业集群的建议》等提案得到重视和办理。引导非公经济人士自觉履行社会责任，致富思源回馈社会。2018年长寿区非公企业及非公经济人士在修路筑桥、扶贫济困、关爱弱势群体等各类公益慈善活动中捐资捐物400余万元。

【新的社会阶层统战工作】 2018年，区委统战部强化政策保障，畅通渠道机制，推动区委出台《关于进一步加强新的社会阶层人士统战工作的实施意见》，为全区新的社会阶层人士统战工作有序推进奠定政策基础，提供经费、人员等保障；建立区领导联系新的社会阶层代表人士制度，40名区领导重点联系81名新的社会阶层人士，为党委、政府和新的社会阶层代表人士沟通协调畅通渠道，建立机制。

2018年11月20日，长寿区成立有104名会员的长寿区新的社会阶层专业人士联合会（简称新专联）并召开第一次会员大会和理事会，在全市区县中首个成立新专联党支部；建成5个新专联实践创新基地，为会员学习、交流、活动提供优质平台；会员中年底前有人大代表2名、政协委员11名，年内提出政协提案12件，组织参与党外人士人事协商1次，11人在群团组织中兼职，1人到区文化委顶岗锻炼。

开展思想政治引导，服务新阶层人士，开展“助推民营经济发展，新专联在行动”等主题的新的社会阶层人士座谈会6次，232人（次）参会，针对会员中的民营企业的要求，提供税收、法律方面的帮助，提升新的社会阶层人士的能力素质；组织新的社会阶层人士集中学习中央统战工作会议、新的社会阶层人士统战工作会议精神，重点学习中共十九大报告和统战工作条例中涉及新的社会阶层工作的相应内容等，提高新的社会阶层人士的思想觉悟和政治素养。

【党外知识分子统战工作】 2018年，区委统战部强化学习，推进政治引导行动，组织无党派人士、党外知识分子学习中央、市委和区委文件，开展“跟党迈进新时代，同心共筑中国梦”主题教育活动，组织无党派骨干成员参与纪念“五一口号”发布70周年座谈会，铭记合作初心，深化政治共识。强化无党派代表人士队伍建设，2018年区知识分子联谊会（简称知联会）吸纳新成员7名，有4名会员加入民主党派组织，推荐2名无党派干部进入“党外干部顶岗锻炼”，推荐1名会员担任区政协委员，在区政协妇女界别履职尽责；年底前区政协委员中无党派人士有28名。引导党外知识分子发挥优势特点，支持无党派人士履行政治协商基本职能，组织无党派人士参加暑期谈心会、政党协商等活动，集聚无党派人士智慧和力量；2018年区“两会”中，区知联会成员中的人大代表报送建议7件；政协委员报送集体提案5件，个人提案27件，其中1篇获评优秀集体提案，1篇获评优秀提案，2名会员获评优秀政协委员。加强无党派人士履职实践基地建设，以龙河镇卫生院、凤城街道复元村委会、黄葛九年制学校为依托，与对接单位形成合作共识，深度参与建设，助推产业发展、实施爱心帮扶、加强政策对接，为基地发展做出应有贡献。大兴调查研究之风，采用集中调研、联合调研等形式深入开展调查研究，形成调研成果《新时代如何发挥好无党派知识分子的作用》；发挥小组优势，围绕乡村振兴、城市提升等重点，在农业、医疗等领域提出多篇建言献策和调查报告。

【民族宗教统战工作】 2018年，区委统战部贯彻落实全市、全区民族工作会议精神，加大民族政策宣传。赴长寿大洪河中学等少数民族学生相对集中的学校宣传民族政策，发放宣传手册1000余册，在社会公众公开公布少数民族政策咨询热线，确保民族政策公开透明、落实到位；规范管理经营秩序，坚持依法管理、稳妥处置原则，配合城管局、公安局拆除少数民族群众非法占有的摊位2处；做好日常少数民族服务工作，对有民族工作职责的单位进行督促指导，确保到长寿少数民族群众享受同城待遇，2018年，未收到少数民族群众反映拒载、拒住、拒商、拒学等歧视行为；全年办理高考学生升学照顾手续12件，接受民族成分更改咨询20余人（次），促进民族间的交往交流交融。

强化制度建设，规范宗教活动秩序，建立宗教团体季度学习会制度，不定期召开各宗教界代表人士座谈会，交流宗教场所管理发展经验，促进宗教界人士提升素养；重大宗教活动期间、重要节日期间督促各宗教场所制定安全预案，定期开展拉网式排查，确保宗教活动场所安全。开展专项治理，严格执行新修订的《宗教事务条例》，配合上级部门督查，依法取缔“中国真理教会”长寿分支，依法拆除乱建庙宇14处，整治2处基督教私设聚会点，查处2起非法宗教活动，教育转化47人。加强日常管理和服务，针对新修订的《宗教事务条例》内容，2018年对街镇主要负责人、负责宗教工作的统战委员、各宗教团体负责人和各宗教场所负责人进行3期集中学习，300余人（次）参训；督查宗教团体10项管理制度落实情况，着重规范工作经费管理；完成定慧寺与安国寺的合并工作，彻底消除安国寺安全隐患；帮助定慧寺协调解决斋堂建设、电费收缴标准、天然气不通等问题，为其正常运行提供保障。

开展民族宗教领域特色工作，向市民宗委争取创建活动资金30万元，在洪湖镇码头村实施民族团结进步模范村创建，在洪湖镇司法所创建少数民族维权站；开展和谐寺观教堂创建活动，增强宗教场所负责人、宗教教职人员政治意识、大局意识、法治意识，调动宗教活动场所争先创优的积极性。组织特色活动，协助市民宗委承办“重庆市参加第十一届全国少数民族传统体育运动会竞赛项目选拔比赛”中的独竹漂项目选拔赛，在长寿湖完成该项目的场地适应性训练和正式选拔赛；推进国旗进寺庙活动，要求有条件的宗教场所都要升挂国旗，引导宗教界人士走与中国特色社会主义社会相适应道路。

2018年9月14—15日，长寿区召开首届海峡两岸姊妹湖产业协作年会

【港澳台海外统战工作】 2018年，长寿区强化对台工作。为台商台胞服务，建立定期走访台资企业、台资企业困难求助立接立办、台资企业负责人传统佳节话发展等制度机制，宣传中央惠台政策31条和重庆惠台政策58条等政策，实现增进感情、加强交流、解决问题的效果；年内走访慰问重点困难台属5名，按照台胞子女入学享受大陆居民同等待遇的要求，解决5名台胞子女入学；建立“长寿妹儿在台湾”微信群，常态化了解、对接、联络“大陆新娘”在长寿和在台亲属的生活情况。成功举办首届海峡两岸姊妹湖产业协作年会，9月15日，首届海峡两岸姊妹湖产业协作年会在长寿湖召开，海峡两岸8个姊妹湖齐聚长寿，确定年会名称、主题、会徽、会旗、章程、下一届年会举办地，建立理事会、秘书处，选出理事会和秘书处2套班子，形成备忘录，共同探讨湖泊产业发展新路径，建立起海峡两岸产业协作长效机制；为纪念该次年会的召开，特在长寿湖畔修建姊妹园。加强与台湾基层交流互访，2018年接待来自台湾金门县、台南市等地区涉及教育、农业各领域的4个考察团120余人（次）；由2名副区长分别带队赴台湾，考察台湾旅游业、文创产业和现代农业，拜访“立委”杨镇浯（金门县县长）、佛光山寺副住持慧伦、南投县县长林明榛等知名人士，看望台湾川渝同乡会成员，促进渝台经贸文化交流。

强化侨务工作，汇聚侨力服务发展。引荐并促成迪比（重庆）智能科技研究院项目在长寿落户，邀请澳大利亚华侨、注册教师杜妮回国上一堂亲子阅读公开示范课，实施“精准扶贫光明行”为洪湖镇80余名贫困白内障患者免费手术，引进上海华桥莲花助学金帮助20名贫困学子，引进澳大利亚魏基成慈善列车项目向残障儿童及贫困老人送去暖冬衣物200套，引导侨界人士撰写政协提案15件等，最大限度汇聚侨力服务全区发展。搭建平台增进友谊，成立教育侨联分会和广电侨联分会，以留学生家长联谊会、侨界青年联谊会以及各侨联分会为平台，促进侨界人士沟通联络；推荐乔正荣、游海波为欧美同学会理事，另推荐2人为重庆华商会理事，推荐2人为重庆侨青会理事，为侨界人士搭建更多交流平台；开办长寿区职工太极拳培训班等特色培训，组织长寿、渝北、璧山侨青会篮球友谊赛，接待美国Arris（埃瑞斯）公司先进技术部首席研究员余越博士、澳大利亚重庆同乡会会长李新忠等知名华人，增进感情联络。维护侨益，开设侨法宣传角普及侨法知识，在出入境管理处、公证处设置“温馨提示”，协调解决香港同胞回长寿入学问题、华侨孙健民间债务纠纷，利用传统佳节走访慰问贫困党员、贫困及重点侨眷等120余人（次），维护侨界人士合法权益。2018年8月，长寿区侨联被中国侨联授予“全国侨联系统先进组织”称号。

【统战干部队伍建设】 2018年，区委统战部强化政治意识，严守政治纪律和政治规矩。坚决维护习近平总书记在党中央和全党的核心地位，坚决维护党中央权威和集中统一领导。开展兴调研转作风促落实行动，组织统战成员赴多地实地调研，形成《赴浙江、贵州地区考察乡村建设情况的报告》《关于推行网格化管理，构建大统战工作格局的探索和思考》等4篇调研报告。开展基层工作，建立统战部机关干部联系街镇和部门统战工作制度，指导各街镇、行业部门结合当地统战资源实际开展统战工作，多次组织干部职工深入结对贫困村一一帮扶贫困对象，实现22户贫困户彻底脱贫，并持续巩固成果。探索基层统战理论实践创新，开展统战工作“进乡村、进社区、进校园”活动，加强与基层组织的协调配合，推动统战工作有序开展；加强教育培训，2019年，区委统战部主办、协办培训8期，重点针对街镇统战委员、统战干部、统战成员440人（次）参训；重视宣传工作，利用区新闻中心、长寿新闻网、长寿手机报、微信公众号等互动平台，加强与统战干部和统战人士的交流合作，用好信息平台，撰写上报信息1000余条，在《重庆日报》进行宣传2期，报送实践创新成果2篇。

强化党风廉政建设，形成党风廉政建设人人有责的良好氛围，用制度规范党内政治生活，加强党内监督各项任务，组织落实领导干部重大事项报告、民主生活会、述职述廉制度，抓好组织监督、群众监督等手段，执行好财务管理、请销假等十多项制度；坚持民主集中制，实行党委集体决策重大问题规则，干部选拔任用坚持贯彻党政领导干部选拔任用工作条例，严格按照规定程序，由集体研究决定。未出现违反党风廉政建设要求的问题。

（张成文）

机构编制工作

【概况】 重庆市长寿区机构编制委员会办公室（简称区编办）设主任1名、副主任2名，内设综合科、机构编制科（挂督查科牌子）和行政管理体制改革科，下属参公事业单位重庆市长寿区事业单位登记管理局。2018年，区编办结合机构编制工作新形势和新要求，全面推动党政机构改革工作、深化行政审批制度改革，推进重点领域体制改革，持续抓好机构编制日常管理工作。

【党政机构改革】 2018年，长寿区落实党政机构改革的前期工作。成立中共重庆市长寿区委机构改革协调小组，由区委书记任组长，区委副书记、区政府区长任副组长，协调小组办公室设在区委深化改革办公室，负责协调小组日常工作；学习《中共中央关于深化党和国家机构改革的决定》《深化党和国家机构改革方案》，全面领会改革精神，提前谋划改革思路，及时梳理各部门各单位职能职责、编制情况；优化完善镇街机构设置，对19个镇街逐一实地调研，拟订《重庆市长寿区关于进一步优化完善镇街机构设置的实施方案》；全面清理事业单位承担的行政职能，明确纳入改革实施范围事业单位。

实施机构改革前，及时对照《重庆市机构改革方案》内容，搭建长寿区机构改革方案模板。全面解读相关政策口径，及时向区委机构改革协调小组及相关领导汇报、征求改革意见。及时研究制定长寿区机构改革方案初稿，经协调小组和区委主要领导多次讨论修改、与市机构改革联络组反复协调沟通，于12月8日上报《长寿区机构改革方案（讨论稿）》；讨论稿经市委机构改革协调小组办公室审核，市委领导同志同意后，拟定《长寿区机构改革方案（送审稿）》，送审稿经区委常委会审议、区委全委会同意，于12月15日上报市委审批。12月28日，市委办公厅、市政府办公厅正式批复印发《重庆市长寿区机构改革方案》，标志着长寿区机构改革进入全面实施阶段。

【行政审批制度改革】 2018年，长寿区行政审批制度改革落实“放管服”改革，召开深化“放管服”改革转变政府职能工作推进会，对有关工作进行布置安排。制定印发《重庆市长寿区贯彻落实深化“放管服”改革转变政府职能电视电话会议重点任务分工方案》，明确部门工作任务和完成时限。

实施简政放权，取消行政许可事项15项，清理规范行政审批中介服务事项5项，及时对《行政审批事项目录》进行调整完善。公布337项区级行政许可事项、7项街镇行政许可事项，以及相关设立依据和便民服务方式等，其中“网上办”审批服务事项比例86.9%。

实施行政审批改革督查，巩固行政审批制度改革成果、促进行政审批提质增效。区编办联合多部门组成督查组，对照市政府、区政府相关行政审批改革文件的具体要求，对部分审批部门的审批流程、压缩时限、并联审批、中介服务管理等工作进行检查，要求各审批部门认真贯彻落实改革精神，对发现的问题及时整改，优化审批服务。

【重点领域体制改革】　2018年，长寿区完善巡察体制和街镇派出监察机制，提升长寿巡察工作制度化、科学化、规范化水平。设立中共重庆市长寿区委巡察工作领导小组办公室，为区委工作机构，设在区纪委，机构规格正处级；为加强街镇监察工作，在街镇设立5个派出监察室，机构规格副处级。

实施综合行政执法体制改革，梳理长寿农业、国土房管、城乡建设、环保、交通运输等领域部门内综合行政执法以及镇街综合行政执法现状。针对各领域改革具体情况，拟订《长寿区深化行政执法体制改革加快推进综合行政执法工作方案》，明确各领域完成综合行政执法改革的目标、工作要求、时间进度及责任单位。落实机构改革关于深化综合行政执法改革的要求，推进政府部门内综合执法，逐步实现“一个部门一个机构管执法”。

贯彻中央统战工作条例和市委实施意见精神，对民革、民进、农工党和九三学社4个民主党派机关的“三定”方案进行完善。

【机构编制管理】　2018年，长寿区加强改革期间机构编制工作纪律，及时在全区范围内明确机构改革期间暂停办理机关、事业单位提高机构规格、调整职能职责、调整机构、增加人员编制和领导职数等机构编制事宜，暂停办理新进人员用编事宜。因政策性安置等原因确需用编、因全市重点任务等原因确需调整机构编制事宜的，按一事一报批原则办理，形成良好的改革纪律氛围。

控编减编坚持余编使用管理制度、编制预警机制，从严从紧管理编制资源，严格执行机构改革纪律。全年批复使用行政和事业编制857名，其中教育卫生系统公招调动使用编制624名，其他单位使用编制233名；其他单位编制使用情况与2017年同比减少188名。推进后勤服务社会化，对区级部门和镇街的后勤服务事业编制严格实行“退一收一”调整机制。

2018年年底前，区编办完成全区事业单位法人年度报告公示工作，及时在长寿区政府门户网上对2017年度事业单位法人年度报告进行公示；及时做好事业单位和机关群团统一社会信用代码证书的信息变更工作。（刘　刚）

区直机关党建

【概况】　中国共产党重庆市长寿区直属机关工作委员会（简称区直机关党工委），成立于1989年，是负责区直属机关党的建设和思想政治工作的区委派出机构。下设办公室、组织科；截至2018年年底，有在职在编公务员5人，工勤人员1人，外聘人员1人。2018年，区直机关党工委推进“两学一做”学习教育常态化制度化，增强“四个意识”，坚定“四个自信”，加强机关党的政治、组织、制度、作风和纪律建设，提高机关党建科学化水平。

【政治建设】　2018年，区直机关党工委将深入学习习近平新时代中国特色社会主义思想列入机关政治学习必学内容，引导机关党员干部增强严守政治纪律和政治规矩的意识，做到在思想上、政治上同党中央保持高度一致。

推进“两学一做”学习教育常态化制度化。通过中心组理论学习、组织生活和个人自学等，组织学习习近平新时代中国特色社会主义思想和中共十九大报告等；全年区直机关党工委班子成员讲专题党课4次，组织相关专题集中学习9次。每季度印发专题《组织生活内容参考》，以支部为单位，把“两学一做”学习教育常态化制度化与机关支部“三会一课”、主题党日活动相结合，机关党支部开展集中学习、上党课等多种方式，做到学习内容全覆盖、参加人员全覆盖。坚持把学习教育融入日常、抓在经常，全年开展“两学一做”专题集中督查2次，对32个区级部门进行督导，对存在问题实行账单式督促整改。

督促区直机关党支部按照规定频次落实“三会一课”，做到有计划报备、有完成情况小结、有会议记录存档；落实双重组织生活及领导上党课制度，对党员领导干部未能参加组织生活的，实行补课制度并做好记录。规范开展专题组织生活会和民主评议党员，及时下发相关表格并对程序进行指导，保证专题组织生活会和民主评议党员按要求按规范进行，区直机关党支部全部按期完成2017年度专题组织生活会和民主评议党员工作。落实主题党日活动，每月20日定为主题党日，区直机关党组织结合“三会一课”、机关党建协作组、城乡支部结对共建、党员进社区等形式和载体，开展主题党日活动，已形成常态化。

抓好机关党建理论调研，以“提升机关党的思想政治工作实效性研究”为主题，开展机关党建工作调研，收集整理理论调研文章58篇；组织召开市机关党建工作第十协作组研讨会，参加全市理论研讨会2次，形成理论调研文章3篇；组织区十三届党代表第七活动小组党代表开展乡村振兴主题调研，了解基层党建工作现状，帮助解决实际困难和问题。

【组织建设】 2018年，区直机关党工委做好党务干部培训及管理，按照条例和区委实施意见选配支部书记，对区直机关党支部书记进行调查摸底，建立党支部书记台账。年内，组织举办支部书记培训班1期，培训支部书记80名。做好新党员培训与发展工作，把好培训合格关、入党程序合格关和入党动机审查合格关；2018年，举办党员发展对象培训班2期，培训全区党员发展对象307名；区直机关发展新党员36名，预备党员转正21名；在庆祝建党97周年纪念大会上，组织28名预备党员进行入党宣誓仪式。

继续开展党内特色争创活动，深化“五好”党支部创建，年初下发《关于开展创建2018年“五好”党支部活动的通知》，按15%的比例对15个基层党组织给予通报表扬；实行动态管理；拓展“四型”机关党组织创建工作，结合行业特点与党建工作优势，打造9个各具特色的机关党建示范单位。做好后进基层党组织整顿，对区直机关后进基层党组织党建工作进行调研及指导，对后进基层党组织书记进行约谈，制订整改方案，每月向区委组织部报送整顿工作月报表；年底前，区直机关后进基层党组织整顿工作已完成。

组织开展区直机关文体活动，举办区直机关第十五届职工体育活动，有75个单位、900余人（次）参加比赛，25支队伍、250余人获得名次；举办“逐梦新时代·共创新辉煌”区直机关文艺调演，其中3个节目进入全区集中展演。

做好党组织撤并建等工作，2018年新建机关党委1个、党总支1个、党支部21个，撤销机关党委2个、党支部23个，6个党支部完成更名，接转组织关系734人（次）。做好党组织换届工作，建立换届台账和书面提醒制度，年底前基层机关党组织全部按期进行换届，在职机关党组织书记全部由副处级及以上的实职领导兼任。严格党费管理，要求机关各党组织按照标准每月收缴党费，及时存入区直机关党工委党费专户；区直机关党工委每半年向区委组织部上缴1次党费，每年按规定返还离退休支部党费；建立党费台账进行管理。

【制度建设】 2018年，区直机关党工委贯彻落实机关党建工作责任制，履行抓基层党建第一责任人职责，坚持每周听取工作汇报，研究部署机关党建工作，协调解决重难点问题；每周向区委分管领导汇报工作情况，重大工作及时请示报告。履行抓基层党建主体责任，接受市委督查组对机关党建工作督查，完善工委书记负总责、机关党委（总支、支部）书记“一岗双责”的机关党建工作责任制，印发《机关党建目标考核责任书》，建立党组织书记抓党建工作述职评议考核制度，组织召开述职评议会议，8个机关党组织书记进行现场述职并开展民主评议，年内先后召开工作推进会5次，检查指导32次，主动听取汇报28次，解决具体问题11个。实行工委委员会制度，设立9名机关党工委委员，涉及机关党建工作的重大事项及重要活动，均由工委委员会讨论通过。探索建立机关党建工作纪实制度，要求区直机关党支部对“三会一课”、党费收缴、党员管理、党日活动等进行全程纪实；印发党支部工作记录本，建立机关党建工作纪实台账，推进机关党建工作抓细抓实。建立机关党建工作督查制度，组建督查组，有针对性地对重点领域、重点部门、重点工作进行指导和督查，通过听取汇报、查阅资料、个别谈话、明察暗访等方式，定期开展常规督查，不定期开展专项督查，及时、准确地了解各机关支部贯彻执行党章、党内法规制度及落实机关党建工作责任情况。实施党建工作协作组制度，调整机关党建工作协作组，将75个区直机关部门分为8个协作组，以协作组为单位开展党内活动，搭建机关党建工作交流学习平台；全年开展党建协作组活动10次，组织集中上党课，联合开展主题党日活动等党内活动。贯彻落实三级联述制度，由各机关党支部向机关党委（党总支）述职，机关党委（党总支）向党组（党委）述职，区直机关党工委向区委述职。

【纪律作风建设】　2018年，区直机关党工委落实党风廉政建设党委主体责任和纪委监督责任，定期听取党风廉政建设工作汇报，及时召开书记会议研究重大问题，签订党风廉政建设责任书；纪工委围绕反腐倡廉教育、执纪监督和惩处等各项工作，统筹协调，整体推进，正确履行职能职责。加强机关廉政文化建设，发挥正反典型的教育警示作用，增强党员干部规矩意识及廉洁从政意识，号召机关党组织书记上好廉政党课，让“红红脸、出出汗”成为常态。严肃查处违纪违法案件，坚持党要管党、从严治党的方针，做好纪检监察信访举报工作，2018年，区直机关纪工委开展违纪案件审理1件，做出处分决定1件，按组织程序研究处理区直机关违纪党员8人（其中党内严重警告4人，党内警告4人）；对落实党建工作重点工作不力的3名基层党组织负责人，进行批评教育约谈并要求做出书面说明。

做好机关干部直接联系服务群众工作，牵头133个机关党支部与联系村开展城乡“结对共建”，到结对村开展脱贫攻坚工作，全年区直机关党组织开展城乡基层党组织结对共建活动390余次，有62个机关党组织与结对共建村（社区）联上党课；牵头全区机关在职党员到社区报到和开展社区服务。　（何　艳）

巡察工作

【概况】　经中共长寿区委十三届常委会第四十三次会议审定，2018年2月23日，重庆市长寿区机构编制委员会印发《关于同意区委巡察办主要职责内设机构和人员编制的批复》，设立中共重庆市长寿区委巡察工作领导小组办公室（简称区委巡察办），是区委巡察工作领导小组的日常办事机构，为区委工作机构，设在区纪委，机构规格正处级。

区委巡察办核定行政编制5名，其中，设主任1名、副主任1名；内设机构综合科核定领导职数2名；另核定行政编制12名用于承担具体巡察任务，其中正处级职数4名，副处级职数4名，科级领导职数4名。编制由区纪委、区监委管理。7月25日，区编委印发《关于同意区监委在街镇设立派出监察机构的批复》，区委巡察办行政编制由17名调整为11名，科级领导职数由6名核减为1名。10月19日，区编委印发《关于同意调整区委巡察办人员编制的批复》，区委巡察办行政编制由11名增至13名，内设机构科级领导职数由1正调整为1正1副。

2018年年底前，区委巡察办配备专职干部5名（不含巡察办主任），其中，专职副主任1名，综合科正、副科长各1名，副主任科员2名；4个巡察组配备专职干部8名，其中组长（正处级）、副组长（副处级）各1名，全部实现齐编满员。13名专职巡察干部，平均年龄39.8岁，全部具有大学本科及以上学历。

区委巡察办主要职责是向巡察工作领导小组报告工作情况，传达贯彻巡察工作领导小组的决策和部署；统筹、协调、指导具体巡察工作；开展政策研究、制度建设，对区委、巡察工作领导小组决定的事项进行督办，配合有关部门对巡察工作人员进行培训、考核、监督和管理；办理区委、巡察工作领导小组交办的其他事项。

【体制机制建设】　2018年，中共长寿区委召开常委会、理论学习中心组学习会，学习习近平总书记关于巡视工作的重要论述、巡视工作条例、中央巡视工作规划、市委巡视工作规划及市委关于加强区县党委巡察工作的意见，准确理解和把握习近平总书记关于党的建设“五个持续”的重要要求（持续深入学习贯彻新时代中国特色社会主义思想和中共十九大精神，持续强化管党治党政治责任，持续保持惩治腐败的高压态势，持续纠治“四风”问题，持续净化党内政治生态）和陈敏尔书记在听取五届市委第二轮巡视情况汇报时提出的“七个高度重视”的整改要求（高度重视学习贯彻习近平新时代中国特色社会主义思想和中共十九大精神不够深入的问题，高度重视肃清孙政才恶劣影响和薄熙来、王立军流毒不扎实、不彻底的问题，高度重视贯彻落实中央和市委决策部署措施不具体、效果不好的问题，高度重视党建工作抓得不够有力的问题，高度重视“四风”问题和违反中央八项规定精神的问题，高度重视重点领域关键环节的腐败风险问题，高度重视上轮巡视整改不到位的问题）和“五个高质量”的工作要求（持续抓、抓到底，在稳中求进上体现高质量；按照“四种形态”，在精准处置上体现高质量；做好“后半篇文章”，在推动问题解决上体现高质量；把利剑直插基层，在全覆盖上体现高质量；抓好基层建设，在队伍建设上体现高质量），提高政治站位，增强“四个意识”，从践行“两个维护”的政治高度来对待和认识巡察工作。增强全区各级党组织和党员领导干部支持巡察、主动接受巡察监督的思想自觉、政治自觉和行动自觉。

加强组织领导。成立区委巡察工作领导小组，由区委书记担任组长，区纪委书记任常务副组长，区委组织部部长任副组长，明确区委巡察办为区委工作机构，核定巡察机构行政编制，配备专职巡察干部。区委履行巡察工作主体责任，执行区委听取巡察工作情况汇报办法，全年区委常委会8次听取巡察工作情况，研究巡察工作问题。执行书记专题会听取巡察工作情况汇报制度，每轮巡察结束后均召开书记专题会，研究巡察成果运用，对巡察发现的重点问题、重点线索提出具体的处置意见。区委书记赵世庆认真履行第一责任人职责，先后就巡察工作发表讲话5次，作出批示14次，主持研究巡察工作中的重要问题，部署落实重要工作，过问了解重要情况，推动巡察工作有效开展。

建立健全巡察制度。对标对表中央和市委文件要求，制定《中共重庆市长寿区委关于加强巡察工作的意见》，明确巡察工作总体要求、巡察机构、巡察任务和方式方法等重要内容。制定《重庆市长寿区巡察工作规划（2017—2021年）》，明确五年巡察工作的总体要求和“时间表”“任务书”，确保区委任期内巡察高质量全覆盖。制定区委听取巡察工作情况汇报办法、巡察工作领导小组工作规则、巡察工作领导小组办公室工作规则、巡察组工作规则等制度，形成完善的巡察工作制度体系，有效提升巡察工作规范化、制度化水平。2018年，长寿区建立健全巡察工作领导体制和工作机制。成立区委巡察工作领导小组，明确区委巡察办为区委工作机构，设立巡察组4个，核定行政编制13名。区委常委会8次听取巡察工作情况汇报，区委书记就巡察工作讲话6次，批示16次。制定区委巡察工作五年规划、关于加强巡察工作的意见、区委听取巡察工作情况汇报办法、巡察工作领导小组工作规则等10项制度。

【巡察监督】 2018年，长寿区坚守政治巡察的职能定位，把“两个维护”作为巡察工作的纲和魂，将监督检查学习贯彻习近平新时代中国特色社会主义思想和中共十九大精神情况摆在首要位置，把监督检查肃清孙政才恶劣影响和薄熙来、王立军流毒情况作为重要内容。坚持以党的政治建设为统领，按照“六个围绕、一个加强”的要求（围绕党的政治建设，重点检查维护党中央权威和集中统一领导情况；围绕党的思想建设，重点检查学习贯彻习近平新时代中国特色社会主义思想情况；围绕党的组织建设，重点检查选人用人和基层党组织建设情况；围绕党的作风建设，重点检查整治“四风”问题情况；围绕党的纪律建设，重点检查党规党纪执行情况；围绕巩固发展反腐败斗争压倒性胜利，重点检查领导干部廉洁自律和整治群众身边腐败问题情况；加强对巡视整改情况的监督检查），对被巡察党组织进行全面的政治体检，紧盯“关键少数”，查找政治偏差，严明党的政治纪律和政治规矩，构建良好党内政治生态。区委巡察办正式成立前，在2017年分两轮对云集镇、长寿湖镇、海棠镇、石堰镇、晏家街道、但渡镇、八颗街道、双龙镇、渡舟街道、云台镇、凤城街道、洪湖镇12个镇街党（工）委开展常规巡察；发现并向被巡察党组织反馈整改规范类问题269条，向区纪委移送问题线索58条。2018年，区委对菩提街道、江南街道、葛兰镇、邻封镇4个镇街党（工）委和区经信委、区民宗局、区统计局、区总工会、区委党研室、区委党校、区规划局、区司法局、区商务局、区广播电视台、区科委、长寿日报社12个区级部门党组织开展常规巡察，对长寿湖镇、云集镇、海棠镇、石堰镇4个镇党委开展巡察“回头看”；区委脱贫攻坚第一、第二巡察组对区交委、区水务局、区卫生计生委、区委农工委4个区管党组织已完成脱贫攻坚专项巡察，正在开展常规巡察；第三交叉巡察组正在对区委教育工委、新市街道党工委2个区管党组织开展交叉巡察。巡察发现并向被巡察党组织反馈整改规范类问题498条，向区纪委监委、区委组织部等相关单位移送问题线索73条。截至2018年年底，对纳入区委巡察工作五年规划的92个党组织开展巡察34个，占规划数的36.96%。

在对镇街党（工）委开展常规巡察时全覆盖延伸巡察所辖村、社区党组织，将巡察利剑直插基层。紧盯“雁过拔毛”“小官巨贪”“乡匪村霸”以及侵吞挪用、克扣强占、虚报冒领等侵害群众利益的突出问题，将扶贫领域的腐败问题、涉黑涉恶腐败问题、惠民政策落实中的腐败问题和“农地非农化”问题纳入巡察监督的重点内容，让基层群众感受巡察监督就在身边，全面从严治党就在身边，有效打通党内监督“最后一公里”。

【巡察整改】 2018年，长寿区制订加强巡察整改工作的实施意见，建立区纪委监委、区委组织部、区委巡察机构巡察整改督查“三方联动”机制，将巡察反馈意见整改情况纳入年度考核，对整改不力的严肃问责。及时通报巡察发现的典型问题，推动未巡察区管党组织对照问题举一反三、即知即改，拓展放大震慑效应。

【成果运用】 2018年，长寿区落实巡察情况向被巡察党组织主要负责人反馈，向被巡察党组织领导班子反馈的“双反馈”制度，对巡察发现的问题不遮掩、不回避，严格严肃、原汁原味进行反馈。将巡察反馈意见整改情况纳入年度考核，督促被巡察党组织重点是主要负责人落实巡察整改主体责任，要求对巡察反馈问题即知即改、立行立改、真改实改、全面整改。建立巡察情况通报机制，及时向区委、区政府相关分管领导通报巡察情况，督促相关单位整改落实。截至2018年年底，移交区纪委监委、区委组织部等职能部门的问题线索131件，办结63件，立案审查17件，党纪政务处分25人，组织处理66人。

【队伍建设】 2018年，长寿区按照“专兼结合”的思路，从纪检监察、组织、财政、审计等部门遴选110名专业人才，建立巡察组副组长库和专业人才库；根据巡察工作需要，随时充实到巡察组，形成“以专为主，专兼结合”的巡察干部配备模式。2018年选派11人到区委巡察机构顶岗锻炼，为有力有效开展巡察工作提供保证。

2018年，长寿区选派18人（次）参加中央纪委和市纪委组织的各类培训，提升巡察干部业务水平。区委巡查办联合区委组织部印发《关于选派干部到区委巡察机构顶岗锻炼的通知》，根据每轮巡察工作需要，选派一定数量的优秀干部到区委巡察机构顶岗锻炼，把巡察岗位作为发现、培养、锻炼干部的重要平台，年内有3名巡察干部提拔为副处级领导干部。严明纪律和作风要求，严防“灯下黑”，打造一支政治过硬、本领高强的巡察干部队伍。

（何　颖　刘永洋）

信访工作

【概况】 2018年，中共重庆市长寿区委、重庆市长寿区人民政府信访办公室（简称区信访办）有行政编制16人、事业编制3人，实有行政编制人员14人、事业编制人员3人，均为大学本科以上学历（其中研究生学历2人）；班子成员1正3副、2名副处级信访督查专员。有内设机构6个，包括综合科、接访科、维稳科、群工科、信息科、重大矛盾纠纷综合调处中心，内设机构领导职数8名；在编正科级实职干部4人，副科级实职干部1人，主任科员2人，副主任科员1人。

2018年，区信访办受理信访事项3080件（次）、5858人（次），同比2017年分别下降4.79%、5.12%［其中来信594件（次）、2127人（次），来访783件（次）、1999人（次）］；受理网上信访1703件（次）、1732人（次）；发生5人以上群众到区集访75批（次）、979人（次），同比分别下降50.66%、44.97%；到市越级访3件（次）、3人（次），同比分别下降75%、85%。顺利完成全国和全市“两会”“一带一路”国际合作高峰论坛、市第五次党代会、中共十九大、“智博会”“进博会”等重要节点、重大节假日维稳安保工作。

【干部接访下访】 2018年，长寿区区级领导每周在信访接待场所定期接待到访群众，街镇、部门领导每天随机接待到访群众，实现“关口前移、重心下沉”。全区各级领导干部全年接访下访群众

7616件（次）、9849人（次），解决群众诉求7249件次，化解率95%。33名区级领导每月定期开展"群众工作日"活动，直接联系7个街道的34个社区，进行走访、座谈，帮助群众解决一批实际困难和问题。全年开展"社区工作日"活动424次，帮助解决各类实际困难和问题485件。

【领导阅批信访】 2018年，长寿区继续坚持区级领导阅批群众信访及区党政主要领导阅批重点信访问题制度，推动群众来信反映的问题能够第一时间得到解决。全年阅批交办重点信访问题135件，化解率100%，一批疑难复杂信访问题得到解决。

【社会矛盾防范】 2018年，区信访办以防范化解社会矛盾风险为核心，集中力量、整合资源，开展重点领域、重点群体、重点问题、重点人员和重要节点"五项攻坚"，形成社会风险防控攻坚模式，确保攻坚行动取得实效。2018年，市级交办的12件重点问题已化解12件，化解率100%；15名重点人员已化解6名，化解率40%；区级排查交办的20个重点群体和10个重点问题化解率均为100%，全部实现"清仓见底"目标；动态排查交办重点矛盾纠纷47件，化解47件，化解率100%。

【信访制度改革】 2018年，区信访办推进"阳光信访"，全面运行网上信访信息系统，实现街镇、部门全覆盖，信访业务全入网，推动信访事项"应录尽录"和"规范录入"，实现信访事项及时受理率、按期办结率及初信初访录入率显著提高；全年群众信访事项及时受理率、按期办结率均为100%，信访事项参评率70.76%（其中对责任单位满意度99.77%、对信访机构满意度99.91%）。推进"责任信访"，坚持"属地管理、分级负责""谁主管、谁负责"的工作原则，落实信访稳定工作责任；加大对重大信访事项的督导力度，将久拖不决、涉及面广、社会关注度高的信访突出问题纳入区委督查室、区政府督查室的督查范围，压实属地属事责任。推进"法治信访"，推进法定途径分类处理信访问题，严把入口关，规范办理流程，强化信访事项复查复核案件办理和审核认定办结工作；全年开展联合接访332件（次），引导群众通过诉讼渠道解决问题22件（次），通过其他法定程序解决纠纷156件（次），及时有效化解大量重大矛盾纠纷；常态化开展"违法上访、非法维权"专项治理，加强对违法信访行为的收集固证，依法打击违法犯罪典型，树立正确法治导向，推动信访秩序进一步好转。

【社会稳定维护】 2018年，长寿区开展矛盾纠纷和风险隐患排查化解工作。持续推进社会稳定风险评估工作，全年对离任村干部生活补贴等18个重大事项和重大决策进行风险评估，从源头上预防和减少社会矛盾的产生。坚持做好情报信息收集分析工作，全年收集报送各类涉稳信息1500余条，及早介入，有效化解军队退役人员、原被辞退民办教师等群体串联上访等活动。及时妥善处置突发事件，完善应急处置劝返工作预案，建立健全突发事件处置工作机制，及时妥善处置各类群体性突发矛盾纠纷61件。

【信访基础工作】 2018年，区信访办完成综合调解中心人员招录、场地装修等工作，综合调解中心已全面运行，并与区公共法律服务中心整合办公。完善"访调对接"工作机制，成立"长寿区信访事项人民调解委员会"，指导信访事项人民调解工作。

（胡　梅）

老干部工作

【概况】 1983年12月，根据中共中央建立老干部退休制度决定精神，设立"中共长寿县委组织部老干部科"（设组织部内）。1984年11月，中共长寿县委决定将"县委组织部老干部科"更名为"中共长寿县委组织部老干部局"（仍归组织部领导管理）。1991年6月，改建为"中共长寿县委老干部局"，机构规格为县委直接管理的局级机构，编制7人，内设办公室。2002年4月9日，长寿撤县建区，更名为"中共重庆市长寿区委老干部局"（简称区委老干局），属区委直属的处级机构。2017年6月9日，中共重庆市长寿区委研究决定成立中国共产党重庆市长寿区委离退休干部工作委员会，机构规格为区委直属的处级机构，党工委书记由区委老干局主要负责人兼任，按同级副职配备专职副书记1名；2017年8月21日，经区编委会研究同意，设立重庆市长寿区离退休干部党建管理中心，在重庆市长寿区老干部活动中心挂牌，增核区老干部活动中心全额拨款事业编制2

名。至此，区委老干局编制数由9名增加至11名。

中共重庆市长寿区委老干部局隶属于长寿区委的处级行政机构，2018年有人员编制11名，其中行政编制4名，参公事业编制7名；在岗在编人员9名，其中局机关干部4名，下属参公事业单位干部5名。区委老干局下设办公室、离退休干部管理科、区老干部活动中心（区关工委办公室、区离退休干部党建管理中心挂牌在区老干部活动中心）。截至2018年12月，纳入区委老干局服务管理的离退休干部有1105人，其中离休干部23人，市管退休干部54人，区管退休干部851人，原县管实职科级退休干部177人。全区机关事业单位（不含教育、卫生系统）有离退休党支部60个，离退休干部党员2313名。

【离退休干部“三项建设”】　政治建设抓教育和引导，使离退休干部更加坚定自觉地做到“两个维护”。引导和激发老同志的政治热情，以发展和辩证的眼光看待当前人和事。加强和落实离退休干部政治待遇，落实好参会阅文、参观考察、走访慰问、情况通报、建言献策等政治待遇和制度，全年组织离退休干部参加区级会议、政府工作报告征求意见座谈会、规划建管部门征求意见座谈会、全区经济社会发展情况通报等会议13次，老干部们提出意见建议42条；组织市管离退休干部阅读重要文件16份，传达区级重要会议精神8次，区委老干局班子成员为老干部宣讲区委、区政府重大决策部署和区内重点工作24次，引导老干部关心、关注全区经济社会发展。重大节日区领导带队慰问老干部，老干部生病、去世及时看望和慰问。全年组织240余名老干部前往垫江乐天花谷、长寿定慧寺、绿松苑养老公寓参观考察。

思想建设持续用习近平新时代中国特色社会主义思想武装头脑。推进离退休党支部“两学一做”学习教育常态化、制度化，安排工作人员每月定期参加全区各离退休党支部学习，全年参加各退休党支部学习和开展送学、领学活动152次。组织离休、市管退休干部集中学习、座谈8次；为全区离退休干部赠阅《老同志生活》《学习参考》、时事政治等学习资料1万余份。推动老干部家事协调小组开展工作，坚持谈心和走访相结合，开展思想疏导和情绪化解工作，关心、关注老干部们的家庭生活，化解家庭矛盾。全年到老干部家中解决困难8次，提供法律援助2次，调解家庭矛盾5次，与老干部及家属开展交心谈心30余次。

组织建设以提升组织力为重点，用大力度和实举措加强离退休干部党组织建设。2018年，区委老干局分别前往荣昌区、北碚区、合川区等地调研，了解机构设置、人员配备、职能职责、经费保障、隶属关系、管理方式等基本情况；对全区10个街镇、12个区级重点部门离退休干部党建工作进行督查和调研，摸清全区离退休干部党组织基本情况。督促全面落实离退休党支部书记和委员予以适当工作补贴，将该项工作纳入老干部工作考核；加大党费对支部活动的支持力度，离退休干部党支部收缴的党费全额返还得到落实。举办长寿区第二期离退休干部党组织书记、委员培训班，全区60人参加。“七一”、春节等重大节日开展对老党员、老干部和困难党员的走访慰问工作。

【离退休干部生活待遇】　精准落实老干部基本生活待遇，确保离休费足额按时发放，医药费按规定据实报销，企业离休干部生活补贴按时发放；为家庭困难的离休干部垫付医药费，离休干部生病住院做好协调和服务，开辟绿色通道，确保离休干部第一时间就医，得到照顾；对行动不便的离休干部开展送服务、送亲情活动。完成企业离休干部生活补贴调标工作，为20名离休干部调整护理费；为4名企业离休干部据实报销医药费25.4万元，提供就医服务46人（次）。组织全区1105名离退休干部进行健康体检。完成57名中华人民共和国成立初期干部生活补贴调标工作。

区委老干局及时完善离退休干部特殊困难帮扶办法，全年对71名离退休干部进行帮扶，发放困难帮扶资金18.85万元解决生活、医疗等方面的困难和问题。与区委组织部联合举办老干部集体祝寿活动，向老寿星们送上生日的祝福。联合区残联、区中医院举办“推进残疾预防、建设健康长寿”健康知识讲座，组织140余名老干部参加活动。

精准满足老干部精神文化需要，重大节日组织老同志们开展游园、棋牌、书画创作、诗歌创作等活动，区老干部活动中心常年组织老同志开展门球、乒乓球、台球等活动，开办音乐、太极拳、太极剑、智能手机和电脑兴趣班。组织50名老同志参加长寿菩提古镇2018年巴渝文化节开幕式，参加长寿区第二届运动会太极拳表演并获得老年组第三名。

整合社区资源，落实社区工作经费每年各3万元，利用社区资源为老干部服务，安排社区专职人员定期为老干部开展个性化服务。全年安排志愿者到行动不便的老干部家中做清洁、送菜等上门服务96人（次）；在桃花社区和凤岭路社区举行关爱老人亲情陪伴迎新春联谊会；在社区组织健康讲座4次，免费为140名老干部接种流感疫苗，组织社区家庭医生对行动不便的老干部上门检查280人（次）。

区委老干局主动联系对接区人民法院、区人民检察院、区审计局退休干部管理方式，及时保障机构改革中老干部的各项待遇，做到老干部服务管理不留空档。做好离退休干部信访稳定工作，对中华人民共和国成立初期参加革命工作的退休干部开展走访、慰问、帮扶，全年受理老同志来信、来访、来电519件（次），认真办理信访批转件，加强沟通联系，做好老同志思想疏导和政策解释工作，确保离退休干部队伍的持续稳定。

【老干部活动】 2018年，区委老干局紧贴中心大局，引导老同志庆祝改革开放40周年。组织老同志通过开展“学思想谈体会”“我的初心故事”“我看改革开放新成就”主题活动和“见证·改革开放40年”系列文化活动；组织老干部观看改革开放40周年庆祝大会，安排工作人员在各离退休支部学习中宣讲习近平总书记讲话精神；组织老同志围绕庆祝改革开放40周年、围绕增添正能量、共筑中国梦等主题创作摄影、书法绘画、诗词等作品，举办文艺会演，报送各类主题征文20篇、回忆录15篇、诗歌12篇、摄影作品4幅，创作音乐作品1首。

支持区关心下一代工作委员会，做好保障工作，确保公务出行、经费、人员等工作需求。配合区关工委开展党史国史教育、读书活动、社会主义核心价值观巡回讲座、主题活动、关爱留守儿童、发挥“五老”作用、教育扶贫、“月月红”活动等工作，确保区关心下一代工作持续走在全市前列。2018年，长寿区关工委被评为全国“中华魂”读书教育活动先进集体；区关工委选送的《百姓百年出梦来》参加全国演讲比赛，获青年组第一名，获特等奖，在人民大会堂“中华魂”表彰会上演讲，受到中国关工委主任顾秀莲接见。

区委老干局搭建平台，组织老干部参加区建委、区规划局、区城管局关于提升城市品质座谈会，老干部们就提升城市品质、加强城市管理、提升城市文化内涵等方面提出许多好的建议；组织老干部参加城区文明治丧征求意见、区政府工作报告征求意见、区老年活动中心建设征求意见等座谈会，老干部们积极发声、建言献策。

【自身建设】 2018年，区委老干局更加注重政治建设。进一步规范和完善集中学习制度、支部学习制度和自学制度等，在每一项学习活动中将习近平新时代中国特色社会主义思想和中共十九大精神作为必修课，做到思想常新、温故知新。推进“两学一做”学习教育常态化、制度化，以党章为遵循提升党员干部的党员意识。引导干部职工主动向老干部学习，经常性开展交流座谈，把老干部们的革命文化、政治理想、政治价值向干部职工身上传递。引导干部职工主动开展政策业务知识学习，学习各项新知识新技能，运用互联网做好老干部工作。坚持锲而不舍落实中央八项规定精神，进一步改进工作作风，纠正“四风”问题，深入到老同志之中找问题、聚焦老同志反映强烈的突出问题，找漏洞、找差距，解决服务离退休干部“最后一米的问题”，确保反“四风”措施过硬、整改到位，主动接受党组织和老干部的监督。

（刘星星）

党校工作

【概况】 2009年12月，长寿区社会主义学院挂牌，长寿区委党校成为党校、行政学校、电大分校、社会主义学院四校合一的学校（本分目简称学校）。学校领导班子为常务副校（院）长1名、副校（院）长2名、校务委员2名，设8个内设科室；学校2018年年底有教职工31人，其中高级职称6人、中级职称13人，博士研究生1人、硕士研究生6人、在职研究生6人，本科18人。学校新校区坐落于长寿区桃花新城文苑西路2号，占地面积1.67公顷，建筑面积10288平方米，教室32间，可同时容纳2000人上课，学校有藏书万余册，有100兆校园网、双向视频远程教学系统、网上直播系统，有校园教学观摩系统、校园安全监控系统、校园广播系统，各项教育设施设备齐全。

【干部培训】　2018年，学校承办各类培训班21期，培训干部1823人（次），其中主体班9期，培训干部455人（次）；接待市委党校等区外党校主体班到长寿教学实践基地580期，20286人（次）。学校教师送党课到基层53场（次），受训基层党员干部4996人（次）。1名青年教师的专题课《新时代中国共产党人的文化自信》在市委组织部举办的全市首批干部教育培训好课程评选活动中被评为“好课程”、入选全市党校（行政院校）系统第三届精品课目录，是学校第一次成功获评全市精品课；1名青年教师以专题课《新时代企业家精神：变革、继承、重塑》在全市统一战线第五届教学竞赛总决赛中获一等奖第一名。

【学历教育】　2018年，学校继续推动学历教育内涵式发展。全年组织考试25次、571场（次）、16301科（次），总计33天；完成本、专科招生1033人。国家开放大学一般课题《“互联网+”模式下多元融合人才培养路径研究》在结题中，“重庆广播电视大学学分银行试点项目”获结项；在重庆电大第五届微课、学习贯彻中共十九大精神主题征文、学习贯彻中共十九大精神主题微党课等比赛中，长寿电大屡获奖项；长寿电大2018年获得“重庆广播电视大学第五届微课大赛优秀组织奖”“重庆广播电视大学十九大主题征文和微党课比赛组织奖”、全国高校网络教育考试委员会2018年度试点高校网络教育部分公共基础课统一考试“优秀考点”等荣誉；长寿电大4名学员获2018春期重庆广播电视大学优秀毕业学员称号。

【科研资政】　2018年，学校教师公开发表论文37篇。学校成功申报课题5个，其中市委党校3个、区科委课题1个、区社科联1个；结项课题23项，其中市级部门重点课题2个，区级重大委托课题2个、区重点课题1个、一般课题18个。通过《领导参阅》上报资政报告17篇，获区领导批示17篇，其中《推进长寿区实现创新驱动发展的建议》《乡村振兴战略下推动长寿区实现乡村善治的建议》等多篇资政报告获得区长巴川江、常务副区长蒋牧宸等多名区领导的肯定性批示。

【后勤服务】　2018年，学校收取、办理区委区政府和相关部门文件957件，学校印发文件58份；坚持从严从俭，降低公务活动成本，“三公”经费持续下降。学校后勤办公部门全年协助区委、区政府、区委组织部、区委宣传部等部门做好全区政法工作会、全区宣传工作会等40期培训（会议）的服务工作，接待多个区级部门组织的会议、培训、考试及面试；优化校园环境，改善硬件设施，翻译学校外墙，维护更换消防安全设施等。

（张　吕）

党史研究与地方志工作

【党史研究】　2018年，区委党研室（区志办）按照市委党史研究室关于党史工作“五个一”的要求，推进党史书籍整理、专题研究和资政育人工作。推进2本书的编辑出版工作，《中共重庆历史大事记·长寿区卷（1925—2006）》已经市委党研室审读，即将公开出版；《长寿区党史人物传》（续编）完成内部出版。党史专题研究，围绕党史、国史，配合中共十九大学习、宣传、教育活动，与区关工委、区教委共同拟定党史国史进课堂系列宣讲提纲，收录党史国史资料20篇15万余字，编撰成适合长寿区情的本土教材《来自长寿历史的报告——长寿区党史、国史宣讲文稿汇编》，年底前已定稿；收集整理长寿改革开放四十年的历史变迁、丰功伟绩，完成《改革开放四十周年》初稿。革命遗迹保护，走访调研红军将领杨克明故居、刘伯承养伤地、廖井丹故居，推动革命传统教育基地的建设；实地查看林庄学堂、罗围涧之堂、长寿革命陵园、陈燮烈士纪念碑、刘伯承养伤地、杨克明故居等革命遗迹遗址，推进革命遗址保护修复工作。

【地方志工作】　2018年，区委党研室（区志办）按照国务院《全国地方志事业发展规划纲要（2015—2020年）》，推进地方志工作；年内获得2017年度重庆市地方志工作先进单位称号。志书编纂，着手第三轮综合志书的资料收集工作，继续推进第二轮街镇志、部门志、行业志编修评审工作；坚持地方志评审标准，把好政治关、史志关、文字关、体例关，2018年，完成但渡镇、江南街道、民进长寿区、计生协会、国土房管等街镇、部门志书审读，《长寿区中医院志》公开出版，《长寿区江南街道志（1985—2015）》《重庆志·宗教志—长寿篇（1995—2016）》《（区委党校）校志

（1959.06—2016.12）》内部出版，《长寿区城乡规划志（1919—2014）》集结成册；启动史志部门志编撰工作，收集、查阅档案资料100万余字，年底前完成初搞50余万字。年鉴编辑出版，提前实现综合年鉴一年一鉴并公开出版，长寿区年鉴编辑出版工作名列全市前列；2018年完成《长寿年鉴（2017）》公开出版工作，《长寿年鉴（2018）》年内已定稿付印，《长寿年鉴（2019）》进入资料征集阶段。旧志整理，在做好《长寿县志（康熙五十三年）》《长寿县志（光绪元年）》《长寿县志（民国十七年）》出版发行工作后，完成《长寿县志（民国三十三年）》点校注初稿内部校核。其他工作，加强方志业务交流，参与彭水县《彭水县志（1986—2005）》志书评审；协助载录长寿有关资料的书籍《耄耋笔耕录》和《寿乡余篇》出版；为区民政局编撰《长寿地名史话》和校对地图；为重庆市地质矿产勘查开发局107地质队编制《重庆市地质简史——长寿区地质简史》提供文字、图片资料。

【资政育人】 2018年，区委党研室（区志办）坚持史志工作资政育人的职守，创造性地做好史志服务经济社会发展的工作。助力服务乡村振兴，开展“兴调研转作风促落实”行动，组织人员到一线收集地情人情风情，收集档案资料6万余字，拍摄、搜集图片资料300余幅，完成《重庆地名故事》长寿地名故事资料搜集和图文编撰，拟定并在期刊《微见》上发表《长寿区文化与旅游融合发展路径思考》《长寿区推进长江经济带发展，建设山清水秀美丽之地的思想》《以城带乡、以工补农，坚持走城乡融合发展之路，全力加快农业农村快速发展》等6篇调研文章，为乡村振兴提供决策参考；开展史志资料数字化，整合已有资源，收集长寿文化、旅游等史料档案，完成数字化19册、400余万字，为各街镇、部门加快乡村旅游振兴提供电子资料查询；与长寿区旅游局、文化委、云集镇等单位配合，推动杨克明故居修缮保护工作，支持融入区域乡村旅游发展。服务学校教育，推进宣传进学校，安排党史方志理论专家到中小学说历史、讲区情，全年组织宣讲活动6次，听众万余人；推进教育进课堂，与长寿区关工委、教委合作，开设中小学区情和地方党史教育课程，加强长寿历史地情普及工作，编撰成册《来自长寿历史的报告——长寿区党史、国史宣讲文稿汇编》，发放各中小学校供试讲参考；与长寿区委组织部、宣传部、党校合作，在干部教育中开设长寿文化、地方发展史等课程。服务社会需要，围绕“讲长寿故事，享长寿美景”，开展新闻媒体合作，在长寿电视台开辟“走遍长寿”栏目，在长寿日报开辟“追寻长寿历史的足迹”专栏，把长寿美景、长寿历史宣传到千家万户；围绕方志宣传进村（社区），向村（居）送年鉴、送旧志120余册；围绕人民群众的首创精神，走访老同志、老领导，到群众中去，收集长寿革命史、奋斗史、村社轶事；落实关爱解困行动，到双龙镇飞石村慰问老党员，为天堂村建档贫困户出谋划策；走访慰问民营企业，收集发展中的困难问题，向有关单位部门反馈。

【党建工作】 2018年，区委党史研究（区志办）扛起管党治党政治责任，以严的纪律、严的作风营造良好政治生态，坚持旗帜鲜明讲政治，把思想和行动统一到中央决策部署上来，确保政令畅通、令行禁止。严肃党内政治生活，开展民主生活会，用批评与自我批评在“十破十立”上下功夫；端正态度落实巡查整改，针对区委巡察反馈的6个方面、12个问题，及时落实整改措施，按时完成整改要求。坚持思想建党，坚持“三会一课”制度，创新党组织活动方式，推进“两学一做”制度化常态化，坚持用党的最新理论成果武装头脑，按照习近平总书记“学懂弄通做实”的重要要求，在全室兴起学习宣传贯彻习近平新时代中国特色社会主义思想和中共十九大精神的热潮。结合主题党日活动，邀请区级宣讲团成员宣讲，开展知识讲座和“学习十九大，争做好干部”知识竞赛等；把握意识形态领域的领导权，落实意识形态工作责任制，加强阵地管理重点是网络舆情管理，全室全年无重大舆情发生。推进作风建设，贯彻中央八项规定精神及市委、区委实施意见，继续彻底开展“1+3”“四风”问题专项整治，开展违规操办或者参加“谢师宴”“升学宴”、形式主义、官僚主义、领导干部利用名贵特产类特殊资源谋取私利等问题专项治理；支持纪检组履职，配合区纪委监委做好涉及该室有关问题线索核查工作；利用室务会、中心组学习会、机关学习会等机会和时间，组织观看警示教育片、学习案件通报和领导干部讲党

课等多种方式经常性开展各类廉政警示教育，筑牢党员干部廉洁从政思想防线。（张玉洁）

保密工作

【组织领导】　2018年，中共长寿区委和区委保密委落实“党管保密”的原则。6月1日，区委书记赵世庆主持召开十三届区委常委会第五十三次会议，对全区保密工作提出“宣传教育要扎实，经常性开展宣传教育培训，引导涉密人员树立正确的保密观，持续提升涉密人员的忠诚品质和素质能力；基层基础要夯实，配强保密工作力量，配齐设施设备，强化工作经费保障，解决工作面临的实际困难和问题，建立健全相关管理制度，改进和创新管理方法；问责追责要做实，保密工作纪律是不可逾越的底线、不能触碰的红线，是真正带电的高压线，吸取经验教训，坚持以‘零容忍’态度查处失泄密案件，决不搞下不为例，决不搞变通处理，决不搞姑息迁就”的三点要求。3月16日，区委常委、区政府常务副区长、区委保密委副主任蒋牧宸主持召开区委保密委全体会议，集中学习习近平总书记参加重庆代表团审议时的重要讲话精神，在学懂弄通做实上下功夫，推动长寿区保密工作转型升级。区国家保密局按照市国家保密局以及区委、区委保密委的部署和要求，采取有力措施，推进全区保密管理各项工作。

【保密责任】　2018年，长寿区将保密工作责任制落实情况纳入部门、街镇党政领导实绩考核评价体系及年度述职述廉，发挥考核对保密工作责任制落实的督促作用，促进全区各级领导干部履职担责，确保保密工作与业务工作同研究、同部署、同落实、同考核、同奖惩；区国家保密局加大监督检查力度，会同区委机要局、区委网信办等部门对中石化川维公司、区纪委、区委组织部、区委宣传部等单位开展联合检查，发现存在领导干部保密工作责任制落实不到位、保密管理不规范等问题的单位，督促其限期进行整改，作出书面检查，以考核工作为着力点抓细抓实保密管理工作，推动保密管理工作落地见效。

【保密宣传教育】　2018年，长寿区开展全区“七五”保密法治宣传教育，落实《长寿区“七五”保密法治传教育规划》，制订全区保密法治宣传教育工作实施方案；全区各街镇、各部门、各单位将保密法治宣传教育作为经常性、基础性工作，结合实际制订落实的具体措施，完善和落实保密法治宣传教育工作责任制，保证全区保密法治宣传教育工作的有序开展。区国家保密局会同区委组织部、区委党校将国家安全观教育、保密教育纳入全区公务员初任培训和干部教育培训内容，全年培训处科级干部、新任公务员200余人；运用新媒体、新渠道对全区公民开展保密常识、保密意识“两识”教育和警示案例教育，增强各部门、各街镇、在长寿市属以上企事业单位和群众的保密法治意识，全年在《长寿日报》、长寿手机台发布《保密微讲堂》专栏15期，受众超过20万人（次）。

【保密专项工作】　2018年，区国家保密局求真务实、规范有序地抓好专项保密工作。2月，会同区电子政务办对全区惠普电脑存在的漏洞进行安全保密排查，对可能造成涉密信息失控的漏洞进行修复。3月，组织区国土房管局、区城乡建委、区规划局等相关单位召开专题会，规范相关单位在智慧城市建设过程中信息采集、使用、管理，消除失泄密隐患。4月，组织全区各机关、单位开展自查自评工作，抽查部分重点涉密机关、单位开展自查自评的情况。5月至6月，区保密局会同区教委、区公安局完成全区高考、成人高考等考试的保密工作，参与高考、中考巡考工作，确保高考、中考顺利有序进行。7月，对全区各机关、单位使用微信等即时通信软件办公情况进行梳理，对使用即时通信软件办公的相关行为进行规范。8月，组织相关人员专题学习泄密案件的通报，发挥案件警示教育的第一道防线作用。9月，组织全区市委党政内网接入单位和涉密计算机使用单位专题学习泄密情况的通报，使其时刻绷紧涉密计算机保密管理的弦。10月，组织开展非涉密计算机、非涉密存储设备专项保密检查，规范涉密非涉密计算机、非涉密存储设备管理。11月，组织力量对人民银行重庆营业管理部长寿区中心支行办公网进行现场核查。

（韩　黎）

表10　　中共重庆市长寿区委员会重要文件目录

文件名称	文号
区委、区政府关于印发《“健康长寿2030”规划》的通知	长寿委发〔2018〕4号
区委、区政府关于2017年度工业企业年度考评获奖企业的通报	长寿委发〔2018〕6号
区委、区政府关于印发《重庆市长寿区乡村振兴战略行动计划实施方案》的通知	长寿委发〔2018〕7号
区委、区政府关于印发《重庆市长寿区精准脱贫攻坚战实施方案》的通知	长寿委发〔2018〕8号
区委关于印发《长寿区2018年度政党协商计划》的通知	长寿委发〔2018〕10号
区委关于印发《区级领导兴调研转作风促落实行动调研任务分解方案》的通知	长寿委发〔2018〕11号
中国共产党重庆市长寿区第十三届委员会第三次全体会议决议	长寿委发〔2018〕13号
区委关于加强法治和德治工作的实施意见	长寿委发〔2018〕14号
区委关于营造良好政治生态的意见	长寿委发〔2018〕15号
区委、区政府关于印发《重庆市长寿区2018年安全生产工作考核办法》的通知	长寿委发〔2018〕16号
区委、区政府关于2017年脱贫攻坚工作考核结果的通报	长寿委发〔2018〕18号
区委、区政府关于给予李俊德等7名同志记三等功的决定	长寿委发〔2018〕20号
区委、区政府关于举行长寿区第二届运动会的通知	长寿委发〔2018〕21号
区委、区政府关于成立区城市提升工作领导小组的通知	长寿委发〔2018〕23号
区委关于进一步加强党风廉政警示教育工作的意见	长寿委发〔2018〕24号
区委、区政府关于加快推进全域旅游发展的意见	长寿委发〔2018〕27号
区委、区政府关于印发《重庆市长寿区污染防治攻坚战实施方案（2018—2020年）》的通知	长寿委发〔2018〕28号
区委、区政府关于深入推动长江经济带发展加快建设山清水秀美丽之地的贯彻落实意见	长寿委发〔2018〕29号
区委、区政府关于印发《重庆市长寿区以大数据智能化为引领的创新驱动发展战略行动计划实施方案（2018—2020年）》的通知	长寿委发〔2018〕30号
区委、区政府关于加强和完善城乡社区治理的实施意见	长寿委发〔2018〕31号
区委、区政府关于全面优化营商环境促进民营经济发展的实施意见	长寿委发〔2018〕32号
区委、区政府关于重庆市长寿区2017—2018年度贡献突出民营企业、民营企业家、微型企业、个体工商户和新型农业经营主体的通报	长寿委发〔2018〕33号
区委、区政府关于开展全国全民运动建设模范区创建工作的通知	长寿委发〔2018〕34号
区委、区政府关于印发《重庆市长寿区实施生态优先绿色发展行动计划（2018—2020）》的通知	长寿委发〔2018〕35号
区委、区政府关于给予郑可萍等78名同志记三等功和但晓琴等532名同志嘉奖的决定	长寿委发〔2018〕36号

续表 10

文件名称	文号
区委关于建立区人民政府向区人大常委会报告国有资产管理情况制度的实施意见	长寿委发〔2018〕38 号
区委、区政府关于印发《长寿区保障和改善民生行动计划实施方案(2018—2020 年)》的通知	长寿委发〔2018〕39 号
区委关于印发重庆市长寿区贯彻中国共产党党内功勋荣誉表彰条例实施意见的通知	长寿委发〔2018〕41 号
区委关于深化落实全面从严治党主体责任的实施意见	长寿委发〔2018〕42 号
区委关于加强和改进新时代人民政协工作的意见	长寿委发〔2018〕43 号
重庆市长寿区科教兴区和人才强区行动计划（2018—2020）	长寿委发〔2018〕44 号
区委关于印发《长寿区贯彻中国共产党党务公开条例（试行）实施方案》的通知	长寿委发〔2018〕45 号

（中共重庆市长寿区委办公室提供）

长寿现代农业园区血橙丰收

重庆市长寿区人民代表大会

人民代表大会

【区十八届人民代表大会第二次会议】 重庆市长寿区十八届人民代表大会第二次会议于2018年1月10日至1月13日召开。会议应出席代表293人，实际出席290名。不是区十八届人大代表的中共十三届区委常委，区政府副区长，区政协副主席、巡视员，长寿经开区管委会副主任，享受区级领导待遇的在职领导干部，区人民法院副院长、区人民检察院副检察长，区委巡察组组长，区委各部委、各人民团体负责人，区政府各部门及直属事业单位、长寿经开区各部门行政负责人，部分在长寿市属以上单位主要行政负责人，部分企业负责人，历届区人大常委会副主任，在长寿的市第四届人大代表等196人列席会议。邀请30名市民代表旁听第一、二次全体大会。

会议举行1次预备会议、3次全体会议、5次主席团会议和4次各代表团会议。会议听取审议区政府区长巴川江所作的区政府工作报告、区人大常委会主任张明生所作的区人大常委会工作报告、区人民法院院长柳德新所作的区人民法院工作报告、区人民检察院检察长梁经顺所作的区人民检察院工作报告，审查计划、财政预算（草案）报告。为保障人大代表的民主权利，会议首次采用电子表决系统，表决通过关于区政府、区人大常委会、区人民法院、区人民检察院工作报告及区计划、区财政报告的决议，批准2017年国民经济和社会发展计划执行情况及2018年国民经济和社会发展计划，批准区级财政预算。

会议选举（按姓氏笔画为序）丰强、邓永春、巴川江、甘秉洪、杨洪、李佳、李仁生、李兴华、李鑫萍、何镇初、张明生、张昌红、张宗清、胡继明、赵世庆、郭蓉、高杰、龚致平、董长明、蒋发平、廖科、谭伟22人为重庆市第五届人民代表大会代表；选举谭伟为区监察委员会主任。会议举行宪法宣誓仪式，新当选的区监察委员会主任向宪法宣誓。

会议收到代表议案4件，经大会主席团审定，3件议案被确定为立案，1件议案被转作建议。会议收到代表提出的建议296件，其中，26件内容相同或相近的建议合并为16件，加上10名以上代表联名提出的议案转作代表建议1件，总计287件。

（王志华）

人大常委会会议

【审议专项工作报告】 2018年，长寿区人大常委会听取和审议专项工作报告20项。听取审议区政府《关于2016年度审计查出问题整改情况的报告》《关于2017年度环境状况和环保目标任务完成情况报告》《关于2017年度法治政府建设情况的报告》《关于2017年度城乡规划及执行情况报告》，《关于我区2018年上半年国民经济和社会发展计划执行情况的报告》《关于我区2018年上半年财政预算执行情况的报告》《关于我区2017年政府性债务情况的报告》《关于我区2018年新增政府债券分配方案及政府性债务余额限额情况的报告》《关于我区义务教育督导工作暨学前教育行动计划推进情况的报告》《关于“十三五”规划纲要实施情况中期评估的报告》《关于我区2018年经济社会发展主要指标调整的报告》《关于我区2017年度预算执行和其他财政收支的审计工作报告》《关于重庆市长寿区旅游总体规划（2017—2025）相关情况的报告》《关于学前教育专项工作评议意见办理落实情况的报告》；听取审议区人大常委会主任会议、区政府、区人民法院《关于区第十八届人民代表大会第二次会议代表议案和建议批评意见办理情况的报告》；听取审议区人民法院、区人民检察院《关于2017年度公正司法工作情况的报告》《关于2017年度公正司法工作情况的报告》。　　（王志华）

2018年7月24日，全国人大常委会副委员长沈跃跃（前右三）一行到长寿开展长江保护立法调研

重要工作与活动

【政治思想建设】　2018年，长寿区人大常委会坚持把学习贯彻习近平新时代中国特色社会主义思想作为首要政治任务。重点学习习近平总书记经济思想、生态文明思想、关于坚持和完善人民代表大会制度的重要思想等一系列新思想，树立“四个意识”，坚定“四个自信”，做到“两个维护”，落实“三个确保”的政治承诺，坚决肃清孙政才恶劣影响和薄熙来、王立军流毒，坚定人大工作正确的政治方向，增强坚持和完善人民代表大会制度的思想自觉、政治自觉和行动自觉。学习贯彻区委第五次人大工作会议精神，贯彻落实区委加强和改进新时代人大工作、健全人大讨论决定重大事项制度和政府重大决策出台前向人大报告、人大预算审查监督重点向支出预算和政策拓展、政府向人大常委会报告国有资产管理情况等重要文件要求，及时把区委对人大工作的新要求转化为依法履职的新思路新举措。坚持在区委领导下开展工作，执行重大事项请示报告制度，全年区委常委会听取区人大工作汇报7次，区人大常委会党组向区委请示报告16次。围绕区委中心工作，重点是打好“三大攻坚战”、实施“八项行动计划”，思考、谋划和推进人大各项工作，在服务全区发展大局中取得新成效。

【人大监督工作】　2018年，长寿区人大常委会加强经济工作监督，围绕企业转型升级，组织市区人大代表视察经开区创新驱动发展情况。围绕资源要素保障，听取电力部门工作情况汇报，推动售电侧改革，降低企业用电成本；听取14家在长寿金融机构服务地方经济发展情况汇报，推动金融支持实体经济发展政策落到实处，逐步解决企业“融资难、融资贵、融资慢”的问题。围绕商贸物流市场建设，听取商贸物流工作情况汇报，督促区政府加快东部智慧物流中心、汽贸城、农产品交易中心建设，打造区域商贸物流基地。组织市、区人大代表视察乡村振兴计划实施情况，推动乡村振兴综合示范区建设。开展培育新型农业经营主体、壮大农村集体经济专题调研，及时向区政府提出深化农村“三变”改革、加大政策支持力度、统筹农村基础设施建设、扶持一批农村发展带头人等37条具体建议。

区人大常委会开展计划和预算执行情况监督，督促区政府按照高质量发展的要求，统筹做好稳增长、促改革、调结构、惠民生、防风险各项工作。开展审计查出问题整改落实情况跟踪监督，2016年度审计报告反映的285个问题得到及时整改。开展政府债务和国有资产管理监督，督促财政部门对政府债务和国有资产进行全面清理。加强预算审查能力建设，开展预算审查监督业务培训，扩充预算审查监督专家库成员，选定预算联络员协助各代表团审查预算报告。会同财政、审计等部门首次开展预算公开评审，评审项目541个，审减金额5040万元。

加强法律实施情况的监督，开展《重庆市河道管理条例》执法检查，促进河长制全面落实。开展《重庆市城乡规划条例》执法检查，强化规划约束力、执行力。受市人大委托，开展《中华人民共和国大气污染防治法》《重庆市安全生产条例》执法检查，促进两部法律法规在长寿区进一步实施。加强备案审查，向市人大报备4件规范性文件，对区政府提请报备的17件规范性文件进行审查，提出审查建议17条，维护国家法制统一。依法开展信访工作，受理群众来信来访136件（次），督办64件，化解一批矛盾纠纷。听取审议区人民法院、区人民检察院公正司法情况年度报告，从基本解决执行难、推进公益诉讼、加强法律监督等方面提出审议意见，促进两院深化司法体制改革，提高司法公信力。

加强民生工作监督，对区政府学前教育工作开展专项工作评议，促成区政府出台学前教育三年行动计划，新建、扩建12所公办幼儿园，新增2000余个普惠性幼儿学位，对全区54所幼儿园的活动场地、教学设施进行升级改造。组织市、区人大代表视察公共卫生和城区医院建设情况。有序推进“三医联动”（医疗、医保、医药改革联动）改革，减轻居民医疗负担，推动公共医疗资源向基层延伸。开展食品安全工作专题询问，区政府分管领导和25个部门负责人到会听取意见，接受询问。

2018年5月17—18日，长寿区人大常委会首次对镇人大代表进行集中培训

【代表工作】 2018年，长寿区人大常委会加强代表履职服务管理。举办基层人大代表履职培训班，对800多名区镇人大代表进行为期三天的集中培训。60个区、镇代表工作站建成投用，成为代表联系选民、开展活动的新平台。开展代表履职考核工作，评选代表工作先进单位7个、优秀基层代表20名、优秀代表建议35件。协助市代表在市五届人大一次会议上提出49件议案建议。市代表提出的“关于加强老年人保健品销售市场管理的建议”由市人大主要领导督办，“关于加快两江新区至长寿穿明月山快速通道建设的建议”被市政府采纳，年底前快速通道建设已完成勘察设计的招标工作。

推进“两联一述”（人大常委会组成人员联系人大代表、人大代表联系人民群众，人大代表向原选举单位述职）工作。区人大常委会主任、副主任分片区开展主任接待日活动，全年接待基层代表107人（次），向区政府交办意见建议114条，畅通社情民意渠道；全体区人大代表提交年度述职报告，95名区人大代表向选民口头报告履职情况，部分区人大代表接受选民履职评价，代表与选民的联系更加紧密。邀请基层代表147人（次）列席区人大常委会会议、参加常委会重要活动，面向全体区人大代表征求对重要工作的意见，使人大工作更具民意基础。

督促建议办理工作。区人大常委会主任会议首次听取区城管局、区交通局等13个部门建议办理情况汇报，持续开展专项督查、跟踪督办。对综合性强、办理难度较大的24件建议，由区领导牵头督办，推动乐温大桥开工建设、中医院创建三甲医院、休闲农业与乡村旅游融合等工作，协调长寿湖“湖滨村”管理服务等问题。代表提出的346件议案建议已全部按时办理回复，推动建议办理从“重回复”向“重落实”转变。

2018年11月14日，中共长寿区委召开第五次人大工作会议

【常委会及机关建设】 2018年，长寿区人大常委会政治建设和能力建设，加强政治理论学习，开展区人大党组中心组学习15次；开展兴调研、转作风、促落实“兴转促”调研活动，形成调研报告37篇。工作交流和联系指导配合市人大开展工作评议2项、执法检查4项；加强同外地区县人大工作的学习交流；支持区人大各专门委员会依法开展工作；加强对镇街人大的联系指导，召开镇街人大工作座谈会、现场工作会、学习培训会。统筹抓好机关建设，完成新一届人大工作制度的修订工作；推进机关信息化建设，首次使用电子表决系统，表决通过区人代会的各项决议；启用常委会

电子阅文系统，提高常委会会议效率；开通长寿人大微信公众号，传播人大好声音。加强新闻宣传工作，“长寿人大助推生态文明建设”的报道获市人大新闻奖一等奖；“人大工作纳入党委目标任务考核”“部门工作评议”“代表工作站规范化建设”等做法被市人大作为经验刊发和推广，展示长寿人大工作新形象。　（王志华）

表11　　2018年区人大常委会重要文件目录

文件名称	文号
关于印发《重庆市长寿区宪法宣誓实施办法》的通知	长人办〔2018〕12号
关于印发《重庆市长寿区人民代表大会代表建议批评和意见工作办法》的通知	长人办〔2018〕29号
关于印发《重庆市长寿区人大代表预算审查监督联络员工作办法》的通知	长人办〔2018〕31号
关于印发《重庆市长寿区人民代表大会议事规则》的通知	长人办〔2018〕50号
关于印发《重庆市长寿区人民代表大会常务委员会讨论决定重大事项办法》的通知	长人办〔2018〕76号

（重庆市长寿区人大常委会办公室提供）

2018年1月9日，长寿区人大代表、政协委员参观重庆星宇海特克汽车配件有限公司机器人生产线

重庆市长寿区人民政府

重要会议

【区政府常务会议】 2018年，长寿区政府召开政府常务会议30次（第38次至第67次），进行审议、审定、学习、传达通报535个议题。会议审议重庆市长寿区人民政府工作报告（送审稿）、关于重庆市长寿区2017年国民经济和社会发展执行情况及2018年计划草案的报告（送审稿）、关于重庆市长寿区2017年财政预算执行情况和2018年财政预算草案的报告（送审稿）、关于开展2018年领导干部“社区工作日”活动的通知、关于2018年区级领导公开接待群众工作的通知、关于印发《长寿区交通基础设施建设提升行动（交通行动计划）工作方案》的通知、关于印发《进一步深化文化市场综合执法改革工作方案》的通知、关于加强村（社区）组织运转经费保障工作的方案（送审稿）、关于提请区政府常务会议审议龚小平职务任免的请示、长寿区区管重点国有企业薪酬管理办法（暂行）、重庆市长寿区区属国有企业管理暂行办法、重庆市长寿区区属国有企业投资监督管理暂行办法、关于加强区属国有企业负责人履职待遇、业务支出管理的通知、关于审议《2017年度长寿区工业企业评奖情况》的请示、关于确定2018年重大项目工作任务的请示、长寿区乡村振兴战略实施方案、长寿区精准脱贫攻坚战实施方案、关于2017年度人大代表建议政协提案办理工作考核结果的通报、长寿区2017年执政为民服务发展评议结果及效能建设工作经费分配方案（送审稿）、关于印发《长寿区2018年部分重点工作目标任务分解》的通知（送审稿）、关于2017年度信访稳定工作考核结果的通报、长寿区防范化解社会矛盾风险攻坚行动实施方案、关于长寿区2017年度平安建设暨社会治安综合治理工作防范和处理邪教工作考核结果通报、关于2017年度精神文明建设工作考核结果的通报、关于印发《重庆市长寿区2018年安全生产工作考核办法》的通知、关于提请审议《2018年土地供应计划》的请示、关于提请审议李雪松免职的请示、关于脱贫攻坚工作情况汇报、关于2017年脱贫攻坚工作考核结果的通报、关于印发《长寿区推进供给侧结构性改革2018年重点工作目标任务》的通知、关于给予李俊德等记三等功的决定、长寿区社会稳定风险评估工作实施意见及办法（送审稿）、关于2018年全国“两会”期间维稳安保工作表现突出的单位和个人的通报（送审稿）、关于调整长寿湖旅游提升工程和长寿中科未来城创新产业园等2个PPP项目社会资本综合收益率的请示、关于对2017年度环境保护工作目标任务完成情况给予通报及奖励的请示、关于提请审议《长寿区在职村干部参加基本养老保险缴费补贴暂行办法》的请示、关于提请审议《长寿区离任村干部生活补贴试行办法》的请示、关于举办2018年重庆长寿湖龙舟赛的请示、关于举办长寿区第二届运动会的请示、长寿区坚决打好防范化解重大风险攻坚战实施方案（送审稿）、关于加强和改进新形势下反邪教工作的实施方案及重要任务分解方案（送审稿）、关于建立长寿区贫困人口医疗救助兜底制度（试行）的通知（送审稿）、关于报送《长寿区2018年度农村危房改造工作方案》的请示、关于到区到市进京集访和非接待场所上访人员依法处理和劝返接回规定（试行）（修订稿）、长寿城区供水水源论证报告、关于加快推进旅游发展的实施意见、关于提请区政府常务会议审议程康张灿职务任免的请示、关于印发《长寿区以大数据智能化为引领的创新驱动发展战略行动计划实施方案（2018—2020年）》的通知（送审稿）、关于印发《长寿区明月山禁建区非煤矿山关闭退出工作方案》的通知、关于印发《长寿区明月山禁建区非煤矿山关闭退出整改实施方案》的通知、重庆市长寿区明月山禁建区非煤矿山关闭退出协议（送审稿）、关于举办首届海峡两岸姊妹湖产业协作年会的请示、长寿区称沱村农村“三变”改革试点实施方案（送审稿）、长寿区畜禽养殖区域划分方案（PPT）、关于印发《重庆市长寿区污染防治攻坚战实施方案（2018—2020年）》的通知、关于印发《重庆市长寿区实施生态优先绿色发展行动计划（2018—2020年）》的通知、关于印发《加强镇人民政府服务能力建设实施方案》的通知、关于加强和完善城乡社区治理的实施意见、关于全面支持检察机关提起公益诉讼工作的实施意见、关于印发《重庆市长寿区国土绿化提升行动实施方案（2018—2020年）》的通知、长寿区“五沿”区域农村人居环境整治实施方案、长寿区推进乡村振兴综合试验示范区工作方案、长寿区军队退役人员信访稳定工作方案、关于全面优化营商环境促进民营经济发展的实施意见（送审稿）、《重庆市长寿区2017—2018年度贡献突出民营企业家、民营企业、微型企业、个体工商户和新型农业经营主体推荐建议名单》、关于报批《重庆市长寿区旅游总体规划（2017—2025）》的请示、关于深入推动长江经济带发展加快建设山清水秀美丽之地的贯彻落实意见（送审稿）、关于提请审议《长寿区国民经济和社会发展第十三个五年规划纲要实施情况中期评估报告（送审稿）》的请示、关于提请审议《2018年国民经济和社会发展主要指标调整报告》的请示、关于修订《重庆市长寿区机关和事业单位培训费管理办法》的请示、长寿区首届“农民丰收节”庆祝活动方案（送审稿）、关于提请审定取消一批行政许可等事项的请示、关于给予郑可萍等75名同志记三等功和但晓琴等528名同志嘉奖的决定、关于确定长寿区2018年重大项目调整名单的请示、关于印发《重庆市长寿区军民融合发展战略行动计划实施方案（2018—2020年）（送审稿）》的通知、关于提请审议《重庆市长寿区保障和改善民生行动计划实施方案（2018—2020年）（送审稿）》的请示、关于长寿区农村人居环境整治三年行动实施方案（2018—2020年）有关情况的报告、关于印发《区级党政机关和事业单位所属企业集中统一监管实施方案》的通知、关于进一步加强扶贫对象动态管理工作的通知、关于进一步加强就业扶贫工作的通知、长寿区扶贫小额信贷合作协议、关于启动三洞村征地拆迁的请示、关于印发《长寿区进一步加强信访法治化建设实施意见工作任务分解表》的通知、关于认真做好退役军人服务管理工作的实施方案、长寿区科教兴区和人才强区行动计划（2018—2020年）（送审稿）、关于印发《长寿区贯彻国务院打赢蓝天保卫战三年行动计划实施方案》的通知、关于印发《重庆市长寿区工程建设项目审批制度改革试点实施方案》的通知、关于2018年区级财政预算调整方案的报告、长寿区乡村振兴综合试验示范专项资金管理暂行办法（送审稿）、重庆市长寿区新时代新担当新作为评议细则、关于开展城区文明治丧管理工作的请示、关于印发《重庆市长寿区城市提升行动计划》《重庆市长寿区城市提升行动计划城市规划专项行动方案》《重庆市长寿区城市提升行动计划基础设施建设专项行动方案》《重庆市长寿区城市提升行动计划城市综合管理提升专项行动方案》的通知（送审稿）、关于2018年对口帮扶丰都县工作方案、关于继续鼓励开发农村服务型岗位的通知、重庆市长寿区人民政府工作报告（送审稿）、长寿区2019年经济社会发展重点指标建议方案（送审稿）、2018年国民经济和社会发展计划执行情况及2019年计划草案的报告（送审稿）、关于重庆市长寿区2018年财政预算执行情况和2019年财政预算草案的报告（送审稿）、关于2019年区级领导公开接待群众工作的通知。

会议审定关于报批《长寿区“厕所革命”工作推进方案》的请示、关于出售新市华府二期1.2.3号楼及配套商业用房的请示、关于提请任命区残联第七届执行理事会理事长副理事长的请示、关于提请审定调整取消行政审批等管理事项的请示、长寿区建设国家知识产权试点城市工作方案、关于解决“狮湖锦苑”购房人要求办理产权证信访问题的请示、关于印发《长寿区城镇危房垮塌事故应急预案》的通知、关于工业园区与中科院科技成果转移转化基金合作的请示、关于城乡垃圾收运系统建设有关事宜的请示、关于确定2018—2020年度国有土地上房屋征收项目的请示、关于《长寿区土地整治规划（2016—2020年）》批准实施的请示、关于报送《重庆市长寿区危险化学品道路运输安全综合治理专项实施方案》的请示、关于长寿经开区八颗片区增量配电业务特许经营有关情况的请示、关于开展明月山综合交通新通道研究的请示、关于参股成立智慧旅游合资公司的请示、长寿区人民政府·重庆邮电大学《校地合作协议书》、长寿区人民政府·中国电信股份有限公司重庆分公司《物联网应用示范基地战略合作协议》、关于提请区政府常务会议审定任小平等职务任免的请示、关于区中医院医养中心建设项目的请示、关于区中医院医技大楼建设项目的请示、关于公开出让渡舟组团E分区渡E11—2—02地块国有建设用地使用权的请示、关于提请审定《重庆市长寿区盐业体制改革实施方案》的请示、关于菩提凤城渡舟片区道路综合整治工程（三标段）造价增加相关事宜的请示、关于重庆市三峡库区（长寿区）船舶废弃物接收处置工程变更相关事宜的请示、关于古镇停车场土地租赁有关事宜的请示、关于报批长寿区电力设施及通道规划的请示、关于调整今冬明春非居民用天然气销售价格的请示、关于重庆长寿城中城实业有限公司委托贷款延期的请示、关于设立长寿区专项执行救助基金的请示、关于2017年度贡献突出金融机构的通报、关于印发《重庆市长寿区投资项目在线服务监管平台运行管理暂行办法实施细则》的通知、关于确定重庆升上源环境治理有限公司作为长寿区城镇生活污水厂污泥处理处置项目实施单位的请示、关于印发《重庆市长寿区土壤污染治理与修复规划暨产粮油大区土壤环境保护方案》的通知、关于印发《长寿区第二次污染源普查实施方案》的通知、关于印发《重庆市长寿区空气重污染天气应急预案》的通知、长寿区机关在职人员目标绩效奖和离退休人员健康休养费实施方案（送审稿）、关于报批《长寿区商业设施及专业市场布局规划（2016—2025）》的请示、重庆市长寿区人民政府与交通运输部天津水运工程科学研究院战略合作协议、关于给予重庆市远恒佳教育管理公司基础设施建设资金补助的请示、关于开展长寿区旅游资源普查工作的请示、关于2017年度长寿区创新驱动重要成果的通报（送审稿）、关于2017年度长寿区科技工作考核结果的通报（送审稿）、关于2017年安全生产目标考核结果的通报、关于高速集团在长寿高速公路上跨车行天桥移交事项的请示、关于兑付2017年度金融特殊贡献奖励的请示、关于长寿经开区一般工业区晏家河护坡绿化景观工程设计变更增加费用的请示、关于长寿区公共视频监控建设联网应用项目（“雪亮工程”）相关事宜的请示、关于开展长寿区第三次土地调查的通知、关于2010年增减挂钩结余周转指标安排方案的请示、关于渝宜高速桃花至古佛段沿线带状休闲绿地项目设计变更增加投资事宜的请示、关于长寿区住宅建筑公司关闭前未退休职工医疗保险费补缴事宜的请示、关于申请核定长寿区社会安全事件应急联动指挥系统建设工程等项目运行维护招标现价的请示、关于实施长寿区文化馆图书馆总分馆制建设的请示、关于2017年度统计工作考核结果的通报（送审稿）、关于2017年长寿区安全生产目标考核奖励方案的请示、关于2017年重大项目考核结果及奖励方案的请示、关于征收太平水厂及补偿事宜的请示、关于10千伏及以下的电力线路迁改（第一批）补偿事宜的请示、关于长寿区渡舟专业市场南北中路及横三路与纵次一路互通式立交工程项目招标的请示、关于解决长寿肉联总厂职工安置问题的请示、关于2017年度卫生和计划生育工作考核结果的通报、关于解决晏家征地拆迁定销房遗留问题的请示、关于提请审定袁建军等职务任免的请示、重庆市长寿区开展公立医院薪酬制度改革试点工作的实施方案（送审稿）、关于继续开行定制动车的请示、关于赵家坡及观音桥两养殖区到期收回的请示、关于设立重庆北至涪陵段铁路增建第二线线路（长寿段）安全保护区的通告、重庆市长寿区邻封镇历史文化名镇保护规划、关于重庆冠创实业有限公司使用零星建设用地的批复、关于王茂权邓承英使用零星建设用地的批复、关于举办2018年重庆长寿湖半程马拉松赛的请示、关于举办2018年重庆长寿湖国际铁人三项赛的请示、关于重庆狮子滩供水有限公司自来水价格调整听证有关事宜的请示、关于提请审定《重庆市长寿区政府投资项目管理办理》的请示、重庆市长寿区人民政府关于第三期学前教育行动计划的实施意见和2018—2020年度长寿区加快发展普惠性学前教育工作方案、关于报批长寿区“厕所革命”近期建设规划的请示、关于报批《长寿区晏家组团A10—3/01、A12—2/01、G04—03/02、G04—02—2/02地块控规修改论证报告》的请示、关于公开出让经营性公墓使用国有建设用地使用权的请示、关于开展长寿区 1：1000 正射影像生产的请示、关于 2017 年度国土房管工作考核结果的通报（送审稿）、关于报审长寿区国家级公益林落界成果的请示、关于长寿区妇幼保健院业务用房扩建项目增加总投资的请示、关于与重庆股份转让中心有限责任公司签订战略合作协议的请示、关于向区财政借款的请示、长寿区 2018 年财政预算安排情况、关于报送长寿区实施乡村振兴战略规划（2018—2022 年）重大项目的请示、关于第一第三中心人民法庭优化设计方案减少和控制投资的请示、关于与重庆义渡股权投资基金管理有限公司合作发起设立重庆市长寿乐渡基金的请示、关于审定区管重点国有企业 2017 年薪酬绩效考核结果的请示、关于 2017 年度违法建筑整治工作目标考核结果的通报、关于长寿乐温大桥及引道工程招标的请示、关于成立商品混凝土公司的请示、关于提请区政府常务会议审定赵仕清等职务任免的请示、重庆市长寿区人民政府与聚光科技（杭州）股份有限公司合作协议、重庆市长寿区人民政府北京量子体系科技股份有限公司量子及单光子通信（量子谷）项目合作框架协议、关于乡村振兴长寿慢城生态环境建设一期工程项目勘察设计及施工招标的请示、关于印发《长寿区农村建设用地复垦项目实施方案》的通知、关于重庆润达置业发展有限公司申请终止国有土地使用权出让合同的处置意见、关于开展长寿区“一河一图”和河道名录调查工作的请示、关于长寿区城区部分道路交通设施工程（北城片区）变更相关事宜的请示、重庆市长寿区人民政府安全生产委员会办公室关于开展电动自行车消防安全综合治理工作的通知、关于渝长高速扩能改造长寿段花国东西 110 千伏电力线路迁改补偿事宜的请示、关于 10 千伏及以下的电力线路迁改（第二批）补偿事宜的请示、关于新建司法业务用房的请示、关于报批长寿湖——菩提古镇旅游度假区长寿村组团控制性详细规划的请示、关于印发 2018 年社会信用体系建设工作要点及任务分工的通知、关于进一步落实涉企政策促进实体经济平稳发展的意见、关于印发创新建设农村现代物流体系实施意见的通知、关于确定“三线一单”编制单位和申请“三线一单”工作专项经费的请示、关于确定长寿区首期物业专项维修资金交存标准的请示、关于对在长寿区征召入伍大学生予以专项奖励的请示、关于新市街道部分道路命名审核考察的意见、关于长寿湖镇新建道路命名审核考察的意见、关于组建突出矛盾纠纷应急处置队伍的方案、关于印发重庆市长寿区畜禽养殖废弃物资源化利用实施方案的通知、关于实施乡村振兴行动计划项目用地政策的意见、关于印发长寿区公共区域免费无线局域网建设实施方案的通知、关于签订《渝长扩能高速公路长寿西互通建设协议》的请示、关于提请审定《重庆长江二桥建设管理实施细则》的请示、关于区行政中心安保服务的请示、关于收购天王星公司在长寿区桃花东路 19 号国有建设用地使用权的请示、关于 2018 年新增政府一般债券分配方案的请示、关于提请区政府常务会议审定舒畅免职的请示、关于提请审定美丽泽京小区违法建筑分类处置细化方案和社会稳定风险评估报告的请示、长寿区殡葬领域突出问题专项整治工作方案、关于 2017 年度三峡后续工作考核结果的通报、关于提请审定《2018、2019 年度长寿区长江河道砂石资源开采权拍卖工作方案》的请示、长寿区大型商业综合体消防安全专项整治工作方案、关于扶持建筑业做大做强的实施意见、关于菩提街道新建道路命名审核考察的意见、关于公开出让凤城组团 D 分区凤 D5—1/01 等地块国有建设用地使用权的请示、关于公开出让阳鹤组团 B 分区 3—1/01 菩提组团 B 分区 8—2/03 地块国有建设用地使用权的请示、关于委托中国环境科学院编制《上游来水对长寿湖水库水质影响方案》等两个方案的请示、关于调整普惠性幼儿园生均公用经费财政补助标准的请示、关于 2018 年新增政府专项债券分配方案的请示、关于印发《重庆市长寿区石油天然气长输管道事故应急预案》的通知、关于长寿湖旅游提升工程入财政部 PPP 项目库有关问题的请示、关于城中城招商合作协议有关事宜的请示、首届海峡两岸姊妹湖产业协作年会长寿湖道路景观美化提升及趸船改造项目方案、关于提请区政府常务会议审定程康免职的请示、关于提请审定《长寿区重大项目管理办法（送审稿）》和《长寿区重大项目工作目标考核细则（送审稿）》的请示、关于印发《重庆环都市区产业转型升级示范区建设长寿区实施方案》的通知、关于进一步明确土地房屋征收职责提高依法征收能力的通知、关于印发《长寿区公共租赁住房保障与管理实施办法（试行）》的通知、关于重庆市长寿区红原环保科技发展有限公司修建城市固体废弃物综合处理场工程项目拟以划拨方式供应国有建设用地的批复、关于开展明月山综合交通新通道可行性论证研究工作的请示、关于餐饮趸船江上人家整治方案及资金问题的请示、关于提请审定购买城中城商业广场酒店及配套项目1幢2单元房屋有关事项的请示、关于提请审定购买城中城商业广场酒店及配套项目1幢3单元房屋有关事项的请示、关于审定《重庆市长寿湖风景名胜区自然保护地大检查大整治自查情况报告》的请示、关于提请审定《长寿区城乡垃圾系统建设运营服务协议》的请示、关于重庆市长寿区新市街道（镇）总体规划修编（2018—2025）编制成果报批的请示、关于长寿区新市片区控制性详细规划（工业区）（2018年版）编制成果报批的请示、重庆市长寿区推动战略性新兴产业发展实施方案（2018—2020年）、关于开展自然保护地大检查大整治工作基本情况的报告（含楠木院森林公园检查整治情况的报告、长江重庆段四大家鱼水产种质资源保护区长寿区域保护工作自查报告）、关于废止《重庆市长寿区人民政府办公室关于印发重庆市长寿区知名商标认定和保护办法的通知》的决定、关于调整部门预算定额公用经费标准的请示、长寿区区级预算公开评审办法（送审稿）、关于全面开放养老服务市场提升养老服务质量的实施意见、《新能源汽车销售总部、分时租赁共享平台、充电桩（点）项目建设投资合同》、关于公开出让晏家组团A分区53/01地块国有建设用地使用权的请示、关于公开出让渡舟组团E分区13—3—03地块等8宗国有建设用地使用权的请示、关于公开出让长寿湖镇组团长寿湖旅游度假区分区A12—1—01等地块A2—2—01等地块国有建设用地使用权的请示、关于划拨国有建设用地使用权有关情况的请示、关于2017年度长寿区创新驱动项目奖励的请示、关于寿城水岸定销房公开销售方案的请示、关于将北部新区公共人防工程（一期）项目直接发包给长寿建筑安装有限公司的请示、关于长江长寿段港口码头功能提升及临港产业规划方案编制单位招标的请示、关于终止《重庆恒寿旅游开发有限公司临湖地块出让合同》的请示、关于长寿湖远恒佳学校建设及办学有关问题的请示、关于调整桃花社区和古镇社区管辖范围增设文苑社区和碧桂园社区的审核考察意见、关于审定《长寿区城市、城镇区域环境噪声功能区划分调整方案》的请示、关于确定香江长寿村A6—1/01（原编号C4—1/01）地块商住比例和用地性质的请示、关于公开出让长寿经开区晏家组团G分区07—04/02号地块晏B05—01—5/03地块国有建设用地使用权的请示、关于调整天然气销售价格的请示、关于市政府督查室对长寿区三峡后续项目实施进度专项督查有关情况的汇报、关于印发《城区市容管理主干道名单》的通知、关于提请审定长寿区证明事项清理结果的请示、关于调整城市建设配套费征收标准的通知、关于开展长寿区山水林田湖草生态保护修复项目前期工作的请示、关于长寿区公共租赁服务用房室内装饰工程招标事宜的请示、关于降低重点国有景区门票价格的请示、关于印发《长寿区推进普惠金融发展实施方案（2018—2020）》的通知、关于印发《长寿区推动区属国有企业优化企业资产负债结构方案》的通知、关于解决原公社邮递员乡办邮政人员养老和医疗补助问题的请示、重庆东部汽贸城项目投资补充协议、关于促进商贸民营经济发展的通知、关于长寿区公安局交巡警支队车辆管理所入驻重庆东部汽贸城的请示、关于支持紫耘公司农旅融合项目发展的请示、关于印发《长寿区万顺镇东风村村域建设用地增减挂钩试点实施方案》的通知、关于公开出让新市工业组团C分区5—2/01地块国有建设用地使用权的请示、关于印发《重庆市长寿区2018—2020年农业水价综合改革工作方案》的通知、长寿区开展“大棚房”问题专项清理整治行动方案、关于提请审定江颖等职务任免的请示、关于提请审定长寿区行政许可及便民服务清单的请示、关于报批长寿区八颗组团DE标准分区控制性详细规划的请示、关于公开出让长寿湖镇组团湖33/01地块国有建设用地使用权的请示、关于印发《长寿区提升经济证券化水平行动计划实施方案（2018—2022年）》的通知、关于审定《长寿区桃花河流域水体达标方案（2018—2019年）》的请示、长寿区生活垃圾填埋场运营合作方案、长寿区“自然长寿”区域公用品牌发布会暨“长寿柚”乡村文化旅游节开幕式活动方案（送审稿）、关于化解江敏特殊疑难信访案件的情况汇报、关于设立长寿区科技型企业知识价值信用贷款风险补偿基金的请示、关于印发《重庆市长寿区校车安全管理办法》的通知、关于重庆海洲化学品有限公司实施破产重整给予帮扶的请示、关于公开出让长寿经开区晏 G01—02/02 地块国有建设用地使用权的请示、关于公开出让晏家组团 D 分区晏 D24—401 地块国有建设用地使用权的请示、关于公开出让渡舟街道保丰村等 3 宗乡村振兴项目点状国有建设用地使用权的请示、关于中国石油天然气股份有限公司重庆销售分公司建设重庆中油钢城加油站的请示、关于报送《收购攀钢集团重庆钛业有限公司国有建设用地的方案》的请示、关于印发《长寿区畜禽养殖废弃物资源化利用工作考核办法（试行）》的通知、关于印发《重庆市长寿区区级财政项目资金绩效评价实施办法（试行）》的通知、关于印发《重庆市长寿区贯彻落实中央经济工作决策部署和市委市政府要求重要举措及任务分解方案》的通知、关于提请审定《重庆市长寿区公共投资建设项目审计实施办法（送审稿）》的请示、关于重庆市长寿区建设工程质量监督站检测中心改制有关事项的请示、关于建立企业破产处置工作协调机制的通知（送审稿）、关于调整非居民用天然气销售价格的请示、关于印发《长寿区保障农民工工资支付工作考核办法》的通知、关于公开出让菩提组团 A 分区 A4—3—6/03 地块国有建设用地使用权的请示、关于印发《长江三峡库区长寿流域突发水环境事件应急预案》的通知、关于印发《长寿区企业安全环保标准化建设工作标准》的通知、关于退还重庆合众锂业科技有限公司土地出让保证金的请示、关于报批《长寿区餐厨垃圾收运处置启动方案（送审稿）》的请示、长寿区人民政府与西南大学乡村振兴专项合作协议、陕西海升果业发展股份有限公司重庆市长寿区柑橘建设项目投资协议书、关于开展政银担合作贷款工作的请示、关于与浙江网商银行股份有限公司签署〈县域普惠金融合作协议〉以及〈蚂蚁金服“智慧县域项目”合作框架协议〉的请示、关于原农税助征员（协税员）养老和医疗补助工作实施方案的请示、关于进一步完善临时救助制度的通知、长寿区校园及周边安全隐患整治方案、关于建立残疾儿童康复救助制度的实施意见、关于进一步明确美丽泽京小区违法建筑整治工作相关事宜的通知、关于深入推动长江经济带发展的实施意见、《长寿区人民政府与重庆化医控股（集团）公司、东旭集团有限公司战略合作框架协议》、关于长寿区北城中学旁渡南一路高切坡治理工程变更相关事宜的请示、重庆市长寿区完善集体林权制度实施方案、关于与重庆交通旅游投资集团有限公司退地算账情况的请示、关于缓缴经开印象·凤西苑未出售房屋物业专项维修资金的请示、关于寿城水岸定销房代理销售事宜的请示、关于总承包项目招标确定结算审核单位的请示、关于与重庆积艺家具有限公司签订《固定资产收购协议》的请示、长寿区内陆开放高地建设行动计划（2018—2020）、关于印发《重庆市长寿区城区集中式饮用水源突发环境事件应急预案》的通知、关于邻封镇设立龙溪社区审核考察的意见、关于渝宜高速公路长寿桃花上下道口改造工程补偿有关事宜的请示、关于审批重庆市长寿区水土保持规划（2018—2030 年）的请示、关于长寿区 2018 年度地质灾害隐患点销号的请示、关于签订《共建“智慧安全城市”战略合作协议》的请示。

会议学习习近平总书记重要讲话和全国“两会”精神、全市领导干部大会精神传达提纲、陈敏尔书记在全市旅游发展大会上的讲话、中共重庆市委办公厅重庆市人民政府办公厅关于进一步严肃会风会纪提高会议质量的通知、陈敏尔书记在市委常委会分析上半年经济形势部署下半年经济工作时的讲话、关于全面优化营商环境促进民营经济发展的意见、关于进一步营造企业家健康成长环境弘扬优秀企业家精神更好发挥企业家作用的实施意见、关于做好《正确认识妥善应对中美经贸摩擦》学习材料学习使用工作的通知、印发《关于开展移风易俗文明节俭操办婚丧喜庆事宜的工作方案》的通知、陈敏尔书记在重庆市残疾人联合会第五次代表大会开幕式上的讲话、习近平总书记在中央全面依法治国委员会第一次会议上的讲话、陈敏尔书记在市委理论学习中心组专题学习会上的讲话、习近平总书记在十九届中央政治局第八次集体学习时的讲话、陈敏尔书记在市委理论学习中心组专题学习会上的讲话、陈敏尔书记在市委常委会会议分析当前经济形势研究部署下步经济工作时的讲话、关于印发《关于集中整治形式主义、官僚主义的实施方案》的通知、中共重庆市纪委印发《关于贯彻落实习近平总书记重要讲话精神严肃整治领导干部利用名贵特产类特殊资源谋取私利问题的工作方案》的通知、《重庆市防范化解重大风险攻坚战总指挥部关于切实加强公共交通安全稳定工作的任务分工方案》的通知。

会议通报关于2017年水污染防治工作情况的报告、关于经开区建设工程安全生产工作情况的汇报材料、关于城市园林绿化安全监管情况的汇报材料、关于传达《重庆市生态文明体制改革工作推进制度》主要内容的报告、区政府常务会和区长办公会决定事项进展情况（十）、关于水利工程水利设施安全监管的汇报材料、关于长寿区2017年主要大气污染物总量减排工作情况的报告、关于全市粮食安全行政首长责任制考核工作会议情况汇报、1月9日全市安全生产工作电视电话会议精神传达提纲、关于全市审计机关投资审计工作转型会议精神及长寿区贯彻落实情况的汇报材料、全市人力资源和社会保障工作会议精神传达提纲、关于传达《排污许可管理办法（试行）》主要内容的报告、关于全市地方债务清理核查工作布置会会议精神的汇报材料、关于高速公路交通事故处置及应急处突工作的汇报材料、关于中央政法工作会议和全国扫黑除恶专项斗争会议精神、关于传达全市财税审计及全市财政工作会会议精神的汇报材料、区政府常务会和区长办公会决定事项进展情况（十一）、关于2017年度环境保护宣传教育工作情况的报告、关于全市信访办主任会议精神传达提纲、关于传达2018年全市体育工作会议精神及全区贯彻落实工作措施的汇报材料、关于长寿区房屋建筑和市政基础设施工程安全监管工作的汇报材料、关于开通党风政风监督大数据平台的通知、市委政法工作会议和全市扫黑除恶专项斗争工作会议以及全市防范处理邪教工作会议精神、重庆市长寿区消防安全风险评估报告、关于2018年全市消防工作电视电话会议精神传达的汇报材料、2018年全市国资工作会会议精神传达提纲、关于2018年度环境保护工作初步安排的报告、关于2018年全市领导干部接访下访群众工作暨全国“两会”期间安全稳定工作电视电话会议精神传达提纲、关于寒假期间学生安全教育及安全监管情况的汇报材料、关于2017年环境风险防范及环境执法监管工作情况的报告、关于传达贯彻2018年全市公安局长会议精神情况的报告、关于旅游安全监督管理工作的汇报材料、区政府常务会和区长办公会决定事项进展情况（十二）、关于2018年全市工业和信息化工作会议情况的报告、重庆长寿海事处2018年一季度辖区水上安全监管工作报告、关于2017年环保信访维稳工作情况的报告、关于信访稳定工作情况的汇报材料、2018年全市发展改革和统计工作会议精神汇报提纲、关于森林防火安全监管工作的情况汇报、关于2018年全市教育工作会议精神的汇报提纲、关于桃花溪流域2018年1—3月水质监测情况的报告、关于全市2018年交通工作会议精神传达提纲、关于传达全市2018年商务工作会议精神及长寿区贯彻落实建议情况的报告、关于2018年一季度环境保护工作开展情况的报告、关于传达全国集中式饮用水水源地环境保护专项行动电视电话会议情况的报告、《全国国土绿化、森林防火和防汛抗旱工作电视电话会议精神传达材料》、关于传达2018年全市应急管理工作会议精神及长寿区贯彻落实情况的汇报材料、区政府常务会和区长办公会决定事项进展情况（十三）、关于传达2018年全市文化工作会议精神及长寿区贯彻落实工作措施的汇报材料、关于全区一季度安全生产工作情况的汇报、关于2018年一季度全区道路运输安全监督管理工作情况的报告、关于传达全市汛期地质灾害防治电视电话会议精神及长寿区贯彻落实情况的汇报材料、关于传达全市食品药品监管工作会精神及长寿区贯彻落实情况的汇报材料、关于长寿区服务群众工作信息系统运行情况的汇报材料、关于国家统计局对重庆市三县区统计违法案件约谈情况的通报、关于2018年全市普通高校考试招生工作会议和全国、全市普通高校招生考试安全工作电视电话会议精神的汇报提纲、关于传达财政部2018年地方政府债务管理相关要求的汇报材料、关于传达全市气象局长会议精神暨长寿区气象监测预报预警工作情况的报告、关于市委民族宗教工作领导小组全体会议暨全市民族宗教工作会议精神传达提纲、区政府常务会和区长办公会决定事项进展情况（十四）、关于传达市环境监察办就部分区县国控市控断面水质不达标问题约谈相关单位情况的报告、关于全市维护稳定工作暨领导干部接访下访群众工作电视电话会议精神传达提纲、关于长寿区第二次全国污染源普查工作进展情况的报告、关于长寿区矿山环境保护监督管理情况的报告、关于全国全市普通高等学校毕业生就业创业工作视频会议精神传达提纲、传达市政府第十四次常务会议精神及部署“全区旅游、聚商选资、企业上市扶持等相关工作”、关于传达2018年全市深度贫困乡镇脱贫攻坚现场推进会议精神汇报和脱贫攻坚大排查情况的汇报材料、国务院安委会贯彻落实《地方党政领导干部安全生产责任制规定》电视电话会议精神传达提纲、关于全区2018年环保工作阶段性进展情况的报告、区政府常务会和区长办公会决定事项进展情况（十五）、关于长寿区食品药品安全工作情况的报告、关于传达全市法治政府建设推进电视电话会议精神的汇报材料、关于长寿区贯彻执行《大气污染防治法》有关情况的报告、关于长寿区生猪定点屠宰安全生产监管工作的汇报材料、关于2018年端午假期值班工作汇报材料、中共中央 国务院关于开展扫黑除恶专项斗争的通知、关于传达全国全市禁毒工作电视电话会议精神及长寿区禁毒工作情况的汇报材料、关于2018年上半年扫黑除恶工作汇报材料、关于传达全国殡葬领域突出问题专项整治行动电视电话会议精神汇报材料、关于全市机关事务（公务接待）工作会议精神传达提纲、关于全区城镇燃气经营安全生产监管的报告、关于传达全市乡村文化振兴工作推进会精神及长寿区贯彻落实工作措施的汇报材料、区政府常务会和区长办公会决定事项进展情况（十六）、关于长寿区服务群众工作信息系统运行情况的汇报材料、关于传达全市人民调解暨访调对接工作会议精神及长寿区贯彻落实情况的汇报材料、关于传达全市迎接2018年国务院大督查整改推进会议精神的汇报材料、关于2018年上半年全区国民经济和社会发展计划执行情况的报告、关于全市供销合作社综合改革现场推进会暨“三社”融合发展座谈会议精神传达材料、关于全市防汛抗旱暨河长制工作电视电话会议精神传达提纲 、关于打击固体废物环境违法行为专项行动督办问题整改情况的报告、关于城区基础设施安全运行监管情况的报告、关于全市自然保护地大检查大整治电视电话会议精神的汇报材料、关于全区上半年安全生产工作情况的报告、关于重大体育赛事及公共体育设施安全监管工作的报告、关于2018年上半年化工污染专项整治工作进展情况的报告、关于提请传达市扫黑除恶专项斗争领导小组第二次（扩大）会议暨专项斗争培训电视电话会议主要精神汇报提纲、关于2018年上半年全区公共安全形势工作情况的报告、关于2018年调整退休人员基本养老金工作开展情况的报告、关于全市信访稳定工作电视电话会议精神传达提纲、关于市政府安委会对长寿区安全生产综合督查反馈问题情况的报告、关于液化石油气安全生产管理工作的报告、关于传达全市平安建设工作暨基层社会治理智能化建设现场会议主要精神的汇报材料、区政府常务会和区长办公会决定事项进展情况（十七）、关于全市信访稳定工作电视电话会议精神传达提纲、关于全区养老场所安全监督管理工作的情况报告、关于国务院大督查污染防治攻坚战专项工作进展情况的报告、关于全市重大林业有害生物防控工作电视电话会议的汇报提纲、关于传达全市乡村振兴推进暨产业结构调整现场会议精神传达材料、关于长寿区服务群众工作信息系统运行情况的汇报材料、关于2018年1—8月全区河流水环境质量监测情况的报告、关于开展第四次全国经济普查有关工作情况通报、关于高层建筑消防安全监督管理工作的汇报材料、区政府常务会和区长办公会决定事项进展情况（十八）、关于传达全市防范化解隐形债务管理工作会精神的报告、关于传达《重庆市生态环境损害赔偿制度改革实施方案》主要内容的报告、关于水利工程安全监督管理工作的汇报材料、关于传达全市深入学习贯彻习近平扶贫重要论述打好精准脱贫攻坚战工作推进会会议精神汇报材料、关于传达全市2018年度扶贫对象动态管理培训会和扶贫小额信贷工作会以及“就业扶贫专列”现场会会议精神汇报材料、关于全市事业单位和国有企业车改工作动员及政策培训会议精神的汇报提纲、关于2018年前三季度全区扫黑除恶专项斗争工作的汇报材料、关于全区前三季度安全生产工作情况的汇报材料、关于传达2018年全市打赢蓝天保卫战秋冬季重点区域强化督查启动视频会精神的报告、关于全国森林草原防灭火工作电视电话会议及全市秋冬季森林防火工作电视电话会议精神的汇报材料、关于传达全市禁毒工作电视电话会议精神和全区禁毒工作汇报材料、关于2018年中秋国庆假期值班工作汇报材料、区政府常务会和区长办公会决定事项进展情况（十九）、关于传达全市中小学幼儿园安全工作电视电话会议和全市校园安全隐患大排查工作视频会议精神的汇报材料、关于传达全国非洲猪瘟防控工作电视电话会议精神的汇报材料、关于传达《全市安全稳定工作会议、市政府安委会2018年第四次全体成员单位（扩大）视频会议精神暨全区下阶段安全生产工作计划》的报告、关于城市道路交通安全设施监督管理工作的汇报材料、关于全区前三季度公共安全形势工作情况的汇报材料、区政府常务会和区长办公会决定事项进展情况（二十）、关于传达全市军队退役人员上访群体信访维稳工作会议精神汇报材料、关于传达全国“大棚房”问题专项清理整治行动推进落实视频会议精神的汇报材料、全国全市春节前保障农民工工资支付工作电视电话会议精神传达提纲、关于传达全国和全市冬春农田水利基本建设电视电话会议精神的汇报材料、关于长寿区矿产资源勘查开采以及明月山禁建区矿山关闭安全监管情况的报告、重庆市人民政府第四次全国经济普查领导小组关于贯彻落实陈敏尔书记唐良智市长重要批示精神的通知及长寿区第四次全国经济普查近期工作情况的报告、中共中央办公厅国务院办公厅关于印发《防范和惩治统计造假、弄虚作假督察工作规定》的通知、关于房屋建筑和市政基础设施工程施工安全监管工作的汇报材料、关于近期信访稳定工作情况的汇报材料、关于传达全市乡村振兴试验示范现场推进会议精神的汇报材料、关于传达全市社会组织扶贫暨“互联网+”社会扶贫工作推进会会议精神汇报材料、关于传达全国非洲猪瘟防控工作电视电话会议精神的汇报材料、关于全市教育大会精神汇报提纲、关于全区社会福利和殡葬服务机构安全工作的汇报材料、关于2018年大气污染防治完成情况的报告、区政府常务会和区长办公会决定事项进展情况（二十一）、关于全市双拥工作暨双拥模范城（县）创建工作推进会议精神的报告、关于传达全市城市综合管理工作会议精神暨全区下阶段城市综合管理工作计划的报告、关于2018年调整机关事业单位工作人员基本工资标准和增加机关事业单位离休人员离休费工作情况通报、2019年1月经济工作调度材料、关于传达深入学习浙江“千万工程”经验全面扎实推进农村人居环境整治会议及全市农村人居环境整治专项工作会议精神的汇报材料。

【区长办公会】 2018年，长寿区政府召开区长办公会议4次（第9次至第12次），研究8个议题。会议研究重庆市长寿区人民政府班子2017年述职报告、关于2018年重大建设项目要素保障等有关问题的请示、关于依法收回黄桷湾隧道商城摊位使用权的意见、关于普通干线公路改造新增土地补偿方式的请示、长寿区房地产开发领域矛盾纠纷排查汇总表、长寿城区供水水源论证报告、关于原长寿棉纺厂临时工诉求群体信访问题的报告、关于重庆江都建材有限公司在履行《2018、2019年度重庆市长寿区长江河道砂石资源开采权出让协议》中逾期付款问题的请示。（雷　达）

工作综述

【概况】 2018年，长寿区坚持以习近平新时代中国特色社会主义思想为指导，全面贯彻中共十九大和十九届二中、三中全会精神，按照习近平总书记对重庆提出的“两点”定位、“两地”“两高”目标和营造良好政治生态、做到“四个扎实”要求，打好防范化解重大风险、精准脱贫、污染防治“三大攻坚战”（下同），实施创新驱动发展、乡村振兴、城市提升、军民融合发展、科教兴区和人才强区、内陆高地建设、保障和改善民生、生态优化绿色发展“八项行动计划”（下同），打赢一场止滑促增的保卫战，经济社会发展动力充足、活力迸发。全区地区生产总值597.5亿元，同比2017年增长6.2%；一般公共预算收入35.8亿元，增长1.6%；全社会固定资产投资233.9亿元，增长14.2%；社会消费品零售总额增长3.4%；城乡居民人均可支配收入增长8.9%。

【工业经济提质增效】 2018年，长寿区坚持工业优先、工业立区，规模以上工业总产值实现949.6亿元，比2017年增长14.2%；新增工业利润23.6亿元，居全市前列。稳住龙头强支撑，60户重点工业企业完成产值650亿元，增长24.3%；千信国际、紫光化工等6家企业产值增幅超过50%，11家企业税收突破亿元，巴斯夫实现税收6.3亿元（增长9倍）。做大增量调结构，奕翔树脂、欧中电子特气等投资98亿元的62个项目开工，云天化锂离子电池隔膜等投资26.3亿元的43个项目投产，现代汽配企业放量生产，新材料新能源、装备制造、电子信息产业多点发力、强劲崛起。做优存量增效益，钢铁、化工产业焕发生机，重钢全年实现产值253亿元，增长72.2%，利润17.5亿元；川维实现产值56.7亿元，增长0.5%，利润1.1亿元。78家企业实施技改项目101个，技改投资增长81.6%。狠抓保障强运行，工业供电、供水、供煤、供蒸汽分别增长16.3%、9%、42.3%、7%。黄草峡天然气地下储气库前期工作有序推进。

【农村实施乡村振兴】　2018年，长寿区乡村振兴战略破题起步，抓点带面、先试先行，开启龙河、洪湖2个镇、4个村市级乡村振兴综合试验示范，实现农业总产值68.5亿元，比2017年增长3.8%。以“六大重点项目”为龙头，龙河“长寿慢城”一期加快建设，洪湖橘香悦动村核心景区投运，田园乐温、清迈良园二期完工，邻封田园综合体民宿示范项目加快推进，渔业休闲园区成功实现项目招商。以打造“三品”带动增产提效，实施1533.33公顷柑橘品种高换改造，发布“自然长寿”农产品区域公用品牌，无公害农产品、绿色食品、有机农产品和农产品地理标志“三品一标”总量320个，邻封镇邻封村、龙河镇四坪村获评全国“一村一品”示范村。打好改善农村人居环境第一场硬仗，投入6.5亿元实施“五改”“五治”，整治危旧房2000户、卫生厕所5330户，整治河道7.5千米，开工“四好农村路”620千米，农村生活垃圾、污水处理率分别为94%、64%。加快推进资源变资产、资金变股金、农民变股东“三变”，融供销社、农民专业合作社、信用社“三社”，促增产、增收、增效“三增”，组建75个村级新型农村集体经济组织，136个村摘掉集体经济收入“空壳村”帽子；在市级试验示范村试点组建村级股份合作社4个，村民参股率100%，集体经济年收益将在20万元以上。完成农村承包土地确权颁证5万公顷，区农村产权交易中心规范流转土地经营权1533.33公顷、交易额1.2亿元，居全市前列。全区已培育新型农业经营主体1510个。

【旅游提档升级】　2018年，长寿区加快旅游聚人气、汇文气，全年接待游客人（次）、旅游收入均增长10%。在全市率先完成旅游资源普查，完成旅游总规编制。长寿湖景区优化提质，国家级旅游度假区创建工作有序推进，长寿湖高铁站换乘中心、恒大特色小镇一期、龙鑫欢乐世界即将完工，高铁站至景区旅游专线、东岸环湖路、乐温大桥破土动工，重庆远恒佳学校顺利开学。菩提山景区环山公路竣工通车，三倒拐历史文化街区保护性修缮项目稳步推进，长寿缆车站成为网红景点。邻封镇、万顺镇成功创建市级特色景观旅游名镇。年内举办首届海峡两岸8个姊妹湖产业协作年会，“天赐长寿·人人向往”唱响神州大地、海峡两岸。

【内需支撑有力】　2018年，长寿区牵住重大项目“牛鼻子”，210个重大项目开工91个、完工77个，开工率和完工率分别为85%、89%。发挥工业投资主力军作用，完成投资98.4亿元，增长1.3%，占市场类投资总额的65%。编报三峡后续项目87个，争取补助资金7.7亿元。发展大宗商品消费，千信国际销售额突破200亿元，天旭化工贸易结算中心实现销售额130亿元。发展楼宇经济、总部经济和康养经济，引进北京新发展集团和中健医疗，盘活存量资产6.5万平方米。投入1.2亿元实施协信商圈凤城大厦、桃花商圈世纪广场改造升级，三大百亿级专业市场全面开工。举办大型会展活动26场（次），拉动消费11.5亿元。

【大数据智能化加速发展】　把发展数字经济、智能产业作为转型升级的重要方向，恩瑞半导体、中国电信5G应用示范与物联网基地等项目开工，泓禧科技电子线束、长芯半导体等项目投产。促进传统企业“智能+”转型，智能化技改投资增长86.3%。小康动力年产25万台发动机智能化生产线建成投运，获评市级智能工厂第一名。成元、星宇等企业新增智能机器人1000余台，和信、德洋中车等5家企业智能化车间改造有序推进。博腾制药、金刚化工等3个项目纳入重庆市工业互联网试点示范项目。经开区孵化基地统计信息化平台正式运行。参加首届国际智博会，与7家企业达成意向投资70.9亿元。

【供给侧改革成效显著】　2018年，长寿区逐步出清无效供给，永航钢铁淘汰落后产能后续工作顺利推进。房地产去库存任务完成，市场转暖回温，以市场化途径盘活乐至公司库存房源9万平方米。综合施策降成本，减少企业税负11.6亿元，降低非税负担3亿元，取消行政事业性收费12项，新增直供电企业41家。银行业金融机构存贷款余额分别增长6.6%、12.9%，发放中小企业贷款75亿元，占新增贷款的50%；使用转贷应急周转资金7.1亿元，帮助108家企业缓解资金压力；发放“助保贷”71270万元，设立1亿元风险补偿金开展“政银担”合作贷款。出台支持企业上市扶持政策，新增重庆OTC挂牌企业2家。

【重点改革快速步稳】 2018年，长寿区深化“放管服”改革，发布“马上办、网上办、就近办、一次办”清单，取消审批事项41项，减少证明事项38项。在全市区县中最先完成政务信息共享交换平台与市级联网，网上可办事项80.2%。在全市率先开展工业投资项目行政审批告知承诺制试点，审批时限压缩至20个工作日。深化商事制度改革，推行“三十一证合一”。加快信用体系建设，守信激励、失信惩戒推进。深化财税、国资改革，预算公开评审、绩效评价稳步推行，完成股权划转、闲置资产清理。深化统计制度改革，完成全国第四次经济普查单位清查，全区法人单位数量较上次普查增长60%。节约集约用地工作获国务院66.67公顷（一千亩）土地指标奖励。

【对外开放持续扩大】 2018年，长寿区外向通道拓宽，渝长高速扩能改造项目长寿段进度过半，明月山综合交通新通道研究取得突破性进展，两江新区至长寿快速通道完成设计招投标和勘察招投标，沿江高速长寿支线二期（东南环线）完成可行性研究，长江二桥建设进展顺利。完成长寿港区整合提升规划编制，全市唯一的长江沿岸铁矿石保税仓启动建设。平台支撑增强，加工贸易梯度转移示范园、服务外包示范区提速发展，经开区西药国家外贸转型升级示范基地获商务部考核认定。外贸主体壮大，新注册服务外包企业3家，总数有31家，离岸服务外包执行额1.2亿美元。18家单位参加首届中国国际进口博览会，采购额、投资意向额均超5亿元。

【创新驱动势头强劲】 2018年，长寿区大力培育创新主体，新增高新技术企业12家、科技型企业101家、市级企业技术中心7家，博腾制药、鼎盛印务获评2018年市级优秀创新型企业。支持企业加大研发投入，开展科技型企业知识价值信用贷款试点，全社会R&D10经费比2017年增长32%，占地区生产总值比重2%。全区万人有效发明专利新增6.67件，增长133.9%，居全市前列。加快搭建全要素、低成本、便利化公共创新服务平台，成立长寿经开区创新服务中心，总投资5.4亿元的科创园加快建设；长寿工业园区成功申创市级高新技术产业开发区，中科未来城凤栖科技岛、科技企业孵育基地、科技成果转化展示中心全面开工。

【民营经济做大做强】 2018年，长寿区回应民营企业对营商环境、信贷融资、降本增效的突出关切，出台扶持民营经济发展意见，制定新型政商关系行为规范，细化政商交往正负“两张清单”。开展集中走访精准服务民企活动，走访民营企业500余家（次），协调解决具体问题600余个。实现民营经济增加值365亿元，比2017年增长8%，占地区生产总值比重60%；实现税收33.4亿元，增长11.7%，占全区税收收入57.8%以上。民营经济从业人员占城镇从业人员88%以上，民营高新技术企业占全区企业总数84.2%。

【城市品质优化提升】 2018年，长寿区推进城市提升行动计划，新一轮总规修编大纲通过初审，新增建设用地50平方千米，完成城市水资源论证、滨江区域品质提升等专项规划，智慧城市顶层框架建设接近尾声。完成“多规合一”（即国民经济与社会发展规划、城乡规划、土地利用规划、生态环保规划及各类、各专业、各行业规划衔接统一）成果，科学划定“三区三线”（生态、农业、城镇三类空间及其生态保护红线、永久基本农田控制线和城镇开发边界控制线）。着眼内畅外联，提高城市的通透性和微循环，开工阳鹤组团南北中路、站北片区污水管网等基础设施项目15个。开工建设国省干线12条84千米，长寿火车北站综合交通枢纽完成主体工程。调整公交线路7条，解决中央公园、凤西等4个片区群众出行问题。实施“增绿添园”行动，启动城市空地、边坡、山头绿化美化项目，实施北城大道、渝长高速城区段、桃花溪城区段等景观提升项目，新增城市绿地86万平方米，建成三段石移民广场。改造LED路灯1万余盏，改造棚户区3.7万平方米，新建改造公厕14座，整治存量违法建筑28.7万平方米。深化“马路办公”工作机制，试点街长、路长、巷长、楼长、店长“五长制”工作模式；数字城管系统受理案件3.5万件，办结率99.4%。

【环境质量明显改善】 2018年，长寿区打好污染防治攻坚战，推进PM2.5和臭氧污染攻坚整治，开展经开区刺激性异味专项治理。推进河长制，建立河库警长制，继续治理桃花溪“母亲河”，摸排整治城区排口42处，西岸截污干管、延时曝气等项目全面完工；实施龙溪河、御临河上下游跨境水污染生态补偿，龙溪河流域综合整治纳入国家示范试点，获国务院第五次大督查通报表扬。完成14个街镇污水管网修复，提标升级19座乡镇污水处理厂，实现24小时在线监测全覆盖；畜禽粪污综合利用率80%以上；危险废物、医疗废物规范处置率保持100%。实施自然保护地排查整治和生态修复，启动明月山29家非煤矿山关闭退出工作，完成水土保持生态治理10平方千米。开展国土绿化提升行动，实施营造林3600公顷，森林覆盖率45.7%。

【民生福祉持续增强】　2018年，长寿区坚持精准扶贫精准脱贫方略，完成224户、463人建档立卡贫困户减贫任务；放宽农村服务型岗位政策，公益性岗位安置2445人就业；在全市首创贫困户医疗兜底制度，设立500万元医疗兜底基金，将贫困户区内住院、门诊自费比例降到5%、10%以下；完成贫困户危房改造1702户，实现存量危房“清零”。完善保障农民工工资支付工作机制，劳动争议案件结案率98%、调撤率76%。发放公积金贷款3.8亿元，支持1301户家庭购房；新配租公租房2300套，解决5700余人住房困难。实施社区养老服务“千百工程”，新建3个社区养老服务站，城乡养老保险、医疗保险参保率分别为97.9%、100%。为2.7万余人发放各类救助金1.2亿元。发展普惠性学前教育，新建公办幼儿园4所，学前教育公办率46.2%、普惠率79.9%；投入4000万元，改造薄弱学校36所；资助留守儿童、贫困学生17万人（次）、7032万元，覆盖率分别为93%、100%；重庆会计专科学校正式签约搬迁长寿。缓解群众看病就医负担，分级诊疗格局逐步形成，区内就诊率90%以上，基层医疗机构就诊率55.1%，在全市率先建立集预约诊疗、综合支付等五项功能于一体的区域卫生信息平台；职工医保住院政策范围内报销比例提高到82%，跨省异地就医住院费用实现联网直接结算；四家公立医院的“药占比”下降6.6个百分点，住院患者人均费用下降13.4%；14类基本公共卫生服务项目全面落实。文体事业繁荣发展，区图书馆连续3次获评国家一级馆，建成19个街镇文化馆、图书馆分馆；举办铁人三项赛、半程马拉松赛、全区文艺调演等大型群众文体活动，摔跤、拳击、艺术体操分别获全国专项锦标赛个人第一名，田径获得全市团体锦标赛第一名。“艺教结合”“悦动书吧”“市民群众文体技能1+N”等创新工作成功试点；文化产业增加值9.6亿元，比2017年增长26%。深入开展扫黑除恶专项斗争，侦办黑恶势力团伙4个；实施“渝警行动2018”专项工作，落实“服务学校29条”措施，全区刑事案件、八类案件、侵财案件分别下降9%、18.2%、10.4%。严打非法金融活动，立案查处1件、化解陈案3件，为群众挽回损失348万元。狠抓安全生产“五大责任体系”，国家危化品应急救援重庆基地建成，生产安全事故起数、死亡人数分别下降25.9%、30%，危化企业、规模以上工贸企业安全生产标准化达标率100%。实施食品药品放心工程，国家食品安全示范城市创建工作有序推进。健全社会稳定风险评估机制，开展防范化解社会矛盾风险攻坚行动，矛盾化解率95%以上。

【困难和问题】　2018年，长寿区面临的困难问题主要是：经济总量不够大，产业结构不够优，创新能力不够强；对外开放水平有待提升，外向通道、口岸枢纽等一些影响发展的关键问题尚未解决；城乡区域发展有短板，乡村振兴、城市提升任重道远；能源、资金等要素保障存在制约；社会事业还有弱项；少数干部“庸懒散怠”现象依然存在，行政效能仍需提高。　（何　章）

人事人才工作

【概况】　2018年，重庆市长寿区人力资源和社会保障局（简称区人力社保局）机关和下属单位机构总计9个，编制总数145人，在编职工137人，其中：局机关20人，社保局55人，就业人才服务局27人，劳动保障监察大队10人，军队转业干部服务管理中心4人，劳动人事争议仲裁院12人，人力资源培训考评中心（含技能鉴定所）3人，公共人事服务中心3人，档案信息管理中心3人。

【人才队伍建设】　2018年，区人力社保局围绕全区经济社会发展统筹人才引进、培养、管理和服务工作。强化人才引进力度，完善高层次人才引进、培养和激励政策，兑现2017年度引进和已有高层次人才的安家补助、技术技能提升资助、激励津贴等优惠政策待遇。改善全区人才结构，为区教委、区卫生计生委等部门考核招聘硕士研究生46人，引进高层次专业技术人才126人，招录（招聘）事业单位工作人员393名。

【人才培养】 2018年，区人力社保局坚持横向联合、上下联动，提升培训品牌品质。组织公务员初任培训、事业单位人员初聘网络培训、专业技术人员继续教育公需科目网络培训、保障农民工工资支付工作培训等1.4万余人（次），组织国家职业技能鉴定和专项能力考核96批，鉴定考核认证4387人（次）；依托川维、重钢等大型企业和重庆化工职业技术学院，开展高技能人才培养，组织2018年化工职业技能竞赛，指导开展畜牧兽医技能竞赛，配合开展“长寿工匠”评选等，新增高技能人才3200名。

【人力资源管理】 2018年，长寿区实施专业技术人才知识更新工程，组织600余名新取得高中级职称专业技术人员参加岗前培训。深化职称制度改革，完成区中评委换届调整，增设化工专业评审范围，评审通过工程类、教育类中初级专业技术人员457人，推荐高级职称申报评审374人；办理社会人才职称初定88人、职称确认12人，初级中级职称申报139人，向市职称评审委员会推荐高级职称评审70人。

【专家服务】 2018年，区人力社保局审核推荐长寿区农研中心杨林森为重庆市享受国务院政府特殊津贴人员，已上报人社部待批；组织慰问专技人才、高技能人才、享受国务院特殊津贴专家84人，开展在职正高级专家健康体检60人（次）。加强博士后工作管理，研究项目“特殊用途PVP工艺研发与优化”获得2018年重庆市博士后特别资助二等奖。

【人事服务管理】 加强公务员队伍管理。2018年，长寿区招录公务员31人，办理试用期满转正90人、转任80人、军队转业干部职务确定12人，处级以下机关人员晋升职级72人，警察职务序列改革704人；开展科级以下公务员年度考核2440人，为78名连续3年考核优秀的公务员记三等功，给予532名当年考核优秀的公务员嘉奖，申报“排危避险”专项奖励记三等功7人；承办政府序列干部任免25人并进行宪法宣誓。深化事业单位人事制度改革，指导新设立和变更的24个事业单位完成岗位设置方案；健全岗位动态机制，完成284个事业单位岗位认定及3247名事业单位工作人员岗位聘用备案手续。推进事业单位人事精细化管理，事业单位人事管理信息系统已全面上线运行，完成数字化社会人才人事档案3.2万余份。严格事业单位工作人员考核管理，考核事业单位工作人员1.1万人（含机关工勤人员），防治“吃空饷”问题长效机制不断完善。

【工资福利和退休管理】 2018年，长寿区严格落实机关事业单位工作人员工资政策，办理工资变动审批1.5万人（次），到龄人员退休审批374名，审批一次性抚恤金、丧葬费等待遇208人（次）1611万元；完善推进事业单位绩效工资政策，按时完成全区机关事业单位工作人员基本工资标准调整和增加离休人员离休费工作，全面完成公立医院薪酬制度改革试点任务并在全市推进会上作经验交流。

【事业单位经济审计】 2018年，长寿区组织对20个事业单位的负责人经济责任审计，对违反政策制度的按有关规定处理或责成其纠正。审计金额99666.2万元。其中，违纪违规577万元（未入固定资产156.8万元、违规处置国有资产3.2万元、违规发放各种补贴奖金190万元、挪用专项资金18.1万元、未执行政府采购规定201.6万元、超范围缴存住房公积金1.3万元、职工个人少缴住房公积金6万元），管理不规范341.8万元。

【军转干部管理】 2018年，区人力社保局摸排调研军转干部及其家庭情况，落实军转干部安置政策，接收安置军转干部15人、随调随迁家属2人，实现军转干部、随调家属、接收单位“三满意”。做好企业军转干部解困服务，突出军转干部服务“三项跟进”，跟进看望慰问全覆盖，发放慰问金30余万元；跟进争取救助，发放解困补贴100余万元；跟进回访服务，提供免费健康检查147人（次）。接收市属国有企业存量退休军转干部36人，审核军队转业干部信息600余人；坚持点面、内外、虚实“三结合”，持续做好企业军转群体稳定工作，确保无一人赴市、进京上访。

（雷福中）

聚商选资工作

【概况】　2018年，重庆市长寿区投资促进局（简称区投资促进局）有人员16人，其中正式在编人员13人，聘用人员3人。领导班子设1正3副；内设有综合科、外经外贸科、招商一科、招商二科、招商三科5个科室，在北京、苏州、深圳设有招商办事处。区投资促进局的主要职能职责有2项。

【全区聚商选资】　2018年，长寿区引进项目290个，合同引资730亿元，完成全年目标任务的121.6%。制造业正式合同引资420.1亿元，占地区亿元以上重点工业合同额比重84.6%，列渝西地区第二位、全市第三位。

签约引进一批重、特大项目。主要是：合众锰业投资50亿元建设的电池级碳酸锂、氢氧化锂等项目和重庆锂锰资源绿色利用及新能源材料工程技术研究中心项目、北京量子投资30亿元的量子通信产业园项目、恒大集团投资30亿元的恒大童世界项目、重庆老陈菜农业综合开发有限公司投资30亿元的“渔乐仙谷”渔文化智慧小镇项目、重庆和友碱胺投资29.5亿元的聚碳酸酯项目、重庆云兴网晟投资20亿元的同城双活数据中心项目、重庆市汽车运输集团投资15亿元的重庆东部智慧物流中心项目。

在谈项目量大质优。2018年，在谈项目647个，投资额6000亿元。重点追踪10亿级以上项目有65个，投资总额2800亿元；其中工业板块100亿级以上项目7个，10亿级以上项目16个；农业板块重点项目3个，投资76亿元；商贸物流板块重点项目2个，投资额20亿元；旅游板块项目3个，投资额300亿元；城市建设板块项目1个，投资50亿元。

全区项目储备库2018年有项目59个，总投资额1658.6亿元。2018年更新项目20个，新增投资额450亿元。工业重点策划膜材料、量子通信、天然气储存与发电、新能源汽车、智能制造等战略性新兴产业项目7个、210亿元；乡村振兴重点策划田园综合体、乡村旅游等项目2个、10亿元；商贸物流业策划电商平台和物流贸易项目2个，1.5亿元；旅游业策划水世界项目1个、50亿元。

推进开工项目，集中力量抓落地、抓推进，真正把招商成果转化为发展成果，加快解决项目落地中的土地、规划和审批问题，确保项目“引得进、落得下、建得快”。2018年全区推动新开工项目163个，有效投资229.4亿元。奕翔化工高性能树脂（投资45亿元）、欧中电子特气（投资4.6亿元）等一批重点项目建设有序推进，大禹防水材料（投资3.2亿元）、云天化锂离子电池隔膜（投资2.8亿元）等33个项目建成投产。

【融资平台聚商选资】　2018年，长寿经开区引进新项目65个，合同引资344亿元；长寿工业园区引进新项目50个，合同引资153.2亿元；区旅游发展管理服务中心引进新项目4个，合同引资76亿元；长寿生态旅业公司引进新项目4个，合同引资23亿元；现代农业园区引进新项目3个，合同引资63亿元；区商贸物流管理服务中心引进新项目14个，合同引资30.2亿元；区商务局引进新项目147个，合同引资30.5亿元；其他融资平台引进项目3个，合同引资10亿元。

【驻外机构招商】　2018年，长寿区有驻外招商机构3个（华北办事处、华东办事处、华南办事处）。2018年经驻外办事处第一手获取招商信息并协助园区签约项目6个，合同引资26.7亿元。年内新增在谈项目31个，项目投资总额138亿元；拜访企业220户，请回57户企业到长寿考察，提供有效信息320余条。　　（孔祥波　左其超）

效能建设

【效能建设活动】　2018年，长寿区强化创新，推动全区各级各部门、广大党员干部全面加强效能建设。完成2017年“执政为民服务发展”评议工作，评议结果在区政府网站和长寿日报等新闻媒体上公开。修订《执政为民服务发展评议办法》，出台《重庆市长寿区新时代新担当新作为评议细则》，开展2018年“长寿区新时代新担当新作为”评议工作。严肃效能问责，全年查处违反中央八项规定精神问题39起，给予党纪政务处分21人、组织处理74人；查处群众身边腐败和作风问题195件，给予党纪政务处分58人，组织处理227人，移送司法机关16人。

【执政为民服务发展评议】　2018年，长寿区完成2017年“执政为民服务发展”评议工作，组织9大类人员对92个单位进行评议，发放评议表2653份，收回有效表2502份。修订《执政为民服务发展评议办法》，完成《重庆市长寿区新时代新担当新作为评议细则》制定工作。

（周 一）

行政审批服务

【概况】 重庆市长寿区行政服务中心管理办公室（简称区行政服务中心办公室），属区政府派出机构。内设机构4个（综合科、信息督查科、基层指导科、行政审批改革科）；有参公事业人员编制11名，设主任1名、副主任2名。2018年，区行政服务中心总面积为8650平方米，办事窗口205个，入驻单位32个，入驻工作人员260余人，入驻事项739项；设置综合服务大厅、不动产登记服务大厅、住房公积金服务大厅和税务服务大厅4个办事大厅，配套税务代账、文印、刻章等中介服务。

【行政审批制度改革】 2018年，区行政服务中心办公室着力“放管服”改革中心工作，抓行政审批服务提质增效，营商环境持续改善。全年各入驻部门窗口受理事项815036件，办结796440件，办结率97.72%，其中网上接件149142件，办结149532件（含2017年未办结件）；窗口接件665894件，办结646908件。行政权力清单内行政审批事项接件26679件，办结25755件；其他接件185276件，办结165794件；公共服务事项接件603081件，办结604891件。

落实上级“放管服”改革的精神和要求，贯彻落实全国和市深化“放管服”改革转变政府职能电视电话会议精神，分解重点任务抓好落实。对照国务院、市政府权力下放和取消事项，督促相关单位取消和承接到位，承接上级下放的审批事项125项，对应取消15项行政审批事项，清理规范5项行政审批中介服务和证明材料。配合发改委、工商分局、建委等部门推进承诺制改革试点，“多证合一”的商事制度深化改革和工程建设领域的改革落地。落实审批服务便民化改革要求，公布长寿区行政许可及便民服务清单，加快“四办”（即马上办、网上办、就近办、一次办。下同）“渝快办”等对接落地。

突出建设投资领域改革重点，围绕加快项目落实关键审批环节，持续推进投资领域审批提质。与区发改委等部门试行建设项目行政审批服务告知承诺制事项，全年办理9个项目，其中用地保障承诺书办理时间为1个工作日，建设用地许可办理时间为2个工作日。继续督促各单位落实好经开区首席代表制度，实现园区审批服务事项不出园；2018年，发改委办理项目备案130个，项目立项、可研、概算、节能审查批复等57个；国土部门办件326件（次）；建委接办79家企业109个建设项目各类建设行政审批手续367项，已办结376项（含2017年未办结件）；规划接件270件（次），办结263件（次）。2018年推出重大项目关键环节审批流程“一卡通”项目38个，各审批环节办理时限在法定时限上缩减70%以上，提升审批服务效率。推进建设领域审批制度改革，对建设领域审批服务事项进行全面清理，承接市级部门下放的建设工程档案专项验收等审批权限事项5项，合并建设工程（含临时建设）规划许可证核发等23项审批事项；年底前涉及行政审批事项70个、其他权力事项23个、中介服务事项1个、市政公共服务事项6个；已取消施工合同备案、建筑节能设计审查备案，社会投资房屋建筑工程由建设单位自行决定发包方式；按照审批全流程划分为4个阶段，明确每个阶段的首问负责单位，发改、规划完成并联审批操作流程细则。

创新便民服务方式，着力深化商事制度改革，在“多证合一”之后完善企业工商登记、公安刻章、税务开票等，实行“一站式”服务，“一窗受理”，企业开办时间从20个工作日减少至3个工作日。“二手房交易登记”实行“一号通办”“一窗受理”，即将原国土不动产登记中心与税务分设不同楼层和分开办理调整到一处办理，实行一次取号、提交一套材料、综合办理纳税和登记，等待与办理时间缩短60%以上。清理规范群众办事来回跑多次的问题，公布办事大厅办理事项群众跑路次数，其中“只跑一次”（最多跑一次）事项273项，“一次不跑”（全程网上办）事项192项；开展审批服务业务办理结果快递送达服务，让群众少跑路、不跑路，真正实现只跑1次。取消一批无为证明，清理47项村（社区）证明事项，取消35

项，对保留的12项证明事项整合规范为10项。优质服务不打烊，新开设24小时自助办税服务区，纳税人可以24小时自助实现增值税专票普票领用、代开，完税证明打印等办税服务；2018年12月开通当月，代开领取发票1080份，其中非工作时段代开领取发票135份，占12.5%；领用发票479户、12511份，其中非工作时段领用发票51户、1295份，领取发票量占10.4%；完税凭证领取98份，非工作日通过刷取身份证进行的纳税人124人，便民效果明显。开设特色服务，办事大厅根据单位业务情况，办事特点，开设上门服务、延时服务、预约服务、潮汐服务，方便群众随时办理。改善办事环境，加装无声叫号系统，添置服务区座椅，设置伸缩隔离带等设施设备，办事环境更人性化。

加强"互联网+政务服务"，推动实体大厅与网上大厅融合发展。对长寿区行政许可事项全部进行网上标准化建设，行政许可事项上网率97.56%，位居全市前列。公布990项"四办"清单；其中网上办794项，马上办206，就近办153项，一次办740项，"网上办"审批服务事项比例达到86.9%。按照"一事一码"原则，对全区33个部门626项事项制作二维码，推广行政审批"扫码办事"服务。按时全面完成2004项（其中区级部门406项、街镇1598项）公共服务事项及办事指南的上网上线工作，上线项数居全市区县第一。

三级服务体系同步推进，方便老百姓家门口办事。区行政服务中心办公室与12个区级部门和2个街镇多方对接、反复核实，形成包含75项政务服务事项的《长寿区便民利企镇街政务服务事项清单》。推进三级党政外网覆盖建设，将网审平台向街镇延伸，指导街镇、村居规范建设。督促区社保局、区卫生计生委等涉及群众事项审批服务事项流程优化改革，探索业务下沉和权力下放机制。

【行政服务中心管理】　2018年，区行政服务中心办公室强化督查考评，确保改革举措落地见效。以国务院大督查为契机，严格斗硬执行行政审批标准化各指标体系，重点对办事大厅网上行政审批事项配置、服务指南要素不规范和缺失情况，以及事项流程、服务指南和表单关联进行规范。利用LED屏、查询触摸一体机、易拉宝、海报等方式，开展"扫码办事"服务、"渝快办"、自主选择邮递送达服务线上线下推广工作，开展国务院投诉与建议、国务院大督查、群众办事堵点问题宣传；年内投放LED广告13次，易拉宝、海报145幅，发放宣传手册1.2万册，提升办事群众对政务服务提升的知晓率和参与率。以《国务院办公厅关于十省百家办事大厅暗访督查和改进提升窗口服务水平专题调研情况的通报》作为典型案例，专题会议传达，立学立改，建立台账，做到不改不放过，提升办事大厅服务水平。强化网审平台预警件和办结时限进行督查，全年网审平台预审业务、到期督促提醒30次，处理网审平台超期件71件次，有效提升网审平台按时办结率。强化入驻窗口工作人员目标责任制管理考核和"服务标兵文明之星""红旗窗口""党员示范岗"评比运用，全年考核窗口工作人员2818人（次），评优评先120人（次），增强窗口工作人员服务意识。全年通报12期行政审批运行简报，将行政审批办件、超期、群工系统办件、群众投诉、表扬等情况抄送区四大家，同时进行全面公开，起到督促和推动作用。

【群工系统服务】　2018年，区行政服务中心办公室坚持"一通报、两汇报"制度，建立落实值班监控制度，通过不作为事项通报批评，典型问题事项督办，疑难问题事项会商解决等方式，解决群众反映问题，做到"民有所呼，我有所应"，服务群众工作真正见效。全年印发周报36期，月报12期，通报表扬13次，通报批评7次；群工系统办结群众反映事项14291项，办结率99.02%［其中，村（社区）、街镇办理13716项，党群服务中心办理33项，区群工系统指挥中心办理542项］，满意率98.56%。副区长汤晓强、卓大林分别做客"重庆群工·阳光重庆"广播节目，就长寿区乡村振兴建设及传统产业转型升级作推介，社会反响良好。

（张晓强）

区直机关事务管理

【概况】　重庆市长寿区机关事务管理局（简称区机关事务局），成立于2006年2月，属区政府直属事业单位；2009年12月调整为区政府办公室管理的事业单位；2014年12月调整为区政府直属事业单位。区编委核定参照公务员法管理事业编制

18个，领导职数1正3副，内设机构1室4科（办公室、公务用车管理科、办公用房管理科、公共机构节能管理科、公务接待科）。主要职能职责7项。

【机关事务标准化】 2018年，长寿区成立长寿区机关事务标准化工作领导小组，启动2018年机关事务标准化工作，推进机关事务标准化建设各项工作。把“节约型机关建设”考核内容由“节约能源资源”拓展为“节约能源资源和公务接待、办公用房、公务用车管理”，纳入2018年度全区经济社会发展实绩和党的建设工作考核指标，对部门和街镇进行考核，分值分别为区级部门2分、街镇1分；完成对全区65个区级部门和19个街镇的考核。

【公务用车管理】 2018年，长寿区坚持涉改公务用车“总量不变”的红线，处置公务用车38辆，购置28辆；全面完成全区党政机关公务用车制度改革，保留车辆编制504辆。加强公务用车定点维修定点保险管理，完善公务用车定点维修审批流程，规范公务用车保险项目。健全和完善派车单制度，全区党政机关公务用车派车单制度执行情况良好，派车和使用规范有序；建立公务用车管理工作情况通报专刊，定期将全区党政机关公务用车管理监督检查情况通报各单位，交流学习和警示教育效果良好。启动和推进长寿区事业单位公务用车制度改革，完成全区事业单位389辆公务用车数据摸底汇总；提前研究、协调、解决机构改革涉及公务用车相关问题，确保全区机构改革公务用车保障到位。

【办公用房管理】 2018年，区机关事务局加强办公用房使用规范管理，对区旅游局、区审计局等20余个单位的办公用房管理使用情况进行指导和检查。统筹调剂相关单位办公用房需求和余缺，及时依规处置，避免闲置浪费，全年调剂区委办、区监委、区委党研室等10余个单位办公用房。启用办公用房管理信息系统，对全区党政机关办公用房进行信息化管理。提前研究、协调、解决机构改革涉及办公用房相关问题，确保全区机构改革办公用房保障到位。

【公共机构节能管理】 2018年，长寿区在区级部门率先开展并全面实现生活垃圾分类全覆盖。完成区行政中心、区人民法院、区人民检察院、区国土房管局等16家单位食堂油烟污染治理工作（市下达任务为15家）。推进节约型公共机构示范创建工作，区中医院获评国家级节约型公共机构示范单位。推进新能源汽车充电基础设施建设，在区行政中心、长寿经开区、晏家街道、区中医院等公共区域建成28个快充直流充电桩、10个慢充交流充电桩并投入使用（市下达任务为15个）。以2017年为基数，实现人均能耗下降2.4%，单位建筑面积能耗下降2.1%，人均水资源消费下降3.2%，圆满完成年度各项节能目标任务。

【公务接待】 长寿区贯彻执行中央八项规定精神、《党政机关国内公务接待管理规定》《长寿区党政机关国内公务接待管理实施细则》，坚持接待审批和清单等制度，严格控制接待标准和接待范围，在公务接待中不安排与公务无关的活动，力推经济实惠的长寿土特菜肴。2018年圆满完成308次接待任务，其中部级及其以上43人（次），公务接待次数及费用同比2017年下降。

【后勤工作】 2018年，区机关事务局完善物业管理制度、细化岗位职责，执行周问题报告制度，强化日常环境卫生、设施设备检查和不定期巡查，维修维护响应及时，全年进行2200余次维修维护。落实安保工作责任制，强化责任意识和安全稳定意识；执行到访办事人员询问登记和行政中心外围巡查制度，妥善处置各类非正常上访，全年登记到访人员7500余人（次），合法、有效处置非正常上访2100余人（次）；定期开展消防知识培训及消防演练；全年未发生安全生产事故。全年完成各类会议服务660余次，其中全市乡村振兴领导小组会、区“两会”等重要会议任务100余次；完成党政专用电视会议系统长寿分会场延伸会场科技文化中心的改造和大礼堂地暖建设。规范机关食堂管理，全面梳理重新核定机关食堂就餐人员，年底前启用指纹打卡就餐系统；规范食堂物资采购流程，实行采购与管理分离；落实食品安全生产责任制，全年未发生食品安全事故。

（李唐贤）

法治政府建设工作

【概况】 2018年，长寿区政府法制工作围绕区委区政府工作大局，服务全区新常态，把握推进依法行政、建设法治政府这一主线，抓好《法治政府建设实施方案》各项任务落实。加强法治政府建设督促检查，区政府常务会学习传达全市法治政府建设推进电视电话会议精神，按照各部门职责分工形成《2018年法治政府建设任务台账》，抓突出问题、抓关键环节、抓见行见效，倒排工期，全力推进，将政府各项工作全面纳入法治轨道。

【政府职能依法履行】　2018年，长寿区深化行政审批制度改革。加大简政放权力度，公布337项区级、7项街镇级行政许可事项及相关便民服务方式等，“网上办”审批服务事项比例86.9%。在全市率先探索启动企业投资项目行政审批告知承诺制和市区两级重大项目“一卡通”制度，创新开展经开区首席代表制。深化商事制度改革，推行注册登记便利化，推进“多证合一”和“证照分离”改革。推行智慧监管、审慎监管、柔性监管，创新事中事后监管方式，推进“双随机、一公开”监管改革。加强信用系统建设，完善守信联合激励和失信联合惩戒机制，实现与“信用中国”“信用重庆”的信息共享。简化优化公共服务流程，深化公共服务事项清理规范工作。全面梳理公共服务事项，发布“马上办、网上办、就近办、一次办”清单。

【依法行政制度体系完善】　2018年，长寿区严格执行重大决策和规范性文件法制审查程序，区政府法制办固定列席区政府常务会，明确审查和规范性文件备案流程。全年审查政府规范性文件50件，出具法制审查意见82次，确保规范性文件的合法性、合规性。加强行政规范性文件监督管理，严格执行《重庆市行政规范性文件管理办法》，加强对行政规范性文件制定程序的管理，严格实行制定机关对规范性文件统一登记、统一编号、统一公布的“三统一”制度。

【行政权力规范】　2018年，长寿区执行《重庆市长寿区人民政府重大决策程序实施办法》《重庆市长寿区人民政府工作规则》《长寿区政府重大行政决策程序规定》，把公众参与、专家论证、风险评估、合法性审查、集体讨论决定作为行政决策刚性程序。在重大行政决策过程中，未经合法性审查不得上会讨论。坚持重大行政决策集体讨论决定，广泛听取有关人大代表、政协委员、人民团体、基层组织、社会组织的意见，办理人大代表建议340件、政协提案417件，满意率分别为97.6%、97.1%。加强行政监督和审计监督，完善社会监督和舆论监督机制，全面推进政务公开，完善行政纠错问责机制。

【行政执法监督】　2018年，长寿区理顺行政执法体制。按照“一个部门内只能设置集中、统一的执法机构”原则，以“整合职能、明晰权责、提高效能”为要求，在食品药品安全、工商质检、公共卫生等9大领域进行机构调整和职能整合，提升行政执法效能，稳妥开展部门综合执法。执行行政执法移送刑事司法案件的标准和程序，建立“行政执法与刑事司法衔接信息共享平台”。完善行政执法程序，逐步实行行政执法全过程记录，以案卷评查强化执法监督，年内随机抽选各参评单位已办结的一般程序的行政处罚案卷原件20宗，评查结果在全区进行通报，纳入年度依法行政考核。

【矛盾纠纷化解】　2018年，长寿区构建多元化解工作体系。持续完善人民调解、行政调解、司法调解联动“大调解”工作体系，推进律师参与化解和代理涉法涉诉信访案件，建立由20人组成的律师参与化解和代理涉法涉诉信访案件人才库。执行行政负责人出庭应诉规定，提高行政机关负责人出庭应诉率，全区年内发生诉讼案件222件，开庭审理176件，行政机关负责人出庭应诉86件，一审审结143件，未审结51件，出庭应诉比例48.86%。全年审查行政复议案件50件，申请总数49人，未发生复议后改判的情况，实现案结事了，定纷止争。

（洪　啸）

行政督查

【督查工作基础】　2018年，长寿区学习贯彻市委督查工作领导小组2018年第一次会议精神，印发《近期全区督查工作重点》，涉及“三大攻坚战”“八项行动计划”等34个方面的督查工作。全面完成督查检查考核专项清理，落实《关于进一步统筹规范督查检查考核工作的通知》要求，开展自查；全区梳理汇总2018年督查检查考核事项62项（其中，撤销14项、合并18项、保留38项，撤销合并率51.6%）。推进督查“一张网”信息系统试点，建设政务/党务督查、重大项目、招商引资等9个信息库，覆盖“市政府督查室（市级部门）—区领导—区委督查室、区政府督查室

—区级部门（议事协调机构）—街镇”五级督查网络，构建“一网联通、五级联动、全程追溯”的大督查格局。完成软件开发、测试、初步验收等工作。

【围绕中心督查】 2018年，长寿区组织推动全区经济工作会及政府工作报告涉及重要工作的落实，细化分解为6项共同目标、178项具体目标任务，及时督查督办，督查结果按季度通报。组织推动区政府常务会、区长办公会议定事项及区政府领导批示交办事项的落实，督办事项201项，每月向区政府常务会作书面通报；督办区政府主要领导批示事项76项，不定期向区领导专报进展情况。组织开展政府单项重大决策和重要工作督查，针对重大项目、民生实事、违建整治、污染防治、防汛防地灾等大事要事和难事急事，采取多种形式强力督办，落实时间节点、责任单位和责任人；对进展情况不定期通报；全年组织开展51次综合督查和102次专项督查，督促整改问题329个。完成2018年国务院大督查迎检工作，针对涉及长寿区的7个方面66项具体任务，细化责任分解；完成国务院督查组到经开区座谈，以及到重钢股份调研的接待工作，相关工作得到督查组的肯定；龙溪河流域综合整治获国务院第五次大督查通报表扬。

【建议提案办理】 2018年，长寿区对4件市政协提案（2件主办、2件协办）进行办理任务分解，督促相关单位按时按要求办理、答复、公开，获得市政协委员及主办单位的满意认可；对340件区人大代表建议和417件区政协提案进行网上交办，召开推进会、督办会、培训会、实地督查等，强化承办单位的政治意识、责任意识、质量意识，督促建立办理工作台账，做好答复函的公开，以及承诺事项落实情况二次答复等工作；人大代表建议办理态度满意率98.8%、答复函满意率97.6%，政协提案办理满意率97.1%。

【多措并举督查】 2018年，长寿区强化组织领导，区政府主要领导多次在政府常务会等重要会议上研究部署督查工作，区政府常务副区长具体分管督查；各街镇、各部门的主要负责人负责组织协调督导落实。注重督查联动，区政府督查室主动与区委督查室联手开展重大工作督查，与人大代表调研联手开展督查，与政协委员视察联手开展督查，形成督查合力，提高督查效率。增强督查效果，将督查工作与调研相结合，提出高质量、高层次的建议，为领导再次决策提供参考；将督查与协调相结合，寓协调于督查之中，解决决策落实中出现的掣肘问题；将督查与考核相结合，将督办事项纳入综合目标考核，将考核内容纳入督查范围，确保各项工作有效落实；全年给予17个单位24次黄色督办、1次橙色督办，2个单位通报批评。

（周　一）

表12　**2018年重庆市长寿区人民政府重要文件目录**

文件名称	文号
重庆市长寿区人民政府关于万顺镇新建道路命名的批复	长寿府发〔2018〕1号
重庆市长寿区人民政府关于加强2018年春节期间城区燃放烟花爆竹管理的通告	长寿府发〔2018〕2号
重庆市长寿区人民政府关于孟翱等同志职务任命的通知	长寿府发〔2018〕3号
关于《重庆市长寿区“十三五”节水型社会建设规划》的批复	长寿府发〔2018〕4号
关于印发长寿区地下管线数据动态更新管理办法的通知	长寿府发〔2018〕5号
关于印发长寿区地理国情数据动态更新管理办法的通知	长寿府发〔2018〕6号
关于印发2018年全区安全生产工作要点的通知	长寿府发〔2018〕7号
重庆市长寿区人民政府关于印发长寿区基础设施建设提升战略行动计划（交通行动计划）工作方案的通知	长寿府发〔2018〕8号
关于长寿区土地整治规划（2016—2020年）的批复	长寿府发〔2018〕9号

续表 12

文件名称	文号
关于调整取消一批行政审批等管理事项的决定	长寿府发〔2018〕10 号
重庆市长寿区人民政府关于任小平等职务任免的通知	长寿府发〔2018〕11 号
重庆市长寿区人民政府关于 2017 年安全生产目标考核结果的通报	长寿府发〔2018〕12 号
重庆市长寿区人民政府关于 2017 年度长寿区创新驱动重要成果的通报	长寿府发〔2018〕13 号
重庆市长寿区人民政府关于 2017 年度长寿区科技工作考核结果的通报	长寿府发〔2018〕14 号
关于印发重庆市长寿区盐业体制改革实施方案的通知	长寿府发〔2018〕15 号
关于印发《重庆市长寿区土壤污染治理与修复规划暨产粮油大区土壤环境保护方案》的通知	长寿府发〔2018〕16 号
关于加强区属国有企业负责人履职待遇、业务支出管理的通知	长寿府发〔2018〕17 号
重庆市长寿区人民政府区属国有企业管理暂行办法	长寿府发〔2018〕18 号
重庆市长寿区人民政府区属国有企业投资监督管理暂行办法	长寿府发〔2018〕19 号
重庆市长寿区人民政府关于认真做好 2017 年退役士兵接收安置工作的通知	长寿府发〔2018〕20 号
重庆市长寿区人民政府关于龚小平任职的通知	长寿府发〔2018〕21 号
2017 年度统计工作考核结果的通报	长寿府发〔2018〕22 号
关于 2017 年度重大项目工作考核结果的通报	长寿府发〔2018〕23 号
重庆市长寿区人民政府关于袁建军等职务任免的通知	长寿府发〔2018〕24 号
关于印发《重庆市长寿区促进儿童事业持续健康发展实施方案》的通知	长寿府发〔2018〕25 号
重庆市长寿区人民政府关于印发 2017 年度民主生活会整改方案的通知	长寿府发〔2018〕26 号
关于公布第九批区级文物保护单位的通知	长寿府发〔2018〕27 号
关于大中型水库移民后期扶持规划 2018 年度实施计划的批复	长寿府发〔2018〕28 号
关于同意《长寿区商业设施及专业市场布局规划（2016－2025）》的批复	长寿府发〔2018〕29 号
关于印发重庆市长寿区政府性债务风险应急处置预案的通知	长寿府发〔2018〕30 号
关于聘任区政府督学的通知	长寿府发〔2018〕31 号
关于设立重庆北至涪陵段铁路增建第二线线路（长寿段）安全保护区的通告	长寿府发〔2018〕32 号
关于印发《长寿区 2018 年度地质灾害防治工作方案》的通知	长寿府发〔2018〕33 号
关于 2017 年度国土房管工作考核结果的通报	长寿府发〔2018〕34 号
关于做好第四次全国经济普查工作的通知	长寿府发〔2018〕35 号
关于第三期学前教育行动计划的实施意见	长寿府发〔2018〕36 号
关于成立中科未来城创新产业园理事会的通知	长寿府发〔2018〕42 号
关于 2017 年度三峡后续工作考核结果的通报	长寿府发〔2018〕45 号

续表 12

文件名称	文号
重庆市长寿区人民政府关于舒畅免职的通知	长寿府发〔2018〕46 号
关于指定长寿湖旅游提升工程政府出资人代表的通知	长寿府发〔2018〕47 号
重庆市长寿区人民政府关于程康免职的通知	长寿府发〔2018〕48 号
重庆市长寿区人民政府关于菩提街道新建道路命名的批复	长寿府发〔2018〕49 号
重庆市长寿区人民政府关于扶持建筑业做大做强的实施意见	长寿府发〔2018〕50 号
关于全区乡村振兴战略行动计划项目用地的实施意见	长寿府发〔2018〕51 号
关于区气象局 2018 年度安全生产监督检查计划的批复	长寿府发〔2018〕52 号
关于同意协议转让重庆市长寿公益工程建设管理有限公司股权的批复	长寿府发〔2018〕53 号
关于印发《重庆环都市区产业转型升级示范区建设长寿区实施方案》的通知	长寿府发〔2018〕54 号
关于建立长寿区贫困人口医疗救助兜底制度（试行）的通知	长寿府发〔2018〕55 号
关于公布第七批非物质文化遗产名录和第六批非物质文化遗产代表性传承人的通知	长寿府发〔2018〕56 号
重庆市长寿区人民政府关于调整桃花社区和古镇社区管辖范围增设文苑社区和碧园社区的批复	长寿府发〔2018〕57 号
关于印发重庆市长寿区推动战略性新兴产业发展实施方案（2018－2020 年）的通知	长寿府发〔2018〕58 号
关于《国土绿化提升行动 2018 年度综合实施方案》《退耕还林工程 2018 年度实施方案》《林业重点工程 2018 年度实施方案》的批复	长寿府发〔2018〕59 号
关于取消一批行政许可等事项的决定	长寿府发〔2018〕60 号
关于同意重庆（长寿）中法水务有限公司使用“长寿”字段作为企业名称的批复	长寿府发〔2018〕61 号
关于印发长寿区预决算信息公开实施细则的通知	长寿府发〔2018〕62 号
重庆市长寿区人民政府关于开展退役军人和其他优抚对象信息采集工作的公告	长寿府发〔2018〕63 号
重庆市长寿区人民政府关于江颖等职务任免的通知	长寿府发〔2018〕64 号
关于印发《长寿区国民经济和社会发展第十三个五年规划纲要实施情况中期评估报告》的通知	长寿府发〔2018〕65 号
重庆市长寿区人民政府关于兴建重庆市长寿区灵安生命纪念园的批复	长寿府发〔2018〕66 号
关于《重庆市长寿区 2017 年河道管理范围划界报告》的批复	长寿府发〔2018〕67 号
关于公布长寿区行政许可及便民服务清单的通知	长寿府发〔2018〕68 号
重庆市长寿区人民政府关于寿城水岸定销房公开销售方案的批复	长寿府发〔2018〕69 号
重庆市长寿区人民政府关于调整城市建设配套费征收标准的通知	长寿府发〔2018〕70 号
关于印发《重庆市长寿区工程建设项目审批制度改革试点实施方案》的通知	长寿府发〔2018〕72 号

续表 12

文件名称	文号
关于印发《重庆市长寿区公共投资建设项目审计实施办法》的通知	长寿府发〔2018〕73 号
关于建立企业破产处置工作协调机制的通知	长寿府发〔2018〕74 号
关于撤销区农村投资有限公司的批复	长寿府发〔2018〕75 号
关于《重庆市长寿区旅游总体规划（2017—2025 年）》的批复	长寿府发〔2018〕76 号
关于重庆市长寿区水土保持规划（2018—2030 年）的批复	长寿府发〔2018〕77 号
重庆市长寿区人民政府关于建立残疾儿童康复救助制度的实施意见	长寿府发〔2018〕78 号
关于深入推动长江经济带发展的实施意见	长寿府发〔2018〕79 号
关于长寿区 2018 年度第二批大中型水库移民后期扶持市级结余资金规划项目实施计划的批复	长寿府发〔2018〕80 号
关于《重庆市长寿区国土绿化提升行动规划 2018—2020 年》的批复	长寿府发〔2018〕81 号
关于委托代管重庆长寿高新技术产业开发区部分区域及有关城市规划区、拓展区的通知	长寿府发〔2018〕83 号

（重庆市长寿区人民政府办公室提供）

2018 年 9 月 14 日，海峡两岸八个姊妹湖所在地代表在长寿湖景区举办姊妹园开园仪式

政协重庆市长寿区委员会

政协全体委员会议

【区政协十五届二次全体委员会议】 2018年1月10日，中国人民政治协商会议重庆市长寿区第十五届委员会第二次会议在区科技文化中心开幕。

大会应到委员284名，实到委员268名，到会率94.4%。应邀参加大会的有区委常委，区人大常委会主任、副主任，区政府副区长，经开区副主任，区人民法院院长，区人民检察院检察长，区人武部政委，区公安局政委，以及其他区领导。邀请离、退休的区政协历届主席、副主席、秘书长，在长寿市政协委员，区属部门单位、经开区内设机构、部分在长寿市属部门、部分事业单位、部分企业班子成员中无政协委员的单位负责人，区委统战部相关负责人，区政协机关各委室负责人列席会议。19名市民代表应邀旁听大会。

区政协副主席付恺主持大会开幕式。区政协主席张华代表十五届区政协常委会向大会作工作报告。报告从“提高政治站位，把握方向原则，加强统筹谋划，政治基础、思想基础和工作基础进一步夯实；围绕中心服务大局，认真履行政治协商、民主监督、参政议政职能，履职实效和工作质量进一步提升；坚决落实管党治党新要求，推动全面从严治党新实践，不断夯实政协履职基础，服务保障能力进一步提升”三个方面对2017年工作进行全面客观总结，对2018年政协工作作出安排部署。

区政协副主席邓有国受十五届区政协常委会委托，向大会报告区政协2017年提案工作情况。总结2017年区政协提案工作的主要做法及成效，明确2018年提案工作思路及建议。

会议期间，与会人员列席区人大十八届二次会议，听取区政府工作报告；分组讨论区政协常委会工作报告、提案工作情况报告，区政府工作报告及计划、财政报告，人民法院、人民检察院工作报告。会议对以上报告表示赞同。会议肯定2017年区政协的工作，研究部署2018年的工作。

（杨　娟）

政协常务委员会议

【区政协十五届六次常务委员会议】 2018年1月11日，区政协召开十五届六次常委会议。听取关于委员分组讨论情况的汇报，协商讨论关于区政协常委会工作报告的决议（草案）和关于区政协十五届二次会议的决议（草案）。

【区政协十五届七次常务委员会议】 2018年1月12日，区政协召开十五届七次常委会议。听取关于委员分组讨论情况的汇报，审议通过关于区政协十五届二次会议提案审查情况的报告，审议通过关于区政协常委会工作报告的决议（草案）和关于区政协十五届二次会议的决议（草案）。

【区政协十五届八次常务委员会议】 2018年3月29日，区政协召开十五届八次常委会议。传达学习习近平总书记在参加十三届全国人大一次会议重庆代表团审议时的重要讲话精神和在看望参加政协会议的民盟致公党无党派人士侨联界委员时的重要讲话精神，传达学习2018年全国“两会”精神，听取长寿区生态保护红线划定工作情况通报，协商审定《区政协2018年工作要点》。

【区政协十五届九次常务委员会议】 2018年7月12日，区政协召开十五届九次常委会议。专题学习《中华人民共和国宪法》修正案、《政协章程》修正案，专题协商全区上半年经济社会发展情况，审议通过《关于长寿建设山清水秀美丽之地情况的调研报告》。

【区政协十五届十次常务委员会议】 2018年

9月25日，区政协召开十五届十次常委会议。专题学习《中共中央办公厅〈关于加强新时代人民政协党的建设工作的若干意见〉的通知》，听取关于区政协2018年提案办理情况的通报、长寿工业园区转型升级工作推进情况的通报、《关于推动城市基础设施提档升级的专题调研报告》起草情况说明，听取关于民主评议区农委、区商务局、区人社局的评议报告起草情况说明，听取十五届区政协委员调整情况说明，宣读区政协《关于2018年理论研讨优秀论文的通报》并颁奖。

【区政协十五届十一次常务委员会议】 2018年12月6日，区政协召开十五届十一次常委会议。听取区政府关于2018年全区经济社会发展通报，听取区人民法院、区人民检察院2018年工作情况通报，听取全区财政、税务工作情况通报，审议通过关于十五届区政协委员调整的方案，听取区政协十五届三次会议筹备情况通报，审议通过关于召开区政协十五届三次会议的决定以及区政协十五届三次会议的有关事项等。会议决定区政协十五届委员会三次会议于2019年1月7至10日召开。

（杨　娟）

重要工作与活动

【理论学习】 2018年，区政协落实“两个坚决维护”重大政治责任。全年召开14次党组会议、11次主席会议、4次常委会议、18次中心组学习会，学习习近平新时代中国特色社会主义思想，学习全国“两会”精神，重点是习近平总书记参加重庆代表团审议时的重要讲话精神。进一步树牢“四个意识”，坚定“四个自信”，兑现市委“三个确保”政治承诺。始终将坚决维护习近平总书记在全党和党中央的核心地位、坚决维护中共中央权威和集中统一领导作为最大政治责任，严守政治纪律和政治规矩，全面彻底干净肃清孙政才恶劣影响和薄熙来、王立军流毒，确保政协事业沿着习近平总书记指引的正确方向前进。

深入开展习近平总书记关于加强和改进人民政协工作的重要思想学习研讨。贯彻落实市政协部署要求，推进习近平总书记关于加强和改进人民政协工作的重要思想学习研讨工作。组织参加全市政协系统学习研讨活动，征集理论研讨文章45篇，评出一等奖3篇，二等奖5篇，三等奖8篇；编撰习近平总书记关于加强和改进人民政协工作的重要思想理论研究专辑，《关于切实把提质增效贯穿人民政协履职全过程和各方面的思考》《科学营造协商民主良好政治生态环境》2篇论文分获全市一、二等奖。

学习贯彻市委、区委政协工作会议精神。市委、区委相继召开第五次政协工作会议，就加强和改进新时代人民政协工作作出部署。区委出台《关于加强和改进新时代人民政协工作的意见》，提出7个方面、21条政策举措。区政协在第一时间召开贯彻落实部署会，提出在学深悟透上使劲、在贯彻落实上发力、在履职活动中见效、在提质增效上出彩等4个方面具体要求。

学习贯彻新修订的政协章程。全国政协十三届一次会议通过政协章程修正案后，区政协高度重视政协章程的学习贯彻，及时发出通知就学习贯彻工作作出安排。坚持领导带头，先学一步，学深一层，区政协党组、主席会议分别进行政协章程专题学习。举办全区政协系统学习培训班，邀请专家对政协章程进行辅导解读。

【团结协作】 2018年，区政协系统协同联动更加深入。支持住长寿市政协委员积极向市政协提交提案、反映社情民意、提出工作建议，营造有利于长寿发展的良好环境，16件委员提案纳入市政府及相关市级部门决策，推动明月山综合交通新通道勘察工作全面展开。做好市政协领导到长寿调研视察、开展主席接待日、接访群众等工作的服务保障，参加市政协东部片区会、区县政协主席研讨班和区县政协工作经验交流会，参与市政协组织的重点调研，就高标准农田建设调研成果作交流发言。全年规范接待全国各地政协到长寿视察调研、考察学习26起、350余人（次），为提高长寿知名度、美誉度发挥积极作用。组织街镇联络组委员赴洪湖、万顺视察乡村振兴战略实施情况，就农旅融合、传统村落保护、传承乡土文化等提出视察建议。

区政协与党派团体合作共事更加紧密。健全落实区政协党组、主席会议成员联系各民主党派、工商联、无党派人士制度，定期走访党派界别和委员，就政协共同性事务开展协商。邀请政协兼职副秘书长列席主席会议、常委会议。举办各界人士迎春座谈会，深化团结联谊，凝聚发展共识。优先安排大会发言、联合开展调研、督办重点提案等，为党派团体参政议政、发表意见创造条件、提供便利。2018 年，党派团体以集体或个人名义提交的 28 篇大会发言、278 件提案、186 篇社情民意，得到充分反映和及时办理，党派团体在政协舞台上展现出履职尽责的良好形象。

区政协界别活动开展更加丰富。突出界别优势，增强界别活力，发挥界别作用，调动各界别参政议政积极性。中共界别围绕人事人才、社区治理、传统文化教育等提交提案和社情民意；民革界别开展法治宣传、送医下乡、送教下乡、博爱牵手活动；民进界别开展“教育扶贫，智力支教”活动，“春蕾行动”“微公益”活动；农工党界别开展推进文旅融合打造中华长寿文化名城、加大农村环境基础设施建设助力乡村振兴等课题调研；九三学社界别持续推进“九地合作”，开展保护开发乡村文脉推动美丽乡村建设、长寿旅游气候资源评价及开发应用等课题调研；无党派界别围绕沿江产业发展、临港经济、农贸市场建设布局等开展走访调研；工商联界别开展走访民营企业活动，针对全区民营经济发展面临的突出问题建言献策；工会、妇联、共青团、侨联等界别也都开展内容丰富、形式多样的助推经济发展、民生改善、社会和谐的社会活动。

区政协联系服务群众更加密切。发挥人民政协在助推脱贫攻坚中的优势作用，引导全区政协系统投身精准扶贫，为贫困村组、贫困群众脱贫增收献计出力。政协主席会议成员、机关干部落实帮扶

2018 年 8 月 10 日，长寿区政协民主评议区商务局工作

责任人工作制度，定期回访帮扶对象，宣传落实政策，了解脱贫情况，解决具体问题，巩固脱贫成果。开展集中走访精准服务民营企业活动，走访企业 43 家，召开座谈会，梳理反映企业融资贵、用工难等问题 15 个。参与渡舟街道新道路村后进基层党组织整顿，从村级组织建设、基础设施改善、乡村产业发展等方面给予帮扶。主席班子成员深入长生桥、育才路、梅村和齐心等社区开展“社区工作日”活动，协调解决办公楼老化、噪声扰民、出行不便、环境脏乱差等问题，密切党群干群关系，助推文明长寿建设。

【协商民主】 2018 年，区政协围绕中心工作开展协商建言。持续深化全体会议总体协商、常委会议专题协商、主席会议每月协商、提案办理全程协商“四位一体”协商格局。针对 2018 年上半年全区经济领域出现的苗头性、倾向性问题，及时召开政协常委会议，聚焦全区经济运行情况开展专题议政性协商，常委们针对止滑稳增压力大、结构调整任务重、要素保障困难多、同质化竞争加剧、高质量发展动力不足等问题，提出加大创新促进产业转型升级、突出优势抢占发展先机、抓住重点止滑稳增、深化改革培育新动能、破除瓶颈增添新活力等 7 个方面的意见建议。围绕公租房保障实施办法、小学提供课后服务、长寿电视台建设国家一级台、全区司法行政工作等专题在主席会议每月协商，形成有价值的协商意见 80 余条。区政协十五届二次会议立案的 441 件提案，面商率首次达到 89.6%，按期回复率首次实现 100%，当年落实率达到 66.5%，有 28 件重点提案得到区委、区政府、区政协领导的重视和领衔督办。开展重要人事任免事项协商 2 批（次）。

围绕发展重点实施民主监督。区政协将乡村振兴战略实施情况作为重点监督性视察课题，组织常委深入洪湖镇、龙河镇等地实地视察，召开相关部门和蹲点工作组座谈会，深度了解全区乡村振兴战略实施情况，针对乡村振兴行动中农民主体作用发挥不到位、农村集体经济实力薄弱、相关政策不配套、试验示范效应不明显等问题，常委们从提高思想认识、发挥农民主体作用、壮大农村集体经济实力、优化重大项目设计、增强试验示范效应等方面提出建议，得到相关部门的重视采纳。发挥政协民主评议监督层次高、影响大、效果好的优势，组织

政协常委集中2个月时间，分3个评议小组分别对区人社局、区商务局、区农委工作开展民主评议。区委、区政府主要领导和分管领导对3个评议报告作出批示，3个部门分别制订整改方案认真落实，评议取得良好的监督效果。继续用好监督性通报平台，听取全区财政、税务、国土房管、区志（党史）、信访维稳、残疾人精准康复等工作情况的通报，拓宽知情明政渠道，帮助部门改进工作。

围绕改革难题组织专题视察。区政协把重大项目建设推进情况作为年度重点视察课题，组织委员实地视察中科未来城创新产业园、渝长高速扩能工程、北城医院、成元汽车配套等建设项目，召开视察座谈会，提出增强信心决心、加强组织调度、强化督查问责、注重统筹谋划等意见建议。人民法院执行难问题，社会关注、委员关心，区政协组织主席会议成员和部分政协委员对区人民法院“利用两到三年时间基本解决执行难”工作情况开展专题视察，提出推进执行工作协同化、信息化、规范化和营造良好执行环境等工作建议。围绕群团改革后的共青团工作、农村“三变”改革等10余项课题开展专题视察，相关建议意见得到部门的采纳落实。

2018年11月8日，长寿区政协组织委员视察创业就业工作

区政协围绕民生热点反映社情民意。全年收集社情民意信息328篇，编印《社情民意专报》128期，全国政协刊用1篇，市政协刊用10篇，区领导批示转送56篇，长寿区社情民意信息工作跻身全市区县前7位，取得历年最好成绩。其中，《对完善行政“平级复议”的建议》反映的相关问题引起国家层面重视，《关于加强长江沿线危化品码头监管的建议》《关于进一步加快区县政务信息资源整合共享的建议》《关于重庆市主城片区火车站以地名命名的建议》等信息得到市委、市政府领导的重视批示，相关市级部门纳入决策参考。

【履职实践】　2018年，区政协围绕“山水自然美”献良策。聚焦山水之城、美丽之地如何提升“颜值”、增亮“底色”，区政协常委会专题听取全区生态保护红线划定情况通报，从落实主体责任、健全考评体系、强化红线管控、规范资金补偿等方面提出建议。区政协主席会议把农村生活垃圾治理情况纳入协商议题，针对全区农村生活垃圾治理资源整合不系统、治理体系不兼容、运维管理机制不完善、宣教力度不够大等问题，提出强化工作统筹、规范制度机制、改进宣教方式、加强工作保障等建议。全区政协委员对人民赖以生存的生态环境建设倾注热情，通过大会发言、社情民意、提案等方式，就推进园区污染防治、河库长效治理、海绵城市建设、垃圾分类处置等出谋划策、献计出力。

区政协围绕“人文精神美”增动力。委员们围绕推动文化有机融入城市美丽山水，就推进生态文化建设、生态文明法治和长寿文化保护传承等情况开展调研视察，从加强宣传教育、增强守法意识、推进传承创新、提升治理能力、加大综合保障等方面提出建议。针对长寿区文体阵地建设存在历史欠账较多、城乡差距较大、不能满足群众需要、管理水平有待提高等方面的问题，有关专委会和职能部门就提升全区公共文体阵地建设及开放水平开展对口协商，从加大综合投入力度、提高规划建设标准、深入挖掘长寿文化内涵等方面提出建议。发挥政协文史在助力长寿人文建设方面的作用，编印《长寿历史文脉》系列丛书之《长寿溯源》。区政协通过举办纪念改革开放四十周年书画摄影作品展、“多彩邻封”书画摄影作品展、“春风沐菩提”书画创作等活动，反映长寿风土人情，展现长寿人文精神，讴歌改革开放伟大成就。

区政协围绕“城乡特色美”建箴言。委员们聚焦滨江路区域品质提升、城市供水水资源保障、“两违”整治、农村人居环境改善、老旧住宅增设电梯等提出意见。区政协纳入常委视察课题予以重点安排并认真实施，形成监督性视察报告，区委、区政府主要领导相继作出批示，要求相关部门抓好突出问题整改落实。区政协把推动长寿区城市基础设施提档升级作为全年重点调研课题，加强组织领导，组建工作专班，先后走访调研10个部门、7个街镇，召开各类座谈会8次，针对城市路网、管网、市政配套设施等方面存在的问题，着重从提升基础设施“规建管”水平、完善交通路网体系、推进老旧管网扩容改造、加快市政设施建设进度、完善配套服务设施体系等五个方面提出16条建议。

区政协围绕“产业素质美”谋实招。区政协常委会、主席会专题听取经开区科技创新园建设、中科未来城建设、专业市场群建设等情况通报，从加快现代产业体系建设、提高产业创新发展能力、优化产业空间布局、增加产品有效供给、推动信息化与工业化深度融合、融入全国全球产业链等方面提出建议，区委、区政府主要领导均给予肯定，要求有关职能部门、国有平台公司和开发园区抓好落实；区政协有关专委会、界别还就实施高新技术引领发展战略、提升旅游产业核心竞争力、推进供给侧结构性改革、加大科技创新力度、落实军民融合发展战略、推动现代农业发展等课题，组织委员开展调研视察和座谈协商，为建设现代经济体系献智献策。

2018年8月29日，长寿区政协专题视察科技创新工作

【自身建设】 2018年，区政协系统党的建设全面加强。首次召开长寿政协党建工作座谈会，区委印发《关于加强新时代人民政协党的建设工作的实施意见》。健全区政协党组织设置，构建“政协党组—机关党组—机关党委”组织体系，建立全体会议期间和重要视察考察调研、集中学习培训、团组出访等活动中设立临时党组织制度，实现党的组织对党员委员全覆盖、党的工作对政协委员全覆盖。完善政协党组工作规则、党组中心组学习、民主生活会和党建工作责任清单等制度，召开党组民主生活会和支部组织生活会，重点在“十破十立”上下功夫，自觉当好政治生态“护林员”。严格落实全面从严治党新要求，落实党风廉政建设责任制，支持派驻纪检监察组开展工作，查处机关退休人员违纪案件1起。

区政协把改进调查研究作为提升履职能力的“龙头”工作。开展兴调研转作风促落实行动，统筹安排全年调研活动，健全主席会议成员牵头重点调研制度，提升政协建言立论的专业性和“含金量”。全年筛选建设山清水秀美丽长寿、实施乡村振兴战略、城市基础设施提档升级、商贸流通专业市场建设发展等开展调研，形成8份高质量调研报告。把建设山清水秀美丽长寿作为年度重点调研课题，组建4个调研组，分别围绕山清、水秀、宜居、人文4个板块开展深度调研，召开调研座谈会13次，赴区外学习考察2次，走访区内部门街镇和项目现场24个，收集整理资料近百万字。调研报告从坚持科学规划、抓好污染防治、完善支撑体系、注重人文建设等四个方面提出13条意见建议。区政协主席会成员分别牵头完成2户贫困户解剖麻雀式调研，形成一批有情况、有分析、有对策的调研成果。

规范政协委员队伍管理。制定委员履职档案实施办法，健全委员履职考核激励机制，促进委员履职尽责、担当有为。加强政协常委培训管理，组织政协常委4次听取部门工作情况通报，分2批次赴延安梁家河干部管理学院学习，建立政协常委年度履职记实制度、履职情况汇报制度。抓好委员学习培训，把习近平新时代中国特色社会主义思想、习近平总书记关于加强和改进人民政协工作的重要思想、宪法修正案和政协章程修正案作为委员培训的重点内容，采取多种方式，持续提升委员“四个能力”。做好届中委员增补工作，严格人选标准和条件，增补15名委员充实委员队伍。从严从实加强委员队伍纪律作风建设，责令2名委员辞去委员资格。

加强政协机关建设。修订完善11项履行职能和内部管理制度，建立年计划、季调度、月安排工作运行机制。改进新闻宣传工作，创办《长寿政协》季刊。加强与新闻媒体合作，《“五朵金花”里的政协秘方》《“小提案”激活智能化求职“大需求”》等78篇反映长寿政协工作的新闻稿件，在市级以上媒体重要版面刊发，《人民政协报》《中国政协》杂志等国家级媒体刊发稿件20余篇，政协新闻宣传工作实现历史性跨越。持续深化作风建设，防范和纠正文章照抄搬、文件层层转、工作踢皮球等“四风”新表现。落实新时期好干部标准，建设高素质政协机关干部队伍，全年有19人（次）获市政协和区委、区政府通报表扬。

（杨　娟）

表13　**2018年政协重庆市长寿区委员会重要文件目录**

文件名称	文号
关于政协重庆市长寿区第十五届委员会第二次会议情况的报告	长协党组文〔2018〕1号
关于长寿区政协2018年协商计划的请示	长协党组文〔2018〕2号
关于专题视察长寿日报社全媒体发展情况的报告	长协党组文〔2018〕3号
关于长寿区高标准农田建设情况的专题视察报告	长协党组文〔2018〕4号
关于专题视察群团改革后的共青团工作情况的报告	长协党组文〔2018〕5号
关于专题视察区人民法院“两到三年基本解决执行难”工作情况的报告	长协党组文〔2018〕6号
关于报送《长寿建设山清水秀美丽之地的调研报告》的报告	长协党组文〔2018〕7号
关于组织区政协常委监督性视察街镇污水管网整改和污水处理厂运行情况的报告	长协党组文〔2018〕8号
关于开展“深入推动长江经济带发展、加快建设山清水秀美丽之地委员履职尽责实践活动”的请示	长协党组文〔2018〕9号
关于协商全区2018年上半年经济社会发展情况的报告	长协党组文〔2018〕10号
关于报送《推动我区城市基础设施提档升级的调研报告》的报告	长协党组文〔2018〕11号
关于民主评议区人力社保局工作情况的报告	长协党组文〔2018〕12号
关于民主评议区商务局工作情况的报告	长协党组文〔2018〕13号
关于民主评议区农委工作情况的报告	长协党组文〔2018〕14号
关于监督性视察长寿区乡村振兴战略实施情况的报告	长协党组文〔2018〕15号
关于召开长寿区政协系统党的建设工作座谈会暨贯彻落实区委第五次政协工作会议精神部署会的请示	长协党组文〔2018〕16号
关于召开政协重庆市长寿区第十五届委员会第三次会议的请示	长协党组文〔2018〕17号
关于全面从严治党主体责任履行情况的报告	长协党组文〔2018〕18号
关于设立区政协十五届三次会议临时党组织的请示	长协党组文〔2018〕19号

（政协重庆市长寿区委员会办公室提供）

中共重庆市长寿区纪律检查委员会（区监察委员会）

重要会议

【区深化国家监察体制改革人员转隶干部大会】 2018年1月4日，长寿区召开深化国家监察体制改革人员转隶干部大会。区委书记赵世庆出席会议并讲话。区委常委、区纪委书记谭伟主持会议。区委常委、区委组织部部长胡建川，区人民检察院检察长梁经顺出席会议。区编办主任、区委巡察组组长、区纪委全体机关干部、区人民检察院全体转隶人员、各街镇纪（工）委书记、区纪委各派驻（出）机构负责人92人参加会议。

会议宣读区编委《关于同意区纪委区监委主要职责内设机构和人员编制的批复》和区纪委监委人员安排方案。转隶人员代表在会上发言，与会区领导向转隶人员代表赠送纪检监察业务书籍。

会议指出，深化国家监察体制改革，是一项事关全局的重大政治体制改革。人员转隶干部大会的召开，标志着长寿区国家监察体制改革试点工作迈出关键一步。

【区纪委监委第一次干部大会暨学习教育培训会】 2018年1月15日，区纪委监委召开第一次干部大会暨学习教育培训会。区纪委监委机关干部、区委巡察机构、区纪委监委各派驻（出）机构干部120人参加会议。区委常委、区纪委书记、区监委主任谭伟出席并讲话。会议是区监委挂牌成立后区纪委监委首次学习教育培训会，主要任务是集中时间、集中精力对区纪委监委机关、派驻（出）机构和区委巡察机构全体干部进行学习教育培训，明确政治、思想、业务等各方面任务职责，促进思想、理念、感情、人员、工作深度融合，确保党中央决策部署和市委要求在长寿落地见效。

【区纪委十三届三次全会】 中国共产党重庆市长寿区第十三届纪律检查委员会第三次全体会议，于2018年2月12日举行。出席会议的区纪委委员19人，列席93人。区委书记赵世庆出席全会并讲话，区委、区人大常委会、区政府、区政协、长寿经开区负责人出席会议，有关方面负责人参加会议。

全会由区纪委常委会主持。全会学习贯彻习近平新时代中国特色社会主义思想，贯彻落实中共十九大和十九届二中全会精神，落实十九届中央纪委二次全会和市委五届三次全会、市纪委五届二次全会工作部署。总结2017年全区纪检监察工作，研究部署2018年任务，审议通过谭伟代表区纪委常委会作的《深学笃用习近平新时代中国特色社会主义思想，以永远在路上的执着把全面从严治党不断引向深入》工作报告。

全会指出，2018年纪检监察工作的总体要求是：以习近平新时代中国特色社会主义思想为指导，贯彻中共十九大战略部署和十九届二中全会精神，落实十九届中央纪委二次全会和市委五届三次全会、市纪委五届二次全会工作部署，不忘初心，牢记使命，增强“四个意识”，坚定“四个自信”，忠实履行党章和宪法赋予的职责，围绕坚持和加强党的全面领导，围绕维护习近平总书记在党中央和全党的核心地位，围绕维护党中央权威和集中统一领导，围绕习近平总书记对重庆提出的“两点”定位、“两地”“两高”目标和“四个扎实”要求，坚持党要管党、全面从严治党，坚持稳中求进工作总基调，监督检查党章执行和中共十九大精神贯彻落实情况，以党的政治建设为统领，全面推进党的各项建设，坚决肃清孙政才恶劣影响和薄熙来、王立军流毒，深化国家监察体制改革，持之以恒正风肃纪，深入推进反腐败斗争，营造风清气正的良好政治生态，强化自我监督、自觉接受监督，建设忠诚干净担当的纪检监察干部队伍，重整行装再出发，以永远在路上的执着把全面从严治党引向

深入。　　　　　　　　　　（刘永洋）

2018 年 2 月 12 日，中国共产党重庆市长寿区第十三届纪律检查委员会第三次全体会议召开

工作综述

【概况】　中共重庆市长寿区纪律检查委员会（简称区纪委），履行监督执纪问责职责；2018 年 1 月 13 日，重庆市首个监察委员会——重庆市长寿区监察委员会（简称区监委）在长寿区挂牌成立，与区纪委合署办公，在中共重庆市长寿区委员会和重庆市监察委员会领导下，按照《中华人民共和国监察法》的规定开展工作，履行监督调查处置职责。区纪委监委机关 2018 年有行政编制 71 名，内设办公室、组织部、宣传部、法规研究室、党风政风监督室、信访室、案件监督管理室、第一至第八纪检监察室、案件审理室、纪检监察干部监督室。

2018 年 1 月 13 日，区十八届人大二次会议举行第三次全体会议，选举谭伟为区监委主任。当选后，谭伟面向国旗庄严宣誓

【“两个维护”监督检查】　2018 年，长寿区开展习近平总书记对重庆所作重要讲话及系列重要指示批示精神贯彻落实情况“回头看”，坚决维护习近平总书记党中央的核心、全党的核心地位，坚决维护党中央权威和集中统一领导。坚决肃清孙政才恶劣影响和薄熙来、王立军流毒。协助区委加强政治生态建设，派员全覆盖列席监督区管领导班子民主生活会。加强对各级党组织落实“两个维护”情况、党的路线方针政策执行情况及“三大攻坚战”“八项行动计划”推进情况的监督检查，严明党的政治纪律和政治规矩，在监督检查和审查调查中首先把政治问题查清楚，年内查处存在违反政治纪律行为 2 人。做好市委巡视办交办事项自查整改工作，担负起整改政治责任。严把选人用人政治关、品行关、作风关、廉洁关，审查回复党风廉政意见 85 批次 2199 人（次），暂缓提拔 1 人，否决拟评选的各类先进单位 6 个、先进个人 26 人。

【纪检监察体制改革】　2018 年，长寿区推进国家监察体制改革。1 月 13 日，重庆市首个监委在长寿区挂牌成立。选举产生区监委主任，任命区监委副主任 3 名、委员 4 名，从区人民检察院划转编制 21 名，转隶干部 15 名，区纪委监委合署办公，监督对象增加到 45600 余人，实现对所有行使公权力的公职人员监察全覆盖。实行监督检查和审查调查职能分离、部门分设，设置内设机构 17 个，增设法规研究室、第三至第八纪检监察室、纪检监察干部监督室。推进派驻机构整合改革，将 22 个派驻纪检组整合为 13 个派驻纪检监察组，赋予其纪检、监察两项职能。派出监察机构改革采取归口方式，向 19 个街镇派出监察室 5 个，赋予派出监察室谈话、询问、查询、调取等不限制被调查人人身、财产权利的调查措施。推动监察职能向村（居）延伸，2018 年 11 月 9 日，长寿区出台《关于建立村（居）监察监督员制度的实施意见（试行）》，全覆盖选聘村（居）监察监督员 262 名。强化纪法贯通、法法衔接，严格执行纪检机关监督执纪工作规则，迅速开展工作，依法留置 4 人（其中市纪委监委指定管辖留置 2 人），移送检察机关审查起诉 3 人。其中，2018 年 4 月 24 日，区监委成立后用 85 天时间，完成对江南街道原党工委委员、政法书记、派出所所长李某某从留置调查、提起公诉到审判办理的首个留置案件。

【“四风”纠正】 2018年，长寿区落实中央八项规定精神，开展专项监督和“四风”问题“1+3”专项整治“回头看”，开展领导干部利用名贵特产类特殊资源谋取私利问题专项整治，抓住重要时间节点正风肃纪。核查结市纪委交办问题线索27件，查处违反中央八项规定精神问题39起，给予党纪政务处分21人、组织处理74人，全部点名通报曝光。

集中整治形式主义、官僚主义。贯彻习近平总书记加强作风建设重要指示精神，严格执行中央纪委国家监委工作意见和重庆市实施方案，聚焦工作意见中梳理出的4个方面、12类突出问题，制定完善问题清单、整改清单、制度清单，强化自查自纠和监督执纪问责。全年查处形式主义、官僚主义问题34件、51人，给予党纪政务处分9人，组织处理42人。

【党的纪律建设】 2018年，长寿区提高纪律建设的政治性、时代性、针对性，学习贯彻新修订的党纪处分条例。深化运用监督执纪“四种形态”处理620人（次）。其中，运用第一种形态，约谈函询、批评教育504人（次），占处理总人（次）的81.3%；运用第二种形态，给予轻处分、组织调整75人（次），占12.1%；运用第三种形态，给予重处分、重大职务调整21人（次），占3.4%；运用第四种形态，依规依纪依法处理严重违纪违法涉嫌犯罪的党员干部20人（次），占3.2%。

落实管党治党政治责任，制定《关于深化落实全面从严治党主体责任的实施意见》，细化明确落实全面从严治党主体责任正面清单、负面清单37项。建立运行“管党治党责任记实系统”，2018年区委书记、区长、区纪委书记就落实“两个责任”分别约谈党员领导干部581人（次）、324人（次）、660人（次），其他市管党政领导干部约谈党员领导干部1025人（次）；坚持失责必问、问责必严，问责64起、129人，对龙河镇实行“一票否决”。

【腐败惩治】 2018年，长寿区保持惩治腐败高压态势。接受信访举报992件次，处置问题线索497件、899次，立案97件，对108名党员干部作出党纪处分，对26名公职人员作出政务处分，涉及党政一把手6人、县处级22人、乡科级16人、一般干部4人，农村、企业等其他人员73人。加强反腐败组织协调，区纪委监委与审判、检察、公安机关等单位相互移送问题线索95件。狠抓审查调查安全工作，开展“走读式”谈话安全自查自纠和突出问题专项整治，建立健全留置场所监管机制，确保审查调查安全。

推进不敢腐、不能腐、不想腐，开展以案说纪、以案说法、以案说德、以案说责“以案四说”警示教育，到被处分人所在党组织或单位宣布处分决定和开展警示教育15场（次），受教育1371人（次）。组织到凤城监狱等地接受警示教育2700余人（次），旁听庭审8次600余人（次）。根据区经信委原副主任向某某违纪违法案件拍摄警示教育片《贪路无归》，以案示警。针对李某某和向某某案，面对面向区公安局党委提出整改意见，向区经信委发出首份监察建议书。

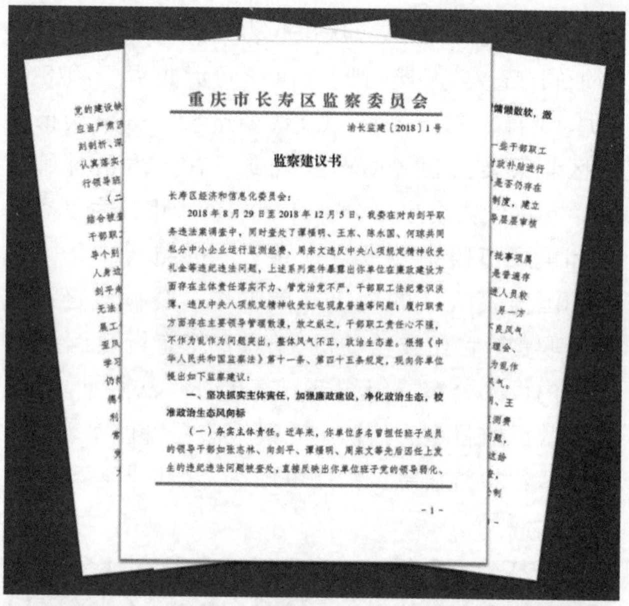
重庆市长寿区监察委员会

渝长监建〔2018〕1号

监察建议书

长寿区经济和信息化委员会：

2018年8月29日至2018年12月5日，我委在对向剑平职务违法案调查中，同时查处了谭耀明、王东、陈永国、何琼共同私分中小企业运行监测经费、周崇文违反中央八项规定精神收受礼金等违纪违法问题，上述系列案件暴露出你单位在廉政建设方面存在主体责任落实不力、管党治党不严，干部职工法纪意识淡薄，违反中央八项规定精神收受红包现象普遍等问题；履行职责方面存在主要领导管理散漫，放之纵之，干部职工责任心不强，不作为乱作为问题突出，整体风气不正，政治生态差。根据《中华人民共和国监察法》第十一条、第四十五条规定，现向你单位提出如下监察建议：

一、坚决抓实主体责任，加强廉政建设，净化政治生态，校准政治生态风向标

（一）夯实主体责任。近年来，你单位多名曾担任班子成员的领导干部如张志林、向剑平、谭耀明、周崇文等先后因任上发生的违纪违法问题被查处，直接反映出你单位班子党的领导弱化、

-1-

2018年12月10日，区监委向区经信委发出的首份监察建议书

【专项整治】 2018年，长寿区持续开展扶贫领域腐败和作风问题专项治理，核查了结中央巡视组交办问题线索54件，查处扶贫领域问题49件81人。开展征地补偿安置、公（廉）租房领域专项整治，收集问题线索70件，办结54件，给予党纪政务处分17人，组织处理19人，追究刑事责任10人。推动党员干部亲属涉权事项公开，通过群工系统对村、社区涉权事项进行公示公开，核查发

现问题线索23个，给予党纪处分1人，组织处理20人。深挖彻查涉黑涉恶腐败和充当“保护伞”问题，收到问题线索40件，查结25件，立案审查调查涉恶“保护伞”案件2起。

【纪检监察干部队伍建设】 2018年，长寿区强化政治引领，加强党性锻炼和忠诚教育，教育引导纪检监察干部带头树牢“四个意识”、坚定“四个自信”，自觉践行“两个维护”。加强机关党的建设，成立区纪检监察机关党总支，设立5个党支部，在巡察组、审查调查组成立临时党支部，落实“三会一课”、主题党日等制度。选齐配强干部，提拔处级干部9人、科级干部14人，选调41人（次）参加中央纪委和市纪委调训，抽调68人（次）参加顶岗锻炼。解决履职不力问题，约谈“零查处”纪检组织负责人8人，警示谈话考核靠后的纪检组织负责人4人。

开展兴调研、转作风、促落实行动，组织纪检监察干部到一线调研党风廉政建设，参加扶贫攻坚、走访民营企业、暗访环保整治等工作。提出建议意见18条，形成调研报告9篇，在中国纪检监察报、风正巴渝等媒体上稿147条。

严防“灯下黑”，为全区179名纪检监察干部和巡察干部建立廉政档案，严格执行纪检监察干部“八条禁令”，处置反映纪检监察干部问题线索4件，立案1件，给予党纪处分1人并调离纪检监察岗位。（刘永洋）

表14 **2018年中共重庆市长寿区纪律检查委员会重要文件目录**

文件名称	文号
关于加强区纪委监委机关干部教育管理监督工作的意见	长寿纪发〔2018〕3号
关于加强2018年清明节期间作风建设监督执纪问责的通知	长寿纪发〔2018〕6号
关于印发《重庆市长寿区2018年至2020年开展扶贫领域腐败和作风问题专项治理的工作方案》的通知	长寿纪发〔2018〕8号
关于加强五一端午期间作风建设监督执纪问责的通知	长寿纪发〔2018〕9号
关于严禁违规操办和参加“升学宴”“谢师宴”的通知	长寿纪发〔2018〕10号
印发《重庆市长寿区纪委监委领导班子改进工作作风的实施办法》的通知	长寿纪发〔2018〕11号
印发《关于扫黑除恶专项斗争中强化监督执纪问责的工作方案》的通知	长寿纪发〔2018〕12号
关于印发《关于扫黑除恶专项斗争中加强案件协作配合的办法》的通知	长寿纪发〔2018〕14号
关于加强2018年中秋国庆期间作风建设监督执纪问责的通知	长寿纪发〔2018〕16号
印发《关于贯彻落实习近平总书记重要讲话精神严肃整治领导干部利用名贵特产类特殊资源谋取私利问题的实施方案》的通知	长寿纪发〔2018〕19号
关于切实做好“走读式”谈话安全有关工作的通知	长寿纪发〔2018〕20号
关于加强作风建设确保2019年元旦春节风清气正的通知	长寿纪发〔2018〕21号
关于进一步规范纪检监察干部因私出国（境）工作的通知	长寿纪办发〔2018〕4号
关于印发《长寿区纪检监察干部谈心谈话暂行办法（试行）》的通知	长寿纪办发〔2018〕8号
关于印发《中共重庆市长寿区纪委机关贯彻落实2018年全面从严治党、党风廉政建设和反腐败工作部署分工方案》的通知	长寿纪办发〔2018〕9号
关于印发《坚持问题导向加强调查研究做深做细做实联系指导工作方案》的通知	长寿纪办发〔2018〕10号
关于转发《重庆市纪检监察干部八条禁令》的通知	长寿纪办发〔2018〕11号

续表 14

文件名称	文号
印发《关于在全区开展〈中华人民共和国监察法〉宣传的工作方案》的通知	长寿纪办发〔2018〕12 号
关于开展审查调查安全自查自纠工作的通知	长寿纪办发〔2018〕16 号
关于贯彻落实习近平总书记系列重要指示批示精神坚决纠正形式主义官僚主义问题的通知	长寿纪办发〔2018〕17 号
关于印发《长寿区纪委监委干部准入退出办法（试行）》的通知	长寿纪办发〔2018〕18 号
印发《关于深入开展征地补偿安置、公（廉）租房领域专项整治工作方案》的通知	长寿纪办发〔2018〕19 号
关于对落实中央八项规定精神开展监督检查的通知	长寿纪办发〔2018〕20 号
关于印发《重庆市长寿区纪检监察干部打听过问干预执纪监察工作报告办法（试行）》的通知	长寿纪办发〔2018〕21 号
关于印发《长寿区纪委监委机关问题线索处置办法（试行）》的通知	长寿纪办发〔2018〕22 号
关于委领导班子成员分工的通知	长寿纪办发〔2018〕23 号
关于印发《长寿区纪委监委派驻（出）机构管理办法》的通知	长寿纪办发〔2018〕27 号
关于印发《长寿区监委派出监察室业务工作运行办法（试行）》的通知	长寿纪办发〔2018〕28 号
关于印发《长寿区纪检监察干部家访制度》的通知	长寿纪办发〔2018〕29 号
关于印发《“涉油”违法犯罪综合整治监督执纪问责工作方案》的通知	长寿纪办发〔2018〕32 号
印发《关于集中整治形式主义、官僚主义的实施方案》的通知	长寿纪办发〔2018〕33 号

（中共重庆市长寿区纪律检查委员会办公室提供）

民主党派 工商联

中国国民党革命委员会重庆市长寿区委员会

【概况】 2018年，中国国民党革命委员会重庆市长寿区委员会（简称民革长寿区委）下设8个支部；有党员177人，其中重庆市黄埔军校同学会会长1人，民革重庆市委委员2人（其中常委1人），重庆市第五届人大代表1人、重庆市第五届政协委员2人（其中常委1人），长寿区第十八届人大代表3人（其中常委2人）、第十五届政协委员25人（政协副主席1人，常委6人）。民革长寿区委获民革重庆市委社情民意信息工作先进集体，1名党员获民革重庆市委社情民意信息工作先进个人，1名党员获民革重庆市委宣传工作先进个人。

【思想建设】 2018年，民革长寿区委把思想理论建设放在首位，政治理论学习持续深入，及时制定方案，开展“学讲做”活动。邀请民革重庆市委主委王新强到长寿宣讲中共十九大精神和习近平新时代中国特色社会主义思想；民革长寿区委会班子成员全年30余人（次）进支部，重点就中共十九大精神和习近平新时代中国特色社会主义思想、习近平总书记参加全国政协联组会和重庆代表团审议时的重要讲话精神和中共市委五届四次全会精神开展领学宣讲；各支部自主开展“学讲做”活动理论学习、调研实践活动60余次。以专项主题教育活动为切入点，组织开展以“不忘合作初心、继续携手前进”为主题的教育活动，开展“观故居、走多党合作之路”学习实践活动，组织党员学党章、党史，到渣滓洞、白公馆、民主党派陈列馆、李家庄中央统战部旧址、西安、延安梁家河参观学习，重温民革与中国共产党风雨同舟、携手前进的光辉历程；组织50余人（次）参加民革市委、市社会主义学院、长寿区政协、中共长寿区委统战部、民革长寿区委组织的学习培训活动。为纪念中共中央发布“五一口号”70周年，民革长寿区委组织开展以“不忘合作初心，继续携手前进”为主题的演讲比赛，推选1名选手参加民革重庆市委组织的演讲比赛，获二等奖；召开座谈会，组织征文活动，收到征文20余篇；组织民革界别政协委员参加区政协纪念中共中央发布“五一口号”70周年专题培训；组织党员参加区政协2018年度理论研究论文评选获二等奖1个、入围奖6个。

民革长寿区委创新宣传工作方式方法，拓宽宣传渠道，在“重庆民革”微信公众号、重庆民革网站、《重庆民革》杂志、长寿政协网站、长寿电视台、《长寿日报》等主流媒体和新媒体，传递正能量。2018年，被各级组织采用的宣传信息30篇。

【组织建设】 2018年，民革长寿区委坚持以区委主委和分管组织发展工作的副主委牵头的新党员发展前考察谈话制度，增强其对民革组织的认识。2018年，发展党员9名，平均年龄36岁，其中硕士2名，高级职称2名。组织6名新党员参加

2018年8月28日，召开重庆市民革第一个区县级组织监督委员会民革长寿区监委会成立大会

民革重庆市委组织的新党员培训。推进基层支部建设，推进党员之家和示范支部的创建工作，健全和完善适合基层组织特点及实际的工作制度、工作机制，加强对基层支部工作的指导和量化考核；采取基层干部培训、支部间经验交流等措施，鼓励和倡导支部扩展思路、激发活力，提高组织生活质量，基层组织生活做到有计划、有考勤、有学习内容，党员有积极性和收获。

民革长寿区委健全后备干部的选拔、推荐、管理和培养机制，为优秀人才搭台阶、架梯子、引路子、压担子，有计划、稳妥地让骨干党员得到实践锻炼和全面成长；支持、推荐和组织骨干党员参加民革市委、中共长寿区委、区委统战部、区政协等举办的各类学习培训活动，民革长寿区委全体领导班子成员参加中共长寿区委组织的西柏坡考察学习活动，民革长寿区委主委王永全与长寿区政协民革界别常委参加在延安梁家河干部培训学院举办的统战理论专题培训班学习，1名副主委参加市委统战部组织的中央社会主义学院学习；2名党员分别到九龙坡区石坪桥街道、区信访办挂职（顶岗）锻炼一年。民革长寿区委致力于加强和完善党内监督机制建设，推进民革内部监督工作制度化、规范化和程序化，于2018年7月26日研究决定成立重庆民革第一个区县级组织监督委员会——中国国民党革命委员会重庆市长寿区监督委员会；由监督委员会提出建议，经支部党员大会通过，报经民革市委批准，区委会决定开除严重违纪违法的向某某党籍；邀请中共长寿区纪委副书记、监察委副主任作《中国共产党纪律处分条例》和《中华人民共和国监察法》报告，提升党员法纪意识；及时修订“主委会议制度”“区委会议制度”等规章，强化民主集中制，规范决策程序。民革长寿区委完善领导班子及成员年终述职评议制度，加强对各级领导班子成员和全体党员的履职监督，党内监督工作进入常态化。

【参政议政】 2018年，民革长寿区委把发展作为参政议政的第一要务，拓宽参政议政的渠道和平台，发挥党员中的人大代表、政协委员、特约人员和有关方面专家学者的骨干作用，集中群体智慧，开展调查研究，献计献策，参政议政工作取得成果。在市人大五届一次会议上，提交建议3件；在市政协五届一次会议上，提交提案2件；在区十八届人大二次会议上，提交人大建议4件，其中优秀建议1件；在区政协十五届二次会议上，提交政协大会发言6篇，政协提案77件，6人评为优秀政协委员，5件提案评为优秀提案，2件提案确定为区级领导重点督办提案。年内先后组织对长寿经开区应急管理、全区农村集体经济发展现状、长寿旅游发展现状、全区城市公共服务设施建设情况、全区经济社会发展不平衡不充分问题等开展专题调研，形成调研报告，部分调研成果已转化为人大建议、政协大会发言和提案、社情民意。2018年，民革长寿区委向民革重庆市委、区政协、区委统战部提交社情民意70余篇，《从“放管服”角度完善网约车市场机制的几点建议》被全国政协采用，获国家卫健委反馈；市政协采用3篇，区政协采用39篇，区领导批示11篇，部门回复3篇。多渠道参与民主监督，有10名民革党员被聘为市人民检察院一分院特约检察员、区政府特邀监察员、区人民法院人民陪审员、区人民检察院人民监督员，提出合理化建议，发挥民主监督作用。

2018年11月1日，民革长寿区委开展“送医下乡”活动

【社会服务】 2018年，民革长寿区委发挥民革法律人才的优势，坚持公益性法律服务，为困难群众提供法律咨询和法律援助；2018年，1名党员进行法律援助4件，1名党员指导困难群众申请法律援助15人（次），提供法律咨询200余人（次），代书法律文书10件次，调解矛盾纠纷30件，作为全市“我执法、我普法”获奖代表参加市委宣传部、市普法办等单位在江津举行的2018年“宪法宣传周”暨“国家宪法日”主题志愿者

服务活动；民革长寿区委到龙河镇举行宪法宣讲院坝会3场，乡村振兴讲习所院坝会3场；12月3日，在长寿桃源小学开展“12·4”国家宪法日“普法暨安全进校园”活动，对400余名学生进行法制教育，发放宣传资料400余份。开展“送医下乡”活动；民革长寿区委长期关注农村养老事业，11月1日，组织党员中的10余名医卫专家前往区养老中心，免费为37名老人提供医疗咨询及体检服务，为他们送去部分生活用品。组织教育系统民革党员在云台中学开展“送教下乡”活动，1名党员为40余名学生送上一堂写作公开课，党员们与该校教师进行座谈交流。开展“博爱牵手”活动，民革长寿区委开展“伸出博爱之手——民革基层组织牵手困难群众”活动，帮助困难群众解决生活和学习中实际问题，采取经济救助、情感关怀等多种帮扶形式，为13名困难党员、黄埔老兵、贫困学生等困难对象提供帮扶，共捐助帮扶资金2万元。

2018年12月3日，民革长寿区委开展“12·4”国家宪法日“普法暨安全进校园”活动

【促进祖国和平统一工作】　2018年，民革长寿区委组织党员学习中共习近平总书记关于对台工作的重要论述、“中央惠台31条”和“重庆惠台58条”，把握新时期新阶段对台工作方针与方向；组织祖国统一工作骨干赴厦门大学参加民革市委组织的祖统工作专题培训，与市委、各区县祖统骨干进行座谈交流。民革党员、重庆黄埔军校同学会会长刘永庆先后接待到渝访问的“寻找抗日足迹，共谋两岸和平发展”台湾参访团、张幼侠将军带领的台湾青年人士代表团、台湾中南部青年人士代表团60余人。

【岗位贡献】　2018年，长寿民革党员围绕中心，服务大局，忠诚履职，尽心尽责，在各自工作岗位上合作创下业绩，受到表扬和肯定。1人获重庆市安监局综合安全管理工作先进个人，1人获2017年重庆市首届最美医务工作者，1人在2018年川渝两地检验医学高峰论坛上获评优秀检验技师，1人晋升副高级林业工程师，1人被评为长寿区农业科技先进工作者，1人被评为2017年度国土管理工作表现突出干部；1人被长寿区政府评为2017年三峡后续工作先进个人，1人获长寿区2017年脱贫攻坚先进个人；1人连续3年公务员考核优秀，2017年立三等功，4人获2017年度优秀公务员；1人获长寿区第三人民医院优秀医务工作者；1人摄影作品《喜笑颜开》在由中国摄影协会主办的中国摄影微摄力大赛中获奖，摄影作品《卢家坝梯田》《桃花河河道面貌焕然一新》被重庆政协报采用；1人在重庆市“我执法我普法”演讲比赛中获二等奖；1人撰写的《初中物理教学实践中实现学生主体作用的方法分享》在国家级综合性期刊《中国西部》上发表，1人主编的教辅《新方向经典课堂英语中考总复习》由延边教育出版社出版，8人的教育教学成果获重庆市等级奖；4人在教育教学中获长寿区等级奖。

（钟文艺）

中国民主促进会重庆市长寿区委员会

【概况】　中国民主促进会重庆市长寿区委员会（简称民进长寿区委会），2018年有会员374人，基层组织有1个总支委员会13个支部，区委会下设老龄妇女、参政议政、教育文化、经济科技4个工作委员会。2018年，民进长寿区委会获市委会“思想政治教育主题年”先进单位，参政议政、参政党理论建设、电子信息化建设等专项工作获市委会表彰；会员中的5名政协委员获2017年度区优秀政协委员，5篇提案获区政协优秀提案，2人分别获民进重庆市委参政议政、社情民意信息先进个人，8人获最美民进教师，8人获重庆民进市委会优秀会员，川维支部、进修校支部获民进重庆市委优秀支部。

【思想建设】 2018年，民进长寿区委会加强学习型参政党建设，继续深入学习贯彻中国共产党第十九次全国代表大会、民进第十二次全国代表大会精神，学习习近平新时代中国特色社会主义思想和参政党建设“四新”要求，开展庆祝“五一口号”发布七十周年座谈会和理论征文活动；开展“不忘合作初心 继续携手前进”主题教育活动。选派会员80余人（次）参加中共重庆市委统战部、民进市委会、区政协、区委统战部等各级各类培训和专题讲座。民进长寿区委会以会代训召开专题培训会4次。3月14日，召开民进长寿区委扩大会专题学习全国“两会”精神，学习习近平总书记在2月6日党外人士迎新座谈会和3月5日全国政协党派联组讨论会上的讲话精神，领会新时代参政党新要求；5月24日，召开专题学习会，学习习近平总书记新时代统战思想；7月5日，市政协副主席、民进市委主委陈贵云赴学习实践活动联系点参加民进长寿区委综合总支“不忘合作初心，继续携手前进”主题教育活动并举行“深学笃用习近平新时代中国特色社会主义思想和贯彻落实十九大精神”讲座；9月19日，举行干部及骨干会员培训，邀请市委会秘书长为会内干部和骨干会员作新会章学习专题讲座。开展会员思想状况调查，及时报送思想动态信息，增强思想政治工作的针对性和有效性；注重会史资料收集，编印发放《民进长寿志》。

2018年9月，民进长寿区委会干部暨骨干会员培训会

【组织建设】 2018年，民进长寿区委会做好会员发展工作，正确处理巩固与发展、数量与质量的关系，加强发展前的考察工作和入会后的教育培养，发展会员10名。加强基层支部履职能力建设，开展民进优良传统教育，激励基层组织负责人的奉献精神，建立一支愿做事、会做事和热爱民进会务工作、无私奉献的基层组织领导班子，支部活动能够正常开展。重点培养、推荐青年骨干会员，推荐1名会员到凤城街道挂职锻炼；向会员所在单位推荐优秀会员。2018年5月，1名会员获得重庆市“巾帼杯”首届旗袍服装制作大赛钉珠类一等奖，1名会员创作的《一年级爱科学·洋葱头神奇外衣》获世界华人科普奖新人优秀奖，多人获职称晋升，1名会员获评正高级职称。2018年长寿区的民进会员获区级以上各级各类表彰40余人（次）。

【参政议政】 2018年，民进长寿区委会坚持“以新作为巩固老阵地、在顺势中开拓新领域”，按照“有组织、有渠道、有平台、有资源、有制度”的要求，完善集智聚力的体制机制，抓好参政议政骨干队伍建设。组织会内人大代表、政协委员履行职能。2018年市人大代表、市政协委员提交建议、提案5件；区“两会”人大代表、政协委员提交建议、提案83件，其中民进区委会集体提案10件，人大代表建议10件，政协委员个人提案63件，有3件确定为重点提案和督办提案。

2018年民进长寿区委会立项《彰显长寿地方文化特色 提升长寿城市文化品质》《关于长寿区学前教育的调研报告》2个课题，先后赴永川、大足等地调研，年底前已形成调研报告顺利结题，转化成参政议政成果（大会发言）。

2018年6月21日，民进长寿区委会赴永川调研

民进长寿区委会年内先后向市委会、市委统战部、政协多渠道报送社情民意信息39篇。报送市委会12篇；市委会采用3篇，民进中央采用1篇，全国政协采用1篇；区政协采用16篇，其中3篇获领导批示。

【社会服务】　2018年，民进长寿区委会持续开展“教育扶贫，智力支教”活动，推动城乡学校“同课异构”特色活动深入发展，“同课异构”和“名师下乡”相互促进。长中支部、小教支部先后走进但渡九年制学校和飞龙九年制学校送教，进修校支部到龙河实验小学开展送课活动，实验小学支部到石回九年制学校开展“中国好老师”公益行动；持续开展“春联万家”迎新春送春联活动，在龙河等镇撰写春联1000余幅。民进长寿区委会各支部持续开展“春蕾行动”，小教支部继续推动慰问孤寡老人活动，长寿中学到龙河中学开展资助贫困生活动；联合会员单位桃源医院开展“关爱青少年近视预防，爱眼护眼进校园”活动，先后走进桃源小学、黄桷湾小学、川维中学；发动会员开展“微公益”活动效果明显。

（吕兴建）

中国农工民主党重庆市长寿区委员会

【概况】　2018年，中国农工民主党重庆市长寿区委员会（简称农工党长寿区委）团结广大党员，履行参政党职能，为助推长寿“三地一中心”全面建成、城乡整体面貌全域改观、改革发展成果全民共享奋斗目标做出积极贡献。被农工党市委授予思想宣传工作先进集体、参政议政工作先进集体、社情民意工作先进集体，生态环境支部被农工党市委评为先进基层组织，被农工党市委授予5名党员先进个人称号；农工党长寿区委的工作得到各级组织和领导的肯定和好评。

【思想建设】　2018年，农工党长寿区委制定《农工党长寿区委开展“不忘合作初心，继续携手前进”主题教育活动方案》，成立主题教育活动领导小组。围绕“三学一讲”开展专题活动，把习近平总书记系列重要讲话精神、《中华人民共和国宪法》《十九大读本》、十九届二中三中全会精神、农工党十六大精神、《中国农工民主党章程》、中共重庆市委、农工党重庆市委、中共长寿区委历次重要会议精神等作为重要学习内容，开展政治学习。为农工党长寿区委扩大会成员统一购买《习近平新时代中国特色社会主义思想三十讲》《习近平谈治国理政》（第一卷、第二卷）《习近平总书记系列重要讲话读本》《习近平总书记关于加强和改进人民政协工作的重要思想》，为全体党员购买《中国农工民主党的历史道路》等书籍，集中学习与党员自学相结合，提高党员政治素养和履职能力；开展“主委上党课”活动，由农工党长寿区委主委孔庆明为区委扩大会成员、新党员代表授课，引导党员们重温农工党历史。

开展纪念“五一口号”发布70周年系列活动。农工党长寿区委分5批组织全区农工党党员200人，赴农工党中央机关旧址和中国民主党派历史陈列馆参观学习，实现所有支部全覆盖；筹备和参加区委统战部组织的“纪念中共中央发布‘五一口号’70周年”成果展，组织全区农工党党员现场观展；班子成员参加统战部组织的赴西柏坡、李家庄学习教育活动；邀请农工党市委领导作《不忘初心 薪火相传》专题讲座；组织骨干党员召开纪念“五一口号”发布70周年座谈会；组织全区党员开展纪念“五一口号”发布70周年征文活动，收到来稿20余篇；选送党员邓强抛沙画参加中共重庆市委统战部组织的“五一口号”发布70周年书画展，作品《冲出重围》被收录到《重庆统一战线纪念中共中央发布“五一口号”70周年书画作品集》。

开展“纪念改革开放40周年”专题活动。组织农工党长寿区委委员、支部主委到市社会主义学院聆听农工党市委的专题讲座；邀请中共重庆市委党校、重庆市行政学院经济管理学部主任、教授为全体党员作《全面深化改革永远在路上——改革开放40年回顾与展望》专题讲座；组织骨干党员与农工党九龙坡区委召开“纪念改革开放40周年”座谈交流会。

农工党长寿区委利用农工党中央、农工党市委门户网站、微信公众号、《前进论坛》、《重庆农工》、《长寿农工》、《农工简讯》以及市、区政协网站等平台，及时反映农工党长寿区委和基层支部工作动态和党员立足岗位建功立业情况。2018年，编辑《农工简讯》32 期，出版《长寿农工》4 期；所报送信息被农工党市委网站采用 29 条，被区政协采用 11 条。农工党员撰写的理论文章《勿忘合作初心 践行多党合作》被《全国政协》《重庆政协》杂志采用，被农工党中央、市委网站登载；理论文章《科学营造协商民主良好政治生态环境》获重庆市政协理论文章二等奖，长寿区政协理论文章一等奖。

【组织建设】 2018 年，农工党长寿区委发展党员 16 人，其中主体界别 6 人。全区党员总数 253 人，其中主体界别 182 人，占全区党员总数 72%；高中级知识分子 180 人，占全区党员总数 71.1%；本科以上 185 人，占全区党员总数 73.1%；处级以上领导干部 10 人。在农工党第十六届中央专门工作委员会成立大会上，长寿区 2 名党员担任中央专委会委员。为适应新时代参政议政工作需要，对部分支部、专委会班子成员进行调整。2018 年，长寿的农工党员中新提拔担任正处级实职干部 2 人，到街镇顶岗锻炼 1 人。

提升党员履职能力，开展新党员定期培训、骨干党员调训、专题知识自主培训。年内参加农工党市委组织的新党员培训 13 人（次），参政议政社情信息工作培训 3 人（次）；参加区政协和区委统战部组织的“五一口号”发布 70 周年专题培训 26 人（次），政协统战理论专题培训 7 人（次）；参加区委统战部组织的党外人士建言培训 4 人（次），农工党长寿区委自主开展思想宣传、组织工作、参政议政和社会服务工作培训 4 批次，做到党员全覆盖。

农工党长寿区委重视体制机制建设，2018 年，先后对《农工党长寿区委员会工作规则》《农工党长寿区委员会工作机构职责》《农工党长寿区委员会支部工作细则》《农工党长寿区委领导干部述职试行办法》《农工党长寿区委考核基层组织试行办法》《农工党长寿区委信息考核试行办法》等制度进一步完善，新制定《农工党长寿区委经费报销管理办法》。

【参政议政】 2018 年，农工党长寿区委主体作用发挥，参政议政有新影响。担任市、区人大代表、政协委员的 36 名党员在“两会”期间提交市人大代表建议 6 件、市政协提案 4 件，区人大代表建议 15 件、区政协大会发言 5 篇（其中口头发言 3 篇）、区政协提案 57 件（其中集体提案 8 件）；其中被列为区领导督办的重点建议 2 件、重点提案 5 件，1 人获得优秀人大代表表彰，2 件建议获得优秀建议表彰，2 人获得优秀政协委员表彰，7 件提案获得优秀提案表彰。

2018 年，农工党长寿区委采取区委主委、副主委每人牵头一个课题的方式开展调研，由分管支部、专委会或抽调党员组成专门课题组承办。其中《建立政府投资项目绩效评价制度的初探》是向农工党市委和区科委申报的重点课题，邀请中共长寿区委常委、统战部部长何以龙，区委常委、常务副区长蒋牧宸，区委常委、组织部部长胡建川担任课题顾问，走出去到涪陵区、大渡口区进行调研，反复论证，征求各方意见，形成报告，转化成果，对长寿区政府投资项目绩效评价工作起到推动作用，被农工党市委遴选为报送农工党中央的集体提案材料。开展“打造长寿旅游升级版”“文旅融合打造中华长寿文化名城”专题调研，为提升城市品质献良策；开展“药品安全”“教育精准扶贫”等专题调研，为助力“三大攻坚战”建真言；开展“物业管理”“农村环境基础设施建设”等专题调研，为推动社会事业上台阶出实招。

农工党长寿区委制定《农工党长寿区委信息考核试行办法》《农工党长寿区委工作激励办法》以促进社情民意信息报送工作，发挥对口联系单位、友好合作单位等资源优势，开展调查研究，收集社情信息。2018 年全国“两会”期间，通过统战信息“直通车”渠道，直接报送党外人士建言 12 条。全年报送社情民意信息 40 条，其中“对完善行政‘平级复议’的建议”被全国政协采用，“关于盘活闲置农房土地，助力乡村振兴的建议”被农工党中央采用；另被市政协采用 2 条，农工党市委采用 9 条，区领导批示 4 条，区政协采用 14 条。

【社会服务】 2018 年，农工党长寿区委制定《农工党长寿区委关于推进“共绘同心圆·共建家乡美”社会服务品牌建设活动的实施方案》，对 2018—2022 年社会服务品牌打造作出详细规划，得到区委、区政府重视和支持。区政府副区长卓大林授牌，将凤城街道三峡路社区作为农工党长寿区委履职实践基地。

农工党长寿区委利用医药卫生、人口资源和生态环境领域高中级知识分子为主的界别优势，组织党员开展扶贫、义诊、宣传、咨询、慰问活动，定点定时定员的长时间持续努力，巩固社会服务成果。在“医师节”“世界环境日”“世界卒中日”等与主体界别关系密切的节日，组织党员中的专家、学者开展义诊、环境保护治理、法治宣传等活动。

农工党长寿区委助力脱贫攻坚，55 名党员通过农工党中央消费扶贫渠道，购买贵州省大方县消费扶贫产品，扶贫消费金额 10139 元；农工党长寿区委副主委、区政府副区长张昌红对口扶贫八颗街道石马村，贫困户全部实现“两不愁三保障”，村集体经济收益 2.6 万余元，“一村一品”竹产业发展有序推进；农工党长寿区委 1 名委员所在企业重庆绿投捐资援建重庆市内 8 所中小学，已建设、改善 2 所，有 1000 名小学生受益，资助 41 名“两后生”就读重庆市农业学校，与学生签订定向委培协议，解决学生就业问题。（杨　莉）

九三学社重庆市长寿区委员会

【概况】　九三学社重庆市长寿区委员会（简称九三学社长寿区委）成立于 2015 年 12 月 16 日，隶属九三学社重庆市委员会。2018 年有主委 1 名、副主委 4 名，委员 10 名；九三学社长寿区委下设长寿化工总厂支社、医卫科技支社、四川维尼纶厂支社、综合支社、教育支社、长寿经开区支社 6 个基层组织，有社员 166 人，社员平均年龄 49.7 岁；其中博士 2 人、研究生 19 人，高级职称 59 人；社员中担任重庆市人大代表 1 人，重庆市政协委员 1 人，长寿区人大代表 6 人，长寿区政协委员 20 人。

2018 年，九三学社长寿区委先后获“第五届重庆九三青年论坛优秀组织奖”“思想建设和宣传工作先进集体”“社情民意信息工作先进集体”“组织建设工作先进集体”“参政党理论与社史研究工作先进集体”表彰；医卫支社在社市委开展的坚持和发展中国特色社会主义学习实践活动中获先进集体称号；主委陈红被评为社中央“九三学社先进个人”；程庸当选为重庆市九三书画院副院长，13 人（次）获社市委先进个人表彰。

【思想建设】　2018 年，九三学社长寿区委健全社区委、支社、社员三级学习机制，深学笃用习近平新时代中国特色社会主义思想，学习习近平总书记系列重要讲话精神，九三学社十一大及中共重庆市委五届三次、四次全会精神，全国和市“两会”精神，树立“四个意识”，坚定“四个自信”，做到“两个维护”，落实“三个确保”。全年召开主委会、全委会、支社会议等各类学习会 42 次；开展“不忘合作初心，继续携手前进”主题教育活动，组织社员 40 余人赴重庆参观民主党派历史陈列馆和九三学社成立旧址纪念碑；开展纪念“五一口号”发布 70 周年系列活动，组织参加专题座谈会、书画展、演讲比赛以及赴西柏坡学习教育活动；开展“学讲做”活动，班子成员带头学讲 10 余次，做到系统学、深入讲、扎实做；开展“社员之家杯”社章社史知识竞赛线上活动，传承“爱国民主科学”优良传统。

2018 年 4 月，九三学社长寿区委开展“不忘合作初心、继续携手前进”主题活动

组织社员参加九三学社中央改革开放 40 周年征文活动，1 名社员撰写的《我所经历的巨大变化》获优秀奖；参加参政党理论与社史研究征文，其中 2 名社员获三等奖，4 名社员获优秀奖；报送第五届重庆九三青年论坛文章 13 篇，其中《村级规划中建设用地“简易增减挂钩”机制探索》等 2 篇获二等奖，《关于农村厕所革命的建议》等 11 篇获三等奖；报送区政协 2018 年度理论研究文章 3 篇，均获入围奖。

2018 年编辑报送简报信息 50 条，其中社中央网站采用 27 条，社市委网站采用 48 条，区政协网站采用 9 条，人人长寿 APP 及长寿新闻网宣传报道9次。

【组织建设】 2018年，九三学社长寿区委强化领导班子建设，着力提升“五种能力”，筹备成立青年工作委员会；完成长化支社届中调整，选举支社主委。强化骨干社员培养，推荐1名社员到新市街道顶岗锻炼；推荐6人加入社市委科技创业、社会法治专委会委员；2018年发展新社员10名，其中高级职称1名、区政协委员1名、研究生3名；8名社员参加社市委第二十次新社员培训。基层组织建设规范有序，10月，接受社市委基层组织规范化建设监督检查。九三学社长寿区委机关实施建设高素质参政党地方组织建设。

【参政议政】 2018年，九三学社长寿区委提交人大议案1件、建议22件，政协提案52件。其中，提交市“两会”人大议案1件、建议7件，市政协提案4件，1人提交的《关于加强老年人保健品销售市场管理的建议》被市人大纳入领导重点督办建议，由市人大常委会主任张轩牵头督办；提交区“两会”人大建议15件，区政协提案48件（集体提案11件），大会书面发言材料4件，《关于加快农村公路建设促进经济社会发展的建议》等3件提案均被列为区领导督办的重点提案；撰写全国“两会”建言及时评15件。

实施重点课题班子成员负责制，全年召开课题调研工作会议12次，完成社市委常委课题《关于保护开发乡村文脉推动美丽乡村建设相关问题调查研究》，区科委课题《长寿区旅游气候资源评价及开发应用》，区级其余调研课题均已完成，大部分转化为参政议政素材。

全年向社市委报送社情民意信息10余条，其中《关于加强暑期校外培训班监管的建议》《关于取消高速路超时费的建议》被社中央、市委统战部和市政协同时采用；《关于推进重庆市垃圾分类的建议》等3条社情民意被社市委采用。向区委统战部、区政协报送社情民意信息30余条，其中区政协采用19条，5条信息得到区领导批示，2条信息得到区级部门的回复。

九三学社长寿区委履行民主监督职能，1名社员参加社市委组织的赴黔江脱贫攻坚民主监督专项调研，助推脱贫攻坚。参与人大视察、政协调研、行风评议、民主评议等多维度监督，评议区农委等12个部门的工作；参加区政协组织的对街镇污水管网建设和运行及城市基础设施提档升级等监督性视察，在暑期谈心会上提出意见建议7条，提升民主监督能力和水平。

【社会服务】 2018年，九三学社长寿区委与社市委联动，开展重庆市贫困家庭复杂先心病儿童救助行动，参与申报社中央贫困村农村卫生室建设项目。

2018年9月，九三学社长寿区委开展长寿湖义诊活动

2018年5月，九三学社长寿区委组织在长寿湖镇卫生院召开“九地合作”推进会，打造“专家坐诊”“团队定期指导”“大型义诊”等子品牌。1名社员被任命为长寿湖镇卫生院副院长（兼职），定期到院坐诊；九三专家团队定期到该院进行业务培训和指导，开展专题讲座7场（次），培训各类人员180余人（次），助推长寿湖镇卫生院创建甲级乡镇卫生院；年内在长寿湖镇开展大型义诊活动1次，接受健康咨询和义诊的群众300余人（次）。

2018年5月，九三学社长寿区委开展走进社员企业活动

2018年，九三学社长寿区委开展走进社员企业活动，走访飞华环保等3家社员所在企业，听取企业和社员建议，为企业发展建言献策。开展送课下乡到万顺中学活动，助推城乡教育均衡发展。开展安全知识、健康知识进社区、进校园、进机关活动，其中1名社员在晏家中学进行安全知识讲课，听课师生200余人（次）；2名社员为区气象局全体干部职工开展“常见内科疾病的识别和防治”和“急救知识”讲座，接受咨询50余人（次）；开展江南义诊活动，义诊150余人（次），提供健康咨询30余人（次），发放宣传资料500余份。

【岗位奉献】　2018年，长寿区的九三学社社员们爱岗敬业，奋发有为，在本职工作岗位上获区级以上奖励和荣誉称号20人（次），其中，韦爱群获国家卫健委全国生育状况抽样调查先进个人、全国流动人口动态监测调查先进个人；2人获评区委区政府优秀公务员；1人获重庆市卫计委全国生育状况抽样调查先进个人表彰；3人获评2018年度优秀区政协委员；1人获评2018年度优秀区人大代表；1人获重庆市科学技术进步一等奖；1人获2017年度重庆市气象局短期预报质量奖优秀奖；彭博、张静瑶在全国中学生英语能力竞赛中获“全国优秀指导教师”称号。　（周丽容）

重庆市长寿区工商业联合会（总商会）

【概况】　2018年，重庆市长寿区工商业联合会（总商会）[简称区工商联（总商会）]有工作人员10名，其中行政编制5名，事业编制2名，聘用人员3名；科室设有办公室、民营企业维权投诉中心2个。年底前有基层商会19个、行业商会5个，以及昆明、成都、乌鲁木齐3个异地商会及女企业家联谊会、长寿区青年委员会（区青商会）；每个街镇都设立1个分会，会长由区域内有影响力的民营企业家担任，常务副会长由街镇统战委员担任，秘书长由街镇公职人员担任；行业商会有餐饮商会、建筑房地产商会、饰材家具商会、美容美发洗浴商会、混凝土商会；各个商会均按选举程序按时换届，有会长、副会长、监事、秘书长，有序地开展工作。长寿区总商会会员由成立初期的278个，发展到2018年的2585个（其中企业会员1031个，个人会员1554个，团体会员29个）。从长寿县第一届政协成立，县（区）总商会为政协组成单位，有政协委员6名；至2018年有区人大代表16名、区政协委员40名，市人大代表1名、市政协委员1名。

第十届长寿区工商业联合会（总商会）年内进行领导班子调整，有执行委员128名、常务委员24名，副主席（副会长）40名，主席（会长）1名；主席（会长）和兼职副主席（副会长）均由非公经济人士担任。

2018年，长寿区非公经济实现增加值365亿元，占地区GDP比重60%，较2017年同期增长8%，对全区经济增长贡献率68.8%。非公市场主体增长势头较快，新发展6856户，总量6万户，新发展率12%。在创新驱动发展战略的引领下，非公经济创新活力释放，产业结构优化，认定的高新技术企业中，民营企业占84.2%。非公经济对经济在2018年实现税收33.4亿元，增长11.7%，占财政税收比重超过57.8%；吸纳就业人员数占城镇从业人员88%以上，新增就业岗位90%左右由非公企业提供。

【政治引领】　2018年，区工商联（总商会）组织非公经济人士，重点是常委会成员学习中共十九大和十九届二中、三中全会精神，利用执委会、常委会、基层商会会长（秘书长）会、专题会等各种会议和其他方式，反复学、深入学，让十九大精神指引企业发展；引领非公经济人士学习习总书记系列重要讲话精神和在民营经济座谈会上的重要讲话精神。组织广大非公经济人士重点是常务理事会成员学习讨论，下发文件要求各基层（行业）商业、异地商会组织学习。

【非公经济服务】　2018年9月，中共长寿区委召开全区民营经济发展大会，出台相关政策措施，表彰17位非公经济人士和20家民营企业发展典型。区委优化民营企业生存和发展环境，减税减费缓解企业发展困难，2018年区政府减负11.9亿元，减费3亿多元，取消行政收费12项；新增直供电企业41家。

探索破解非公企业发展难题，为企业发展减忧减难。2018年区四大家主要领导定期不定期参加区工商联的会议，听取民营企业家反映的问题，主要领导现场办公答疑解难；全年走访调研民营企业514户，其中区领导走访185户，部门领导走访168户，主管部门走访161户，协调解决或正在解决的问题600余个。区工商联（总商会）调研撰写《营造良好发展环境助推民营经济持续健康发展的报告》及《关于引导民营企业参与乡村振兴战略的工作建议》，牵头与涪陵区、黔江区等6个区工商联共同参与课题调研，起草《区县工商联所属商会建设情况调研》《四好商会问题研究》以及《新时代如何创新商会党建问题的研究》等报告，为党委政府服务非公经济发展提供参考。

2018年，区工商联（总商会）继续开展非公企业人士培训。7月，组织40余名非公经济人士赴哈尔滨工业大学开展以“军民融合产业发展”为主题的学习培训；10月，组织40余名年轻一代非公经济人士赴中国海洋大学开展为期一周的“青年企业家创新创业能力提升”培训活动，增强青年企业家创新创业才干；年内分批次组织10余名非公企业家赴宁夏、上海、中山、大连等地参加市工商联组织的“以创新驱动发展战略及转型升级”“高质量发展与企业文化建设”等主题培训。重视和关心企业家身体健康，5月，区工商联（总商会）免费为60余名企业家进行体检。

2018年，区工商联（总商会）与区就业局联合开展“失业保险政策惠民企”宣传活动，宣传稳岗补贴和技能提升补贴政策。全区失业保险稳定岗位补贴面向企业，补贴额度是2017年实际缴纳失业保险费总额的50%，指定行业70%；失业保险技能提升补贴分档次最低补贴1000元、最高补贴2500元。区工商联（总商会）与区人社局等单位，合力推进构建和谐劳动关系，以家具门业企业为示范点，覆盖企业20家，期间到企业点对点开展创建指导，年底前完成全部验收工作，示范点80%的企业达到《评价规范》规定的80分以上，其中8家企业达到AA级和谐劳动关系标准，8家达到A级和谐劳动关系标准。

【参政议政】 2018年，区工商联（总商会）利用专题会，学习会、培训会交流参政议政经验，鼓励非公经济领域人大代表、政协委员提高建言献策质量。“两会”期间提交提案建议20余件，其中《抢抓产业转移机遇，快速推进智能家居产业集群的建议》《关于重点解决影响民营经济发展突出问题的建议》等提案得到重视和办理；《关于深化美丽乡村建设的建议》获评优秀提案。引导非公经济人士自觉履行社会责任，力所能及开展公益公建活动，致富思源回馈社会，2018年全区非公企业及非公经济人士在修路筑桥、扶贫济困、关爱弱势群体等各类公益慈善活动中捐资捐物500余万元。

【基层商会服务】 2018年，区工商联（总商会）指导基层商会到渡舟商会、长寿湖商会、葛兰商会等10余个商会走访调研，提出新时代基层商会改进服务工作方式方法的意见建议；指导江南商会、但渡商会、新市商会、长寿区女企业家联谊会、长寿昆明商会等5个商会完成班子换届。7月，组织全区街镇统战委员与基层商会秘书长赴武汉大学参加为期一周的业务能力提升培训；组织青商会全体会员集中观看电影《厉害了，我的国》和开展植树活动。牵头组织成立长寿区家具饰材商会，有会员企业88家。（黄家菊）

【重庆市长寿区名人事业促进会】 2008年7月28日，重庆市长寿区名人事业促进会（简称区名人促进会）成立。该会是经区民政局批准、工商联主管的公益性社团组织；其宗旨是广泛联系长寿籍和曾经在长寿工作过的知名人士，搭建交流平台，支援长寿建设。第一届会长由原县人大常委会主任、区人大巡视员谭连兴担任，副会长由区人大常委会副主任罗开国和企业家陈国栋、杨红等担任；2018年1月2日，区名人事业促进会举行换届选举，选出第三届理事会会长杨顺明、副会长陈继刚等14人和理事11人。区名人事业促进会广泛联系社会各界知名人士，加强与在外长寿籍和曾经在长寿工作的知名人士联系，加强与成都长寿商会

2018年1月2日，区名人促进会换届选举参会会员与区相关领导

和昆明长寿商会联系，宣传在外创业者，为他们提供相关资料，帮助区内外知名人士互通信息；每年召开年会，邀请在外人士回乡座谈，交流支援家乡建设、经济发展等内容。一些知名人士加入该会，2018年年底前已发展会员100名，分布全国各地和国外。

区名人促进会自成立开始，每年举办各类公益活动。2008年10月，举办“庆祝改革开放30年走进社区抒情歌曲演唱会”，讴歌改革开放30年取得的辉煌成就。2009年，召开“长寿首届知名人士电视迎春联谊会”，各界知名人士和回乡名人近100人相聚，共话“辞旧迎新·长寿大发展”主题；“新春春联免费赠送”活动组织10多名书画家在城内广场现场书写，赠春联600余幅、国画6幅；组织会员到长寿边远山区云集镇飞龙乡慰问教师；举办长寿首届“3·15”消费者权益保护电视论坛活动等。2010年，组织召开“好村官刘锡南一心为民”座谈会，名医刘泽颖“德技双馨”座谈会。2011—2012年，组织开展“绿化长寿全国征文”活动，收到当地和全国各地作家诗人征文稿100余篇，出版《诗情画意绿中来——绿化长寿征文集》1000册；制作的《绿化长寿之歌》VCD，获评2013年长寿区十大流行歌曲选。2014年，组织会员去但渡镇金地农业公司花椒种植基地文化采风活动，以文艺创作形式宣传农业企业。2015年，协助长寿湖镇安顺村在外人士回乡举办村民共度元宵节活动；协助举办在渝知名企业家交流活动；组织长寿首届“互联网+”活动。2017—2018年，举办“红军高级将领杨克明事迹座谈会”和“长寿湖畔红色文化座谈会”；协助区委宣传部、文明办、区妇联、中央人民广播电台及国际台等举办《家风颂·长寿福》寿乡行大型公益演出活动。

2018年元宵节，区名人促进会协助区委宣传部、文明办、妇联等部门举办家风颂活动

因宣传名人和发展事业需要，2008年12月创办《长寿人物》杂志。《长寿人物》杂志经市区文管部门批准，由区名人事业促进会主办，第一任主编谭连兴、副主任罗开国、执行主编杨顺民；2018年主编杨顺民。从创刊至2018年12月止，出版25期、200余万字（含图片）、宣传先进人物300余人；刊物开设《特别报道》《人物专访》《会员动态》《建言献策》《名人与长寿》《先锋堡垒》《农村新貌》《人社之窗》《卫计瞭望》《发展之路》《凤城艺苑》等10多个栏目，突出人物杂志特色和亮点，对长寿湖红色文化宣传，发挥重要作用。是长寿唯一宣传人物的专刊。

《长寿人物》宣传的名人有全国公安先进代建超，全国劳模四川维尼纶厂职工罗莉，中国穆斯林企业家“十大年度人物”、中国民族贸易促进会副会长吴晓静，重庆在外优秀打工创业者黄祥云，四川省优秀企业家程志鹏、张敢生，全国司法模范所长、长寿凤城街道办司法所所长向小云，高级农艺师杨林森、张利等。抢救一批名人文化遗产，如已故长寿区知名企业家陈国栋的企业管理经验、著名雕塑家叶荣华的雕塑艺术、名医刘泽颖的白衣卫士精神、渡舟办事处三好村村主任刘锡南一心为民的好思想等。

《长寿人物》创刊之初，编委全体成员不辞辛劳，利用本职工作之余，不计报酬，认真采访，写出高质量稿子；凝聚一批思想水平高的作者孜孜不倦地撰稿，如已故区知名企业家、区政协常委陈国栋撰文为长寿区经济发展建言献策；原长寿县县长、重庆市农委副主任徐明虎，对《长寿人物》杂志创办精神、办刊方向和宣传精神给予称赞，不顾八旬高龄坚持写稿；原县人大主任、区人大巡视员、名人会会长、《长寿人物》杂志主编谭连兴等一直撰稿。

2017—2018年，《长寿人物》杂志首次出版《红军高级将领杨克明》和《长寿湖畔的红色文化》专刊，组织召开“红军高级将领杨克明烈士英雄事迹座谈会”和“长寿湖畔红色文化座谈会”，与会各界名人畅谈红色文化。与会人大代表和政协委员向“两会”写提案修缮杨克明故居和建立纪念馆，市政协、区人大和区政协均通过提案；市文物局拨款30万元，区政府配套资金修缮杨克明故居，把修缮杨克明故居纳入2019政府工作报告。《长寿人物》杂志应区委宣传部要求，向中央新闻单位新华社提供宣传杨克明的资料；应区委组织部和长寿湖管委会要求提供宣传杨克明的资料；宣传杨克明等长寿湖畔红色人物文章获得中央党校主管的中华魂网站转载。长寿区的杨克明故居已成为革命教育基地和红色旅游基地。

（杨顺民）

2018年10月19日，在“上海国峯慈善基金会·叶爷爷莲花助学金”捐赠仪式上，长寿川维中学20名贫困学生获得助学金

群众团体

重庆市长寿区总工会

【概况】 2018 年，重庆市长寿区总工会（简称区总工会）有在职人员 9 名。其中：正处级 1 名，副处级 2 名，副调研员 1 名，正科级 3 名，主任科员 1 名，机关工勤人员 1 名；设办公室、基层工作科、服务发展科 3 个内设机构。下设有长寿区职工服务中心公益一类事业单位 1 个，有在职工作人员 8 名。

2018 年，长寿区工会组织有局工委 20 个，园区总工会 2 个，街镇工会联合会 19 个，直属工会 13 个。工委主任、工会联合会主席和直属工会主席由同级副职担任。

【基层组织建设】 2018 年，区总工会加强建会和法人证书办理，新办理法人资格证书 116 个，新建独立基层工会 37 个，指导基层工会换届 167 家。年内完成重钢、川维等 9 家改制分流企业公司工会关系的接收工作；探索扁平化管理，将区属国有企业以及部分局工委纳入区总工会直接管理。推进非公企业工会规范化建设，推荐重钢龙贻菊当选全国工会十七大代表；探索开展重庆市工会代表和区工会代表履职活动，对行业工会、经开区、工业园区等企业工会进行调研，提升代表的履职意识和履职能力。开展“争创模范职工之家”活动，区医院、康普化学、区人民检察院、鑫富化工获得市模范职工之家（小家）；铱佳物业管理有限公司品质部被全国总工会评选为全国模范职工小家，重庆华硕建设有限公司袁昌勇被全国总工会评为优秀工会积极分子。

2018 年 4 月 26 日，长寿区总工会举办庆祝“五一”国际劳动节暨第二届“长寿工匠”颁奖活动

【工会品牌建设】 做好劳动竞赛品牌。2018 年 10 月，区总工会承办全市卫生护理技能大赛，组队参加市交通、汽修等劳动竞赛；指导重钢和经开区的天勤、天泽以及工业园区的鼎盛印务等企业开展多形式的劳动竞赛；区总工会联合卫计委、畜牧局、商务局等单位开展动物检疫技能竞赛、厨师技能竞赛、医护人员技能竞赛；支持物业行业协会开展第一届物业行业技能竞赛。

做好劳模和工匠品牌。2018 年，出台《长寿区关于区级劳模认定办法的通知》，规范劳模评选。组织 76 名劳模开展免费体检，组织 25 名劳模到武陵山疗休养。开展第二届“长寿工匠”评选工作，全区评出 10 名工匠，29 名技术能手。助推企业创新工作，建立职工创新工作室 3 个。

做好女工品牌。开展送健康进企业活动，为 750 名女职工进行免费体检，对渡舟街道患病女职工慰问 5000 元；联合华西医院到乐温中心小学开展“小城大爱”献爱心活动。建立汽车总站、天泽公司 2 个“爱心妈咪室”和 10 个爱心企业驿站。

做好职工文体活动品牌。区总工会举办庆祝五一国际劳动节暨第二届“长寿工匠”颁奖仪式；与卫计委等部门联合开展劳动竞赛暨第一届“医师节”表彰会、“万步有约”职工走路活动；联合文化委开展职工篮球、乒乓球联赛，动员组织 12 支企业队参加全区第二届运动会，与区直机关工委联合组织开展职工趣味运动会。组织职工参加市总工会学习贯彻中共十九大精神演讲比赛；支持书法中心开展职工书法展览；与区妇联等单位联合开展“三八”节活动；联合文化委、教委、妇联开展《花木兰》杂技剧演出活动。

2018 年 9 月 20 日，庆祝改革开放 40 周年长寿区总工会等单位联合主办杂技剧《花木兰》演出

做好职工维权品牌。2018 年，区总工会配合区人社局对 34 家重点企业开展工资清欠工作，举办“三月法制宣传月”“春风送法律”“尊法守法·携手筑梦”服务农民工大型公益法律服务活动 6 场（次），发放宣传资料 3000 余份，接受现场咨询 200 余人（次）；参加“健康中国，职业健康先行”职业病防治宣传周活动；选送“安全伴我行安全文艺”创作作品参加市总工会比赛获得一等奖；组织 4 名志愿律师深入开展“千名律师进企业，服务职工在基层”活动，为 200 名农民工追讨欠薪，为 16 名农民工进行劳动争议调解，参与安全事故处置 12 起。

【职工服务】 2018 年，区总工会采取向市总工会争取一点、政府支持一点、自筹一点的办法筹集资金对职工服务中心（原工人俱乐部）实施整体维修改建；支持街镇、企业做好职工之家阵地建设，拨款对海棠镇、朗天、重钢等基层工会开展职工之家和班组阵地建设；继续完善 5 个职工活动中心活动机制，支持健身、书法、音乐、太极拳、摄影五大职工活动中心开展活动。

区总工会联合区人社局等部门举办“春风行动”就业招聘会为近千人提供免费就业服务；全年发放各类慰问金 130 余万元，慰问各类职工 3000 余人（次）；开展“炎夏送清凉”活动慰问交巡警、环卫工人、企业职工 1150 名；金秋助学资助贫困学生 136 名；慰问大病职工 200 人。

区总工会年内制订困难职工解困脱困工作实施方案，按照困难职工建档标准建立困难职工纸质、电子档案，建立、完善困难职工解困脱困联系卡，动态管理困难职工档案，按规定将当年度专项帮扶资金录入帮扶系统，全年城市建档困难职工解困脱困 107 人。

2018 年 12 月 13 日，区总工会对区教委、经开区、工业园区、卫计委等单位 200 余名困难职工进行互助保障慰问

推进职工医疗互助保障工作，采取培训、走访、慰问、补贴等措施调动机关事业单位、企业单位组织职工参加互助保障积极性。2018 年全区有 216 家单位、15182 人加入“职工互助保障”，入会金额 256.87 万元，较 2017 年增长 5.6%；全年理赔 708 次，理赔总金额 220.9 万元（其中，重疾 45 次，理赔 166.2 万元；住院补贴 607 次，理赔 48.9 万元；住院医疗及意外伤害 56 次，理赔 5.8 万元）。完成市互助会下达的入会总金额和入会续保率指标。

【和谐劳动关系构建】 2018 年，区总工会聘请专职工资集体协商指导员指导企业工资集体协商工作，采取考核激励、企业集中签约等形式，确保全区已建工会企业集体合同、工资专项集体合同续签率 98%。开展非公企业厂务公开规范化建设，全区国有和国有控股企业及事业单位厂务公开、职代会建制率实现全覆盖，已建会非公有制企业职代会建制率 96%。

2018年，区总工会配合区人社局在工业园区家具行业开展16个构建和谐劳动关系示范点建设，已通过市级验收。在园区建立5个劳动争议调解委员会。选树物管行业协会、铱佳物业作为长寿区行业（区域）职代会或行业（区域）性集体协商工作典型。全年培育选树市级厂务公开民主管理典型单位3家，推动非公企业新建职代会、职工董事和职工监事、集体协商等民主管理制度6家，新培育行业（区域）职代会或行业（区域）性集体协商工作典型1个。

【工会干部素质提升】 2018年，区总工会联合区妇联、科协、残联支部开展活动；开展习近平新时代中国特色社会主义思想、中共十九大精神"进企业、进车间、进班组、进校园、进社区"宣讲活动4次；邀请中国工会十七大代表龙贻菊在区总工会全委会上宣讲中国工会十七大精神；深化"两学一做"学习教育，执行《关于新形势下党内政治生活的若干准则》和《中国共产党党内监督条例》，提高工会干部队伍素质。加强党风廉政建设，针对区委第一巡察组对区总工会巡察反馈的问题，制定整改方案，完善机关内部管理制度。

2018年，区总工会先后开展全区机关事业单位、非公企业工会干部工会基础知识培训，工会组织和会员实名制以及职工互助保障工会经费收支管理工作培训会，培训工会干部1000余人（次）。

（周　洋）

共青团重庆市长寿区委

【概况】 截至2018年12月，长寿区有共青团基层团组织887个，其中，团（工）委68个，团总支17个，团支部802个；有团员40807名，其中农村团员16197名，机关企事业单位团员682名，学生团员8820名。共青团重庆市长寿区委员会（简称团区委）有在职在编干部7名（含下设青少年活动中心），其中团委书记1名，副书记2名，兼职副书记1名；平均年龄33.4岁；研究生学历2名，大学本科学历5人。

2018年，团区委的主要工作被《人民日报》报道1次、人民网报道2次、中央办公厅报道1次、《中国青年报》报道1次、共青团中央微信平台报道2次、市委办公厅报道1次、《重庆日报》报道8次、重庆卫视新闻联播报道3次；团区委在全国共青团权益工作会上交流经验1次，作为区县级团委唯一代表赴港参加大陆香港青年工作交流会，在全市工作会上交流经验4次（含书面）；获得"全国2018年西部计划绩效考核优秀等次项目办""2018年度重庆共青团系统工作目标考核特等""2017—2018年度重庆市大学生志愿服务西部计划优秀区县项目办""重庆市第三届优秀青年志愿服务组织""不忘初心跟党走·做新时代好少年"重庆市第七届青少年军事夏令营公益活动"优秀组织奖""童心向党·少年强"重庆市第二届青少年体育大赛"优秀组织奖"等称号。

2018年，区委常委会专题听取共青团工作1次，区政协专题调研共青团工作1次，区委书记赵世庆4次出席共青团活动，团市委书记张继军2次到长寿调研指导工作。区委书记赵世庆、区长巴川江、区人大常委会主任张明生、区政协主席张华、团市委书记张继军等领导16次对团区委工作作出肯定性批示。

【组织建设】 2018年5月25日，召开少先队重庆市长寿区第三次代表大会，选举产生委员27名、常委9名，区第三届少工委主任2名、副主任2名。8月29日，召开重庆市长寿区青年联合会第二届委员会第一次全体会议，选举产生区青联常委30名，区青联主席1名、副主席8名。

长寿区青少年活动中心举办"传承国学颂经典 童心共话新时代"国学经典展演

2018年，团区委联合区委组织部、区委党校举办"党建带团建"专题培训班，团市委书记张继军亲临授课；组织各级团组织开展"不忘初心

跟党走 青春建功新时代”主题团日活动80余场，读书分享会、演讲比赛、入团仪式、主题教育等活动120余场；举行“我心中的改革开放——庆祝改革开放四十周年演讲比赛”；新建非公和社会组织团组织51个；组织开展以“争做新时代好队员 集结在星星火炬旗帜下”为主题的庆祝第69个少先队建队日活动。

2018年，全区各级团组织、团干部和团员青年先后获得“全国五四红旗团委”“全国优秀少先队集体”“全国优秀共青团干部”“重庆市五四红旗团委”“重庆市优秀团委书记”“重庆市最美团支书”“重庆市青年文明号”等荣誉60余项。

【团的功能建设】 2018年，团区委组织开展单身青年交友联谊、青年素质训练营等活动4场（次）；举办返乡青年座谈会、送服务下基层农村青年电商培训等活动16场；资助贫困家庭学生129名，慰问、帮扶贫困留守儿童2612名；开展“冬日阳光 温暖你我”新春关爱活动，为554名儿童实现新年心愿；开展“情暖童心·流动少年宫”进基层系列活动2场（次）。开展科学体验、青少年军事夏令营、“非遗”体验、“我们的节日”等公益活动14场；在重庆市远恒佳学校挂牌成立首个长寿区青少年科普教育实践基地；鼓励支持青少年参加各级各类赛事，获得市级奖项200人（次）。

开展心理健康讲座、校外心理辅导站个案辅导等活动，受益青少年500余名；开展“模拟法庭”“‘莎姐’送法”“法治讲坛”活动120余场；开展“送法进校园”“送法进社区”等活动50余场，覆盖青少年3万人（次）；开展“四点半课堂”等活动100余场；区青少年活动中心市民学校、菩提街道菩提社区市民学校获评市民学校市级示范点；菩提古镇群团服务站被评为群团服务站市级示范点。

2018年5月3日，共青团长寿区委与相关部门签署《共同帮扶服刑人员未成年子女协议书》

2018年，团区委联合区人民检察院、区教委签署全市首个区县《关于构建未成年人检察工作社会支持体系框架协议》；联合区检察院、凤城监狱、区妇联签署全市首创《共同帮扶服刑人员未成年子女协议书》。投入15万元，购买社会服务开展“彩虹守护2+1”“自护课堂”“反毒大篷车”等主题活动45场，服务6000余名青少年；依托青年之家·城乡社区市民学校建立预防青少年违法犯罪工作站，举办专题培训班，筑牢预防青少年违法犯罪“防护网”；菩提社区成功申报为全国“青少年零犯罪零受害”社区。

【志愿服务工作】 2018年，团区委在龙河镇保合村等成立4个“长寿区乡村振兴试验示范村志愿服务站”；承办2017—2018年度重庆市大学生志愿服务西部计划区县项目办述职会暨城乡社区市民学校工作推进会、“巡湖马拉松 团团向前冲”“幸福大讲堂”等市级示范活动；在全市率先成功面向西部计划志愿者定向招聘事业单位工作人员4名。

探索建设“共青团+青年环保社会组织+青年志愿者队伍+青年突击队”的“河小青”队伍体系，招募青年志愿河长246名。组织开展巡河示范活动、全城联动志愿服务活动等专项活动，14558人（次）参加“河小青”志愿服务活动。

【青年创新创业服务】 2018年，团区委开展创业沙龙、创业“巡诊”、创业主题“面对面”等活动20余场（次）；帮助创业青年申报获得创业贷款56万元；推荐12名青年参加电商农产品销售大赛和青团购、青创嘉年华等农产品展销活动；组织开展大学生创新创业大赛等活动16场（次）。

（章　梅）

重庆市长寿区妇女联合会

【概况】 重庆市长寿区妇女联合会（简称区妇联）是中共重庆市长寿区委直属的正处级群团单位。有机关事业编制9名，2018年年末实有人数8人；设领导职数3名（主席1名、副主席2名），实职处级领导3名；有内设机构3个，即办公室、维权科、妇女儿童发展科。区妇联的主要职能有7项。

【妇联组织建设】 2018年，长寿区人口总数89.26万人，其中女性44.04万人。全区有在长寿市属部门妇女组织6个，有区级部门机关妇委会（妇工委）60个、事业单位妇委会5个、民主党派妇委会4个、街道妇联7个、镇妇联12个，有村妇联221个、社区妇联42个，有非公有经济、社会组织妇女组织82个。

【宣传教育】 2018年，区妇联加强学习教育，凝聚思想共识，召开党组会、职工会、专题报告宣讲会，下发学习贯彻通知，及时传达学习习近平总书记系列重要讲话精神和中国妇女十二大精神及市委、区委重要会议精神，结合工作实际提出贯彻落实举措。区妇联机关全年开展主题党日活动12次，组织中心组学习18次、党风廉政学习19次、廉政教育74次，组织召开各级执委会议80余次；在"长寿女性"微信公众号"十九大专栏"，编发中共十九大精神解读内容4期。开展特色宣传教育活动，在石堰镇石安村举行"百名巾帼大宣讲"启动仪式，全区各级各部门及各街镇、村（社区）妇联到田间院坝开展宣讲活动220场（次），受众人数3.5万余人；举办以"巾帼心向党·建功新时代"为主题的纪念"三八"国际妇女节活动，开展长寿区第二届"最美女性"随手拍大赛，各级妇联开展女职工趣味运动会、女性素质提升讲座、义务植树活动、女性健康知识讲座等纪念活动等220余场（次），近万名妇女参与。培育典型，江南街道龙山社区家长学校志愿者孙黎参加重庆市学雷锋志愿服务先进典型评选获"最美志愿者"称号，叶静、马晓鸿、刘斌霞获重庆市巾帼建功标兵称号；在巾帼文明岗中开展"巾帼心向党·建功新时代"主题活动，新增市级巾帼文明岗5个、市级三八红旗手1个、市级三八红旗集体2个、市级巾帼建功标兵3个，命名区级巾帼文明岗20个。强化互联网思维，加强"长寿女性"公众号管理，实现线上线下互联互通工作局面；在"点赞改革开放 她记忆"网上接力传播活动中，长寿专篇微信点击量1500人（次）；线上线下网络安全宣传发放女性网络安全宣传手册及"争做巾帼好网民倡议书"1000余份。全年区妇联组织开展各类活动117场，编发妇工信息28期、妇联大事记12期；妇联工作在中国妇女报上稿3条，在重庆卫视上《重庆新闻联播》1条、《直播重庆午新闻》2条，在《重庆日报》上稿3条；中国文明网、光明网、华龙网、大渝网等主流网络媒体宣传报道49条；在全国妇联网站上稿1条，重庆妇女网采用68条，重庆女性官方微信公众号采用15条；"长寿女性"微信公众号编发微信200余条，区级媒体宣传报道136次，得到区委主要领导及区政府相关领导肯定性批示6次。

【脱贫攻坚乡村振兴】 2018年，区妇联召开长寿区"三大巴渝巾帼行动"工作推进会暨第十五届执委第三次扩大会议，要求做到常规工作抓规范，重点工作创特色；结对帮扶云集镇青丰村16户贫困户，帮助贫困户"志智"结合实现真脱贫；组织妇联系统干部参加"重庆市优秀扶贫干部杨骅同志先进事迹报告会"；推行巾帼河长制，动员全区19个街镇妇联在各自辖区范围内选派巾帼河长；建立巾帼志愿者服务队伍，到村社区开展各类乡村志愿服务活动，全年开展"绿色生活美万家"等巾帼志愿服务活动30场次。组织参加"重庆市首届最美巾帼农家乐才艺比拼活动"，长寿区清迈良园和长寿区澳凯生态园获评"重庆市首届最美巾帼农家乐"；依托在重庆澳凯鸿港农业发展有限公司挂牌成立的长寿区乡村振兴巾帼创业创新培训基地，推荐马晓鸿参加重庆市妇联举办的"@她创业计划"培训，提升女性创业创新带头人本领；推进"新农人"培育工程，开展创业创新培训和以农业生产技能、种养殖业、家政服务、电子商务、市场营销等为重点的新型职业女农民培训；扶持成立唯粒竹编制品有限公司，推广"寿文化"手工编织原创作品，帮助建立培训、创作、生产、销售一条龙服务，带动妇女增收致富。强化慰问帮扶，争取资金59万元，实施农村贫困母亲"两癌"救助项目，实现救助全覆盖；实施"母亲邮包"项目，筹集捐款5.3万元，为260名贫困母亲送去温暖；各级妇联筹集资金，开展"元旦"、春节、"六一"、中秋、国庆重大节日送温暖活动，慰问700余名贫困妇女。汇聚社会关爱力量，在但渡镇开展长寿区农村留守妇女"双学双比"摘枇杷比赛，各街镇相应开展留守妇女技能比赛活动，参加人数1500余人；联合区妇幼保健计划生育服务中心在19个街镇举行“守护她健康”女性健康知识公益巡讲，受益妇女3万余人；联合重庆金夫人婚纱摄影集团在全区221个村、42个社区开展“幸福记忆关爱贫困家庭”关爱活动，受益家庭3156户，扶贫资金150万元；组织女企业家代表在新市街道参加“大手牵小手，我们在一起”留守儿童关爱活动，捐款2万元；联合工业园区管委会、区消防支队开展暑期儿童安全防范知识讲座，各街镇妇联组织多种活动关爱慰问留守儿童2000余人（次）；继续联合开展“金秋助学·圆梦行动”，帮扶129名贫困学子上大学；截至2018年年底，长寿区“春蕾圆梦行动”资助女高中生76名，发放资助金22.8万元；举行“情暖童心·相伴成长——2018，我们在一起”关爱活动，对“爱心妈妈”培训帮扶技能并开展困境儿童和“爱心妈妈”的一对一团队辅导；联合举办“智慧课堂”，为务工子女学习提供帮助。

【家庭建设】 2018年，区妇联推进“城市提升·巴渝巾帼行动”，创新开展“书香家庭”“绿色家庭”“惜福家庭”“平安家庭”创建。3月，联合区委宣传部等单位在新市街道河石桥社区举行“我们的节日·元宵——‘家风颂·长寿福’”寿乡行公益活动；联合区委宣传部开展寻找“最美家庭”“家风润万家”活动，评选出刘运川等10个“最美家庭”，其中5个获重庆市“最美家庭”，晏家街道罗玉如家庭被推选为2018年度全国“最美家庭”，长寿湖镇席治德家庭获第十一届全国“五好家庭”称号；评选长寿区“最美阳台”“最美庭院”各20户，“我的阳台笔记”优秀作品20个，其中4个家庭获评重庆“最美阳台”称号，2户庭院获评重庆“最美庭院”称号。传承好家教，举办第四届“拥抱新时代·践行新思想·实现新作为”人生规划（生活规划组）大赛；联合开展“阅读悦美 悦享长寿”——寻找“最美朗读者”长寿区首届诵读大赛决赛和“菩提诗韵·月吟中秋”诗文朗诵会；参评“我爱我家”儿童绘画、征文作品征集展示；邀请市家庭教育讲师团讲师李洁、罗运华、黄一飞到长寿开展家庭教育公益讲座，惠及1000余名学生家长。弘扬好家风，依托村、社区“妇女之家”开展好家庭好家教好家风巡讲，推动农村妇女和家庭带头移风易俗、反对陈规陋习；评选20个区级“最美书香家庭”，参加人员300余人，其中3户家庭获评重庆市“最美书香家庭”；组织推荐2户家庭参加重庆市首届家庭诵读大赛，获二等奖1个、三等奖1个；联合区纪委监委机关举办“清风常伴·廉洁齐家”家庭助廉立德活动，面向长寿区党员干部家庭成员发出家庭助廉立德倡议书，邀请区纪委常务副书记、区监委副主任黄述明作题为“知纪守法明规矩 家庭助廉万事兴”的家庭助廉立德专题讲座；推荐参加重庆市“清风润万家”家庭廉政文化系列比赛，其中韦学明《楷书两条屏》、吴刚《莲花与独角兽》获“清风润万家”家庭廉政文化系列比赛书画类优胜奖；袁方家庭《焦门家风 历久弥新》、樊米玲家庭《以德促廉，让廉政之风永驻家中》在“清风润万家”家庭廉政文化系列比赛中分别获诵读类、讲故事类最佳作品奖；与区工业园区企业联合会在科技文化中心大礼堂举办由《中国家庭报》、致良知女子学院主办的“百万家庭幸福计划”——重庆长寿站“家族兴旺之道”公益巡讲，1000余人倾听，金夫人集团赠送价值10万元《文化自信与民族复兴》书籍2000余册；启动传统文化诵读活动，向19个街镇妇联赠送《文化自信与民族复兴》书籍600余册，要求各级妇联组织引领广大妇女群众提升心灵品质。

【妇女发展】 2018年，区妇联整合资源，联合区人社局、区文化委、区旅游局、商务局等相关部门及19个街镇，打造“两基地三中心四平台”，推进“四大巴渝巾帼行动”（两基地即成立长寿区乡村振兴巾帼创业创新培训基地，建立长寿区家风家教基地；三中心即建立长寿区妇女儿童活动中心，建立长寿区妇女创业创新服务中心，成立长寿区“巴渝巧姐”手工编织中心；四平台即建立素质提升平台，筹建资源共享平台，建立志愿服务平台，建立维权帮扶平台）。由区妇联培育的手工编织带头人廖维莉代表长寿区参加由重庆市妇联、市人社局、市科委、市文化委、江北区委、江北区人民政府主办的“巾帼杯”首届旗袍服饰制作大赛，获一等奖；联合区就业局、区残联开办“巧手编织幸福梦”竹编培训班，组织手工编织培训20期，培训人数300余人，制作手工作品500余件；组织9名母猪养殖户参加市妇联“@她创业”计划科技培训；引办领办“妇”字号企业和经营主体，培育区级巾帼家庭农场示范点10个、巾帼农民合作社示范社6个、巾帼乡村旅游农家乐示范点5个，发放扶持资金5.3万元；发放妇女创业担保贷款2713.4万元，帮助276名妇女创业；联合开展“春风行动”招聘会，发放宣传资料3万余份，为1.2万名女性劳动者提供免费服务。

【维权服务】 2018年，区妇联做好维权宣传教育，各街镇妇联开展“建法治长寿·巾帼在行动”“三八”维权活动25场次，发放妇女维权宣传资料1万余份，引导妇女遵法学法守法用法；开展“守护花季 青春无毒”禁毒教育宣讲进校园活动，引导孩子增强识毒、防毒、拒毒能力；联合区卫生计生委开展“共建生育文明，共享美好生活”主题宣传活动；评选“平安家庭”示范户22户；组织20名巾帼志愿者参加区妇联与区禁毒委、区委宣传部等单位联合在长寿菩提古镇万寿广场举办的“感恩生命、健康生活——2018重庆市全民禁毒宣传月”主题活动启动仪式暨集中宣传活动；组织巾帼志愿者开展线上线下“扫黑除恶专项斗争”宣传，发放围腰、口袋等各种类型宣传品1000余份。依法维护妇女合法权益，在街镇挂牌成立婚姻家庭纠纷调解室，畅通妇女诉求渠道；区妇联接访81件；区妇联干部参与人民法院陪审案件120余件。推动“两纲”落实；全年召开3次妇儿工委成员单位会议，对涉及妇女儿童发展的123个指标全面监测，指标监测率100%，指标推进率93.18%，综合分析形成2018年妇女儿童监测评估报告，协调成员单位制定对策措施推进目标任务落实；召开专题工作推进会，针对“两纲”规划指标中涉及婚前医学检查率、女性就业率、农村卫生厕所普及率等6项未达标指标研究解决方案；联合区卫生计生委、区民政局、区财政局印发《长寿区推行免费婚前医学检查工作实施方案》，加强婚前和孕前保健工作。

【妇联改革】 2018年，区妇联强化妇联机关队伍建设，把符合“二十字”好干部标准的干部选出来、用出来、管出来、带出来；推进“两学一做”教育常态化制度化建设；重视意识形态工作，每个节假日前组织廉政专题学习；常态化开展“清风常伴廉洁齐家”活动，加强干部教育引导。转变工作作风，开展调查研究工作，制订出台《长寿区开展乡村振兴巾帼行动调研的工作方案》，走村入户、座谈、召开院坝会等，发放调查问卷3931份，分别就农村妇女创业就业、乡风文明建设、“三留守”人员关爱帮扶体系建立三个课题进行专题调研。制订《长寿区乡村振兴、城市提升、创业创新巾帼行动工作方案》，成立长寿区“三大巾帼行动”领导小组，实行任务分解、责任到人，在方案中明确将“三大巾帼行动”的落实情况纳入2018年各级妇联组织的考核。延伸工作触角，重点在非公经济组织和行业组织中广建妇女组织；运用“会改联”、街镇区域性妇联改革成果，做实妇联执委、妇女代表联系妇女群众制度，强化网上妇联工作，编发微信203条。在菩提街道、江南街道、龙河镇和洪湖镇打造4个“儿童之家”示范点，完善长寿区“儿童之家”阵地建设；晏家街道晏山社区妇女之家获评重庆市2017年度“十佳妇女之家”，菩提街道菩提社区、凤城街道凤西社区、晏家街道晏家社区、八颗街道莲花社区和洪湖镇沙湾社区的妇女之家获评重庆市2017年度“优秀妇女之家”。（叶云芬）

重庆市长寿区科学技术协会

【概况】 重庆市长寿区科学技术协会（简称区科协）2018年有在职参公管理人员6人，其中正处级2人，副处级1人，正科级2人，副科级1人。全区有园区科协2个，企事业科协3个；科普示范社区11个，其中市级科普示范社区4个，区级科普示范社区7个；农村科普示范基地36个，其中国家级科普示范基地5个，市级科普示范基地3个，区级科普示范基地28个；有区级农村专业技术协会17个。区科协获市科协2018年度目标考核特等奖。

【科协专项改革】 2018年，区科协向19个街镇科协印发《加强基层科协组织建设“3+1”改革工作实施方案》，采取“两纳入、一指导、三结合”[即将“3+1”改革纳入区委区府深化改革重点内容、纳入镇街党（工）委政府党建带群建综合考核，加强对街镇科协组织“3+1”改革指导，将“3+1”改革与区科协带头组建的农业科技专家服务团、健康科技专服务家团、青少年科技创新讲师团相结合]的方式，推进基层科协组织“3+1”试点工作。截至年底前，全区15个街镇科协全面完成“3+1”改革试点工作，先后有50余名医院院长、学校校长、农技站站长进入街镇科协领导班子。

【全民科普工作】 按照区政府办印发的《重庆市长寿区全民科学素质行动计划纲要实施方案（2016—2020）》，由区科协牵头，全区各街镇、区级各相关部门分工协作，推进五大人群全民科学素质行动计划，开展科学教育、科学传播与科学普及工作，推进科普基础设施建设，公民科学素质公共服务能力明显提升。形成政府主导、科协牵头、部门负责、全民参与的大联合大协作科普宣传工作格局。

区科协联合区委宣传部、区科委、区农委等部门，组织开展“科技下乡”活动、“科技活动宣传周”“世界环境日”“食品药品安全宣传月”等集中科普宣传活动，2018年组织科技下乡12场（次），发放科普图书、科普挂历、科普画册2万余册。区科协联合区委宣传部、经信委、教委、科委、农委等单位，组织开展以“创新引领时代，智慧点亮生活”为主题的2018年“全国科普日”活动，科普宣传进校园、进社区、进农村、进企业和科技工作者座谈会等系列特色科普活动。区科协加强与区教委等部门的合作，组织开展全区青少年科技创新作品评选活动和科技节；组织长寿区首届STEAM科创教育实践培训活动，区科协获市科协优秀组织单位奖；支持长寿中学、北城中学、第一实验小学、黄桷湾小学、江南九年制学校和葛兰镇中心小学校开展机器人、模型大赛等青少年创新活动；配合区教委统筹做好第三十三届全国青少年科技创新大赛参赛工作，组织部分学校师生观摩第三十三届全国青少年科技创新大赛。2018年在重庆市第三十三届青少年科技创新大赛中，长寿区有37件作品获奖，其中，青少年项目一等奖4件、二等奖3件、三等奖6件，教师项目一等奖2件、二等奖6件、三等奖3件、优秀奖13件，长寿中学校陈连老师获第三十三届重庆市青少年科技创新大赛中科普STEAM教育园丁奖。加强科普信息化阵地建设，做好科学知识传播和科技宣传工作，全年新建“科普中国e站”5个，利用“科普中国e站”和“科普网络书屋”，促进“科普中国”的落地运用。组织开展2018年“中国西部反邪教论坛”征文活动，发动会员单位撰写论文，联合区教委开展反邪教论文征集活动，择优向市反邪教协会报送征文20余篇，其中有5篇论文获奖，长寿区反邪教协会获市反邪教协会优秀组织奖。

【基层科普行动计划】 2018年，长寿区精准对接乡村振兴发展战略，组建区科协农业专家服务团，组织农业科技专家进村入户，开展科技咨询、科技推广和科技培训工作。实施基层科普行动计划，区科协先后印发《关于组织实施2018年基层科普行动计划申报工作的通知》《关于申报2018年科普设施和科普能力奖补项目的通知》，2018年新建农村专业技术协会2个，科普社区1个，科普基地10个，乡村科普馆1个；基层科普行动计划奖补资金59万元，科普设施和科普能力建设奖补资金86万元。加强科普社区的建设和管理，依托11个科普社区的社区科普大学点，开展健康、安全、环保等科普讲座，全年上课200余节。推动落实《长寿区科协科技助力精准扶贫工程工作方案（2017—2020）》，引导和鼓励区级相关学会、农村专业技术协会、科普惠农先进单位利用产业、技术、信息等优势，在技术培训、技术咨询、技术管理、产业结构调整等方面开展精准服务，助推脱贫攻坚工作。加强与对口帮扶县丰都县的联系与协作，先后2次与丰都县科协开展扶贫协作和对口帮扶活动。

【科技平台搭建】 2018年，区科协联合区发改委、区财政局、区经信委、区科委等8家单位出台《关于印发〈长寿区院士专家工作站建设管理办法〉的通知》《关于印发〈长寿区院士专家工作站评审办法〉的通知》，指导企业开展院士专家工作站建设工作；年内新建市、区级专家工作站各1个。长寿经开区院士专家工作站和康乐公司院士专家工作站在市级院士专家工作站评审中被评为优秀。联合长寿经开区科协引进高端人才，建立和完善长寿经开区院士专家智库及相关管理运行办法，清华大学费维扬、中科院物理研究所汪卫华、吉林大学冯守华3名院士成功签约入库，先后3次到长寿开展战略咨询服务。

区科协组织相关企业先后与清华大学、西南大学开展对接活动，清华大学化工学院在重庆康乐制药有限公司建立科研教学实习基地，西南大学先后在大洪湖水产公司建立水产教学实验基地和在云台清迈良园建立科研实习基地和教学实习基地。区科协先后联系中国金属学会、电工钢学会，组织专家到望变集团开展变压器硅钢片材料学术研讨、技术指导，对产品质量鉴定和认证；与市柑橘协会开展“村会合作”，先后3次组织学会专家对洪湖镇秤沱村橘香悦动村开展产业规划、技术指导和技术培训活动；与市水产学会联合在万顺镇组织开展“庆丰收·大型水产科普宣传”活动；与市蜂业学会联合开展养蜂专业技能培训活动，搭建学会科技资源服务乡村振兴的平台。

区科协组织科技工作者围绕长寿经济社会发展，开展专题研究和理论研讨活动，先后征集科技工作者专题研究和理论研讨报告19篇，向市科协报送专题研究和理论研究文章12篇，报送科协改革课题调研报告1篇。筹备健康科技专家服务团、青少年科技创新讲师团、农业科技专家服务团，组织相关专家围绕科协改革与科技创新、科教兴国与青少年科学素养培育、科技下乡与乡村振兴等开展理论研讨活动，收到相关理论调研文章13篇，为区委区政府科学决策提供服务。区科协组织科协界别政协委员围绕科技创新、乡村振兴等主题开展视察调研、座谈等活动，发挥科协界别委员联系广泛的优势和政协委员服务经济社会建设的作用。2018年，科协界别政协委员撰写提案15件，社情民意6件，受到区委区政府重视和相关部门采纳，部分被列为重点提案督办。（高小鸿）

重庆市长寿区社会科学界联合会

【论坛讲座管理】 2018年，重庆市长寿区社会科学界联合会（简称区社科联）按照《党委（党组）意识形态工作责任制实施细则》《党委（党组）网络意识形态工作责任制实施细则》《未经批准举办意识形态类论坛讲座预警处置办法》等文件精神，督促区属社科团体和成员落实意识形态类论坛讲座责任制，执行审批备案制。全年备案28次，审核通过23次，督促全区论坛讲座报告会规范有序。

【学习研究】 2018年，区社科联深化学习，推动重大理论和现实问题研究。强化问题导向，聚焦长寿经济社会发展热点、难点等问题，做好年度全区哲学社会科学规划课题研究工作，组织实施年度项目申报工作，完成“长寿区推进城乡社区治理研究”“龙溪河流域生态经济带建设研究”“创新驱动发展科技人才研究”等19个课题。强化社科理论成果运用，汇集编印《长寿（理论专刊）》《长寿发展探索》4000册，为各街镇、部门提供理论指导。

【社科知识普及】 2018年，长寿区加强对区人民检察院检史展览馆、江南孝道文化教育体验基地、区图书馆、长寿湖廉政教育示范基地4大社科普及基地建设，做好管理服务工作，推进基地开展公益性、普及性讲座。结合“文化下乡”、全民阅读等活动，开展社科普及活动，受惠群众20000余人。

【社团管理】 2018年，区社科联加强指导，社团建设和智库建设有序推进。加强对区精神文明协会、区志愿者协会等区社科联直属社团的管理和指导。上半年开展“爱残助残”“3·5学雷锋志愿环保公益”等系列志愿活动。出台《关于加强长寿区新型智库建设的意见》，推进长寿属地智库建设。（刘代明）

重庆市长寿区文学艺术界联合会

【组织建设】 2018年，重庆市长寿区文学艺术界联合会（简称区文联）深化改革创新，克服“机关化、行政化、贵族化、娱乐化”现象，加强文联组织建设，推进新领域新阶层的组织覆盖和工作覆盖。建立健全“群众提出—文联主导—社会力量承办—群众参与”的活动开展机制，建立健全文艺工作者参与制度，坚持重大活动事前调研，公开内容目标，邀请会员共同参与规划设计和组织实施。探索通过招标、购买服务等方式，将文艺活动更多交由企业、社会组织等社会专业力量承办。加强对各协会日常管理，要求各协会加强财务管理，会计、出纳分开，规范专业报账程序；规范各协会换届工作，要求各协会理事会履职，做好分内工作；完成长寿区民间文艺家协会筹备工作，已经得到区民政局批准。

【文艺创作】 2018年，长寿区作家协会会员作品在《童话王国》《重庆晚报》《重庆日报》

《时代邮刊》《燕赵都市报》《银河系》等国家级、省市级报纸杂志发表文章100余篇。国家级奖项有：长寿画家的画作《天路》在捷克共和国“第一届国际水彩画节”上获大奖；长寿书法家写的八尺整张大草、长卷横幅大草、四尺条屏7件作品入展重庆市书法家协会草书专业委员会委员首届书法作品展；由重庆市文联主办，长寿区文化委、长寿区文联等承办的长寿本土文艺家的“邓强沙画作品展”7月在重庆市文联美术展览馆开幕（是市文联为区县民间文艺家举办的首次个人展）。

【文艺活动】 2018年，区文联整合各协会会员资源，在各个节点，组织到人民中去的文艺志愿服务活动。5月开始，区书法家协会在桃源小学先后开展3次文艺志愿服务活动；区诗词学会在区委党校举行诗词沙龙讲座，为区诗词爱好者讲授诗词专业知识，举办“渡舟杯歌颂十九大诗词大赛”，并举行诵诗会，在十里柚香举行现场诗词唱和活动；区曲艺家协会先后举办2场“扎根生活沃土，服务基层群众”为主题的长寿区文艺家“到人民中去”文艺志愿者服务创作演出活动，送去川剧脸谱说唱、四川方言《教育子女从小严》等10余个节目；区老年书画研究会在区文化馆以“古为今用创新篇”为题开展诗词志愿服务研讨会；端午节期间，“讴歌新长寿，共筑中国梦”纪念改革开放40周年文艺联展在长寿湖和区政府广场进行展出，汇集长寿区作协、美协、书协、摄协、诗词学会和老年书画研究会作者创作的文学、美术、书法、摄影作品180余件，观展人数2万人（次）。

【协会成果】 6月起，区文联决定实行协会工作例会制，加强协会管理，及时解决协会工作问题，全年，长寿文艺取得优异成绩，涌现一批优秀的会员和优秀的作品。在众多的文艺家中，残疾人作家克服重重困难，出版自传《励志人生》；9月举办残疾人作家王大文作品研讨会。10月，在“第六届重庆市曲艺大赛”区文联推选的6个参选节目中，区曲艺家协会原创节目四川盘子《幺嫂的农家乐》获节目奖，区曲协获优秀组织奖（区曲协在市曲艺大赛中已连续三届获优秀团队奖）。区书法家协会在八颗街道付何村开展大量书法活动，使学书法、练书法在付何村蔚然成风；“桃源书社”每周一次书法志愿活动从未间断，涌现出一批人才，多名会员屡屡在市级大赛中获得奖项。区摄影家协会开展“天赐长寿·美丽乡村”“多彩邻封”等多项摄影赛事，由多名摄协会员助阵参与拍摄的长寿区首部文旅结合微电影《不老城》，上映后好评如潮。 （张　草）

【重庆市长寿区诗词学会】 2018年，重庆市长寿区诗词学会（简称区诗词学会）举行第四届理事会会议（暨年会）1次、常务理事会议1次、主席会议5次；在第四届理事会第五次会议上，增补区诗词学会副主席3名。全年吸收新会员10人，区诗词学会加大对市诗词学会和中华诗词学会会员的推荐，加入市会会员人数增加至29名；加入中华诗词学会会员增至8名。2018年表彰优秀会员16名。年内，组织“渡舟杯”歌颂中共十九大诗词朗诵会，学习十九大精神宣讲会1次，成功举办“润麒杯”庆祝改革开放40年诗词大赛。年内编辑出版《长寿诗词》2018年合刊1期。会员将诗词推向报纸杂志，8名会员在省市级、国家级报刊上发表以诗词为主的文学艺术作品33件。

组织学习。2月1日邀请区委宣传部常务副部长为会员宣讲中共十九大精神，重点是十九大报告第七部分“坚定文化自信，推动社会主义文化繁荣兴盛”部分；130余名会员聆听宣讲，受到教育启发。发动会员和全区诗词爱好者吟诗填词歌颂十九大，收到56名诗词爱好者创作的诗词百余首。

2月1日，举办“‘渡舟杯’歌颂中共十九大诗词朗诵会”，收到诗词歌赋129首，评选出一等奖2首、二等奖6首、三等奖11首、优秀奖20首，有34名诗词创作者登台诵诗。

4月23日和10月16日，先后两次发出通知，发动会员创作诗词歌赋歌颂改革开放四十年的伟大成就；区诗词学会收到83人创作的诗词歌赋等文学艺术作品247首；评选出一等奖5首、二等奖10首、三等奖16首、优秀奖20首，51人51首诗词获奖。2019年1月20日，成功举办“‘润麒杯’庆祝改革开放四十年诗词朗诵会”，46人登台朗诵诗词。

全年区诗词学会开展沙龙活动7次，其中，9月15日举办改革开放四十年成就宣讲会；另举办诗词欣赏活动，举办智能手机使用讲座，应用微信手段撰写诗词和传输、交流诗词。

2018年5月，区诗词学会组织参加区文委、区文联举行的“长寿区改革开放四十年辉煌成就优秀诗词作品展”的作品征集活动，组委会征集到的参赛作品50件，其中10件会员作品获得展出机会，其优秀作品制作成KT展板，选送10余首诗词送交区政协，参加区政协庆祝改革开放四十年文学艺术作品展出。

2018年，区诗词学会继续探索与街道办事处（镇政府）合作的路子，与渡舟街道协同创办文学艺术刊物《渡舟文化》，创刊号已经发行；会员以渡舟经济社会建设成就为题创作一批诗词。区诗词学会的工作还得到新市街道、重庆长寿高新技术产业开发区等单位的支持和帮助。（周家修）

2018年重庆市长寿区诗词学会领导人名录

主　　席：周家修

常务副主席：罗　天

【长寿区老年书画研究会】 2018年，长寿区老年书画研究会有会员83名，其中女性18名，60岁以下13名，大中专文化以上学历78名，绝大多数是退休教师、企业职工和退休干部。设会长1人、副会长3人、秘书长1人。

2018年1月18日，在阳光城小区为市民写春联300余副。3月25日，开展绘画培训，主讲胡志政。4月7日，召开会员大会动员参加区文化委主办的龙舟书画展；会后，40名会员交45件展品，上交书画作品各10件；5月11日，23名会员赴长寿湖参观展览。5月17日，召开理事会，讨论修改书画研究会章程，确立下一届领导班子；并上报区民政局。5月25日，举办格律诗研讨会，23人参加。6月27日，交财务审计报告。6月29日，陈志伟主讲绘画知识。10月11日，区民政局通知换届工作的报告已批准。10月17日，召开理事会，商议换届及年会相关事宜。11月25日，召开理事会筹备会，确定2019年1月5日召开。

2018年6月和12月各出版《长寿湖》杂志一期。当年度陈时良、张世成、修国俊、朱淑清、黄盈明、李传荣、郑德泽（已故）出版个人诗、书画、小说专辑，胡绍全的书法作品《潮涌双江》获市委宣传部老年组展出奖，黄盈明创作的四川清音《罗儿考爸爸》在《曲艺》杂志发表。

（项淮垣）

2018年长寿区老年书画研究会领导人名录

会　　长：陈长青

副 会 长：钟志远　胡志政　车灵泽

【重庆市长寿区作家协会】 重庆市长寿区作家协会（本条目简称区作协）坚持以人民为中心的创作导向，围绕举旗帜、聚民心、育新人、兴文化、展形象的使命任务，经过全体会员的努力，2018年开展大量活动，文学创作取得成绩。

开展文学活动。组织邻水、长寿两地作家赴五华山采风联谊活动；承办重庆市作家协会“红色文艺轻骑兵带头人下基层”赴长寿活动，邀请市作家协会副主席讲授《诗歌的品质》；邀请重庆市网络作家协会副主席兼秘书长以“网络文学助推长寿文学的发展”为主题，探讨网络文学和传统文学的融合路径；举办1名长寿区作协会员作品座谈会和故事沙龙等活动。

开展征文活动。在2018年元旦期间，征集“表现长寿新气象、迎新登万寿天梯”为主题创作的散文、诗歌作品，制成展板，参加在菩提山下举办的“2018年长寿区迎新文艺作品联展”。区作协面向全体会员，征集反映长寿改革开放四十年发展变化，体现长寿精神、时代精神和中国精神的散文、诗歌作品，精选10篇散文、10首诗歌，参加“长寿区改革开放四十周年”文艺创作展示活动。

2018年，成立长寿区作家协会网络文学专委会，吸收区内10余名网络作者，加入区作协；1名区作协会员被吸收为重庆市作家协会会员。

2018年，区作协会员作品在《童话王国》《重庆晚报》《重庆日报》《时代邮刊》《燕赵都市报》《银河系》等国家级、省市级报纸杂志发表文章100余篇。参加文学赛事，1名会员作品《一年级爱科学、洋葱头的神奇外衣》（科学童话），获第三届世界华人科普新秀奖优秀奖；1名会员的《临江仙·五华情韵》《青玉案·风光霁月》《满江红·残雪断桥》获第五届“相约北京”全国文学艺术大赛一等奖；1名会员的《三沙守疆官兵》获得“第五届中外诗歌散文邀请赛”一等奖；1名会员的《题西湖》获“第二届重庆晚报文学奖特等奖”，《郑洪的诗》获重庆新诗学会“银河之星”奖；1名会员的《巫溪的文化密码》（散文）获“第二届重庆晚报文学奖”；1名会员的《只要功夫深，铁杵磨成针》获“重庆市人才主题故事征文”三等奖。（罗明江）

2018年重庆市长寿区作家协会负责人名录

主　席：王维浩

副主席：张文龙　焦　芬　罗明江　龚　会

重庆市长寿区归侨侨眷联合会

【概况】　长寿区（县）归侨侨眷联合会于1984年成立。2003年在全市率先成立党组，内设办公室、联络经济科和机关党支部、工会、妇委会等机构；2018年，重庆市长寿区归侨侨眷联合会（简称区侨联）机关有在职人员4人。长寿区侨联界别有区党代表1名，区人大代表1名，区政协委员6名、常委1名。2018年5月24日，成立区侨联教育分会。至此，区侨联有区侨联广电分会、区侨联教育分会、留学生家长联谊会、侨界青年联谊会、紫荆花艺术团等5个基层组织。同年，区侨联被中国侨联评为“全国侨联系统先进组织”；长寿区侨联海外顾问宋永端教授获第七届中国侨界贡献奖一等奖，长寿区侨联海外顾问孟江洪被中国国家食品安全风险评估中心聘请担任第二届国际顾问专家委员会委员。

2018年5月，长寿区侨联教育分会成立

【服务发展】　2018年，区侨联成功承办“世界侨商重庆行”走进长寿活动，10余个国家的40余名中国侨商联合会企业家到长寿考察；邀请澳大利亚华侨杜妮回国开展亲子阅读活动，交流海外教学理念；向侨胞侨眷宣传家乡招商引资政策，牵线搭桥沿海城市侨联助力长寿区招商工作。

区侨联协调落实为洪湖镇80余名贫困眼疾患者免费实施白内障手术；持续开展助学活动，引进“叶爷爷莲花助学金”资助川维中学北城校区20名贫困高中生；引进澳大利亚魏基成慈善列车项目，向区特殊教育学校儿童及洪湖镇、万顺镇等边远地区贫困老人送去暖冬衣物200套；结对帮扶扶贫建档户陈某某，为其进行危房改造，帮助其成功脱贫；组织侨联紫荆花艺术团到养老院慰问演出；组织侨界人士到凤家社区开展“粽香迎端午·侨爱进社区”活动，慰问社区困难群众；组织春雨学校60名学生到预防犯罪警示教育基地开展警示教育。

【参政议政】　2018年，区侨联定期召开侨界参政议政工作会，开展界别活动，组织委员参加专题培训，提升侨界人大代表、政协委员履职能力；组织代表、委员赴璧山调研健康养老、城市文化建设，到万顺镇调研大洪湖生态环境保护，到哈图文化传播有限公司、长寿菩提古镇等企业开展助推民营企业发展调研。2018年，侨联界别政协委员撰写提案15件，其中《关于解决早期华侨“黑户口”问题的建议》被评为优秀提案。

【联络联谊】　2018年，区侨联举办“礼赞十九大·侨眼中的新时代”主题诵读活动，“迎中秋·话改革”座谈会；与区妇联等单位联合开展长寿区纪念三八国际妇女节活动；举办留学生家长太极拳培训、茶艺培训、育婴培训、舞蹈培训、法律知识讲座、金融保险知识讲座、摄影知识讲座等；组织侨界青年开展篮球友谊赛，参加市侨青会新春运动会；开展暑期留学生交流活动，组织20余名留学生及家长参观经开区、长寿湖，宣传介绍家乡发展；接待渝北区侨联、璧山区侨联、忠县侨联到访；组织代表、委员到璧山区侨联、永川区侨联、苏州市侨联、昆山市侨联调研学习，与璧山区侨联、苏州市侨联缔结友好关系。

全年接待美籍华人专家宋永端、马里兰大学教授孟江洪、美国Arris（埃瑞斯）公司先进技术部首席研究员余越、澳大利亚重庆同乡会会长李新忠等华人华侨20余批次；推荐乔正荣、游海波为欧美同学会理事，推荐邹德伟、刘光全等为重庆华商会理事，推荐任凌、李鑫钰等为重庆侨青会理事。

【为侨服务】　2018年，区侨联结合“12·4”宪法宣传日活动，在长寿古镇万寿广场开展侨法宣传，接受群众咨询30余人（次），发放侨法知识宣传单2000余份；邀请区人民法院立案庭庭长为侨界人士开展法律知识讲座；帮助华侨孙某协调民间债务纠纷问题，帮助香港同胞协调子女回长寿入学问题。利用元旦、春节、端午、中秋等传统节日走访慰问侨界人士120余人（次）；走访慰问侨资侨属企业，服务侨界所需。2018年，组织召开全区侨情普查工作会议，在全区范围内开展侨情普查，完善侨情信息库；新增华人华侨54户，留学生20人。开通“长寿侨联”微信公众号，提升侨联工作宣传水平；在出入境管理处、公证处设置侨联工作温馨提示，主动服务、前置服务。

2018年1月17日，市侨联专职副主席、秘书长到长寿慰问重点侨眷

【自身建设】 2018年，区侨联选派干部参加区县领导干部进修班、侨联系统干部培训班、统战系统干部培训班、政协理论专题培训班等；组织侨界干部学习侨务理论知识，提高服务侨界的能力；通过办公会、职工会、党员会、党组会等经常性地开展廉政教育学习和警示教育活动，增强干部职工规矩意识、纪律意识、廉政意识；年内与区直机关工委、区编办、区委党研室等支部联合开展主题党日活动8次。全年编发《长寿侨讯》30余期，被各媒体报道10余次，多篇文稿被中国侨联、市侨联网站及期刊采用。（王元梅）

重庆市长寿区残疾人联合会

【概况】 2018年，重庆市长寿区残疾人联合会（简称区残联）有机关编制7人，实有7人，内设科室为办公室（教育就业科）、信访维权科2个；下设残疾人综合服务中心属全额拨款事业单位，编制6人，实有6人。全区设立肢残人协会、聋哑人协会、盲人协会、智力残疾人亲友协会、精神残疾人亲友会等5个残疾人专门协会。截至2018年12月31日，全区有持证残疾人26871名。

【残疾人信息管理】 2018年，区残联从培训、入户调查、质量抽查各个环节，推动残疾人基本服务状况和需求信息数据动态更新工作。及时出台“实施”“质量控制”“培训”等方案，指导工作顺利开展；逐层落实区政府残工委、区残联、街镇残联的多层次签字责任制，从工作开始前就把好数据信息质量关；开展全区19个镇（街）残联工作人员、263个村（社区）动态更新调查人员的培训工作，结合实际对调查方式、调查表选项进行详细解释；加强质量督查，全面实施手机APP数据采集，动态更新综合出错率0.18%，真实、合理、有效地掌握全区24467名残疾人的基本信息和服务需求。规范办证制度，通过制定长寿区“残疾人证”办理管理制度和开展残疾人证核查工作，维护残疾人证的真实性。

2018年10月，参加长寿区运动会入场式的残疾人运动员代表

【残疾人文体宣传】 2018年，区残联整合资源，统筹兼顾，组织200户贫困、重度残疾人家庭参与基层残疾人“五个一”文化活动；开展康复体育器材进家庭活动，陆续为600户残疾人家庭送去康复体育器材；成功创建2个市级残疾人文体示范点。完善残疾人运动员队伍建设，首次成功将残疾人赛事纳入全区运动会，有20支代表队、200余名残疾人运动员参加；利用第八届残疾人健身周以及第十二次全国特奥日活动契机，组织全区残疾

人进行体育锻炼。年内1人获全国残疾人田径锦标赛银牌，在全国残疾人射击锦标赛获得步枪卧射团体赛冠军，落户长寿区的残疾人射箭基地首次获得全国残疾人射箭锦标赛女子反曲弓团体银牌。加强残疾人事业宣传工作，全年市级媒体、区级媒体信息发布量首次超过300条，宣传工作成绩位于全市前列。（田　媛）

长寿区法学会

【概况】 长寿区法学会（简称区法学会）成立于2011年8月，2017年5月，长寿区法学会依法注销社会团体组织法人登记，成为在中共重庆市长寿区委领导下主管法学工作的群团组织。区法学会机关核定事业编制3名，内设机构1个。区法学会由区委政法委代管，人员和工作经费由区委政法委统一安排，党组织关系并入区委政法委进行统一管理。截至2018年年底，区法学会发展团体会员20个，个人会员436名。实施主要职能6项：组织、推动各种形式的法学研究和学术交流活动；组织、推动与市内法学、法律界的交流合作；参与长寿区法治宣传；发挥人才、智力优势，开展各种形式多样的法律服务；指导、协调长寿区法学团体会员的工作；组织会员参与重大事件和矛盾纠纷的调解。

【政治引领】 2018年1月，区法学会完成换届选举，选举产生新一届法学会领导班子，区委常委、政法委书记王身高当选会长。印发重庆市长寿区法学会2018年工作要点，组织会员学习领会习近平总书记系列重要讲话精神，贯彻落实中央、市委、区委政法工作会议和中国法学会第八次会员代表大会精神，紧扣习近平总书记对重庆提出的“两点”“两地”定位和“四个扎实”的要求，统一思想。全年召开专题学习会4场、专家讲座1场，推动全区法学法律工作者加深对中央、市委和区委精神的理解、把握和认同，维护以习近平同志为核心的党中央权威和集中统一领导，投身到平安长寿、法治长寿建设实践中去。

【法治实践】 2018年，区法学会开展法学研究工作，加强对会员的培训教育，全年组织会员参加“法制培训班”50余期，组织征订普法书籍1000余本，提升会员政治理论修养、法学知识水平和综合素质能力；组织调研投稿，组织会员参与《重庆法学》《重庆政法》杂志，《法制日报》《重庆法制报》等报纸杂志法治征文投稿活动，撰写法制工作调研文章20余篇，向市、区两级报送信息材料（简报、动态等）300余份。服务民营企业发展，开展“法律体检”活动，走访全区20余家民营企业，全年发放“便民服务卡”1600余份，帮助民营企业完善法律风险防范体系，提高法律服务效能。开展法律服务活动，全年组织全区法律志愿者开展“送法制电影下乡”“庭审进社区”“庭审进院坝”等活动13场，将法治宣讲、法律服务融入居民日常生活，融入社区，为贫困弱势群体提供法律帮助。

【法制宣传】 2018年，区法学会利用普法报刊、普法网站以及手机报、微博、微信、微电影等新媒体，完善宣传平台建设，全年广播宣传135期、专题访谈2期；组织认证律师参与《长寿法治》栏目中“律师释法”专栏，开展“以案释法”宣讲6次；拓展微信、微博、微电影等法制宣传阵地，通过新浪、腾讯微博和微信实名认证并推送信息1100余条。加强法治文化阵地建设，全年出版发行《长寿法治报》12期20万余份，制作播放《与法同行》电视栏目5期，发行《手机法制报》110期，依托“长寿普法网”及时更新法律法规、法建动态、以案说法等内容，开展法治“微电影送法下乡”活动，在全区19个街镇、264个村（社区）播放法治“微电影”，实现普法网络全覆盖。开展青年普法活动和“双百活动”，抓好“爱祖国、学法律、创和谐”青年普法志愿者法治文化基层行活动的法治宣传，分别面向基层党政领导干部，面向中小学生，面向企业、乡村、社区群众，面向青少年犯等特殊群体宣讲法治文化，弘扬法治精神，增强法治观念。截至2018年年底，开展青年普法志愿者法治文化基层行活动121场（次），青年志愿者参与人数80余人，接受群众咨询3260多人（次），借助电视、广播、微信、微博等载体，采取法制文艺节目巡演，发放法制宣传资料等方式开展法治宣传，服务群众34万人。区委组织部、区委宣传部、区委政法委员会、区教育委员会、区司法局和区法学会联合制发长寿区2018年“双百”活动实施方案，加以实施，举办6场报告会，有2000余人聆听法治宣讲；区委党校主体班的处干班和科干班都分别开展1场法制专

场讲座。（宇文何川）

法　治

政法委及综治工作

【概况】　2018 年，中共重庆市长寿区委政法委员会（简称区委政法委）围绕防范风险、服务发展工作主线，各项工作推进有力有序有效，圆满实现“五个决不让”和“七个坚决防止”工作目标，取得“三个加强，三个提升”的成效。全区群众安全感指数 98.81%，超全市平均指数 0.38%；政法队伍满意度得分 96.7 分、司法公信力得分 96.8 分，均创历史新高。

【体制机制完善】　2018 年，区委政法委每季度向区委常委会汇报政法和平安建设工作开展情况，健全政法委员会全体会议、社会治安形势分析研判会议制度，区政法各部门党委（党组）定期向区委政法委员会汇报工作开展情况；贯彻落实市政法委《关于进一步加强区县（自治县）党委政法委建设的实施意见》文件精神，规范区委政法委协管政法部门干部的范围和流程。完善责任链条，印发《长寿区防范化解重大风险工作责任倒查制度》，严格执行《长寿区健全落实社会治安综合治理和平安建设领导责任制规定》，对全区 19 个镇街、76 个部门 358 名主要领导和分管政法领导建立《健全落实党政领导干部社会治安综合治理和平安建设工作实绩档案》，明确防范化解重大风险攻坚战和平安建设工作的属地责任、属事责任和主体责任。开展工作督导，由区委政法委会同区级相关部门，定期不定期对全区 19 个镇街开展政法综治暨平安建设工作的情况进行分片督导检查，2018 年 11 月至 12 月期间，区委政法委组织区信访办、区教委、区交委、区公安局、区民政局、区卫计委、区安监局、区消防支队等相关部门对全区 19 个镇（街道）开展扫黑除恶专项督查，促进全区安全稳定各项工作开展。

【维稳工作】　2018 年，区委政法委坚持总体国家安全观，健全和完善长寿区国家安全工作机制，夯实国家安全人民防线基础；加强国家安全宣传教育工作，落实国家安全教育进党校、进中心组、进校园；开展“4·15”全民国家安全教育日活动，提升全区干部群众国家安全意识。加强防范和处理邪教工作，防范打击“全能神”等邪教组织专项行动，2018 年，全区查找到失控邪教人员 2 名，查获 10 余起邪教案件，查获涉案邪教物品 2000 余件；抓获邪教人员 20 名，教育转化 20 名；推进巩固回归攻坚战，全区 120 多名邪教重点人员全部纳入巩固平台。强化涉稳信息研判处置措施，强化与网信办、信访办、公安局、街镇综治办等部门的联动，坚持专群结合，实施综治网格化服务管理，实现对扬言报复社会人员、涉法涉诉信访重点人员、严重精神障碍患者等重点人员动向的多点把控；强化信息研判，建立涉稳信息收集、报告、处理、反馈的“闭环”处置机制，确保群体性事件闹事苗头及时预警和处置；做好重要敏感时期安保维稳工作，在十九届三中全会、“金砖国家青岛峰会”“智博会”、庆祝改革开放 40 周年系列纪念活动等重要特殊敏感时期，坚持“战时”维稳工作机制，严格落实“日研判”“日点名”“日通报”“日调度”等工作措施，强化重点地区、部位、领域、人员的综合防控；强化反恐防暴工作，落实关注人员“四见”规范流程和背景核查机制，抓获涉恐涉案人员 2 名并押解回疆。2018 年，全区未发生有重大影响的群体性事件。

【平安长寿建设】　2018 年，长寿区开展扫黑除恶专项斗争，将矛头对准直接影响群众安全感的涉黑涉恶案件和侵财类违法犯罪案件，精准打击“村霸”、宗族恶势力和农村地区黄赌毒盗拐骗等不法行为；顺利接受市检查指导组对长寿区扫黑除恶专项斗争的检查指导和中央督导组的督导工作；2018年，全区立9类涉恶类个案62件，在侦黑社会性质犯罪组织1个、恶势力犯罪集团1个、恶势力团伙2个，起诉黑社会性质组织1个、恶势力团伙1个，查实、在侦“保护伞”案件1件。实施全区防范化解重大风险攻坚，2018年8月成立区防范化解重大风险攻坚战指挥部，由区委常委、政法委书记任指挥长，办公室设在区委政法委，印发《长寿区坚决打好防范化解重大风险攻坚战实施方案》《长寿区坚决打好防范化解重大风险攻坚战重点任务责任清单》《长寿区防范化解重大风险工作责任倒查制度》，将防范化解重大风险攻坚战纳入区级部门和街镇年度考核重要内容；定期组织各牵头部门召开协调会议，统筹全区防范化解政治安全风险、社会矛盾风险、社会治安风险、经济金融风险、公共安全风险、网络安全风险工作；年底前，全区防范化解重大风险攻坚战工作正在深入开展中，考核进展顺利。开展深化“枫桥经验”长寿实践行动，抓住实施乡村振兴战略契机，2018年5月14日向区综治委各成员单位、各镇（街道）印发《实施乡村振兴战略行动工作方案》，对全区政法综治系统乡村振兴工作提出要求；9月10日，以区综治委名义向区综治委各成员单位、各镇（街道）印发《关于深入学习新时代“枫桥经验”打造共建共治共享社会治理新格局的通知》，再次提出9项重点工作，致力于打造全区共建共治共享社会治理新格局；12月13日，组织全区各部门、各镇街、相关村（社区）召开深化“枫桥经验”长寿实践行动动员部署会，安排部署全区深化“枫桥经验”相关工作，以区委区政府名义印发《深化“枫桥经验”长寿实践行动实施方案》，印发深化访调、诉调、警调和人民调解工作4个子方案，推进全区建立起格局完善的基层矛盾纠纷化解机制和平台，确保矛盾纠纷化解在萌芽状态。持续开展社会治安重点地区挂牌整治，全区确定5个市级（A类）、5个区级（B类）和50个街镇级（C类）挂牌整治地区，各挂牌地区按照“一个问题、一位领导、一套班子、一个方案、一抓到底”的要求，针对性地制定整治方案，落实整治措施；年底前5个A类地区已于12月11日通过市整治办检查组验收摘牌，B类地区和C类地区正在开展验收摘牌工作。加强社会治安防控体系建设，加强社会面巡逻防控，配齐配强专职巡逻队、义务巡逻队和楼栋长，规范运行网格化服务管理，发动平安志愿者、“红袖标”等群防群治组织，做好巡逻防控工作；深入推进协信广场、长寿古镇车站广场治安便民岗亭试点工作，街面布警模式持续优化，重点部位治安秩序得到明显好转；在全区各村（社区）推进“6995平安互助平台”建设，提升广大人民群众自我防范能力和互助水平；强化治安防控体系科技支撑，按照《重庆市长寿区公共安全视频监控建设联网应用工作实施方案（2017—2020年）》要求，推进全区“雪亮工程”建设，年底前已完成可研设计、项目评审立项等前期工作，实现区综治办与区公安局、镇（街道）综治办与辖区公安派出所的视频联网共享。

【专项工作】 加强流动人口服务管理，落实《重庆市居住证实施办法》，依托社区警务、网格化服务管理工作，落实以房管人、以人找房等工作措施，强化房屋租赁指导监督和登记备案，建立流动人口信息动态登录制度机制，能够掌握全区流动人口基础数据和动态。加强特殊人群服务管理，区综治办、卫计委对全区严重精神障碍患者服务管理工作实行双牵头，多次召开协调会和工作推进会，建立区、镇街、村居三级全覆盖的联合服务管理工作体系，全区19个镇街均成立由行政主要领导任组长的严重精神障碍患者综合管理小组，263个村（社区）按“一人一小组”模式分别对实际居住在辖区的2级及以下严重精神障碍患者建立联合服务管理小组（公安列管对象）和关爱帮扶小组；区综治办联合公安、卫生、民政、残联等单位采取走访、座谈、查看资料等方式，对全区19个镇街的联合服务管理、信息交换、排查评估、救治救助、肇事肇祸案（事）件、“以奖代补”政策落实等工作进行督导，对发生严重精神障碍患者肇事肇祸案件的石堰镇实行区级B类动态挂牌整治；按照每人3000元/年标准落实严重精神障碍患者监护人以奖代补资金，全年落实人数739人、比2017年同期上升33.63%，兑现金额166.3万元、上升15.01%；加强扬言报复社会人员摸排管控工作，全区22名列管人员全部在控，全区未发生报复社会的极端行为。加强铁路护路联防管理，调整完善区综治委铁路护路联防领导小组组成人员，印发

《2018年长寿区铁路护路联防工作要点》，制定并实施《长寿区渝利线、渝怀线护路队员管理考核办法》，制发《关于进一步做好2018年春节“两会”期间铁路护路工作的通知》等护路工作规范性文件10余个，督促12个涉路镇（街道）、41个涉路村（社区）全部按照要求设立护路办和护路工作站，三级护路联防工作体系夯实；协调区财政，在渝怀、渝利铁路沿线布建高清视频监控探头102个，年底前已进入政府采购程序；为护路队员配备带有GPS定位、现场视频上传功能的对讲手机60台，提升护路联防技防工作水平；2018年，全区铁路及周边沿线未发生暴恐案件和涉铁安全事件。加强矛盾纠纷多元化解，发挥各级综治组织作用，开展“民转刑”命案防范专项治理，结合区每月、镇街部门每半月、村居每周开展的矛盾纠纷三级联排联调制度和村（社区）网格化服务管理工作，落实进家入户“四到位”措施，2018年全区“民转刑”命案零发生；推动区级相关行业主管、监管部门建立专业性调解机构，搭建“诉调对接、警调对接、访调对接”平台；年底前已在区人民法院设立驻院调解室，助力矛盾纠纷多元化解取得实效；将社会心理服务纳入全区城乡基本公共服务体系，公安派出所、司法所和信访、民政、卫计窗口等，均建立社会心理咨询室或社会工作室（站）。加强三级“综治中心”建设，在菩提、晏家、江南3个街道先行试点，年底前完成办公用房装修全部投入使用；已建成的3个综治中心有机整合综治办、信访办、安监办、派出所、司法所等力量，有固定办公场所，统一挂牌，方便人民群众办事；其余16个街镇综治中心建设工作正在稳步推进。

【依法治区】　全面落实司法责任制改革；督促区人民法院、区人民检察院、区公安局完成职务套改及选任工作；区人民法院按照“1名员额法官+1名法官助理+1名书记员”模式组建审判团队38个，按照“1名员额法官+1名书记员”组建审判团队26个，实现85%以上人员向一线集中；区人民检察院完成内设机构改革，形成“1+5”法律监督新格局；推进公安改革，制定《常见刑事案件证据规格》《执法质量通报制度》等制度规范，严格重点环节的规范执法，提升执法规范化水平。攻坚“基本解决执行难”；区委、区政府成立“基本解决执行难”攻坚领导小组，建立联席会议、协作执行、联合惩戒等制度机制，构建形成“党委领导、人大和政协监督、政府支持、政法委协调、人民法院主办、部门配合、社会各界参与”执行共治大格局，开展执行攻坚专项行动，取得良好进展。加强区法学会工作，2018年区法学会新调入1名工作人员；结合职能职责打开各项工作局面，已开展“双百”活动和基层行活动，11月1日邀请市国安局相关领导就国家安全在党委中心组进行学习宣讲。

【执法监督】　2018年，区委政法委开展涉法涉诉信访工作，根据《关于党委政法委员会对政法部门执法活动进行监督的规定》和《重庆市长寿区涉法涉诉信访工作改革实施方案（试行）》的相关涉法涉诉信访改革原则，开展接访和积案排查化解工作。协调政法各部门的执法活动，全年召开案件协调会25次，对25件重大复杂疑难案件进行研究；化解江某案信访积案1起，信访人承诺息访。开展案件评查和执法检查工作，全年评查政法各部门案件30件，均无重大执法问题；按照《长寿区执法督查工作实施办法》对政法各部门的窗口单位和派出机构进行执法督查，查出问题10余起，对相关责任单位进行通报，已全部督促整改落实。推进司法救助和执行救助工作，2018年，全区司法救助23件，救助总金额842458元（其中，区人民法院20件，75.7458万元；人民检察院3件，8.5万），救助受害人及其亲属28人（次）；区政府设立200万元执行救助资金，全年分3批次对102件102名无经济来源、生活极度困难执行申请人进行专项救助，兑付资金99万余元。有效降低涉法涉诉信访量。

【政法队伍建设】　2018年，区委政法委把确保政法队伍政治上忠诚可靠作为第一位的任务，深入学习宣传贯彻习近平新时代中国特色社会主义思想和中共十九大精神，推进“两学一做”学习教育常态化制度化，提升思想政治教育实效。突出抓好履职能力建设，组织政法干警大轮训，提高运用法律政策能力、群众工作能力、应急处置能力。始终把领导班子建设作为建设过硬政法队伍的有力抓手，协助区委及区委组织部加强政法部门领导班子建设。加强职业保障建设，真情关心和爱护政法干警，加强政法队伍职业保障制度建设，增强政法队伍创造力、凝聚力、战斗力。

落实党风廉政建设责任制，坚持党风廉政建设“一把手”负总责，将党风廉政建设工作纳入全年工作计划，与各项工作同部署、同落实；将党风廉政建设履职情况纳入政法委明查暗访重点内容，完善政法委员会专题研究党风廉政建设工作机制，促进全区政法系统落实党风廉政建设“一岗双责”。强化廉政教育，组织学习党中央八项规定、《党政干部和涉密人员保密常识必知必读》《中国共产党廉洁自律准则》等。强化警示教育，组织学习市纪委、区纪委关于违反中央“八项规定”精神问题的通报和元旦、中秋、春节等重要节假日期间的作风建设要求。深化政法系统政治轮训工作，对政法各部门的领导班子成员和科级干部任免实施监督和管理，有效杜绝在干部任用方面的不正之风。定期不定期对政法各部门的政法综治工作、落实廉政纪律要求等情况进行督促检查，促进政法各部门公正司法、廉洁执法。（李亚霏）

法治长寿建设

【概况】 重庆市长寿区普法工作办公室（简称区普法办），是“大力推进全民普法守法专项小组”常设办事机构，设在区司法局，受大力推进全民普法守法专项小组直接领导，负责大力推进全民普法守法专项小组日常工作，主要职责有7项。

2018年9月10日，市“七五”普法中期检查组到长检查工作

【普法工作基础夯实】 2018年，长寿区将普法工作纳入党委政府综合绩效考核。开展“七五”普法中期检查，组织召开“七五”普法中期检查动员部署暨普法骨干培训会。加强对全区各级各单位的自查，接受市“七五”普法检查组检查，“七五”普法中期工作得到肯定。

2018年10月26日，长寿区司法局承办全市“我执法我普法”演讲比赛半决赛

组织实施年度普法计划，将工作落实情况纳入对各单位普法工作考核的内容之一。创新以案释法工作方式，区工商分局、区公安局、区司法局等单位结合“3·15”国际消费者权益日、“3月法治宣传月”“扫黑除恶专项斗争”“5·15”打击经济违法犯罪日、“宪法宣传周”等主题活动，通过宣传展板和宣传手册对典型案例进行宣传；区普法办、区司法局在村村通广播和调频广播FM91.1创建《法治大讲堂》栏目，每周编录一期典型案例访谈，剖析法理，传播法律知识；区人民检察院开展检察法律文书释法说理、检察官以案释法；区委宣传部、区卫计委等20家单位聘请专家开展宪法法律知识专题培训活动，宣讲典型案例；区人大、凤城街道等40家单位通过报刊专栏、LED显示屏、网站、“人人长寿”客户端、微博和微信开展“以案释法”工作；区人民法院通过新闻发布会、微博直播典型案例庭审等方式以案释法，宣扬法治；菩提街道、邻封镇、区人民法院、区司法局等60余家单位分别以“巡回庭审”“法治微电影”“法治院坝会”等活动载体，利用典型案例开展以案释法。成功承办全市“我执法我普法”演讲比赛片区半决赛，市司法局法治宣传处领导出席比赛；九龙坡、丰都、彭水等14个区县的24名选手参加该次比赛，长寿区推送的选手1人获得重庆市“谁执法谁普法”演讲比赛二等奖、1人获得优胜奖，区普法办获得优秀组织奖。

【法治宣传教育】 2018年，区人大办、区普法办联合开展“千万市民学宪法”活动，全区有13.8万余人（次）参赛，参赛率达到户籍人口的

5%，持续5周参赛人次排名全市第一；在全区开展“我与宪法”微视频征集、“宪法宣传周”集中宣传、专题文艺演出、全城“法”声、“我读宪法、宪法在我心中”等宣传学习活动；采取法治文艺演出、有奖知识问答、院坝会等形式，开展“宪法七进”主题活动，推动宪法宣传覆盖全社会。开展“德法相伴”系列活动，组织“德法相伴”法治文艺巡演，将法治宣传教育题材融进文艺演出。就宪法、监察法、社会主义核心价值观、扫黑除恶专项斗争等相关知识组织有奖问答；“法德教育进村居”之法治微电影巡映活动，到全区263个村（社区）放映。开展农村“普法骨干”和“法律明白人”培训，重点培训村居“两委”干部和大学生村干部、村组长法律知识，全区培训农村普法骨干3000余人。开展“十佳村（社区）法治教育示范点”评选，重点指导其开展普法宣传活动、设立普法阵地建设、收集整理资料等方面工作。强化传统法治宣传阵地建设，打造桃花“法治公园”，双龙镇、石堰镇等镇建立法治长廊、法治小广场。提供点单式普法，结合区村（社区）的每月例会和党员学习会开展法治讲座，结合宣传月、宣传日开展法治宣传宣讲和“法治院坝会”，向农民群众普及法律知识。全年开展农村普法教育活动100余场次，开展巡回审判58场。

2018年11月9日，长寿区司法局在龙河镇开展法治宣传

【领导干部法治教育】　2018年，长寿区将宪法、法律和党内法规等编入党校、行政学校、社会主义学院培训教材，作为主体班教学必修课程内容。开展领导干部法治理论知识考试，通过网上考试、集中考试、人民法院庭审旁听的方式，加强领导干部尊法学法守法用法意识。2018年对春、秋两季新提任领导干部39名进行集中考试。2018年长寿区法治理论知识集中抽考，217名副处级及以上领导干部参考，合格率100%。组织参与第二届重庆市“十大法治人物”评选和最美“法律志愿者”评选，长寿区湛秀英获得重庆市“十大法治人物”称号。

【新媒体普法工作】　2018年，长寿区深度打造“长寿普法”微信公众号，强化“互联网+法治”宣传平台建设，完善普法教育新媒体矩阵，以“长寿普法”微信为基础，融合《长寿日报》、“长寿旅游”“长寿检察”、《长寿文化》等全区各单位微信公众号，以及“人人长寿”APP和长寿手机台APP形成宣传矩阵，利用微信、微博、微电影面向群众开展法治宣传。“长寿普法”微信探索栏目设置最优化，链接西部普法网和中国普法网，“以案说法”栏目精选涉及赡养纠纷、婚姻纠纷、人身意外伤害等群众关注的热点、难点案例向读者以案释法；“在线考试”栏目开展“监察法”线上专题考试，利用“人人长寿”“长寿手机台”客户端，刊发法律讲座、院坝法治微电影、法律业务培训等动态普法内容，提升相关法律法规的知晓率。利用“村村通”法治广播，在农村地区定期、循环播出，使法治宣传全覆盖。利用“FM91.1调频广播”宣传平台，创办“法治大讲堂”栏目，优选涉及赡养纠纷、婚姻纠纷、人身意外伤害、环境保护等群众关注的热点、难点案例向读者以案释法。

（倪春红）

公　安

【概况】　重庆市长寿区公安局（本分目简称区局）2018年有民警政法编制772名，实际在岗民警749人，区纪委监委驻区公安局纪检监察组4人，其中派出所民警312人；另有协勤127人、辅警509人。

2018年，区局围绕防范化解重大风险隐患，推进扫黑除恶专项斗争，加强和完善社会立体化防控体系，维护社会大局稳定、促进社会公平正义、保障群众安居乐业，确保政治类案事件、暴恐类案事件、利益诉求群体集访滋事、重大恶性案事件、重大安全事故“五个零发生”。是年，区局主要公安工作在全市综合排名第十一位，本序列排名第四位，群众安全感98.81%，公安队伍满意度得95.07分，公安执法公信力得95.64分，均取得历史最好成绩。

【安保维稳】 2018年，区局在重大节日严密防范暴恐、宗教极端等活动，严格落实情报信息、人员动态管控、应急处置等各项措施，各类风险隐患得到妥善应对处置。完成春节、端午、国庆以及两会、龙舟赛、智博会、首届海峡两岸姊妹湖产业年会等大型活动及敏感节点的安保任务。

2018年9月20日，全国公安机关集中统一销毁非法枪爆物品活动重庆现场在长寿区重钢举行，对收缴的各类枪支、管制刀具进行集中销毁。重庆现场作为全国主会场，公安部副部长孙力军出席并讲话。该次安保任务参与人数多、安保任务重，区局制订详细工作方案，科学部署警力，做好场地布建、枪爆物品存放交接、现场销毁、后勤保障、人员接待等工作，确保销枪活动顺利进行，得到公安部、市委市政府领导及社会各界好评。

2018年9月20日，全国公安机关集中统一销毁非法枪爆物品活动重庆现场在长寿举行

【专项行动】 2018年，区局开展严打暴恐活动专项行动。对全区47个重点目标单位开展督导检查82次，下发隐患整改通知书4份，责令限期整改隐患14起，将全区35个加油站增列为反恐重点目标并指导开展反恐演练，强化宣传教育，全年开展反恐专题培训3次，发放宣传资料8000余份；组织开展12期民警现场控制能力培训及7期辅警培训，培训民警505名、辅警325名。开展特警冬训练兵，提高应急处置能力，以一系列硬措施保持全区暴恐案件“零发生”。

2018年，区局开展冬春集中打击整治行动及“禁毒2018两打两控”专项行动，强化措施落实，严厉打击毒品违法犯罪活动。破获毒品刑事案件105起，起诉127人，缴获各类毒品10.1千克。破获“宋某贩毒案”及“吕某某运输毒品案”，缴获毒品8.4千克。

【矛盾纠纷排查化解】 2018年，区局运用社会矛盾纠纷多元化解机制，落实分类分级调处化解，开展矛盾纠纷“大调解”，化解矛盾纠纷3065起，收集社情民意3024件；会同区司法局，完成凤山派出所、桃花派出所及河街派出所3个人民调解室试点建设；信访秩序规范，受理群众来信来访267件，办结率100%（其中息访息诉265件，占总量的99%）。畅通局长信箱、局长公开电话，拓展群众诉求表达渠道坚持领导接访制度，强化信访疑难积案攻坚，化解公安部、市联席办及市局交办的信访事项，信访人撤诉息访。

【网络安全】 2018年，区局“控人、控事、控发展”巡查处置网上舆情，强化上网场所及公共区域LED屏管理，将4个属地APP、6个当地微信公众号、288个涉长寿网站纳入日常监管，全年未发生网络安全事故。开展“净网行动2018”专项工作，开展配侦101起；开展电子物据勘验检查工作168次，运用网络技术手段成功侦破“林某某等人非法获取计算机信息数据案”“程某某等人非法获取公民个人信息案”，抓获犯罪嫌疑人24人，涉案金额350余万元。

2018年5月22日，长寿区公安局在体育中心开展“长寿公安科技活动周”系列活动

【扫黑除恶】　2018 年，区局对标对表细化目标任务，将扫黑除恶专项斗争向纵深推进。判决黑社会性质组织 1 个，起诉恶势力犯罪集团 1 个、恶势力团伙 2 个，侦办 9 类案件 62 件，抓获犯罪嫌疑人员 224 人，查封、扣押、冻结非法资产 15.8 万元。按照“四长负责制”“四定一包”要求梳理核查所有涉黑恶线索，线索查结率 97.47%。与区交委、区国土房管、区城乡建委等 16 个部门建立协作制度，健全黑恶线索摸排核查机制。开展宣传工作，由区局领导班子成员分片带队到社区、街道召开“院坝会”，广泛宣传发动；采取动态挂牌、综合治理、集中清查等方式，黑恶乱点整治工作有序推进。

【执法规范化】　2018 年，区局以执法问题为导向，推进执法制度精细化管理，制定出台 29 项执法制度印制成《制度汇编》发给各办案民警，从源头上解决随意执法、粗放执法、执法不公等突出问题；狠抓执法监督管理，贯彻落实《公安部关于改革完善受案立案制度的意见》《重庆市公安机关受案立案工作规定（试行）》，发布 9 期“执法通报”，以案析法、以案释理，促进执法办案水平提高。开展旁听庭审，组织办案民警 500 余人（次）参加旁听庭审；针对区局民警执法中的难点和问题突出点，灵活设置培训课程，全年执法培训民警 450 人（次）。

【治安防控】　2018 年，区局优化配置专兼职巡防队伍，合理规划必巡点和必巡线，投入警力 2.8 万余人（次）开展街面巡逻，有效挤压犯罪空间；加强“应指工程”平台的运行管理，实现全区重点部位、交通要道视频监控全覆盖；谋划推进“雪亮工程”建设，构建公安大数据系统、服务实战；开展集中清查行动，做好武装卡口重要节日卡点盘查，净化社区环境。全年立八类案件 45 件、可防性案件 667 件，侵财案件 1887 件，同比 2017 年分别下降 18.2%、3.2%、10.4%。

【民生服务】　2018 年，区局坚持服务民生，落实全市公安机关“服务民营经济 30 + 10 条”“服务学校 29 条”“服务旅游发展 23 条”等一系列服务民生举措，拓展公安机关服务经济社会发展的能力和水平。制定局领导定期走访联系企业制度，到企业宣传走访 500 余家（次），上门服务 1200 余次，排查各类安全隐患 1400 余处，设置绿色通道办理各类证照及户籍业务 310 余件；创新工作思路，优化车驾管、出入境及户籍窗口服务职能，推出便民利民新措施，畅通“绿色通道”，提供急事急办、延时服务 530 余次，群众满意度提高。

2018 年 9 月 3 日，长寿首张港澳台居民居住证在桃花派出所受理成功

【经济犯罪打击】　2018 年，区局聚焦风险防控，严打经济领域犯罪，规范市场秩序，服务经济发展。推进涉众型经济违法犯罪清理整治，捣毁“1040”“假冒天师网络营销”等传销窝点 43 个；建立涉众型经济犯罪人员台账，加大追赃挽损力度，为群众及企业挽回经济损失 1350 万元。强化涉假打击，侦破食品药品刑事案件 40 件，查获一批有毒有害食品、价值 100 余万元的假烟假酒和 30 余个品牌的假药 2500 余粒。

（高丽岚）

【消防工作】　2018 年 10 月 9 日，根据中共

2018 年 12 月 29 日，改革转隶的重庆市长寿区消防救援支队迎旗、授衔和换装仪式

中央《深化党和国家机构改革方案》，公安消防部队、武警森林部队退出现役，成建制划归中华人民共和国应急管理部，组建国家综合性消防救援队伍。11月9日，国家综合性消防救援队伍授旗仪式在人民大会堂举行。

12月29日，重庆市长寿区消防救援支队（本条目简称区消防支队）迎旗、授衔和换装仪式举行，制服从“橄榄绿”换成“火焰蓝”。2018年，支队求真务实、恪尽职守，消防工作和队伍建设取得长足进步，保持火灾形势和队伍管理“双稳定”；全区接处警963起，其中火警273起，抢险救援274起，社会救助416起，出动车辆1319台（次），出动警力10574人（次），抢救被困人员123人，疏散受灾害威胁人员392人，保护财产价值近亿元。

2018年，区消防支队坚持政治建队、举旗铸魂，凝聚依法治队强大能量。狠抓思想政治建设，组织专题学习、撰写体会、开展活动、座谈讨论、问卷调查、交心谈心等活动，开展改革教育、教育整训、学习训词等专题教育。组织开展升旗、集体宣誓、迎旗换装等仪式教育，激励指战员坚决拥护改革、支持改革、投身改革。强化基层组织建设，深化“三帮”活动，调整支队党委成员定点联系单位，明确责任，推进示范基层党组织创建工作，从硬件设施、党员管理、组织生活、入党转正等多方面着手，进行指导帮扶，督促整改。在改革转隶过渡期间，组织官兵开展多项纪念活动，提升指战员归属感。发挥审计监督作用，严格执行财经纪律，加大对大额采购、大额基建的事前询价、事中监督、事后审计力度，突出重大经费效益监督，提高经费使用效益；2018年，完成内部审计80项，审计金额476万元，审减金额50余万元，审减率10.1%。

2018年，区消防支队坚持依法治火，源头管控，社会火灾形势持续平稳。消防安全责任体系健全完善，成立由区政府主要领导任主任的消防安全委员会，每季度召开联席会议，定期组织对政府专职消防队建设、老旧居住建筑消防设施改造、重大火灾隐患整治等开展督导检查；宣传贯彻国务院《消防安全责任制实施办法》，出台方案，组织街镇、部门、公安派出所和消防安全重点单位开展集中培训。消防基层基础夯实牢固，全区215家消防安全重点单位、42个社区全部按标准建成微型消防站；54家火灾高危单位全部开展消防安全评估，购买火灾公众责任险。隐患排查整治持续加强，以春夏火灾防控、冬春火灾防控为主线，开展电动自行车、大型城市综合体、人员密集场所、易燃易爆场所和守护生命安全通道消防安全专项整治，保持火灾隐患整治高压态势。2018年，支队检查单位7017家，下发责令改正通知书5955份，督促整改火灾隐患12527处，办理行政处罚案件151件，罚款59.59万元，“三停”78家，临时查封117家，拘留13人。

2018年11月30日，重庆公安消防总队总工程师刘梅梅到长寿经开区检查化工园区消防安全

2018年，区消防支队坚持聚焦打赢、科学管理，攻坚制胜能力增强。夯实战训基础，立足重化工园区应急救援实际，落实人员、车辆器材配备，增设模拟训练设施，完成特勤中队石油化工专业轻型队建设任务；组织官兵实地进入化工企业开展熟悉演练工作，制作危化品信息登记卡，修订完善数字化预案，危化品灾害事故专业化处置水平不断提升。狠抓岗位练兵，组织开展夏训9个科目演示示范，规范各中队训练内容，每周组织下属各中队集中开展训练，每月组织各中队开展阶段性考核；支队机关坚持每周组织开展2次集中训练，根据训练成绩编制机关干部训练档案。建强专职队伍，专题研究政府专职消防队建设工作，推动提升政府专职消防队队员保障经费，将洪湖镇政府专职消防队提升为一级消防站，为已建成并投入使用的5个政府专职消防队新购置1辆消防车。

2018年6月2日，长寿消防支队增援四川达州商场火灾

2018年，区消防支队夯实基层基础建设，重点项目成效显著，妥善解决长寿综合应急救援大队项目村民阻工、地质条件变化等遗留问题，顺利推动项目实施。装备建设提档升级，立足辖区灾害事故特点，投入725万元采购自卸式器材模块车、抢险救援车、大功率水罐泡沫车等高精尖消防车辆，接收总队配送的12吨水罐泡沫车、抢险救援车、4.5吨水罐泡沫车等4台消防车和抢险救援器材。服务保障规范有序，针对不同财务管理制度，组织财务人员学习地方政府会计制度、会计准则和行政事业单位资产管理等一系列地方后勤工作制度；开展资产清查，找准财务管理中存在的薄弱环节，组织人员参加财务、被装培训班，完成队伍改制转隶期间被装更换和转业干部费用结算，确保在新管理体制下各项后勤工作的规范运行。

（马　涛）

【队伍建设】　2018年，区局推进政治建警，立足“两学一做”专题学习教育实践活动，研究制订《2018年区局党委中心组学习计划》并全面落实；开展向“时代楷模”杨雪峰学习活动，召开专题学习会51次，引导广大民警贯彻“四句话、十六字”总要求，以永不懈怠的精神状态和一往无前的奋斗姿态做好公安工作。2018年7月，区局民警在全区举办的习近平新时代中国特色社会主义思想微宣讲比赛中获特等奖。

2018年，区局坚持“作风建设永远在路上”要求，先后在全局开展深化“1+3”专项整治回头看、车改单位租车借车问题专项整治、公务加油卡清理、落实中央八项规定精神专项检查、扫黑除恶专项检查、党员干部亲属涉权事项监督检查、形式主义官僚主义集中整治、利用特殊类名贵产品谋取私利专项整治等9个专项工作，检查单位350余个（次），廉政谈话2000余人（次），提醒谈话256人（次），党纪政纪处分4人（次）；坚持开展“以案说纪、以案说法、以案说德、以案说责”警示教育。

【公安宣传】　2018年，区局加强正面宣传，全年新闻发稿1357条，同比2017年增长17.86%，全市序列排名第二；其中，发稿中央媒体65条、市级媒体712条、区级媒体580条，分别增长4.8%、16.7%和21.5%。立足新媒体，拓展宣传触角，扩大长寿公安声音，全年推送转发微信、微博1925条。把握“扬正控负”工作基调，讲好警察故事，发好公安声音，先后策划“110，守护新时代美好生活”主题宣传、“梦想驿站”为旅客送平安主题宣传、“4·15”国家安全教育日宣传、“宪法日”主题宣传活动、“关爱儿童，防止拐卖”等系列活动。

（高丽岚）

检　察

【概况】　2018年，重庆市长寿区人民检察院（简称区检察院）各项检察工作取得新进展，获评“全国检察文化建设示范院”“全国检察宣传先进单位”“全国五四红旗团委”等称号；长寿湖检察室被评为全市优秀派出检察室；25人（次）受到区级以上表彰。在2018年度全市检察工作考核中，目标管理绩效考核全市第五，被评为“年度工作考核先进单位”；党建工作考核全市并列第一，被评为“党的建设工作考核先进单位”；公益诉讼工作考核全市第十，被评为“公益诉讼工作考核先进单位”。

【刑事检察】　2018年，区检察院维护社会和谐稳定，把扫黑除恶专项斗争作为重大政治任务抓紧抓好，批捕“9+4”类案件50件、125人，起诉39件、96人，其中批捕涉黑涉恶团伙犯罪嫌疑人33人、提起公诉34人，依法从快办理蒙某某等13人涉黑专案。依法严惩严重刑事犯罪，起诉故意杀人、抢劫、强奸等严重暴力犯罪11人，诈骗、盗窃、抢夺等多发性侵财犯罪294人，涉枪涉爆犯罪8人，黄赌毒犯罪149人。全年依法批准和决定逮捕各类刑事案件312件、431人，提起公诉509件694人。

主动适应经济发展新常态，运用法律政策服务保障经济发展，起诉非法吸收公众存款、电信网络诈骗等犯罪35人，涉案金额577万元，配合有关部门抓好预防宣传和追赃挽损。加强企业平等保护和产权司法保护，依法打击危害民营企业经营发展和企业家生命财产安全的犯罪，批捕18件、22人，起诉13件、16人。审查起诉公安部督办的林某某等7人诈骗300余万元案，维护山东、广东、四川、重庆4省市10家涉案企业的合法权益。

强化刑事诉讼监督，严守冤假错案底线，对不构成犯罪和事实不清、证据不足的，不批捕20人、不起诉10人。加强对刑事立案和侦查活动的监督，依法纠正有案不立、有罪不究、以罚代刑等行为，书面纠正侦查违法20件次。通过行政执法与刑事司法衔接平台查阅行政执法档案115件次，督促移送案件线索19件、42人。落实提前介入引导侦查工作机制，提前介入侦查涉黑涉恶等重大疑难复杂案件23件，参与重大案件讨论10件次，公安机关就重大疑难案件听取区检察院意见25件次。

【未成年人检察】 2018年，区检察院全面落实未成年人案件一体化办案机制，精准精细办理未成年人案件93件、158人。完善帮教考察、观护矫治、亲职教育等措施，联合团区委、区教委签订未成年人检察工作社会支持体系框架协议，联合凤城监狱、团区委、区妇联出台帮扶服刑人员未成年子女协议，观护帮教25人，心理疏导49人，救助3人。推进“莎姐”大普法法律“六进”活动（进机关、进乡村、进社区、进学校、进企业、进单位）和“四百”工程（送法进百个社区、百个乡镇、百所学校、百个企业），检察长担任法治副校长，在“12·4”国家宪法日为北城中学200余名师生上法治课。

【刑事执行检察】 2018年，区检察院办理刑事执行领域罪犯再犯罪审查逮捕案件4件、8人，审查起诉案件5件、9人。依法办理羁押必要性审查、监外执行监督等刑事执行监督案件。组织开展系列专项检察活动，对2名3年以上未交付执行的罪犯监督收监执行，监督上网追逃1人；对488名罪犯的财产执行情况进行全面筛查，摸清底数，建议对10名有可供执行财产的罪犯依法执行；针对侵犯刑事被执行人合法权益发出检察建议4份。

【民事行政检察】 2018年，区检察院依法办理民事行政监督案件145件，审结144件；办理生效裁判监督案件获上级院提出抗诉1件。办理支持起诉案119件，获胜诉116件，支持农民工追讨薪酬350余万元。对不服法院正确裁判的39名申诉人，做好息诉服判工作，维护司法权威。

【公益诉讼】 2018年，长寿区把公益诉讼工作融入依法治区和公益保护大局。区委办、区政府办联合出台全面支持检察机关提起公益诉讼工作实施意见，明确7项具体工作机制。区检察院强化协作配合形成工作合力，制定公益诉讼内部协作办法和案件线索举报奖励办法，分别与区审计局、区食药监分局签订协作意见；开展“保护长江母亲河”“保障千家万户舌尖上的安全”等系列公益诉讼专项行动，立案98件，发出诉前检察建议100份，收到行政机关回复64份；办理的网络餐饮安全、“五毛食品”（即校园及周边、城乡结合部和农村的食品小超市、流动摊销售的五毛钱左右的小零食）、国有土地使用权出让等公益诉讼案件取得良好效果。

【控告申诉检察】 2018年，区检察院受理审查各类信访案件141件，检察长接待群众31人（次）；办理并息诉刑事申诉案件3件，办理司法救助案件3件，为3名确有困难的刑事被害人发放救助金8.5万元。建立“12309”检察服务中心，为群众提供更加开放、阳光的检察服务。

【检察队伍建设】 2018年，区检察院出台《关于坚决维护党中央集中统一领导加强全面从严治检工作的执行办法》，领导班子带头旗帜鲜明讲政治；召开专题民主生活会，剖析问题24个，提出整改措施21条；主动对照市人民检察院巡视整改方案，制定措施并落实到位。持续推进“两学一做”学习教育常态化制度化，举行“不忘初心·继续前行”“新时代红岩讲习所”等专题活动。组织37名新任职干部和晋级人员进行宪法宣誓，组织89人（次）参加上级院调训和高校素质提升培训，有效提升把握法律政策的本领。

坚持把纪律挺在前面，加强对重大决策落实、专项行动推进、党内政治生活、出国（境）、请休假等的监督检查。围绕安全办案、廉洁办案，编发《以案为鉴》12期，开展督察21次，开展廉政教育44次、廉政约谈73人（次）。执行司法机关公正廉洁司法“三个规定”，抓好重点岗位、关键环节风险防控，查找廉政风险点59个，逐条逐项制订防控措施61条。

【检察业务管理】　2018年，区检察院把好案件入口关和出口关，突出抓好流程管理、质量评查、规范司法等重点工作，开展案件质量评查570件次、流程管理360件次。依法接待律师99人（次），保障律师会见权、阅卷权和调查取证权。公开案件程序性信息2400余条、法律文书483份。

【检察信息宣传】　2018年，区检察院编发检察信息132期、调研文章14篇，开展农村犯罪调查等专题调研2次并完成调研报告，完成区级课题1个，完成市院重点课题初稿。改版微信公众号，原创微信97条，发表宣传稿件60篇，发布各类信息18000余条。区检察院被评为“全市检察信息工作先进单位”和“全市检察宣传工作先进单位”。

（王刘章）

法　院

【概况】　2018年，重庆市长寿区人民法院（简称长寿区法院）有内设部门19个（含3个法庭），有正式干警159人，聘用制书记员60人、法警24人。全年受理各类案件17234件，审（执）结15844件，审（执）结率91.93%。全年有7个集体和34名个人受到区级以上表彰奖励。

【刑事审判】　2018年，长寿区法院依法打击刑事犯罪，受理刑事案件533件，审结499件，审结率93.62%，判处罪犯658人，依法决定逮捕94人。审结寻衅滋事、聚众斗殴、聚众扰乱社会秩序等“9+4”类案件36件、66人，其中恶势力团伙犯罪2件、5人；审结故意杀人、故意伤害等严重暴力犯罪案件26件、36人；审结抢劫、盗窃、诈骗等侵财类犯罪案件196件、299人；审结毒品犯罪案件100件、113人；审结交通肇事、危险驾驶等犯罪案件102件、105人；审结危害公共安全犯罪案件103件、105人；依法打击破坏市场经济秩序犯罪案件6件、9人；审结未成年人犯罪案件19件、28人，依法宣告缓刑8人，回访帮教25人（次）。加强人权司法保障，协调指派28名律师为被告人提供辩护。出台《未成年人综合审判合议庭工作办法》，依规对未成年人犯罪记录实行封存。

2018年9月14日，长寿区法院公开宣判首例涉恶势力犯罪案件

【民商事审判】　2018年，长寿区法院受理民商事案件10704件，审结10053件，审结率93.92%。审结人身损害、医疗、教育、劳动争议等案件463件；审结婚姻纠纷944件；审结依法审结老年人赡养费案件63件，审结未成年人抚养费案件58件；稳妥化解物业纠纷2713件，房屋买卖合同纠纷96件；审结劳务合同、劳动争议纠纷386件；服务供给侧结构性改革，受理企业破产清算案件4件；审结金融借款合同纠纷214件，涉案标的额1.36亿元；审结民间借贷纠纷1156件。民商事案件服判息诉率95.27%，裁判文书自动履行率52.19%。

【行政审判】　2018年，长寿区法院受理行政案件460件，审结398件，审结率86.52%。加强对具体行政行为审查，判决撤销行政行为案件4件、判决行政机关履行法定职责案件3件、确认行政机关行政行为违法案件2件；行政机关负责人出庭应诉70件，出庭应诉率49.30%；注重发挥司法建议作用，向行政机关发出司法建议8份，其中1份被市高级人民法院评为优秀司法建议。邀请区土地储备中心、中国移动长寿分公司等50余名领导干部旁听原长寿区葛兰镇卫生院院长李某受贿一案，“零距离”进行廉政警示宣传教育；邀请长寿区150余名处级以上领导干部集中旁听案件庭审，筑牢拒腐防变思想防线。

【执行工作】　2018年，长寿区人民法院受理执行案件5264件，执结4624件，执结率87.84%，执行到位金额4.92亿元。逐步形成全区综合治理“执行难”大格局，加强实时网络查控，发出查询申请30万余次，冻结资金1.15亿元；查询房屋、土地等不动产信息2725条，车辆4528辆；实施搜查384次、拘留59人（次）、移送公安机关追究拒执犯罪案件12件，限制高消费3768人（次），限制购买机票3369人（次），限制购买动车、高铁票885人（次）；加大对失信被执行人的曝光力度，《长寿日报》、长寿微信公众号等媒体平台曝光1218名失信被执行人身份信息，促使28名失信被执行人主动到法院履行义务。在淘宝、京东、人民法院诉讼资产平台等网站成功拍卖拍品181件，成交额1.85亿元，标的物成交率88.73%，溢价率22.09%，为当事人节约佣金132万元。依法拆除白某某花椒种植园、华某某4100余平方米非法建筑物，促进渝长高速扩能改造、站南污水管网建设、桃花溪综合整治顺利推进。

【司法为民】 2018年，长寿区法院践行为民宗旨，满足群众司法需求。健全完善诉讼服务中心功能，实现“一站式”立案服务，全面落实立案登记制，当场立案率99.20%；集约配置审判资源，速裁速调中心快速审结简易民事纠纷1036件。发挥人民法庭面向基层纽带作用，巡回审判63次，第一、第二和第三中心法庭审结案件1256件、788件、1238件，审结率92.42%、92.60%、95.89%。打造律师工作室，支持正当执业，签发律师调查令103份。确保生活困难的群众打得起“官司”，全年缓减免诉讼费32万余元；加强司法救助，向符合条件申请人发放救助金103万元；区

2018年3月15日，长寿区法院在葛兰镇罗岩村农家院坝审理一起赡养纠纷案件，百余名群众到场旁听

执行救助专项资金救助102名困难当事人99万余元。坚持院庭长接访制度，接待群众320余人。强化基础设施建设，新审判法庭大楼已通过验收，审判办公大楼和审判法庭大楼的地下通道已经竣工。

【司法改革】 2018年，长寿区法院选拔64名员额法官和选任、转任首批62名法官助理，组建“1名员额法官+1名法官助理+1名书记员”审判团队38个，“1名员额法官+1名书记员”审判团队26个，分别对类型化案件实行集约审理；将员额法官全部分配到审判一线，新招录6名干警充实后勤，实现85%以上人员向一线集中。入额院领导审（执）结案件1267件，占总数的8%。按照扁平化管理与专业化建设相结合的原则，加速推进内设机构改革。推进繁简分流，适用简易程序和小额诉讼程序审结案件8599件。发挥审判委员会统一裁判尺度作用，召开审委会19次讨论案件37件。

【队伍建设】 2018年，长寿区法院全面落实中央“八项规定”精神，推进党风廉政建设和反腐败工作。落实防止干预过问案件的“两个规定”，加强廉政风险防控；组织召开全院党风廉政工作会议，层层签订廉政责任书158人、316份，正风肃纪责任书268人、536份，形成一级抓一级、一级带一级、一级对一级负责的党风廉政建设工作体系；组织12名新任中层干部、员额法官向宪法宣誓，进行任前廉政谈话；开展廉政审查88人（次）；院部门负责人述职述廉18人（次），院党组向区纪委报送履行主体责任有关数据汇总表12次；节假日编辑发送廉政短信2105人（次）；执行评估、拍卖公开透明制度，监督选取司法鉴定评估机构275次；始终保持日常督察不间断，开展审务督察32次，发现问题20个，均及时督促整改。完善人才培养机制，落实一线磨砺、青年导师制度，培养青年干警56人；加强审判人员多岗位、跨部门学习锻炼，突出抓好新法律法规、司法解释学习，组织全院干警参加培训19期863人（次），提升业务素质能力；加强司法警察体能技能训练和处突演练，确保关键时刻“拉得出、冲得上”；年内全院220余篇新闻稿件被《人民法院报》等主流媒体采用，在微信公众号发布新闻68条，发布官方微博137条；完善法院官网建设，更新稿件681篇。宣传工作被最高人民法院政治部授予

"2018年度全国法院司法宣传先进单位"称号，第一人民法庭被市高级人民法院授予"示范民生法庭"称号。

2018年8月，长寿区法院被最高人民法院政治部授予"2018年度全国法院司法宣传先进单位"称号

【各界监督】　2018年，长寿区法院主动向区人大常委会专题报告公正司法、"基本解决执行难"工作情况，根据审议意见改进工作，依法向区人大常委会提请任命2次，郑重办理代表建议1件；邀请38名市、区人大代表视察法院工作，通过旁听庭审、召开座谈会、见证执行等方式听取代表意见28次；向700余名区、镇人大代表赠阅《决胜"基本解决执行难"专刊》，拓宽监督渠道。自觉接受人民政协和民主党派、工商联、无党派人士民主监督，主动向区政协通报法院工作；落实区政协十五届二次会议上的意见建议，办理委员提案2件；邀请政协委员视察法院工作，20名区政协委员调研"基本解决执行难"开展情况；走访接待政协委员12人（次），及时采纳提出意见。落实检察长列席审判委员会制度，邀请区人民检察院检察长列席审委会，加强与人民检察院的沟通协调，支持、配合检察机关履行监督职责，协调推进以审判为中心的刑事诉讼制度和认罪认罚制度改革。推进司法民主，人民陪审员参审案件2053件，普通程序案件陪审率91.60%；主动接受群众监督，随案发放廉政监督卡3万余张，组织旁听庭审4.3万余人（次）；坚持裁判文书公开制度，公布裁判文书11329份；落实庭审网上直播规定，直播庭审807场次；回应社会关切，召开新闻发布会2场；运用官方微博、微信公众号等平台，发布工作信息246条。

（谢劲松）

司法行政

【概况】　2018年，重庆市长寿区司法局（简称区司法局）抓公共法律服务体系建设，聚焦主业、突出重点、改革创新，为全区经济社会发展和人民日益增长的美好生活需要提供优质高效的法律服务和法治保障，各项工作成效明显。在2018年度区县（自治县）司法局执法执业综合管理目标考评中获得"优秀"等次，区医疗纠纷人民调解委员会被评为"重庆市优秀人民调解委员会"，杨松柏被司法部通报表扬为"全国人民调解工作先进个人"，代善银被司法部通报表扬为"全国模范司法所长"，1人获区委区政府记三等功表彰，2人被市人社局、市司法局评为"重庆市优秀人民调解员"。

【人民调解】　2018年，长寿区各级人民调解组织调解各类矛盾纠纷9066件，调解成功8984件，成功率99%；排查各类矛盾纠纷753次，预防纠纷722件。化解全区重大纠纷按照"属地司法所原则＋片区司法所联动"制度，及时参与全区重大维稳处突任务，全年调处区级重大矛盾纠纷调解52件，其中3件引导依法维权，调解成功率100%，协议兑现金额2683.46万元。参与经开区寿城水岸定销商品房住户车库停车群体纠纷、城中城租赁合同纠纷集体纠纷、大润发超市职工劳资纠纷及供货商合同纠纷、退役军人信访维稳等群体性纠纷处置。服务全区重点工作，抽调6名干部，全程参与全区非煤矿山关闭、肉联厂关闭补偿、隧道商城关闭拆除等重点工作，参与法律分析研判会12次，促成签订搬迁协议书43份，调解租赁纠纷47件，指派律师与使用权人、摊位承租人见面，接受法律咨询300余人（次）。

【社区矫正和安置帮教】　2018年，长寿区接收社区矫正人员207人，解除社区矫正235人，在册社区矫正人员263人，全区未发生社区矫正人员参与重大恶性案（事）件，未发生社区矫正人员漏管、脱管现象，没有发生在当地有较大社会影响的恶性刑事案件。完善工作机制，将矫正局和帮教管理服务中心合署办公，采用"划片包干"的方式，实行工作人员直接联系19个司法所，使监督指导更直接更有效，提升工作人员责任感。提升执法规范，形成常态化监督考核内控机制，每半年在全区范围内开展社区矫正执法大检查和法律监督活动；规范执法程序，先后规范档案移交管理、适用“兜底条款”规范请假程序、规范开展手机定位特殊区域划定等工作流程；全区社区矫正档案齐全规范，建档率100%；主动接受监督，截至年底前邀请检察官参与各类活动10余次。增强监管力度，有效运用监管措施，对不服刑监管的在矫人员，要求增加当面报到次数、及时调整监管类型、严格季度扣分，依法进行警告、建议提请收监等，增强社区矫正人员的在刑意识；2018年，给予警告41人，提请撤销缓刑4人，提请收监执行1人，对历史遗留的3名应收监未收监人员执行收监。3名监狱民警协助开展社区矫正工作，按照“统分结合、点面结合”的工作方式，划片区、明责任、定考核等，发挥民警作用；民警摸排各类重点人员14人，先后开展定位管理抽查50余人（次），参加重点人员训诫92人（次），整训16次，查找、走访社区矫正人员40余人，参与司法所集中教育42场700余人（次）。

社区矫正信息化建设，以全国社区矫正信息化建设为契机，提升科技手段，增强监管实效性和规范性。全面试行社区矫正人员手机定位监管，对所有社区服刑人员实施24小时手机定位监管，年底前定位率100%。为基层司法所统一配备“人脸和指纹识别”考勤设备、高拍仪和执法记录仪，规范矫正人员的日常监管和执法行为。依托社区矫正信息监管平台，对全区社区矫正人员实行报到、学习、劳动自动记录，管理任务和审批事项网上流转，信息档案全电子化和管理事项全程留痕，实现数据智能统计分析和自动记分考核，手机定位监控全覆盖，构筑电子围墙，实现智能监管，提高工作效率。2018年5月，长寿区投入170余万元，建成区社区矫正应急指挥中心与远程视频督察系统，设置监控点99个，实现长寿区与全市、全国社区矫正远程督察系统的实时同步；覆盖全区所有社区矫正执法区域，实现社区矫正网络互联互通、无缝对接，“人防”“技防”相结合的信息化管理模式。

【法律服务】 2018年，长寿区法律服务执业人员代理经济、民事、行政案件1505件；代理刑事案件46件；解答法律咨询5223人（次），代写各类法律文书398份；司法鉴定机构办理鉴定业务124件；受理公职律师申请7人。全区政府部门法律顾问助力经济发展提供法律意见166条，审查规范性文件、合同和参与重大事件处理等217件；开展民营企业法治体检活动，组织成立全区服务民营企业律师服务团，一对一到企业开展体检活动。全区律师和基层法律服务工作者服务保障民生办理法律援助案件632件（民事案件493件，刑事案件139件）；法律服务机构和人员提供免费咨询1852人（次），为群众提供司法鉴定免费咨询356人（次）。参与政法机关维护社会稳定信访接待67次，参与重大矛盾纠纷化解9次。确保依法行政，对全区9家基层法律服务所开展“双随机一公开”执法检查，查阅案卷64件；规范行政执法，完善投诉受理、立案、调查、听证、处分等工作程序，全年受理投诉案件2件。深化“放管服”改革，编制涉及公证、律师、基层法律服务等8大项29小项行政许可事项的标准化服务指南，及时梳理出行政许可《“马上办、网上办、就近办、一次办”事项目录清单》；成立行政审批科，实现行政审批事项职能向一个科室集中；2018年办理行政许可事项（初审）32件，办结32件，网上办事率100%，网上办结率100%；完善公共信用信息目录，涉及信用信息18项（法人8项，个人10项），其中基本信息4项、正面信息2项、负面信息12项。

【法律援助】 2018年，长寿区受理法律援助案件632件，办结728件，为各类受援人挽回经济损失或取得利益1444.54万元。将“关爱妇女、残疾人”作为“法援惠民生”建设品牌，全年办理妇女法律援助案件261件，办理残疾人法律援助案件40件，办理未成年人法律援助案件93件，办理老年人法律援助案件95件。重点抓“年末岁初”农民工追讨欠薪专项行动，成功处理41名农民工向北城致远集团有限公司讨要劳动报酬等纠纷，为211名农民工追讨欠薪725.03万元。完善“点援”制度，制作“法律援助点援公示簿”和公示栏，对30名办案人员的基本信息进行公示，实行动态管理，全年受理“点援”案件458件，办结506件，挽回经济损失或取得利益1092.69万元。强化质量评查，通过评查案卷材料、庭审旁听考评、回访考评等方式，对法律援助案件质量进行综合评定；与办案补贴相挂钩，提升法律援助办案质量；全年旁听65场（次），回访受援人124人（次），群众满意度99.8%。

【公证工作】 2018年，长寿区办结各类公证3430件（民事经济类3035件，涉港澳台类65件，涉外类330件）；接待、解答当事人法律咨询5000余人（次），为当事人起草、修改各类法律文书1500余份，为企业提供公证服务150余件。参与桃花溪景观工程（第八标段）地块进场施工工作，晏家片区拆迁安置112户抽签选房，经开区PVA项目和生态防护屏障建设项目房屋室内装饰装修、附属设施现场确认及未经登记建筑现场调查等工作。贯彻落实深化“放管服”改革和“贯彻落实公证减证便民12条措施”，避免当事人重复跑路。为弱势群体、困难人群提供便民公证服务，减、免公证费用8万余元；为年老、残疾、危重病人等特殊群体申办公证实行预约或上门服务61次。

【司法行政体制改革】 2018年，长寿区全面构建区、镇（街）、村（社区）三级公共法律服务实体平台，区级公共法律服务中心建成并正式投入使用；依托司法所、村（社区）便民服务中心和人民调解室在全区19个镇（街）263个村（社区）分别成立公共法律服务工作站、室，形成“区—街镇—村（社区）”三级网络化服务体系。“12348”中国法网法律咨询热线全面启用，由律师、基层法律服务工作者、法律援助中心工作人员组成的线上法律服务队伍，电话热线为群众架起“面对面”“零距离”的线上服务通道，为群众解答各类法律问题1315人（次）。印发《关于建立街镇公共法律服务微信群的通知》，在全区建立19个街镇公共法律服务微信群，及时解答受理群众的法律咨询、法律援助、人民调解等业务。

推进刑事诉讼制度改革，开展法律援助值班律师和刑事案件认罪认罚从宽制度试点工作。2018年，全区受理刑事法律援助案件139件，其中侦查阶段66件、审查起诉阶段38件、审判阶段35件；开展从宽制度试点工作，见证签署具结书358件。建站设点，构建律师值班网络，建立公检法司联席会议机制，成立人民法院、人民检察院、公安看守所法律援助工作站，对《值班律师工作守则》《刑事诉讼法律援助规定》等制度上墙公示。灵活保需，严格选派值班律师，筛选23名执业律师组建法律援助值班律师库，常驻值班或者提前预约，灵活安排值班律师，年内安排值班律师94人（次），有效满足犯罪嫌疑人、被告人及其近亲属法律援助需求。

坚持和发展新时代“枫桥经验”，牵头草拟《关于深化“枫桥经验”加强人民调解工作的实施意见》，明确新时代全区人民调解工作目标、工作内容、工作机制，进一步理顺人民调解工作机制。“警调、访调、诉调”对接开展，健全完善人民调解与行政调解、信访工作、司法调解的衔接机制，构建多元矛盾化解机制；制定出台区级实施方案，确保“三调”对接工作推进有目标、有措施、有实效；协调区公安局、区信访办、区人民法院落实办公场所，确保调解“早落位、早调解、早见效”；在社会上筛选一批群众公认、在当地有一定威望、在本行业有一定威信，具有较高文化素养、政策水平和法律知识的人员担任调解员，实现“三调”对接中人民调解专职专业化。推进“金牌人民调解”创建，在梅村社区、菩提社区、河堰村创建“金牌人民调解委员会”，打造“金牌人民调解员”。

律师制度改革有新成效。及时成立律师协会长寿区分会改革小组，制定律师协会长寿区分会改革实施方案，组织全区律师参加联络办组成人员推选大会，选举产生主任1名、副主任1名、委员1名，撤销重庆市律师协会长寿分会，设立重庆市律师协会长寿区工作联络办公室，简称“律协长寿区联络办”，全面完成分会改革任务。强化律师党建，规范基层党组织，将“中国共产党重庆市律师协会长寿分会联合支部委员会”更名为“中国共产党重庆市长寿区律师行业支部委员会”，发挥先锋模范作用，在重庆渝州律师事务所成立党支部。

【基层基础建设】 2018年，长寿区以全市司法行政“十三五”规划调整为契机，将长寿区司法局业务用房建设纳入全市司法行政系统“十三五”规划。年底前，司法业务用房建设工程项目已经区政府同意，在发改委立项，该项目用地面积0.36公顷，总建筑面积7600平方米（其中地上建筑面积3600平方米，地下建筑面积4000平方米），项目投资4500万元。加强司法所规范化建设，投入80万元对凤城、江南、渡舟、长寿湖、石堰和洪湖6个基层司法所进行装修改造，以适应新时代司法行政工作需要。

【队伍建设】 2018年，区司法局提高政治站位强化理论学习。党组理论中心组学习、支部主题党日活动、集中学习讨论、个人自学等学习十九大报告、新《中国共产党章程》等，组织集中观看纪念马克思200周年诞辰大会、庆祝改革开放40周年大会，开展十九大精神知识竞赛、“缅怀革命烈士·追忆峥嵘岁月”主题党日活动、十九大精神中的法治专题党课、“践行十九大，筑梦新时代”主题演讲比赛等活动。抓好意识形态领域责任制落实，明确领导班子责任，制订完善《中共重庆市长寿区司法局党组政治理论学习工作方案》。从严从实加强党风廉政建设，邀请区纪委监察委领导向全局干部职工开展《中华人民共和国监察法》专题讲座；组织全体干部参观长寿区预防职务犯罪法治教育基地；制定《关于进一步加强廉政风险防控工作的实施办法》，清理核定职权、查找廉政风险，建立健全廉政风险台账。严格干部管理，2018年，开展长寿公证处主任试用期满转正工作，对一批中层干部开展岗位调整交流，选拔任用4名正科级领导干部和1名副科级领导干部，对3人的出生日期进行核查认定；制定《非在编人员管理办法》。（陈跃勇）

【监狱管理】 重庆市凤城监狱（简称凤城监狱）位于长寿区北城大道101号，其前身为1952年成立的菩提山劳动改造大队，1996年从原四川省第二监狱分离成立四川省凤城监狱；重庆直辖后，更名为“重庆市凤城监狱”。监狱占地12.33公顷，下设14个机关科室、9个监区（含1所医院）、1支特警队、1个指挥中心。

2018年，凤城监狱贯彻践行全国司法行政工作会、司法部历次安全稳定工作调度会、全市司法行政工作会及监狱安全工作会精神，连续14年实现无罪犯脱逃、无重大狱内案件、无重大疫情及群体性食物中毒、无重伤以上安全生产事故的“四无”目标，各项工作再上新台阶。

凤城监狱围绕监管安全稳定这个首要任务，狠抓制度落实，强化罪犯管控，严格执行监管区大门管理规定，严格车辆进出时间限制，严格落实带车民警和特警队民警双检制度，加强重点物品管理，对进出监管区的物品工具及办理流程进行统一规范。完善监管设施，提高防范能力，先后完成监管区A门改造、围墙照明系统建设、落水管防攀爬装置安装、安检门安装、生命探测仪安装等工作。开展专项活动，助力扫黑除恶行动，发放宣传单和家属告知书各2200余份，收到并转递涉黑涉恶线索3份，公安机关已调查并回复1份。强化隐患整治力度，筑牢监管安全防线，落实“网格化”管理制度，实行分监区日排查、监区周排查和监狱月排查的三级排查机制及“网格化”区域责任人定期定时巡查机制。加强处突演练，与涪陵监狱、垫江监狱共同开展片区联合追逃演练。6月1日举行防暴力恐怖袭击监狱的处突演练，检验队伍处突水平。

践行改造宗旨，及时制订《凤城监狱服刑人员政治改造工作实施方案》，在为期一个季度的政治改造教育活动中，全狱服刑人员撰写心得体会、观后感、讨论记录、剖析材料、悔过书信3000余篇。增强政治改造针对性，以爱国主义教育为载体，组织服刑人员举行升旗仪式，举行“改革开放图片巡回展”“回眸——建国69周年”专题讲座、“学习宪法”专题教育活动等活动。利用监狱电子显示屏、广播、教育改造网、监狱电视体统等媒介，组织服刑人员每天学习一条标语，每天唱一首主题歌曲，每周开展一次集体学习讨论，每月举行一次升国旗仪式，为全狱服刑人员编制《服刑人员政治改造标语》口袋书本，制定服刑人员学习的政治标语50幅，整理创作教育改造歌曲27首。打造心理健康教育品牌，成立以该监狱民警名字命名、有狱外专家共同参与的“代浩心理工作室”。

干部队伍管理，树魂立根，狠抓思想政治教育。坚持每周一政治学习制度；开展党委书记上党课，拓展主题党日活动的形式内涵。规范管理，狠抓组织人事工作，贯彻落实司法部调度会要求，适时调整勤务模式，坚守监管底线；组织民警职工退休欢送座谈会；修订绩效考核办法、离岗学习办法等；抓教育培训，推行季度练兵考核制度。开展新闻宣传，年内编印5期内刊《菩提树》，对该监狱工作进行宣传报道。

加强基础工作，依法做好罪犯的收押和释放工作，规范办理罪犯减刑、假释案件。维护罪犯合法权益，及时处理罪犯诉求。加强食品药品管理，把好关口，完善狱内疫情防控机制，抓紧推进全面规范化建设。全年妥善处理各类信访案件6件。落实扶贫政策，开展对口帮扶工作，与长寿区商务局、农业银行长寿支行联合签订协议，落实订购贫困农户蔬菜帮扶措施，帮助村民解决实际困难。

（周多琦）

森林公安

【森林防火】 2018年，区森林公安着力加强森林防火工作，严防森林火灾发生。围绕“预防为主、科学扑救、积极消灭”的工作方针开展，做到思想上警钟长鸣、措施上常抓不懈、制度上严格执行、行动上扎实推进，全年全区未发生森林火灾。严格落实森林防火责任制，层层压实责任，全区逐级签订责任书2.75万余份，将森林防火责任落实到每一个责任单位、村社、护林人员及个人，确保事有人管、山有人看、责有人担。加大森林防火宣传力度，拓展宣传广度与深度，以多种形式开展森林防火宣传，形成良好的森林防火氛围。狠抓森林防火基础设施建设，加快推进林区网格化管理，实施9座标准化森林防火检查站建设，支持街镇森林防火通道建设，做好森林防火物资采购配备工作。加强森林消防队伍建设，协调区公安局，利用特勤支队人员成立50人的区级森林消防队伍，开展2期森林防火知识培训和技能训练，以保证应急响应；对全区110余名骨干民兵开展森林灭火集训，组织区级森林防火半专业扑火队开展森林防火实战演练。强化火源管控，深入开展森林火灾隐患排查整治，重点开展林区生产生活用火、易燃易爆物品等隐患排查整改，不留死角、不留盲区；加大对违规野外用火打击力度，做到见烟就查、违章就罚，依法从严打击肇事者，消除火灾隐患，确保森林资源安全；加大督查力度，派出督查组对全区高温期间森林防火工作进行拉网式检查，将检查结果在全区范围进行通报。强化应急处置，坚持24小时值班制度和火情报告制度，确保信息畅通。

【涉林执法】 加大对违法违规行为的查处力度，在全区范围内组织开展“林区毒品查缉”“禁种铲毒”“矿产资源违法行为”“保护野生动物”“严查森林火案和违规野外用火”“绿盾2018”“查处违规占用林地”等10余次专项行动，推进林业领域平安建设。全年查处各类涉林违法案件108件，处理108人，罚款83万余元。

（熊席跃）

军　事

重庆市长寿区人民武装部

【思想政治建设】　2018年，重庆市长寿区人民武装部（简称区人武部）坚持以举旗铸魂为根本，规范和改进党委中心组理论学习制度、党组织生活制度、民兵思想政治教育制度，围绕把十九大报告“军事篇”落实到长寿大地，在全区民兵预备役人员中开展习近平新时代中国特色社会主义思想学习研究，抓好十九大精神的学习贯彻落实。开展主题教育，推进“两学一做”学习教育常态化；开展全民国防教育，围绕“人人向往长寿、人人心系国防”主题，先后会同区委组织部、区委宣传部、区教委到区委党校、化工职业学院和11所学校高中部开展国防教育19场（次）。

2018年10月，重庆警备区司令员韩志凯（左三）与区人武部第一书记赵世庆（左二）检查应急分队训练

【军事斗争准备】　2018年，区人武部贯彻落实《战备工作条例》，修订完善各类应急预案，细化规范值班应急处置程序，建立完善信息互通机制。落实《重庆市“十三五”时期民兵调整改革计划方案》，编实普通民兵组织、建强基干民兵队伍，建立民兵专业应急救援分队，在重庆警备区年终战备工作评比中排名第6名。开展“和平积弊大清理大扫除”活动，每月定期召开议战议训会，先后组织开训动员周和4次轮训备勤，民兵整体建设质量得到提升。先后选送12名专武干部参加市基层专武部长轮训和“三长”比武竞赛活动，区人武部在警备区年终考核综合成绩排名第九名，名次有大幅提高。

长寿区人武部组织的战术训练

【国防动员】　2018年，区人武部实施合力推进军民融合深度发展，会同地方有关部门制订相关方案。贯彻落实国防部征兵办公室和重庆市征兵工作会议精神，以提高兵员质量为核心，规范征兵，廉洁征兵，突出高学历青年征集，建立征兵“五率”考核机制；协调区政府出台入伍大学生奖励政策（每名大学生新兵给予3000元至10000元专项奖励），开展新兵役前集训。全年未发现征兵不廉问题，完成市征办赋予的新兵征集任务，大学生比例达到61%，退兵率降至0.3%，在全市征兵工作量化考评中排名第九名；石堰镇人武部被市征办评为征兵工作成绩突出集体，凤城街道专武干事邓某、公安局户政科副科长李某某、人民医院副院长向某3人被评为先进个人。精准搞好国防动员潜力调查，依托重庆市“智慧动员”信息指挥平台，

抓好军地部门和行业信息系统的引接，高质量高效率完成潜力数据调查。

【党风廉政建设】　2018 年，区人武部认真履行党委主体责任，推动“两学一做”学习教育常态化制度化，部长、政委每季度至少讲 1 次党课、1 次法纪教育课，带头学习上级文件精神、讨论研究重大敏感问题、开展廉政教育、审核监督决议执行、开展批评与自我批评；常态化组织《两项法规》学习，贯彻民主集中制“十六字”原则、全军政工会议精神和警备区“政治建军、法治强军”党建整训要求，党委依法决策、科学决策、民主决策及官兵职工依法办事、遵章办事、按规办事意识显著提升。发挥纪委监督作用，贯彻警备区“约法三章”，纠整狠刹“四风”问题，官兵职工精神状态向上、自我要求严格、服务基层态度端正。

【综合保障】　2018 年，区人武部按制度规范管理、按标准强化服务、按职能实施保障，坚持开展后勤法规宣传学习，强化党委理财、经费主官双签、季度财务汇报、每月银行对账等财经规定，形成“落实有依据、供应有标准、执行有章法”的良好局面。加强机关营区管理，规范营区流动人员和车辆管控，改善营区基础设施条件。坚持党委理财，对年度预算、大宗物资采购、营房维修、大项经费开支等重大事项集中讨论、党委决策、纪委监管、过程公开。严格执行中央八项规定和军委十项规定，把财务大清查纳入党委重要议事日程、摆到突出位置，于 2018 年 10 月接受中央军委审计署重庆审计中心经济责任审计，未发现重大经济责任问题，审计组给予高度评价和肯定。

从战略全局的高度认识和把握安全稳定问题，对照“靠上前去、责任到人、狠抓落实”的要求，协助地方相关部门做好军转干部、抗美援朝老战士、退改离干部和退役安置人员的思想稳定工作。贯彻落实依法治军、从严治军的方针，以“条令条例学习月”“百日安全活动”为契机，开展“学法规、守法规、用法规”活动和经常性安全教育，秩序不断规范，官兵职工安全意识更加牢固。把握关键时节、重点人员、重要目标、枪弹车辆、涉密载体的管理管控，开展全覆盖、全领域、全要素拉网式排查，做到全体人员不失察、重点部位不失控、重要岗位不失查，保持并延续多年无安全事故的势头，被重庆警备区评为年度“安全稳定工作先进单位”。

【双拥共建】　2018 年，区人武部准确把握市、区脱贫攻坚决策部署和工作要求，主动对接 6 户贫困户，以高度的政治责任感落实重庆警备区和区委区政府下达的扶贫任务。弘扬拥军优属光荣传统，协调地方部门在军人子女入学、家属就业和转业干部安置方面予以政策倾斜、给予优先照顾。年内先后到 13 家民营企业实地调研，听取意见建议，破解发展难题。全年发动民兵义务植树 1600 余棵，出动 230 人（次）开展义务宣传活动。为涉军人员提供法律咨询 12 次，接待到访军人军属 86 人（次），调解纠纷 5 起，为复转军人出具证明材料 3385 份，走访慰问抗美援朝 8 名老战士，为助推平安长寿建设做出贡献。加强与驻区部队的沟通协调，随时做好应急处突准备，7 月长寿湖发生水灾后，出动长寿湖镇周边应急民兵 160 人参与水上救援，发挥应急民兵一线救援作用。

（杨　敏）

中国人民武装警察部队长寿中队

【概况】　2018 年，中国人民武装警察部队长寿中队（本分目简称中队）官兵以顽强的战斗作风，过硬的军事技能，出色地完成上级赋予的各项任务，为维护长寿地区的社会稳定，保护人民生命财产安全，为长寿经济建设做出贡献，受到当地党委、政府和人民群众的赞扬；中队建设成绩显著，多次受到上级党委的表彰。中队党支部曾先后

2018 年八一期间，长寿区的部门单位慰问长寿中队

8次被重庆武警总队表彰为基层先进党支部；中队团支部先后13次被重庆市团委、区团委和支队团委表彰为先进团支部；中队先后10余次被武警总队、支队表彰为先进中队，连续15年被评为安全无事故单位，先后9次被总队评为正规化执勤一级单位。

【军事训练】 2018年，中队官兵牢记“能打仗、打胜仗”这一强军之要，紧贴任务实际抓好“实战化”训练，提升保中心能力。以支队各类集训为平台，突出重难点课目训练，狠抓应急班力量建设，突出抓好反恐装备的人装结合训练。针对军事训练暴露出来的短板，有针对性地抓好部队日常训练，提升中队军事训练整体水平。参加支队勤训轮换和应急班比武，名次靠前。新兵下队后，认真组织专勤训练，严格把关，合格一个上勤一个，开展各项活动，规范执勤秩序，突出执勤哨兵处置能力训练，每月与目标单位进行一次联合实战化方案演练，提高安全系数。2018年，中队出动兵力完成武装押解临时勤务，坚持任务出动前制订好应急预案、选好人员；任务执行过程中干部靠前指挥、严密组织实施；任务完成后搞好总结讲评，有效提高官兵的应急反应能力。

【政治教育】 2018年，中队深入学习贯彻中共十九大精神以及三级党委扩大会议精神，开展执勤战备教育、职能任务教育、经常性思想教育和密切内部关系教育。参加支队集中授课，中队采取集中学习与个人自学相结合、讨论发言、体会交流、理论测试等方法增强和巩固学习效果；建立检查、补课等制度抓好教育“四落实”，确保学习教育不漏一人。全年中队组织讨论交流8次、理论测试5次、笔记展评7次，共同学习共同提高。结合唱队歌话队魂活动，组织官兵搞好排练，开展演讲比赛、参与支队热点讨论活动。中队官兵对“四有”革命军人的认识理解深化，全中队的凝聚力、责任感和荣誉心在教育实践中得到升华。

【部队管理】 2018年，中队人员的管控坚持每天点名，严格落实请销假、查铺查哨、出入营门登记和手机使用管理等制度；在士官队伍中开展专项教育整顿。严格落实禁酒令和“五条硬性规定”，严禁战士饮酒、干部酗酒。在新兵下队前后，多次开展密切内部关系专题教育，严格落实“四不得”和“六个一”活动，保证内部关系顺畅、官兵友爱。抓住新兵下队、老兵退伍、“三节两会”等关键时期，注重加强对在外人员、住院病号、个别人的排查摸底，对在外人员建立跟踪管理档案，落实责任制，加强部队管控。

【后勤保障】 2018年，中队坚持支部当家、司务长理财制度，落实双主官签字，按照财经纪律、财经制度办事，实现“三好五无”目标。中队重视对后勤人员选拔和培养，2名炊事员均为中队培养，其中1人能够在干好本职工作的同时加强学习研究，提高炊事技术。落实后勤战备制度，搞好给养物资储备更换，保证能够随时拉得出、供得上。

2018年10月3日，武警重庆总队副参谋长到长寿中队检查指导工作

【隐患治理】 2018年，中队支部把安全工作放在重要位置，以“四无安全月”“五个一遍”等活动为载体，开展安全教育、隐患排查和诵读安全警示语、翻安全计时牌、观看安全教育警示片、“安全在我心中”演讲比赛等配套活动，编印《安全法规常识学习重点》口袋书，层层签订安全管理责任状；安全工作中队每周讲评、班排每天总结、个人时时自查，形成“人人抓安全，处处讲安全”的局面。武器装备管理严格落实每日清点和“五同”制度；配合支队完成军械普查，规范兵器室设置，加强动态条件下的枪支管理，做到动枪必请示、用枪必验枪、归库必清点。抓好安全防事故防范，针对季节性事故案件的特点，重点加强预防食物中毒、防雷击、防淹亡、防触电、防中暑等环节工作，全年中队未发生一起官兵违反纪律和安全事故。（沈亮亮）

中国人民武装警察部队重庆总队执勤第一支队执勤第六大队执勤第十三中队

【概况】　中国人民武装警察部队重庆总队执勤第一支队执勤第六大队执勤第十三中队（简称武警十三中队）的前身是武警三中队，组建于2011年6月，2012年10月1日正式上勤，主要担负重庆市凤城监狱外围警戒任务。2011年6月至2017年12月隶属于中国人民武装警察部队重庆市总队第四支队；2017年12月转隶为中国人民武装警察部队重庆市总队执勤第一支队管理。

武警十三中队坚持用党的创新理论和“山城卫士精神”建队育人，2015年提炼出“忠诚奉献，拼搏实干”的中队队魂，激励官兵，用青春和热血书写忠诚。分别于2013年被总队评为一级执勤单位，2015年被总队评为正规化执勤优秀单位和基层建设先进中队，2016年被总队评为先进基层党组织和基层建设先进中队。

【政治工作】　2018年，武警十三中队深入学习习近平主席改革强军系列讲话精神，开展“传承红色基因，担当强军重任”主题教育。借主题教育，搞好“三个注重”（注重文化搞熏陶、注重养成抓规范、注重和谐促氛围），筑牢官兵思想根基；配合活动，通过唱强军战歌、阅读革命书籍（《国家命运》《苦难辉煌》《红日》），观看战斗影片（《百团大战》《夜袭》《大决战》等），讲红军故事，组织讨论交流、心得展评，深化教育效果；注重载体宣传，以营区橱窗、黑板报、知识竞赛、网络跟帖、三公开播放和开展“每日一题，每晚一问”活动等方式，使官兵对重大理论观点熟记于心。开展密切内部关系“六防”“三互”“双四一”“住班排、大谈心”“三帮一带”等活动，化隔阂促和谐；日常教育坚持效果转化，坚持“四个一”教育效果（记住一句话，懂得一个道理，得到一点启示，掌握一个故事），使官兵始终保持健康积极向上的道德情操。

【警营文化】　2018年，武警十三中队定期组织观看红色电影、读书演讲、影视体会交流等活动，坚持文体活动“四有”，定期举办集体生日晚会，丰富官兵业余文化生活；持续利用“三互”活动时间开展“话队魂，谈成长”活动，将“忠诚奉献，拼搏实干”的队魂刻在官兵的脑海里。提升本领争荣誉，为官兵成长进步创造平台，培养官兵“有荣誉就争，见第一就扛”的干事创业精神，1名战士以优异成绩考入士官学校；1名战士在参加支队、总队新条令知识竞赛活动中以优异的表现取得支队第一获得领导肯定；1名战士在参加支队演讲比赛中取得第三名的好成绩，在新兵连组织歌咏比赛获得第三的好成绩；1名战士在参加支队羽毛球比赛中获得第三的好成绩；1名战士在参加支队乒乓球比赛中获得第四的好成绩；武警十三中队参加支队组织的篮球比赛获得第二。

【军事训练】　2018年，武警十三中队狠抓执勤不放松，紧盯“处突有把握、反恐能制胜”目标，主动作为、积极备战，落实好战备制度，开展以“讲、摆、演、练”的战术训练，提高指挥员技战术水平。开展专勤专训、专哨专训，狠抓一点一策、一情一策、一哨一策情况演练，加强实战化训练，不断提高哨兵情况处置能力；落实《值班执勤违纪问题的处理办法》，以及中队制定的“四个一遍”（每十五分钟各哨位轮流将执勤情况汇报一遍，每班哨上哨前战斗警示语呼喊一遍，每天勤务值班员对录像抽查一遍，每晚将当天执勤情况讲评一遍），每班哨必做的“四五六件事”，使得执勤“常见病、多发病”得到有效治理。树立“训练有为，训练有位”的正确导向，每周组织2次5十米武装越野，3次3000米跑，打牢体能基础；开展创标兵活动，张贴军事训练龙虎榜，掀起军事训练热潮，强化官兵“能打胜仗”能力；在参加支队组织的勤训轮换中取得大中队排名第一，整体排名第六的好成绩；1名战士在参加总队轻机枪手集训中获得优异成绩并取得荣誉证书，1名战士在参加总队战术教员集训中获得单科目教学第二的好成绩。2018年，出动兵力完成武装押解、重大节日敏感时期武装巡逻、安保执勤等各类临时任务20余起，受到驻地党委政府和人民群众高度评价。

【后勤保障】　2018年，武警十三中队以人为本建好队伍，选送技术学兵坚持把好入口关，把真正有潜力的战士送出去，年内有4名同志参加司务长集训，均取得优异的成绩，其中1人排名第一，集训之后4人也先后上岗；利用总队、支队组织的技能、业务培训考核以及岗位锻炼为契机，提升后勤队伍的素质，年底前能单独上灶的炊事员有5名。落实伙食管理5项制度，按照“每周菜品不重复、每天主食不重样”确保伙食按照“6211”和“1126”要求合理搭配，中队的特色个菜（蒜泥白肉和红烧狮子头）受到官兵的好评；落实《后勤正规化管理操作指南》，规范各个库室，日常管理中严格标准要求，形成制度规范，食堂和操作间达到“五化”要求（厨房地面“无水化”，物品摆放“统一化”，餐具厨具“本色化”，主食制作“计量化”，自助就餐“规范化”）。立足实际开展农副业生产，利用营区外空地开垦出一片菜园，种植白菜、豌豆、红薯等，修建猪舍2间，饲养生猪4头，改善官兵伙食。（涂熙成）

人民防空

【概况】 重庆市长寿区民防办公室（简称民防办）是区国防动员委员会常设机构，也是区人民政府人民防空工作的主管部门。2018年，按照“长期准备、重点建设、平战结合”的工作方针，贯彻与经济建设协调发展、与城市建设相结合的原则，有效促进长寿区人民防空事业科学发展。区民防办在重庆市民防办2018年度考核中获达标单位。

【人防指挥设施】 2018年，长寿区完成人防指挥中心信息系统升级改造，启动指挥分中心建设工作，确保各街镇通信通畅100%。加强指挥平台维护管理，指挥平台全年正常运行、信息传输通畅。确保全区警报音响覆盖率100%。推进疏散基地建设，建成后可新增安置能力。

【人防工程建设】 2018年，长寿区编制《重庆市长寿区地下空间人防开发利用专项规划》，修编《长寿区公共人防工程近期项目建设规划》。批建凤城华府、同元御珑苑、中科未来城、中央公园、金科集美文苑、凤城学府等项目防空地下室，全年结建审批率100%。强化工程监督管理，8月开展人防工程建设质量普查工作，摸清质量状况。落实安全生产责任制，明确辖区内人防工程业主单位和管理单位职责，定期督查，平稳推进安全生产工作。

【人防应急保障】 2018年，长寿区组织区民防办电台执勤训练、网上训练、对镇街点名；参加全市人防通信小组训练。年底前，区人防指挥中心实现与市人防基层指挥所、预备指挥所、其他区县指挥所、区政府应急办、区内各镇街音视频互联互通。

【人防宣教教育】 2018年，长寿区订阅《中国人民防空》《国防教育》《中国民兵》和《重庆人防》等杂志。结合“6·5”防空警报统一试鸣放活动开展以“防灾减灾”为主题的民防宣传教育活动；启动人防宣教中心建设准备工作，按照新要求、结合新技术，实现人防宣传教育基地化和信息化，提升宣传效果；和区教委共同召开民防知识教育工作会，对全区30所初级中学7000多名初一新生开设防空知识教育课程。（程文龙）

经济

- 农业和农村经济
- 工业
- 工业园区建设
- 中央市属在长寿企业
- 商贸服务业
- 交通　邮政
- 信息业
- 城乡建设与管理
- 建筑业　房地产业
- 环境保护与管理
- 旅游业
- 库区移民
- 财政　税务
- 金融业
- 非公有制经济
- 经济管理与监督

农业和农村经济

综　述

【概况】　2018年，长寿区有耕地面积56000公顷，人均0.11公顷。有“一江、两湖、三河、十三溪”，水资源总量为10.83亿立方米，人均占有水资源量为1198立方米。辖区内有水库108座，其中大型水库2座、中型水库1座、小型水库105座，总库容147773万立方米；在建中型水库（龙门桥水库）1座，库容1117万立方米。林地面积66667公顷（其中常规林地43333公顷），森林面积64000公顷，森林覆盖率45.7%。2018年，全区实现农业总产值68.49亿元，同比2017年增长3.81%；农业增加值46.75亿元，增长1.9%；城乡居民人均可支配收入28144元，增长9%；完成年初既定目标。

【乡村振兴】　2018年，长寿区实施乡村振兴战略。打牢产业振兴基础，以“六大重点项目”促进融合升级，龙河“长寿慢城”一期建成，洪湖橘香悦动村核心景区投运，田园乐温、清迈良园二期、邻封田园综合体民宿完工，渔业休闲园区成功招商；以打造“三品”带动增产提效，实施1533.33公顷柑橘品种高换改造，发布“自然长寿”农产品区域公用品牌，邻封村、四坪村获评全国“一村一品”示范村。

人才振兴构建乡村就业创业服务“一条龙”平台，建立数字化外乡人士数据库，打造乡村人才服务站和“创梦园”，建立创业服务超市1个，发放乡村创业担保贷款4235.9万元。全年引进返乡投资涉农项目21个、投资总额53亿元。实施以特色职业培训和分层分类培训为核心的人才培训制度改革，开展农业技能和农村实用技术培训、致富带头人培训等6883人（次）。

文化振兴开展寿孝文化摄影展、寿星微视频展播等活动，推出非遗专场《长寿传说》演出。启动“乡情馆”建设；开展全区文化遗产资源普查，将龙溪大鼓、拦手门武术、四川扬琴、四川清音4个项目纳入第七批区级非物质文化遗产项目。2个家庭分别获评2018年度全国“最美家庭”、第十一届全国“五好家庭”，返乡创业企业家李则民获评“2018年度感动重庆十大人物”。

生态振兴着力改善农村人居环境，投入6.5亿元实施“五化”“五改”“五治”。改造农村危旧房3702户、农房风貌357户、卫生厕所6810户；整治河道7.5千米，开工建设“四好农村路”620千米。推广秸秆还田、农膜回收，秸秆综合利用率95%以上。完成养殖场整治关停任务，规模养殖场粪污处理设施装备配套率100%，畜禽粪污综合利用率70%以上；推行“猪—沼—果”、稻鱼同田、鱼菜共生等种养一体化模式，建成全市最大的种养循环农业基地。

组织振兴出台《农村基层党组织整体优化提升行动方案》，配强村“两委”班子，全面整顿提升农村软弱涣散基层党组织。在全市率先对在职期间取得大专、本科学历的村干部给予学费补助；对推进乡村振兴等重大任务中有重大贡献或所在村发生巨大变化的优秀村党组织书记给予固定奖励。推行农村网格化服务管理；率先实行“村民议事会”制度，获评全国村务公开民主管理示范单位。

要素保障出台《长寿区乡村振兴综合试验示范专项资金管理办法》，整合市、区两级综合试验示范专项资金1.3亿元，每个街镇切块500万元，其余资金分别对乡村振兴产业用地和重点项目建设给予扶持和补助。率先出台《关于乡村振兴战略行动计划项目用地的实施意见》，获批全市首批10公顷农村点征用地指标和全市首个4.15公顷点征用地批文。

【脱贫攻坚】　2018年，长寿区实施精准脱贫攻坚，建立产业、就业、住房、教育、医疗、低保“六重扶贫保障体系”。投入674万元用于扶贫产业扶持和贫困村“一村一品”建设，增强贫困户产业发展内生动力，培育壮大贫困村集体经济；创新制定医疗兜底制度，贫困户报销时不区分目录内、目录外，均可按照区内住院自付比例不超过5%、区外不超过10%的比例报销，区级医疗兜底制度和临界贫困对象危房改造在全市率先实现全覆盖；创新实施“六个结合”精准化订单培训和脱贫攻坚项目“五个简化”，创新设立农村服务型岗位政策，将岗位年龄在非全日制公益性岗位政策上延长10岁，实现贫困人口公益性岗位就业450人（次），发放非全日制公益性岗位补贴75余万元；实现临界贫困对象危房改造全覆盖。截至年底全区建档立卡贫困户5670户、14940人，其中，脱贫5576户、14730人，未脱贫94户210人（含返贫3户10人）；贫困发生率从2015年年初的2.99%下降到2018年年底的0.035%；未脱贫人口中，因病因残致贫76户，占比80.85%。

创新开展“分层次、分专业、请进来、走出去”的培训模式，完成职业农民培训625人，开展新型职业农民跟踪服务1400余人（次）。组织开展为期5个月的冬春农业科技大培训，开办培训班7个，组织科技赶场12次，培训咨询3400余人（次），发放农业科技资料4500余册。开展贫困村致富带头人培训44人，推进贫困村整村脱贫工作。

【农业综合执法】 2018年，长寿区深化农业综合执法改革成果拓展运用，查处各类违法案件141件，罚款40292元。成功调解涉农纠纷6起，为农户挽回经济损失上万元。采取执法检查和大喇叭宣传相结合开展法律法规和涉农知识宣传，重点时节每日安排3台执法车分组奔赴55个场镇进行专项检查和宣传，印发各种宣传资料3.5万余份，接受群众咨询2000余人（次）。开展“绿箭护农”专项执法行动，出动人员800人（次）、车辆340台（次）对种子批发市场、零售市场、区域交界处进行拉网式检查，检查水稻、玉米品种289个。开展“农药肥料检打联动”执法检查活动，出动320人（次）“双随机”检查农药、肥料生产批发企业、零售户119户。开展有机肥生产企业抽检工作2次，抽检11个肥料样品，不合格1个，合格率90%。

加强植物检疫执法监管，开展水果苗木检疫专项联合执法检查68次，成功处置感染柑橘溃疡病病株86.67公顷、4.8万余株，有效防止溃疡病大面积快速扩散，保护柑橘产业持续健康发展。与各街镇签订禁止秸秆焚烧目标责任书，加强同街镇联合执法和定期、不定期、全天巡查，出动检查93天（次）300人（次），警示教育100余人，现场处置露天焚烧行为20余起，有效遏制秸秆焚烧“顽疾”。

【农业品牌建设】 2018年，长寿区“三品一标”农产品总计320个，其中无公害农产品264个，绿色食品42个，有机食品10个，转换期有机食品3个，有机投入品1个。年内新创建“重庆市名牌农产品”9个，年底前有“重庆名牌农产品”17个；新认证“三品一标”农产品229个，同比2017年增长251.6%，优质农产品产量突破19.5万吨，位居全市前列。成功举办“长寿梨”等优质农产品评选活动，组团参展2018年重庆西部国际农产品交易会，重点推介长寿鱼、长寿柚、长寿柑橘等，获优秀组织奖。

表15　2018年长寿区“三品一标”产品认证统计

类别	单位	证书编号	品种	产量（吨）
无公害农产品	重庆市长寿区精英渔业股份合作社	WGH－16－10920	草鱼	150
		WGH－16－10921	白鲢	75
		WGH－16－10922	花鲢	75
		WGH－16－10923	鲫鱼	150
		WGH－16－10924	黄颡鱼	450
		WGH－16－10925	鲈（淡水养殖）	95
		WGH－16－10926	鮰	150
		WGH－16－10927	翘嘴红鲌	300
		WGH－16－10928	鲤	75
	重庆市长寿区浩湖渔业有限公司	WGH－14－01000	草鱼	20
		WGH－14－01001	白鲢	10
		WGH－14－01002	花鲢	10
		WGH－14－01003	鲫鱼	1100
		WGH－14－01004	翘嘴红鲌	1500
	长寿区家鹰果树种植园	CQ－Z－170084	梨	67.5
		CQ－Z－170083	葡萄	45
	重庆市长寿区葛河果品股份合作社	CQ－Z－170087	梨	22.5
		CQ－Z－170086	葡萄	75
	重庆市葛福农业专业合作社	CQ－Z－170085	稻谷	300
	重庆市奕玮种植专业合作社	WGH－17－13582	花椒	150
	重庆市长寿区徐银波蔬菜种植专业合作社	WGH－17－13599	茄子	80
		WGH－17－13579	苦瓜	50
		WGH－17－13602	南瓜	42
		WGH－17－13604	辣椒	47.5
		WGH－17－13581	蕹菜	30
		WGH－17－13603	冬瓜	180
		WGH－17－13601	豇豆	24
		WGH－17－13605	黄瓜	80
		WGH－17－13580	瓠瓜	23
		WGH－17－13606	丝瓜	60
	重庆市长寿区聚祥蔬菜种植专业合作社	WGH－17－13598	丝瓜	15
		WGH－17－13600	茄子	90
		WGH－17－13596	辣椒	30
		WGH－17－13594	瓠瓜	22.5
		WGH－17－13597	南瓜	30
		WGH－17－13595	苦瓜	45

续表 15

类别	单位	证书编号	品种	产量（吨）
无公害农产品	重庆市长寿区正农生态农业开发有限公司	WGH－17－13586	苦瓜	100
		WGH－17－13585	丝瓜	60
		WGH－17－13588	辣椒	125
		WGH－17－13591	茄子	60
		WGH－17－13590	冬瓜	15
		WGH－17－13589	蕹菜	300
		WGH－17－13592	豇豆	50
		WGH－17－13587	番茄	120
		WGH－17－13584	南瓜	40
	重庆市长寿区刘晓冬淡水鱼养殖家庭农场	WGH－17－18579	鲤	5
		WGH－17－18577	鳙	2.5
		WGH－17－18578	鲢	10
		WGH－17－18581	草鱼	25
		WGH－17－18580	鲫	5
	重庆维得鲜农业发展有限公司	WGH－17－13573	杏鲍菇	3000
	重庆市长寿区罗磊蔬菜专业合作社	WGH－17－13583	莲藕	1600
	重庆哈维斯特现代农业发展有限公司	WGH－17－14157	甜橙	300
		WGH－17－14260	柑橘	300
	重庆市巽泰农业开发有限公司	WGH－17－13879	柑橘	300
	重庆市长寿区慧沣农业开发有限公司	WGH－17－14083	柑橘	300
	长寿区半边山种植家庭农场	WGH－CQ01－1800095	梨	60
	长寿区浓甜种植家庭农场	WGH－CQ01－1800087	梨	40
	长寿区勤益种植家庭农场	WGH－CQ01－1800098	梨	50
		WGH－CQ01－1800054	李子	30
	长寿区双山水果种植家庭农场	WGH－CQ01－1800099	梨	60
	长寿区孙和平种植家庭农场	WGH－CQ01－1800051	梨	60
	重庆市长寿区超博家庭农场	WGH－CQ01－1800100	梨	70
	重庆市长寿区传承农业开发有限公司	WGH－CQ01－1800052	梨	230
	重庆市长寿区聚美汇水果种植家庭农场	WGH－CQ01－1800101	梨	140
		WGH－CQ01－1800053	李子	100
	重庆市长寿区颂康农业生态有限公司	WGH－CQ01－1800102	梨	160
	重庆市长寿区云茶山水果种植场	WGH－CQ01－1800055	梨	100

续表 15

类别	单位	证书编号	品种	产量（吨）
无公害农产品	重庆市长寿区荣涛水产养殖场	WGH－CQ03－1800122	草鱼	20
		WGH－CQ03－1800055	黄颡鱼	10
		WGH－CQ03－1800123	鮰	20
		WGH－CQ03－1800056	鲢	20
		WGH－CQ03－1800124	鲇	25
		WGH－CQ03－1800057	鳙	15
	重庆市长寿区启路裕渔业股份合作社	WGH－CQ03－1800125	草鱼	150
		WGH－CQ03－1800058	红鲌	40
		WGH－CQ03－1800127	黄颡鱼	300
		WGH－CQ03－1800059	鮰	50
		WGH－CQ03－1800128	鲫	500
		WGH－CQ03－1800060	鲤	25
		WGH－CQ03－1800129	鲢	50
		WGH－CQ03－1800061	鲈（淡水养殖）	25
		WGH－CQ03－1800130	鳙	100
	重庆市长寿区楠草坪农业专业合作社	WGH－CQ01－1900169	L 梨	240
	重庆市长寿区蜜莉葡萄种植场	WGH－CQ01－1900168	P 葡萄	150
	重庆立润生态农业有限公司	WGH－CQ01－1900128	D 冬寒菜	75
		WGH－CQ01－1900231	P 普通白菜	600
	重庆市长寿区虹娇蔬菜专业合作社	WGH－CQ01－1900094	J 豇豆	60
		WGH－CQ01－1900199	F 番茄	200
		WGH－CQ01－1900095	M 南瓜	600
	重庆市长寿区邓庄农业开发有限公司	WGH－CQ03－1900230	C 草鱼	30
		WGH－CQ03－1900099	J 鲫	30
		WGH－CQ03－1900231	L 鲢	15
		WGH－CQ03－1900100	L 鲤	15
		WGH－CQ03－1900232	Y 鳙	20
		WGH－CQ03－1900101	H 鮰	8
		WGH－CQ03－1900233	H 红鲌	8
	重庆市长寿区西卤水产养殖场	WGH－CQ03－1900102	C 草鱼	70
		WGH－CQ03－1900234	J 鲫	40
		WGH－CQ03－1900103	L 鲢	20
		WGH－CQ03－1900235	L 鲤	10
		WGH－CQ03－1900104	Y 鳙	20
		WGH－CQ03－1900236	B 鳊	10
		WGH－CQ03－1900105	H 红鲌	20
		WGH－CQ03－1900237	Q 青鱼	10

续表 15

类别	单位	证书编号	品种	产量（吨）
无公害农产品	重庆昊泓水产养殖股份合作社	WGH－CQ03－1900053	C 草鱼	1000
		WGH－CQ03－1900185	J 鲫	170
		WGH－CQ03－1900054	L 鲢	210
		WGH－CQ03－1900185	L 鲤	125
		WGH－CQ03－1900055	Y 鳙	40
		WGH－CQ03－1900187	B 编	50
		WGH－CQ03－1900056	H 红鲌	220
		WGH－CQ03－1900188	H 鮰	450
		WGH－CQ03－1900057	H 黄颡鱼	375
		WGH－CQ03－1900189	H 花（鱼骨）	100
	重庆市长寿区星月水产养殖场	WGH－CQ03－1900117	C 草鱼	30
		WGH－CQ03－1900249	J 鲫	20
		WGH－CQ03－1900118	L 鲢	20
		WGH－CQ03－1900250	L 鲤	10
		WGH－CQ03－1900119	Y 鳙	40
		WGH－CQ03－1900251	B 编	10
		WGH－CQ03－1900120	H 鮰	10
		WGH－CQ03－1900252	H 黄颡鱼	10
		WGH－CQ03－1900121	L 鲈（淡水养殖）	10
	重庆海倩农业开发有限公司	WGH－CQ03－1900106	C 草鱼	20
		WGH－CQ03－1900238	J 鲫	100
		WGH－CQ03－1900107	L 鲢	10
		WGH－CQ03－1900239	L 鲤	30
		WGH－CQ03－1900108	Y 鳙	20
		WGH－CQ03－1900240	B 编	15
		WGH－CQ03－1900109	H 黄颡鱼	8
		WGH－CQ03－1900241	Q 青鱼	8
		WGH－CQ03－1900110	Y 胭脂鱼	10
		WGH－CQ03－1900242	Z 鳟	20
	重庆市彭戚水产品有限公司	WGH－CQ03－1900111	L 鲢	30
		WGH－CQ03－190024	Y 鳙	50
		WGH－CQ03－1900112	H 黄颡鱼	500
		WGH－CQ03－1900244	L 鲈（淡水养殖）	150
		WGH－CQ03－1900113	C 长吻鮠	100

续表 15

类别	单位	证书编号	品种	产量（吨）
无公害农产品	重庆市长寿区葛兴渔业有限公司	WGH－CQ03－1900245	C 草鱼	100
		WGH－CQ03－1900114	J 鲫	100
		WGH－CQ03－1900246	L 鲢	100
		WGH－CQ03－1900115	Y 鳙	150
		WGH－CQ03－1900247	H 黄颡鱼	500
		WGH－CQ03－1900116	L 鲈（淡水养殖）	150
		WGH－CQ03－1900248	C 长吻鮠	100
	重庆市长寿区进冠果蔬有限公司	WGH－CQ01－1900200	Q 茄子	200
		WGH－CQ01－1900096	B 菠菜	60
		WGH－CQ01－1900201	D 大白菜	220
		WGH－CQ01－1900097	G 甘薯	90
		WGH－CQ01－1900202	D 冬瓜	225
		WGH－CQ01－1900098	J 结球甘蓝	400
		WGH－CQ01－1900203	M 南瓜	120
		WGH－CQ01－1900099	S 食用甘薯叶	50
		WGH－CQ01－1900204	W 蕹菜	270
		WGH－CQ01－1900100	P 普通白菜	180
	重庆市诚善农业发展有限公司	WGH－CQ03－1900257	C 草鱼	45
		WGH－CQ03－1900126	J 鲫	50
		WGH－CQ03－1900258	L 鲢	30
		WGH－CQ03－1900127	Y 鳙	90
		WGH－CQ03－1900259	H 黄颡鱼	30
		WGH－CQ03－1900128	L 鲈（淡水养殖）	120
		WGH－CQ03－1900260	C 长吻鮠	30
		WGH－CQ03－1900129	B 鲃	30
	重庆市大洪湖水产有限公司	WGH－CQ03－1900253	C 草鱼	100
		WGH－CQ03－1900122	J 鲫	100
		WGH－CQ03－1900254	L 鲤	100
		WGH－CQ03－1900123	B 鳊	100
		WGH－CQ03－1900255	D 大口黑鲈	300
		WGH－CQ03－1900124	H 红鲌	100
		WGH－CQ03－1900256	H 鮰	100
		WGH－CQ03－1900125	H 黄颡鱼	100
	重庆市长寿区老陈菜农业综合开发有限公司	WGH－CQ03－1900261	C 草鱼	1000

续表 15

类别	单位	证书编号	品种	产量（吨）
无公害农产品	重庆皆言农业有限公司	WGH－CQ03－1900058	C 草鱼	15
		WGH－CQ03－1900190	J 鲫	40
		WGH－CQ03－1900059	L 鲤	20
		WGH－CQ03－1900191	L 鲢	10
		WGH－CQ03－1900060	Y 鳙	10
		WGH－CQ03－1900192	H 黄颡鱼	20
		WGH－CQ03－1900061	Q 青鱼	10
	长寿区大水凼水产养殖家庭农场	WGH－CQ03－1900193	C 草鱼	40
		WGH－CQ03－1900062	J 鲫	12
		WGH－CQ03－1900194	L 鲤	8
		WGH－CQ03－1900063	L 鲢	15
		WGH－CQ03－1900195	Y 鳙	10
	重庆世航农业开发有限公司	WGH－CQ03－1900130	C 草鱼	25
		WGH－CQ03－1900262	J 鲫	20
		WGH－CQ03－1900131	L 鲢	30
		WGH－CQ03－1900263	Y 鳙	30
		WGH－CQ03－1900132	H 黄颡鱼	50
		WGH－CQ03－1900264	Q 青鱼	10
		WGH－CQ03－1900133	B 鳊	30
		WGH－CQ03－1900265	H 红鲌	50
		WGH－CQ03－1900134	B 鲃	50
		WGH－CQ03－1900266	L 罗非鱼（淡水养殖）	10
		WGH－CQ03－1900135	H 花（鱼骨）	30
	重庆市长寿区翔鹏农业开发有限责任公司	WGH－CQ03－1900267	L 鲢	25
		WGH－CQ03－1900136	Y 鳙	50
		WGH－CQ03－1900268	H 黄颡鱼	175
		WGH－CQ03－1900137	L 鲈（淡水养殖）	75
		WGH－CQ03－1900269	C 长吻鮠	50
	重庆市长寿区富茂水产养殖场	WGH－CQ03－1900064	J 鲫	30
		WGH－CQ03－1900196	Y 鳙	30
		WGH－CQ03－1900065	B 鲃	80
		WGH－CQ03－1900197	H 鮰	50
	重庆市长寿区焦邻沙田柚股份合作社	WGH－CQ01－1900234	Y 柚	9000
	重庆市长寿区刘晓冬淡水鱼养殖家庭农场	WGH－CQ03－1900066	B 鳊	15
		WGH－CQ03－1900198	H 红鲌	15
		WGH－CQ03－1900063	Q 青鱼	30

续表 15

类别	单位	证书编号	品种	产量（吨）
无公害农产品	重庆市长寿区庆雄水产养殖家庭农场	WGH－CQ03－1900073	C 草鱼	25
		WGH－CQ03－1900205	J 鲫	15
		WGH－CQ03－1900074	L 鲢	8
		WGH－CQ03－1900206	Y 鳙	10
		WGH－CQ03－1900075	H 黄颡鱼	15
		WGH－CQ03－1900207	Q 青鱼	8
		WGH－CQ03－1900076	B 鳊	8
		WGH－CQ03－1900208	B 鲃	8
		WGH－CQ03－1900077	H 红鲌	12
		WGH－CQ03－1900209	H 花（鱼骨）	15
		WGH－CQ03－1900078	N 泥鳅	7
	重庆市长寿区下河淡水养殖家庭农场	WGH－CQ03－1900199	C 草鱼	20
		WGH－CQ03－1900068	J 鲫	40
		WGH－CQ03－1900200	L 鲢	25
		WGH－CQ03－1900069	Y 鳙	30
		WGH－CQ03－1900201	鲤鱼	45
		WGH－CQ03－1900070	Q 青鱼	20
		WGH－CQ03－1900202	B 鳊	30
		WGH－CQ03－1900071	B 鲃	20
		WGH－CQ03－1900203	H 鮰	20
		WGH－CQ03－1900072	H 花（鱼骨）	30
		WGH－CQ03－1900204	Y 胭脂鱼	5
绿色食品	重庆清迈农业有限公司	LB－03－1604341812A	大米	260
	重庆市全年蔬菜种植家庭农场	LB－15－1605342373A	青菜头	300
	重庆市长寿区秀德蔬菜种植家庭农场	LB－15－1608343993A	南瓜	300
	重庆市长寿区树茂果树种植场	LB－18－1707345857A	梨	120
	重庆市美高农业投资有限公司长寿分公司	LB－18－1707346398A	葡萄	104.25
	重庆市长寿区意远达水果种植场	LB－18－171427348434A	红心猕猴桃	10
	长寿区聚祥蔬菜种植专业合作社	LB－15－1712348442A	番茄	120
		LB－15－1712348443A	黄瓜	100
		LB－15－1712348445A	豇豆	45
		LB－15－1712348444A	莜麦菜	100
	重庆市长寿区烊马农业种植专业合作社	LB－03－18053403256A	海棠大米	85
	重庆志道农业开发有限公司	LB－15－18053403425A	胭脂红薯	200
		LB－15－18053403426A	苕尖	90

续表 15

类别	单位	证书编号	品种	产量（吨）
无公害农产品	重庆市巽泰农业开发有限公司	LB－18－18083407023A	乐温贵妃柑	1600
	重庆市长寿区慧沣农业开发有限公司	LB－18－18083407025A	慧沣耙耙柑	2000
	重庆友曼农业开发有限公司	LB－18－18083407088A	柑橘	2000
	重庆市长寿区阳嫒水果种植场	LB－18－18093407313A	金丰一号枇杷	100
		LB－18－18093407314A	五星枇杷	120
	重庆市长寿区鱼宝水产养殖有限责任公司	LB－36－18093407523A	鲫鱼	30
		LB－36－18093407524A	草鱼	45
	重庆哈维斯特现代农业发展有限公司	LB－18－18093407693A	哈维斯特柠檬	450
	重庆市长寿区有强蔬菜种植家庭农场	LB－15－18103407876A	青菜头	180
	重庆市长寿区和兴源农业开发有限公司	LB－18－18103407900A	晚熟脐橙	4000
		LB－18－18103407901A	塔罗科血橙	1000
		LB－18－18103407902A	尤力克柠檬	300
		LB－18－18103407903A	春橘	3000
	重庆农正农业开发有限公司	LB－18－18103408068A	农正红橙	600
		LB－18－18103408069A	农正柠檬	200
	重庆市长寿区容翔园桑葚种植专业合作社	LB－18－18103408308A	桑葚	100
	重庆市长寿区秀德蔬菜种植家庭农场	LB－18－18103408306A	青菜头	415
		LB－18－18103408307A	萝卜	270
	重庆市长寿区罗磊蔬菜专业合作社	LB－15－18103408404A	巨无霸莲藕	800
		LB－15－18103408403A	鄂莲六号莲藕	800
	重庆东源农业开发有限公司	已通过，还没有颁发证书	东源柠檬	已通过，还没有颁发证书
	长寿区先玛果树种植家庭农场	LB－18－18103408389A	先玛沃柑	150
		LB－18－18103408390A	先玛血脐	500
	重庆市长寿区劳益水稻种植专业合作社	LB－03－18113410090A	百合香米	30
		LB－03－18113410091A	松鹤香米	30
	重庆市长寿区张容农业发展有限公司	LB－18－18103408388A	馨容怡耙耙柑	1200
		LB－18－18103408387A	馨容怡大雅柑	260
	重庆平伟朝阳农业发展有限公司	LB－18－18063404237A	蜜莉葡萄	20
		LB－18－18063404238A	醉金香葡萄	15
		LB－18－18063404239A	户太 8 号葡萄	15

续表 15

类别	单位	证书编号	品种	产量（吨）
有机食品	重庆香积乐有机农业有限公司	100OP1800183	李子	转换期
			桃	
			橙	
	重庆市长寿区浩湖渔业有限公司	1000GA1300233	鲢鱼	500
			鳙鱼	500
	重庆市大洪湖水产有限公司	1000GA1300165	白鲢	350
			花鲢	150
			翘嘴红鲌	10
			甲鱼	0. 8
			鲫鱼	25
			鲤鱼	50
			鲶鱼	10
			鳊鱼	10
地理标志证明商标	长寿沙田柚行业协会		长寿沙田柚	59000
			长寿夏橙	24000
	余志鹏		长寿血豆腐	20000
有机投入品	长寿区标杆养鸡	QIF18007	有机肥料	15000
畜禽（无公害）	长寿区跃欣农业有限公司	CQ－X20170035	生猪	325
	重庆蓬山农业发展有限公司	CQ－X20170033	生猪	1300
	重庆市山顺农业开发有限公司	CQ－X20170023	生猪	160
	长寿区蓄财坡养殖场	CQ－X20160077	生猪	130
	长寿区正品农业发展有限公司	CQ－X20170029	生猪	780
	长寿区孟玫生猪养殖场	CQ－X20170028	生猪	260
	长寿区大凼生猪养殖场	CQ－X20170027	生猪	320
	长寿区韩跃全水产养殖场	CQ－X20170031	生猪	160
	长寿区标杆养鸡	CQ－X20170037	鲜鸡蛋	500
	长太生猪养殖有限公司	CQ－X20170024	生猪	1300
	长寿区俊超家禽养殖专业合作社	CQ－X20170026	鲜鸡蛋	2500
	长寿区长水禽业发展有限公司	CQ－X20170036	鲜鸡蛋	480
	重庆烈安农业发展有限公司	CQ－X20170032	生猪	12
	长寿区温氏畜牧有限公司	CQ－X20170034	生猪	780
	长太生猪养殖有限公司	CQ－X20170025	猪肉	1300
	长寿区海棠镇芒萌种养殖场	WGH－CQ02－1900032	生猪	300
	长寿区海棠镇芒萌种养殖场	WGH－CQ02－1900076	猪肉	225
	重庆云义中药材种植有限公司	WGH－CQ02－1900033	生猪	225
	重庆云义中药材种植有限公司	WGH－CQ02－1900077	猪肉	158

续表 15

类别	单位	证书编号	品种	产量（吨）
畜禽（无公害）	重庆市长寿区健长生态农业有限公司	WGH－CQ02－1900034	生猪	280
	重庆市长寿区健长生态农业有限公司	WGH－CQ02－1900078	猪肉	196
	重庆市长寿区陆德全生猪养殖家庭农场	WGH－CQ02－1900035	生猪	98
	重庆市长寿区陆德全生猪养殖家庭农场	WGH－CQ02－1900079	猪肉	69
	重庆市长寿区石塔农业发展有限公司	WGH－CQ02－1900036	生猪	250
	重庆市长寿区石塔农业发展有限公司	WGH－CQ02－1900080	猪肉	175
	重庆农正农业开发有限公司	WGH－CQ02－1900037	生猪	725
	重庆农正农业开发有限公司	WGH－CQ02－1900081	猪肉	508
	重庆市长寿区宜意农业有限公司	WGH－CQ02－1900038	生猪	225
	重庆市长寿区宜意农业有限公司	WGH－CQ02－1900082	猪肉	158
	重庆市长寿区肥头大耳种养殖有限公司	WGH－CQ02－1900039	生猪	250
	重庆市长寿区肥头大耳种养殖有限公司	WGH－CQ02－1900083	猪肉	175
	重庆市长寿区元刚生猪养殖场	WGH－CQ02－1900040	生猪	150
	重庆市长寿区元刚生猪养殖场	WGH－CQ02－1900084	猪肉	105

表 16　　长寿区 2018 年有效期内重庆市名牌农产品

	企业名称	品牌名称	产品编号	产量（吨）
重庆市名牌农产品	重庆市长寿区树茂果树种植场	覃茂牌梨	CQMPN－2017－29	120
	重庆市长寿区浩湖渔业有限公司	长寿湖牌鲢鱼	CQMPN－2017－102	500
		长寿湖牌鳙鱼	CQMPN－2017－103	500
	重庆市大洪湖水产有限公司	渔缘牌有机鲫鱼	CQMPN－2017－96	25
		渔缘牌有机白鲢	CQMPN－2017－97	350
		渔缘牌有机花鲢	CQMPN－2017－98	150
		渔缘牌有机翘嘴红鲌	CQMPN－2017－99	10
		渔缘牌有机甲鱼	CQMPN－2017－100	25
	重庆市长寿区标杆养鸡股份合作社	绿花鸡蛋	CQMPN－2018－232	500
	重庆市长寿区聚祥蔬菜种植专业合作社	茄子	CQMPN－2018－179	90
		辣椒	CQMPN－2018－178	30
	重庆市大洪湖水产有限公司	渔缘牌有机鲤鱼	CQMPN－2018－249	49
		渔缘牌有机鳊鱼	CQMPN－2018－250	9.8
		渔缘牌有机鲶鱼	CQMPN－2018－251	9.8
	重庆市长寿区浩湖渔业有限公司	鲫鱼	CQMPN－2018－246	20
		翘嘴红鲌	CQMPN－2018－247	20
		草鱼	CQMPN－2018－248	30

表17　　长寿区2018年度重庆名牌农产品名录

序号	单位名称	产品名称	注册商标	类别	区县
178	重庆市长寿区聚祥蔬菜种植专业合作社	茄子	云聚祥	蔬菜	长寿
179	重庆市长寿区聚祥蔬菜种植专业合作社	辣椒	云聚祥	蔬菜	长寿
232	重庆市长寿区标杆养鸡股份合作社	绿花鸡蛋	绿花	畜牧	长寿
246	重庆市长寿区浩湖渔业有限公司	鲫鱼	长寿湖	渔业	长寿
247	重庆市长寿区浩湖渔业有限公司	翘嘴红鲌	长寿湖	渔业	长寿
248	重庆市长寿区浩湖渔业有限公司	草鱼	长寿湖	渔业	长寿
249	重庆市大洪湖水产有限公司	渔缘牌有机鲤鱼	渔缘	渔业	长寿
250	重庆市大洪湖水产有限公司	渔缘牌有机鳊鱼	渔缘	渔业	长寿
251	重庆市大洪湖水产有限公司	渔缘牌有机鲶鱼	渔缘	渔业	长寿

说明：有效期为2018年8月至2021年7月

（重庆市长寿区农业委员会提供）

【安全维稳】 2018年，长寿区农业委员会信访稳定工作坚持“事要解决”“一岗双责”原则，排查化解矛盾纠纷90%以上，信件办结率100%。坚持来访必接、来信必登，全年接访群众800人（次）以上，处理办结信访交办信件29件。推进化解信访遗留问题，有效化解西山茶场破产退休前职工大额医保问题，妥善处理示范繁殖农场集资建房资格转让（转号）补偿费信访问题。开展“3+3”专项治理，牵头制订《2018年农村土地流转纠纷专项治理工作方案》，欠土地租金20万元以上的农业经营主体比年初减少7家，欠租金额减少1579.07万元。做好重要时间节点稳定工作，实现“三个零目标”“七个坚决防止”目标。

（唐　榕）

现代农业产业基地建设

【概况】 2018年，长寿区农业发展的特色是以“园区模式”聚集资源要素、改善发展环境、带动农民增收。从2009年起，长寿规划启动现代农业园区建设，探索以工业化理念发展现代农业、园区化模式带动山地农业发展的新路子，先后完成现代农业园区“三园”“五区”规划，总规划面积为1004.87平方千米，成为全市首个实现适农区域园区规划全覆盖的区县。2018年，“三园”“五区”适度规模经营实现产值46.7亿元。

【现代农业种植园】 规划面积50平方千米，主要覆盖龙河镇、双龙镇，重点发展晚熟柑橘、设施蔬菜、花卉苗木等产业，全投产后可实现产值6.75亿元。到2018年已引进澳门恒河、北京冬润等企业28家，建成各类标准化产业基地3733.33公顷，建成全市最大的标准化连片晚熟柑橘基地3166.67公顷。2018年实现产值4.5亿元。

【现代畜牧养殖园】 规划面积52平方千米，涉及新市、葛兰、双龙、龙河、石堰和长寿湖6个街镇，由生猪、奶牛和畜牧工业3个板块组成，全投产后可实现产值32.6亿元。到2018年已引进广东温氏、四川通威、华西希望等企业28家，建成奶牛健康养殖园1个，标准化蛋鸡养殖场4个。2018年实现产值24亿元。

【沙田柚种植园】 规划面积62.18平方千米，涉及邻封、长寿湖、但渡、渡舟4个街镇，全投产后可实现产值近6.5亿元，柚果收入占农民家庭收入的60%以上。围绕果园、家园、田园做文章，引进企业7家，组建合作社37个，种植沙田柚5000公顷，投产3333.33公顷。2018年实现产值5.1亿元。

【现代粮食生产区】 规划面积307.39平方千米，覆盖海棠、葛兰、石堰、云台4个镇，计划投资20.57亿元，打造粮油高产示范区。已建成核心区和拓展区高标准农田1866.67公顷，达到“能排能灌、全程机耕、高产高效”，实现丘陵地区粮食生产全程机械化。2018 年实现产值 4.2 亿元。

【果蔬生态种植区】 规划面积 105.5 平方千米，涉及洪湖、万顺 2 个镇，计划投资 8.73 亿元，利用区域内良好的生态优势，打造高品质果蔬生产基地。已建成晚熟柑橘基地 266.67 公顷，特色伏淡季水果 800 公顷，特色干果基地 133.33 公顷，标准化蔬菜基地 200 公顷。2018 年实现产值 3.5 亿元。

【东山生态农业区】 规划面积 174 平方千米，涉及云集、长寿湖 2 个镇，计划投资 7.61 亿元，发展生态林果、特色中药材、精品榨菜等优质产业。已建成晚熟柑橘基地 1533.33 公顷，榨菜产业基地 2000 公顷，中药材苗圃 633.33 公顷。2018 年实现产值 2.2 亿元。

【西山生态农业区】 规划面积 204.5 平方千米，涉及八颗、海棠、石堰、云台、洪湖、万顺等 7 个街镇，计划投资 14.92 亿元，重点发展森林旅游、森林食品和花卉苗木等生态产业，推进农旅融合发展。“西山竹海”“五华云峰”等乡村旅游精品线路打造已提上议事日程。2018 年实现农业产值 1.5 亿元。

【三峡移民生态农业区】 规划面积 49.3 平方千米，涉及凤城、江南、但渡、长寿湖、龙河、邻封 6 个街镇，计划投入资金 8.73 亿元，重点建设凤城复元生态果蔬园、但渡生态花椒园、江南生态观光园和生态柑橘园，大力发展乡村休闲旅游。已建成复元生态果蔬园 33.33 公顷，花椒基地 666.67 公顷，伏淡季果园 533.33 公顷。2018 年实现产值 1.7 亿元。

（唐　榕）

美丽乡村建设

【基础设施建设】 2018 年，长寿区城乡建委按照美丽乡村建设要求，实施小城镇污水管网整改。完成 14 个街镇污水管网整改工程，新（改）建污水管网 72 千米，新增化粪池 74 个、提升泵站 20 个，完成总投资 1.1 亿元，场镇污水收集率 90% 以上，完成环保督察整改任务，彻底解决桃花溪、龙溪河、御临河流域沿线场镇生活污水收集问题。

加强小城镇基础设施建设。加快推进小城镇改善农村人居环境续建项目，全年建设各类基础设施项目 44 个，总投资 7600 万元；其中实施场镇道路管网改造项目 10 个，完成 7 个场镇环境综合整治项目；实施路灯安装项目 4 个，新增路灯 500 盏；新建城镇休闲公园、市民广场建设项目 3 个，新增农贸市场、停车场建设 8 座，新建城镇公厕 3 座，小城镇“561”工程覆盖率 85% 以上。开展长寿湖特色小城镇建设，完成长寿湖狮子滩休闲公园建设，新增公园绿地 1.2 万平方米，配套建设市民广场 3500 平方米，停车场 1 座、停车位 55 个，增设公厕 2 座，完成投资 1100 万元；开展长寿湖长湖路街区环境综合整治，年底前已进入全面施工阶段，完成投资 875 万元。

【农村人居环境改善】 2018 年，长寿区完成 2017 年改善贫困村人居卫生条件项目建设任务，新增农村公厕 9 座，改造农户卫生厕所 1747 个，创建整洁庭院 800 个，实施饮水安全工程 3 个，完成总投资 2300 万元。全年创建 15 个绿色示范村庄，完成 3800 盏农村公共照明路灯，建成邻封镇魏家坝市级美丽宜居示范村庄，启动云台镇八字新村、李家湾居民点农村污水处理示范试点项目。加快推进龙河镇乡村振兴示范试点建设，农业园区慢城项目全面施工，完成农村旧房整治 347 户，整治河道 2 千米。

实施农村危房改造，全年改造农村危房 1300 户，完成投资 4077 万元，惠及群众 4000 余人，实现符合改造条件的现存危房改造全覆盖，完成市级年度目标任务。开展农村危房等级鉴定工作，委托专业机构鉴定农村危房 1350 户，筛查出不符合条件农户 3 户，保障危房改造对象精准。

（陈秀菊）

农村经济管理

【农业农村改革】 2018 年，长寿区深化农业农村改革，启动实施 4 个市级试验示范村“三变”（资源变资产，资金变股金，农民变股东）改革试点工作。全面启动农村集体资产量化确权改革，5 个街镇完成集体经济组织成员身份界定和集体经济组织组建，75 个村组建新型农村集体经济组织。加快探索农村金融体制改革，市农业担保公司担保、农业银行授信贷款、中银富登银行无担保贷款，解决“贷款难”问题。实施农业综合开发产业化项目财政补助资金股权化改革试点，将469万元财政资金进行股权化，按5%比例给村集体和农户保底分红，促进资金效益提升和农民增收致富。深化农业行政审批制度改革，动态调整并削减2项行政许可，优化完善行政大厅农业审批服务指南和审查细则，行政许可及服务事项按时办结率和服务满意度均为100%。

【农村土地管理】 2018年，长寿区全面完成农村土地承包经营权确权登记颁证调查绘图和数据汇交。完成19个街镇、225个村（涉农村居）、1707个村民小组、21.97万农户、336.49万地块、55166.67公顷承包地外业调绘工作，完成16个街镇、212个村、1600个村民小组、20.89万农户、30万地块、46913.33公顷承包地调查信息矢量化工作。

【农业农村金融】 2018年，长寿区完善政策性农业保险覆盖，年内承保水稻4473.33公顷、玉米3906.67公顷、油菜3260公顷、柑橘6300公顷和渔业293.33公顷，收保费775.41万元；全年赔款682.4万元，赔付率88%。继续开展血橙价格指数保险试点，全年承保血橙价格指数保险20公顷，收取保费9万元，未发生赔付。继续开展农业担保贷款工作，年内市农业担保公司担保贷款323笔，贷款金额1.5亿元；年底担保贷款余额1.75亿元，同比2017年增加0.8亿元，增长84.21%，能够解决新型农业经营主体缺少流动资金的问题。

【农业经营体系】 2018年，长寿区形成村集体经济组织引领下的，以农业家庭经营单位为细胞，农民专业合作社为纽带，农业企业为支撑的新型农业经营体系。年内新增100个家庭农场，总计培育家庭农场720个。在市级部门表彰重庆市优秀新型农业经营主体活动中，长寿区被表彰的农民合作社、家庭农场、专业大户和农业龙头企业各1家；在区级年度贡献突出新型农业经营主体推选活动中，区内农民合作社、家庭农场、专业大户各1家，农业龙头企业2家被推选通报。截至2018年年底，长寿区有农民专业合作社549个、合作社联合社9个，有市级示范社14家、国家级示范合作社1家；全区有区级以上农业产业化龙头企业111家，其中国家级1家、市级20家。

表18　　**2018年长寿区区级以上龙头企业分布情况**

序号	街镇	类型	企业名称	主导产品	企业基地地址及联系电话	备注
1	龙河	水果种植类	重庆市长寿区和兴源农业开发有限公司	柑橘	龙河镇、双龙镇 13368008999	市级
2			重庆秀才湾果蔬专业合作社	水果	龙河镇保合村五组 18602378555、40851518	
3			重庆东源农业开发有限公司	水果	龙河镇保合村 18602378555	市级
4			重庆哈维斯特现代农业发展有限公司	柑橘	龙河镇龙河村 13608398129	
5			重庆冬润果蔬产业发展有限公司	柑橘	龙河镇保合村 15902345129	
6			重庆秀峰农业开发有限公司	柑橘	龙河镇四坪村九组 13883232573	
7			重庆市长寿区二磴岩水果种植股份合作社（重庆市长寿区张容农业发展有限公司）	柑橘（春见）	龙河镇仁和村一组 15923115688	

续表 18

序号	街镇	类型	企业名称	主导产品	企业基地地址及联系电话	备注
8	龙河	水果种植类	重庆市长寿区银湖农业发展有限公司	水果、水产	龙河镇龙河村一组 18680813399	
9			重庆三田农业科技有限公司	柑橘	龙河镇河堰村 13556844555	
10			重庆益恒农业开发有限公司	柑橘	龙河镇河堰村 13272807563	
11			重庆市巽泰农业开发有限公司	柑橘	龙河镇永兴村四组 15310600456	
12			重庆市慧沣农业开发有限公司	柑橘	龙河镇咸丰村二组 18982266665	
13		畜禽养殖类	重庆市正品农业发展有限公司	饲料销售、生猪、水产	龙河镇贯岭村四组 13500321762	
14			重庆长水禽业发展有限责任公司	肉鸡、蛋	龙河镇保合村一组 13883553739	市级
15		花卉苗木类	重庆海川园林景观有限公司	苗木种植	龙河镇明丰村二组 13500350800	
16		加工类	程珊养蜂股份合作社	蜂蜜、蜂王浆	龙河镇合兴路 51 号 492343844、408511311	
17		混合类	重庆市长寿区老陈菜农业综合开发有限公司	农副产品、旅游观光、餐饮、娱乐等	龙河镇明星村二组 13883221955	
18	双龙	水果种植类	重庆农正农业开发有限公司	水果种植	长寿区双龙镇 18983061332、40311995	市级
19			重庆泰业农业开发有限公司	柑橘	双龙镇连丰村 13108988235 重庆渝北龙塔镇 18723188271	
20			重庆市长寿区联恒农业开发有限公司	柑橘	长寿区桃花西路 1－5 15086696299	
21			重庆杰冠生态农业开发有限公司	水果	双龙镇飞石村三组 13708377712 13527499519	
22			果然好农业开发有限公司	水果	双龙镇龙滩村二组 18580722277	
23		蔬菜种植类	重庆旭鹏生态农业开发有限公司	蔬菜、水果	双龙镇飞石村 18580251796	
24		水产养殖类	重庆市长寿区鱼宝水产养殖有限责任公司	水产品	双龙镇长寿寨村四组 13650526566	
25			重庆昊泓水产养殖股份合作社	水产品	双龙镇双社区八组 13896193818	
26			重庆海倩农业开发有限公司	水产品	双龙镇长寿寨村七组 13330288282 40280586	

续表 18

序号	街镇	类型	企业名称	主导产品	企业基地地址及联系电话	备注
27	石堰	水果种植类	重庆宏奥农业开发有限公司	种植	石堰镇兴隆村 13608384818	
28			重庆市草根农业发展有限公司	核桃、李树、绿化草木、林下种植	石堰镇干坝村五组 38 号 13594057961	
29		畜禽养殖类	重庆一牛农业发展有限公司	生鲜奶	石堰镇石坝村 13983109959	市级
30			重庆市长寿区强惠种养殖专业合作社	种养殖、餐饮	石堰镇兴庄村五组 13648423715	
31			重庆市长寿区俊超家禽养殖专业合作社	蛋鸡	石堰镇麒麟村二组 13908356426	市级
32			重庆蒙揽农业开发有限责任公司	奶牛养殖	石堰镇大塘村 13808337896	
33		混合类	重庆澳凯农业开发有限公司	特色生态农产品、休闲	石堰镇石安村七组 13808327190	
34			重庆市长寿区智保农业开发有限公司	种养殖、休闲	石堰镇干坝村二组 13350387389 40879888	
35		加工类	重庆市素椒农业开发有限公司	蔬菜，花椒	石堰镇海天村 15823992976	
36			重庆聚昇鑫农业开发有限公司	花椒	石堰镇海天村 13594049308	
37			重庆大田粮油有限公司	大米	云台镇黄葛东街 55 号 13193083411	
38	葛兰	水果种植类	重庆市恒河农业科技有限公司	种植、加工	长寿区葛兰镇 18623144411	市级
39			重庆民生农业开发有限公司	柑橘果苗	葛兰镇天台村 18623191973 15123068166	市级
40			重庆市长寿区富茜农业开发有限公司	有机水果	葛兰镇枣子坡街俊华楼附一楼　13609404635	
41		蔬菜种植类	重庆维得鲜农业发展有限公司	杏鲍菇	葛兰镇清风坝工业集中区 40813232	
42			重庆市长寿区进冠果蔬有限公司	蔬菜	葛兰镇沙河村七组 13368257966	
43			重庆市长寿区罗磊蔬菜专业合作社	蔬菜	葛兰镇龙井坎村 13658328222	

续表 18

序号	街镇	类型	企业名称	主导产品	企业基地地址及联系电话	备注
44	葛兰	畜禽养殖类	重庆市长源饲料有限公司	饲料、种猪	长寿区葛兰镇 13908345075	市级
45			重庆市长寿区标杆养鸡股份合作社	鸡蛋	葛兰镇天台中心场 13908345075	市级
46			重庆长寿温氏畜牧有限公司	生猪养殖	葛兰镇枯井开发区 8 号 15310183311	
47		食品加工类	重庆达沃斯食品有限公司	植物蛋白饮料	葛兰镇清风桥 13608617968	
48			重庆梦怡食品有限公司	农副产品加工（腐乳）	街镇工业走廊葛兰工业组团 13996035753	
49			重庆市顶尖食品有限公司	榨菜	长寿区葛兰镇 40812399 13883184058	
50			重庆穗花食为天粮油有限公司	大米加工、仓储、销售	葛兰镇富康路 8 号 40251666 13678472222	市级
51			重庆市亚泉食品有限公司	泡椒等泡菜系列	街镇工业走廊葛兰健康科技产业基地 13708361775	
52			重庆凯年食品有限公司	生产蒸煮类糕点、预包装食品销售	街镇工业走廊葛兰工业组团康富路 19 号 13637801911	
53			重庆美道食品有限公司	长寿湖鱼肉面系列产品	长寿区葛兰镇 13618319993	
54		花卉苗木类	重庆隆羚花木有限责任公司	林特产、休闲农业	葛兰镇葛兰村八组 15923296837	
55			重庆荣达建设（集团）有限公司	花卉苗木	渝北区龙溪镇黄泥塝红黄路 169 号 67082198	国家级
56		水产养殖类	重庆天可农业开发有限公司	水产	葛兰镇盐井村六组 15178805517	
57			重庆彭戚水产品有限公司	水产品养殖	葛兰镇葛兰村十四组 13509476772	
58		休闲观光类	重庆华夏农业有限公司	种植农业观光	葛兰镇响水街 168 号 18602354999	
59	云集	水果种植类	重庆市长寿区福胜夏橙专业合作社	夏橙	云集镇福胜村 40366165 13206111828	
60			重庆友曼农业开发有限公司	春见	云集镇华中村下街 15826274878	

续表 18

序号	街镇	类型	企业名称	主导产品	企业基地地址及联系电话	备注
61	云集	食品加工类	重庆市长寿区成栋食品有限公司	榨菜加工	云集镇华福社区一组 13608374799 40366163	
62			重庆彦季农业开发有限公司	花卉、苗木	云集镇飞龙村一组 18602389298	
63		混合类	重庆鸥能农业开发有限公司	柑橘、休闲农业	云集镇尖峰村九组 15123159688	
64			重庆豪顺生态农业发展有限公司	特色生态农产品、茶叶	云集镇大同村七组 13996195277	
65	邻封	水果种植类	重庆华飞农林发展有限公司	沙田柚	邻封镇青观村三组 13983275197	
66			重庆舟乘波农业发展有限公司	沙田柚	邻封镇焦家村 13310213500	
67		混合类	重庆市保役农业开发有限责任公司	食用菌类、蔬菜、水果、养殖淡水鱼	凤城街道长寿路 68 号 1－3　13996006775	
68		休闲农业类	重庆立润生态农业有限公司	绿色蔬菜、畜禽、鱼类	邻封镇焦家村一组 40425270 13608355051	
69	云台	水果种植类	重庆牛队长生态农业有限公司	蓝莓、藏香猪	云台镇桥坝村 188319794	
70			重庆市美高农业投资有限公司长寿分公司	葡萄	云台镇锅厂村四组 13308325222	
71		畜禽养殖类	重庆军牧农业开发有限公司	特色生态农产品	云台镇桥坝村 18623083888	
72		混合类	重庆皿皿农业发展有限公司	水果种植、休闲旅游	云台镇鲤鱼村五组 13594697336	
73			重庆清迈农业有限公司	水稻种植、餐饮、水产	云台镇八字村五组 13708316655	
74	长寿湖	水果种植类	重庆市长寿区桃李农业开发有限公司	水果种植	长寿湖镇大石村 18983759636	
75			重庆醉美东山生态观光农业开发有限公司	天赐寿岛牌茶叶、翠冠梨、红阳猕猴桃	长寿湖镇湖滨路 13389618000	
76			重庆市长寿区安驰农业综合开发有限公司	柑橘	长寿区沁园坊 23 栋 13908320806	
77		休闲农业类	重庆熙润生态农业发展有限公司	休闲观光	长寿湖镇红光村十组 40368001 13527527888	

续表 18

序号	街镇	类型	企业名称	主导产品	企业基地地址及联系电话	备注
78	长寿湖	水产养殖类	重庆市翔鹏农业开发有限责任公司	水产	长寿湖镇红光村 13808366226	
79			重庆世航农业开发有限公司	鱼、水果	长寿湖镇紫竹村五组 13983052226	
80	八颗	水果种植类	重庆缘梦农业发展有限公司	蔬菜、水果、花木	八颗镇核桃村 13883559789 61686038	
81		花卉苗木类	重庆荣达农业发展有限责任公司	花卉苗木	长寿区体育村 12 号 67082198	
82	江南	蔬菜种植类	重庆市长寿区英英蔬菜种植场	蔬菜种植及销售	江南街道天星村六组 15923976578	
83		水果种植类	重庆市长寿区五宝农业开发有限公司	农业综合开发	江南镇扇沱正街 11 号 13709405834	
84	新市	畜禽养殖类	重庆市长寿区源创畜牧发展有限责任公司	生猪	新市镇新合村六、七组 13527346635 长寿区三峡路 18 号	
85		畜禽养殖类	重庆市长太生猪养殖有限公司	种猪、肥猪、猪仔	新市镇何石井村 40392439 13883553739	市级
86		花卉苗木类	重庆紫耘实业发展有限公司	花卉苗木	凤城街道陈家坡水电大楼 18696507117	市级
87		混合类	重庆拓阳科技有限公司	有机肥	新市镇新市村 15223462188	
88			重庆市红红饲料有限公司	猪饲料生产和销售	新市镇河石井粮站内 13883553739	
89	晏家	食品加工类	重庆尚蔬坊饮料食品股份有限公司	蔬果汁饮料	晏家工业园区 15902345129	市级
90			重庆兴发新实业有限公司	猪肉（生猪屠宰）	晏家开发区 40768548 13372633868	
91	洪湖	水产养殖类	重庆市大洪湖水产有限公司	水产品	长寿区洪湖镇 40731016 13808365342	市级
92			重庆平伟朝阳农业发展有限公司	柑橘、葡萄、蔬菜	洪湖镇称沱村 18996014816	市级
93	渡舟	花卉苗木类	重庆市禾丰生态园林有限公司	苗木	菩提街道菩提村、江南镇、龙河镇 13637950899	市级
94			重庆长龙园林工程有限公司	林苗木及花卉	长寿区渡舟开发区 13709405105	
95			重庆名华园林工程有限公司	林苗木、花卉	凤城街道陈家坡水电大楼 18696606899	

续表 18

序号	街镇	类型	企业名称	主导产品	企业基地地址及联系电话	备注
96	渡舟	休闲农业类	重庆长相忆农业开发有限公司	休闲农产品	渡舟街道甘蔗村 13983888909	市级
97			重庆市金洲泉农业开发有限公司	淡水鱼、生猪、家禽、水果、蔬菜、苗木	渡舟街道黄连村三组 40462131 13509405789	
98	海棠	蔬菜种植类	重庆市长寿区聚祥蔬菜种植专业合作社	蔬菜	海棠镇海棠村九组 17783078111	
99		花卉苗木类	重庆市长寿区丰慧生态农业开发有限公司	特种经济产业林	海棠镇、长寿区望江支路 126 号 1 幢 1－4 15182033000	
100		蔬菜种植类	重庆洲晟农业发展有限公司	蔬菜、瓜果种植与销售	万顺镇东风村 13452817357	
101		水产养殖类	重庆市诚善农业发展有限公司	水产品	重庆市长寿区 13708302188 40748258	
102			重庆市巨鹏农业综合开发有限公司	水产品	万顺镇东风村四组 13012330119	
103		加工类	重庆捷弘农业发展有限公司	中药材	万顺镇百合村八组 13308300808	
104	但渡	水果种植类	重庆恩科农业开发有限公司	柑橘	但度镇兴同村 13368460558	
105		加工类	重庆亿茂农业有限公司	花椒	长寿区但渡镇 40336158 13509404831	
106			重庆金地农业开发有限公司	花椒种植、加工、销售	长寿区但渡镇 40336158	市级
107			重庆市容丽平蜂业有限公司	蜂产品	但渡镇双河村老岩沟 13709405558	
108	凤城	畜禽养殖类	重庆烈安农业发展有限公司	乳鸽	凤城街道长寿路 198 号负 1－1、负 2－2 13508391888	
109		混合类	重庆长寿村村淘电子商务有限公司	水果销售平台	凤城街道黄桷路 4 号 6 楼 15023787166	
110		加工类	重庆市友谊畜产品有限公司	肠衣、肝素	凤城街道桂花园 2 号 13908380464	
111		花卉苗木类	重庆市长寿区同安农业开发有限公司	蔬菜、苗圃	凤城街道长寿路 85 号 18983298199	

（重庆市长寿区农业委员会提供）

【农村集体经济】 截至2018年年底，长寿区消除无经营收益的“空壳村”136个；其中，实现经营收益5万~10万元的村有19个，经营收益10万元以上的村有10个。全区形成在村党组织统一领导下，村民委员会和村股份经济合作联合社（简称联合社）并行的村级组织机构。确立联合社为村组级集体资产管理和投资平台，联合社牵头举办土地、劳务和农房等服务型农民专业合作社。各村根据产业发展情况牵头举办生产型合作社和综合服务社，牵头举办的经济实体由联合社经营团队负责经营管理。形成联合社对外投资实行保底分红，对内投资采取风险共担，利益共享的集体经济组织发展模式。（唐 榕）

种植业

【粮油生产】 2018年，长寿区水稻种植面积22100公顷，产量17.44万吨；玉米种植面积12113.33公顷，产量8.45万吨；油菜种植面积5486.67公顷，产量1.08万吨；甘薯种植面积9993.33公顷，产量3.61万吨；大豆种植面积6886.67公顷，产量1.16万吨；胡豌豆种植面积3080公顷，产量0.62万吨；马铃薯种植面积1926.67公顷，产量0.64万吨。宣传“高肥≠高产≠高效≠优质”理念，完成水稻绿色防控、水稻直播、“水稻+”等技术培训2次。

【果蔬生产】 2018年，长寿区水果投产面积14720公顷，产量18.80万吨；蔬菜种植面积13593.33公顷，产量33.74万吨。推广果园、蔬菜智能机械化应用，生草覆盖技术133.33公顷，推广肥水一体化技术466.67公顷。探索柑橘果园大基地—小单元和小业主—大集群模式，实现风险共担、效益提升、品种统一等规模优势。

【土肥工作】 2018年，长寿区开展田间肥效试验6个，化肥减量增效技术模式4个。推进果蔬—沼蓄替代化肥模式，集成沼液管道还田非充分灌溉技术，建立绿色种养循环农业核心区200公顷。实施酸化土壤治理666.67公顷、测土配方施肥103333.33公顷，建成水肥一体化示范区466.67公顷、化肥减量增效集成示范基地2个，开展无人机飞行防治3066.67公顷，化肥农药施用量实现双“减量化”，秸秆综合利用率95%以上，建成全市最大的种养循环农业基地。

【植物保护】 2018年，长寿区做好全区主要农作物病虫害（稻瘟病、纹枯病、螟虫、稻飞虱、稻纵卷叶螟、柑橘红黄蜘蛛、介壳虫、蓟马、黑星病等）的预测预报与防治工作。全年扶持新建1家植保社会化服务组织，开展统防统治面积4970.47公顷，其中：无人机水稻中后期“三虫一病”防治面积3080公顷，防治成本375元/公顷，每公顷节药600~750克；稻水象甲防治面积623.8公顷，柑橘大实蝇防治面积为1133.33公顷，柑橘专业化统防统治与绿色融合推广面积133.33公顷。推广LED太阳能杀虫灯200盏，覆盖面积666.67公顷，推广背负式机动喷雾器400台。开展柑橘大实蝇、柑橘溃疡病、红火蚁、稻水象甲等防治技术培训4次，参训人数800人，并对全区相关街镇进行轮训；全程参与指导柑橘溃疡病处置工作，编制柑橘溃疡病处置技术方案及宣传手册。印发以油菜菌核病为主的综合防治宣传单5万张，印发红火蚁、柑橘大实蝇及溃疡病宣传资料3.5万份。

【农业环境保护】 2018年，成立长寿区第二次农业污染源普查领导小组和普查办公室，开展种植业化肥农药施用和五亩以上水产养殖业区域分布和产排情况入户调查，其中种植业抽样调查地块280个，水产养殖业污染普查1300户。组织长寿区第二次农业污染源普查技术培训3次，部署普查终端APP系统现场填报及审核，到各街镇开展现场技术指导18次。完成污染源普查野外调查和数据审核及上报工作。完成2018年野生植物资源调查、外来生物调查防除、三峡子系统等三大项调查统计工作。（唐 榕）

林业

【概况】 2018年，重庆市长寿区林业局（简称区林业局）机关内设科室6个，分别是办公室、计划财务科、森林资源保护管理科、造林绿化科、内部审计科、行政审批科；有直属行政机构1个，重庆市长寿区森林公安局，机构规格为正科级；有下属参公事业单位2个，分别是重庆市长寿区森林病虫防治检疫站、重庆市长寿区林木种苗站，机构规格为正科级；有下属事业单位2个，分别是重庆市长寿区林业服务中心、重庆市长寿区国有林场，机构规格为正科级；下属国有企业单位1个，重庆市长寿区木材公司（重庆市长寿区森发木材有限公司）。

2018年，全区林地面积稳定在6.71万公顷以上，森林覆盖率45.7%。实施营造林3600公顷。全年无森林火灾发生。按时完成松材线虫病除治工作，松材线虫病病死松树数量较2017年下降24.98%。推进林业一、二、三产业融合发展，林业总产值47.8亿元，同比2017年增长20.1%。深化全区林业各项改革，区国有林场改革通过市级验收。

【国土绿化】 2018年，长寿区实施营造林3600公顷。其中，实施新一轮退耕还林666.67公顷；在宜林荒山及无立木林地实施造林66.67公顷；实施农村“四旁”植树133.33公顷；实施疏林地及未成林地培育133.33公顷；实施森林抚育1133.33公顷；实施农田林网和特色经济林改造1466.67公顷。夯实工作责任，落实各街镇、相关部门和单位实施国土绿化提升行动的工作责任；完善细化配套措施，实行目标、任务、资金、责任、考核“五到”街镇、部门和单位，推进国土绿化提升行动工作。实施退耕还林，多措并举落实退耕还林土地，推进退耕还林项目建设；结合农业种植结构调整，发展特色经济林。拓宽资金投入渠道，争取上级资金投入，加大区级资金统筹力度，多渠道筹集资金用于造林绿化。开展督查，加强对国土绿化提升行动工作的调研、指导和检查，督促各任务街镇、相关部门和单位按照进度安排和相关要求开展工作，推动完成国土绿化提升行动目标任务。

【资源保护】 2018年，区林业局开展自然保护地大检查大整治工作，研究制订全区自然保护地大检查大整治工作方案，会同相关部门和单位对长江重庆段4大家鱼国家级水产种质资源保护区（长寿区域）、长寿湖风景名胜区、楠木院森林公园3个自然保护地开展大检查大整治工作，依法查处和整治违法违规问题。开展森林督查工作，成立森林督查工作组，制订督查工作方案，推动督查工作落实，全年督查图斑232个，涉及面积204公顷；年底前正在对违法占用林地问题进行依法查处。加强森林资源管理措施，对全区公益林实施管护，建立完善天然林保护数据库，加强对生态效益补偿金、管护金兑现和使用的监督管理；加强使用林地管理工作，严格使用林地的审核和审批；开展林地变更工作，严守林地、森林和湿地生态红线；坚持林地一张图管理，严格林地用途管制和分级管理；按照上级林业主管部门的部署和要求，组织开展国家公益林和地方公益林落界工作；严格森林采伐限额管理和采伐许可管理，全面停止天然林商业性采伐；开展森林保险工作，完成公益林29333公顷的续保工作，商品林在保8000公顷。加大湿地保护力度，用加强宣传、监管等多种形式开展湿地保护，全区湿地保有量不低于9586.67公顷，湿地保护率达到42%以上。加强野生动物保护利用，加强对野生动物驯养繁殖的监督管理，严格按规定开展驯养繁殖、经营加工野生动物的审批工作，促使野生动物产业健康发展；强化对野猪的管理，做好野猪非洲猪瘟防控工作。加强行政审批工作，根据市级调整公布的行政许可事项目录清单和公共服务事项目录清单，及时进行重新梳理，经调整修改，保留行政许可事项15大项、公共服务事项5项；重新编制服务指南简版、服务指南完整版、审核细则，做到线上线下同步更新；2018年区林业局办理行政审批申请551件。

【有害生物防治】 2018年，长寿区狠抓松材线虫病除治工作，当年度投入910万元用于松材线虫病除治工作，进行疫木集中除治和清理，对松材线虫病的主要传播媒介松墨天牛开展飞机施药防控工作，飞防面积2300公顷；2018年秋普全区松材线虫病死亡株数较2017年同期下降24.98%；完成2018年度松材线虫病除治工作资金落实和实施方案的编制，启动疫木集中除治清理工作。做好松毛虫等其他林业有害生物防治工作，对但渡镇526.67公顷越冬代松毛虫灾害松林做到及时发现、及时除治，全面控制并消除松毛虫灾害。推进植物检疫执法相关工作，加强对苗木调运的规范管理，打击违法调运森林植物及其产品的行为，从源头上防止检疫性林业有害生物的传入和传出；推进植物检疫法律法规的宣传普及，切实开展植物检疫执法工作，严厉打击森林植物检疫违法行为。

【林业产业】 2018年，区林业局着力促进林业产业融合发展。坚持培育新型经营主体和整合各种资本要素，推进林产品供给侧结构性改革，推动产业基地建设，提高林地生产力和林产品附加值，促进一、二、三产业融合发展。2018年全区林业产值达到47.8亿元，同比2017年增长20.1%，其中一产产值9.3亿元，二产产值32.6亿元，三产产值5.9亿元。培育壮大林业特色产业，发展柑橘、花卉苗木等林业特色产业，壮大林业一产；以新市家居产业园为依托，发展智能家居产业，强化林业二产；培育长寿湖、菩提山、紫耘花海"田园乐温·海棠春晓"等森林旅游、森林康养绿色产业，培育林业三产。推动林业一、二、三产业融合发展，推动产业融合，培育林业特色产业和林旅结合的融合产业。

【林业改革】 2018年，长寿区推进农村集体产权制度改革，贯彻落实《重庆市完善集体林权制度实施方案》，编制完成《重庆市长寿区完善集体林权制度实施方案》，以区政府办公室名义印发，探索集体林地所有权、承包权、经营权三权分置运行机制，引导社会资本投资林业，推动集体林地有序流转，促进规模经营。开展农村林业"三变"改革试点工作，在洪湖镇称沱村开展林业"三变"改革试点工作，促进该村林地资源变资产，增加村民的林业财产性收入。着力推进国有林场改革，按照国有林场改革的相关部署和要求，区国有林场完成事业编制重新核定、岗位设置、森林经营方案编制、森林资源档案建立、内控管理制度完善等工作，基础设施建设稳步推进；区国有林场改革年内通过市级验收。

【林业扶贫】 2018年，区林业局实施林业产业扶贫，结合贫困区域资源优势，实施短、中、长期林业项目，促进贫困区域产业发展，年内安排落实退耕还林工程666.67公顷，向贫困村倾斜。支持贫困区域林业建设，规划在云台镇拱桥村实施村庄绿化美化项目，对村内居民集居点房前屋后宜绿空地实施庭院绿化，年底前项目完成设计，正在推进实施中。加大贫困区域森林资源保护力度，设立生态保护公益性岗位，落实生态护林员政策，让能胜任岗位要求的贫困人口参加生态管护工作，以生态公益性岗位就业得到稳定的工资性收入，实现家门口脱贫。开展结对帮扶扶贫，采取"一对一""二对一"结对方式进行帮扶，实地走访，掌握贫困户居住条件、就业渠道、收入来源、致贫原因及脱贫需求等情况；针对贫困家庭致贫的不同原因，帮每个贫困户出点子，协调解决生产生活中的实际问题，帮助贫困户脱贫增收。 （熊席跃）

畜牧业

【概况】 重庆市长寿区畜牧兽医局（简称区畜牧兽医局）是区政府直属正处级事业单位，加挂"重庆市长寿区防治动物重大疫病指挥部办公室"牌子。其前身是1951年成立的涪陵专区兽疫防治队分队，于1957年成立长寿县畜牧兽医工作站，1975年改为长寿县畜牧站，1984年成立长寿县畜禽服务公司，2001年成立长寿县畜牧局，2002年更名为重庆市长寿区畜牧局，后于2007年更名为长寿区畜牧兽医局。该局位于凤城街道三峡路18号，是全区畜牧兽医行政主管部门，履行畜牧兽医行政管理职能和畜牧兽医行政执法监督管理职能。内设4科1室，即办公室（财务科）、人事法规科（畜牧兽医综合执法大队）、畜牧发展科、防疫检疫科（医政药政科）、行政审批科；有直属事业单位5个，即动物卫生监督所、动物疫病预防控制中心、畜禽品种改良站、饲料监测管理站、畜牧信息中心；下属事业单位19个，即19个街镇畜牧兽医站。2018年，有职工402人，其中在编人员247人，临聘人员9人，退休人员146人；在编人员中有研究生10人、本科85人、专科135人、中专及以下17人，35岁及以下56人、36～45岁50人、46～55岁115人、55岁以上26人，高级职称34人、中级职称105人。

2018年，长寿区畜牧系统按照"种养结合、以地定畜、生态优先、绿色发展、总量控制"工作思路，坚持质量兴牧、绿色兴牧、效益兴牧，围绕畜牧业供给侧结构性调整，推进全区畜牧业高质量发展，养殖总量保持平稳态势，动物疫情防控有力有效，实现畜牧业持续、绿色、健康发展。2018年实现畜牧业总产值25.51亿元（其中牧业产值22.1亿元），占全区农业产值比重32%以上；全年未发生区域性重大动物疫情和重大畜产品质量安全事故。畜牧业已成为长寿区现代农业发展的排头兵。

【畜牧产业发展】 2018年，长寿区以生猪、蛋鸡两大产业为主导，坚持质量兴牧，提质增效。全区生猪出栏56.4万头，年末蛋鸡存栏496万只，奶牛存栏1026头，肉类、禽蛋、牛奶产量分别为

6万吨、4.76万吨、0.4万吨，饲料生产量11万吨；长寿区是重庆市蛋鸡特色养殖示范区和西南地区最大的禽蛋生产基地，蛋鸡存栏居全市第一。畜牧业经营主体做优做强，突出特色效益产业，巩固良繁体系，建立长太公司、和圆公司、温氏公司等生猪祖代猪场、父母代种猪场和德康好家禽养殖公司、长水禽业公司等祖代肉种鸡场、蛋种鸡场，年供父母代种猪0.43万头、仔猪20万头，年供肉鸡苗850万羽、蛋鸡苗1200万羽；搭建利益联结平台，培育温氏公司、标杆合作社等“龙头企业+个体养户”、合作社+个体养户、托管经营、合股联营等模式，推进“大基地、小单元”“小主体、大联合”利益联结一体化模式；2018年新增区级龙头企业2家、微型企业24家、专业合作社4个、家庭农场13个，全区已有龙头企业24家、专业合作社81个、微型企业554个、家庭农场123个。养殖标准化水平稳步提高，全区有出栏500头以上猪场93个、存栏2000只以上蛋鸡场156个（其中万只以上79个）；有标准化示范场36个，其中国家级标准化示范场5个（其中蛋鸡场3个），猪、蛋鸡的规模养殖比重分别为50%、68%。畜产品品牌致力于质量兴农、绿色兴农、品牌强农，立足于“通威”“特驱”等系列商标和“绿花”“深林氧”等品牌，推进畜禽产品“三品一标”建设和商标品牌申报认证工作；2018年注册饲料、猪、鸡等商标25个，成功申报无公害农产品18个，获得重庆名牌农产品“绿花鸡蛋”认证1个，获得有机生产投入品“佳绿康”认证1个，畜禽产品竞争力和附加值显著提升。惠农政策取得实效，开展能繁母猪保险和生猪保险，全年承保能繁母猪2.2万头、育肥猪12.73万头，财政补助金额668.9万元，保险赔付720万元；开展蛋鸡养殖保险和鸡蛋期货保险试点工作，蛋鸡养殖保险承保81.5万只，鸡蛋期货保险6000吨，财政补助100.5万元，保险赔付89.21万元；实施病死畜禽无害化处理补贴、重大动物疫病强制免疫副反应补偿财政扶持等政策，全年养殖环节屠宰环节病死畜禽无害化处理生猪2.39万头，无害化处理补助资金191万元，免疫副反应补偿补助资金8.7万元。实施产业发展项目，2018年涉及产业项目资金2000万元，兑付项目补助资金800万元，其中有机肥生产使用财政扶持补助资金248万元。畜牧业信息化服务水平不断提高，完成标杆、长水等养殖企业的云服务平台建设；完成区级畜牧信息化管理云服务平台、市级畜牧云信息化管理平台、畜禽规模养殖场的直连直报信息系统和畜禽养殖环保基础信息系统，数据更新上万条；继续推进动物卫生监督、重大动物疫病防控物资管理工作信息化，兽医工作实现监管有记录、信息可查询、流向可追踪、安全可追溯，做到用苗有计划、进出有台账、领用有记载；推进畜牧业信息资源共享，全年媒体宣传报道畜牧兽医工作动态13期，撰写动态信息简报53期，报送畜牧兽医工作信息70余条，被市级部门采编信息50余条。

【重大动物疫病防控】 2018年，长寿区开展兽医工作“三项制度”示范区创建活动，执行基于监（检）测或风险评估报告的产地检疫制度和饲养场动物疫病自主检测制度，以及“以监促防、以检计酬”的工作考核制度，规范产地检疫行为，强化动物防疫主体责任提升全区兽医工作水平。动物防疫检疫继续保持重大动物疫病清静无疫的成果，确保全区人畜安全；落实防疫责任，明确养殖者动物防疫主体责任，实行领导与科室包片联系街镇制度、规模场挂牌兽医责任制、散养户兽医包片责任制等，落实重大动物疫病防控的行政责任、技术责任、监管责任、企业法人主体责任，做到纵向到底、横向到边；强化基础免疫，执行畜禽规模养殖场程序化防疫、散养畜禽春秋集中免疫和三旬分类免疫制度，做到动物防疫“应免尽免、不留空档”；全年免疫生猪口蹄疫32.03万头（次），牛口蹄疫0.89万头（次），羊口蹄疫及小反刍兽疫1.55万只（次），鸡高致病性禽流感（H7+H9）632.96万羽（次），犬只狂犬病4.48万只（次），消毒圈舍61.4万间；牲畜口蹄疫、高致病性禽流感、H7+H9、小反刍兽疫、犬只狂犬病防疫密度均为100%，猪、牛、羊免疫标识佩戴率100%，圈舍消毒率100%；动物疫情监测预警预报及时高效，实现全区所有畜禽规模场和包片兽医责任单元全覆盖，全面开展流行病学调查、血清学与病原学监测和风险评估；全年监（检）测畜禽规模场479场次和包片兽医责任单元82个（次），检测血清样品3.7万份，检测病原学0.17万份，出具规模养殖场检测报告479份、散养监测单元监测报告144份、风险评估报告2份，免疫抗体水平80%以上；人畜共患病防控全年监测牛（羊）场96场（次）和82个包片兽医责任单元存栏的牛（羊）0.52万头（只）；推进种畜禽场疫病净化监测，对辖区内的2个种畜场和1个种禽场每半年分别开展O型口蹄疫、猪伪狂犬病、H5亚型禽流感免疫、禽白血病等进行疫病净化监测。有力阻击非洲猪瘟，开展非洲猪瘟防控专题宣传培训会230期（次），宣传培训人数9200余人（次），非洲猪瘟防控知晓面100%；制订完善《非洲猪瘟疫情应急预案实施方案》《长寿区突发动物疫情应急预案》，建立公安、交通、食药监等成员单位联防联控的应急处置机制，强化应急值守；坚持节假日和重大活动期间24小时专人值班和领导带班制度；对辖区生猪养殖场（户）、屠宰场以及无害化处理收储点非洲猪瘟的日排查巡查和日报告（零报告）制度；全区19个镇（街）1793个村（居、组）、44个责任单元排查巡查生猪养殖户5.62万户，排查生猪14.8万头，排查巡查生猪规模养殖场262家，排查生猪9.43万头，未发现疑似非洲猪瘟疫病；联防联控合力阻击，全面禁止使用餐厨剩余物饲喂生猪，严格执行农业农村部64号公告和《关于做好猪用饲料和使用泔水饲喂生猪监管工作的通知》要求，组建3个拦截移交应急处置组，实行24小时现场处置；在万顺、云台、葛兰、石堰、云集等街镇设立8个临时消毒检查站，加大拦截处置四川等地进入长寿区的生猪及其产品违规调运行为，防止疑似非洲猪瘟疫情传入；由高速公路管理处移交拦截运输动物车辆45起（涉及生猪和猪产品22起），立案查处31起，处罚金4.5万元。

【畜产品质量监管】 2018年，长寿区全面执行基于监（检）测报告或风险评估报告基础上的产地检疫制度，实行动物检疫电子出证，全年应检产地检疫率达100%，电子出证率100%，指挥平台数据录入100%；规范生猪屠宰监督检查行为，重点入场检疫查验登记，全年确保屠宰动物持证率100%、产品上市检疫检验合格率100%；严格执行动物调运“事前备案审批、事中道口准入、事后落地监管”制度，动物检疫审批率和动物备案审核率100%；全年实施产地检疫生猪41.64万头，牛羊0.17万头（只），家禽1469.1万羽；屠宰检疫生猪40.2万头，牛0.17万头；调运备案1062批次（其中调运生猪545批次，蛋鸡137批次，牛13批次，调运猪肉产品275批次）。开展生猪屠宰监管“扫雷行动”和农家乐私宰生猪专项整治，落实官方兽医“一岗双责”监管职责，严格执行畜牧兽医执法“六条禁令”和屠宰检疫“五不得”，杜绝屠宰病死畜禽、注水注物等违法行为；全年办理一般程序案件91件，处罚14.48万元，均无一件行政复议和行政诉讼。对“瘦肉精”、生鲜乳违禁物质、兽药、饲料和饲料添加剂等投入品进行专项整治，全年检查饲料经营市场252场（次）、饲料经营企业729个（次），对24家饲料经营企业下达整改通知；检查规模养殖场57个（次），未发现有违规使用、添加违禁物品的行为，检查合格率100%；生鲜乳样品“三聚氰胺”等违禁添加物监测，抽检合格率100%；监督抽检屠宰环节生猪“瘦肉精”等违禁品尿抽检合格率100%；兽药质量监管检查兽药经营门市68次，发放整改通知书19份，规范25家兽药经营企业经营行为，开展兽药GSP认证2家，核发动物诊疗许可2家，执业兽医注册1人，全面完成兽药经营环节国家兽药产品追溯信息系统数据上传工作；开展养殖场兽药使用监管1060次，发放整改通知书21份，对兽药经营企业和规模养殖场进行拉网式检查236人（次），抽检兽药样品34个，查处兽药案件4件，处罚金13650元。加强对养殖场、屠宰场病死畜禽无害化处理监管，规范15个病死畜禽收储点运行管理，监督无害化处理率100%，从源头保障畜产品质量安全。

（王　梅）

渔　业

【渔业生产】 2018年，长寿区水产养殖面积10193.33公顷，水产品产量3.81万吨，比2017年增加3341吨。生产草鱼、鲢鱼、鳙鱼、鲫鱼、鳊鱼等水花30820万尾；生产草鱼、鲢鱼、鳙鱼、鲫鱼等大规格鱼种7110吨，增加560吨。

2018年，长寿区调优养殖结构，发展特色渔业养殖。重点引进推广黄颡鱼、鲈鱼、大鳞鲃、翘嘴红鲌等名特优新品种进行养殖。开展渔业资源增值放流工作，全年向长江投放3～5厘米、10～12厘米规格的草鱼、鲢鱼、鳙鱼、厚颌鲂、中华倒刺鲃、瓦氏黄颡等鱼种119万尾。开展“三园两场”

创建工作，创建标准化水产健康养殖场1个。

加强水产养殖投入物管理，推行和强化水产养殖、用药和销售等“三项记录”制度。建立健全渔业档案，开展水产苗种产地检疫工作，采取不定期的水产品例行抽检，确保全区水产品质量安全。全年发放渔业“三项记录”1400余本，开展水产苗种产地检疫14批次、水产品药残抽检80余个样品；配合农业部、市农委对长寿区水产苗种、水产品药残安全抽检，全年产地抽检样品38个，全部合格。

开展水产养殖实用新技术推广及培训工作，在双龙、葛兰、云台、石堰、龙河等镇开展各类养殖技术培训班，发放《春季鱼病防治方法》《泥鳅养殖技术》《鱼菜共生技术要点》等技术资料2200份。

做好水生动物病害测报和防治工作，在全区建立水产养殖动物病害测报点5个，测报面积84.4公顷，测报人员5人，对养殖鱼类的病毒、细菌、寄生虫等病害进行测报。2018年为养殖户提供鱼病预测预报和鱼病防治措施11期，有效减少养殖病害的发生。

【渔业安全】 2018年，长寿区开展渔业安全生产大检查，连续7年实现渔船安全生产“零死亡”目标，“检查诊断、行政执法、整改复查”的闭环执法模式得到巩固。全年检查渔船安全137次，未发现渔船违法违规行为和渔船安全生产事故、死亡事故。实行禁渔制度，保护渔业资源安全。禁渔期间，区农委与公安机关开展联合执法行动，出动船只33艘（次）、车辆45车（次）、检查人员412人（次），查获渔业案件12件（电捕鱼案7件，非法捕捞案5件），移送公安机关立案查处7件，执法队调查处理5件；禁渔期收缴作案工具电捕鱼器8套、非法捕捞网具113余张、渔获物45斤，罚款3000元。 （唐　榕）

水　利

【概况】 2018年，重庆市长寿区水务局（简称区水务局）围绕全年目标任务，强化水资源管理，推进水利民生实事项目建设，全年完成水利投资3.22亿元，完成市级下达年度计划投资任务。

【水源工程】 2018年，长寿区完成龙门桥水库枢纽工程、借水工程及附属设施项目，已编制完成长寿区龙门桥水利工程下闸蓄水验收相关报告，上报市水利局待审批；全年完成投资2361万元，从开工至2018年年底完成工程总投资49869万元。委托设计单位编制完成《长寿城区供水水源论证报告》，通过专家评审会，已按评审意见修改后报区政府待审批。龙溪河、桃花溪水系连通工程项目已经完成设计工作。

【水利基础设施】 2018年，长寿区实施运输桥、三洞沟、白水沱、龙河、干滩5座电站增效扩容改造，下达资金1406万元；截至年底前，三洞沟、白水沱已完工，龙河、干滩、运输桥正在建设中，全年完成投资980万元。推进高效节水灌溉项目，投资中央资金700万元，在双龙镇、龙河镇发展柑橘园高效节水灌溉面积466.67公顷。海棠镇打渔溪土桥支流防洪护岸综合整治工程已完工验收，完成投资360万元；桃花溪渡舟长生桥至下水碾段综合治理工程年底前已完成土建工程，完成投资2500万元；龙溪河重点段综合治理工程已完成土建工程，完成投资1200万元。完成八颗、新市、石堰污水处理厂提升改造工程，完成总投资1000余万元，年底前新市污水处理厂已完成完工验收，八颗、石堰污水处理厂正在调试阶段；3座污水处理厂建成后将满足污水处理要求，排放标准达到国家一级A标，有效提高场镇污水处理能力，改善桃花溪流域水生态环境。

【饮水安全】 2018年，长寿区完成武华水库至八颗水厂的源水管道项目前期工作；八颗水厂供水管网与城市供水管网实现并网，实现西山水系的优质水源成为城市群众的生活用水之一；完成扩建八颗水厂的前期工作。完成长寿湖镇供水工程2017年巩固提升、川维供水分离移交项目、太平片区供水管网等饮水工程，完善净水处理系统，新建管网202千米，总投资9185万元，保障长寿湖、邻封、双龙、晏家、渡舟街道和川维社区等地14.1万居民饮水安全。

【水土保持】 2018年，长寿区推进坡耕地水土流失综合治理项目，年底前股权化改革试点部分建设内容已经全部完成，未纳入股权化改革部分建设内容已完成建设任务；股权化改革试点项目的建设资金758万元，其中财政资金300万元，2个民营企业投资458万元，推动重庆清迈农业有限公司和重庆市耘田农业专业合作社2个民营企业发展。落实水土保持“三同时”制度，截止至年底前，完成方案审批21件，完成水土保持补偿费征收251.53万元，水土保持设施自主验收报备2件。

【水资源和河道管理】 2018年，长寿区实施有效控制用水总量，全年用水总量3.48亿立方米（2018年市局下达的用水总量控制指标为5.07亿立方米）。开展长寿区第二次污染源入河排污口普查工作，对辖区19个街镇的入河排污口开展全面清查、入户调查和数据录入工作，形成最终普查成果；年底前，全区纳入国家普查范围的入河排污口有65个；年内对全区23个入河排污口启动丰水期、枯水期的监督性监测工作，将检测结果纳入入河排污口档案管理。开展18个重要取水监测设备的水资源管理信息系统运行维护管理工作，保障用水总量数据可靠、达标。加强长江防洪护岸建设，年底前长寿区江南城区防洪护岸综合整治工程和小石溪至手爬岩河段防洪护岸综合整治工程2个项目已完成规划选址、用地预审、环评、可研初设审批等前期工作。加强河道涉河建设项目审批、监管工作及河道日常巡查监管工作，推进长江采砂视频监控系统建设，完成长江新一轮砂石资源出让工作。开展河道“清四乱”（乱占、乱采、乱堆、乱建）专项行动，以街镇为单元开展地毯式排查，发现河道“清四乱”问题12处，集中清理整治并销号5处，加强河道岸线保护和利用管理。

【防汛抗旱】 2018年，长寿区完成75个广播预警站、98个简易雨量站、3个遥测水位站的巡查和运行维护。完成全区水库、水电站、在建重点水利工程的安全度汛工作。完成长寿区城市街镇防洪现状评估。加强防汛抗旱宣传、培训、演练，发放宣传材料2000余份，宣传册1000余册，宣传画1000余张，展出展板9块，解答现场咨询215人（次），建立防汛抗旱抢险队伍22支、1560人。

【水行政执法】 2018年，长寿区进行水行政执法巡查29次，其中长江长寿段沿岸巡查12次、部门联合巡查9次。查处水事违法案件，全年发现并处理13起（不涉及黑恶性质）水事违法行为，下达责令停止水事违法行为通知书13份，立案查处6起水事违法案件，结案4起，罚款155000元，没收违法所得225元，案件查处率100%。

【河长制推行】 2018年，长寿区推进“智慧河长”信息管理系统建设项目前期工作，年底前正在编制可研报告。编制《长寿区河库清漂保洁工作方案》，整合城管、水务部门资金，建立全区河库清漂长效机制，使河库清漂工作有人管、常态管。整合区环保局、区水务局已有水质监测断面，建立全区水质监测网络，定期向区政府报告水质监测数据，分送至各区级河长，便于区级河长及时掌握水质数据。推进“一河一图”工作，为区级各河长掌握河库现状，了解污染源信息，制定治理方案提供“作战图”。 （邹　川）

农　机

【农机推广】 2018年，长寿区推广和引进农机新机具、新技术，推进农业全程机械化，继续抓好农机购置补贴、机插、机耕、机收工作。全区推广补贴农机具1161台（其中，耕整机1126台、拖拉机7台、插秧机3台、联合收割机2台、其他农机新机具23台），补贴资金124.02万元。完成机耕面积70053.33公顷，水稻机插秧面积10073.33公顷，完成机收面积23653.33公顷；组织农业服务组织开展春季机耕作业服务面积3333.33公顷，水稻机播作业服务面积2000公顷，油菜机收作业服务面积133.33公顷，机防作业服务面积3333.33公顷，机收作业服务面积6000公顷，秋耕作业服务面积3333.33公顷，秋播作业服务面积666.67公顷，全年农业社会化服务面积18800公顷。

【农机执法】 2018年，长寿区推进平安农机创建，开展“平安农机”示范街道创建1个、示范村创建5个。开展变型拖拉机专项整治，开展农机安全隐患排查治理工作，清理统计农田作业拖拉机27台。对长寿籍渝01变型拖拉机开展“归零”行动，注销变型拖拉机435台，变型拖拉机管理基数由666台减为231台，渝01变型拖拉机总量下降65.32%。开展道路交通安全严重违法行为专项整治行动，清理外省籍变型拖拉机270台，协查率100%；回函230台，回函率85.2%。查处违法载人事件10起，设立农机安全宣传栏5块、警示牌7块，开展农机安全新闻报道3次，短信平台曝光违法案例2起；印发农机安全宣传手册4000份。全年协助公安交巡警上路检查拖拉机179天

（次），督查街镇66个（次），检查道路行驶拖拉机408台（次），检查农田作业机械56天（次），农田机械作业户74家（次）。

（唐　榕）

城乡统筹发展

【概况】　2017年10月，按照区国资金融办《关于印发长寿区区管重点国有企业改革方案的通知》，重庆市长寿区城乡统筹发展管理服务中心更名为重庆市长寿区现代农业园区管理委员会（简称农业园区管委会），挂重庆市长寿区农村投资管理中心、重庆市长寿区农村综合产权流转交易中心牌子；重庆市长寿农村投资发展有限公司、重庆长寿林业投资有限公司、重庆市长寿区交通基础设施开发有限公司等纳入重庆市长寿区城乡统筹有限公司。

因重庆市长寿区现代农业园区管理委员会职能职责未重新明确，仍沿用原重庆市长寿区城乡统筹发展管理服务中心内设机构及职责。2018年年底前，农业园区管委会核定事业编制24名，实有事业人员16人。

2018年，农业园区出产柑橘4.5万吨、蔬菜1.8万余吨、沙田柚特（甲）级果5500万个，花卉苗木60万株，出栏生猪28.5万头，生产牛奶3050吨、禽蛋3.5万吨、饲料22.5万吨、有机肥7.8万吨，园区产值31.5亿元

【工程建设】　2018年，农业园区管委会承接政府类重大项目1个、市场类重大项目5个（其中，新开工政府类项目1个，市场类项目1个，续建市场类项目4个），计划投资5.65亿元；已完成投资56540万元，完成投资任务的100.1%。

政府类重大项目。2018年，农业园区管委会承建的政府类投资项目1个，完成投资0.2亿元，完成投资计划任务的100%。新建农业园区2000公顷肥药水一体化项目，完成高产节水灌溉的规划及2018年度466.67公顷高效节水灌溉肥药水一体化安装任务；完成投资2000万元，完成投资计划任务的100%。

市场类重大项目。新建项目1个，农业园区果园改造项目完成品种引进、高换与灌溉系统，完成投资3000万元，完成投资计划任务的100%。续建项目4个，重庆紫薇花海农旅结合项目完成紫薇苗圃基地、成品栅栏种植地建设，开工建设桃花溪生态湿地景观主题花园、寿文化中心等，完成投资31000万元，完成投资计划任务的100%；橘香悦动村项目完成产业发展规划和人居环境综合整治规划（送审稿），四季花果园花木种植、环道连接道建设和称沱村400口农村改厕任务完工，称大路、6.5千米环道油化和2018年度河道整治项目启动建设，小梁子和鞍子沟2口山坪塘完成设计批复，董家沟大湾小湾防洪治理工程已完成设计审查，完成投资8020万元，完成投资计划任务的100.25%；清迈良园项目完成泉水浴场、林下花海、思乡湖、康养中心、集成营地、森林旅游、生态停车场、综合服务中心、会务中心，完成投资10000万元，完成投资计划任务的100%；温氏饲料厂项目完成主体工程建设，完成投资2520万元，完成投资计划任务的100.8%。

【聚商选资工作】　2018年，农业园区管委会采取强化内部体制建设、突出优势储备项目、优质服务签约项目、分析追踪重点项目等措施，围绕农畜产品加工区、乡村休闲旅游和一、二、三产融合发展项目等开展聚商选资工作，成功引进长寿“清迈良园”乡村农业旅游项目及重庆市“渔乐仙谷”渔文化智慧小镇项目；实现合同引资30亿元，完成目标任务的120%；到位资金4.3亿元，完成目标任务的108%。

【农村产权交易创新】　2018年，农业园区管委会创新服务模式，依托街镇、村组阵地，把服务工作做到农业第一线，实现群众到交易中心办事与交易中心到项目所在地直接服务相结合。完成从耕地经营权到林权经营等交易类型突破，利用会员激励机制促进农村综合产权流转交易，指导龙河镇重庆肆苹劳务专业合作社作为流转交易经纪会员（法人类）开展全区土地流转交易鉴证工作，全年完成土地流转交易鉴证45宗地，流转土地230.05公顷。探索农村综合产权抵押融资风险补偿机制，全面完成长寿区6宗7910350元农业项目风险补偿申报初审工作，协助完成市农业担保公司、渝北区兴农担保公司6宗8968421元农业项目风险补偿申报初审工作。创新工作机制，农村“三变”改革完成洪湖镇称沱村和龙河镇保合村、河堰村、四坪村“三变”改革方案；洪湖镇称沱村已按改革方

案组建农业股份合作社、劳务合作社和综合服务社，完成村民承包地经营权入股并与龙头企业合作经营，集体资产入股龙头企业联合经营，集体资金投资龙头企业等工作，签订合作经营协议、入股经营协议、投资协议以及劳务合作框架协议等，农业股份合作社和劳务合作社已正式运营，综合服务社正在建设近期将投入运营；龙河镇保合村、河堰村已通过村集体出资合股联营方式组建植保合作社、劳务合作社，正式开始运营；四坪村正在完善相关合约条款和管理机制。

【乡村振兴工作】 2018年，农业园区管委会围绕实施乡村振兴战略的要求，从管委会抽调6名领导干部到龙河镇及洪湖镇称沱村2个蹲点组参与实施乡村振兴战略工作。推动园区乡村旅游重大项目的控制性规划编制及部门论证工作，将项目规划与村规划衔接实现资源整合，完成《现代农业园区长寿慢城项目概念性的总体规划》施工总承包招标及《渔业科技休闲园区规划概念性的总体规划》。协助农业园区企业推进园区休闲旅游重大项目建设，促进一、二、三产融合发展；以点征方式帮助田园乐温、清迈良园、橘香悦动村3个项目解决4.13公顷项目用地，解决项目用地难问题；帮助企业完成相关基础设施配套建设。

【园区管理工作】 2018年，农业园区管委会聚焦科技园区建设及产业融合工作，完成长寿国家农业科技园区2017年度的年报编制工作及长寿区一、二、三产融合发展先导区的申报材料；开展兴调研转作风促落实行动，帮助企业解决发展难题。处理矛盾纠纷，确保园区稳定；配合街镇做好土地租金支付工作，起草《长寿区解决拖欠农村土地承包经营权流转租金问题的工作方案（讨论稿）》；不定期对园区企业进行安全巡查、环保巡查，发展问题及时督促企业限时整改，及时做好人大代表建议3件、政协委员提案4件对农业园区企业环保提案议案的落实、回复；对余某某越级信访事件进行及时处理，回复2次，完成网络舆情调查回复1件。帮助经营困难企业二次招商，成功引进重庆市农业担保公司入驻园区，接管原冬润公司标准化晚熟柑橘基地，解决冬润拖欠土地租金事宜。帮助企业解决融资难问题，结合企业发展和科研方向，帮助企业申请上级资金；年底前，一牛公司、玉桦洋公司申请市科委2个农转资金项目50万元已全部兑现。帮助企业畅通销售渠道，解决企业销售恶性竞争，以长寿柑橘行业协会，推动园区企业“四统一分”工作，严控品种、品质、品牌和销售的“三品一销”关键环节，确保园区柑橘销售价格平稳；打通销售环节，园区柑橘销售畅通，企业良性发展。

【队伍建设】 2018年，农业园区管委会以党建引领、廉洁高效，内部阵地建设更加完善。结合“两学一做”学习教育常态化、制度化要求，落实“三会一课”等组织生活，全年开展书记上党课1次、邀请区纪委派驻纪检组讲授廉政党课1次，组织专题党课8次、专题学习研讨8次；发展入党积极分子1名。落实党风廉政建设和反腐败工作责任，主要负责人组织班子成员学习关于党风廉政建设和反腐败工作的重大决策7次，对党风廉政建设和反腐败工作批示5次，全年落实同级党委党风廉政建设和反腐败工作任务34次，开展党风廉政建设和反腐败工作监督检查36次，制定党风廉政建设防控措施、制度及解决问题18次，传达上级工作部署40次，约谈党员领导干部42次、155人，对党员干部开展廉政教育40次、328人；全年召开服务对象集中廉政谈话10余次、走访服务单位11家、约谈企业2家和普通员工20人（次），严格督查职工与服务单位履行《廉政合同》的考核情况。

完善农业园区管委会工作制度劳动纪律管理制度，出台《关于印发相关制度的通知》，对《工作制度》《劳动纪律管理制度》《公文管理制度》《保密制度》《会议制度》《行政办公会议议事规则》《值班管理制度》《综合治理、信访、安全保卫、卫生、节能减耗制度》《印章使用管理办法》《低值易耗品管理办法》等11项制度进行完善。

（张玉兰）

工 业

综 述

【工业经济指标】 2018年，全区规模以上工业企业数量251户，其中，2018年新增23户；战略性新兴产业企业51户，新增15户。长寿区实现规模以上工业总产值949.6亿元，同比2017年增长14.2%。其中，长寿经开区实现工业产值752.3亿元，增长14.8%；长寿高新区实现工业产值187.7亿元，增长15.3%。全区战略性新兴产业实现产值188亿元，增长25%；规模工业增加值增速6.2%；完成工业投资98.5亿元，增长1.3%（其中，技改投资增长91.8%，占工业投资比重的27.5%）。

2018年全区规模以上工业企业实现主营业务收入883.5亿元，同比2017年增长10.3%；实现利润总额56.2亿元，增长72.6%；实现销售税金及附加（含增值税）34.3亿元，增长53.1%。

全区五大主导产业（化工医药、钢铁冶金、装备制造、新材料新能源、电子信息及智能家居）实现规模以上工业总产值878亿元，占全区规上工业总产值的92.42%，五大版块产值比为29:29:16:7:19，工业结构更加优化。

【工业招商和投资】 2018年，长寿区签约工业投资招商项目117个，总投资509.9亿元，其中外资项目2个，总投资2.4亿元。在谈工业招商项目566个，拟投资4781.63亿元，其中外资项目7个，拟投资67.4亿元。区主要领导全年接待、拜访企业1285家。

新材料新能源、装备制造、电子信息产业多点发力、强劲崛起。全年完成工业投资105亿元，同比2017年增长8%。奕翔树脂、欧中电子特气等投资98亿元的60个项目开工，云天化锂离子电池隔膜等40个项目投资26.3亿元投产，现代汽配企业放量生产、年产100万套。完成技改投资23亿元，增长50%；完成智能技改投资20亿元，增长55%。8个市级重点投达产项目全部按时达标，新项目投达产面100%。

【生产要素保障】 2018年，长寿区规模以上工业综合能耗892.1万吨标煤，比2017年增长10.9%。工业用电58.7亿度，增长14.4%（其中自发自用电24.6亿度，增长65.5%）；工业用气21.8亿方，下降11.7%；工业用煤630.7万吨，增长32.8%；工业用热力2205.2万百万千焦，增长6.3%。当年新纳入重庆市电力直接交易试点企业42户，总计87户。

【重点工业企业】 2018年，长寿区60户重点工业企业（含30户成长型企业）完成工业总产值650亿元，同比2017年增长24.33%，占全区规模以上工业总产值的68.42%。其中百亿产值工业企业1家，即重钢股份；亿元以上税收工业企业9家，包括巴斯夫聚氨酯（重庆）有限公司、中国石化集团重庆川维化工有限公司、重庆钢铁股份有限公司、国网重庆市电力公司长寿供电分公司、正新橡胶（重庆）有限公司、扬子江乙酰化工有限公司、重庆小康动力有限公司、重庆云天化聚新材料有限公司、重庆国际复合材料股份有限公司长寿分公司。

60户中的30户重点工业企业实现总产值588.42亿元，同比2017年增长27.68%。其中保持增长的有18户，占30户重点工业企业的60%。重钢、川维、巴斯夫、小康动力、电力供电分公司分别实现产值253亿元、56.71亿元、37.73亿元、29.68亿元和28.08亿元，增幅分别为80.27%、0.46%、-10.76%、15.86%和9.52%。

60户中的30户成长型工业企业实现产值61.54亿元，同比2017年下降0.58%。其中保持增长的有15户，占30户成长型工业企业的50%。

重庆紫光国际化工有限责任公司、重庆千信能源环保有限公司和重庆华彩化工有限责任公司产值增幅在110%以上。

【智能制造发展】　2018年，长寿区以大数据智能化行动计划为引领，促进传统企业向数字化、智能化生产方式转型。小康动力、和信海纳川被市经信委认定为智能工厂企业，德洋中车等8户企业实施机器换人改造，新增机器人1000余台；培育推进研发创新平台建设，友为技术、千信能源等7户企业被认定为重庆市企业技术中心，博腾制药医药中间体实验室被评为2018年度重庆市工业和信息化重点实验室，鼎盛印务、博腾制药2户企业获评2018年重庆市优秀创新型企业；大数据智能化应用加快普及，博腾制药、成元汽车和金刚化工等3个项目纳入重庆市2019年工业互联网（工业智能化）试点示范项目。　　（肖　寒）

表19　　2018年长寿区规模以上工业主要产品统计

产量（吨）	1～4季度	2017年同期	同比±%
生铁	5779543	3840952	50.5
粗钢	6381474	4114022	55.1
钢材	6259697	4153030	50.7
精甲醇	1716441	1853967	－7.4
醋酸乙烯	471294	528825	－10.9
初级塑料形态	270111	202262	33.5
冰醋酸	368512	414435	－11.1
合成氨	76606	138631	－44.7
烧碱（折100%）	167078	172516	－3.2
化学纤维	19838	20488	－3.2
合成纤维聚合物	157420	157496	持平
发动机（千瓦）	25180011	22188414	13.5
玻璃纤维纱	230481	186618	23.5
水泥	1465483	1379221	6.3
化学药品原药	1951	2465	－20.9
焦炭	2505202	1673873	49.7
发电量（万千瓦时）	387803	295678	31.2

表20　　2018年长寿区规模以上工业经济效益统计

规模以上工业企业经济效益	1～4季度	2017年同期	同比±%
工业产品销售收入（亿元）	877.1	796.1	10.2
其中：长寿经开区	727.1	640.1	13.6
长寿高新区	140.7	143.4	－1.9
工业利润总额（亿元）	56.2	32.6	72.6
其中：长寿经开区	47.6	24.3	96.1
长寿高新区	7.6	6.8	12.0
工业税金及附加（亿元）	34.3	22.4	53.1
其中：长寿经开区	30.5	18.9	61.1

续表 20

规模以上工业企业经济效益	1～4 季度	2017 年同期	同比±%
长寿高新区	3.3	2.6	26.4

（重庆市长寿区统计局提供）

长寿区 2018 年度工业企业考评获奖名单

一、工业十强企业

重庆钢铁股份有限公司

中国石化集团重庆川维化工有限公司

重庆小康动力有限公司

国网重庆市电力公司长寿供电分公司

巴斯夫聚氨酯（重庆）有限公司

正新橡胶（重庆）有限公司

扬子江乙酰化工有限公司

重庆卡贝乐化工有限责任公司

重庆天泽新材料有限公司

重庆云天化天聚新材料有限公司

二、工业发展贡献企业

重庆市映天辉氯碱化工有限公司

重庆千信能源环保有限公司

重庆国际复合材料股份有限公司长寿分公司

重庆望变电气（集团）股份有限公司

福安药业集团重庆博圣制药有限公司

重庆博腾制药科技股份有限公司

重庆长寿西南水泥有限公司

重庆双羽家具有限公司

重庆莱美隆宇药业有限公司

重庆环松科技工业有限公司

三、工业发展进步企业

重庆华彩化工有限责任公司

重庆市润金新材料科技有限公司

重庆紫光国际化工有限责任公司

重庆德雅化工有限公司

重庆钰宏再生资源有限公司

重庆朝阳气体有限公司长寿分公司

重庆凯威混凝土有限公司

重庆双驰门窗有限公司

威立雅长扬热能（重庆）有限责任公司

重庆市佳禾家具制造有限公司

（摘自中共重庆市长寿区委 重庆市长寿区人民政府关于 2018 年度工业企业考评获奖情况的通报）

工业发展

【钢铁冶金工业】 2018 年，长寿区钢铁冶金行业完成规模以上工业产值 253 亿元，同比 2017 年增长 72.16%。2018 年，重庆钢铁完成司法重整后，解决重钢股份巨额债务问题，重庆钢铁强化管理，围绕“满产满销、低成本、高效率”生产经营方针，践行“成本领先”和“制造技术领先”战略，狠抓生产经营、发展改革各项工作，产量及各类技术经济指标屡创新高，盈利水平超出预期，生产经营步入良性发展轨道，从根本上改善企业的资产质量和盈利能力。

【化工医药工业】 2018 年，长寿区化工医药行业完成规模以上工业产值 257 亿元，同比 2017 年下降 4.6%。年产值前 5 位的企业依次为中国石化集团重庆川维化工有限公司（56.71 亿元）、巴斯夫聚氨酯（重庆）有限公司（37.73 亿元）、重庆卡贝乐化工有限责任公司（28.25 亿元）、扬子江乙酰化工有限公司（16.86 亿元）、重庆朝阳气体有限公司（8.89 亿元）。

【新材料新能源工业】 2018 年，长寿区新能源新材料完成规模以上工业产值产值 57.22 亿元，同比 2017 年增长 5.26%。年产值前 5 位的企业依次是重庆天泽新材料有限公司（9.01 亿元）、国际复合材料长寿分公司（8.32 亿元）、重庆市润金新材料科技有限公司（5.88 亿元）、重庆长寿西南水泥有限公司（5.08 亿元）、重庆天勤材料有限公司（3.90 亿元）。

【装备制造业】 2018 年，长寿区装备制造业完成规模以上工业产值 143 亿元，同比 2017 年下降 7.75%。产值前 5 位的企业依次为：重庆小康动力有限公司（29.68 亿元）、正新橡胶（重庆）有限公司（15.99 亿元）、重庆望变电气（集团）

股份有限公司（11.50 亿元）、重庆环松科技工业有限公司（8.34 亿元）、友为技术有限公司（8.26 亿元）。

【电子信息及智能家居工业】 2018 年，长寿区电子信息及智能家居行业完成规模以上工业产值 141.62 亿元，同比 2017 年下降 3.36%。产值前 5 位的企业依次为：重庆鸽牌电工材料有限公司（13.56 亿元）、重庆市佳禾家具制造有限公司（6.55 亿元）、重庆宇心门业有限公司（6.51 亿元）、重庆名风家具有限公司（5.83 亿元）、重庆市豪迈家具有限公司（5.32 亿元）。

（肖　寒）

【药品工业】 2018 年，长寿区辖区内有 12 家药品生产企业，其中原料药 9 家、制剂 1 家、药用辅料 1 家和医用氧 1 家；有 1 家药包材生产企业；无医疗器械生产企业。（杨　娜）

2018 年 1 月 9 日，长寿经开区项目签约

工业园区建设

长寿经济技术开发区

【概况】 长寿经济技术开发区（简称长寿经开区）是2010年经国务院批准设立的国家级经济技术开发区，规划管理面积80平方千米（其中国务院批准面积10平方千米，长寿区委托代管70平方千米），重点发展综合化工（生物医药）、钢铁冶金、装备制造、新材料新能源、电子信息五大产业，已开发40平方千米；引进国内外企业320户，其中，德国巴斯夫、英国BP等世界500强19户，LG化学、威立雅、中法水务等跨国公司37户，博腾科技、小康汽车等上市公司56户，合同引资3500亿元，是重庆市外向度最高的园区之一。长寿经开区先后获国家化工新材料高新技术产业化基地、全国循环经济园区、中国化工园区20强、中国十大最佳投资环境园区、中国钢产业示范基地、国家知识产权试点园区、最佳新材料产业园区等荣誉称号。

长寿经开区坚持“创新、协调、绿色、开放、共享”发展理念，秉承“五个一体化”建设发展机制，按照专业化、产业化、效益化、生态化的要求，立足资源、产业、区位等优势，以产业链招商引进世界级、国家级产业集群项目，构建五大产业上下游集群耦合发展的循环经济体系，走绿色低碳循环发展之路，已建成投产企业243户（其中规模以上企业170户），战略新兴产业占比38%。

2018年8月23日，长寿经开区负责人在首届中国国际智博会签约

2018年，长寿经开区围绕经济发展、开发建设、企业服务这一中心工作，加快转变经济发展方式、调整经济发展结构、提高发展质量和效益，实施创新发展、绿色发展、和谐发展。

【综合实力增强】 2018年，长寿经开区经济运行稳中向好。主要经济指标快速增长，全年实现规模以上工业总产值750亿元，比2017年增长13.8%；实现税收32亿元，增长20%；规上工业利润52亿元，增长25%；实际利用外资2.3亿美元，增长46%；完成外贸进出口额100亿元，增长39%。要素指标持续上行，全年保障供电55.5亿度，增长11%；供水7800万吨，增长9.6%；供煤620万吨，增长32%；供蒸汽110万吨，增长7.1%；供气20.7亿立方米。

重点企业持续盈利。22家重点企业实现工业产值575亿元，比2017年增长83%；实现利润45亿元，增长38%。其中重钢实现产值246亿元，增长90%；川维实现产值56.71亿元，增长12%。巴斯夫生产负荷持续提升，实现产值37.73亿元、利润11亿元；千信国际、紫光化工等16家企业产值增幅超过50%，扬子江乙酰、国际复合等11家企业纳税突破亿元。

民营经济稳步发展。99家民营企业实现规模以上工业产值427亿元，利润24亿元，贡献率57%。重钢司法重整后活力焕发，产量、产值大幅增长。永航钢铁70万吨特殊钢项目历时10个月完成装置改造，已实现全线试车。环松科技、中橡等一批民营企业持续稳健发展，成为长寿经开区经济发展的中坚力量。

【产业培育】 2018年，长寿经开区开发开放日益深化。招商引资取得突破，新签约项目62个，协议引资304亿元，达产后可实现产值700亿元；其中战略性新兴项目24个，投资255亿元，占比84%。成功引进重庆世界村生命健康产业园100亿级项目1个，合众锰业氢氧化锂项目、奕翔化工新材料项目等30亿级项目4个。投资11亿元的韩国SK电子特气项目、投资20亿元的无锡双象超纤合成革项目已签订框架协议。

项目建设稳步推进。全年新开工项目62个，续建项目42个，投产项目43个，完成固定资产投资85亿元，新增产能200亿元。欧中电子特气、川维PVA等16个项目开始基础施工；奕翔化工MMA、德国梅塞尔气体等8个项目进入主体施工，世纪之光PMMA、宏大化工过氧化氢等5个项目开始设备安装，云天化锂离子电池隔膜、大禹防水材料等20个项目顺利投产。重钢、川维等78家企业完成技改投资22亿元。

产业转型成效明显。新增亚太纸业、飞华环保等规模以上企业16家，钢铁冶金、新材料新能源、装备制造、生物医药、电子信息五大主导产业竞相发展，产业、产品结构持续优化。永航钢铁顺利去除钢铁产能90万吨。合众锰业、奕翔化工等一批优质新材料企业入驻，新材料产业成为长寿经开区经济发展的主力军。欧中电子、云兴网晟等电子信息企业陆续引进与建成，电子信息产业发展获得突破。

【创新发展】 2018年，长寿经开区创新平台持续搭建。加速推进科技创新园建设，2019年10月建成投用后可入驻研发机构40余家。建成45万平方米市级科技企业孵化器，正投资1.2亿元建设4.3万平方米电子类标准厂房，计划投资8亿元建设国际合作产业园创新创业基地，完善从苗圃—孵化—加速—产业园全产业孵化链条，打造国家级科技孵化器集群。

创新主体协同发力。全年新增国家高新技术企业6家、科技型企业28家、高新技术产品53个。规模以上工业企业研发经费支出10.86亿元，比2017年增长23.3%，占GDP的2.8%。长寿经开区持续发挥引导支持作用，建成重庆化工专利数据库平台、院士专家智库、望变电气集团院士专家工作站，在建知识产权运营服务平台。引进中科院汪卫华、清华大学费维扬、吉林大学冯守华3位院士进入院士专家工作站，人才支撑能力进一步增强。

2018年7月6日，长寿经开区院士专家智库签约仪式

智能化发展势头强劲。加速实施以大数据智能化为引领的创新驱动发展战略，小康动力建成年产25万台发动机智能化生产线，成元、星宇等企业新增机器人1000余台，和信、德洋中车等5家企业正在开展智能化车间改造。恩瑞半导体芯片、云兴网晟同城双活数据中心等智能化项目即将开工建设，美客无双3D打印校地企合作创新基地落成。企业智能化改造项目投资占长寿经开区技改投资的30%以上，70%的化工企业实现全生产流程信息化。

【统筹协调】 2018年，长寿经开区的平台功能更加完善。以项目土地需求为导向，完成水口水库、环松西侧用地控规编制及中同运、新崛物流等30个地块土规、控规调整修改工作，完成BDO地块、乙烯片区等的公用工程配套方案。完成基础设施投资10.5亿元，平整土地133.33公顷，新建改造道路8条12千米，实施电力、管网等线路搬迁94千米，为欧中电子、奕翔化学等40余家企业建设投产提供保障。重大功能型项目加速建设，市级重点项目长江二桥完成投资3.7亿元，占总投资的25%。长寿经开区扩区工作进展顺利，正在等待批复。

园区环境有所改善。晏家河整治工程顺利完成，中法水务扩建工程持续推进，数字长寿经开区功能拓展。生态公司成立运行，完工铁路沿线景观工程、望变电器绿化工程，加速补绿植绿，实施绿化32万平方米。推动扬尘攻坚整治，打击“抛撒滴漏”违法运输行为，加大清扫洒水力度，整治成效明显。推进“两违”整治，完成93件、2.1万平方米存量违法建筑整治工作。

以产促城加速推进。新增就业人口2000余人，总计5万余人就业，带动区域商贸、餐饮、文化、医疗教育等产业快速发展。优化八颗组团功能布局、产业布局，加速引进电子信息等劳动密集型企业，实现与城区人力、物流、资金和技术等资源的无缝对接。持续发挥长明码头、长化专用铁路线等基础设施物流功能，推动长寿经开区与城区物流产业一体化发展。长寿经开区与重庆化工职业学院等高等院校进行人才对接，消化技能型人才1000余人。

【安全环保】 2018年，长寿经开区环保主体责任有效落实。持续抓好污染治理攻坚，完成中央环保督查、自然资源审计20余条反馈问题整改，28家企业有机废气深度治理继续推进，园区水污染、大气污染、固废污染态势持续好转。持续推进大排查大整治大执法行动，开展受限空间、粉尘防爆、油漆喷涂专项检查1000余家（次），排查整改隐患4200余项，整改率99.7%。持续完善应急救援体系，数字园区建设稳步推进，组织开展应急演练、培训10余次，园区应急联动、应急处置能力进一步增强。全年没有发生较大以上安全环保事故，国务院大督查、国家环保督查均获好评，长寿经开区被评为中国“绿色园区”。

2018年5月24日，长寿经开区大讲堂研讨绿色转型发展

管理服务持续深入。建立健全企业网格长制度、新建项目联络员制度及有关会议制度，制定出台《长寿区企业安全环保标准化建设工作指导意见》，持续完善安全环保管理体系。严格中介机构、企业承包商管理，抓好重点企业帮扶，30余家重点企业安全环保管理水平明显提高。建立安全环保设施改造激励机制，撬动企业投入3亿元开展安全环保整改提升。投资1000余万元引进安全环保第三方服务机构，为企业提供隐患排查、整改、知识培训免费服务，效果明显。

基础设施逐步完善。加速提升水环境风险防控能力，启动川维片区事故池建设，完成北区化工污水管网可视化企业接管工作，实现晏家组团化工企业和电镀企业污水管网可视化全覆盖。持续提升大气污染防治能力，新建成大气环境安全监测系统，正式启动有毒有害气体突发环境事件风险监测项目建设。国家危险化学品应急救援重庆基地加速推进，将增强长寿经开区的应急联动、应急处置能力。

【企业服务】 2018年，长寿经开区致力于营商环境改善，运行保障持续有力。强化规划调整、征地拆迁和土地解押，实施征迁面积113.33公顷，保障企业用地29宗、120公顷。推动电力体制改革，全年46家企业参与直购电交易22亿度，占总用电量的40%，降低企业成本6000余万元。创新搭建公用工程保障平台，全年对外投资1.24亿元，总计投资9.7亿元，全面优化长寿经开区水电气能源供给、贸易流通、金融服务体系。加大资金保障，全年完成融资51亿元，有效保障长寿经开区建设发展资金需求。发挥财政资金杠杆作用，拨付企业产业发展资金3.6亿元，出资1.5亿元成立盛世经开产业引导基金，帮助企业渡过资金难关。

审批效率持续提升。推进建设项目行政审批流程改造，在实行项目建设“一卡通”和行政审批全程代办制之后，组织实施建设项目行政审批首席代表制，全年已接办项目建设行政审批手续130件（次），完成126件（次）。启动建设项目行政审批告知承诺制有关工作，后续将加速推进改革相关工作。

【党建工作】 2018年，长寿经开区坚持把政治建设摆在首位，把学习贯彻习近平新时代中国特色社会主义思想和中共十九大精神作为首要政治任务，采取集中宣讲、专题学习、专题党课、“微党课”比赛等多种形式，分期分层级组织党员干部系统深入学习培训。全年开展集中宣讲2次，专题学习32次，专题党课10次，知识测试5次，培训党员148名，推动党员干部用习近平新时代中国特色社会主义思想武装头脑、指导工作、推动实践。

紧扣习近平总书记提出的“两点”定位、“两地”“两高”目标和“四个扎实”的要求，深化落实市委“三个确保”政治承诺，坚决肃清孙政才恶劣影响和薄熙来、王立军流毒，推进全面从严治党，把中共十九大精神和总书记殷殷嘱托全面落实在长寿经开区大地上。

严格执行新形势下党内政治生活若干准则，深化做实脱贫攻坚、扫黑除恶、兴转促等专项工作，全面开展岗位廉洁风险点排查工作，完成《岗位廉政风险防控手册》编制，共同营造心齐气顺风正劲足实干的工作氛围。

【部分规模以上企业】 重庆大禹防水科技发展有限公司 2016年在长寿注册，生产销售：防水、防腐保温材料及配套产品、装饰材料施工工具、橡塑制品、橡胶密封垫、管片密封止水条、橡塑止水带、无纺布、土工布、土工膜、内外墙涂料。投资3.2亿元建设防水材料项目，生产聚氨酯防水涂料、沥青防水卷材、高分子防水卷材、长纤无纺布聚酯胎等，主要用于房屋建设、道路施工等防水领域。项目占地面积6公顷，于2017年6月开工建设，2019年1月全面投产，全负荷生产可实现年销售收入5亿元。

（杨永超）

重庆市长寿工业园区

【概况】 重庆市长寿工业园区（简称长寿工业园区）前身为重庆晏家工业园区，是2003年经市政府批准设立的市级特色工业园区；2016年5月由重庆市长寿区街镇工业走廊和重庆市晏家工业园区整合组建而成。长寿工业园区是重庆市人民政府批准的市级特色工业园区和重庆市“十佳园区”，是长寿区新型工业化的重要组成部分、新型城镇化的重要载体、统筹城乡区域发展的重要平台。

2018年，长寿工业园区以建设重庆市级高新区为目标，坚持稳中求进工作总基调，加速塑造新格局，加快培育新动能，经济建设取得重大成果。截至2018年年底，建成投产企业119家；企业用工人数超过2.9万人。2018年实现规模以上工业总产值187.7亿元，完成固定资产投资43.9亿元。长寿工业园区相继获得中国家居（木业）产业基地、中国建材园区20强、重庆市健康科技产业基地、重庆市知识产权试点园区、重庆市智能家居特色产业基地等称号。2018年12月3日，市政府正式批复同意设立重庆长寿高新技术产业开发区，标志着长寿工业园区经济社会发展进入新阶段。

【聚商选资】 2018年，长寿工业园区实施聚商选资“深化年”活动，重点围绕新一代信息技术、智能家居、健康科技等重点产业，加大聚商选资工作力度，通过项目增量优化产业结构，积聚经济增长新动能。2018年成功签约项目53个，合同引资159.9亿元；重点在谈项目56个，总投资额325亿元。强化聚商选资队伍建设，建立健全园区、街镇协同配合工作机制，成立北京和深圳驻点招商小组，通过“专案专人专办”，提高招商工作的专业性和针对性。做好项目洽谈落地工作，长寿工业园区党工委主要负责人、班子成员、各街镇负责人全年外出招商考察110余次，重点接待奇瑞汽车、京东集团、TCL集团、天友乳业、天合光能等77家企业，成功签约鲲量科技、聚光科技、大唛物联网等一批战略性新兴产业项目。组织开展招商宣传推介活动，通过北京门展、广州和上海建博会、全国春季糖酒会等大型活动平台和举办广东中山专题招商推介会，发布重大招商信息，吸引130余家企业到长寿考察。

【项目建设】 2018年，长寿工业园区坚持以加速推进重大项目建设为重点，执行重大项目建设节点要求，克服项目设计、招标环节的问题和施工期间雨天多、征地拆迁制约等难题，高效、高速推进园区重大项目建设。全年承担45个重大建设项目，投资21亿元。在工程建设中，相继完成中科未来城一期平场73.33公顷、新市组团四期路网及北城大道连接段土石方挖方186万立方米，建成云台组团二期道路、葛兰组团渝巫路管网6500米；完成中科未来城创新产业园道路工程、科技企业孵育基地、科技成果转化展示中心等一批关键项目招标工作；凤栖科技岛、高校合作区等4个项目已完成挂网，中科未来城区域管线搬迁全面启动。在企业项目建设中，帮助企业解决在政策支持、办证办件、安全环保和项目施工建设中的各种问题和困难，全年新开工沛能科技、格晟生物等企业9家，新建成迪比研究院、长芯半导体、东匠等企业13家。

【创新驱动】 2018年，长寿工业园区成功获批市级高新区，成为全区科技创新发展的助推器和生力军，开启园区高品质发展的新里程；推进中科未来城创新产业园建设，智能家居火炬特色产业基地申报材料已成功提交科技部。创新主体和成果快速增长，新认定高新技术企业4家，总数10家；新认定科技型企业27家，总数82家；新认定牛羚企业5家，新认定市级企业技术中心1家，新增国家知识产权优势企业2家，新增市级知识产权优势企业和试点企业11家，新培育法人化研发机构4家；重庆迪比研究院正式运营，重庆邮电大学智能物流与机器人研究院正式签约；筹建量子通信市级科研实验室，新引进博士以上高级人才30余人，4位企业家和专家获评长寿区十大创新创业人才；新增发明专利10项，总数17项；新增名牌产品3个，新增高新技术产品12个。完善创新体系，制定出台《长寿工业园区支持企业创新驱动发展加快转型升级实施办法》，鼓励和引导园区企业投入3300余万元开展家居、食品等传统产业工艺流程自动化智能化改造，成功申报科技创新专项资金228万元；开展“科技十强企业”“十大创新人物”“十大创业人物”等评选活动，强化科技创新先进典型宣传；出台《重庆盈地实业有限公司投资管理办法》，建立高新区对高新技术项目的直接投资机制；引入鼎辉资本、中科院创投、国科创投等社会资本成立专业投资基金，建立市场化投资机制。

【用地融资】 长寿工业园区把完善要素保障作为增强吸引力的关键，重点围绕土地、资金等要素，添措施、克时艰，为园区发展提供要素支撑，截至2018年年底，获取征地批文600公顷，完成征地拆迁520公顷，土地供地率97%，土地集约度在全市名列前茅。坚持节约集约用地理念，全年上报20个征地件强化重大项目用地保障，其中，中科未来城一期一标段、科技成果展示中心、凤栖科技岛等8个项目取得征地批复106.67公顷，石堰互通立交项目取得征地批复14.67公顷，渝巫路葛兰段一期改造工程、新市北城大道连接段工程等5个道路项目已取得新增用地计划指标22公顷。重点项目资金保障工作有力，发挥园区所属平台公司优势，协调市内外金融机构加快重点项目资金提款速度，保障项目建设顺利推进；全年到位资金11.5亿元，正在推动融资36亿元；组织开展银企对接会30余次，协助园区企业融资20余次，贷款到位4亿元。

【企业服务】 2018年，长寿工业园区围绕“创新转型、特色发展”主线，探索园区3.0发展模式，着力引进高层次人才，改造提升传统产业，成功打造重庆市级高新技术产业开发区。加快推进高新区创建工作，同步开展市级、国家级高新区创建工作，聚焦主导产业、精准发力，重庆长寿高新技术产业开发区已于12月3日正式获取市政府批复。探索创新产业园区3.0发展模式，以中科未来城为核心，采取基地+投资+平台+服务方式，创投孵化，建立长期人才供给机制，搭建良好金融环境和生活配套环境，吸引物流、金融、商务等生产性服务业向生产制造企业周边集聚，助推园区向人工智能、集成电路、物联网等关联产业融合目标迈进，构建园区复合功能产业新城。着力引进高层次人才，加强与高校和科研院所合作，高效引进人才，年底前已有欧亚院士宋永端及其团队，中国航天科技集团量子工程研究中心创始人王增斌及其团队，长芯半导体IC封装及测试技术团队等一批高层次人才进驻园区，共同推进园区创新创业发展。改造提升传统优势产业，建立产学研协同创新机制，推动传统产业智能化发展，已培育独立法人研发机构11家，开发高新技术产品12个，拥有高新技术企业11家、市级科技型企业82家，重庆名牌产品、重庆市著名商标19个。

【安全环保监督】 2018年，长寿工业园区将环保工作作为促进社会经济又好又快发展的战略性措施来抓，全年环保目标任务顺利完成。建立健全园区环保管理制度，严格执行《长寿区环境保护工作责任规定（试行）》文件精神，将环保工作纳入园区管委会各部室年度、月度管理目标，制定各部室环保监管重点任务，形成上下齐抓共管、层层落实责任的工作格局。建立健全领导带队开展环保检查、招商引资工作制度，环保工作主要领导直接抓、直接管；专题解决环保工作中的重点问题，园区每周召开项目专题会、每月召开月度工作会、每季度召开党工委扩大会，向主要领导、分管领导、部室负责人、经办人逐级传达相关精神，专题解决环保管理中的难点问题。召开企业安全环保专门工作会，每季度一次，及时曝光园区相关环保问题，及时解决企业在运行、建设中存在的问题。与投产企业签订安全环保目标责任书，层层传导环保责任，认认真真抓环保落实。定期开展环保巡查，发现问题督促整改，确保园区环境保护督促工作无死角。

【部分已投产企业】 重庆市润金新材料科技有限公司 是一家集键合金丝、新型合金材料、半导体元器件引线等产品的研发、加工、制造、销售于一体的综合型企业，成立于2017年。地址在重庆市长寿区新市街道何石井新富大道和谐路7号，占地面积3500平方米。已经建成现代化标准厂房，拥有一批高素质的专业管理人员、专业技术设计人员，高级生产技术人员和完善的经营销售团队，设计规模年产5亿米。润金新材料致力于新型合金材料的研发、生产，在技术成熟性、稳定性等在全国排名领先，在不断地研发中保持技术方面的领先地位，满足客户产品技术不断进步的需求。润金新材料针对不同产品、不同性能和不同封装形式的需求，都有相对应的不同规格、不同型号的键合焊线，RJ0404、W9244、RJ98，它们的破断力、延伸率、弧高等都是行业领先的，且性耐度高、韧性好，产出的良品率高、生产过程中不易断线，适用于各类的光电、航空、电子产业等领域。润金新材料是行业首家入驻重庆的技术企业，坚持向国内外广大用户提供高品质的产品、个性化的服务，以优质的材质，精湛的工艺，新颖的技术，获得消费者青睐。

重庆鑫奇门业有限公司 创建于2004年，是致力于室内烤漆门、木质艺术门、模压门、转印门、实木门等系列产品研发、生产、销售为一体的综合企业。鑫奇木门拥有两大生产基地，一厂区位于重庆市沙坪坝区歌乐山，厂房面积3万平方米，年产量18万套；二厂区位于重庆长寿木门基地，厂房面积7万平方米。鑫奇木门获ISO9001国际质量认证企业，中国著名品牌，重庆门业协会理事单位，全国质量、服务、信誉AAA级企业，重庆消费者满意产品称号，长寿区信息化改造工程示范单位，绿色环保产品等几十项国家级、市级荣誉称号。鑫奇木门2015年开设整木家装项目，重点开发原木系列室内门、橡胶木全木门、高仿原木门、定制衣柜、定制护墙等系列产品。整木家装项目重点研发木门、护墙、衣柜的风格设计，以适应定制时代的空间设计需要。2018年北京门展正式命名为鑫奇定制。鑫奇定制，拥有优秀的设计团队和工艺精湛的生产技术人才，建立起遍布全国的销售网络和完善的售后服务体系。坚持“诚信为本、以质取胜”的品牌经营策略，打造“新” “优” “精”产品，为广大客户提供优质、高效、及时、热情周到的服务！鑫奇木门企业使命：“做好每一扇门，服务每一个家”，鑫奇木门品牌价值观：“自由家 心向往”，鑫奇木门的4H理念—4H FOR YOU。即正直Honesty：正直做人，诚实做产品；和谐HARMONIOUS：和谐团队，和谐产品，共赢共进；高度Height：立足行业之上，并将科技应用更好地服务于生活；荣耀Honer：高度和深度的立意深远，体现企业的自豪感、使命感。

重庆中木智能家具有限公司 成立于2016年12月，以生产、销售为一体。以强大的资本实力、国际领先的定制家居生产技术、环保健康的绿色理念、统一的生产管理和售后服务立体网络，获得广大消费者的青睐好评。严格遵守ISO 9001:2000国际质量管理体系标准，确保产品环保性能、实用性能和内在质量都处于世界领先水平。2018年有职工400多人，其中管理人员20人，一线作业人员400多人，人员按照工艺流程进行作业。中木智能主营木门、套装门、家具、建材、五金交电、普通机械设备等。首家提出“门系定制家居”的定位理念，其本身过硬的质量、鲜明的产品定位、时尚高度的定制化设计理念，最大限度满足消费者的一站式个性化定制需求。时刻关注国际门业、定制家具发展方向，凭借雄厚的资本优势、超前的经营理念和先进的技术，以“质量、诚信、创新、快捷”为治业精神，不断向市场推出时尚、新颖、耐用、绿色、高性价比的产品，保证市场供应，活跃高端需求、引领产业方向。

重庆启尔电子科技有限公司 成立于2017年10月，主要经营电子产品的成品生产、销售及电子芯片加工，电脑手机主板的PCBA加工。生产自主品牌的后视镜行车记录仪、GPS、儿童智能安全座椅、车载空气净化器等智能终端产品，打造重庆乃至西南区域智能车载终端第一品牌。启尔电子尊崇“踏实、拼搏、责任”的企业精神，以“诚信、共赢、开创”经营理念，创造良好的办公环境，以全新的管理模式，完善的技术，周到的服务，卓越的品质为生存根本，坚持用户至上，用心服务于客户，坚持用自己的服务去打动客户。不断将优秀产品贡献社会。

重庆大唛物联网科技有限公司　成立于2017年，坐落在重庆市长寿区新市工业园区新富大道4号，注册资金1000万元人民币，项目总投资人民币1亿元。自2017年成立至2018年，前期投入2000万元资金建设生产基地，年底前已竣工并投入生产，占地面积3800平方米，厂房面积7500平方米。后期投入8000万元建设新生产基地，占地面积26000平方米，建筑面积38000平方米。主要生产智能头盔及智能产品的自主品牌产品，2018年投产起，产值快速增长。大唛是国内较早将电子信息技术、物联网技术同传统头盔结合在一起，完全自主研发生产智能头盔及智能产品的高科技企业。其产品已具备国内多项质量认证证书，本着“千方百计生产出满足顾客期望和要求的产品”的宗旨，坚持“工厂出产的不仅仅是产品，更重要的是信誉和质量”的经营理念，不断吸收新技术、引进新设备，提升经济效益。

重庆鲲量科技有限公司　坐落于重庆市长寿区，由重庆市长寿区政府与北京量子体系科技股份有限公司共同创建而成。致力于量子通信、单光子通信和卫星通信等科技及产业领域的产品研发、生产、运营和服务。鲲量科技核心成员具有十余年量子、航天和防务等科技领域产品研发、设计和生产经验，承担完成20余项国家级项目，列装10余个装备型号。业务涵盖量子通信、单光子通信以及应急卫星通信等领域，产品包括量子密码、量子保密通信系统、量子时间同步系统、惯性稳定平台系统、光电吊舱、无人系统数据链、应急卫星通信系统等七大类通信类产品。鲲量科技立足重庆，打造世界领先的“量子谷”产业园，将建设量子通信数据与运营中心、量子通信技术国家级工程中心、院士工作站、量子通信研究院和量子通信国家级标准与检测中心等，总占地面积33.33公顷。致力于成为世界领先的量子通信及单光子通信产业集团，打造百亿级高端通信产业集群，促进上下游产业协同发展，助力中华民族实现伟大复兴梦想。

重庆劲旗科技股份有限公司　成立于2002年，专业从事各类实验室整体环境配置的设计、生产、安装及服务；公司体制健全，是首批在重庆股份转让中心挂牌的企业；坐落在重庆长寿工业园区，建成生产、办公及生活用房共5500平方米自有产权房，已通过环评、消防及安全验收。至2018年年底建设改造各类实验室超过20万平方米，各行业合作客户400家。本着“人 环境 科技”的思想理念，从初始设计、材料配件的选用都做到可靠，安全。经过十几年的发展，在理论体系，软硬件配置上均得到长足进步；坚持长期的优质服务，得到客户们的一致认可。　（刘　源）

中央市属在长寿企业

中国石化集团重庆川维化工有限公司

【概况】 中国石化集团重庆川维化工有限公司（简称川维化工公司）位于重庆市长寿区，前身为中国石化集团四川维尼纶厂，是20世纪70年代初毛泽东主席、周恩来总理批准引进的四大化纤项目之一。主要装置从英、法、德、日等国引进，1974年破土动工，1979年建成投产，1983年竣工验收，同年整体进入中国石化；2017年11月完成公司制改革；2018年下设24个二级单位，分别为12个职能部门、6个专业中心、6个生产运行部；有与英国BP公司合资的扬子江乙酰化工有限公司、与德国林德合资的重庆川维林德气体有限责任公司2家合资企业。企业在岗合同制员工2816人。

截至2018年，川维化工公司是中国最大的以天然气为主要原料生产化工和化纤产品的特大型联合企业，也是中国石化唯一的天然气化工企业。川维化工公司年底前天然气加工能力为15.5亿方/年（含合资企业），主要产品产能为甲醇（MeOH）87万吨/年、乙酸乙烯酯（VAc）50万吨/年、聚乙烯醇（PVA）16万吨/年、乙酸乙烯酯—乙烯共聚乳液（VAE）6万吨/年、乙酸甲酯（MeOAc）30万吨/年、液氨20万吨/年、维纶纤维2万吨/年。截至2018年12月底，企业资产总额59.36亿元，资产负债率为51.8%。

【“三定”改革】 2018年3月1日，川维化工公司启动中层管理岗位竞聘工作，标志川维化工公司“三定”改革工作正式启动。3月7日，川维化工公司对中层机构进行调整，下设24个二级单位，分别为12个职能部门、6个专业中心、6个生产运行部。到5月2日，选拔出65名中层管理人员（含11名中层助理）。7月9日，启动基层管理岗位竞聘工作，到9月14日，选拔出135名基层管理人员。

【党组织调整】 2018年5月2日，川维化工公司党委对党组织进行调整，下设2个二级党委、10个党总支、4个直属党支部。新成立机关党委，下设13个党支部；在运行部设立党总支，将支部由原来设在横班上调整为设在区域装置上。

【企业发展】 2018年3月2日，中国石化集团公司命名川维化工公司“中国石化创新型企业”称号。该次命名的创新型企业科技创新组织与管理机制完善并具特色，重视科技投入，拥有高层次科技人才队伍，科技创新条件较好，创新能力突出，在重大关键技术的研发、试验与推广应用中发挥重要作用，创新业绩显著。

2018年4月2日，川维化工公司通过中国化学纤维工业协会评审，被授予“国家高新技术维纶研发生产基地”称号，并在行业内发布，对提高川维化工公司在行业内综合地位和产品知名度具有重要意义。

2018年8月1日，川维化工公司智能仓库管理系统成功上线试运行。这是中国石化系统内智能仓库系统在产成品上首次应用。该系统的上线进一步促进仓库管理流程规范化、系统化，提高仓库作业效率和质量，提升仓储管理水平。

2018年8月17日，经过中国质量协会质量保证中心审核组的审核，审核组认为川维化工公司质量管理体系运行有效，质量体系管理成熟度水平处于较高水平。川维化工公司通过2018年质量体系换版认证审核。

【“三供一业”及市政移交】 2018年8月28日，川维化工公司与重庆市九龙坡区西彭镇人民政府正式签订黄磏职工家属区物业及管理职能分离移交项目实施协议，标志着川维化工公司“三供一业”（供水、供电、供气，物业管理）及市政分离移交正式协议全部签订完成。

【生产管理】 2018年11月1日，川维化工公司视频监控系统升级改造项目完成，正式投入使用。视频监控升级改造项目的投运实现川维化工公司生产现场管理的可视化和可追溯，实现视频监控全覆盖无盲区的目标。

表21 **2018年川维化工公司主要生产经营指标完成情况**

名　　称	2018年完成	完成年计划（%）	与2017年同比±（%）
乙炔（吨）	152494.42	91.31	-10.17
甲醇（吨）	740712.86	87.26	-15.24
醋酸乙烯（吨）	471294.53	91.16	-10.58
聚乙烯醇（吨）	157420.36	101.56	-0.05
醋酸甲酯（吨）	85237.52	78.2	-52.18
VAE（吨）	62401.29	102.3	-1.68
液氨（吨）	76606.26	67.44	-44.74
维纶纤维（吨）	19837.99	88.17	-3.17
营业收入（万元）	600928.72	—	-0.12
利润总额（万元）	10560.68	—	57.35
利税总额（万元）	46229.92	—	22.62

【科技进步】 2018年8月15日，川维化工公司在申报国家知识产权示范企业中，在重庆市排名第一，得到国家知识产权局认可，获得“2018年度国家知识产权局知识产权示范企业”称号。2018年申请专利40项，授权23项。

2018年12月18日，川维化工公司PVA光学膜工业化成套技术开发项目被中石化集团公司纳入“十条龙”重大科技攻关项目管理。PVA光学膜是制造液晶显示器（LCD）所用偏光片的一种高端产品，项目的建成投运，将更好发挥川维化工公司专用原料优势，打破长期国外技术垄断和市场垄断。

（邵　鹏）

扬子江乙酰化工有限公司

【概况】 扬子江乙酰化工有限公司（简称扬子乙酰）成立于1995年，注册资本104751万元，由英国BP化工投资有限公司、中国石化集团重庆川维化工有限公司和重庆市能源投资集团有限公司合资组建，三家股东股权比例分别为51%、44%和5%。扬子乙酰位于长寿经济技术开发区，经营范围为“购置并营运合营公司的醋酸装置、一氧化碳装置、醋酸酯装置及其他醋酸衍生物装置和场外设施，销售上述装置设施生产的产品和副产品”，是一家主要以天然气为原料的化工企业。经过三期建设，2018年已达年产醋酸42万吨、醋酸酯8万吨、氢气4.5亿立方的生产规模。

【生产运行】 2018年，扬子乙酰HSSE工作成效显著，坚持“让安全成为习惯、让习惯保障安全”，继续保持着“无事故、无人员伤害、无环境破坏”的优秀记录。扬子乙酰注重人才累积，各类变革与拓展工作行之有效，在有效的管理与长足进步的CI工作推动下，致力于追求降本增效。在年度生产经营期间，克服天然气供应短缺的困难，保持装置高可靠性，严控生产成本，抓住市场机遇，拓展公司业务，落实盈利改进计划，多措并举，超额完成董事会下达的业绩指标，实现2008至2018年十年最好年度效益，税前利润4亿元人民币。

（唐嘉佩）

国网重庆市电力公司长寿供电分公司

【概况】 国网重庆市电力公司长寿供电分公司（简称长寿供电分公司）是国网重庆市电力公司下属的大型区域供电企业，电网覆盖长寿、涪陵、秀山等10个区县，供电面积2.98万平方千米，直供区域1423平方千米。2018年有职能部室9个，分别为办公室（党委办公室）、发展策划部、党委组织部（人力资源部）、财务资产部、安全监察质量部（保卫部）、建设部（项目管理中心）、党建工作部（工会、团委）、监察审计部（纪委办公室）、电力调度控制中心；有5个业务实施机构，分别为运维检修部（检修分公司）、营销部（客户服务中心）、物资供应公司、综合服务中心、项目管理中心。2018年，同业对标和职代会既定的目标任务均已完成。完成固定资产投资4.29亿元，完成售电量85.89亿千瓦时，同比2017年增长11.4%；电费回收率99.98%；综合线损率完成2.25%；同业对标综合排名第七；截至2018年12月31日，连续安全生产5343天。获得2018年国网公司“先进集体”称号；年内获得授权发明专利1项，实用新型专利3项，优秀群创成果1项，管理创新成果2项，3个QC成果获得重庆市质量协会表彰，1个卓越绩效管理案例入选年度优秀案例；在市公司获得安全、运检、调控、线损4个专业先进单位称号，成为市公司同业对标管理标杆单位，检修、运行、配套等3个专业获专业管理标杆；通信班获国网公司先进班组称号，江南供电所再次获国网公司五星级乡镇供电所称号，电气试验班获市公司特色班组称号；张能瑜劳模创新工作室获市公司劳模创新工作室展示一等奖；有45名员工获得市公司及以上级别的荣誉称号。

长寿电网西接重庆主城，东联万州、湖北，南邻南川、綦江，是国家“西电东送”的重要通道。以长寿、张家坝、五马3个500千伏变电站为电源支撑，220千伏网络闭环运行，110千伏呈辐射型网络；担负着长寿、垫江、丰都以及渝东南10个区县的供电任务，供区面积2.98万平方千米，占重庆总面积36%，服务人口720万人，服务客户40.12万户；网内属地调管辖的35千伏及以上厂站166座，其中220千伏厂站16座，110千伏厂站112座，35千伏厂站38座；主变总容量173.95万千伏安，35千伏及以上输电线路276条，总长3227.87千米（其中，110千伏线路210条，总长2906.59千米；35千伏线路66条，总长321.28千米）。

2018年日供电最高负荷172.2万千瓦，同口径数据较历史峰值增长8.92%；全年完成售电量85.89亿千瓦时，同比2017年增长10.19%（其中长寿区售电量43.08亿千瓦时，下降7.95%）。

【人力资源管理】 截至2018年12月31日，长寿供电分公司全口径用工总量1077人，其中全民职工主业660人，人才当量密度1.077。年内开展“三项制度”改革，优化组织绩效考评维度，创新绩效结果评价方式，整体提升绩效管理水平；加大对绩优人员的激励力度，对2015—2017年3个年度绩效等级为A的52名员工进行绩效公示，在2018年12月兑现绩效奖励；开展对“四类”人员的重点管控，对2年绩效为“C+D”的4名员工进行降岗处理，其中依法解除2名严重违纪员工用工合同。开展员工考勤管理专项整治工作，重申劳动纪律，组织各部门重新学习考勤管理规定并要求各部门员工签字存档；成立联合督查组，深入调查、不定期抽查、大数据分析等方式，处理23名违反劳动纪律人员，处罚金额1.1万元。完成积分升薪工作，按照绩效等级评定和岗位胜任能力考评工作实施方案，完成全员2017年绩效等级评定和岗位胜任能力考评工作；汇总收集全体全民员工发展提升积分、绩效等级评定积分、岗位胜任能力考评积分；对每位员工积分情况进行公示，兑现自2018年1月起达到积分升薪条件的258名职工的薪点工资待遇。探索专业技术人员绩效考评方式，长寿供电分公司的《供电企业专业技术人员多元量化绩效考评体系建设》，获得市公司管理创新二等奖。

【电网建设】 2018年，长寿供电分公司加强规划引领，提前谋划“十四五”电网规划，编制长寿三坪、桃花、新材料3个片区配网规划。年内新开工项目12个，投产项目2个；投产线路25.3千米，完成100%；投产变电容量5万千伏安，完成100%。财务计划资金使用9424万元，完成进度97.53%。率先成立项目管理中心并设立2个业主项目部，配齐配强建管力量，确保12项工程按期开工，2项工程按期投运，里程碑计划完成率100%。推行工程初设“清单化审查”，对照81个审查要点开展初设内审，杜绝颠覆性问题的发生。推进变电站权证遗留问题“专项治理”工作，破解拖延最长时间7年的涪陵北拱站等8个权证问题，渝东南变电站权证历史遗留问题已全部清零。投入1439万元，开展老旧配电房“拉网式”改造，130多座老旧配电房运行条件显著改善。

【经营管理】 2018年，长寿供电分公司强化分月预算管控、逗硬偏差考核，确保全年资金均衡使用。监控工程预算执行情况，实施“月通报、月考核”，2018年工程预算完成率98.5%，同比2017年提升10.6%，创公司历史最好水平。成立线损管理办公室，开展领导干部“包片治理”、组织15名青年干部反窃电等活动，形成“全员降线损、高压反窃电”的氛围，1名内外勾结窃电的员工迫于压力主动辞职，2018年窃电追缴金额372万元。全年10千伏分线和台区线损合格率分别完成99.9%和95.8%，达到“双95%”目标。将市公司内模市场5大关键指标与长寿供电分公司干部职工30%月度绩效挂钩，全年因内模市场运行成效不佳考核154万元，干部职工的风险意识增强。引入招标代理机构，物资采购过程和资料归档更加规范；建立物资计划三级初审制和“库存月报”制，物资计划准确率、账卡物一致率均为100%。全额回收重钢电费7.14亿元，圆满完成国网和市公司任务。集体企业高质量完成重钢集团钢管厂电源项目建设。

【安全生产】 2018年，长寿供电分公司防控220千伏花庄GIS大修、涪丰南北线同停等148项电网风险，制定并落实预控措施518项，滚动修编预案152份，开展联合反事故演习16次，确保电网安全稳定运行。强化安全基础管理，持续推进安全管理“三提升”和运检管理“六提升”，发布安全责任清单509份，工作票、操作票开票率分别为99.71%和99.97%，同比2017年分别提升2.3%和1.4%；开展封闭集训，安全规程年底调考成绩从2018年初的第二十五名提升至第六名。加强隐患排查治理，投资110万元治理树障隐患，砍伐超高树竹10.6万余棵，配电线路树障跳闸比例（4.38%）同比下降14.2%，输电线路未发生树障跳闸。治理触电隐患9439处，警示标识牌补挂、鱼塘安全协议签订、业主安全培训均实现全覆盖，长寿供电分公司连续1300多天未发生触电人身伤害案件。排查电气火灾和电缆通道隐患583处，按计划整改462处，其中彻底治理110千伏新桃南北线电缆通道积水重大隐患。主动排查重要高危客户和小区等敏感客户安全隐患150多个，下达督促整改通知书102份。加强现场安全管控力度，全年查处违章589件，处罚金额12.6万元；落实基建和农网工程现场专人驻守，长寿供电分公司建管的17个基建项目均安全平稳推进，供电所长寿农网现场履责能力不断提升。强化电力保障，开展渝鄂背靠背项目运维保障，妥善应对“4·5”等17次极端恶劣天气，完成各级保电27次。强化大安全管控，全年未发生信息保密、车辆、消防、集体企业等领域安全问题。

【营销工作】 2018年，长寿供电分公司助力脱贫攻坚，推动16个分布式光伏发电项目并网发电，发电25.3万千瓦时，为贫困户补贴增收10.5万元。落实优化营商环境工作部署，高、低压客户办电环节分别压减至4个和3个，平均时限分别压缩至58天和11天，完成压降目标任务。落实国家关于降低一般工商业电价的要求，降低销售电价、输配电价7.93分/度，每年可降低企业用电成本超过2.4亿元。配合发改委清理转供加价行为，减少终端用户用电成本1073万元。主动走访民营企业115家，指导21家客户实现降价降费。落实污染防治攻坚战部署，投资1000多万元新建高速公路等3座充电站，成功打造重庆市首个居民停车位电气化改造示范项目；编制完成11个长寿辖区港口岸电建设方案，其中4个方案即将实施。

【农电工作】 2018年，长寿供电分公司开展供电所同质化评价，年初对同质化评价办法和指标体系进行修编，每月按照指标体系进行评价，评价结果指明业务站落后指标和管理短板，为业务站管理提升指明方向；评价结果应用到月度和年度绩效评价，A段与D段业务站月度绩效相差3000元；同质化评价形成业务站你追我赶的良性竞争局面，业务站间管理差距逐步缩小，实现业务站管理整体水平提升；江南供电所再次获国网公司五星级乡镇供电所称号。年内完成99项配农网工程，其中2

项工程获国网公司“百佳工程”称号，实现国网百佳工程“零”的突破。

【优质服务】 2018年，长寿供电分公司定期开展营业厅视频日监控；规范窗口服务行为，组织营业厅现场检查和服务培训，全年发现窗口服务问题110件（次），较2017年下降36.42%。建立完善营销投诉风险台账，逐一制定针对性解决措施，预控投诉风险；利用稽查、采集系统，重点核查采集未应用、采集失败补抄、居民大电量、居民零电量等问题，从业务源头控制服务风险；全年核查采集未应用405户，采集失败补抄211户，居民大电量2131户，发现问题并整改106户，有效防止估抄、错抄、采集异常等营业投诉。“百日抄催”专项整治活动期间，实施专业协同，抄催类投诉为零；结合农网区域用电群体的特殊性，印制台区经理服务卡，及时解决客户合理诉求，提升客户满意度。全年发生抄催类投诉9件，较2017年降低25%；发生服务投诉5件，降低50%。

【党建工作】 2018年，长寿供电分公司党委成员、支部书记宣讲十九大精神60余次，实现宣讲全覆盖；推进“两学一做”学习教育常态化制度化，开展2个主题教育活动，落实党建“对标管理年”各项任务要求，党委和党支部标准化建设实现双达标。落实党委成员“一岗双责”，以公司领导“1+2”的方式建立17个党建工作联系点；开展支部书记述职述廉评议，考评结果与中干业务考核挂钩。长寿供电分公司党建工作在2018年企业负责人考核中位居市公司第三名，变电检修党支部获市公司五星级党支部，长寿园区红岩共产党员服务队被评为市公司金牌共产党员服务队；团委获市公司五四红旗团委。 （陈　骁）

重庆长风化学工业有限公司

【概况】 2018年，重庆长风化学工业有限公司（简称长风化学）落实安全环保有效治理、预算管控不断强化、降本增效管理力度持续提升以及牢牢把握主导产品市场机遇期等工作，整体营运情况良好。全年完成工业总产值3.25亿元，与2017年同比增长16.7%；实现营业收入3.3亿元，实现利润621万元。

【生产运行】 2018年，长风化学老厂组织对二苯甲酮、四丁基脲、碳酸二苯酯等产品进行产能优化，做好柔性生产安排，主要产品产量分别为：苯胺25090吨，二苯甲酮3268吨，碳酸二苯酯857吨，四丁基脲830吨；强化蒸汽、热水、液态联苯、氮气、压缩空气等紧缺资源调配，执行资源向优势产品倾斜，保证各资源的充分利用；寻求技改创新，通过优化Ⅱ中定剂煮釜排渣方案、调整二苯甲酮生产流程、增加光气管道蒸汽伴管、实施氮气管网改造、调整四丁基脲光化液碱配料等手段提升装置运行效率。

【市场营销】 2018年，长风化学抓住上半年苯胺价差优势，拓宽销售区域，将产品外销至浙江、湖北、河南等地，取得良好销售成绩；下半年市场急速恶化，就适时收缩跨省外销渠道，避免更大范围的销售逆差。二苯甲酮调整销售渠道布局，增加国内直销份额，适时提涨产品价格，产品利润增长率15%以上；碳酸二苯酯对外开拓包括印度、日本、英国等出口市场，对内从经销为主改变为直销为主，新增泸天化、山东新农基等直销客户；对于四丁基脲、碳酸二乙酯等产品也主动拓展产品销售市场，超额完成年初销售目标。

【安全环保】 2018年，长风化学持续开展危险化学品综合治理和专项整治，全年安全投入661.33万元，涉及苯胺脱碳单元防腐刷漆、6045/610工段安全整治等项目；组织安全检查，对苯胺生产装置、光气及光气化生产装置以及化学品储罐区开展HAZOP分析，邀请重庆市级安全专家到公司开展安全标准化及一体化执法预检；加强固废管理，对危险废物的产生、转运、贮存等环节进行监管，全年处理各类危险废物802.79吨，优化污水处理工艺，规范源头污水处理环节，调整工艺参数，增加预处理装置，降低污水处理单耗成本。全年开展日常安全环保教育6598余人（次），组织班组长及以上人员参与专项培训91人（次），开展佩戴空气呼吸器竞赛、“应知应会”知识竞赛等活动，提升员工安全生产意识。

【产品研发】 2018年，长风化学投入研发经费1358万元，占营业收入的4.08%。获得2018年重庆市创新企业100强，已有4件实用新型专利获得授权，发明专利“生产1，4－环己二甲酸二苯酯的方法”在实质审查阶段，完成31件专利年费续缴工作；完成氯甲酸丙酯、氯甲酸苄酯、R－丙酰氯小试，完成水杨腈、对硝基苯甲酰氯、氯甲酸甲酯、N，N′-羰基双（ε-己内酰胺）等产品合作意向协议签订；成功申报获得684万元政府创新后补助扶持，成功申报二苯甲酮、碳酸二苯酯两个高新技术产品，获批2018年度企业技术创新专利导航专项项目——异氰酸酯类化合物工艺专利分析。

【企业管理】 2018年，长风化学加大企业管理制度的梳理完善，全年完成41项制度的编订，完成制度汇编（第一版）；推进标准化管理，完成纯苯等17个企业原材料及半成品（光气）标准修订，完成氯甲酸苯酯2个企业产品标准的修订，通过中质协2018年第三方监督审核。加强二级企业监管，年初与二级企业管理层签订考核经营目标与任务书，建立二级企业外派监事制度和每月经营情况汇报机制，每月定期组织到二级企业进行安全检查。开展风险自查，全年完成合同规范化审查788个，有效规避企业的合同风险。

【企业改革改制】 2018年，长风化学制定重庆化医长风投资有限公司关闭注销方案，签订资产债务划转协议，办理所属土地、房产过户；完成重庆市长风聚氨酯黏合剂厂改制和人员安置，完成相应工商注册手续；推进闲置资产处置，完成观音桥鹞子丘招待所、龙溪镇土地征收，已收到征收款。“三供一业”移交中完成水气管线改造初步方案，与渝长燃气自来水公司协商施工协议；完成物业管理用房改造，完成退休员工档案整理移交工作和退休党支部移交工作。

【搬迁项目实施】 2018年，长风化学搬迁项目获得国家工信部批准的30000吨/年光气生产资质（禁化武办发〔2018〕9号文）；完成整体搬迁1.1期建设方案调整，完成项目建议书、可研报告编制和审核，通过重庆市发展与改革委员会的节能审查；完成整体搬迁1.1期主体设计招标，确定赛鼎工程有限公司（化二院）与重庆化工设计研究院有限公司为设计承包商。

【MDI项目工作】 2018年，长风化学实际完成8个合同处置，涉及合同金额2185.8万元，实际关闭金额为489.14万元；与北方华锦、长春石化、重庆鸿庆达等就PVC项目合作进行交流，与美国西弗吉尼亚甲醇公司和英国Infinity Max Limited公司签订三方《甲醇装置设备转让意向性协议》，与安徽贯华化工、山东金沂蒙等公司探讨甲醛装置合作事宜；加强缓建物资管理和处置，完善各类台账，建立定期巡查机制并形成巡检报告。

（邓银婕）

国家电投集团重庆狮子滩发电有限公司

【概况】 2018年，国家电投集团重庆狮子滩发电有限公司（简称狮电公司）落实国家电力投资集团有限公司（本分目简称集团公司）、国家电投集团重庆电力有限公司（本分目简称重庆公司）战略部署，实现连续安全生产1083天，完成发电量4.9亿千瓦时，实现利润380万元，获得集团公司2018年度先进基层党组织、重庆公司2018年度先进集体称号，连续5年盈利创公司经营业绩新纪录。

【安全环保】 2018年，狮电公司制定《安全生产“十三五”规划》《“十三五”环境保护规划》《生态环境保护提升行动实施计划（A版）》，落实安全生产、生态环保责任。设置环保安全专责岗位，完成生态环境保护排查、环境应急风险评估、应急资源调查，建立环境污染应急物资库房，规范编制应急预案并开展应急演练，提高环保应急处置能力。配合长寿区水务部门完成回龙寨电站下游河段生态流建设，履行好央企社会责任。落实“一岗双责”安全责任，规范安全生产保证、监督、支持三大责任体系，抓好HSE管理工具运用，完善应急管理体系，规范职业健康管理，持续开展安全健康环保建设并融入日常管理中，安全管理体系进一步完善。贯彻落实集团公司“安全生产禁令”，做到违章必罚、违章离岗，实现精准追责。制定《班组安全建设实施方案》《班组安全工作管理制度》，开展班组建设，打通安全生产最后一千米。

【生产管理】 2018年，狮电公司按照集团公司建设重庆区域新能源生产运营中心要求，开展所属电站集中控制建设，2018年12月实现下硐电站、回龙寨电站集中控制运行，后续将逐步接入剩余3座电站，建成后将实现集团公司在重庆区域的水电、风电等清洁能源的集中控制运行，大幅提升公司生产效率。合理调用水力资源，在汛期来水不好的情况下，未将水库水位消至最低，提高水能利用率，解决好长寿湖旅游、长寿城区供水等社会各界用水矛盾。持续提高设备安全生产水平，投入检修技改资金1600万元。重拳整治工作票、操作票合格率，精细缺陷管理，全年“两票”合格率99%、消缺率98%。开展生产现场文明治理，完成狮子滩电站生产现场目视化建设。

【经营管理】 2018年，狮电公司加强电力市场营销，融入电力市场改革，签订协议实现市场化电量3.4亿千瓦时，为发电创造有利条件；在全年来水同比2017年偏少54.7%的情况下，实现发电收入13260万元。拓展承运承检业务，全年新增检修项目3个，与贵州务川远达环保公司达成务川水岛取水泵站带班运行意向，实现对外运行检修创收2000万元。规范培训旅游业务，实现培训（旅游）创收390万元。开源节流，实现闲置资产创收200万元。将“党委会研究讨论是总经理办公会决策‘三重一大’事项的前置程序”写入公司章程，规范决策程序。推进依法治企，开展“宪法+”普法宣讲活动，推动招标采购向数字化管理转变，强化审计监督，规范企业经营行为。全年为国家创造税费3740万元。

【改革发展】 2018年，狮电公司推进“三项制度”改革，按照集团公司“岗位设计优化”要求，开展岗位清理，撤并历史产生的过渡性岗位35个；修订《全员绩效考核评价管理办法》《年度综合业绩考核管理标准》，施行总经理特别奖，实现奖励差异化，让创造更多价值的骨干员工获得更多报酬。探寻清洁能源项目，获得云阳剪刀架风电项目开发权，完成狮子滩水库抽水蓄能电站经济技术可行性论证报告，已通过专家评审，具有较好开发价值，为后续能源项目开发打下基础。推进闲置资源利用，盘活上硐片区、狮子滩大坝片区土地资源，先后引进招商蛇口等11家公司考察洽谈投资事宜，与长寿生态旅业公司达成旅游共建合作意向。

【党建和企业文化建设】 2018年，狮电公司抓好政治理论学习和思想教育，引导全体党员干部牢固树立“四个意识”，坚定“四个自信”，践行“两个维护”。及时增补公司党委委员和党支部委员，打造星级标准化党支部，施行党员量化积分考评，划分党员责任区，抓好党组织自身建设。迎接重庆公司巡察，按时完成发现问题整改。贯彻落实中央八项规定精神，整治新的形式主义、官僚主义，作为标杆企业举办重庆公司系统廉洁文化示范点建设推进会。挖掘、传承狮电精神，打造管理规范先进、安全文化浓厚、历史底蕴悠久的电站文化，开展“同行‘绿色能源’、共创‘和美狮电’”摄影活动和“不忘初心，牢记使命，追寻前辈足迹，溯源公司历史文化”活动，用心筑牢企业魂。

（陶　超）

重庆长航川江船业有限公司

【概况】 重庆长航川江船业有限公司（简称川江船业）隶属招商局集团重庆长江轮船有限公司。始建于1970年7月18日，1980年12月竣工投产，注册资金2371万元；营业范围包括在港区内提供货物装卸、仓储（不含危化品仓储），普通货运，设计、建造、修理各类客船、货（驳）船和推、拖船及各类特种船舶，船舶停靠。位于长江北岸的长寿周家沱，拥有岸线1500米，是天然的深水港区，有可供常年使用的深水泊位码头3个，陆域占地面积22公顷，各类房屋总建筑面积2.97万平方米。

2018年，川江船业围绕全年奋斗目标，聚焦经营生产，强化风险管控，紧盯提质增效，各项工作取得新的进展，实现全年奋斗目标。

【修船业务】 2018年，川江船业面对依然严峻的经济形势和激烈的市场竞争，强化经营，深化改革，规范管理，迎难而上，外拓市场，内强管理，扎实推进各项工作，修船业务实现同比增长，全年完成修船128艘（次）（其中坞修55艘次）。

【物流业发展】 2018年，川江船业的物流业在逆势中继续发展。落实长江实施大保护不搞大开发的宏观政策，主动融入参与环保行动，倡行绿色物流，港池清淤、建材中转项目、粮食仓储中转同比收入下降。拓展其他物流业务，保持物流产业的营业收入和毛利持平。根据重庆市长寿区港航管理处关于印发《老码头技术检测与评估实施方案》的通知，对川江船业白鹭嘴码头纳入老码头技术检测与评估实施范围，与《老码头技术检测与评估实施方案》对标对表，委托具有资质的单位对白鹭嘴码头进行老码头技术检测与评估，完善相关专项许可。

【环保监测业务】 2018年，川江船业监测站受交通运输部环保中心委托，参与到三峡库区船舶污染源监测工作之中，为交通运输部环保中心提供第一手基础数据。凭借具备的监测、检测技术优势，拓展其他监测、检测业务，承揽重庆市海事局、港航管理部门、各船务公司等监测、检测服务，为保护长江生态环境做出贡献。使监测服务范围从重庆延伸到长江沿线四川宜宾、湖北宜昌等地。

【安全管理】 2018年，川江船业坚持安全工作"党政同责、一岗双责"，支部党员按工作就近原则，结对子"一帮一、一带一"责任到人头，率先垂范，做到不违章违规，不发生任何安全事故，在职工中形成"人人安全生产，个个互相关心"的安全生产氛围。加大对安全生产条件和环保整治的投入，分3批次投入300余万元进行安全隐患治理及环保整治，安全生产环境得到改善。保持连续21年无工亡事故。

【党群工作】 2018年，川江船业全面落实从严治党要求，开展中共十九大精神和习近平新时代中国特色社会主义思想理论学习，在上级单位创建"示范党支部"的工作中，监测站党小组1名党员被评为"党员示范岗"。继续开展主题劳动竞赛、职工技能展示活动和"安康杯"竞赛活动，真正向"学懂、弄通、做实"的目标前进。

（张　周）

西南油气田分公司重庆气矿长寿天然气运销部

【概况】 中国石油西南油气田分公司重庆气矿长寿天然气运销部（本分目简称长寿运销部）是集天然气生产、集输、增压、气田水处理、销售为一体的综合性生产单位。2018年，长寿运销部内部管理机构有党政办公室、生产技术办公室、管道组、HSE办公室；在岗员工226人，管理幅度涉及重庆市长寿区、渝北区、涪陵区、垫江县境内的铜罗峡、苟西、黄草峡、双龙、新市、卧龙河6个气田，面积2000平方千米，管理气井87口（其中生产井21口），集配气站11座，增压站3座，污水处理站1座。管理卧渝线A段、申倒线等71条输气管线408.37千米。全年生产天然气3004万立方米，销售天然气13.9亿立方米。

2018年，围绕生产经营中心工作，强化安全生产，夯实基础管理，提升员工素质，形成领导班子团结奋进、干部员工爱岗敬业、工作开展扎实有力的良好格局，完成气矿下达的各项工作任务，实现"六次夺旗"目标，获得西南油气田分公司"基层建设红旗单位"、重庆气矿先进基层单位、重庆气矿先进基层党组织等荣誉称号。

【生产运行】 强化气井管理。2018年年初，长寿运销部制订并发布《长寿运销部"四位一体"柔性挖潜增产实施方案》；结合气矿基础检查标准，采用以预防为主，多种方式并存的维保管理，诊断、检测后准确判定劣化趋势的设备的预知状态维修方式，以及以非主要生产设备或备用设备的事后维修方式等，改进设备运行管理效率和效益，为完成全年的生产任务提供保障。推进储气库建设，9月15日至10月12日，长寿运销部先后完成铜4井、铜12井站场土建施工整改作业，更换过滤分离器滤芯12根等试注前适应性改造工作；安排技术、管理、操作人员19人，分2批赴沙坪场增压站，分别进行为期20天的现场跟班学习，为二期试注做好技术管理准备。加强完整性管理，运销部对照事故事件及不安全状态台账，利用大修、日常检维修逐步整改、更换故障阀门；对阀门进行维护保养；长寿运销部配合完成铜锣峡储气库先导试验地面工程（一期）铜4井、铜12井工艺改造，确保卧渝线净化气可通过铜4井计量后，在铜12井分离、增压回注到铜12井。推广信息化技术，工作制度落地生根，长寿运销部选派专人参加"作业区（运销部）数字化管理平台推广应用"交流会，参加分公司"作业区（运销部）数字化管理平台"培训，年底前已完成点表归属场站清理、平台人员信息、角色配置、组织架构及主数据清理工作，启动"作业区（运销部）数字化平台工作"试点工作，实现渡舟中心站和双九井中心站的手持终端试运行；自《长寿天然运销部工作守则》制定实施后，各办站、部门按制定的标准流程开展工作，实时对标完善，真正做到按写的做，按做的写，运行良好。

【营销工作】 2018年，长寿运销部按照“营销工作一盘棋”工作思路，克服机构调整，市场竞争激烈等不利因素，持续提升服务质量、服务意识，确保天然气销售任务的全面完成。将营销工作纳入运销部年度工作规划，进行统一规划部署、统一检查考核；在数据录报、气款催收、票据送达等方面实行三级责任划分，各级分别担负起各自的责任。全年销售天然气13.9亿立方米，完成销售计划的105.6%。按照“先款后气”要求，保证每月气款及预付气款及时到账，通过网络每天准确录入各项数据，实行实时监控，密切关注各用户用气和付款情况，确保气款足额回收。2018年，回收气款22.65亿元，气款回收率100%。树立正确的市场观念和营销理念，搞好天然气供气服务，主动与用户单位保持密切联系，定期开展供气协调、服务质量跟踪与信息回访工作，听取用户对供气服务的意见和建议，用心为用户排忧解难。2018年，主导完成富源化工升压改造项目，为用户每年直接节约增压电费200余万元，降低用户生产成本，受到用户好评。

【安全管理】 2018年，长寿运销部对照分公司QHSE管理委员会（扩大）视频会议精神、《气矿2017年QHSE体系审核集中审核清单》，以“大反思、大排查、大整治”的自检自查活动为契机，成立专项工作小组进行全面排查，排查问题492个；按事故事件预防管理流程进行上报整改；9月，长寿运销部迎接气矿2018年QHSE管理体系审核，针对审核的问题，制定整改计划，落实到具体整改人和时间，按照整改情况每周周一例会进行督办通报。在大竹作业区“5·31”事故后，长寿运销部组织全员进行“大反思、大排查、大整治”讨论活动，组织宣传小分队深入一线井站开展安全形势任务教育，利用PPT图文展示、播放硫化氢中毒实验视频等，进行硫化氢防护知识宣讲，收到心得体会184篇；组织全体员工网络答题进行预防硫化氢中毒知识的理论测试，合格率100%。应急管理开展“一案一卡”工作，年初下发2018年应急预案演练计划，对2018年应急预案演练工作的开展作出明确要求；以消防、管道、自然灾害以及交通应急预案演练等主题开展班组级演练121次，验证“一案一卡”的可操作性；对处置流程的优化简化、应急物资的配置管理等方面进行完善。开展对标摸排，排查隐患，长寿运销部成立领导小组，对辖区阀室进行标准化和目视化整改，完善流程图、操作规程、管道高层图、阀室警示标牌、警示标语、进出站标识、资料工具柜等；对各类阀门的开关状态进行检查，保持阀门操作灵活，确保设备时刻保持在可控状态。

【员工培训】 2018年，长寿运销部自办培训班19个、委外4个培训班和组织送外各种培训，全年培训1160人（次）；各种会议、竞赛、专题学习、视频培训650人（次），全年总计培训1810人（次），达到气矿提出的员工人均每年参加培训时间的目标。

（杨　琪）

重庆凯源石油天然气有限责任公司长寿分公司

【概况】 重庆凯源石油天然气有限责任公司长寿分公司（简称凯源长寿分公司）位于重庆市长寿区长寿湖镇。隶属于重庆凯源石油天然气有限责任公司的二级管理单位，下设机构有：综合、财务、生产、营销和安全5个办公室，1个营业所和1个管网所；营业所下设桃花、晏家、长寿湖3个营业点。主要负责长寿桃花新城、晏家、葛兰、长寿湖等部分地区的城市天然气输配、销售、燃气工程设计、安装、验收和运行维护管理，服务区域100平方千米。截至2018年年底，有员工总数91人，（其中合同制员工69人，市场化员工7人，自招15人），业务外包47人；党员40人；大学本科（含成人本科）及以上学历35人，大学专科含成人专科23人。

【经营管理】 2018年，凯源长寿分公司销售天然气5083万立方米，实现天然气销售收入8872万元；市场开发结算数10216户。

天然气终端市场开发与管理。做好长寿中心城区菩提、阳鹤和渡舟3个组团的燃气管网专项规划，与长寿区城市投资开发集团沟通，保证燃气管网同市政道路同步建设。坚持“拥有管线才占有市场”的理念，紧跟地方市政规划，推进重点区域重要燃气设施建设，做到市政道路建设到哪里，凯源公司管线就延伸到哪里。坚持“守土有责、寸土必争”的市场竞争理念，打破传统思维，变

“坐商”为“行商”，实现主动出击，加强市场调查，开展市场巡查，加强与政府、开发商的沟通交流，安排专人每周巡查周边楼市动态，主动上门服务。

天然气合同管理执行重庆凯源公司《合同管理办法》，规范合同的申报、审查、审批、签订流程。

天然气用户管理，做好收费管理和通气维修工作，实现现场监督、用户回访、随机抽查、考核评价等方式严格规范操作流程。年内受理用户来人来电5472人（次），维修3816人（次），全年发放各类安全知识宣传单和安全手册69169份，未出现一例安全事故。

【生产运行】 2018年，凯源长寿分公司的主要气源是西南油气田公司重庆气矿和重庆公管中心。截至年底，检测管线1785千米、自主发现泄漏点89处，检测调压柜39台、阀井302座、加臭装置8台、交通运输车辆7台，确保各类生产设施设备安全平稳的运作。

加强生产组织，建立完善的生产运行应急机构，明确管理职责和相关人员的应急职责、工作范围、操作程序等。建立各种应急物资台账，确保应急消耗材料齐全、完好，储备到位。实行24小时应急值班制度，保证应急处置及时，应急通信畅通，人员到位迅速，应急抢险（修）记录、台账完善。严格停气、通气作业程序，按规定及时上报生产运行信息，强化节假日值班制度，及时组织队伍处理管线泄漏故障。强化施工单位的责任主体意识，落实工程开工前技术交底、安全交底工作，落实关键环节、重要工序的质量控制点，严格要求现场管理人员及监理单位履行现场监理职责；加大检查力度，着重对重点工程、重点部位进行严格监督。加强对施工单位的技术指导，及时向施工单位传达工程管理的相关制度，向施工单位推行QHSE管理工具，重点是工作前的安全分析。全年参与抢险53次、碰口39次，开展对管道周围沿线群众，保护管道法律、法规的宣传等活动19次。

【安全生产】 2018年，凯源长寿分公司继续落实“安全第一，预防为主，综合治理”的安全生产方针，强化风险识别与防控、安全隐患排查治理、安全培训及应急处置工作，夯实公司安全管理基础。年内调整安全生产领导小组及各安全监督小组，科股级干部均按“领导行为、组织行为、个人行为”的要求，编制个人安全行动计划，按计划实施；领导干部开展安全联系20次，行为观察与沟通工作20次，对发现的27项问题进行督促整改；利用各种会议、班组学习开展安全经验分享80次，制作安全经验分享PPT课件4个；每月的QHSE生产经营分析会上，均将近期检查发现的典型问题制作成课件进行通报。2月，对公管中心分流的18名员工进行三级入厂教育，全员考试合格；多次组织全体员工学习集团公司安全生产“四条红线”“六项较大风险”等重要文件，开展“大反思、大排查、大整改”工作，强化学习“12·23”“5·31”“7·4”事故经验教训，强化员工安全意识；7月，举办凯源长寿分公司QHSE管理知识培训班，向员工讲授风险辨识及防控、事故事件管理等安全知识，进行培训测试。开展春节前安全生产大检查，发现隐患问题6项；开展夏季安全大检查，发现隐患问题10项；开展国庆节前安全生产大检查，发现隐患问题5项；各安全监督小组月度检查发现隐患问题35项；所有隐患问题均已整改销项，每季度进行统计、分析，形成书面报告。组织全体员工开展岗位危害因素辨识工作，填写岗位危害因素调查表，编制各部门、公司的危害因素辨识清单及重大风险控制清单；对所有风险制定分级管理机制，针对性地制定控制措施。重新梳理公司的应急预案体系，组织修订公司应急救援预案及各专项应急处置程序，开展培训、学习；3月、6月、9月、11月分别开展朱家镇主管网泄漏应急抢险演练、但渡龙溪河管段防洪防汛应急演练、葛兰配气站加臭剂泄漏应急演练、公司办公楼着火疏散应急演练，对每次演练均达到的效果进行总结、分析。全面推进隐患“大排查、大整治”工作，查出隐患问题10484项，已整改9327项；暂未整改问题均制定跟踪监控措施。加强用户隐患管理工作，对发现的10315处表前隐患及气表隐患跟踪处理，已整改9308处；每季度将问题清单报区经信委备案；通过入户安检工作、“学雷锋”团青志愿者活动、党小组活动，对用户进行安全用气宣传。持续完善桃花配气站现场目视化标识。严格审查承包商及作业人员资质，每周至少开展2次工程项目施工现场监督检查，对发现的24项问题均按标准进行整改；每月组织召开承包商例会，开展承包商人员业务培训，传达、学习相关文件；要求各承包商不定期开展自培、学习，记录报公司存档；组织对公司8个自营工程进行完工验收，全年验收户数400户。6月，组织开展“安全生产月”系列活动，公司办公楼、配气站、营业所环境污染专项检查，桃源小学“大手拉小手，安全入我心”用气安全知识宣讲活动，事故经验教训分享会，承包商现场HSE管理专项检查，“安全宣传咨询日”活动，“识风险、写风险、控风险”青工岗位讲述活动，驾驶员一封安全家书、先进事迹收集、展示活动，安全管理知识竞赛活动等。9月，开展“质量月”系列活动，包括客户服务宣传活动，窗口服务之星评比活动，施工质量专项检查，设备维保质量检查。狠抓事故事件上报工作，全年上报事故事件（包括不安全行为、状态）311起，在每周生产安全例会进行通报、分享，每季度对事故事件发生趋势及控制措施进行总结、分析。开展消防设备设施日巡、周检工作，包括4月组织开展消防知识培训1次，11月组织开展消防知识培训1次，义务消防队灭火扑救练习1次，火灾疏散应急演练1次。凯源长寿分公司每季度都开展安全环保履职考核工作，以岗位练兵理论、实作考试、交流交谈的方式，结合每位员工对安全管理工作的贡献进行打分，分数直接与每月的安全考核奖挂钩。开展计量器具周期检定、日常巡检工作，全年校检流量计5台、压力表80只、变送器7台、铂热电阻2支，计量管理人员持续对商、集体用户进行现场摸排，完善管理台账。重视每月输差分析、控制，不定期召开输差分析会，截至年底，输差率为-1.0%。

【企业改革与管理】 2018年，修订完善凯源长寿分公司《工程项目管理实施细则》《员工奖罚规定》和《车辆运行管理实施细则》等工作制度，修订完善凯源长寿分公司《生产突发事故（事件）应急总预案》及6个专项应急预案，调整《安全生产监管小组》等27个各类领导小组成员构成；组织修订凯源长寿分公司QHSE管理手册、桃花配气站和葛兰配气站QHSE管理手册及操作手册、公司抢险维修管理操作手册。

【党建与企业文化建设】 2018年，凯源长寿分公司党支部围绕重点工作，融入中心工作，发挥党组织的战斗堡垒作用和党员的先锋模范作用。抓好班子政治建设和思想建设，加强中共十九大精神和习总书记系列重要讲话和上级党委文件等内容的宣传贯彻，学习领会习近平新时代中国特色社会主义思想。持续开展党支部“六个一”创建、“四好”班子建设活动，把支部建设和班子建设有机地融为一体；开好民主生活会，开展批评与自我批评。执行“三重一大”决策制度和领导班子议事规则。

抓好党员队伍建设，坚持“三会一课”制度，对党员的教育全覆盖零缺席，全年开展党课教育2次。做好党员民主评议，加强对党员管理和监督，持续开展季度党员示范岗评选。引导党员干部严守党的政治纪律，教育党员讲党性、重品行、做表率，自觉接受组织和群众的监督。做好工作骨干和年轻大学生中入党积极分子的培养，年内有8人向党组织递交入党申请书，6人列为入党积极分子，讨论接受2人为预备党员；做好党员转入转出登记、党费收缴，年内转入党员13名、转出党员1名，收缴党费15083元。

抓好党建信息化平台推广，凯源长寿分公司党支部成立以支部书记为组长的党建信息化平台推广小组，制定实施方案，指派专人负责具体工作，开展集中培训，保障党员能熟练操作党建信息平台，年底前党员线上缴纳党费和线上参与知识答题率100%；做好线上会议，引导党员关注、使用信息化平台；建立“凯源长寿分公司党建微信群”，发布信息平台的相关信息，讨论信息平台使用中出现的问题，督促党员正确使用信息平台。

抓好关键环节，凯源长寿分公司党支部继续完善“一册一表三书”管理模式，执行“三个一+图示化”管理法，在加强“三基”工作中以基本功训练和班组基础管理为支点，搭建素质培养平台，自主举办QHSE、管道保护等培训班，受培员工78人（次）；以“五型”班组星级管理常态化规范班组建设，加强基础资料台账、设备保养、窗口文明服务等管理，让员工综合素质在过程中得到锻炼与提高。

抓好党风廉政和廉洁从业教育，开展廉洁从业主题教育，利用专题党课、专题会议，组织学习党风廉政建设的相关法律法规，定期更新廉洁文化园地内容，坚持廉洁谈话，签订党风廉政建设责任书；落实廉洁从业防控办法，查找岗位廉洁风险点，增添预控措施；对相关项目或重要事项，严格执行规定程序、流程，要求责任人加强对应环节的审核把关、过程监督，最大限度地避免违纪违规现象。

凯源长寿分公司坚持以党建带动工会、团青工作，年内开展送丰富多彩的主题活动，自办元旦、五一节等主题文娱趣味活动4次，活跃员工业余生活；持续开展“青年安全环保示范创建”活动，“安全生产月”青年志愿者活动、“青年义务除草”、“青年厨艺大赛”等活动。

（王　华）

中国化学工程第七建设有限公司重庆分公司

【概况】　截至2018年年底，中国化学工程第七建设有限公司重庆分公司（本分目简称重庆分公司）有在册员工420人，其中管理层100人，作业人员320人；具有大专以上学历的有87人，高级职称20人，中级职称57人；技师39人，高级技师6人；有5人具有一级建造师执业资格。由于连续10多年没有补充作业层人员，重庆分公司30岁以下的年轻人24人，40岁以上的296人。5年后自然减员和特殊工种退休以后，分公司员工队伍302人左右（减员118人）。重庆分公司管理的公司离退休人员700余人，另有劳保抚恤人员70余人（退休与在职的人数形成倒挂）。

重庆分公司党委下辖党支部3个；2018年12月底前，有党员125名（其中，在职党员49名，离退休党员76名，预备党员1名）。在职党员中，男党员39名，女党员10名；管理层党员36名，作业层党员13名；大专以上学历党员35名，大专以下学历党员14名；35岁以下的党员1名，35岁以上党员48人。有申请入党人员11人。

【人力资源管理】　2018年，重庆分公司组织4次培训教育，有19人参加培训教育。其中，参加俄罗斯PE项目焊工培训5人，参加ANPZ项目焊工培训2人，参加乌兹别克项目焊工培训1人，特种设备作业人员培训11人。

整肃员工队伍，做好国内外项目人员动员工作。重庆分公司2018年把技能合格的员工170人派遣到化七建公司项目部工作，其中国内项目部29人，国外项目部141人；对个别职业道德差、拒不服从公司工作安排的员工，按照劳动法和公司相关规定，进行严肃处理，全年解除劳动合同6人。

加强人力资源管理的体系建设、信息化建设，保障部门及公司相关工作的高效有序。强化人力资源管理技术创新，完成人力资源统计信息系统及员工信息数据的电子信息化建设。发挥人力资源基本信息、教育背景、专业技术职务、技术工种、继续教育、社会保险、离职人员管理、信息查询等的功能，提高人力资源工作效率。

完善养老保险、医疗保险、失业保险等社会统筹工作，解决职工的后顾之忧。重庆分公司克服各种困难、拓宽思路、解放思想建立切实可行的运行机制；2018年完成社会保险的各项工作，及时准确计发员工工资及各种费用；继续享受到困难企业（连续亏损3年以上）的一系列政策性补贴，为公司争取到230万元的补贴额度。

做好人力资源管理的日常管理工作。及时准确填报劳动人事统计表和公司总部要求上报的各种材料。执行专业技术职务的任职资格评审规定，组织在职人员参加技师、经济师、会计师等专业技术职务任职资格考试和“十四”大员的申报工作。对档案进行整理，档案卷分类清楚、归类正确，材料归档及时。

【经营管理】　2018年，化七建公司从经营战略与战术方面实施转移与调整，重庆分公司向劳务型分公司转变，不再承接新的项目。代为跟踪老业主、大业主、重点业主的一些重点项目信息，这些信息统一交由化七建公司甄别处理。每年及时办理入渝施工备案许可。保持着与地方政府、重点是重庆晏家工业园区、重庆两江新区，以及建设行政主管部门的沟通与联系。2018年完成分公司办公楼、大学生临时宿舍的屋面维修（防水工作），重庆巴斯夫项目大型材料堆场搬迁与发往其他（包括国外）项目等工作，古佛变压器失火后维修工作。古佛土地置换工作也进展顺利，年底前地方政府已经确定归还土地的位置，正在办理相关确权手续。重庆分公司多次配合化七建公司人力资源部，协调地方航空运输部门办理外派劳务人员的血样运输工作，确保公司国内外工程的顺利实施。年底前，重庆分公司管理的贵州（六盘水）武警反恐训练营地项目和贵州贵安新区截污项目处于停工阶段，中石油长庆油田项目处于竣工收尾阶段。

加强管理制度的学习与宣传，2018 年对公司薪酬管理制度、绩效管理制度、职称评定管理规定、考勤假期管理规定、招聘管理规定、培训管理制度、员工奖惩管理规定、劳动合同管理规定、档案信息管理规定、内部竞聘流程、离职员工管理流程、员工异动流程等 10 多项制度流程的学习与宣传。

2018 年，重庆分公司实现主营业务收入 2563.04 万元，完成年初化七建公司下达的营业收入 5000 万元的生产经营指标的 51.26%。全年分公司发生的费用为 1293.96 万元，其中发生预算外 134.31 万元（三供一业移交补缴房屋专项维修基金），实际全年发生的费用 1159.65 万元占年初公司下达的费用预算 1147.36 万元的 101.07%。全年重庆分公司所属各项目实现的利润为 -495.41 万元，未完成年初公司下达的全年实现项目利润 250 万元的利润指标。

【国有资产管理】 2018 年，重庆分公司经过与长寿地方政府及相关部门交涉，古佛土地的置换工作顺利推进，年底前分公司与地方政府及有关方正在推进土地交接、产权完善等工作；原重庆办事处的房产的产权完善工作将通过法律程序解决，已经开始诉讼准备工作。

重庆分公司的工程项目清理和工程款清缴工作比较滞后，几个需清理的工程项目均为多年遗留未解决的。年初化七建公司下达给重庆分公司的“两清”工作计划为：完成工程项目清理 13 个，收回工程款及保证金 3846.83 万元，归还公司贷款 918.69 万元。年底前已完成 6 个项目的清理，收回工程款 2271.76 万元。化医乙炔项目的法律诉讼准备工作已完成、恩力吉项目结算工作即将完成；年内长庆油田项目归还化七建公司贷款 100 万元，其结算与收款工作进展顺利。下一步将加大工程结算和工程款清缴的工作力度，采取多种措施，加快工程结算进度和债权回收速度，提高资金周转速度；加强在建项目的管理，严格按照合同约定条款，做好已完工程进度的报批工作和工程进度款的收取工作，防止产生新的拖欠，防止国有资产流失。

（付新轶）

重庆化工码头有限公司

【概况】 重庆化工码头有限公司（简称化工码头公司）成立于 2006 年 5 月 31 日，是长寿三峡库区淹没复建货运码头。其前身是重庆港口局长寿中心港务站，1996 年 4 月兼并长寿县第一搬装公司成立长寿港埠公司，2009 年 3 月长寿港埠公司整体转移到重庆化工码头有限公司。化工码头公司码头重庆主城港区长寿朱家坝化工码头一期工程于 2007 年 3 月开工建设，2009 年 3 月 26 日投产试运行，是重庆主城枢纽港区的重要组成部分，辐射重庆中部及川东地区，是中国西部第一座专业公共化工码头。截至 2018 年年底，化工码头公司在册职工 136 人，下设 11 个部门；有专业技术人员 17 人，特殊工种人员 105 人，大专以上文化程度 54 人。2018 年，完成装卸自然吨 134.8 万吨；吞吐量完成 150.63 万吨；集装箱完成 1.13 万标准箱。

【业务发展】 2018 年，化工码头公司积极引进新客户，降低件散货量下降趋势。全年件散货完成 98.82 万吨，为自然吨总量的 72.69%，为 2017 年同期的 93.75%。由于受货物运输模式变化、环保整治、市场需求以及周边码头的激烈竞争等因素影响，较 2017 年同期大幅下降，煤炭、水泥熟料、钢材、叶蜡石货运分别下降 37.97%、41.61%、43.75%、19.86%。化工码头公司加大客户引进工作，新引进石油焦客户 8 家，石油焦较 2017 年同比增长 11.33 万吨，增幅为 86.16%；年底前石油焦客户群达到 17 家，石油焦西南片区中转集散效应逐步形成。针对散货缺口，利用有限堆场资源，引进河沙客户 2 家，引进梁平海螺原料，降低散货下降趋势。抓住机遇，成功引进成都达海公司钛白粉及粗品仓储中转及配送业务，实现增收 130 万元。

调整货源结构，扩大柴油市场份额。2018 年，完成液体危化品 20.10 万吨，为自然吨总量的 14.78%，为 2017 年同期的 91.57%。化工码头公司主要液化货源燃料油由于物流成本及客户采购点变化原因，改由铁路直发彭州石化，导致燃料油货源流失 11 万吨，致使作业量大幅下滑；在燃料油大幅减量时期，探索新的客户群，延伸码头功能，使得柴油中转量得到提升，柴油作业量年同期比增加7万吨，对液化作业量起到弥补作用。各类酸酯由于部分贸易商进货渠道发生变化，通过船运数量减少，同比也有大幅下滑。2018年，大力开发沥青、三氯甲烷、甲醇、煤焦油等其他货源，夯实液危品货源基础，优化货源结构，增强抗风险能力。

集装箱箱量持续下滑，在逆境中求生存。集装箱全年完成1.13万标准箱，集装箱中转量同比下降23.13%。自2016年5月，化工码头公司海关监管资质被取消以后，集装箱处于持续下滑态势，同比减少3700TEU。箱源紧张，当地适箱货源发运得不到保障，造成当地适箱货源部分外流；受三峡船闸检修影响，集装箱减量现象进一步凸显；危化品箱受到船公司及货代（客户）采用违规隐瞒谎报方式运行而进一步减量，后经与船公司对接协调，利用重箱进口卸空后保证当地重箱发运，但仍然存在缺口。

探索物流运输新模式，拓展相关业务。化工码头公司针对经营的不利局面，加大力度，推进其他相关业务的开发，以码头为平台，确保风险可控，开展车船代理、货物配送、全程物流及铁水联运项目。量身定制物流方案，持续推进车船代理业务，完成代理收入352万元。2018年6月，首次开启石油焦铁水联运项目，首批1070吨石油焦、18个车皮通过渝巴专线发运云南，取得成功，客户反馈意见良好，为该业务发展奠定基础。

【生产管理】 2018年，化工码头公司合理调度，提高作业效率。以“标准化、规范化、精细化”的管理理念，严格现场管理，严格执行操作规程和工艺流程，强化执行力；加强作业过程监管，开好班前会，加强信息沟通协调，有效提高工班效率。为防止和杜绝现场作业出现错装混装，制作件散货码头仓库及货位图，有效降低生产作业现场货运质量事故的发生。合理调配，认真组织，确保2014—2018年连续5年最高洪峰安全过境。做好新引进大宗货源钛白粉的仓储和装卸工作，及时制定作业堆存方案，建立仓库进消存明细台账，确保钛白粉的装卸质量。按照《危化品槽车装卸作业安全操作规程》《流量计装车安全操作规程》等规定，强化现场管理，确保液危品高效中转。

【人力资源管理】 2018年，化工码头公司招聘6人，补充劳务用工8人。细化完善劳务合同，规避劳务用工风险，减少用工成本。完成管理人员档案整理，退休职工档案社会化移交工作以及稳岗补贴的申请兑现和困难企业的复核工作，为公司申请补贴4.16万元。全年完成教育培训320人（次），其中法律法规、操作手册、应急与危险源辨析等各类业务知识培训210人（次），各类资质证照新训及复训60人（次），以师徒形式开展岗位技能培训9人（次），员工自费参加学历和职称培训1人（次）。

【设备设施管理】 2018年，化工码头公司完成大修3台（次），项目检修14台（次），定期保修42项（次），计划兑现率100%。完成2号、3号泊位岸电改造工作，获得2号泊位岸电补助19.24万元；完成九龙坡8号场桥的报废处置工作；完成装载机购置和电动阀更新改造2项（次）。

土建更新维护管理，完成散货泊位170作业平台改造，散货隔离墩预制，车辆除尘自动冲洗改造，下河引道散货泊位堆场沉淀池改造，危品库房、机修车间部分屋面维修及龙门吊轨道维护项目。

【安全环保】 2018年，化工码头公司加大环保投入，加强港区环境整治，克服环保工作困难，加大环保投入，谋求利好发展。严格贯彻环保相关法律法规，强化水污染和大气污染防治工作，疏通治理大门排水管网以及散货堆场收集沟。加强港区防尘治理，修建沉沙池和自动喷淋设施。迎接中央环保固废检查等大型环保检查督察工作6次；做好危险废物的收集储存，年内联系中法水务对液化废水处理260吨，危废处置3.48吨；按上级现场检查要求完成货场转堆、散货堆场全覆盖、下河污水拦截、维修车间油污收集等整改工作；职工不定期对货场进行垃圾清理和日常保洁工作，整个件散货作业现场达到环保要求。开展“今冬明春”蓝天行动以及环境大排查大整治大执法专项行动。环评工作完成储罐环评验收，对环保台账进行清理、完善。完成重点排污单位信息公开工作，制作公示海报和排污信息张贴公开。完成区港航处开展的港口环保专项检查，完成环保自查和总结以及重庆市港口码头环保信息填报工作。开展污染源评估。2018年，化工码头公司环保投入45.40万元。

强化安全管理，杜绝安全事故发生。全年传达贯彻安全工作会议及文件精神58次。开展以“生命至上、安全发展”为主题的6月全国“安全生产月”活动，力争达到“以月促年”的目的。加强安全目标管理，层层签订安全目标责任书，落实安全生产主体责任。开展“防事故险情、保冬春安全”百日攻坚专项行动。推进市港航局开展的重庆市危险货物港口作业安全治理专项工作和港口经营许可资质集中核查工作，制定《危险货物大排查大整治方案》，开展自查自纠，排查治理隐患，加强监督检查，确保专项工作落到实处。开展应急管理工作，拟定年度演练计划，清理更新应急物资台账，备足应急物资，加强应急演练，全年开展各类演练6次。组织职工参加长寿经开区的应急比武和应急知识竞赛，参加全国安全生产月活动组委会组织的应急和安全知识竞赛网上答题活动；全年开展公司级安全环保、职业卫生、消防等培训8场（次）；做好高温汛期的季节性安全防范工作。开展质量体系运行外部审核工作。2018年，投入安全资金102万元。

【合资合作】 2018年，化工码头公司推动与中航油合资合作事宜。密切与中航油加强沟通协调，形成框架合作意见，将按照集团公司和政府相关要求，进一步做好该项目的推进工作。

（叶　颖）

重庆渝长燃气自来水有限责任公司

【概况】 重庆渝长燃气自来水有限责任公司（本分目简称渝长公司）是重庆燃气集团股份有限公司全资子公司，专业从事城市供气、供水及设计安装等，承担长寿城区30余万人口的天然气、自来水的供应。2018年有在册在岗职工167人，退休职工104人。下设7科2室2站1厂（即：办公室、党群办公室、财务科、安全科、市场科、生产运行科、经营管理科、技术质量科、工程科、黄桷湾客户服务管理站、河街客户服务管理站、长寿自来水厂），各职能部门主要负责燃气工程和自来水安装工程及自来水生产的业务操作和标准的制定、指导和监督执行。

渝长公司服务范围主要覆盖长寿主城区及晏家、渡舟、江南等地区。拥有处理能力10万吨/日水厂1座，有自来水加压泵站3座，输水管网420千米；拥有天然气配气站1座以及新六中站、倒水桥站、渡舟站、晏家首站、江南循环经济区站等5个气源下载点，输气管网330余千米。

【安全管理】 2018年，渝长公司集中开展隐患排查整治。在全司开展主题安全警示教育活动，领导班子成员带队开展隐患大排查，发现隐患12处，已列入整改计划。开展入户安检超（临）期居民客户的清理和排查工作，强化入户安检工作，非居民用户入户安检3184户，周期入户率104.56%；居民用户入户安检实际进户108732户，周期入户率84%。聘请专业公司对无人站、长江大桥调压柜等设施设备进行防雷检测，检测结果均合格；对自来水管线进行检测，检测管线100余千米，整改漏点10处；开展防腐绝缘层检测，对检测出的60处破损点已全部修复；开展阴极保护情况检测，所有检测桩数据合格。

推进老旧设施设备整改，对庭院管网表桩、引入管、户内锈蚀立管、单回路调压箱、阀井等进行分批次整改，投入资金89.6万元；整改爆管频繁的老旧水气管线20条，投入资金224.5万元；更换表箱表位6500只、气表15354块、水表7786块、水表短桩及表前阀9706只、气表短桩130支，投入资金320万元；完成长江大桥南北桥头管线隐患整改工程；委托第三方专业公司拟定办公大楼消防设施设备整改方案。

建立健全信息安全管理制度，成立信息网络安全领导小组，设置专职网络管理员，制定信息网络管理应急预案。狮子山配气站远程监控系统经长寿区公安局检测，取得二级信息系统安全等级保护备案。完成公司内、外网剥离改造。完成对自来水收费系统、视频监控系统维护及信息系统安全等级测评工作。

开展员工安全教育培训，分别对焊工、调压箱（柜）、阀井等操作人员进行“手指口述”口诀培训，向操作人员发放《口诀表》；开展安全生产事故和灾害警示教育活动，组织职工观看《生命至上》安全生产宣教片；举办技术标准、安全管理制度、消防安全知识等培训，全公司108人参训。

客户用水用气安全宣传投入资金21万元，开展“渝长青工送温暖，安全健康长寿人”“3.15”燃气安全进万家、“宣传节约用水周”“保护水源、渝长在行动”“生命至上、安全发展”等主题活动以及“七进”系列安全宣传活动；利用电视台、公交车等媒介，循环播放用气安全和饮用水安全知识、相关法律法规及重庆市安全生产条例宣传短片。

渝长公司联合区经信委开展重点场所管线（长江大桥、狮子山无人站）专项应急救援演练；联合区民政局开展“5·10”洪涝灾害救援应急演练；邀请重庆市武警消防总队指导开展消防安全知识培训暨办公大楼消防安全应急疏散演练；投入资金4.5万元，为办公大楼、各站场等重点场所配备反恐防恐设施，张贴防恐警示标语，增设安保人员2名；委托第三方专业公司完成《长寿自来水厂突发环境事件风险评估及应急预案》编制，《天然气、自来水生产安全事故应急预案》修订评审工作。全年投入资金1048万元。

开展非居民用户隐患排查整治，成立非居民用户隐患整治领导小组；针对非居民客户因整改费用较高产生较大抵触情绪的情况，研究出台优惠政策，将应由非居民客户承担的费用，拆分为客户承担材料费、公司承担安装等费用，推动公司非居隐患整治工作。

2018年，渝长公司实现生产安全责任事故为零的目标任务。

【基础建设】 2018年，渝长公司加快重点工程项目建设，完成机电园区至殡仪馆D159燃气管道、长寿殡仪馆十字路口至新桥村PE110燃气主管、站前大道DN500主水管等项目建设；加快推进校骑路至桃花转盘DN600自来水管道、渡南路西段至站前大道DN400自来水管道、江南LNG调峰储备加注站、桃花蓄水调节池、水厂清水调节池建设和工艺改造等项目；取消长寿区庙山坡水厂至过滩主水管工程，降低公司投资风险。

强化节能降耗，实施生产设备改造、职工技能培训和日常监督管理，较2017年同期，千吨水耗电量下降9.79%、盐酸耗量下降9.4%、氯酸钠耗量下降19.62%，节约成本113万元。合理利用国家政策，与能投售电公司达成单价较低的供电协议，年节约成本7万元以上。

“三供一业”及“二次供水”改造移交工作，完成对中国邮政长寿分公司、重庆粮食集团长寿公司、中国电信长寿分公司、重庆汽运集团长寿分公司计306户天然气、自来水剥离移交工作；正在洽谈重庆化医集团长风化学工业有限公司1766户天然气、自来水剥离移交工作；完成东海假日花园、美丽泽京、中央公园等小区6864户居民二次供水改造移交工作。

【基础管理】 2018年，渝长公司推进对标管理，拟定《2018年对标管理工作实施方案》《2018年对标指标库》，成立对标管理机构，完善对标管理职能，确保对标管理工作有序推进。

“放管服”改革提升工作，成立领导小组，明确改革提升工作各级责任，对照《实施意见》，严格标准执行；制定《“放管服”工作考核细则》，建立完善考核奖励机制。全年立行立改工作环节28项，已全部完成；年底前完成改善30项，已完成26项；持续推进改善3项。

完成非居民天然气销售价格调整，按照集团公司非居民天然气销售价格调整的有关通知，渝长公司协调区发改委，取得价格调整文件；开展客户宣传，完成非居民天然气销售价格调整工作。

人力资源管理，制定《2018年岗位双向选择实施方案》，分阶段实施科级干部轮岗，以及管理人员、班组长、工人岗位的双向选择，完成“三定”工作。制定《劳务派遣用工管理暂行办法》，防范劳务用工法律风险和规范劳务用工管理。拟定《2018年工资方案（草案）》，启动工资结构理顺工作。完善后备人才库，推荐集团后备干部2名、公司后备干部8名。推进人才梯队建设，按期转正3名科级干部；采用公开竞聘方式选拔副科级干部2名。制定《绩效考核实施细则》《输差考核实施细则》等制度，绩效考核7人（次），扣发绩效工资8000元。

规范企业治理能力，修订完善《党委会议事规则》《执行董事办公会议事规则》和《总经理办公会议事规则》，严格执行“三重一大”议事规则，全年召开党委会25次、执行董事办公会22次、总经理办公会2次，审议议题115项。优化机构设置，修订完善《部门职能分解表》，完善企业管理架构。完成葛兰供水有限公司董事会、监事会改选工作，完善葛兰供水有限公司法人治理结构。新设《通讯业务管理办法》等6项管理制度，梳理完成原有管理制度73项，按计划进行废止、修订。

【党群工作】 2018年，渝长公司强化意识形态工作管理，签订意识形态工作责任书26份，召开意识形态应知应会专题学习会1次。推进“两学一做”学习教育常态化制度化工作，党委书记上党课2次，支部书记讲党课2次，形势任务教育2次，专题民主生活会2次，专题学习研讨会2次；开展基层党务工作者党建纪检业务培训2次。组织开展“学习贯彻十九大，深化改革求实效”大讨论活动，报送“改革开放40周年暨辉煌的燃气事业”征文2篇；组织开展中共十九大知识竞赛线上答题活动，参与率100%，平均竞赛成绩98分；开展党员阶段性强化学习，进行阶段性强化学习测试；开展庆祝建党97周年暨形势任务教育活动。学习贯彻监察法，召开党建暨反腐倡廉工作会4次，不定期发送廉洁短信23条。强化信访稳定工作，全年受理群众来信来访案件137件次，均按照公司制度办理，回访率、办结率100%。

夯实党建基础工作，对市委巡视组巡视反馈意见问题，梳理对应问题清单16项问题、57项整改任务，年底前21项整改任务已完成，36项已经纳入经常性工作。全年发展党员4人，预备党员转正4人，接转党组织关系2人。完成渝长公司下属党支部换届选举工作，完成党建工作季度督导以及“两个责任”约谈工作。开展1+3专项自查和违规专项整治，2018年，渝长公司无任何形式的“小金库”，未发现公车私用行为，没有公款旅游、公款吃喝、铺张浪费等问题。

加强工会群团工作，全年召开职工代表大会11次，审议《2018年岗位双向选择实施方案》等14项议题。定期召开党群工作例会，收集和解决职工关心的热点难点问题13条。抓好扶贫帮困工作，全年走访困难职工家庭2户，慰问生病住院职工17人（次），慰问生孩子的女工4人（次），职工亲属病故慰问4人（次）；利用八一建军节、重阳节、春节，开展老同志座谈交流、走访慰问等。打造“欢乐嘉年华，趣味迎新年”“享受自然，爱在春天”“走进田园生活，团结凝聚司情”等主题活动；组织职工参加重庆燃气集团第三届职工运动会，获得团体奖，50米男女接力赛第二名，女子跳远第一名，女子100米短跑第二名的成绩。

（戴　璐）

商贸物流业

综　　述

【概况】　2018年，重庆市长寿区商务局（简称区商务局）以全面建成区域商贸物流中心为总目标，抓产业规划、项目建设、聚商选资、产业发展、应急保供、行业管理、乡村振兴、党的建设，加强商贸基础设施建设，完善商贸服务网络，改善营商环境，激发城乡消费活力，促进消费快速增长，全区商贸物流产业实现新跨越。全区社会零售总额实现137.2亿元；批发零售销售总额490.2亿元；住宿餐饮营业额实现41.9亿元。电子商务交易额70亿元。新培育限额以上企业42家，个体入名录库318家，全区限额以上入库市场主体达到451家。举办大型会展活动26场（次），收入1.3亿元，拉动消费11.5亿元。聚商选资合同引资30.51亿元。

【专业市场建设】　2018年，长寿区成立专业市场指挥部办公室，实行每周一调度、一人一市场，专班跟进；与渡舟街道、征收办、商贸物流公司、规划局、国土资源局、建委等单位一道，全方位跟踪服务，提速城市设计、土地征迁、配套设施建设等各项工作，确保一期52.27公顷土地在2018年10月完成挂牌出让，重庆东部农副产品交易中心、智慧物流中心、汽车贸易城三大专业市场于2018年12月全面动工。年底前为市场配套的横三路完成水稳层建设，纵次一线已动工，南北中路进入初设和概算阶段。

【产业规划】　2018年，长寿区把一江两岸作为区域商贸物流中心的主要区域进行谋划，利用交通运输部天津水运工程科学研究院的智力和人才优势，完成一江两岸智慧生态物流基地的可行性研究。提出建设长寿港的战略目标定位：成为长江经济带和一带一路连接点的重要港口。按照一江两岸三段四片的总体规划思路研究航道资源、泊位资源、岸线资源、陆域资源和如何守住生态环保红线，实现铁公水联运等一系列课题。将长江长寿段以长江一桥和二桥为界划分为3段；包括4个片区，即在江南片区依托千诚实业公司建设钢材、木材、石材、矿石等大宗商品物流市场基地，在江北新恒阳和冯家湾片区建设化学品国际物流分拨中心，在长明、川江船厂片区建设保税仓、集装箱和滚装船特色物流基地，在大石门片区预留高门槛的物流拓展区。年底前已完成4个片区、150亿元产业项目包装，总占地面积301.6公顷，全部投产后将改变全区产业格局。

【聚商选资】　2018年，长寿区把聚商选资作为发展第一要务，把补短板、拉涨板作为第一要事，把一江两岸、专业市场、中央商务区作为招商第一领域。引进北京新发展集团有限公司，利用存量商业2万平方米打造上市公司产业孵化园；引进深圳中健医疗养老投资有限公司，利用存量商业4.5万平方米建设长寿首家康复护理医院，护理床位600个；引进天汇实业公司投资1亿元，改造提升凤城大厦商业综合体，成功将黄桷湾隧道商场186户商家平稳外迁；引进维也纳国际四星级酒店成功开业，弥补长寿区四星级酒店的空白。与中国化学工程集团有限公司签订300亿元的战略投资协议；与中交建集团洽谈建设现代服务业小镇；与佛山道成旅游管理有限公司达成在龙河片区建设科普亲子电商基地意向；与上海衍维科技有限公司、大龙网洽谈跨境电商产业园项目；与阿里巴巴洽谈淘宝大学渝东区域电子商务与新零售人才培训基地。

【商贸发展】　2018年，长寿区大型贸易企业发展势头好，千信国际销售额226.3亿元，利润比2017年增加85%；天旭化工销售额130亿元。批发零售稳中有升，重庆百货完成销售额3.7亿元，同比2017年增长10.2%；重庆商社、苏宁电器、国美电器以及格力、美的、海尔、京东等大型电器零售商实现销售额4.6亿元，增长1%；永辉超市销售额3.95亿元，增长2%。住宿餐饮企业创新发展，盘活存量、创新营销，金凤山酒店营业收入2000万元，增长10%，碧桂园凤凰酒店营业收入4830万元，增长8%。桃花商圈、协信商圈投资1亿元完成外立面改造和内部业态调整，实现转型发展。

【城乡商贸统筹】 2018年，长寿区加强街镇级农贸市场基础设施建设，落实财政补贴在凤城街道、双龙镇、万顺镇、洪湖镇新建农贸市场5个，支持邻封镇改建农贸市场1个。抓电商扶贫，引导王磊的帕斯塔电商平台在云集镇与村民签约种植红薯13.33公顷，销售额50万元；引导平伟农业公司与洪湖镇五龙村村民签约6.6公顷高山冷水大米种植基地，实现10万元的收入；组织春亚同电商公司、财富超市、建材商会等与洪湖镇码头村农户签订农产品包销合同，巩固扶贫成果。举办“寻找乡村渝味”电商扶贫公益展销会，挖掘贫困村农特产品，通过“邮乐小店”“爱心购”“网上村庄”等电商平台营销，实现30款农特产品上线销售。牵头组织政法、财政、档案等部门和中国银行、凤城监狱等单位，支持洪湖镇五龙村打造20公顷歪嘴李、53.33公顷南瓜项目，实现年产南瓜1600余吨，创收144万元；引导凤城监狱和小康汽车食堂与五龙村签订蔬菜采购合同，帮助困难群众致富。利用第四次全国经济普查成果指导企业申报入库，将符合条件的42家企业和318家个体户升级规格纳入统计范围。

【产业扶持】 2018年，长寿区再次修订完善《长寿区现代商贸物流服务产业发展扶持办法》，新增加7条政策，将限额以上企业、总部经济、电商企业和代理招商等作为新的增长点予以扶持，吸引更多优质企业落户长寿。兑现108家企业产业扶持资金2066万元。 （吴永礼）

【重庆市长寿区农产品商贸流通协会】 重庆市长寿区农产品商贸流通协会（本条目简称协会）成立于2012年3月。是经长寿区民政局注册的，由长寿的农产品种养殖企业、农产品批发企业、流通企业、加工企业、农资企业、专业大户、专业合作社、微型企业、行业协会和行业经纪人自愿组成的法人社会组织。协会主要任务是：宣传政策法规、推广先进技术、组织经验交流、提供咨询服务、反映会员合理意见和要求，维护会员合法利益。是政府联系广大农、林、牧、渔业的桥梁和纽带。2018年，协会有会员2000余人，分布全区14个镇、4个街道、20余个相关企业、10余个专业合作社、10余个微型企业、5个行业协会，其中有200余名农村经纪人。截至2018年年底，经过协会申请，成功注册中国地理标志商标3个（长寿沙田柚、长寿夏橙、长寿血豆腐），长寿薄脆正在审批公示中；成功注册国际马德里商标2件（长寿血豆腐、长寿沙田柚）；重庆老字号1个（长寿沙田柚）。长寿品牌地标的注册有助于提升长寿形象、品牌对外升格、富农增收。

2018年，协会利用网站建设平台与重庆易网有限公司签订建设独立中国特色农产品网站协议，发放全区农产品供求信息，为会员提供销售信息平台。组织参加重庆市政府、重庆市商委组织的网商采购会，组织区内农产品在该会展销和与采购商对接。协会直接与农资厂家联系农业物资（肥料、农膜、农药、种子等）厂价直供会员及有关单位，帮助会员降低成本，提高收入。全年协会上门走访会员25次，接洽咨询130次1200余人；收集会员建议4件，采纳3件，上报1件。

加大品牌保护力度，协会同区工商分局在3月至5月对长寿夏橙，10月至12月对长寿沙田柚，11月开始对长寿血豆腐，开展专项整治和市场行动加强日常监管。重点打击4类不法行为：即对未经协会同意，擅自印制长寿沙田柚、长寿夏橙、长寿血豆腐地理标志、包装箱和商标标识的行为；擅自挂有长寿沙田柚、长寿夏橙、长寿血豆腐牌子误导消费者的行为；利用外地产品，冒充长寿沙田柚、长寿血豆腐的行为；印刷单位不具有商标印制资格。协会同区商务局、区工商分局开展地理标志保护为主题的专项整治，配合执法，实地核查走访经营户和农户，查处销售假冒产品，收缴冒牌包装箱，打击假冒侵权行为。

2018年协会组织经纪人210余人、经纪公司10余家，在水果、水产、血豆腐上市期间召开产品营销工作会、销售培训会、产品订货会10余次（如邻封镇长寿沙田柚订购会，市商委网上订购会等），组织销售长寿夏橙2万吨、长寿沙田柚4000余万个、血脐甜橙5000吨、杂柑4000吨、水产品

6000 吨、鱼面 30000 余袋、长寿血豆腐 30000 袋、果树肥 200 吨，将上述产品销往新疆、吉林、北京、上海、福建、四川、广州等地，农民直接创收 13980 万元。（余志鹏）

2018 年重庆市长寿区农产品商贸流通协会领导人名录

会　长：罗淑明（女）

副会长：余志鹏　王友明　石桂霜（女）
李名泽　李玉兰　郑　昕　余永舟
邹　伟　陈代芬（女）

秘书长：余志鹏（兼）

批发及零售业

【概况】 2018 年，长寿区社会零售总额、商品销售额、住宿餐饮营业额同比 2017 年分别增长 3.4%、28.2%、5.5%，增速排名分别列全市三十五名、二名、三十六名，分别列 22 个区二十一名、二名、二十一名（见下表）。

表 22　　2018 年长寿区商贸行业经济运行完成情况

指标名称	目标增速%	完成增速（%）	差额（%）	全市排位	22 个区排位
社会零售总额	5	3.4	1.6	35	21
商品销售额	30	28.2	1.8	2	2
住宿餐饮营业额	8	5.5	2.5	36	21

其中限额以上批零销售额表现势头迅猛，是完成批零销售额的主要支撑点；限额以上社会零售总额完成较差，限上住宿餐饮法人企业营业额同比 2017 年下降 50 个百分点，导致限上住餐营业额下降 21.8 个百分点（见下表）。

表 23　　2018 年限额以上商贸企业及个体户数据情况

指标名称	社会零售总额		批零销售额		住宿餐饮营业额	
	1—12 月（万元）	全年增幅（%）	1—12 月（万元）	全年增幅（%）	1—12 月（万元）	全年增幅（%）
企业	161895	−27.53	4551529	40.56	21225	−49.7
个体	86750	5.79	38672	11	50419	1.98
合计	248645	−18.58	4590202	40.24	71644	−21.82

通过第四次经济普查及 2018 年 12 月限额以上单位进退库后，全区商贸行业有市场主体 38638 家，其中批零单位 32655 家，住宿餐饮单位 5983 家（见下表）。

表 24　　2019 年长寿商贸行业单位数量

单位：家

批零单位							
单位类型	总量	限额以上	占比（%）	新增	退出	限额以下	占比（%）
法人企业	4641	115	2.8	38	81	4509	97.2
个体	28014	116	0.4	116	13	27898	99.6
住餐单位							
单位类型	总量	限额以上	占比（%）	新增	退出	限额以下	占比（%）
法人企业	540	17	3.1	4	13	523	96.9
个体	5443	181	3.3	181	31	5262	96.7

其中全区商贸行业法人单位有5181家，占总量的15.5%，个体户有33457家，占比84.5%；限额以上单位429家，占总量的1.1%。

总体上看，商贸行业喜忧参半。化工产品、金属及矿产品批发增速较快，成为拉动销售增幅的主力军，年底前，为长寿工业企业供货的限额以上批发企业8家，其中化工产品销售企业4家，年销售总额143.3亿元，占限上法人企业销售额比重31.5%，同比2017年平均增速为1.1倍；金属及矿产品批发企业销售企业4家，年销售总额227.5亿元，占限上法人企业销售额的50%，同比平均增速为55.4%。建筑及装潢类销售额异军突起，成为拉动销售的新生力量，随着古镇新城建设步伐加快，教育、医疗配套设施逐步成熟，该区域住房2018年入住率迅速提升；当年建筑及装潢类销售额6.2亿元，创历史新高，同比增速95.5%。

【会展经济】 2018年，长寿区举办节庆会展活动26场（次），吸引1000余家企业参展，实现会展直接收入1.3亿元，拉动消费11.5亿元。

（吴永礼）

电子商务

【概况】 2018年，长寿区将电子商务作为转型升级、促进农村快速发展的重要手段，传统企业与长寿区农村电子商务的合作更加紧密，电子商务年交易额突破70亿元。

2018年，长寿区建成3000平方米的仓库配送中心，整合17家快递物流公司资源，全区建成18个镇级服务中心和253个村级服务点。

【电商产业发展】 2018年，长寿区建成3个电子商务产业园区，总面积6000平方米。全区淘宝天猫店580家，其中15家交易额100万元，126个农特产品上线营销，全年农特产品网上交易额1.2亿元。发展产业电商，胖胖狗实现交易额9亿元，渝化工实现交易额45亿元。

【农商对接】 2018年，长寿区组织辖区重庆春亚同电子商务公司、财富超市、长寿家具建材商会等企业与脱贫户建立长期紧密的帮扶关系，帮助贫困户销售本地农特产品，实现农特产品销售线上发力，设立“贫困户农特产品专柜”，打通农特产品进入商超渠道。

【电商培训宣传】 2018年，长寿区建立健全多层次的电商培训机制。建成绿安（小青蛙）电子商务双创孵化基地，入驻企业28家，组织农村电商培训、创业沙龙、船业培训、电子商务政策解读会，提供就业、创业服务新，孵化企业30余家。

抓活动展会，加大电商宣传。开展“寻找乡村渝味”农特产品，挖掘本土农特产品及贫困村农产品，利用“渝邮惠”公众号和邮乐网平台、“邮乐小店”“爱心购”“网上村庄”等电商平台对产品进行宣传和销售。

（吴永礼）

【农村电商发展】 2018年，长寿区村村淘电商公司焕发生机，与多家电商专业公司商谈考察、筛选比较，完成村村淘电商公司与专业团队品培网络科技（集团）有限公司股权合作重组。长寿菩提古镇农产品展示展销厅建成投用，新建的60个农村综合服务社具备电商服务功能。自建“村头购”“村村淘微信小程序”等网购平台，运营“天猫乐温旗舰店”“供销e家长寿馆”等7个网络店铺，由政府背书开设“京东长寿特色馆”。加强第三方与自建平台同步建设运营，为电商企业、新型农业经营主体等提供技术指导及网销服务，建立线上线下多渠道联合营销融合发展机制，拓宽销售渠道，推进长寿农特产品销售。村村淘电商公司线上线下融合销售长寿沙田柚30余万个，帮助邻封、但渡等5个镇、15个行政村80余户农户实现收入200余万元。电商为云台镇拱桥村销售胭脂红薯8吨，帮助贫困户实现收入6万元。

（周建村）

物流业

【概况】 2018年，长寿区物流业围绕打造区域性商贸物流中心的目标，以产业聚集为基础，以商贸交易为主体，以物流配送为依托，发展大宗商品贸易，千信国际销售额226.3亿元，天旭化工销售额130亿元。全年引进商贸物流企业16家，其中在谈重点项目包括远成物流、亿达集团、新博新美集团、万帮新能源、传化集团、黑石集团等大型知名仓储物流企业；利用千信国际占据长江岸线码头资源和在江苏建有保税仓的优势，与江苏省靖江市签订服务一江两岸的《江海联运协同发展合作协议》，与千诚实业签订在江南片区投资50亿元建设大宗商品物流市场基地的投资协议。对一江两岸产业进行全新布局，按照一江两岸三段四片的总体规划，实现铁公水联运等一系列课题。

【港口码头】 2018年，长寿区有港口码头20座（生产性码头14座，包括未建符合规划拟增加的2座码头，分别为四三五油库码头和重庆长航钢城鱼梁骨码头，年底前业主正在申请办理相关手续；非生产性码头6座，分别设航道、海事、港航、公安、市政、消防应急各1座），泊位35个，其中生产性泊位29个，非生产性泊位6个。29个生产性泊位中有化危品泊位7个（分别是重庆化工码头有限公司2个泊位、川维物流有限公司4个泊位、重庆新恒阳储运有限公司1个泊位），散货、件杂货泊位22个。码头靠泊等级以3000吨级为主，设计通过能力为2130万吨/年，其中化危品设计通过能力343万吨/年，件散货设计通过能力1787万吨/年。

【铁路运输】 2018年，长寿区已实现高、快、普三级铁路线路全覆盖，境内铁路总里程125千米，总运力可达3000万吨/年。对外联通，直接服务核心城区铁路线3条（渝怀铁路、渝利铁路和渝万铁路），总体形成“Y”字形联通重庆主城、辐射渝东南和渝东北的铁路大通道格局，是重庆主城区向东方向的铁路门户，是重庆主城与华中、华东和华南等区域综合运输主通道上的关键节点；铁路货物运输比例远高于全市平均水平。内部衔接，已建成川维、重钢和MDI3条企业专用线，为企业发展提供良好运输条件。

【公路运输】 2018年，长寿区对外公路联系东西向为主，依托渝万高速和长涪高速形成“Y”字形对外高速通道，有效促进长寿区对外城际的客货运输交流，总里程78千米，总运力可达4.5亿吨/年。城市道路网络体系健全，建设速度较快，快速路一纵线和二纵线城市主骨架搭建成型，长江二桥的建设强化经开区内部联系，有效支撑城市空间拓展。但港区通道建设相对滞后，长明码头由16米宽港区大道连接，川维码头由8米宽维江路现状连接，新恒阳码头由4米宽援建路连接。

（吴永礼）

商贸物流建设

【概况】 2017年10月，重庆市长寿区商贸物流中心开发投资有限责任公司（简称区商贸物流公司）和重庆市长寿区商贸物流管理服务中心分离。区商贸物流公司系国有独资企业，实行董事会领导下的董事长负责制，统一管理，分级负责。2018年有在册职工27人；下设综合管理部、招商引资部、企业服务部、财务法规部、工程建设部5个部门，主要承担商贸物流产业招商引资和企业管理，商贸物流项目的投资、开发、建设、管理及资本运作等职能。2018年年底前在实施2017年8月30日签约的渡舟专业市场，即重庆东部国际农产品交易中心、重庆东部汽贸城和重庆东部智慧物流中心三大市场项目；长寿区北部新城横三路、渡舟组团站北片区纵次路一线、渡舟专业市场南北中路、纵次一路互通式立交道路工程等三大市场基础配套设施已相继开工建设。

【聚商选资】 2018年，区商贸物流公司由分管副区长宋平带队，分别赴遂宁、成都、新疆、太原、常州、河南等地与遂宁、成都青白江远成物流园、成都西部地理信息科技产业园、成都双流自贸区、新疆九鼎农产品批发市场、新疆红山干果批发市场、万帮新能源、河南保税物流中心等项目进行招商考察对接。2018年引进商贸物流企业16家，其中10亿级以上重大项目1个，1亿～10亿级的重点项目5家；合同引资额32.3亿元，完成年度目标任务30亿元的107.7%；利用内资16.68亿元，完成年度目标任务10亿元的166.8%；超额完成各类经济指标。在谈项目47家，预计合同引资85.6亿元，预计产值172.02亿元，主要经济指标数据上升。

【项目建设】 2018年，区商贸物流公司有重大项目7个，其中政府类4个、市场类3个。重点负责渡舟专业市场园区所辖范围2.74平方千米开发建设和管理，统筹推进规划设计、征地拆迁、项目建设、资金筹集、企业服务5项工作，形成齐抓共建的工作格局。推进征地报件及拆迁，渡舟专业市场园区在半年时间内取得192.33公顷土地征地批文；专业市场群涉及房屋1017户，年底前已拆迁房屋1006户，完成拆迁总额的99%。政府类重大项目建设，横三路已完成路基工程及管网，纵次路一线已开工建设；南北中路和互通式工程已完成项目初步设计，正在进行施工图设计。市场类重大项目重庆东部国际农产品交易中心已办理土地证，已启动建设；重庆东部汽贸城已完成项目一期，已启动平场；重庆东部智慧物流中心计划2019年初完成土石方平场工程。2018年，重大项目完成投资8.5亿元，完成年度投资任务的102.41%；固定资产完成投资18.06亿元，完成年度目标任务105.92%。

【企业服务】 2018年，区商贸物流公司为入驻企业办理各类手续50余次，组织走访企业60余次，为企业解决实际问题。入驻商贸物流公司的商贸、物流企业有200余家，实现商贸物流额163亿元；2017年入驻企业实现税收7500万元（仅含企业所得税和增值税）。龙头企业提速发展，天旭化工、久久物流等龙头企业走向多元化，涉及医疗、康养、化工产品代加工、技术研发等，天旭化工贸易结算中心突破商贸额130亿元，久久物流实现商贸额25亿元。电商平台有序发展，胖胖狗互联网+供应链项目汽运及船运总运输量100万吨，成为重庆青创板首批挂牌企业；古镇绿安电商平台——小青蛙（长寿）电商孵化基地孵化企业81家，带动就业138人。专业市场服务不断提升，加快企业的各项手续办理以及问题的解决，用保姆式服务保证专业市场的建设进度。

【资金筹集】 2018年，区商贸物流公司在融资困难、严控政府隐形债务、无抵押资产等情况下，多措并举，筹资6.2亿元，保障全年的资金运营；取得财政返还资金26644万元及专项债券资金7000万元；与重钢股份和千信国际分别签订贸易合同5.34亿元，可实现销售额4.1亿；配合区属重点国有企业借款10.8亿元。2018年，区商贸物流公司资产总额达到247097万元，同比2017年增长107.14%；负债总额135389万元，增长71.06%；资产负债率54.79%，下降17.42%；净资产总额11.45亿元，增长177.76%。

【自身建设】 2018年，区商贸物流公司全面加强国有企业党建及党风廉政工作，坚持落实《三会一课》《两学一做》《领导干部双重组织生活会》等系列制度，全年开展集中学习17次，召开支部大会12次。坚持用制度管权管事管人管作风，对财务、工程建设、综合管理等36个制度进行修订和完善。严格干部选拔，根据工作需要对部分工作人员岗位进行调整。全面落实意识形态工作，坚持“一把手”带头当好“第一责任人”，班子成员各负其责，对重大事件、重要情况、重要社情民意中的苗头倾向性的问题，有针对性地进行引导。

（付妮娜）

粮油购销

【概况】 2018年，长寿区完成15000吨区级储备粮和500吨区级成品粮任务。区级储备粮数量真实、质量良好、储存规范、资料完备。

【仓储设施建设】 2018年，长寿区粮食仓储设施建设规模实现历史性突破。国有粮食企业长寿粮食公司占地7.33公顷的10万吨粮食仓库及150吨粮食加工厂项目于2018年12月竣工，仓库装粮4万吨。

【粮食应急保供】 2018年，长寿区制定粮食安全应急预案，成为指导粮食应急保供工作的纲领性文件；全区应急大米储备规模达到500吨（其中，国有企业200吨，民营企业300吨），应急大米储存和管理规范；确定3家粮食应急加工企业、2家粮食配送中心，以万村千乡工程示范店、大型超市、放心粮油示范店等为基础，设置18个应急保供网点、25个放心粮油店网点，全区已建成粮食应急保供体系。

【粮油管理】 2018年，长寿区把抓粮食流通管理当作抓民生，全年出动人员45人（次），先后开展粮食收购资格检查、粮食流通统计制度执行情况检查、大春粮食收购、夏季秋季粮食收购检查，建立粮食经营者信息库和检查工作日志，做到以质论价，优质优价，保证农民得到实惠，足额完成2018年全区粮食收购任务。

日常监管，为确保全区粮食存储安全、数量真实、质量良好，结合清仓查库、夏秋粮收购、粉尘防爆、消防安全、“四无”普查等专项检查任务，对辖区内粮食企业开展每个季度不低于1次的监督检查。重点是区级储备粮和应急大米储备检查，做到每月1次的监督检查；将检查过程中发现的问题和潜在的隐患建立档案，实行销号整改。

做好粮食统计，依照粮油统计法律法规督促企业及时如实上报粮食经营数据，确保统计数据准确、真实，完成社会粮油月报、季报、年报的统计填报工作，为上级领导决策提供重要参考依据。

落实重庆市粮食安全行政首长责任制考核资料收集，做好协调工作，确保通过市级考核合格。

【宣传教育】 2018年，长寿区开展以“科技创新、强业兴粮”为主题的科技活动周宣传活动，以“努力实现零饥饿”“端牢国人饭碗、保障粮食安全”为主题的科技活动周、世界粮食日、粮食安全系列宣传活动。制作“科学节粮减损，保障粮食安全”等为内容的宣传专栏14块，发放膳食平衡、合理营养等科普知识宣传册3000余册，爱粮节粮等科普知识宣传单5000多份，到葛兰、云台等街镇开展粮食安全现场咨询活动，引导城乡居民树立节俭意识、健康意识、粮食安全意识。

（吴永礼）

供销商业

【概况】 重庆市长寿区供销合作社联合社（简称区供销社）系区政府其他机构，有人员编制20名，内设办公室、财务资产科、合作指导科、业务发展科、电商信息科。2018年末机关在编在岗人员18人，退休人员38人。服务管理葛兰、云台、石堰、海棠、新市、云集、双龙、双龙汇鸣、狮龙、长寿湖、邻封、但渡、龙河、朱家、城西、洪湖、万顺、菩提、凤城19个基层供销社有限公司，鑫智农资、人人向往农业、村村淘电子商务、物汇回收、恒源农资、渝长烟花爆竹、渝长棉麻、城郊农贸8个专业公司，以及亿茂花椒、顶尖食品、恒昌回收、成栋食品4个成员社。

2018年，全区供销系统围绕乡村振兴战略行动计划，抓综合改革试点，发挥供销社优势，提升为农服务水平，实现供销社健康持续发展。全年实现利润总额1147万元，销售总额24.55亿元，农产品销售额17.16亿元，再生资源销售额1.57亿元，农产品电子商务销售额1.87亿元，完成年度目标任务。

市区领导关心供销社工作。分管副区长年内几次召集区财政、区农委等部门专题会议，协调解决区供销社改革发展中的问题，给予改革发展资金保障；因机构改革冻结用编补员，支持区供销社借用2名工作人员缓解人手紧缺困难。区人大、区政协调研供销社再生资源、牵头农村电商等工作，关心支持区供销社改革发展。全国供销合作总社在重庆开展的2次培训，均将区供销社作为现场参观点，供全国各省市供销社230余人参观学习。青海省、山东省供销社以及市内江津、酉阳等6区县供销社先后到长寿学习交流。在2018年全市区县供销社综合业绩考核中，区供销社排名第一、获一等奖。在全区“新时代新担当新作为”评议中名次大幅度提升。汇鸣供销社主任陈洪、村村淘电商公司董事长张瑜获全区“十大创业人物”。供销社的社会认可度和影响力提高。

【综合改革】 2018年，区供销社完成强化基层社合作经济组织属性专项试点。发展农村合作经济组织吸纳农民入社入会，全区总农户数有221616户，常住农户有69967户，入社入会56445户，常住农户入社入会率达到80.6%；用发展合作经济组织财政资金，配置入社入会常住农户2元/户身份股。全区19个基层供销社有限公司，按照《公司法》全部建立股东大会、董事会、监事会“三会”制度。2016年以后发展的农民专业合作社、股份合作社均建立“三会”制度。

区供销社探索“基层社（公司）+村集体+合作社+农民”合股联营模式，参与农村“三变”改革，依托汇鸣供销社在龙河镇发展兴保合农业股份合作社与保合村集体、村民建立利益联结关系，依托村村淘在龙河镇组建重庆肆苹实业有限公司和长寿区肆苹劳务合作社与四坪村集体、村民建立利益联结关系。全年有6个基层供销社，各投入10万元以上与相关村集体、合作社合股联营，每年提取部分利润，由供销社、村集体、入社农民、合作社按3:3:3:1分配。耘田农机、称沱劳务、鑫境山生态农业等30余个农民合作社成员以573.33公顷土地入股合作社，实现“农民变股东”，2018年土地保底分红430余万元。

区供销社与重庆农商行长寿支行签订“三社”融合发展框架协议，农商行长寿支行供给基层供销社、农民合作社贷款2500余万元，局部解决基层社、合作社融资难问题。

【基层组织体系建设】 2018年，区供销社规范改造建设基层社，购置资产和无偿使用资产等，完成汇鸣等6个基层供销社阵地建设和功能服务体系完善，基层社示范社及分社拥有经营办公场所1200余平方米。规范领办综合服务社，结合超市、电商、金融“三进村”组建农村综合服务社60个，其中供销社独立建成21个，与镇政府、邮政联合建设综合便民服务社39个。为农民提供全方位的生产生活服务。（其余详见《非公有经济》类目《农村合作经济组织》分目）

【农业社会化服务体系】 2018年，长寿区培育农业社会化服务骨干组织10个，开展农资供应、代耕代种、配方施肥、庄稼医院、农机作业、收储加工、产销对接等为主的农业社会化服务。新建测土配方肥站3个，创源农业技术公司投资61.9万元建设的双龙镇测土配肥站，鑫智农资公司投资70万元建设的石堰镇测土配肥站和海棠镇测土配肥站均投入使用，已推广测土配方施肥服务水果、蔬菜、粮油面积333.33公顷。新建庄稼医院5个，区供销社投资15万元，统一标准建设汇鸣供销社、龙河供销社、长寿湖供销社、葛兰供销社、但渡供销社庄稼医院，提升科技为农服务能力。基层社农业社会化服务各有特色，汇鸣供销社开展测土配方施肥、无人机喷洒农药等服务4040公顷，开展农业技术培训5000人（次）、果树病株处理400余株、虫病果收购处理100余吨；但渡供销社围绕万亩花椒生产基地，培训椒农6000余人（次）；葛兰供销社为专业合作社提供运输服务，为众多养殖户提供专业防疫、资金余缺调剂服务，循环利用鸡粪生产有机肥规模逐步扩大；长寿湖供销社开展机收油菜、水稻68.67公顷；新市供销社在云集镇大同村、涪陵东扶生态农业公司试种蔬菜200公顷成功；龙河供销社林下复种86.67公顷榨菜、购销老南瓜100余吨，在陕西省种植胡萝卜20公顷，解决200余人就业；凤城供销社拓展经营范围，成功跻身为西南大学的蔬菜供应商，年配送蔬菜500余万元。

【现代流通网络服务体系】 2018年，长寿区农产品有组织销售稳步增长，区供销社受区农委委托，村村淘电商成功注册并运营“自然长寿”公共品牌，策划设计长寿沙田柚、长寿血橙等包装10款。标杆合作社、城郊农贸公司、亿茂农业公司、凤城供销社经营主体，农产品宣传促销成效明显，购销鸡蛋、柑橘、花椒、蔬菜等农产品超过4万吨。全年有组织销售农产品超过16亿元。

发挥农资销售主渠道作用，发挥鑫智公司农资经营龙头作用，带动全年销售农资3万吨、储备化肥2万吨，全区春耕农业生产用肥需求得到有效保障。赠送云集镇大同村化肥10吨，解决120余户贫困户春耕用肥困难。各农资经营企业由传统农资供应向现代农资综合服务转型，全年建设农资“放心店”（连锁店）15个，投资20万元，打造鑫智农资连锁店、创源农业农资连锁店，经营总面积600平方米。

推进废弃农膜回收，区供销系统主动承担起全区废弃农膜回收牵头负责工作，开展全区农膜使用量调查摸底，代拟《长寿区废弃农膜回收利用实施方案（2018—2020年）》。依托恒昌汽车回收公司，在龙河、洪湖等镇建废弃农膜回收站6个，开展废弃农膜回收工作，完成市供销总社下达的7吨废弃农膜回收考核任务。物汇、恒昌、金属等回收企业继续保持稳步增长，实现回收销售额1.6亿元。

烟花爆竹专营持续零事故，按照安全新标准，全区农村烟花爆竹常设专营零售布点400余个、城区临时布点70余个，均比2017年下降20%以上。全年烟花爆竹购销、储存、经营安全。

（农村电商发展详见本类目《电子商务》分目）

【党建工作】 2018年，区供销系统全面落实从严治党主体责任，严肃党内政治生活，持之以恒正风肃纪。党组织的政治功能不断强化，落实意识形态工作主体责任，加强场所管控；利用支部“三会一课”和主题党日活动等强化理论武装，传递党的声音。开展系列“党建+”工作，以党建引领供销社改革发展工作成效明显；统筹推进机关党支部后进整顿、扫黑除恶专项斗争有序开展；所辖非公党组织整改取得实质性进展，“三会一课”、党费收缴、阵地建设逐步规范。全年教育和培养入党积极分子2名、发展对象3名。开辟党群服务中心建设，改变部分非公党支部学习无阵地无场所的局面。

（周建村）

烟草商业

【概况】 2018年，长寿区烟草专卖局（烟草长寿分公司）围绕卷烟营销，抓住税利增长核心，综合施策、精准发力、深挖潜力，最大限度满足市场需求，卷烟营销状态稳定。做好卷烟营销基础工作，加强客户经理实地拜访，深化客户经理拜访流程和信息采集；持续改善客户服务，加强维系良好的“客我关系”，实施预订单商谈采集工作，加强订单跟进；推进“积分法”分档，试行“积分商城激励活动”“记分推进营销队伍转型试点”“积分推进零售客户网建工作试点”，有效激励零售客户订购及保档升档积极性；推进卷烟零售客户自律互助小组建设，建成165个自律互助小组，客户覆盖率71.60%。培育卷烟营销品牌，树立以“消费者为中心”理念，以市场需求为导向，抓好细支烟等创新性特色产品培育，挖掘品牌市场潜力，培育成功率得以提升。培育销售地产卷烟，协助长寿区委、区政府开展地产烟培育座谈会，出台地产烟激励促销政策，宽松地产烟销售环境，维护地产烟销售市场秩序，推动辖区地产烟培育。2018年，实现卷烟销售收入（不含税）68069.51万元，同比2017年增长2.78%；实现卷烟单箱销售收入（不含税）27240.97元，增长7.23%；实现税利12519.76万元，增长3.16%；实现卷烟销售24987.92箱，下降4.16%。（张洪维）

盐商业

【概况】 重庆市盐业（集团）有限公司长寿分公司（本分目简称分公司）2018年实现各类盐产品销售7767.05吨，同比2017年增加7.18吨。其中，食用盐销售1780.75吨，下降25.82%；行业用盐销售5986.3吨，上升11.7%。

【食盐营销】 自2017年盐业体制改革之后，全国各地的食盐生产厂家涌入重庆市场进行食盐销售，这中间夹杂虚假合同、虚假配送等方式违法开展食盐批发、销售的现象，就扰乱食盐批发环节的专营秩序，导致长寿区内的食盐市场混乱。分公司作为长寿区唯一一家政府储备盐承储单位，具有保障全区人民合格食盐供应的责任和义务，为保障市民的食盐安全，分公司做细、做实食盐流通市场，力求将质量有保证的食盐传递到每一位长寿老百姓的手中。以“3·15”消费者权益日、“5·15”碘缺乏病宣传日、长寿区应急保供演练为契机开展宣传活动。散发宣传资料，让消费者认识到食用劣质盐的危害性，增强市民防范意识；分公司工作人员演示看、搓、闻等多种手段，从外包装到实物向市民现场展示如何鉴别真假小包装食用盐，以增强市民的甄别能力；分公司以场镇赶集促销和场镇墙体广告等手段为补充，加大“晶心”“天一井”食盐品牌的宣传和推广，方便市民在选购时挑选到放心食盐。（刘　睿）

餐宿、食品业

【概况】 2018年，长寿区限额以上住宿企业54家、餐饮企业536家，三星级农家乐14个，市级美食街2条；引进维也纳国际四星级酒店入驻长寿并成功实现开业。盘活存量、创新营销，金凤山酒店营业收入2000万元，增长10%；碧桂园凤凰酒店营业收入4830万元，增长8%。

年内举办万人参与品尝长寿历史名小吃肉汤圆活动和长寿湖美食音乐节；组织参加重庆市第六届“渝交会”，举办古镇火锅啤酒节、古镇庙会、迎春展、惠民购物节等节庆会展活动26场次，吸引1000余家企业参展，拉动消费11.5亿元。

（吴永礼）

2018年，长寿区有食品生产单位219家。其中：食品生产企业62家，食品添加剂生产企业5家，食品生产加工小作坊152家。有食品流通经营户2817户，食品销售摊贩216家，农贸市场38个。有餐饮服务单位2793家，其中大型73家、中型573家、小型1490家、微型283家，学校食堂196家，机关企业食堂147家，养老机构食堂26家，工地食堂5家。

全区有保健食品经营企业562家，化妆品经营企业618家。（杨　娜）

其他商贸业

【药品商业】 2018年，长寿区药品批发企业有7家（其中包括1家麻精药品批发企业），药品连锁公司总部有1家，医疗器械批发企业有18家。药品零售企业有444家，医疗器械零售企业有285家，医疗机构有542家；其中包括区级医疗机构4家，区疾控中心1家，民营医院16家，个体诊所170家。（杨　娜）

【广告业】 截至2018年12月底，长寿辖区有广告经营主体715户，其中专业广告公司265户，非专业广告公司450户。全年新增广告经营主体115户，比2017年增长47%；其中新增专业广告公司36户，非专业广告公司79户。新兴广告媒介蓬勃发展，互联网、自媒体等广告呈井喷式发展，对传统媒体，如报纸杂志、户外广告均产生影响。长寿区广告产业总体平稳向上发展，广告经营主体发展迅速，广告经营额较2017年增长10%。

（王　红）

【中介业】 2018年，长寿区新发展中介组织912户，与2017年同期相比增幅25.7%，全区中介组织达到4990户。（张笑薇）

【集市贸易】 2018年，长寿区对全区260万平方米商业建筑和57个农贸市场进行一次大摸底。全区有农贸市场57个，占地面积19.5公顷，营业面积160953.15平方米。全年投入170万元，新建凤城街道益民街农贸市场、洪湖镇称沱农贸市场、双龙镇双龙农贸市场、洪湖镇第二农贸市场、万顺镇顺达农贸市场5个和改建邻封镇农贸市场1个。

完成商业设施及专业市场布局规划（2016—2025），总体目标是到2025年，全面建成与长寿区社会经济发展和对外开放水平相适应，区域布局合理，业态结构优化，服务功能齐全，立足长寿、辐射渝东地区的商业体系，全区商业服务业设施总面积750万平方米。（吴永礼）

外经外贸

【概况】 2018年，长寿区实行开放型经济指标月调度、季分析、年总结制度，工作预见性、针对性增强。实际利用外资2.77亿美元，同比2017年增长76.8%，总量列渝西地区第三位、全市第十二位；全区实现外贸进出口总额133.5亿元，增长24.12%，总量列渝西地区第一位、全市第五位，连续3年保持渝西片区第一位（其中，出口115.9亿元，增长30.68%；进口17.6亿元，下降6.7%）。全年有106家企业有外贸进出口实绩；实现离岸服务外包执行额1.29亿美元，增长8.37%，总量列渝西地区第二位、全市第九位。截至年底前全区服务外包企业有31家，2018年新发展福安药业集团重庆博圣制药有限公司、重庆云天化天聚新材料有限公司、重庆汇马供应链管理有限公司等3家服务外包型企业。

【平台建设】 2018年3月，长寿区西药国家外贸转型升级示范基地获商务部考核认定，成为全市仅有的5个国家级外贸转型升级基地之一。长寿工业园区智能化A区5万平方米标准厂房建设项目已顺利完工，全年备案加工贸易生产能力企业6家，加工贸易进出口额超过5000万美元。致力培育服务外包实体企业，巴斯夫聚氨酯（重庆）有限公司等3家企业已被确定为重庆市服务贸易统计监测直报重点企业；新注册服务外包企业3家，全区服务外包企业总计31家。国际贸易“单一窗口”建设发展快速，系统培训骨干外贸企业51家，平台注册企业总计30家，投资贸易便利化进一步提速。成功组织参加首届中国国际进口博览会，有18家采购单位、39人参会，采购金额超过5亿元，完成意向投资额5亿元。

【营商环境优化】 2018年，长寿区改善对外贸易营商环境，与重庆市贸促会沟通，于9月获重庆市贸促会批复，成功设立长寿区贸促会，明确领导成员和专职工作人员，组建起长寿区贸促工作QQ交流群，发展重庆国际商会会员企业4家，加强内引外延作用。优化政务服务，开展重点外经贸企业走访调研活动，实行处级干部、科级干部、一般干部三级网格化全覆盖联系服务外贸企业制度，走访调研外经贸企业，拜访市级部门和开放平台。争取商务发展政策和专项资金，截至年底前，先后为外经贸企业争取国家、市级、区级层面的进口贴息、出口信保、服务外包等外经贸发展专项资金6098万元。（吴永礼　孔祥波　左其超）

表25

2018年长寿区进出口成交及完成情况

序号	单位	进出口实绩		出口实绩		进口实绩	
		2018年(万元)	同比±%	2018年(万元)	同比±%	2018年(万元)	同比±%
1	重庆市中投实业有限公司	348,144.77	51.39	348,144.77	51.39	0.00	0.00
2	重庆寻隐者贸易有限公司	83,988.31	—	83,988.31	—	0.00	0.00
3	重庆熠漫达科技有限公司	81,322.54	—	81,322.54	—	0.00	0.00
4	重庆骥祥哲进出口贸易有限公司	66,945.49	—	66,945.49	—	0.00	0.00
5	重庆韩节商贸有限公司	66,375.58	54.08	66,375.58	54.08	0.00	0.00
6	重庆博腾制药科技股份有限公司	65,186.38	-6.24	62,301.86	-5.09	2,884.52	-25.65
7	重庆莫米贸易有限公司	61,241.56	4.01	61,241.56	4.01	0.00	0.00
8	重庆珈迎商贸有限公司	48,503.35	27.76	48,503.35	27.76	0.00	0.00
9	重庆润凡贸易有限公司	44,528.29	17.52	44,528.29	17.52	0.00	0.00
10	重庆环松科技工业有限公司	42,780.49	97.32	42,751.06	97.19	29.43	8308.57
11	重庆千信国际贸易有限公司	33,580.79	-2.94	0.00	—	33,580.79	-2.94
12	重庆日发汽车零部件有限公司	32,124.65	6.32	19,925.73	7.15	12,198.92	4.99
13	重庆凯林制药有限公司	24,121.81	-11.24	24,120.86	-10.59	0.94	-99.53
14	重庆成元汽车部件有限公司	23,768.69	-16.79	5.59	—	23,763.10	-16.80
15	重庆苏斯维电子商务有限公司	20,782.30	-16.19	20,782.30	-16.19	0.00	0.00
16	中国石化集团四川维尼纶厂	18,722.32	33.40	18,722.32	33.43	0.00	-100.00
17	重庆苍锦贸易有限公司	17,928.81	-62.60	17,928.81	-62.54	0.00	-100.00
18	重庆旗乐树科技有限公司	17,888.06	-50.50	17,888.06	-50.50	0.00	0.00
19	中石化国际事业重庆有限公司	15,367.78	41.83	991.76	-26.96	14,376.02	51.69
20	重庆嘉银机电设备有限公司	15,191.50	—	15,191.50	—	0.00	0.00
21	LG化学(重庆)工程塑料有限公司	14,907.86	81.06	379.84	212.96	14,528.02	79.09

续表 25

序号	单　　位	进出口实绩		出口实绩		进口实绩	
		2018 年(万元)	同比 ± %	2018 年(万元)	同比 ± %	2018 年(万元)	同比 ± %
22	重庆钢铁股份有限公司	14,864.81	—	0.00	—	14,864.81	0.00
23	重庆绵聪电子商务有限公司	14,420.09	—	14,420.09	—	0.00	0.00
24	重庆诞林科技有限公司	14,016.64	—	14,016.64	—	0.00	0.00
25	正新橡胶(重庆)有限公司	12,491.47	13.80	0.00	—	12,491.47	13.80
26	重庆环松工业集团进出口贸易有限公司	11,655.09	-68.66	11,655.09	-68.66	0.00	0.00
27	重庆欣欣向荣精细化工有限公司	11,579.52	1.85	11,569.12	10.17	10.40	-98.80
28	重庆天勤材料有限公司	10,056.83	9.51	9,325.60	29.21	731.23	-62.81
29	重庆星宇海特克汽车部件有限公司	10,034.89	-58.64	13.72	154.28	10,021.17	-58.69
30	重庆爱尊汽车部件有限公司	9,901.94	69.40	0.00	—	9,901.94	69.40
31	重庆华彩化工有限责任公司	8,158.11	363.03	8,158.11	363.03	0.00	0.00
32	重庆鲁弗贸易有限公司	7,066.59	—	7,066.59	—	0.00	0.00
33	重庆钉绘商贸有限公司	7,007.62	—	7,007.62	—	0.00	0.00
34	重庆康普化学工业股份有限公司	6,970.73	-22.81	6,937.38	-21.49	33.35	-82.75
35	巴斯夫聚氨酯(重庆)有限公司	6,144.65	47.74	401.98	-66.62	5,742.67	94.34
36	重庆万斯金属特种成形有限公司	3,812.53	28.07	3,812.53	28.07	0.00	0.00
37	和信海纳川(重庆)汽车部件有限公司	3,040.49	-73.74	18.97	301.59	3,021.52	-73.89
38	重庆德洋中车汽车零部件有限公司	3,026.80	1,012.40	0.64	—	3,026.17	1012.15
39	重庆医工院制药有限责任公司	3,005.75	—	3,005.75	—	0.00	0.00
40	利富高(重庆)精密树脂制品有限公司	2,798.02	-12.29	0.00	—	2,798.02	-12.29
41	重庆云天化天聚新材料有限公司	2,665.20	79.52	2,656.26	78.92	8.94	0.00
42	重庆世纪之光科技实业有限公司	2,545.26	—	0.00	—	2,545.26	0.00
43	重庆望变电气(集团)股份有限公司	2,083.98	—	2,083.46	—	0.52	0.00

续表25

序号	单位	进出口实绩		出口实绩		进口实绩	
		2018年(万元)	同比±%	2018年(万元)	同比±%	2018年(万元)	同比±%
44	重庆金昌汽车部件有限公司	1,815.94	-76.80	0.67	211.00	1,815.27	-76.81
45	金刚化工(重庆)有限公司	1,779.52	-25.11	0.00	—	1,779.52	-25.11
46	重庆天泽新材料有限公司	1,676.45	—	1,676.45	—	0.00	0.00
47	重庆英斯凯化工有限公司	1,580.11	17.30	1,520.60	12.88	59.51	0.00
48	扬子江乙酰化工有限公司	1,529.61	18.85	0.00	—	1,529.61	18.85
49	中橡(重庆)炭黑有限公司	1,201.03	1,973.94	1,078.58	—	122.46	111.47
50	重庆诚隆化工有限公司	1,186.41	—	1,091.20	—	95.21	0.00
51	重庆朗天制药有限公司	911.59	-4.91	911.59	-4.91	0.00	0.00
52	福安药业集团重庆博圣制药有限公司	902.29	38,505.59	902.29	—	0.00	-100.00
53	重庆博俊工业科技有限公司	880.20	—	0.00	—	880.20	0.00
54	重庆云天化纽米科技股份有限公司	790.46	-52.56	774.04	-53.06	16.43	-3.01
55	50219604B5	786.43	-66.19	786.43	-65.36	0.00	-100.00
56	重庆康乐制药有限公司	736.27	-46.34	736.27	-46.33	0.00	-100.00
57	重庆巍然矿业有限公司	716.09	96.64	716.09	96.64	0.00	0.00
58	重庆日进汽车系统有限公司	704.80	-76.76	1.50	—	703.30	-76.80
59	重庆穗花食为天粮油有限公司	375.84	1,668.30	0.00	—	375.84	1668.66
60	重庆鸽牌电工材料有限公司	349.81	131.59	0.00	—	349.81	131.59
61	重庆德桥橡胶有限公司	299.33	—	299.33	—	0.00	0.00
62	重庆株龙一山汽车配件有限公司	284.22	8.62	1.46	651.03	282.76	8.14
63	重庆市泓禧科技股份有限公司	276.84	2,935.00	0.91	-53.22	275.93	3748.40
64	重庆帝尔鄂世稳汽车部件有限公司	225.56	-86.46	0.00	—	225.56	-86.46
65	重庆安盛钾业有限公司	225.34	—	225.34	—	0.00	0.00

续表 25

序号	单　　位	进出口实绩		出口实绩		进口实绩	
		2018 年(万元)	同比 ± %	2018 年(万元)	同比 ± %	2018 年(万元)	同比 ± %
66	秀博瑞殷(重庆)电子材料有限公司	158.56	95.52	0.00	—	158.56	95.51
67	重庆晟弘化学有限公司	156.05	—	0.00	—	156.05	0.00
68	5021960483	155.42	—	0.00	—	155.42	0.00
69	重庆力标汽车部件有限公司	132.25	—	0.00	—	132.25	0.00
70	重庆晶粒化工有限公司	125.53	6.89	125.53	6.89	0.00	0.00
71	健杰科技	117.78	—	117.78	—	0.00	0.00
72	亚太森博(重庆)纸业有限公司	94.66	-96.58	0.00	—	94.66	-96.58
73	重庆洋洋行实业有限公司	64.67	—	64.11	—	0.56	0.00
74	重庆市腾龙磨料磨具有限公司	29.09	—	29.09	—	0.00	0.00
75	重庆光公欣商贸有限公司	26.82	—	26.82	—	0.00	0.00
76	重庆发复圣科技发展有限公司	24.41	—	24.41	—	0.00	0.00
77	重庆凯恩斯橡塑有限公司	22.60	229.86	22.60	274.67	0.00	-100.00
78	欧中电子材料(重庆)有限公司	20.95	—	0.00	—	20.95	0.00
79	宣豪机电设备制造有限公司	6.79	—	0.00	—	6.79	0.00
80	林德化医(重庆)气体	4.08	57.74	0.00	—	4.08	58.14
81	重庆赛真达智能科技有限公司	1.23	—	0.00	—	1.23	0.00
82	重庆鼎圣金机械设备有限公司	0.63	-94.92	0.00	—	0.63	-94.95
83	重庆聚狮新材料科技有限公司	0.26	—	0.26	—	0.00	0.00
84	重庆博腾制药科技股份有限公司	0.12	-38.12	0.00	—	0.12	-40.00
85	重庆斯泰克瑞登梅尔材料技术有限公司	4,188.36	144.56	4,156.06	143.90	32.30	274.28
86	重庆卡贝乐化工有限责任公司	0.00	-100.00	0.00	—	0.00	-100.00
87	重庆攀钢梅塞尔气体产品有限公司	0.00	-100.00	0.00	—	0.00	-100.00

续表 25

序号	单　　位	进出口实绩		出口实绩		进口实绩	
		2018 年(万元)	同比 ± %	2018 年(万元)	同比 ± %	2018 年(万元)	同比 ± %
88	502194067M	0.00	−100.00	0.00	—	0.00	−100.00
89	福安药业(集团)股份有限公司	0.00	−100.00	0.00	−100.00	0.00	0.00
90	重庆昊翔纸制品有限公司	0.00	−100.00	0.00	−100.00	0.00	0.00
91	5021960489	0.00	−100.00	0.00	−100.00	0.00	0.00
92	502196049E	0.00	−100.00	0.00	−100.00	0.00	0.00
93	502196049T	0.00	−100.00	0.00	−100.00	0.00	0.00
94	重庆达立先科技有限公司	0.00	−100.00	0.00	−100.00	0.00	0.00
95	重庆圆嵘商贸有限公司	0.00	−100.00	0.00	−100.00	0.00	0.00
96	重庆曲竟贸易有限公司	0.00	−100.00	0.00	−100.00	0.00	0.00
97	50219604AC	0.00	−100.00	0.00	−100.00	0.00	0.00
98	50219604AD	0.00	−100.00	0.00	−100.00	0.00	0.00
99	50219604AF	0.00	−100.00	0.00	−100.00	0.00	0.00
100	50219604AG	0.00	−100.00	0.00	−100.00	0.00	0.00
101	重庆攀华实业有限公司	0.00	−100.00	0.00	−100.00	0.00	0.00
102	50219604AJ	0.00	−100.00	0.00	−100.00	0.00	−100.00
103	重庆立万精密制管有限公司	0.00	−100.00	0.00	—	0.00	−100.00
104	50219604B0	0.00	−100.00	0.00	—	0.00	−100.00
105	重庆市国乾百纳实业发展有限公司	0.00	−100.00	0.00	−100.00	0.00	−100.00
106	长风福来德	0.00	−100.00	0.00	—	0.00	−100.00
	合 计	1,335,312.68	24.12	1,159,478.50	30.68	175,834.18	−6.74

（重庆市长寿区投资促进局提供）

大型商场和商贸公司

【重百长寿商场】 重庆百货大楼股份有限公司长寿商场（简称重百长寿商场）是重庆百货大楼股份有限公司于2000年10月独资创建的综合性百货商场，是重百向区县连锁发展的第一家分店。2018年，重百长寿商场有员工700余人，年创销售额2亿元，创造毛利2000余万元。

2012年9月28日，重百长寿商场已从初创时期经营面积仅3000平方米的规模发展成为超市、电器业态在老城、百货业态在桃花新城的大型现代化综合商场，营业面积31900平方米。位于长寿新城桃花洋世达世纪广场的百货商场，营业面积21000多平方米，经营品种万余个，有4个经营楼面，一楼经营化妆品、名表珠宝、饰品、男女鞋品、箱包手袋、手机数码 、生活家电；二楼经营少淑女装、文胸睡衣、流行饰品；三楼经营精品女装、成熟女装、针织床用、羊毛羊绒制品、童装童玩；四楼经营精品男装、时尚男装、青年休闲、运动户外用品。重百长寿商场自开业到2018年，曾先后获山城百店无假货市级示范店、长寿区文明单位、保护消费者合法权益先进单位、价格计量信得过企业称号，重百商标被认定为中国驰名商标。

重百长寿商场经过调整后在品种、品质上下功夫，紧抓品牌调整，使商场荟萃众多知名品牌、时尚品牌，能满足长寿市场各个消费层次的需求。2018年年底前，商场经营的知名品牌有雷达、浪琴、周大福、六福、欧珀莱、欧莱雅、理肤泉、薇姿、自然堂、汤普葛罗、百丽、他她、百思图、天美意、星期六、Kisscat、欧时力、百家好、ONLY、MODA、IM27、圣迪奥、艾托奥、堂皇、梦洁、罗莱、领姿、渔牌、金利来、鄂尔多斯、华菲型格、杰克琼斯、GXG等。 （喻 莊）

【重庆商社新世纪百货长寿商都】 2018年，重庆商社新世纪百货长寿商都（简称长寿商都）面对日趋严峻的市场形势，围绕商都整体部署及2018年计划开展工作。实现销售额18002.84万元，同比2017年增长2.1%；上缴利税962.39万元；提供612人的就业岗位。

细化柜位空间管理，引新汰旧精准调改。柜位空间管理、结构化预算工作按上级公司百货事业部“标准动作”执行，抓实有针对性的精细化管理，落实结构化预算“按月度、分周度、计天数、划类别、到柜位、到品牌、到个人”七个环节，每一步均有相应的责任人和监管人；对重点品牌、统签品牌实行挂牌上岗制，给各分公司划定“责任区”，核定“任务量”，结合制定权、责、利相对等的考核机制，做到柜位空间管理、结构化预算、重点品牌工作落到实处，抓在细处，责任到岗，指标到人。2018年长寿商都引进品牌15个，淘汰品牌65个（含19个手机品牌）；上百万元的品牌有64个，同比2017年增加11个；销售11115.09万元，增长16.58%。细化柜位空间管理及对照结构化预算完成进度，进行以业绩导向管控品牌汰换工作后，长寿商都定位更为准确，卖场布局更为合理，视线角度更加通透，塑造适合工薪消费群体的大众流行百货形象。

创新营销体系。注重环境氛围打造，弥补卖场硬件环境上的不足。长寿商都从环境改造、美陈装饰、活动氛围三个方面着手，实施DP点的陈列、灯光的应用、调整绿植品类数量、增设中庭挂饰、休闲客歇（集合有座椅条桌、饮用水、免费Wi－Fi、手机充电器）、改造超薄灯箱、风机风管改造，试点引入空气香氛等多种手段，提升卖场环境、打造舒适的休闲购物氛围。

全员宣传追求创意，时尚新颖，在营销的宣传手段和形式上，组织策划员工创意微信朋友圈发布、抖音比拼大赛，调动全体员工的积极参与性、创意性、趣味性，增强时尚度、话题感。在长寿商都11周年庆期间，利用抖音、美篇、创意自拍等形式，在微信朋友圈转发，产生自媒体宣传共鸣，转发活动推广10余万次，吸引消费者的广泛关注；该档活动4天销售729.13万元，同比2017年增长9.30%，再创新高。

加强VIP互动维系，尊享专属关爱。了解消费需求，重视与VIP顾客沟通联系，拟定会员专享方案，拓展异业联盟伙伴，集合各类资源，开展多种形式的“目标性”促销活动，互动邀请、专属返礼及重大节假日的高端顾客回馈礼。全年策划开展“花漾春季·高端VIP答谢”艺术插花课堂、“VIP乐购日”卡友尊享订制礼等专属活动16档，增强与VIP的互动，搭建起情感的纽带，让VIP感受到特惠及尊享。

加强管控，2018 年长寿商都抽查商品标识、品质、外观等 4190 件商品，对不合格商品处置 139 件；受理顾客投诉 196 件，投诉处理及时率 100%。结合事业部《百货场店服务设施配置基础》要求，长寿商都对 23 项服务设施配置进行全面检查，对不合格、存在安全隐患、影响美观的 13 项服务设施进行整改完善，分别增添 12 项服务设施，将基础设施配套和服务顾客工作落到实处。加强安全管理，签订《安全责任书》181 份，开展各类安全教育培训 24 次，开展消防应急疏散演练 1 次、扶梯应急演习 1 次、防爆反恐演练 1 次，参与人员 2278 人（次）；对该商都和监管场店进行安全检查 48 次，查安全隐患 150 处，整改率 100%。长寿商都全年无重大安全事故发生。

2018 年长寿商都党支部工作以上级公司事业部党委提出的“思想先进、行为先进、业绩先进”为主旨，将重心放在基层党组织建设上，加强党风廉政建设，与经营管理工作有机融合。以《集团党建工作指导手册》为指引，坚持“规定动作不走样、工作记录不遗漏”的要求，做好“三会一课”“两学一做”、创先争优、组织发展、党建场所标化配置、党员配徽上岗等党建工作。班子成员、部门经理、组长与关键岗位人员进行三级廉政约谈，年内廉政专题谈话 82 人（次），签订廉洁承诺书 178 份，全年无一例违法违纪案件，无一例信访上访事件。（赵　勇）

2018 年 1 月 19 日，长寿区组团参加第十七届中国西部（重庆）农产品交易会

交通　邮政

交通综述

【概况】　重庆市长寿区交通委员会（简称区交委）是长寿区人民政府主管全区公路、铁路、水路、民航、邮政等交通行业的职能部门。2018年内设办公室（信访科）、安全法制科、财务科、建设管理科、运输管理科、铁路民航科、内部审计科、行政审批科8个科室，下属区交通行政执法大队、区公路运输管理所、区港航管理处、区公路局、区交通工程质量监督站、区交通运行监测与应急调度中心6个直属事业单位。全系统2018年有在职职工210人。

2018年，区交委按照“拓宽出口，畅通网络，关注民生，规范管理”的总体思路，加强交通设施建设，完善内外交通网络，全面推进依法治交，提高交通管理水平，加快构建现代综合交通运输体系，着力解决一批群众关心的交通热点、难点问题，受到市交委和区委、区政府赞扬。

（邱　林）

公路建设与养护管理

【公路建设】　渝长高速扩能改造项目。截至2018年年底，渝长高速扩能项目长寿段路基开挖土石方完成长寿段总量的75%，路基填方完成长寿段总量的78%；桥梁桩基完成长寿段总量的90%，墩柱完成长寿段总量的50%；涵洞完成长寿段总量的61%；隧道开挖完成长寿段总量的65%。年度完成投资26.9亿元，自开工完成总投资57亿元。

普通干线公路改造项目。2018年在建项目12条，84千米，工程总投资2.2亿元，全年完成投资1.22亿元。其中：G351新市至付何段改造工程总投资1605万元，截至年底前完成产值1639万元，占合同金额的102.18%；G243一碗水至马桑垭段改造工程总投资2268万元，截至年底前已完成100%；S413全家垭口至云集段改造工程总投资2864万元，至年底前完成投资1457万元，完成进度的50.87%；长大路（葛兰镇响水凼至大坝）改造工程总投资2067万元，至年底前完成建筑安装费2063万元，占合同金额的99.2%；G351长寿湖三角碑至涪陵界改建工程总投资5696万元，至年底前完成投资2470万元，占合同金额的43.36%；菩提山环山公路工程总投资760万元，至年底前完成100%；长寿湖东岸沿湖路（人头山至官栈河）工程总投资3600万元，至年底前完成80%、2880万元；石沙路改建工程总投资2338万元，至年底前完成28%、650万元；古十路改建工程总投资776.7万元，至年底前完成60%、466.02万元。开展前期工作的干线公路27条279千米，估算总投资53.86亿元；其中完成施工招标3条22千米，完成施工图审查6条40.6千米，完成初步设计审查8条90.7千米，已启动前期工作10条126千米。

“四好农村路”建设项目。2018年全区投资4.46亿元，实施628条总里程578.68千米建设；启动龙河镇、洪湖镇9条主干“四好农村路”41.5千米项目。

【公路养护】　2018年，区公路局督促各道班、养护公司加强干线公路日常养护，强化危岩、危桥、危险路段巡查力度，全年清理白色垃圾720立方米，清除水毁坍方3790立方米，清理路肩边沟82000米，清除堆积物3840立方米，清理枯断树（枝）2100棵。投入资金215万元，开展“四好农村路”现场外业整治工作。完成19个街镇的乡村公路检查考核工作和日常抽查工作。

小修项目投入资金385万元，完成G351梓潼至核桃村段水泥路面修补工程和G351核桃村至渝北界沥青路面修补工程；年底前正在开展长寿区G351西山不稳定斜坡应急抢险治理工程、长寿区国道G319线K2431+345至K2431+375段公路灾害防治工程。

预防性养护投入资金620万元，完成G319线（黄草山至东新村）、G351线（狮子滩至双龙、双龙至新市）、S515沙凤路（葛兰至合兴、合兴至龙河）沥青灌缝51488米；年底前正在开展长寿区G319高蓉线K2456+936至K2468+936段、长寿区G243开凭线K164+315至K199+315段沥青路面预防性养护工程。

桥隧养护投入资金745万元，完成71座桥梁、1座隧道公路桥梁定检和桥梁智能化检测系统建设外业工作。

其他工作正在开展G351西山服务点建设和公路桩号传递工作，即标志标牌、千米碑、百米桩等设施制作，投入资金398万元。

【路政管理】 2018年，长寿区开展公路联合巡查，依法路政审批许可，全年查处损坏公路路产及附属设施赔偿案件17起，审批路政行政许可12件，结案率均为100%。全年固定超限检测站（点）总检测车辆673649台，收取公路补偿费车辆11149台，移交交巡警处罚车辆613台，未采取密闭运输移交执法大队处罚7台，卸货1407.46吨；超限率为1.7%，车辆超限率控制在国家规定5%以内。开展路政治超宣传和公路执法服务大走访活动，发放宣传资料7500余份，出动执法人员120人（次），接受群众咨询450多人（次），流动宣传车上路巡回广播宣传80小时，各类大走访、进企业等活动29次。组织路政治超执法人员学习培训和理论知识考试，参加区交委举办的2018年交通行政执法专项培训班学习3次。

【安保工程】 2018年路查发现安全隐患357处，整改357处，整改率100%。其中，更换失效灭火器20套、消防灭火箱15个，清理国省县道公路行道树断枝和影响行车视距的5300处，国省县波型防护栏损毁维修与更换4494米、新增波形防护栏384米；对G319、长大路部分公路标线不清画线2176.18平方米，标线不规范解除1150平方米；增设各类标志标牌795套，更换会馆隧道不清晰反光棱角标152块、增设护栏棱角标700块；增设与更换锥体桩275个；增设国道G243、云芦路水码墩143个，更换与增设道口桩235根；在茶涪路增设禁止左转标志1套、T型路口标志1套、移动限速60标志1套；辖区更换前方学校标志损毁缺失11套、限速标志40套、人行标志7套、人行标线60平方米、振荡标线240平方米，投入整治资金约163万元。 （史晋岳）

道路运输行业管理

【概况】 2018年，长寿区有公路货运业户2309户，其中企业412户；客运企业11户（包含5户公路客运企业、出租车企业6户和公交公司2户，其中有2户兼营业户）；有客运车辆428辆，货运车辆18094辆；全年完成货运量5991万吨，货运周转量715855万吨千米，货运周转量比2017年同期增长8.4%；完成客运量999万人（次），客运周转56239万人（次）千米。

【运力完善】 2018年，长寿区着力提升公路客运服务水平。优化城市公交线网结构，解决经开区棉纺厂、凤西片区、中央公园片区、阳鹤山片区群众出行问题，对城区103路、106路、107路、108路、201路、202路公交线路进行优化调整，提高线网密度和站点覆盖率；推动城乡公交一体化，已着手对新市街道、八颗街道以及付何村、东新村等片区开行公交的前期准备工作，启动班线客车退出预期收入和残值招投标工作前期准备工作，城乡公交一体化正稳步推进中。提升对外客运能力，年内经市局评审会初审，长寿至四川泸州、贵州务川、重庆开州客运班线获得初审通过。强化包车客运管理，对包车加班线路牌实行专人管理，严格执行包车加班线路牌的管理规定；督促企业落实安全生产主体责任，核查驾驶人员资质、车辆技术状况等，全年审核包车牌1009张，审核市内临时线路牌357张。坚持优先发展城市公共交通、适度发展出租汽车，有序发展网约车。

规范公路货物运输管理。按照文件要求，严格新办及到期年审换证经营业户许可工作，对企业办公场所、安全管理制度、安全管理人员均严格要求，未达到条件的一律不予许可；实施联合检查，加大对危货、普货运输企业的安全管理、检查力度，对24户普通货运企业发达安全隐患整改通知书，注销普通货运车辆 1696 辆、危化品车辆 80 辆。

【维修企业管理】　2018 年，长寿区对区内 170 家维修业户进行安全服务质量考核检查。其中一类企业 17 家，二类企业 35 家，三类企业 118 家；经市局验收，10 家一类维修企业获 AAA 级维修企业，3 家企业获得重庆市诚信经营 60 佳企业称号。对机动车维修经营许可证超期半年未审验换证的业户进行注销，注销 74 家维修业户。按照市局对汽车维修电子健康档案系统建设的整体部署开展工作，全区 52 家一、二类维修企业已按规定时间完成电子档案系统对接。

【驾培监管】　2018 年，长寿区公路运输管理所联合区交通行政执法大队，加强对教练员、教练车和教学场地的检查。重点检查驾培行业《教学大纲》落实情况、经营管理情况，提升机动车驾驶培训质量，促进全区驾培行业规范有序发展。强化从业人员监管，全年吊销、注销从业资格证 123 件。

【驾驶员从业管理】　2018 年，长寿区按照《重庆市道路运输驾驶员管理办法》《道路运输从业人员管理规定》，强化对从业人员管理。全年核发巡游车从业资格证 360 个、网约车从业资格证 181 个、客货从业资格证 360 个，换发从业资格证 754 个，吊销、注销从业资格证 138 个。对道路运输驾驶员进行诚信考核、执业备案工作，全年完成道路运输驾驶员诚信考核 10000 余人。

（陈　娟）

汽车运输

【概况】　2018 年，重庆市汽车运输（集团）有限责任公司六分公司（本分目简称六分公司），建有党总支委员会，下设 2 个党支部（机关支部、车站支部）；有团支部，有团支部书记 1 人，团支部委员 2 人；下设 1 室 4 科 3 站 3 队 1 厂（办公室、经营科、安全科、财务科、设备技术科、长寿汽车客运总站、凤城车站、长寿西站、公营车队、商务车队、网络出租车队、汽车修理厂）；有在册职工 174 人（其中女职工 69 人）；拥有中高档车辆、出租车 339 辆，经营线路 67 条。

【生产经营】　2018 年，六分公司针对企业效益下滑的不良态势，组织人员查找经营下滑的原因，把提质增效、减亏控亏作为重要任务。各车站搞好客运主业的同时狠抓边际收入，对车辆停车管理费的收取进行规范等；商务车队主动走访长寿经开区管委会所辖企业，实地考察 11 家，与 4 家成功签约，与 2 家企业达成签订协议意向；汽车修理厂做好维修业务的同时拓展汽车配件销售业务，实行统一购销，集中管理，先后与长寿凤城公交公司、忠明汽车修理厂签订油料购销协议，实现汽车配件销售“零突破”；出租车队依托“互联网 + 客运”，发展网络预约出租车业务，51 辆网约车全部完成相关手续的办理，年底前已投入运营，网约车业务正式步入正轨。

【安全管理】　2018 年，六分公司做好日常驾驶员安全教育、人员和车辆资质审核、GPS 监控、常规安全检查工作，重点做好“日周月”排查及安全绩效考核，实现该项工作全覆盖，推动各部门安全、稳定隐患排查细化，安全绩效考核实质化。以开展安全月活动为契机，组织职工、门面租赁户、驾驶员进行消防安全培训暨演练。加大安全管理投入力度，重新修整 GPS 监控室，扩大监控屏幕，提高监控清晰度，利用 GPS 监控等科技手段，为企业的安全运营保驾护航。全年无集访事件发生，未发生重特大事故、重大事故，各项安全生产指标均控制在集团公司下达的目标范围内。

【企业文化建设】　2018 年，六分公司开展一系列丰富多彩的活动，包括职工运动会、女职工赏花踏青一日游趣味活动，在活动中穿插了“两学一做”、党风廉政、安全经营知识问答、趣味游戏，寓教于乐、健康职工身心。组织运动员首次参加重庆市长寿区首届旅游行业职工运动会，团体获得拔河比赛亚军及 50 米迎面接力、定点投篮、5 人六足进前八名，个人项目获得乒乓球、羽毛球、踢毽子 3 项冠军。组织表彰优秀女工和文明家庭，树立先进典型。开展青年志愿服务活动，助力车站应对客流高峰，引导乘客有序乘车。

（刘学瑜）

公共交通

【凤城公交公司】　重庆市长寿区凤城公共交通有限公司（简称凤城公交）成立于 2006 年 11

月15日，原由重庆汽车运输（集团）有限责任公司、重庆亿思达实业公司共同出资组建，其中重庆汽车运输（集团）有限责任公司占股51%，重庆亿思达实业公司占股49%。企业注册资本1000万元；2018年拥有公交车辆158台，投入运行公交线路11条，市场占有率为82.2%，经营模式为全公司化经营。年底前在职员工339人，其中管理人员30人，后勤和一线生产人员309人均属合同制用工。

2018年，凤城公交公司把安全生产管理工作放在首位，常抓不懈、防患于未然。全年重特大交通事故、百台车行车安全责任事故死亡率、火灾事故次数、工伤事故死亡人数、工伤重伤人数、责任上报事故均为零。全年召开安全生产领导小组会议4次，交通安全专题分析会2次，安全生产工作例会12次，驾驶员安全学习18次，学习培训率100%。加大一对一监管力度，开展“战高温、保安全、夺高产”活动，有效预防和减少安全事故和杜绝“三违”行为发生；开展“出满勤、干满点、保安全、保服务、增效益”活动，增强服务意识，整顿行车安全隐患，落实安全责任，降低交通事故和杜绝各类违法违章行为及服务质量投诉，全面落实“一岗双责”制度。抓好专项整治活动，2018年6月开展“安全宣传日咨询活动”，组织消防应急演练，增强全体管理员和驾驶员在遇到火险时逃生自救能力和应变能力；8月开展“安全出行、文明出行、平安出行”敬老专项活动，增强老年人的交通安全意识。2018年实施公共交通“科技兴安、科技管安”战略，强化安全监管，纠正和制止各类交通违法行为，对驾驶员操作规程、行车规范、行为规范和文明服务情况等实时监控，对158台车辆监控设备进行换装，实现全方位、全过程的安全生产管理。落实“日、周、月”排查制度，加强隐患治理，全年检查车辆2238台（次），其中主管领导带队29次，分管领导带队65次，日排查57670台（次），周排查52次，月排查（综合检查）12次；发现一般隐患4台（次），整改4台（次），把事故隐患消除在萌芽状态。

2018年，凤城公交完成总班次64.84万班，比2017年64.46万班次增加0.38万班次，增长率为0.58%；完成有效里程988.88万千米，比2017年981.79万千米增加7.09万千米，增长率为0.72%。全面落实每周一计划一小结、每月一计划一总结“四个一”制度，规范日常经营管理工作；2018年全年组织召开周例会45次，对经营、安全、车辆保障等工作进行组织规划，对重大事项进行讨论；组织全体后勤管理人员召开管理会议12次。突出重点，抓住关键。2018年为提高现场调度工作质量，全年组织现场调度培训会36次，从思想、作风上加大培训力度，从7月份起，实行班次考核，每周对所有线路班次完成情况进行公示张贴，做到公开化、透明化。要求公交车逢站必停，保时、保量、保质完成班次任务；针对密集出行日，调查人次的流量、流时、流向，对班次进行适当调整；按照行业要求，对103、106、107、108线路进行调整，有效覆盖凤城华府、中央公园、凤西苑、寿城水岸、LG化学片区，营收再创新高。抓服务质量落实管理的“6S”（整理：要与不要，一留一弃；整顿：科学布局，取用快捷；清扫：清除垃圾，美化环境；清洁：清洁环境，贯彻到底；素养：形成制度，养成习惯；安全：安全操作，以人为本），年内针对158台车辆车内清洁卫生以及办公区域内卫生实行责任到人进行考核，改变以往“事不关己”的现象，所有车辆清洁卫生得到明显改善，办公区域内再无杂物堆放。

凤城公交公司领导干部做到扑下身子，真抓实干，为企业干实事，为职工办好事。全年慰问生病职工9人，丧葬慰问15人；组织女职工庆“三八”节女职工登山活动，为158台车辆更换凉坐垫以及清洁卫生用品，开展“关爱职工，夏送清凉”为主题的高温慰问活动，公司为一线驾驶员购买毛毯240床，为各调度亭配备润喉片20盒。

（戚晓容）

附：2018年长寿凤城公交公司各条线路运行路线

101路：火车北站（渡舟）—黄桷湾—重钢二号门

102路：圣天湖—凤岭路—古佛

103路：菩提古镇—牛心山—LG化学—长寿火车站（晏家）

104路：桃源小学—阳光世纪城—沁园坊—长寿中学—长寿路—长化大营门

105路：重钢朵立七号—长寿路—江南

106环一：圣天湖—半岛香颂—时代国际—凤

城华府—长寿中学—凤岭路—长一中—实验中学—桃西路—圣天湖

106 环二：圣天湖—桃西路—实验中学—长一中—凤岭路—长寿中学—凤城华府—时代国际—半岛香颂—圣天湖

107 路：黄桷雅居—快速通道—经开区—晏家西站

108 路：瀚林港湾—缆车站—校骑路—长寿中学—圣天湖—中央公园—保利壹号—菩提山

109 路 B 线：火车北站（渡舟）—黄桷湾—牛心山—川维车站—川江船厂

109 路 A 线：火车北站（渡舟）—长寿路—牛心山—川维车站—川江船厂

【渝运长寿公交公司】 重庆市汽车运输集团长寿公共交通有限公司（渝运长寿公交）系重庆市汽车运输（集团）有限责任公司投资 500 万元，于 2013 年 8 月 27 日在长寿区注册成立的法人独资公司，经营范围为长寿区公共汽车客运。2018 年，渝运长寿公交公司设置 1 室 4 科（办公室、财务科、安全科、经营科、设备科），有员工 96 人（其中驾驶人员 68 人），开行公交线路 3 条，有公交车辆 38 台［天然气（CNG）汽车 26 台、气电混合动力的新能源汽车 12 台］。

渝运长寿公交以优质、舒适的车辆，文明、安全的服务，获得全区人民群众的好评与赞许。2018 年 1 月 18 日，在长寿区交委组织对公交车 2017 年度服务质量考核中获得 95 分，服务质量考核成绩均为优秀。

渝运长寿公交于 2013 年 12 月 10 日正式投入车辆运行，服务范围覆盖长寿老城、桃花新城、渡舟街道、长寿古镇及菩提山片区。201 路以“火车北站”为起点“桃花新城顺时针环线”，202 路以“化工职院”为起点“桃花新城逆时针环线”；2018 年 12 月，对 201、202 两条线路站点进行调整，分别增加凤城华府、池上春天沿路站点，均撤销天工睿城站点，增加中央公园、保利 1 号站点。203 路公交线路运行“长寿古镇—长寿路—在水一方—火车北站”区间。

渝运长寿公交发挥国有大型客运企业的优势，运用“渝运品牌”成熟丰富的客运管理经验、标准化的安全管理措施、规范化的优质服务模式，为长寿市民提供“文明、便捷、安全、舒适”的乘车环境。2018 年，有安全管理人员 6 人，成立以经理为主任，副经理为副主任，各科室部门负责人为成员的安全生产委员会。渝运长寿公交注重制度建设，重视检查考核，落实主体责任，层层签订《安全生产责任书》《驾驶员安全生产服务承诺书》，安全责任落实到每一个驾驶人。每月召开安委会会议 1 次，每月召集驾驶员安全生产会议 2 次，将安全生产动态和各项安全要求传达到每一个驾驶员。

渝运长寿公交以“文明生产、安全运输、优质服务、礼貌待人”为宗旨，本着“安全发展、优质服务、方便群众、服务社会”的理念，打造“公益公交、安全公交、便捷公交、智能公交”为目的，努力为长寿市民提供“文明、便捷、安全、舒适”的乘车环境。推出“渝运长寿公交”微信公众服务号，利用该平台为市民出行提供智能化的互动交流服务；组织员工参加征文及演讲等比赛活动。

（余勇士）

港口建设与水路运输

【港口建设】 长寿胡家坪作业区二区团山堡码头建设工程，为 5 个 3000 吨兼 5000 吨级液体化学品泊位及后方水平管廊、消防、变电、公用工程及辅助设施。自开工建设至 2018 年年底，完成投资 9700 万元。该项目 5 个泊位中，4 号、5 号泊位已于 2014 年完工，2018 年完成 1 号、2 号、3 号泊位的斜坡道建设；4 号泊位趸船已开工建造。

川维物流危化品船舶洗舱中心升级改造项目，位于长寿区长江左岸胡家坪作业一区。设计修建 3000 吨兼顾 5000 吨级洗舱专用泊位 1 个，总投资 3900 万元，年洗船量 500 艘。2018 年投资 800 万元，完成高水位平台的建设以及陆域管廊架的敷设，工程其余项目正在建设中。

重庆长寿开发投资（集团）有限公司船舶废弃物接收处置工程，位于长江左岸詹家沱河段，航道里程距宜昌 580.5 千米，选址岸线长 155 米。拟建设 100 吨级船舶废弃物接收处置泊位 1 个，设置 2 艘靠泊趸船及相应的系泊设施，可供 9 艘环卫船舶停靠使用。设计处理能力：船舶生活污水 157 立方米/天、含油污水 51 立方米/天、生活垃圾 2.9 吨/天。该项目总投资 4000 万元，截至 2018 年年底，完成投资 3524 万元，项目主体工程已完成，2019 年投入使用。

【水路运输】 2018 年，长寿辖区内有水路运输经营者 31 家，其中水路运输企业 4 家，个体工商户 27 家。水路运输企业包括普通货物运输企业 2 家，危险化学品运输企业 1 家，旅客运输企业 1 家。年底前有营运船舶 98 艘，载重吨 125676，总吨 70486，载客人数 1656 人。2018 年完成货运量 190.57 万吨，货运周转量 421282 亿吨千米；完成客运量 4.06 万人，客运周转量 44.8 万人千米。

（向柳颖）

邮 政

【概况】 2015 年 5 月 1 日，中国邮政集团公司“子改分”改革，取消重庆市邮政公司第二级法人资格后，重庆市邮政公司长寿区邮政局更名为中国邮政集团重庆市长寿区分公司（简称长寿邮政），接受重庆分公司、渝北片区分公司 2 级领导管理。长寿邮政 2018 年年底前下设 6 个部室（市场营销部、金融业务部、集邮与文化传媒部、包裹快递部、渠道平台部、综合办公室），设 6 个支局（凤城、晏家、洪湖、双龙、云台、狮子滩），全区支局辖 41 个金融网点、6 个邮政所，设 6 个班组（营销组、集中监控值守团队、武装保安押运班、库管班、后勤班、行政驾驶班）；有在职职工 373 人，退休职工 93 人；有党员 48 人，设中共中邮重庆市长寿区分公司总支委员会，接受长寿区直机关党工委领导，下设 3 个党支部（机关党支部、支局联合党支部、退休党支部）。

2018 年 9 月，根据《重庆邮政寄递翼整改方案》，原中国邮政速递物流公司长寿区分公司和原长寿邮政公司包裹快递部整合，成立中国邮政集团公司重庆市长寿区寄递事业部，上级分别任命韦先兵任中国邮政集团公司重庆市长寿区寄递事业部总经理、杨文任常务副总经理、邹伟任副总经理。

2018 年，长寿邮政落实上级决策部署，贯彻新发展理念，突出党建引领，实施“一体两翼”经营发展战略，全年实现业务总收入 10605 万元。

表 26 **2018 年长寿区邮政业主要指标**

指标名称	单位	2017 年	2018 年	2018 年比 2017 年 ±%
邮政所	处	49	49	0%
邮路条数	条	5	5	0%
邮路总长度	千米	786	786	0%
农村投递线路总长度	千米	421148	421148	0%

【代理金融】 2018 年长寿邮政金融网点开展 1000 场院坝会，推进金融知识进社区、下乡村。全年新增余额 3.5 亿元，余额总规模突破 50 亿元；新增保费 2.15 亿元；金融 VIP 客户占比提升 0.49%。葛兰邮政所被授予全国邮政代理金融“千佳网点”称号。

【邮政寄递】 2018 年，长寿邮政提升包裹快递营揽投质量，优化 PDA 下段模式，提升内部处理效率；新增 2 条揽投段道，提升揽投响应速度；提早安排旺季生产，确保春节、电商旺季期间投递工作。建设“绿色邮政”，推广使用免胶带箱和自然胶带，推广电子面单，电子面单使用率提高到 81.9%。2018 年，长寿邮政包裹快递实现收入 651.25 万元。

【农村电商】 2018 年，长寿邮政农村电商三级服务体系完善，总计建成运营镇级邮乐购店中店 18 个，村级邮乐购店 299 个，区级农村电商服务中心 1000 平方米、物流仓储配送中心 3000 平方米、注册邮乐小店 9422 个。与供销社、云集镇政府签订农村电商战略合作框架协议，在村邮站搭载建设邮乐购店，推广建成 8 个；与商务局、区农委组织长寿区第二届“双 12”电商节，开展“寻找最美乡村渝味”活动，助力地方 53 款农特产品上线邮乐网。通过邮乐网、渝邮惠积分商城销售扶贫农产品 11000 单，助力精准扶贫。2018 年，长寿邮政农村渠道平台收入 1260.5 万元。

【文化传媒】 2018 年，长寿邮政开展“全民阅读”“家庭医生”“集邮巡展”“平安长寿”等项目，进入长寿区委宣传部《习近平新时代中国特色社会主义思想三十讲》图书供应单位之一，销售图书 2000 余册。全年实现文化收入 869 万元。

【服务质量】 2018 年，长寿邮政的服务质量提升，用户有理由投诉、申诉总量减少 66%；用户投诉、申诉处理满意率保持100%；重点党报党刊持续实现当日送达；投递信息虚假反馈为零，当日妥投率97%，三日妥投率99%；按照“先外后内、先赔后查”原则，实现快速及时理赔；坚守普遍服务“两条红线”，全年无监管处罚；机要文件失密丢损率为零，连续37年保持质量全红。建制村通邮达标率100%。

【党建工作】　2018年，长寿邮政落实“三个第一时间”学习机制，坚持中心组学习制度，集中学习习近平新时代中国特色社会主义思想和中共十九大精神等重要内容。召开年度党建暨纪检监察工作会，将党建工作纳入企业整体发展规划，层层签订全面从严治党责任书；全年未出现违反中央八项规定、“四风”问题的违法违规行为。狠抓基层党组织建设，成立支局联合党支部。严格执行党组织书记抓党建述职评议制度、“三会一课”制度，坚持开展主题党日活动。做好巡视整改工作，坚持巡视整改工作例会制度，召开专题组织生活会，聚焦典型问题、明确整改任务，制定整改措施80项。

（张熙琳）

2018年春运期间，长寿区志愿者在长寿汽车总站服务

信息业

综述

【概况】 2018年，长寿区有4G基站2293个，其中农村4G基站975个，实现全区行政村4G信号全覆盖。全区行政村通光纤网络100%，全区通信服务水平提高。年内新建成4G基站524个，完成年度目标任务500个的104.8%，同比2017年增长25.78%，其中农村新建成4G基站80个，完成年度目标任务80个的100%，增长8.2%。全年完成老旧住宅光纤网络改造19500户，完成年度目标任务10000户的195%，增长4.8%。新增“两化融合”管理体系贯标试点企业1个，新增“两化融合”管理体系贯标示范企业1个。

长寿电信已在工业园区中科未来城建成5个5G基站，长寿移动在长寿经开区正新橡胶公司建成1个5G基站。

信息基础设施建设。新增互联网覆盖规模98149户，同比2017年增长10.46%（其中农村新增23213户，增长6.8%）。全区互联网实际用户有236931户（均包括电信、移动、联通、广电网络各自的用户数，下同），比2017年同期增加44612户，增长23.2%（其中农村实际用户69847户，增加3261户，增长4.9%）。

信息消费。互联网实际用户中，光纤实际用户为192640户，比2017年同期增加19815户，增长11.5%；其中农村光纤用户69304户，增加9041万户，增长15%。

全区手机用户769351人（卡），比2017年同期增加66997人（卡），增长9.54%；其中4G手机用户为547028（卡），增加109335人（卡），增长25.9%，占全区用户数的71.1%。

【通信发展管理】 2018年，成立长寿区通信发展管理办公室。重庆市通信管理局在8个区县设立派出机构，成立区县通信发展管理办公室，“通信管理局+区县通发办”的模式弥补此前区县没有机构、通信管理工作向基层延伸困难的短板。长寿区与重庆市通信管理局联系沟通，2018年3月挂牌成立重庆市通信管理局长寿区通信发展管理办公室（简称通发办），成为全市第九个挂牌成立的区县通信发展管理办公室，由区经信委为通发办主任单位，也是全市唯一的由政府部门任主任单位的通发办。通发办是重庆市通信管理局的派出机构，行使重庆市通信管理局的部分职能职责。

区通发办成立后分别从电信长寿分公司、移动长寿分公司、联通长寿分公司、重庆市通信产业服务有限公司长寿分公司各抽调1名工作人员参与工作，工资待遇由原单位解决，工作人员在5月全部到位。区通发办成立后，认真履职，建立沟通联系机制，为统筹推进全区通信发展开展工作。长寿区通发办被重庆市通信管理局评为2018年先进集体。

【网络提速降费】 2018年，长寿区根据国务院的统一部署、工信部《关于深入推进网络提速降费加快培育经济发展新动能2018专项行动的实施意见》精神和市电信、移动、联通公司要求，通信企业不断加大网络提速降费工作力度。加快光纤网络改造，加快存量用户的光纤迁移工作，以加大基础设施投入为提速降费打基础；免费为用户提速；大幅提高宽带产品主推速率；通过家庭融合业务发展，降低家庭用户宽带资费支出，实现家庭宽带降费；落实“2018年7月1日起取消流量漫游费”，实施“统一全国和本地手机流量计费方式”工作；进一步降低互联网专线资费，持续提升中小企业服务，企业实际接入成本进一步降低。

【应急通信保障】 2018年，长寿区的各通信运营商、铁塔公司长寿办事处不断强化应急保障体系建设，逐步建立起统一指挥、反应灵敏、协调有序、运转高效的应急通信保障机制，应急通信保障能力得到提升。针对汛期特点，在汛前及时部署通信保障任务，“5·17”暴雨之后，区经信委组织铁塔公司长寿办事处和各运营商做好通信抢险工作，协调区供电公司优先对受灾严重的长垫线沿线片区进行电力抢险，为通信抢险赢得时间，有效保障全区通信抢险工作；组织电信、移动、联通和铁塔公司共同做好长寿湖国际龙舟赛、长寿湖国际铁人三项赛、“9·20”全国公安机关“治枪爆、除祸患、保民安”集中统一销毁非法枪爆物品等大型活动的通信保障工作，有效保障大型活动正常举行。

【建设矛盾化解】 2018年，区经信委针对部分企事业单位、小区、场镇居民，以基站辐射、风水影响等各种理由阻碍通信基础设施的建设，导致部分区域通信设施建设受阻的难题，协调相关部门将全国第一辆专门针对辐射的宣传车辆安排到长寿区进行宣传；开展各种宣传活动，持续向群众宣传科学常识，消除群众对于电磁辐射的误解，减少通信设施建设阻力。加大沟通协调力度，通过政府部门之间的沟通协调，减少通信设施建设阻力。区经信委发挥行业主管部门的职责，召开相关协调会，重点协调农村区域通信杆体共享之间的矛盾，从而解决各运营商之间既有合作又有竞争，导致在部分区域发展业务时难免存在的矛盾。

（肖　寒）

中国电信股份有限公司长寿分公司

【概况】 2018年，中国电信股份有限公司长寿分公司（简称长寿电信）下设5个服务管控部门、14个支局（城区8个，农村6个）、5个政企服务团队，有88个电信营业厅。截至2018年年底，长寿电信业务收入规模16173万元，收入市场份额36.74%；移动用户23.66万户，移动过网份额27.34%；宽带用户12.13万户；电信电视用户12.03万户。

【通信能力建设】 截至2018年，长寿电信开展全光网建设工程95个；年内新建二级分光箱5158个，总计42441个；新建光端口37204个，总计335468个。年底前长寿区FTTH覆盖率农村为96.67%，城区为99.59%。年内进行3期LTE网络建设，新增室外覆盖站点161个，总计904个站点；新增室分站点189个，总计686个。全区城区4G MR网络覆盖率98.89%，农村4G MR网络覆盖率97.68%。加强互联网+、云、大数据网络建设，年底前长寿电信已在桃花完成云、大数据区域中心机房建设。完成80×100G乡镇波分网络建设。全区各镇政府所在地已具备大容量接入能力。完成全区10GPON网络建设，全面具备接入能力。完成区发改委、市公司5G试点站点前期开通工作。年底前已经开通6个5G实验站点。

长寿电信在PTN传输网、SDH传输网、IP-RAN传输网、城域网等网络核心层、汇聚层局站之间实现光缆多路由保护接入，并通过网络优化组网，打造长寿高质量和高效率的安全通信网络，多次经受住自然灾害和网络安全考验。

【服务质量提升】 2018年，长寿电信坚持推行全面质量管理作为企业管理的核心工作，将改善服务作为企业发展永恒的主题。坚持“用户至上，用心服务”的服务理念，提高通信服务意识和服务质量，完成中国电信重庆公司下达的各项通信质量指标任务。长寿电信网点已覆盖长寿区各大商圈、街（镇），为客户提供方便、快捷、全方位的服务。

（黄　伟）

中国移动通信集团重庆有限公司长寿分公司

【概况】 中国移动通信集团重庆有限公司长寿分公司（本分目简称长寿分公司）成立于1999年。2018年有在职员工114人，下设4个部门3个营销分局。坚持以“大连接”战略为指引，用足优势资源，转型规模发展，做大客户规模、流量规模、连接规模和数字化服务规模，坚定不移联合一切可以联合的力量，以开放协同的姿态推动资源和能力的复用，提高运营效率和发展效益；保障客户体验、端到端服务质量，持续改善客户感知。在网络建设、用户发展、客户服务、集团信息化发展等方面取得新进展。截至2018年年末，宽带实现FTTH全光纤网络覆盖，接入能力达到39万户，带宽接入能力较2017年提升25%；公司用户整体规模40万户；全年实现总收入2.27亿元。

【网络建设】 2018年，长寿分公司建成4G基站576个，达到1799个，2/4G基站总计2602个，实现大型居民区、乡镇、街道、行政村、渝万高铁等的有效覆盖；完成新增光纤入户3.4万户，总计39万户，实现部分行政村的光纤全覆盖，专线建设356条。

【服务质量提升】 2018年，长寿分公司坚持“全心全意为客户服务”的理念，从“网络到家”“送服务到社区/集团/村”“营业厅服务升级”3个方面，打造行业优势，提升服务质量。参与“315”“517”等公益活动，听取并收集用户意见及建议，解决用户难点、疑点问题，树立良好的服务形象。长寿分公司承担国家农业农村部推进的信息进村入户工程，承建261个“益农信息社”，开展农业公益服务、便民服务、电子商务、培训体验等服务，实现为客户提供便民服务。在后续工作中长寿分公司将围绕进一步提升4G及家宽网络质量，夯实政企服务，重点打造服务领先性企业。

（舒　莉）

中国联合网络通信有限公司重庆市长寿区分公司

【概况】 中国联合网络通信有限公司重庆市长寿区分公司（简称长寿联通），属国有中央企业。2018年，内设3个部门（办公室、建设维护中心、销售服务支撑中心），5个营销中心（公众网格营销服务中心、互联网运营中心、场景营销服务中心、政企营销服务一中心、政企营销服务二中心）；有员工59人。

【网络建设】 截至2018年年底，长寿联通建成4G宏基站536个，3G宏基站300余个。2018年重点解决长寿城区3G、4G网络深度覆盖，街镇无线信号补盲。实现长寿主城区、街镇、景区及部分行政村无线网络覆盖；完成主城区驻地网小区FTTH全覆盖，已建设光宽带端口7万余门，有效地改善网络质量提高用户满意度。

【服务质量】 2018年，长寿联通将全面服务质量管理作为企业管理的核心工作，坚持“百倍用心，十分满意”的服务理念。为持续提升当地用户服务感知度，开展新老用户同权，宽带提速降费，VIP客户观影会等多种活动，提升服务质量；加强服务窗口建设，提高中国联通的服务能力，为社会各界和广大客户提供优质的通信和信息服务。

【互联网化转型】 2018年中国联通宣布与腾讯、百度、京东、阿里巴巴等12家企业共同组建“智慧联盟”，在新零售、家庭互联网、消费互联网、产业互联网等多个方面展开全面合作。长寿联通贯彻落实集团公司“聚焦、创新、合作”战略要求，抓住混改契机，推进互联网化转型。率先与腾讯、阿里巴巴、百度等互联网公司合作，推出腾讯王卡，阿里宝卡、蚂蚁宝卡等品牌产品，将流量与权益结合，满足互联网时代用户需求；联通公司推广手机营业厅APP、微信公众号等线上便捷化业务受理途径，以互联网化的方式解决用户办理业务的需求，把用户向线上牵引，提升用户感知，构建新机遇、新治理、新运营、新动能、新生态的“五新联通”。

【社会责任】 2018年，长寿联通组织党员和干部参加当地政府的精准扶贫工作，对海棠镇庄严村的对口贫困户进行定期走访及爱心捐赠关爱活动。

（江　霞）

重庆市长寿区人民政府网站

【概况】 重庆市长寿区人民政府网站（简称区政府网站）由重庆市长寿区人民政府政务公开办公室管理。重庆市长寿区人民政府政务公开办公室（挂重庆市长寿区人民政府电子政务办公室牌子），为区政府办公室管理的公益一类事业单位，机构规格正处级，经费形式为财政全额拨款，编制12人。

【网站信息公开】 2018年，长寿区各街镇和区级各部门通过网站内容管理系统及时上传各类公开信息，由区政府政务公开办公室负责信息最终审核发布。继续整合推进区政府网站集群集约化建设，逐步将区内自建网站整合到区政府网站，定期修订安全防护设备策略，扩大政府网站信息容量；依托区政府网站服务器、安防设备等资源建成3个单位3个网站，节约年租赁维护费用30万元。

2018 年区政府网站发布“长寿经开区国家循环化经济示范试点工作取得成效”等头条信息 23 条；发布政府信息 7732 条，访问量 600 余万次。上报到市政府网站政务公开目录 3150 条，上报“重庆政务”移动端“云上区县”和“实时资讯”栏目 351 条。收到政府信息依申请公开信件 55 件，均按照《重庆市人民政府办公厅关于进一步规范政府信息依申请公开工作程序的通知》进行办理。

【网站管理】 2018 年，区政府网站按照《重庆市长寿区人民政府办公室关于印发〈长寿区政府信息公开制度（试行）〉的通知》《重庆市长寿区人民政府办公室关于印发 2018 年重庆市长寿区政务公开工作要点的通知》和《重庆市长寿区人民政府办公室关于印发〈推进重大建设项目批准和实施领域及公共资源配置领域政府信息公开的工作方案〉的通知》，督促各街镇、部门重视信息公开工作，提高工作人员业务水平和工作责任心，落实各部门相关责任领导和责任人，强化信息安全审核。

网站管理按照《重庆市长寿区人民政府办公室关于印发重庆市长寿区政府网站管理办法的通知》要求，对全区网站进行关停并转，年底前全区只保留 1 个区县门户网站，即“重庆市长寿区人民政府网站”，按照国务院网站普查要求加强网站管理。

落实网站安全措施，继续使用用户登录短信二次网关验证系统杜绝账号被盗用的情况发生，定期对区政府网站系统安全防护设备（包括天融信网络卫士千兆防火墙系统、入侵防御系统、应用流量管理系统、网络审计系统、WEB 防火墙、漏洞扫描系统、日志收集审计系统）和数据存储一体设备（数据安全管理系统）进行升级，定期观察设备和分析数据，及时修订各项设备的相关保护策略，做到实时监管。2018 年 8 月通过重要信息系统年度等级保护三级测评。

网站值班巡检制度落实 7×24 小时全天候读网制度，继续完善政府公开信息审核发布机制，随时监测页面信息，做到网站信息防篡改、防泄漏，定期巡检服务器、网络设备、链路等，完善网站安全事故应急预案，网站故障点发生机率小、故障排查效率高。（叶佳龙）

长寿日报新媒体

【概况】 2018 年，长寿日报社推动新闻宣传和媒体融合开创新局面、迈上新台阶、再上新水平。《长寿日报》、人人长寿 APP、长寿新闻网、长寿手机报、长寿日报微信、长寿日报微博、长寿日报头条号“七位一体”的融媒体新闻舆论传播力、引导力、影响力、公信力不断提升，主流思想舆论阵地不断巩固壮大。长寿日报融媒体建设取得阶段性成效，媒体覆盖数、用户规模超过 80 万；人人长寿客户端装机量超过 20 万；长寿日报微信关注者超过 25 万，遍布全国 34 个省市自治区（包括香港、澳门、台湾），2 次进入全国报纸类微信百强；长寿手机报用户 23 万；长寿新闻网日均访问量 15 万人（次）。

【报道创新】 2018 年，长寿日报全媒体采用航拍、视频、直播、VR、H5 等报道手段，丰富读者用户的体验。“两会一张图”系列新闻，让报告数字化、成绩可视化。长寿湖国际铁人三项赛、首届海峡两岸姊妹湖产业协作年会活动视频图文直播，全媒立体呈现，阅读量超过 8 万；留言点赞上 1000 条，焰火表演微信 1 条，留言 40 多条，点赞 270 多个。扫黑除恶的微信阅读量超过 10 万。制作“做好新时代答卷人长寿在行动”、512 防灾知识、纪念五一口号发布 70 周年 H5。在环境保护日、世界无烟日等活动中全媒图文报道、视频快闪等方式，提高报道的传播力和影响力。报社记者自己填词、演唱、制作的长寿版《成都》、记者节《带你从长寿看世界》MV。通过这些报道方式创新，提高宣传传播效果。

【媒体融合】 经过 4 年努力，长寿日报融媒体建设取得阶段性成效，媒体覆盖数、用户规模超过 80 万。人人长寿客户端总计开设专题报道 50 余个，连续获评重庆客户端集群联盟十佳；2018 年媒体融合发展突出抓好“中央厨房”建设，活动引领和重塑媒体品牌工作。强化“中央厨房”的指挥、调度、策划、指导功能，加强全媒体编辑力量，坚持每天上午编前会商定全媒体报道思路，指导记者采访报道。各平台强化用户思维和产品思维，差异化处理，立体化呈现，把传统媒体的“稳”与“准”和新媒体的“快”与“活”结合起来，实现融媒体融合报道。2018 年 4 月，财政投入 200 多万元，建成长寿日报全媒体采编系统。该系统投入使用，打通全媒体采编发环节，实现稿件远程提交、编辑按需抓取、审核全程流痕、数据自动生成、报道随时随地，真正实现“一次采集、多种生成、多元传播”。

塑融媒品牌，强化报网端微互联互通，增密全媒体大型报道，提升长寿日报全媒体传播力、引导力、影响力、公信力。加强融媒体品牌宣传，开展知识问答、幸运抽奖活动，制作融媒体宣传展板参加科技宣传周活动。经常性地组织开展线上线下推广活动，加强与用户的链接。

（汪月琴）

2018 年长寿区迎春晚会

城乡建设与管理

城乡规划

【概况】 重庆市长寿区规划局（简称区规划局）为区人民政府主管全区城乡规划及测绘管理的组成部门。区规划局下设3个直属事业单位，即区规划监察执法大队、区城乡规划服务中心、重庆市长寿勘测规划院；内设5个职能科室：办公室（法规科）、编制用地科、建设规划管理科、测绘管理科（市政规划管理科、区测绘地理信息管理办公室）、行政审批科；机关核定行政编制12人，2018年年底前在职11人，退休2人；区规划监察执法大队核定事业参公编制18人，在职15人，退休1人；区城乡规划服务中心核定事业编制17人，在职13人；长寿勘测规划院核定事业编制20人，在职12人，退休6人（2017年12月28日，区编委要求将长寿建筑设计院编制14人、在编工作人员及退休人员整体划入长寿勘测规划院）。

2018年，长寿区长寿古镇三期EF. GH区项目获重庆市区县城住宅小区规划实施类二等奖，长寿区缆车站项目获重庆市城市更新类二等奖，长寿定慧寺项目获重庆市传统街区保护与利用类实施类二等奖，长寿区老年大学及老年活动中心项目获重庆市区县城公共设施规划设计类三等奖，长寿区重庆远恒佳学校教学区项目获重庆市区县城公共设施规划实施类三等奖。

【城乡规划编制】 2018年，区规划局启动并完成新一轮总体规划大纲，通过市级审查。深入对接市级规划，利用“多规合一”成果及思路，为全区新增城乡建设用地50平方千米，保障区内国家经济技术开发区、长寿高新技术产业开发区、云台海棠工业组团等产业园区、长寿湖片区及中心城区至2035年发展空间。

持续完善城乡空间规划体系，优化全域空间资源配置。全年完成规划编制项目207项、有序推进41项。完成的项目中，法定规划192项（含185个村规划）、城市设计4项、专业专项规划9项，规划研究2项。长寿区启动的规划编制及研究项目669项，截至年底前已结题628项，三级三类规划覆盖率及编制质量保持全市区县领先。

推进专业专项规划及规划研究，重点解决城乡建设及历史文化保护重难点问题。启动《区域交通规划深化研究》《重要交通基础设施预研预控研究》，对接市级重大交通基础设施规划，将长寿区对外大通道纳入市级层面统筹，做好重要交通基础设施的实施空间控制。完成《区域生态空间管控规划》，形成全域山系、水系、绿系系统化生态空间格局。完成老城体育馆、智慧物流中心、东部国际农产品交易中心及酷车小镇4个重要地块城市设计，实现重点项目指标及空间形态双重优化控制。完成《城区长江北岸滨江区域品质提升规划研究》，提升滨江区域城市品质。完成《邻封镇历史文化名镇保护规划》编制，延续百年老街建筑空间格局、环境空间尺度与自然山水风貌。

【城乡规划管理】 2018年，长寿区开展“多规合一”建设应用，突出空间规划对资源的保护。发挥“多规合一”全市区县蓝本效应，衔接10余项市级规划，整合70余项区内规划及相关资料，理清全域建设和非建设用地布局，划定城镇、农业、生态空间和生态保护红线、永久基本农田保护红线、城镇开发边界“三区三线”，着重明确各类生态管控单元边界及管控要求，“一张图”成果报区政府同意。深化“多规合一”平台建设应用，在自然保护地大检查大督查、重点自然资源资产管理及生态环境保护专项审计等重点考核工作中承接并圆满完成自然资源“一张图”、国土林业规划不衔接整改等重点专项任务；延伸到街镇、部门、平台的B/S系统、手机“规划定位”APP中挂载

“多规合一”一张图成果，直接用于全区招商引资、规划管理、监督执法等各项具体工作。

牵头完成《长寿区城市提升行动计划》，构建“总体行动计划＋专项行动方案＋实施项目库”城市提升工作体系，明确城市提升目标任务并按年度逐步实施。完成《长寿区城市提升行动计划城市规划专项行动方案》，为实现“城市，让生活更美好”明确方向。

多措并举强化服务，助推乡村振兴战略实施。年内完成189个村规划编制，除“城中村”“镇中村”、四山管制区或地灾高发区外，实现有条件建设区域村规划全覆盖。作为全市乡村振兴试验示范工作开展规划师下乡首批9个试点区之一，选派1名规划师进村直接服务乡村振兴；将“多规”成果细化分解到村、组，以村基础设施及公共服务设施为重点，面向街镇做好规划整合与项目库梳理，推进乡村项目建设落地。部署到各街镇的B/S系统，用数字化手段打通市、区、街镇三级平台，用“一套表单、一个标准、一个质量”直接服务农村村民建房，全年服务村民建房1051件，建筑面积14万平方米。

【城乡测绘】 2018年，长寿区发挥测绘地理信息及大数据建设区县领先优势，探索填补水下测绘市内空白。开展地理国情数据、地下管线数据等各项地理信息数据更新与应用，7月在长寿召开全市地理国情与地下管线数据应用交流会上长寿区经验得到推广，在11月长寿应邀再次向全市区县交流经验。实现全区1424平方千米高精度地理信息数据全覆盖及年度更新，全年向区内各单位无偿提供各类地理信息成果34次、1∶2000地形图4760.92平方千米、1∶500地形图749.66平方千米、管线资料4489.32千米、影像图2081平方千米、地理国情数据1424平方千米。利用“规划定位”APP实现现场获取并测量“多规”数据、地理信息数据，已面向全区部门、街镇、平台部署293套。完成将空间信息整合图形化，有效服务明月山至两江新区通道选址、渝长高速扩能建设、“河长制”及“精准扶贫”等重点工作；与市勘测院共同承担并完成全市重点水域水上安全保障新型基础测绘试点（长寿湖）项目，完成60平方千米水下地形测绘及180平方千米地形图、240平方千米正射影像图补测更新，建设长寿湖水上水下三维地形可视化系统，填补市内该领域空白。

深化“智慧长寿”顶层设计，自然人法人重大项目等数据库空间化工作在全市区县领先。完成“智慧长寿”顶层设计数据体系建设，完成地理空间库建设，实现长寿区自然人信息100余万条、法人信息8.8万条、重大项目信息700条、投资项目信息698条与地理空间数据融合；完成整合基础地理、现状地表、各类规划、社会经济、城市运行5大类数据70万余条的长寿区综合数库。构建全新一代公共信息云平台及综合区情系统框架，为“智慧长寿”顶层设计系统上线运行打基础。

【规划效能监察】 2018年，长寿区有效遏制新增违建增长势头，超额完成存量违建整治任务。卫星遥感监测、无人机航拍、搭建有奖举报平台、组织村社及物业服务企业日常巡查、建设新增违法建筑快速处置机制及队伍等方式控制新增违法建筑。全年消除在建违建60件2.06万平方米；以建立存量违法建筑台账信息数字空间化平台、存量违建成片分类整治、攻坚“美丽泽京”等重难点区域，抓“无违”四联创等，推进存量违法建筑整治工作。全区完成存量违法建筑整治3685件、建筑面积28.7万平方米，完成全年计划量的179.39%（其中，城市建成区完成存量违法建筑整治2370件、建筑面积17.47平方米，完成全年计划量的183.18%）。

强化批后监管查处城乡规划领域违法行为，维护城乡规划的刚性和权威性。严控规划编制和修改程序，加强建设工程批后监管，细化巡查、竣工核实、查处工作机制和措施，强化市政、交通、管线工程违法建设行为查处力度；年内立案查处违法建筑655件、查处规模3.07万平方米、处罚没金额969.29万元，查处违法建设行为41件、处罚没金额99.53万元。

【城乡规划宣传】 2018年，区规划局开展规划宣传，畅通公众参与规划渠道。利用微信、广播电视、报纸、网站、电子显示屏幕及展板等多媒体多形式，开展城乡规划法律、法规，规划知识、工作动态等宣传和规划审批公示、公告。全年在区人民政府网发布城乡规划工作动态7条（次）、发布公示公告40项，《长寿日报》等发布新闻报道26条，长寿日报微信公众号29条，人人长寿APP和长寿新闻网等各类电子平台发布规划信息31条，

长寿电视台及长寿电台播出城乡规划报道及新闻11条。（黄 巧）

城乡建设

【概况】 2018年，重庆市长寿区城乡建设委员会（简称区城乡建委）有领导班子成员1正4副；机关行政编制16人，工勤编制2人；内设办公室（计财科）、法制科（区建筑执法支队）、建管科、勘察设计科、城乡建设科、民防科等6个职能科室；下属区建设工程质监站、区建筑施工安全站、区民防信息保障中心、区城建档案室（区招标办）、区村镇建设服务中心、建筑设计院等6个事业单位；下属集体企业长寿建筑安装有限公司。

【城市建设】 2018年，长寿区持续推动以人为本的新型城镇化建设，不断深化“1+3+9”（“1”指中心城区7个街道，“3”指3个重点镇，“9”指9个一般小城镇）的三级城镇体系，全区常住人口城镇化率66.07%。推进城市外联内通，两江新区至长寿区穿越明月山快速通道项目前期工作通过市发改委立项并进入设计招标阶段，渝长高速扩能改造、长寿长江二桥建设进展顺利。着眼缓堵保畅，提高城市的通透性和微循环，开工建设阳鹤组团南北一路、站北片区横一路等15条城市道路及配套管网。补齐基础设施短板，建成站南片区、桃花溪西岸截污干管，实施凤西片区、站北片区、阳鹤山污水管网工程，开工建设格林广场和老体育馆停车场，新增市政消火栓141个。推进海绵城市建设，编制《长寿区海绵城市近期建设规划(2018—2020)》，在建设项目中融入海绵城市理念。推进棚户区改造，编制完成《长寿区2018—2020年棚户区改造专项规划》，完成棚户区改造360户、3.67万平方米。持续开展桃花溪污染整治，截污干管工程、延时曝气项目、桃花溪经开区段生态绿化打造项目已完工，污水处理厂升级改造加速推进，41处城区排水口正在落实整治措施。

【镇村建设】 2018年，长寿区推进小城镇污水管网整改工作，完成八颗、葛兰等14个街镇污水管网整改工程，新建污水管网73.2千米，污水收集率提高到90%以上。推进小城镇基础设施建设，续建2016—2017年度改善小城镇人居环境项目63个，已竣工34个，其余正在施工或处于前期工作阶段；争取到小城镇基础设施债券资金5300万元。推进特色小镇建设，2017年度特色小镇建设项目长寿湖狮子滩休闲公园已全面完工，2018年度特色小镇建设项目长寿湖长湖路街区环境综合整治工程完工75%。投资2700万元，完成10个贫困村改善人居卫生条件续建项目67个。启动3个美丽宜居村庄示范试点建设项目，邻封镇魏家坝示范点已经市住房城乡建委批准，年底前已进场施工，争取到补助资金100万元。加快推进市级绿色示范村庄创建工作，完成15个绿色示范村庄建设，已提交市住房城乡建委进行审核认定。启动旧房整治提升、美丽庭院创建工作，结合洪湖镇、龙河镇乡村振兴示范试点建设，全年创建美丽庭院900个，实施旧房整治700户。加快推进农村危房改造工作，完成1350户危房精准鉴定，实施危房改造1702户，实现建卡贫困户农村危房改造全域覆盖。

【城乡建设监管】 2018年，长寿区落实支持房地产实体经济发展的政策措施，房地产市场回暖，加快房地产“去库存”进度，可售商品住房处于8个月合理健康区间。以“质量安全提升行动”“两防”（防范高空坠落事故、防范群死群伤事故）专项行动为主线抓行业整治，全年检查1157个（次），下发隐患整改通知书180份，局部停工通知书19份，全区建筑领域安全质量稳定可控。推进工程建设项目审批制度改革试点，将工程建设项目审批流程划分为立项用地规划许可、工程建设许可、施工许可、竣工验收4个阶段，在行政服务中心大厅设立综合服务窗口，实现分阶段“一窗受理、并联审批、限时办结、一窗出件”。出台《关于扶持建筑业做大做强的实施意见》，引进1家施工总承包二级企业、1家三级建筑业企业将注册地址变更至长寿区，建设单位与区内建筑企业合作社会投资项目签订施工合同4个，金额1.6亿元，提高长寿区建筑业可持续发展能力。加强勘察设计质量管理，推行现场勘察、专家审查、抽查复审、约谈问题项目负责人等制度，规范从业人员勘察设计行为。推进建筑节能与绿色建筑工作，凤城华府·公园里（阳B9－1/01地块和阳B9－2/01地块）申报为绿色生态小区。发展装配式建筑，编制《长寿区装配式建筑2019—2025年发展规划》，示范项目经开区创新园正有序推进。实施档案数字化，完成40%库存档案的数字扫描工作。

加大行政执法力度，处理一般行政执法案件9件，简易处罚案件78件，罚款215.06万元。协调处理拖欠农民工工资到访100余次，解决拖欠民工工资1760万元，涉及农民工500人。

【党建工作】 2018年，区城乡建委依托党委中心组学习、支部“三会一课”制度，推进“两学一做”学习教育常态化制度化，开展中心组和支部学习研讨20余次，委班子成员带头讲党课各1次。开展“学习贯彻中共十九大精神进企业”活动，深入全区开发、建筑施工企业开展宣讲活动22场，受众600余人。开展城乡支部结对共建、机关后进支部整顿等工作，“七一”扶贫走访慰问邻封镇石心村、晏家育才路社区困难老党员8人。开展主题党日活动，重温入党誓词、参观警示教育基地、观看教育影片等活动，提高组织生活质量。强化制度约束，聘请中介机构编制内控制度，加强和规范采购、财务等制度建设，抓好党风廉政建设。 （陈秀菊）

城市基础设施建设

【概况】 2018年，重庆长寿开发投资（集团）有限公司（简称长寿开投集团）有员工87人，专业技术人员中拥有高级职称3名、中级职称28名、初级职称17名；公司内设机构有综合事务部、人力资源部、财务融资部、资产运营部、规划发展部、社会事务部、审计内控部、工程管理部、安全环保部9个部门。2018年，完成集团公司整合重组及财务并表，企业主体信用等级由AA升级为AA+，党群建设、融资管理、工程建设、资产管理运营等各项工作有条不紊推进。全年完成融资37.40亿元；完成固定资产投资10.6亿元；完成资产租赁收入5.3亿元；实现营业收入9亿元，利润总额4亿元；所有者权益195亿元，资产负债率50.41%；缴纳税费额1.74亿元。

【企业运行】 2018年，长寿开投集团在整合重组和企业运行中，坚持党的领导，将党建工作总体要求写入公司章程并办理工商备案，把加强党的领导和完善公司治理统一起来，发挥党组织把方向、管大局、保落实的作用。对重大经营管理事项，将党支部研究讨论作为董事会、经理层决策的前置程序，实现党组织与其他治理主体决策无缝衔接、关系妥善处理，党建工作与中心工作紧密融合。整合重组建立党支部后，按照程序完成工会、妇委会选举并正常开展工作，依法选举产生31名职工代表，召开首届第一次职工代表大会。年底前正推进成立团支部。形成“党建带群建、党群共建促发展”的工作格局。

法人治理结构和管理机制运行遵循“双向进入、交叉任职”的原则，按程序成立支委会、董事会、监事会，完成中层干部选拔，“三会一层”法人治理结构建设不断完善。建立制度管理机制、日常工作调度机制、督查巡查机制和员工培训机制，推进各项工作。加快建立现代企业制度，制定实施《综合管理制度》《员工奖惩规定》《财务管理办法》《培训管理制度》《业务招待管理制度》《差旅费管理实施办法》《公司制度汇编（2017—2018）》等，用制度“管人、管权、管事、管钱”的工作机制形成。通过支委会、董事会、监事会、总经理办公会、项目调度会研究调度公司重要事项和日常工作；推行任务清单管理，加强督查巡查，定期通报工作进展情况，强化绩效考核，确保重担人人挑、人人头上有指标。结合工作实际和员工成长发展需要制定实施员工培训计划，提升全员综合素质和执行力。

【重大项目】 2018年，长寿开投集团承担重大项目任务26个。其中，续建长寿船舶废弃物接收处置工程、桃花溪北部新城及桃花新城段环境综合整治工程等项目5个，新开工北城大道绿化景观提升、桃东片区棚户区（城中村）等项目10个，开展阳鹤山南北三路、站南片区滨河南北路等前期工作项目11个。完成固定资产投资10.6亿元，为年度计划的106%。

推进前期工作。规划设计工作，完成卫古路道路工程、古镇跨高速人行天桥美化改造工程等32个项目施工图设计；启动老看守所城市公共停车场工程、西门转盘改造工程等25个项目的前期设计；完成古佛高架污水管网项目、渝长高速扩能新9井至新13井天然气保护工作，启动渝长高速扩能重庆燃气集团天然气（输气处和重庆气矿）迁改、阳鹤山管线迁改等5个项目的设计工作。招投标及审计工作，完成工程类公开招投标项目15个，招标金额7亿元；工程类邀请招标项目17个，招标金额4040万元；服务类公开招投标项目15个，招标金额470万元；竞争性比选项目7个，金额200万元；政府采购项目1个，金额872万元；做好合同管理工作，签订工程施工类合同85个、招标代理合同43个、监理合同20个，预算、结算咨询合同48个，做好合同文件资料编制、审核、归档工作；加强项目投资管理，进行施工图预算的工程43个（含变更），报送政府投资项目评审中心审核及备案项目21个，完成结算审计48个。

实施工程建设。城市道路工程开工建设阳鹤南北一路（二期）、南北中路、站北片区横一路道路、渡南路西延伸段等4个重大项目，按计划推进实施阳鹤十路、菩渡一路、桃渡片区支二路等一般项目。绿化景观工程实施“增绿添园”行动，开工建设北城大道景观提升工程、桃花河北部新城及桃花新城段环境综合整治、渝长高速古佛立交至桃花立交段景观工程；建设小康动力旁湿地公园，实施化工职院削坡绿化（菩提东路加油站两侧边坡治理工程）；建设完工北城大道东侧环境整治、泊景湾闲置用地环境整治工程、渝宜高速长寿下道口周边地块绿化改造工程、阳鹤南北一路（一期）行道树项目。配套设施建设完成站南片区截污干管、桃花溪西岸截污干管工程，续建凤西片区古佛高架污水管网工程，开工建设阳鹤山截污干管、站北片区污水管网（一期）工程，完成东新村二三级管网施工，建设菩提小学旁、站前广场、菩提古镇等公厕，开展关口片区等新、老城公厕整修工作；推进桃花溪污染整治，组织重点排口抽排，建设完成桃花溪6号桥污水临时提升泵站；加强污水提升泵站管理，推进街镇污水管网移交；开工建设格林广场、老体育馆停车场等项目。

【要素供给】 2018年，长寿开投集团全力缓解融资困局，全年筹集到位资金37.40亿元；年底前正在抓紧推进23笔296亿元融资项目；做好全年还本付息及其他款项支付工作，保障偿债信用和重大项目建设的顺利推进。完成整合重组及财务并表，6月30日合并报表后开投集团公司总资产405.83亿元，净资产201.27亿元，资产负债率降至50.41%。实现长寿开投集团公司主体信用增级为AA+，该项工作2017年12月启动，经过选定评级机构、开展专项审计、资产重组整合、财务并表、跟踪审查等多个阶段，历经一年时间实现增级目标；2018年11月29日，东方金诚国际信用评估有限公司将重庆长寿开发投资（集团）有限公司的主体信用等级由AA调升为AA+，评级展望为稳定；在中国货币网上进行公示；开投集团成为区内首家拥有AA+主体信用等级的国有资本管理运营企业，对提升开投集团企业形象、拓宽融资渠道、降低融资成本，促进转型升级产生利好。

推动征地供地，开展土地规划、城市规划调整，完成站南片区、桃东片区、展示区等片区土地规划编制，满足征地报批、项目落地建设和土地资产保值增值的需要。取得阳鹤南北中路（渝沪高速至桃东路段）、经开路、绿屏东路、横二路东段、纵二路南段征地批文和林地使用权证，面积109.54公顷，办理横一北一支路、纵次二线北段等项目征地报批手续；取得老体育馆、格林广场、老看守所等项目的不动产权证，办理完成阳鹤九路等9条道路、洪湖等10个污水处理厂、重庆银行二楼等项目的划拨手续，老长中、壹号商务楼等项目的划拨转出手续。协调相关街道及相关部门保障渡南路西延伸段、阳鹤山截污干管、古佛高架污水管网等20个新开工项目的用地，交付施工土地面积133.33公顷。协调处理华某某、“朱氏兄弟”、长众4S店等部分拆迁遗留问题，启动长寿机械厂收购工作。取得阳鹤一路、阳鹤南北三路、阳鹤南北四路实施城市规划项目面积19.95公顷的征地计划件；推进办理桃东片区棚户区改造国有土地上房屋征收相关手续。开展土地矿产卫片执法整改，协调区国土房管局对7宗面积约1.75公顷违法占耕土地进行整改，违法占耕消除率100%。

【资产管理】 2018年，长寿开投集团全面清理经营管理情况并建立台账。房产有1218个产权证，面积38.83万平方米，入账价值10.36亿元；土地有102个产权证，面积395万平方米，入账价值56.64亿元。长寿开投集团有效管理存量资产，增加经营性资产，合理利用闲置资产，提高资产利用效率；开展长寿菩提古镇停车场、渝利铁路制梁场、卫古路停车场的运营管理；购买城中城4.5万平方米的商品房，与重庆中健康复医院有限公司签订租赁协议，与长寿供电分公司签订办公楼产权调换协议；完成住建公司、老年大学资产收购；启动火车北站地下车库运营升级改造工程。执行国有资产管理办法，加强资产租赁管理，全年完成资产租赁收入5.3亿元；出租存量资产134处，收取租赁保证金73.3万元、租金505万元，完成年初制定目标任务的101%，另有31处闲置资产挂网招租；签订行政事业办公用房租赁协议28个，租赁收入7900万元，市政设施租赁收入4.46亿元，国有资产收益管理正常有序。推进市政设施移交管理等工作，完成21条市政道路、设施及新增7条道路市容环卫的移交管理并签订移交管理协议；做好市政设施及交通安全设施日常管护，确保运行畅通。长寿开投集团已征土地管理面积807.9公顷，督促代管单位加强巡查，清理乱搭乱建、乱栽乱种现象6次，清理面积26.67公顷；参与完成黄桷湾隧道商城188户摊位使用权人和老体育馆15户门面租赁户搬迁工作。

【聚商选资】 2018年，长寿开投集团协调投资意向者与相关部门，参与接待万达集团、新鸥鹏教育集团、中梁地产集团、绿地集团、恒大旅游集团等投资意向单位。截至年底，完成长寿菩B8—2/03地块（菩提小学旁）、阳B3—1/01地块（池上春天旁）出让，正在协调推进原天王星地块“招拍挂”工作。完成合同引资（未算实际投资）7亿元，完成重点项目引资3个。与中健（深圳）医疗养老投资有限公司签订康复中心投资合同，投资金额1亿元。

【安全稳定】 2018年，长寿开投集团建立完善各项安全管理制度，全面提升安全、质量、环保、稳定工作风险管控水平。全年组织安全培训15次，资产安全巡查29次，工程项目安全巡查138次，安全施工交底23次，质量抽检23次，水平和竖向位移监测2次；工程环保竣工验收5个项目；开展安全环保监测69次，发出隐患整改通知书60份。按时办理人大建议6件、政协提案20件，实现办结率100%、满意率100%。推进农民工工资监管。配合有关部门开展“朱氏兄弟”等信访户维稳工作，按时回复信访件65件，办理回复群工系统信访件11件。

（高　勇）

公共民生工程建设管理

【人事管理】 2018年，重庆市长寿区公共民生工程建设管理服务中心（简称区公共民生工程中心）协助乐至公司做好人事管理的基础工作，建立《员工教育培训管理办法（试行）》《薪酬管理办法》《考勤管理办法》《职工休假管理办法》，完成《员工手册》的编制以及《员工年度考核办法》的修订。

【工程建设管理】 2018年，区公共民生工程中心协助乐至公司推进项目建设，晏家一号商务楼、中医院扩建项目等重大项目完工，其余重大项目正在推进建设；行政中心办公楼维修改造等84个非重点项目建成投用。

落实安全生产主体责任制，抓隐患整改，确保工程质量安全。层层签订安全生产目标书和责任书，明确安全生产的工作目标和工作任务；严查管理人员到岗履职情况，布置实施质量、安全生产大检查，全年未发生较大质量事故和较大安全生产事故。实行周例会机制，推进项目建设进度，全年召开工地例会42次，及时解决项目建设过程中的各类问题，确保项目顺利开展。

统筹推进水电气管线工作，保障项目顺利投用，完成晏家二期公租房二小区等项目的配电安装；水电气闭路安装2800户；商业水电安装150户；消防、绿化、公厕用水安装13户；完成晏家社区服务用房等7个代建项目水电气办理、安装、验收、投用等工作；完成渝长高速扩能改造项目等项目强弱电迁改的手续办理及迁改工作，完成线路迁改3千米。

加强推动专项验收及备案工作，完成寿城水岸二期等4个项目1156000平方米的竣工七审表流程。

继续推行农民工工资专用账户管理制度，全面实行银行代发农民工工资；2018年通过农民工工资专用账户发放民工工资244批次21284万元，涉及民工17618人，有效地保障农民工的合法权益。

【资产管理】 2018年，区公共民生工程中心协助乐至公司完成335个商业门面面积3.8万平方米的租金收取工作，收取租金835.3万元；完成定销房销售625套41786平方米，回收资金50860.76万元。

（张情隆）

城市管理

【概况】 2018年，重庆市长寿区城市管理局（简称区城管局）有7个内设机构，分别为办公室、市政公用科、市容环卫科、园林绿化科、行政审批科、信访安监科、法制科；有5个下属单位，分别为区城市管理综合行政执法支队、区市政设施与环境卫生管理处、区园林绿化管理所、区数字化城市管理中心、区市政设施安全监管中心。

2018年长寿桃花景观大道迎春灯饰

【市政设施】 2018年，长寿区展开“厕所革命”项目，新建改造公厕6座；配合桃花溪污染整治，42处排口全部摸排整改；污泥处理处置项目和污水处理厂三期扩建项目有序推进；完成10798盏照明路灯的LED升级改造，改造后每年可节省电费468.5万元；安装路灯智能化控制终端91台，全区主次干道亮灯率99%以上；设计布置城市主要节点和道路迎春灯饰；实施城区公交站台站牌改造、主干道隔离设施安装、人行道改造项目等项目，维修路灯2272盏、线路5304米、灯杆42根、井盖174个、人行道5335平方米、沥青路面4063平方米、果皮箱841个、水篦子1464个，清掏雨水管网2万米、疏通水篦子515处，市政设施完好率和及时修复率98%以上。

【市容管理】 推进市容市貌整治，处理各类案件8万余件；试点运行城市管理综合行政执法系统，实现执法系统智能化；加大各类场所监管力度，规范洗车场用水及污水排放；强化道路扬尘、露天焚烧和清洁运输整治，出动执法人员3100人（次），巩固扬尘示范街道10条，检查运输车辆3800余辆，发放宣传资料1590份，上门走访扬尘控制企业241次，巡查施工工地和扬尘控制重点企业1380次；严查毁绿占绿、违法搭建案件200件；完成黄桷湾隧道商城188个摊位拆除；成立城管警务室，强化城管执法力度和依法执法权威；开展多项整治，拆除清理各类违规广告、安全隐患广告800余处，规范夜市大排档40余家，清理各类占道游摊5.6万余人（次），取缔各类骑门摊1600家，依法取缔违规灯箱广告牌203个，清理广告横幅538条，规范校园周围占道骑门摊568家。

2018年，长寿区制定更加科学的环境卫生作业规范，确保城区主干道机械化清扫保洁率88%以上；创新环卫作业模式，提高保洁效率；成立专项环卫保洁小组，开展大规模城区暴露垃圾清收活动36次，出动挖掘机4台（次）、运输车56辆、人员1200人（次），清收暴露垃圾1069吨，清理牛皮癣22万张、喷涂1.7万处，清掏自管公厕39座，清理打捞水域垃圾6555吨。

长寿区实施道路扬尘控制

【园林绿化】 2018年，长寿区加快推进城市园林绿化建设，城市绿地率为45.45%，人均公园绿地面积21.04平方米，城市绿地和公园绿地比

长寿城区园林绿化一瞥

2017 年增加 86 公顷和 37 公顷；统筹指导桃花溪、北城大道、渝宜高速点状绿化带、小康动力区域城市绿化景观带、渝万铁路绿化隔音带等城市园林绿化建设项目；及时修剪城区行道树，排除各类安全隐患 150 次；综合整治凤山公园和西岩观公园，使城区公园焕发新颜；完成 100 万盆鲜花上街，增添城市色彩；应对连晴高温、严寒降温、雷电暴雨等恶劣天气，多措并举打好保苗攻坚战，确保苗木长势良好。

【数字化城管】 2018 年，长寿区数字化城市管理系统逐步完善，处理城市管理案件 3.5 万件（次），结案率 97.3%；劝离人行道违法停车 3000 余辆，处罚人行道违法停车 2550 辆，拖移违章车辆 71 辆，安装修复 U 型隔离桩 2000 米、独立隔离桩 2754 根、大理石 171 个，路内停车秩序改观；停车诱导试点工作顺利启动，停车收费系统投入运行，停车收费服务管理智能化。

【市政民生】 2018 年，长寿区新建公厕 4 座，改建、改造公厕 13 座；完成世纪广场、协信广场、长寿菩提古镇等 3 处公共直饮水点建设安装并投入使用；完成“一户一表暨二次供水”改造 1317 户；卫古路货运停车场完工，桃花体育中心、老看守所停车场、格林广场停车场、老体育场停车场、晶山小学北侧带状公园配套停车场等建设有序推进，着力缓解停车难题。

（张　婷）

勘察设计

【勘察设计管理】 2018 年，长寿区加强勘察设计市场准入和施工图审查质量管理，加强勘察设计人员从业资格管理，从设计源头把好建设工程质量关。

勘察外业见证管理按照市城乡建委《关于进一步加强工程勘察外业见证员管理的通知》要求，重点对工程勘察单位钻探劳务业务承揽和开展情况、现场钻探工作质量情况、勘察外业见证情况、工程勘察“四员”（外业见证员、现场司钻员、描述员、土工试验员）培训合格上岗情况进行监督管理。2018 年系统统计项目 154 个，已抽查 16 个，完成抽查 10% 的工作计划。

初步设计审批管理执行市城乡建委《关于进一步优化房屋建筑和市政基础设施工程勘察设计管理工作的通知》等管理制度，取消社会投资项目初步设计审批，压减政府投资项目初步设计审批时限。2018 年办理初步设计审批 47 件，总投资 78.68 亿元（其中房屋建筑 26 件，总规模 61.67 万平方米，投资 54.30 亿元；市政项目 22 件，投资 17.01 亿元）。

【审查备案】 2018 年，长寿区落实《关于重庆市房屋建筑和市政基础设施工程施工图联合审查管理办法（试行）的通知》《关于贯彻实施住建部〈房屋建筑和市政基础设施工程施工图设计文件审查管理办法〉（住建部 13 号令）的通知》等管理制度，落实市外审查机构入渝备案管理，每季度组织专家对备案项目进行抽查。按照《建筑工程五方责任主体项目负责人质量终身责任追究暂行办法》的规定，在施工图备案时收取建设、勘察、设计单位的法人授权书和质量承诺书，落实各方主体设计质量责任。全年办理施工图审查备案 89 件，其中 82 件按行政审批改革前文件办理，7 件按新颁布联合备案文件执行。（郑智文）

建筑业 房地产业

综 述

【建筑业】 2018年，长寿区新办建筑业企业资质13家，全区总计有建筑业企业206家；其中，总承包一级8家、总承包二级17家，资质结构更趋合理。2018年完成注册地建筑业总产值259亿元，同比2017年增长16%。征收城市建设配套费2.23亿元，收取农民工工资保障金2360万元。加强行业管理，全年依法办理初设审批52件、施工图审查备案94件、工程发包190件、施工许可130件、建筑能效测评102件、建设工程档案验收57件、竣工验收备案56件；开展施工现场关键岗位继续教育1130人，施工现场关键岗位新报名529人。推进社会信用体系建设，实施建筑施工企业质量安全及诚信评价机制，先后6轮对全区建筑施工项目开展诚信体系评价600余次。开展“工程质量治理两年行动”、建筑施工深化“两防”专项整治，全区房屋建筑施工监督面积295万平方米，全年开展建筑工地一线检查1000余次，下发隐患整改通知书195份，局部停工24份，及时消除事故隐患。抓中央环保大督查迎检和文明长寿等全区重点工作，落实安全文明施工行为，杜绝带泥上路、施工扬尘等违规行为，创建扬尘示范工地5个、市级文明工地1个、“智慧工地”试点2个。全区房屋建筑和市政工程领域安全生产形势持续稳定。加强农民工考勤记实、工资发放、技能培训和安全考核一体化管理，推行农民工“平安卡”管理，发卡3.5万张。执行施工现场简易执法规范和程序，处理一般行政执法案件9件，简易处罚案件78件，罚款215.06万元。

【房地产业】 2018年，长寿区核发开发企业资质3家，区内注册企业达到47家，其中二级资质14家、三级资质11家、暂定资质22家。全区有房地产开发建设项目23个，其中在建项目24个。全区完成房地产开发投资25亿元，同比2017年减少72%，占全区社会固定资产投资13.5%。商品房在建面积228.5万平方米，新开工商品房面积129.7万平方米，竣工商品房面积41.6万平方米。商品房销售面积83.16万平方米，下降28.24%。加强项目建设方案备案、配套设施建设承诺公示等新制度的执行，对在建开发项目预售资金和项目资本金实施动态监管，监管金额分别为13965万元、21834万元。落实全区支持房地产实体经济发展的政策措施，房地产市场回暖，住宅建筑面积成交均价4587.51元/平方米，同比2017年增长14.21%。加快房地产“去库存”进度，可售商品住房面积44.91万平方米（含恒大·湖山半岛可售商品住房16.61万平方米），去化周期为8个月，处于合理健康区间。开展房地产领域突出问题专项整治和清欠维稳工作，落实“五定”“五包”措施，中钢桃花源、金科·世界城、时代国际等3个项目均已结案。 （陈秀菊）

房屋管理

【物业管理】 2018年，长寿区加强住宅小区综合管理。按照“政府组织领导、街镇具体实施、部门依法履职”的原则，强化镇街（社区）及部门物业管理职能；完成行业协会换届工作，建立和完善行业协会法人治理结构；举办“长寿物业讲堂”和首届物业服务行业职业技能竞赛；完善物业服务企业信用等级、平安小区建设和优秀非公党建基层组织评价考核机制，形成执法监管、行业自律、社会监督“三位一体”的信息化监督评价体系。全年归集物业维修资金12426户、7573.8万元，分账户结息1169万元，实施维修项目176起、使用560万元。完成16家在长寿央属和市属国企职工住房管理分离移交实施协议签订工作，总计17580户，面积103.29万平方米。

【房屋住用安全】 2018年，长寿区强化城镇房屋住用安全，研究制定《公房维修管理办法》，公房维修管理体制完善；建立住宅小区安全稳定工作责任清单和物业区域安全预警机制；健全分级管理、分级响应、条块结合、属地为主、应急联动的应急处置体系。全年实施公房零星维修1822户；完成直管公房C、D级危房62栋、面积1.93万平方米的避险搬迁工作，确保240户居民住用安全；排查全区城镇私房847栋、面积175.4万平方米，排查出存在安全隐患的房屋568栋、面积112.6万平方米，指导属地街镇做好安全隐患的排除整改工作。全年未发生城镇房屋安全责任事故。

（黄　巧）

房地产市场

【概况】 2018年，长寿区房地产市场平稳向好态势得到巩固。以“稳市场、防风险”为目标，落实房地产市场调控政策，实时监测房地产市场风险，开展房地产市场秩序专项整治，规范房地产市场交易行为，强化房地产市场监督管理，促进房地产市场平稳健康发展。2018年，全区新增商品房市场供应建筑面积75万平方米，同比2017年增长63.1%；商品房网签销售建筑面积84.2万平方米，增长1.2%；合同价款40亿元，增长10.2%。住宅建筑面积成交均价4626.3元/平方米，增长14.8%。截至年底，全区可售商品住房面积47.5万平方米，去化周期为9个月，处于合理健康区间。

（黄　巧）

公共民生工程开发建设

【概况】 2006年6月，经长寿区人民政府《关于同意设立重庆乐至置业发展有限公司的通知》文件批准成立重庆乐至置业发展有限公司（简称乐至公司），注册资本4.02亿元，专业资质为房地产开发二级企业，主营房地产开发、物业管理、自有房屋出租、建筑材料销售。2013年6月，经长寿区委、区政府《关于整合规范政府平台公司的通知》文件批准，由原乐至公司、重庆市长寿公益工程建设管理有限公司（简称公益公司）、重庆市恒居置业发展有限公司（简称恒居公司）整合，成立重庆市长寿区公共民生工程建设管理服务中心（简称公共民生工程中心）、重庆市长寿区公共民生工程建设有限公司（简称公共民生工程公司），主要承担长寿区保障性住房、公益性项目开发建设。2017年8月，长寿区实施区属重点国有企业改革，经区国资办、区委组织部、区人力社保局《关于印发长寿区区管重点国有企业改革方案的通知》文件批准，公共民生工程公司、乐至公司、公益公司、恒居公司整合为重庆乐至置业发展有限公司，为国有独资公司，注册资本金5.12亿元，专业资质为二级企业，主营房地产开发、物业管理、自有房屋出租、建筑材料销售，长寿区基础设施建设，代建党政机关、事业单位的公益性项目。2017年10月开始，长寿区实施建管分离政策，乐至公司与公共民生工程中心正式分离。

【公益性项目建设】 2018年，乐至公司公益性项目涉及教育、卫生、党政机关、移民、交通和水利等系统，完成投资76500万元。推进重庆医药学校扩建工程等60个教育系统的项目建设，完成投资8000万元；推进区中医院扩建工程等5个卫生系统项目建设，完成投资43500万元；推进晏家壹号商务楼等5个党政系统项目建设，完成投资6700万元；推进黄桷湾移民综合市场（休闲广场）等2个移民系统项目建设，完成投资6400万元；推进长寿区龙河镇“四好农村路”合兴至龙河环线（龙河至四坪段）公路改造等5个交通系统项目建设，完成投资11800万元；区医院北城分院、古镇二小、桃花溪中学等重大项目按计划推进。全年项目建设工程建设质量和安全生产稳步提升，建设过程中质量管理可控，安全生产平稳有序。

【企业管理】 2018年，乐至公司全面深化区属重点国有企业改革，加强公司内部管理，提升乐至公司形象，打造走在改革前列的区管重点国有企业。不断完善管理制度，对《“三重一大”决策制度》《公司综合事务管理制度》《流程管理制度》《督查督办制度》等制度进行修订和完善。完善组织结构及人才队伍建设，对部分工作人员岗位进行调整；开展职工能力素质、办公技能、专项技能等培训。完善内控控制和内部监督体系，建立奖惩机制。结合“两学一做”教育常态化制度化学习活动，开展“不忘初心·牢记使命”专题活动。积极参与，主动作为，多次与区审计局等单位赴万顺镇研究后进支部帮扶工作，配合推进万顺镇四重村、石龙村的7户精准扶贫对象扶贫工作。开展扫黑除恶专项斗争，成立公司扫黑除恶专项斗争工作领导小组，在各种会议多次向各部室及项目部传达相关会议精神和工作部署；在工地现场横幅、公司简报、LED大屏以及当地报纸、网络等开展扫黑除恶专项斗争宣传工作。推进工会、妇委会等群团工作。（汤　梅）

住房公积金管理

【概况】　重庆市住房公积金管理中心长寿区分中心（本分目简称区分中心）2008年8月上划至重庆市住房公积金管理中心管理，是不以营利为目的的直属事业单位（其中：党组织关系挂靠在区国土房管局党委，群团组织均由长寿区群团部门直属管理）。内设有综合管理科、财务管理科、归集提取管理科、住房信贷管理科。主要职责有9项。

2018年，新增缴存额7.85亿元，同比2017年增11.60%，完成年度目标的116.46%；新增缴存职工6093人，增长22.10%，完成年度目标的156.63%。截至2018年12月31日，全区有653个缴存单位，57668名缴存职工缴存60.29亿元，缴存余额19.20亿元。

2018年，全区使用住房公积金10.21亿元，较2017年同期增长32.94%，资金使用率130.06%；截至2018年12月31日，全区使用住房公积金69.49亿元，资金使用率113.29%。全年23312人（次）提取公积金6.43亿元，同比分别增长11.85%、22.48%，提取率81.91%，其中购房、还贷、租房等住房消费类提取4.98亿元，占提取额的77.45%；截至2018年12月31日，提取公积金203127人（次）、41.00亿元，提取率66.84%。2018年1—12月，发放贷款1301户、3.78亿元，同比分别增长48.01%、55.56%，完成自有资金贷款年度目标118.13%；支持项目（楼盘）16个，实现城区重点楼盘全覆盖；截至2018年12月31日，实现放贷14308户、30.28亿元（含贴息贷款673户1.78亿元），贷款余额17.35亿元，市场占比20%，个贷比率90.36%，个贷逾期率0.25‰，低于全市1‰的控制要求，资产运行安全。

2018年，实现增值收益2450万元，增值收益率1.28%，住房公积金资金运用率为90.36%，资金运作高效。当年提供廉租住房补充资金1760万元，总计提供廉租住房补充资金1.34亿元。

2018年，区分中心在全市住房公积金管理系统的考核评比中获“住房公积金管理工作优秀单位”；区分中心综合科和敬行同志分别获得市国土房管局、市妇联联合授予的“重庆市巾帼文明岗”“重庆市巾帼建功标兵”称号；区分中心党支部被区国土房管局党委表彰为“先进基层党组织”。

【缴存业务】　2018年，区分中心对缴存单位汇（补）缴划款凭据进行规范，确保单位汇补缴款项及时分配到账。完善催收机制，及时分配暂存款，有效杜绝截留挪用。引导缴存单位做好年度缴存基数、比例调整工作，做好服务回访工作，全年对已开户单位走访130余次。有序推进缴存信息清理工作，全面完成缴存单位基础信息修改，1—12月完成个人多账户合并506人，账户合并总计2000人。持续提高单位经办人业务水平，全年对640余家缴存单位经办人开展业务培训。

多措并举推进扩面。利用《长寿日报》、业务QQ群、微信群等传媒载体，重点对《住房公积金条例》及重庆市、长寿区出台的相关政策进行宣传，提高制度的认知度。摸底排查，上门了解情况，业务培训会反馈信息等，对机关事业单位非在编人员进行再次摸底排查，督促做到应建尽建，应缴尽缴。组织归集承办银行，重点走访民营企业80余家，宣讲解读政策、发放催建函，合力推动全年新增非公企业60余家。针对有的单位未为职工缴存住房公积金的信访诉求，区分中心多次上门开展执法宣传，促使重庆长寿湖山庄酒店有限公司、重庆久聚物流有限公司、重庆帝尔鄂世稳汽车部件有限公司、重庆市长寿区妇幼保健计划生育服务中心（非在编）等单位为174名职工建缴住房公积金。协调区社保局，将住房公积金权益纳入劳动合同并获得支持。

推进原长化厂职工补缴工作，稳妥处理长化厂因整体搬迁引发职工对住房公积金缴存基数不足的诉求，2018年陆续为该单位2017年12月以前退休、离职职工 2144 名重新开设个人账户并补缴资金 860 多万元，有效维护职工合法权益。

严格执行国家及重庆市供给侧结构性改革要求，对于困难企业允许其适当降低缴存比例，支持企业发展，2018 年为企业减少支出近百万元。

【提取管理】 2018 年，区分中心严审提速提取办理，防范骗提套取，新系统上线后采取信息联网自动协查与人工审核相结合的方式，确保提取资料的真实性。8 月，住房公积金新一代信息系统上线后，部分提取业务实现实时支付、实时到账，既方便缴存职工，又提高办事效率，得到办件群众一致赞许。落实国家租购并举政策要求，保障职工租购房提取使用资金，租购房提取额占全年提取额的 80%。

协调配合优化个贷管理，多次进行市场调查研究，区分中心领导带队对全区楼盘逐一走访，宣传公积金贷款新规，了解开发企业开工、销售、库存、资金需求，做好资金的供需分析，满足市场需求。建立与开发企业直接沟通渠道，通过 QQ 群、微信群、座谈会等方式建立与开发企业直接沟通渠道，及时了解掌握开发企业需求。加强对银行的监督考核力度，落实市中心受托银行考核办法，每月底安排专人到协作银行查看办件质量、效率，逾期贷款催收记录等情况，强化银行规范化和优质化服务。每季度召开合作银行业务工作会，总结阶段工作，解决贷款环节出现的问题，优化住房公积金个贷服务水平。

【风险防控】 2018 年，区分中心加大骗提套取宣传整治力度。通过打击和防范经济犯罪“5·15”集中宣传日集中宣传、办件大厅滚动播放宣传短片、向各缴存单位发放宣传资料等方式，重点就合法合规使用住房公积金，加大严厉打击骗提套取行为的宣传力度。年初，区分中心与区公安局经侦支队联合召开工作交流会，以推进长寿区住房公积金骗提套取联合整治工作。全面落实责任追究制度，要求对错件办理人员层层责任追究，有效杜绝错件的发生。全年未发现骗提套取行为。

加强贷款风险防范，在项目准入、贷款资格审核、办理流程等环节全程规范把握。建立区分中心、担保公司、受托银行三位一体的协同催逾体系，及时揭示风险贷款。积极处置风险资产，全年通过司法诉讼程序处置 3 户，向市中心申报债权转移处置 7 户，总计涉及资金 196.36 万元。

以经济责任审计整改为契机，认真梳理，狠抓落实，对归集、提取、贷款、财务 4 个方面的 12 个问题进行整改落实，在 2017 年健全制度之后，进一步规范费用报销程序及附件，强化业务日常管理，加大考核力度。接受区总工会对区分中心工会账套的指导、检查，细化分解工会经费收支管理，理顺工会账套的记账方式，加强工会财务预决算管理。

【服务优化】 2018 年，区分中心畅通便民服务通道。做好新系统上线和微信公众号等各类服务渠道的推广。按照“服务前移、业务下沉”的工作思路，继续做好延时服务、预约服务，上门服务等，全年开展便民服务 90 余次。构建畅通有序信访格局，及时处理群众来信来访来电，化解矛盾纠纷。全年处理市中心及区政府信箱交办件 23 件。多渠道开门纳言，公开服务承诺，公布投诉电话，设置意见箱、举报箱，主动接受社会各界监督，合理采纳群众建议。

加强职工教育培训，通过每周例会开展经常性思想教育增强窗口工作人员责任感和服务意识；组织参加市中心组织的领导干部管理能力专题培训、全员金融知识业务培训以及分中心相关培训等提升能力素质；每季度开展“服务明星”评选及公示，树立榜样引领作用。

加大窗口监督考核力度，从 2018 年起区分中心强化对工作人员的纪律考核工作，内容包括规范着装、按时到岗、岗前准备、工作期间的服务规范等；接受市中心及区行政服务中心的神秘人暗访和服务巡查，将考核及检查情况纳入每月的绩效考核和窗口人员工作考核中，有效强化窗口建设和规范服务行为。

【党建工作】 2018 年，区分中心完善支委会、党小组机构设置，做到成员的职责明晰，各司其职，合力推进党建工作。做好对预备党员的培养考察，11 月，1 名预备党员按期转正。深化党建带群建工作，发挥群团组织的桥梁和纽带作用，组织开展和参加多项活动，分中心领导在市住房公积金系统“适应新变革　提升新能力”征文活动中带头参加并获得三等奖，1 名青年职工获该项活动演讲比赛二等奖，1 名职工在第三届“国土房管青年论坛”总决赛中获得二等奖，在区国土房管局党委组织的“2018 年机关党建调研工作”中获一等奖。

区分中心到江南街道锯梁村了解该村的实际困难并出谋划策，共商该村发展，实地走访，了解村情民意，开展系列慰问活动，帮助农户干农活。组织党员到菩提街道古镇社区报到并开展住房公积金政策宣传及慰问贫困家庭等志愿服务活动。认真落实“兴转促”，开展信贷市场调研、党建工作调研，形成调研报告 3 篇，拓宽党员参与学习实践的渠道。

落实从严治党主体责任，支部书记严格履行第一责任，各科室负责人按照“一岗双责”要求，抓好职责范围和科室的党建、党风廉政建设工作。强化监督执纪问责，发挥好兼职纪检监察员的纪律监督职责，以审计整改及作风建设为助力，抓好日常排查，健全制度。加强反腐倡廉教育，利用每周职工例会强化对职工的教育引导和行为规范，做到常态化廉政教育监管。（傅歆芯）

长寿区龙河镇房屋风貌改造实景

表 27

2018 年长寿区住房公积金缴存情况

项目	单位个数(个)			职工人数(人)			缴存金额(万元)					
							2017 年止累计		2018 年度实际数		2018 年止累计	
	应缴数	实际数	实际数占计划数的比例(%)	计划数	实际数	实际数占计划数的比例(%)	合计	结转利息	合计	结转利息	合计	结转利息
甲	1	2	3 =2/1	4	5	6 =5/4	7	8	9	10	11 =7 +9	12 =8 +10
合计	591	653	110. 49%	109628	57668	52. 60%	518436. 88	16430. 40	78510. 19	2590. 87	602874. 44	19024. 26

说明：1. “应缴数”是统计局公布的社会单位数和社会在岗职工人数。

2. 长寿区行政事业单位、国有企业住房归集覆盖率 100%。

表 28

2018 年长寿区住房公积金使用情况

单位：万元

项目	贷款合计				个人购建住房贷款								单位贷款				个人提取额
	发放额	回收额	贷款余额	逾期贷款额	贷款户数(户)	建筑面积(万平方米)	购建房总价款	发放额	回收额	贷款余额	逾期贷款额	逾期户数(户)	发放额	回收额	贷款余额	逾期贷款额	
甲	1 =8 +13	2 =9 +14	3 =10 +15	4 =11 +16	5	6	7	8	9	10 =8 −9	11	12	13	14	15 =13 −14	16	17
2017 年止累计	247140. 00	93128. 84	154011. 16	40. 05	12334	139. 24	39310. 51	247140. 00	93128. 84	154011. 16	40. 05	8	−	−	−	−	345744. 35
2018 年数	37837. 20	18312. 24	−	0	1301	12. 61	5761. 07	37837. 20	18312. 24	−	0	0	−	−	−	−	64310. 23
2018 年止累计	284977. 20	111441. 08	173536. 12	44. 11	13635	151. 85	45071. 58	284977. 20	111441. 08	173536. 12	41. 11	11	−	−	−	−	410054. 58

（重庆市住房公积金管理中心长寿区分中心提供）

环境保护与管理

综　述

【概况】　长寿于1979年设立长寿县环境保护办公室，隶属科委；于1983年成立长寿县环境保护局；2002年撤县设区成立重庆市长寿区环境保护局（简称区环保局），为区政府组成部门。主要职责有13项。内设1室5科，即办公室、生态环境保护科、行政审批科、污染防治科、大气保护科、固废和放辐射管理科，下辖环境行政执法支队（副处级，参公管理）、生态环境监测站2个事业单位。2018年有编制86名（实有在编人员74人，临聘20人），其中行政编制10名，实有9人；参公事业编制40名，实有38人；事业编制36名，实有27人。

【生态环境】　2018年，长寿区城区环境空气质量优良天数为311天（占比85.2%），较2017年增加29天，优良率上升7.9个百分点；城区环境空气中二氧化硫、二氧化氮、一氧化碳、臭氧和可吸入颗粒物年均浓度分别为20微克/立方米、27微克/立方米、1.0毫克/立方米、82微克/立方米和58微克/立方米，均达标；细颗粒物年均浓度为38微克/立方米，达到重庆市地方考核40微克/立方米的要求。

全区地表水环境质量总体为良好，纳入市级考核的18个监测断面中，水质满足水域功能要求的断面有14个，占77.7%。其中：长江长寿段水质达到Ⅱ类水质，与2017年持平；龙溪河4个断面、御临河1个断面、大洪河1个断面、长寿湖3个断面以及范家桥水库、大洪湖水质均满足水域功能要求；桃花溪4个断面中有2个不满足水域功能要求，分别是李家湾断面水质为Ⅳ类、碧桂园幼儿园断面水质为劣Ⅴ类，但随着桃花溪治理的深入推进，城区段截污干管等一系列重点治理工程陆续完工，桃花溪城区段水质在2018年12月后改善为Ⅳ类，黑臭水体全面消除。受上游垫江县来水严重超标影响，入境长寿区的打鱼溪张家湾监测断面（考核垫江县）水质为劣Ⅴ类、库建桥断面水质为Ⅳ类，不满足水域功能要求。

2018年，城区集中式饮用水源地（龙溪河烟坡）水质为Ⅲ类，水质合格率为100%，与2017年持平。全区31个乡镇集中式饮用水源地水质合格率为87.1%，达到市下达的合格率85%以上的考核要求。

全区城市声环境质量保持稳定。城市区域环境噪声昼间平均等效声级为52.4分贝，符合城市2类声环境功能区要求，与2017年持平；城市道路交通干线噪声平均等效声级为65.4分贝，符合城市4a类声环境功能区要求，同比2017年下降2.0分贝。

固体废物处置。全年收集处理城镇生活垃圾13.5万吨，污水处理厂污泥4.0万吨，集中处置率100%；一般工业固体废物利用169.91万吨，处置177.05万吨。工业企业危险废物转移处置29.19万吨，收运和处置医疗废物454.49吨，依法转移率和规范处置率均是100%。

全区土壤环境风险管控进一步强化，未发生因耕地土壤污染导致农产品污染物超标且造成不良社会影响的事件，未发生因疑似污染地块或污染地块再开发利用不当且造成不良社会影响的事件。

全区环境风险态势保持稳定，环境风险管理得到加强。未发生较大以上环境污染事件，未出现因环境污染事故发生的群访、集访事件。

主要污染物排放总量。2018年，全区二氧化硫、氮氧化物、化学需氧量、氨氮4项主要污染物年排放量分别为2.96万吨、1.59万吨、1.37万吨和0.15万吨，分别较2017年下降3.35%、6.57%、1.01%、5.23%，完成市减排办下达的2018年4项主要污染物总量减排指标任务（以上数据为长寿区自行核算，最终减排结果以市减排办书面通报结果为准）。

【长效机制完善】 2018年，长寿区推进环保机构改革，做好生态环境保护职能职责调整的前期工作，发挥区环境保护委员会协调、调度、督办作用，统筹全区生态环保工作。建立考核奖惩机制，出台《2018年度环境保护工作考核及奖励办法》，对年度考核表现突出的单位和个人予以通报表扬和奖励，将环保考核结果与领导班子和领导干部评先评优挂钩。层层压实工作责任，落实环境保护“党政同责”“一岗双责”，开展党政领导干部生态环境损害责任追究；年内区纪委依纪依法对在生态环保工作中工作落实不到位、违反八项规定的7人进行通报批评和诫勉谈话。实施企业环境信用评价，对全区67家重点企业开展环境信用评价，构建企业守信激励与失信惩戒机制。

（曹　平）

环境保护

【环保源头控制】 2018年，长寿区加强生态空间管控，有序推进长寿区长江经济带战略环评及“三线一单”（即生态保护红线、环境质量底线、资源利用上线和环境准入清单）编制，执行长江岸线1千米及5千米工业企业布局和园区建设距离管控红线，执行长江经济带负面清单，严格控制高污染、高能耗、资源性“两高一资”项目建设。推进332.22平方千米生态保护红线实施落地，确保生态功能不降低、面积不减少、性质不改变。实施重要生态系统保护和修复工程，开展长江生态百米绿化带和消落区生态植被恢复试验、防洪护岸综合整治；投入1.5亿元分2批关闭退出“四山”管制明月山范围内29宗采矿权，全面启动矿山地质环境恢复治理；加强生态退化区保护和建设，完成水土保持生态治理10平方千米、退耕还林666.67公顷、湿地面积保持9586.67公顷。实施“增绿添园”行动，建成2400公顷“两山一带”城市森林屏障，新增城市绿地面积86万平方米，实施营造林3600公顷，森林覆盖率达到45.7%，城区生产、生态与生活空间布局得以优化。

推动经济发展聚新增绿，促进产业结构绿色转型，促进钢铁冶金、综合化工等重点行业、重点企业产业产品结构调整，年内全社会R&D3经费增长32%，占地区生产总值比重2%；高新技术产业和战略性新兴产业实现产值213.4亿元，传统钢铁化工“独大”的局面逐步改变，绿色GDP占比不断提高。开展清洁生产，推动重钢股份、川维化工等35家企业实施清洁生产、节水治污、循环利用等技术改造，有效促进企业节能、降耗、减污。强化源头管控，严把环境准入关，全区年度审批项目环评112个、涉及总投资141.7亿元，不予审批不满足环境质量改善要求、不符合环保产业政策的项目环评8个、涉及总投资20亿元，切实为经济高质量增长“添绿”。

【环境综合治理】 2018年，长寿区推进蓝天保卫战，深化“四控两增”（即控制交通污染，控制扬尘污染，控制工业污染，控制生活污染，增强监管能力和科研能力）举措，推进秋冬季PM2.5和夏季臭氧污染攻坚整治；完成化工码头岸电改造；开展2203辆机动车道路抽检，查处机动车尾气超标、冒黑烟等违法行为310件；完成医药、化工、家具等行业6家企业挥发性有机物（化工臭气）污染治理，推动重钢烧结和川维燃煤机组实施超低排放改造，工业企业实现达标排放全覆盖；创建和巩固10条扬尘示范道路和10个扬尘示范工地；严控露天焚烧，全年查处露天焚烧1600余起，完成40家餐饮企业油烟整治以及16家机关事业单位油烟整治；划定高污染燃料禁燃区22.5平方千米，发布《长寿区空气质量限期达标规划（2018—2025年）》；启动污染天气应对预警7次，开展蓝天行动人工增雨作业20次，发射火箭弹60余枚。推进碧水保卫战，持续开展桃花溪综合整治，完成西岸截污干管、延时曝气及13.4千米河道景观打造工程，黑臭水体全面消除；实施龙溪河、御临河上下游跨境水污染生态补偿和长寿湖生态专项治理，龙溪河流域水环境精准治理获国务院办公厅通报表扬；全年新改建污水管网75千米，完成14个街镇污水管网修复；实施15座乡镇污水处理厂提档升级和达标改造，完成6座、有序推进9座，在全市率先实现在线监测监控全覆盖；经开区、高新区实现废水全收集处理，不让一滴不达标的工业污水流入长江；实施化肥、农药零增长行动，完成1.5万头存栏生猪当量污染治理配套设施工程整改；启动全区31个乡镇集中式饮用水源地风险评估、保护区划分、污染整治及规范化建设工作，持续保障饮水安全。推进净土保卫战，完成11块潜在污染场地调查、风险评估，建立污染地块负面开发清单；完成农用地土壤污染状况详查试点，开展农用地和农产品环境安全排查；建成污水处理厂污泥无害化处置项目和船舶废弃物接收处置暨清漂码头工程；开展长江经济带固体废物大排查专项行动，工业危险废物和医疗废物转移制度执行率、处置利用率均达100%。实施宁静行动，开展“中、高考噪声污染专项整治行动”、2018年“宁静行动”噪声污染防治等专项执法行动，集中处理、整治3起社会关注生活噪声污染，获得群众点赞；城区噪声达标区实现建成区全覆盖。保障库区环境安全，持续筑牢经开区五级水污染风险防控体系和污染事故联防联控体系，开展1次区级突发环境事件应急演练，完成81家重点企业“一源一事一案”应急预案深化试点和沿江1千米范围内化工企业环境风险评估、隐患整改，筑牢长江上游生态屏障。

【环境执法】 2018年，区环保局查处环境违法行为112件，罚款总额600万元，查封9件，扣押1件，停产整治4件，涉嫌犯罪移送公安5件，涉嫌行政拘留移送公安6件，依法打击各类环境违法犯罪行为。着力解决突出环境问题，受理各类污染信访投诉1024件，处理率和办结率均为100%，回访满意率95.9%，妥善化解各类矛盾。执行生态环境损害赔偿制度，成功处置和查办晏家沙溪河水体污染事件，责成肇事企业赔偿应急处置费用24.7万元、污染损害评估费用6万元、生态损害赔偿费90万元；判处有期徒刑4人，处罚金额60万元；该案件被生态环境部作为全国生态责任损害赔偿典型案例宣传、推广。

【中央环保督察整改】 2018年，长寿区对中央环保督察反馈存在的12个问题已整改完成11个，剩余污水处理厂改造问题正按照整改方案要求抓紧推进实施；中办督查反馈的2家企业存在的问题已全面完成整改。推进国家部委专项行动交办问题整改，解除“清废行动2018”反馈的鑫远货场封场问题市级挂牌督办；完成西南督察局专项督察反馈的城市污水处理厂提标改造滞后和八颗街道饮用水源还住有居民等2个问题整改。

（曹　平）

环境监测

【环境质量监测】 2018年，长寿区生态环境监测站（简称区环境监测站）完成对18个国考、市考地表水例行监测断面、10个桃花溪干流“河段长”水质监测断面、24个龙溪河流域“河长制”水质监测断面、23个桃花溪城区段水质监控断面、31个乡镇集中式饮用水源地、109个城市区域环境噪声监测点、7个声环境功能区噪声监测点、21个交通噪声监测点以及2个环境空气监测点、1个酸雨监测点、4个降尘监测点的例行监测以及对全区51处市控土壤监测点位的核实工作，总计获取有效监测数据12.8万余个，如实反映长寿区生态环境质量。先后完成大洪河黎家乡崔家岩、龙溪河六剑滩、龙溪河运输桥等3个国考地表水监测点位断面水质自动监测站的建设工作；完成长寿湖湖心市控水质自动监测站的上收改造工作。

【污染源监测】 2018年，区环境监督站对21家国控重点污染源企业、16家污水处理厂、1家封场的马家沟生活垃圾填埋场每季度开展一次监督性监测，对2家涉重金属企业每2个月开展一次监督性监测，对13家市控重点污染源每年至少开展一次监督性监测，对22家砖瓦企业、5家混凝土搅拌站每年开展一次执法监测。配合区环保局属有关科室，开展竣工环保验收、限期治理及其他委托性监测。全年完成污染源监督性监测270次、污染源限期治理或建设项目竣工环境保护验收监测11次、委托监测290次，总计获得有效监测数据1.1万余个，为及时了解和掌握重点污染源污染物排放情况，为污染源监管、总量减排、环境统计、排污申报、环境执法等环境管理工作提供数据支持。

【断面采测分离】 2018年，区环境监测站与第三方监测公司合作，完成长寿区所涉的年度4个国考地表水断面及1个市考断面的采测分离工作；将水样送至涪陵区生态环境监测站进行分析，同步开展上述断面的水质分析工作，及时为长寿区水环境保护提供数据支撑。

【环境信息公开】 2018年，长寿区在市生态环境局信息公开平台上及时、准确公布国控、市控及以上重点污染源监测信息，全年重点污染源监督性监测公布率 100%。督促、指导全区 60 家重点污染源企业开展自行监测和信息公开工作，每月对企业自行监测信息公开情况进行网络抽查，对存在的公开不及时、执行标准错误、监测污染因子不全等问题，督促其限期整改，全年企业自行监测信息公布率 100%。按照有关法律法规要求，定期公布城区环境空气质量达标状况、空气污染指数、辖区内地表水水环境质量数据以及城区集中式饮用水源地水质信息。

【环境应急监测】 2018 年，区环境监测站完善监测网络，联动练兵，及时修订完善《重庆市长寿区突发环境事件应急监测预案》，对已不适应工作需要的应急监测标准、规范、方法等进行修订和补充，重新建立突发环境事件联动响应机制；应用全区应急中心网络大数据，将区内 7 家具备环境监测能力的监测机构全部纳入全区环境应急监测网络。定期开展联动练兵，优化联动响应流程；模拟实战演练，锻炼队伍，每季度开展 1 次突发环境事件应急监测桌面推演，先后参加 2018 年天志环保有限公司长寿事业部渗滤液泄露突发环境事件、2018 年危险化学品管道泄漏事故等两次大型实战演练，将组织架构、指挥体系、应急响应、现场调查监测、实验数据分析等每一环节都进行检验，有效地锻炼应急监测队伍。及时分析总结，持续改进，全年参与因气象、区位、累积性污染共同作用发生的 30 余起包括水质异常、大气污染扰民、恶意偷排等引起的环境信访事件的应急监测，总计获取 1200 余个有效监测数据，为事件的科学处置提供数据支撑和重要参考；每次应急监测后，区环境监测站都及时组织专人对监测全过程进行分析，总结经验和教训。

【环保联合行动】 2018 年，区环境监督站与区环境行政执法支队建立环境监测与环境执法协同工作机制，配合开展"在线监测专项执法检查""两会一节"环境安全隐患排查、"清废行动""汛期环境安全隐患排查""环境安全隐患大排查大整治大执法""利剑执法"餐饮油烟整治、经开区夜间臭气扰民巡查监测等环保执法专项行动，协助查处环境违法行为 108 起，处罚金 578 万元；查封 9 件、扣押 1 件、停产整治 4 件，移交公安行政拘留 6 件、涉嫌犯罪 5 件，对 59 家餐饮企业进行餐饮油烟整治。为有效控制机动车排气污染，联合区交巡警支队建立联合执法的常态化机制，运用管罚结合的人性化手段，以检查柴油车为重点，路检机动车尾气排放 2203 辆，超额完成年度任务。

【环境监测质量管理】 2018 年，区环境监测站对监测标准（方法）选择、样品前处理和保存运输、样品交接和编码、实验室分析等每一个步骤、每一个环节进行质量控制，落实环境监测人员持证上岗、环境监测技术和质量管理人员培训等质量管理制度，将质量管控工作贯穿于日常监测工作中。监测数据核对、监测报告审核，实行逐级审核签字和重点报告联审、会签三级把关等制度。全年新购置仪器设备 86 台（套），对所有仪器设备均按照规定进行检定或校准，对使用频率高、精密度要求高的设备开展期间核查，确保所有仪器设备量值传递统一、可靠，始终处于有效受控状态。在 2018 年全市检验检测机构能力验证测试中，所有项目（土壤中的镉、高锰酸盐指数、汞）考核结果均为合格，于 11 月顺利通过市监测中心的环境监测质量督查。

【环境统计工作】 2018 年，区环境监测站落实专人牵头成立环境统计工作办公室，克服对新系统软件不熟悉、企业填报人员流动快不固定等诸多困难，对纳入 2017 年环境统计的 101 家工业企业、10 家大型畜禽养殖场、12 家集中式污染治理设施进行全面清理；对筛选出的企业进行逐一调查统计、核实，做到调查企业全面、不重、不漏；利用"十三五环境统计业务系统"对环境统计数据进行全面细致的审核，逐一核实审核出来的问题；加强对汇总数据的宏观把握，确保数据能客观、真实地反映企业排污情况。

【第二次全国污染源普查】 2018 年，区环境监测站成立全区第二次全国污染源普查工作办公室，统筹全区污染源普查工作，克服时间紧、任务重、人员少等诸多困难，按照全市污染源普查工作进度安排，完成工业源、集中式污染治理设施、生活源锅炉的清查建库工作。完成对 745 家工业源、41 家集中式污染治理设施、35 个移动源、224 个生活源的入户调查工作；组织开展第二次污染源普查增项调查培训，全面启动增项调查工作，为顺利完成全区第二次污染源普查奠定基础。重点对沿长江岸线 1 千米范围内可能直排长江或其一级支流的排污口开展 1 次专项调查，实地调查工业企业 31

家、生活污染源189处、农业污染源104处、入河排水口60处、固体废物堆放点12处、船舶28艘，对其中127个点位进行采样分析，为后续污染整治提供一手资料。

【环境科研】 2018年，区环境监测站配合完成“重庆市长寿化工园区‘环境健康风险哨点监测’2018年度”项目，配合环保部华南环科所完成对长寿经开区晏家组团15个家庭饮用水哨点、6个环境空气哨点、3个工业企业哨点、15个环境空气哨点、1个地表水哨点的样品采集工作，对16个哨点水样中的苯系物（7个项目）、挥发性卤代烃（5个项目）进行实验室分析。探索开展长寿区桃花溪“河长制”研究，对2014年到2018年在桃花溪污染整治攻坚工作中采取的“河长制”治理实证进行研究；对桃花溪各“河长制”水质监测断面水质变化情况的统计分析，评估各污染整治工作措施的效果，提出下一步工作意见或建议，为“河长制”在全区的全面铺开提供参考和借鉴。完成长寿城区环境噪声污染及防治对策研究项目，对长寿城区城市交通干线、功能区噪声和区域环境噪声的实地调查与监测评价，针对环境噪声污染防治中存在的不足，提出相应的改进措施，为相关门防治城区环境噪声污染决策提供科学参考。

【人员素质提升】 2018年，区环境监测站新补充环境监测人员8名，监测队伍年龄结构和知识层次得到优化。加强对新进人员持证上岗和老员工的培训工作，采取集体学习与自学相结合、外派学习和集中培训相结合等多种方式，重点提升人员业务能力；全年参加国家、市、区各类业务培训60余人（次），自行组织专题培训12次、监测技能竞赛2次，营造比学赶帮超的学习氛围，在2018年全市环境监测人员岗位大练兵暨技术大比武活动中，取得全市一等奖1人的好成绩。

（曹　平）

污水垃圾处理

【生活污水处理】 2018年，长寿区组织人员定期对各污水处理厂的安全生产、运行管理等进行检查，确保污水处理工作安全正常；加强对街镇污水处理厂的监管力度，不定期组织人员对街镇污水处理厂设备及运行管理情况进行安全检查，确保街镇污水处理工作安全；加强对街镇污水处理企业的行业管理和指导，定期组织各污水处理企业开会和学习，推进长寿区城镇污水处理厂规范化管理。全面开展桃花溪新城段排口排查工作，定期开展无污水流入的雨水排口巡查监管工作，推进桃花溪西岸城区段截污干管建设，于2018年11月正式投入使用。推进城市生活污水处理厂三期扩建项目相关前期工作［该项目计划投资2亿元，处理规模4万立方米/天，配套主干管网7千米，出水水质执行国家一级A类（GB 18918—2002）排放标准］。

【生活垃圾处理】 2018年，长寿区创新生活垃圾处理作业模式，实施“一洒二冲三扫”的“车车组合”保洁模式、“人机结合”保洁模式、“1+2”等作业模式，提高保洁作业精细化管理水平，道路路面干净整洁。推进环卫市场化保洁模式，对新接管地区的环境卫生管理引进市场化保洁模式，政府招投标委托给专业环卫公司，区城管局强化道路清扫保洁监督巡查网格化管理，组织专职卫生监督员、巡查员对城区主次干道进行实地巡查，对日常保洁工作加强监管和考核，有效提高环卫保洁效率。加强公厕精细化管理，建立“一厕一员”24小时管护制度，制定“日检查、周评比、月考核”的公厕考核制度，使公厕管理进入制度化、规范化、常态化管理轨道；2018年城区公厕大小维修908座（次）。政府购买服务引进市环卫集团承担长寿区城乡垃圾转运系统建设，城乡生活垃圾集中收运处理系统更加完善。水域清漂步入常态化管理，定点、定船、定人、定岗，开展水域清漂处置工作；与各街道、镇、沿江厂矿企业继续签订水域环境卫生管理责任书，签订率100%；加大资金投入，新购置巡逻船1艘、自动化清漂船2艘，提高水域清漂的效率；全年清理打捞长江、龙溪河、桃花溪水面漂浮物及沿江两岸垃圾约6555吨，有效保障三峡航道畅通和水域环境卫生。

（张　婷）

【畜禽粪污治理】 2018年，长寿区畜禽养殖污染治理成效明显，建立畜禽养殖污染综合整治长效机制，出台《关于加强畜禽养殖环境保护工作的通知》的管理办法。开展全区畜禽养殖污染防治专项督查4次，巡查养殖场2180户，整改问题198个，完成2018年市级下达长寿区畜禽养殖污染治理（1.5万头生猪当量）的目标任务，对适养区、限养区内9家畜禽养殖场（户）（1.5万头生猪当量）实施环保达标整治，投入资金290余万元。畜禽养殖粪污综合利用率显著提高，全年3家有机肥生产企业收运处理畜禽粪污8.1万吨，生产有机肥4万吨，实现销售额2400万元；开展畜禽养殖污染源普（抽）查工作，全区规模化畜禽养殖场污染源1158家，普查规模化畜禽养殖场225家，抽样调查农业污染源（畜禽养殖场）85家，全区畜禽养殖粪污综合利用率85%以上，规模场环保设施设备配套率90%以上；编制《长寿区畜禽养殖废弃物资源化利用实施方案（2018—2020年）》，建立畜禽粪污资源化利用可持续的长效运行机制。（王　梅）

2018年3月27日，长寿区“世界水日”宣传

旅游业

综　述

【概况】　重庆市长寿区旅游局（简称区旅游局）是长寿区政府组成部门，财政全额拨款，正处级单位。负有13项职能职责。内设综合科、行业管理科2个机构；有区旅游宣传营销中心、区旅游质量监督中心2个下属事业单位。核定编制人数15名：其中，机关正局（处）级工作人员1人、副局（处）级工作人员2人、局（处）级以下工作人员3人、事业编工作人员8人、工勤编工作人员1人。2018年实有机关正局（处）级工作人员1人、副局（处）级工作人员2人、局（处）级以下工作人员3人、事业编工作人员7人、工勤编工作人员1人、临聘工作人员1人，共计14人。

2018年全区旅游收入、旅游人数同比2017年均增长10%，过夜游客增长4%，完成全年目标任务。全区旅游业完成投资28亿元。

【重大项目建设】　2018年，长寿旅游的政府类重大项目22个。其中续建项目5个，长寿湖高铁站换乘中心和菩提山环山公路项目已经完工，“长寿三贤”纪念园、长寿湖东岸环湖路、三倒拐历史文化街区保护修缮项目（示范段）按照进度正在推进；新开工项目8个，长寿湖高铁站至景区旅游专线和乐温大桥项目进场施工，长寿湖游客集散中心、长寿湖民宿文化新村等项目正在进行前期工作，前期项目9个，义和至川渝界段（S513）改造工程、五华山环山公路等项目均正在开展前期工作。

市场类重大项目8个。康普山水茗家度假村一期工程主体已完工，年底前正在优化二期方案；金鹏五星级酒店工程已全部完工，二期工程主体完工正在进行环境施工；长商悦湖荟一组团一期完工，正在进行二期主体施工；长寿菩提古镇尾期工程H区竣工，EF区34～58栋商业外立面装饰完成70%，住宅外立面砖瓦完成70%，门窗完成50%；重庆远恒佳国际学校项目完工并开学；重庆医科大学附三院长寿康养中心项目1号楼装修工程完成60%，园林绿化全部完成；恒大长寿湖特色小镇一期销售中心、异地样板房装修完毕并已对客户开放，展示区洋房正在进行绿化，湖滨路旁的商业公寓封顶；长寿湖龙鑫欢乐世界设备到位80%，已开始安装。

【项目招商引资】　2018年，长寿旅游跟进伟光汇通“文旅康养小镇”、绿地“绝美湖湾 天赐长寿”、苗夫“花仙慢谷”、金盾影视中心、重庆金山康养小镇等重点在谈项目；做好恒大湖山半岛、龙鑫欢乐世界、长寿康养中心、香江二期等已落地项目促建工作；完成重医附三院康养中心、恒大一期地块内的强弱电杆线路迁改和远恒佳学校电源接入。

【旅游行业管理】　2018年，长寿旅游推进规划编制。编制完成《重庆市长寿区旅游总体规划（2017—2025）》和《大洪湖旅游规划研究》。开展扫黑除恶整治市场乱象，扫黑除恶专项斗争实施“利剑系列”“秋冬会战”旅游市场秩序整治，重点打击“不合理低价游”和“四黑”等市场乱象，查处未经许可经营旅行社业务违法案1起。开展安全监管和综合治理，在节假日和重点时段、汛期暑期旅游开展安全检查59次，参检279人（次），检查旅游企业92家（次），排查安全隐患36处，下达限期整改通知书5份，已落实整改33处；开展各种扫黑除恶专项斗争宣传、安全宣传及旅游普法活动20余次，发放各种宣传资料5000余册。推进旅游厕所建设，启动旅游厕所建设新三年计划，完成2018年13座旅游厕所建设任务，申报2019年旅游厕所新改建10座。完成高速路旅游标识标牌设立，启动城区道路旅游标识标牌前期标点工作，完成旅游标识标牌（二期）方案设计评审。建立长寿区文明旅游志愿者队伍，开展志愿服务活动。完成长寿菩提古镇景区年度复核和长寿湖景区评定性复核，公告撤销1家国家AA级旅游景区资格。在全市率先开展并完成旅游资源普查工作。做好长寿湖国家级旅游度假区创建前期论证工作，助推邻封镇、万顺镇成功创建市级特色景观旅游名镇。

【旅游业发展】 2018年，区旅游局围绕“打造长寿旅游业发展升级版”，组织开展调研，组织召开专题座谈会，撰写《关于打造长寿旅游业发展升级版的调研报告》；举办“全域旅游发展”专题讲座；筹备开好全区旅游发展大会，明确打造长寿旅游业发展升级版的总体定位、目标定位、价值定位及重点工作，印发《长寿区全域旅游发展实施意见》，设立长寿区旅游发展专项资金，已制定资金使用管理办法。

【旅游宣传营销】 2018年，长寿旅游抓好传统媒体、新兴媒体及硬广告平台推广，在央视一套《朝闻天下》投放长寿旅游形象宣传片，利用重庆卫视新闻联播前、火车北站、轻轨站台灯箱、主城、成都商圈LED、高速路户外T型牌、公交车身、重庆交通广播、大渝网、华龙网、新华网、人民网、今日头条、《人民日报》《重庆日报》《重庆与世界》《重庆航空》《商旅时代》、抖音等媒介，拍摄新版《长寿旅游宣传片》，编印新版《长寿旅游地图》、新版《长寿旅游》宣传折页和《天赐长寿》宣传画册，正在编制《长寿旅游全攻略》等载体进行宣传。开展节会活动造势，成功举办2018年长寿旅游年会、长寿湖第三届郁金香展、长寿湖龙舟赛、海峡两岸姊妹湖产业协作年会系列活动、长寿湖铁人三项赛、百合花旅游、“5·19”中国旅游日“长寿人游长寿”、菩提古镇庙会节、巴渝文化节、啤酒火锅节等特色活动；组织开展“天赐长寿·美丽乡村”摄影大赛、全媒体看长寿乡村旅游采风活动，新推出5条精品旅游线路和5条春季旅游线路；继续实施旅行社奖励政策，1—12月通过组团旅行社到长寿旅游33万人（次）。

【旅游资源普查】 2018年1月，区旅游局结合乡村振兴、旅游资源普查和落实市委书记陈敏尔“打造长寿旅游业发展升级版”要求，制订“兴转促”调研方案，确定调研主题，启动长寿区第一次旅游资源普查。从2月起开展培训、数据采集、数据分析评价集成等工作，街镇、景区、景点、旅游企业开展调研。投资50万元，委托重庆师范大学地理与旅游学院进行长寿区旅游资源普查的专业技术服务工作，到年底，形成《长寿区乡村旅游调研报告》《长寿区旅游业人才队伍调研报告》和《关于打造长寿旅游发展升级版的调研报告》。

长寿区旅游资源有8个主类、21个亚类、56个基本类型。长寿旅游资源单体有528个：五级旅游资源3个，四级旅游资源21个，三级旅游资源86个，二级旅游资源128个，一级旅游资源290个；其中新发现单体396个：四级旅游资源单体3个，三级旅游资源单体43个，二级旅游资源单体93个，一级旅游资源单体257个。长寿集合型旅游资源单体32个：五级旅游资源0个，四级旅游资源4个，三级旅游资源15个，二级旅游资源13个；其中新发现14个：三级旅游资源7个，二级旅游资源7个。

（孙　祥）

长寿区旅游资源示意图

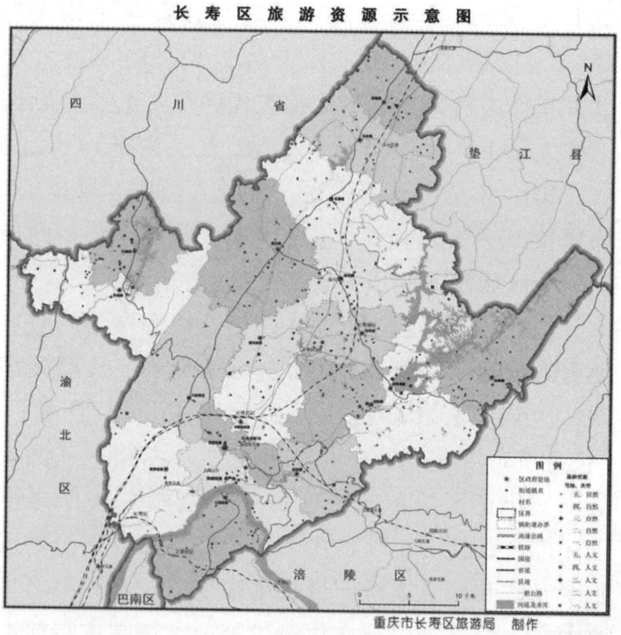

重庆市长寿区旅游局　制作

重庆市长寿湖风景名胜区

【概况】 2018年，重庆市长寿湖风景名胜区管委会和重庆市长寿区生态旅业开发集团有限公司以建设休闲旅游胜地为目标，坚持“五大”发展理念，践行“共抓大保护、不搞大开发”的方针政策，协同推进景区建设，产业融合发展，旅游宣传营销，为人民群众提供更美好的旅游产品。2018

年，长寿湖景区接待游客 290.3 万人（次），旅游收入 17.8 亿元。

【旅游发展规划】 2018 年，长寿区完成和启动重要景区详细规划，完成《长寿湖镇总体规划（2014—2025）》《长寿湖镇控制性详细规划》《长寿湖长寿村组团旅游度假区控制性详细规划》编制。开展长寿湖全域空间资源梳理工作，明确全域基本农田、生态保护红线、核心景区范围线、国家公益林范围等刚性控制条件，摸清可建设空间，为招商引资、项目建设落地提供可靠的决策参考。启动开展《创建长寿湖国家级旅游度假区论证》，聘请国内知名专家指导国家级旅游度假区创建工作。开展长寿湖镇域、长寿湖风景名胜区、旅游度假区 3 个区域空间资源要素梳理工作，形成 3 个区域空间管控梳理图和建设空间分布图。按照“多规合一”以及全域规划的思路，配合启动长寿湖镇总规实施评估、镇总规修编（2018—2030）、镇控规编制工作。

【景区建设】 2018 年，长寿湖景区加强基础设施建设，提质硬件设施，优化景区环境，提升整体服务水平。长寿湖高铁站换乘中心竣工投用；高铁站至景区旅游专线、乐温大桥、东岸环湖路开工建设；长寿湖游客集散中心、长寿湖民俗文化村、长寿湖西岸景观带、长寿湖景区道路绿化提升等 5 个 PPP 项目按照区政府要求推进相关工作；长寿湖渔文化村、回龙至老槽口生态修复等配套建设项目顺利推进。完善功能配套，推进市场类重大项目，丰富景区内涵，康普山水茗家度假村一期工程主体完工；金鹏五星级酒店工程完工；长商悦湖荟一组团一期完工，进行二期主体施工；长寿湖远恒佳国际学校完工并开学；恒大长寿湖特色小镇一期完工对外开放；长寿湖龙鑫欢乐世界设备安装即将完工。

长寿湖景区龙鑫欢乐世界

【旅游招商】 2018 年，长寿区开展聚商选资“深化年”活动，坚持走出去、引进来，立足重大项目主动招商，发挥“旅游 +”效应，加快引进一批康养、亲水游乐、教育、民宿等项目。坚持高起点规划，高标准建设，高水平运营，整合平台资源，做优做实平台，强化特色产业、重大项目的支撑作用，提升精准招商水平和综合承载能力。跟进伟光汇通“文旅康养小镇”、绿地“绝美湖湾天赐长寿”、苗夫“花仙慢谷”、上海均和长寿湖国际运动健康养生小镇、金盾影视中心、重庆金山康养小镇等重点在谈项目。

【旅游宣传】 2018 年，长寿湖景区巩固传统媒体，利用户外宣传平台，与 17 家广告媒体商签订合作协议，形成覆盖重庆主城社区、商圈、轻轨列车站，辐射周边区县动车站、高速路收费站、T 型牌等全方位的宣传形式。运用新兴媒体，借助中央媒体、市属媒体、区内媒体等资源，对景区活动赛事进行专版宣传、图文直播，用抖音、直播平台等热点社交媒体对景区景点进行宣传推广，提高线上重点媒体曝光率。开展景区活动造势，抓住办会、办赛、办活动机遇，举办首届姊妹湖产业协作年会，办好龙舟民俗文化节、铁人三项赛、半程马拉松赛，打造特色郁金香、薰衣草等花展，举办大型盆景艺术节、“愉”宴长寿湖，万人同品有机鱼等大型活动，策划推出“坐直升机看寿岛”“长寿湖千人抢鱼”“青春不 NG——长寿邀你一起拍毕业照”等创新活动，全方位展示和推广长寿湖旅游形象和魅力。

【旅游大事】 举办首届海峡两岸姊妹湖产业协作年会。2018 年 9 月 14—15 日，在重庆市长寿

2018 年 9 月 14 日，长寿湖景区“姊妹园”开园揭幕

湖风景名胜区举办首届海峡两岸姊妹湖产业协作年会。年会秉持“两岸一家亲”理念，实现各湖泊景区优势互补、资源互通、文化互动、客源互济等产业大互动，打造旅游业发展升级版。年会期间举办长寿湖国际铁人三项赛、水上主题焰火表演、《长寿传说》非遗专场表演、水上花式软绳表演、长寿湖美食节等系列活动。

“姊妹园”开园。2018 年 9 月 14 日，长寿湖景区姊妹园揭幕开园。长寿湖与台湾日月潭、福建泰宁大金湖、吉林长春净月潭、湖北武汉金银湖、浙江杭州西湖、江苏天目湖、安徽黄山太平湖 7 个姊妹湖所在地代表相聚在长寿湖西岸景区，长寿区委副书记、区长巴川江，台湾南投县副县长陈正昇，全国台联副会长、重庆市台联会长许沛，区委常委、统战部部长何以龙，区委常委、区政府常务副区长蒋牧宸，副区长卓大林、张昌红出席开园仪式。姊妹园是为纪念首届海峡两岸姊妹湖产业协作年会特别修建的一座主题公园，占地 0.2 公顷，采用现代中式园林风格设计创意，“以水为媒”，用流动的曲线统一全园，采用适量的直线切割，使全园富于力度。整个纪念园分为 5 个区域，分别体现融、合（和）、归、福、根的主题。

（张小敏）

菩提山文化旅游开发

【概况】 2018 年，长寿区以打造“菩提长寿山”百亿级项目为引领，加快菩提山文化旅游区发展，完善景区交通服务、配套保障，满足游客各种活动需求；丰富旅游产品，策划主题产品，增强旅游吸引力。2018 年，菩提山景区接待游客 224 万人（次），旅游收入 13.7 亿元。

【景区建设】 2018 年，长寿菩提山景区优化内外交通，菩提山顶环山公路完工通车；完成菩提山山顶景观步道设计，推进菩提山佛学院至“三贤园”景区道路设计；优化菩提山“三贤园”女怀清台施工图设计，完成巴寡妇清墓葬迁移复建工程。开发观光体验产品，依托菩提山地理优势，启动菩提山滑道娱乐体验项目设计。完善功能配套，开展菩提山游客接待中心设计，提供游客服务、休闲餐饮、商业商务办公等相关服务；突出特色，融合礼佛、养生、长寿等文化，打造素斋餐厅和配套住宿，菩提禅院和菩提禅轩开门迎客。

（张小敏）

滨江长寿谷景区建设

【库岸整治项目】 滨江长寿谷库岸整治工程位于长寿区凤城街道，项目主要包括堤防护岸、长寿谷绿道、排水工程等。治理桃花溪全长 6272 米，堤身采用斜坡式护岸或直斜复合式护岸；堤顶布置长寿谷绿道游经系统，新建桥梁 3 座，排水涵洞 23 个，生态修复和绿化面积 38.93 公顷，建设资金来自争取三峡后续工作专项资金，于 2018 年 12 月 28 日公开招标。

【定慧寺开园】 定慧寺位于长寿河街青龙岭的最高处青龙嘴上，是巴渝地区著名佛寺，始建于唐朝中叶，先后历经 5 次重修，终成四重大殿规模。2015 年 12 月，启动青龙嘴片区文物保护修复工程，对不同的建筑类别进行修缮、修复、整治及重建。修复后的定慧寺于 2018 年 1 月 1 日正式对外开放，主要景观有定慧晓钟、定慧寺、青龙阁、江西庙、王爷庙、天风海涛等，定慧寺古建筑群再现风流遗韵，具历史风味，吸引无数游客游览。

【缆车站景观提升】 为了向市民展示长寿缆车更加靓丽的风景，配合三倒拐风貌改造，促进长寿旅游形象提升，2018 年 9 月 3 日开工实施长寿缆车站景观提升项目。对长寿缆车站外立面、室内装修、车厢内装饰、绿化、照明等进行改造升级，以及上下站台、进出通道、会车道等沿线景观提升。新缆车站于 2018 年国庆节正式恢复运行，吸引广大市民和游客前去找寻记忆、体验新奇。市民和游客们坐在缆车里观赏三道拐的古朴风情，放眼老城的质朴风貌，欣赏长江两岸秀丽的风光，长寿缆车再次成为长寿城市一道靓丽的风景。

【三倒拐历史文化街区修缮】 三倒拐明清古街区韵味深长，其建筑始于明代中期，是迄今为止三峡库区保存最为完整的明清街市建筑。三倒拐从河街蜿蜒而上，俨然一座小城。2016 年 10 月，长寿区启动三倒拐历史文化街区保护修缮工程，修缮工作分为落架施工、形象修复、原貌保护三大部分，2018 年 3 月 20 日正式进场施工。

（张小敏）

大洪湖生态旅游开发

【概况】 大洪湖湖中岛屿密布，湖湾港汊迷离，素有“千岛洪湖”之称，景色迷人。凭高远望，烟波浩渺的湖面上，点缀着星星点点的岛屿，与炊烟袅袅的农舍构成一幅令人神往的水墨画卷，恍惚进入江南水乡。放舟其间，万顷波光熠熠生辉，青山湖水交相辉映，双桨扬起粼粼的涟漪划破远去的倒影，让人痛心无意间打破这份珍藏的宁静。日出日落，满天云霞映入湖中，天地浑然一体，如入仙境。微风细雨之中，烟霞氤氲于湖面，低飞的水鸟、萋萋的芳草以及凝影的碧水，俱幻化成无边无际的空蒙，湖边斑驳犹在的无粮寺、玉溪寺，无声地诉说着大洪湖古老而凝重的历史。明月山、铜锣山、华蓥山将万顺与工业城市长寿、都市闹区重庆、能源重镇广安隔离，使万顺成为“三城”近郊的天然宝地，山、水、林场、温泉构成了大洪湖独特的自然景观；湖内盛产的鲤鱼、鲫鱼、青鳙、鳊鱼、鲶鱼等20余种鱼类，既满足人们泛舟垂钓的闲情逸致，也能饱食客们尽享舌尖上美味的口福；明朝建文皇帝避难邻水时特封的“无粮寺”，曾辖长寿、江北、邻水三地，后改名玉溪寺的玉溪府，雕刻精美的摩崖造像及成群汉墓更形成承载厚重历史的人文景观；玉溪里儒学文化、猴儿石传说、杜天官与建文帝传说、无粮寺传说等文化传说为大洪湖旅游注入灵魂，铸就大洪湖旅游的独一特质和不可替代性。

【旅游开发】 2018年，万顺镇抓农旅结合，做优做强“一村一品”，推动大洪湖旅游开发，推动乡村振兴。大洪湖水产养殖基地有新发展，在大洪湖形成以有机甲鱼、翘嘴红鲌等为主的特色水产养殖1333.33公顷，认证有机品牌9个，入选重庆市名牌产品8个，品牌效应不断放大，万顺大洪湖假日休闲“垂钓天堂”品牌价值逐渐突显。白合村中药材种植基地发展有新势头，在白合村建成以白芨、重楼、黄精等名贵中药材为主的中药材种植基地86.67公顷，形成集育种、种植、观赏、加工等为一体的产业链经营模式。垭口村柑橘种植基地有新发展，垭口村柑橘种植专业合作社以垭口村200公顷柑橘种植为基础，整合全镇传统柑橘种植，建成333.33公顷规模化、标准化柑橘种植基地。院子村有机水果种植有新特色，院子村牛角坵重庆煌烜农业有限公司流转土地40公顷，种植火龙果、葡萄、无花果等特色水果，3～5年达到丰产后，年产值将达到2000余万元。

万顺东篱田园民宿远眺

东风村“东篱田园”民宿有新成效，建成占地86.67公顷的“东篱田园”乡村田园综合体，正探索实施以公司为经营主体，村集体主导、村民房屋资产入股参与的民宿项目，带动美丽乡村发展，构筑体验式旅游特色。

文旅结合挖掘玉溪里儒、道文化，组织人员对谯定、晏渊传道授业遗址进行清理整理，推进晏子山谯定遗址保护，构思再现谯定、晏渊讲学场景；以建文帝逃亡史实为中心，收集整理与建文帝相关的无粮寺、御临河等传说；以院子村袁家祠堂等历史村落保护申报为载体，厚植传统建筑文化内涵，丰富地方特色，开展美丽乡村建设，年内入选全市第三批特色景观旅游名镇名单。

（陶　亮）

库区移民

三峡库区移民

【三峡后续工作】 2018年，长寿区贯彻习近平总书记关于深入推动长江经济带建设讲话精神，以“两个帮扶”、生态环境建设与保护、库区安全稳定为重点优化项目，采取加减法优选规划库项目，申报2019年度三峡后续项目26个，获批26个，核定进入预算库补助资金3.99亿元，申报成功率100%（其中，申报乡村振兴战略精准帮扶项目13个，核定补助资金1.2亿元）。

加强后续项目管理，建立督查监管机制，由区移民局牵头，各相关部门形成合力，实行全过程绩效管理，简化项目建设审批程序，落实未开工项目倒计时责任制、强化在建项目安全质量管理、加大项目实施专项督查力度，对推进不力项目发函督办，加快推进项目实施。2018年，区政府常务会议多次听取三峡后续项目建设专题汇报、召开全区性工作推进会8次、分管副区长多次专题研究和现场督导项目实施工作并对15个进度滞后的项目业主进行约谈。2011—2018年度已下达的三峡后续补助资金项目98个，完工83个、在建13个、待建2个；所有完工项目建设质量合格率100%，无任何安全责任事故发生。取消长寿区滨江长寿谷调节坝建设和重庆长寿区钢材物流仓储中心建设等3个无法实施的项目，补助资金调整用于长寿移民生态工业园东西大道工程等13个推进较难的项目，从源头上解决长寿区三峡后续项目推进的老大难问题。

【移民安稳致富帮扶】 2018年，长寿区落实移民直补政策，兑付农村移民后期扶持补助资金234万元，涉及移民5200余人；兑付解决移民遗留问题补助资金和特殊救济资金202万元，涉及6610余人；资助高职学历教育84人，为移民群众提供最为直接有效的帮助和支持。项目扶持实施库区基金、“两项结余”资金等后扶项目125个，投入资金4216.71万元，完善库区基础设施、培育库区特色产业、改善移民生产生活条件。培训帮扶完成就业技能、岗位技能提升、农村致富带头人、新型农民科技等各类培训3421人（次），就业技能训后就业率82%以上；在“巴渝工匠杯”第五届三峡工程重庆库区职业技能大赛中获得各类奖项14人（次）。争取落实广西壮族自治区对援无偿援助资金400万元，实施长寿区柚香博物馆建设项目，助力长寿优质农产品推广和乡村振兴发展。

【三峡库区综合管理】 2018年，长寿区坚持“绿水青山就是金山银山”理念，按照习总书记“共抓大保护、不搞大开发”要求，加大库区生态环境建设与保护的力度，把环境保护摆在突出位置。强化库区生态环境建设和保护，申请滨江长寿谷库岸综合整治项目，抓实抓牢大保护项目的实施与落地；推进生态屏障区建设，投入570万元，“补天窗”“接断带”实施库周绿化三期、四期项目各1个，实现长江长寿段两岸绿化全覆盖。完成《三峡库区长寿区消落区综合治理实施方案》的编制，争取补助资金8.74亿元，开展消落区“八乱”整治，联合检查55次，清除整治遗留个案4起；开展库区水污染防治，出动船舶220艘（次），打捞长江干支流漂浮物3400余吨；全年开展巡库检查70余次、重点隐患排查20余次、处置险情22起。贯彻落实但渡河河长制工作，制定《但渡河污染整治方案》，全年联合巡河12次，召开专题协调会议5次，清理垃圾10余吨，发放宣传资料2500余份，投资25万元用于管网治理项目。抓好库区地质灾害防治，投资350万元，完成4个涉水库项目抢险治理，恢复库周交通设施；完成全区175米试验性蓄水影响避险搬迁169人，持续实现“三无一畅一稳”目标。

【移民资产监管】 2018年，长寿区坚持“产权明晰、责权一致、有偿使用、移民受益”原则，合理使用和经营移民资产，发挥移民资产效益。进一步摸排移民资产，理清移民资产19处（其中土地6处、房屋12处、停车位1处），建立健全管理台账，全面反映资产规模、经营收益等状态，移民资产做到“管理无盲区，处处有人管”。按照移民资产“分级负责、统一建账、合规经营、依法处置、保值增值”的要求，采取出租方式，实现移民资产保值增值，2018年实现租金收入237余万元；将移民资产收入作为移民派生资金，纳入专户管理，专款专用，单独核算，执行收支两条线。争取落实8889余万元资金投入黄桷湾综合市场移民资产项目，做大移民资产量，实现移民资产的持续增值增收；争取资金3023万元投入凤城街道黄桷湾移民小区综合帮扶项目和凤城街道河街移民小区综合帮扶项目，完善移民小区综合功能。

【移民信访工作】 2018年，长寿区把维护稳定作为第一责任，着力构建和谐库区。狠抓责任落实，严格落实“属地管理、分级负责，谁主管、谁负责”的信访稳定责任制，形成一级抓一级、层层抓落实的工作格局；以保障移民合法权益为重点，认真办理来信来访，全年办理移民信访25件（次）157人（次）[其中，来信5件（次）85人（次），来访20件（次）72人（次）；集访5件（次）127人（次）]，信访处置回复率均为100%；多渠道多方式化解稳控信访难题8个，未发生1起移民到市进京集访、非访和串访。区移民局信访维稳工作多次受到上级部门的肯定和表彰。

（赵玮炜）

大中型水库移民后期扶持

【概况】 长寿区于2006年成立“大中型水库移民后期扶持工作领导小组”作为区级水库移民管理机构，机构改革后由区发改委牵头实施大中型水库移民后扶政策，区水利局负责具体管理工作；2008年，区编制办公室批复成立“水库移民科”和“水库移民后期扶持工作管理站”2个水库移民管理机构，其中“水库移民科”行政编制1人，“水库移民后期扶持工作管理站”事业编制5人，专门履职全区水库移民工作。各街镇相应成立水利站并配备移民后扶工作人员。截至2018年年底前，区级有专职移民后扶工作人员8人，兼职1人；各街镇专职移民后扶工作人员19人，兼职36人；全区64人。

2018年，长寿区大中型水库移民主要是区内狮子滩水库、大洪河水库和范家桥水库及区外十几座大（中）型水库的搬迁移民组成。市级核定长寿区大中型水库移民扶持人口指标数为92974人；2018年初，能核实到人的有44437人，不能核实到人的有48537人；经过一年的动态变化，2018年末，能核实到人的有44007人，不能核实到人的有48967人。全区移民人口广泛分布于区内7个街道、12个镇及244个行政村，相对集中在水库周边镇。2018年，长寿区农村移民人均住房面积44平方米，人均耕地面积0.058公顷，已全面实现新型农村合作医疗覆盖，道路交通村村通，移民所在村均设立医疗诊所；农村移民人均可支配收入15067元/人·年，较2017年增长10%，与农村居民人均收入15716元/人·年相当。

【后扶资金管理】 2018年，上级安排下达长寿区各类后扶资金6697.44万元（其中，后扶包干指标项目资金2912.22万元，计划实施项目37个）；包干指标直补资金2666.22万元，计划移民直补44437人；市级及以上切块下达资金1106万元，计划实施项目4个；工作经费13万元。

2018年，长寿区使用后扶资金发放2017年第四季度至2018年第三季度的移民直补资金2660.07万元。后扶项目主要推进实施的是2017年度项目年度计划34个，已完工验收27个，剩余7个项目均已开工，正在全力组织推进。2018年度项目年度计划也已全面启动实施，部分项目已完工。2018年，全区拨付项目资金5627.865万元。

2018年，后扶资金账面余额是在2017年度资金账面余额的基础上增加2018年度下达的资金额度，再扣除2018年度使用的资金额度。2017年底，后扶资金账面余额7394.38万元（不含小型水库扶助基金）；2018年年底，后扶资金账面余额5803.89万元。

【移民动态管理】 2018年，长寿区按照移民扶持人口动态管理的规章制度规范人口变化的申报、调查、审核和登记程序及办法，按月开展直补人口核查清理。全年核减移民692人，核增移民

53 人。人口动态管理紧密衔接直补金上账发放工作，设专人制作直补金发放名册、核算直补金额、规范上账和信息系统更新，多次协调区级财政部门和代发银行精简流程；发现问题不回避，主动接触矛盾，查处一批问题人员和账户，保障国家移民资金安全和移民权益。

【后扶重点工作】 2018 年，长寿区着眼贫困移民村优势资源，试行后扶产业股权化改革。安排资金 296.64 万元调整用于龙河镇永兴村农村集体经济组织、先玛家庭农场、齐百合农业有限公司和罗正强果树种植家庭农场等基础设施建设项目，试行股权化改革，推动特色产业升级发展，提升移民自我发展能力。

在倾斜安排贫困移民村项目扶持年度项目计划中，再次为 4 个贫困移民村安排 4 个后扶项目，后扶投资 217 万元。围绕农田水利、农村风貌改造等配套设施建设，辐射带动当地产业发展，扩大移民受益面。

强化资金、项目绩效管理，制定奖惩措施，长寿区贯彻落实各级关于后扶资金、项目的相关管理办法，研究印发《大中型水库移民后期扶持项目竣工验收实施细则（试行）》，确保后扶项目在各阶段都具有较佳的技术可行性、经济可行性，能在投产后全面发挥项目效益。对街镇制定考核办法，采取资金绩效管理，评价其资金使用率、项目完成率等指标，评价结果与投资分配挂钩，落实奖惩措施。

2018 年，长寿区完成大中型水库移民避险解困试点工作的人员安置，完成避险解困帮扶对象各类安置 12696 人，超过批复任务 12439 人安置计划 257 人；实施避险解困基础设施配套项目完工 36 处；拨付避险解困帮扶资金 24443 万元，项目街镇支付避险解困帮扶资金 20533.6 万元。

2018 年，长寿区实施完成美丽家园建设和移民增收致富项目 27 个，在建项目 6 个，完成投资 2994.4 万元；硬化公路和人行便 92.5 千米，新建人行便道 9.86 千米，绿化景观面积 1500 平方米，新修公路桥 5 座，新建山坪塘 1 口，整治山坪塘 3 口，新建渠道 4.26 千米，整治渠道 13.89 千米，铺设输水管网 9.73 千米，新建水池 5 口，新建提灌站 1 站，整治提灌站 9 站，整治河道 4 处。农村移民的人居环境得以改善，移民村基础设施整体水平提升，受益移民 6500 人。

【后扶政策实施管理】 2018 年，长寿区按照重庆市水利局、重庆市移民局和重庆市财政局关于印发《重庆市大中型水库移民后期扶持规划项目管理暂行办法》和重庆市水利局关于印发《重庆市大中型水库移民后期扶持项目竣工验收管理办法的通知》等文件规定，执行项目建设程序和管理办法，贯彻落实相关制度。2018 年，出台《大中型水库移民后期扶持项目竣工验收实施细则（试行）》，优化、简化项目验收程序，提升效能。

2018 年，长寿区按照市级要求开展“十三五”后扶规划中期评估工作，就 2016 年至 2018 年上半年期间的移民直补金发放、水库移民脱贫解困、水库移民增收致富、水库移民美丽家园建设等几方面工作进行调查评价。评估成果认为“十三五”后扶规划中期实施的总体成效较好，改善移民生产生活环境，带动特色产业升级，帮助移民脱贫解困和增收致富，维护库区和移民安置区社会稳定并向更高质量发展。年内完成对原“十三五”规划后 2 年（2019 年至 2020 年）项目进行优化调整。规划调整确保项目的时效性和针对性，最大程度发挥项目建设的经济效益和社会效益。

区水务局协同洪湖镇、万顺镇等重点街镇做实移民信访稳定工作，重点在化解大洪河水库移民前期安置补偿诉求群体积案。2018 年已调查办理移民信访自收和交（转）办件 16 件，受理办结假移民等举报件 3 起，接待并劝返以甘某某、黄某某和李某某等移民到访 5 批次 57 人（次），成功处置 1 起 1 批次 20 人（次）移民到市级上访，为宣传政策、化解矛盾主动约移民访谈 2 批次 56 人（次）。日常工作中，接听、接访和回复大量咨询相关政策的来电、来信和来访。在区“两会”期间及重要节假日期间，制订专项工作方案和应急处置预案；成立移民信访稳定专门工作班子；组织专项动员对接，形成从村（组）、镇街到区级移民管理部门对信访重点人员稳控责任到人工作格局；启动重要敏感信息报告和移民信访维稳值班工作机制，完成移民维稳安保任务。2018 年，没有发生移民个人极端事件、社会安全事件。

2018 年，长寿区进行移民后扶管理信息系统重庆分系统数据对接和全面更新，配合博通公司进行系统调试、优化，反馈好的建议。年内已更新水库工程、人口核定登记、移民所在村现状、省市区经济发展情况、后扶规划、年度计划、项目完成情况、资金管理和移民信访等系统模块的绝大部分数据，开始服务该区移民后期扶持管理工作。部分核定到人的人口数据因信息系统验证身份证号码不成功而未能成功录入，已对接有关街镇调查核实并组织完善身份数据。

长寿区完成2018年水利枢纽和水电工程移民安置和后期扶持基本情况表、全口径月报表、大中型水利水电工程移民统计预测报表和大中型水利水电工程征地移民安置实施表等填报工作；完成项目实施进度、移民扶持人口增减变化和避险解困推进实施等统计工作。

2018年，长寿区继续做好移民后扶档案工作，开展档案收集、整理、分编和管理培训等工作。文件档案按照文种类别、来文单位分年度进行搜集整理、分类放置和统一装订存放，编制检索目录；工程档案实行建卡立档，按照图文并茂、资料齐全、一个项目一个档案的总要求，收集整理项目建设单位全面规范工程实施全过程材料、技术和财务等方面的资料内容；人口档案按照人口核定登记办法规定的申请资料、佐证资料、历史档案资料及担保等资料要求，一户一册搜集整理，按行政辖区分类汇总，集中统一存放于档案室妥善保管。

【后扶监测评估】 2018年，市级委托海南省水利水电勘测设计研究院重庆分院到各区县开展大中型水库移民后期扶持政策实施的监测评估。长寿区及时收集相关规划、年度计划文件、统计年鉴、建档立卡贫困户、银行划账回单和项目建设等资料，抽样选择到工程现场实地查勘，与村社代表入户访谈等，采取统计分析、对比分析和综合评价的评估方法，配合主持单位科学评价2016年—2017年长寿区移民后扶政策实施所发挥的经济、社会效益和资金绩效水平，涉及后扶资金13348万元，发现问题3个。监测分析结果显示，长寿区库区和移民安置区基础设施建设和产业发展水平均向更高质量发展，移民生产生活水平明显提升。

2018年，长寿区开展2017年度中央水库移民扶持基金绩效自评工作。搜集资金、项目等档案资料，科学分析项目实施进度和资金下达、使用情况，客观真实反映绩效指标效益，完成并上报绩效自评报告、绩效自评表、直补发放情况统计表、项目实施情况统计表以及相关证明材料等自评成果。

【后扶项目监督检查】 2018年，长寿区多措并举推动移民后扶工程项目建设，成立由区委督察室、区发改委、区财政局和区水利局为成员的联合督导小组，分组包片逐镇深入项目现场督查，协调解决项目建设困难问题。成立专项工作小组，分2批次采取“回头看”的方式保证督察效果，与项目街镇签订完工责任限期时间，定期跟踪进度，将进度统计结果进行通报。保障广大群众的参与权、知情权和监督权，项目实施前和完工后在公众媒体上组织开工公示和完工公示；项目竣工验收后设立项目标志牌，告知工程建设情况、资金使用情况和运行管护责任情况。（邹　川）

表29

2018年长寿区大中型水库移民基本情况

移民人数(人)				移民涉及行政区划(个)					农村居民人均可支配收入		农村移民人均可支配收入	
总人数	直补资金人数	项目扶持人数	两者结合人数	市	县(区)	乡镇	行政村	自然村	数额(元/人.年)	比上年增长(%)	数额(元/人.年)	比上年增长(%)
92974	44437	48537	0	1	1	19	244	0	15716	9	15067	10

表30

2018年长寿区大中型水库移民后期扶持有关资金使用情况

单位:万元

2017年底中央、市级水库移民扶持基金账面余额(不含小型水库扶助基金)	2018年累计下达中央、市级大中型水库移民后期扶持资金(不含小型水库扶助基金)	2018年底中央、市级水库移民扶持基金账面余额(不含小型水库扶助基金)	地方实际征收大中型水库库区基金	地方实际征收0.5厘钱电价加价资金	实际使用其他资金
7394.38	6697.44	5803.89	区县不填	区县不填	0

表31

2018年长寿区大中型水库移民后期扶持政策实施情况

共计下达计划项目个数(个)	完成计划项目个数(个)	国家标准贫困移民人数(人)	完成避险解困搬迁人数(人)	累计完成避险解困搬迁人数(人)	建成美丽移民村(个)	累计建成美丽移民村(个)	建成一村一品移民村(个)	累计建成一村一品移民村(个)	到市上访移民数量(人次)	到市上访移民数量与去年对比(%)
41	27	40	4879	12696	0	0	0	0	20	去年到市上访人数为0

表32

2018年长寿区大中型水库移民后期扶持政策实施监督检查开展情况

省级开展监督检查数量(县次)			涉及后期扶持资金数量(万元)	发现问题数量(个)	提出意见建议数量(条)
合计	其中:稽察(监测评估)(县次)	审计(县次)			
1	1	0	13348	3	0

（重庆市长寿区水利局提供）

财政 税务

财 政

【概况】 截至2018年12月31日，重庆市长寿区财政局（简称区财政局）下设办公室、预算科、国库科、行政事业科、社会保障科、经济发展科、会管采购科、农业科、监督科、国资管理科和金融管理科11个科室；下属2个参照公务员管理事业单位（区国库集中支付中心、区街镇财政管理办公室），规格为正科级；直属副处级全额拨款事业单位1个（区政府投资项目评审中心），内设机构有综合科、项目优化科和预算审核科。

截至2018年12月31日，区财政局机关实有行政编制人员31人，参公事业单位街镇财政管理办公室人员146人，国库集中支付中心人员9人，机关后勤编制人员2人，政府投资项目评审中心实有在编人员9人。

财政指标。全年全区一般公共预算收入35.8亿元，同口径增长1.6%；全区政府性基金预算收入58.3亿元，增长3.9%；全区国有资本经营预算收入470万元，增长56.7%。全区一般公共预算支出66.6亿元，下降0.2%（其中，与GDP核算相关的八项支出51亿元，下降2.94%）；全区政府性基金预算支出64.1亿元，增长15.6%；国有资本经营预算支出200万元。全年财政运行呈现三个特点：一是收入运行总体平稳。全区一般公共预算同口径增长1.6%，为调整预算的105.2%，圆满完成年度预期目标。二是收入结构持续优化。辖区税收完成57.8亿元，增长12.7%，其中区级税收收入完成27.3亿元，占一般公共预算收入的76.4%，比2017年提升1个百分点，收入质量位居全市前列。三是重点支出保障到位。调整支出结构、盘活财政存量资金、争取新增政府债券等方式，保障全区“三大攻坚战”“八项行动计划”的推进落实和基本民生资金需求。全年财政民生支出44.6亿元，占一般公共预算支出的比例66.9%，完成年初预算确定的占比60%以上的目标。

组织收入。围绕以长寿经开区、高新区为财源培育的核心载体，以重点龙头企业、重点行业为壮大财源的主体，强化重点税源监控和风险管理，细化落实堵漏增收措施，做到依法征收。按月组织税务、国土等收入征收部门专题研究，研判和分析预测税收收入和基金收入形势，谋划应对方案。争取转移支付补助和一般转移支付，有效保障财政支撑发展后劲。依托信息化建设开展综合治税，完善涉税信息交换机制，强化信息分析比对，促进收入征管提质增效。2018年，辖区税收完成57.8亿元，比2017年增长12.7%，其中区级税收收入完成27.3亿元，占一般公共预算收入的76.4%，收入质量位居全市前列。抓好非税收入征管，确保非税收入应缴尽缴。

【实体经济支持】 2018年，长寿区紧扣供给侧结构改革主线，统筹安排各项财政资金，落实“营改增”、企业创新发展、招商引资等政策，营造良好财税环境，提升实体经济发展质量和效益。贯彻执行各项减税降费政策，取消行政事业性收费12项，减少企业税收负担11.6亿元（其中15户企业享受增值税留抵退税19915万元），降低非税负担3亿元，支持实体经济发展；统筹安排工业和信息化发展专项、国家服务业发展引导、工业转型、商务发展专项资金，兑现产业政策性补助，推动供给侧结构性改革。推进财政金融融合，全年使用转贷应急周转资金7.1亿元，帮助108家企业解决资金周转困难的问题；新发放“助保贷”1270万元，新设立1亿元风险补偿资金，开展“政银担”合作贷款，帮助解决企业融资难、融资贵的问题；发挥保险示范区的作用，创新开展保险产品试点，探索推出“蛋鸡养殖及鸡蛋价格指数保险”；出台支持企业上市扶持政策，提升全区经济证券化水平，新增重庆 OTC 挂牌企业 2 家。营造企业发展良好环境，统筹资金 1 亿元，落实创新驱动发展战略，激发企业更好发挥创新主体作用，促进创新创业和小微企业发展；统筹资金 2000 万元，继续支持钢铁、煤炭行业化解过剩产能中的职工安置工作，推进解决“三供一业”等国有企业历史遗留问题。支持农业农村稳定发展，统筹资金 2 亿元，支持实施乡村振兴战略，推进农业供给侧结构性改革，加快发展现代农业，深化农村综合改革；加大财政资金投入，安排扶贫专项资金 2426 万元，支持精准脱贫；调整落实村（居）干部补贴、办公经费、服务群众专项经费等，保障基层组织运转稳定。

【财政公共服务】　2018 年，长寿区聚焦实施以需求为导向的民生保障和改善行动计划，尽力而为、量力而行，严格预算约束，加大盘活财政存量资金力度，调整优化支出结构，集中财力足额兑现基本民生资金需求，加大对教育、医疗、文化、就业和社会保障、精准脱贫、公共安全、住房的财政倾斜力度，确保“幼有所育、学有所教、劳有所得、病有所医、老有所养、住有所居、弱有所扶”。2018 年，全年财政民生支出 44.6 亿元，占一般公共预算支出的比例 66.9%。

【财政改革】　2018 年，长寿区在预算编制、执行和公开等环节推进各项财政改革，提升财政管理水平。加快推进预算编审改革，调整优化支出结构，将区级部门预算定额公用经费标准调整到位，全面理顺基本支出和项目支出；首次开展区级部门预算公开评审，由区人大常委会预算工委、区审计局、区财政局等专业部门人员以及区人大代表、政协委员和专家组成联合评审组，对 2019 年 69 个部门的 541 个项目进行公开评审，核减资金 5040 万元，增强预算透明度、约束性。推进预算绩效管理，扩大绩效评价范围，首次将新增政府债券安排的已完工项目纳入绩效评价范围，涉及新增债券资金 36950 万元；出台区级财政项目资金绩效评价办法，建立预算绩效目标管理制度，区级各部门在编制 2019 年部门预算项目支出预算时，同步编制绩效目标，并提交预算公开评审。推进国库集中支付改革，在 205 个行政事业单位成功推行国库集中支付电子化改革，降低行政成本，提高财政资金支付效率和财政业务管理自动化水平。

【财政管理】　2018 年，长寿区严格结转结余资金管理，执行“零结转”制度，收回部门 2018 年年底未实现支出的区级预算 1224 万元，补充预算稳定调节基金，统筹用于 2019 年刚性支出；加大盘活财政存量资金力度，盘活存量资金 16600 万元，发挥财政资金的使用效益。依法推进预算信息公开，出台预算信息公开实施细则，推动预算公开制度化、规范化、常态化，主动接受社会监督，构建信息公开长效机制。加强财政监督管理，开展扶贫资金专项检查，加强扶贫资金动态监控，推进廉洁扶贫；推进行政事业单位内控制度建设，构建内控制度体系；完善政府采购制度，优化政府采购流程，强化政府采购监管，加大信息公开力度。执行采购预算 7.3 亿元，实际采购合同金额 6.9 亿元，节约率 5.5%；发挥投资评审作用，完成评审项目 232 个，审减资金 1 亿元，审减率 4.8%。夯实基层财政管理，组织开展 2018 年农村财会人员和街镇财政干部培训，300 名基层财政财务工作者参加培训；加强街镇财政督促指导，对街镇财政收支管理、村级资金、扶贫领域民生资金监管、项目资金进一步规范。

【财政风险管控】　2018 年，长寿区着力防范化解政府债务风险，全面清理核查政府债务和相关资产，分类建立债务台账，摸清债务底数；加强债务风险监测，定期排查提前预警，构建严密管控网络体系，避免发生政府债务违约风险事件；履行债务管理主体责任，制订债务化解方案，落实预算管理和限额管理，规范举借行为，公开政府债务情况，自觉接受人大和社会监督。加强区管国企监管，出台《区属国有企业管理暂行办法》等制度，规范区属国有企业管理、负责人履职、考核、投资行为、国有资本经营收益和企业工程结算审计等行为，国有企业管理制度逐步完善；理清政府与国企权责界限，开展企业股权划转等方式，实现区管重点国企的初步整合，促进市场化转型、经营；出台非平台类区属国企改革方案，推进区级党政机关和事业单位所属企业集中统一监管，建立国有资产向人大常委会报告制度。防范化解重点领域金融风险，全区非法集资高发势头得到遏制，化解积案 2 件，为群众挽回经济损失 348 万元；全区暂无从事 P2P 网络借贷、现金贷等互联网金融活动的市场主体，互联网金融领域风险实现零发生。

（陈　航）

税　务

【概况】　2018年，国家税务总局重庆市长寿区税务局（简称长寿区税务局），设置行政机构29个，其中：内设构机构15个（另设3个科室）、派出机构9个、事业单位2个。主要担负全区19个街镇、3.2万户纳税人和全区缴费人的税费征收管理工作。年底前在编在职干部职工273人，离退休干部97人。

【机构改革】　2018年6月15日召开第一次长寿税务联合党委会议，研究成立长寿区税务机构改革工作小组，建立1+4的改革工作运行架构；由区政府牵头，成立由区委组织部、区编办等15家部门组成的中共重庆市长寿区委机构改革协调小组税务专项小组。7月2日，长寿区税务局领导和4个综合部门集中办公。7月5日，国家税务总局重庆市长寿区税务局正式挂牌成立。9月21日，完成对内设机构、事业单位、派出机构71名中层干部的任命。9月27日，同一科所同址办公。9月30日，9个派出机构挂牌并对外公告。

2018年7月5日，国家税务总局重庆市长寿区税务局正式挂牌

【组织收入】　2018年，长寿区税务局组织各项税费收入86.19亿元，同比2017年增长14.86%，增收11.15亿元。其中，组织税收收入57.79亿元，增长12.67%，增收6.5亿元（区级税收收入27.33亿元，占全区一般公共预算收入76.42%，收入质量稳步提升）；组织社保费及非税收入28.4亿元，增长19.58%，增收4.65亿元。

【税收优惠】　2018年，长寿区税务局落实各项税收优惠减免政策，减免各项税收11.65亿元，较2017年增加2.29亿元。其中，促进小微企业发展减免税款1.53亿元；节能环保、资源综合利用减免税款3.21亿元；改善民生减免税款2.32亿元；享受西部大开发优惠政策，减免税款3.08亿元。减税规模再创新高。

【税制改革】　2018年，长寿区税务局落实各项税制改革任务，做好深化增值税改革，通过降税率、统一小规模纳税人标准和开展部分行业增值税期末留抵税额退还系列工作，减轻企业税收负担。推进非税划转工作，成立社会保险费和非税收入征管职责划转工作办公室，每周召开专题工作会议，及时掌握工作进展情况；主动加强与区财政局、社保局沟通，认真筹划、主动作为，社保费和非税收入征管职责划转工作平稳推进，年底前已完成首笔跨省大中型水库库区基金申报及城乡居民养老保险汇总入库。做好个人所得税改革政策落地，成立个人所得税改革专项工作领导小组，组织对内对外个税政策宣传及培训，区税务局领导带队深入重点企业，宣传惠民红利，让个税改革新政落到实处。开展环境保护税征收准备工作，加强与区环保局的衔接与信息传递，到重点行业重点企业开展调研和政策宣传，多次召开对内对外的环保税相关业务培训。4月2日，全市首张环保税票在长寿区开具。

2018年4月2日，长寿区开具全市首张环保税票

【税收征管】　2018年，长寿区税务局优化征管模式，科学制定管理办法，加强非居民税收管

理，2018年通过监控二级市场交易信息成功征收非居民企业所得税442万元。开展风险应对，组织团队进行分析和风险应对管理，2018年在风险管理系统中100%完成市局推送任务，完成跨区域风险协作管理46户；分析整理第三方涉税信息33.7万余条，推送其中235条风险任务，追补税款13760.8万元。结合扫黑除恶工作，对纳税人的欠税进行摸排，清理虚欠、追缴陈欠、严控新欠，2018年追缴入库欠税12086万元，其中往年陈欠4241万元、当年新欠7845万元。优化业务办理流程，按照建成"办税服务厅、基层税务所、机关科室权责清晰、流转顺畅、科学效能"的有机征管体系的思路，及时梳理征管流程，出台《税收征管业务前后台划分清单》《部分税收征管业务流程操作指引》等文件，为征管业务的开展提供参照标准。

【依法治税】 2018年，长寿区税务局强化内部管理，建立执法督察工作机制，推进交叉执法督察工作。发挥内控监督平台防控作用，有效预防税收执法风险。规范各类涉税事项台账，实现痕迹化管理。加大稽查力度，加强对重点税源企业的分析检查，遵守"双随机一公开"的原则，随机抽查重点税源自查对象17户，辅导企业自查入库税款及滞纳金8882.3万元。

【纳税服务】 2018年，长寿区税务局对办税厅窗口设置进行优化整合，实现所有涉税事项"一厅办""一网通""一键答"，跨区涉税事项一站式办结。集中办理外来建安项目的涉税事项，解决纳税人来回跑的困扰。加大电子税务局推广力度，全区新办纳税人、升级版纳税人实名注册绑定率100%，票种核定存量户99.93%，符合条件的企业申领增值税发票可当日办结。投资新建24小时自助办税区，全区纳税人可享受"7×24小时"不间断的自助办税服务。加强部门协作，与区国土房管局联动，将不动产登记窗口与税务窗口整合集中在行政服务中心二楼办公，群众办理存量房交易、登记和税收事项"只进一个窗口""只交一套材料"，更加方便快捷。推行便捷申报方式，开展车辆购置税网上申报和电子完税证明的试点工作，网上申报替代率90%以上，电子完税证明实现100%。推行出口退（免）税无纸化申报，安排专人对出口企业进行无纸化备案及申报业务辅导，缩短办理时长为5个工作日。开展民营企业调研走访座谈，听取民营企业诉求，查找税收管理服务中的短板，解决民营企业经营的涉税难题。

长寿区税务局党委书记、局长带队到长寿经开区巴斯夫聚氨酯（重庆）有限公司宣传税法

【队伍建设】 2018年，长寿区税务局制定教育培训计划，邀请市局处室及"德勤中国"专家，安排局内业务骨干，开展集中业务融合培训16次、2500余人（次）；开展个税新政、电子税务局新版等专题培训5次、1500余人（次）。鼓励干部职工参加会计职称考试，2018年有41人、4人、1人分别通过初级、中级会计师、税务师考试。强化税务文化建设，组织参加"新机构 新职责 新业务 新作为"知识网络竞赛，参考率99%，1名干部获得全市税务系统三等奖。组织开展庆祝改革开放四十周年文艺演出、"不忘初心，争做新时代税务人"演讲比赛，组织参加长寿区第二届运动会、全市税务系统"奋进新时代，建功新税务"（第五片区）演出等各类活动。树立先进典型模范，开展"我推荐我评议中国好税官"活动，向市局推荐1名"中国好税官"。制订"五个一百"先进典型选树活动方案，推选先进典型，有9人被评为全市税务系统"五个一百"先进典型。

长寿区税务局党委坚持以党建为引领，推进全面从严治党工作不断深入。加强组织建设，完善党的基层组织，按照选举程序，选举产生第一届机关党委，成立16个党支部，选举产生第一届支部委员会支部书记、副书记；完善基层群团组织，配齐配强兼职干部，实现党建引领群建，群建助力党建。规范主题党日活动，开展专题民主生活会和专题组织生活会，突出政治教育和党性锻炼。抓好精准扶贫工作，定期组织局领导和中层干部对扶贫户展开慰问。狠抓党风廉政建设，开展警示教育活动，加强廉洁从政教育。制订开展“以案促改”专项工作方案，建立“以案促改”建章立制台账。开展形式主义、官僚主义问题集中整治，严明政治纪律和政治规矩，严肃党内政治生活。深化运用监督执纪“四种形态”，营造风清气正的良好政治生态。

（杨　妍）

2018 年 8 月 23 日，长寿经开区参加在重庆举行的首届中国国际智能产业博览会重大项目集中签约活动

金融业

综述

【概况】 2018年，长寿区有金融机构58家，其中：银行业金融机构15家、保险业金融机构27家（其中保险代理机构5家）、证券公司1家、融资性担保公司1家、小额贷款公司3家、股权投资企业6家、要素市场1个、结算中心1个、典当行3家，形成以四大国有商业银行分支机构为主导，全国性、地方性商业银行、政策性银行和合资银行为主体，保险、证券、地方性非银行金融机构为补充的金融服务体系。

【银行金融业】 2018年，长寿区有银行业金融机构15家，其中：政策性银行1家（中国农业发展银行长寿区支行），国有商业银行4家（中国工商银行长寿支行、中国农业银行长寿支行、中国银行长寿支行、中国建设银行长寿支行），股份制商业银行4家（交通银行长寿支行、招商银行长寿支行、浦发银行长寿支行、恒丰银行长寿支行），邮政储蓄银行1家（中国邮政储蓄银行长寿区支行），地方性商业银行4家（重庆银行长寿支行、重庆三峡银行长寿支行、重庆农村商业银行长寿支行、大连银行），村镇银行1家（重庆长寿中银富登村镇银行）。截至2018年12月末，长寿区域银行业存贷款总额874.22亿元，同比2017年增长8.88%；银行业金融机构经营状况良好，全年实现净利润4.30亿元，同比2017年增加0.35亿元，增长8.75%。

存款总量总体平稳。截至2018年年末，长寿区银行业金融机构各项本外币存款余额542.13亿元，比年初增加33.93亿元，同比2017年增长6.68%，增幅比2017年高4.36个百分点。其中，单位存款余额142.46亿元，比年初减少5.86亿元，同比下降3.95%，减幅少减6.85个百分点；个人存款余额383.54亿元，比年初增加35.74亿元，同比增长10.28%，增幅低2.9个百分点。

贷款增速大幅提升。截至2018年年末，长寿区银行业金融机构各项本外币贷款余额332.66亿元，比年初增加37.96亿元，同比2017年增长12.88%，增幅高12.71个百分点。其中，中长期贷款余额258.76亿元，比年初增加29.74亿元，增长12.98%，增幅高14.50个百分点；短期贷款余额65.64亿元，比年初增加3.84亿元，增长6.20%，增幅低1.18个百分点；票据融资余额8.26亿元，比年初增加4.39亿元，增长113.67%。全年贷款投放150.37亿元，下降3.97%。

【非银行金融业】 截至2018年12月末，长寿区的宏昌融资担保公司当年担保发生额2.90亿元、97笔，在保余额2.73亿元，同比2017年下降34.69%。2018年12月证券交易额152.23亿元，减少89.35亿元，下降36.99%。客户托管市值余额9.59亿元，下降26.57%；当年上缴税金129万元，下降39.43%；实现利润756万元。

【证券金融业】 2018年，长寿区有证券业金融机构1家（西南证券公司长寿营业部）。截至2018年12月31日，证券机构开户总数27500户，比年初增加73户，同比2017年增加549户，托管余额市值9.59亿元，减少3.47亿元，证券交易量152.23亿元，减少89.36亿元，利润756万元，减少337万元。

【保险金融业】 2018年，长寿区有保险业金融机构22家，其中，财险机构12家（中国人寿财险重庆市长寿区支公司、平安产险长寿支公司、太平洋财险长寿支公司、太平洋产险园区支公司、中国大地保险长寿支公司、安邦财险长寿营销服务部、安诚保险长寿支公司、天安财险长寿支公司、富邦财险长寿支公司、人保财险长寿支公司、中华财险长寿支公司、阳光财险长寿支公司），寿险机构10家（中国人民人寿保险长寿支公司、中国人寿长寿支公司、太平洋寿险长寿支公司、平安寿险长寿支公司、新华人寿长寿支公司、泰康人寿长寿支公司、富德生命人寿长寿支公司、恒大人寿长寿支公司、幸福人寿长寿支公司、阳光人寿长寿支公司）。2018年，长寿区保险机构保费收入14.14亿元，同比2017年增长21.06%。其中，寿险收入9.08亿元，增长14.36%；财险收入5.06亿元，增长35.29%。理赔支出2.79亿元，增长8.33%。其中，寿险受理理赔案件0.54万件，支出0.49亿元，增长2.08%；财险受理理赔案件4.31万件，支出2.30亿元，增长7.98%，保险市场呈现出全面协调发展的态势。

【资本市场体系】 2018年，长寿区出台支持提升经济证券化水平行动计划实施方案，完善企业上市奖励政策，全年新增重庆OTC挂牌企业2家，帮助企业获得上市财政补贴100万元；与重庆股份转让中心有限责任公司签订《战略合作协议》，落实企业上市挂牌绿色通道制度；全年组织符合条件的民营企业参与企业上市挂牌培训3次。

【金融服务】 2018年，长寿区设立“中小微企业转贷应急周转资金”，当年完成转贷资金129笔，108家企业使用转贷资金70926.84万元；总计完成转贷资金176笔，122家企业使用转贷资金95521.84万元，为企业节约资金成本4776万元。建立“政银担”合作机制，设立贷款额度1亿元的风险补偿资金池，首期出资2000万元，建立政府、银行、担保三方共同承担的分担机制，撬动银行信贷资源向民营企业及三农企业倾斜。设立1000万元的区级扶贫小额信贷风险补偿资金池，帮助有条件、有意愿的建档立卡贫困户获得生产发展资金，全年发放贷款236户、388.03万元。全年组织召开“政银企”对接会2次，实现集中签约20笔、37.2亿元；收集银行60个信贷产品和9项帮助企业融资政策，编印《信贷产品和政策汇编》宣传册300本，搭建政银企沟通桥梁；引导在长寿的15家银行金融机构走访全区186家民营工业企业。

【保险服务创新】 2018年，长寿区财政金融融合发展，创新保险产品，探索推出鸡蛋价格“保险＋期货”保险项目试点，加大政策扶持力度，完善农业保险补贴政策。首批37户蛋鸡养殖户参与试点投保，鸡蛋投保规模6000吨，实现保额4902.4万元，财政给予40%的保费补贴，企业获赔83.4万元。（陈　航　张鑫妹）

表 33

2018 年长寿区金融机构本外币信贷收支情况

	2018 年 12 月余额	2018 年 12 月比上月增减数	2017 年 12 月比上月增减数	2018 年 12 月比年初增减数	2017 年 12 月比年初增减数		2018 年 12 月余额	2018 年 12 月比上月增减数	2017 年 12 月比上月增减数	2018 年 12 月比年初增减数	2017 年 12 月比年初增减数
一、各项存款	5421293. 63	－267768. 9809	－225806. 0639	339259. 1006	115117. 8011	一、各项贷款	3326594. 397	－17988. 67293	－156912. 359	379635. 5944	4869. 878744
（一）境内存款	5419862. 113	－267694. 5102	－225882. 1802	339005. 1827	114683. 7002	（一）境内贷款	3326541. 452	－17983. 48138	－156900. 9177	379660. 7976	4842. 634657
1. 住户存款	3835380. 179	37665. 75191	41211. 98024	357415. 9219	238964. 7151	1. 住户贷款	1511038. 031	－18638. 85683	－19462. 55301	181997. 9575	83833. 26209
（1）活期存款	975579. 8203	32322. 2856	34529. 7623	51654. 38531	5251. 609802	（1）短期贷款	255559. 4675	211. 366063	784. 127511	21742. 64312	56094. 59982
（2）定期及其他存款	2859800. 359	5343. 466308	6682. 217942	305761. 5366	233713. 1053	消费贷款	75587. 57005	－1070. 968049	694. 769183	4214. 823777	37498. 01104
2. 非金融企业存款	852100. 2921	－253307. 5487	－216166. 5197	－3160. 354764	－279295. 9017	经营贷款	179971. 8974	1282. 334112	89. 358328	17527. 81934	18596. 58878
（1）活期存款 2	451469. 8951	－182723. 3869	－166884. 0251	－65284. 53538	－148269. 618	（2）中长期贷款 2	1255478. 563	－18850. 22289	－20246. 68052	160255. 3144	27738. 66227
（2）定期及其他存款 2	400630. 397	－70584. 16179	－49282. 4946	62124. 18062	－131026. 2837	消费贷款 2	1150575. 3	－18556. 83766	－20647. 1678	156080. 2609	28708. 95497
3. 广义政府存款	732272. 6615	－52131. 12441	－50909. 80862	－15345. 44897	157362. 2607	经营贷款 1	104903. 2628	－293. 385235	400. 487282	4175. 053528	－970. 2927
（1）财政性存款	159776. 6713	151509. 9035	24160. 44905	40117. 76786	57695. 38283	2. 非金融企业及机关团体贷款	1815503. 421	655. 375447	－137438. 3647	197662. 8401	－78990. 62743
（2）机关团体存款	572495. 9902	－203641. 0279	－75070. 25767	－55463. 21683	99666. 87783	（1）短期贷款	400803. 5731	－3946. 110117	－12157. 40673	16599. 73624	－15565. 4215
4. 非银行业金融机构存款	108. 979885	78. 410931	－17. 832129	95. 064559	－2347. 373855	（2）中长期贷款	1332098. 509	1578. 04926	－126054. 3156	137119. 9033	－63035. 65164
（二）境外存款	1431. 517059	－74. 470702	76. 116307	253. 917819	434. 100897	（3）票据融资	82601. 33834	3023. 436304	773. 357617	43943. 20055	－389. 55429
二、金融债券						（4）融资租赁					
其中：境外发行						（5）各项垫款					
三、卖出回购资产						3. 非银行业金融机构贷款					
四、借款及非银行业金融机构拆入						（二）境外贷款	52. 94531	－5. 191551	－11. 441316	－25. 203199	27. 244087
五、联行往来（净）						二、债券投资				61	100
六、应付及暂收款	80334. 92721	－2501. 626427	－2863. 142029	6279. 47608	－4918. 676532	其中：境外债券					
七、各项准备	28473. 54561	2511. 483853	－366. 344883	4641. 581699	5523. 533008	三、股权及其他投资			6500	－6500	6500
八、所有者权益	45735. 67495	3588. 745528	2839. 336849	16813. 06339	2076. 377721	四、买入返售资产					
其中：实收资本	6000					五、存放非银行业金融机构款项					
九、其他	－180328. 4012	－147964. 4076	－13833. 79	－29827. 45229	－30447. 79392	六、联行往来（净）	2016522. 097	－399531. 6982	－95100. 28676	－49044. 28501	64134. 24389
						其中：境内存放二级准备金	67623. 41438	1878. 313719	－3814. 196273	－6621. 613043	－17592. 51989
						七、金银占款					
						八、中央银行外汇占款					
						九、应收及预付款	21320. 32711	5086. 322073	5510. 352426	14746. 03982	11524. 89101
						十、投资性房地产					
						十一、固定资产	31072. 55537	299. 263533	－27. 710614	－1732. 579807	222. 227756
资金来源总计	5395509. 376	－412134. 7855	－240030. 004	337165. 7694	87351. 2414	资金运用总计	5395509. 376	－412134. 7855	－240030. 004	337165. 7694	87351. 2414

（中国人民银行长寿中心支行提供）

中国人民银行长寿中心支行

【概况】 中国人民银行长寿中心支行（简称人行长寿中心支行），挂“国家外汇管理局长寿中心支局”及“中华人民共和国国家金库长寿区中心支库”2块牌子，履行相应法定职责。2010年7月，由原分管长寿、渝北两区的片区支行升格为管辖长寿区和垫江县两个行政区的地市级中心支行，内设货币信贷管理科、调查统计科、货币金银科、国库科、外汇管理科等14个科室，2018年有机关正式职工62人，行级领导5人，处级非领导职务1人。

【货币环境营造】 2018年，人行长寿中心支行制定发布《2018年长寿区信贷投向指引》，引导信贷资金支持产业转型升级、乡村振兴、创新生态、绿色金融、污染防治等领域。运用宏观审慎评估（MAP）加强对地方法人机构的事中事后监测，完成对2家法人金融机构的央行评级工作。做好小微企业、民营企业等薄弱环节金融服务工作，成功创建验收通过各领域示范行、示范村、示范企业等19家。举办银企对接会，现场签约项目20个，金额37.2亿元。正式签约7家，金额7.9亿元；意向签约13家，金额29.3亿元。与区扶贫办、财政局、国资金融办共同推动扶贫小额信贷风险补偿金的设立及使用，全年发放扶贫小额信贷385户，金额1832.5万元。截至2018年年末，辖区各项存、贷款余额542.13亿元、332.66亿元，分别较年初增长6.68%、12.88%。

【金融稳定维护】 2018年，人行长寿中心支行重点监测村镇银行不良贷款处置工作，及时掌握该行不良贷款的变化情况及变化趋势，截至年末，该行不良贷款较年初下降720.12万元，资产质量有所改善。持续开展对辖区房地产市场运行情况监测，截至2018年12月末，长寿区房地产业贷款不良率1.42%，个人住房贷款不良率0.48%，总体风险可控。加入并成为地方广告治理工作领导联席会议成员，联合区工商分局及时撤除微贷网、小安时代互联网金融公司金融宣传广告，及时劝阻电视台“互生卡视频”金融广告宣传。指导辖区各银行业金融机构成功拦截冒名开户、诈骗转账30余起。加强反洗钱、征信、支付、统计等领域金融监管，加大处罚力度，处罚金额59万元。

【重点领域金融支持】 2018年，人行长寿中心支行将金融支持乡村振兴、绿色金融、污染防治作为重点工作推进，分别制定3项实施方案，明确48条工作措施。2018年年末，长寿区涉农贷款余额99.22亿元，较年初增加15.82亿元；辖区环境责任险实现零的突破，风险保障金额600万元；加大污染治理项目金融信贷服务，全年融资8.4亿元；实现排污权交易4650万元；为政府引进亚开行5000万美元开展龙溪河整治工程贷款提供政策辅导。

【外汇领域金融改革】 2018年，人行长寿中心支行推广外汇行政服务网上办理并取得突破。落实“马上办、就近办、一次办”，推进经常项目便利化举措，推广货物贸易进口付汇便利化工作，助推辖区1家银行、1家优质企业成功申请进口付汇便利化业务。推进资本项目可兑换改革，宣传和落实全口径跨境融资宏观审慎管理政策，推动全口径宏观审慎跨境融资扩容，2018年助推中资企业境外融资2.4亿美元，同比2017年增长3.3倍，其中结汇1.76亿美元，占比75%，有效扩大外汇供给。加大境外投资指导力度，支持1家企业对外放款600万美元，促进企业真实合规、理性对外投资。发挥分类监管惩戒、警示作用，将10家企业降级，约谈16家银企，暂停1家银行结售汇业务2个月，严打虚假转口贸易、“出口不收汇”等欺骗性交易。支持有利于实体经济发展、风险可控的资本项目新业务，推荐辖区内1家企业优秀项目参加丝路基金调研座谈会，为辖区内企业“走出去”参与“一带一路”国际产能合作打基础。

【普惠金融发展】 2018年，人行长寿中心支行推动精准扶贫信贷落到实处，助推村镇银行与政府签订贷款额度为3000万元的扶贫贷款协议；制定并印发《长寿中心支行普惠金融工作2.0升级版实施方案》。与地方主流媒体建立金融知识宣传长期合作机制，印发2000份《农村居民金融知识普及读本》。推进移动支付便民示范工程建设，率先实现全区公交线路银联标准移动支付全覆盖，年内“云闪付”交易量118.56万笔，日均交易3.2万笔。加大农村地区支付机具、助农取款服务点和终端投放力度；2018 年辖区现金投放 53.35 亿元，比 2017 年增长 2.93%；现金回笼 64.06 亿元，下降 4.76%；现金净回笼 10.71 亿元。

（张鑫妹）

中国农业发展银行重庆市长寿区支行

【概况】 中国农业发展银行重庆市长寿区支行（本分目简称支行）属国家政策性银行，主要职责是按照国家的法律、法规和方针、政策，以国家信用为基础，筹集资金，承担国家规定的农业政策性金融业务，代理财政支农资金的拨付，为农业和农村经济发展服务。支行成立于 1996 年 12 月，为重庆市分行直管支行。2018 年有在职职工 26 人，内设机构为办公室、信贷业务部、会计结算部。2018 年，坚持“稳中求进”工作总基调，把握高质量发展总要求，以服务农业供给侧结构性改革为主线，抓服务乡村振兴战略，立足区域实际，推进业务发展，强化风险防控，深化内部管理，持续推进全面从严治党治行。

2018 年，支行开展贷款有效投放“开门红”活动，投放棚户区改造中长期贷款 39000 万元、农村公路贷款 32000 万元，总计贷款 71000 万元。新营销储备项目 4 个、贷款需求金额 39.9 亿元，总计投资基金项目 7 个、金额 45200 万元，支付基金 44847.28 万元，支付率为 99.22%。2018 年年末，客户在支行保有结算账户 57 户，存款余额 35030.16 万元，其中非贷款企业存款余额 34061.55 万元。全年实现中间业务收入 39.48 万元，实现国际结算业务 8.88 万美元。不良贷款余额与不良贷款比例保持为零，各项经营指标完成好，各类安全事故为零。

【业务管理】 2018 年，支行执行国家粮改政策，做好全区粮食生产预测和粮食收购资金供应的准备工作，支持企业进行储备粮轮换，强化库存监管，维护种粮农民利益，确保粮油市场稳定和国家粮食安全。坚持以政府主导的非经营性贷款为重点，支持新农村建设和水利设施建设。

【综合管理】 2018 年，支行增强服务理念，创新金融服务手段，提高服务水平，办公室 1 名同志被评为先进工作者；细化考核内容，强化内控管理，夯实管理基础，加强监督检查，防范操作风险；开展反洗钱、反假币宣传工作；立足已有支付结算平台，推进支付结算产品创新，加强与商业银行在网上银行、联名卡等方面的深度合作；强化安防工作，推进纪检、安全保卫、贷款三包、廉政建设等工作，确保“安全案件事故为零”目标的实现。

【队伍建设】 2018 年，支行秉承以人为本的理念，加强干部职工队伍建设，提高职工综合素质。加强政治理论和党的方针、政策的学习教育，提高员工的政治素质；深化创建“学习型银行”活动，制订培训计划，有序开展培训工作。利用卫星远程教育网络系统，采取内部交流与外聘授课相结合的形式，定期安排职工培训，对员工分层次、抓重点进行培训。各部室每月定期开展专项学习，加强专业技能的培训，提高员工履职能力；推进内部综合改革工作，完成业务岗位竞聘和新进员工转聘工作。

【企业文化建设】 2018 年，支行召开 2018 年职代会，倾听员工意见建议，上下联动，共谋发展；继续做好文明单位和职工之家的创建工作；开展“送温暖”活动，走访慰问退休员工，走访关心特殊教育学校儿童、爱心帮助孤寡老人，完成对口精准扶贫工作任务。（邹乔璐）

中国工商银行股份有限公司重庆长寿支行

【概况】 中国工商银行股份有限公司重庆长寿支行（简称工行长寿支行）成立于 1984 年。至 2018 年年末，有在岗员工 135 人，有办公室、公司金融业务部（普惠金融事业部）、个人金融业务部、业务运行管理部、信贷管理部等 5 个内设部室，有营业部、凤城支行、黄桷湾支行、古镇支行、文苑支行、川维支行、晏家支行、洛碛支行等 8 个营业网点。2018 年，工行长寿支行落实总行、市行改革发展研讨会部署，做大资产业务规模，夯实客户和存款业务基础，实现业务转型，抓好党建引领、风险防控、队伍建设、优质服务、考核管理等业务保障，取得较好经营业绩，实现拨备前利润

17743 万元，增幅 21.1%，各专业管理工作平稳有序推进。

【业务发展】 负债业务。2018 年，工行长寿支行夯实业务基础，助力全行存款增长。抢抓源头性资金，狠抓代发客户价值提升，抓好储蓄存款产品销售，强化精准项目精准营销；加强对公存款基础和有贷客户存款管理，加强结现产品营销带动，促进各项存款增长，年末本外币各项日均存款较年初增长 1016 万元。

资产业务。紧盯业务进度，按进度投放 2 个项目，分别贷款 1.27 亿元、0.36 亿元，支持地方经济建设。关注行业动向，营销先进制造业，为区内优质民营企业、先进制造业审批通过流动资金贷款 1 亿元。支持政府融资平台，以基金 + 并购贷款的模式，发放并购贷款 7 亿元。发展普惠金融业务，依托农担贷业务加强与农业担保公司的合作，走入农村市场，成功实现涉农贷款突破，全年发放农担贷 520 万元。做好个人住房按揭贷款，全年投放个人住房贷款 2.49 亿元、个人二手房按揭贷款 0.69 亿元，投放个人信用消费贷款 2.35 亿元，自助质押贷款 0.31 亿元，支持地区群众购房及其他消费信贷需求。

中间业务。抓投行业务突破、重点产品销售、信用卡收单业务及票据业务，推动中间业务收入的增长。全年实现中间业务收入 8375 万元，同比 2017 年增长 1820 万元。

【结构调整】 2018 年，工行长寿支行继续加强转型发展，抓中间业务收入发展，优化收益结构；抓公司贷款、普惠金融、票据业务、个人贷款等业务发展，优化信贷结构；拓展有效客户、优质客户，抓线上活跃客户、中小企业客户，优化客户结构，取得效果，经营结构调整持续向好。

【综合管理】 机构管理。2018 年，工行长寿支行继续抓好网点建设，完成长寿菩提古镇支行装修及迁址，优化网点布局，方便周边客户；继续抓好柜面业务智能化分流，发挥智能设备作用，释放柜面人力资源。

人员管理。加强班子自身建设，领导班子及班子成员继续深入学习贯彻习近平新时代中国特色社会主义思想和中共十九大精神，抓好巡视巡察整改落实，班子成员带头深入一线、深入网点、深入市场、深入客户开展调查研究和业务营销；加强干部履职管理，抓好干部队伍素质提升、管理人员的考核管理和干部队伍结构调整；持续开展员工业务素质提升培训，优化业务流程、优化劳动组合、新进人员和智能设备分流等措施调整队伍专业结构；加强销售队伍建设，落实对客户经理的动态管理，完善客户经理业绩考核管理体系。

民主管理。落实召开职代会、设立党务行务公开栏、建设职工之家、领导深入调研、召开党团组织生活会、组织工会活动等工作，传递温暖、关怀和爱心，增强凝聚力和团队精神，全行营造健康向上、充满活力的企业文化氛围。

【金融服务】 2018 年，工行长寿支行以服务提升“十大行动”（即管理机制完善行动、员工激励关爱行动、服务痛点治理行动、服务面貌焕新行动、服务事件趋零行动、服务效率提升行动、服务流程优化行动、满意银行达标行动、服务文化深植行动、温暖服务传递行动）为主线，实施运营“5 变 4”（即由网点负责人、运营主管、客户经理、客服经理、柜员等 5 类岗位，变为网点负责人、运营主管、客户经理、客服经理 4 类岗位）劳动组合改革，加强客服经理配备，增强网点服务供给能力。采取有效措施，改善服务态度、服务操作规范和服务效率等客户最关心的问题；加强网点服务现场管理，开展网点服务环境专项整治活动；加强服务检查督导，严格服务管理，全面提高员工的服务意识及服务技能，提升客户满意度。落实《二线为一线服务标准》，为网点提供服务支持保障。

【内控案防】 2018 年，工行长寿支行签订《案件防范责任书》，落实案件防范责任；定期召开内控案防分析会，分析前期存在的问题隐患，提出整改意见和工作措施；开展内控合规及案防意识教育，增强员工内控合规及案件防范意识；加强员工行为动态管理，有效防范和化解各类案件风险；加强对重点业务领域的风险排查和专项治理，消除案发隐患；规范员工操作行为。确保内控案防“零案件事故”目标的实现，全年没有发生重大差错事故和案件，持续保持安全营运。

【党的建设】 2018 年，工行长寿支行推进“两学一做”学习教育常态化、制度化建设；党委书记带头讲党课，其他班子成员、各支部书记结合自身工作讲党课，把党建工作同业务工作同布置、同落实；各党支部加强自身建设，落实“三会一课”制度，党员把“一名党员就是一面旗帜”落实到实际工作中，发挥先锋模范作用。

廉政建设坚持标本兼治、综合治理、惩防并举、注重预防的方针，加强反腐倡廉建设。落实从严治党、从严治行，廉洁自律、廉洁从业的要求；继续深入落实中央“八项规定”，坚持勤俭办行思想，查找“四风”尤其是形式主义、官僚主义在支行工作中的新表现，有针对性地抓好整改，锲而不舍抓好作风建设。

持续着力文明单位建设工作，加强文明单位动态管理，落实对文明单位的监督和考核；工行长寿支行继续保持重庆市文明单位称号，辖属营业网点都继续保持区级文明单位称号。抓好“模范职工之家”建设，支行“职工之家”继续保持重庆市“模范职工之家”称号。（彭　娟）

中国农业银行股份有限公司重庆长寿支行

【概况】　中国农业银行股份有限公司重庆长寿支行（简称长寿农行），成立于1979年8月22日。截至2018年年末，有在岗员工192人，在岗员工中大学本科及以上学历109人，在岗党员83人。内设机构有个人金融部、公司业务部、运营财会部、风险信贷部/信用管理部、综合管理部5个部门，下设营业机构13个，分别为支行营业部、菩提支行、黄桷湾支行、桃花支行、晏家园区支行、文苑支行、渡舟支行、葛兰支行、洪湖支行、

2018年2月，长寿农行获得长寿区政府授予“金融贡献奖”奖牌

石堰支行、云台支行、双龙支行、新市分理处。2018年，长寿农行被长寿区政府授予“金融贡献奖”，被农总行授予安全保卫“三化三达标”先进单位称号，被农行重庆分行评为普惠金融业务先进集体称号；内保工作连续4年获得长寿区公安局先进集体称号；辖内13个营业网点均保持市级或区级文明单位称号。

【业务经营】　2018年，长寿农行以建设高品质主流银行为目标，在配合、服务长寿经济与社会发展中，自身取得长足发展。截至年末，各项存款余额55.01亿元，各项贷款余额51.02亿元，贷存比逐年提升，达到92.74%，不良率为0.18%，比年初实现“双降”，信贷资产质量保持健康。全年实现中间业务收入3558万元，同比2017年增加384万元，分别实现拨备前、拨备后利润1.27亿元、1.2亿元，分别增加1017万元、3664万元，经营效益逐步提升。

【金融服务】　2018年，长寿农行围绕解决小微企业融资难、融资贵的问题，深化金融服务创新和体制机制改革，集中力量抓乡村振兴和普惠金融两大重点领域，在实践中探索建立有农行特色的、较为完善的金融产品体系、渠道体系、政策体系、组织体系、资源保障体系等五大金融服务体系，已初见成效。

截至2018年年末，服务“三农”涉农贷款余额7亿元，比年初净增3309万元。2018年长寿农行开展数字化转型，成功研发“好柚贷”“渔业贷”“快农贷”等符合长寿当地特色的惠农贷款产品，均是纯信用、无抵押、线上贷款产品，当天申请即可当天放款；向企业推出“微捷贷”“科创贷”等产品，惠及农户实现脱贫、扩大再生产，解决中小微农企、中小农户缺少抵押、担保的突出问题，有效助力长寿乡村振兴战略实施。搭建惠农电子渠道，长寿农行推进“惠农通工程”建设，在全区19个街镇的商店、卫生室等布放“惠农通”机具222台，实现全区行政村全覆盖，为每一个服务点开通二维码收银，方便乡村的支付结算。

服务普惠金融，全年央行口径贷款净增9847万元，完成计划目标的127.89%。为中小微企业降费降成本实行利率优惠，对小微企业贷款利率最低可执行贷款同期基准利率下浮10%，小微企业

可在长寿农行免银行开户费、抵押品评估费、抵押品抵押登记费等。长寿农行对扶贫类贷款，利率一律不上浮；紧跟长寿区委、区政府脱贫攻坚工作部署，以“贫困户不脱贫，农行不退出”体现高度政治责任担当，对菩提街道、洪湖镇建档立卡贫困户进行实地走访，当年实际走访建档立卡贫困户93户，符合贷款条件的65户，已发放扶贫贷款57户100.8万元。

【党建群团工作】 2018年，长寿农行开展“党员奉献活动”“面对面心连心”活动，听取意见，帮助网点和员工解决实际困难；在全辖范围创新开展“党员奉献日”活动，制定“党员奉献日活动”日程表，定期组织党员利用休息时间进商圈、进社区、进企业等开展“六进”活动，带动青年员工志愿者参与；2018年开展12期，党员96人（次）、青年员工43人（次）参与到奉献活动中。组织员工利用周末休息时间到群众中去开展公益活动，与长寿区有关部门、单位开展“不忘初心跟党走 筑梦青春谱华章”青年联谊活动，党建知识竞赛等；组织青年员工参与区运动会体操、围棋、田径、乒乓等多个项目，缓解工作压力，拓宽青年员工社交圈。开辟“新时代弄潮儿”宣传专栏，第一时间报道一线员工先进事迹，编辑“新时代弄潮儿”系列报道29篇，发挥榜样力量。

2018年6月，长寿农行扶贫人员到“穷亲戚”家中慰问帮扶

【社会公益】 2018年，长寿农行开展各类金融宣传、公益活动，连续多年向区慈善总会“双日捐”，结对帮扶长寿区云集镇玉龙村、玛瑙村32户贫困户实现脱贫。临近春节时，长寿农行组织“欢迎您回家”主题营销活动，在长寿火车北站、骑鞍汽车站设置暖心服务站。长寿农行竭尽全力服务于社会，成功地履行国有大行的社会责任。 （周 强）

中国建设银行股份有限公司重庆长寿支行

【概况】 中国建设银行股份有限公司重庆长寿支行（简称建行长寿支行）成立于1972年。2018年有内设部门7个，营业网点7个，离行式自助银行4个；有在岗员工104人，平均年龄39岁（其中35岁以下36人，占比35%；50岁以上15人，占比14%）；中干26人（含营运主管），平均年龄42岁（其中35岁以下5人，占比14%）；专业技术职务人员23人（其中客户经理19人，占比83%）。

【业务发展】 2018年，建行长寿支行着力把执行好、实现好总分行的战略部署作为工作重点，推进住房租赁、普惠金融、金融科技“三大战略”，在区域经济持续不景气的大环境下，迎难而上，夯实管理基础，强化风险管理，加强队伍建设，提升市场表现。全年一般性存款时点余额48.73亿元，比年初新增3.93亿元；各项贷款余额41.15亿元，比年初下降0.43亿元；投行理财等表外融资额3.04亿元；各项指标市场排位趋于稳定，其中一般性存款时点新增、企业存款时点余额、企业存款时点新增、企业存款日均余额、储蓄存款时点新增、储蓄存款日均新增、个人贷款余额等多项指标居长寿工、农、建、中4个银行第一。实现中收4533万元，拨备前利润1.26亿元，贷款不良额1.2亿元，不良率2.91%。

【地方经济支持】 2018年，建行长寿支行介入长寿区重大建设项目，配合区域经济建设，加大贷款投放力度，梳理资金路径，加大政府高层及重点机构客户维护，突出大资产业务的带动作用。强化项目储备，重点做实抓好政府平台公司、学校事业单位、工业企业项目储备投放。加大对招商引资客户资金营销，狠抓重点客户，客户账户基础不断夯实。优化信贷结构，提升客户综合服务水平。全年实现非贴现投放3.37亿元，办理贴现2.17亿

元。加快“三大战略”的落地实施，推进住房租赁，成功打造智慧社区，实现重庆首家试点“长寿区住房租赁综合服务平台”上线，上线公租房9417套，线上收缴租金11789人（次）469万元，位居全市第一，在全国建行系统名列前茅；搭建重庆市分行第一个智慧社区——寿城水岸社区，成功建成“金山豪苑智慧社区”。推进普惠金融，截至年末普惠信贷余额2.6亿元，位居长寿4个银行第一，惠及企业399家，有效解决小微企业“短、频、急”的资金需求。推进金融科技，推广应用“十四大金融科技平台”，其中安心养老平台签约4户，党群综合服务平台签约224户，同业合作平台、公益教育平台、企业智能撮合平台均实现不同程度的突破；依托金融科技，为全区党群、教育、医疗、养老以及企业业务撮合等领域提供支持，让服务更智慧，让支付更便捷。以信用卡“惠兜圈”为移动支付重点，为区域连锁超市“你我他超市”投入31台收银设备，办理57台“惠兜圈”POS，实现其连锁门店全覆盖，惠及长寿区数万群众。

【内控管理】 2018年，建行长寿支行强化风险条线团队建设，设立贷后管理团队，优化明确内控检查团队职责，分管行领导牵头，高级风险经理定期组织实施，每月检查覆盖所有部门网点；优化风险防控机制，持续完善风险条线对业务条线的检查考核机制。推进单位账户集中管理和反洗钱业务集中处理，重塑业务流程，做到关键风险操作都有制度覆盖。强化风险监控检查，加强对区域、行业分析研判。做好案件防控，制定风险内控与安全案防绩效考核办法，建立风险内控分析例会制度，开展风险排查、员工行为排查、警示教育、反腐倡廉教育活动，实现全年“三无”目标。

【企业文化】 2018年，建行长寿支行坚持以党建促发展，执行行领导联系网点和家访等制度，参与慈善募捐和精准扶贫工作。加强群团及青年志愿者工作，开展员工联欢、员工读书活动、踏青野炊、客户联谊、歌咏比赛等活动。加强员工培养，年内提拔部门负责人2人；开展青年后备人才推荐选拔，储备后备人才6人。增强员工归属感，员工生日、结婚送祝福，员工生病送慰问，对困难员工送帮扶；开展羽毛球、乒乓球、足球兴趣小组活动；采用多种方式关爱异地员工。努力践行社会责任，精准扶贫和慈善助困相结合，参与长寿精准扶贫工作；组织支行青年志愿者小组慰问帮扶特困租户，号召员工参与互助捐款，树立起建行良好公众形象。 （黄　婕）

中国银行股份有限公司重庆长寿支行

【概况】 中国银行股份有限公司重庆长寿支行（简称中行长寿支行）成立于1992年11月28日，是中国银行重庆市分行下辖一级支行。2018年有在岗员工84人，退休员工17人，其中党员24人；内设机构为综合管理部、公司业务部、个人金融部、营业部4个部门；下设凤城支行、晏家支行、桃花新城支行、桃源支行4个经营性支行；分布有关口、区医院、区中医院、川维4个离行式自助服务点。

【业务发展】 2018年年末，中行长寿支行人民币存款时点余额27.92亿元，较年初的28.85亿元减少0.93亿元，降幅3.25%；年日均存款余额29.4亿元，较年初的30.37亿元减少0.97亿元，降幅3.19%。其中储蓄存款时点余额17.02亿元，较年初的16.28亿元新增0.73亿元，增幅4.51%；年日均余额16.64亿元，较上年日均16.69亿元下降0.06亿元，降幅0.38%。公司存款时点余额10.9亿元，比年初的12.57亿元减少1.67亿元，降幅13.31%；年日均余额12.77亿元，比年初13.68亿元减少0.9亿元，下降6.61个百分点。各类贷款余额28.02亿元，较年初的24.47亿元新增3.55亿元，增幅14.51%。不良贷款余额2429万元，比年初减少547万元，不良率0.87%，下降0.35个百分点。完成计费收入9899万元，同比2017年增幅2.09%（其中，实现非利息净收入1899万元，增幅14.35%）；实现拨备前利润7335万元，增幅7.05%；实现净利润5010万元，增幅132.18%；实现EVA收入2210万元。

【经营管理】 2018年，中行长寿支行将党建工作融入业务、融入基层、融入人心。落实党建工作主体责任，各级支部书记为党员上党课，开展党建活动。年内党总支与人民银行长寿中心支行、长寿区人民医院签订党建共建协议，联合开展“党建知识竞赛”“业务宣讲”等共建活动；党总支与长寿区医院建立党建共建关系后，区医院将1499名员工每月的代发薪业务从其他银行转到中行长寿支行；党建共建活动赢得监管单位的支持、促进业务发展、提升在地方同业的影响力起到积极作用。号召全行员工在“公益中行”上扶贫消费以及单位集采8683元，组织员工到特教学校等开展慰问活动，树立担当社会责任的良好形象。解读总行《支持民营企业二十条》有关要求，行领导带队拜访重点民营企业川维物流、宏大化工等客户，与客户开展深入交流，了解他们的生产经营情况、金融需求以及发展中存在的困难，赢得客户赞扬表示愿意与中行开展业务合作实施银企共赢。

围绕“存款、收入、EVA”指标强化考核执行。制订完善各条线人员考核方案，实行末位淘汰、动态管理机制；根据分行业务发展导向，细化重点产品，开展月度、季度、年度业务劳动竞赛，建立年度考核与中长期考核相结合、条块评价相搭配、考核与薪酬相衔接、物质与精神相配套的全方位考核机制，在员工群中通报各网点当日业务营销数据，激发各网点争先进位的热情，对做得好的进行表扬激励，对做得差的批评督促。12月10日，召开2019年开门红动员誓师大会，早部署、早行动。利用好分行开门红资源，做好激励方案，保证开门红各项任务的顺利完成。

转变观念，加强精细化管理和调结构等措施努力提升EVA。在发展业务时，坚持先算后做，算大账、算长远账，处理好资本占用和适度规模增长的关系。调整授信客户结构，发展轻资本业务，降低资本占用较高的客户占比，继续做大票据业务优势，补齐个人住房贷款的短板。调整资产业务结构，提高新客户议价能力，通过增加存款、增加押品、提升综合回报等风险缓释措施，提高EVA水平。调整存款结构，在行政事业单位存款增长难度日益加大的情况下，出台公司客户进阶活动，拓展一般公司客户存款。

【营销业务】 2018年，中行长寿支行抓公司业务紧盯前期跟进的重大项目，加大力度持续营销，重点对和信海纳川（重庆）汽车部件有限公司、重庆碧桂园冠联实业有限公司、重庆新恒阳储运有限公司等优质客户提供授信。发展轻资本业务，继续发挥中行票据业务优势，12月贴现余额4.57亿元，较年初新增1.05亿元，增幅29.83%；贴现业务总计发生额9.44亿元，同比2017年增幅16.95%；贴现利息收入1620万元，增幅3.27%。做深做透医疗卫生行业客户，长寿地区重点的3家公立医院长寿区人民医院、中医院、第三人民医院均在中行开立账户，且实现工资代发全覆盖。加大存款营销力度，在6月份成功营销财政9000万元半年定期存款。

抓个人金融业务发展手机银行，成功营销长寿实验中学“缴费云”项目，为初一年级19个班1100余名学生家长开立手机银行，为中行新增手机银行月活客户1000户。在重庆市分行开展的手机银行竞赛活动中，中行长寿支行8月获市分行手机银行倍增工作“月度先进行”称号，永辉超市扫码立减活动取得分行全辖单店排名第一的好成绩；11月，中行手机银行交易客户数完成10954户，完成率114%，分行全辖排名第一。

【队伍建设】 2018年，中行长寿支行激励士气抓团队，处理好严管和厚爱的关系。加强和改进员工工作，召开新员工入职欢迎会、青年员工思想动态调研座谈会、中年员工座谈会，开展中行家庭开放日活动，加强沟通、凝聚人心。强化内控管理，让从严治行和关爱员工有机统一。坚持每个季度到人民银行汇报工作，发现问题及时沟通反馈；在行内开展一系列业务排查工作，分层级完成年度全覆盖家访，防患于未然。在市分行举办各类合规征文比赛、知识竞赛中，均取得前三名。

（余　琼）

重庆农村商业银行长寿支行

【概况】 截至2018年年末，重庆农村商业银行长寿支行（简称农商长寿支行）设有9个职能部门、3个营销中心、1个集中作业中心、50个营业网点，其中营业部1个、专营支行1个、一级分理处19个、二级分理处29个（含6个定时服务网点）；有城区网点17个、乡镇网点33个，配备自助设备154台。年底前有在岗员工379人，其中高级管理人员3人，中层管理人员77人（其中，具有研究生学历4人、大学本科以上学历240人）。

【业务发展】 2018年，农商长寿支行围绕总行党委“强管理、控风险、稳发展”的工作思路和全年经营目标任务，开展各项工作，保持全年安全稳定运行。截至年末，各项存款余额为144.6亿元，贷款余额为59.3亿元，分别比2017年增长2.3%，6.0%；不良贷款余额1873.8万元，不良率为0.32%，继续保持规模、效益稳步提升，资产质量持续稳健发展。

【地方经济服务】 截至2018年年末，重庆农商行支持长寿区地方融资及贷款161.9亿元。其中金融租赁业务15亿元，内保直贷表外业务15.6亿元，购买区平台公司债券61.6亿元，向长寿园区企业信贷支持10.4亿元，支行贷款余额30.5亿元；全年缴纳税款7372万元。调整信贷结构，支持个体经营和民营企业小微实体经济的发展，小微、个人贷款比年初净增4.2亿元。

【社会责任担当】 2018年，农商长寿支行党委委员及各党支部书记定期到对口帮扶的龙河镇太和村11个贫困户家中调查走访，制定“一户一策”的脱贫攻坚措施，定期回访巩固工作成果；春节期间，支行党委书记为每户贫困户送去新春祝福。2018年春节前夕，农商长寿支行继续开展“服务众乡亲 情暖回乡路”春运公益活动，在农民工集中返乡期间，派出20余名志愿者到重庆红旗河沟汽车总站为长寿返乡人员送去祝福，并提供搬运行李服务和防晕车物品，讲解辨别真假人民币和防范金融诈骗等金融知识。

【案防安保】 2018年，农商长寿支行更加注重对问题的进一步深化整改，着重在建章立制上下功夫。建立系列案防日常工作制度，形成由基层网点主要负责人具体实施、条线部门督导推动，案防部门再督导、稽核部门再监督的防控机制，建立案防工作月进度统计报送机制；召开案防工作联席会议和组织开展“操作风险管理年”等活动，夯实案件防控工作根基。安全工作落实“党政同责、一岗双责”，把安全稳定和党风廉政建设与业务工作同步研究部署、同步落实推进、同步检查考核，形成齐抓共管良好局面。2018年，农商长寿支行无重大经济案件和治安刑事案件及人员安全事故发生。

（孔　杰）

重庆银行长寿支行

【概况】 2018年，重庆银行长寿支行（本分目简称支行）有支行营业部、凤城支行、晏家支行3个营业网点。内设综合部（保卫部），公司业务一、二部，零售业务一、二部，计划财务部，风险管理部等多个部门。截至年末，有员工74人，其中男员工29人，女员工45人，平均年龄35岁；支行16人拥有中级以上职称，55人拥有大学本科以上学历，多人拥有丰富的银行从业经验。支行党、团、工会等组织健全，支行党支部有中共党员16名。

【业务发展】 2018年，支行经营业绩持续向好，继续高质量发展。坚持存款立行，零售条线抓旺季、抢机遇，储蓄存款跃过30亿元。支行阵地营销团队积极揽储，“幸福存”等产品保证支行在广大市民中的热度不减；公营存款在全区公营存款负增长的情势下能够保持规模。深入市场深挖优质客户，信贷支持实体服务小微企业，一批优质的成长型企业实现贷款投放，在大公司资产业务实现增长的同时，年内发放小微贷款3.56亿元，占支行总投放的27.25%；一批贴近民营和小微企业的信贷产品如“好企贷”“好企税抵贷”“知识价值信用贷”等业务品种得到推广。争取到互联网贷款落地长寿，为当地创造税收近两千万元，支持当地经济社会发展。截至2018年年末，支行总存款余额为58.39亿元，较年初增长11.63亿元，增长24.88%；广义资产40.65亿，增加18.26亿增长81.55%；不良贷款余额229万元，比年初减少638万元，不良率0.0565%，减少0.33个百分点；实现考核利润1.13亿元，当地纳税2745万元。

【风险防范】 2018年，支行抓银监市场乱象整治和“操作风险管理年”，修炼内功，对支行各条线业务经营、内部管理以及员工行为等进行全面自查。支行业务开展和内部管理得以规范和强化。通过催收、诉讼、核销等手段，积极履职，主动作为，保证支行不良贷款余额和不良贷款率双降。

【社会责任】 2018年，支行继续响应长寿区委、区政府号召开展精准扶贫，践行重庆银行企业文化核心价值中有爱心、有担当的社会责任。扶贫小组多次到偏远贫困村江南街道天星村对4个贫困户进行走访慰问，帮智、送资、赠物和生产资料对口帮扶。年内进校园、进社区、进商圈开展20余场涉及反假货币、防电信诈骗、打击非法集资、征信等内容的义务金融知识宣传，惠及上千市民，有效履行银行社会责任。（陈 侃）

中国邮政储蓄银行重庆长寿区支行

【概况】 中国邮政储蓄银行重庆长寿区支行（简称邮储长寿支行）于2007年12月28日正式挂牌成立。2013年10月，机构改革后，由原6个内设部门（综合管理部、公司业务部、个人业务部、信贷业务部、会计核算部和审计组）合并为3个部门，分别为：综合管理部、个人金融业务部和公司业务部。支行营业部及办公场地于2013年9月26日搬至桃花新城桃源西路15号，毗邻行政中心。2018年年底前，邮储长寿支行有87名员工，5个自营网点（支行营业部、平湖路支行、渡舟镇支行、葛兰镇支行、向阳支行），41个邮政代理金融储蓄网点。

2018年年底前，邮储长寿支行已开办各类个人贷款、小企业贷款、公司贷款、供应链融资、银团贷款、票据融资等贷款业务，理财、托管、贵金属等中间业务；绿卡（绿卡通）、信用卡以及IC卡等卡类业务，手机银行、微信银行、网上银行等电子渠道类业务，国际结售汇和国际贸易融资等新业务。邮储银行已从邮政储汇业务拓展到银行多元化业务和服务领域，具备全功能商业银行的综合业务体系，2016年9月28日成功上市。

邮储长寿支行坚持向大型现代零售商业银行转型的发展战略，坚持走差异化特色发展道路，以服务“三农”、服务中小企业和服务社区为发展定位，发挥资金和网络优势，成立11年，累计为地方经济社会发展提供超过40.45亿元的资金支持。

2018年，邮储长寿支行完成收入6181.29万元，实现利润739.54万元。自营网点存款余额达到13.21亿元，公司存款余额1.45亿元，贷款结余13.58亿元。

【资产清收】 2018年，邮储长寿支行逾期和不良贷款金额不断上涨，不良资产形势严峻。在年内成立资产质量管理团队，制订《中国邮政储蓄银行重庆长寿区支行资产质量团队管理实施方案（2018年试行）》，加强对不良贷款形成过程中相关人员的考核；对协助支行收回不良贷款的人员予以奖励，奖惩分明的资产质量管理办法，对支行不良贷款清收工作产生积极影响。开展不良贷款清收活动，逐笔摸清不良贷款底数，评估回收可能性，形成不良资产状态及形态统计表。采取客户经理、资产质量管控团队、委外催收、司法催收等多种方式相结合清收回244笔、372.41万元，完成两江分行下达清收任务（1000万元）的37.24%；全年核销不良贷款34笔，金额547.1万元；2018年年末支行不良贷款2747万元，不良率1.49%。

【综合管理】 2018年，邮储长寿支行遵守“三重一大”决策制度实施细则，对大额资金使用、大宗物资采购、劳务转聘、岗位晋升、绩效考核办法和重点业务的奖励办法都实行办公会集体研究决定；车辆和招待费使用坚持事前报批、事中控制和事后审核的方式控制成本支出，确保有限的资金用于支撑业务发展。重视资源配置，成立专职营销团队和资产质量管理团队，实现人员的精细化管理，提高工作成效。抓绩效配置和重点业务推动相结合，促规模、效益、质量协调发展；制订绩效考评办法及相关重点业务考评办法，强化员工绩效考核。

多措并举落实精细管理，培训落实，提升能力，做银行职业人；以问题为导向，清单式管理督促执行力，落实工作周周过关；合理调配人力资源，落实中层干部能上能下机制；财务管理精细化，落实事后3～5天报账完成，督促结清各月成本费用，真实反映当期损益；额度管理精细化，加强与业务部门联系，要求每个客户经理，建立贷款台账，落实客户的贷款流程，当月能否放款，确保每个月报的额度需求偏离度控制在规定的范围内；加强绩效考评管理，激发员工干事创业动力。

【内控案防】 2018年，邮储长寿支行案防安保工作总体成效好，全年保持零人员/车辆安全事故以及零案件的发生，确保无风险事件发生。提高安全防范能力，制订切实可行的安全预警方案，全年开展5次集中式安全学习培训、按季进行检查提醒、半年一次应急演练等方式，提高全员安全意识；加强对安全防范设备和设施的投入和维护，加大安全隐患整改督促和责任追究的措施；每月对110报警器进行系统测试演练，提高员工安全防范意识，提高全行人防水平；网点配置24小时保安值守，提高安防能力。加强保安、员工培训、考评表彰、检查督办等，组织员工参加总行、分支行和外部机构培训，以及银行从业考试、上岗资格证考试，对支行先进个人及先进党员进行年度表彰。落实合规管理，开展合规教育各项活动，组织开展“操作风险管理年”“强履职、治顽疾”违规问题专项治理、两江分行案防知识专项测试等活动，组织支行员工学禁令、学制度、学案例、学职业道德，增强员工合规经营意识。规范印章管理，邮储长寿支行行政印章上交到两江分行集中管理，严格用印制度，确保印章入保险柜，在监控下双人在场且由印章保管人用印。加强会计运营管理，加强资金管理，执行出纳管理每周2次盘库、会计每旬盘库、会计主管每月盘库和分管行长每季度盘库制度，加强对支行金库现金及重要凭证的盘存，确保资金安全。

【服务优化】 2018年，邮储长寿支行重视声誉风险防范，组织“声誉风险防范、危机事件应对”专项培训；明确声誉风险的牵头部门及联系人员，每季度定期进行声誉风险排查工作，各条线、各部门，总结每季度工作情况，按照声誉风险等级划分标准，每季度对各条线的各项工作内容进行风险等级划分；每季度由支行办公室定期组织网点进行声誉风险演练，形成演练报告，留存影像资料。提高支行应对声誉风险各种突发状况的能力，有效化解支行声誉风险，提升服务质量。

【党群工作】 2018年，邮储长寿支行推进思想政治建设，年内组织党员集中学习12次，抓好中心组学习，按季度开展党员“政治生日”活动，多形式抓好基层党员、干部的学习教育工作，全方位提高全体党员的党性修养。开展“党风廉政建设宣传教育”活动，参加两江分行组织的长寿湖廉政基地参观学习。推进作风建设，领导班子成员经常到基层调查研究，现场走访、召开座谈会等，搜集基层网点经营管理工作中存在的问题和困难，对反映的情况落实对应的部室和人员限期解决，支撑网点经营发展。深化党风廉政建设和反腐倡廉建设，层层签订党风廉政建设责任书，明确工作职责，作为加强和改进领导班子建设、促进依法合规开展支行各项工作的大事摆上重要议事日程。

利用工会活动，打造思想上进、充满活力、业务精湛的优良团队。成立以部门、团队、营业部代表为成员的食堂管理委员会，加强对食堂的日常管理，为职工提供良好的就餐环境和安全保证，各二级支行通过附近固定的供应商满足职工午餐就餐的需求。开展三八妇女节踏青一日游、组织观看爱国电影等活动，丰富职工文化生活，促进职工之间的相互交流与融洽。做好“送温暖”“送清凉”慰问活动，开展生日、节假日慰问和探望病患、帮贫扶困、职工体检、关爱女工、职工“三必访”、按季给员工举行集体庆生晚会等常态化日常工作。健全困难职工档案，对发生突发性困难的职工实施及时、有效的救助。开展“邮爱公益”健步走、捐献活动，在“职工小家”验收年中，被重庆分行评为优秀职工之家并推选至总行参与评选。

（付　玉）

招商银行股份有限公司重庆长寿支行

【概况】 招商银行股份有限公司重庆长寿支行（简称招商银行长寿支行）于2008年12月25日成立，位于重庆市长寿区桃源大道10号。2018年有支行本部营业网点和长寿老城向阳路自助银行2个网点；有员工22人，全部为大学本科以上学历，平均年龄34岁。招商银行长寿支行秉承“因势而变、因您而变”的经营理念，推行“二次转型”“轻型银行”“一体两翼”战略，得到稳健发展。党支部荣获重庆分行2018年度“先进基层党组织”称号，支行荣获重庆分行2018年度“优秀远郊支行”称号。

【业务发展】 2018年，招商银行长寿支行致力于为长寿地区的个人和企事业单位客户提供最新最好最贴心的金融服务，支持当地经济发展。业务范围涵盖零售银行业务、公司银行业务、国际业务、同业业务、投资银行业务、中间业务等各方面的众多金融产品和服务：“一卡通”“一网通”“金葵花”财富管理、私人银行业务、个人消费贷款、个人住房贷款、信用卡、集团企业现金管理、手机银行、三方存管、保险、理财、养老金金融、跨境金融、离岸业务、融资租赁、资产托管、开立保函、黄金交易等，在金融市场上享有较高声誉，树立起品牌。截至2018年12月末，存款余额为187191万元，自营贷款余额15965万元。

【社会责任】 2018年，招商银行长寿支行参与社会服务承担社会责任，参与精准扶贫，与长寿区双龙镇连丰村13户贫困户结对进行帮扶。

招商银行长寿支行被中国人民银行重庆营业管理部指定为长寿区首家面向社会公众的个人信用报告自助查询代理点，服务社会公众。

【综合管理】 2018年，招商银行长寿支行注重合规管理和服务提升，将防范案件风险、打造优质服务品牌放在日常工作重要位置；强化队伍建设、创建学习型银行，遵循“服务、创新、稳健”的价值观，从成立至2018年均未发生案件。多项内部管理工作受到上级行好评。

（陶世英）

上海浦东发展银行股份有限公司重庆长寿支行

【概况】 2018年，上海浦东发展银行股份有限公司重庆长寿支行（简称浦发银行长寿支行），坚持“建设具有核心竞争优势的现代金融服务企业”的企业愿景和“笃守诚信 创造卓越”的企业价值观，继续秉承和发扬“新思维、心服务”的企业理念，助推长寿经济社会发展，为广大客户创造价值，为长寿经济社会发展做出应有贡献。

浦发银行长寿支行位于桃源大道10号，地处桃花新城核心地段；内设办公室、营业部、公司部、零售部等部室，设有营业大厅、贵宾厅、自助银行，有自助存取款机2台。

【地方经济服务】 2018年，浦发银行长寿支行以服务地方经济实现“银企双赢”和“政企双赢”为发展思路，继续加大营销力度和市场拓展力度，完成重庆分行下达的经营任务。加强对区政府平台公司信贷支持和金融服务力度，先后与区内多家平台公司，行政单位、事业单位建立良好合作关系，为相关单位排忧解难，成效显著。全年投放贷款、承销债券11000万元，较2017年增加1424万元，增幅14.87%。加强对各型实体经济的信贷和金融服务支持，解决企业资金问题，全年为区内外18家各型企业发放各类贷款24059.36万元，增加16019.36万元，增幅199.25%。服务地方经济成绩突出，获得重庆市长寿区人民政府颁发的“2018年度金融贡献奖”。

【优质服务】 2018年，浦发银行长寿支行为客户提供安全、快捷的个人业务。优秀的服务团队和一流的经营环境为消费者提供新的服务体验，2018年新增个人客户4000户，总量1.46万户。优质多样的资产保值、增值产品供消费者公开透明选择，全年销售零售业务产品20亿元，全年个人金融资产4.5亿元，未发生风险，有效保障市民资产保值增值。结算方式安全，结算渠道通畅，可以选择网上银行、手机银行、微信银行、ATM自助银行、营业网点办理，财务核算和支付动作合二为一，资金实时到账。加强个人经营性贷款、个人消费贷款和二手房按揭贷款对社会民生工程的支持，全年办理二手房按揭贷款300余笔，贷款余额5300万元，及时满足市民生活、生产经营需求。

【落实监管】 2018年，在监管部门的经营计划和年初工作安排下，浦发银行长寿支行加大授信客户以及无贷存款户的营销力度，完成全年经营目标。在服务地方经济社会发展的同时浦发银行长寿支行也得到发展。（陈文雯）

中国人民财产保险股份有限公司重庆市长寿支公司

【概况】 2018年，中国人民财产保险股份有限公司重庆市长寿支公司（简称人保财险长寿支公司）承担风险保障金额21270342万元，处理各种自然灾害和意外事故赔案17835件，各类赔款7682万元，为逾20000人（次）提供过保险服务。

【经营管理】 2018年，人保财险长寿支公司以“人民保险、服务人民”为宗旨，以“做人民满意的保险公司”为使命，坚持恪守“诚信服务、客户至上”的经营理念，履行优秀企业公民责任，发挥人保财险的网络、人才、实力等众多优势，为广大客户提供专业、高效、诚信、便捷、优质的保险服务，为长寿地方经济发展保驾护航。为长寿辖区内各企事业单位和人民群众提供风险保障，承办机动车辆保险、财产保险、责任保险、意外伤害保险、农业保险、货物运输保险、船舶保险，信用保证保险等业务。

【“三农”服务】 开展好“三农”保险工作，2018年承担“三农”风险保障85427万元，为逾万人（次）种养殖业主提供过保险服务。

继续承办长寿区“精准脱贫保”，为长寿区15223位农村建档立卡贫困人口提供意外伤害保险、大病补充医疗保险、疾病身故保险、贫困学生重大疾病保险和农房保险等一揽子风险保障，承担保险责任41亿元。

持续做好防范非法集资宣传引导，做好消费者权益保护宣传引导，履行反洗钱义务，维护金融秩序稳定，维护消费者合法权益。

【模式创新】 2018年，人保财险长寿支公司创新保险服务“三农”新模式，助力长寿区蛋鸡养殖业发展。创新推出长寿区鸡蛋期货保险试点，以“期货+保险”的模式服务“三农”，解决农产品的价格风险问题，保证农业保险服务的“最后一公里”，开拓金融服务“三农”的新篇章。丰富农业产业综合金融服务工具，在保障传统自然灾害风险的同时，将市场风险纳入保障范畴，为蛋鸡养殖户生产生活提供“双保险”，填补长寿区“保险+期货”发展模式的空白。2018年参与试点项目的37户蛋鸡养殖户，总投保规模为6000吨鸡蛋，鸡蛋期货价格风险保障4902.4万元。

2018年11月22日，人保财险长寿支公司与区公安局交通巡逻警察支队联合推出“警保联动”正式启动

创新“警保联动”服务新模式。与区公安局交通巡逻警察支队共同落实“放管服”改革，首家联合推出“警保联动”，为广大车主及驾驶人员提供更方便快捷的服务。人保财险长寿支公司理赔系统与公安“12123”平台实现系统对接，实现车险事故的快撤、快处、快赔。在桃花营销服务部设立车驾管服务站，实现交管业务的“一次办、马上办、就近办、便捷办”；开通免检标志的核发、临时号牌核发、违章处理、驾驶证及行驶证补换等业务，使服务更主动、更便民。在龙河、渡舟、凤城、云台、新市、江南合作共建6个农村交通安全劝导站，协助公安交管部门参与农村交通安全管理，提高社会协同共治水平。

【重要事件】 2018年1月，人保财险长寿支公司参加长寿区国资金融办组织开展的保险宣传周暨慰问孤寡老人、失独家庭、留守儿童和困难学生的爱心公益活动。7月20日，人保财险长寿支公司桃花营销服务部开门营业。10月20日，开展人保公司成立69周年庆祝活动。11月11日，人保财险长寿支公司引入直升机救援服务团队与地面服务团队共同为2018年长寿湖半程马拉松赛事保驾护航。11月22日，长寿区“警保联动”正式启动。（文　燕）

天安财产保险股份有限公司重庆市长寿支公司

【概况】 天安财险是中国首家按照现代企业制度和国际标准组建的股份制商业保险公司。主要经营车辆保险、财产保险、船舶保险、货物运输保险、责任险、意外健康险等非寿险业务。2018年，天安财产保险股份有限公司重庆市长寿支公司（本分目简称长寿支公司）实现区内保费收入774万元，支付各类赔款416.24万元，上缴税金85万元。

【业务发展】 2018年9月，长寿支公司完成与属地内银行各网点对接工作，加强保险业与银行业的深度合作。创新产品推广，推出机动车延期保修责任保险和平行进口车质量保证保险；组织开展码上长大2.0业务推广。为扭亏、止亏、减亏，2018年长寿支公司组织开展调结构、增效益、促发展的转型发展工作；摒弃高赔付率业务，开发多渠道平台重点抓优质车险和非车险业务发展，抓好新保、转保业务，重点抓好续保业务。

【风险防控】　2018年6月，长寿支公司启动加强防范非法集资宣传工作；7月，开展打击非法商业保险活动专项行动；7月，开展“合规从管理者做起”——2018年度深化乱象整治专题宣传月活动。

【宣传工作】　2018年，长寿支公司开展反洗钱宣传，贯彻落实中国人民银行要求，全面、准确、有效、及时开展反洗钱宣传活动，围绕“防范洗钱风险、维护金融秩序、共筑坚固防线”宣传主题，扩大反洗钱工作的社会影响，预防洗钱犯罪活动。2018年9月开展“金融知识普及月 金融知识进万家”暨“提升金融素养 争做金融好网民”宣传活动，倡议保险从业人员和保险消费者讲诚信、守底线，不制造、不传播保险谣言，自觉抵制非法保险广告、非法集资等现象，引导大家自觉维护清朗网络空间，净化金融生态环境。

“3·15”宣传围绕“品质时代、诚信保险”的服务理念，展开宣传活动，在职场悬挂“诚信保险、自主消费”条幅；指导客户下载“车易赔”和“创盈平台”，加大保险教育普及和宣传力度，宣传“天安车易赔”等快速理赔方式，打造“简单理赔就在天安”的服务形象。做到“3·15”期间零投诉。

【社会责任】　2018年，长寿支公司在6月25日至7月8日期间，组织全体员工参加“7.8保险扶贫健步走”活动。7月，长寿支公司出资5000元参与重庆市长寿区保险行业协会组织的对长寿区但渡镇但渡村贫困户喻某某进行扶贫。

（余剑梅）

中国平安财产保险股份有限公司重庆市长寿支公司

【概况】　中国平安财产保险股份有限公司重庆市长寿支公司（本分目简称长寿支公司）是中国平安财产保险股份有限公司重庆分公司下属的三级机构，1997年10月成立。经过20年的发展，长寿支公司2018年有员工40名（全部都是大专以上学历）。长寿支公司保险销售端涵盖直销、银保、车商、综拓、代理、直通六大渠道。经营业务范围涵盖车险、企财险、工程险、责任险、货运险、农业保险、短期健康险与意外险等一切法定产险业务及国际再保险业务。平安产险推出安全生产责任险、建筑工程质量责任险、诉讼财产保全责任险、环境污染责任险、食品安全责任险、重大技术首台套及新材料保险、巨灾保险、专利保险、网络安全保险、手机保险、银行卡盗刷保险、家电延保保险、手术意外保险、美容意外保险、宠物保险、家庭综合保障等产品。平安产险开发、经营的主险已超过1000种。2018年长寿支公司保费突破1.16亿元，上缴税收560万元。

【保险服务】　平安产险坚持客户导向，依托创新科技，打造“安心·简单·温暖”的车险理赔服务品牌，不断提升客户服务体验。平安产险运用6大AI核心技术43项专利，推出智能车险理赔闪赔，向保险企业开放基于技术最稳定的部分，实现油漆损伤、外钣金配件损伤自动图片识别，解决保险公司以往在定损过程中靠专家经验判断、人工审核的问题，缩短案件处理时效，实现审核人力减少30%，自动理算案件占99.7%，定损速度提高4000倍。平安产险创新多项服务举措，在业内率先推出车险理赔爆款服务“510极速查勘”及“车险理赔一键包办”。其中，极速查勘覆盖率92.9%，一键包办服务可包办三者车损及小额人伤理赔、车辆维修及事故车接送、事故救援等6类服务，覆盖70%的案件，理赔资料包办率超过80%，平均单方案件理赔时效为0.56天，客户推荐率82.68%。2018年长寿支公司赔付案件6800余件，

2018年1月，平安财险长寿支公司完成理赔受到客户赞扬

赔付5200余万元，让上万名客户感受到平安简单高效的理赔服务。

平安产险不断完善互联网科技平台，推进车险业务的互联网化探索，以“用车助手，安全管家”平安好车主APP为核心载体，聚合最广泛优质的车生态服务资源，涵盖“车保险、车服务、车生活”，为车主提供一站式用车服务。截至2018年12月，平安好车主APP注册用户突破4，500万，绑车用户总数突破2，700万户。用户总量及月活跃用户数持续排名汽车工具类APP第一位。

【社会责任】 2018年，长寿支公司响应政府、行业协会精准扶贫号召，参与辖区内扶贫工作；开展敬老院及留守儿童慰问活动，为困难家庭送去温暖，解决实际困难。开展2018年春节护航公益服务行动，为车主提供道路安全救助、路途生活帮助和事故理赔协助等服务，通过平安好车主APP在线推送春节自驾安全须知。平安产险实施绿色金融持续关注环境及再生资源投资、绿色信贷等方面的投入，参与监管共同推出电子保单，以节省纸张和减少砍伐树木。 （冯　亚）

中国人寿保险股份有限公司重庆市长寿区支公司

【概况】 中国人寿保险股份有限公司重庆市长寿区支公司（简称“中国人寿长寿支公司”）属国有大型金融保险企业，总部在北京。中国人寿保险（集团）公司的前身是诞生于1949年的原中国人民保险公司，1996年分设中保人寿保险有限公司，1999年更名为中国人寿保险公司。2003年，经国务院和中国保险监督管理委员会批准，原中国人寿保险公司进行重组改制，变更为中国人寿保险（集团）公司，并独家发起设立中国人寿保险股份有限公司。就此，中国人寿保险公司重庆市长寿区支公司正式更名为中国人寿保险股份有限公司重庆市长寿区支公司。地址在长寿区向阳路7号渝东大厦附一楼2号附五、七楼。2018年，中国人寿长寿支公司内设部门6个，有营销服务部13个，银保合作网点50个；有员工40人，保险代理人1086人。2018年总保费收入16147.63万元；赔付支出8413.18万元，其中满期给付6238.75万元，赔款支出818.86万元，死亡给付312.37万元，医疗赔付307.14万元，年金支付736.06万元。

【保险服务】 2018年，中国人寿长寿支公司秉持“成己为人 成人达己”的企业文化理念，履行“以人为本、关爱生命、创造价值、服务社会”承诺，以此作为企业的使命和核心价值观，发挥商业保险的保障功能和作用。开通APP、微信、网页等移动化服务渠道，实现与客户的线上联通，客户足不出户即可享受在线保单服务。用电子化客户服平台“国寿E宝”、微信公众号，客户通过手机便捷报案、自主拍摄上传理赔及保全资料，经后台集中录入、审核，便可实现小额理赔实时到账；开办“重疾一日赔”服务，解决客户的经济困扰，提升保险服务品质及理赔服务时效。

【社会责任担当】 2018年，中国人寿长寿支公司向地方缴税费433.03万元。开办民生保险业务，在19个街镇开办计生“失独家庭护理保险”，承保1617人，提供保障1.15亿元；在19个街镇开办“小额及老龄意外伤害保险”，承保6.8万人（次），提供保障20.4亿元。支持乡村经济建设，向长寿区龙河镇3个市级振兴乡村经济示范村捐款9000元。承担社会责任，中国人寿长寿支公司响应区金融办和保险行业协会的号召，在洪湖镇政府组织的向困难群众慰问活动中，为13名特困人员提供保障39万元。 （张　娜）

中国平安人寿保险股份有限公司重庆市长寿支公司

【概况】 中国平安人寿保险股份有限公司重庆市长寿支公司（简称平安人寿长寿支公司）于2003年6月30日成立，归属中国平安人寿保险股份有限公司重庆分公司管辖，本部地址在重庆市长寿区桃源大道10号，分支机构分布在长寿、垫江2个区县。2018年有下辖分支机构4个：长寿支公司第一营业部、垫江支公司、垫江支公司澄溪营销服务部、垫江支公司坪山营销服务部；平安人寿长寿支公司内设运营部、培训部、销售管理部、销售企划部、财务室、人事行政室6个职能科室。截至2018年年底，长寿支公司有内勤员工81人，外勤员工1850人。

【业务发展】 2018年，平安人寿长寿支公司在“抓服务、严监管、防风险、促发展”12字方针指引下，秉承总公司“队伍为基、客户经营、健康成长”发展战略，以“队伍为基、客户导向、E化助力、引领市场”为经营核心，改革创新，开拓进取，业务各方面得到健康发展。2018年，人身险总保费收入62164.67万元，同比2017年增长11.36%，其中首期保费14573.21万元，占总保费的23.44%；续期保费47591.46万元，占总保费的76.56%。从险种分布看，寿险保费51050.47万元，健康险保费9662.6万元，意外险保费1451.6万元。全年纳税1171.42万元，同比2017年增长8.94%。2018年赔付8518.15万元，增长40.04%，其中理赔3380.66万元，给付5137.49万元。

【风险防控】 2018年，平安人寿长寿支公司强化合规管理，组织开展线下面授培训、线上知鸟APP学习及考试，加强对内外勤的合规教育；定期组织排查违规经营、防非等活动，妥善处置发现的风险苗头事件，杜绝发生系统性风险；完善风险监测及长效管控机制，承担起风险防控的主体责任，推动业务稳定健康发展。

平安人寿长寿支公司成立以机构负责人为组长的扫黑除恶专项工作小组，负责、统筹、推进支公司扫黑除恶专项斗争工作，制订专项工作方案，明确排查重点和工作要求；通过多种宣传形式对公司员工、保险代理人员、保险消费者开展扫黑除恶专项斗争宣传，贯彻落实监管文件精神；建立月度排查机制，在全辖内开展相关风险排查，设立专项举报渠道，鼓励内外勤人员举报涉黑线索。抵制涉黑涉恶势力向保险业渗透。

【服务创新】 2018年，平安人寿长寿支公司实行科技赋能、智慧转型，为客户提供便捷、贴心服务。平安人寿自主研发的“智慧客服”系统运用生物认证、大数据、远程视频等AI技术实现业务甄别、风险定位、在线自助、空中门店四大核心功能，构建起百分之百全域覆盖、全流程智能办理、动态精准风险防控的智慧客户服务体系，用户只需要一部手机通过平安金管家APP，就可以“在线一次性办理”各项保全业务，打破时空限制，客户可以随时、随地、随心地在线申请、发起办理各项保全业务。其中“智慧客服”服务平台下的理赔平台——医联直赔项目，正与重庆各大医院逐步实现数据联网，客户通过金管家进行理赔“快赔”申请，上传身份证（若属于交通类事故可能涉及第三方赔付的案件还需上传意外事故证明）即可完成理赔申请，客户再不用等待住院记录等资料收集；平安人寿长寿支公司将自动导入发票、诊断书、病历等数据资料，30分钟内即可结案，事后客户只需交回发票+身份证复印件即可。医联直赔项目从2018年上半年开始正式进入系统测试阶段，该项目的上线实现“住院客户、社保机构、保险公司与医院的三方结算”，颠覆传统保险理赔服务流程。在“智慧客服”服务模式下，保全、理赔、核保等服务场景的时效实现大大提升，平均处理时长大幅降低。

【产品创新】 2018年，平安人寿长寿支公司回归保险本源，推动业务转型，提升对人民群众的服务和保障水平，业务结构逐步向保障型产品转变。2018年销售的主要产品及特点是：福满分，产品特点是专注重疾保障，助力品质养老；爱满分，产品特点是病种超百种，满期高给付，给孩子满分的爱；“平安福”少儿版，产品特点是多次赔付保障金，父母陪护有补偿；“平安福”成人版，产品特点是轻症重疾保障全，多次赔付更安心。

（高　露）

非公有制经济

综　述

【概况】　2018年，长寿区非公经济运行总体良好，保持持续增长、健康发展的势头。对经济增长贡献凸出，2018年全区民营经济实现增加值365亿元，占地区GDP比重60%，较2017年同期增长8%，对全区经济增长贡献率68.8%。市场主体增长势头快，新发展市场主体6856户，总量5.94万户，其中民营企业1.5万户。创新活力不断释放，创新驱动发展战略引领民营经济快速转型升级，产业结构不断优化，已认定的高新技术企业中，民营企业占84.2%。民营经济对经济社会的贡献力度不断增强，全年实现税收33.4亿元，增长11.7%，占财政税收比重超过57.8%；吸纳就业人员数占城镇从业人员88%以上，新增就业岗位90%左右由非公企业提供。民营经济具有“五六七八九”的特征，即为全区经济社会发展贡献50%以上的税收，60%以上的国内生产总值，70%以上的技术创新成果，80%以上的城镇劳动就业，90%以上的企业数量。

【机制体制建设】　2018年，长寿区成立非公经济及非公经济转型升级发展领导小组，及时督查部门协作，加大涉企政策举措的落实力度；建立非公经济联席会议制度，定期不定期召开联席会，邀请部分民营企业家参与，掌握全区非公经济发展情况，集中探讨解决非公企业反映的系列问题和非公经济发展中的重大问题。出台《长寿区“亲”“清”新型政商关系行为规范》，细化政商交往正负“两张清单”，促进政商健康交往互动发展。完善区级领导联系重点民营企业制度，43名区级领导与长商集团、望变电气、小康动力、翔升实业等84家区内重点民营企业建立联系，开展调查研究，帮助企业解决行政许可、资源配置、资金、项目、技术等方面实际问题。畅通政商沟通平台，常态化召开非公经济发展座谈会、异地商会回长寿座谈交流会、暑期谈心会等，促进各有关部门积极作为、靠前服务；书记、区长组织相关部门“现场办公”，高效缓解非公企业发展过程中遇到的迫切困难问题，推动非公经济健康发展。

营造民营经济高质量新发展氛围。2018年9月，组织民营企业家、微型企业、个体工商户、农业经营主体代表，金融机构及各区级有关部门召开全区民营经济发展大会，统筹部署推动民营经济高质量发展；集中对贡献突出的17名民营企业家和20个民营经济市场主体予以通报表扬；运用《重庆日报》、长寿电视台及《长寿日报》等主流媒体，宣传报道优秀企业家先进事迹和卓越贡献；在会上下发《关于全面优化营商环境促进民营经济发展的实施意见》，优化营商环境。年内开展集中走访精准服务民企活动，走访民营企业500余家（次），协调解决具体问题600余个。

【营商环境优化】　2018年，长寿区为非公经济发展营造良好政策环境。维护公平竞争，对所有市场主体一视同仁、平等对待，在市场准入、审批许可、经营运行、招投标等方面，为民营企业打造公平竞争环境，落实公平竞争审查制度，2018年清理并保留合规文件43份，废止1份有悖于平等保护原则、不利于民营经济健康发展的文件。降低准入门槛，坚持民营企业“法无禁止即可准入”原则，全面实施市场准入负面清单制度，对市场行为界限予以明确区分，鼓励各类市场主体依法平等进入；鼓励民营企业通过PPP等模式参与医疗、养老、教育、文化领域的建设运营。有效推动健康发展，分行业、分类别、分领域贯彻出台扶持民营企业发展壮大的政策措施，先后出台《重庆市长寿区特色效益农业产业扶持办法（试行）》《长寿区工业企业年度评奖办法》《关于扶持建筑业做大做强的实施意见》《现代商贸物流服务产业发展扶持办法》《长寿区旅游发展专项资金使用管理（暂行）办法》《关于印发支持实体经济加快发展若干措施的通知》《关于金融支持实体经济发展的实施意见》以及创新驱动发展战略专项扶持办法、中小微企业转贷应急周转资金管理暂行办法和提升经济发展证券化水平等系列帮扶政策，确保民营企业平等参与市场活动、平等使用生产要素。

营造良好市场环境。依法履行监管职能，开展市场主体年报工作，2018 年内资企业年报率 92.38%，完成“双随机一公开”抽查 4 次，检查市场主体 2832 户、完成率 100%；打击限制竞争和不正当竞争违法行为，依法惩处消费欺诈、强买强卖和违法广告宣传等行为；加强线上监管，将网络市场监管专项行动贯穿执法、监管工作之中。强化涉企纠纷调处，2018 年审理 6 件涉及民营企业行政复议案件，维持 3 件、撤销 1 件、终止 2 件；调解涉及民营企业矛盾纠纷 67 件，调解成功率 100%，协议兑现金额 3000 余万元。加强政府诚信建设，建立因政府规划调整、政策变化造成企业合法权益受损的依法依规补偿救济机制，杜绝“新官不理旧账”行为，实现政府投资类项目建设资金“零拖欠”，实施守信联合激励和失信联合惩戒。

营造良好服务环境。优化政务服务，深化“放管服”改革，落实“全渝通办”，取消审批事项 41 项，减少证明事项 38 项；在全市区县中最先完成政务信息共享交换平台与市级联网，网上可办事项达 80.2%；创新实施经开区首席代表制，37 项审批事项实现经开区内一站式审批服务；全面推行“三十一证合一”“证照分离”，在全市率先开展工业投资项目行政审批告知承诺制试点，审批时限压缩至 20 个工作日，各审批环节办理时限预计缩减 70% 以上。加强法律服务，将民营企业法律服务纳入区三级公共法律服务实体平台，于 2018 年 11 月建立由 35 名律师及 36 名基层法律服务工作者组成的“民营企业法律服务窗口”值班队伍，年底前在三级服务窗口接待解答法律问题 321 件次，受理涉及民营企业职工法律援助案件 99 件。

营造良好发展环境。区分经济纠纷与经济犯罪界限，妥善化解处理因债务问题引发的矛盾纠纷；依法保护企业家正当权益和企业合法产权，打击涉企经济犯罪，为企业挽回经济损失 150 余万元；指导民营企业人防物防技防建设 247 次，社区民警上门服务民营企业排除治安隐患 5618 起。公正文明执法，规范行政执法自由裁量权，完善“双随机一公开”监管，避免选择性执法和不公正执法；推行行政执法公示、执法全过程记录、重大执法决定法制审核“三项制度”，有效防止不作为、乱作为。强化监督制约，落实行政执法责任制，界定不同部门及机构、岗位执法人员的执法责任，建立健全常态化的责任追究机制；探索建立主动公开制度，优化投诉举报办理，规范行政执法行为。

【创新发展】 2018 年，长寿区推进长寿经开区科技创新服务平台、长寿工业园区科技创新服务平台、农业科技创新服务平台等三大科技创新平台建设，鼓励民营企业建立研发中心，提升研发、科研成果转化、产业化等方面能力水平，支持符合条件的民营企业申报为科技型科技或高新技术企业。建成市级工程技术研究中心 7 个（其中民营企业占 5 个）、区级研发创新中心 17 个（其中民营企业占 15 个）、高层次科技创新平台 32 个；发展高新技术企业 38 家（其中民营企业 34 个）；创立胡明华转炉炼钢技能专家工作室等 5 个国家和市级技能大师工作室；建成劳模（职工）创新工作室 12 个。出台《重庆市长寿区创新驱动发展战略专项扶持办法（试行）》鼓励支持企业创新发展，最高设置 1000 万元的专项资金奖励。

【发展难题破解】 2018 年，长寿区贯彻执行各项减税降费政策，取消行政事业性收费 12 项，减少民营企业税收负担 11.6 亿元、非税负担 3 亿元，缓解企业“成本高、负担重”问题。解决“融资难”，建立“政银担”合作机制，设立贷款额度 1 亿元的风险补偿资金池，出台《金融支持实体经济发展的实施意见》，引导金融机构加大对中小微民营企业信贷支持力度，申贷获得率不断提升，2018 年发放“助保贷”1270 万元；支持银行推出“医保通”“结算信用贷”“网上小额信用贷款”等信用贷款，支持民营企业融资；支持引导涉及中小微企业融资银行均推出无还本续贷产品，企业无须还本后续贷或展期，不会下调企业的信用评级；举办长寿区 2018 年政银企对接会暨融资项目签约仪式，实现 20 个融资项目成功签约，融资总额 37.2 亿元；使用转贷应急周转资金 7.1 亿元，帮助108家企业解决资金周转困难。着力解决“用工难”，落实社保政策，降低城镇企业职工基本养老保险、城镇职工基本医疗保险、失业保险单位缴费比例；为符合条件的企业下发稳岗补贴；加强用工指导，持续开展农民工工资支付管理培训并发放《长寿区农民工工资支付管理政策汇编》宣传册；持续开展职业技能培训、SYB创业培训等各类培训，组织民营企业招聘周等各类招聘活动。

【人才队伍建设】 2018年，长寿区出台《长寿区人才引进培养和激励办法》及实施细则，制定《长寿区创新驱动发展战略专项扶持办法（试行）》，对企业引进高层次人才实现核心技术成果产业化等多种情形给予最高300万元的补助；落实技术入股、股权期权和分红激励等政策，符合条件的技术入股、股权激励等产生的个人所得税，可分期或递延缴纳；兴建总面积8560平方米的精装人才公寓200余套；拓展人才引进渠道，优化人才配置；开展产业人才需求调研，形成紧缺急需专业目录，通过各类引才平台、聚商选资项目、国际人才创新创业洽谈会等方式引进吸纳人才。

培养高素质民营企业家和人才队伍，持续开展以“守法诚信、坚定信心”为重点的非公经济人士理想信念教育实践活动，加强非公经济人士思想政治和发展引领；促进非公经济人士道路自信、理论自信、制度自信，自觉把思想和行动统一到中央、市委和区委的重要决策部署上来。持续开展参政议政引导和培训，30余名非公经济人士人大代表、政协委员为区域经济社会发展建言献策。在《长寿日报》、区广播电视台开设专题专栏宣传报道优秀企业家、典型企业事迹，把民营企业家纳入“长寿工匠”、劳动模范、先进工作者等先进评选范围，营造尊重激励企业家干事创业的良好社会氛围。将民营企业家教育培训工作纳入财政预算，组织开展能力素质提升培训；突出对年轻一代民营企业家教育培养，以长寿区青年商会为主要平台针对性组织开展理想信念教育、创新创业能力提升等专题培训活动，企业家队伍素质持续提升。引导民营企业履行社会责任，鼓励民营企业家开展光彩事业活动，年内捐款捐物500万元。

【发展对策】 2018年，区经信委对发展非公经济提出的对策建议是：加快壮大民营经济主体，推动大中小企业协调发展，坚持一、二、三产业同步推进，运用大数据、智能化提升民营传统优势制造业，鼓励民间资本进入教育、医疗、文化、体育领域发展现代服务业，引导民营企业紧抓实施乡村振兴战略行动计划的契机发展现代农业；加快推动民营经济转型升级，致力于产业创新，聚焦智能制造、电子信息、新材料新能源、文化旅游、生态环保等产业领域，致力于科技创新综合运用好研发准备金等政策，致力于制度和管理创新，建立完善现代企业制度；优化营商环境，加强组织推动，发挥区非公有制经济工作联席会议制度作用，强化对优化营商环境、发展民营经济的组织领导和工作协调，解决相关问题；强化统计监督考核，健全民营经济统计监测体系，加强对民营经济发展趋势和问题研究分析通报；结合全区“新时代新担当新作为”测评，对具有涉企服务职能的区级部门的服务态度、服务质量、履行承诺、政策落实情况等进行评议，纳入区级部门、街镇经济社会发展实绩考核；建立民营经济发展工作约谈机制。

（肖　寒）

重庆市长寿区2017—2018年度
贡献突出民营企业、微型企业和新型农业经营主体

贡献突出民营企业

重庆环松科技工业有限公司
重庆小康动力有限公司
重庆博腾制药科技股份有限公司
重庆三杭蒙特费罗电梯部件有限公司
福安药业集团重庆博圣制药有限公司
重庆鼎盛印务股份有限公司
重庆市豪迈家具有限公司
重庆渝发建设有限公司
重庆长寿古镇文化旅游开发有限公司
重庆市碧桂园凤城酒店有限公司
重庆清迈农业有限公司

贡献突出微型企业

重庆梦怡食品有限公司
重庆市长寿区朽语坊木雕工作室
重庆市长寿区耀君百货有限公司
重庆山重劳务有限公司
重庆泽诚文化传媒有限责任公司

贡献突出农业产业化龙头企业

重庆市长水禽业发展有限责任公司

重庆澳凯农业开发有限公司

贡献突出农民专业合作社

重庆市长寿区程珊养蜂股份合作社

贡献突出家庭农场

重庆市长寿区聚美汇水果种植家庭农场

（摘自长寿委发〔2018〕33号）

2018年新春，长寿区“文化进万家”活动

表 34

2018 年长寿区非公有制经济主要指标

单位：个、人、万元

甲	企业个数	从业人员年末数	增加值	总产值	营业收入	利润总额	净利润	上交税金	劳动者报酬	其中：工资总额	资产总额	固定资产原值	固定资产净值	负债总额	资本金	出口产品交货值	固定资产投资完成额
1	2	3	4	5	6	7	8	9	10	11	12	13	14	15	16	17	
总　计	59400	461561	3764549	10094995	9632292	749853	705764	286474	1333897	1275914	5965885	3473743	2863625	3726088	1174520	58385	3218083
一、按注册类型分组	2624	295073	2532514	8073688	7723514	371212	327583	239378	783619	760708	5586556	3252872	2681547	3696105	929504	58385	2928455
1. 内资企业	2604	289395	2275513	7398331	7085756	283969	262230	176147	764667	744794	5013272	2766513	2280611	3316817	696391	35031	2547756
2. 港澳台商投资企业	4	1882	131528	405451	391825	53600	40151	38848	6846	5644	170991	182842	150728	113129	87565	8758	369998
3. 外商投资企业	16	5108	125473	269906	245934	33643	25201	24383	12106	10270	402292	303516	250208	266160	145547	14596	10701
二、按国民经济行业分组	2624	295073	2532514	8073688	7723514	371212	327583	239378	783619	760708	5586556	3252872	2681547	3696105	929504	58385	2928455
1. 第一产业	288	2849	10181	26753	25263	3915	2933	2838	4248	3940	42094	24510	20205	27850	5402	0	6640
2. 第二产业	1849	284720	2420850	7886926	7547149	344817	307810	220247	769431	747543	4898737	2852377	2351394	3241039	895628	58385	2914884
其中：工业	1585	243991	2141595	5418075	5116441	182689	136850	132409	699720	612875	3958496	2496980	1801115	2618969	767509	58385	2506800
3. 第三产业	487	5776	101484	160010	151102	22480	16840	16293	9939	9225	260790	375985	309948	427216	28474	0	6931
三、个体工商户	56776	166488	1232034	2021307	1908777	378641	378181	47096	550278	515207	379328	220871	182078	29983	245016	0	289627
其中：工业	4435	23020	44179	120038	113356	12511	11871	467	39610	36735	30553	22238	18332	3577	14704	0	64511

（重庆市长寿区经济和信息化委员会提供）

中小企业

表35

2018 年长寿区中小企业主要指标

单位:个、人、万元

代码	指标名称	2016年12月止累计 合计	其中:工业	其中:规模以上工业	其中:农产品加工业	其中:食品加工业	第三产业	代码	主要产品产量	计量单位	本年本月止累计
1	企业个数	2530	1408	253	23	18	212	23	发电量	万千瓦时	223680
2	企业从业人员	246523	129410	22340	4641	1325	16374	24	锰矿石	吨	—
3	企业增加值(现价)	3261136	195922	1889644	64169	56356	94566	25	碳酸锶	吨	—
4	企业总产值(现价)	8696364	7908121	1373182	227273	181505	288643	26	原煤	万吨	17
5	其中:私营、个体	7242841	10710774	1117982	222808	177778	272727	27	农用氮、磷、钾化学肥料总计	吨	13647
6	总产值中:农业产值	244482	—	—	—	—	—	28	水泥	吨	1730399
7	工业中:(1)机械制造业	1037409	1037409	—	—	—	—	29	砖	万块	223039
8	(2)建材业	28359	28359	—	—	—	—	30	布总计	万米	99
9	(3)采矿业	147511	147511	—	—	—	—	31	生丝	吨	—
10	建筑业	899136	0	—	—	—	—	32	机制纸及纸板	吨	145045
11	工业企业销售产值	7601771	7601771	—	—	—	—	33	皮鞋	万双	84
12	出口产品交货值	309160	309160	—	—	—	—	34	饮料酒	吨	11391
13	固定资产投资完成额	3232880	3232880	—	—	—	—	35	配(混)合饲料	吨	259900
14	营业收入	9651411	8900983	—	—	—	—	36	食用植物油	吨	4431
15	利润总额	386447	297783	—	—	—	—	37	茶叶	吨	160
16	劳动者报酬	639637	411362	—	—	—	—	38	罐头	吨	—
17	其中:工资总额	593839	364132	—	—	—	—	39	汽车配件	万元	305835
18	实交税金	408620	198512	—	—	—	—	40	摩托车配件	万元	90920
19	资本金	1324899	830833	—	—	—	—	41	摩托车发动机	台	—
20	金融机构贷款	40545	340809	—	—	—	—	42	摩托车(成车)	辆	—
21	亏损企业数	160	120	47	—	—	—	43	铝合金压铸件	吨	—
22	亏损企业亏损额	65362	6477	48980	—	—	—				

(重庆市长寿区经济和信息化委员会提供)

农村合作经济组织

【概况】 2018年，长寿区供销系统引领新发展农民合作社74个，其中专业合作社55个，股份合作社17个，联合社2个，总计发展669个；组建农合会分会6个，吸纳基层社、专业合作社、家庭农场等148个成员，涉及种植、养殖、水产等产业。农民合作社服务中心进一步发挥作用，签约代账服务的农民合作社占全区总数的10%以上，代保管农民合作社档案102家，代办农民合作社等新型农业经营主体工商注册服务46家，代办农民合作社等经营主体工商变更、注销等服务195次。

（周建村）

【农业经营体系】 2018年，长寿区形成村集体经济组织引领下的，以农业家庭经营单位为细胞，农民专业合作社为纽带，农业企业为支撑的新型农业经营体系。年内新增100个家庭农场，总计培育家庭农场720个。在市级部门表彰重庆市优秀新型农业经营主体活动中，长寿区被表彰的农民合作社、家庭农场、专业大户和农业龙头企业各1家；在区级年度贡献突出新型农业经营主体推选活动中，区内农民合作社、家庭农场、专业大户各1家，农业龙头企业2家被推选通报。截至2018年年底，长寿区有农民专业合作社549个、合作社联合社9个，有市级示范社14家、国家级示范合作社1家；全区有区级以上农业产业化龙头企业111家，其中国家级1家、市级20家。

（唐 榕）

微型企业

【概况】 2018年，长寿区微企发展扩量提质增效。新发展微企719户，带动就业3146人；培育成长型微企232户，成功入库200户，列全市各区县局前列，其中30户获得全市成长扶持奖励150万元。全年组织微企专题培训16期，培训微企703户；兑现税收奖励19户，资金34万元，会展补助27万元，贷款贴息11万元。推荐24户微企获得市级“守合同重信用”微型企业称号，2户获得区级“守合同重信用”微型企业称号；2户微企业参加全市第三届微企创业大赛，分获成长之星二等奖、创新之星三等奖。指导20户微企参加区第二届创新驱动“双创”人物评选，2户微企获得全市优秀微企称号，7户微企获得全区优秀微企称号。

（邹若思）

其他企业

【概况】 2018年，长寿区坚持把发展开放型经济作为推动区域经济发展的重大战略举措，通过创新理念、完善思路、搭建平台、强化措施、优化环境，提升外资利用水平。全年实际利外资2.77亿美元，同比2017年增长76.8%，总量列渝西地区第三位、全市第十二位。截至年底前，全区有外资企业59家，年内新引进盖吉科技有限公司、重庆恒寿旅游开发有限公司等2家外资企业。

（孔祥波 左其超）

表 36

2018 年长寿区利用外资情况一览

单位:万美元

序号	项目名称	投资外方企业名称	投资中方企业名称	长寿注册企业名称	合同外资	本年长驱实到外资	累计实到外资
一、以前年度外资项目							
1	生产、销售、研发、进出口:电子级特种气体及半导体生产过程中所需的电子化学品,和与之相关的应用技术及设备工程安装。	邦盟(日本)资本有限公司	—	欧中电子材料(重庆)有限公司	1590	314	626.3
2	基础原料化学制造	DT Healthcare Investment Limited	—	重庆博腾制药科技股份有限公司(外商投资股份公司)	1453	200	1000
3	门铰链、机罩铰链、行李箱铰链、甲板铰链、升降门铰链、门检、动力升降门和制动器(包括手刹或脚刹系统)动力系统(包括动力门和电子控制元件)以及汽车及其相关行业的相关零部件的设计、开发、生产、组装与销售;上述产品与同类产品以及相关零部件的批发、进出口和佣金代理(拍卖除外),提供售后服务和配套服务。	Edscha Holding GmbH	—	爱德夏汽车零部件(重庆)有限公司	1000	300	500
4	生产、研发、销售用于电子材料的化学原料制品等	Soulbrain(株式会社)	—	秀博瑞殷(重庆)电子材料有限公司	4000	1080	3980
小　计(4 个)					8043	1894	6106.3

续表 36

二、2018 年度外资项目

序号	项目名称	投资外方企业名称	投资中方企业名称	长寿注册企业名称	合同外资	本年长驱实到外资	累计实到外资
1	在中国境内为汽车制造和一般制造业涂装领域提供环境保护解决方案;开发并制造适用于各应用领域的高性能溶剂共混物,油漆线清洗程序和产品解决方案	GAGE INTERNATIONGNAL. LLC 占股份51%,中方四川永和科技有限公司49%	—	盖吉科技有限公司	476	231. 8	231
2	地块进行开发建设。房地产开发;从事建筑相关业务;销售:建材	Star River Profits Limited	恒大地产集团重庆有限公司	重庆恒寿旅游开发有限公司	8000	3510. 83425	3510. 83425
3	—	—	—	长寿经开区集团公司	—	22100	22100
小　计(3 个)					8476	25842. 63425	25841. 83425
总　计(3 个)					16519	27736. 63425	31948. 13425

（重庆市长寿区投资促进局提供）

经济管理与监督

发展管理

【谋划规划长远发展】 2018年，重庆市长寿区发展和改革委员会（简称区发改委）牵头谋划龙溪河跨流域综合治理和可持续发展战略研究，成功纳入国家示范试点，受到国务院第五次大督查的通报表扬。完成《长寿区“十三五”规划纲要》中期评估，对主要指标、重点项目、工作任务等方面进行评估调整，对高质量实施《长寿区“十三五”规划纲要》提出意见建议。制订《长寿区以大数据智能化为引领的创新驱动发展战略行动计划实施方案》《长寿区军民融合发展战略行动计划实施方案》《长寿区以需求为导向的保障和改善民生行动计划实施方案》，撰写相应调研报告，为上述3项行动计划的实施提出时间表、路线图和项目库。制订《重庆市环都市区产业转型升级示范区长寿区实施方案》，编制《长寿区沿江一公里产业布局规划》，加快推进钢铁化工两大传统产业提质改造，新材料新能源等四大新兴产业扩容发展，培育发展通信技术及物联网、节能环保两大特色产业。制订《贯彻落实长江经济带发展规划纲要实施方案》《贯彻落实中央经济工作决策部署和市委市政府政策举措实施方案》《长寿区长江经济带生态环境保护重点突破工作方案》等重要文件，有效对接国家重大政策举措在长寿区落地。编制长寿区对口帮扶丰都县3年行动方案和年度实施计划，组织开展易地扶贫搬迁、产业扶贫、贫困村便民服务中心建设、教育帮扶和技能培训项目4大类任务，落实实物量计划1732万元。

【经济运行调度监测】 长寿区制定2018年经济社会发展年度计划，细化提出全区主要经济指标和目标任务分解方案。区发改委加强经济形势监测分析，每月对全区经济运行态势进行监测，分析经济运行中存在的问题，每月定期编写《发展改革动态》，不定期撰写《对全区上半年经济指标运行的研究分析及对策建议》等专报文章，提出解决问题的建议措施供区委、区政府决策参考。完成2018年国民经济和社会发展主要指标调整，对2018年国民经济和社会发展26项主要指标中的7项指标作出适当调整。完成2018年国民经济和社会发展计划执行情况及2019年计划草案报告，通过人大审查批准。在指标体系设定、项目安排建议、年度工作总结安排上都有所创新。

【重大项目统筹建设】 区发改委制定2018年度重大项目计划，全年安排重大项目301个，其中，建设项目210个，前期项目91个。加强重大项目建设协调，召开重大项目工作会议11次，研究解决难点卡点问题50多项，统筹协调推进成效明显，全年新开工项目91个，完工项目77个，完成重大项目投资189亿元，支撑全区固定资产投资完成240亿元，发挥重大项目投资对经济发展的支撑作用。强化项目督查，区发改委会同区委督查室和区政府督查室，每月对项目进度和调度会交办事项落实情况进行跟踪督查。全年到项目施工现场检查40次，检查项目150个（次）。

【政府投资项目管理】 2018年，长寿区制定出台《长寿区政府投资项目管理办法》，规范完善政府投资项目管理，有效提升前期工作效率和水平。区发改委严格项目审批管理，全年批复项目立项189个，项目可研报告52个，项目概算28个，备案项目285个。制定年度项目稽察计划，包含稽察项目13个，涉及中央预算内资金9899万元；重大建设项目20个，年度投资额38.6亿元；区国有投资非必须招标项目288个，招标限价总金额2亿元。开展项目检查，对区妇幼保健院等2017年和2018年部分中央预算内项目从前期审批、工程进度等方面及项目法人制等的执行情况等开展稽察，下发10条稽察整改通知督促整改；对区医院北城分院等20个重大建设项目进行专项督查。配合市发改委稽察办完成长寿区2017—2018年中央预算内投资项目及农村一、二、三产业融合发展试点示范项目专项稽察工作。

【创新驱动发展战略】 2018年，区发改委牵头开展创新驱动发展顶层设计，编制印发《长寿区加快实施创新驱动发展战略建设创新生态区2018年重点目标任务分工》等文件，协同推进创新驱动扶持资金项目申报兑现、科技专项推进、“双创人物”评选等工作。2018年，全社会R&D经费增长32%，占地区生产总值比重2%；新增高新技术企业12家、科技型企业101家，博腾制药、鼎盛印务获评2018年市级优秀创新型企业；助推长寿工业园区成功创建市级高新技术开发区，长寿高新区种子投资基金获市科委批复；全区万人有效发明专利6.76件，增长133.9%，居全市前列。

【乡村振兴战略实施】 2018年，区发改委围绕打造龙河镇长寿慢城、洪湖镇秤沱村“三变”等改革试点，提出2018—2020年龙河镇、洪湖镇基础设施及生态环境重点项目113项。出台《长寿区农村人居环境整治三年行动实施方案》，为实施农村人居环境整治工作制定目标、明晰任务。制定《长寿区发改委实施乡村振兴战略行动工作方案》，分解落实工作任务和工作措施26项。结合长寿实际谋划2018—2020年长寿区实施乡村振兴战略重大项目70项，总投资414亿元。

【各项重点改革工作】 2018年，区发改委编制《长寿区推进供给侧结构性改革2018年重点工作目标任务》，重点在“破”“立”“降”上狠下功夫，实现更高水平、更高质量的供需平衡。梳理分解2018年综合经济体制改革项目任务42大项、74小项，持续推进行政审批改革、售电侧改革等相关工作。在全市率先探索构建以告知承诺为重点，集多规合一、联合踏勘、统一告知、多方承诺、并联审批、过程监管及信用奖惩运用等为一体的新型审管模式，将一般工业项目前期工作时限压缩至20个工作日以内。创新开展经开区行政审批首席代表制，实现在经开区内独立收件、审查、办结等一站式服务，前期工作时限压缩70%以上。制订《长寿区推进事业单位、国有企业公务用车制度改革工作方案》等系列制度文件，全面摸清涉改单位、涉改人员、涉改车辆基本情况，对接核定车辆编制，为长寿区企事业单位公务用车制度改革打基础。

【信息体系建设和共享】 2018年，区发改委出台《长寿区2018年信息体系建设工作要点》，加强信用信息归集，全区有效社会信用信息归集量3.7万条，统筹推进信用分类监管、联合奖惩实施、“信易+”应用等工作。对照重庆市政务信息资源目录（2018年版），编制长寿区政务信息资源目录，梳理295项资源，全区55个部门接入政务资源265项，其中数据库方式接入115项，文件接入150项，接入率90%。向市级政务信息平台共享政务资源110项，接入市级资源1382项，数据调用103587次。

【招投标监管工作】 2018年，区发改委加强招投标综合监管，全年完成609个项目招标工作，招标总限价金额45.37亿元，中标总价金额40.7亿万元。继续强化对政府投资项目施工单位和中介机构备选承包商信息库动态管理，加大惩戒力度。完成中央巡视组“回头看”反馈意见招投标整改落实情况自查和区医院北城分院室内外装修及环境工程等项目的招投标情况核查。完成2017—2018年农村小康路等乡村公路建设项目招投标专项整治工作。健全完善现场监督、评标专家独立评标、独立编制评标表格、数据计算核对、撰写评标报告等招投标现场管理制度。参与完成区医院北城分院室内外装修及环境工程等10余个项目信访、异议、投诉处理。

【价格监督管理认定】 （详见本类目《价格管理》分目）

【脱贫攻坚工作】 2018年，区发改委将脱贫攻坚纳入重点工作，提出在全区大中型水库后期扶持“十三五”规划项目中，专项安排1000万元支持贫困村项目建设。建立农网改造升级工程项目库，储备项目8个，总投资1570万元，优先安排贫困村项目。开展长寿湖镇龙沟村结对帮扶，与龙沟村21户贫困户建立“二对一”结对帮扶；选派重点项目科科长担任驻村工作队长，助力脱贫攻坚工作。

【龙溪河生态保护】 2018年，区发改委完成龙溪河“一河一策”方案和作战图编制，协助区级河长开展龙溪河但渡段、长寿湖竹子滩监测站、鑫远货场、石塔坡水质监测断面等河段巡河 5 次，对巡查中发现的侵占河道、河道漂浮物、污染源隐患等 10 个问题现场及时交办整改并定期跟踪督办。牵头督促龙溪河沿线 10 个街镇开展“清河一号”专项行动，对河道清洁、河岸垃圾污水等进行调查摸底并建立台账。结合“一河一策”方案及部门资金落实情况，提出 2019 年龙溪河拟实施的工程项目 6 个，项目总投资 7 亿元，2019 年计划投资 1.4 亿元。

【长输管线安全监管】 2018 年，区发改委对标对表年度监督检查计划，定期组织对管道企业、重要管道线路及配气站、重点施工现场等进行监督检查。全年开展安全检查 65 次（其中一般检查 33 次，重点专项检查 32 次），检查长输管线 24 条，输气站 10 个，管道企业 6 家，属地街镇 14 个。发现管道企业、属地街镇安全责任落实不到位情况 8 起，发现安全隐患 4 处，下发现场检查记录单 34 份，下发隐患整改督办函 4 份，现场落实处置安全隐患 4 处；采取联合执法方式，实施行政处罚案件 1 件，实现安全事故处罚“零突破”。

（贺　莉）

审　计

【概况】 2018 年，重庆市长寿区审计局（简称区审计局）设 7 科 1 室，即办公室、法规审理科、整改督查与内审管理科、企事业审计科、投资审计科、经济责任审计科（经济责任联席会议办公室）、财政审计科（重大政策跟踪审计科）、电子数据审计科，行政编制 19 名；下设参照公务员法管理的正科级公益一类事业单位——审计中心，参公编制 25 名。2018 年，区审计局及审计中心有在编人员 41 人；年内提拔 1 名科级领导干部，晋升 3 名科级非领导职务干部。

2018 年，区审计局安排各类审计项目 28 个，完成 28 个；查出主要问题金额 919491 万元，其中违规金额 41084 万元；全年审计促进整改落实有关问题资金 58669 万元，其中：审计增收节支 33761 万元（含上缴财政 30305 万元），审计后挽回（避免）损失 24858 万元，核减投资额 24929 万元。2018 年人均直接审计成效 1467 万元，以审计成效计算的审计费效比为 1/55（年度审计总支出/审计增收节支额）。审计移送案件线索 8 件，已处理完结并书面回复区审计局的 7 件，其中：被党纪政纪处分 5 人，追回财政资金 32.7 万元，立案审查并采取进一步措施 3 件。收到 2018 年以前年度移送的问题线索回复 10 件。区委、区政府主要领导专题听取审计工作汇报 8 次，受区政府委托向区人大常委会报告审计工作 2 次，在区人大常委会对政府部门的民主评议中获第一名，承办的 1 件人大代表议案、3 件群众来信来访均获当事人肯定。3 月，区审计局在 2017 年重大项目工作考核中被区政府通报表彰；8 月，区审计局领导班子被区委评为 2017 年度先进集体；区审计局在 2018 年度全市审计机关综合目标考核中获二等奖；2017 年度区县财政预算执行和决算（草案）审计、2017 年保障性安居工程跟踪审计、2016—2017 年度残疾人事业发展情况专项审计、2018 年度河长制执行情况审计被市审计局评为行业审计优秀项目。

【制度建设】 2018 年，长寿区政府印发《重庆市长寿区公共投资项目审计监督实施办法》，区经济责任联席办公室印发《重庆市长寿区经济责任审计工作联席会议制度》《重庆市长寿区经济责任审计及自然资源进点公示和审计情况通报制度》《重庆市长寿区经济责任审计及自然资源资产离任审计结果运用办法的通知》，规范全区审计工作。

【重大政策落实跟踪审计】 2018 年，区审计局围绕简政放权、防范化解重大风险、稳定就业、降低企业成本等重要事项推进重大政策措施落实跟踪审计，延伸调查 24 个单位、43 个项目、资金规模 14.32 亿元，促进清退违规占压企业保证金 3452 万元，取消 10 户企业区级科技型企业补助和创新券兑付资格。围绕计划任务落实、资金筹集使用和工程建设管理情况推进交通行动计划跟踪审计，延伸调查公路建设项目 11 个、建设里程 66.75 千米、资金规模 6.23 亿元，促进完善领导机制 1 项、归还原渠道资金 98 万元、盘活存量资金 2.44 亿元、完善工程管理措施 11 项。围绕对贫困人口、弱势群体的保障水平开展保障性住房跟踪审计，关注政策落地、资金落实、人口落户相关情况，重点揭示享受补助对象不符合标准、资金管理不规范等问题，移送公安机关问题线索 1 件、6 人、涉及金额 33 万元，移送国土房管部门问题线索 1 件，促进上缴财政资金 1172 万元、追回财政资金33万元，推动出台区级管理制度3项。

【预算执行审计】 2018年，区审计局在对区级财政预算执行及决算草案编制情况、税收预算执行情况的交叉审计中，关注被审计区县财政收入、支出的真实性和完整性，关注支出预算的执行情况，延伸审计机关事业单位35个、资金规模221亿元，揭示各方面问题7大类、25项、管理不规范金额123亿元。对区投资促进局、区安监局等5个区级部门开展2017年度部门预算执行审计，围绕部门职能职责特点，着重关注预决算编制、资金使用、财务核算等方面的工作质量和绩效，揭示预决算编制、资产采购、会计核算等方面的问题5大类、18项。

【固定资产投资审计】 2018年，区审计局规范计划管理，2000万元以上报市局审批、1000万至2000万元的项目经区政府审批后报市审计局备案，纠正“以审代结”的做法。全面清理存量，加快推进2017年及以前年度结转的项目，严格把控质量、风险，协商、会审等机制解决争议问题。

【经济责任审计】 2018年，区审计局加强与经济责任联席会议成员单位的协同配合，审前调查关注各单位职能职责、权力清单和责任清单、审计期间完成区委、区政府分配目标任务以及财政财务收支规模和结构，审中侧重结合部门职权和资金流向剖析被审计单位及其领导履职情况，重点揭示内部控制、重大决策和支出等方面的问题，全年实施经济责任审计项目10个，涉及10个单位、13名区管领导干部，查处违规违纪资金14654万元、追回或收缴财政161万元。探索开展区管领导干部自然资源资产离任审计2个，着重归集、整理、分析各类基础数据，注重将国土、环保、林业、规划等部门的相关数据进行关联，查处自然资源资产管理、生态环境保护等3个方面、14项问题。资源环境审计工作得到市审计局牵头处室的肯定性评价，从审计思路、审计方法、审计结果运用方面为自然资源资产审计工作的铺开奠定基础。

【专项资金审计】 2018年，区审计局探索开展全区重点自然资源资产和重点生态环境保护审计调查，整合国土、环保、水务等部门的技术力量，聚焦水、土、林、矿山、生活污水、工业废水、固体废物等与人民群众生产生活密切相关的重点事项，重点分析制度设计、日常管理、关键项目、工作成效等方面的现状和风险，揭示贯彻落实生态环境保护重大决策部署不到位等问题5类38项。审计结果引起区委、区政府领导重视，专门召开审计调查结果通报及审计整改任务分解工作会议，成立整改督办小组，区委常委、常务副区长任组长，要求落实责任、对标对表、限时整改。开展政府隐性债务审计调查，以政府支出责任为核心标准，聚焦区属重点国有企业、承担建设任务的街镇及区级部门，重点分析政府隐性债务的规模和结构，揭示债务管理不规范不严格、上报数据不真实不准确等问题，揭示关注类债务转化为隐性债务、区属国有重点企业相互担保等重大风险3项。河长制审计聚焦全区主要河流、水域的重大整治项目和水污染防治重点任务，重点分析制度建立、部门协同、质量控制等情况，揭示领导机制不健全、建设管理不到位等问题6类、20项，促进完善管理措施5项、上缴财政资金1347万元，推进重点项目建设进度。残疾人事业发展情况专项审计聚焦政策宣传和落实两个方面，结合数据流向和资金流向分析残疾人专项资金筹集、管理、申报、发放4个重点环节，揭示社会保障政策落实不到位、资金安排使用和管理不规范等问题4类、23项，移送骗取补助资金问题线索2件，涉及金额235万元，促进完善管理机制、堵塞漏洞7项。

【内部审计】 2018年，长寿区内部审计着力培养实战能力。强化实战培训，采取以审代训方式提升审计人员业务素质，组织内审人员9人（次）参与区审计局审计项目8个，注重培养内审人员在领导干部任期经济责任审计、部门财政财务收支审计和内部控制审计3个领域的审计能力和审计思路，组织30名内审人员开展区内交叉审计项目16个。强化理论学习，组织内审人员集中学习30人（次）、参加审计署11号令知识竞赛126人（次），以典型案例剖析为主要内容，突出增强内审人员在项目总体分析、技术路径选择、具体信息挖掘等方面的能力。强化问题导向，主动加强与设立内审机构单位的沟通协调，查摆审计机关、内审机构在审计监督体系建设方面存在的短板和弱项，将内审工作开展情况纳入区管领导干部任期经济责任审计关注的要点，协助相关单位结合自身实际更好发挥内审机构作用。全年内审机构审计资金规模9亿元，查出违纪违规金额409万元、管理不规范金额342

万元，实现增收节支57.7万元。

（赵　勇　刘园园）

统　计

【概况】　2018年，重庆市长寿区统计局（简称区统计局）设6个内设机构（办公室、综合科、工业科、投资科、服务业科、农经科），1个参公事业单位（长寿区社会经济调查队），1个事业单位（长寿区统计执法队），实施11项职能职责。年底前，区统计局有编制30名，在职职工26人。

2018年，经济下行给统计工作带来巨大的压力，区统计局从夯实基层基础工作入手，坚持应统尽统、颗粒归仓，主要经济指标从下半年开始逐月攀升，全区GDP增速好于预期，并超过全市水平，赢得止滑促增。

【企业统计】　2018年，区统计局狠抓规模以上工业、限额以上服务业、限额以上批零住餐业、资质等级建筑房地产业“四上”企业联网直报工作。加强报表培训，按照年初培训计划对全区500多家“四上企业”分行业、分批次进入报表培训，对报表中的重点难点进行详细的讲解，提高企业统计人员业务能力，全年培训2000余人（次）。在报表期间，实时跟踪企业数据，对数据异常的企业进行电话核实，对问题突出的专门到企业查看资料核实，数据核实无误后再上报，提高基层报表数据质量。

抓新增企业入库纳统工作。利用财政、工商、税务等资料对全区所有企业进行拉网式排查清理，将纳税情况梳理出具有升规潜力的企业名单，分类整理并及时将企业名单转送给主管部门，由行业主管部门进一步核实和排查摸底，对于核实后符合条件的企业按照入库要求做好入库资料的上报审核工作；对未达到入库标准的企业继续培育，争取早日入库。结合第四次全国经济普查单位清查工作，将符合条件的企业入库纳统。全年新申报“四上”企业83家（其中工业23家，商贸企业42家，服务业18家）；新申报限额以上商贸个体户326家；发现数字经济单位147家，新增69家。

【统计体系建设】　2018年，区统计局建立部门统计工作联系制度，定期召开部门统计联席会议，定期走访相关部门单位，研究和协调部门统计中重大事项，共同协商解决工作中存在的困难和问题，全年走访部门50余次；指导部门配备专兼职统计人员，加强统计业务培训，指导和督促本行业调查对象如实上报统计数据。建立街镇统计管理制度，成立街镇统计工作小组4个，对19个街镇统计工作实行网格化管理，每个小组包干管理相应街镇的统计工作，全年走访街镇98次。加强基层统计指导，定期深入企业，及时了解企业生产经营情况，查看原始台账、统计报表等相关基础资料，及时解决统计工作存在的问题和困难，提高企业源头数据质量，全年走访企业224家。加强调查户走访调研，确保“真点、真户、真账”，全年入户330余次。

【统计调查监测】　2018年，区统计局完成全区30个调查点住户调查工作，逐步实行电子记账，电子记账率30%左右。完成全区15个调查点的45个调查地块样本无人机遥感测量工作。完成11个月度劳动力调查点的样本轮换及数据上报工作。完成25个村居的1%人口抽样调查工作。推进投入产出调查、农民工监测调查、畜禽监测、妇女儿童“两纲”监测、全面小康社会建设进程监测等20余项抽样调查监测工作。

数据监测分析工作，通过《统计季报》《统计年鉴》《统计公报》等载体向全社会发布长寿区国民经济和社会发展主要经济指标信息；对统计数据进行全面的解读，全年编发各类统计信息快报43期、放发统计资料3000余册。结合经济发展的热点、难点问题，开展专题调研，准确把握宏观经济走势和市场供需变化，提出具有前瞻性、预见性和针对性的政策建议，为区委、区政府决策提供科学依据；全年撰写统计分析55篇，其中获区委书记、区政府区长各批示1篇，其他区领导批示5篇。

抓基础数据核查，加强历史数据核实，深入企业、施工现场，查看企业财务数据、统计台账等原始记录，对全区所有规模以上工业企业、投资项目进行逐一核查，按照实事求是的原则，将工业、投资数据调减到真实水平，消除历史数据遗留问题。主动出击，对限额以上批发零售业、住宿餐饮业、规模以上交通运输业等服务业企业进行逐一核实，将不符合最新统计标准规定的企业清除出库，全年出库规上交通运输企业57家，限额以上批发零售住宿餐饮业58家，做实基础数据。

【第四次全国经济普查】 2018年是第四次全国经济普查年份。区统计局主动向区委、区政府报告，区委、区政府主要领导逢会必讲，从人财物各方面给予全方位保障；区财政安排普查经费700多万元，从8个行业主管部门抽调10位业务骨干集中办公，从街镇挑选1000余名政治素质高、业务精、作风硬、组织协调能力强的普查指导员和普查员；区委、区政府将四经普工作纳入对街镇、部门全年目标考核，分值设定为10分。自8月正式启动到年底，区统计局先后完成方案制定、普查区划分、普查人员选聘及培训、编制清查底册、单位清查、登记准备等工作，清查出企业法人与产业活动单位13551家，个体户49956户，分别比三经普增长46%、10.5%，为下一步正式登记奠定基础。

【巡察整改落实】 2018年，区统计局以高度的政治责任感，真诚接受、认真吸纳区委第三巡察组的反馈意见，对于巡察反馈的28个问题，逐一对照整改。其中立行立改12项，出台一系列制度、方案，建立健全长效机制；对另16项问题坚持长期整改。强化党组领导，召开巡察整改专题民主生活会，局班子及党组成员对巡察发现的问题逐一对照检查剖析，开展批评与自我批评，深刻反思并明确整改责任和措施。加强党的思想建设，全年开展中心组学习12次、中心发言12人（次）。加强党的组织建设，落实班子成员分管领域的党建工作责任制，创新组织生活模式，丰富组织生活内容，开展好机关支部“三会一课”。加强党的作风建设，加强制度的执行与落实，规范机关内务管理，规范公务接待程序，清退2018年1月和2月超标部分差旅费；始终把党风廉政建设摆在战略性位置，对各方面存在的问题进行深入查摆，开列问题清单、整改清单和责任清单；配合区委巡察组的工作，旗帜鲜明反对“四风”，加强督导党员干部自觉遵守管理制度、学习制度、财务管理制度等，细化党风廉政建设和反腐败任务分工责任，加以层层落实；年内召开党组会议研究部署工作12次，组织学习党风廉政和反腐败工作重大决策12次，局主要负责人作出相关批示10次；定期开展谈心谈话活动，对发现的苗头性、倾向性问题，及时约谈、诫勉纠正，约谈党员干部100余人（次），开展廉政教育30余次，组织党员干部观看《微腐败、大祸害》《永远在路上》等警示教育片10余次，全年无一起违法违纪案件发生。（李永鑫）

国资金融管理

【重点国企改革】 2018年，长寿区推进政府融资平台公司分类改革转型为公益类和商业类国有企业。长寿移民生态工业园区开发建设有限公司和城乡统筹公司2家企业，已通过剥离其政府融资职能的方式转型为公益类国有企业，主要承接政府委托实施的基础设施、公用事业、土地开发等公益性项目建设；保留的13家商业类企业正在按照市场化要求逐步实行商业化运作。开展区管重点国有企业股权划转，在公司股权结构上已实现区管重点国有企业的整合，完成乐至公司、商贸物流公司、开投集团和交基司等7家企业的股权划转调整工作。推进商业类企业市场化转型，明确相关商业类企业的主业和经营范围，各商业类企业已完成章程修改和经营范围调整工作。加大对区管重点国有企业的支持力度，将原区国资金融办管理的商业门面管理权和收益权移交开投集团、盈地公司和城乡统筹公司，增加企业的现金流和收益；将电影公司改制后的移交资产转让给开投集团，增加公司资产规模；支持开投集团与28家行政事业单位协议办公用房租赁。

【非平台类国企改革】 2018年，长寿区出台《区级党政机关和事业单位所属企业集中统一监管实施方案》，将21家非平台类区属国有企业全部纳入改革。年内完成各企业调查摸底和清产核资工作，与企业主管部门对接研究制订下属企业改革工作方案。

【重点国企管理】 2018年，长寿区加强党对国有企业的领导，区管重点国有企业将党建工作总体要求纳入企业章程，明确国有企业党组织在法人治理机构中的法定地位；企业党组织负责人和企业负责人通过法定程序，顺利实现双向进入、交叉任职。健全公司法人治理结构，健全区管重点国有企业的董事会、监事会等机构，发挥董事会的决策作用、监事会的监督作用和经理层的经营管理作用，公司“三会一层”（支委会、董事会、监事会，经理层）法人治理结构逐步完善。正式出台《重庆市长寿区区属国有企业管理暂行办法》《关于加强区属国有企业负责人履职待遇、业务支出管理的通知》《重庆市长寿区区属国有企业投资监督管理办法》等制度，规范区属国有企业管理、负责人履职、考核、投资行为和国有资本经营收益等行为；各区管重点国有企业也参照修改完善企业内部管理制度。建立与社会主义市场经济相适应的企业薪酬分配制度，区国资金融办会同区人社局出台《重庆市长寿区区管重点国有企业负责人绩效考核和薪酬管理暂行办法》，对企业负责人实行与选任方式相匹配、与企业功能性质相适应、与经营业绩相挂钩的差异化薪酬分配办法；联合区人社局下达2018年区管重点国有企业职工工资总额，促使企业工资增长与经济效益增长保持合理联系，推动形成合理有序的收入分配格局。

【国有资产管理】 2018年，长寿区开展向区人大常委会报告国有资产工作，会同相关部门编写2017年国有资产“1+4”报告［1个国有资产综合报告，企业国有资产（不含金融企业）专项报告、金融企业国有资产专项报告、行政事业性国有资产专项报告和国有自然资源专项报告4个专项报告］，以书面方式报送区人大常委会。探索国资管理信息化建设，到江北区国资委学习国资“大平台”管理运行，拟从财务监管、资产监管、风险控制，到监管报告的生成和信息披露、监管档案的管理等多数环节和内容都有集成化的计算机信息系统进行辅助，提高监管的效率和准确性。

【金融风险防控】 2018年，长寿区加强风险源头管控，防范处置重点领域金融风险，打击违法违规金融活动和整治金融乱象，提升风险应急处置能力，促进形成金融和实体经济、金融和房地产，以及金融体系内部的良性循环，防范打击非法金融活动取得实效。增量风险遏制，运用行政手段防控苗头性风险取得显著成效，非法集资新发案件得到有效遏制，互联网金融领域风险实现零发生。运用刑事手段化解存量风险，2018年化解非法集资积案3件，化解率30%，案件存量减少；中瀚、秀沧等大案要案处置化解取得突破，均已进入审判阶段，重大案件风险矛盾得到缓解。多举措化解非法金融活动问题可能引发的信访风险，重要节日、敏感时间节点，全区无非法集资群体或个人到区、到市、进京上访、非访。长寿区率先建立并有效运用非法集资举报奖励制度、多部门联动综合执法机制及非法集资数据库等多项创新做法，得到国务院处非联办及市打非办肯定，并形成经验材料向全国、全市转发推广，防范和处置非法集资工作考核连续4年排名全市第一；全区非法集资、互联网金融等重点金融领域风险总体可控，守住不发生系统性、区域性金融风险的底线，金融生态环境持续向好。

（陈　航）

国土资源管理

【概况】 2018年，重庆市长寿区国土资源和房屋管理局（简称区国土房管局）下设10个局属事业单位，11个基层管理所；10个局属事业单位编制195人，实有148人，退休145人；11个基层管理所编制54名，实有49，退休1人。内设10个机构（科室），即办公室（组织人事科、信访科）、财务资产科、法规监察科、规划用地科（耕地保护科）、房地产权籍科（重庆市长寿区不动产登记局）、土地利用科（房地产市场管理科）、地质矿产科、物业管理科（住用安全科）、住房保障科、土地房屋征收科。区国土房管局机关核定行政编制24人，实有23人；工勤编制1人，实有1人，退休32人。

【耕地保护】 2018年，长寿区耕地保护水平不断提升。层层签订耕地保护目标责任书，将国土及耕地保护工作纳入对各街镇的经济社会实绩考核，落实耕地保护责任，对永久基本农田实施特殊保护；严格执行“占一补一、占优补优、占水田补水田”的占补平衡政策规定。开展建设占用耕地耕作层剥离再利用试点工作，建立健全耕地占补平衡系统和耕地质量等别调查评价及监测常态化工作机制，完成耕地质量等级年度更新评价。全年实现补充耕地164.3公顷，完成市政府下达的耕地目标任务。

【土地供应】 2018年长寿区要素保障能力提高。完成全区土地利用总体规划调整完善工作，新增城镇建设用地空间6平方千米。全年办理建设项目用地预审11宗，面积73公顷；获批新增建设用地计划22宗，面积241公顷；获批农用地转用和土地征收项目25宗，面积385公顷，保障中科未来城、长寿湖恒大项目、经开大道等一批重大产业项目、基础设施项目和民生项目用地。全区国土资源管理工作获国务院督查激励通报，获奖建设用地指标 66.67 公顷。

严格规范国有建设用地供应审批管理，合理把控土地出让结构、区域、时序，灵活供应工业用地，加强土地供后动态巡查监管，持续提升土地节约集约利用水平。落实建设用地“增存挂钩”机制，完成批而未供土地处置 240 公顷。全年供应国有建设用地 129 宗，面积 1067.63 公顷，实现土地合同价金 44.16 亿元；催收到位土地出让价款 8 宗，实现收入 4.08 亿元；办理国有土地储备 6 宗，面积 36.54 公顷；办理房地产超容积率补缴出让金 13 宗，实现收入 1831.24 万元；办理土地划拨转出让补缴出让金 18 宗，实现收入 7526 万元；全年实现土地财政入库收入 56 亿元，完成土地出让任务。

【土地整治】 2018 年，长寿区农村土地综合治理见实见效。按照“立项一批、实施一批、验收一批”的工作思路，推进“山、水、田、村、湖”农村土地综合整治与现代农业园区建设相结合，与规模化特色农业发展相结合，与发展乡村旅游相结合，全年实施土地整治项目 20 个，实施规模 4055 公顷，总投资 9900 万元；全年建成高标准基本农田 1060 公顷；实施农村建设用地复垦项目 14 个，实施规模 24.33 公顷，总投资 6862 万元。

【基础管理】 2018 年，长寿区权属和信息化管理水平在巩固中提高。作为不动产统一登记工作全国 15 个示范点之一，在全市率先建成城乡一体化不动产统一登记体系。打破部门壁垒，整合业务，实现从“按部门设窗”到“一窗受理”的优化升级。全年受理不动产登记 74452 件，办结 74191 件，办结率 99.6%；解决长寿狮湖锦苑、长寿佳园等信访积案及遗留案件 200 余件，“两证”遗留件 4200 余件。启动第三次全国国土调查。完成国土资源“一张图”一期工程建设，启动二期工程建设。完成测绘历史数据的清理及建库工作，信息化管理水平走在全市前列。

提升勘测规划技术水平，完成测绘历史数据的清理及建库工作和测绘成果从西安 80 坐标系向国家 2000 坐标系的切换工作。全年测绘各类土地勘测 2577 宗，面积 1646 公顷；办理各类房屋勘测 1689 幢，面积 332 万平方米，配制不动产房产分户图 67088 幅，建楼盘表 621 幢；完成村规划编制、土地规划和调查类项目 30 个。

深化“放管服”改革工作，坚持“让数据多跑路，让群众少跑腿”的工作思路，深化完善行政许可标准化工作；落实重大投资项目“一卡通”制度和行政审批首席代表制，推进工程建设项目审批改革，构建科学、便捷、高效的工程建设项目审批和管理体系。按照“马上办”“网上办”“就近办”“一次办”改革要求，加快推进审批服务便民化工作任务。全年网上受理各类行政审批事项 700 余件、受理公租房申请 1575 件；为群众办理档案查询并出具证明 62000 余份，服务群众的效率和质量明显提升。

【地灾防治】 2018 年，长寿区夯实地质灾害防治体系，落实地质灾害防治共同责任机制，夯实“四重”网格化监测预警管理格局。落实巡查排查、专家驻守、应急值班、灾情会商、信息报送以及应急处置等制度，健全地质灾害防治管理体系。全年实施地质灾害治理项目 5 个，已完工 5 个，完成投资 971.7 万元。2018 年下达小微地质灾害投资计划 11 个、220.2 万元；全年实施“金土工程”搬迁避让项目 2 个，撤离受威胁群众 17 户 50 人；完成地质灾害隐患点销号 18 个，全区地灾隐患点由 2017 年的 273 处，减少到 255 处。

【矿产管理】 2018 年，长寿区矿产资源管理规范有序。贯彻执行中央、市环保督察反馈问题整改任务要求，牵头开展明月山禁建区范围内 29 家非煤矿山关闭退出工作，完成第一批 12 家非煤矿山关闭退出整改销号验收。完成 8 个历史遗留及关闭矿山土地复垦 10.67 公顷，启动 18 个关闭煤矿地质环境恢复治理工作；加大绿色矿山建设力度，加快矿山升级改造，不断美化矿区生态环境。按规定退还矿山地质环境治理恢复保证金，督促矿山企业建立矿山地质环境治理恢复基金账户，完成重点自然资源资产管理及生态环境保护专项审计调查问题整改工作。

【国土执法】 2018 年，长寿区履行国土资源执法监察职责。开展 2017 年度土地矿产卫片执法工作，及时整改违法图斑，顺利通过市级验收。全年下达各类执法文书 356 件，收缴罚没款 15.4 万元，拆除违建物 6 宗 4910 平方米；受理信息公开申请 49 件；办理行政处罚 65 件，申请人民法院强制执行 20 件，移交街镇强制消除 16 件；收集涉黑涉恶线索 48 件，移送公安机关立案 2 件，有效地维护法律的权威，维护国土资源和房屋管理秩序。

（黄　巧）

土地储备管理

【概况】　2016年7月，长寿区编委《关于调整我区土地储备机构的通知》，整合原重庆市长寿区土地储备中心和长寿经济技术开发区土地储备中心，设立重庆市长寿区土地储备中心（简称区土储中心），为区国土房管局管理的公益一类事业单位，机构规格为正处级，经费形式为财政全额拨款，主要负责全区范围土地储备任务，负责土地储备资金的筹集和监督管理。主要职责有5项。2017年5月，长寿区编委《关于收回区土地储备中心人员编制的通知》，将区土储中心编制数核减为16人（其中主任1名、副主任3名），内设机构领导职数8名。内设机构为办公室、财务科、土地储备科、工程管理科4个科（室）。2018年年底，实有编制人数14人（其中主任1名、副主任1名，科级及以下人员12人）。

2018年，区土储中心履行职责，发挥土储职能促全区经济建设作用。完成储备土地20宗，面积90.82公顷；为保障全区5个重大项目建设提供储备土地11宗，面积74.52公顷。

【土地储备】　2018年，区土储中心科学编报2018年长寿区土地储备计划，计划储备土地126.01公顷。开展土地储备工作，全年储备土地20宗，面积90.82公顷；拟储备商贸物流中心专业市场园区已征土地127.93公顷，解决商贸物流公司征地资金紧缺困难；成功收购储备攀钢集团重庆钛业有限公司位于重庆化工园区E01—01号地块闲置土地22.85公顷。

【土地储备资金管理】　2018年，区土储中心完成土储资金审计整改工作，按期收回违规土储借款6.52亿元，在规定时限内完成土储资金审计整改。开展土储专项债券发行前期工作（拟储备商贸物流园区土地47.4公顷，对缺口资金发行土地储备专项债券3亿元，支付商贸物流公司征地费1.8亿元，后因市财政局和区政府债务管理要求，暂取消专项债发行）；申报2019年拟申报发行土储专项债券项目，该项目对应的拟储备土地面积105.19公顷，总投资11.2亿元。完善内控制度，对内部控制建设情况进行自查，对自查中发现的问题进行整改、对内控制度进行补充和完善，及时上报内部控制报告。

【党建工作】　2018年，区土储中心落实党风廉政建设主体责任，利用专题会议、关键时间节点、工作群等，加强常态化廉政教育；因人事变动，及时调整中心党风廉政建设和反腐败斗争领导小组成员。加强党风廉政建设学习和警示教育，组织党员干部学习廉洁自律相关规定、到区人民法院旁听庭审接受实地警示教育、传阅《党风廉政》等专业刊物等。主动接受派驻纪检组监督，中心党组会议、涉及重大资金、人事、采购等事项的研究决定，主动邀请派驻纪检组参会，接受纪检监督。强化工作措施，坚决反对“四风”，按照区纪委文件精神，一一对应，认真自查自纠，发现问题立即整改。

将党建工作抓在手上，定期召开党组会议研究党建工作；坚持“三会一课”制度，组织开展党员学习，全年组织学习15次，党组成员上党课3次，专题讨论3次。以党建带群团，有计划地多形式开展活动。深入开展“党员进社区”、城乡基层党组织结对共建和后进基层党组织帮扶等工作，支持石堰镇金星村办公经费5200元，帮助改善办公条件。

（韩　林）

土地房屋征收安置

【概况】　2018年，重庆市长寿区土地房屋征收安置办公室（简称区征收办）围绕全区重大建设项目目标任务，依法推进土地房屋征收安置工作。实施征收项目24个，拆除农房1494户，拆除房屋面积16.4万平方米，安置人员5159人。及时足额兑付各类安置补偿资金119423万元，配合指导街镇对补偿资金的监管，确保被征收群众合法利益不受损害。接受区审计局对2017年预算执行和财政收支的审计，对审计中发现的问题进行整改。清理2013年前由银行代发的房屋补偿款、人员安置补偿款领款单回收工作，年底前已追回补偿领款单原件40份，金额为7788万元。兑付各街镇征地农转非人员五大帮扶工作资金8113万元。2018年，区征收办信息化系统不断完善，最终建成长寿区土地房屋征收安置补偿系统，投入使用，开创重庆市征地补偿安置系统使用的先河。

【重大项目征迁】 2018年，长寿区总投资62亿元的智慧物流中心、农产品交易中心、汽贸城三大专业市场群及配套用地由区领导督办，区征收办领导班子带领干部职工攻坚克难，与相关单位密切配合，完成126.67公顷土地的征收，完成900余户农房的拆迁安置；确保项目用地需求，三大专业市场群的建设已初具规模。

征迁保障交通畅通工程高效完成，拆除新市街道北城大道连接道90余户农房，安置人员60余人，提升北城大道通畅能力；横三路、纵次路一线北延伸段项目，解决“断头路”“梗阻路”问题，推动区内干线的全面升级。

征迁促进旅游项目稳步推进。长寿湖恒大一期二期项目，征收土地73.33公顷，拆迁农房320余户；该项目时间紧、任务急且情况复杂、困难重重，区征收办干部职工深入一线调查摸底，摸索研究，创新思维开展工作，取得显著成效；启动长寿湖景区至高铁站专用道路改建项目土地房屋征收工作，保障旅游交通方便快捷、畅通无阻。

征迁保障科技工业集群建设初具规模。科技工业集群土地房屋征收拆迁重点在八颗汽车配套项目、新市中科未来城等项目，已高效拆除1700余户农房，300公顷土地交付建设；其中承载着科技创新、产城融合、绿色生态、开放共享、智慧活力等诸多愿景的中科未来城项目，领导带头到田间地头，带领干部职工不辞辛劳，不厌其烦广泛开展群众工作，为更多的科技工业项目落户长寿区创造良好条件。

【信访维稳】 2018年，区征收办秉承“稳定压倒一切”的工作理念，坚持信访稳定工作“一岗双责”，明确领导、落实责任，2018年协调组织办理区国土房管局信访系统193件、区征收办信访信息系统信访件21件；区交办件12件、电子信箱件信访件58件、群众工作系统信访件1件；领导接访下访信访件19件、自录信访件18件；信息公开92件，主要涉及征地拆迁的政策咨询、社保办理、征地时间等方面；及时上报维稳信息5期，配合制订《深入开展全区征地补偿安置领域专项整治工作实施方案》《两会期间信访维稳工作方案》《巡视期间信访维稳工作方案》等。2018年，区征收办接待来访群众367人（次），其中在特殊敏感时期，公开接访经开区生态屏障上访群体、渡舟路改扩建上访群体、污水处理厂上访群体、新市街道任某某等上访群体、渝万铁路征迁上访群体45次263人；及时协调解决征地拆迁中的矛盾纠纷，全年协调街镇配合开展稳控工作，进行工作对接65次、召开专题会25次、劝返重点人员58人（次）。确保长寿区征收补偿安置领域的社会稳定，没有因工作失误发生一起闹访、缠访和突发事件。

【依法征迁】 2018年，区征收办依法实施土地房屋征收工作，全年办理司法程序84户，其中集体土地征收75户，国有土地上9户；依法申请人民法院强制执行渝长高速复线建设项目被拆迁人白某某，保障重点建设项目的平稳推进。依法办理行政应诉案件414件，其中一审案件36件、二审案件189件、再审案件189件。依法及时办理信息公开案件92件，保障被征收人的知情权。

区征收办成立主要领导负总责的扫黑除恶专项斗争工作领导小组；制作扫黑除恶各类宣传标语9条，悬挂横幅1条，发放扫黑除恶倡议书500余份，有奖通告1000余份，设立举报箱及举报电话；摸排报送严重扰乱征收补偿安置领域线索4条；配合调查，对区信访办、区扫黑办等单位移交疑似涉黑涉恶线索进行配合，逐一调查核实，做到“有黑扫黑、无黑除恶、无恶治乱”。

【党建工作】 2018年，区征收办主动履行党建工作主体责任，加强警示教育。党组主要负责人召集研究部署党风廉政建设工作14次，传达上级工作部署17次，约谈党员干部25人（次），开展廉政教育104人（次），开展警示教育活动6次。

年初，党组即召开2018年党风廉政建设专题研究工作会，研究部署全年党风廉政建设具体工作计划，制定下发文件予以贯彻执行；领导切实履行党风廉政建设主体责任，严明纪律，健全制度。配合区纪委监察委针对征地补偿安置领域4个重点方面开展专项整治行动，制定方案，落实措施，清理发现一批涉嫌违法违纪线索，按照区纪委监察委要求进行报送及整改，规范全区征地补偿安置秩序。区征收办党组对公务用车、办公用房、形式主义、官僚主义作风进行自查自纠，对“涉油”事项、名优特产经营进行如实清理报送。持续到基层开展精准扶贫工作，接受督查检查；集中走访精准服务民营企业，助力企业经济发展。

【挑战和机遇】 2018年，长寿区土地房屋征收补偿安置工作的挑战与机遇并存。面对的挑战是：群众法律意识日渐增强，行政诉讼、行政复议、民事诉讼、信息公开等案件不断增加，强化干部职工法治意识刻不容缓；渡舟路改扩建、经开区生态防护屏障建设项目遗留问题等信访形势较为严峻，到区、市信访时有发生，容易引发更尖锐的社会矛盾；随着信息网络化的不断升级，信访形式呈现出网络化、抱团群体化等多种方式，集访、群访及网络炒作极易发生；随着经济发展，补偿内容多样化，征地补偿政策已逐渐暴露出滞后性，补偿涵盖范围不全等问题，成为阻碍当前征地补偿工作推进的重要因素之一；由于时间跨度长、政策标准调整、极少数人漫天要价妄图一夜暴富等原因，不少项目都存在“钉子户”，最终成为遗留问题未能得到妥善处置，成为项目用地中的毒瘤。机遇是：全面依法治国的深入推进，保证征收补偿安置工作依法推进，保障群众合法权益，群众运用法制思维进行合法维权，将征地补偿工作规范到法治轨道上来；随着扫黑除恶专项斗争工作向纵深推进，凡是征地补偿领域的涉黑涉恶势力必将受到严厉打击，征地补偿秩序将依法得到维护；纪委监察委持续强力监督执纪，征地补偿领域中的任何违规违纪行为必将被查处，对基层干部损公肥私、虚报骗取、贪污受贿、私分截留等行为将是惩处重点，营造风清气正的征地补偿氛围。 （简　勇）

【土地房屋征收】 2018年，长寿区执行征地拆迁“两公告一公示”制度和信息公开制度，区政府出台《关于进一步明确土地房屋征收职责提高依法征收能力的通知》，形成“既各司其职、依法履职，又分工合作、齐抓共管”的工作机制。全年发布14个项目土地征收公告和补偿安置方案公告，承办土地房屋征收信息公开45件，参与土地房屋征收行政诉讼应诉160件、行政复议7件。

（黄　巧）

公共资源交易管理

【概况】 重庆市长寿区公共资源交易中心（简称公共交易中心）成立于2011年6月28日，原隶属长寿区发改委的副处级全额拨款事业单位，2013年6月调整为区人民政府办公室管理，2013年8月被市人力社保局批准列为参照公务员法管理的副处级事业单位。公共交易中心2018年有人员编制18名，实际在岗15名；设主任1名、副主任2名；有内设机构6个，分别是综合科、监察科、政府采购中心、政府采购服务科、工程交易服务科、产权交易科。

2018年，公共交易中心完成政府采购262宗，成交金额3.61亿元，节约资金0.69亿元，节资率16.03%；工程建设招投标609宗，成交金额40.71亿元，节约资金4.67亿元，节资率10.29%；国有建设用地使用权出让62宗，成交总价17.16亿元，溢价0.29亿元。全年增收节资5.65亿元。

【基础建设】 2018年，公共交易中心推进平台信息化建设，搭建网络环境，采购电子设备，制作具体的电子招投标流程，培训代理公司，统一办理CA数字证书，在全市率先达到试标条件；开发微信和支付宝收取政府采购项目工本费接口，方便投标人缴纳工本费；将招投标项目的开评标实时监控信息进行刻录，永久保存，让公共资源交易永远在监督和监控下开展；加强区公共资源交易网信息安全建设，及时修复网站漏洞13个，交易网站通过三级等保测评。提升窗口化功能，开展“公众开放日活动”，面向全社会邀请8家建筑企业和供应商代表参观公共资源交易全流程，现场答疑解惑近30个问题，保证长寿区公共资源交易活动的公开透明；印制服务指南1000份，方便广大群众取阅和参考服务流程办事；在每个办公室门口增设服务事项功能牌，明确主任、副主任和各科室的职能职责和联系方式，方便交易各方办事；建立长寿区招标代理QQ群，实现网上预约办件和预约开标时间，即时解答疑问，发布交易中心最新信息等，有效提升办事效率。推进廉政风险点防控，把握重点岗位、重点领域、重点环节，研究制定《“三重一大”议事决策制度》《廉洁自律“十不准”》《财务管理制度》《公共资源交易保密制度》《交易档案管理办法》《公务用车及驾驶员管理办法》《请假报备制度》《干部职工行为规范》等11个制度，不断规范干部职工行为；新增2家银行接入保证金管理系统，防范银行渠道的交易信息泄露；狠抓扫黑除恶专项斗争工作，在投标人和评标专家中进行常态化摸排，设立举报信箱，建立线索摸排台账，不定期进行现场走访摸排，定期向投标人发送宣传短信3617条，依法严厉打击串通投标、恶意竞标等行为，构建公开、公平、公正和廉洁、规范、高效的交易平台。（黄游宇）

工商行政管理

【概况】 2018年，重庆市工商行政管理局长寿区分局（简称区工商分局）有班子成员6人（正处级1人、副处级5人），其中党组书记、局长1人，党组成员、副局长4人，党组成员、纪检组长1人；设置内设机构12个、直属机构1个、派出机构11个。截至年底，全分局有人员204人，在职干部职工110人（其中公务员97人、机关工勤8人、事业编制5人）；退休职工94人。

2018年，区工商分局各项部署有序推进，商事制度改革向纵深推进，市场准入环境、市场竞争环境和市场消费环境持续向好，市场监管现代化水平不断提升。在规范市场经济秩序，维护人民群众切身利益，强化社会信用建设，打击传销会销，微企提质增效，商标富农等方面成果丰硕和亮点突出，工商工作社会知晓度和影响力逐年提升。2018年，《中国工商报》就区工商分局相关工作报道16条次，刊发9次头版图片新闻。

【商事制度改革】 2018年，长寿区新增市场主体6856户，新发展率12%，全区市场主体总量59351户，较2017年底增长3.90%。持续优化营商环境，降低市场准入门槛，严格实行注册资本认缴登记制度、“先照后证”登记制度、放宽住所（经营场所）登记条件、市场主体简易注销改革、“多证合一”改革、企业登记全程电子化、并行发放电子营业执照、企业名称登记制度改革；深化“政银合作”力度，与中国建设银行长寿支行、重庆农商行长寿支行签署协议，实施战略合作，推进“四办服务”，主动服务区域经济发展。对区政府招商引资等重大项目实行提前介入、预约服务、延时服务、专人辅导等举措，提供一对一“保姆式服务”，获得企业好评。

【事中事后监管】 2018年，区工商分局落实“六大监管理念”，以“双随机、一公开”为基本手段、以重点监管为补充、以信用监管为基础的新型监管机制，推进“智慧市场监管”，提升市场监管效能。日常监管方式不断完善，健全年报公示工作长效机制，会同安监部门开展跨部门抽查实现“进一次门、查多项事”。全年开展“双随机一公开”抽检4次，涉及9个类别、38条检查事项，检查各类市场主体2832户，完成率100%。内资企业年报率92.38%，外资企业年报率98.85%。受理审核企业异常名录移出117户，个体恢复正常记载状态1716户，对106户失联主体依法纳入信用约束监管。新增市场主体开业回访率98.73%。开展各类专项整治，检查各类市场主体8194户，发出行政指导514份，责令改正63份，抄送相关部门47件。

加强失信行为惩戒，人工归集部门信息10645条，提供信用报告查询500余户次，指导并督促当地企业修改不公平格式条款95条，备案格式合同23份，督促修改不公平条款95条；办理动产抵押登记61件，担保债权数额50.47亿元。开展“守合同重信用”企业公示活动，评定“守合同重信用”企业市级42户、区级4户。

推进重点领域整治，严格网络主体监管，加大网络可信交易环境建设，开展网络市场监管专项行动，确保行政指导联络点覆盖率100%，电子标识贴置率超过75%。针对网络侵权假冒、虚假宣传等违法行为发出行政责令改正7户（次），办结涉网案件7件。监测互联网广告506条（次），发现违法广告线索5件，立案查处1条，责令改正4条；电视媒体、报刊媒体广告检测1360余条（次），媒体广告违法率控制在1%以下。

强化违法行为查处，立案调查案件43件（其中会销违法行为案1件），作出行政处罚22件，罚没入库293.21万元。开展“双打”工作，查办“双打”案件21件。持续开展打击传规范直销查处会销工作，牵头成立区打击传销办公室，加大宣传力度，制订工作方案，实行集中办公，开展专项行动48次，捣毁传销窝点136个，行政告诫房屋业主46人，查获并遣返参与传销人员213人（次），解救被骗群众183人，工作成效获得区委主要领导肯定性批示3次；12月，联合垫江县工商局跨区开展打击传销联合执法行动，对涉传销银行账户首次使用暂停结算权限。以区工商分局为执法中坚力量的区打击非法金融工作受到区委、区政府肯定，区工商分局主要领导在银保监会打击非法金融活动局到长寿调研座谈会上作经验交流发言，得到肯定性表态。

全面核查涉黑涉恶违法线索，重点打击欺行霸市、强买强卖等行为。制定“区工商分局扫黑除恶问题线索摸排表”，召开线索分析研判会，对收集的线索逐一分析研判；出动执法人员328人（次），检查相关经济户1082户，排查研判涉黑涉恶线索125条，移送公安机关涉黑涉恶线索2条。

开展“四大专项行动”，围绕确保不发生区域性、系统性安全稳定问题工作目标，区工商分局强化“党政同责、一岗双责”，印发专项工作方案，梳理出15条工作细则，落实安全风险排查周报告制度；开展校园周边环境及秩序、汽（柴）油的抽样检测、非煤矿山退出市场、“涉油”违法行为专项整治等工作，加强校园及周边、危化品生产经营及非煤矿山开采市场日常监管。

【消费维权】 2018年，区工商分局红盾消费维权持续深化。集中清查“3·15”晚会曝光的“山寨”饮料、伪劣旅游商品欺诈、有奖销售等问题，集中行政约谈大型商场、超市20余家；开展商品质量抽检141组，检出不合格2组，依法查处。开展“放心消费”示范单位创建活动，出台工作方案，召开工作推进会及行政约谈会，评选示范单位29家，其中市级示范单位1家。受理“12315”平台投诉举报447件，消委会受理投诉477件，处理率均为100%；全年挽回经济损失518.46万元，其中重大、典型案件12件。做好“消费投诉举报分析”“消费警示”发布、消费投诉公示，及时提醒消费者和经营者。

【商标品牌发展】 2018年，区工商分局新增注册商标1789件，新申请注册商标2167件，新申请量和注册量均创历史新高，全区有效注册商标为6994件，发放商标奖励资金212.68万元。全年开展商标行政指导270余次，推动企业利用商标国际注册实施“走出去”战略，指导“长寿沙田柚”“醉巴适”商标开展马德里商标国际注册；加强地标培育工作，指导“长寿薄脆”申报地理标志商标，开展“长寿春橘”“长寿血脐”（橙）地标资料收集整理工作。以长寿区特色农产品沙田柚为切入试点，创新开展农产品转化为商品、上行网络销售的标准化建设探索工作。

【法治工商建设】 2018年，区工商分局夯实法制工商建设基础。严格公正文明执法，制定区工商分局法治工商建设评价评分标准，细化工作职责，规范法治工商建设评价工作。依法公开执法机构、执法人员、职责权限、执法程序、监督举报部门和投诉举报电话。全年组织工商法律法规大型宣传3次，发放宣传资料50000余份，培训干部职工720人（次）。全年开展行政指导1187件（次），行政调解166件（次）。严格执法程序，牵头承办案审会10次，会审重大复杂案件25件。开展行政处罚案件同级核审工作，提出核审意见130条。

【党建和队伍建设】 2018年，区工商分局严守党的政治纪律和规矩。召开党组会19次、局长办公会12次，全年开展党组中心组理论（扩大）学习活动20次，处理网络舆情11条，遏制有害言论和虚假信息的传播与扩散；大兴调研之风、加强作风建设，印发《关于深入开展兴调研转作风促落实行动的通知》，明确28个调研课题（含6个重点课题），工作有序开展。

制定长寿区工商分局全面从严治党考核细则，将全面从严治党纳入分局效能考核；推行主题党日“3+X”模式，自主开展扶贫攻坚、志愿服务、结对共建、在职党员进社区报到等特色活动；实地调研结对共建村云集镇大同村3次，慰问困难党员16人（次）、困难群众14人（次），向村（社区）提出合理化建议5条。

非公党组织运行规范化。持续开展“三走”、党员“三亮”，推进“双帮双培双带”；党员“三亮”228户，走访调研22次，开展特色党课95堂，组织中共十九大专题培训14期，指导9个支部换届。深化联系走访制度，上报市局精品党课1期，打造市级示范点1个，《中国工商报》图片报道“三亮”工作1次。全年新发展党员3名，预备党员转正4名。

推进正风反腐，组织全体干部职工赴重庆市凤城监狱开展警示教育，召开全面从严治党暨党风廉政建设工作会，签订责任书29份。组织到各工商所专题调研全面从严治党末端治理情况。开展日常纪律作风监督检查30余次，节日期间检查7次，印发通报6期。受理上级纪检组织转办件2件，办结2件；廉政提醒谈话3人（次）。针对办理的问题线索，建立外出培训人员行前提醒谈话制度。

锻造高素质干部人才队伍，年内调整一般干部

8名、中层干部4名，提拔科级领导干部11人，完成9名职工享受职务职级并行申报工作。召开科所主要负责人主体责任落实情况述责述廉工作会。对2017—2018年新进的干部档案进行审核、完善和整改。

【基层基础建设】 2018年，区工商分局开展系统内部安全稳定自查自纠，落实技防人防措施，开展消防设施、车辆安全、职工食堂、办公场所等自查自纠工作。推进闲置资产处置后的产权变更工作，已完成原渡舟工商所办公楼的产权变更，邻封工商所和老城邓家巷2处旧办公楼房产产权过户有序推进。（邹若思）

安全生产监督管理

【概况】 2018年，长寿区发生各类生产安全亡人事故20起，死亡21人（含道路交通事故8起、9人），占市下达指标32人的65.6%，事故起数和死亡人数较2017年分别下降25.9%和30%（2017年事故27起，死亡30人）。生产安全事故起数和死亡人数实现“十一连降”，区政府连续11年获评市政府安全目标考核先进单位，水上交通、非煤矿山、烟花爆竹、特种设备、消防、农机渔船等重点行业领域实现“零死亡”，安全生产形势总体平稳可控。

【隐患整治】 2018年，长寿区各行业领域持续推进安全生产大排查大整治大执法专项行动，全年排查生产经营单位16671个，排查出隐患19341项，整改完成18955项，整改率98%；对生产经营单位违法违规行为实施行政处罚3584余万元（含交巡警罚款2669余万元），刑事拘留4人，行政拘留98人。

【机制完善】 2018年，长寿区委、区政府夯实政府监管责任，分别按“两会”、春节、“五一”、汛期高温、中秋国庆等特殊敏感时段开展安全生产集中大检查，区委、区政府（经开区）主要领导和各分管区领导分别带队检查安全生产工作；全区19个街镇、各部门严格落实“党政同责、一岗双责”制度，做到“五有”（即年初有文件、有指标和责任书、有工作行动记录、有考核办法、有奖惩并逗硬），及时兑现全区安全生产目标考核奖励，基层安监干部干事创业积极性得到提升；区安办坚持每季度组织区级五部门（区监委、区委督查室、区政府督查室、区综治办、区安监局）和部分街镇安监干部、市级安全专家对全区各街镇及行业主管部门进行督查检查，及时通报督查情况，通过督查倒推责任落实。

多措并举，强化企业安全生产主体责任。强化企业主要负责人安全生产责任，保证安全责任、管理、投入、培训和应急救援“五到位”；督促落实定期召开安全专题会议，分析研判安全生产风险，督促落实“日周月”安全生产隐患排查制度，落实安全生产绩效工资，建立企业各级履职台账。建立完善企业全员安全生产责任清单，分析每个工作岗位存在的风险，制订岗位责任清单，强化全员责任制公示警示和教育培训。构建企业安全风险分级管控和隐患排查治理双重预防机制，对照隐患排查清单开展“日周月”隐患排查，重大隐患整改严格按照责任、措施、资金、时限、预案“五落实”，实现隐患闭环管理；强化安全技术管理体系，严格检查企业技术管理体系建设落实情况，在高危行业企业建立“总工程师制度”，明晰企业各级技术负责人的权力和责任，强化主要技术负责人的安全生产技术决策权和指挥权，明确要求在进行危险性较大的作业活动前，必须严格执行安全技术规程，编制方案，层层把关，确保安全。

提升安全生产管理水平，建立安全生产基层网格化管理制度，以社区（村）为基本单元划分网格，破解安全监管“最后一千米”难题；在矿山、危险化学品、烟花爆竹、交通运输、建筑施工、民用爆炸物品、金属冶炼、渔业生产等行业领域全面实施安全生产责任保险；加大安全生产执法培训力度，除按要求组织新训、复训外，适时邀请市级执法经验丰富的专家对全区各部门、街镇、有关单位一线安全监管执法人员开展执法培训。

【安全宣传教育】 2018年，长寿区安监局在《长寿日报》、长寿手机报、长寿电视台等区内主流媒体开设专版、专栏，公布举报电话，畅通社会监督渠道，宣传报道安全生产专项整治进展情况及曝光安全生产违法行为；开通安全生产微信公众号，受众人数3000余人，适时开展线上线下互动活动，全年推送安全信息50余期；探索户外广告宣传模式，24小时不间断在城内3个大型商业综合体户外LED大屏幕轮播安全教育宣传片；组织安全文化宣传车送安全知识到基层社区、场镇10余次，全年印制20余万份安全宣传教育资料，免费发放到各生产经营场所和居民；面向全区各街镇、部门、学校、企业等单位征集安全文艺创作节目，推送的《生命的嘱托》节目在全市第五届“安全伴我行”安全文艺创作比赛决赛中获一等奖。

【专项整治】 2018年，长寿区持续深化重点行业领域安全专项整治。道路交通行业深化“三化六体系”建设，加大道路交通安全整治力度，综合整治全区国省县道62千米，安设农村公路“生命工程”防护栏40余千米。常态抽查运输企业安全风险管理系统实施情况和车辆GPS动态情况。开展道路交通领域严重违法行为专项整治，8至12月开展分类专项行动10余次，查处各类交通违法2.8万余件，其中酒驾53件、醉驾9件、三超一疲劳5000余件、危化品运输违法173件；扣留驾驶证262件、吊销21件，扣留机动车191台，拘留21人。

建设施工专项整治完成2个“智慧工地”示范项目建设，强化城区建筑工地和重点项目的监管和起重机械专项检查，加大建设领域执法处罚力度。2018年检查1039次，下发隐患整改通知书219份、局部停工通知书19份，实施行政处罚215.06万元。

非煤矿山持续推进长寿区明月山区域非煤矿山关闭退出工作，年底前第一批12家已经关闭；铁腕执法，2018年对8家非煤矿山企业实施行政处罚21.9万元，明月山管制区域非煤矿山连续3年“零死亡”。

持续开展危化生产企业“安全大体检”，推进精细化工、爆炸性化学品生产装置自动化控制设施改造，在全市范围内率先探索包含危化车辆GPS、罐体清洗、应急处置等在内的危化品运输综合治理。2018年，查处各类违法违规行为为16起，罚款27.8万元。

消防专项整治重查严管高层建筑、城乡结合部、“三合一”“多合一”场所以及人员密集场所、电气火灾、群租房等人员密集场所及重点企业的消防安全。开展城市大型商业消防安全专项整治，严查消防安全设施配备情况和安全通道是否畅通等情况，全年检查生产经营单位7017家，督促整改火灾隐患12449处，处罚148家，临时查封116家，罚款59.59万元，拘留13人。

深化工贸行业企业有限空间作业和涉尘防爆、涉氨制冷专项治理，开展粉尘防爆、涉氨制冷、有限空间、油漆作业、城郊结合部等专项整治工作，规范作业程序和措施，对不符合作业要求从重从严处罚。2018年对各类工贸企业违法违规行为罚款118万余元。

持续开展粉尘危害和铅蓄电池生产企业尘毒危害等职业健康专项治理，开展工业企业职业病危害普查，开展粉尘危害和铅蓄电池生产企业尘毒危害专项治理，开展工业企业职业病危害普查，组织专项执法检查。职业病危害申报率97%以上，检测率60%以上，劳动者在岗职业健康检查率70%以上；立案9起，行政处罚18万余元。

水上交通、特种设备、民爆物品、水利、电力、旅游、中小学校等行业领域，在年内也先后开展专项整治。

【应急管理】 2018年，长寿区建成国家级西南危化应急救援中心（基地）；依托已有救援力量，加快推进三峡库区长寿片区水陆综合应急救援中心建设步伐，逐步构建从产业到居民日常生活、从陆地到江河湖泊全方位应急救援体系。在重大活动、特殊敏感时段期间，各街镇和行业主管部门坚持领导在岗带班，保证三分之二以上的值守人员参与现场安全执法检查，确保全区安全稳定。

（赵 俊）

表37 2018年度长寿区安全生产死亡事故统计

事故类型	起数（起）	死亡（人）	其中：较大以上事故	
			起数（起）	死亡（人）
总 计	20	21	—	—
煤 矿	—	—	—	—
非煤矿山	—	—	—	—
建筑施工	6	6	—	—
危化品	1	1	—	—
工矿商贸	1	1	—	—
冶金机械	2	2	—	—
火 灾	—	—	—	—
道路交通	8	9	—	—

续表 37

事故类型	起数（起）	死亡（人）	其中：较大以上事故	
			起数（起）	死亡（人）
水上交通	—	—	—	—
铁路运输	—	—	—	—
农业机械	—	—	—	—
渔业船舶	—	—	—	—
其　他	2	2	—	—

（重庆市长寿区安全生产监督管理局提供）

价格管理

【概况】　长寿区价格管理工作由区发改委负责，由成本调查科、价格收费科、物价检查所、价格认证中心4个科室承担以下主要职责：贯彻执行国家、市价格法律、法规和方针、政策；按照价格管理权限，制定政府定价和政府指导价；引导、协调已放开商品和服务价格；管理全区行政事业性收费，开展行政事业性收费年审工作；组织实施商品明码标价和收费公示制度；负责全区价格监测及价格信息发布；受理价格咨询、价格举报投诉，处理价格争议，协调解决价格、收费矛盾纠纷；负责全区价格监督检查工作，依法查处价格、收费违法行为；负责对价格认证机构的监督管理及本行政区域内刑事犯罪、行政处罚、行政诉讼、国家赔偿和法律援助案件的涉案物品的价格认证工作；组织开展价格成本监审、调查工作；组织、指导社会监督、舆论监督，指导行业组织的价格工作。

【价格监测】　2018年，区发改委完成全区居民消费价格常规采价工作，完成月度市场价格动态及居民消费价格动态分析，地产工业品出厂价格监测、药品价格监测、煤炭价格监测采集发布等工作，为重庆市价格主管部门及区政府提供翔实的数据。开展节假日期间市场价格监测，关注市场商品的供应、销售和商品价格波动情况，确保一旦发生价格异常波动等突发性事件，能及时处置。

【价格管理】　2018年，区发改委贯彻实施《重庆市定价目录》，完成对远恒佳公学学费、住宿费，洪湖文化艺术学校、长寿二中、实验中学、川维中学的住宿费核定工作。按照国家降低重点国有景区门票价格有关要求，会同区旅游局开展调研，完成对区内长寿湖景区门票价格降价工作。按照国家加强配气价格监管指导意见及理顺居民用气门站价格通知要求，配合做好配气价格成本监审，开展民用天然气价格调整调研及听证，完成全区民用天然气配气价格核定及民用天然气价格调整工作。完成重庆狮子滩供水有限公司自来水价格调整工作及非居民用天然气价格调整工作，合理疏导全区非居天然气价格。

【收费管理】　2018年，区发改委按照全市统一部署，公告发布《重庆市2017年行政事业性收费目录清单》《重庆市2017年涉企行政事业性收费目录清单》等，开展2017年度行政事业性收费清理自查，对各收费单位的年度情况报表进行汇总审查，完成2017年度行政事业性收费报告工作。及时转发全市取消、减免、降低、暂停行政事业性收费文件，会同相关部门分解落实规范行业协会商会收费管理目标任务，拟草全区《进一步规范行业协会商会收费管理的意见》。会同区教委开展全区部分幼儿园等级评定，加强教育收费监管核定，同各有关部门配合，抓好幼儿园保育教育费监管，做好幼儿园收费备案工作。协调价格收费矛盾纠纷，参与朵力8号和圣天湖东岸小区物管收费，凤城华府、民生佳苑、经开区凤西苑小区停车收费，农村天然气安装收费等矛盾纠纷协调。

【价格监督检查】　2018年，区发改委开展供水、供气领域价格重点检查工作。根据《国家发展改革委关于开展全国城市供水、供气、供暖、电信领域价格重点检查的通知》和《重庆市物价局关于印发〈重庆市供水、供气领域价格重点检查实施方案〉的通知》要求，2018年1月22日，区发改委发文《关于开展供水、供气领域价格重点检查的通知》，于1月25日组织区内8家供水、供气相关企业召开供水、供气领域价格提醒告诫会；2018年4月起，开始按照工作部署对区内的供水、供气企业进行检查。通过查看财务资料、合同等多种方式相结合，检查中发放提醒告诫函，对检查中发现的问题要求企业立即整改，规范自身价格行为。长寿区供水、供气领域价格秩序总体良好，各经营单位能够执行供水、供气领域价格相关文件精神；但检查过程中发现重庆市长寿区顺源天然气有限公司在长寿区洪湖镇、万顺镇执行的居民燃气供气价格是两个收费标准，就对该公司不执行政府定价的行为立案查处，2018 年 7 月 18 日对该公司作出没收违法所得 8343.9 元并处 8343.9 元罚款的行政处罚。

旅游市场价格行为专项检查。区发改委联合区旅游局发文《关于开展旅游市场价格行为专项检查工作的通知》。2018 年 4 月至 5 月，区发改委与区旅游局开展联动，对景区门票、停车场、娱乐设施、星级宾馆（饭店）、餐饮购物点等收费行为进行检查；对经营者进行提醒告诫，明确要求经营者加强价格自律，严格执行价格管理的相关规定。长寿区旅游市场价格秩序总体良好，各经营单位能够按照价格主管部门的规定要求明码标价；但仍存在收费公示不全或未在显著位置进行明码标价公示的行为。针对在检查中发现的问题，价格执法人员当场予以指出，并责令限期整改，后已整改完毕。

学前教育收费专项检查。2018 年，区发改委随机抽查区内 20 所幼儿园（其中公办 3 所、民办 17 所，城区 11 所、镇 9 所）进行学前教育收费专项检查，出动价格执法人员 70 人（次）。检查发现部分幼儿园未严格履行收费公示制度，部分幼儿园“两教一保”配备不足；部分幼儿园伙食费收取标准不一。针对检查发现的问题，执法人员责令立即整改；区发改委与区教委召开部门联席会，加强学前教育收费的价格管理，将制定学前教育收费公示的统一格式，督促各幼儿园严格履行收费公示制度，确保学前收费透明化，接受社会各界监督；拟在区政府同意的前提下，开展伙食费成本调查，与区教委协同配合，分别制定城区、街镇的伙食费收费标准，避免幼儿园从伙食费中牟利，维护幼儿、家长和园方的合法权益。

殡葬服务收费专项检查。2018 年 7 月 18 日，区发改委联合区工商分局、区民政局印发《关于开展殡葬服务收费专项检查的通知》。8 月起，区发改委联合区工商分局、区民政局按照“双随机一公开”的要求，对区内 4 家单位的殡葬服务收费行为进行检查，通过查看财务资料、购销合同等多种方式相结合，检查发现区殡仪馆的主要丧葬用品价格超过 50% 的进销差率的规定进行销售，已责令该单位立即整改。

清理规范转供电环节加价并组织开展重点检查。为落实 2018 年国务院《政府工作报告》降低一般工商业电价工作部署，7 月开始，开展长寿区转供电环节加价清理规范工作。7 月 24 日、8 月 24 日、10 月 25 日，区发改委 3 次组织全区电网及转供电企业召开清理规范电网及转供电环节收费价格行为提醒告诫会，传达国家发改委及市物价局相关文件精神，对电网及转供电环节收费价格行为进行提醒告诫，要求电网及转供电企业及时开展自查自纠工作，对多收取费用积极清退，针对用户做好对政策的解释宣传工作，做到双覆盖；利用网络建立清理规范转供电工作群，在群里共享相关法律法规政策文件，实时互动为电网及转供电企业答疑解惑。根据清理规范的情况，及时开展全区转供电环节电价重点检查，对区内 22 家较有影响的转供电企业进行督检，规范其转供电环节加价行为。截至 2018 年 12 月 24 日，经清理全区已有转供电企业 65 家，转供电用户 4501 户，全区转供电企业清退 2018 年 4 月降费后多收取的电费 254 万余元，组织电网企业清退 174 笔更名过户费、补卡费和 84 笔计 488 万余元临时接电费。

2018 年，区发改委对价格的监督检查工作按照市物价局、区委、区政府的部署和要求，开展涉及民生领域的价格专项检查 10 个，查处价格违法案件 19 件，行政罚没款 4.96 万元。全年受理价格举报、投诉、咨询件 175 件，对商品房销售明码标价、景区门票、停车收费等多个行业进行明码标价监制 63 件，相关行业的价格行为得以规范。推进公平竞争审查制度贯彻实施，清理现行排除限制竞争政策措施。清理规范电网和转供电环节电价，让一般工商业用户享受电费降价红利。

【价格认定】 2018 年，区发改委价格认证中心本着“服务司法、服务政府、服务系统和服务社会”的宗旨，创新开展价格认定工作。完成刑事案件涉案物品价格认定 160 件，标的金额 89.6 万元，为公安机关打击刑事犯罪提供依据。与地税部门共同创新开展存量房涉税价格认定工作，抑制虚假申报计税价格，以逃税避税、获取不正当利润等不当价格行为，保障国家财税收入应收尽收；开发优化运行存量房交易软件评估系统，及时更新系统数据，有效地减少征纳税双方的争议，杜绝交易中的“阴阳合同”，提高工作效率；2018 年完成二手房（住宅和非住宅）交易涉税价格认定 8396 件（其中：住宅 8094 件，非住宅 302 件），标的金额

293712万元；增加契税收入6015万元；完成有价格争议的存量房应税价格认定5件，标的金额1239.9万元。全年完成各类价格鉴证案件8563件，标的金额293804.46万元。

【成本监审及调查】 2018年，区发改委完成农业成本调查任务8项，其中直报调查任务2项，预测分析任务2项，专项调查任务3项，特色农产品成本调查任务1项。完成相关调查分析报告8篇，完成全区农资产品价格动态分析报告12篇，相关分析报告及时准确地反映长寿区农资产品价格及相关农产品成本收益变化情况，助推农民增收致富，为各级政府及相关部门决策提供前瞻性资料。2018年，长寿区是与主城区同步开展配气成本监审的2个试点区县之一，区发改委克服成本监审力量不足的困难，完成配气定价成本监审工作，得到市发改委肯定，为下一步科学制定燃气配气价格提供数据支撑和参考依据；开展2018年冬春非居民用天然气销售价格调整测算，为合理调整全区非居民用气销售价格提供翔实的成本依据。开展全区国家AAAA级旅游景区成本调查，重点对区内长寿湖西岸景区、狮子滩大坝、太极岛等国有景点进行成本调查，为降低景区价格提供参考依据。开展公益性行业成本测算（调查），先后开展重庆远恒佳公学成本测算和二类疫苗储存运输费测算，服务保障民生和价格改革。

【全区物价运行情况】 2018年，长寿区居民消费品市场总体平稳，整个居民消费品市场呈稳中向好态势，受非洲猪瘟的影响，区内猪肉市场价格有一定幅度上涨，总体波动不大，市场稳定。

粮食、食用油价格总体稳定。纳入监测的7宗粮食产品综合零售均价3.18元/500克，环比上涨7.1%；6宗食用油类产品综合零售均价78.09元/5升，环比上涨0.5%。

肉类价格上涨、鸡场鸡蛋价格呈回升趋势。猪肉、鸡蛋零售价格上涨；去骨后腿肉、精瘦肉、三线肉和纤排骨零售均价为12.67元/500克，环比上涨25.7%，和2017年同期持平；鸡场蛋每500克零售均价为5.71元，环比涨幅21.1%，同比涨幅0.7%。

水产品类价格稳中涨跌互现。监测的7宗鱼类零售均价18.6元/500克，环比涨幅1.5%；基围虾（活体）零售均价47.13元/500克，环比跌幅9%。

蔬菜、水果类价格上涨。蔬菜类零售价格呈现11升5跌5平。长寿区21宗蔬菜综合零售均价为3.28/500克，环比涨幅8.2%，同比涨幅7.3%。其中受当地蔬菜收尾的影响，涨幅较大的有：飘儿白零售均价3.50元/500克，环比上涨23.5%，同比下跌12.5%；黄瓜零售均价3.50元/500克，环比上涨40%，同比涨幅31.3%；西红柿零售均价3.33元/500克，环比上涨42.9%，同比涨幅11.1%。

农副产品收购价格呈回升趋势，农资类价格稳中涨跌互现。生猪收购价呈回升趋势，生猪收购均价633.00元/50千克，环比上涨5.5%，同比下跌11.7%；鸡场蛋收购均价为465.00元/50千克，环比涨幅32.9%，同比涨幅4.0%；农资中稻谷、小麦、玉米收购均价为2.52元/千克，环比跌幅1.6%；其他农药、化肥类零售价格平稳。

黄金饰品、酒类零售价格稳中涨跌互现，其他居民服务价格稳中涨跌互现。黄金零售均价344元/克，环比跌幅1.1%，同比跌幅3.0%；酒类中的飞天茅台零售均价1299元/瓶、五粮液零售均价969元/瓶，环比价格持平，同比涨幅14.4%。其他居民消费品价格稳中涨跌互现。

（李祥运）

表38　　2018年长寿区主要产品市场价格监测情况

名称	规格等级	单位	2018年均价	2017年均价	同比
1. 粮油、副食品类					
黄豆	标准品（三等）	元/500克	3.58	3.92	9.4%
绿豆	一级	元/500克	5.58	5.32	-4.7%
大米	地产大米	元/500克	1.99	2.12	6.7%
大米	东北大米	元/500克	2.79	2.59	-7.2%

续表 38

名称	规格等级	单位	2018 年均价	2017 年均价	同比
面粉	特一级	元/500 克	2.18	2.19	0.5%
面粉	标准粉	元/500 克	2.18	2.12	-2.8%
玉米粉	精制玉米粉	元/500 克	3.98	3.98	0.0%
菜籽油	一级散装（红蜻蜓）	元/500 克	6.50	6.50	0.0%
大豆油	一级散装（红蜻蜓）	元/500 克	5.58	5.58	0.0%
菜籽油	一级桶装（AE 金龙鱼）	元/5 升	69.80	76.90	10.2%
大豆油	桶装一级压榨	元/5 升	51.90	51.90	0.0%
食用调和油	一级桶装（金龙鱼）	元/5 升	63.17	69.80	10.5%
花生油	一级桶装（压榨鲁花）	元/5 升	149.90	146.53	-2.2%
菜籽色拉油	一级桶装（红蜻蜓）	元/5 升	66.60	66.60	0.0%
大豆调和油	一级桶装（红蜻蜓）	元/5 升	51.17	56.80	11.0%
2. 肉禽蛋类					
鲜猪肉	精瘦肉	元/500 克	15.00	15.67	4.4%
鲜猪肉	三线肉	元/500 克	11.67	11.67	0.0%
鲜猪肉	去骨后腿	元/500 克	10.67	10.67	0.0%
鲜猪肉	纤排骨	元/500 克	16.00	17.00	6.3%
鲜牛肉	腱子肉	元/500 克	45.80	35.80	-21.8%
鲜牛肉	牛腩	元/500 克	34.80	34.80	0.0%
鲜牛肉	新鲜去骨	元/500 克	38.80	37.03	-4.6%
鲜羊肉	新鲜带骨（10-4）	元/500 克	39.60	32.37	-18.3%
鲜羊肉	新鲜去骨	元/500 克	37.60	35.60	-5.3%
鸡场鸡鸡肉	白条鸡上等	元/500 克	13.47	14.13	5.0%
鸡	活土鸡	元/500 克	19.80	21.13	6.7%
鸡蛋	新鲜完整、土鸡蛋	元/500 克	12.67	10.80	-14.7%
鸡蛋	新鲜完整、鸡场蛋	元/500 克	5.67	5.71	0.7%
3. 水产品					
大黄鱼	冻 500 克左右一条	元/500 克	21.80	23.80	9.2%
海虾（基围虾）	冻体长 10cm 左右	元/500 克	57.53	47.13	-18.1%
带鱼	冻 250 克左右	元/500 克	4.65	5.38	15.7%
白鲢	活体 1500 克左右	元/500 克	23.13	23.80	2.9%
草鱼	活 750 克左右	元/500 克	9.56	6.99	-26.9%
鲫鱼	活 750 克左右	元/500 克	11.66	9.80	-16.0%
花鲢鱼	活 750 克左右	元/500 克	9.65	13.47	39.6%
4. 蔬菜类、水果					
芹菜	新鲜一级	元/500 克	4.00	4.00	0.0%
大白菜	新鲜一级	元/500 克	2.00	2.43	21.7%
瓢儿白	新鲜一级	元/500 克	4.00	3.50	-12.5%

续表 38

名称	规格等级	单位	2018 年均价	2017 年均价	同比
黄瓜	新鲜一级	元/500 克	2. 67	3. 50	31. 3%
白萝卜	新鲜一级	元/500 克	1. 13	1. 07	-5. 9%
茄子	新鲜一级	元/500 克	3. 33	3. 33	0. 0%
西红柿	新鲜一级	元/500 克	3. 00	3. 33	11. 1%
四季豆	新鲜一级	元/500 克	4. 33	4. 33	0. 0%
土豆	新鲜一级	元/500 克	2. 00	2. 00	0. 0%
胡萝卜	新鲜一级	元/500 克	2. 50	3. 50	40. 0%
青椒	新鲜一级	元/500 克	2. 50	3. 00	20. 0%
尖椒	新鲜一级	元/500 克	3. 00	3. 00	0. 0%
莲白	新鲜一级	元/500 克	1. 40	1. 80	28. 6%
蒜苔	新鲜一级	元/500 克	4. 00	4. 33	8. 3%
韭菜	新鲜一级	元/500 克	3. 33	3. 17	-5. 0%
莴笋	新鲜一级	元/500 克	4. 00	3. 17	-20. 8%
冬瓜	新鲜一级	元/500 克	1. 00	1. 00	0. 0%
花菜	新鲜一级	元/500 克	4. 00	5. 33	33. 3%
洋葱	新鲜一级	元/500 克	2. 00	2. 18	9. 0%
大蒜	新鲜一级	元/500 克	5. 67	5. 00	-11. 8%
生姜	新鲜一级	元/500 克	5. 67	6. 00	5. 9%
苹果	新鲜一级	元/500 克	6. 65	5. 98	-10. 0%
香蕉	国产一级	元/500 克	2. 51	3. 58	42. 4%
梨	新鲜一级	元/500 克	2. 91	3. 78	29. 9%
西瓜	国产一级	元/500 克	1. 15	2. 98	158. 4%
5. 农副产品收购类					
玉米		元/千克	2. 00	2. 18	9. 0%
稻谷		元/千克	2. 63	2. 64	0. 3%
小麦		元/千克	2. 73	2. 73	0. 1%
生猪	中等	元/50 千克	716. 50	633. 00	-11. 7%
鸡蛋	新鲜完整	元/50 千克	447. 00	465. 00	4. 0%
6. 农资类					
仔猪	20 -30 千克左右	元/500 克	10. 00	7. 50	-25. 0%
豆粕	国产	元/千克	2. 87	3. 27	13. 9%
麦麸	国产	元/千克	1. 78	1. 75	-1. 7%
尿素		元/千克	2. 00	2. 25	12. 5%
碳铵		元/千克	0. 78	0. 85	9. 0%
低浓度复合肥		元/千克	1. 40	1. 40	0. 0%
高浓度复合肥		元/千克	2. 80	2. 80	0. 0%
过磷酸钙		元/千克	0. 58	0. 58	0. 0%

续表 38

名称	规格等级	单位	2018 年均价	2017 年均价	同比
7. 日用品					
黄金饰品	纯金 24K	元/克	354.67	344.00	-3.0%
白酒	飞天茅台（53 度 500ml）	元/瓶	1299.00	1499.00	15.4%
白酒	五粮液（52 度 500ml）	元/瓶	969.00	1099.00	13.4%
奶粉	国产三段幼儿配方牛奶粉盒装 400 克	元/盒	88.00	88.00	0.0%
奶粉	进口三段幼儿配方牛奶粉盒装 401 克	元/盒	75.00	75.00	0.0%

（重庆市长寿区发展和改革委员会提供）

劳动管理

【劳动关系规范】 2018 年，区人力社保局以法治思维法治方式构建劳动关系，保障用工单位和劳动者的合法权益，促进劳动关系和谐，助推社会和谐稳定。开展和谐劳动关系创建活动。持续深化国资国企改革，推进特殊工时行政许可、劳务派遣经营许可事项行政审批标准化管理，完成企业薪酬、用工环境调查监测。开展家具行业及金融机构和谐劳动关系示范点创建工作并通过市级验收，完成集体合同备案 4 家，指导制定企业集体合同 23 家，点对点指导帮扶，提高合法用工能力，发挥劳动关系典范作用。

【劳动保障监察】 2018 年，区人力社保局接待到访群众 3100 余人（次），办理工资、社保等举报投诉案件 22 件，同比 2017 年下降 15.4%，结案率 100%。健全工资支付长效机制，着力“两金三制”落实，实现全年欠薪案件和因欠薪引发群体事件“零发生”。开展专项检查，巡查检查企业 623 户，涉及劳动者 3.7 万人。加强企业守法诚信建设，对 294 家企业进行企业劳动保障守法诚信等级评价，评出 A 级企业 17 家、B 级企业 272 家、C 级企业 5 家。清理整顿人力资源秩序专项行动再次受到人社部和工商总局通报表彰。

【劳动人事仲裁】 2018 年，区人力社保局立案处理劳动人事争议仲裁案件 914 件，结案 907 件，结案率 98%，调解率 60%，终局裁决率 51%，维护当事人合法权益 2511.1 万元。推进基层调解组织建设工作，在实现 19 个街镇劳动争议调解组织全覆盖后，探索委托街镇调解委员会调解劳动争议处理新模式；全区成立企业劳动争议调解组织 18 家，劳动争议多元化调处机制愈加完善。

【劳动人事信访】 2018 年，区人力社保局受理群众来信 304 件，在规定时间内办结率 100%。领导干部接访群众 390 人（次），依法及时就地解决问题，实现重大到市进京上访、大规模群体性事件、通报事件、媒体炒作事件 4 个“零发生”，先后被评为 2017 年度信访稳定工作成绩显著单位、2018 年全国“两会”期间维稳安保工作表现突出单位。

（雷福中）

质量技术监督管理

【概况】 2018 年，重庆市长寿区质量技术监督局（简称区质监局）有编制 23 名，班子成员 4 人，临聘人员 4 人；设 5 个职能科室，分别为办公室（法制科）、质量科（标准化管理科）、计量科（认证认可监督管理科）、执法大队、特监科。承担长寿辖区产品质量、计量、标准化、认证认可、特种设备和食品相关产品安全监管职能。

【质量提升】 2018 年，区质监局履行抓质量主责，统筹推进质量提升工作。牵头推进质量提升行动，向区委、区政府汇报，起草长寿区《开展质量提升行动加快建设质量强区的实施意见》；优化“质量提升行动年”工作方案，围绕智能家居及健康制造业，开展特色产品质量提升行动，2018 年家居门业整体抽检合格率再次提升 2 个百分点；

培育企业质量文化，加强品牌培育，开展质量专家进企业活动，2018年培育重庆名牌产品11个，申报QC成果6个。夯实质量发展基础，开展企业产品标准自我声明公开，引导企业通过国家标准委企业产品标准信息公共服务平台自行向社会公开企业产品标准，2018年已有15类、127种产品标准进行自我声明公开，抽查51项产品标准；草拟《长寿区加强认证体系建设促进全面质量管理实施意见》；开展认证双提升行动，邀请专家对辖区检验检测机构开展专项检查，督促区环境监测站等实验室整改隐患问题，提升检测能力；配合落实创新驱动发展战略，推动区政府建立企业体系认证奖励政策，21家企业获得区政府体系认证奖励资金；配合区委、区政府筹建新材料质检中心。

【质量安全监管】 2018年，长寿区有内危险化学品、危险化学品包装物及容器获证企业19家，有特种设备总量12000余台（套）（其中比较危险的承压类设备占比50%），压力管道有300余千米，介质包括氢气、氯气、光气等，还有40兆帕的超高压设备。对安全稳定，区质监局党组站在政治高度，开展“四大行动”，2018年年未发生工业产品质量及特种设备安全责任事故。实施网格化和专业化融合监管和分类监管，评定A级企业17家、B级企业50家，实现百分之百达标；开展起重机械、厂（场）内机动车辆、电梯等专项整治，检查（含复查）设备使用单位241家（次），下达安全监察指令书47份，立案查处特种设备违法行为22件，罚款58万元，排查并整改一般安全隐患156个，整改率100%，处理电梯投诉24件。11月15日，组织辖区内特种设备使用单位召开特种设备安全稳定风险隐患大排查大整治大执法工作会，要求企业迅速开展自查，100余家企业上交《隐患排查治理统计表》，自查发现安全隐患354个；重点围绕起重机械、厂（场）内专用机动车辆等机电类设备开展专项检查，对其中47个隐患责令限期整改。加强工业产品质量安全监管，制定工业产品质量安全风险隐患排查方案和危化品生产许可证企业的检查计划；重点对辖区60余家重点消费品、工业产品以及危险化学品生产企业进行检查；对区内19家危险化学品和危险化学品包装物及容器获证企业进行监督检查，督促企业对发现的问题进行整改，消除质量安全隐患，确保辖区3C认证获证产品质量抽检合格率100%；加强辖区3家汽车安检机构监督检查，年内检查36家（次）。

【经济发展服务】 2018年，区质监局贯彻党中央国务院优化营商环境、支持民营经济发展等精神，落实“放管服”有关政策，服务区委、区政府“八项战略行动计划”和“三项攻坚战”。深化民生服务工作，完成基层医疗机构医用计量器具免检工作，督促出租车计价器、加油（气）机、农贸市场强检计量器具开展定期检验。持续开展执法打假净化市场风气，开展“质检利剑”行动，对农资农机产品、儿童玩具、塑胶管道、建材产品等专项执法，严厉打击各类质量违法行为；全年立案47件，上缴罚没款94.8万元。深化“放管服”改革，承接权力下放6项行政许可；优化审批流程，压缩三分之一以上审批时限；办理行政许可1593件，办结率100%。

区质监局创新服务措施，协调开展长寿缆车站安全隐患整改工作，通过专家研判、政府支持、部门合力，攻克技术、费用、舆论等难关，经过2年时间整改，缆车站于2018年国庆恢复运行。服务政府决策，牵头开展农村“土锅炉”安全隐患整治，落实专人到街镇社区调研摸清情况，协调重庆锅炉专家实地考察并设计安全小锅炉。服务企业需求，邀请协调金质考试中心到长寿举办各类培训班14次，培训480余人，提升全区特种设备从业人员能力素质，帮助企业解决培训难题；协调中国特种设备检验研究院、市特种设备检验研究院为长寿重点企业巴斯夫在用特种设备进行周期检验，半月时间完成一个月检验任务，全力保障企业如期生产。

（刘良安）

食品药品监督管理

【概况】 重庆市食品药品监督管理局长寿区分局（简称区食药监分局）内设办公室、综合科、法制监督科、行政审批科和食品生产监管科、食品流通监管科、餐饮服务监管科、药械监管科、保化品监管科共8科1室。编制57人（其中行政编制55人，机关工勤人员2人），2018年实有53人（其中公务员51人，工勤人员2人）。主要职能有9项。

【责任落实】 2018年，区食药监分局主动沟通、积极协调，区委主要领导检查食品安全工作2次，区政府分管领导带队检查4次；区政府常务会专题研究3次；区人大专题询问区政府食品安全工作1次；区政协专题调研食品药品安全工作1次；召开区食安委专题会议1次。区政府与区级各有关部门和各街镇签订目标责任书，企业签订承诺书，层层落实责任。夯实监管基础，提升基层食药监所（办）硬件、软件水平，巩固基层规范化建设成果。

【宣传引导】 2018年，区食药监分局在《长寿日报》等媒体设立专栏，在报刊、电视台和微信公众号、头条号推送食药监安全创建和监管工作动态326条；《重庆日报》《重庆晚报》报道长寿区食品工作4次。集中开展“12315”“12331”、食品安全宣传周、食品安全下乡等宣传70余场次，开展“你点我检”、食品安全知识进农村、进社区、进企业、进机关、进学校系列活动，制作宣传围裙1.5万件、年画20万份向市民发放，利用宣传道旗、LED显示屏、楼宇刷屏机、移动短信平台，广泛开展食品安全公益宣传。畅通社会参与渠道，争取区人大、政协、社会监督员和群众对食品药品安全工作的支持，2018年办理食品相关人大建议、政协提案16个，满意率100%；受理食品药品投诉举报323件，规定时间内办结率100%。组织辖区内食品、药品、医疗器械、保健食品、化妆品生产经营企业开展专题培训和宣传教育80余场（次），参训3000余人（次）（其中组织法制培训2期，业务培训30期）。

【安全监管】 2018年，区食药监分局创新审批模式、优化审批流程，开展网上行政审批和行政许可标准化建设，提升审批效率。对各监管所（办）监管的对象实行“双随机，一公开”，基层监管所（办）对辖区监管对象实行监管全覆盖，确保监管不缺位、不出漏洞。全年参与食品生产许可现场核查16次，GMP认证5家（次），行政服务中心新办理行政许可3255件。

加大日常检查力度，推进食品经营许可、餐饮服务许可“两证合一”；落实日常监管、量化分级、风险等级评定“三合一”制度，完成2612家餐饮服务单位的量化分级动态评定工作，其中A级261家，B级2016家，C级335家；推进“明厨亮灶”工程，全区已经实施“明厨亮灶”615户，补助金额20万元；落实推扩新版GSP宣传教育，完成药品零售企业GSP跟踪检查32家；飞行检查医疗机构3家、药品批发企业4家、医疗器械批发企业5家、医疗器械零售企业4家、药品零售药店7家、个体诊所7家；完成“两会”“两节”、高考中考、铁人三项赛食品药品安全保障工作60余次。

【食品安全城市创建】 2018年，区食药监分局针对创建涉及的知晓率和满意度、食品小作坊小摊贩、餐厨废弃物、监督抽检等具体难点问题，召开专题会议，开展实地调研，研究讨论工作措施，完成创建抽检指标、划定“三小”经营区域，及时部署创建工作；坚持示范引领，重点打造2个示范街镇、1个示范农贸市场、2个示范社区、2个示范商圈、4条示范街、30所示范学校食堂、250个食品生产经营示范店和3个“放心肉菜超市”。截至2018年12月底，召开食品生产经营单位创建工作培训会、现场会36次，部门推进会8次，年底前已授予177家食品生产经营单位为食品安全示范单位；细化目标责任，及时整改问题，对涉及的重要内容、重要任务，进行再强调、再落实。2018年5月，长寿区接受创建国家食品安全示范城市评估评价，针对评估组提出的问题，逐条对照、认真梳理、制定措施，及时召开反馈问题整改工作会，督促食品生产经营企业自查自纠，各部门各街镇全面排查，及时抓好整改。

【食药风险防控】 2018年，区食药监分局印发工作方案，明确“三品一械”各个环节风险隐患排查整治重点内容。分层级、分环节召开专题会议，层层落实整治责任。区政府常务会专题听取工作汇报1次，区食药监分局召开动员会2次、推进会3次，各环节召开监管培训会16次，培训食品药品各环节经营者2000余人（次）。利用监督抽检、风险监测、快速检测等技术手段，正常开展国抽、市抽任务，重点环节、重点品种，开展“五毛食品”、粽子、马蹄糕、白酒等专项抽检，2018年上报药品不良反应报告1017例、医疗器械不良事件报告218例；全区食品药品国抽、市抽抽检1496批次［食品生产环节353批次，流通环节638批次，餐饮环节239批次，保健食品40批次，药品175批次，医疗器械21批次，化妆品30批次］。开展创建国家食品安全示范城市创建专项抽检

2400批次，发现不合格产品51批次［其中食品49批次，药品2批次］。

【重点整治】 2018年，区食药监分局排查企业（单位）6688家，发现问题1828个，已完成整改1565个，约谈企业（单位）79家。对白酒小作坊发展迅猛、可能存在的潜在风险进行排查，对75家白酒小作坊实行全覆盖抽检，发现不合格产品15个；组织培训、约谈、集中检查等，及时开展风险源头治理。对一度出现的火锅底料舆情进行风险排查整治，对3户火锅经营店进行立案处罚。对网上曝光的“鸿茅药酒”事件，在全区范围内及时排查、登记，加强其不良反应监测和当地电视台广告情况监控，做到“心中有数”，防患于未然。针对许可系统无法删除过期失效许可证，存在潜在风险的实际情况，2018年6月，采取网上公告后直接注销的方式，已经注销4100户。针对“网络订餐”、学校食品安全及校园周边“五毛食品”“美瞳”等三类医疗器械可能存在安全隐患，区食药监分局联合区人民检察院联合整治，开展联合检查4次；对网络订餐供餐单位138家进行排查整治，对39家进行责令整改，1家给予行政处罚；联合抽检“五毛食品”9批次，发现6批次不合格，主要问题是查出脱氧乙酸及钠盐，年底前开展专项整治。5月份被中央电视台曝光的名为“仁合胰宝”的保健食品，其二级批发商“吴吴超市”位于长寿辖区内，区食药监分局立即展开现场执法检查，致函承德警方了解涉案产品进销情况，最大程度减少对消费者的伤害；核实犯罪嫌疑人伙同妻子吴某、父亲程某通过淘宝网购销含有西药成分的“仁合胰宝”，销售金额132万元。针对网上曝光的问题疫苗事件，区食药监分局在7月10日开展风险检查，7月23—24日，再次开展问题疫苗清理，及时做好群众的咨询解释工作；问题疫苗未流入长寿辖区。陕西咸阳公安部门查到一涉嫌在保健食品中非法添加药品案，销售环节涉及长寿；8月23日，区食药监分局、区公安局全面配合咸阳警方到长寿的核查，开展产品抽检、排查工作；现场抽检产品16批次，年底前当事人已被公安控制。针对冷冻肉品可能存在的安全隐患，开展走私冷冻肉品专项检查，采取街镇交叉检查的方式，对辖区冻库进行全覆盖检查；年底前检查冻库35户，下达整改意见书5份，要求企业要严格按照规定索证索票。针对非洲猪瘟的严峻形势，开展猪肉及其制品专项整治，连续查获2起涉嫌销售未经检验检疫的猪肉案，涉及生猪肉（含肥肉、排骨及畜副产品等）940千克、冷冻猪肉20千克，区食药监局与区畜牧局将未经检验检疫猪肉交由垫江县无害化处理有限公司进行无害化处理；10月20日对长寿湖千人宴进行现场监督，及时排查和消除风险隐患点，保证5000人集体聚餐的食品安全；11月15日，区食药监分局、区畜牧局分管领导带领相关科室、动监所，联合街镇食药监所、畜牧站再次开展非洲猪瘟防控和肉品质量安全检查。针对辖区成人用品店存在销售假冒伪劣性保健品的情况，10月，区公安局和食药监分局联合对辖区成人用品店开展专项检查，抽检“金枪王”“美国伟哥”等性保健品40批次；通过检验绿色通道，年底前收到不合格报告17份，检验项目均为西地拉非不合格，涉案当事人年底前已被公安机关控制。

截至年底前，办结食品药品违法案件212件，罚没收入110.88万元，向公安机关移交涉嫌违法线索4条，联合公安机关办理刑事案件2件。

【自身建设】 2018年，区食药监分局开展集中学习32次；制订年度党组中心组学习计划，组织中心组成员学习15次，中心组成员撰写心得体会4篇、调研文章1篇。制定《意识形态工作要点》，纳入年度工作述职和考评，党组研究意识形态工作3次，在官方微信公众号、头条号新媒体宣传正面引导舆论，建立QQ、微信工作群，传递正能量、制止不当言论。加强干部队伍建设，全年完成4名中层干部的任职试用期满转正，2名干部职工职级晋升，1名新招录公务员考察录用，2名工勤人员技术等级晋升等工作。

开展廉政文化建设，年底前邀请区纪委、区人民检察院领导开展廉政专题讲座2场。落实党风廉政建设和反腐败工作责任，党组负责人同各科（室）、所负责人开展集体廉政约谈，党组书记与班子成员进行重点约谈；对科（室）负责人分别就执法监管、不合格检验报告的送达等方面进行12人（次）约谈；签订《2018年党风廉政建设和反腐败工作责任书》53份，开展各层次谈话110余人（次）。强化基层党建，全年组织召开支部党员大会12次，支部委员会12次，主题党日12次，党小组会42次，开展学习讨论12次，讲党课4人

(次)。提高政治站位，开展巡视问题整改工作，制订《落实市委第二“机动式”巡视组巡视反馈意见整改方案》《巡视整改专题学习计划》，印发学习资料150册；建立巡视整改问题、任务和责任清单，细化整改措施，明确责任主体和整改时限；梳理出5个方面11个突出问题21个具体表现，制定45条具体整改措施，截至年底前已完成整改43条。 （杨　娜）

烟草专卖管理

【概况】　重庆市长寿区烟草专卖局、中国烟草总公司重庆市公司长寿分公司，本分目简称区局(分公司)组建于1984年12月，实行“统一领导、垂直管理、专卖专营”的专卖体制和“两块牌子、一套班子”的管理模式。2018年内设机构设置有1室5科、1个部和2个基层单位，即办公室、政工科、综合科、专卖监督管理科、财务审计科、客户服务部、专卖内管与法制监督科和城区队部、城郊队部；年底前在岗职工95人。

【专卖管理】　2018年，区局(分公司)贯彻全市专卖内管法规暨规范管理工作会议精神及市局系列专卖工作座谈会议精神，立足当地市场，保持卷烟打假打私高压态势，整治真烟非法流通，持续加强终端市场监管力度，提升辖区市场净化率，推动专卖管理再上新台阶。全年查获各类涉烟违法案件208件，查获违法卷烟6071.8条，案值144.2万元。强化市场监管，落实市局“天天管、管天天”工作要求，每周组织开展夜间检查，节假日安排错时检查，推行专卖检查“日计划”，确保日常监管面和到位率；严控卷烟非法流通，全年通过物流货运渠道查获各类假私非烟3851.9条，占全年查获违法卷烟总数78%；实物案值113.21万元，占全年查获违法卷烟案值78%。推进打假破网，成功办理“4·06”假烟网络案件，查获各类高档假烟800余条、实物案值19万元。

【公益事业】　2018年，区局(分公司)通过长寿区慈善会定向捐赠给长寿区凤城街道梅村社区居民委员会10000元，用于文明城区共建；捐赠云台镇小岩村困难党员1500元；捐赠龙河镇保合村精准扶贫户7500元。捐赠武警十三中队3000元；开展“慈善双日捐”活动，员工捐赠3310元用于解决长寿区赈灾、安老、抚孤、济困、助学、助医等群众性应急救助工作。

【企业管理】　2018年，区局(分公司)控制成本费用，加强预算管理和物资采购管理，分析成本费用开支结构，最大限度“开源节流，增收节支，挖潜增效”；实行精益管理，形成以“营销、专卖、党建、安全及调研督查”为一体“4+1”的精益管理工作计划体系；加强规范管理，做到“应招尽招、真招实招”；推进“办事公开民主管理同业务工作深度融合”，涉及业务工作全程、全面、同步进行公开，年内单位内部网站公开事项131条，浏览量1055次。强化安全稳定，压实主要负责人安全生产责任，持续开展和完善“日周月”隐患排查治理体系，致力于强化综合管控能力和网络安全防范能力，全年开展安全检查22次，发现隐患13项，整改率100%，未发生一起安全责任事故。

【党建和队伍建设】　2018年，区局(分公司)持续加强党的建设，优化党员队伍结构，夯实组织基础；抓党员教育管理，依法依规办事，坚守底线红线，落实党组理论学习中心组学习制度，按要求召开民主生活会，落实“三会一课”，抓好党章党规、习近平新时代中国特色社会主义思想的学习教育。把意识形态工作作为党的建设和干部队伍建设的重要内容，引导全员讲政治、讲纪律、守底线。

加强干部队伍建设，选人按照规定程序开展动议、民主推荐、考察、讨论决定、任职等环节工作，规范干部选拔，2018年开展一次科级干部选拔；执行干部监督管理，落实纪检监察部门的监督责任，深化转职能、转方式、转作风，发挥干部监督管理作用；加强员工教育培训，开展各岗位人员的业务技能培训和素质教育，提升员工业务能力和技能水平。 （张洪维）

2018 年 3 月 15 日，长寿区法院组织巡回法庭到葛兰镇罗岩石村

社会事业

- ❖ 文化　体育
- ❖ 教育　科技
- ❖ 医疗卫生　计划生育
- ❖ 社会事务
- ❖ 民生

文化 体育

综 述

【意识形态管控】 2018年，长寿区强化公共文化阵地管理和文艺节目内容审查，公共文化阵地举办讲座、论坛均按程序报备和审批，区级文艺演出节目内容审查合格后方可演出。全区“扫黄打非”基层站点规范化标准化建设实现全覆盖，建成282个基层工作站点，建成1个市级示范点。开展“净网”“清源”“秋风”“护苗”“平安”五大专项行动，全数收缴涉政治类、涉军事类、涉宗教类非法出版物，消除互联网网上有害信息。完成广播电视监测系统升级，加强广播电视监听监看工作，完成重要保障期安全播出保障任务，全年未发生广播电视安全播出责任事故。

【文艺创作】 2018年，长寿区加强文艺创作引导，坚持以习近平总书记关于文化体育工作重要讲话精神为总方向、总遵循，组织全区文艺协会学习贯彻习近平新时代中国特色社会主义思想和中共十九大精神，学习习近平总书记在文艺工作座谈会、中国文联十大、中国作协九大上重要讲话精神。加强全区文艺协会管理，完成区内文艺协会换届工作，配齐配强协会领导班子，制定文艺协会管理制度，每半月召开工作例会，每半年开展文艺志愿服务活动。引导广大文艺工作者坚持以人民为中心的创作导向，创作出更多有高度、有温度、有深度、有立场、有市场的文艺精品。

出台《长寿区文艺创作规划（2018—2020）》，修订《长寿区优秀文艺作品奖励办法》，完成2017年度全区优秀文艺作品收集工作。常态化开展“扎根生活沃土，服务基层群众”系列活动，组织开展文艺轻骑兵进社区进农村惠民活动55场。举办庆祝改革开放40周年文艺作品联展，展出优秀作品180余件。承办第十三届全国美展创作动员会、市摄影家协会“年度摄影大会”、市作家协会“红色文学轻骑带头人下基层”活动。打造首台非遗歌舞集《长寿传说》，填补长寿区无国际交流项目空白。7幅书法作品入选全市首届书法作品展，1幅画作《天路》入选捷克共和国“第一届国际水彩画节”展，推荐《红色文化·传承革命雕塑展》申报国家艺术基金项目，填补长寿区无国家艺术基金项目申报空白；首个区县民间文艺家“邓强沙画作品展”个展在市文联展出，展出作品100幅。原创节目四川盘子《幺嫂的农家乐》获第六届全市曲艺大赛节目奖；8幅优秀摄影作品选送国家数字图书馆参展。

【文体民生】 2018年，长寿区出台《长寿区文体基础设施振兴行动计划（2018—2020）》《长寿区全民健身步道建设规划》。在全市率先出台乡情馆、文化大礼堂、民间演艺团队、文化体育志愿者建设标准；启动博物馆、雕塑馆（美术馆）、恒温游泳馆、体育中心大修和桃花滨河体育公园前期建设工作；完成区文化馆、区图书馆升级改造工作，面积分别增加2000平方米、1100平方米。加强数字文化建设，完成数字文化馆一期设备安装并运行，启动二期建设；实施数字图书馆推广工程项目建设，完成《巴渝民居》专题片国家项目拍摄制作，启动《长江支流中巴渝文化》专题片国家项目拍摄制作，成功申报《远去的歌谣——巴渝口承语言民俗之劳动歌谣》为国家项目。实施“两馆一中心”免费开放和体育场馆免费低收费开放，年接待群众293万人（次）。优化提升19个街镇、42个社区综合文化服务中心功能设置，安装20套“农体工程”，建成10个社区健身点和3个街镇固定放映厅；组织开展农村广播系统“村村响”维修维护工作。区图书馆被文化和旅游部评为“国家一级图书馆”，公共文化绩效评价被评为全市一等。启动“全国全民运动健身模范区”

“全国象棋之乡”“全国围棋之乡”创建工作，长寿区成功入围创建全国全民运动健身模范区资格。

【文体活动】 2018年，长寿区成功举办长寿湖龙舟赛、铁人三项赛、半程马拉松赛、迎新登高赛等国际、国内、全市大型体育赛事；成功举办长寿区第二届运动会，其项目设置、参加代表团数量、参与运动员数量创历届之最，涵盖青少年、成年人、老年人和残疾人项目的组织形式成为全市样板，市文化委向全市区县推广长寿区组织模式。成功举办首届全区跨行业、跨系统的文艺调演活动；全年举办广场舞展演、社区文化节、街镇文艺调演、“拥抱新时代 共筑中国梦”文化展演、“百人快板进校园”公益活动等大型文化活动100余场。实施重大文化惠民工程，完成送文化下乡、惠民电影放映、展览等文化进村服务民生实事3536场，群众的文化获得感逐步提升。开展以“学校—学生—家庭—社会”为主题的全民阅读系列活动，推进“书香长寿”建设。引进《江姐》《花木兰》舞台剧、中美篮球对抗赛，深受社会各界好评。承办全市第八届全民健身运动会象棋围棋、羽毛球、摔跤、跆拳道单项比赛，承办全市全民阅读片区赛。组队参加全市市级群众文体赛事活动，获得全市全民健身运动会团体总分第五名，《五月寿湖赛龙舟》获得第八届全市乡村文艺会演三等奖，《朋友圈》获得第六届全市戏剧曲艺大赛三等奖，《人到长寿人长寿》获得第八届全市乡村文艺会演三等奖，《拥抱长寿》获得渝东北片区广场舞比赛第一名。

【文体产业】 2018年，长寿区在全市率先组织开展文体产业普查工作。全区有文体企业（个体）3922家、从业人员1万余人。其中：规模以上文体企业68家，年内新发展文体企业（个体）14家；体彩销售点增加到65个，体彩销售额突破1.4亿元，创历史新高。影院票房收入突破1500万元。区文化委与长寿工业园区合作，落实葛兰健康产业园为文体制造企业落户地，加大招商力度；长寿区环松科技公司山地户外车比赛场地建设项目和瑞康文体公司爱尚羽毛球馆建设项目入选全国优选体育产业项目，大巨典文化体育发展公司、润康文化体育公司获得市级文化体育发展专项资金扶持；组织开展第三届文化消费季活动；推荐恒鑫雕塑、长寿抛沙画参加第十四届深圳博览会，推荐环松科技公司参加全国体育产业发展大会，提升长寿文体产业对外影响力。

【文化改革创新】 2018年，长寿区文化馆、区图书馆总分馆制改革全面完成并顺利运行，建成区文化馆、区图书馆街镇分馆19个、村文化馆分馆3个和村（社区）图书馆分馆39个，实现文化资源有效配置。“悦动书吧”“一周一会一特色活动”、图书馆延时开放、“艺教结合”“公共文化服务超市”“市民群众文体技能”1+N创新项目得到社会好评。整合市区文化活动资源，面向社会购买文化下乡演出服务。长寿湖铁人三项赛、半程马拉松赛等大型赛事活动采用政府采购确定赛事执行单位。发挥棋类协会作用，象棋围棋在全区中小学推开，为创建“全国象棋之乡”“全国围棋之乡”打基础。实施“艺教结合”模式，面向全国高校引进4名曲艺人才，填补长寿区曲艺人才空白；选派1名文艺骨干到高校挂职锻炼。

【文化行业管理】 2018年，长寿区深化“放管服”改革，优化营商环境，强化行政许可标准化建设，规范36项行政许可办事流程，办结行政许可申请27项，年验文体企业（个体）366家，清理注销“僵尸”娱乐场所经营许可44家。加强文化市场综合执法工作，落实安全分级分类管理措施，推进扫黑除恶专项斗争工作，实施互联网、出版物、演出市场、高危体育项目等专项整治行动。2018年出动执法人员1200余人（次），排查经营单位900余家（次），办结文化市场案件18件，约谈文化经营单位21家（次），实施演出市场现场监管23场（次），查缴非法出版物283册，消除安全隐患251处。完善全区党政机关和区属国有企业正版软件资产管理制度和日常监管措施，启动区文化、卫生、教育事业单位软件正版化安装工作和区县版权登记工作。解决原乡镇（公社）广播员养老和医疗保障问题。

【党的建设】 2018年，长寿区文化系统落实党的建设、安全生产“一岗双责”责任，出台《加强文化系统基层党建工作通知》，组织开展党建工作目标管理，定期研究基层党建工作，定期听取文化系统支部党建工作汇报，定期督促指导委属支部活动，促进文化系统基层支部“两学一做”和“三会一课”常态化制度化。年内新发展预备党员1名，组织党员干部到江津区聂荣臻纪念馆教育基地接受爱国主义教育，组队参加市区“不忘初心 牢记使命”主题演讲比赛系列活动，文化馆1人获演讲比赛三等奖。修订完善《文体活动承办策划分散采购资源库》及管理办法，强化党风廉政和反腐败斗争工作，组织开展公务用车、公款接待送礼、侵犯群众利益、吃拿卡要、违规公款吃喝、违规收受红包、违规发放津补贴、官僚主义形式主义等专项治理自查工作，完成党员干部涉权事项清查核查工作，全年文化系统未发生违纪违法案件。（黄建明）

表39　2018年长寿区文化工作集体获市级以上奖励情况

获奖项目	获奖单位	授奖单位	授奖时间
2018年重庆市公共图书馆业务技能大赛三等奖	长寿区图书馆	重庆市文化委员会	2018年3月
第六次全国县级以上公共图书馆评估定级一级图书馆	长寿区图书馆	国家文化和旅游部	2018年5月
“2018年全国少年儿童阅读年”——绘画作品征集大赛优秀组织单位	长寿区图书馆	中国图书馆学会	2018年8月
2018年重庆市区县“三馆”免费开放绩效评价一等	长寿区图书馆	重庆市文化委员会	2018年10月
重庆市第十届图书馆少儿服务工作学术研讨会优秀组织奖	长寿区图书馆	重庆市图书馆学会	2018年10月
重庆市第十届“红岩少年”读书活动少儿朗读比赛优秀组织奖	长寿区图书馆	重庆市全民阅读活动办公室	2018年10月
2017年“全民阅读”活动“阅读推广优秀项目”	长寿区图书馆	中国图书馆学会	2018年12月
在2018年“阅读之星”——重庆市民诵读大赛组织奖	长寿区图书馆	中共重庆市委宣传部、重庆市文化和旅游发展委员会	2018年12月
“礼行天下”——全国少年儿童礼仪故事大赛优秀组织单位	长寿区图书馆	中国图书馆学会	2018年12月
全国“最美图书馆”少儿摄影大赛优秀组织单位	长寿区图书馆	中国图书馆学会	2018年12月
“相约牡丹故里·筑梦康养垫江”第十九届垫江牡丹文化节渝东北片区广场舞比赛一等奖	长寿区文化馆	重庆市群众艺术馆、中共垫江县委宣传部、垫江县文化委员会	2018年4月
第八届重庆市乡村文艺会演三等奖	长寿区文化馆	重庆市文化委员会	2018年7月
第六届重庆市戏剧曲艺大赛三等奖	长寿区文化馆	重庆市文化和旅游发展委员会	2018年10月
第六届重庆市曲艺大赛网络人气奖	长寿区文化馆	中共重庆市委宣传部、重庆市文化和旅游发展委员会、重庆市文学艺术界联合会	2018年10月

续表 39

获奖项目	获奖单位	授奖单位	授奖时间
“欢跃四季 舞动巴渝”全国广场舞展演活动重庆市集中展演优秀组织奖	长寿区文化馆	中共重庆市委宣传部、重庆市文化和旅游发展委员会、重庆市体育局	2018 年 11 月
重庆市青少年篮球锦标赛男子甲组第五名	长寿区青少年业余体校	重庆市体育局	2018 年 1 月
2018 年重庆市第八届全民健身运动会骑跑两项比赛第二名	长寿区全民健身中心	重庆市体育局	2018 年 9 月
2018 年重庆市拔河锦标赛第一名	长寿区全民健身中心	重庆市体育局 巫山县人民政府	2018 年 9 月
重庆市第八届全民健身运动会区县组优秀组织奖	长寿区全民健身中心	重庆市体育局	2018 年 11 月
重庆市第八届全民健身运动会团体总分区县组第七名	长寿区全民健身中心	重庆市体育局	2018 年 11 月

（重庆市长寿区文化和旅游发展委员会提供）

广播电视

【概况】　重庆市长寿区广播电视台（简称区广播电视台）为区委直属正处级公益二类财政全额拨款事业单位，核定事业编制 57 名，设有内设机构 9 个，即：总编室、新闻部、专题部、广播电台部、新媒体部、广告部、技播部、转播部、办公室。2018 年年底，有在岗职工 76 人，其中在编职工 54 人、临聘人员 22 人，退休 30 人；全年新提拔任用正处级干部 1 人、副处级干部 1 人、正科级干部 2 人、副科级干部 3 人；新吸收入党 1 人、培养积极分子 1 人；新调入文秘人员 1 人；新招录记者 1 人、主持人 1 人、视频编辑 1 人；新招聘记者 1 人、播音员 1 人。

2018 年，长寿区广播电视工作坚持发展与管理并重原则，推进广播电视基础设施建设，强化安全播出管理，提高广播电视公共文化能力，完成全年工作任务。年底前，长寿区有播出传输机构 2 家，完成西山、罗围 2 座差转台的升级改造及基础设施建设。长寿电视台开设综合、文化旅游 2 个频道；全区有线电视用户 6.3 万余户，有线电视入户率 24%，免费安装直播卫星接收设施 36070 套，全区电视综合覆盖率 99．99%；建成农村广播系统 1 个，因系统建成多年和设备老化修复困难，广播综合覆盖率下降到 60．8%。

【标准化建设】　2018 年，长寿区启动区广播电视台标准化建设工作，制定创建一级台建设规划。加强农村广播系统和地面卫星户户通的运行维护管理，完善运行维护机制，督促镇街党（工）委、政府、网络分公司加强农村广播系统和地面卫星户户通运行维护工作，及时抢修损坏终端和接收设备，确保农村广播、户户通长期响、长期通的目标。区网络分公司完成街镇 FTTH 网络双向改造 0.3 万余户，推进高清互动产品为主的数字电视整体转换，发展党员教育用户 4500 多户，2018 年在线用户 64000 余户（其中模拟用户 13000 户），实现有线网络收入 3500 多万元。

2018 年，长寿区完成西山、罗围 2 座差转台的升级改造及基础建设，无线覆盖率提高。更新部分设施设备，完善基础设施建设。区网络分公司执行工程及项目竣工验收管理办法，加强工程质量验收管理；完善入网设备检测机制，完善终端维护机制；完成网络分公司的联调排噪工作，通过网管人工查找指标不合格的 EOC，安排社区经理进行处理；5 次组织所有社区经理培训并学习交流相互经验。完成光缆干线抢修 260 余次、线路和管道巡检 50 余次；完成各种工程验收 50 余次。继续做好资源清查工作，完成街镇机房设备的资源清查工作，达到故障申告率≤0．5%，IP 申告率≤0．5%；完成数字电视终端安装7929台，安装完工及时率99．8%、维修完工及时率99．7%，超过考核标准；播出前端机房系统可用率100%，二级光缆（机房间）系统可用率100%，接入网（每100台有源设备）系统可用率≥99．8%。重点保障期间，按照落实分工参与安全播出值班和线路巡查，值班巡查每次100余人，确保重要保障期零事故发生。

【对外宣传】 2018年，区广播电视台对外宣传305条，其中在重庆电视台上稿271条，在7月份上重庆电视台联播条数全市排名第九，再创历史新高；在央视等中央媒体上稿34条，《〈在习近平新时代中国特色社会主义思想指引下——新时代新气象新作为〉重庆：以高质量发展创造高品质生活》于4月18日在央视的“新闻联播”播发，《重庆长寿湖群岛星罗棋布天然福寿岛》于4月29日在央视的“新闻直播间”栏目播发。

【区内宣传】 2018年，区广播电视台播出自办电视节目《长寿新闻》245期，《新闻周报》50期，策划“推动重庆各项事业沿着习近平总书记指引的方向奋力前行”等20多个系列报道。《长寿新闻》时长自5月起，从15分钟改为20分钟。调整长寿手机台阅读导航，检索更加方便快捷。3月份在《长寿新闻》增加“手机看长寿”板块，每期2分钟左右，每周二晚首播，同时在长寿手机台开辟专栏。7月在电视和手机台同时推出《长寿风景区天气预报》节目，受到镇街一致好评。10月在《长寿新闻》中增加“全域旅游看长寿”板块，每期3分钟左右，同时长寿手机台开设专栏。将区内各种政治、文化、体育、娱乐、专题活动做成单项短视频在长寿手机台展播。全年手机直播13场，受到广泛关注。将兄弟区县广电同行的重大活动视频资料在长寿手机台联播。长寿手机台阅读量保持全市前五位。

【专题节目】 2018年，区广播电视台严格执行节目三审制、重播重审制，整合力量，落实责任，全年完成专题节目192期，比2017年增加2%；《警方在线》《健康长寿》《环保在行动》《长寿旅食汇》4挡专题节目在手机台上的点击量同比增幅5%。先后完成2018“长寿区十大最美河流水库”主题宣传活动、2018年长寿区突发环境事件应急演练摄制、区委组织部系列专题报道、区妇联系列宣传片等其他宣传任务，制作完成专题片20余部。

【联办活动】 2018年，区广播电视台超前谋划，周密组织，全员联动，发挥媒体融合、集体发声、多元传播的优势，协同区内外相关部门联合开展活动。2月1日，与区政府办、信访办、文化委联合举办“‘共创新作为，同圆中国梦’迎春晚会”。6月28日，区广播电视台党支部赴龙河镇明丰村开展主题党日活动，发挥媒体优势，为当地百姓增收致富。8月28日，与区妇联联合举办“最美家书·小记者诵读分享会”。6—9月，与全市电信系统联办“渝舞青春·天翼高清广场舞大赛”，6月开始宣传发动、报名、资格审查、网上投票选10支队伍，7月28日长寿初赛，江南燕子队入围9月16日重庆决赛并获优胜奖。6—9月，与全市河长办系统联办“发现重庆之美——百万网民点赞家乡河流”活动，长寿狮子滩水库以总分89．1分第七名的成绩，获得“重庆十大最美水库”称号；同时在区内举办评选“最美家乡河库”、随手拍大赛、小记者征文等活动。9月20日，与区文化委、妇联、图书馆、菩提街道联办“‘菩提诗韵·月吟中秋’诗文诵读晚会”，重庆电视台2名主播到长寿，对区广播电视台播音主持人员和区内朗读爱好者进行专业技能指导培训，在晚会上同台交流。

【播出安全】 2018年，完善《长寿区广播电视安全播出应急方案》《长寿区广播电视安全传输应急方案》《长寿区广播电视台机房事故界定及处罚》《广播电视安全播出等级状态工作措施》《游动字幕制作流程审查制度》《长寿区广播电视台网络安全管理制度》，从制度上强化安全播出保障。区广播电视台向区财政争取90万元资金，添置一批摄像、照相、外场录播转播设备；更换电脑等办公设施用品。争取移民资金在六楼新建“外景”场地。争取中央和地方项目资金，改造西山差转台房屋院坝道路、更换雷击损坏变压器、新安装天然气，罗围差转台新栽苗木等，改善办公生活环境条件；在全区3个无线发射台加装监控设备，将罗围、城关2个台建成无人值守台。维修位于校园路的老办公楼屋顶墙面，防止掉瓷砖；拆除外围电线杆上的线路，彻底切断电源，消除安全隐患。严格执行广播电视节目“三审三校”制度，确保节目内容不出政治性错误和常识性差错，保证节目内容生产安全。新媒体部加强与重庆网络广播电视台的密切沟通与协调，严格长寿手机台、掌上长寿APP、视界网·长寿等平台的后台管理和终端管理，保证网络安全。区广播电视台的播出机房以及西山、罗围、城关3个差转台，坚持24小时值班，在全国“两会”“青岛上合组织领导人会议”等重要保障期，区广播电视台领导坚持值班；西山差转台从10月起实行双人值班，完善值班值守签字和常态检查、定期巡察等制度，层层压实责任，保证播出设施设备安全。对违规违纪和事故赏罚分明，杜绝重特大事故发生。全年未出现重大安全播出事故。

【广电行政管理】　2018年，长寿区文化委员会加强对区广播电视台、区网络分公司的管理，督促区电视台完善制播节目管理制度和网络分公司传输管理制度。完成节假日重要保障期以及长寿特殊敏感时期的安全播出任务，未发生安全播出责任事故。建成区广播电视监测互联互通平台。

【队伍建设】　2018年，区广播电视台1人当选为“重庆电视艺术家协会播音主持专委会”副主任，是全市区县广电唯一享此殊荣。1人2017年12月23日代表长寿关工委参加“重庆市‘中华魂’主题教育演讲（青年组）比赛”，在67名选手中脱颖而出获第一名；7月16日代表重庆参加在北京举行的演讲决赛，获特等奖（全国第一名），受到中国关心下一代工作委员会主任顾秀莲的接见并单独合影留念。在8月8日的“2018年长寿区好记者讲好故事比赛”中，2人获一等奖。9月14—15日，2018年长寿湖铁人三项赛系列活动宣传报道，“焰火晚会直播视频回放”点击量100000+，实现历史性突破。11月8日第十九个记者节，区广播电视台5名新闻工作者，3条外宣作品、6条内宣作品受到区委宣传部表彰。1人在重庆市电视艺术家协会播音主持专委会举办的“2018年度重庆‘鸣声奖’评选大赛”中获评十佳主持人。在11月27日举行的“‘逐梦新时代，共创新辉煌’——2018年长寿区区级机关事业单位及在长寿市属部门组文艺调演”中，3人出演的诗朗诵《盛世中国》获第一名。1人被推选为“重庆市青年联合会委员”，在12月27日重庆广电协会播音主持专委会举办的“第二届‘重庆之星’电视主持人大赛决赛”中，获得优胜奖。在重庆广电集团（总台）召开的“全市知识产权保护表彰座谈会”上，1人被评为“电视节目交流先进个人”。

（肖　举　罗洪波）

《长寿日报》

【概况】　2018年，长寿日报社为区委直属正处级财政全额拨款事业单位，核定事业编制30人。年底实有在岗职工39人，其中在编职工28人，社聘职工11人；退休职工2人。内设机构为8个，即：办公室、总编室、新闻采编部、副刊采编部、网络部、质评通联部、经宣部、新媒体部。其宗旨和业务范围为：及时准确地宣传党的路线、方针、政策和区委、区政府的重大政治经济活动，宣传全区建设成就、经验和先进典型。长寿日报社拥有7大媒体平台1个公司，即《长寿日报》、人人长寿APP、长寿新闻网、长寿手机报、长寿日报微信、长寿日报微博、长寿日报头条号和重庆今日广告有限责任公司。《长寿日报》连续8年获重庆市优秀区县报。

【新闻宣传工作】　2018年，《长寿日报》强化主题宣传，壮大主流声音。先后推出“推动重庆各项事业沿着习近平总书记指引的方向奋力前行”“乡村振兴长寿在行动”“扫黑除恶进行时”“齐心做好第四次全国经济普查”“在行动”“看效果”“扎实推进重大项目落地见效”“兴调研转作风促落实”“改革开放40周年百姓故事会”等大型全媒体报道，持续宣传长寿区深入贯彻落实中共十九大精神、习近平新时代中国特色社会主义思想、习近平总书记视察重庆重要讲话精神和参加重庆代表团审议重要讲话精神的生动实践，实施“三大攻坚战”“八项行动计划”“兴调研转作风促落实”的具体措施，为推动高质量发展凝心聚力。推出“我与新时代”“决胜基本解决执行难”“美丽中国我是行动者”“提升城市品质共享美好生活”“文明建设让生活更美好”等专题专栏，为创造高品质生活加油鼓劲。全员参与，精心策划，融媒体专版专栏专题报道2018年中国铁人三项联赛重庆站暨重庆长寿湖国际铁人三项赛、首届海峡两岸姊妹湖产业协作年会、长寿区第二届运动会、长寿湖半程马拉松赛等重大活动、体育赛事，提升长寿的知名度和美誉度。

【活动引领】 2018年，长寿日报社策划组织实施长寿区中国旅游日暨“长寿人游长寿”主题活动，长寿区庆祝首届“中国农民丰收节”活动，“新闻帮扶 助力乡村振兴”活动，探索融媒体传播规律，扩大融媒体传播力、引导力、影响力、公信力。与区委宣传部、区文明办、区教委、区总工会联合开展长寿工匠、新时代好少年、十大孝星、长寿乡贤评选活动；与区妇联联合开展最美长寿女性随手拍、最美阳台最美庭院评选活动；与区农委、区规划局、区建委、城管局联合开展乡村振兴大家谈、城市品质提升有奖征文活动；与区人大教科文卫工委、区规划局、区城乡建委、区城管局开展学前教育、城市管理问卷调查。做到“月月有大活动，周周有小活动”。

【队伍建设】 2018年，长寿日报社通过党组中心组、党员大会、职工会，学习贯彻落实中共十九大精神及习近平总书记系列重要讲话精神，推动意识形态工作责任制落地落实，强化理论武装，提高政治站位。持续派出编辑记者参加中国记者协会、重庆报业协会、重庆日报报业集团、华龙网组织的全媒体技能培训，增强编辑记者的互联网思维，提升新媒体采编业务和推广运营能力。坚持每周五集中业务学习，记者谈采访心得、写作体会，编辑讲编辑思路、存在问题，面对面探讨，提高业务学习的针对性和有效性。以栏目为导向，以制度为保证，策划多种活动，引导编辑记者深入基层、深入一线、深入群众；加强新闻策划、跟踪落实指导，重大活动全员参与，在各项宣传工作中锻炼队伍。坚持向全能型转变，大胆起用新人，充实到新媒体编辑岗位，实行编辑记者轮岗制度；完善采编工作考核办法，加大基层稿件和新媒体考核权重，鼓励视频、直播报道，推动编辑记者向全媒型、全能型转变；长寿日报社越来越多的编辑记者，不仅能写文字稿件、拍摄图片，还能主持活动、拍摄视频、参与直播。 （汪月琴）

图　书

【概况】 1987年长寿县图书馆在望江路独立建馆，面积3200平方米。2007年8月，长寿区图书馆新馆建成开放。新馆位于桃花新城长寿中学旁，占地面积0.27公顷，建筑面积6400平方米。2018年馆内有职工18人，其中副研究馆员2人、馆员8人，工作人员都具有大专以上学历。馆内拥有读者座席1500席，计算机110台，全馆无线网络全覆盖。建有图书馆网站、移动图书馆APP和微信公众号平台，配备有自助办证机、自助借还书机、博看4K触摸屏智能终端、电子书借阅机等现代化设备。长寿区图书馆全民阅读活动和各项业务工作先后73次获得上级相关部门表彰、奖励，其中获集体类奖项9次，个人类奖项64次；已连续3届被文化和旅游部评为“国家一级图书馆”；2018年，区图书馆“学校—学生—家庭—社会 推进全民阅读”活动获全国阅读推广优秀项目奖；在2018年重庆市区县“三馆”免费开放绩效评价中获得“一等馆”荣誉；在第六次全国县级以上公共图书馆评估定级工作中获全国“一级图书馆”称号；在2018年“阅读之星”—重庆市民诵读大赛中获“组织奖”；在“2018年全国少年儿童阅读年”—绘画作品征集大赛中获“优秀组织单位”；在重庆市第十届图书馆少儿服务工作学术研讨会中获“优秀组织奖”；在重庆市第十届“红岩少年”读书活动少儿朗读比赛中获“优秀组织奖”。

【业务建设】 截至2018年年底，长寿区图书馆总藏书量956313册（次），其中纸质图书391341册（含盲文图书5288册），古籍3300册，报刊437种，视听文献19089件（套），电子文献578759册（次），特色馆藏1500册《四库全书》、1800册《续修四库全书》1套，建有地方文献全文数据库、地方文献书目数据库、电子文献书目数据库、古籍图书书目数据库。全年文献购置费250000元，采用金盘集成管理系统。

2018年，长寿区成功申报全国文化信息资源共享工程2019年度地方资源建设项目《远去的歌谣——巴渝口承语言民俗之劳动歌谣》微视频1个，是继《福寿故里 长寿文化》《巴渝民居》《长江支流中的巴渝文化》专题片后，长寿区图书馆第四次获文化和旅游部全国公共文化发展中心项目立项。此前，区图书馆完成《巴渝民居》专题片拍摄制作工作，对《长江支流中的巴渝文化》专题片完成招标。之后，将推进落实《远去的歌谣

——巴渝口承语言民俗之劳动歌谣》的拍摄制作工作。

【读者服务】　长寿区图书馆常年坚持365天开馆，每周开放时间逾70小时，开放服务窗口13个，实行免证阅览，凭证外借。2018年持证读者25586个，全年各服务窗口总流通人次388521人（次），文献外借381579册（次），馆外流动服务借阅8156人（次）、流通17315册（次）；举办讲座、培训、展览、辅导、阅读推广活动达156场（次），参与人数10万人，受众人数30万余人；被中央和市级媒体宣传报道46次。成功承办“阅读之星”——重庆市民诵读大赛第二片区复赛，办赛能力得到各级领导和广大市民认可。继“1+6”亲子阅读国家级品牌活动后，区图书馆先后推出“学校—学生—家庭—社会 推进全民阅读”市级品牌活动以及区级“亲子阅读点亮长寿”、亲子阅读擂台赛、亲子阅读故事展演、“寻找最美朗读者”全民诵读活动、学习型机关建设、悦动书吧等品牌活动，引领长寿区全民阅读工作和“书香长寿”建设迈上新台阶。

【总分管体制】　长寿区在镇（街）、村（社区）建立起上下联通、服务优质、有效覆盖的图书馆总分馆制，构建起以区图书馆为总馆，各镇（街）、村（社区）图书室为分馆，部分有条件的企业、学校图书室为补充的总分馆服务体系，实现总馆主导下的文献资源统一采购、统一编目、统一配送、通借通还和人员的统一培训。截至2018年年底，区图书馆拥有区级总馆1个、街镇分馆19个、村（社区）分馆41个，区、镇（街）、村（社区）61家总分馆全部实现“一卡通”通借通还。2018年，全区总分馆投入专项经费24.98万元，总分馆文献流通与阅览284868人（次）760667册（次）。全年举办街、镇（村）图书管理员及共享工程技术员培训19场（次）、辅导15场（次），受训500人（次）。

【管理工作】　2018年，长寿区图书馆抓绩效考核评职评优，把干好本职工作、促进图书馆事业发展、服务广大市民作为工作目标，制订出台《长寿区图书馆年度绩效考评实施方案》，规范部室职能职责、工作制度，每月定期召开工作例会，抓好职工思想政治教育。每月召开一次支委会和一次全体党员会议，每季度上一次党课，加强图书馆党的建设；长寿区图书馆党支部全年开展“三会一课”、主题党日、专题讨论、党史知识竞赛、组织关怀慰问、心得体会等理论学习和实践活动45次，在凤城街道敬老院开展的敬老爱老慰问演出活动以及馆内读者党史知识竞赛，受到市级媒体宣传报道。　（胡小强）

电　影

【公益电影放映】　2018年，长寿区按照政府购买、群众受惠的农村电影发展新思路，常年把优秀的电影送到农村、社区、校园和广场。全区在2018年开展惠民电影公益放映活动3266场，观众112万人（次），其中农村行政村放映2676场，社区放映174场，为农民工放映16场，学校爱国主义教育电影放映400余场，完成上级下达的全年公益电影放映任务。开展“我们的中国梦·光影惠万家”——2018年长寿区欢度元旦春节电影放映活动320场，开展“光影呈现·改革辉煌”——庆祝改革开放40周年主题电影放映活动320场，开展“保护绿水青山·留住金山银山”环保主题系列惠民电影放映活动25场。坚持开展扫黑除恶专项斗争宣传放映活动。利用电影放映宣传企业文化或产品，包括企业相关的促销等活动。与市教委联合放映2018年中职招生公益宣传电影25场。

【经营性电影放映】　2018年，长寿区以“传播文化、分享快乐、服务群众”为宗旨，为长寿人民提供舒适的电影文化消费场所。全年经营性电影安全放映2.4万场，观影市民45.2万人（次），票房总收入1535万元。　（罗洪波）

群众文化

【文艺活动】　2018年，长寿区将全区性大型文化活动与社区、企业、校园经常性群众文化活动结合，策划、组织开展各种文艺演出、艺术展览，组织送文化下基层进社区；举办2018年迎春晚会、文化馆老年大学暨免费开放学员辞旧迎新美术书法摄影展、“讴歌新时代 赞美新生活 展现新面貌”书画院美术书法摄影作品展、春节文化下乡活动、“天赐长寿·美丽乡村”重庆市十人摄影展、第二届社区文化节、重庆市长寿区文化和自然遗产宣传展览活动、2018年重庆长寿湖龙舟赛开幕式、“庆祝建党97周年”长寿南岸两地文化交流暨免费开放汇报展演、长寿区“乡村振兴 文化先行”文化志愿小分队进村坝展演活动、首届海峡两岸姊妹湖产业协作年会暨长寿区非物质文化遗产歌舞集专场文艺演出《长寿传说》、“美好新时代·文化润万家”长寿区第八届街镇文艺会演、曲艺进校园“百人快板”活动、“拥抱新时代·共创新辉煌”长寿区文艺调演等各类大型文化活动30余场。区图书馆全年投入活动经费120余万元，举办多种群众性诵读、阅读活动，引领全区全民阅读工作和“书香长寿”建设迈上新台阶。推进民生实事相关任务，送演出进村569场，送图书阅览进村100场，送展览讲座进村95场，送辅导培训进村60场，送法规政策宣讲进村60场，服务总人数62.6万人，总投入资金76万元。对19个街镇文化服务中心主任、221个村（社区）图书管理员、文化志愿者进行图书分类、上架、“一卡通”通借通还及音乐、舞蹈等业务培训，受众人数1500余人。

【阵地建设】 2018年，长寿区出台《长寿区文体基础设施振兴行动计划（2018—2020）》，在全市率先出台乡情馆、文化大礼堂、民间演艺团队、文化体育志愿者建设标准；启动区美术馆、区博物馆、区文艺家活动中心、区文化艺术中心、室外固定演艺场、文化大礼堂、长寿剧场改造等选址、设计前期启动工作。年内建成1个街镇文化馆图书馆分馆、34个村（社区）图书馆分馆、3个村文化馆分馆，实现公共文化资源有效配置；实施“图书馆+”创新服务，依托医院、机关、超市、诊所，建成“悦动书吧”22个。区文化馆投入25万元用于视频会议系统、监控系统和客流量等大数据建设相关设施设备，总分馆业务管理系统投入25万元；运用“互联网+文化”服务理念，利用移动互联网技术优势，建立数字公共文化服务门户网站，开设微信公众服务号，依托重庆文化云平台，整合全区文化资源；推行“长寿区文化馆免费培训网上报名系统”，完成春秋两季免费培训网上报名工作；全年开展文化配送到基层活动、服务群众20万余人（次）；重庆市群众文化云平台长寿区分平台注册量7600人、年访问量32万余人，综合原创信息发布量300条，微信公众平台关注量4000余人，原创信息发布60余条，浏览量4万余人（次）。

【文艺创作】 2018年，长寿区文化馆结合全年各级比赛计划创作文艺作品，优选具有冲奖实力的作品进行深加工、再提炼、出精品。2018年，在“非遗”和音乐、美术、舞蹈、曲艺方面分别创作合唱《拖滩号子》、花鼓《酒歌》、舞蹈《薅秧》、义和锣鼓《欢庆》、表演唱《赛龙舟》、歌曲《长寿传说》等优秀文化作品；其中，区文化馆馆长参加重庆市委宣传部主办的市民诵读大赛中获得最高奖星光奖，长寿的原创作品《五月寿湖赛龙舟》参加“第八届重庆市乡村文艺会演”获（音乐类）三等奖，区文化馆美术专业干部的《期待》水粉画入选重庆市文化馆干部美术书法摄影展；区文化馆曲艺专业干部创作的《朋友圈》获“第六届重庆市戏剧曲艺大赛”的三等奖和“第六届重庆市曲艺大赛”的人气奖，区文化馆1名文化专干在重庆市文化系统学习贯彻中共十九大精神“不忘初心 牢记使命”主题演讲比赛中获三等奖，区文化馆舞蹈专干创作的广场舞《人到长寿人长寿》在参加“第八届重庆市乡村文艺会演”比赛中获（舞蹈类）三等奖，《拥抱长寿》在参加第十九届垫江牡丹文化节渝东北片区广场舞比赛中脱颖而出，以总分高分获此次大赛第一名，该作品还在11月的全国广场舞展演重庆市第三片区展演活动中获优胜奖，成功晋级全重庆市的决赛。

（游　苑）

地方文化传承

【非物质文化遗产保护】 截至2018年年底，长寿区区级非物质文化遗产名录有39个项目，其中10项已纳入市级名录，7人成为市级非物质文化代表性传承人；年内完成非遗展厅的设计和资金申报工作。完成后三峡自然与历史文化遗产保护项目经费的合理使用，即非物质文化遗产档案建设及传承人补助项目建设资料的收集整理以及项目建设验收、审计、结算工作；完成《大美长寿画册》《民间故事》《荷叶唱词》《长寿非遗》等4本书籍的出版印刷及《长寿民歌选》的收集整理工作。做好对7个市级非遗名录项目代表性传承人2017年度的考核及专项资金的申请与发放工作。配合完成渡舟街道、石堰镇特色小镇的报送工作。组织非遗花鼓项目参加第三届重庆市民间文化艺术之星选拔比赛的报名及参赛工作。完成“付何竹编工艺”“长寿湖鱼面制作工艺”“长寿民歌”3项申报第六批市级非物质文化遗产代表性项目，其中“长寿湖鱼面制作工艺”“长寿民歌”2项申报成功。完成申报并公布长寿区第七批非物质文化遗产名录4项，长寿区第六批非物质文化遗产代表性传承人9人。组织参加区级、市级、国家级的各种非遗展演活动20余次。

【文物保护】　不可移动文物保护。2018年，长寿区完成年度文物安全责任书签订工作，区政府与街镇政府、区文化委与市文物局、区文化委与文物保护单位责任单位或个人分别签订安全责任书，落实责任，确保文物安全；与重点文物单位现场看护人员签订安全协议，提高安全防护意识，杜绝文物安全事故发生。开展对全区文物价值的评估和研究，拟定张家祠堂、秦家大湾碉楼、廖井丹故居3处文物为第九批区级文物保护单位，已经由区人民政府正式公布，至此，长寿区区级以上文物保护单位增加至39处。推进文物保护工程，完成陈燮烈士纪念碑保护工程设计方案并通过市文物局评审，已申请市级文物保护专项经费36万元，年内启动保护施工；组织召开《长寿区三倒拐历史文化街区保护规划》（示范段外）专家评审会，推动三倒拐文物保护；推进巴妇清墓葬保护性迁移工作，投资20.2万元对巴妇清墓葬进行保护，于11月初启动施工。加强文物安全巡查，推进文物安全综合管理平台使用工作，注册巡查员90余人，按期完成文物巡查工作；开展长寿区文物建筑消防安全大检查，由区文化委、文化执法支队、文物管理所联合区消防支队组成2个检查组对全区文物保护单位开展消防安全检查。

可移动文物保护。长寿区发挥馆藏文物作用，编辑出版《长寿区可移动文物选》。启动馆藏文物修复工作，对馆藏75件陶瓷器、青铜器及铁器文物进行修复保护，年底前编制完成修复方案。

三峡库区文物保护。长寿区完成后三峡2019年度项目申报材料的提交工作，申报2个文物修复项目，分别为林庄学堂旧址保护项目（申报经费411.29万元）、聂氏宗祠保护项目（申报经费590.92万元）；申请桓侯宫（二期）项目1226万元。

传统村落及历史建筑保护。申报双龙镇罗围村和葛兰大坝村进入重庆市传统村落名录，市里正在审核。长寿区三倒拐进入重庆市历史文化街区预备名录，秦家大湾3号民居、双龙镇正街52号、深沟湾碉楼、原天台乡卫生院4处建筑进入重庆市历史建筑预备名录。石堰镇狮子村戴家祠、双龙镇红岩村张家祠堂、海棠镇张家寨、葛兰镇邵家桥、狮子滩水电站大坝等5处建筑进入重庆市第一批优秀历史建筑名录。

文物保护其他工作。2018年“文化和自然遗产日”活动主题为“文化遗产的传播与传承”，区文管所与文化馆合作，用展板展示、发放文物保护宣传资料等方式开展“文化遗产宣传月”活动。组织长寿区不可移动文物故事征集和文化遗产摄影大赛，以文字和图像展示历史文化遗产的风采，营造保护文化遗产的氛围。市文化委副主任、市文物局局长带领调研组对长寿区文物工作进行调研，重点调研文物复建、历史文化风貌区保护、文化脱贫攻坚等工作推进情况。召开2018年度文物安全工作会暨文物安全综合管理平台使用培训会，传达学习市政府关于进一步加强文物安全工作的通知，学习文物安全综合管理平台的使用。

（张七昌）

档　案

【概况】　长寿区档案馆原名长寿县档案馆，成立于1959年11月24日；长寿县档案局成立于1980年9月13日，与长寿县档案馆合署办公。2002年长寿撤县设区，长寿县档案局（馆）更名为重庆市长寿区档案局（馆）［简称区档案局（馆）］，2003年区人事局批准区档案局为区政府直属参公管理正处级事业单位，编制13人。2010年设定编制15名，设办公室、档案业务指导科、档案保护利用科，内设机构领导职数6名。2015年6月增设档案信息技术科，增加内设机构领导职数1名，内设机构为3科1室。2017年12月设立行政审批科，挂靠在档案业务指导科。2018年2月，核减1名事业编制，由15名核减为14名。

区（县）档案馆于1997年晋升为重庆市二级档案馆，2009年晋升为重庆市一级档案馆，2012年晋升国家二级综合档案馆，2014年入选全国最美档案馆，2015 年成功创建国家级数字档案馆。2010—2017 年，连续 8 年获重庆市档案局档案工作目标考核先进单位。

【数字档案馆建设】 2018 年，区档案局（馆）研发支持 OFD、PDF 等格式的电子文件自动归档，在区政府办、区财政局、区侨联、石堰镇等单位启动电子文件在线归档试点，实现政务 OA 系统与数字档案管理系统对接。开展馆藏数据核对清理工作，完成文书档案 10.5 万卷，婚姻档案 7828 卷 1.1 万件的数据清理校对工作，扩容档案电子数据增量 2T。

【依法治档】 2018 年，区档案局（馆）落实“谁执法，谁普法”要求，开展学法、用法、执法活动。组织干部职工参加普法学习、考试；扩大档案法制宣传，规范执法程度，结合“双随机一公开”和专项执法检查，对 21 个区级单位开展档案行政执法检查一次。推进深化“放管服”改革，实施行政许可标准化建设，所有行政审批事项实现网上办理，完成行政审批事项 6 件。

【档案业务指导】 2018 年，区档案局（馆）业务培训向镇、村一级延伸，开展各类档案培训 15 次，参训 500 多人；机关档案工作人员培训实现全覆盖。指导区扫黑办完成扫黑除恶专项斗争档案整理工作，参与验收完成 10 个市（区）级建设项目档案，6 个三峡后续工作项目档案。

【档案馆基础业务】 2018 年，区档案局（馆）加强档案资源建设，接收 21 个单位档案 418 卷，文书档案 50431 件、婚姻档案 258 卷；接收 9 个市属国有企业退休职工档案 8014 册；纸质件与电子件同步移交，进馆档案全部实现数字化，接收数字档案条目 94597 条，扫描幅面 702011 幅。对 2 万多卷破产企业会计档案进行全面清理，重新整理出工资档案 1450 余卷并进行数据扫描。严格执行档案开放、划控和解密规定，对长寿区妇联、团区委在 1949 年至 1987 年间形成的 20005 件档案进行鉴定，鉴定后向社会开放档案 16542 件。继续狠抓国家重点档案保护与开发项目，完成 14.8 万件国家重点（民国）档案目录基础体系建设任务。接待机关、企事业单位和群众查阅档案 9085 人（次），调阅档案 22714 卷（件），复制档案、出具各类证明 12000 余份。

【档案安全】 区档案局（馆）始终将档案安全工作摆在首要位置，把档案安全作为重中之重抓紧抓好。向区财政局申请到位资金 120 万元，用于档案安全设备购置。更换库房 5P 空调 13 台、档案库房恒湿消毒一体机 13 台、UPS 电池 40 组、服务器 2 台、磁盘阵列 1 套、机房精密空调 1 台，购置库房强电线路改造服务 1 套。加强数字化场地标准化建设，设立专门的档案数字化工作用房 2 间，安装高清摄像头全方位进行监控，保障数字化工作安全；强化数字化外包服务机构监管，完成 7 家公司资质审查。

【党建工作】 2018 年，区档案局（馆）注重党员思想政治建设，将中心组学习与“三会一课”有机结合，全年开展中心组学习 13 次、支委会 6 次、党员大会 12 次、党课 3 次。围绕特殊纪念日抓主题党日活动，清明节组织党员到烈士墓开展“清明祭奠英烈”活动，“七一”组织党员到渣滓洞、白公馆参观，使全体党员牢记党的宗旨。助推脱贫攻坚，到洪湖镇长生村开展扶贫政策宣讲活动，对接扶贫户 11 户，入户宣讲 40 余人（次），帮助扶贫对象贷款 13.1 万元发展养殖业；到凤城街道长风村党支部开展结对共建活动，调研基层党建情况，慰问贫困党员 5 名，发放扫黑除恶专项斗争宣传资料 110 余份。（李勇军）

体育

【竞技体育】 2018 年，长寿区围绕建设体育强区目标，强化改革创新，建立长效机制，走出“场地共建，经费共出，人才共用，资源共享，责任共担”的具有长寿特色的体教结合之路。以备战市六运会为契机，深化“体教结合”，优化竞技项目布局，强化青少年训练，实施水上项目跨界选才工作，承办全市青少年羽毛球、围棋、象棋锦标赛和跆拳道冠军赛，组队参加全国全市青少年锦标赛、冠军赛。长寿区 5 名运动员参加全国皮划艇（静水）青少年锦标赛，获得金牌 2 块；陶静苡获全国艺术体操锦标赛第一名，获全市田径锦标赛儿童组团体第一名；长寿区获全市青少年锦标赛、冠军赛金牌 54 块；拳击运动员田鑫豪获 2018 年全国少年男子拳击锦标赛 46 千克级冠军；摔跤运动员那俊杰获 2018 全国古典式摔跤冠军赛 87 千克级冠军；游泳小将罗某某在 2018 年重庆市游泳冠军赛

50 米、100 米项目中获得冠军，两度打破尘封五年的重庆市游泳项目女子纪录；2018 年重庆市田径锦标赛上长寿区儿童组以团体总分 101 分获全市第一名，获男子 4×100 米、女子 4×100 米、女子 60 米 3 块金牌，取得历史最佳成绩。随着田径、篮球等基础性大项的崛起以及申办创建全国全民健身模范区、全国围棋之乡等工作的开展，长寿区体育工作正在由体育大区向体育强区转变。

【群众体育】　2018 年，长寿区新建社区健身点 10 个、健身路径 15 条，更新农民体育健身工程器材 30 套。区体育中心室外场地 24 小时对外免费开放；五环健身中心和室内场地每天 4 小时免费对外开放，其余时段实行低收费开放。先后承办 2018 年重庆长寿湖龙舟赛、2018 年重庆长寿湖国际铁人三项赛、2018 年重庆长寿湖半程马拉松赛、2018 年重庆市青少年羽毛球锦标赛、2018 年重庆市跆拳道冠军赛、2019 年重庆市新年登高活动；举办篮球业余联赛、足球业余联赛、乒乓球联赛、羽毛球联赛等大型群众赛事活动 12 次以上，超过 10 万人（次）参与。成功举办长寿区第二届运动会，有来自各街镇、机关事业单位、企业的 65 个代表团（街镇组 19 个，机关事业单位组 22 个，企业组 24 个）的万余名运动员参赛。

【体育产业】　截至 2018 年年末，长寿区有体育产业经营单位 867 家，规模以上体育企业 13 家，体育产业相关从业人员 3600 余人；2018 年实现体育产业增加值 4.04 亿元，同比 2017 年增长 14.42%，占全区 GDP 比重 0.89%。新兴体育健身市场快速发展，除登山、跑步、游泳等传统体育健身市场蓬勃发展以外，户外真人 CS、汽车露营、瑜伽、街舞团等新兴体育休闲户外健身市场也逐建兴起。年底前，全区有正规注册的体育健身单项协会 7 个、俱乐部 12 个；有经营性室内外游泳馆（池）9 家、台球厅 16 家、跆拳道馆 12 家、户外真人 CS 基地 4 家、汽车露营基地 2 家。体育用品销售市场日益增长，2018 年，全区体育用品销售额增长 30% 以上；年底前，全区有体育用品经营商户 200 余家（包括各大商场体育用品销售商户），主要以销售体育服装为主，体育运动器材为辅。老城协信广场和新城世纪广场两大商圈已形成较为集中的体育用品销售市场。体育场馆管理运营水平不断提高，整合长寿区新城体育中心场馆资源，引入大巨典文化体育公司参与场馆建设管理经营，拓展公共体育场馆服务领域和经营范围，新增武术、拳击、台球、乒乓球、羽毛球、艺术体操、跆拳道、瑜伽、围棋等体育项目服务，提升公共体育场馆免费低收费服务水平；全年对外开放 365 天，周对外开放 42 小时，日均接纳健身人数上千人（次）；探索“国建民营”“民建民营”等运营管理模式，联合瑞康文化体育公司建成“长寿爱尚羽毛球馆”，自 2017 年 6 月对外营业到 2018 年年底，已接纳到馆参与羽毛球体育健身运动群众 2 万余人（次）。体育彩票销量逐年递增，年底前全区有体彩销售网点 52 家；2018 年长寿区通过出台体彩优质网点奖励扶持政策、在城区繁华路段增设体彩销售网点、开展多种促销活动等手段使全区体彩销售收入呈逐年递增态势；截至年底，全区销售体彩 1.4 亿元。（张可宣）

教育 科技

教 育

【概况】 2018年，长寿区教育工作贯彻落实全国、全市教育大会精神，贯彻市委、市政府关于教育改革发展各项决策部署，全面加强党的建设，不断优化教育结构，努力增强人民教育获得感，全面推进素质教育，不断提高师资水平，加快推进教育现代化，努力办好人民满意教育，为推动教育强区建设奠定基础。是年，全区有各级各类学校245所（含教师进修校1所，农村成人文化技术学校18所），比2017年增加32所，增长13.18%；在校学生90048人（含民办），减少1867人，下降2.03%；教职工8293人（含民办），增加296人，增长3.7%；学校占地250.62万平方米，增加6.61万平方米，增长2.71%；校舍建筑面积120.42万平方米，增加0.46万平方米，增长0.38%；教育经费总收入18.22亿元，减少0.79亿元，下降4.14%；总支出18.42亿元，减少0.66亿元，下降3.5%。

【机构变动】 2018年7月4日，长寿区教育党工委印发《关于明确重庆市长寿区晏家实验小学校（重庆市长寿区晏家街道教育管理中心）内设机构等事宜的通知》，重新核定晏家街道教管中心内设机构及领导职数。7月20日，印发《关于明确重庆市长寿区葛兰镇中心小学校（重庆市长寿区葛兰镇教育管理中心）内设机构等事宜的通知》《关于明确重庆市长寿区云台镇中心小学校（重庆市长寿区云台镇教育管理中心）内设机构等事宜的通知》《关于明确重庆市长寿区海棠镇中心小学校（重庆市长寿区海棠镇教育管理中心）内设机构等事宜的通知》《关于明确重庆市长寿区万顺镇中心小学校（重庆市长寿区万顺镇教育管理中心）内设机构等事宜的通知》，重新核定葛兰镇、云台镇、海棠镇、万顺镇4个教管中心内设机构及领导职数。9月14日，印发《关于同意撤销长寿区石堰镇木耳小学校的批复》，同意撤销石堰镇木耳小学校。11月5日，印发《关于同意撤销长寿区葛兰镇兰山小学校的批复》，同意撤销葛兰镇兰山小学校；同日，印发《关于设立重庆市长寿区凤城街道中心幼儿园等60所公办幼儿园的通知》《关于核定重庆市长寿区凤城街道中心幼儿园等60所公办幼儿园领导职数的通知》，独立设置凤城街道中心幼儿园等60所公办幼儿园，明确每一所公办幼儿园的领导职数。

【党的建设】 2018年，长寿区加强党对教育工作的领导，深学笃用习近平新时代中国特色社会主义思想，广泛宣讲、认真贯彻落实全国、全市教育大会精神，教育系统全体党员始终坚持与党中央保持高度一致；有序推进"两学一做"学习教育常态化制度化，创建14个党建示范点。加强教育系统党组织建设，组建中共重庆市远恒佳学校支部委员会，将川维中学、长一中、实验中学、实验一小、葛兰教管中心5个党总支调整为党委；加强川维小学后进党支部的整改，制定整改清单、落实整改措施。加大党员干部队伍培养力度，在青年教师中发展新党员11名，完成党员转正13名，新提任干部103人，中层干部正职及校级干部交流轮岗26人，分别组织70名校长（书记）、60名党组书记进行集中培训。开展涉权事项工作，录入党员干部信息742人，登记亲属信息8696人，涉权事项8项，涉及金额2340.26万元。压实基层党组织"主体责任"，全年约谈156人（次），书面函询48人（次），批评教育及提醒谈话41人（次）。运用执纪"四种形态"，全年处理64人（次），其中运用第一种形态开展诫勉谈话、批评教育、谈话函询60人（次），占93.75%；第二种形态纪律轻处分3人，占4.69%；第三种形态纪律重处分1人，占

1.56%。加强保密工作，全年未发生涉密文件泄密事件。重视意识形态工作，确保政令畅通，政治生态持续向好。

【各类教育】 学前教育。坚持学前教育公益普惠基本方向，推动学前教育深化改革规范发展。实施第三期学前教育三年行动计划，构建覆盖城乡、布局合理的学前教育公共服务体系，缓解“入园难、入园贵、入园不放心”的问题。全区有幼儿园132所，其中公办幼儿园61所，民办幼儿园71所，公办园占比46.2%；示范级幼儿园1所，一级幼儿园52所，二级幼儿园33所，三级幼儿园40所，未定等级幼儿园6所；新增普惠性幼儿园12所，总计110所，普惠率79.97%；有幼儿教师1890人，比2017年增加391人，增长26.08%；在园幼儿15945人，减少418人，减少2.55%；学前一年和学前三年毛入园率分别为97%和90.5%。

义务教育。出台《长寿区教育系统实施乡村振兴战略行动工作方案》，以振兴乡村教育为契机，实施“城乡学校手牵手计划”，实现每一所优质城区学校帮扶一所农村薄弱学校，推进城乡义务教育一体化发展。加大教育保障力度，健全以财政拨款为主，财、税、费等多渠道筹措教育经费的教育投入机制，采取差异化拨款的方式，保障农村小规模学校办学。2018年有义务教育阶段学校90所，其中公办小学59所，九年制学校7所，街镇初级中学13所，高完中学校初中部8个，民办小学1所，民办九年制1所，民办初中1所，有教职工3931人，在校学生56748人；每万人口在校义务教育阶段学生652.86人，比2017年增加14.15人，上升2.22个百分点。坚持划片招生、免费免试就近入学，义务教育阶段入学率100%。

普通高中教育。推进特色优质高中建设，坚持普通高中招生“三限”政策，深化招生制度改革，市级重点中学招生指标85%分配到校，确保薄弱学校的重点中学升学配额。2018年有普通高中学校8所，其中市级重点中学4所；教职工2177人，在校学生12630人，普通高中教育入学率63.61%，比2017年减少5.8个百分点。推进捆绑发展战略，普通高中教育质量稳步提高，高考报考5720人，参考5678人，参考率为99.26%；录取5175人，录取率为90.47%，升学比例为1:1.05；长寿中学考生向某某被北京大学临床医学（八年制）专业录取，长寿中学考生孔某被清华大学设计学类专业录取。

中职教育。推进职业教育快速发展，推动“双师型”“双证制”“双基地”建设，加强产教融合、校企合作，提升办学质量。2018年，长寿区有中等职业学校3所，其中公办1所，民办2所；国家级重点中等职业学校1所，市级示范中职学校1所。全区中职学生4574人，中职教职工262人，2018年招生1630人。重庆医药学校新增占地面积0.72公顷，新增校舍建筑面积8560平方米，新设康复专业、护理专业被确定为市级重点专业。拓宽就业渠道，中职毕业生升入高一级院校781人，就业403人，就业率98.5%，对口就业率90.2%。组织教师参加“巴渝工匠”杯第五届三峡工程重庆库区职业技能大赛，医药学校2名教师在“保育技能”项目中获一等奖、二等奖；组织教师参加全区第二届“长寿工匠”评选，实验一小教师彭某某获“长寿工匠”称号。

民办教育。规范发展民办教育，引导民办教育做大做强做优。重庆市远恒佳学校建成投用并如期开学。实施校外培训机构专项治理行动，整改规范校外培训机构88所，依法取缔42所。对30个民办教育培训机构、72所民办幼儿园、2所民办小学、1所民办初中、1所民办中等职业学校进行年检，1所民办小学基本合格，1个民办培训机构、1所民办幼儿园停办，其余全部合格。支持民办普惠幼儿园发展，给予一级幼儿园800元/生、二级幼儿园700元/生、三级幼儿园600元/生的标准奖补，激励继续举办民办普惠性幼儿园的积极性，新增民办普惠性幼儿园7所，总计49所，52所民办幼儿园通过重庆市一级幼儿园检查验收。举行学习贯彻习近平总书记在民营企业座谈会上重要讲话精神宣讲会，坚定民办园、民办学校、民办教育培训机构负责人依法办学的信念。

成人教育。开展社区教育，抓好区、镇（街）、村（社）三级公共文化服务体系建设，完善阅读设施。开展重庆市全民阅读启动仪式，800余名师生参加活动。组织成人高考，报名550人，参考535人，参考率为97.27%；上线456人，上线率为85.23%，录取471人，录取率为88.04%。组织2台成人高等教育自学考试，报名1826科次；

年内成人自考合格专门人才 18 人，其中本科毕业生 11 人、专科毕业生 7 人。

特殊教育。印发《长寿区第二期特殊教育提升计划实施方案》，明确 2018—2020 年工作目标。在特教学校开设首批特教学前教育班，建成特殊教育学校课程体系。制发《关于做好未入学残疾儿童入学工作的通知》，完成残疾儿童入学和学籍注册补建工作，实施一人一案送教上门教育方案，每年给予 6000 元/生的公用经费补助，保障残疾儿童受教育权利。残障儿童少年在长寿区就读 397 人，其中学前随班就读 18 人，义务教育阶段就读 246 人（“一人一案”送教上门 49 人），普通高中随班就读 10 人。

【基础设施】 2018 年，长寿区优化《重庆市长寿区城区普通中小学布点规划（2013—2020）》，调整桃花溪中学建设地址，启动古镇二小、桃花溪中学建设前期工作。全年投入 2.87 亿元，推进学校基础设施建设、维修。寿城水岸幼儿园建成投用，云台中心校扩建项目投入使用，重庆医药学校扩建、洪湖镇称沱小学寄宿制建设项目、龙河幼儿园新建工程完成主体工程，新建葛兰幼儿园完成主体和装饰工程。全区学校办学条件持续改善，中小学校舍标准化率 90%。投入 4000 万元，改造提升薄弱学校 36 所。黎明小学迁建项目完工，19 所学校运动场改造项目、石堰中学等 3 个卫生厕所改造项目已竣工并投入使用。

2018 年，长寿区教育装备投入 1709 万元，推进智慧校园建设，配置大屏幕智能交互一体机 322 台、电子智慧班牌 156 台，建设智慧教室 11 间、创客教室 3 间。投入 397.8 万元，建设实验一小等 5 所学校、7 间数字书法教室。投入 83 万元，购置黄葛九年制学校等 5 所学校录播系统。投入 21.8 万购置村点小班班通设备。投入 121 万元，购买教师办公电脑 220 台、班班通电脑 58 台。投入 249.6 万元，建设长寿中学的 3 间数字化创新教室。投入 68 万元，建设龙河实验小学、黄葛九年制学校云机房 2 间。投入 283 万元，建设黄葛九年制、桃花九年制等学校功能室、实验室、多媒体室，购置设施设备和危化品柜。投入 24 万元，购置数字图书借阅机 12 台。投入 111 万元，补充一批音体美器材。投入 159.5 万元，为实验一小、黄桷湾小学建设校园网络。

【队伍建设】 2018 年，长寿区教委加强师德师风建设。印发《关于开展 2018 年师德师风建设系列活动的通知》等文件，推行师德考核负面清单制度，实行师德“一票否决”，加大教师师德师风建设力度。组织评选 2018 年度师德师风标兵 10 名、师德师风标兵提名奖 7 名、表现突出个人 70 名，对 6 名违背师德和违法犯罪人员给予记过及以上的处分。举办爱岗敬业专题演讲 10 场，开展“铸师魂、守师道、立师表”青年演讲比赛 15 场，全区召开在职、退休教师教师节座谈会 200 余场（次），开展第三届“长寿好老师”演讲比赛和“师德对照检查”“学习身边师德楷模，增强教师职业幸福感”等活动。

教师招录与交流遵循公平、公正、公开原则，年内公开招考、考核引进、选调考试等招录教师 244 名，公开招考城区学校教师 86 名（含公费师范毕业生 22 名），公开招考农村学校教师 52 名，考核引进硕士及以上研究生 4 名、特色艺体教师 6 名，选调城区学校教师 96 名。继续实施中小学教师交流轮岗，全区交流轮岗教师 677 名，其中变动组织人事关系的交流轮岗 148 名，不变动组织人事关系的交流轮岗 529 名，交流教师占专任教师的比例为 10.61%；交流区级以上优秀人才 169 名，占交流教师的 24.96%。调动教师 229 名（含调出到区外 12 名、调到区内其他部门单位 14 名、教育系统内部调动 148 名、调入教育系统 55 名）；解聘教师 14 名，借调教师 40 名。合理分流桃花九年制学校普通初中教师 24 名，其中分流到长寿中学 21 名、分流到长寿一中 1 名、分流到本校小学 2 名。

编制及职称评定建立编制动态调整机制，统一城乡中小学编制标准，在重新核定编制过程中向乡村学校倾斜。截至 2018 年 12 月 31 日，全区教育事业单位拟核编制 7151 名，其中中小学教职工拟核编制 6051 名（小学 2936 名，初中 1920 名，高中 1195 名），教育自定拟核编制 1100 名（幼教 762 名，成教 39 名，特教 41 名，其他 258 名）。实有在编教职工 6495 名，其中普通中小学教职工 5860 名（小学 2744 名，初中 2125 名，高中 991 名），教育自定教职工 635 名（幼儿园 383 名，中职 108 名，特教 36 名，其他 108 名）；教职工与学生的人数比例高中、初中、小学分别为 1∶12.74、1∶9.57、1∶13.15。持续推进岗位设置和职称制度改革，全区教育系统核定岗位7151个（含专技岗位7005个、管理岗位32个、工勤岗位114个）。在职在编人员中，已聘专技岗位6359个（包括正高级6个、副高级997个、中级3083个、初级2135个、见习期138个），占教职工总数的97.91%；职员岗位24个（含副处级2个、正科级13个、副科级5个、员级4个），占教职工总数的0.37%；工勤岗位112个（含技师14个、高级工64个、中级工29个、初级工5个），占教职工总数的1.72%。

师资培训。整合教育资源，坚持“教科研训四位一体”培训理念，构建“三分”培训模式，建立“国家级—市级—区级—片区—学校”五级培训网络，实施“城乡片区联动”培训，全年举办培训项目56个（含国家级培训项目7个、市级培训项目10个、区级培训项目39个），参培6.22万人（次）［含国家级培训245人（次），市级培训3339人（次），区级培训5.8万人（次）］，在职教师人均培训9.54次/年，全年教师培训费支出1202万元，人均培训费1844元/年，人均85.3学时。加强新入职教师考核，开展2015年招聘的158名教师、2017年招聘的142名教师的考核工作。组织高级教师教学水平考评，通过率90.24%；组织一级教师教学水平考评，通过率100%。组织长寿区2018年小学教师课标教材教法考试，合格率99.9%。加强教师法治教育，6500余名教职工参加全区法治理论知识学习考试，6200余名教职工参加《中华人民共和国监察法》学习考试。强化教师专业技能提升，举办长寿区第八届中小学班主任基本功竞赛、长寿区第四届少先队辅导员职业技能大赛、2018年中小学教师优秀教育教学论文评选活动。

教师福利。2018年，全区教育系统发放绩效工资48926.8万元（含基础绩效23215.5万元、超额绩效25711.3万元），按时足额兑现绩效工资。根据《长寿区教育系统区级以上优秀人才奖励标准》《区教委各类劳务酬金及教师奖励发放标准》，投入115.86万元，给予12大类、870名区级以上优秀人才奖励或工作经费。投入248.4万元，保障落实37所乡村学校748名乡村教师岗位生活补助；投入887万元，保障落实2468名在乡镇学校工作的教师乡镇工作补助；投入1900余万元，发放2279名原民办教师养老和医疗补助经费。健全乡村教师荣誉制度，推进乡村教师荣誉证书登记、审核、发放工作，乡村教师荣誉证书全部发放完毕。

【德育及艺术教育】 2018年，长寿区加强德育工作指导，下发《关于加强法制和德治工作的实施意见》等14个文件，保障德育工作开展有章可循。加强德育队伍建设，全年组织开展“长寿区团队干部基本素养提升培训”等区级及以上培训9次。举行“百场家庭教育讲座”进校园系列活动；开展市级“家校共育”重点课题研究；成立校外心理辅导站，形成29名中小学专兼职心理辅导老师组成的心理咨询教师队伍；继续实施“校村联动”，落实关爱留守儿童各种政策，形成学校、家长、社区教育合力。加强德育课程建设，开设《弟子规》《知我长寿》《长寿区中小学生毒品预防教育读本》等区级地方德育课程。全年组织开展区级德育与艺术类活动38次；组织参加国家、市级德育与艺术活动和比赛，集体或个人获得国家级一等奖28个、二等奖33个、三等奖70个；获市级一等奖134个、二等奖122个、三等奖162个，优秀组织奖9个。加强特色学校和社会实践基地建设，新市中心校和万顺中心校被评为第四批“长寿区义务教育阶段艺术特色学校”，“奇色乡村生态园拓展教育基地”被评为第五批长寿区中小学社会实践教育基地。

【体育及健康教育】 2018年，长寿区教育系统按计划组织区级体育节系列比赛、综合田径运动会、校园足球联赛以及各项体育单项比赛，学校获得区级团体等级奖225个，个人获得区级等级奖913人（次）。组织参加市级及以上各项体育竞赛，获得国家级团体第八名1次，市级团体第一名4次、第二名4次、第三名5次、第八名1次，市级一等奖1个、二等奖1个、三等奖1个、道德风尚奖2个。个人获得国家级金牌5枚、银牌4枚、铜牌1枚，市级金牌43枚、银牌37枚、铜牌41枚。参加重庆市青少年游泳冠军赛，实验一小运动员罗某某打破女子7～10岁组50米和100米自由泳市记录。川维中学获全国“柔道特色学校”称号，川维中学李世龙、罗伟获得国家健将称号。加强体育后备人才培养，体育单独招生录取批30人。加强健康教育，组织专家到学校举办身心健康知识讲座50场（次）；发挥中小学卫生保健所作用，组建一支由30余人组成的专业队伍，负责全区中小学学生健康体检和学校卫生工作、健康教育、疾病防控指导工作；组织全区7万余名中小学学生进行常规健康体检。

【科技教育】 2018年，长寿区从打造科技教育强区出发，开展科技创新教育培训，开设STEAM课程，成立“3D打印”等学生社团，组织区内学校与重庆市发明协会达成青少年科技创新教育合作协议，提高全区科技教育水平。组织区级科技节系列比赛，学校获得区级团体等级奖27个；个人获得区级等级奖975人（次），优秀辅导奖461人（次）。组织参加市级及以上科技活动和竞赛，获得市级团体奖5个；个人获得国家级二等奖2个、市级奖61人（次）、优秀称号5个。组织教师参加全区科普讲解大赛，获一等奖1名、二等奖1名、优秀奖3名。组织教师参加第26届重庆市青少年科技辅导员论文征集评比，19篇论文获奖。

【教研科研】 2018年，长寿区教委以打造“高效课堂”为契机，抓好5项国家级课题、73项市级课题、243项区级课题，加强教研转型研究，组织开展专题研讨及专题讲座活动65次，教研员参加校本教研400余人（次）、开展区级教研活动50余次。组织长寿区教育科学“十三五”规划2018年度课题申报工作，26项课题予以立项。开展2017年度31项市级、区级课题中期检查，举行2018年度6项区级课题开题论证会，完成34项区级课题结题评审。重视高三教研，组织各学科全国知名教学专家，分别对高三9个高考学科的教师进行高三复习教学专门培训。教师参加市优质课比赛获5个一等奖、17个二等奖，小学教师参加重庆市教育学会专委会论文评比获等级奖103人（次）。开展长寿区“主题教研”征文评选活动，336篇论文获奖。组织参加2018年“一师一优课，一课一名师”活动，全区晒课2754节，获部级奖10节、市级奖59节、区级奖271节。

【安全维稳】 2018年，长寿区教委完善安全稳定管理体系，落实岗位职责，制定检查督查计划，加大校园安全检查督查力度，制发《全区教育系统安全稳定工作要点》等文件，完善《扫黑除恶专项斗争协作机制》等制度，与各校签订安全稳定工作责任书。加大安全教育宣传力度，发放《消防安全知识读本》3.2万余册，悬挂标安全语600余幅，新增宣传橱窗50余个，开展应急演练900余次、安全教育主题活动2600余次，收看安全知识光碟、教育片2600余次，举办预防溺水和交通、消防、铁路护路安全、健康等方面的安全知识讲座60余场（次），收到学生安全绘画作品200余幅。加强校园安保，年底前有保卫干部431人，护校队188个，护校巡逻队员1569名，校园保安560人。配置前台系统232套、镜头3610个，照明设备4312个，灭火器6590个，消防栓1961个，辣椒水、防割手套、盾牌、手电等器材若干，一键式报警器实现校园全覆盖。落实“三见”（见警察、见警车、见警灯），保障师生上学放学时段安全。全年教育系统受理信访287件，完成率100%。

【群团工作】 2018年，长寿区教育系统开展送温暖活动，投入经费15.2万元，慰问困难党员、老党员和困难群众186人（次）。加强与区慈善会沟通与协调，争取重病医疗救助金16000元，资助4名患者。全区多部门联合开展“爱心助学”活动，筹集资金11万元，资助贫困大学生200余人；继续实施“希望工程”和“春蕾助学工程”，发放慰问金20万元。开展“慈善双日捐”活动，全年干部职工捐款56.13万元。组织教职工参加区第二届运动会，游泳项目、羽毛球项目、女子乒乓球项目均获团体总分第一，男子足球获冠军。区教育党工委、区教委关心、支持退休教师协会、关心下一代工作委员会工作，在教育部关工委、市教委关工委组织的活动中，征文获等级奖280余篇，演讲、朗诵等获奖16人（次）。组织教师志愿者参与课后补习公益活动，满足学生课后辅导需求。开展“女性安康保险”活动，参保率90%。加强与人大代表、政协委员的联系沟通，办理人大代表建议、政协委员提案66件，满意率100%。

【教育民生】 2018年，长寿区教育系统推进教育精准扶贫，全年资助6800万元（含资助建档立卡贫困学生702.55万元），惠及学生17万人（次）[含建档立卡贫困学生6991人（次）]。健全资助体系，新增“村点校附设幼儿班幼儿免收保教保育费和生活费”资助项目。加强对留守儿童的管理，完善留守儿童成长记录卡2.5万份。完善控辍保学机制，落实划片免试就近入学、随迁子女“两为主”“两纳入”和残疾儿童少年入学等政策，适龄儿童少年入学率100%，小学学生巩固率100%，初中学生巩固率99.98%。继续对口帮扶双龙镇贫困户，选派1名干部到红岩村担任第一书记，指导帮助当地贫困户脱贫；区教委35名机关干部与双龙镇35户贫困户结对帮扶，通过电话、走访、接待等形式加强和贫困户的沟通，了解其实际困难，帮助其树立脱贫信心，指导规划脱贫方案。

【教育督导】 2018年，长寿区加强教育督导干部队伍建设，开展区政府督学换届工作，任命督学50名，全区108所学校实现挂牌督导。组织新换届区政府督学及责任督学赴山西大学参加督学综合素质能力提升培训和参加市级“中小学责任督学骨干专题班”5期培训学习。参加中西部教育发展工作督导评估监测，接受市级义务教育均衡复查验收。加强对街道办事处、镇人民政府履行教育职责督导考核，将考核结果作为区政府对街镇考核的重要内容。开展全区中小学及教委直属事业服务单位2017—2018学年度综合督导，评定综合督导等级，对工作成绩显著的学校（单位）及表现突出的个人进行表彰，印发《综合督导反馈意见》。开展“全面改善义务教育薄弱学校基本办学条件工作”“县域义务教育优质均衡发展现状专题调研”“学期教育及幼儿园办园行为”“农村义务教育学生营养改善计划”等专项督导，巩固提高义务教育均衡水平。重视教育基层基础（民调）工作，区教委民调办公室全年拨打电话5823次，收集整理意见建议145个，落实解决131个，限期整改14个。

【学生溺水防护】 2018年，长寿区建立健全防范制度，全区相关部门、各街镇、学校层层成立青少年防溺水工作领导小组，制定预防溺水工作方案、应急预案。落实责任，区政府与各相关部门、各街镇，区教委与各学校签订预防青少年溺水工作责任书，层层落实防溺水“第一责任人”责任。加强宣传教育，全区100余所学校举办防溺水教育宣传月启动仪式，召开预防溺水专题家长会80余场（次），签订《预防溺水承诺书》9万余份，印发《预防溺水倡议书》9万余份、卡片9万余张、宣传标语512张，制作展板256块，设立警示牌102块，区广播电视台滚动播出《预防溺水宣传片》90天，全区学校召开防溺水专题会议581次、班会12675节、法制课2967次，实地家访51235人（次），电话约访34589人（次）。实施联合监管，公安、通信、气象等部门及时做好极端天气信息及雨情、汛情预警发布工作；各街镇安全管理部门加强辖区内河流、池塘、桥梁的统计、管理和引导；学校严格上学、放学时间管理，加强未按时到校或回家学生的追踪落实。做好应急保障，增添“人防、技防、物防”措施，严格执行24小时值班制度和领导带班制度，建立健全安全信息报告制度，最大限度减少人员伤亡。

（聂 鹏）

表40 **2018年长寿区教育事业情况**

单位：所、人

	学校数	毕业生数	招生数	在校生数	教职工数（人）	
					合计	其中专任教师
总计	226	25486	23925	90048	8293	7098
中职教育	3	1435	1630	4574	262	242
普通高中	8	4485	3987	12630	2177	2069
普通初中	22	5976	6996	20497	1348	1205
普通小学	60	7432	5540	36251	2583	2526
特殊教育	1	31	27	151	33	30
学前教育	132	6127	5745	15945	1890	1026

表41　　2018年长寿区办学条件情况

单位：万平方米、万册、亿元、台

	占地面积	校舍面积		运动场地面积	固定资产值		图书		教学用计算机
		计	其中教学行政用房		计	其中教学仪器设备值	计	其中电子图书	
总计	250.62	120.42	75.75	87.07	11.16	1.43	195.74	76.02	14649
中职教育	21.56	10.49	9.33	4.71	0.66	0.17	13.52	8.6	1105
普通高中	68.85	32.78	18.3	24.45	3.90	0.40	59.63	23.64	4002
普通初中	47.52	23.04	10.8	15.82	1.82	0.28	39.35	12.92	2388
普通小学	90.13	38.61	26.09	33.87	4.07	0.51	68.73	24.87	6117
特殊教育	0.88	0.61	0.4	0.1	0.12	0.01	0.22	0.1	15
学前教育	21.68	14.89	10.83	8.12	0.59	0.06	14.29	5.89	1022

表42　　2018年长寿区教育经费与办学水平情况

单位：万元、元、%、人、年

类别	数量	类别	数量
教育经费总收入	182212	每万人口在园幼儿数	179
其中：国家财政性教育经费	174196	每万人口在校小学生数	441.53
社会捐、集资办学经费	6	每万人口在校初中生数	211.33
事业收入	7322	每万人口在校高中阶段学生数	193.75
教育经费总支出	184186	学前三年毛入园率	90.5
其中：事业性经费支出	127296	小学适龄人口入学率	100
基本建设投资项目支出	0	初中适龄人口入学率	100
财政预算内教育经费支出占财政支出的比例	21.27	高中阶段教育入学率	97.79
政府教育财政拨款的增长与财政经常性收入的增长比例	22.80	小学毕业生升入初中比例	100
小学生均预算内教育事业费	12248.88	初中毕业生升入高中阶段教育比例	97.79
初中生均预算内教育事业费	17162.21	教育人口占总人口的比例	10.35
普通高中生均预算内教育事业费	13583.16	人均受教育年限	12.48
中等职业学校生均预算内教育事业费	14030.41		
小学生均预算内公用经费	1995.27		
初中生均预算内公用经费	5041.52		
普通高中生均预算内公用经费	2358.30		
中等职业学校生均预算内公用经费	3944.04		

说明：以上3个表内数据包含民办教育，数据来源于《2018年全国教育经费统计报表》和《2018—2019年学年初长寿区教育事业统计综合报表》

（重庆市长寿区教育委员会提供）

科　技

【概况】　2018年，长寿区继续深化科技体制机制改革，深入实施创新驱动发展战略，营造浓厚的创新氛围，争当全市科技创新发展的排头兵。奖励2017年182家企业、379个创新驱动发展专项，同比2017年奖励增长73.06%，兑现资金21745905元；实施区级科技计划项目30项，资助230.5万元；工业园区成功创建市级高新技术产业园区；新培育高新技术企业12家（总计50家），高新技术产品59个（总计232个），高成长型企业16家（总计24家），科技型企业101家（总计336家），重庆OTC科技创新板挂牌成功企业3家（总计11家），市级企业技术中心7家（总计28家），区级企业研发创新中心5家（总计22家）；科技成果登记78件，同比2017年增长41.82%；技术合同交易284个，金额11593.76万元，增长4.1%。评选出长寿区第二届“十大双创”人物；成功举办长寿区首届科普讲解大赛，被市科委授予优秀组织奖。

重庆市长寿区科学技术委员会（挂长寿区知识产权局牌子）（简称区科委）是主管全区科技工作的区政府工作部门，内设机构2个，即办公室（挂防震减灾科）、科技管理科（挂知识产权科），直属事业单位2个，即长寿区地震观测站、长寿区知识产权服务中心（挂长寿区生产力促进中心牌子）。

【科技体制】　2018年，长寿区建立企业主导的产业技术创新机制，激发企业创新内生动力。深化科技项目市场化管理改革，调整财政科研经费资助方式，采取“前补助”和“后补助”方式，分类指导公益性研究项目与技术创新开发项目。公益类项目扩大资助面、减少资助额、注重应用性；市场类项目聚焦新兴产业、突出转化效益。实施一批区级科技计划项目，对接产业发展和民生改善的关键共性技术需求，实施一批针对性强的科技计划项目，增强科技对全区主导产业的引领与支撑作用。

【开放合作】　2018年，长寿区鼓励构建以企业为主导、产学研合作的产业技术创新战略联盟，制定促进联盟发展的措施，按照自愿原则和市场机制，优化联盟在重点产业和重点区域的布局。先后与清华大学、吉林大学、四川大学、重庆大学、西南大学、重庆邮电大学、中科院重庆绿色智能技术研究院等知名高校和科研院所开展研发合作，搭建优势互补、风险共担、利益共享的产业技术创新联盟。

【科技园区】　2018年，长寿区加快经开区科技创新园、专利信息检索服务平台等科技基础设施建设，引进一批战略性新兴产业，加大对科技型企业、科技服务机构、重点研发机构、高新技术企业的引进培育力度，构建以长寿经开区为主体的创新驱动核心区。依托中科未来城创新产业园建设，拓展延伸产业链，引进和培育一批具有市场竞争力和成长型的智能家居、健康科技、电子信息、新材料企业，推动完成工业园区成功创建市级高新技术产业园区。以建成国家级农业科技园区为契机，继续围绕晚熟柑橘、沙田柚和畜禽养殖等主导产业进行科技成果转化与应用，形成园区与企业、大学及农业科研机构一体化的农业科技成果转化与应用体系。

【科技创新】　2018年，长寿区强化企业技术创新主体地位。组织实施科技计划项目，年内立项30个，资助230.5万元；落实创新专项扶持，奖励2017年182家企业、379个创新驱动发展专项，同比2017年增幅73.06%，兑现资金217459万元；培育创新领军企业，新培育高新技术企业12家，高新技术产品59个，高成长性企业16家，科技型企业101家，重点培育自主研发机构，新培育市级企业技术中心7家，区级企业研发创新中心5家。

【科技金融】　2018年，长寿区重点发展创业种子投资基金、天使投资基金、风险投资基金，为创新团队和科技型企业提供种子期、初创期、成长期不同发展阶段的融资服务。年内成功设立科技型企业知识价值信用贷款风险补偿基金，首期到位资金1000万元。长寿经开区建立股权引导基金，引入总额7亿元。长寿工业园区已成功建立创业种子投资基金，基金总规模2000万元，首期规模500万元。

【创新环境】　2018年，长寿区科技宣传形式多样。在“三下乡”“4·26”知识产权日、“5·12”防震减灾日等，持续营造“大众创新、万众创业”浓厚氛围；评选出长寿区第二届“十大双创”人物；举办长寿区首届科普讲解大赛；强化企业人才培训，先后在长寿经开区开展《强化知识产权·尊重人才——助力经开区高质量发展》专题讲座和以“长江经济带重庆绿色转型”为主题的经开大讲堂活动，惠及企业200余家；成功组团参加第十三届重庆高科技成果交流会，重庆云天化瀚恩新材料开发有限公司等5家高科技企业展出10余项科技成果（其中，重庆世纪之光科技实业有限公司与北京新北量科技发展有限公司达成合作意向；长寿工业园区与中国航天科工集团公司拟共同打造“航天科工智慧科技产业园”，总投资约140亿元）；科技特派发力精准，推进重庆市“双十百千”科技特派员创业服务行动，更好地促进科技创业和农业农村经济发展，选好、派好科技特派员，做好前期基层需求调研，选派10名科技特派员到江南街道天星村、八颗街道石马村、长寿湖镇龙沟村开展基层技术指导、技术咨询、人才培训等，帮助农民解决在生产生活中所遇到的技术难题。（邓君莉）

表43　　2018年长寿区高新技术企业一览

序号	企业名称
1	重庆云天化纽米科技股份有限公司
2	重庆航铸钢结构有限公司
3	福安药业集团重庆博圣制药有限公司
4	重庆拓菱汽车配件有限责任公司
5	重庆市泓禧科技股份有限公司
6	重庆永宏石油化工设备有限公司
7	重庆三杭蒙特费罗电梯部件有限公司
8	重庆卡贝乐化工有限责任公司
9	重庆三联管道设备有限公司
10	重庆华硕建设有限公司
11	友为技术有限公司
12	重庆市映天辉氯碱化工有限公司
13	重庆洋迪机电有限公司
14	重庆富美包装印务有限公司
15	重庆市金利药包材料有限年公司
16	重庆九橡化大橡胶科技有限责任公司
17	重庆朗天制药有限公司
18	重庆博腾制药科技股份有限公司
19	重庆巨富机电设备有限公司
20	福安药业（集团）股份有限公司
21	重庆鸽牌电瓷有限公司
22	重庆望变电气（集团）股份有限公司
23	重庆康乐制药有限公司
24	重庆欣欣向荣精细化工有限公司
25	重庆天珠科技有限公司
26	重庆新川塔实业股份有限公司
27	重庆拓阳科技有限公司
28	重庆市益丰生物肥有限公司

续表43

序号	企业名称
29	重庆瑞霆塑胶有限公司
30	重庆鼎盛印务股份有限公司
31	重庆中节能三峰能源有限公司
32	重庆长源饲料有限公司
33	重庆万斯金属特种成形有限公司
34	重庆斯泰克瑞登梅尔材料技术有限公司
35	重庆强达力科技发展有限公司
36	重庆市库格尔电子有限公司
37	重庆鹏越科技发展有限公司
38	重庆鸽牌电工材料有限公司
39	重庆沈通变压器有限公司
40	重庆康普化学工业股份有限公司
41	重庆凯林制药有限公司
42	重庆小康动力有限公司
43	重庆万星彤泰科技有限公司
44	重庆宜高塑胶有限公司
45	重庆天勤材料有限公司
46	重庆云天化瀚恩新材料开发有限公司
47	重庆双驰门窗有限公司
48	重庆双渝工业陶瓷有限公司
49	重庆怡能钢管制造有限公司
50	重庆国浩永固新型建材有限公司

表44　　2018年长寿区研发平台一览

序号	依托单位名称	平台名称	年度
1	重庆康普化学工业股份有限公司	重庆市高效金属溶剂萃取工程技术研究中心	2017年度
2	重庆长风化学工业有限公司	重庆市光气衍生物工程技术研究中心	
3	重庆云天化瀚恩新材料开发有限公司	重庆市光电显示材料工程技术研究中心	
4	重庆市九龙橡胶制品制造有限公司	重庆市废旧轮胎（橡胶）综合利用工程技术研究中心	2015年度
5	重庆福安药业有限公司	重庆市抗肿瘤药物企业工程技术研究中心	
6	重庆博腾制药科技股份有限公司	重庆市药物合成工艺企业工程技术研究中心	
7	重庆康乐制药有限公司	重庆市喹啉类合成药物工程技术研究中心	2016年度
8	重庆莱美隆宇药业有限公司	重庆莱美隆宇药业有限公司企业技术中心	2017年度
9	重庆紫光国际化工有限责任公司	重庆紫光国际化工有限责任公司企业技术中心	

续表44

序号	依托单位名称	平台名称	年度
10	重庆斯泰克瑞登梅尔材料技术有限公司	重庆斯泰克瑞登梅尔材料技术有限公司企业技术中心	
11	重庆市泓禧科技股份有限公司	重庆市泓禧科技股份有限公司企业技术中心	
12	重庆鼎盛印务股份有限公司	重庆鼎盛印务股份有限公司企业技术中心	
13	重庆小康动力有限公司	重庆小康动力有限公司企业技术中心	2016年度
14	重庆欣欣向荣精细化工有限公司	重庆欣欣向荣精细化工有限公司企业技术中心	
15	重庆朗天制药有限公司	重庆朗天制药有限公司企业技术中心	
16	重庆康普化学工业股份有限公司	重庆康普化学工业股份有限公司企业技术中心	
17	重庆康乐制药有限公司	重庆康乐制药有限公司企业技术中心	
18	重庆鸽牌电瓷有限公司	重庆鸽牌电瓷有限公司企业技术中心	
19	重庆天珠科技有限公司	重庆天珠科技有限公司企业技术中心	
20	重庆博腾制药科技股份有限公司	重庆博腾制药科技股份有限公司企业技术中心	2015年以前
21	重庆市九龙橡胶制品制造有限公司	重庆市九龙橡胶制品制造有限公司企业技术中心	
22	重庆环松科技工业有限公司	重庆环松科技工业有限公司企业技术中心	
23	重庆长风化学工业有限公司	重庆长风化学工业有限公司企业技术中心	
24	重庆英斯凯化工有限公司	重庆英斯凯化工有限公司企业技术中心	
25	重庆长寿化工有限责任公司	重庆长寿化工有限责任公司企业技术中心	
26	重庆望江变压器厂有限公司	重庆望江变压器厂有限公司企业技术中心	
27	重庆凯林制药有限公司	重庆凯林制药有限公司企业技术中心	
28	福安药业（集团）股份有限公司	福安药业（集团）股份有限公司企业技术中心	
29	重庆双羽家具有限公司	重庆双羽家具有限公司企业技术中心	2018年
30	重庆卡贝乐化工有限责任公司	重庆卡贝乐化工有限责任公司企业技术中心	
31	重庆鑫富化工有限公司	重庆鑫富化工有限公司企业技术中心	
32	重庆千信能源环保有限公司	重庆千信能源环保有限公司企业技术中心	
33	友为技术有限公司	友为技术有限公司企业技术中心	
34	重庆华硕建设有限公司	重庆华硕建设有限公司企业技术中心	
35	重庆渝达六星动力机械有限公司	重庆渝达六星动力机械有限公司企业技术中心	
36	重庆斯泰克瑞登梅尔材料技术有限公司	重庆市长寿区功能性药用辅料研发创新中心	2016年
37	重庆凯林制药有限公司	重庆市长寿区原料药研发创新中心	
38	重庆康乐制药有限公司	重庆市长寿区喹啉类合成药物研发创新中心	

续表 44

序号	依托单位名称	平台名称	年度
39	重庆市泓淋科技有限公司	重庆市长寿区 3C 信号链接技术研发创新中心	
40	重庆鸽牌电瓷有限公司	重庆市长寿区瓷绝缘子及绝缘釉材料研发创新中心	
41	重庆康普化学工业股份有限公司	重庆市长寿区金属溶剂萃取工程技术研发创新中心	
42	重庆华彩化工有限责任公司	重庆市长寿区精细化工研发创新中心	
43	重庆望变电气（集团）股份有限公司	重庆市长寿区输配电设备工程技术研发创新中心	
44	重庆渝达六星动力机械有限公司	重庆长寿区通用汽油机缸头研发创新中心	
45	重庆莱美隆宇药业有限公司	重庆市长寿区化学原料药研发创新中心	
46	重庆千信能源环保有限公司	重庆市长寿区可再生能源应用研发创新中心	2017 年
47	重庆天勤材料有限公司	重庆市长寿区玻璃纤维织物研发创新中心	
48	重庆云天化纽米科技股份有限公司	重庆市长寿区锂电池隔膜研发创新中心	
49	重庆云天化瀚恩新材料开发有限公司	重庆市长寿区功能性膜材料研发创新中心	
50	重庆紫光国际化工有限责任公司	重庆市长寿区腈类化工研发创新中心	
51	重庆川维科技有限公司	重庆市长寿区天然气精细化工研发中心	
52	重庆鼎盛印务股份有限公司	重庆市长寿区复合软包装新材料研发创新中心	
53	重庆市万斯金属特种成形有限公司	重庆市长寿区通用汽油机关键部件研发创新中心	2018 年
54	重庆煜珢珑冶金材料有限公司	长寿区冶金辅料研发创新中心	
55	重庆映天辉氯碱化工有限公司	重庆市映天辉氯碱化工有限公司研发中心	
56	迪比（重庆）智能科技研究院有限公司	迪比智能创新中心	
57	重庆国浩永固新型建材有限公司	新型建筑材料研发创新中心	

表 45　　2018 年长寿区科技型企业一览

序号	企业名称
1	重庆云天化天聚新材料有限公司
2	重庆阿丽斯科关西涂料有限公司
3	重庆泰的绿色新材有限公司
4	重庆长寿西南水泥有限公司
5	重庆紫光国际化工有限责任公司
6	重庆小爱门业有限公司
7	重庆航铸钢结构有限公司
8	重庆清友园食品有限公司
9	重庆复融科技有限公司

续表45

序号	企业名称
10	重庆长寿科技节能材料厂
11	重庆瀚氏模塑科技有限公司
12	重庆立万精密制管有限公司
13	重庆缘得科技有限公司
14	重庆市浙蔬农业科技发展有限公司
15	重庆豪淋机械制造有限公司
16	重庆市长寿区辣木大健康研究中心有限公司
17	丰卓（重庆）机电有限公司
18	长芯半导体有限公司
19	重庆市映天辉氯碱化工有限公司
20	重庆拓菱汽车配件有限责任公司
21	重庆三唐家具有限公司
22	重庆玖胜光学有限公司
23	重庆朝岩机电设备有限公司
24	重庆德桥橡胶有限公司
25	重庆王业门窗有限公司
26	重庆市长寿区青观建材有限公司
27	重庆星爱金属制品有限公司
28	重庆威尔达模具制造有限公司
29	重庆市长寿区慧沣农业开发有限公司
30	重庆市长寿区涛鹏建材有限公司
31	重庆燕宇烁科技发展有限公司
32	重庆市长寿区峰达建材有限公司
33	重庆市长寿区银霞建材有限公司
34	重庆市亚泉食品有限公司
35	重庆市长寿区凤城街道供销合作社有限公司
36	重庆市长寿区东翔农业综合开发有限公司
37	重庆诺姆新型复合材料有限公司
38	重庆云顾客科技有限公司
39	重庆市长寿区超越建材有限公司
40	重庆京纬再生资源有限公司
41	重庆海汇电器有限责任公司
42	重庆市长寿区树登建材有限责任公司
43	重庆工巧建材有限公司
44	重庆志翔农业发展有限公司
45	重庆市长寿区海棠镇供销合作社有限公司
46	重庆隆羚花木有限责任公司
47	重庆广羚农业开发有限责任公司

续表 45

序号	企业名称
48	重庆市长寿区翔洲建材有限公司
49	重庆市长寿区展速科技开发有限公司
50	重庆好图影视文化传媒有限公司
51	重庆立崇电脑科技有限公司
52	重庆市长寿区双坡农业开发有限公司
53	重庆赛真达智能科技有限公司
54	重庆大唛物联网科技有限公司
55	重庆祥道建材有限公司
56	重庆远嘉矿业有限公司
57	重庆市长寿区琏瑚农业有限公司
58	重庆市长寿区和兴源农业开发有限公司
59	重庆万顶建筑设备安装有限公司
60	重庆市长寿区联恒农业开发有限公司
61	重庆市长寿区五宝农业开发有限公司
62	重庆市创沃农业发展有限公司
63	重庆鸿一新型建材有限公司
64	重庆鑫奇门业有限公司
65	重庆市佐能化工有限公司
66	重庆市智友汽车部件有限公司
67	重庆淮江科技有限公司
68	重庆市长寿区尊之雅门窗有限公司
69	重庆惠申橡塑有限公司
70	重庆麒恺机械工业有限公司
71	重庆和烁精密锻造有限公司
72	重庆曼尧科技有限责任公司
73	重庆具宜科技有限公司
74	重庆奔波尔霸网络科技有限公司
75	重庆烈安农业发展有限公司
76	重庆檀力科技有限公司
77	重庆张正红农业综合开发有限公司
78	重庆松鹤农业综合开发有限公司
79	重庆鹰冠庄园农业发展有限公司
80	重庆市长寿区科峰生态农业有限公司
81	重庆集客网络科技有限公司
82	重庆三杭蒙特费罗电梯部件有限公司
83	重庆启尔电子科技有限公司
84	重庆市丰泽室内套装门有限责任公司
85	重庆岩昱节能科技有限公司

续表45

序号	企业名称
86	重庆天泽新材料有限公司
87	重庆国玻汽车配件有限公司
88	重庆斯泰克材料技术有限公司
89	重庆金华兴门业有限公司
90	重庆市长寿区竞择农业开发有限公司
91	重庆泰业农业开发有限公司
92	重庆思谷农业有限公司
93	重庆市长寿区银湖农业发展有限公司
94	重庆大田粮油有限公司
95	重庆旭松家具有限公司
96	重庆彦季农业发展有限公司
97	重庆牛队长生态农业有限公司
98	重庆亿茂农业有限公司
99	重庆市禾丰生态园林有限公司
100	重庆市长寿区雷钰芹水果种植有限公司
101	重庆市长寿区一峰苑农业有限公司
102	重庆市长寿区傲业农业开发有限公司
103	重庆市长寿区鑫宇化工建材厂
104	重庆长寿三峡建材厂
105	重庆市长寿区优普农业开发有限公司
106	重庆乡村画卷农业开发有限公司
107	和信海纳川（重庆）汽车部件有限公司
108	重庆金地农业开发有限公司
109	重庆渝维家具有限公司
110	中荣（重庆）化工分销服务有限公司
111	重庆市盛百利防水建材有限公司
112	重庆富美包装印务有限公司
113	重庆琅博宛冶金材料有限公司
114	重庆鑫锭教学设备有限公司
115	重庆龙浩木业有限责任公司
116	重庆萱海塑胶制品有限公司
117	重庆正煊汽车零部件有限公司
118	重庆地美康再生资源有限责任公司
119	重庆长寿长江建材厂
120	重庆祺璨科技有限公司
121	重庆松森门业有限公司
122	重庆冉升智能家具有限公司
123	重庆市友谊畜产品有限公司

续表45

序号	企业名称
124	重庆市长寿区智保农业开发有限公司
125	重庆中舜教学仪器有限公司
126	重庆腾安农业发展有限公司
127	重庆华夏农业有限公司
128	重庆市长寿区舒福食品有限公司
129	重庆美森门业有限公司
130	重庆市长寿区邻枫电子厂
131	重庆乾岷光学科技有限公司
132	重庆值地网络科技有限公司
133	重庆凯年食品有限公司
134	重庆碧洁实业有限公司
135	重庆乐谷乐享网络科技有限公司
136	重庆长寿渝兴机械厂
137	重庆市汇智农业科技有限公司
138	重庆舟乘波农业发展有限公司
139	重庆清迈农业有限公司
140	重庆博泰装饰工程有限公司
141	重庆市业驰农业开发有限责任公司
142	重庆恒美农业发展有限公司
143	重庆伍舟建材有限公司
144	重庆信誉通科技有限公司
145	重庆长讯科技有限公司
146	重庆市长寿区杨颜黎泡菜加工厂
147	重庆雄光太阳能科技有限公司
148	重庆市长寿区蜂盈养蜂专业合作社
149	重庆盖博家具有限公司
150	重庆敖汉科技有限公司
151	重庆芭莲科技有限公司
152	重庆曙光工业设备安装有限公司
153	重庆融旺家具有限公司
154	重庆巨时科技有限责任公司
155	重庆城开生态农业发展有限公司
156	重庆市长寿区臻波通讯设备有限公司
157	重庆市长寿区美全家具有限公司
158	重庆洋洋行实业有限公司
159	重庆智客科技有限公司
160	重庆市嘉诺食品有限公司
161	重庆宏冠家具有限公司

续表45

序号	企业名称
162	重庆缘欣机电设备有限公司
163	重庆欣璇网络科技有限公司
164	重庆沐川石膏建材有限公司
165	重庆创源农业技术有限公司
166	重庆立润生态农业有限公司
167	重庆同传创译科技发展有限公司
168	重庆西山农林开发有限公司
169	重庆市长寿区海东园林绿化有限公司
170	重庆自莲生物科技有限公司
171	重庆市长寿区惠平生猪养殖场
172	重庆华申皮革制品有限公司
173	重庆安身寨农业开发有限公司
174	重庆太子化工有限公司
175	重庆好弟兄食品有限公司
176	重庆市金利药包材料有限公司
177	重庆市长寿区可又可食品有限公司
178	重庆市长寿区微帮网络科技有限公司
179	重庆航晟工贸发展有限公司
180	重庆市展隆电子有限公司
181	重庆市精洪湖酒业有限公司
182	重庆翠屏农业开发有限公司
183	重庆市长寿区寿岛农业开发有限公司
184	重庆市长寿区老陈菜农业综合开发有限公司
185	重庆市长寿区临东酒业有限责任公司
186	重庆豪顺生态农业发展有限公司
187	重庆市大洪湖水产有限公司
188	重庆市长寿区火花酿造厂
189	重庆市长寿区勤怡农业有限公司
190	重庆旅途牛科技有限公司
191	重庆掌驾御科技有限责任公司
192	重庆厚宇楼宇自动化工程有限公司
193	重庆北鸳农业发展有限公司
194	重庆捷弘农业发展有限公司
195	重庆市长寿区显如种养殖专业合作社
196	重庆市长寿区宣泓办公设备有限公司
197	重庆巨富机电设备有限公司
198	重庆梦怡食品有限公司
199	重庆原驰农业发展有限公司

续表 45

序号	企业名称
200	重庆市长寿区众益鑫食品厂
201	重庆派克家具制造有限公司
202	重庆怀达食品有限公司
203	重庆市长寿区田寿植物油加工厂
204	重庆和乐包装有限责任公司
205	重庆市中润化学有限公司
206	重庆市长寿区毛彦宾水果种植场
207	重庆贺鸭子食品有限公司
208	重庆市腾龙磨料磨具有限公司
209	重庆卡贝乐化工有限责任公司
210	重庆华硕建设有限公司
211	重庆冬润果蔬产业发展有限公司
212	重庆国浩永固新型建材有限公司
213	重庆长风生物科技有限公司
214	美嘉奇科技有限公司
215	重庆市长寿区加多鑫科技有限公司
216	重庆航诺科技有限公司
217	重庆农正农业开发有限公司
218	重庆锦亿繁科技发展有限公司
219	重庆德腾农产品有限公司
220	福安药业集团重庆博圣制药有限公司
221	重庆美福斯机械制造有限公司
222	重庆寿禄养蜂股份合作社
223	重庆哈维斯特现代农业发展有限公司
224	重庆渝金源食品有限公司
225	重庆皖渝纸制品有限公司
226	重庆市念湖食品有限公司
227	重庆市草根农业发展有限公司
228	重庆劲旗科技股份有限公司
229	重庆林佳建材有限公司
230	重庆志达家具制造有限公司
231	重庆市佳禾家具制造有限公司
232	重庆宜高塑胶有限公司
233	友为技术有限公司
234	重庆旭鹏生态农业开发有限公司
235	重庆安格龙翔制药有限公司
236	重庆怡能钢管制造有限公司
237	重庆业康金属表面热处理有限责任公司

续表 45

序号	企业名称
238	重庆平伟朝阳农业发展有限公司
239	重庆澳凯农业开发有限公司
240	重庆天霸农机研发有限公司
241	重庆市长寿区源创畜牧发展有限责任公司
242	重庆佰坛机械制造有限公司
243	重庆九橡化大橡胶科技有限责任公司
244	重庆万星彤泰科技有限公司
245	重庆小康汽车变速器有限公司
246	重庆路洋化工有限公司
247	重庆天勤材料有限公司
248	重庆紫光海力催化剂有限公司
249	重庆朗天制药有限公司
250	重庆小康动力有限公司
251	重庆市长太生猪养殖有限公司
252	重庆渝牛食品有限公司
253	重庆市长寿区豪麒生态农业发展有限公司
254	重庆市长寿区聚祥蔬菜种植专业合作社
255	重庆昊翔纸制品有限公司
256	重庆洋迪机电有限公司
257	重庆市豪迈家具有限公司
258	重庆市东森润建材有限责任公司
259	重庆顺泰食品有限公司
260	重庆新天包装材料有限公司
261	重庆名风家具有限公司
262	重庆坤秀门窗有限公司
263	重庆康发金属结构制造有限公司
264	重庆龙瑞化工有限公司
265	重庆渝达六星动力机械有限公司
266	重庆博腾制药科技股份有限公司
267	重庆金合蚊香制品有限公司
268	重庆龙悦食品有限公司
269	重庆互通管道技术设备有限公司
270	重庆市长寿区瑞福龙汽车零部件有限公司
271	重庆煜琨珑冶金材料有限公司
272	重庆海德冶金材料有限责任公司
273	重庆博登冶金材料有限责任公司
274	重庆最巴适农产品有限公司
275	重庆江山农业开发有限公司

续表 45

序号	企业名称
276	重庆燕蓝科技有限公司
277	重庆众瞻机械有限公司
278	重庆合得拢食品有限公司
279	重庆家由来家具有限公司
280	重庆双渝工业陶瓷有限公司
281	重庆健杰科技有限公司
282	重庆市恒固席勒装饰工程有限公司
283	重庆双驰门窗有限公司
284	重庆豪杰食品有限公司
285	重庆汇升套装门有限公司
286	重庆宇心门业有限公司
287	重庆双羽家具有限公司
288	重庆市浩源门业有限公司
289	重庆达沃斯食品有限公司
290	重庆市库格尔电子有限公司
291	重庆瑞霆塑胶有限公司
292	重庆万斯金属特种成形有限公司
293	重庆强达力科技发展有限公司
294	重庆东源农业开发有限公司
295	重庆鸽牌电工材料有限公司
296	重庆广恒食品开发有限公司
297	重庆艾里芸网络科技有限公司
298	重庆环松科技工业有限公司
299	重庆鼎盛印务股份有限公司
300	重庆长源饲料有限公司
301	重庆欧帆门业有限公司
302	重庆康乐制药有限公司
303	重庆天博环保有限公司
304	重庆千信能源环保有限公司
305	重庆新川塔实业股份有限公司
306	重庆望变电气（集团）股份有限公司
307	重庆佐恩家具有限公司
308	重庆科健冶金材料有限公司
309	重庆天珠科技有限公司
310	重庆康普化学工业股份有限公司
311	重庆欣欣向荣精细化工有限公司
312	重庆云天化瀚恩新材料开发有限公司
313	重庆尚蔬坊饮料食品股份有限公司

续表45

序号	企业名称
314	重庆市九龙橡胶制品制造有限公司
315	重庆市泓禧科技股份有限公司
316	重庆宝立通科技有限公司
317	重庆永宏石油化工设备有限公司
318	重庆市益丰生物肥有限公司
319	重庆莱美隆宇药业有限公司
320	重庆鸽牌电瓷有限公司
321	重庆沈通变压器有限公司
322	重庆长风化学工业有限公司
323	重庆一牛农业发展有限公司
324	福安药业（集团）股份有限公司
325	重庆海洲化学品有限公司
326	重庆长寿捷圆化工有限公司
327	重庆凯林制药有限公司
328	重庆英斯凯化工有限公司
329	重庆三联管道设备有限公司
330	重庆世纪之光科技实业有限公司
331	重庆拓阳科技有限公司
332	重庆鹏越科技发展有限公司
333	重庆斯泰克瑞登梅尔材料技术有限公司
334	重庆华彩化工有限责任公司
335	重庆云天化纽米科技股份有限公司
336	重庆天志环保有限公司

（重庆市长寿区科学技术委员会提供）

知识产权

【概况】　2018年，长寿区坚持“抓知识产权就是抓经济，抓创新就是抓发展”的理念，以知识产权助推转型发展，完善知识产权保护体系和服务体系建设，力促知识产权与经济深度融合，增强自主创新能力，不断提高企业核心竞争力和知识产权服务。知识产权工作开展“4.26知识产权宣传日”活动、“双打”执法检查、企业知识产权质押融资、企业知识产权贯标、企业知识产权专题培训等活动，组织开展市级知识产权试点优势企业申报工作，完成2017年专利资助及授权奖励的集中兑付等工作，截至年底前，全区授权专利885件（其中，授权发明专利273件）。同比2017年增长134.75%；有效发明专利588件，万人有效发明专利7.02件，增长140%。新建成国家级知识产权优势企业3家（总计12家），市级知识产权优势企业1家（总计18家）。2018年，获“中国专利优秀奖”1个，这是长寿区企业第一次获该奖项。

【专利服务】　2018年，长寿区不断完善知识产权工作服务体系，推进知识产权服务平台建设，健全知识产权服务功能，提升知识产权综合能力。突出企业知识产权主体地位，提升知识产权综合能力，分别在经开区和街镇工业走廊设立知识产权服务工作站，为园区内企业提供专利检索、专利信息分析、专利申请等服务；派驻专利特派员指导企业知识产权工作，帮助、引导企业建立和完善知识产权工作机制，将知识产权的创造、运用、管理和保护纳入企业技术创新和经营管理的全过程。全面推进各级知识产权优势、试点工作，新建成国家级知识产权优势企业3家，市级知识产权优势企业1家。重点实施企业知识产权项目申报，重庆博腾制药科技股份有限公司的瑞舒伐他汀中间体及制备方法专利获“中国专利优秀奖”。

【宣传培训】 2018年，长寿区在“科技下乡”“4.26世界知识产权日”宣传周开展宣传活动，展出各种展板50余块、发放各种宣传资料5万余份；解答群众咨询6500余人（次），向群众重点宣传知识产权基础知识、专利申请流程等内容。先后在街镇工业走廊和经开区针对园区内规上企业组织规模以上工业企业知识产权培训，针对企业贯标、专利申请、企业专利管理实务等内容，从多个方面剖析知识产权在国内外环境和企业竞争中所起的重要作用，全面解读长寿区知识产权政策，参会企业180余家，受训千余人。

【行政执法】 2018年，长寿区以行政保护为核心，突出企业主体地位，全区知识产权保护力度不断加大。建立“两法”衔接机制，健全“信息联络员”制度，开展录入技能培训，实现案件录入、信息迅速公开。组织开展联合执法活动，形成民生领域专项行动高压态势；重点抓好市场流通环节的治理，对制售假冒伪劣药品、医疗器械、保健食品和化妆品等行为进行拉网式检查和打击。强化从农资源头治理侵权假冒行为，狠抓生产源头监管，确保质量安全。强化监管，惩治犯罪，从严查处一批大案要案。

（邓君莉）

表46 **2018年长寿区国家知识产权优势企业一览**

序号	企业名称	国家级优势企业确定时间
1	中石化四川维尼纶厂	2014
2	福安药业（集团）股份有限公司	2015
3	重庆博腾制药科技股份有限公司	2015
4	重庆鸽牌电瓷有限公司	2016
5	重庆鼎盛印务股份有限公司	2016
6	重庆瑞霆塑胶有限公司	2016
7	重庆长风化学工业有限公司	2017
8	重庆斯泰克瑞登梅尔材料技术有限公司	2017
9	重庆达沃斯食品有限公司	2017
10	重庆康普化学工业股份有限公司	2018
11	重庆欣欣向荣精细化工有限公司	2018
12	重庆望变电气（集团）有限公司	2018

表47 **2018年长寿区市级知识产权优势企业一览**

序号	企业名称	市级优势企业确定时间
1	重庆鸽牌电瓷有限公司	2014
2	福安药业（集团）股份有限公司	2014
3	重庆博腾制药科技股份有限公司	2014
4	重庆长风化学工业有限公司	2015

续表 47

序号	企业名称	市级优势企业确定时间
5	重庆大嘉富食品有限公司	2015
6	重庆康乐制药有限公司	2015
7	重庆鼎盛印务股份有限公司	2016
8	重庆瑞霆塑胶有限公司	2016
9	重庆达沃斯食品有限公司	2016
10	重庆望变电气（集团）有限公司	2016
11	重庆斯泰克瑞登梅尔材料技术有限公司	2016
12	重庆广恒食品开发有限公司	2016
13	重庆山能仪表有限公司	2016
14	重庆康普化学工业股份有限公司	2017
15	重庆欣欣向荣精细化工有限公司	2017
16	重庆云天化瀚恩新材料开发有限公司	2017
17	重庆海洲化学品有限公司	2017
18	重庆世纪之光科技实业有限公司	2018

表 48　　2018 年长寿区市级知识产权试点企业一览

序号	企业名称	市级试点企业确定时间
1	重庆博腾制药科技股份有限公司	2011
2	中石化四川维尼纶厂	2011
3	重庆长寿田野电器厂	2011
4	福安药业（集团）股份有限公司	2012
5	重庆海祥医药化工有限公司	2012
6	重庆斯泰克材料技术有限公司	2013
7	重庆英斯凯化工有限公司	2013
8	重庆欣欣向荣精细化工有限公司	2013
9	重庆山能仪表有限公司	2013
10	重庆普源化工工业有限公司	2013
11	重庆康乐制药有限公司	2013
12	重庆海洲化学品有限公司	2013
13	重庆鸽牌电工材料有限公司	2013
14	重庆鸽牌电瓷有限公司	2013
15	重庆大嘉富食品有限公司	2013
16	重庆长寿化工有限责任公司	2013
17	重庆长风化学工业有限公司	2013
18	重庆佰坛机械制造有限公司	2013

续表 48

序号	企业名称	市级试点企业确定时间
19	重庆九龙橡胶制品制造有限公司	2013
20	重庆望江变压器厂有限公司	2013
21	重庆燕蓝科技有限公司	2014
22	重庆双弛门窗有限公司	2014
23	重庆名风家具有限公司	2014
24	重庆坤秀门窗有限公司	2014
25	重庆环松科技工业有限公司	2014
26	重庆鼎盛印务股份有限公司	2014
27	重庆达沃斯食品有限公司	2015
28	重庆广恒食品开发有限公司	2015
29	重庆华彩化工有限责任公司	2015
30	重庆健杰科技有限公司	2015
31	重庆钱珑门业有限责任公司	2015
32	重庆瑞霆塑胶有限公司	2015
33	重庆顺泰食品有限公司	2015
34	重庆天珠科技有限公司	2015
35	重庆中节能三峰能源有限公司	2015
36	重庆金合蚊香制品有限公司	2016
37	重庆永宏石油化工设备有限公司	2016
38	重庆龙瑞化工有限公司	2016
39	重庆旭鹏生态农业开发有限公司	2016
40	重庆市恒固勒装饰工程有限公司	2016
41	重庆欧帆门业有限公司	2016
42	重庆洋迪机电有限公司	2016
43	重庆市长寿区标杆养鸡股份合作社	2016
44	重庆佐恩家具有限公司	2016
45	重庆强达力科技发展有限公司	2016
46	重庆欣泰发食品有限公司	2016
47	重庆万斯金属特种成形有限公司	2016
48	重庆新川塔实业股份有限公司	2016
49	重庆果然好农业开发有限公司	2016
50	重庆东源农业开发有限公司	2016
51	重庆长源饲料有限公司	2016
52	重庆渝牛食品有限公司	2016
53	重庆合得拢食品有限公司	2016
54	重庆世纪之光科技实业有限公司	2016
55	重庆沈通变压器有限公司	2016
56	重庆三联管道设备有限公司	2016

（重庆市长寿区知识产权局提供）

防震减灾

【概况】 2018年，长寿区防震减灾工作夯实地震监测预报基础，提高地震灾害风险管理水平，增强地震应急救援能力。统筹协调全区防震减灾工作；贯彻实施防震减灾法律法规，制定配套规章制度，将防震减灾纳入乡镇、街道考核体系；建立地震群测群防网络，健全“三网一员”工作队伍；加强防震减灾知识宣传培训和地震应急演练，持续推动社区、学校防震减灾示范建设。全区地震监测信息传输稳定性不断提升。

【地震观测】 2018年，长寿区落实《长寿区地震监测预报体系方案》《观测数据异常落实和上报制度》《岗位值班人员日常工作规定》等制度，实行24小时值班制度，坚持谁在岗谁负责、谁分管谁负责、谁主管谁负责的原则，细化职责。持续维护地震观测站设备设施和监测环境，长寿信息节点和长寿湖“陆态网”基准站运行正常，日常监管维护到位。全年不间断上传地震监测数据，上传率100%。

【科普示范】 2018年，长寿区以创建防震减灾科普示范学校和地震安全示范社区为契机，把防震常识、自救互救、应急避险、应急设施、工程防震等普及到广大师生和社区居民中。开展区级、市级和国家级防震减灾科普示范学校和地震安全示范社区创建工作，年内长寿区凤城街道黄桷湾社区成功创建国家级地震安全示范社区，菩提街道胜天湖社区成功创建区级地震安全示范社区，晶山小学和葛兰中学成功创建区级防震减灾科普示范学校。

【科普宣传】 2018年，长寿区在年初制定年度宣传活动方案，结合国、市的年度宣传重点，联合教委、乡镇街道等开展宣教活动。多渠道宣传，利用网络媒体在部分社区和学校设“防震减灾”专栏，利用当地报刊、广播电视和微信平台开展防震减灾法律法规宣传和地震科普知识；订阅、印制地震科普读物，分发镇街和学校；组织镇街、中小学校、企事业单位和广大群众参加全市防震减灾网络知识竞赛；利用防灾减灾日、“7·28”地震纪念日、国际减灾日、科技活动周等科普宣传活动和开展党员志愿者活动，开展防震减灾知识进企业、进园区、进社区、进农村、进机关、进家庭活动；利用展板、挂图、科普画廊、标语、宣传画册等多种形式宣传防震减灾法律法规。

【应急演练】 2018年，长寿区将应急救援工作纳入区政府目标考核任务，区科委将该项工作纳入对镇、街的目标考核任务。区政府组织区政府应急办、区科委、区教委等单位抽查区级部门、学校和化工企业的应急工作情况，查找问题，督促整改；指导经开区开展应急演练；指导全区所有学校开展地震应急演练；加强与社区联动，开展防震减灾培训和地震应急演练；组织应急救援队伍开展野外拉动训练和模拟推演；发生有感地震事件后，及时开展灾情报送和应急处置。

（邓君莉）

气象事业

【概况】 2018年，重庆市长寿区气象局（简称区气象局）全力做好气象保障服务工作，年度综合目标考核居全市区县第十名；1人获政协重庆市长寿区委员会“优秀政协委员”、九三学社重庆市长寿区委员会“优秀社员”称号，1人获重庆市长寿区第一届科普讲解大赛三等奖。

【防灾减灾】 2018年，区气象局密切监视天气，适时开展人工影响天气作业服务。加强人工影响天气安全管理，加强装备、弹药、人员等安全管理，以培训、签订安全责任书、购买人身意外险、弹药储运委托民爆公司等形式落实安全工作；适时开展人工增雨防雹和“蓝天行动”作业，全年开展作业20次，发射火箭弹60枚。加强防灾减灾科普宣传，在科技下乡、世界气象日、全国气象科技周等重要节点开展气象防灾减灾知识科普宣传活动15场（次），发放宣传资料2.5万份，展出展板8块（次），受众6000余人，接受咨询2000余人（次），科普讲座听众300余人；知识竞赛参与300余人。组织川维中学参加中学生防灾减灾知识竞赛，获片区一等奖、决赛三等奖。推进项目建设工作，加快推进双龙和石堰固定炮站建设，年底前已完工；升级改造完成气象防灾减灾高清视频会商系统。

【气象服务】 2018年，区气象局基础业务质量保持稳定，测报业务无重大责任性事故及一般错情发生，测报、酸雨、土壤报表预审无错情；精细化预报质量68.9分、全市第九名，灾重预报质量67.55分、全市第八名（其中暴雨预报58分，强降温预报85分）。强化决策气象服务，全年发布《重要天气预警信息》等16种材料865期；向区政府专题汇报8次，领导批示4次；向相关领导传递针对性气象服务短信68条，其中在“4·21”风雹、“5·17”大风、“7·30”暴雨发布《重要天气预警消息》等决策服务材料23期，270342人（次）接收；党政领导叫应15人（次）；电话联系区政府、区应急办、相关部门和街镇26次；由于预报准确、服务及时，人员伤害及财产损失降到最低。做好公共气象服务，与区应急办、区国土局等部门开展节日和灾害性天气会商8次；春耕春播等农事季节发布《专题气象服务》60期，短信60条，605520人（次）接收，安监局、晏家街道等终端转发信息65条（次），4963台（次）接收；围绕春运、中高考等重大活动提供气象保障服务，获主办方给予“心贴心面对面的气象服务，起到参谋作用”的肯定；加强与当地媒体合作，对重要气象信息等进行宣传报道，接受采访36次，发布信息79次；在区电视台新增长寿旅游景区天气预报服务栏目。抓实预警信息发布，区政府办实行每月通报考核，规范预警信息发布平台管理和运行；完善更新平台基础数据，发挥平台气象信息员等6大类人员、10061人的作用，运用该平台发送预警信息830条，3430974人（次）接收；发送终端信息556条，52264台（次）接收；视频会商24次。强化乡村振兴和脱贫攻坚气象保障，以农业气象精细化智能服务平台为依托，组建19人气象专家联盟，新型农业经营主体使用精细化智能服务平台716家，注册“农业气象掌上通”智能服务APP535家；建成1套农田气象环境观测站；指导凤城街道等10个街镇成功创建为标准化气象灾害防御街镇；以宣传政策、提供气象服务、送慰问品、购农产品等形式开展入户帮扶。

【气象安全生产】 2018年，区气象局履行职责，开展防雷安全工作，对31个人员密集场所、易燃易爆生产和经营单位进行年度防雷安全性检测；开展防雷技术服务和行政许可，完成新（改、扩）建建（构）筑物防雷审核59项，防雷装置隐蔽工程检查29项；防雷装置设计审核16件，竣工验收行政许可18件。强化气象安全管理，做好对内安全检查和隐患排查整改12次，对老办公楼化粪池安全隐患进行整改；区委、区政府将气象安全纳入全区2018年安全生产工作考核，落实气象安全生产政府领导责任；强化气象行业监管责任，召开防雷监管联席会1次，监督检查140余次，开具责令限期整改书19份，雷电灾害调查与鉴定3次，对4家企业处以22000元罚款的行政处罚；规范防雷检测市场，对入驻长寿辖区11家防雷检测机构约谈4次，规范防雷检测资质单位及检测人员服务行为。

【党建和文化建设】 2018年，区气象局完善理论武装工作机制，开展学习12次，加强意识形态工作，把坚定理想信念作为思想建设的首要任务，开展专题党课3场，培训1次，知识竞赛1场。抓好党支部的“两学一做”学习教育常态化、制度化，开展党员大会12次、支委会12次、党课4次，缴纳党费3768元；开展“我的主题党日”活动12次，撰写心得体会16篇、千字文4篇；从制度建设、党建工作纪实等方面完善党支部日常督查考核。深化文明创建工作，发现职工中的凡人善举，开展“身边好人”学习宣传活动；倡导“日读一小时、月读一本书”活动；开展“慈善双日捐”活动和结对共建。抓好机关文体活动，工会组织开展乒乓球、羽毛球比赛、气象科技知识竞赛、健康知识讲座等活动10余场；获机关蹦蹦球投篮第一名、跳绳第三名的成绩。

（唐　婕）

医疗卫生　计划生育

综　述

【概况】　重庆市长寿区卫生和计划生育委员会（简称区卫生计生委）2014年11月成立。截至2018年年底，区卫生计生委机关有行政编制24名、后勤事业编制3名，实有干部职工23人、后勤人员3人（其中，委领导6人，长寿区纪委监委驻区卫生计生委纪检监察组3人）；有11个内设机构：党政办公室（纪检监察室）、组织人事科、规划财务科、法制信访科、行政审批科、医政医管科（干部保健科）、中医基层卫生科（宣传教育科）、公共卫生科、卫生应急办公室（信息统计科）、计划生育基层指导科（流动人口计划生育服务管理科）、计划生育家庭发展科；有6个直属全额拨款事业单位：长寿区红十字会、长寿区公共卫生服务中心、长寿区疾病预防控制中心、长寿区基层医疗机构财务核算中心、长寿区卫生和计划生育委员会档案信息中心、长寿区卫生应急中心；有3个参公卫生计生单位：长寿区卫生计生监督执法局、长寿区计划生育协会、长寿区爱国卫生运动委员会办公室；有4个区级医疗卫生单位：长寿区人民医院、长寿区中医院、长寿区妇幼保健计划生育服务中心、长寿区第三人民医院；有17个基层医疗卫生机构：菩提街道社区卫生服务中心、凤城街道社区卫生服务中心、江南街道社区卫生服务中心、渡舟街道社区卫生服务中心、新市街道社区卫生服务中心、八颗街道社区卫生服务中心、长寿湖镇卫生院、云台镇卫生院、但渡镇卫生院、邻封镇卫生院、云集镇卫生院、双龙镇卫生院、龙河镇卫生院、海棠镇卫生院、石堰镇卫生院、洪湖镇卫生院、万顺镇卫生院。

2018年，全区有17所民营医院：川东医院、恒济医院、张勇中医骨科医院、盛伟医院、瑞恩医院、俪人医院、华都医院、九石坎医院、紫晶医院、泓源医院、桃源医院、协和医院、化工园区医院、理想口腔医院、菩提妇女儿童医院、盛伟医院长风分院、伟夫中西医结合医院；有3所社会办公立医院：重钢医院、长化医院、凤城监狱医院。

【医药卫生体制改革】　2018年，长寿区公立医院综合改革全面推进。加强公立医院党的建设，推动建立现代医院管理制度，年内在区医院、区中医院、化工园区医院（民营）开展章程试点，在区医院、区中医院推进薪酬制度改革试点，制定医院议事决策制度，把加强医院党的建设工作写入医院章程；继续推行三级医院总会计师制度，逐步建立现代医院管理制度。公立医院全面实施100个病种按病种收付费改革，临床路径完成率81.25%；2018年单病种结算1568人（次），涉及病种46个。落实预约挂号、检验检查结果互认等12项便民服务措施，实施区域内22种检验结果互认，DR等5种设备检查结果互认。改革公立医院补助机制，439项医疗服务价格全部调整到位，财政补助到位率90%以上。开展民生监督暨过度诊疗专项整治行动和行业作风建设活动，全区4家二级以上医疗机构从整治前与整治后对比，药占比（不含中草药）下降6.56%，住院患者人均费用下降13.39%，住院次均药品费用下降37.84%，同比2017年减少医疗总费用6800余万元，全系统行业作风建设得到全面强化。2018年，公立医院药占比（不含中草药收入）32.70%，医疗服务收入占业务收入比重提升至29.57%，公立医院技术服务的价值进一步体现。巩固深化医药卫生体制改革成果，推出自助服务、家庭医生签约、加强对慢性病人服务等12项便民措施，推动医改便民措施制度化、常态化、长效化。

形成分级诊疗格局。2018年，完善以区人民医院、区中医院为龙头的“2+18”医联体内涵建设，区域内就诊率稳定在90%以上，基层诊疗量占比55.11%。云集、江南、云台、长寿湖等4家基层医疗机构诊疗人次有明显上升。全区2018年远程心电系统服务29739例患者。区域检验质控中心定期开展比对质控，确保检验质量同质化，探索医联体内同质化管理。区医院派驻医联体挂职干部完善基层医院制度流程36项，医疗质量管理帮扶107次，参与疑难危重病例讨论79次，参与危重病人抢救49次，合理用药处方点评197例次，开展业务培训讲座110次，开展义诊活动36次。

巩固和完善基本药物制度。2018年年底，长寿区基本药物采购联合体品种目录3934个，年内区级公立医疗机构在重庆市药交所基药系统中采购药品金额为275432591.51元，基层医疗机构在重庆市药交所基药系统中采购药品金额25416475.6元。2018年1月1日至12月31日，区级公立医疗机构采购符合“两票制”药品品规数为908个，“两票制”药品采购金额274947676.9元，执行“两票制”的药品占比99.13%；基层医疗机构采购符合“两票制”药品品规的338个，“两票制”药品采购金额25236387.82元，执行“两票制”的药品占比99.10%。实现药物从生产、流通、使用全程可追溯，保障用药安全。

2018年3月8日，重庆市卫生计生委党委书记、主任到长寿调研卫生计生工作

【重要事件】　2018年1月9日，重庆市卫生计生委基层卫生健康处调研长寿农村卫生工作；3月8日，重庆市卫生计生委党委书记、主任黄明会到长寿调研卫生计生工作情况；4月18日，长寿区委副书记、区政府区长巴川江调研长寿区中医院“三甲”创建工作情况，区人大常委会副主任霍家勤参加调研；6月20日，长寿区委书记赵世庆、区长巴川江、区人大常委会主任张明生等市、区人大代表，对长寿区公共卫生服务和重点医院建设项目，区医院北城分院、区中医院建设项目推进情况和区疾病防控中心和区卫生计生监督执法局阵地建设情况，进行视察调研；8月19日，重庆市长寿区召开首个“中国医师节”庆祝大会。

【重要数据】　2018年，长寿区有医疗卫生机构548个，其中“三甲”医院1所，二级医院4所（中医医院1所、妇幼保健院1所、综合医院2所），社区卫生服务中心6所，镇卫生院11所，村卫生室335个。有执业（助理）医师2179人，注册护士2828人。全区医院床位总数4680张（其中，民营医疗机构床位1230张，占26.8%）。每千人口拥有医院床位5.67张，每千人口拥有执业（助理）医师2.65人，每千人拥有注册护士3.45人。

2018年，长寿区医疗卫生机构总诊疗362.86万人（次），同比2017年增长9.76%，其中公立医疗卫生机构总诊疗269.67万人（次），增长4.40%；民营医疗卫生机构总诊疗93.19万人（次），增长28.93%。长寿区医疗卫生机构出院137469人，同比2017年增长1.55%，其中公立医疗卫生机构出院102789人，增长0.27%；民营医疗卫生机构出院34680人，增长5.55%。长寿区医疗卫生机构次均门诊费用163元，同比2017年下降7.36%，其中公立医疗卫生机构次均门诊费用228.69元，下降1.45%；民营医疗卫生机构次均门诊费用45.75元，下降16.10%。长寿区医疗卫生机构住院病人人均医药费用5879.75元，同比2017年下降1.9%，其中公立医疗卫生机构住院病人人均医药费用6312.01元，下降3.53%；民营医疗卫生机构住院病人人均医药费用4598.59元，增长7.43%。

2018年，长寿区常住人口85.5万人。其中，城镇人口56.43万人，0～14岁人口、15～64岁人口、65岁及以上人口分别占13.58%、70.05%、16.37%。常住人口出生率9.09‰，死亡率8.65‰，人口自然增长率0.44‰，符合政策生育率99.47%，继续稳妥实施全面两孩政策，促进人口均衡发展。常住人口性别比以女性为100，男性对女性的比例为113.32，出生婴儿性别比为105.37。2018年人均期望寿命77.43岁，孕产妇死亡率13.79/10万，婴儿死亡率5.65‰，新生儿死亡率2.90‰，三岁以下儿童系统管理率90.05%。户籍年末总人口89.26万人，2018年出生人口7190人，死亡6819人。

2018年，长寿区常住人口家庭医生签约服务30.86万人，签约率37.38%，任务完成率124.58%；长寿区已组建家庭医生服务团队226个。服务范围逐步深入，建卡贫困户、计划生育特殊家庭已达到全覆盖，优先签约慢性疾病患者、老年人、残疾人等为主的重点人群；服务内容从以基本公共卫生服务为主，逐步向预约就诊、及时转诊、康复理疗等个性化服务转变。

2018年，长寿区首创建立健康扶贫对象精准识别信息系统，在专用信息平台实行定人定点动态维护，核准完成率100%，信息动态管理率100%，为分类救治打下坚实基础。实施“三个一批”行动计划，全区建档立卡贫困户26种大病救治比例100%，光明工程救治比例100%；为每位农村贫困人口建立电子健康档案，慢病签约服务管理比例100%，已签约1.5万余建卡贫困户、1.86万余低保户、0.47万余特困户；各定点医院建立贫困患者综合服务窗口，对患重病的农村贫困人口在起付线、报销比例等方面给予重点倾斜，实施先诊疗后付费和“一站式”结算，大幅减轻贫困患者就医负担，长寿区贫困患者住院自付比例5.06%，慢特病门诊自付比例8.18%。开展贫困村对口支援支医工作，从区级医疗机构抽调10名医疗专家作为健康扶贫驻村医生，提升当地医疗卫生服务条件。设立500万元贫困人口医疗救助兜底基金，用于贫困人口医疗费用报销，区级各医疗机构也建立不少于10万元（其中区医院救治基金30万元）的专项救治基金。

【党建工作】 2018年，长寿区医疗卫生系统党的建设和行风作风建设全面加强，落实全面从严治党要求，构建层级明晰的党建责任体系。开展“两学一做”学习教育和机关作风整顿，实行目标绩效管理。加强党风行风建设，落实中央“八项规定”精神，加强医德医风建设，落实行业作风“九不准”，百分之百的医疗机构实施廉政风险防控管理制度，所有医疗机构和医务人员执行不良执业记分制度，履行党风廉政建设党委主体责任和纪检组监督责任。6月26—28日，长寿区卫生计生系统开展党组织书记集中轮训，60名基层党支部书记参训，邀请长寿区委组织部副部长讲《党建工作》，邀请长寿区委统战部常务副部长讲《统战工作》，邀请长寿区纪委副书记、监察委副主任讲《监察法》，邀请长寿区委宣传部副部长、文明办主任讲《思想政治和意识形态》，长寿区卫生计生委主任讲《2018年卫生计生工作思路》，集中到重庆市凤城监狱警示教育基地开展警示教育活动。

【信访稳定工作】 2018年，长寿区卫生计生委收到信访系统信访件33件，处理33件；重庆市卫计委转办件2件，处理2件；重庆市市长公开信箱新收信件86件，处理86件；接待群众到访300人（次），处理300人（次）。2018年，无行政复议、诉讼案件，无个人进京、到市非访等情况，无因信访举报办理不力导致越级上访等情况。

2018年5月30日，长寿区第三十一个世界无烟日宣传活动暨长寿湖镇创建国家卫生镇启动

【目标管理考核】 2018年，长寿区卫生计生工作目标考核优秀的街镇11个，即菩提街道、凤城街道、新市街道、八颗街道、长寿湖镇、但渡镇、双龙镇、龙河镇、石堰镇、洪湖镇、万顺镇。

【地方经验】 2018年，长寿区卫生计生系统创造性开展工作，以打造三大亮点做实健康扶贫，实行农村贫困人口医疗救助兜底制度。建立贫困人口医疗兜底基金500万元，确保全区健康立卡贫困户在区内定点医疗机构就医，单次住院治疗医疗费用个人自付比例5%，单次慢特病门诊治疗医疗费自付比例10%以内；2018年，兜底3万余人

（次），兜底救助报销150余万元，贫困人口住院实际自付比例5.06%，慢特病门诊自付比例8.20%。有效落实“先诊疗后付费”“一站式”结算，创新采取在HIS系统中嵌入农村贫困人员身份识别功能，及市级贫困人口就医报销、区级兜底基金“一站式”结算功能，方便贫困户就医和医疗机构管理。提升基层服务质量，实现全区镇村两级医疗机构标准化建设全覆盖；建立健全“以大带小、以强带弱、以优带差，资源共享、利益共享”的区镇村三级卫生健康服务网，挑选区级10名优秀医生常驻10个贫困村，为村卫生室配备1名具有资质的乡村医生，投入255万元为基层医疗机构配备医疗设备和250台健康一体机，提升基层公卫、医疗服务能力。

（罗　晋　费建梅　文　星　高　凤　余川霞　叶凌云　但吉飞　刘和平　刘政权　殷俊刚）

医　疗

【医疗质量管理】　2018年，长寿区组织开展宣传培训学习《医疗质量管理办法》，在长寿区医疗机构开展“医疗质量管理天天学活动”，开展岗位练兵和“三基三严”岗位大培训、大练兵。

2018年4月18日，中共长寿区委副书记、区政府区长巴川江调研长寿区中医院“三甲”创建工作情况

【中医药事业】　2018年，长寿区开展全国基层中医药先进单位创建取得新突破，加强基层中医药服务网络、人才队伍及服务能力建设，推广基层中医药适宜技术，加强基层中医药规范管理，真抓实干，狠抓落实，年底前创建准备工作已完成，将于2019年上半年申请评审。区中医院创建三级甲等中医医院迈上新台阶，区委书记赵世庆、区长巴川江、区人大主任张明生等领导参与视察调研，督导创建工作；区中医院扩建工程项目进入收尾阶段，建设资金落实，2019年年初可建成投用。中医药“百千万”人才工程取得新成效，申报龚致平国家中医药管理局全国名老中医药专家传承工作室建设项目获得批准，传承中医药学员11人，项目建设任务书已经按程序上报，相关工作在有序推进之中；开展第三批重庆市中医药师带徒项目申报工作，遴选10名长寿区名中医为指导老师，20名优秀青年中医师为继承人；举办基层中医药实用型人才培训，全区基层医疗单位65名中医药医务人员参加培训，由区中医院中医专家进行临床理论授课、技能操作演练。规范中医医院中药饮片采购、验收行为，督导区中医院、社区卫生服务中心、镇卫生院、张勇中医骨科医院等20家单位开展自查工作并进行实地调查，排查梳理各个环节，发现新问题，督促各单位落实整改。持续开展师承教育，继续开展市级师带徒项目；鼓励符合条件的个人开展师带徒，2018年有4人申请开展师带徒。

【医疗行政管理】　2018年，长寿区规范医疗卫生行政许可，落实行政审批许可制度，全年新审批医疗机构14个（其中医院1个：长寿区伟夫中西医结合医院，门诊部1个，诊所12个），变更执业许可8件；审批公共场所卫生许可318件，生活饮用水集中式供水单位卫生许可5件，放射诊疗许可15件，放射诊疗建设项目卫生审查12件，建设项目职业病危害放射防护竣工验收审查9件，再生育审批服务276件。加强医师、护士准入管理，组织开展执业医师（助理）资格考试，全年长寿区参加执业医师考试290人，考试合格140人；新注册执业医师（助理）357人，新注册护士315人，医师变更注册463人，护士变更注册358人，护士延续注册231人。

【平安医院建设】　2018年，长寿区卫生计生委和长寿区社会治安综合治理办公室联合制发《重庆市“平安医院”创建工作实施方案》，强化医疗机构安全防范体系建设，完善“三调解一保险”的医疗纠纷处置机制。全年发生医疗纠纷38起，自行协商处理8起，赔偿9.6万元；经第三方区医疗纠纷调解委员会组织调解处理34起，赔偿182万元。截至2018年年底，区医院、区中医院、区妇幼保健计生服务中心、洪湖镇卫生院、云集镇卫生院、长寿湖镇卫生院、凤城社区卫生服务中心、江南社区卫生服务中心等11家医院已成功创建为长寿区平安医院。

2018年8月19日，长寿区召开首个"中国医师节"庆祝大会

【医疗人才建设】 2018年，长寿区卫生计生委选拔任用科级干部6人，其中正科级3人，副科级3人；转正定级13人，其中正科级3人，副科级10人。维护好公务员信息库信息，信息准确率100%。组织机关干部职工全面完成重庆干部网络学院在线学习任务。新发展党员17名，没有超出区委组织部核定的指标。全年招聘专业技术人员136人，其中，研究生学历8人、本科学历94人、专科学历34人。完成高级职称评审申报工作，111人申报（其中正高23人，副高88人），评审通过68人（其中正高6人，副高62人）。加大基层卫生院扶持力度，通过中央专项农村卫生人员培训经费支持，定期开展医学专业知识免费培训，提高基层卫生服务人员的技术水平，全年计培训农村卫生人员182人。

【基层医疗】 2018年，长寿区启动基层卫生人才培养和适宜技术推广计划，加强全区村卫生室抗菌药物输液管理，提高乡村医生服务技能，规范医疗行为，确保患者就医安全，组织500余名乡村医生参加培训。健全乡村医生养老和退出机制，提高乡村医生队伍整体服务能力，更好地为农村居民提供健康服务，长寿区全面推开离岗乡村医生养老和医疗补助工作，全区已受理的申请离岗乡村医生养老和医疗补助总人数为2089人，年底前已处于收尾阶段，将按程序逐步落实。提升基层卫生服务能力，经过严格的考试考核，将张某某等36人新增为长寿区乡村医生。推进健康一体机系统与基层卫生信息系统的互联互通，发挥健康一体机效用。开展基层医疗卫生机构综合改革专题调研，组织从事卫生行政管理、人事管理、财务后勤管理、医疗和公共卫生服务管理和服务的相关人员，申报市社区和农村协会相关专家工作。做好振兴乡村战略健康乡村建设有关工作，开展调研并形成报告，分解相关任务。开展村级医疗卫生服务能力调研，掌握全区村（居）级医疗卫生机构服务能力现状，长寿区有村卫生室332个，乡村医生537人。年底前存在乡村医生年龄结构偏大，村医医疗、基本公共卫生服务能力差，村医进出机制不健全等问题。区卫生计生委收集加强村（居）级医疗卫生机构服务能力的建议，分析存在问题，为市卫生计生委下一步制定和完善有关政策提供依据。

完善基层医疗卫生机构财政补助办法。基层医疗卫生机构政府财政投入包括符合国家规划规定的基本建设、设备购置、人员经费和应承担的公共卫生服务业务经费。人员经费按编制内实有在岗人数核定，其中基本工资、津补贴、基础绩效工资、离退休经费全额补助，养老保险、医疗保险、工伤保险、职业年金（单位缴费部分）按60%补助；基本建设和设备购置等发展建设支出根据基层医疗卫生机构发展建设规划统筹安排。2018年落实各级补助资金15089.76万元，其中用于经常性补助资金13872.71万元，确保基层医疗卫生机构的正常运行。落实村卫生室补助政策，2018年落实村医专项补助288.96万元；落实村医实施基本药物制度补助资金289.1万元；落实村医医疗设备网络维护补助30.03万元。乡村医生提供的基本公共卫生服务，要通过政府购买服务的方式，根据核定的任务量和考核结果，将相应的基本公共卫生服务经费拨付给乡村医生。提升基层医疗服务质量和水平，推进美丽医院建设，投入195万元用于基层医疗机构房屋设施维修，其中卫生室35万元；投入281万元用于基层医疗机构设备配置，其中50万元用于救护车辆更换。

【医疗帮扶】 2018年，长寿区按照《中共中央国务院关于打赢脱贫攻坚的决定》和国家卫生计生委《关于印发加强三级医院对口帮扶贫困县县级医院工作方案的通知》文件精神，精心组织、周密部署，开展对口帮扶西藏类乌齐县工作。继续对西藏类乌齐县人民医院、昌都市人民医院、察雅县人民医院开展“组团式”支援和“驻点式”帮扶。2018年组织选派5名专技干部继续参加援藏工作（国家卫健委第二批三级医院对口帮扶贫困县县级医院——西藏类乌齐县人民医院）；选派18名管理、医疗专家短期帮扶指导该院二甲医院创建工作。2018年12月，该院已通过“二级甲等”综合医院等级评审验收并获授牌。年内接收类乌齐县人民医院选派专业技术人员到区医院培训1批（总第五批）、7人［总计35人（次）］进修学习。

在健康扶贫工作中，长寿区人民医院对口帮扶丰都县人民医院，每年派驻中级职称以上26人到丰都帮扶。2018年，诊疗患者748人（次），包括门、急诊患者248人（次），住院患者500人（次）；开展住院手术13台（次）；会诊79人（次），培训丰都县人民医院医务人员550人（次），丰都县人民医院派医护人员25人到区人民医院进修培养，帮助丰都县人民医院开展新项目4项。

【无偿献血安全】　2018年，长寿区坚持贯彻执行《无偿献血法》，全年采集全血6095人（次），采血量9551U；采血人次及采血量比2017年同期分别增加1.79%、1.14%。

【医疗废物处置】　2018年，长寿区医疗废物产生总量456.55吨，处置医疗废物费用330万元。其中，由九腾环保公司处置感染性医疗废物439.62吨、损伤性医疗废物14.87吨；天志环保公司处置药物性医疗废物0.1吨、化学性医疗废物0.82吨；区殡仪馆处置病理性医疗废物1.14吨。

（刘政权　叶凌云　刘和平　林　露　陈文丁　李佳宏　但吉飞　郭　岩　黄晓容）

卫　生

【公共卫生服务】　2018年，长寿区落实政府购买基本公共卫生服务政策，促进全区基本公共卫生服务均等化。全年完成城乡居民电子建档620384人，电子建档率75.13%；早孕建卡5946人，早孕建卡率94.34%；产检5次以上6008人，产检率94.63%；孕产妇系统管理5662人，系统管理率89.18%；产后访视5712人，产后访视率90%；年内有7岁以下儿童47676人，访视新生儿5751人，新生儿访视率90.58%；3岁以下儿童有20320人，系统管理18196人，3岁以下儿童系统管理89.55%；65岁以上老年人纳入健康管理69396人，管理率67.08%；高血压患者规范管理31565人，规范管理率64.78%；2型糖尿病患者规范管理10184人，规范管理率65.09%；预防接种完成卡介苗、脊灰疫苗、百白破、含麻疫苗、乙肝疫苗、乙脑疫苗、流脑疫苗、甲肝疫苗等8种疫苗108947针（次），单苗接种率均在95%以上；全年举办健康知识讲座1673次，开展公众健康咨询活动269次，发放宣传资料46种508677份，制作音像资料20种，播放影像资料7602次，定期出版健康教育宣传专栏1801期；传染病报告及时率100%，传染病疫情规范处置率100%，突发公共卫生事件报告和规范处置率100%。

2018年6月20日，市、区人大代表视察长寿区公共卫生和重大项目建设情况

【重症精神病患者管理】　截至2018年年底，长寿区在册严重精神障碍患者4103人，规范管理3321人，规范管理率80.94%。

【儿童预防接种】　2018年，长寿区国家免疫规划疫苗基础免疫乙肝疫苗接种率99.95%，卡介苗接种率99.92%，脊灰疫苗接种率99.96%，百白破接种率99.94%，含麻疹成分疫苗接种率99.98%，流脑疫苗接种率99.98%，乙脑疫苗接种率99.95%，甲肝疫苗接种率99.94%。

【妇幼保健】 2018年，长寿区财政投入妇幼卫生事业经费400多万元，有效保证妇幼卫生工作开展。全年完成宫颈癌筛查12082人（其中HPV检查5044人），乳腺癌筛查11961人，全区超额完成市级下达的任务数。全区医疗机构内发生出生缺陷儿68例，发生率15‰；完成孕优检查1662对；免费新生儿疾病筛查4448人，筛查率98.93%；听力筛查4016例，筛查率89.32%，其中有344例未通过，分别给予适时转诊处理及复查；全区2018年机构内分娩产妇4481人，剖宫产2047人，剖宫产率45.68%，其中瘢痕子宫1113人，首次剖宫产率27.73%。

【学校卫生管理】 2018年，区卫生计生委联合长寿区教委对全区55所中小学开展春、秋季学校传染病防治、饮用水、教学卫生、公共场所等监督检查工作，对存在问题的学校下达监督意见书，对多次下监督意见书未整改的学校，处罚22所。开展10所学校双随机工作（其中，中学3所，小学6所，大学1所），完成率100%，完结率100%；出动车辆13台（次），出动人员52人（次），下达监督意见书9份，警告2家，按规定将结果通过当地门户网站和信用中国——重庆市“双随机一公开”监管信息系统向社会进行公示。全面开展学校结核病筛查工作，全区初一、初二、高一学生结核病筛查18698名，筛查率98.71%；初筛结核菌素试验（PPD试验）强阳性608例，强阳性率为3.25%；确诊为活动性肺结核3例，肺结核待诊2例。对化工学院2018级2076名入学新生开展结核分枝杆菌IgG抗体酶联免疫法筛查，初筛阳性学生58名；对全区8所高中、2所职业学校的5073名高二学生进行结核病免费筛查，筛查率100%。

【卫生监督】 2018年，长寿区卫生监督协管服务项目已覆盖全区，有专、兼职卫生监督协管人员68人，信息员232人。实施对辖区饮用水卫生安全、学校卫生安全、非法行医和非法采供血、计划生育开展巡查巡访；全年巡查5603户（次），发现并报告的信息线索391件（其中食源性疾病信息线索1件）；饮用水卫生安全巡查1215户次，信息线索333件；学校及托幼机构巡查793户（次），信息线索3件；非法行医和非法采供血巡查3501户（次），非法行医信息线索54件，非法采供血信息线索0件；计划生育服务机构巡查94户次，信息线索0件，巡查覆盖率100%；各类卫生计生监督协管信息报告率100%。

2018年，长寿区持续加大卫生监督执法力度，年度监督覆盖率100%，查处案件152件，包括公共场所卫生、惩治无证行医、传染病防治、医疗卫生、生活饮用水卫生、放射卫生、学校卫生7个类别，每个类别均有超过1个行政处罚结案案件，罚款金额237310元。年内开展婴幼儿沐浴场所、夏季重点公共场所卫生、医疗废物及废水处置、基层医疗机构静脉输注、医疗技术临床应用、医疗美容机构依法执业、血液透析传染病防治、校园直饮水卫生安全8个专项检查。

【卫生应急】 2018年，长寿区开展卫生应急培训4次，培训235人（次），重点开展卫生应急法规、卫生应急基本知识、基本理论、应急预案、应急处置、信息报告、指挥决策、典型案例、风险沟通等专业培训。全年区级层面开展应急演练5次：5月30日，参加全区洪涝灾害多部门救援救灾演练，6月10日，参加经开区浙建集团骨折伤员救援演练，6月15日，参加渝长燃气自来水公司伤害事故应急演练，10月30日，参加经开区危险化学品管道泄漏事故应急演练，11月28日，在区中医院组织开展人感染H7N9禽流感防控桌面演练；区内各个卫生计生单位开展内部应急演练23次。年内开展突发事件紧急医疗救援20起，救治伤员157人；处置突发公共卫生事件19起，一般事件4起（1起为食物中毒，3起为传染病疫情），未分级15起，事件均得到及时、有效地控制。

【死因监测】 2018年，长寿区居民平均期望寿命为77.43岁，其中男性为75.07岁，女性为80.16岁，女性平均期望寿命高于男性。全年报告死亡病例6263人，粗死亡率为747.82/10万，标化死亡率为433.51/10万（以2010年第六次人口普查全国人口标化）。死因顺位前十位为循环系统疾病（含脑血管病和心脏病，死亡率300.18/10万，构成比40.1%）、肿瘤（216.84/10万，29%）、呼吸系统疾病（111.52/10万，14.91%）、伤害（46.57/10万，6.23%）、其他疾病（23.64/10万，3.16%）、消化系统疾病（14.45/10万，1.93%）、传染病（7.76/10万，1.04%）、泌尿生殖系统疾病（7.40/10万，0.99%）、神经系统疾病（7.04/10 万，0.94%）、血液造血器官及免疫疾病（3.34/10 万，0.945%），这 10 类死因引起的死亡人数占总死亡人数的 98.79%。

【结核病防治】　2018 年，长寿区可疑结核病人初诊 4031 人（次），发现活动性结核病患者 254 例；按全区常住人口 80 万人计算，初诊患者就诊率 465/10 万，患者登记率 31.8/10 万；DOTS 覆盖率 100%，追踪率 100%，追踪后总体到位率 91.85%；初诊查痰率 99.9%，病原学阳性肺结核患者密切接触者筛查率 100%，肺结核患者病原学阳性率 33.07%，涂阴肺结核痰培养或分子生物学检测率 67.63%，涂阳和耐多药肺结核高危人群耐药筛查率 76.09%；基层医疗机构肺结核患者管理率 100%，基层医疗机构肺结核患者规则服药率 95.39%，基层医疗机构肺在管结核签约服务率 100%；肺结核患者成功治疗率 89.86%，耐多药患者纳入治疗率 100%，结核病/艾滋病双重感染筛查率 96.85%。

（罗　娟　任　川　毛志莉）

人口和计划生育

【概况】　2018 年，长寿区出生人口 7190 人，出生率 8.04‰，自然增长率 0.41‰，政策符合率 99.3%，政策外多孩率 0.7%。全年编制计划生育政策宣传折页 5 万余份，开展“计生赶场”和“卫生下乡”300 余次面对面宣传，确保政策宣传全覆盖。建立区、镇、村三级培训机制，开展培训 252 次、3698 人（次），确保各级计划生育干部知晓现行计划生育政策。全面落实生育登记服务制度，落实生育登记“全覆盖”，优化再生育审批程序，解决群众办证难问题。全区办理生育服务证 5317 件（其中一孩生育服务证 2783 件，二孩生育服务证 2805 件），已出生 2534 人，办理再生育服务证 303 件；办理独生子女父母光荣证 2110 件。审核 41 批（次）、240 个单位、1088 名个人，根据卫生计生部门建议，其中 6 个单位、5 人被区委、区政府取消评先评优资格。

【流动人口服务】　2018 年，长寿区建立健全流动人口信息共建共享机制，实现与公安、房管、民政、农委等部门交换共享信息“无缝衔接”，全年交换信息 41200 条。全年为流入人口健康建档 3.25 万份，建档率 81.68%；办理婚育情况证明 3512 份；孕优检查 187 人。落实留守儿童监护人和联络人 1928 人，健康建档率 100%；为 19 名残疾留守儿童提供家医签约服务。发放《流动人口健康教育核心信息》1 万份，流动人口健康支持工具包 1000 份。流动人口个案信息提交率 90.51%，协查反馈率 100%，反馈及时率 98.63%。完成 2018 年国家流动人口动态监测工作，区卫生计生委获国家卫生健康委员会优秀单位称号。

【计生执法】　2018 年，长寿区坚持依法、文明征收社会抚养费，做到规范征收标准、规范征收执法文书、规范收支管理。营造良好的计划生育执法环境；加强部门配合，把做思想工作与申请人民法院强制执行相结合；探索建立政策外生育不良记录，纳入征信系统。2018 年，新发现立案 41 件（含往年漏统，当年违法生育 38 人），立案率 100%，处理 18 件，结案 14 件，行政处理和行政处罚案卷合格率 100%，征收社会抚养费 420650 元。未发生因违法行政、粗暴执法而造成的恶性事件。

成立打击“两非”专项行动领导小组，联合工商、食药监、卫生计生监督执法局等部门开展专项整治行动，综合执法 2 次；完善落实出生人口性别比综合治理工作责任制度，建立健全孕产期全程跟踪随访制度、妊娠 14 周以上终止妊娠手术管理制度、终止妊娠药品使用管理制度、妊娠 14 周以上超声检查管理制度、举报奖励制度等；开展打击“两非”工作督查 2 次，年底前未发现未经批准擅自从事非法为他人进行胎儿性别鉴定或选择性别的终止妊娠手术的行为。

【长寿区计划生育协会】　2018 年，长寿区计划生育协会围绕全区卫生计生中心工作，开展宣传教育、健康咨询、优生优育指导、计生家庭帮扶和维权等工作。抓活动开展宣传服务，通过义诊、健康咨询、健教知识讲座、政策宣讲、宣传资料和宣传品发放等形式，发放各类宣传品 29300 份，免费服务包 3420 个，免费义诊 1530 人（次）。关怀计生特殊家庭，年内走访慰问贫困母亲、留守儿童和计生特殊家庭 4000 人（次），发放慰问金 100 万元；奖励并落实普遍联系与重点帮扶相结合的“3+X”的联系人制度，为长寿区 1724 名计生特殊家庭人员按照重庆市统一标准购买生病住院护理补贴保险，完善计生家庭扶助系统失独家庭信息，实现分类管理，精准帮扶。把青春期健康教育作为长寿区计生协会品牌项目常态化开展，年内到全区中学开展青春期健康教育讲座25次。加强对流动人口协会指导，新成立长寿经开区流动人口协会、昆明流动人口协会、长寿区黄桷湾社区流动人口协会；建立长寿区计生协会与流动人口协会工作信息交流制度，及时互通工作信息，听取工作汇报，及时指导相关工作。

（韦爱群　刘　嘉　宝瑞琪　李　娅　郭凤霞）

长寿区“卫生下乡”活动

社会事务

社区建设

【概况】 2018年，长寿区城市社区总面积91.22平方千米，设置45个城市社区，管辖218956户、522586人（含暂住人口）。年底前，长寿区获重庆市和谐社区建设示范区称号；有全国和谐社区建设示范社区1个、全国减灾示范社区4个、市级和谐社区建设示范街道2个、市级和谐社区建设示范社区15个、区级和谐社区建设合格社区25个。

【社区专职工作者】 2018年，长寿区有社区专职工作人员255名，平均年龄37岁，其中男性55名、女性200名，中共党员168名，面向社会公招161名，机关事业单位下派5名。社区专职工作者中本科文化90名，占35.3%；大专文化135名，占53%；高中（中专）文化30名，占11.7%。

【社区基础设施建设】 2018年，长寿区45个社区全部完成办公服务用房建设，总建筑面积25800平方米（500平方米的5个，500～1000平方米的33个，1000平方米以上的6个），总投资1.2亿元（其中市级补助资金630万元）。2018年新（改、扩）建社区服务站3个。

【社区干部待遇及办公经费】 从2017年1月1日起，长寿区调整村（社区）干部补贴及运转保障经费标准。社区办公经费调整为6万元。调整干部补贴，社区书记、主任调整为3000元/月，社区其他专职工作者补贴调整为2600元/月；居民小组长补贴调整为500元/月。村（居）务监督委员会主任误工补贴为300元/月；村（居）务监督委员会成员根据其承担的工作量发放误工补贴，区财政按照每年每个村（社区）3000元标准落实工作经费。建立年度考核奖励机制，根据社区工作人员个人年度考核结果给予一次性奖励，被评为优秀的奖励2个月补贴；被评为称职的奖励1个月补贴；被评为基本称职和不称职的不予奖励。

（何　欣）

社会事务管理

【救助管理】 2018年，长寿区建立健全区、街镇、村居三级救助服务网络，强化“属地管理、分级负责”工作要求，对生活无着流浪、乞讨人员实施“零距离”救助，街面主动救助、分类救助和应急救助常态化。全年救助流浪乞讨人员385人（次），站内救助364人（次），站外救助21人（次），其中男性300人（次），女性85人（次）；未成年人（18周岁以下）12人（次），青壮年291人（次），老年（60周岁以上）82人（次）；危重病人、精神病人、痴呆傻、疑似精神病人124人（次），肢体残疾人员6人（次）。全年通过各种方式寻亲，帮助30名流浪乞讨人员或走失人员及时找到亲人、回归家庭。

【殡葬管理服务】 2018年，长寿区加强殡葬管理，于4月23日—5月25日在各街镇场镇、村开展以“深化殡葬改革，推动移风易俗，实行火葬，杜绝土葬”为主题的殡葬改革宣传月活动。做好群众对殡葬法规、规章和政策的咨询解读工作，澄清人们对殡葬改革存在的模糊认识；倡导绿色殡葬、生态殡葬，引导树立文明节俭办丧新风。抓好春节、清明节祭祀安全，成立工作领导小组，向各街镇和殡葬服务单位印发安全隐患排查、突发社会安全事件专项应急预案，督促殡葬服务单位不折不扣落实有关服务和祭扫的各项管理要求，保证全区春节、清明节祭扫零事故。加强公益性公墓管理，起草《关于规范公墓建设和管理的通知》；对全区公益性公墓进行全面清理，要求各街镇加强对公益性公墓的组织领导，严格政策规定，强化日常监管。做好城区文明治丧启动前的工作，解决长期存在的城区占道搭棚治丧、抛撒纸钱、噪音扰民等治丧问题，规范城区治丧活动；开展走访调查，借鉴周边区县成功经验，听取社会各界意见，精心筹备，反复研究讨论，形成城区文明治丧管理工作实施方案和系列配套文件，已通过区政府常务会和区委常委会批准。开展殡葬领域突出问题专项整治，成立区专项整治行动领导小组，召开相关部门工作联席会议，出台《重庆市长寿区民政局等十一部门关于印发〈长寿区殡葬领域突出问题专项整治行动方案〉的通知》，明确各部门职责，对11个农村公益性公墓和非法墓地进行全面检查清理，下发整改通知书，保证全区公墓管理正常运行。落实惠民殡葬政策，继续做好辖区内城乡低保对象、城镇“三无”人员、农村“五保”对象和生活困难的重点优抚对象死亡后的基本丧葬费用减免工作，把“便民、利民、惠民”政策落到实处；2017年11月1日至2018年10月31日，享受丧葬费减免的困难群众450人，减免基本丧葬费用37.85万元。

【婚姻收养登记】 2018年，长寿区依法在线办理结婚登记7100件、离婚登记4313件，补发结婚登记证3103件，补发离婚登记证302件，承办收养登记1件；全年登记合格率100%。完成2017年的14730件婚姻档案数字化扫描工作；整理完2018年的14818件婚姻档案装盒归档。长寿区婚姻登记处实施“家和计划”和“婚姻家庭”两项社会工作项目。“婚姻家庭”第二期于2018年9月开始实施，2018年开展冲动离婚调解162对，其中劝和77对；开展喜事新办宣传活动3场；开展主题小组活动5个；开展15个个案服务，结案10个；依托社区开展大型社区活动10个。“家和计划”第三期于2018年9月开始实施，年内开展冲动离婚调解201对，其中劝和95对；开展家庭互助小组、亲子关系教育沙龙、家庭沟通小组等22场活动。全年直接受益3400人，间接受益6600人。

（潘　艳）

民族宗教工作

【概况】 重庆市长寿区民族宗教事务局（简称区民宗局）成立于2005年2月，设一科一室。2018年有干部职工6人，其中行政编制人员5名，机关后勤事业编制1名。

【民族工作】 2018年，区民宗局加大民族政策宣传，通过到长寿大洪河中学等少数民族学生相对集中的学校广泛宣传民族政策，发放宣传手册1000余册。向社会公众公开公布少数民族政策咨询热线，确保民族政策公开透明、落实到位。

依法管理民族事务，进一步贯彻落实全市、全区民族工作会议精神。对有民族工作职责的单位进行督促指导，确保到长寿的少数民族群众享受同城待遇，促进民族间的交往交流交融。2018年，未收到少数民族群众反映被拒载、拒住、拒商、拒学等歧视行为。依法规范管理经营秩序，坚持依法管理、稳妥处置原则，全年配合城管局、公安局拆除少数民族群众非法占有的摊位2处。做好日常少数民族服务工作，全年办理高考学生升学照顾手续12件，接受民族成分更改咨询20余人（次）。

开展民族活动，全年向市民宗委争取创建活动资金30万元，在洪湖镇码头村创建民族团结进步模范村，在洪湖镇司法所创建少数民族维权站；协助市民宗委承办“重庆市参加第十一届全国少数民族传统体育运动会竞赛项目选拔比赛”中的独竹漂项目选拔赛，在长寿湖完成独竹漂项目的场地适应性训练和正式选拔赛。

【宗教工作】 做好中央宗教督查迎检工作。2018年11月7—10日，中央宗教工作督查组到重庆对全市宗教工作进行全面督查。区民宗局就迎检工作在区委常委会上进行专题汇报，提出自查、排查、整改的工作建议；对照“宗教工作督查内容及开展自查任务分工表”和“宗教工作自查清单及整改台账”，对全区宗教领域问题进行全面自查，制订整改方案，建立问题台账和整改清单。自查出6个方面存在的问题：即有的街镇对宗教工作重视不够，导致非法宗教活动时有发生；从事宗教工作的干部的工作能力和水平有待提升，有的干部在处理具体宗教问题时因为政策水平不高导致不能及时依法处理；对新的《宗教事务条例》学习贯彻不够，政策执行不力；“两乱一私设”现象屡禁不止，在该次自查排查中，全区查出35处乱建庙宇、4处滥塑宗教造像、2处基督教私设聚会点；部分宗教团体、宗教场所财务不规范；三级网络两级责任制落实不力，不能很好地发挥作用。自查之后推进问题的整改落实，区委、区政府专门召开全区宗教工作会议，进一步强化领导、压实责任、确保整改到位。将6大类的问题分解成10个具体的问题进行逐一交办并提出整改意见建议；对排查统计出的35处乱建庙宇、4处滥塑宗教造像、2处基督教私设聚会点所涉及的街镇一一交办落实，要求依据《宗教事务条例》及时行动，依法、稳妥有序地开展整治工作。问题交办后，相关部门积极行动，对交办的问题分别采取相应措施进行整改，加强宗教理论的学习，强化《宗教事务条例》的培训，依法开展“两乱一私设”整治工作。截至年底前，涉及的6个方面需要整改的问题都采取相应的措施和行动进行整改完善。督促古镇文化旅游开发有限公司与长寿区城隍庙签订无偿委托管理协议，落实菩提寺、定慧寺的使用权移交；依法拆除乱建庙宇14处，教育转化1处私设聚会点。

围绕乡村振兴战略行动工作任务依法规范宗教活动秩序。在公安局和相关街镇的协助下，依法取缔“中国真理教会”长寿分支，教育转化8人；整治2处基督教私设聚会点（葛兰镇、云集镇各1处），教育转化39人。严格执行新修订的《宗教事务条例》。依法查处2起非法宗教活动（基督教信众在乐园后门唱诗歌和基督教信众在中医院病房唱诗歌）。开展和谐寺观教堂评比工作。调动宗教活动场所争先创优积极性。确保宗教活动安全有序开展，在重大宗教活动和重要节日期间要求各个场所制定相应的安全预案，进行拉网式排查，发现隐患及时整改，加强宗教网络舆情引导，确保无重大网络舆情发生。完成定慧寺与安国寺的合并工作，彻底消除安国寺的安全隐患。加强制度建设，对2017年制定完善的10项管理制度落实情况进行督促检查，着重抽查宗教团体工作经费使用管理情况。

强化宗教政策法规学习，建立分团体召开季度学习会制度，不定期组织各宗教界代表人士召开座谈会，互相交流场所管理发展经验。开展以“学习”为主题的和谐寺观教堂创建活动。开展宗教政策法规学习月活动，使宗教政策法规宣传更贴近信教群众。开展新修订的《宗教事务条例》培训学习，对街镇主要负责人、负责宗教工作的统战委员、各宗教团体负责人和各宗教场所负责人，开展集中学习3次，培训300余人（次）。

及时调处矛盾纠纷，帮助定慧寺解决交接后的系列问题，发现场所没有设斋堂、电费收缴未按民用电标准、天然气不通等问题，区民宗局与相关部门协商解决上述问题。帮助宗教场所解决排危问题，区民宗局协调石堰镇为显灵寺解决排危资金3000元用于加固殿堂后面滑动的石头，消除隐患；协同葛兰镇解决飞佛寺前100余米的道路硬化问题，解决信众雨天出行不便的问题。

引导宗教与社会主义社会相适应。利用宗教人士季度学习会、宗教界人士座谈会等会议引导、鼓励和支持宗教界发扬爱国爱教、团结进步、服务社会的优良传统，支持宗教界探索适应中国特色社会主义社会的途径；强化社会主义核心价值观引领和中华优秀文化浸润，引导宗教界爱国爱教相统一；引导和鼓励宗教界加强宗教思想建设，对教义教规作出符合时代进步要求的阐释。鼓励和支持宗教界行善举善，在国家的引导和管理下从事有益于社会发展的公益和慈善活动，鼓励和支持宗教界通过到敬老院慰问孤寡老人、支助困难学生完成学业、慰问困难残疾人士等方式开展宗教慈善活动。在菩提寺举办国旗进寺庙启动仪式，要求有条件的宗教场所都要升挂国旗。

（刘显碧）

民　生

就业与创业

【就业服务】 2018年，长寿区建立健全就业创业机制，实施更加有效扶持政策，努力实现更高质量更加充分就业。拓展岗位扩大就业，完善公共创业就业服务体系，支持实体经济发展，多渠道扩大就业容量；全区城镇新增就业2.1万人，城镇登记失业人员就业5471人，就业困难人员就业3237人，分别完成年度目标任务的115%、110%和108%。城镇登记失业率3.1%，低于市控制线1.1个百分点。建成智慧人力资源市场数据平台，库存流动人员档案7万卷，数字化大学生档案2.9万卷；"就业通"APP、微信公众号同步投用，实现智能终端、互联网、信息发布、现场招聘、职业培训"五位一体"智慧就业服务系统，通过大数据分析就业轨迹、就业岗位、职业能力、就业需求，精准推荐工作岗位、开展职业培训、提供就业创业指导等服务。

【分类扶持就业】 2018年，区人力社保局加大就业帮扶与精准扶贫结合力度，指导街镇开发保洁、治安巡逻等公益性岗位，全年安置2445名就业困难人员实现就业。落实社保优惠政策，发放社保、公益性岗位、低保就业、高校毕业生就业见习等补贴2832万元，帮扶高校毕业生就业1120人，审核"单、双解"人员身份415人。

【职业培训】 2018年，区人力社保局与工会、妇联等相关部门及企业沟通，掌握供求，按需培训，提高技能培训的针对性、实用性，促进就业，开展职业培训5289人，发放职业培训补贴743万元，完成年度目标任务117%。

【创业带动就业】 2018年，区人力社保局落实培育创新主体、夯实创新平台、构建创投体系、完善创新生态工作计划。选聘成立创业导师队伍1支，培育市级创业孵化基地1个，孵化企业46户，开展GYB、SYB创业培训1344人（次）；组织参加"泛海扬帆""渝创渝新"等创业活动，发放创业担保贷款6492.9万元，回引1.1万名农村劳动力返乡就业创业。 （雷福中）

社会保险

【概况】 重庆市长寿区社会保险局（简称区社保局）为区人力社保局管理的公益一类事业单位，机构规格正处级，经费形式为财政全额拨款，具有独立法人资格；2018年有12个内设机构，核定事业编制56名（其中局长1名、副局长3名，内设机构领导职数12正、18副）。其主要职责7项。

【社保基金征收】 2018年，长寿区参保城镇企业职工基本养老保险166845人、城乡居民基本养老保险339950人、城镇职工基本医疗保险140315人、城乡居民合作医疗保险709945人、工伤保险118859人、生育保险82177人，分别完成目标任务的109.72%、100.31%、102.59%、100.25%、113.73%、102.76%；征收基金城镇企业职工基本养老保险126580.73万元、城乡居民基本养老保险5539.44万元、城镇职工基本医疗保险（含生育保险）68672.85万元、城乡居民合作医疗保险14048万元、工伤保险5211.19万元，分别完成目标任务的118.19%、101.36%、112.39%、103.07%、107.23%。

【社保基金支付】 2018年，长寿区城镇企业职工基本养老保险、城乡居民基本养老保险领取待遇人员分别为108164人、104219人，分别发放养老待遇246770.50万元、16628.10万元；城镇职工基本医疗保险、城乡居民合作医疗保险基金发生人次分别为3247951人（次）、1985229人（次），基金支出分别为63144.19万元、54167.67万元；享受工伤保险待遇、生育保险待遇人次分别为3860人（次）、3334人（次），基金支出分别为3878.67万元、2408.61万元。

【特殊群体社会保险及补助】 2018年，长寿区为1863名川维地区关停企业职工办理养老保险补缴；为625名在职村干部办理基本养老保险参保或补缴，发放缴费补贴308.96万元；为符合参保条件的240名在职村干部发放参加居民养老保险缴费补贴48万元；为3555名困难国有企业“单（双）解”人员以个人身份参保给予缴费补贴949.49万元；为239人（次）中年丧子夫妇落实财政代缴养老保险费34.02万元；发放原民办教师等“八大员”养老和医疗补助、军转干部补贴、离任村干部生活补贴等十类特殊群体47827人（次）的补贴2228.10万元；有228298人（次）享受机关事业单位医疗补助（区级公务员），基金支出2897.03万元；特殊人群报销医疗费用总计385.17万元。

【工伤认定】 2018年，长寿区接受单位和个人工伤认定申请1024件，受理990件，作出工伤认定（含视同工伤）932件，不予认定工伤21件；全年不予受理工伤申请工伤34件。工伤保险复议和诉讼案件63件，胜诉率98.4%。

【社会保险改革】 2018年，长寿区稳步推进机关事业单位养老保险改革工作。截至12月末，全区参加机关事业单位养老保险参保单位396个，参保缴费人员15231名，征收基本养老保险费31305.71万元，职业年金13487.27万元。年内发放9527名离退休人员养老待遇53199.14万元；完成退休人员退休补贴和2018年养老保险待遇调整及补发工作。

推进医疗保险各项改革。医保基金支付方式改革推行医保基金总额控费，实行按床日付费、单病种付费和项目付费等多种付费方式相结合的付费模式；2018年全区48家医疗机构（含分院）实行医保付费总额控制。精神病住院治疗实行按床日付费。持续推进单病种结算，全年结算2679人（次）。推进跨省异地就医联网直接结算，2018年长寿区参保人跨省异地联网直接结算1576人（次），医保支出1479.27万元；长寿区人民医院、中医院、万顺九石坎医院已纳入全国异地就医直接结算平台，有217人（次）异地参保人员就医直接结算，医保支出179.53万元。贯彻落实新版医保目录，推进医保药品集中带量采购；自6月起贯彻实施《国家医疗工伤生育保险药品目录（2017版）》，做好53种国家谈判药品、116项医疗服务项目纳入医保报销目录结算工作，进一步扩大报销范围；辖区内5家公立医院从6月1日起执行25种医保谈判药品集中带量采购，有效减轻参保人就医负担。

供给侧结构性改革相关工作。继续做好钢铁、煤炭行业化解产能过剩中的职工安置工作，确保职工能正常办理社保异地转移、接续、退休等业务。贯彻落实阶段性降低社保费率和调整工伤保险费率的相关政策，帮助困难行业、困难企业、小微企业减轻负担；2018年新申报困难企业72家，总计享受困难企业政策687家；新申报小微企业17家，总计享受小微企业政策170家。

稳妥调整待遇，完善待遇领取资格认证。按时完成111335名退休人员及106451名城乡居民保险领取待遇人员2018年养老保险调整待遇工作，调整后人均月养老金分别为2587.40元、135.88元。全面取消领取待遇人员集中认证，将传统的指纹人脸认证与工作人员上门服务、部门间数据共享相结合开展资格核查工作，认证率90%。

【社保基金管理】 2018年，长寿区坚持“管办分离”、逐级审批和对账制度，推进社银平台建设，规范社保基金内部征收发放流程，确保基金管理安全。加强企业参保缴费稽核、各险种专项检查和医保基金使用监管，确保基金使用安全；全年稽核198家企业，追缴社保费28.80万元；查实处理1988条市局下发疑点数据，收回基金676.06万元；取消22人养老保险参保领取待遇资格，追回养老保险待遇6.21万元；检查工伤保险协议服务机构发现违规费用0.43万元；开展日常检查、巡查、抽查、部门联检、交叉检查及各类专项行动，对辖区内20家协议医疗机构、117家协议药店进行医保基金使用监管，涉及违规本金及违约金125.14万元。

【社保扶贫】 2018年，长寿区部门联动，信息共享，全面贯彻落实为贫困人员代缴居民养老保险费和资助参加基本医疗保险政策，全区23494人建档立卡未脱贫人口、低保对象、特困人员，已参加养老保险22111人；80831人建档立卡未脱贫人口、低保对象、特困人员、重残一二级人员及民政其他救助对象，已参加医疗保险80611人。逐步扩大贫困人员医保报销范围，提高居民医保报销比例，降低居民医保报销起付线；2018年贫困人口就医报销2009.66万元（含民政救助），报销比例75%。

【社保诉求处理】 2018年，长寿区妥善处置超龄退役军人、原住建公司、原肉联总厂、川维地区关停企业等群体信访事件及喻某某、戴某某等重点人员信访问题，配合行业主管部门，继续做好原棉纺厂、轻纺总厂等群体的解释疏导工作。稳妥处理工伤（亡）信访事件，配合有关部门协调处理因工或非因工伤亡事件50件。

【社保服务优化】 2018年，长寿区加强社保标准化建设，规范社保经办流程，整合99项社保业务为85项，更新印制42类业务办事指南；精简单位社会保险登记、养老保险关系转移、工伤保险待遇支付等18项社保事项的办事材料，取消社会养老保险人员丧葬补助继承人关系证明等证明事项，全面取消领取社会保险待遇资格集中认证。推进窗口行风建设，建立班子成员—科室负责人—工作人员三级大厅行政值班制度，建立延时服务制度、潮汐互助制度、窗口预约办理服务制度，推进社保服务“综合柜员制”建设，解决群众办事赌点难点；完善考核奖惩机制，成立巡查工作组对全局特别是窗口开展不定期抽查，严肃查处社保经办服务中的违法违规违纪行为。推动“互联网+社保”建设，开通居民医保微信缴费通道，截至12月末，已有41869人通过微信缴费通道缴纳居民医保费；长寿区30年以上保管期限的社保业务档案实现数字化管理；加强网络信息安全，对全局金保网络与全区协议服务机构网络实行网络安全行为监管。推动社保业务下沉，拟定社会保险业务下沉方案和操作手册，完善“区社保局—街镇社保所—村居社保服务站”三级平台基础建设，全区19个街镇均配备金保系统、指纹认证设备和社保卡制卡设备；221个行政村配备金保系统和指纹认证设备，方便群众就近办理社保业务。 （杨 莉）

社会福利

【残疾人和老年人福利】 2018年，长寿区开展“四项补贴”发放的资格审定和监督管理工作。全年发放贫困残疾人生活补贴17825人（次）、264.15万元，发放重度残疾人护理补贴27744人（次）、434.92万元，发放经济困难的高龄老人养老服务补贴4394人（次）、257.7万元，发放经济困难的失能老人养老服务补贴1977人（次）、116.06万元。

【养老服务】 2018年，长寿区出台《重庆市长寿区人民政府办公室关于全面放开养老服务市场提升养老服务质量的实施意见》，指导全区养老事业科学发展。完成凤城凤家、晏家齐心和云集华福3个社区养老服务站建设装修并运营，给辖区老人提供便捷就近的养老服务。引进怡年居社工组织对长寿区7个街道、24个社区低保和特困老人开展社区居家养老服务工作，投入16万元购买凤城轻化路社区和渡舟民兴社区养老服务。完成全区23所养老院的院落、食堂、公共活动场所3个重点部位高清视频监控设备安装工程，实现联网应用，提升全区养老机构的安全管理水平。支持桃源医院举办“医养结合型”养老机构，新建东新村绿松苑养老公寓，两所养老机构入住率都已超过50%。落实2018年养老机构服务质量建设专项行动实施方案，全区投入福彩公益金62.3%的比例623万元对全区农村的幸福院、养老服务站、敬老院等养老服务设施进行建设改善，对居家社区养老工作进行购买服务。开展养老机构安全管理执法清零活动，推进全区养老机构包括特困人员供养服务机构的安全管理工作，防止安全事故发生。实施区养老服务中心、绿松苑养老公寓、凤城福利院、桃源养老院的养老机构综合责任保险。

【福利彩票发行】 2018年，长寿区努力筹集福利资金，提高救助能力。组织实施春节刮刮乐卖场销售；加强销售网点建设；创新福彩销售方式；开展中奖宣传活动；加强销售人员的销售技能培训；完成2018年福彩公益助学活动，资助10名环卫工人和停车收费员家庭贫困学生；推进彩票安全运行、健康发展，福彩发行安全运行率100%。2018年1—12月实现电脑票销售6217.57万元，刮刮乐销售658.59万元，中福在线1766.02万元，合计8642.18万元。

【彩票公益金管理】 2018年，长寿区完成2019年度及以前区级福彩公益金1339.9万元的分配工作。收集各科室或民政局局属单位对有关街镇和相关业务工作进行调研的意见，提出区级福彩公益金分配方案，经过区级福彩公益金项目评审委员会审定，按程序报批，促使本级彩票公益金管理使用规范化。 （余开华）

救助救济

【概况】 2018年，长寿区先后遭受“4·21”风雹、“7·6”洪涝等8次自然灾害，造成全区19个街镇115263人不同程度受灾，1人因灾死亡，紧急转移安置573人，46间房屋倒塌，5112间房损坏（严重损坏551间，一般损坏4561间）；4560公顷农作物受灾。直接经济损失11036万元。

【灾害救助】 2018年，长寿区及时开展应急期紧急救助和过渡期灾民生活救助工作，按照紧急转移安置人员20元/（人·天），死亡人员16000元/人的标准，全年发放紧急救灾资金4万元。推进倒塌房屋重建工作，下拨重建资金15万元，重建倒塌房屋13户、30间。落实灾民冬春生活救助，发放冬春生活救助资金600万元、棉被1121床、棉衣885件，保障灾区群众安全越冬。

【传统救济】 2018年，长寿区发放定期定量救济金293万元，救济5012人（次）；发放襄渝铁路矽肺病人员补助金253万元，救助3003人（次）。

【城乡低保管理】 截至2018年12月，长寿区有城市低保3670户，5535人，占比1.44%；农村低保8062户，13893人，占比2.68%；全年支出低保金8401.3万元；1—12月新增城乡低保对象4102人，动态退出城乡低保3032人，实现动态管理下的应保尽保。按照保障标准和家庭人均收入落实补差，2018年城市低保月人均补差493元，补差水平90.3%；农村低保月人均补差337元，补差水平83.2%；均高于往年补差水平，增速高于辖区内低保标准增长幅度。及时落实低保调标，2018年1月起城市低保标准由500元/月·人提高到546元/月·人，农村低保标准由350元/月·人提高到410元/月·人。

落实低保标准与扶贫标准“两线合一”，及时将符合农村低保条件的扶贫对象纳入低保待遇。2018年全区有1827名符合低保标准的建卡扶贫对象纳入低保保障范围，全年发放兜底扶贫低保金596.3万元，超额完成低保兜底任务。

定期比对核查，区市两级核查系统平稳运行，对新申请救助对象逢进必查，对已纳入低保对象全面进行家庭经济状况信息比对；2018年1—12月完成19个街镇共提交的332个批次、2508户、4510人（次）的低保、特困、临时救助等社会救助对象的经济状况核查认定工作，出具单位核查报告414份、个人核查报告290份，提高社会救助精准度。

【医疗救助】 2018年，长寿区加强医疗救助监管，与区内定点医疗救助机构签订监管服务协议，明确双方责任、权利与义务；依托医疗保险信息管理平台，达到医疗救助与医疗保险“一站式”同步结算。落实市政府健全医疗救助制度文件精神，2018年全区医疗救助城乡困难群众179453人（次），救助金额4412.5万元。其中，门诊医疗救助123621人（次），支出1036.7万元；住院医疗救助23521人（次），支出2816.7万元；资助参保32311人，支出559.1万元。全年扶贫济困救助支出329.4万元，救助1711人（次）［其中民政对象救助302.5万元，1539人（次）；扶贫对象救助26.9万元，172人（次）］。

【临时救助】 2018年，长寿区全面规范使用重庆市临时救助信息管理系统。全区发放临时救助金720.8万元，救助困难群众4354人，次均救助支出水平为1655元/人，发挥临时救助托底线、救急难的作用。

【特困供养】 截至2018年12月，长寿区特困供养救助4896人，发放特困金3423.17万元；年内新增特困对象369名。失能特困人员照料护理补贴849人，金额204.8万元。

（刘 强 李冰洁）

【计划生育奖励扶助】 2018年，长寿区落实法定奖励扶助政策，创新建立长寿区计划生育失独家庭救助制度。开展“朝阳伴夕阳”失独家庭“五个一”关爱活动（即为长寿区1795名计生特殊家庭人员建立一份动态分类管理的信息档案、健康档案，发放一张亲情连心卡，指定一名家庭签约医生，每两月开展一次亲情联系，每年开展一次健康管理服务，每年至少一次走访慰问），组建60人的计生特殊家庭志愿者社会关怀队伍。提升就医“绿色通道”服务质量，长寿区财政投入31.86万元，为全区计生特殊家庭购买生病住院护理保险。协调区财政、民政、司法、保险等部门及时解决经费投入、最低生活保障、法律援助、住院理赔等工作。全年区级财政配套投入2232.2万元，确保各项扶助政策落地。全年走访慰问计划生育特殊家庭4860人（次），发放慰问金慰问物质83.95万元。对全区奖扶对象17213人、特扶对象1598人（其中失独家庭父母922人）、四级残疾扶助对象135人，计划生育手术并发症扶助对象32人，2018年发放计划生育奖励扶助特别扶助金3644.81万元，奖励扶助及时率89.98%。

（韦爱群　刘　嘉　宝瑞琪）

优抚安置

【概况】　截至2018年12月底，长寿区优抚对象统发数据为5631人，其中在乡复员军人428人，三属243人（其中因公、病故军人遗属各1人），在乡参战退役军人1033人，在乡参试退役人员1人，带病回乡退伍军人2516人，享受农村籍退役士兵老年生活补助389人，残疾军人739人（其中伤残国家机关工作人员21人，伤残人民警察19人），烈士60周岁以上老年子女2人，企业参战退役人员160人，企业参试人员17人，企业老复员军人103人。

2018年10月，长寿区启动全区退役士兵等12种优抚对象信息采集工作。截至12月底，全区采集对象信息26012条。

2018年，长寿区加大投入，对烈士陵园进行维修改造，改善陵园环境，提升陵园庄严和肃穆感。在烈士纪念日组织开展纪念活动，全区150余名各界干部群众参加活动。区民政局组织机关干部职工在烈士陵园进行主题党日活动，重温入党誓词。

【优抚工作】　2018年，长寿区及时调整和发放定期抚恤或生活补助资金，全年发放抚恤生活补助资金7253.35万元。参照区机关事业单位退休人员健康营养费标准，及时调整无军籍职工健康休养费标准，由每人每年10000元提高到每人每年14750元，形成长效机制；对移交长寿区军队无军籍职工遗属生活困难定期补助标准进行调整，遗属是城市居民的，由每人每月420元调整为460元；遗属是农村居民的，由每人每月380元调整为415元。帮助困难重点优抚对象解决实际困难，发放优抚对象解“三难”资金213500元，解决1～6级残军医疗救助金293038.36元。对义务兵家庭优待金统一优待标准、统一经费来源、统一兑现时间、统一对象方式，当年义务兵家庭优待金执行每户每年9658元，发放优待金608.7万元。贯彻落实慰问政策，坚持春节、八一等传统节假日和重大活动期间，对驻长寿部队、优抚事业单位和优抚对象的慰问，为他们送去节日祝福、慰问金和慰问品，投入慰问经费336万余元。

【安置工作】　长寿区做好2018年度退伍士兵的接收安置工作，接收、审核、归档退伍军人士兵档案337人。截至年底前，已安置到具体工作岗位7人（其中3人安置到事业单位，4人安置到中央在渝企业），其余退役士兵均已领取地方一次性经济补助金910.34万元。接收3名复员干部和1名军队退休干部，完成安置任务。

【优抚事业单位管理】　2018年，长寿区光荣院管理规范，服务水平和服务质量提高，孤老优抚对象生活、医疗得到保障。光荣院孤老优抚对象生活费标准每人每月600元，服装费每人每年800元，医疗费用实报实销。年内开展重点优抚对象疗养工作，组织83人（次）优抚对象进行疗养。

【双拥工作】　2018年，长寿区召开拥军优属拥政爱民座谈会，巩固发展各部门、各单位军政军民团结局面。2018年落实前期筹备工作，于2019年1月3日，在长寿区在体育广场举行为烈属、军属及退役军人等家庭悬挂光荣牌工作启动仪式，为全区24000余个光荣家庭悬挂“光荣之家”荣誉牌。

密切军地联系，驻长寿部队继承和发扬拥政爱民的优良传统，自觉践行当代革命军人核心价值观，围绕驻地经济社会发展实际，主动多办惠民生、暖民心、解民忧的好事实事。消防官兵到企事业单位开展消防安全知识培训；区武警中队、区武警三中队配合地方加强社会管理，搞好军警民联防联治，2018年先后出动兵力520余人（次），完成长寿火车站、长寿火车北站、骑鞍汽车总站春运执勤和押解犯人、抓捕逃犯、抢险救灾等任务。驻长寿部队还开展多种形式的扶贫济困、扶老助残、捐赠救助等社会公益活动，帮助贫困学子，支持第二家乡教育发展，与驻地群众建立起军民鱼水情。

（李　鹏）

住房保障

【概况】　2018年，长寿区改革保障性住房体制机制达到预期目标。探索创新公租房与廉租房并轨运行新机制，区政府出台《长寿区公共租赁住房保障与管理实施办法（试行）》；与建设银行合作共同打造“开放、共享、安全”的住房保障管理信息系统，保障性住房准入退出、住用安全、物业管理等机制改进，规范化、法制化管理水平和优质服务能力提高。2018年建成移交公租房1140套、面积6.2万平方米，组织实施公（廉）租房实物配租2300套，解决7500余人的住房困难问题；协助区移民局办理三峡工程移民遗留问题困难补助家庭282户，补助金额23.84万元；牵头完成2017年保障性住房跟踪审计整改工作；完成73户“一房两权”公有住房出售工作；实现保障性住房租金收入3453万元，同比2017年增长24%。

（黄　巧）

【保障性住房建设】　2018年，长寿区完成晏家二期公租房二小区、寿城水岸二期等保障性住房项目配套建设，完成投资8000余万元；完成寿城水岸二期、晏家十期A组团、圣湖锦、新市华府4个项目11.56万平方米的房屋产权证办理；完成顺风庭、寿城水岸、铭宇江南、新市华府等项目2000余套的房屋产权证发放工作；完成335个商业门面3.8万平方米租金收缴工作，收取租金835.3万元；销售定销房453套，回收资金3832万元。

（汤　梅）

残疾人保障

【残疾人康复服务】　2018年，长寿区政府出台《重庆市长寿区人民政府关于建立残疾儿童康复救助制度的实施意见》，区残联联合区财政局、区教委等8部门印发《长寿区残疾儿童康复救助制度实施办法》，取消残疾儿童康复救助的贫困条件限制，对全区0~6岁残疾儿童实施应救尽救；区残联、区财政局、区人力社保局、区卫生计生委联合印发《精神病患者药物和住院医疗救助实施办法》，取消精神病患者救助的贫困条件限制。桃源医院成功申报“重庆市AA级脑瘫儿童康复训练机构”和“重庆市A级智力残疾儿童康复训练机构”；2018年长寿区残疾人精准康复需求率25.13%；全年完成残疾人康复训练、支持性服务4283人（次），总计服务残疾人7200余人（次），残疾人精准康复调查满意度98%。

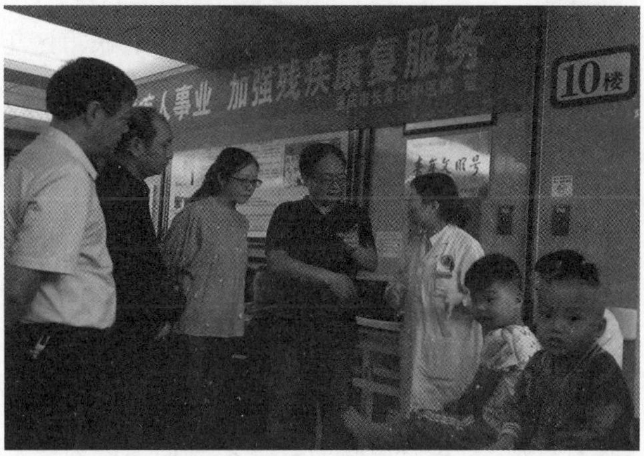

2018年9月，重庆市残联负责人视察长寿区康复工作

【残疾人民生实事】　2018年，区残联创新工作思路，通过政府购买服务，开展阳光家园托养服务，对有需求的76名残疾人进行寄宿型托养；整合民政部门养老服务中心资源对79名残疾人进行日间照料；实行居家安养的残疾人696人。全年为123户农村贫困残疾人家庭实施危房改造，为215户残疾人家庭实施家庭无障碍改造；为11596人发放残疾人生活补贴和护理补贴；完成残疾人大病救助24人。通过专场招聘、网络创业服务、走访就业困难家庭重点帮扶等方式，新增就业165人；为711名残疾人提供农村实用技术培训、职业技能培训服务。在“关注残疾、冬送温暖”走访慰问活动中，走访慰问贫困残疾人家庭430户，送出慰问物资28万元。

【残疾人权益保障】　2018年，区残联首创“三亮二制一案”工作模式，保障残疾人合法权益。“亮牌子、亮身份、亮联系方式”让残疾人办事“找对人”“找得到人”；“理事长接访制”和“信访代理制”畅通残疾人信访渠道；“一人一案”时时检测残疾信访维权案件进度。2 名专职从事信访维权工作人员受理处理信访案件 60 件，其中领导干部接访下访 48 件；专职律师驻信访接待室为残疾人提供法律援助，全年完成法律咨询 101 件，法律代书 28 件，非诉讼案件 8 件，诉讼案件 10 件，为 1000 余人（次）开展普法讲座。

（田　媛）

老龄事业

【概况】 截至 2018 年 12 月 31 日，长寿区年满 60 岁及以上老年人有 202088 人，占全区总人口的 22.6%，较 2017 年增长 0.3 个百分点，其中百岁老人 26 人。

【老龄工作】 2018 年，长寿区老龄办以保障和改善老年民生、提升为老服务水平为着力点，以老年人的获得感和幸福感为目标，坚持问题导向，促进老龄事业科学发展。广泛宣传《重庆市老年人权益保障条例》（以下简称《条例》），协调《长寿日报》、长寿电视台、区城管局、区商务局等部门，在报纸、手机 APP、电视、桃花体育中心 LED 显示屏、凯谊重百商圈 LED 显示屏等地方，设置文字和视频直观宣传，发放宣传画报 3600 套，单行本 5000 余册。发动广大职工干部参与市阳光助老中心开展的《条例》在线知识竞答，提高全民法治意识和老年人依法维权能力。推进“孝老安康”惠老工程，发动全区老年人购买老年人意外伤害保险，截至 2018 年 12 月 31 日，参保人数 38485 人，参保金额 202.1 万元。配合市老龄办开展城乡老年人生活状况监测调查，对菩提街道等 5 个街镇 16 个村（社区）的 94 位老人的家庭状况、健康状况、经济状况和社会参与等问题进行调查，为各级党委、政府统筹制定应对人口与老龄化战略、规划和政策提供科学支撑。举办第九届“十大健康寿星”评选活动和第四届“十大孝星”评选活动，经过宣传发动、报名、网络投票、专家评审等环节，评出 10 名“健康寿星”、10 名“十大孝星”。链接市阳光助老中心和老基会资源，为阿尔茨海默症（俗称老年痴呆症）和患精神智障容易走失的高龄、失智老人发放黄手环 1500 余个，帮助他们安全回家；开展困难老人通信扶助项目，为困难老人发放老人机 100 台。依法维护老年人权益，健全援助网络，全区已建成以长寿区公共法律服务中心为主体、19 个镇（街道）公共法律服务工作站、263 个村（社区）公共法律服务工作室为依托的老年人三级公共法律服务实体平台，负责掌握所属辖区内老年人维权诉求信息，为符合法律援助条件的老年人在第一时间提供援助；2018 年 1—12 月，长寿区受理各类涉及老年人的法律援助案件 90 余起，接待老年人到访 330 余人（次），解答老年人法律咨询 620 人（次）。

【老年人社会优待】 2018 年，长寿区为百岁老人每人每月发放津贴 500 元，为 96 ~ 99 岁老人每人每月发放津贴 100 元。年内新增高龄老人 124 人，截至 12 月底，全区高龄老人有 234 名。全面落实公交车免费和景区免票政策，2018 年 1 月 1 日至 12 月 31 日，长寿区为 65 周岁以上老年人办理乘坐区内公交车乘车卡 29134 张；60 周岁及以上老年人免费进入辖区景区景点。年内新办理老年优待证 707 个。区人民医院、区中医院和全区 19 个街镇卫生院等公立医疗机构，对 60 周岁以上老年人看病就医实行“一免五优先”服务，即免普通挂号费，优先就诊、优先化验、优先检查、优先交费、优先取药。区司法局协调区法律律师事务所、区法律援助中心免费提供涉及老年人合法权益受侵害案件的法律咨询、代写诉讼文书，法律服务机构免费提供有关老年人赡养方面的法律服务。

【敬老助老活动】 2018 年，长寿区开展以“营造敬老爱老社会氛围，庆祝改革开放 40 周年”为主题的敬老月活动，发动全区机关、企事业单位、学校、镇街、村（社区）开展活动。举办坝坝宴、曲艺家协会送文化进基层、敬老爱老专题宣讲、文艺晚会等形式给老人们送去温暖和关怀。春节、重阳节期间，区领导与区民政局分别率队走访慰问全区 26 名百岁老人，为老人们送上慰问品和慰问金。

【老年福利事业】 2018 年，长寿区投入 260 余万元对全区养老机构进行安全整治和增添养老设施设备，完善全区养老服务基础设施，实现消除安全隐患、改善人居环境、扩增养老床位、提升服务空间的目标；投入 78 万元新建凤城凤家社区养老服务站、晏家齐心社区养老服务站、云集华福社区养老服务站，给辖区老年人提供就近的、便捷的、优质的养老服务；投入48万元对全区23所养老机构安装高清视频监控并实现联网应用。

【老年基层协会建设】 2018年，长寿区加强基层老协组织规范化管理，开展全区老年人协会建设培训会，为全区263个村（社区）老年协会统一规范制作协会牌子。争取市级补助资金10万元，打造5个农村留守老人关爱点，为老年人提供更多的关爱和照料。 （蒋昊邑）

慈 善 事 业

【募捐工作】 2018年，长寿区继续开展“慈善双日捐”活动，广泛动员各单位积极参与，全区机关事业200多个单位组织职工捐赠，区慈善会收到捐赠款137.27万元。其中区教委系统捐款56万余元，区卫计委系统捐款35万余元，2个系统的捐赠款占“慈善双日捐”活动总捐款额70%；及时向各捐赠单位发出感谢信，在年底向各单位通报2018年“慈善双日捐”活动捐款使用情况。开展各种助学募捐活动，“金秋助学”相关单位捐款44.5万元，其中望变电气捐赠5万元资助困难高中学生，渝龙公司助学捐款0.96万元，个人助学捐赠0.15万元。开展常态化募捐活动，接收企业捐赠18万元（其中，经开区管委会捐赠5万元，瑞银再生资源公司捐赠5万元，重庆云天化聚新材料有限公司捐赠8万元，其他个人捐赠2.08万元，其中原在四川攀枝花工作的长寿籍人士冉某某到区慈善会捐赠2万元）；接收重庆郎康医疗器械有限公司定向捐赠的物资折款172万元，接收“天友到家”长寿经营部张某某捐赠0.97万元。

【慈善助困】 2018年，长寿区发挥慈善机构在政府社会救济体系中的拾遗补缺作用，及时帮助困难群众排忧解难。在元旦春节期间开展“慈善情暖万家”活动，慰问困难户190户，发放慰问金9.5万元；慰问敬老院集中供养“五保”老人910人，发放慰问金18.2万元。开展大病救助活动，在2018年救助患癌症等重大疾病的困难群众102户，发放救助金41.2万元。定期开展爱心助学，配合有关部门资助困难学生，与区教委、卫计委、民政局、工商联、残联、妇联、团区委等单位联合开展金秋助学活动，资助2018年大学新生136人每人5000元，发放资助金68万元；爱心助学有序开展，望变电气公司捐赠款的5万元资助长中贫困高三优秀学生郑某某自高三到大学本科5年的学费和生活费，每年1万元，当年支付该学生高三学费、生活费1万元；渝龙恒盛建设有限公司、重庆市慈善总会和区民政局一位副局长“一帮一”助学1.5万余元全部落实到位。重庆郎康医疗器械有限公司定向捐赠的15台医疗器械在长寿区人民医院安装到位，运转正常。为全区20所敬老院更新护理床的工作已确定供应商，区慈善会将投入25万元为20所敬老院购置手摇护理床150张，手摇多功能护理床50张。接收洋望公司捐赠的2000盏太阳能电池灯正在乡村安装之中。各街镇稻草援助中心全年接收善款（物）382.36万元，发放335.19万元，帮助困难群众1436户。

2018年上半年完成区慈善会法定代表人的更换工作。 （佘开华）

春游长寿湖

镇（街道）

❖ 菩提街道
❖ 凤城街道
❖ 晏家街道
❖ 江南街道
❖ 渡舟街道
❖ 新市街道
❖ 八颗街道
❖ 长寿湖镇
❖ 云台镇
❖ 葛兰镇
❖ 但渡镇
❖ 邻封镇
❖ 云集镇
❖ 双龙镇
❖ 龙河镇
❖ 海棠镇
❖ 石堰镇
❖ 洪湖镇
❖ 万顺镇

镇（街道）

菩提街道

【概况】 菩提街道位于长寿主城区，辖区以区行政中心为中心，东接但渡，南连凤城，西邻八颗，北连渡舟。2018年根据长寿区人民政府《关于调整桃花社区和古镇社区管辖范围增设文苑社区和碧园社区的批复》，菩提街道辖桃花、古镇、朝阳、胜天、菩提、文苑、碧园7个社区和松柏、东新、红花、阳鹤、田坝、菩提6个村，辖区面积37.71平方千米；规划人口29.02万人，2018年户籍人口5.9万人、常住人口20万人。辖区内有长寿菩提山文化旅游景区和长寿菩提古镇2个国家AAAA级旅游风景区。菩提街道办事处驻桃源西四路1号。

【经济发展】 2018年，菩提街道有企业法人和产业活动单位2276家，个体工商户8090家，以批发零售、住宿餐饮及服务业为主。有限额以上企业37家，其中批发零售业7家，住宿餐饮业4家，重点服务业8家，房地产业17家，建筑业1家。有学校28所（含幼儿园）、医院诊所45家、大型商场7个。

菩提街道2018年农作物播种面积365.83公顷。粮食作物种植面积224.01公顷，其中水稻种植面积146.96公顷，玉米种植面积39.49公顷，其他粮食作物种植面积37.56公顷；油料作物种植面积30.36公顷；蔬菜种植面积96.38公顷；水果种植面积15.08公顷。有家庭农场3家，专业合作社6家。2018年发展科技示范户72家，完成农业保险38.27公顷；有土地流转户32户，流转面积153.33公顷。

【基础设施建设】 2018年，菩提街道的渡南路西延伸段道路建设、渡南路截污干管建设、阳鹤片区截污干管建设、阳鹤南北一路建设4个项目完成征迁并交地，征地总面积22.98公顷，拆迁房屋总面积4886平方米，拆迁户数45户，安置108人；阳鹤南北中路完成土地清理丈量。投资49万元完成菩提村二组公路硬化项目；投资124.5万元完成东新村冉家湾居民点（一期）道路及附属工程项目；申请并获批东新村精准帮扶项目1个，项目投资972万元。完成29口三坪塘竣工验收，捐资20万元成立尹家山供水站协会；投资10余万元改造东新村二级抽水站和更换进出水管1000余米，为东新村和红花村近7000人提供人饮保障；完成大中型水库移民避险解困36人，兑付资金54万元，投入资金49万元落实一事一议项目8个。

实施桃花社区区划调整，新设立文苑社区和碧园社区，调整古镇社区管辖范围，落实3个社区办公用房1804平方米；古镇社区养老服务站装修完成并投入运营，年底前5个社区养老服务站运行良好。松柏村七、八组征地拆迁已完成157户房屋丈量，启动桃东路棚户区改造项目；完成“四好农村路”建设里程5.19千米，争取建设补助资金130万元，乡村道路总里程为50.373千米。投入25万余元清理6个单体楼栋化粪池；清运三洞沟沿线陈年垃圾25吨，在三洞沟沿线边坡安装隔离防护网、设立垃圾箱；6个村新增垃圾箱体12个、垃圾桶140个；投入2万余元整治烟坡城市饮用水源地取水口周边环境，开展垃圾大清扫12次，规范标识标牌4块，增设垃圾箱体2个、垃圾桶5个。完成存量违法建筑整治目标任务31636平方米，开展美丽泽京小区片区违建分类处置工作，毁绿占绿整改率90%，收取罚没款638.6万元。

【社会事业】 2018年，菩提街道实施精准扶贫攻坚战略，进村入户宣讲产业扶持政策，组织34名贫困户参加“扶贫实用技术培训”；实施C、D级危房改造12户，无房新建6户；对43户贫困户开展节日慰问，年内农村建档立卡贫困户13户

15人已全面脱贫。城乡居民养老保险、医疗保险参保率均为100%。发放征地农转非大龄人员困难补助6273人43万余元，发放城乡低保金172万元，临时救助146户20.73万元，“惠民济困保”商业救助15人43000元，发放贫困残疾人生活补贴212人（次）41950元，发放重度残疾人护理补贴526人（次）82310元，按时足额发放耕地地力保护补贴101万元和退耕还林直补35万元；办理失业登记640人，就业再就业登记251人，公益性岗位就业13人（次）。完成精神病服药救助2人，住院与送医救助4人；贫困残疾人危房改造2户，协助99名残疾人完成康复服务；走访慰问失独家庭和计生贫困家庭43户。家庭医生签约5084人，完成孕优检查159对，65岁以上老年人体检4727人，农村妇女“两癌”筛查395人，为33名失独家庭人员及残疾人员提供健康服务；年内检查公共卫生场所47家，办理公共场所卫生许可证18个；春秋季开学分别对辖区21所幼儿园及7所中小学开展卫生检查，确保在校学生健康安全。

菩提街道每季度对所辖社区文明长寿建设进行考评并开展日常督查，做到发现问题即交办、即整改，建立工作台账和整改进度表，整改一项、销号一项，全年认领并整改督导组交办问题50余件。开展城区暴露垃圾清收活动20余次，清收暴露垃圾500余吨，清理“牛皮癣”1万余张，喷涂300万余处；联合区城管局、派出所开展辖区主次干道市容市貌专项整治行动，规范店招店牌66家，取缔金山支路、朵力7号、文苑大道等沿街摊位220处，市容秩序得到规范。利用多种载体宣传社会主义核心价值观、理想信念、市民公约、居民公约等内容；依托道德讲堂、家长学校等宣传阵地，开展社会主义核心价值观教育活动120余次；建立7个学雷锋志愿服务站，组建志愿服务队19支，开展各类志愿服务活动70余次；推荐“最美书香家庭”“平安家庭”“十大乡贤”“十大孝星”优秀典型78人。

【安全维稳】 2018年，菩提街道安全工作落实“党政同责、一岗双责”责任制，开展消防、交通、危化品等各类安全检查执法269次，排查出隐患92项，完成整改92项。走访检查食品药品经营户2300余户（次），办理案件21件；受理消费者投诉举报52件，处置52件，立案查处9件；农村家宴备案检查28次，辖区家宴备案和现场检查指导率100%。

对菩提社区、胜天社区、桃花社区及东新村实施社会治安重点地区挂牌整治，在东方之骄、水木年华等小区进行智慧门禁建设试点。建设防邪警示教育宣传阵地30余个。开展扫黑除恶专项斗争，举办宣传动员会200余场，发放宣传资料10万余份，新媒体推送信息4万余条，悬挂横幅标语300余幅；对各类重点人员及各行业进行层层摸排，排查出暴力倾向人员5人，梳理出物业领域串联滋事人员4人和征地拆迁领域组织上访人员2名，排查出线索6件；结合监督执纪问责工作，排查梳理涉黑涉恶线索12条，新立案查处3件；向全体党员发出倡议书，结合“三会一课”、主题党日活动，组织党员干部学习扫黑除恶要求。

全年领导干部接访群众165件、335人（次），走访约访信访重点人员142件（次），解决信访问题124个；全年调解案件220件，调解成功208件（其中调解重大疑难纠纷36件，调解成功率100%）；处置各类突发事件158件（次）。按照“五个一”措施要求，明确重点人员和重点群体的24个工作专班，重要节点启动“日点名、日研判、日报告”工作机制，有效掌控重点信访人员动向；加强对重点信访人员的法制教育、思想疏导、救助帮扶；成功对拟进京上访的信访人员实施劝返15人（次），劝返进京上访5人（次），未发生非法上访；开展大走访、社区报到、结对帮贫等活动解决群众诉求113件。11个便民服务中心完成标准化建设，群工系统受理群众反映事项549件，已办结544件。

【党建工作】 2018年，菩提街道以中心组学习为示范，带头学习习近平新时代中国特色社会主义思想和中共十九大精神，组织集中宣讲90余次，受众党员干部、群众6500余人（次）。落实“三会一课”、组织生活会、民主评议党员等制度，固定每月20日开展主题党日活动。各级党组织坚持边学边改，挂单整改销号查摆出的问题50余件。完成后进基层党组织整顿工作，群众满意度100%；完成非公经济系统新增摸底任务1142件，走访非公经济和社会组织党组织150余次；新成立非公党支部2个、撤销空壳党支部2个、整建制转出1个。年内发展党员9名。

落实党风廉政建设“两个责任”，每月专题会议研究部署，全年开展党风廉政建设和反腐败工作执行情况监督检查213次。组织街道党员干部参观烈士墓、渣滓洞，观看廉政警示教育片，通报中央、市、区和街道典型案例、剖析材料，增强机关干部的廉政意识和组织纪律性。执行“三重一大”集体决策、“一把手”末位表态和回避等制度，对巡察反馈问题整改工作进行研究部署，全面完成巡察整改。（吴　锐）

凤城街道

【概况】　凤城街道依山临江，地处长江北岸，位于长寿城区，东与但渡镇相邻，南与江南街道隔江相望，西与晏家街道毗邻，北与菩提街道接壤，辖区面积44.76平方千米；下辖13个社区，9个村，218个居民组，130个村民小组；总人口22.78万人，其中户籍人口11.85万人。

凤城街道水陆交通便捷，长寿港居于其内，渝长、渝万、渝涪高速公路过境，境内村村通公路。旅游、教育、医疗资源丰富，有文峰塔、桓侯宫、定慧寺、三洞沟、三倒拐等自然和人文景观，有市区属学校13所，长寿区人民医院、长寿区中医院分院、长寿化工医院均在凤城街道。

【经济发展】　2018年，凤城街道推进农业发展。蔬菜产量4903吨，水果产量1918吨，水产品产量150吨，水稻产量940.44吨，玉米产量946.3吨，鲜花椒产量450吨，出栏生猪10680头，出栏家禽118946羽，出售禽蛋876吨，出售其他畜产品（包括鸽肉、兔肉等）465吨，出栏山羊2000头，出栏肉牛100头，仔猪首免改割1200多头。推进“三变”“三社”改革，建成“益农信息社”2个，“农村、农业综合服务社”8个，常驻农户入社率70%以上。加快培育新经济主体、发展适度规模经营，流转土地33.33公顷，发展家庭农场2家，培育限额以上企业10家、个体户59家，新增市场主体1624户，服务市场主体1.68万家。开展第四次全国经济普查，完成单位清查3634家、个体户清查11208家。

【基础设施建设】　2018年，凤城街道成功申报三峡后续移民精准帮扶项目4个，争取资金3770万元。制定街道乡村振兴实施方案、走马村大唐妃子荔枝园、复元村尖顶山桃花园、龙溪河滨河路等发展规划；细化三年项目清单，以复元村为试点，规划三年项目19个，计划投资1.2亿元。强化协调处理，保障格林广场等3个公共停车场、三倒拐保护性修缮等10余个重大项目顺利实施。完成长风水厂技改，开工“四好农村路”12.4千米，古十路整治工程等有序推进，黄桷湾移民休闲广场、卫古路加气站停车场建成。闲置土地增绿补绿、污水管网建设和陵园村15组、16组征地工作如期推进。

加强城市管理，推进“厕所革命”，完成规划选址5座；增配健身器材99套，改造老旧楼栋垃圾道94个，增划各类停车位2820个。开展“卫片”和“集中成片”整治，全年处置违法建筑1650件、11.7万平方米，存量整治率、在建消除率均为100%；创建“无违”社区2个。指导10个住宅小区完成业委会换届选举和物业公司进场，协调处理商电改民电、二次供水等问题40余件，指导动用大修基金37次，11个地灾点管控有力，居住区和谐稳定。

全面落实“河长制”，召开专题会36次，巡河1384次，上报问题10件，全部完成整改。开展“清河一号”和河道“清四乱”行动，清运古佛河、桃花溪、龙溪河岸边垃圾30余吨；开展污染防治，践行环保行动，守住凤城水绿山青；检查园区外企业47家，对发现问题的17家落实整改；开展专项行动，查封并处罚企业7家，关闭、整改9家；迎接固体废物、饮水源和黑臭水体等3个全国专项督查，配合做好鑫远货场、原重铁三车间等固体废物整改，开展运输桥断面清漂，桃花溪雨污混排整改等。改善生态环境质量，推进长江经济带生态环境大排查大整治大执法行动，针对重点因素持续摸底整治。开展第二次全国污染源普查和沿江一千米污染源普查，普查企业555家，发现规模以上排污口30个，排查污染源1724家；开展企业环保设施和排污检查等100余次，查处2家；开展饮用水源地、畜禽养殖、乡村道路洗车场等检查160余次，跟踪整改问题5件；出动964人（次）巡查露天焚烧，取缔焚烧点91处，发放资料2万余份。改善农村人居环境，坚持全民共治、源头防治，增设垃圾箱体15个，“户集、村收、街运、区处置”的农村生活垃圾处理体系持续巩固。完成1.5万余株66.67公顷的义务植树。

【社会事业】 2018年，凤城街道救助低保户1625户，动态清退82户，新增135户，发放低保金1553.7万元。投入200万元，为516名困难群众办理临时救助、大病救助，做好139名特困人员的日常服务管理。推动医疗资助，新增参保4120人。投入35万余元，统筹做好冬春荒救助、60岁以上老人小额意外伤害险参保等服务工作。完成居民医保参保7.42万人，筹集资金1000万余元。推进社区养老服务“千百工程”，建成凤家社区养老服务站及残疾人活动中心。提升退役士兵服务管理，设置服务站点23个，针对反映突出的“看病难、住房难、生活难、安置难”等，救助150人（次），帮助就业11人（次），完成退役军人信息采集5400余条。

全年开发使用公益性岗位86个，为113名未就业大学应届毕业生提供就业服务，为1.1万余人发放就业补贴1145万元。做好15家市属国有企业的8000余名退休人员社会化事务移交后的管理工作，成功申报社会化管理服务示范社区1个。

全面实施两孩政策，开展计生下乡6场，举办户外宣传和知识讲座80余场；办理生育证等660个；发放独生子女奖励、计生奖扶特扶、失独家庭救助等2600余人（次）、430万余元。开展60岁以上老人健康体检、农村妇女“两癌”筛查等公共卫生服务，惠及群众7000余人；新增家庭医生签约3.9万人，开展学校春秋季卫生监督检查，检查中小学及幼儿园30余所；建立例会、定期排查清查等制度，做好公安库卫生库严重精神障碍患者的日常服务管理工作。

落实动态调整和扶贫攻坚责任，对122户311名贫困人员实行结对帮扶，落实帮扶责任。完成C、D级危房改造20户，完成小额信贷扶贫27户。开发公益性岗位、就业培训，提高贫困户就业技能。开展脱贫攻坚大排查，摸排农业人口6383户，实地走访1633户，电话调查4405户，经过规范的程序，1户、2人纳入建档立卡贫困户，2户、5人退出建档立卡贫困户，未出现错评、漏评和错退现象。截至2018年12月，全街道国家扶贫系统中有建档立卡贫困户121户、308人（其中：未脱贫10户、21人，已脱贫享受政策91户、231人，已脱贫不享受政策20户、56人），年内未出现返贫现象。

【安全维稳】 2018年，凤城街道落实安全生产责任制，制定“街道、村（居）、企业”全覆盖安全生产职责清单并推进落实。排查处置堡坎垮塌、滑坡、外墙砖脱落、路面空洞或沉降等重大公共安全问题47件，及时解决蔚蓝水岸危坎落石、美奥大厦外墙脱落等一大批急难险问题。开展特殊敏感时期、高温、汛期等安全检查45次，检查危化、工贸、非煤矿山等企业80家（次）。开展食品药品、饮水源、地质灾害、校园安全、道路安全、企业消防等重点领域检查200余次，查处违法行为780余起，整改隐患279处。强化三峡水库蓄、退水安全监测与防范，整改隐患11处；完成避险搬迁22户、79人；强化宣传教育，召开专题会、推进会17次，开展大型宣传活动4场；原榨菜厂鹞子岩职工房屋排危避险相关工作有序推进。41家会议营销场所、凤城化工厂、重要旅游场所、油气管线、国企危房的安全隐患排查整改工作进一步落实。妥善做好“5·27”“6·6”“10·9”等意外死亡事故善后处理。非洲猪瘟有效防控。

推进扫黑除恶专项斗争，制订街道“1+3+2”工作方案，召开推进会60余场（次），召开院坝会1000余场，收集线索56条。压实工作责任，畅通信息渠道，紧盯敏感节点和重要领域，妥善处置各类群访集访，做到矛盾“不上交”。在4个社会治安综合治理重点社区设置治安岗亭4个，增设监控43套、单体楼栋安防设施186套，组建995人的群防群治队伍持续开展巡逻。接访群众2480余人，办理信访1663件，处置舆情438起，办结处置率99.8%；化解市、区攻坚积案4件，调解矛盾纠纷2200余件，完成3个市级A类、2个区级B类社会治安挂牌整治。

优化决策管理，推行法律顾问制度，在凤城街道及22个村（社区）项目建设及重大决策中增加律师、司法人员把关流程，采纳法律顾问意见建议23条，审查规范性文件、合同、参与重大事项决策35件（次）。广泛开展宪法、监察法大学习，组织235名干部参加监察法及法治理论学习考试，发动932位居民参与“千万市民学宪法”在线知识竞答；实施“法润乡村”服务，组织开展农村普法骨干培训、村民大学法、大宣讲、法治文艺演出和法治院坝会等42场（次）。

开展社区治理调研课题12项，引进高校科研团队制定“党建引领社区治理”方案在三峡、东街等社区试点推进。东街社区确定为区级城市党建引领社区治理试点社区，13个社区“三事分治”全面启动，建成标准化社工室6个，争取社工室项目4个，指导9个村成立村民议事机构。

【党建工作】 2018年，凤城街道深入推进“两学一做”学习教育常态化制度化；按照《新形势下党内政治生活若干准则》要求，开展支部主题党日、“三会一课”、民主生活会等，全年召开党工委会23次，专题研究部署党建17次，开展中心组学习15次；组织村（社区）干部及全体党支部书记集中培训3天，组织干部职工集中学习14次，各党支部开展集中学习20余次；街道班子成员38人（次）到村（社区）宣讲十九大精神，各村（社区）召开党员大会、院坝会宣讲210余场（次）。

推进农村支部优化提升和城市基层党建，严格党员分类指导管理，为93个党支部落实党建联系领导和指导干部，为108家非公经济组织和社会组织选配党建指导员29名，将4780余家非公经济组织和社会组织党建有序融入社区城市基层党建中；完成滨江路社区、白庙村2个后进基层党组织整顿；处理群工系统反映事项1328件，办结率、满意率均在99%以上。

严格干部选拔任用，落实干部选拔任用工作纪实，选拔正科级干部1名，转正科级干部3名；接收选调生2名，转正1名；新入职公务员1名，按期转正新入职公务员2名；选拔5名年轻人任社区党委副书记，配齐各村本土人才。

加强党的纪律监察工作，2018年凤城街道纪工委有工作人员7人，其中书记1人、专职副书记1人、委员5人。2018年8月长寿区监委派出第二监察室入驻凤城街道，12月聘用村（社区）监察监督员22名。（宁　娜）

晏家街道

【概况】 晏家街道地处重庆腹心，位于长寿城区西部，是长寿经济技术开发区所在地，渝宜高速公路、渝怀铁路、渝利铁路、渝万铁路、长江水道纵贯全境。地理位置优越，区位优势突出，工业基础雄厚，基础设施完备，是长寿的交通枢纽、工业高地和物流中心。

晏家街道2018年辖9个社区、161个居民小组、8个村、55个村民小组，辖区面积95平方千米；户籍人口7.1万人，其中农村居民1.3万人；流动人口4万人。

【重大项目服务】 2018年，晏家街道提高协调服务水平，妥善处理在建项目的各类矛盾纠纷，为经开区发展营造和谐的外部环境。做好两江新区至长寿穿越明月山快速通道和长寿经开大道升级改造的前期工作，完成长江二桥项目征迁扫尾任务，确保重点工程顺利实施。协调推进晏家商务一号楼和晏家综合交易市场等项目，配合经开区强化已征未用地巡查监管工作。完成川维公司物业、市政及社区服务社会职能管理移交工作，实现移交平稳过渡。

晏家街道组织开展重大项目攻坚工作，推进渝长高速扩能改造项目、开投集团汽运驾校项目、经开区435油库项目、中同运项目、福安药业项目、中航油项目、乙烯片区、汽车配套项目、贝利科技项目、PVA项目、宏大化工项目等12个项目的征地拆迁工作，涉及6个村、40个村民小组，年底前已完成新征用地土地丈量144.67公顷，已征未用地破表土137.2公顷；农房丈量525栋，签订协议292户，拆迁农房284栋；搬迁坟墓517座、果园3个、鱼塘9口，拆除已征未拆房屋和违章建筑棚房等53座。

【基础设施建设】 2018年，晏家街道继续巩固文明长寿建设成果，重点建设晏家组团城市新区，加强川维生活区服务管理。创新城市管理机制，继续巩固“门前新三包”工作成效，对辖区487家临街门铺开展等级评星，建立奖惩并举的考核机制，其中达三星等级及以上356家；开展市容环境动态巡查和综合整治工作，组织相关执法部门，整治重点区域3处、临街店铺36家，取缔占道经营21起、门前乱堆乱放39起，市容环境达标率85.8%。打造城市亮点，推进添园增绿工程，探索尚城中央森林公园项目，先后完成晏家广场5批次绿化亮化，推动晏家文化体育广场和曹家堡广场升级改造，推进晏家尚城购物休闲活动中心建设，启动曹家堡、齐心、晏家等5处下水管网改造项目。开展违章建筑整治，创建无违社区，全年拆除存量违法建筑1200件、20150平方米；拆除新增违建5件1000平方米。

晏家街道将龙门村、金龙村确定为实施乡村振兴战略的试点，实施龙门湖景区美丽乡村田园综合体项目，发展乡村旅游和生态休闲农业，辐射带动周边村组，打造服务经开区的“后花园”。坚持规划策划先行，推进龙门村、金龙村精准帮扶项目中居民点道路交通和村容整治建设内容的施工图设计和预算编制工作。完成2019年三峡后续项目晏家河河岸生态修复项目、沙溪村精准帮扶项目、沙塘村精准帮扶项目3个项目、3987.55万元的项目申报工作；成功申报金龙村便民服务中心整修项目和石门村潘家湾组和印盒寨组人行便道硬化工程项目，合理安排使用移民结余资金。推进农村路网和饮水等基础设施建设，完成龙门村龙杨路和龙门村人行便道硬化工程，完成石门村大地坝泵站改造工程、龙门村猪嘴洞引水工程和金龙村山塘整治工程（4口）实施方案编制工作。为稳定土地承包关系，年内组织开展农村土地确权登记颁证和农村集体资产量化确权工作。

联防联治推进生态文明建设，配合区环保局和经开区环保局，按照“网格化”监管模式，实现环境监管区域和内容的全方位、无缝隙管理。全面开展环境保护大整治、环境安全隐患大巡查工作，开展全国第二次污染源普查，对辖区262家有污染源普查点进行清查建库，其中运行84家，关停34家，注销144家；组织实施大气污染专项行动、洗车场及加油站排查专项行动和露大垃圾排查整治，巡查出动48次；规范管理辖区饮用水源点，巡查78次，未发生饮用水污染现象；加强规模以下养殖场（屠宰场）、非煤矿山环保巡查和农村生活垃圾集中连片整治等工作。落实河长制，加强巡查监督，完善信息公开和共享机制，编制完成辖区内“三河四库”的综合治理方案，组织实施河道环境综合整治，完成“清河一号”专项行动，成功取缔李家滩水库旁非法塑料加工坊。保护森林资源，做好松材线虫病除治和护林防火工作，开展生态修复行动，设计完成2018年新一轮退耕还林8公顷，森林抚育133.33公顷。引导树立正确的环保意识，组织“环境公众开放周”活动，带领居民走进经开区企业，近距离直观感受生产工艺和流程，不断提升居民对周边环境的认可度和满意度；做好园区企业环境污染引发的环保矛盾纠纷的解释疏导和化解工作，调处环境污染信访纠纷17起。

【社会事业】 2018年，晏家街道继续巩固精准脱贫成果，开展精准脱贫攻坚大排查、大整改行动，完成2018年度扶贫对象动态调整及贫困户信息变更采集录入工作；对大排查存在的5个重点问题进行全面整改，推进贫困户危房改造。执行城乡低保申请“三查一评两审三公示”制度，强化低保工作动态管理；全街道城乡低保887户、1442人（其中：城市低保722户、1180人，农村低保165户、262人），发放城市低保补贴6973304元，农村低保补贴1203566元。完善社会救助体系，救助城乡困难群众等各类群体1300人、230万元；做好库区移民帮扶和培训，发放扶持补助资金15.75万元。落实优抚安置政策，维护优抚对象的合法权益，开展减灾救灾、留守儿童、双拥、老龄及慈善等常规性工作；探索晏家福利院公办民营运营模式改革。

健全完善社会保障体系，织密社会保障兜底网，开展养老保险办理及服务工作，享受各类养老保险的城乡居民11693人；申报征地农转非大龄人员困难补助，全年新增1009人，总计申报享受19701人，月发放金额1379070元。做好医疗保险筹资申报工作，截至年底前，已参加城乡医保31564人，筹资4648410元。开展就业补贴申报和就业奖励发放，加强创业就业培训，举办职业培训2期124人；组织现场招聘会2次，推荐就业568人，直接招工136人。

做好卫生计生管理服务，改革完善办证制度，全年办理独生子女证185件（户），办理生育、再生育证件407件。完善和落实奖励扶助政策，年内新增奖励扶助对象61人，特别扶助对象16人；退出奖扶87人、特扶2人。加强流动人口信息管理服务，全年流入人口6017人，流出人口5215人。加强卫生监督执法工作，全年依法征收4人社会抚养费195815元，办理卫生许可证21个。

推进文化事业繁荣发展，完善城乡文体配套设施，推动曹家堡广场升级改造，晏家尚城购物休闲活动中心即将建成投入使用；成功申报晏山社区、牛心山社区的健身中心2个项目。开展群体性文体活动，规划培育文艺项目，组织“中国梦·巴渝风”主题文艺创作，组织干部职工参加区二运会。

加强市场巡查，规范市场秩序，净化文化环境，切实强化网络文化经营活动的监管。

【安全维稳】 2018年，晏家街道抓信访稳定以“扣扣子”“担担子”“钉钉子”的精神，加强矛盾纠纷排查化解，逐步化解突出信访问题。严格执行“1+3”接访制度，畅通群众诉求表达渠道。全年接待到访群众6700余人，办理信访问题180余件（次），完成区信访办转办132件，群众满意度提升。加强信访引导，重要敏感节点实现零上访；落实“四位一体”稳控责任，转变工作思路，细化工作措施，加强信息收集，实行重点人员“日点名”，稳定信息“日报送”，稳定形势“日研判”制，在全国“两会”、青岛峰会、中非合作论坛等重要期间，无一人到市进京越级非访。依法维护合法权益，逐步分批化解突出信访问题，先后分4批次对仍持有安置证的134户遗留问题户开展售房工作，做好错审10户遗留问题户的政策解释工作，其中9户办理退订手续，处置过程平稳可控。

推进平安建设，落实“有黑扫黑、无黑除恶、无恶治乱”，街道按照“无乱严管”的要求，组织开展扫黑除恶专项斗争，辖区4个乱点得到有效整治，辖区刑事立案213件，比2017年下降12.7%；治安立案164件，查结148件，上升2.32%。刑事犯罪案件明显减少，治安查结案件上升，社会治安形势好转。完善网格化治理机制，设置17个总网格、100个分网格，网格化实现全覆盖。推动社会治理工作创新发展，晏家街道综治中心按照“1+2+X”模式已全面建成，投入运行。开展校园和周边环境全面整治，无涉校公共安全事件发生。有效开展邪教防范处理工作，全年无滋事案件发生。

做好安全监管，始终紧绷安全生产责任弦，加强安全生产宣传教育，突出安全生产监管重点领域，推进安全体系建设，全年街道未发生较大以上安全事故，实现非煤矿山企业零事故，安全生产形势总体好。落实“一岗双责”，坚持每季度召开安委会成员单位例会，每周安监办例会制度。开展安全生产大排查大整治大执法工作，紧扣消防安全、非煤矿山、道路交通等重点行业领域，出动1051人（次），排查出27处安全隐患，均整改完毕。组织实施非煤矿山关闭退出工作，年底前第一批5家非煤矿山企业已将机器撤出，其他工作稳步推进。

【党建工作】 2018年，晏家街道推动街道各级党组织和党员干部肩负起管党治党政治责任，坚持问题导向，直面薄弱环节，深化落实全面从严治党主体责任。将纪工委工作纳入党工委会重要议程，定期听取纪工委工作汇报，发挥其纪检监察职能；开展党员领导干部涉权系统有关工作，录入191名党员干部及2359名亲属信息，录入工程项目75个，涉及资金528万元。落实区委巡查问题整改，完成区委巡察一组交办整改问题55项，清退资金421043元；完成区纪委交办巡察问题线索6条，清退资金503400元；在巡查整改后，组织开展街道内审工作，清退违规发放的工作补助、电话费等173270元；开展廉政约谈和廉政警示教育，约谈党员干部57人（次）；通过机关主题党日活动等平台组织学习全市、全区典型案例和观看警示教育片，先后组织党员干部到凤城监狱开展警示教育活动；开展群众身边腐败问题专项整治，对文明长寿建设、征地拆迁、精准扶贫等重点领域进行专项清理，发现问题线索1条，已清理解决；贯彻落实中央八项规定精神，精简会议会务，改进文风会风，年内未发现干部违规公款吃喝和公车私用等现象。

坚持思想引领，用党的最新理论武装头脑、指导实践、推动工作，把学习宣传贯彻中共十九大精神作为首要政治任务，由街道一级班子组成的宣讲团到村居开展宣讲18场。发挥党工委中心组作用，对学习组织与职责、学习内容与形式等作出明确规定、提出具体要求。召开党工委会议专题研究意识形态工作，对意识形态相关工作做出部署和要求，成立街道网络舆情工作小组，加强线上舆情导控，做好线下矛盾化解。

坚持民主建设，规范组织生活，执行“三重一大”事项集体决策制度；组织“三会一课”和主题党日活动640次，其中党工委书记上党课1次；全年召开支委会600次，支部大会460次，党小组会240次，支部书记上党课180次。完成龙门村党支部、朱家岩社区党委后进基层党组织整顿工作，抓紧建设便民服务中心，选派“第一书记”。加强党员干部教育管理，年内选拔任用科级领导干部7人，发展新党员8名，收取上缴党费67956元。做好城市基层党建、非工党建工作，群工系统办结事项879件，办结率100%，满意率85.78%。

（魏　溶）

江南街道

【概况】 江南街道辖区面积67.89平方千米，城市建成区面积11.2平方千米。2018年下辖7个村、2个社区，总人口21870人，其中，农业人口2772人、非农业人口19098人。街道办事处驻江南中路3号。

江南街道是长寿区三峡移民重镇、十里钢城建设基地、长江南岸新城。江南区位优势独特，东与涪陵相邻，西与巴南接壤，北邻长江，地处三区交界的地域要冲。辖区生态环境良好，“森林氧吧”五堡山、“十龙宝地”龙桥湖、“锯梁江隘”黄草峡景色宜人。水陆交通便利，长寿长江公路大桥、铁路大桥、长江公路二桥（建设中）横跨南北与长寿主城跨江相连，沿江高速公路、茶涪路、一马路为主干线的公路网四通八达。历史底蕴丰厚，中国最早的女企业家巴妇清在江南炼丹采矿，扇沱王爷庙（紫云宫）见证江南的繁荣兴盛。文明建设成效显著，江南街道致力于孝道文化培育推广，常年开展志愿者活动、文艺下乡等活动，以文化引领文明。2017年重钢全面完成司法重整，正在实施的智慧物流园区建设，为江南发展再添新机。

【经济发展】 2018年，江南街道地区民营经济实现总产值19656万元、营业收入22998万元、增加值6567万元、工业企业产值16988万元。实现商贸流通业销售总额18954万元、社会零售总额15657万元，新增工商户48户。辖区有家庭农场7家，专业合作社12家，土地流转户403户，流转面积451公顷。2018年，街道农作物播种面积1485公顷，粮食作物种植面积1205公顷，全年完成粮食产量9596吨（其中水稻种植面积578公顷，产量5202吨；玉米种植面积595公顷，产量4284吨；其他粮食种植面积32公顷，产量110吨）。实现农民人均纯收入16895元，增收1100元。

农村合作经济组织发展迅速，入社农户1357户，占常住农户的78%；成立长寿区添新生态农业开发有限公司，分别由合作者、天星村集体、用地农户占股份45%、20%、35%，实行股份分红。培育村级集体经济，农村“三资”清理有序开展，消除空壳村，天星村购置门面2个，实现出租收益。大力发展特色产业，天星村“一村一品”46.67公顷枇杷园建设进展顺利，完成表土除绿、打窝培肥及园区公路建设；锯梁村15公顷冰糖李产业园建设进展顺利。

【基础设施建设】 2018年，江南街道强化城区治理，推进无违街道创建，集中开展城区环境综合整治行动，拆除违法建筑21处、893平方米；整治乱搭乱拉乱占150处；完善户外公益广告牌27处、357块；规范占道经营、占绿经营活动，完善文体设施，修缮路面街面，强化清扫保洁，城区环境干净、整洁、有序。强化功能完善，城区供水管网改造全面完成，邮政分拣中心入驻江南新崛物流园区，南城U街正式开街，你我他超市及一批餐饮企业入驻，服务能力不断提升，商贸流通更加繁荣，城市人气日益兴旺。

推进“四好农村路”建设，完成扇沱双高路、锯梁沱公路等加宽改造，完成五庆路改造建设，加快建设天星二放路、陈王路，五堡村锁灰路、车寨路，群众出行更加方便快捷。改善农村饮水条件，完成煤炭沟至扇沱代家沟6.3千米人饮主管道改造提升工程，开工建设天星村饮水安全项目水处理配套建设工程，龙桥湖村至扇沱8千米人饮主管网改造项目，完成预算评审。强化电力保障，投资900万元的农村电网改造进展顺利。投入330余万元，完成天星村人居环境改善，建成绿色示范村庄，改造卫生厕所188户，创建整洁庭院75户。

【社会事业】 坚持精准方略，落实各项扶贫政策，成功实现1户2人脱贫越线，发放贫困户节日慰问金1万余元，金融扶贫解决31户发展资金缺口，D级危房改造解决27户住房困难，非全日制公益性岗位解决38名贫困群众就业；开展社会扶贫，钰宏、洪鼎2个公司出资1.3万元对口帮扶贫困户江某某，个体工商户谢某某向天星村、大元村贫困户赠送鸡苗200羽；争取移民补助资金3700余万元，对天星村、五堡村、锯梁村、龙桥湖村实行精准帮扶，年底前正在进行施工图设计。

江南九年制学校连续10年获区教委教学质量考评一等奖，连续10年获区教育综合督导一等奖，迈入区级优质学校行列。计生关怀活动持续开展，免费孕前优生健康检查54对，走访慰问特殊家庭23户。加强卫生管理服务，年内组织免费健康体检3218人，举办健康科普知识讲座27次受众1500余人（次）；家庭医生签约6700人，医疗卫生单位、公共场所实现卫生许可证亮证经营率100%，健康证亮证率100%，慢病综合示范区创建通过初验。

推进就业创业，全年组织招聘活动4场，达成意向就业104人；办理灵活就业登记、失业登记524人，利用公益性岗位解决121名就业困难人员就业。落实17714人参加城乡居民医疗保险，办理个人身份参加城镇职工医疗保险和办理特殊病种93人，办理征地农转非养老保险7875人。困难群体救助发放5093名征地农转非大龄人员生活困难补助36.1万元；发放城乡低保金和街道困难群众救助金411.4万元。在2018年度全区民调中江南名列全区第三，群众满意度提高。

文明江南建设持续向好，年内开展文艺下乡演出、“放歌新时代，欢乐进万家”迎春文化活动、清明节诗歌朗诵会等活动16场；评选出“乡贤”、文明孝星、文明家庭、十星级文明户等11名典型人物和先进模范；多个文体项目获得第二届区运动会、铁人三项赛文艺演出、街镇文艺调演等一等奖，江南艺耘舞蹈队获全国广场舞重庆片区优秀奖。

【安全维稳】 2018年，江南街道落实安全生产责任，强化“党政同责、一岗双责、齐抓共管”，开展消防等安全知识讲座，与晏家街道、凤城街道等单位联合举办安全知识专题学习会，持续开展打非治违专项行动、电动车消防安全专项治理行动等6项专项治理；对辖区非煤矿山、职业卫生、烟花爆竹等行业领域开展检查491次，排查隐患106个，全部闭环销号；道路纠违车辆615辆（次）。推进“七五”普法，学习“枫桥经验”，坚持矛盾纠纷化解与结对帮扶相结合，特殊敏感时期继续实行“日点名”“日研判”“日报告”制度，排查出重点矛盾纠纷30个，调处化解重大纠纷10起。开展打击“黄赌毒”及枪暴违法犯罪专项行动，江南派出所受理治安案件60件，处理违法人员36人。成立“双组长”制扫黑除恶专项斗争工作领导小组，发放扫黑除恶宣传资料9000余份，召开院坝会65场，群发宣传短信40000余条；强化摸底排查，设立举报箱、开通举报电话，进村入户走访了解，收集梳理问题线索16条，向区扫黑办报送1条线索；南滨路社区农贸市场治安秩序混乱、龙山社区朵力江畔小区物业矛盾纠纷、天星村盗窃案频发3个“治安乱点”成效明显。

（张环环）

渡舟街道

【概况】 渡舟街道位于长寿城区北部，国道G50、长垫路、北城大道、渝利铁路、渝万铁路贯通境内，是长寿火车北站所在地。辖区面积50.43平方千米，耕地面积2563.4公顷，森林覆盖率23.23%；辖13个行政村、3个社区、170个村（居）民小组；2018年户籍人口43010人（其中城镇人口21450人，乡村人口21560人），常住人口65781人。渡舟街道下辖1个党委、27个党支部、1315名党员。渡舟街道是区政府规划的城市拓展区，区政府对渡舟组团城市发展的定位为“城北绿苑、乐活智城、幸福渡舟”，渡舟城市基础设施建设得到快步推进，“三大市场”相继开工建设，街道城乡面貌实现跨越式发展。

【经济发展】 2018年，渡舟街道有企业35家，完成营业收入2.35亿元，利润总额0.31亿元；实现工业总产值1.06亿元，工业企业利润0.1亿元，工业增加值0.45亿元。

2018年年末，辖区有经营户2291户，同比2017年增长5.2%；从业人员1.36万人，增长2.8%；营业面积29.4万平方米，增长5.2%；销售总额实现9.65亿元，增长20%；社会零售总额实现8.08亿元，增长7.0%。

2018年，渡舟街道完成渝长高速扩能、南北一路、南北中路、纵次一线、纵次二线、横一路、横三路的大范围征地拆迁，其中横一路、横三路路面工程完工。重庆东部国际农副产品交易市场、汽贸城、重庆东部智慧物流中心项目涉及146.67公顷、1021户，已完成拆迁工作的95%以上，其中重庆东部国际农副产品交易市场已开工建设。北城医院、火车北站客运站主体工程完工，其他配套设施正在推进。

【基础设施建设】 2018年，渡舟街道投入2200万元修建农村联网路、小康路、断头路（打通）32千米，涉及9个村，已全部建成。投入2100万元，建设辖区农村居民的人饮项目，确保太平、河塘等12个村3万余居民安全饮水。修建农村便民道路10.5千米，山坪塘整治40口，安装太阳能路灯82盏。投入80万元，改造渡舟农贸市场3300平方米，缓解渡舟赶集日的拥堵，新增停车位340个。

2018年拆除违法建筑294件，面积4.81万平方米，超额完成2018年计划任务量；做到各村（居）无新增违法建筑。街道建立完善全面推行河长制考核问责、激励约束宣传巡查和督导督查等制度，年内街道内总河长巡河12次，村级河长巡河187次。

2018年环保治理投资60万元，进行场镇雨污分流改造，解决从兴贸街2号至河边124户门面、80余户居民的污水直排问题。投入70万余元兴建800余米截污管道，将富民街6个排口、渡滨街7个排口、半岛花园3个排口、凤城监狱污水排口、中心校处3个排口进行整改治理，桃花溪渡舟段沿河排污口全部整改完成。投入30万元，落实专兼职保洁员302人，全年清理清运农村及渡舟场镇生活垃圾4000余吨。

【社会事业】 2018年，渡舟街道辖区有重庆市医药学校是省部级公办重点中等专业学校；辖区有小学2所，分别是渡舟中心校、太平小学；有幼儿园6所。辖区学龄儿童入学率100%。

年内开展全民读书、社区文化节、“放歌新时代，共筑中国梦”等文艺活动15场（次），推进三好诗村的发展壮大，与区诗词学会联合举办“渡舟杯歌颂中共十九大诗词朗诵会”；加强文化市场和辖区文物点的日常巡查监管，确保渡舟地区文化市场的健康发展。组织参加第二届全区运动会，获男子篮球、乒乓球团体等项目冠军，取得区运会街镇总分成绩第二名的成绩。

2018年年底前，渡舟街道有城乡低保户335户、559人，全年发放低保金284万余元；纳入特困人员159人，发放“五保”供养金154万元。临时救助484户、1334人、82万余元，冬春荒救助394户、9万元，发放涉军群体优抚225人、290万余元，残疾人救助2326人（次）、51万余元。

举办现场就业招聘会，签订意向协议34人；全年办理失业人员就业创业证604个，办理农转城“4050”等困难人员社保补贴448人。城乡居民医保参保3.7万人，筹资480.73万元，医保参保任务超额完成；城乡居民养老保险参保2.02万人，参保率100%。被征地农转非大龄人员生活困难补助7633人637.1万元。国寿农村小额意外伤害保险参保1351人。

年内辖区出生人口341人，实现新出生人口计生政策符合率100%；落实国家奖扶政策，全年新增国家奖扶对象169人；完成孕前优生检查38对；免费筛查体检妇女1300人。对辖区内的221名卫生库精神障碍患者进行摸底，对公安局在库管理严重精神障碍患者35人签订“以奖代补”协议33户，奖励监护人5.25万元。

截至2018年12月底，渡舟街道建档贫困户有167户、429人，落实结对帮扶干部167人，全部贫困户已脱贫（其中2018年帮扶脱贫16户、19人）。2018年开展扶贫攻坚大排查大整改工作，排查农户6448户，比对清理“四类人员”61户、208人，已完成贫困人口的数据更新和信息化系统完善工作。针对房屋属于C、D级危房的21户贫困户，街道班子成员分工负责，牵头落实，年底前已全部改造完毕。2018年，贫困户人均纯收入达到13745元，比2017年净增567元。

2018年10月，渡舟街道党工委负责人调研贫困户C、D级危房改造情况

文明长寿建设利用宣传车、LED屏滚动播出社会主义核心价值观和“讲文明、树新风”的内容；以关爱老人、关爱儿童、爱护环境为主题，开展志愿服务活动85次；开展农贸市场规范经营大整治行动3次，联合交巡警每天对辖区内乱停乱放进行监管，规范占道经营34家，取缔乱摆摊设点37处；每月对17个场镇部门、16个村（居）开展文明长寿督导考核，以考评促整改。

2018年，渡舟街道对辖区基干民兵完成重新整组编队，开展基干民兵训练4次、140人（次），开展预备役训练2次、17人（次）。完成征兵上站体检、政审、送兵任务；全年悬挂标语横幅54幅，张贴宣传资料138张，发放宣传单1600张，到村、社区组织国防教育课16次。

【安全维稳】 2018年，渡舟街道继续完善治安防控体系，加强矛盾纠纷的排查化解工作，全年协调办理各级信访件232件，成功化解各类矛盾纠纷190件。严厉打击邪教、传销和非法集资活动，在全国“两会”等重点时期和特殊敏感时段先后4次成功劝返到京集访非访的北城大道26户征地拆迁群体人员，有效稳控427名邪教组织“法轮功”习练者和涉军涉教重点人员。在大面积的土地、房屋征收过程中，严格依法征收，维护拆迁公平公正，强化源头防治，做到新征地项目未发生一起群众非访集访的情况。

年内开展安全生产检查168次，检查生产经营单位、个人2072个（次），查出安全隐患33件，下达整改通知书24份，罚款0.67万元，整治安全隐患32件（次）。全年辖区未发生一起安全生产领域死亡事故。

2018年7月，渡舟街道召开扫黑除恶专项斗争工作会

【党建工作】 2018年，渡舟街道新建和完善党工委议事制度、会议制度等12项工作制度，对党的领导进行强化落实；以党工委书记为第一责任人，其他班子成员“一岗双责”的分工，建立责任清单；党工委推进落实主体责任，督促领导干部自觉履行担当责任和示范责任，主要领导和班子成员完成履职纪实132份，约谈党员159次、352人，党工委书记开展与班子成员和下级党组织负责人交心谈心52人（次）。全年开展廉政教育学习26次，组织干部到凤城监狱接受警示教育、观看警示教育片《微腐败，大祸害》；开展“四风”专项整治自查工作，清退违规发放补助7项、46.5万元；对2名违纪党员给予党内警告处分；有效利用监督执纪“四种形态”，诫勉谈话2名，通报批评2名。开展“两学一做”学习教育，以中心组学习为主要形式，机关、村（社区）党支部以“三会一课”为基本制度，全年集中培训村（社区）干部200余人（次）；开好民主生活会，执行“主题党日”、组织生活会、民主评议党员、书记上党课等制度。摸排非公党组织312个，利用群工系统受理办结群众反映事项426件、满意率98%。坚持正确用人导向，年内任用科级干部5名；为村（社区）配备选调生1名，为13个村配齐农村本土人才13名；新发展党员6人，慰问困难党员213人。建立党工委党内法规工作联席会议制度，全年开展法治讲座2次、法制宣传4次。

（徐小林）

新市街道

【概况】 新市街道位于长寿区主城以北8千米处，距重庆主城70千米。南与长寿北部新城相连，北接葛兰镇，东与双龙镇、龙河镇接壤，西与八颗街道为邻。街道办事处所在地河石井即为长寿“花眼偶文”历史典故的发源地。辖区面积37平方千米（其中耕地面积2402.87公顷），森林覆盖率39.22%。2018年总人口30859、12269户，其中农业人口12053人，非农业人口18650人，常住

2018年12月19日，新市街道组织开展区十三届党代表第四活动小组视察调研活动

人口25984人，户籍人口30703人，人口密度为834人/平方千米；辖1个社区和8个行政村。新市街道辖区地势平坦，长万高速公路、长垫路、何狮路、新付路穿境而过，是重庆主城通往垫江、梁平、万州三峡库区的重要节点。桃花溪流经辖区，有叶家沟、龙家沟、东门、东风4座中小型水库，76口山坪塘，水资源丰富；境内浅层天然气资源储量大、品质高。新市街道是长寿主城“北进门户”和城乡统筹发展的示范街道，是重庆长寿高新技术产业开发区的核心区，是中国十大家居（木业）产业基地、重庆市小企业创业基地，由长寿区政府和重庆绿色智能技术研究院联合打造的科技产业综合体——中科未来城创新产业园位于长寿工业园区新市组团。

【经济发展】 截至2018年12月底，新市工业组团引进企业153家，合同引资237.43亿元，已投产70家，规模以上企业47家，规上企业年产值102.33亿元。新市畜牧产业园是长寿现代畜牧园区的核心区，已引进温氏、源创等龙头养殖企业，2018年温氏实现产值3600万元；截至年底前，新市街道有农业专业合作社11个、家庭农场31个、股份制合作社2个，有市级农业特色项目4个，田园乐温乡村旅游项目“海棠春晓”2018年开园。

2018年，新市工业组团立足家居产业集群优势，推进家居产业转型升级，着力打造中国西部智能家居产业基地。已形成500万套套装门、30万套橱柜、30万套办公家具的产能，其中豪迈、佳禾、名风等5家龙头企业被评为重庆市十佳门业企业、全国门业50强。新市街道重视市级重大项目“中科未来城”的征地拆迁工作，围绕“狠抓项目征拆、服务园区发展”主题，攻坚克难，全力服务园区发展。稳步推进征地拆迁，“中科未来城”一期项目占地93.93公顷，涉及2个村、6个组，需要拆迁房屋440户、养殖大户22户，迁坟528座，年底前各项指标完成率99%，已全面交地，完成基础平场；一期及纳入一期的征地农转非人员纳入社保1462人。“中科未来城”二期于2018年7月22日启动，项目占地76.13公顷，涉及2个村8个组，需要拆迁房屋335户、种养殖大户14户，迁坟405座；截至2018年12月，已签协议325户，完成97%；种养殖户已签9户，完成64%；已拆除民房88幢；坟墓已搬迁80%。北城大道连接道征地有序推进，需拆迁99户，已签订协议96户，已推挖房屋95户，年底前正在加快施工建设。服务园区实行区管委会、街道、村组、企业四方联动机制，加大施工协调力度，做好征地平场、管网道路和电力线路建设改造协调工作；配合做好入园企业用工、子女入学、劳资纠纷、聚商引资等服务工作；2018年，由长寿工业园区管委会主办，园区党群服务中心、新市实验小学承办的“智慧课堂”活动取得圆满成功，春季、秋季学期招生270余人，解决工业园区新市组团外来职工子女放学后监管真空问题；开展“新春送岗”现场招聘会，到会企业26家，提供岗位600余个。

农业。打造生猪生态循环养殖基地，新市畜牧产业园规划面积2.29平方千米，新市街道全力打造绿色、生态、健康、高效和安全的国家级农业科技示范园区。温氏集团年底前存栏种猪5000头，年出栏仔猪12万头，为全国提供优质种源；源创公司存栏商品猪4000头，年出栏1万头，2018年产值2000万元。统筹推进乡村振兴战略行动，立足特色产业优势，构建以粮食、果蔬、畜禽和渔业为主导的“4+X”农业产业体系，结合8个村资源禀赋、区位优势、产业基础等拟定有针对性的产业规划，确保农业稳产增效；2018年主要粮食作物产量14552吨、蔬菜产量12899.2吨、水果产量824.6吨和水产品产品522吨；依托田园乐温“海棠春晓”典型带动，推动新同果园、黎家岩“最美梯田”等旅游景点的业态融合、要素统筹和服务提升，深度推进农旅融合，助推乡村旅游发展；深化“三权”“三变”改革，在试点村新同村实施三项改革试点，完成新同村、新市村、何石井村土地流转信息咨询专业合作社和劳务合作社的工商登记办证工作；深化农村土地确权登记颁证及农村集体资产量化确权工作，为摸清底数、保护基本农田提供精准数据。落实支农惠农政策，2018年兑付耕地地力保护补贴7705户、1385.78公顷，补贴金额3325864元；持续抓好退耕还林补助资金兑现、生态直补发放工作。开展“大棚房”问题专项清理整治行动，摸排清理出大棚房139户、162.2公顷，其中1户开办农家乐，1户完全改变土地性质，10户耕地非农化，新市街道按照统筹推进、分类处置、限期完成的要求，抓好整改落实，遏制农地非农化乱象。

【基础设施建设】 2018年，新市街道着力提升硬件环境，投资20万元，新建2个停车场，新增停车位50个，停车位总计260个。投资960万元，完成疏通原污水管网5.5千米，新建及改建管网3.7千米，已全面收集新市辖区内城镇建成区和工业园区内的生活污水，污水收集率95%；实施长寿区人居环境改造项目前期工程3个（包括新建游园3600平方米，全面改造河石井主街1000米门头，扩宽市政桥梁1座），总投资500万元，2018年年底已进入施工的项目1个，已进入评审程序1个；推进农村危旧房改造，2018年实施16户；推进15.6千米“四好农村路”建设，年底已进入招标程序。美化市容市貌，成立长寿区市政监察六大队、区交巡警四大队新市工作点，开展专项治理并建立长效机制，市场管理更加规范，场镇乱停乱放、占道经营得到有效控制；投入75万元，聘请专业物业管理公司负责场镇清扫保洁和公厕日常管理保洁；新增垃圾箱体27个，街道辖区垃圾箱体总计125个，农村垃圾收运系统全面覆盖，投入30万元保证垃圾收运系统正常运转。

2018年3月2日，新市街道家风颂·长寿福2018寿乡行公益活动

【社会事业】 2018年，新市街道保障和改善民生福祉统筹做好就业、社保、教育、医疗、卫生等各项民生工作，以实绩惠民生。新市中学初中毕业生升学率96%，新市中学2018级升入重点中学21人。

卫生计生工作。新市街道社区卫生服务中心建立“你健康、我服务”的公共卫生服务管理机制，截至2018年12月底，为辖区常住22376名群众完善健康档案；发放健康教育宣传资料49843份，播放影音制品14784人（次），开展公众宣传咨询活动及义诊14次，完成家庭医生签约8597人。全年辖区户籍人口出生220人，政策符合率100%，生育登记服务目标人群覆盖率85%以上。落实新增奖励扶助和特别扶助对象169人，退出奖励扶助和特别扶助对象42人。落实计划生育特殊家庭“3+X”联系人制度，见面率95%以上，对特殊家庭进行春节、端午、中秋节走访慰问活动，发放慰问金、慰问品计3万余元。开展农村留守儿童健康关爱工作，对66名农村籍留守儿童进行帮扶。开展严重精神障碍患者关爱工作，全年开展3次大型集中走访。

落实社会保障。新市街道全年办理失业登记260人，城镇登记失业人员就业再就业136人，开发公益性岗位57个。灵活就业人员社保补贴发放298095.4元，惠及68人。征地农转非人员困难补助每月发放148330元，惠及2119人。2018年城乡居民医疗保险筹资工作已完成，医保筹资4350670元。年底前，全街道城乡居民医疗保险参保人数25017人，养老保险参保人数13532人。

做好民政工作。全年发放2017—2018冬春生活救助、“5·17”风灾救助和临时医疗救助金35.21万元。年底前，全街道有低保对象249户367人，全年发放低保金208.03万元。2018年新市街道的特困对象（五保、困境儿童）有181人，全年发放特困补贴157.82万元。完成优待金预评工作，完成辖区内700余名退役军人的信息登记，

2018年7月26日，新市街道举行非公企业党组织结对帮扶贫困户启动仪式

全年发放优待金22.24万元；有优抚对象199名，全年发放优抚金237.64万元、节日慰问金13.5万元。全年发放残疾人两项补贴、高龄失能补贴和照料补贴等44.5万元。

合力脱贫攻坚。创新帮扶机制，探索党建与扶贫、企业参与扶贫的新路子，对未脱贫户实行“3+1”结对帮扶工作机制，联合10家长寿工业园区非公企业党组织，精准结对，精准施策，为未脱贫户提供技术培训、就业岗位等。持续深化产业扶贫、健康扶贫、就业扶贫和金融扶贫等工作，变“输血”为“造血”。2018年产业扶贫6户，实施贫困户危房改造9户，已通过区级验收。年底前，新市街道建档贫困户172户、477人中，已脱贫（享受政策）165户、465人，未脱贫6户、12人。

【安全维稳】 2018年，新市街道开展扫黑除恶专项斗争，成立双组长制扫黑除恶专项斗争领导小组和3个专项督导小组；年内接到群众举报涉黑涉恶线索5件，开展政策宣讲院坝会446场，开展集中宣讲活动3次，进行面对面入户宣讲12877人（次），发放宣传资料1.9万份，印刷悬挂宣传标语140条，张贴宣传海报500幅，对黑恶势力保持高压严打态势。强化安全监督和管理，开展安全隐患大排查、大整改、大执法专项行动，按照“2018年新市街道安全生产执法计划”，对所辖生产经营单位全年检查135次，整改隐患9处，整改率100%；举行消防安全培训活动4次，开展消防专项排查8次，成功完成8宗灭火救援任务；核查办理食品经营许可证21件，开展食品药品安全专项整治4次，日常检查36次，排查出隐患26处，查处违法案件3件，收缴罚没金6500元；新市街道主要领导及分管领导年内带队检查道路交通安全50余次，重点检查各劝导站值守情况和道路交通执法情况；检查车辆1100辆，纠正、处理违章车辆764辆，收缴罚款11475元。强化违法打击和治安防控，全年辖区刑事案件发案33件，同比2017年下降2.6%；破案11件，上升20%；打击处理各类违法犯罪11人，可防性案件、暴力犯罪得到有效控制，没有一起严重影响群众安全感的恶性刑事案件，未发生黑社会性质犯罪；流动人口抽检录入率和出租房屋抽检录入执行率分别为100%和96%；配强基础资源，建立网格60个，配备网格人员240名，实现全部9个村（社区）网格化服务管理全覆盖；做好严重精神障碍患者管控及邪教人员的摸排和稳控工作。强化信访处置和法治宣传，深化领导干部接访、下访群众工作，全年信访总量142件，领导干部接访206件，到区级部门劝返信访人员7批次52人，处置应急突发事件5件（次）；整合多方力量建立矛盾纠纷调解联动机制，全年调解各类大小纠纷317件，成功调解310件，调解成功率98%，涉及金额60余万元；接收矫正人员65名，解除矫正55名，无一例漏管、脱管，无一例重新犯罪；开展法治宣传活动6次，张贴法治宣传内容34张，发放宣传资料1400余份。

（沈冯珍）

八颗街道

【概况】 八颗街道位于长寿主城区西郊，东临桃花溪，西倚明月山，南靠晏家工业园区，北傍商贸重镇葛兰。八颗街道2015年由八颗镇撤镇设街道而来，八颗街道办事处驻地八颗场。辖原八颗镇、付何镇所辖行政区域，辖区面积99.25平方千米，耕地面积39平方千米，林地面积50平方千米（其中退耕还林面积8.8平方千米），森林覆盖率48%，街镇建成区面积66公顷；辖1个社区及15个行政村，5个居民小组及126个村民小组；全街道总人口40714人，其中非农业人口8615人，农业人口32099人。渝巫路、长洪路贯穿全境，菩提北路、菩提东路南段及延伸段和明桃一路已建成通车，村道300千米。有武华、高产、前进3座水库，库容400万方。有500千伏武华变电站、220千伏变电站、110千伏变电站各1座，有7家非煤矿山企业、2所中学、3所小学、1所卫生院。

【经济发展】 2018年，八颗街道落实重点工作。解决好汽车配套项目13户遗留问题，安置工作正在有序进行；汽车配套项目二期，拆房安置1111人，社保已办理完毕。渝长高速扩能改造项目，涉及八颗街道6个村31个原村民小组（八颗村、丰胜村、石马村、梓潼村、曙光村、干滩村），已签协议274户，房屋拆除面积30813.11平方米，占房安置499人社保已办理完毕，征地安置738人社保办理工作正在进行中。菩提“三贤园”项目涉及的丰胜二组、九组土地已丈量到户，巴清墓已修建完毕。推进云兴网晟项目，“三费”已划拨到村组账户，年底前正在进行分配方案讨论及人员安置确定工作。

开展第四次全国经济普查工作，摸底阶段已结束；清查经济单位294家、个体户990户，单位营业收入7719万元。

开展第二次全国污染源普查工作，完成辖区65个工业企业和产业活动单位、41家水产养殖、11家规模化畜禽养殖户及1个集中式污染治理设施1入河排口清查建库及入户调查工作，做到数据“全面覆盖、应查尽查、不重不漏”。

开展乡村振兴工作，制定八颗街道乡村振兴战略行动实施方案和梓潼村示范村实施方案。乡村振兴项目正在实施，渔业休闲园区已成功招商；农村土地确权已全面启动，逐步实施农村“三变”改革、培育和完善新型农业经营体系，上报市级农业产业发展资金项目11户；壮大贫困村集体经济组织，新建光伏发电站1座，涉及贫困户31户，总投资120万元，规模124千瓦，从2018年8月1日投入运行到年底电费收入2.6万元；扩展涉农保险覆盖面，增强农业抗风险能力，2018年参保粮食作物46.67公顷。

坚持绿色发展理念，强化公益林、生态林和退耕还林的管护，验收历年实施退耕还林生态林面积1068.74公顷，合格面积1016.5公顷，不合格面积18.89公顷，损失面积33.35公顷；完成2017—2018年度松材线虫病除治任务1066.67公顷，经区市级验收合格，在2018年秋普调查中，松材线虫病发病率比2017年下降35%，完成全年任务；2018年栽植树木10万余株；2018年国土绿化33.33公顷目标已完成土地调整、放线打窝、种苗定植26.67公顷。

【基础设施建设】 2018年，八颗街道着力改善农村人居环境，完成石马村贫困村人居环境改造项目，改造1座公共厕所，落实96户农户卫生厕所建设，庭院整治整改院坝630平方米，清理庭院1230平方米，边沟整治520米。投入3000余万元启动鹿坪、武华等10个村总长50千米的联网公路、断头路和零星支路等第一批“四好农村公路”建设工程，年底前完成33.2千米；2018年第二批“四好农村公路”涉及付何等11个村总长39.55千米已全面完成招投标，安排在2019年春节后实施。投资1350万元，完成曙光村人饮管道延伸工程、水井村新建山塘工程、核桃村饮水困难项目、幸福村饮水困难项目、高新村四块田山塘新建工程、石马村长槽山坪塘整治工程、八颗村材湾山坪塘整治工程、丰胜村丰胜山坪塘整治工程、干滩村抽水泵站迁改工程等9个项目并投入使用；付何村新建柏树桥提灌站工程、高产水库水源地达标建设替代供水水源工程已进入施工阶段，丰胜饮水改造工程已纳入2019年后扶项目年度计划已完成预算审核。

城市建设与管理，投入3000余万元的八颗污水管网整改工程、八颗农贸市场改造和应急处突工程、八颗组团主次干道及人行道改造工程、八颗组团公共停车场和汽车站、莲花街社区健身中心和市民文化活动广场等项目已建设完成并投入使用；八颗风貌整治（示范点）项目已完成招投标，年后进场施工；明桃一路沿线环境综合整治、付何市民文化活动广场、梓潼市民文化活动广场正在进行施工图审查备案，年底前完成招投标；一大批市政项目的实施，健全城市基础功能，提升城市形象。开展违法违章建设专项治理，杜绝违法建设增量，加快存量违法违章建设治理进度，完成存量整治任务21处，面积530.1平方米；图斑任务13处，面积1367.3平方米；新增在建7处，面积17786.31平方米；“四山”违建12处，面积5167.9平方米。长寿区市政执法七大队入驻八颗，落实市容市貌长效监管机制，加大日常巡查力度，提高市容问题发现、处置、管理效率和城市管理精细化科学化水平。

生态环境保护工作，安排非全日制岗位95个，落实190千米农村公路常态化清扫保洁，确保路面整洁、边沟畅通。污染防治完成全区全年293天空气质量优良天数的目标。推进垃圾收运、畜禽养殖监管，动物疫病和非洲猪瘟防控、露天焚烧秸秆监管，生产企业和服务企业污染排放监管，落实环境保护和土地专项巡查实施办法，全年环保巡查460次，发出整改指令189条；全年受理环境投诉26起，办结26起，满意率100%。完成生态环境保护部关于固定废物、城市集中式饮用水源地保护及黑臭水体专项督查及环保部西南督察局专项督察反馈问题的整改，年底前管沟开挖已完成2千米；落实“河长制”，对辖区18条70余千米河流实行“一河一策”治理，投入资金40余万元实施次级河流全域常态清漂，坚持日常巡河制度和河道日常清理制度，全年完成街道级巡河 139 次，村级巡河 1346 次。

【社会事业】 2018 年，八颗街道坚持精准脱贫方略，贯彻落实中央、市委、区委精准脱贫政策，开展脱贫攻坚大排查工作，实施动态调整，贫困对象清查申报 4 户，截至 2018 年 12 月 31 日，八颗街道实有建卡贫困户 274 户、667 人；核查出 CD 级危房 103 户，完成 CD 级危房改造 102 户，其中 C 级危房 11 户、D 级危房 91 户（未完成的付何村朱某某 1 户，已作出不改造的情况说明）；加大公益性岗位开发力度，全年公益性岗位就业 168 人，其中全日制公益性岗位 44 人，非全日制公益性岗位 124 人（建档贫困户 77 人）。开展养老保险和医疗保险工作，完成养老保险缴费 370 多万元，完成 2019 年医保筹资任务 36583 人，医保缴费 690 多万元，达到目标任务的 90% 以上。为 2240 人发放各类救助金 968731 元。

坚持低保公平公正，2018 年新增城市低保 8 户 10 人，农村低保 59 户 91 人；因生活条件改善取消城市低保 14 户 28 人，取消农村低保 18 户 30 人。

推进素质教育，全力提高教育教学质量，突出八颗中心校科技创新和书法实验特色以及八颗付何中学篮球特色项目。

加强国防教育，完成适龄青年兵役登记工作，民兵整组工作，组织基干民兵参加联考联评军事训练 2 次，组织专武干部参加集训 1 次；做好征兵工作，完成区人武部下达的征兵任务。

推动家庭医生签约服务，已签约 3735 人；"两癌" 筛查完成 908 人，完成率 113.5%；孕优健康检查完成 88 对，完成率 96%，超过 95% 的考核指标；重症精神病患者入街道公安库 32 人、卫生库 180 人，全部落实监护人有奖监护并签订协议。新增计生奖扶 190 人、特扶 9 人，申报独生子女父母一次性奖励 431 人。

文体事业繁荣发展，建成文体活动广场 14 处面积 12820 平方米，新安装体育器材 27 件，3300 平方米的文化体育广场已竣工投入使用；开展送文化下乡、惠民电影、猜灯谜庆元宵、巾帼妇女志愿活动、全民阅读读书活动、清明文明祭扫活动、五一机关志愿服务、五四青年志愿者活动、六一儿童节庆典活动、建党九十七周年文艺会演等各类活动 88 场，受众人数 4.5 万人（次）；组织参加长寿区第二届运动会、长寿区第八届街镇文艺会演、2018 长寿区寻找最美朗读者、长寿区街镇文艺调演等各类文体活动取得好成绩，其中情景剧《不忘初心牢记使命》取得长寿区第八届街镇文艺会演全区前 5 名、表演"二等奖"，街道纪工委书记获得"全市阅读之星"大赛第六名。

【安全维稳】 2018 年，八颗街道落实安全监管体制机制、"党政同责、一岗双责、齐抓共管、失职追责" 和企业主体责任。坚持每周 1 次安全工作汇报，每月 1 次重点企业安全生产调度会，每月 2 次安全稳定联席研判会，全年召开各类安全会议 29 次；开展各类安全宣传活动 11 次，发放宣传资料 3000 余份。检查生产经营单位 620 家（次），发现问题 83 起，行政处罚 11 起，罚款 8100 元；检查交通安全 99 次，纠违 452 件，处罚 452 件，罚款 9530 元。排查出安全隐患 36 件，治理完毕 20 件，已制定方案正在整治和纳入计划待实施 16 件；7 家企业实施关闭退出非煤矿山，第一批退出的正能实业已完成设施设备拆除和复绿工作及安全隐患整治，已通过区级部门验收；寂岭建材、庞源建材、扬科建材、源泉矿业、旭丰矿业、崇山采石等 6 家企业年底前正按照安全隐患整治方案进行台阶留设和铺设复垦泥土工作。加强对居民小区等重点区域的消防隐患排查，加强城乡房屋住用安全，对辖区长期无人居住的老旧房屋断电 1270 户；辖区 15 个交通安全劝导站在赶集日、重要节假日及重要时段均按要求全面运行，全力确保群众生命财产安全。

开展森林防火宣传、防火线开设和森林防火警戒期值守巡查工作，全年召开护林防火专题会 3 次，书写护林防火标语 1000 余条，制作森林防火宣传横幅 40 幅，新建核桃村防火检查站，确保森林火灾"零目标"。全年完成应急预案演练 4 次，开展地质灾害应急预案演练 3 次，通过演练提高安全意识和应急能力。

食品药品安全监管工作，完成 136 家食品经营单位、32 家医疗机构半年检查 1 次的全覆盖，8 家食品加工小作坊每季度检查 1 次的全覆盖；年内检查辖区所有学校及周边食品安全 4 次，猪肉经营者 400 余户（次），食品销售主体 360 户（次），农村家宴备案398件；食品生产抽检37批次，合格34批次，合格率91.9%；完成食品快检57批次，合格率100%；办结完成食药品案件4件，处罚12542元，发现超过保质期食品药品19家、43批次、284件，均收缴下架分3次集中销毁。

开展扫黑除恶专项斗争，八颗街道组织召开专项斗争会议2次，村（居）组织召开各类会议200余次，辖区内悬挂宣传横幅216幅，张贴海报1000余份，发放宣传单和倡议书22000余份；排查研判黑恶势力线索7条，辖区刑事案件破案率上升54.55%，社区戒毒（康复）执行率95%；收到各类信访件871件，已处理865件，化解率99.3%，调解220件，调处率100%，成功化解积案3件；创新研发巡逻防范工作APP，各村（居）夜间巡逻1700次，参与巡逻的队员6068人（次），巡逻APP运行到年底，巡逻里程达到3170.31千米，取得良好的社会效果；按照“一岗双责”要求做好特殊敏感时期，重点是市“两会”、全国“两会”、上合组织峰会和改革开放四十周年纪念大会等敏感时期的重点群体、重点人员的稳控工作。实现群工系统全覆盖，接受反映事项692件，办结率100%，满意率99.28%。

【党建工作】 2018年，八颗街道履行基层党建主体责任，召开党工委会、党建领导小组会、党建工作调度推进会36次，研究谋划党建议题60余项，把党建与经济社会发展同部署、同安排、同推进、同考核。结合“兴转促”，谋划基层党建责任、问题和项目“三个清单”，深入基层蹲点调研，带头宣讲中共十九大精神。出台村（居）年度考核和干部绩效考核方案，连续2年提高党建工作在综合考核中的权重。召开党工委中心组专题学习10次，机关干部专题政治学习50余次。班子成员利用春节、“七一”、冬训等节点，带头到村（居）、校园、非公和社会组织作专题宣讲63场，向外出务工经商人员作微党课宣讲48场，利用LED、横幅、展板、宣传画、年画等进行持续宣传。

班子成员对照政治纪律和政治规矩、理想信念、管党治党等10个方面，查摆问题42条，提出具体整改措施46条；利用党工委中心组、周五政治学习、村（居）干部会分层次对班子成员、机关干部、村（居）干部加强教育，抓住“关键少数”，营造风清气正的政治生态。

着力提升基层党组织组织力，推进基层党组织标准化建设。统筹安排资金60余万元，便民服务中心完成改造4个，规划设计4个。落实梓潼村、曙光村后进基层党组织整顿，群众满意度95%以上。做好组织发展工作，新发展党员9名，转正7名，取消预备党员资格1名；收缴党费45912元；慰问贫困党员干部425人，发放慰问金68900元。

抓问题找不足，强化整改措施确保落地见效。针对区委巡察二组巡察反馈的4个方面、53个问题和上年度抓基层党建工作存在的3个问题，从“正确面对巡察反馈整改问题、全面深入整改、建立巡察整改长效机制；责任意识再强化、队伍管理再强化、制度执行再强化”为导向进行全面整改落实和提高。

（喻　鹏）

长寿湖镇

【概况】 长寿湖镇距长寿城区18千米，位于长寿湖景区内。全镇辖区面积104.5平方千米；辖14个村（居），115个村（居）民小组。长寿湖镇区位优势明显，处于渝万、渝涪高速公路之间，长寿—狮子滩公路与长寿—双龙—罗山公路和319线的交汇处，长狮路、狮云路、双狮路、云韩路、云丛路等穿境而过，与长寿湖旅游高速公路构成便捷的交通网络。境内水源、电力、旅游资源丰富，长寿湖以独特的自然风光和丰富的人文景观，形成具有浓厚地域特色的旅游休闲景区，列为重庆市新巴渝十二景之一“长湖浪屿”，是国家AAAA级旅游景区，重庆市省级休闲度假区。

全镇资源和农产品丰富，拥有长寿湖和1条龙溪河，森林3400公顷，果园2400公顷；盛产沙田柚、血脐、猕猴桃、茶叶、鱼面等名优特色产品，其中，“长寿湖牌有机鱼”被评为长寿区十大最爱农产品，“梓雅红肉火龙果”“天赐寿岛牌茶叶”“长寿湖牌鱼肉面”和“顶派红心猕猴桃”被评为长寿区十大珍稀农产品。境内红色文化、水电文化、“寿”文化和众多文物景点并存，人文底蕴厚重。长寿湖镇先后成功创建为全国文明镇、全国生态镇、全国园林镇、全国重点镇、全国特色景观旅游名镇。

【经济发展】 2018年，长寿湖镇完成地区生产总值16.27亿元，比2017年增长7%；一般公共财政收入4446.33万元，增长10.55%；全社会固定资产投资完成33.6亿元，增长5%；社会消费品零售总额11.6亿元，增长5%。

长寿湖镇坚持绿色发展，生态优先原则，2018年粮油生产种植面积5733.33公顷，总产量3万吨；蔬菜播种面积1333.33公顷，产量3.2万吨。完成水稻、玉米、柑橘、渔业等政策性农业保险666.67公顷；新发展农业企业2家、家庭农场6个、专业合作社5个；基层合作经济组织属性专项试点稳步推进，常住农户入社入会率72%，“三社”融合发展试点有序推进。推广农业新技术，实现水稻机插秧80公顷，机耕813.33公顷，机收566.67公顷，节本增效150万元。培育限额以上商贸企业，年内新增限上商贸企业31家、特色餐饮服务业6家；新发展微型企业21个、工商户146户。

【旅游开发】 2018年，长寿湖镇加快以旅游聚人气、汇文气，长寿湖景区全年接待游客290.3万人（次），同比2017年增长16.38%；旅游收入17.8亿元，增长12.24%。长寿湖景区优化提质，做好旅游项目用地及矛盾协调工作，确保工程顺利建设，全年征收土地66.67公顷，签订拆迁协议317户，拆除农房291户，人员安置907人，住房安置733人。长寿湖恒大特色小镇一期顺利开盘、长寿湖龙鑫欢乐世界设备安装80%；长寿湖高铁站至景区旅游专线开工建设，东岸环湖路完成沥青铺设及人行护栏安装，重庆远恒佳学校建成并如期开学；配合举办长寿湖龙舟赛、铁人三项赛及海峡两岸姊妹湖产业协作年会等系列活动。

【基础设施建设】 2018年，长寿湖镇坚持规划先行，以城镇总体规划为蓝本，开展各类规划编制，完成《长寿湖镇总体规划2014—2025》编制工作；按照全市规划要求，启动《长寿湖镇总体规划（2018—2035年）》修编工作。

深化文明长寿建设，提高管理城镇的能力和水平，投入1000万元建成狮子滩休闲公园，新增公共停车位50个，卫生公厕、运动步道等配套设施进一步完善；投资20余万元，建成高清摄像头4处，提高场镇科技管理水平。2018年，投入1000万元对老场镇进行综合环境整治，规范店招店牌和停车位等内容。投资215万元新建云集场及红光小学污水管网1.3千米；长寿湖污水处理厂提标改造完成投用。顺利推进全云路、云丛路扩建及自来水管道和天然气管道搬迁工作。

完善农村设施，投资110万元，硬化人行便道19千米；投资840万元，硬化公路14千米。投资510万元，建成红光村果园水系配套工程，新建回龙一组果园水系配套工程，改建大石自来水站，有效解决水果运输难及果园灌溉、村民饮用水等问题。核发避险解困补助资金1412人2118万元。完成2018年C、D级危房改造验收及补助资金兑付工作。投入农村电网改造资金500余万元，完成4个自然庄10个台区的电网改造，电压质量问题得到解决。改造云集片区供水管道5千米、天然气管道7千米，有效提高用水用气质量。

全面推行河长制，完成辖区2条区级河流、7条镇级河流、9座水库的一河（库）一档污染调查，制作安装河（库）长公示牌35块；全面取缔辖区内水库、山坪塘肥水养鱼，41家养殖场全部关闭到位；投入5万元清运漂浮物和垃圾50余次；巩固饮用水水源地规范化建设成果，完善标识标牌，维修防护网，有效杜绝饮水安全事故发生。持续做好农村生活垃圾收运工作，新增垃圾箱45个、垃圾桶850个；整治下三角碑农贸市场及周边环境，改善镇容镇貌；在龙沟村投资190万元，完成卫生厕所改造212口，完成绿色村庄示范创建项目。实施国土绿化提升行动，完成退耕还林66.67公顷、荒山造林33.33公顷、未成林13.33公顷和四旁植树6.67公顷作业设计。

【社会事业】 2018年，长寿湖镇脱贫攻坚成效显著。实施领导干部包片、驻村工作队包村、帮扶人包户的工作体制，选优配强扶贫工作队。开展大排查大整治专项行动，落实金融、就业、产业、危房、教育、医疗和社会保障等各类扶贫政策，及时兑现扶贫资金521.5万元。履行精准识别和退出程序，全年排查农户11546户，动态调整后增加11人，减少7户、54人，巩固脱贫416户、1107人。龙沟村产业发展项目初见成效，集体经济培育资金取得收益。

社会保障更加完善。医保、低保、社保、“五保”应保尽保；全年发放低保、灾害救助、优抚、残疾人补贴、计划生育家庭奖励扶助金、征地大龄人员生活困难等各类资金1475万元。城乡居民养老保险参保2.34万人。完成全镇退役军人及其他优抚对象基本信息采集工作，完成残疾人危房改造项目9个；启动石回养老院标准化建设，“五保”家园床位利用率100%。年内城镇新增就业485人，登记失业人员就业再就业480人，农民工回引就业创业523人，高校毕业生就业定制服务15人。

文体、卫生计生事业健康发展。完善农村农体工程，加强村居农家书屋管理，举办“美好新时代·文化润万家”等文艺演出8次，组织龙舟赛等体育活动4次，开展送文化下乡4次，开办宣传橱窗12期，开展文化市场检查12次。抓好优生优育检查、农村妇女免费“两癌”检查、避孕节育等工作；对11名“两癌”患者发放救助金11万元，生育服务网上办证率100%；对辖区内的严重精神障碍患者进行精细化管理，无托管漏管现象；重点人群和贫困人口的家庭医生签约率100%；新建肾血液透析室，开通动态心电与动态血压远程会诊系统，医疗技术水平和服务能力不断提升。

【安全维稳】 2018年，长寿湖镇开展安全生产大排查大整治大执法工作，加强道路交通、水上安全、食药品安全、森林防火、建筑施工、防汛抗灾、烟花爆竹、特种设备等行业领域安全监管检查，出动检查人员650余人（次），查出各类安全隐患167条，落实整改165条，发出责令整改通知书36份；开展食品药品抽检快检260批次，立案查处违法违规行为4起，罚款0.8万元；处理车辆、船舶违规违章861起，经济处罚2.8万元。全年未发生安全生产事故。有效控制柑橘溃疡病、非洲猪瘟等重大疫病疫情。加强消防队管理和建设，储备一批应急救援物资和设备。

开展社会治安综合治理，持续推进社会治安重点地区排查整治，依法严厉打击各类违法犯罪，强化特殊人员管控，强化重要时段和重要地段巡逻防控，群众安全感、满意度提升。2018年，长寿湖派出所接处警3050件，出动警力6000余人（次），处警率100%；立刑事案件54件，破获刑事案件16件，打击违法犯罪嫌疑人16人；受理行政案件95件，查处95件，行政拘留24人，罚款14人，警告34人。开展扫黑除恶专项斗争。

信访维稳按照“一岗双责”要求，落实“五个一”的工作措施，坚持和完善领导接待日制度，畅通群众利益诉求表达和回应渠道。全年受理各类信访件162件，办结率100%；接待到访群众120余次400余人，调解处理重大矛盾纠纷14件。采取非常措施，确保重大会议、重要活动和重要节假日的安全稳定，实现信访维稳工作目标。完善网络舆情联动应急机制，建立网络舆情日报制度，加强对网上言论的正面引导。

【党建工作】 2018年，长寿湖镇强化落实从严治党责任和廉政建设责任，推进党的建设、党风廉政建设和反腐败斗争，落实全面从严治党主体责任，全面完成整改区委巡察“回头看”反馈意见8个方面33个问题。整治“四风”问题，诫勉谈话5人（次），受理信访举报3件（次），查办干部违纪违法案件1件、2人。开展知识竞赛、观看爱国影片、组织青年干部宣讲十九大精神比赛等寓教于乐的教育活动。抓好花山村后进党组织整顿，下派第一书记，成立工作组，蹲点指导，严格党组织生活等提升后进党组织党建业务水平。党费管理使用规范，解决困难党员、离任村干部155人、4.65万元。年内发展党员6名，8名预备党员转正。

（郭　利）

云台镇

【概况】 云台镇位于长寿区北部，距长寿主城区35千米，距重庆主城区100千米。镇域海拔305～1009米，辖区面积85.72平方千米。全镇辖13个行政村和1个社区，总人口5.15万人。镇内基础设施齐全，天然气、煤炭、石灰石等矿产资源丰富，有川东石油钻探公司搬迁后留下的上亿元闲置资产和工业遗址资源，渝沪高速公路立交桥紧临城镇，渝巫路横穿场镇，是万州、武汉以及上海进出重庆的必经之地。云台镇是重庆市规划发展的“市级试点小城镇”“示范小城镇”“百强镇”“中心镇”“市级小企业创业基地”，被规划定位为全国重点名镇、长寿北部中心镇，长寿工业园区定位和规划云台为市级中小企业创业创新基地、五华山与范家桥乡村旅游发展区。

【经济发展】 2018年，云台镇实现经济总收入31.17亿元，固定资产投资1.9亿元；城镇居民人均收入19301.9元，农村农民人均收入16889.5元；投入建设项目资金3781.9万元，比2017年增长7.18%；投入民政救助资金871.59万元，增长

1.08%；涉农专项补贴403.97万元，社会消费品零售总额1.73亿元；工业总产值12.03亿元，工业增加值2.19亿元，缴纳入库税金701万元。第四次全国经济普查显示，云台镇镇域内从事社会经济活动及二、三产业的个体经营户1640家。

巩固农业基础，抓好特色农业发展，因地制宜打造镇域现代农业。2018年水稻种植面积1186.7公顷，玉米1020公顷，粮食总产2.53万吨。开办农业专业从业人员培训，培育新型农业经营主体，新增各类合作社10个、家庭农场6家，对拱桥村和八字村实施财政资金投入股权化改革试点，增强两村集体经济；建立清迈良园农旅融合、蓝莓标准化种植、特色渔业养殖3个科普基地，培育壮大黄腊李、胭脂红薯、清迈大米、桑蚕等特色生态产业。

云台镇坚持工业强镇战略，发挥区位优势、交通优势、投资环境优势，为园区企业建设发展提供综合服务，保障企业水电气网络配套设施畅通。截至2018年年底，云台镇工业组团有7家企业入驻，有规模以上企业4家；通过“走出去”招商推介，“请进来”考察洽谈方式，2018年接待、拜访企业近30余家（次），有4家企业达成签约意向，成功引进归隐农业公司、中巨农业公司2家企业。

2018年6月，云台镇桥坝村牛队长蓝莓采摘场场景

统筹推进一、二、三产业高质量融合发展，完善乡村旅游产业基础及配套设施建设，将生态优势转变为产品优势，将山村田园风光打造为特色景区。清迈良园乡村旅游初步形成观光+度假+体验的休闲雏形，黄葛黄腊李、蓝莓精品、特色渔业养殖等农旅产业融合品质转变经营模式，绿色无污染农产品市场反应良好，游客可以进行观光、认知、采摘、品尝等参与性活动。2018年完成五华山旅游景区沿线公路、交通标识配套设施前期建设，旅行社和大量自驾游客参观游览人数不断攀升，带动新增商贸企业3家。新发展农村电商经营主体4家，云台镇乡村旅游产业发展形势良好。

【基础设施建设】 2018年，云台场镇建设按照“统一规划、分步实施、政府引导、突出特色”的发展思路，提升城镇扩展功能，扩大综合聚集效应。投入资金1.9亿元，完成云台镇工业园区二期征地和连接高速公路1.6千米工业大道平场建设；突出场镇广场等公共服务设施功能，对云台中心广场提档升级，落实亮化景观灯、大理石材铺装及树圈、座椅、绿化带等6000多平方米；市政休闲设施建设投入资金270万元，升级改造健身广场，新添健身器材16件，新建打鱼溪人行桥2座；安装场镇周边高速路至渝巫路及八字村清迈段、青云场镇太阳能路灯120余盏；投入资金1200万元，改造和完善场镇污水收集、处理设施，铺设一、二、三级污水管网8.3千米，建设污水提升泵站2座，实现场镇污水有效治理；投入资金275万元，整治打鱼溪支流河道，消除场镇汛期安全隐患，改善场镇污水排放及河道水体质量；改造完善配电台班9个，高低压线路52.96千米。

组织开展“往返跑”式乡村振兴专题调研活动，将农村困难群众居住条件和农村危房改造工程与美丽乡村建设整体规划相结合。实施股权化改革试点项目，完善坡耕地138公顷的基础设施配套；盘活农村土地集中经营，投入资金1000万余元，对八字村、寨口村开展土地整治，对村域环境、生产便道以及撂荒地等进行整治，农村土地集中经营

2018年7月31日，重庆市扶贫办副主任率工作组调研检查云台镇拱桥村扶贫工作

利用率增加17.2%；建设农村“四好”公路35.20千米；实施农村建卡贫困户C、D级危旧房改造227户；在桥坝村余家湾地灾点修建排水沟，进行抗滑桩整治。

【社会事业】 2018年，云台镇推进精准脱贫精准识别动态调整和政策扶贫扶持工作，落实领导“一对一”结对帮扶责任，打好精准脱贫攻坚战，建立产业及项目扶贫，新增非全日制岗位就业扶贫14人，2018年云台镇有340户、995人享受贫困户精准脱贫保险。

完善民生保障，开展民政救灾救济工作，实施冬春荒救济、倒塌房屋重建、城市居民和农村最低生活保障。全镇五保户老人的住房、生活、医疗，以及城乡居民大病医疗救助、双拥优抚及困境儿童帮扶等各种救助帮扶困难（特殊）群众总计7931人，全年发放民政救助资金871.59万元。全镇开发公益性和非公益性岗位193个，帮助符合条件的劳动者申请享受就业扶持政策，年内转移新增农村劳动力650人。全镇完成社保参保登记40217人，参保缴费任务完成率92%。

建设文化阵地繁荣文化事业，全年举办《云台镇十星级文明户好公婆好儿媳能工巧匠颁奖典礼暨2018年迎春文艺会演》等各类文艺会演活动61余场次，观众18.2万人（次）；八字村老人李则民获2018年度“感动重庆十大人物”称号，云台镇46处文物古迹纳入重庆市文物保护网络化管理体系。持续提高教育教学质量，加强教师队伍建设，全年教师学生获区级以上荣誉260人（次），市重点高中录取率为50.70%；校园环境和校车安全管理有序，公办、民办幼教事业和谐发展，行为规范。

落实卫生健康生活保障，2018年云台镇组织开展农村妇女“两癌”筛查，每月对严重精神障碍患者进行走访，落实家庭医生签约服务工作和65岁以上老龄人口的健康体检并建立健康档案。启用1600立方米调节水池，监督管理辖区内用水供水质量，定期对农村人饮管网维护及整修，保障群众饮用水质量；新安装天然气管道596户、7.1千米；增添农村垃圾清理和运转设施，各村新增垃圾箱、垃圾桶500个，新增专人岗位和设备，负责管理场镇环卫、清运垃圾、完善便道、美化庭院、管理公厕等环境卫生。

生态环境保护治理常态化开展“河长制”和水源保护监管工作。2018年云台镇组织巡河143次，村级巡河710次；规范管理三条沟水库、朝阳水库及其周边2.5千米范围内饮用水源地监管保护，定期对镇域内打渔溪、龙溪河进行清漂。开展国土绿化和景观绿化，实施生态系统保护和修复、退耕还林等植树66.67公顷，义务植树11.7万株。制定秸秆焚烧方案和签订责任书等措施杜绝农村秸秆乱烧现象，大气污染防治取得实效。建立健全规模以上畜禽养殖环评管理台账等长效机制，使镇内各条河流、水库保持水质良好。

加强武装民兵队伍建设，高质量完成全年征兵任务，向部队输送优质兵员18名。抓好应急分队和民兵训练，提升作战能力。完成采集录入镇域内退伍军人信息1007人。

【安全维稳】 2018年，云台镇开展“扫黑除恶”专项斗争，抓实各类重点人员管理。开展领导干部接访、下访活动，全年接访、下访群众310件次、532人（次），化解信访积案8件，办理市区信访积案4件。新招聘治安协勤3人，截至12月底，政府招聘治安协勤人员10名；加强专兼职巡逻队伍巡逻防控工作，全年接警1065人（次），处警1004次。强化安全交通劝导站管理，配齐硬件设备，及时纠正农村摩托车、农用车驾驶员日常违规行为；开展道路交通专项整治，全年检查违规车辆1300余台次。有序排查整改非煤矿山安全隐患、烟花爆竹零售点、危化品、渡口、重点企业和特种设备等领域安全隐患102处。对辖区314家食药品行业落实监管，全年抽查各类食用农

2018年6月25日，云台镇召开乡村振兴座谈会

产品质量31次，行政审批餐饮服务、食品流通112件。有序推进全镇大棚房整治和“两违”整治，落实卫片执法整改2万平方米。2018年，云台镇未发生较大安全生产事故和群体性事件。

（周方文）

葛兰镇

【概况】　葛兰镇地处长寿区腹心地带，位于渝巫、长垫、葛狮、长邻路的交汇处，政府驻地葛兰场；距离重庆主城区80千米，距长万高速路合兴入口6千米，距离渝怀铁路川维站和长寿港码头25千米。全镇辖区面积110.90平方千米，耕地面积3309公顷，辖1个社区、21个村、6个居民小组、162个村民小组。全镇2018年年末在册户籍人口28619户、71188人，城镇常住人口3万余人，流动人口3000余人。葛兰镇是全市规划发展的“百个经济强镇”“百个中心商贸镇”“市级示范小城镇”“市级文明镇标兵单位”“首批启动的45个中心镇”“市级中小企业创业基地”“重庆市交通安全文明镇”。镇域内水资源丰富，桃花溪流经全境；矿产资源有煤、石灰石、白云岩、钾矿等11种，其中石灰石储量5000万吨，白云岩探明储量4000万吨；森林面积5418.5公顷，森林覆盖率46%。2018年葛兰镇机关行政在编人员47人（其中公务员42人，参公人员5人），事业在编人员36人，总计83人。

【经济发展】　2018年，葛兰镇地区生产总值34.78亿元，比2017年增长（以下简称增长）10.8%；工业总产值79.2亿元；社会消费品零售总额增长超过10.2%。全年新引进总投资达亿元企业2家，引进企业总数达到46家；已投产企业35家（其中规模以上企业25家），全年完成规模以上工业生产总值35.16亿元，完成利税总额3.87亿元，增长42.8%。坚持民生优先，不断调整和优化支出结构，财政支出用于民生比重达到60%以上。新增城镇就业人口260人，落实困难人员再就业69人；城镇登记失业率控制在2.2%以内。城乡居民人均可支配收入28140元，增长9%。

2018年，葛兰镇推进城乡统筹发展。工业园区规划面积1.67平方千米，已完成土地平场69公顷；完成一期厂房扩建工程建设，建成标准厂房79000平方米；建成道路4.1千米，建成管网10.2千米。邱裕粮油、重粮集团10万吨现代化粮食存储及日产150吨优质大米生产项目即将建成投产，优久酒业公司正式投产；广恒、温氏企业等园区重点项目竣工验收，投产后年产值可达1.5亿元以上，提供就业岗位300余个。

2018年，葛兰镇流转土地2440公顷，流转率45%；粮油种植总面积4730公顷；柑橘、莲藕等果蔬种植面积2950公顷；畜禽养殖规模超100万头（只）。成立长寿区农村合作经济组织联合会葛兰镇分会，新组建农业专业合作社5个，新增家庭农场7家，新增种粮大户7户。推进现代畜牧业发展，全力防控非洲猪瘟疫情，辖区未发生重大动物疫情，温氏、标杆等畜牧龙头企业发展壮大，效益良好。

探索乡村振兴试验示范，推进农村“三权”改革，启动全镇农村土地承包经营权确权颁证和集体资产量化确权工作。组织乡村建设交流会，发展葛兰全域旅游，普查旅游资源单体46个；开发潜质旅游资源一级2个（花果山生态休闲观光旅游和黄家坝生态橘香观光胜地）、二级14个、三级3个；加快推进葛兰英语公社、奇色乡村生态旅游示范项目；葛兰米粉成功申报区级非物质文化遗产保护项目，大坝村秦家大湾成功获评市级历史文化名村。

2018年葛兰场镇面貌

【基础设施建设】　2018年，葛兰镇全面启动葛兰场镇总规修编工作，推进“多规合一”，严控生态红线，划定场镇规划红线和永久基本农田保护区。制止新增违法建设行为12起，拆除违法建筑14宗、6806平方米，整治楼顶彩钢棚133宗、21225平方米；完成叶家湾旧城改造一期工程，安置拆迁户36户；葛兰市民休闲公园、体育公园、安置房市政道路等一批惠民工程有序推进。开展桃花河污染整治行动，总投资1120万元，完成场镇二、三级污水管网整改一期工程，二期葛兰桥至范家桥污水管网整改工程正在施工中；场镇生活污水收集率98%以上。美化、亮化场镇空间，开展镇容镇貌集中整治4次，日常整治110次，清理占道经营摊点50个，对葛兰中心场镇400余棵行道树修枝剪型，更换已坏井盖183个，维修密闭垃圾箱33个，维修城镇路面3000平方米；完成场镇道路改造2.6千米，步行街改造1千米，场镇外立面改造42000平方米。

农村基础设施建设，新硬化农村公路18.9千米，总投资1381万元，四大路、杨黑路和周武寺路等6条市级统筹联网公路建成通车；大坝村移民避险解困项目、新民水库饮水源保护区路灯安装项目、塘坝村水利设施项目、罗岩村自来水提升工程等一批民生设施工程全面开工建设；桃花河（汪家墩至母猪滩段）、葛兰河（响水凼至廖家桥段）堤防整治、中华村渠道建设等项目完成招投标，即将开工建设。

持续实施“五大环保行动”，打好大气、水、土壤污染防治攻坚战，加快补齐生态文明短板。发展清洁能源，全年有6个村合乎天然气安装条件，通气户数1152户。桃花河常态化河面清漂机制运行有效；定期开展饮用水源保护巡查，全年巡查150余次，处理饮水源污染行为20余起；投资10余万元，实施新民水库、老龙洞饮水源保护工程，安装护栏960米，修建生活污水收集处理池1座，清理饮水源水面漂浮物和周边生活垃圾400余吨。推进污水处理厂提标升级，实现24小时在线监测全覆盖，出口水质监测结果稳中向好。开展农业面源污染防治，严格控制农村秸秆焚烧，推广秸秆还田、有机肥、水肥一体化等生态农业技术，废弃农膜回收利用率大幅提高。坚持“户集、村收、镇归、区处理”垃圾处理模式，安放垃圾箱体228个，垃圾收集桶385个，全年收运垃圾压缩量7000吨。开展全镇工业企业污染源普查工作，对涉及237家企业进行排查摸底，集中对41家工业企业填报普查调查表，市级检查验收合格。全面完成退耕还林和公益林管护年度任务，完成造林33.33公顷、义务植树11万株；868.67公顷松材线虫病除治接受区市验收合格，松材线虫发病率比2017年下降17%；全年未发生重大森林火灾。有序推进辖区6家非煤矿山企业关闭退出工作，第一批退出矿山企业4个全部通过初检。

【社会事业】 2018年，葛兰镇脱贫攻坚开展大排查大走访，走访农户15180户。全镇建档立卡贫困户475户1357人，其中稳定脱贫户468户1341人、未脱贫户7户16人，全镇贫困发生率0.23‰。坚持精准帮扶、因户施策，助力贫困户实现脱贫致富，全年发放贫困户节日慰问金5.96万元、产业扶贫补助资金9.5万元、开发非全日制公益性岗位和农村服务型岗位54人（次），发放用工补贴17.5万元；协助13个贫困户申请免息免担保金融扶贫产贷款。分类帮扶因学、因病致贫人员，基本医疗保险实现扶贫对象全覆盖。实施低保兜底扶贫133人（次），发放低保金2.8万元。完成40个贫困户C级、D级危房改造，实现建卡贫困户住房保障全覆盖。

2018年4月27日，区人大常委会主任张明生督导葛兰镇塘坝村脱贫攻坚工作

推进贫困村塘坝村整村脱贫，投资200余万元，实施人居环境改善项目，完成卫生厕所改建123户，绿化植树8万株，庭院整治4个，涉及农户70户，新修人行便道2500米；投入70余万元推动塘坝村产业发展和集体经济培育，发展种植糯玉米10公顷，种植榨菜18.7公顷；培育4名致富带头人，采取“公司+专业合作社+农户”合作发展模式，吸引村民就近就业28人，建立贫困村

稳定增收利益联结机制；帮助塘坝村在葛兰镇商业街购买门面2个，每年租金收入2万元，村集体经济“造血”功能得到有效增强。

2018年，葛兰镇发放各类救助资金2300多万元。解决最低生活保障1171户、2122人，落实大病救助288人，发放残疾人补贴166.8万元。完成残疾人住房改造7户。投入182万元实施村级公共服务项目。落实困难人员再就业69人，落实公益性岗位58人。投资20多万元，为22个村居配置电脑、打印机、高拍仪，村居办公条件有效改善。

全年完成城乡居民医保61366人，100%完成区下达任务。加强对412名精神障碍患者管理，签订有奖监护协议135份、兑付重度精神病住院治疗费补助和监管监护奖励资金56.8万元。落实计生奖扶政策，关注关爱计生特殊困难家庭；全年新增计生扶助对象247人，扶助资金28万元；年审奖特扶人员2049人，涉及资金343万元。推进厕所革命准备工作，完成132座公共厕所、9689户家庭厕所调查摸底工作。

文体事业蓬勃发展，组织参加长寿区第二届运动会、社区文化节、文艺会演、文艺调演等多项赛事。年内组织镇域各类文体活动20场次，放映惠民电影294场，受众5万余人。“扫黄打非”工作持续开展，文化市场健康发展。

教育事业成果显著，沙河桥小学代表长寿区接受重庆市均衡督导检查，中心校二分部成功申报为长寿区体育特色学校，镇教管中心连续4年获得区综合督导工作和素质目标考核一等奖。投资900余万元完成葛兰中心幼儿园项目主体工程建设，学前教育公办率和普惠率逐年提升。全年投入教育经费1500余万元，改善镇内农村义务教育薄弱学校办学条件，提高乡村教师待遇，营养改善计划惠及全镇3000名农村学生。

【安全维稳】 2018年，葛兰镇开展扫黑除恶专项斗争，全面摸排辖区涉黑涉恶线索。开展“渝警行动2018”专项整治，严厉打击各类刑事案件，全镇刑事案件同比2017年下降64.7%，辖区治安状况日益好转。葛兰桥社区挂牌整治成功揭牌。落实领导干部接访下访制度，全年接待群众220人（次），解决群众诉求35件，化解群体性事件3件。

食品药品安全监管全覆盖，基层监管网络健全，完成300余个食药品生产经营单位日常监管任务；开展“地沟油专项治理”“校园周边食品安全专项检查”等专项行动21项，完成国家、市级食品安全抽样检查300余次；处理食品药品生产经营举报投诉10件，办理违法生产经营案件5件，收缴罚没款4万余元。狠抓安全生产“五大责任体系”，全年开展安全宣传活动3场，各类应急演练5次，排查企业86家；完成隐患治理158项，整体安全生产形势平稳可控。

【自身建设】 2018年，葛兰镇认真落实全面从严治党责任，营造良好政治生态，针对区委第三巡察组反馈的6方面33个具体问题，逐项制定措施，全面完成整改。集中开展镇国有资产清理和村级集体资产清理确权量化工作。研究出台规范村级财务管理的相关文件制度，完成9个村的财务审计工作。自觉接受镇人大监督，认真办理人大代表建议意见43件。严格项目审批和资金管理，规范政务接待，加强公车管理，机关“三公”经费较2017年下降30%。深化“放管服”改革，清理政府审批事项，规范和简化政府审批流程28项，减少证明事项35项。强化大厅窗口工作机制和作风建设，为群众提供“一站式”服务。

（刘时亮）

但渡镇

【概况】 但渡镇位于长寿城区东，黄草山与阳鹤山之间，镇政府驻地但渡场距离长寿主城6千米，辖区面积57.4平方千米（其中城镇建成区面积11.34公顷，耕地面积1789.8公顷，林地面积5085.46公顷，森林覆盖率68.8%），辖8个村、61个村民小组。总人口19099人（其中农业人口16400人、非农业人口2699人，常住人口15352人），人口密度为332.7人/平方千米。镇政府驻但渡开发区正街1号。

但渡镇地形以山地、丘陵为主，有山、水、河、滩、谷等环境资源，页岩、大青石、天然气、水能等自然资源，唐代楠木院遗址、五龙寨、清代小封洞石刻等历史人文资源，沙田柚、花椒、笋竹、翠冠梨等特色农产品。镇内有长风化学工业公司、回龙寨电站、下洞电站等国有企业，个体私营经济有2家石材厂、3家页岩砖厂、3家工贸企业，

3个农业龙头企业，186家微型企业。

【经济发展】 2018年，但渡镇完成财政总支出2542.3万元，一般公共预算财政拨款支出2438.2万元，同比2017年增长11.3%，其中基本支出1330.3万元，项目支出1238.9万元。新增农民合作社1家，总数35家；新发展家庭农场3家，总数25家。城镇新增就业154人，城镇登记失业率低于3%。

但渡镇实施农业机械补贴政策，发放14户农机购置补贴资金10余万元，同比2017年增长16.7%。开展家庭农场认定审批工作，完善家庭农场名录25户，提高对家庭农场的监督管理；争取补助资金，成功申报7户家庭农场切块资金补助40万元，助推农业发展。深化基层合作经济组织属性专项试点，农户入社入会率70.92%，壮大集体经济，增加农户收入。开展畜禽春秋两季防疫，做好免疫、消毒、疫病普查等各项工作，免疫密度、家畜挂标率均为100%，全镇清净无疫。

推进农村承包土地确权颁证与集体资产量化确权，完成全镇6个村承包地土地确权颁证外业调绘，各村集体资产量化确权工作已进入社员身份界定与股权设置办法确认阶段。推进农村“三变”改革，探索农业企业、集体和农户利益链接机制，在三升农业、蒂乙农业等企业实施。维护土地承包流转信息管理平台，保持数据实时更新，加强对土地流转合同的签订、监督、归档管理；收集整理土地流转资料，涉及面积900公顷、4642户。

扶持特色农业，争取1000万元基础设施项目助力3家特色农业企业发展。完善配套农业基础设施，新建灌溉渠道0.3千米，新增灌溉面积13.33公顷，硬化生产便道12.2千米；完成但渡村生态鱼项目、兴同村种植业建设项目，成功申报曾祠村水土保持项目、楠木院村小流域治理项目。强化产业宣传培训，成功举办采果节，参加全区丰收节、长寿柚擂台赛、最美血橙评选等活动，提高阳鹤山枇杷、黄草山翠冠梨、龙溪河沙田柚、血脐、蜂蜜、花椒等特色农产品知名度；邀请农业专家现场授课，提升农户科学种植水平。

抓农旅融合发展乡村旅游，把招大商、招好商作为农旅融合发展的突破点，先后到四川战旗村、幸福公社、柏翠园、十亩稻田和长寿区云台镇清迈良园等田园综合体考察学习，寻求但渡镇农旅发展的路径和方向；注重支持企业发展，继2017年润乐尔、未名果酒庄、回龙寨、篁酒乡等企业落地后，美心睡眠中心、村村淘蒂乙农业、未名河谷等相继设立。谋划生态修复项目和基础设施项目，申报获批楠木院移民精准帮扶项目，配合做好亚洲开发银行龙溪河但渡镇防洪及饮水源保护项目前期工作，开展升高、双河、龙寨、未名、曾祠5个村移民精准帮扶项目和但渡河流域生态修复项目前期工作；成功申报100万元市级财政资金扶持发展楠木院村村级集体经济试点项目，推进5.67公顷梨园综合体；美心公司、耕读农场等5家企业、4.83公顷乡村振兴集体建设用地指标正在申报中；引导传统企业超前谋划，容丽平蜂业谋划在重庆主城建立蜂蜜产品体验店、在双河村建立蜂蜜体验馆；三升农业谋划建立有80余个品种的番茄基地、长寿最大的柿子林、长寿民宿体验基地等；未名果酒庄谋划建立重庆市的奇花异果基地，适度超前谋划引领但渡镇一、三产业融合发展的新模式、新路径。抓住乡村振兴战略的历史机遇，发挥但渡镇独特的自然资源禀赋和区位优势，推进“双城后花园”建设；新建村级公路、防火通道、生产便道等13千米，形成黄草山旅游区交通网络；完善楠木院村文化广场、停车场建设项目前期工作，提高未来景区服务品质；亚行龙溪河但渡防洪和饮水源保护、但渡村移民精准帮扶等项目相继落地。

【基础设施建设】 2018年，但渡镇加强场镇及周边环保设施建设，投入348万元实施但渡镇污水管网整改工程和但家湾污水管网新建工程，保证场镇及但家湾生活污水全部收集处理。整治河道0.3千米，提高防洪能力。排查整治道路交通安全隐患，投入7万元新建防护栏0.32千米，安装警示牌4块、减速带15根，投入45.3万元整治张家岩滑坡等13处水毁路段；推动行政村主干道26千米升级改造前期工作；投入2300万元完成30.6千米“四好农村路”建设，全镇农村路网等级、通畅通达水平提高；投入资金200万元，推进曾祠村美丽乡村建设，楠木院等村新建泥结石路10.4千米；投入资金130余万元，实施公共服务项目8个，民调小项目10个，新建人行便道13.3千米、停车场2个、错车道15个；龙寨村便民服务中心竣工投用，兴同村便民服务中心开工建设。全面排查辖区手机信号盲点弱点，优化但渡全域基站配置。

加强流域治理落实生态保护，推行“河长制”，实施“清河一号”、河道“清四乱”等专项行动，加大辖区内溪河库水体污染整治力度，形成治理工作信息畅通、治理力量整合凝聚、治理措施有力有效的良性运转机制；规范辖区畜禽养殖行为，依法关闭畜禽养殖户1家，处罚违法排污畜禽养殖户2家，拆除违规占用林地畜禽养殖户2家，督促10余家畜禽养殖户完成环保中末端环保设施整改34件（次）；关停3家落后产能企业，1家石材厂完成雨污分流整治，3家烧结砖瓦企业完成大气污染整治行动，实现“河畅、水清、坡绿、岸美”；完成第二次全国污染源普查工作。提质生态环保，强化饮用水源保护区规范化建设，新设置界碑、界标、标识、标牌等50余处，开展饮用水源日常巡查400余人（次），清理漂浮物100余吨；加大饮用水源保护投入，完成龙溪河大桥应急储存池积水、管网渗漏、场镇一级管网渗漏维修等工程；扩大农村人居环境整治范围，实行“户集、村收、镇转运、区处理”模式，健全完善垃圾收集转运系统，投入54.4万元将辖区所有行政村纳入物业管理范围，农村生活垃圾治理工作通过2018年国家级验收；开展市政环卫设施安全隐患排查整治，整改问题井盖7处、设置化粪池警示标牌和标语16处。林业管护强化护林防火巡查值班，加强防火设施设备配置管理，清理林区防火线20余千米；健全森林防火机构，组建9支、190余人的森林防火应急扑火队；开展夏季消防与冬春火灾防控工作，有效预防森林火灾发生，辖区森林连续42年无重特大森林火灾发生；强化森林资源培育保护，1868.67公顷天保林得到有效管护；绿化造林成果持续巩固，868.67公顷退耕还林项目通过区级验收；完成新造林176.67公顷，全镇森林覆盖率比2017年增长0.3%；除治松材线虫病疫木533.33公顷，有效维护自然生态平衡；严格林政管理，执行采伐证逐级审查制度；林业执法全年发生林业案件1起，结案1起，林政处罚1人。

【社会事业】 2018年，但渡镇做好扶贫精准识别动态管理工作，年内重新识别贫困户4户、11人，增加贫困户家庭成员3人、减少24人，实现6户、9人脱贫，完成区级下达任务。加强教育扶贫，为6名贫困大学生申请学费补助3.8万元；强化就业扶贫，开展贫困户就业技术培训会2次，培训300余人（次）；开发非全日制公益性岗位，实现52人就业。深化产业扶贫，补贴11万元，帮助7户未脱贫户发展产业实现脱贫。住房保障扶贫，申报127户C、D级危房改造，已完成79户。农网改造助力脱贫，投入400余万元，新建10千伏供电线路7千米，改造变压器13台，2000余户村民直接受益。

落实民生保障，开展惠民政策大宣讲，网上党支部、网上村委会、政府微信公众号分类推送及进村入户，惠民政策宣传实现全覆盖；开展民调大走访，走访在家群众实现多轮全覆盖。全年发放临时医疗和困难救助26.2万元、优抚金161万元、特困人员供养金171万元、农村低保和城市低保220万元。动态更新583名残疾人基本服务状况及需求信息，73名残疾人享受精准康复；发放残疾人“四项补贴”38万元，惠及370余人。加强45户73人计生特殊家庭关爱扶助，新增计生奖扶97人，超额完成妇女“两癌”筛查298人，有效管护重点精神病人92人，3000余人享受基本公共卫生免费服务项目并完善健康档案，家庭医生签约率86%。实施就业优先战略，全镇新增就业岗位165个，就业困难对象再就业56人，指导帮助登记失业人员再就业63人，城镇新增就业154人，转移农村富余劳动力5300余人，城镇登记失业率低于3%。教学水平持续提升，2018届初中毕业生33人，升学率90.91%，其中升入重点高中11人，重高指标完成率122.2%。住房安全完成75户四类重点对象危房改造工作。城乡居民养老保险、医疗保险参保工作稳步开展。

【安全维稳】 2018年，但渡镇信访维稳平稳可控，开展矛盾纠纷大排查大化解，推进干部接访下访常态化，深学笃用“枫桥经验”，做到及时有效化解矛盾；全年信访受理40余件，接访群众50余次，排查交办矛盾纠纷80余件（次），化解率90%以上。加强对肇事肇祸严重精神障碍患者、社区戒毒（康复）、社区矫正等特殊群体管控，落实严重精神障碍患者以奖代补政策，开展社区戒毒（康复）人员追逃查失，对高风险群体管控到位、不留死角。

完善监管措施，夯实安全保障基础，开展重点领域专项整治，实施大排查大整治大执法，排查各类安全隐患226条，隐患整改率100%。开展“交安”系列执法行动，查处交通违法行为735起，生产安全事故连续四年“零发生”。日常督查与专项检查相结合，加强食品药品安全监管，年内查处过期食药品10类、32盒，行政处罚4家（次）。

集中力量整治农村黑恶势力违法犯罪；加大宣传力度，在辖区重要路口、重点区域悬挂宣传横幅40余幅、发放宣传资料6000余份，打造浓厚宣传氛围；开展线索摸排，对群众举报线索及时开展调查核实，建立完善台账信息；深挖彻查重点突出领域，解决霸占农村集体资产、拖欠农民土地租金及民工工资等问题；保持高压态势，对各类涉黑涉恶及治安乱象，坚持露头就打。

【党建工作】 2018年，但渡镇坚持以理论武装夯实思想建党，推进“两学一做”学习教育常态化制度化，采取党委中心组学习与每月支部主题党日学习相衔接、网上学习与线下学习相补充、集中学习与个人自学相结合等形式，促进党员干部增强“四个意识”、坚定“四个自信”、做到“两个维护”、实现“三个确保”。修订完善机关内务制度，“三公”经费逐年下降，完善村财镇管等多项制度，有效防控廉政风险。坚持知事识人、依事择人，新提任科级领导干部2名，科级领导干部转正4名。

提升基层党组织建设质量，“三会一课”组织开展护林防火、保护饮水源等开放式主题党日活动18次；年内发展新党员5名，党员转正5名，培养入党积极分子14名；落实在职村干部养老保险补贴和离任村干部生活补贴，回引本土人才3名、招聘村专干1名、储备村级后备干部16名，完成支部书记全覆盖培训，组织4人参加学历进修。坚持抓党建促脱贫攻坚，组织党员干部结对帮助228户贫困户“摘帽”，对扶贫工作慢作为1人（次）实行诫勉谈话；摸排村干部前科劣迹，开展“六进”宣讲14场，发动党员群众上报涉黑涉恶问题线索25条；精准制定、实施后进整顿方案，兴同村党支部组织生活质量不高、党员管理宽松软等问题得到扭转，党员群众满意度97.7%。

（余晓莹）

邻封镇

【概况】 邻封镇地处长寿东部，位于龙溪河畔，毗邻长寿湖风景名胜区，与但渡、渡舟、双龙和新市相邻，距长寿城区20千米。辖区面积55.85平方千米，辖10个行政村、89个村民小组，总人口3.6万人。邻封是全国优质沙田柚生产示范基地，素有“中国长寿沙田柚之乡”“全国优质果品生产基地”美称；成功获评全国文明镇、重庆市生态镇、重庆市历史文化名镇、中国最具特色名镇、全国生态特色旅游镇、重庆最美养生小镇、中国最具特色名镇、全国生态特色旅游镇、重庆市第三批特色景观旅游名镇。

【经济发展】 2018年，邻封镇种植沙田柚3533.33公顷，投产2000公顷，年产值3亿元。统筹兼顾农业经济发展，投入174万元，修建“一事一议”人行便道2.7万米；全年实现土地流转96.67公顷；落实政策性农业保险面积2000余公顷；新培育家庭农场8家，专业合作社3个，其中区级示范家庭农场3家、市级示范家庭农场1家；完成全国第四次经济普查单位清查工作，清查法人和产业单位423个，个体983个，清查率100%。全镇土地确权工作有序开展。实施乡村振兴战略，成功举办“2018重庆·长寿邻封油菜花文化旅游节”，配合区农委举办长寿区“自然长寿”区域公用品牌发布会暨长寿柚文化旅游节，全年接待游客50余万人（次），旅游收入3000余万元；打造“福柚山水，邻封人家”美丽乡村田园综合体项目，年底前已完成整体设计规划，实施新湾精品民宿打造项目，推进“十里柚乡·百里花海”核心区68.67公顷五色四季花卉种植项目；完成旅游资源普查资料收集，邻封旅游资源得到丰富，有效推动邻封旅游经济提速升级。协调引导快递公司在邻封镇域内实行沙田柚快递特价服务，建成快递服务点50个。深挖长寿柚文化底蕴，推进长寿柚博物馆项目建设，年底前已完成规划设计；依托长寿柚特色产业，邻封村成功申报第八批“全国一村一品示范村”“中国美丽休闲乡村”。

【基础设施建设】 2018年，邻封镇实施乡村振兴战略，推进美丽乡村建设。加强水利工程建设，移民避险解困试点工作完成安置631人，兑付资金1015.8万元；投资346万元完成移民避险解困试点工作基础设施配套工程建设；投资59万元建成上坪村提灌站及渠道整治工程；确保安全度汛；落实河长制工作，全年镇级河长巡河117次，村级河长巡河480余次。加快推进乡村道路建设，邻焦路成功获评最美乡村公路，汪塔村红旗水库景观平台公路完成施工，推进2018年邻封镇17.6千米“四好农村路”建设工程；2018市级农村综合改革试点资金工程13.3千米机耕便道建设有序推进；渝万铁路大临用地复垦工作进入施工后期；邻封场镇359根公路隔离桩安装完成。加大人居环境工程建设力度，投入193万元完成邻封场镇污水管网改造工程，投入54万元完成柚香广场地面改造；实施柚香广场文化长廊项目施工建设；投入27.8万元完成吕家祠堂危岩治理；全年完成C、D级危房改造137户；开展邻封村、汪塔村60公顷土地整治项目，完成三峡库周生态保护带和龙溪河流域长寿柚产业发展项目148.67公顷验收。推进文明长寿建设，开展镇安监、市政、食药监等多部门联合执法，加强场镇日常巡查力度，建立镇、村、物业公司分工协作的垃圾清运机制，强化污染源治理，严格奖惩兑现、狠抓责任落实，全年文明长寿考核第三、四季度居全区榜首。

【社会事业】 2018年，邻封镇实施精准脱贫攻坚，全年发放扶贫小额信贷36户，总金额29.8万元；发放贫困户慰问金3.1万元；资助13名贫困大学生学费；安排非全日制公益性岗位83人，发放公益性岗位工资25.6万元；实现建档立卡贫困户全员享受健康扶贫、医疗兜底，不遗漏一个贫困人员。完善社会保障体系，推进就业培训，做好特殊人员就业情况调查，召开大型招聘会1场，发布用工信息千余条，提供就业岗位300余个。全镇居民养老保险参保1.9万余人；城乡居民医保参保3.3万人，实现医保全覆盖。健全民政救助体系，发放特困人员救助资金250余万元，城乡低保资金218万元，临时救助金58万元，优抚资金265万元及弱势群体救助金77万元；完善退役士兵三级服务平台。优化教育资源，邻封镇教管中心连续10年获得长寿区教委教育综合督导评估一等奖。全年开展各类文化惠民活动50余场（次），新增各类健身路径28件；完成上硐村图书阅览室、文化活动室标准化建设；龙溪大鼓成功申报区级非物质文化遗产；推进乡村文化振兴建设，以“和合为魂·五柚五美”为主题，打造上硐村乡村文化振兴阵地建设示范点和魏家河坎居民示范点；配合区委宣传部成功举办全区乡村文化振兴工作推进会，邀请全区18个街镇及相关部门领导到邻封调研交流乡村文化振兴工作先进经验。贯彻落实医改政策，强化镇村卫生服务建设管理；加强严重精神障碍患者联合服务管理，兑付2018年严重精神障碍患者以奖代补资金7.2万元。稳妥实施全面两孩政策，落实各类计生惠民政策，全年发放计生特殊家庭扶助资金73.8万元，发放独生子女父母一次性奖励资金10万元。

【安全维稳】 2018年，邻封镇加强矛盾纠纷排查稳控，全年成功调解纠纷81件（其中重大疑难纠纷5件），涉及人数162人，涉及金额30万余元，调解成功率100%。排查整治社会治安重点地区，全年受理行政案件40件、刑事案件19件。树立安全发展理念，开展企业安全检查286家（次），食品药品安全抽检快检87批次，沼气安全宣传检查4420户，农机安全检查10余次，签订森林防火安全责任书10份，交通违法查处764件；开展非洲猪瘟防控巡查1.4万次，召开村、部门专题会议7次，组织村组干部112人集中收看全国非洲猪瘟防控远程直播培训。加强镇、村、组三级公共服务体系建设和网格化管理，确保社会治安、综合治理无死角。

【党建工作】 2018年，邻封镇狠抓政治纪律和政治规矩，落实管党治党主体责任，开展区委巡察问题整改，21个整改事项全部整改到位。全年组织各类学习百余场（次），活动形式包括专题学习、在线课堂、基层党组织书记讲党课等。严格执行“四选八不选”和“二十字”好干部标准，提拔任用科级干部3人，实现科室人员轮岗调整及村干部队伍优化；全年开展执纪监督检查33次，立案3件，给予党纪处分3人。

主动接受人大和政协民主监督，全年开展人大代表监督检查、视察调研20余次，全年接访群众100余人（次）。以邻封长寿柚产业及乡村旅游发展为主线，开展全镇内宣外宣工作，邀请《人民日报》、重庆电视台、新华网、华龙网等新闻媒体开展各类线上线下宣传报道百余次；发挥统一战线广泛联系群众作用，成功接待台湾考察团到邻封考

察学习，强化东林寺等宗教场所监督管理。推进人民武装工作，完成年度征兵、兵役预备役登记任务。（杨　静）

云　集　镇

【概况】　云集镇位于长寿区东北部，东与涪陵区接壤，西北临垫江县，西南接长寿湖镇，辖区面积115.32平方千米，云集镇政府驻地华中场镇，距长寿主城34千米；辖1个社区11个行政村、93个村（居）民小组、3个场镇。2018年年底户籍人口3.5万人，耕地面积3926.67公顷，水域面积533.33公顷，森林面积3420公顷。夏橙、榨菜、中药材、油茶是云集镇的四大支柱产业。

【经济发展】　2018年，云集镇地区生产总值9.01亿元，同比2017年增长6.2%；农业总产值7.49亿元，增长5.8%；社会消费品零售总额1.75亿元，增长8.1%；农民人均纯收入1.48万元，增长8.3%；财政预算收入3833万元，增长14.2%；财政预算支出3487万元，增长19.1%；居民存款余额5.49亿元，增长40.7%。

2018年，云集镇启动乡村振兴战略，制定《重庆市长寿区云集镇实施乡村振兴战略行动工作方案》，确立“围绕一湖一山，因地制宜发展特色农业和旅游业”总体思路：沿湖以柑橘类水果种植为主，辅以发展体验农业、观光农业；沿山以发展翠冠梨、蜂糖李等水果为主，辅以发展消暑度假、休闲健身。优化产业结构，新培育新型经营主体（家庭农场）5家，总计有55家；新申报农产品绿色认证5家、无公害食品1家，总计认证8个，其中绿色榨菜3个、绿色春见（耙耙柑）1个、绿色萝卜1个、绿色南瓜2个、无公害食品梨1个。规划投资移民后扶资金850万元，重点保障乡村振兴示范村（福胜村）建设。退耕还林种植经果林66.67公顷。

实施“筑巢引凤”计划发展农村电子商务，与区供销社、邮政公司、移动公司达成战略合作协议，在村级电商服务站建设中整合融入邮政便民服务站、供销综合服务社、移动益农社的功能作用。发挥本土人才优势，解决站点管理问题；借助合作单位资源优势，解决站点运营资金和渠道难题，在全区率先实现村级电商服务站的全覆盖，率先实现买、卖、存、取、创业“五不出村”。引入村村淘、邮乐购等电商平台，销售云集土特产品；邮乐购在云集镇夏橙滞销期间10天内销售8000多单，村村淘销售沙田柚10万余个，年底前正在网销云集血脐。云集镇电商服务中心选送的“云集血脐”参加长寿区第一届电商节，获乡村渝味“田园鲜”十强。

实施农村改革，推进深化农村土地承包经营权确权颁证工作，登记承包农户1.26万户，完成88个村民小组外业调绘工作。开展农村集体产权制度改革，制定《社员身份认定和股权设置办法》，玉龙、雷祖等8个村完成社员登记，玛瑙村成立农村集体经济股份合作社。

【基础设施建设】　2018年，云集镇公路建设完成投资2800万元的S413云集镇段6.8千米升级改造工程，完成投资4000万元的G351云集镇段6.5千米的升级改造工程，投资7000万元新修沿长寿湖旅游公路云集段最后2座大桥正在施工中；完成投资1804.6万元的2017年“四好农村路”30.1千米建设任务，规划投资4347万元建设2018年“四好农村路”项目12个、69.24千米。完成玛瑙小学道路拓宽工程及路基防护工程。

场镇建设完成投资740万元的华中、雷祖、大古凼3个场镇油化项目和华中场绕场公路建设；完成投资252.3万元的华中场镇污水管网改造工程，实现“雨污分流”；完成投资580万元的华中场镇强弱电线下地工程，实现主干道“蜘蛛网”下地。完成总投资650万元的市民休闲广场项目和总投资450万元的停车场项目规划调整和设计工作。完成新建派出所选址，新址定于原华中粮站处。

用水安全建设投资25万元完成华中场镇绕场路自来水改建工程，投资50万元完成玛瑙村自来水升级改造，投资55万元完成华中水厂等供水管网改造工程，投资56万元完成玉龙、雷祖、关山坡3座水厂附属设施建设项目，投资33万元完成云集镇自来水厂改造提升项目，投资26万元完成玉龙、雷祖等村饮水建设项目，投资25万元实施雷祖村五组饮水项目。云集镇自来水厂正式接管云集镇（含华中场镇）供水工程，投资75万元拆除黑沟电站，人饮和发电用水矛盾得以解决。

落实大中型水库移民后期扶持，投资66万元完成16口山坪塘整治和附属设施建设项目，投资

35万元建设大同村蒋家坝配套基础设施项目，投资94万元实施玛瑙村、玉龙村生产便道建设工程，投资135万元建成2017年青丰村公路硬化项目4千米；完成2018年移民后扶划项目规划前期工作，核发移民直补资金320余万元。落实移民避险解困，细化落实帮扶工作，完成区级下达帮扶任务的95.6%以上，安置移民988户1820人，兑现帮扶资金3264万元；完成移民土地复垦意愿调查92户，实施移民宅基地复垦测量146人、61户，初测复垦面积1.05公顷。投资100万元建成青丰村、大胜村安置点（农民新村）基础设施配套建项目，投资584万元实施移民避险解困镇级统筹部分基础设施项目19个，解决移民和库区突出的重难点和矛盾问题。

人居环境建设投资31万元完成农村“四旁”植树面积6.67公顷，投资6万元完成疏林地及未成林造林地培育13.33公顷。投资50万元封闭露天垃圾房70个，设立垃圾收运点93个，投放滚动垃圾桶300个，农村生活垃圾有效治理人口覆盖率90%，14个规模化养殖场粪污处理设施装备配套率100%。开展大气污染防治，坚持打赢蓝天保卫战，落实秸秆禁烧责任，全年未发生大的秸秆、垃圾焚烧现象。加强水库及河流清漂力度，清漂13次，清漂垃圾20吨，保障3.5万人安全饮水。建成飞水洞水库和黑沟水库南北干渠10千米，恢复改善灌面266.67公顷。落实河长制，优化“一河一策、一库一策”方案，开展河道日常巡查工作，重点对龙溪河和高洞河进行污染源清查、清漂和治理。

【社会事业】 2018年，云集镇实施脱贫攻坚战略，落实贫困户扶持政策措施，63户、116人实现脱贫。用好用活扶贫政策，建设贫困户产业发展项目122户，动员260余户申请扶贫小额信贷贷款，落实100户贫困户危房改造，开发非全日制公益性岗位解决贫困劳动力就业233人，协助贫困户子女申报从学前到大学教育的各项资助政策，帮助符合低保条件的247名建档立卡贫困人口实现应保尽保。实施健康扶贫，贫困户在区内看病自付比例门诊控制在10%、住院控制在5%以内。推进脱贫村扶贫项目建设，脱贫村人居环境改造项目全面竣工，完成人饮改造86户、危房改造20户、卫生厕所改造335户、庭院整治66户、改建公厕1座、改建山坪塘3口、安装垃圾箱16个、安装垃圾桶50个、村庄植树9600株；脱贫村公路硬化竣工1.83千米，开工7.47千米；培育脱贫村“一村一品”特色产业项目，新种植蜂糖李36.53公顷。

民政救助工作实施动态管理，新增城乡低保89户、174人，为656户、1217人发放低保金484.18万元；新增特困人员29户、30人，为336户、338人发放供养金294.11万元。实施大病临时救助困难群众164人，发放救助金36万元；为67名特困人员发放照料护理费20.99万元，为38位精神病人办理住院治疗。帮扶重度残疾人330名，发护理补贴17.32万元；帮扶高龄残疾人111名，发放补贴23.74万元；帮扶困难残疾人229名，发放生活补助21.1万元；帮扶失能老人47名，发放失能补贴11.08万元。实施残疾人康复计划，发放贫困残疾人体育器具70套、辅具114件，实施康复和功能训练284人（次）；对112名重度残疾人进行无障碍改造规划，组织14名残疾人参加长寿区第一届残疾人运动会获团队第五的成绩。加强社会行政事务管理，投资30万元建成华福社区养老服务站，为老人们提供活动场地；投资10万元建成“大同留守儿童之家”，为留守儿童提供学习娱乐场所。开展退役军人及其他优抚对象的信息采集工作，采集信息702人（次）；落实优抚政策，为152名复员军人等重点优抚对象发放优抚金192.73万元。组织慈善双日薪捐款，全年捐款9295元。

云集镇新建居民健康档案238份，更新档案2266份；规范高血压健康管理1754人，规范管理率82.8%，定期随访服务8696人（次）；规范糖尿病健康管理635人，规范管理率80%；免费为老年人规范体检2865人（次），体检率99.4%；0~6岁适龄儿童计划免疫建卡184人，建证建卡率100%，“八苗”接种率95%，全程接种率95%，12月龄内基础免疫，麻疹首针（8~9月龄）及时率100%；落实严重精神障碍患者服务管理工作，签订监护协议33份，新增入库人员8人。落实计生惠民政策，年内新增国家奖扶72人，总计598人；新增特扶14人，总计41人；全覆盖帮扶、慰问48户计划生育特殊家庭，落实帮扶慰问资金4500元、慰问品33份。推进人口信息化建设，全员人口信息准确率96%、覆盖率98%，户籍家庭准确率95%，居住家庭信息准确率80%；流动人口协查接受和反馈率100%，准确率98%，通报接受率和平台运用率100%。年内开展孕前优生检查30对，未发现出生缺陷儿病例。开展计生宣传9场（次），发放宣传品1.1万份。开展卫生监督综合执法3次，查获非法行医的牙科诊所2家，当场收缴医疗器械、全部药品和其余小型医疗工具，对当事人给予行政处罚。

抓好社会保障工作，全镇城乡居民养老保险参保人数26470人，参保率90%以上；城乡居民医保参保人数28865人，完成区下达的考核任务。失业、就业登记差错率为零，城镇登记失业率低于1%；推荐离校未就业高校毕业生实现就业12人，就业率100%。协调辖区内在建工程项目健全“两金三制”，确保足额按时支付农民工工资。

2018年先后举办迎春团拜会、全民阅读活动、“红旗飘飘，引我成长”朗诵活动等，参与1200余人（次），观众5000余人（次）。组织参加2018年长寿区第二届社区文化节获得“才艺比拼”一等奖、“坝坝舞比赛”三等奖、“歌咏比赛”三等奖；组织参加长寿区第二届运动会获团体总分第五名，在12个镇中排名第一；组织参加2018年长寿区篮球总决赛获全区第一名。投入1万余元新建书画展览培训室1个，申请市级资金5万元完成华福社区健身点建设，申请区文化委资金5.95万元为青丰、大胜2个农民新村安装健身器材，规划健身步道5.1千米。完成区级文物保护单位杨克明烈士故居巡查10次，巡查其他文物点44次，调查单体旅游资源87个。

教育工作坚持德育为先，开展教学教研和教育科研，不断提高素质教育质量，年内学校获得区级以上集体奖励5项，教师参加区教师课堂教学技能大赛获奖81人（次），其中市级一等奖3人（次）、二等奖9人（次）、三等奖10人（次）；学生参加各类竞赛获一等奖16人（次）、二等奖26人（次）、三等奖28人（次）。

【安全维稳】 2018年，云集镇落实安全监督工作，全年排查出各类安全隐患20件（次），整治隐患18处；综合整治官栈河车渡码头安全设施，在码头设置多处警示醒目标识。夯实食品药品监管基础，专项检查餐饮单位316户（次），检查药品及医疗器械单位288家（次），开展食品快速检测工作57批次，抽检食品安全78批次，各类食品药品培训工作覆盖率100%。动物疫情防控工作从备案审批管理、制定道口准入、引入后隔离观察等方面出发，与全镇13个养殖场签订责任书，强化措施联动和工作保障，将联防联控机制落实到位；严查养殖档案、防疫档案、免疫证明、免疫耳标，到场、到户、到点实施生猪产地检疫规程检疫；在屠宰环节，严把入场、待宰、屠宰、无害化处理、消毒、出证等“六道关”，全面防控生猪等动物疫情；设关设卡，严防死守，成功将非洲猪瘟阻隔在镇域之外。

做好信访维稳工作，年内包案交办信访突出问题24件，办结22件，办结率91.6%。

社会治安综合治理做到有警必出、出警必处，全年接警处警554起，比2017年上升22.8%；立刑事案件21件，下降12.5%；破获刑事案件10件，上升66.7%；查处治安案件32件，查结31件，查结率96.9%；破获毒品案件2件，查处吸毒人员2人，责令社区戒毒、康复4人，在控率100%。扫黑除恶专项斗争先后投入10万元开展各类宣传，提升群众知晓率；提前摸排村霸、家族势力等有可能对换届选举带来不良影响的情况，确保换届选举风清气正。加强乡村道路交通管理，处理交通事故125起，查处交通违法行为720起，排查道路交通隐患24起；实施交通治乱行动，对388辆电动两轮、三轮车逐一进行信息登记，以村为单位统一挂牌管理。开展法律、法规宣传47场（次），法律咨询32人（次），承办法律援助案件录入2件；安置帮教26人，接受社区矫正人员79人；调处矛盾纠纷455件，成功445件，成功率97.8%。开展消防检查389家，下发消防整改180起，办理消防案件24件，开展消防演练3次。

（徐　里）

双龙镇

【概况】 双龙镇位于长寿城区东北部22千米，地处长寿湖西岸，距长寿湖风景区（国家AAAA级旅游景区）5千米，镇政府坐落在双龙社区龙祥街17号。全镇辖区面积56.97平方千米，其中城镇建成区域面积1.8平方千米，耕地面积3001.8公顷（田2411.4公顷、土590.4公顷）。

全镇辖11个行政村、1个社区，85个村（居）民小组；2018年户籍总户数18860户、总人口38785人（其中男性19725人，女性19060人；农业人口人30525人，城镇非农业人口8260人；有农村劳动力24502人，外出务工17698人，其中常年外出劳动力12529人），镇常住人口24638人，人口密度432.5人/平方千米。辖区交通优势明显，渝宜高速公路、长寿湖旅游高速公路穿境而过；渝万高铁长寿湖站设站双龙，从双龙乘坐高铁到重庆主城20分钟、到长寿城区8分钟；龙湖迎宾大道、何华路、长（寿）双（龙）路、双（龙）乐（温）路、三（平）罗（围）路等多条公路在境内交汇贯通。辖区自然人文资源丰富，探明岩盐储量15亿吨、天然气储量14.5亿立方米；拥有秀丽的罗围寿山风景、宜人的田园风光、众多的历史古迹、神奇的民间传说和深厚的文化底蕴，其中“罗围寿山风光”入选“长寿新八景”。辖区产业兴旺发达，全镇已发展个体工商户1863户、企业367户（含微型企业）、农民专业合作社20户，国家级农业产业园区集产业示范、休闲观光等多功能于一体，中盐重庆长寿公司已发展为全市重要盐卤输出基地。

位于双龙场镇附近的长寿湖高铁站

【经济发展】 2018年，双龙镇实现地区生产总值（GDP）8.12亿元，同比2017年增长6.5%；镇级财政收入3336.19万元，增长8.1%；农民人均年纯收入1.65万元，增长6.9%；城镇居民可支配收入3.17万元，增长6.5%；社会消费品零售总额11.36亿元，增长2.5%；完成固定资产投资9.2亿元，增长3.5%；上级转移支付补助收入3336.19万元，增长8.1%；一般公共预算支出3273.2万元，比年初预算数增长6%，比2017年同期增长6.3%。

双龙镇全年粮食总产21476吨，比2017年增产72吨，增长0.34%（其中油菜产量710吨，增产6吨，增长0.852%；小春粮食作物产量1848吨，增产20吨、增长1.09%；水稻播种面积1643.24公顷、产量14468吨，增加46吨，增长0.318%）。水果种植面积864.5公顷，产量19451吨，比2017年增产2300吨，增长11.8%；蔬菜产量12037吨，减产1500吨，降低12.5%。退耕还林直补3516户，直补面积154.83公顷，补助资金24.39万元；全镇森林覆盖率45.5%，组建护林队12支，有专（兼）职护林人员240人。存栏生猪30657头，能繁母猪2289头；笼养鸡示范场9个，存栏鸡794680只，种鸡16.5万只；全年出栏育肥猪45956头，增加6678头，增长11.7%；出栏家禽794680只，增加562258只；肉种鸡苗7713923羽，增加11.3923万只，增长14%；禽蛋产量3973.1吨，增加1597.1吨，增长67%。截至2018年12月底，全镇有规模养殖场35个（以100头生猪当量计算），其中养猪场24个、养鸡场9个、养鸽场1个、鹌鹑养殖场1户。各类水产品面积365公顷，产量4850吨，比2017年增加2452吨。2018年，双龙镇组织农技培训班5期，培训人员1200人（次）；开展科技下乡活动18场（次），培训新型农民520人（次）；有家庭农场78户，新增20户；机械化耕作、收割培训140人（次），有农耕机630台，农用车195台，机械耕作面积1250公顷、机械插秧60公顷、机械收割1200公顷。

2018年，生产盐卤10.8万吨，比2017年增加1.8万吨，增长20%；产值1618万元（盐卤价格调整），减少382万元，降低19%。年底前有条石厂2个、建筑业企业2个、建材业企业6个、交通运输业企业1个、仓储业企业2个、农产品加工业企业5个，批发零售业企业3个。

现代农业园区提升为“国家级农业示范园区”，双龙镇园区面积846.8公顷，涉及9个村、1个社区，晚熟柑橘种植650公顷，蔬菜种植26.6公顷，花卉苗木种植100.2公顷，灵芝种植20公顷，草坪种植30公顷，花椒种植20公顷；入园企业17个，其中柑橘企业9个、蔬菜企业4个、花卉苗木企业1个、灵芝企业1个、草坪企业1个、花椒企业1个，农正、和兴源等公司柑橘大面积投产，徐银波公司蔬菜成批量销售。2018年，农业园区企业柑橘产量14625吨、收入1755万元，蔬菜产量0.6万吨、收入630万元。土地租金每亩按350千克稻谷当年市场中等价格计算，村民应得土地租金1016.16万元，截至2018年12月企业已兑付土地租金876.06万元，兑付率86.2%

2018年年底前，双龙镇有银行3家，分别是中国农业银行重庆双龙支行、重庆农商行长寿支行双龙分理处和中国邮政储蓄银行重庆长寿区双龙营业所。全年3家银行合计存款余额131354万元，比2017年增加5292万元，增长13.6%。

【基础设施建设】 2018年，双龙镇小城镇建设完成楼顶彩钢棚违建整治87户，面积17088平方米；拆除1户地面违建；更换路灯30余盏，整换破损下水道窨井盖30余套。每日对场镇生活垃圾清理运输，年内运输处理3800余吨。开展旅游路扩建征地工作，已完成4个村76户房屋拆迁安置补偿协议签订。聘请专业物管公司每日对双龙场镇公共领域垃圾进行清扫，彻底改变场镇“脏、乱、差”状况。对场镇污水管网进行改造升级，清理疏通二、三级管网7600米，新建管网3710米，新建带盖板排水沟60米，新建场镇污水提升泵站1座。

新农村建设完成农村危旧改造28户；新增农村垃圾收运箱32个；农村房屋审批60户，建筑面积6038平方米。完成农村道路养护200千米，新建硬化公路24千米，整治公路隐患2千米，整修

双龙镇寿山一瞥

水毁公路4处1.2千米；完成双龙社区车王路、联合村夹风路、天堂村园龙路硬化3.2千米，飞石村二胡路改造0.6千米，完成红岩村马五路1.6千米、罗围村王张路2.65千米、长寿寨村王二路2.1千米改造硬化，安装村道路之路牌148根、警示牌及凸面镜81块。

双龙镇有集中式饮用水源地2个（吼水湾水库、文家冲水库），污水处理厂2个（双龙场、罗围场），次级河流1条，屠宰场1家，工业企业1家（中盐重庆长寿公司），食品小作坊15家，餐饮业61家，医疗机构15个，农贸市场2个，畜禽养殖场45家，水产养殖450余处，汽车修理7家。2018年生态环境保护推进饮用水源地规范化建设，新设立界碑3块，新设置垃圾箱（桶）6个，更换道路牌、警示牌等标识标牌20余块，清运藕叶、杂草等枯腐物4吨；畜禽达标整治关闭养殖场24家，达标整治养殖场30家、屠宰场1个；新建沼气池1168.98立方米、化粪池3013.4立方米、干粪池1256.6立方米。

【社会事业】 2018年，双龙镇开展精准扶贫工作。脱贫8户15人，无新增；截至12月底，全镇有精准扶贫户465户、939人。2018年未脱贫户到户产业扶持项目申报，完成5户4550元；完成41户贫困户危房改造（其中建档立卡贫困户14户）；按时支付118名建卡贫困户公益性岗位薪酬；建立939名因病致贫人员居民健康档案；完成贫困村红岩村人居环境整治；全年发放扶贫慰问金61410元。

2018年，全镇有学校7所，其中区属高完中1所，镇教管中心管理学校6所（小学2所、幼儿园3所、培训机构1个）。区属高完中双龙中学，有在校学生813人，教职工145人（其中中学高级教师24人）。2018年初中升高中156人，升学率93.4%；参加高考161人，上线158人，上线率98.14%，居区内农村中学前列。2018年春、秋期资助、补助学生429人（次），金额31.97万元。年内全校师生获得各类表彰、奖励77项（人）（次）（其中集体获表彰11项）；学生5人（次）获国家部级奖励、4人（次）获市级奖励、45人（次）获区级奖励；教师15人（次）获部级奖励，10人（次）获市级奖励、61人（次）获区级奖励，10人（次）在国家级、市级刊物上发表文章。

镇教育管理中心所辖小学2所（中心校1所，寿山点校1所），在校学生1213人，教职工95人；2018年学龄儿童入学率100%，小学升初中100%。幼儿园3所（其中中心幼儿园1所），在职教师13人，聘用教师14人，在园儿童278人。另有民办幼儿园2所，教师22人，在园儿童256人（小太阳幼儿园110人，晨曦幼儿园146人）。培训机构1个，汇英文化辅导学校，教师5人。2018年国家资助学生559人（次），金额36.3万元。2018年全镇教师获市区奖励164人（次）［其中一等奖30人（次），1人获市最美乡村少年辅导员］，双龙镇教管中心2018年区综合督导评估考核获一等奖、素质目标考核获一等奖；双龙中心校参加区级象棋比赛、羽毛球比赛、田径运动会分别获一等奖；双龙中心校继续保持长寿区乒乓球体育特色学校、长寿区首批书香校园、长寿区卫生示范学校称号，双龙中心幼儿园保持学前教育先进集体荣誉。

2018年，双龙镇有文体阵地24个，分别为镇综合文化站1个、农家书屋11个、农体健身点12个，常年免费对外开放。年内举办新春文艺演出、国庆文艺演出暨扫黑除恶专项斗争宣传活动，承办“习近平新时代中国特色社会主义思想微宣讲第二片区赛”“渝州大舞台”等活动6场（次），组织参加第二届区运会，选送《话说长寿》等优秀节目参加长寿区社区文化节等区级活动展演5场（次），获一等奖1次、二等奖2次、三等奖1次。

不可移动文物——双龙镇张家祠堂

持续开展农村电影惠民放映活动，放映电影150场。全镇有网吧、图书销售、打字复印等文化经营单位5家，有福彩销售点1个；全年开展文体市场检查13次，辖区无重大违规经营行为和安全责任事故发生。全镇有文物20处，其中区级文物保护单位2处（罗围老街民居、廖井丹故居），全年无重大文物损毁事故发生；对8个不可移动文物挂牌保护，对20个不可移动文物点安排专人看护。全镇有市级非物质文化遗产项目2项，分别为长寿血豆腐制作工艺、花鼓；花鼓代表性传承人韩德禄年内开办免费培训40余班（次）。

做好公共卫生服务工作，组织40对夫妇参加孕前优生检查，为农村妇女提供宫颈癌筛查418人，乳腺癌筛查412人；家庭医生签约5672户、10150人（其中城镇签约1156户、1865人，签约率25.7%；农村签约4516户、8285人，签约率31.9%；重点人群签约8042人，签约率89.4%；建卡贫困户应签尽签，签约率100%；计生特扶家庭签约65人，签约率100%）。组织参与春、秋两季学校卫生监督检查、公共场所、饮用水卫生和医疗卫生机构专项监督检查。

元旦、春节期间，走访计生特困、贫困家庭17户，送去慰问金8500元；年内新增国家级计生奖励扶助对象143人，特别扶助4人，区级独生子女父母奖励金发放对象338人。2018年全镇出生婴儿318人（其中政策内生育318人，政策外生育0人，计划生育符合政策率为100%），出生人口性别比为113∶100；全镇流出人口8620人（其中育龄妇女2484人，已婚育龄妇女2080人），跨市流入人口12人（其中育龄妇女8人）。

双龙镇有镇卫生院1所，属国家一级甲等医院。下设罗围分院、村卫生室11个、社区卫生服务站1个；设有内儿科、外科、妇产科、中医药科、针灸理疗科、口腔科、眼耳鼻喉科、医技科（放射室、检验室、超声心电室）、药剂科、公共卫生科等科室；医院年底前有职工78人（含临聘6人），其中专业技术人员69人（正高职称1人、副高职称6人、中级职称24人、初级职称36人）；医院床位编制70张，开放床位70张，其中罗围分院10张。全年门诊人（次）17691，住院人（次）1777，住院床日14879。开展手术35台。

2018年，双龙镇有农村低保216户、369人，发放低保金135779元；有城市低保户95户、139人，发放低保金70174元。年内临时困难救助218人356367元，征地农转非医疗救助17人36447元。全镇有特困人员264人（其中集中供养46人，散养218人），发放供养金2312649元；特困人员照料护理补贴194人（次），补贴16.2万元。有优抚对象285人（其中重点优抚267人，一般优抚13人），企业参战人员2人，企业复员2人，无军籍职工遗属1人，发放优抚金3852052元。年内开展儿童救助3人（困境儿童7人纳入特困人员管理），按照每人每月1160元标准，发放救助金41760元。全镇有百岁以上老人2人，96～99周岁老人13人，发放补贴2.52万元；失能老人73人（次）补贴4.38万元，高龄老人206人（次）补贴12.1万元。年内对13名残疾人的危房实施改造，发放补助金20.8万元；残疾人护理补贴1687人（次）199340元；残疾人生活补贴490人（次）73050元。

开发全日制公益性岗位，解决就业困难人员就业23人；办理灵活就业社保、医保补贴74人；全面完成区就业局下达的高校毕业生离校未就业定制服务工作20人。办理城乡居民基本养老保险指纹认证3800余人；办理征地农转非“4050”以上人员生活困难补助2356人。做好具有金融功能的社会保障卡的发放工作，确保广大参保居民顺利进行市级统筹报销；完成城乡居民医疗保险34860人；办理城镇职工医疗保险申报62人。

【安全维稳】 2018年，双龙镇安全生产工作实施道路交通安全检查260次，检查车辆2421辆，查处违章车辆211车（次），现场批评教育354人（次）；开展变形拖拉机整治，排查出变形拖拉机28辆，报废注销10辆；开展面包车专项整治，排查出各类违法违规车辆54辆，全部移交区交巡警五大队处理。开展非煤矿山安全检查16次，建筑安全检查10次，烟花爆竹检查112次（排查整改隐患20余起），消防安全检查240次，特种设备安全检查27次。全镇有16名义务消防队员，全年出火警10起，挽回经济损失10万元。

落实食品药品安全管理，办理《食品经营许可证》39件；实施38批次食品药品监督抽检和安全快速检测51批次（其中餐饮服务环节9件、销售环节37件、生产环节5件）；检查食品、药品、医疗机构、美容美发、化妆品、小作坊等经营单位736余家（次），出动检查人员1252余人（次），办结食品药品行政执法案件6件。

信访维稳及时处理区级以上交办信件34件，办结率100%；镇上交办信件59件，办结率100%；开展干部大下访活动，下访216次，接待群众232人（次），收到各类问题反映17件，成功解决率100%；化解历史疑难案件1件。

【党建和人大工作】 2018年，双龙镇党员总数1299名；有党支部11个，社区党支部3个，机关党支部1个，退休职工党支部1个，非公企业党支部2个；全镇发展新党员8名。全年镇、村党组织集中学习130余次，送学100余人（次）；邀请专家专题讲座3次，镇党委书记讲党课6次，班子其他成员讲党课15次。理论学习党委中心组集中学习15次，中心组成员撰写调研文章6篇，全年邀请区委宣讲团宣讲3次，开展院坝微宣讲40余场次，承办全区习近平新时代中国特色社会主义思想微宣讲片区赛1次。开展乡村振兴、精准扶贫、乡风文明等专题调研8次，形成具体工作方案1份、调研报告2份。全年策划报送新闻选题16条，在各级媒体刊播报道50余篇（次），建立23人信息员队伍，全年监测、报送舆情信息200余篇（次），全镇无重大舆情发生。年内申报区级文明村1个，报送“身边好人”线索120余条，面向12个村（居）发放“十抵制十提倡”宣传海报160余份，宣传年画1800余份，1人被评为长寿区第三届“十大乡贤”，1人被评为2018年长寿区“十大提名孝星”，1人被评为“十大健康寿星”。

全镇设专职综治员12名，组建巡逻队伍12支、队员127人；开展普法宣传10次，调处各类纠纷462件，调解成功率100%；全镇排查、衔接刑释解教人员36人，收到社区矫正人员10人，帮教刑满释放人员36人，重点帮教3人。全年治安处罚159人，其中治安拘留6人，警告153人（次）；刑事案件发生47件，破获6件，破案率7.8%；帮扶教育吸毒人员117人，强制戒毒11人；加强7名邪教人员教育转化工作。

双龙镇人大认真召开年初、年中人代会2次，主席团召开会议专题研究人大工作6次；开展“密切联系群众、推动富民兴镇”主题活动30余次；向市区人大报送各类信息50余篇，撰写论文

2篇；双龙镇人大工作在市人大信息普刊专题宣传2次，《市人大内参》报道2次，《公民报》刊登信息5次，《长寿日报》宣传报道6次，长寿人大信息宣传报道15次。2018年7月11日，召开双龙镇第十九届四次人代会，会议听取和审议通过《镇政府半年工作报告》《脱贫攻坚专项工作报告》《环境保护专项工作报告》，听取镇人大代表建议办理情况。在全镇按照区代表选区建立6个标准化的村（社区）人大代表工作站，将13名区人大代表、67名镇人大代表划分到各个工作站，每个工作站设站长1名、副站长1名、联络员1名。6月，市人大常委会副主任刘学普、四川省邻水县人大常委会先后到双龙镇红岩村人大代表工作站调研。（晏小丽）

龙河镇

【概况】 龙河镇位于长寿城区东北20千米处，东邻垫江县，南靠长寿湖、双龙镇、新市街道，西连葛兰镇，北接石堰镇；镇政府驻地合兴场，距长梁高速路合兴立交桥出口500米。全镇辖区面积89.9平方千米，其中耕地面积4747公顷；辖17个村、1个社区，121个村（居）民小组；2018年全镇总人口47625人，其中农业人口44162人，非农业人口3463人。龙河镇人民政府驻兴盛路1号，机关内设14个办公室（所），2018年在职在编人员69人。

龙河镇地处亚热带，地貌以浅丘平坝为主，气候温和湿润，热量丰富，雨量充沛，土壤肥沃；

2018年7月11日，区委书记赵世庆率队到龙河镇专题调研乡村振兴工作

内辖长寿区现代农业园区核心区，建有瘦肉型猪养殖基地、肉鸽养殖基地、种鸡繁殖基地、笼养兔基地、特种水产养殖基地等农业产业发展基地。享有“中国美丽乡村建设示范镇”“市级生态镇”“现代生态农业示范镇”等荣誉，是长寿区具有典型性和代表性的农业大镇。

2018年，龙河镇凭借在产业基础、区位、交通等方面的优势，成为乡村振兴战略计划综合试验示范试点镇，“橘乡福地·长寿慢城”现代农业休闲综合体整体规划正式启动，乡村振兴带给龙河前所未有的机遇。

【经济发展】 2018年，龙河镇实现地区生产总值（GDP）65270万元，同比2017年增长7%；城乡居民可支配收入增长9.5%。财政总收入21576.19万元，增长17413.39万元，其中一般预算收入4131.67万元，政府性基金预算财政拨款17444.52万元；一般预算收入增长3.9%，其中四项转移支付收入2567.14万元，专项补助收入1564.54万元。

农业生产规模扩大，全镇水稻、玉米种植面积2636.67公顷，水果种植面积3469.13公顷（其中柑橘面积3387.8公顷），蔬菜规模种植巩固面积99公顷，社会蔬菜复种面积520.73公顷，花卉苗木基地120公顷。全镇柑橘、蔬菜种植大户及企业有96户。全年组建新型农民股份合作社4个，发展农业公司2家、家庭农场9家、专业合作社13家；家庭农场总数62家，农民专业合作社总数68家，农业公司总数34家，其中区级龙头企业12家、市级龙头企业7家。新增流转土地面积73.33公顷，土地流转总面积2800公顷，占总耕地面积的59%。围绕产业振兴，全镇启动实施26个农业项目，投资1321万元，完成晚熟脐橙品种高换80公顷；果林品种改造、幼苗抚育、精准施肥1468.67公顷；水肥一体化建设333.33公顷；水稻绿色高质高效创建68.67公顷。成功申报绿色食品12个、无公害食品12个；引进陕西海升果业发展有限公司选址200公顷建柑橘基地拉长产业链。

加速农旅融合，以秀才湾农民新村、老陈菜生态农庄、哈维斯特生态园林等为代表的乡村旅游不断发展，组织“红色文艺轻骑兵”“中国丰收节”“龙情蜜意”蜂蜜节等活动，吸引越来越多的人走进龙河、玩在龙河。

【基础设施建设】 2018年，龙河镇实施乡村振兴战略计划，“慢城”建设投资3.4亿元的一期项目全部动工，石厂湾、新老秀才湾14个湾落环境整治、400余栋房屋的风貌改造、蔡家河7千米河道生态治理、高速路下道口、游客接待中心、S513道路龙河段以及自行车慢行道等一系列配套设施正在施工建设。交通建设推进龙新路、合贯路、龙政路、乐温大桥等7个工程项目、49.26千米的国省道及重要连接道改造工程，30.23千米行政村主干道和12.7千米通组公路项目，总计投资65672万元。生态环境建设完成989户农村家庭卫生厕所改造，投放垃圾桶915个、垃圾箱体112个、垃圾清运车7辆，清运生活垃圾2000吨；镇村河长全年巡河800余次，清理漂浮物2500余吨；15个农田水利基础设施项目建设完毕，安装13个村2683户天然气，18个村居环境重现整洁宜居的新景象。

2018年12月14日，乐温大桥开工

小城镇建设完成全镇总规划修编；严格用地审批和监管，全年农房审批140户，用地面积12600平方米；推进“增绿补绿”工程，采取植树增绿、空地建绿、见缝插绿、边角补绿等方式增加绿量，全年行道树、绿化种植3000余株，整理绿地26000余平方米；完成3个停车场126个停车位建设，维修合兴场、龙河场36盏路灯，启动市民休闲公园、农贸市场、合兴场、龙河场污水管网建设。

【社会事业】 2018年，龙河镇加强精准脱贫攻坚工作，对照贫困村、贫困人口脱贫标准，因地制宜、因人制宜，围绕产业发展、易地搬迁、医疗救助、兜底保障下功夫。全年精准脱贫20户53人，推荐就业100余人（次），非公益性岗位就业63人；改造危房174户。拟定市级贫困村永兴村“一村一品”建设方案，完成“绿色村庄整治”项目，硬化62条、4630米人行便道完成。

2018年，龙河镇养老院改造正式动工；城乡居民养老保险新参保310人，参保人数达到28960人，有11160人领取养老保险待遇，全年发放养老金2500余万元；年内为164人提供就业适应性培训，为18名2018届离校未就业大学生定制就业服务，开发全日制公益性岗位17个。

全年落实城市低保88户121人，农村低保409户781人，发放低保金及慰问金251.07万元；发放大病临时救助、特困供养、优抚对象补助、残疾人两项补贴及各类慰问金713万余元，惠及1655人。落实独生子女父母一次性奖励政策366人（次），确定国家奖扶90人、特别扶助5人，发放各类计生慰问金2万余元；先后帮助570户1025人完成移民避险解困安置，支出资金2050万元。

教育工作重点抓特色校园文化建设，德育活动亮点纷呈，素质教育取得明显成效，幼儿园建设有序推进。龙河镇中学重高指标到校完成率141%，先后获区级班级合唱比赛特等奖，区综合督导考核、区教育质量目标考核、区中小学生足球联赛（甲组）男女足球队一等奖，全区街镇中学抽考第三名。年内镇教管中心先后获区级奖13项（次），各校师生获区级以上奖303人（次）（其中国家级奖5人（次），市级奖10人（次））。

全年放映惠民电影200余场，镇图书室接待群众5000余人（次），组织惠民演出送戏下乡7次；龙狮队、腰鼓队、军鼓队、秧歌队、莲箫队、广场舞队、葫芦丝队、太极队等民间文艺团队成为龙河文化传播队伍，周周有活动、月月有演出的文化机制逐渐形成。

推进“移风易俗、村民自治”，组织开展道德模范、身边好人、文明家庭等评选活动，选树先进典型；引入3家社工组织培养村民厚养薄葬等文明新风；引导村民自定村规民约，规范设立村民议事会、红白喜事会等自治组织，鼓励党员干部依法担任各类群众性自治组织负责人，形成村民自治共治的良好氛围。

【安全稳定】 2018年，龙河镇的安全隐患大排查大整治工作，重点排查道路交通、水上交通、烟花爆竹、消防安全、非煤矿山、建设施工、森林防火、特种设备等领域，形成“长期排查、定期报告、限期整改、跟踪督查、责任到位”的隐患排查整改机制，全年无一例重大安全事故发生。食品药品安全持续稳固，非洲猪瘟防控到位，保持辖区无食品药品安全事故发生的良好局面。重视矛盾纠纷排查，信访初访案件办结率100%，信访积案办结率90%。开展“扫黑除恶”专项斗争，截至年底前处理刑事案件立案35件，处理治安案件176件，与2017年同期281件相比，明显下降，实现对各类不稳定因素“发现得早、化解得了、控制得住、处置得好”的目标要求。

【党建工作】 2018年，龙河镇坚持“抓好党建是最大政绩”理念，全年组织召开党委会议23次；召开专题会议6次，研究解决后进基层党组织整顿、村干部待遇调整等重难点问题；坚持把党的政治建设摆在首位，推进“两学一做”学习教育常态化制度化，开展中心组学习13次，开设培训班2期、培训党员干部76人（次）；依托领导干部双重组织生活、书记带头上党课等载体，各级书记、分管领导、驻村干部到村开展巡回宣讲18场次。镇党委带头，分两阶段召开专题民主生活会；派出督导组，全程监督指导各村（社区）党组织抓好组织生活会。坚持每周进村入户调研，到基层必了解党建工作；坚持每季度督查暗访基层党建工作情况，对后进支部整转成效进行验收、对贫困村脱贫攻坚情况进行督促；优化完善基层党建工作考核办法，督促抓好各联系村居、板块基层党建工作。制定乡村振兴示范村党组织建设实施方案，加强基层党组织“带头人”队伍建设，落实在职村干部养老保险制度和离任村干部补贴制度，完成支部书记全覆盖培训，组织4名村干部参加学历进修，选派优秀机关干部担任“第一书记”，为3个示范村分别增配本土人才、“三支一扶”人员和西部志愿者各1名，招聘“雁归计划”人员1名，优化基层干部队伍结构。加强党组织建设，发展党员10名、停止党员党籍1名、取消预备党员资格1名，试行党员积分评星管理。对3个示范村便民服务中心进行功能性改造，对其他村居便民服务中心进行规范化建设，开展困难帮扶、表彰慰问等党内活动。

（文　瑶）

海 棠 镇

【概况】 海棠镇位于长寿区北部，北邻重庆市垫江县、西接四川省邻水县，镇政府所在地长寿区海棠镇正街，距G50高速公路云台出口、澄溪出口各5千米，距长寿深水港码头50千米，距渝怀铁路川维站80千米，距渝利铁路长寿北站40千米，距重庆主城90千米，地理位置优越。辖区面积45平方千米，辖9个行政村、58个村民小组、12824户，户籍人口32557人（其中城镇人口3641人，农业人口28616人）。全镇耕地面积1027公顷，设施农业占地面积196公顷，有效灌溉面积815公顷，农作物播种面积2590公顷。海棠镇地势东西高、中部低，属浅丘平坝区，亚热带湿润气候，四季分明，夏季长而炎热，春秋季短，冬季较暖和；雨量充沛，但分布不均，一、二、三月易出现春旱，五、六月常发生洪涝灾害，七、八月伏旱明显。

海棠镇天然气、硫黄储量丰富，境内有川东天然气净化总厂引进分厂；石灰矿在镇内东西两山蕴藏量丰富，在千万吨以上，未大量开采，只是少部分开采用于生产片、碎石。

【经济发展】 2018年，海棠镇实现国民生产总值16.7亿元，同比2017年增长9%；财政收入2500万元，增长2.7%；固定资产投资完成1.19亿元，增长4.1%；聚商引资完成7.6亿元，增长16.5%；农村居民人均可支配收入增长9%；实现社会消费品零售总额2286万元，增长9.4%；第三产业就业人数609人，增长4.4%；批发零售商贸业商品销售总额1607万元，增长8.2%；餐饮住宿业营业额实现308万元，增长8.7%。

农村经济。2018年海棠镇粮食播种面积1600公顷；实现农业总产值4400余万元，同比2017年增长4%，粮食总产量稳定在1.1万吨以上；着力推广农业机械化，发展现代农业园区粮食核心区建设，实现机插秧收割733.33公顷，新增农业机械87台，农业机械化率超过65%，农机具购置补贴23.278万元；继续加强柑橘、沙田柚示范基地建设；推进高标准农田建设66.67公顷，蔬菜、水果、水产品、禽蛋等产量稳中有升。

农业规模化。帮助经营大户与农户签订土地流转合同，促进土地规模化经营。全年创建科技示范户118户、农业专业合作社8个、农机专业合作社1个、专业种粮大户5户，新增家庭农场6户；完成地力补贴7129户、2312403元，补贴5户种粮大户、184263元。全年植树造林133.33公顷，完成373.73公顷退耕还林检查验收工作；完成森林生态效益补偿900公顷15.2万余元；全年处理违规用火11人（次），森林防火财政投入67000元。

海棠镇把土桥工业园区作为镇域经济工作重点，围绕新型建材生产，加大聚商引资力度，推动开工企业达产增效，适度扩大生产规模。已启动第四期12.53公顷征地拆迁工作，完成房屋拆迁协议签订108户，园区内路网、管网、路灯、人行道等市政设施已经完善。年底前，已投入生产企业6家、在建企业1家，老企业5家，实现年产值10.1亿元，同比2017年增长6.9%；利润总额2亿元，增长5.3%；总计就业635人。

2018年海棠镇成立聚商选资办公室。外出洽谈企业20家（市内4家，市外16家），接待企业到工业园区海棠组团实地考察13家，推送企业与长寿工业园区管理委员会就项目合作进行深入洽谈5家，在谈项目5个，为镇域内经济发展奠定基础。

第三产业发展齐头并进。海棠镇将乡村旅游纳入乡村振兴战略规划，打造“东园西廊”（张家寨休闲生态采摘园、明月山森林康养走廊）；致力于张家古寨、白洋沟水库、天池原村规划建设，挖掘其历史、文化、旅游等方面价值，打造镇村和谐统一及一、二、三产业融合发展的现代乡村旅游新模式。

【基础设施建设】 2018年，海棠加强农村道路建设。投资1835万元完成建设“四好农村路”13.47千米、农村公路畅通工程15.8千米，完成已建成公路养护165千米，配合完成主干“四好农村路”初步设计26千米。

城镇建设实施土桥生活组团人行道整治（石桥坝段）623米、土桥生活组团及海棠场镇绿化种植行道树220棵、海棠场镇零星路面铺装650平方米、场镇道路及周围安装路灯100盏的环境改造工程。新建民防疏散基地1个，在龙凤村、清泉村确认安置户1269人。改善场镇功能，加强集镇环境卫生管理，配置垃圾运输车3辆、卫生清扫人员11名，每天对场镇进行2次清扫；聘请重庆洪恩园林物业管理公司对场镇卫生进行专业管护，坚持生活垃圾日产日清，每天清运垃圾5车次，保障海棠镇场镇干净整洁。

有序开展泵站建设规划，投资29.5万元新建小河村沼液灌溉工程，投资55.23万元完成古林村下左家河沟河道清淤、河堤修复工程及建设水库渠道整修工程，投资96.9万元完成团结水库除险加固工程，投资64万元恢复亮丘等水毁提灌站12座，完成土桥河道整治防洪工程480米；污水管网提档升级，投资2119万元新建及改建场镇污水管网14.2千米，配套建设化粪池11个，一体式泵站3个，全镇生活污水收集率由改造前不足20%提高到改造后的90%，实现主要生活区生活污水收集全覆盖。

2018年4月26日，副区长宋平一行到海棠镇调研打渔溪流域水质及污染整治项目推进情况

【社会事业】 2018年，海棠镇教育事业取得新进展。镇中心幼儿园有153名学生、16名教职工，占地面积4980平方米，校舍建筑面积2217平方米；镇中心小学校有1021名学生、71名教职工，占地面积10626平方米，校舍建筑面积9841平方米；在学校占地总面积21462平方米中，绿化面积9484平方米。小学段适龄儿童全部入学，学龄女童全部入学，入学率均为100%；海棠镇中学初升高升学率及重点中学升学率连续4年排全区农村中学第一，中小学教师教书育人负责程度在民意调查中排名居全区前列。

丰富农村群众文化生活，完成全镇9个农家书屋、18个图书外借点的标准化建设和规范管理；打造“海棠唢呐”等非物质文化遗产，“海棠唢呐”正在申报国家级非遗保护项目；成功申报“海棠打夯号子”为区级为物质文化遗产保护项目。

计划生育工作。全镇户籍人口总数3.4万余人，常住人口2.9万余人。育龄妇女5313人，全年居住人口出生161人（其中一孩97人、二孩52人、多孩12人），政策内出生155人，政策内生育率95%；户籍人口出生188人（其中一孩106人、二孩64人、多孩18人），政策内出生180人，政策内生育率95%；人口自然增长率1‰；孕优完成65对，超额完成任务。全年走访流动人口50户，为外出流动人口办证200多个，办证率100%；举办避孕节育知识培训4次，参训人员400多人（次）；免费发放避孕套900余盒。全镇122名使用药具人员全部实行知情选择，药具发放率100%，有效率100%，随访率100%。

2018年6月26日，区委常委、区委组织部部长胡建川到海棠镇慰问贫困户

海棠镇2018年新增贫困户脱贫7户、21人，未脱贫3户、4人。继续设立扶贫基金池，对未脱贫的3户每户发放2000元资金，完成2户金融扶贫小额贷款8万元；资助学生64人、14.9万元，聘用非全日制公益性岗位25人发放岗位工资17.13万元，大病医疗理赔33人、2.62万元，投入8万元购买精准扶贫保险，纳入低保兜底33户、100人，危旧房改造15户（已竣工10户）。

2018年社会救助发放904人农村低保总额3401592元、45人城镇低保247667元；救助困难群众273户，救助资金246714元；发放冬春荒补贴17万元、火灾住房救济11户、1.5万元和稻草援助16人（次）发放临时救济金计16500元。

社会保障体系日臻完善。全年征收养老保险金240余万元，新办理参保人员250余人，完成4500人的人脸指纹采集和认证工作；全镇26893人参加城乡居民医疗保险，筹资445万元，完成任务的105.6%，排名全区第四，创历史最好成绩；政府解决就业人员数量增多，全年完成新增就业人员250人，下岗失业人员再就业40人，就业困难人员就业20人，登记失业率控制在3%以内；发放创业贷款12笔120万元，为12个就业困难家庭或返乡农民工创业提供资金援助，解决30人稳定就业；发放2200余名“4050”人员征地后生活困难补助款190万元；落实“春蕾计划”“两癌”救助工作，让贫困妇女儿童受益。

【安全维稳】 2018年，海棠镇加强安全监管，执行“一岗双责”，落实安全专管人员和管理员的职责，完善安全生产制度，建立安全生产台账，做好道路交通、森林防火、城乡消防、食品药品等重点领域安全工作，彻底清查各类安全隐患。全年出动检查人员826人（次），出动检查车辆206台（次），对辖区非煤矿山、建筑工地、11个人员聚集场所、9家工贸企业、438家个体工商户、165千米乡村道路进行有效监管；全年排查出各类安全隐患81处，下发隐患整改通知书69份，年底前已经整治完成的隐患81处，整改率100%；查处交通违法行为600件，罚款4300元；检查生产经营单位219家，下达《现场检查记录》68份、《整改通知书》47份，整改安全隐患47处；检查餐饮行业28家、药品经营店3家、超市副食37家、白酒小作坊3家、学校食堂9家、医院1家、村居卫生室（含分店）9家，开展食品安全抽检行动10次，对不合格产品进行立案处罚3起，罚款7500元。

惩治犯罪和矛盾调处严格依法办事，强化村民自治，推行政务和村务公开。抓好社会治安综合治理，发放各类法律法规宣传资料2000余份，征订普法书籍50余册，现场普法宣讲受教育面3000余人；惩治各类违法犯罪分子，社会治安秩序整顿成效明显；成功调解矛盾纠纷80余件，信访维稳形势更加平稳；在场镇重点路段安装摄像头30个，配备巡逻车2辆，组建专职治安巡逻队1支、义务巡逻队9支；健全社会面立体化防控体系，推进“雪亮工程”建设，实现区、镇街综治中心与同级公安视频图像联网共享。开展扫黑除恶专项斗争，抓获作案人员22人，制止街头打架事件17件（其中群体性打架事件3件），全年群众安全感满意度98%。开展对邪教的宣传、排查和打击专项治理，全年印发反邪教的宣传资料500余份，召开各种宣讲会、培训会100余人（次），写大幅标语20幅，出反邪教专栏1期。

【党建工作】 2018年，海棠镇把好发展党员工作的各个环节，发展党员3名，党员按期转正7名。督促党员自觉参加组织生活，完成党组织交给的任务，按期按规定交纳党费，自觉接受党组织的教育和培训；利用“七一”等节日广泛开展各种活动，党员领导干部无论职务高低，都能以普通党员的身份参加组织生活，自觉接受党组织和党员的监督。（车 姗）

石堰镇

【概况】 石堰镇位于长寿区主城之北，镇址石堰场，距长寿区主城34千米。镇地域东与垫江县包家接壤，西邻葛兰镇、邻水县丰禾镇，北抵云台镇，南连龙河镇；呈长条形，东南至西北14.1千米，东北至西南约7.6千米，辖区面积107.18平方千米。镇辖20个村、1个社区、142个村（居）民组，总户数25653户，总人口62890人（其中农业人口54770人，非农业人口6662人）。土地面积9119.6公顷，其中耕地面积6217.4公顷。境内有中型水库范家桥水库、小（1）型水库三条沟水库以及小（2）型水库7座，桃花溪、打鱼溪、龙溪河等河流由北向南平行流经石堰镇东、中、西部，水资源丰富。石堰镇人民政府驻石堰镇正街165号，石堰镇机关内设12个办公室（所），2018年在职在编人员70人。

【经济发展】 2018年，石堰镇生产总值10.28亿元，比2017年增长7.2%；全年实现公共财政预算收入4729.29万元，一般公共财政预算支出4720.67万元，基金预算收入8.62万元。完成工业增加值6087万元，其中，机械制造业2182万元，建材业2659万元，电力、水力1246万元。营业收入2.65亿元，其中，工业4286万元，农业5667万元，贸易3631万元，交通运输9570万元，建筑业3362万元。农民人均年纯收入1.48万元，增长6%。社会消费品零售总额4.26亿元。全镇有企业545个（其中微企438个），2018年新增34个（其中微企0个）；有个体工商户1489家。

2018年新增农民专业合作社8个、农民家庭农场10个（农民家庭农场达到125个），有区、市级龙头企业11家。全镇水果种植面积1733.33公顷，蔬菜种植面积1200公顷，水产养殖面积200公顷，花椒种植面积166.67公顷；全年粮油产量3.7万吨、肉类总产量6429吨、奶类产量7721吨、禽蛋产量9494吨、出栏生猪5.4万头、出栏家禽70万只（其中出栏蛋鸡61.2万只）。

2018年，石堰镇继续发挥区、镇科技指导员的引领作用，每个科技指导员联系10名科技示范户做好科技推广工作，促进科技成果快速推广。病虫害防治重点巩固先进防控技术在柑橘病虫害防治上的应用，区农委组织柑橘病虫害防治社会化服务组织到木耳村开展柑橘病虫害防治，取得显著效果。位于一牛养殖场内的重庆市浙蔬农业科技发展有限公司利用牛尿加秸秆加微生物发酵的方式生产有机肥供不应求，该公司将理论研究运用于实践，取得社会、经济效益。全镇柑橘高接换种、特色蔬菜种植、特色家禽养殖、沼气沼渣利用等领域的科技成果得到巩固。

2018年12月，石堰镇完成500平方米食用菌大棚项目场地平整工作

【基础设施建设】 2018年，石堰镇完成海

天村农网改造工作，完成兴隆、新滩、新寨和朝阳4个村高压线改造，完成工业大道和石沙路改造的电力线路查勘，完成将新滩村3组彭家塘、10千伏云石线、10千伏葛堰线大修查勘纳入2019年改造储备库工作。

获得区交委下达2018年“四好”农村公路建设计划51.17千米，投资规模3300万元，涉及13个行政村，各项目已陆续进场施工20千米。启动石堰至义和、青云、龙河等骨干道路规划设计等前期工作，启动X639石沙路石安至兴隆场段公路改造项目；配合工业园区完成全线土地清丈调整，完成部分路段基础及水稳层铺设；11月正式启动渝宜高速石堰互通立交项目征地拆迁工作，完成土地征收11.33公顷。

投入120万元，陆续对石堰健身广场周边环境及公园健身步道等进行完善，逐步配套照明、给排水、景观绿化等周边设施；投资300万元，完成石堰、兴隆、义和场镇及普子老场路灯安装226盏，更换节能灯头40个，规范安装场镇门头3360平方米、安装公交站台4个、设置路灯宣传道旗200块；完成兴隆场停车场及农贸市场、义和场基础设施改造、石堰场镇基础设施改造等项目规划设计等前期工作；完善规划总投资300万元、建筑面积800平方米涵盖室内健身、民政功能等的石兴社区健身活动中心项目；完成投资300万元的石堰镇二级消防专项建设规划设计；启动投资2800万元的移民资金项目；维修下水道管网堵塞4处，维修或更换水篦子42处、井盖19处，提升场镇整洁文明的形象。

2018年，完成2017年高庙村和朝阳村建设高标准农田733.33公顷，项目资金1400万；石安村、新滩村、兴隆村高标准农田建设项目已全面启动，项目投资1800万元。整治完成电力提灌站1座，铺设输水管道2.4千米，完成人饮管网改造6.3千米；石安村、新滩村2个公共服务中心已竣工并交付使用，硬化公路1.3千米，整治田间排洪渠3条915米，硬化活动院坝1534平方米，硬化人行便道5千米。全镇涉及秸秆还田1666.67公顷，良种种植面积100%；新建测土配方站1个。完成义务植树5.3万株。完成全镇松材线虫疫木除治及农户松材清理工作，年内秋季普查疫木数量下降50%；完成干坝村主干道云大路大石盘至白龙洞段6000米长公路两边绿化，完成一条街、盐井沟等9条乡村道路两边850米长绿化，以及村委会村民房前屋后闲置地绿化。

投入25万元，聘请6名河道专职保洁员对桃花溪、打鱼溪、龙溪河3条次级河流实行长效清漂；统一组织6人对三条沟饮用水源岸边生活垃圾及水面漂浮物进行集中清理，清理垃圾36吨；依法依规对新建养殖场进行审核，对违规复养的养殖场零容忍，限期关闭11家违规复养养殖场，要求停止修建5家违规改扩建养殖场，有效巩固畜禽养殖污染整治成果，处罚违法排污行为养殖场3次，处罚金额23万元；将已有45个垃圾桶全部分发到各村组，与129名非全日制公益性岗位人员重新签订转运垃圾保洁协议，“户集、村收、镇运、区处理”的处理模式运转良好。

【社会事业】 2018年，石堰镇拥有1所普通中学，在校学生1235人，毕业人数383人，初中升高中升学率77%；在重点中学指标到校考试中，上市级重点中学人数184人，完成率和绝对人数均居区内街镇中学第一。有小学6所，在校学生1542人，小学升初中425人，升学率99.9%。

基础设施不断完善的石堰镇石兴广场

建立健全各项管理制度，搬迁镇图书室至石兴广场文体活动中心且重新规范编码上架；完成“石堰健身广场”设施设备配套配置工作，完成19个村篮球健身场地建设；组织培训体育指导员21名；团体健身队伍进一步壮大，以自娱自乐为出发点，以“健体促和谐”为中心组建石堰坝坝舞队伍4支，健身舞活动人员达到1200余人。重新组建10支文艺队伍。“义和锣鼓”“石堰荷叶”“海棠唢呐”获市级非物质文化遗产项目；在“六一”“七一”“十一”节开展免费放电影周活动，给21个村（居）送图书3944册。不可移动文物消失6处，尚存70处；镇内“戴氏祠”“大雄寺”“经幢塔”3处文物被列为区级文物保护单位，“戴氏祠”区级文物点年内已纳入市级古建筑民居重点建设规划。全年改数字网络用户950余户。

石堰镇有医疗单位42个（含个体5个）、病床数80张（含沙石卫生院）、卫生人员122人（其中医院72人，村卫生室50人）。年内办理新参加城乡居民医疗保险653人（其中新生儿123人），医保改档48人；办理以个人身份参加职工医疗保险162人；办理特病卡278人（次）（其中已发放264人）。办理新制社会保障卡1126人，补换社会保障卡905张。2019年度城乡合作医疗保险筹资工作正在进行中，截至年底前参保4.15万人。

在爱国卫生运动66周年纪念及第30个爱国卫生月之际，开展爱国卫生宣传活动；制定改厕方案，目标改厕任务数为310户，实际施工353户。全年新增国家部分计划生育家庭奖励扶助185人，独生子女父母一次性奖励390人；2018年户籍出生人口含往年补报出生421人（其中政策内生育421人，违法生育0人），符合政策生育率100%；死亡人口464人；常住人口含往年补报出生386人，其中政策内生育386人，违法生育0人，死亡人数401人，符合政策生育率100%；登记办理一孩生育服务证171人，登记办理二孩生育服务证130人，登记办理再生育服务证23人，办理独生子女父母光荣证155人，办理流动人口婚育证明21人。

农民人均纯收入由1.26万元增长到1.4万元，年均增长11%，农村居民人均住房面积30平方米。

2018年，石堰镇组织1场大型招聘会，签订意向性用工合同308人（次）；向区就业局申报320个非全日制公益性岗位、36个全日制公益性岗位，办理345人的创业失业证；帮助就业困难退伍军人、就业困难离校大学生、参战退伍军人、就业困难残疾人员、其他困难群体人员95人实现就业，城镇新增就业430人，全镇失业率控制在3.2%以内。

办理城乡居民养老保险新参保289人；办理第二十六、二十七批农转非社会养老保险25人；办理领取养老待遇人员指纹及人脸图像采集工作，新采集525人，采集1.53万人；办理2018年被征地农转非大龄人员生活困难补助2716人。受理112人（次）农村小额人身保险和“孝老安康工程”保险的理赔资料。

2018年，石堰镇新增城乡低保户141户，全镇有农村低保869户、1411人，全年发放低保金548.18万元；城镇低保有50户、73人，全年发放低保金45.47万元。全镇有特困人员470人，发放特困人员资金411.62万元；新申请办理特困人员32人。2018年投入5万余元对石堰、沙石2所敬老院的走道护栏、窗户护栏、楼顶彩钢棚等安全隐患进行全面整改。全年救助困难群众578户，发放临时救助资金60万余元。

2018年，石堰镇已脱贫户623户、1621人，未脱贫户5户、10人，返贫户1户、5人，新增贫困对象1户、2人。年初自筹资金4万元对有种植意愿的贫困户发放化肥103户20吨；自筹资金6万元为扶贫户购买健康扶贫保险；给予住院贫困户100元/天护理费补贴，兑付21人（次）、1.76万元护理补贴；全年为21贫困户发放鸡苗1000只；对23名贫困留守儿童给予捐资助学。完成干坝村80万元的“一村一品”设计，修建食用菌大棚5000平方米。完成2017年危房改造18户，补助42.25万元（C级7户、D级11户）；启动2018年D级危房改造126户。

完成民兵整组，组织民兵参加区武装部集训和民兵骨干训练；完成兵役登记，适龄青年兵役登记率100%。完成2018年征兵工作。

【安全维稳】 2018年，石堰镇以“发展决不能以牺牲安全为代价”的“红线”意识和底线思维，坚持安全第一、预防为主、综合治理的方针，持续开展“打非治违”、安全生产大排查大整治大执法等各类专项行动；开展“安全生产月”宣传活动，遏制重特大事故，减少一般事故；年内全镇开展安全生产执法检查700余次，出动执法人员1500余人（次），处理违法行为700余起，罚款0.8万余元；排查各类安全隐患15个，整改完成12个，投入安全整治经费7万余元，对麒麟、普子、雨台、石兴、木耳、大塘、义和等7个村

（居）15个危险路段进行整治，安装减速带60米，护栏83.5米，警示标识标牌50个，砌阻断墙1个；开展安全培训7次，开展大小型宣传活动4次，开展消防应急疏散演练10次。全年未发生安全生产责任事故，实现安全生产“零”死亡的目标。

出台《进一步规范信访问题接访化解机制的规定》，强化事权部门和各村居的信访问题化解责任；出台《信访积案攻坚行动方案》建立信访问题化解机制，排查出信访积案40件，化解信访积案12件；走访群众5235户，走访2.35万人（次），办理各类转办、交办和自录信访案件258件，办结254件，办结率98%。加强重点地区社会治安专项整治，强化社会治安巡逻防控，接警和处警857起，比2017年增长2.1%；立刑事案件50件，下降21.8%；破获刑事案件13件；受理查处治安案件80件，上升9.3%；治安案件查结80件，查结率97.5%；全年破获毒品案件2件，强制隔离戒毒3人，责令社区戒毒1人，执行社区戒毒康复21人，在控率和执行率100%。

【党建工作】 2018年，石堰镇推进“两学一做”学习教育常态化制度化工作。组织镇全体机关干部集中学习10余次，中心组学习12次，班子成员带头上党课21次；重新学习党章，重点学习中共十九大精神，习近平新时代中国特色社会主义思想，全国、全市、全区组织工作会会议精神；民主生活会收集到对全镇工作的建议20条，对领导班子的建议10条，对领导的个人建议26条，查摆问题119条，提出整改措施130条，班子成员间提出意见76条；建立工作台账，逐条明确整改要求，落实整改措施。

基层党组织建设落实40年以上党龄老党员生活补贴，发放436名老党员补贴58.97万元；结合春节、“七一”等节日走访慰问贫困党员328人，发放慰问金7.82万元；发放离任村干部440人补贴4.4万元。发现党建资料方面问题38个，村务党务公开不规范20处，群工系统维护较差的村10个，无人值班值守现象4起，召开党务工作会对以上问题以及相应的村居进行通报；开展党务工作业务培训，对群工系统、远程教育系统、12371党员管理系统操作以及党建资料准备等多项工作进行专题培训。

加强党风廉政建设，全年追缴各类违规资金17.5万元，约谈镇村干部24人，给予组织处理23人。针对年初巡察组对石堰镇机关工会提出的整改意见，清退工会组织春游秋游人员涉及的违规资金3.7万元；清理和收缴2012—2017年间的机关工会会费4.53万元。清退超额发放的信访津贴及各项补助8.77万元。清退渝万铁路的征地拆迁安置补偿工作、黎明小学迁建征地补偿安置和对公（廉）租房补助资金6.91万元。专项整治清退扶贫生活费及扶贫补助款1.6万元，党纪处分2人、诫勉谈话1人、通报批评3人。全年督查作风建设84次，公车检查8次，大吃大喝检查21次。

（李慧玲）

洪湖镇

【概况】 洪湖镇位于长寿区西部，地处长寿、渝北、四川邻水三区（县）交界处，距长寿主城38千米，重庆主城65千米，四川邻水主城41千米，是长、渝、邻边际地区政治、文化、商贸集散的中心重镇。全镇辖区面积103.65平方千米，是全区第五大镇。辖14个村、1个社区、108个村民小组，全镇14126户，人口39439人。镇内有一湖（大洪湖）、两河（水碾河、御临河），耕地面积1866.67公顷，森林面积4586.67公顷，是全区林业大镇；大洪湖水域面积200余公顷。

【经济发展】 2018年，洪湖镇努力营造投资环境，加大协调服务力度，经济稳步增长，经济运行稳中有进。全镇地区生产总值（GDP）实现119142万元，比2017年增长12.7%；工业增加值完成26703万元，增长11.7%；非规模全社会固定资产投资额13857万元，增长16.5%；社会消费品销售总额42056万元，增长18%。农民人均可支配收入实现14500元。有中小民营企业117家，个体工商户756户。2018年新发展农业公司1家、农民专业合作社13家，家庭农场6家；全镇已发展农业公司9个、农民专业合作社33个、家庭农场35户、种养业大户137户和区级龙头企业3个。

【基础设施建设】 2017年，洪湖镇完成14个村级公共服务项目建设；投资133万建设水渠2.8千米，新修饮水池1口，人行便道21.6千米；

投入20万元对23.1千米农村道路进行养护；投资30余万元，整治称雷路塌方点；投资100万元硬化三合、称沱等村5.7千米机耕道；投资500余万元实施13个移民避险解困基础设施项目；投资60余万元，完成普兴村堡上湾不稳定斜坡地灾点治理和历史遗留煤矿老王沟、方尾沟、峰子岩损毁地综合利用项目；投资650万元启动梯子村新增耕地24公顷的土地整治项目；投入300万元完成灾毁地复垦，恢复耕地10公顷。投入150余万元在码头村设置不停车超限检测系统；筹资47.56万元对洪湖、三合、称沱3个场镇实施垃圾清运和日常保洁；筹资21万元，添置垃圾车2辆、垃圾箱10个、垃圾桶20个；投资30余万元对场镇老街进行整治；筹资2.5万元疏通场镇雨水管道100米；投入1.2万元更换场镇窨井盖和清理沿街墙面乱贴乱画；完成洪湖老街污水管网设计工作。

加大生态建设投入和保护力度，投入93万元除治松材线虫病树16943株；投入25万元添置防火设施，杜绝森林火灾发生，2018年接森林火警3起，行政处罚3人、行政警告2人；加强生态公益林保护与建设，启动2018年新一轮退耕还林66.67公顷，在普兴村栽植13.93公顷蜂糖李和52.73公顷红肉蜜柚，全面提升洪湖林业生态价值与服务功能。加强洪湖水资源保护，建立区域与流域相结合，以镇、村两级“河长”为“河长制”体系，确立镇级总河长、河段长、村专管员工作机制，对大洪湖、水碾河、御临河等17条河沿岸和水体加大保护和整治力度。

【社会事业】 2018年，洪湖镇开展各类文艺活动6场、体育活动2场，出黑板报6期，辅导村级文体活动2次，组织开展各种宣传活动4次。在“拥抱新时代，共筑中国梦”2018年长寿区社区文化节活动中获得广场舞比赛一等奖，才艺比拼比赛三等奖，歌咏会比赛三等奖；在长寿区第二届运动会，获成年组象棋第三名，成年乒乓球女子组第二名，成年组钓鱼比赛第一名；在“美好新时代·文化润家园”第八届长寿区街镇文艺会演获得优秀奖；参加“欢跃四季·舞动中国”全国广场舞蹈展演活动重庆第三片区展演活动获“优秀组织奖”；承办“喜庆十九大·共圆中国梦”2018元旦庆祝活动、2017年摄影年会暨《美丽乡村·大美洪湖》创作活动、“美丽洪湖·香约有你”2018年长寿区街镇第十二届老年人文体展示洪湖颂活动。在文明长寿2018年历次考核中，均位列所在镇组前列。

在2018年春招区市级重点高中指标到校考试中，大洪河中学被录取学生60人，指标完成率为180%，居长寿区乡镇中学第二。

做好全镇五保、优抚、城乡低保、定期定量救济对象及孤儿等民政对象基础工作，将五保金、优待金、低保金、定救金、生活补助金等1151.7万元足额发放到位，确保无遗漏。春节、“八一”等重要节日，召开退役军人座谈会；完成811名退役军人信息采集和录入工作。大中型水库移民避险解困工作已完成，落实安置1077户、1765人。完成3.47万人医保筹资477万元；2018年社保扩面征缴160万元；为11名城镇失业人员办理失业登记，申领发放失业金15人（次），“灵活就业”14人补贴48711元。

开展公共卫生知识、生殖健康知识、计生政策宣传，为112户因病致贫返贫贫困户建立贫困户健康扶贫档案，为38599人签约家庭医生服务。对167名精神病患者重新进行分类，制订专门的工作方案，重点监管有暴力倾向和对社会可能有危害的30名患者。加强育龄妇女生殖健康服务，组织乳腺癌筛查参检563人、宫颈癌筛查参检822人；孕优筛查57对114人，办理生育服务证177例，出具婚育证明62例。2018年确认国家奖扶73人，独生子女父母一次性奖励106人。

截至2018年12月底，洪湖镇有建档立卡贫困户380户、1142人，占总人口的2.92%。全镇扶贫工作以“1+2+3”扶贫攻坚工作方案为指导，坚持以点带面、整体推进工作思路，开展现金慰问、购送农资、危房改造、技术指导、职业培训、联系就业、助学补贴、大病补助、兜底扶贫等精准帮扶，因地制宜发展蔬菜、果树、苗木种植，牲畜、家禽、水产养殖等产业，做到“产业发展与技术指导相结合、危旧房改建与就业扶持相结合、雨露计划与就业培训相结合、大病救助与医疗保险相结合”的“四个结合”帮扶措施，做好372户、1123人“越线”脱贫贫困户的继续帮扶工作和未脱贫户8户、19人的脱贫工作，实现贫困群众“两不愁、三保障”。

【安全维稳】 2018年，洪湖镇将安全生产工作纳入政府工作的重要议事日程，按照“党政同责，一岗双责”要求，层层分解责任；强化落实单位主体责任，与14个村委会、1个居委会以及相关企业和从业人员签订安全生产工作目标管理责任书，形成全覆盖、无死角的安全工作体系；坚持每半月召开一次党政班子成员会，每季度召开一次安委联席会，研究和部署安全生产工作；对辖区内关闭煤矿进行巡查18次，未发现异常。

做好信访稳定工作，坚持领导信访接待日制度和预约接待制度，坚持信访工作联席会议制度，落实领导包案制度；按照“属地管理、分级负责，谁主管、谁负责”的原则，把稳定工作纳入年度工作目标责任制考核之中，确保“五个坚决防止”。开展扫黑除恶行动，抓好普法教育，加大禁毒、社区矫正和社区戒毒工作；发挥人民调解“第一道防线”作用，预防和化解社会矛盾纠纷35件，化解突出问题2件，正在化解1件。

基层组织建设不断加强，便民服务中心推行全年无休代办制度，全面推进“三进村”，深化群工系统推广应用，实现100%全覆盖，办结率和满意率均为100%；投入资金50余万元规范标识标牌和村（居）务公开栏，新建服务平台4个；继续实施优秀本土人才计划，推进互联网等信息技术在基层党建中得以有效运用；严格党员管理，利用区级留存党费走访慰问186人（次），发放慰问金4.72万元；推进后进支部整顿工作，下派镇干部为第一书记；协调整改资金30余万元改建便民服务大厅。

党风廉政建设全面履行“两个责任清单”，开展谈话32人（次），立案审查3人，给予2人党内严重警告处分、1人党内警告处分；年内播放廉政警示教育片3次，传达廉政警示教育案例20余次，建立洪湖镇施工单位资源库和中介机构资源库，从制度和源头上预防腐败发生。

（郭永乐）

万顺镇

【概况】 万顺镇位于明月山西部与渝北铜锣山东部之间的大洪湖畔，生态良好，环境优美，风光秀丽。万顺镇距长寿主城42千米，地处长寿城区、渝北城区、邻水县城“一小时经济圈”的“金三角”区域。全镇辖区面积57平方千米，辖8个行政村，71个村民小组；2018年总人口29224人，城镇人口1823人。全镇支柱产业为农业种植业和水产养殖业，粮食作物主要有水稻、玉米、甘薯，经济作物主要有水产、畜禽、柑橘、油菜；辖区有水库7座、山塘64口，大洪湖岛屿80余个、轮渡码头10个，水域面积1133.33公顷，占大洪湖长寿段总水面的90%。万顺镇既是长寿宜居的“后花园”，也是全区举足轻重的鱼米之乡，重庆市重要的淡水鱼类养殖基地。

万顺镇特色水果种植基地

【经济发展】 2018年，万顺镇财政预算总收入2545万元，比2017年同期增长4.8%；其中一般预算收入2492万元，增长8%，基金收入52.99万元，上年结余收入15.5万元。财政预算支出2589万元，增长3%。

产业结构转优化升级。2018年全镇粮食产量1.1万吨；出栏生猪1.89万头，存栏蛋鸡9万只，出栏肉鸡6.88万只，禽蛋产量890吨；开展春秋重大动物疫病防控工作，落实防控非洲猪瘟各项措施，全年免疫生猪2.15万头、牛420头、羊175只、家禽36万只，全镇清净无疫。特色水产养殖1333.33公顷，认证有机品牌9个，42个浮式低碳高效池塘循环流水养鱼槽，年产量60万千克。中药材87公顷，年产值2000余万元。以洲晨农业公司为经营主体，村集体主导、村民房屋资产入股参与的东篱田园民宿项目取得重大进展。市场主体不断增多和壮大，2018年有个体工商户533户，农业专业合作社19个，企业212个。

（旅游开发详见《旅游业》类目《大洪湖生态旅游开发》分目）

【基础设施建设】 2018年，万顺镇开展农村人居环境整治，建成2643米人行便道、3千米污水管网，完成新农贸市场改造，新建厕所1座。启动东风村村域增减挂钩土地复垦，盘活闲置土地0.7公顷。清运52个垃圾收运点和150个滚动垃圾桶垃圾，改善农村环境卫生。完成万花村盖基洞风貌整治设计和招标，进入实施阶段。新建农房271户，其中D级危房改造40户，加大“大棚房”和违法建筑排查整治，拆除违法建筑17起895平方米。

道路交通建设规划公路建设里程32.28千米，完成石龙村2016年畅通工程项目公路硬化4.61千米。在建石龙村新天路、白合村白二路、白合村陈曾路等3条公路8.15千米。开工白合村、四重村、万花村、院子村等通组公路11.4千米。设计万顺村千崖路、石龙村通组公路、东风村通组公路、垭口村通组公路等4个项目8.12千米。建成“一事一议”人行便道8.9千米、村级公路1.5千米。

实施水利项目建设，安装饮用水管17千米，受益人数13800余人。完成9个人饮项目、11个后扶遗留项目竣工验收。整治山坪塘53口、提灌站11座，新建提灌站4座，硬化公路1.2千米，维修渠道11千米。年底前在建项目17个，其中年度后扶项目7个，移民避险解困配套基础设施建设项目10个；即将竣工验收项目5个，待招投标项目3个，纳入2019年“十三五”计划项目2个。

生态保护严守耕地红线和生态红线，查处违法开采矿山石材1起、违法占地建房1起、违法占地筑坝3起，完成2018年第一批卫片执法12宗违法用地图斑的整改。松材线虫病材林间除治全面完成并通过验收；协助第三方完成退耕还林现场勘踏验收，开展森林资源检查，查处乱占用林地案件10件。禁止采用网箱及投放化肥、粪便、动物源性饲料等污染水体的方式从事水产养殖；完成5个集中式饮用水源规范化建设，依法取缔大洪湖深水凼一级饮用水源1000米范围内的毛狗滩渡口；开展大洪湖集中清漂，大洪湖消落带66.67公顷荒山造林项目实施顺利。

万顺镇浮式低碳循环流水养鱼

落实河（库）长制，建立河库日常监管巡查制度，排查监测河流、水库存在问题及治理改善情况。科学落实“一河一策”“一库一策”实施方案，广泛宣传，动员群众争做河长制工作的支持者、参与者和监督者。

规范畜禽养殖，建成年出栏5000余头商品猪标准化示范场，巩固畜禽养殖污染整治成效，巡查畜禽养殖场（户）200余场（次），规范整治养殖场（户）12家，拆除违建养殖场2家，无畜禽养殖污染行为发生。

【社会事业】 万顺中学在2018级市级重点中学春招考试中，再次取得好成绩，101名毕业生中，有53人被市级重点中学录取，超额完成25人春招指标，位列长寿区前列。

推动文化发展。万顺镇开展“十大乡贤”“十大孝星”“十大文明家庭”“重庆好人”评选，1个家庭获评长寿区“十大文明家庭”，1人入选长寿区“十大乡贤”，1人入选长寿区“十大孝星”。开展文明创建，万顺村成功创建为长寿区文明村；指导8个村完善村规民约，在万顺村首次实施美丽乡村社工服务项目并取得良好效果，万顺镇协助区残联在该镇成功举办长寿区第二十八次全国助残日活动。建成万顺村残疾人文体活动室；丰富文化活动，在长寿区第二届社区文化节及长寿区第二届运动会中获得佳绩；成功举办“拥抱新时代，共筑中国梦暨庆祝中国共产党成立97周年文艺会演”活动及重庆市大型水产科普宣传系列活动。

抓好卫生计生工作。万顺镇2018年新增计生奖扶对象23人，新增特扶对象4人；办理生育登记120个，再生育审批11对；建立基层计生协会组织。加强严重精神障碍患者管理服务工作，完成农村育龄妇女免费“两癌”筛查。

落实民政救助。万顺镇投资17万余元对敬老院、五保家园进行整修，建成垭口村幸福院。开展困难群众救助、大病医疗及临时救助21.1万元，重症患者慈善救助1.4万元。参加“惠民济困保”885人，全年理赔59人（次），获赔6万余元。实施贫困残疾人危旧房改造8户，补助12.8万元；发放残疾人补贴19万余元、辅具64套。

做好社会保障工作。2018年全镇有城市低保28户37人，农村低保224户、409人；居民养老保险参保18621人，医疗保险参保22156人。年内举办招聘会2场，提供就业岗位510个，达成就业意向76人。落实菜篮子补贴388人。新办社会保障卡758张，补换卡673张。

实施脱贫攻坚。为全镇275户扶贫户购买精准脱贫保险，帮扶8户建档立卡贫困户规划切合实际的产业发展项目，走访慰问275户建档立卡贫困户；为18人提供非全日制公益性岗位，为50户扶贫户提供就地就业岗位，为45名建档立卡贫困人员提供实用技术培训。通过“雨露工程”资助贫困大学生5人。

完成大中型水库移民避险解困安置3702人，解决移民的实际困难；利用统筹项目资金规划农村基础设施项目10个，投资额928.29万元。

【安全维稳】 2018年，万顺镇实施综合监管和执法，实行安全生产“属地管理、一岗双责、谁主管谁负责”制度机制，抓好道路交通、水上交通、农机渔具、建筑施工、烟花爆竹、用火用电、防汛抗旱、护林防火、沼气、食药品、危化品等方面的安全工作。对不符合安全经营条件的7处烟花爆竹经营点进行重新选址。落实20余万元整改资金对14处断头路、临水临崖路段设置隔离栏；全年开展交安专项行动30余次，开展道路联合执法20余次，联合港航处联合执法13次，开展水上交通执法行动30余次，对排查出的隐患逐个建立台账，做到责任领导、责任人和整改措施等“五落实”。

排查化解矛盾纠纷，完善机制，分析研判信访稳定形势，整合综治、司法、信访等力量，第一时间、第一地点做好初始矛盾和信访问题的化解处理工作，重点是对突发事件、重点人头、重点群体，做好思想疏导和维稳工作。全年调解群众纠纷50余起，办理信访案件63件，录入领导干部接访下访98件，群众满意率100%。对24名三级以上严重精神障碍患者，建立“五包一”责任体系，与其监护人签订肇事肇祸精神病患者监护协议，确保减少肇事肇祸事件发生。

全年组织开展扫黑除恶专项斗争、反邪教知识、禁毒知识、打击非法集资等宣传活动13次，LED电子屏幕滚动播放相关知识5000余次，发放宣传材料3万余份，张贴宣传画报800余张，提高广大干群“维护治安、人人有责”的思想认识。

实施“雪亮”工程，以社会化、网络化、信息化为重点，整合社会各类视频监控资源，构建多级联网的视频监控系统，整合万顺镇政府、万顺敬老院、水厂监控镜头50个，整合辖区重要路口及背街小巷监控镜头16个，其中年内新增监控38个。

2018年3月15日，区委书记赵世庆、区长巴川江等到万顺镇调研

【党建工作】 2018年，万顺镇坚持以党的政治建设为统领抓学习，党委中心组带头每月集中学习一次，始终坚持用习近平新时代中国特色社会主义思想武装头脑，贯彻落实党中央决策部署，形成践行“三个确保”的良好政治氛围和高度自觉。履行党委主体责任，督促落实班子成员履行“一岗双责”，推动纪律检查体制和国家监察体制改革持续深化，领导和支持执纪执法机关查处违纪违法

问题。强化干部队伍建设，年内提拔机关优秀干部4名；督促指导各党支部书记履行第一责任人责任，对在脱贫攻坚中履职不合格的白合村支部书记进行诫勉谈话；调整村四职干部3名、本土人才4名，培养党员3名、后备村干部32名。

抓好基层组织建设，组织召开党建工作专题安排部署会10次，到各村开展两委换届前调研考察8次；落实民主集中制各项制度，规范“三会一课”等组织生活制度，固定每月20日为支部主题党日；运用群工系统，投入30万元更新规范8个村便民服务中心建设，严格落实村干部值班值守。抓万顺村整顿提升，修改完善《党员设岗定责承诺制度》《村级财务管理制度》《村干部值班制度》等6项制度；硬化村级公路1.2千米、便民道1.5千米。试点财政补助资金入股企业分红发展村集体经济。

加强党风廉政建设，全年受理违纪违法举报18件，调查了结回复16件，处理党员干部5人。注重立规执纪和建章立制，完善“三公”经费支出监督制度、公车管理使用制度、收送红包监督举报制度、大吃大喝监督举报制度、违规发放津补贴监督举报制度等制度。把学习贯彻《关于新形势下党内政治生活的若干准则》《中国共产党廉洁自律准则》等党内法规及《习近平关于党风廉政建设和反腐败斗争论述摘编》作为党风廉政建设教育培训主要内容，自省自励，修正三观，提升党性修养。年内组织镇村干部参加警示教育2次，集中培训村干部2次，约谈党员干部32人（次），廉政提醒47人（次），处理党员干部5人。

（陶　亮）

长寿区但渡镇计生特扶家庭座谈会

人 物

- 重庆市人大代表、政协委员
- 先进模范人物
- 2018年长寿区新评高级专业技术职称人员
- 专家人物
- 文艺人物
- 人物传略
- 长寿老人

人 物

重庆市人大代表、政协委员

表49　2018年长寿区选举的重庆市第五届人民代表大会代表

姓　名	性别	民族	政治面貌	文化程度	工作单位及职务
丰　强	男	汉族	中共	研究生	国网重庆长寿供电公司总经理、党委副书记
邓永春	男	汉族	中共	本科	重庆市长寿区凤城街道党工委书记
巴川江	男	蒙古族	中共	研究生	重庆市长寿区委副书记、区政府党组书记、区长，长寿经开区党工委书记、管委会主任（兼）
甘秉洪	男	汉族	中共	本科	重庆市长寿川维中学校党总支书记、校长
杨　洪	女	汉族	群众	本科	重庆市长寿区总商会副会长，重庆梦红商贸有限公司董事长
李　佳	女	汉族	民进	研究生	重庆市长寿区司法局副局长
李仁生	男	汉族	中共	本科	重庆钢铁股份有限公司副总经理
李兴华	男	汉族	群众	研究生	攀华集团有限公司董事长、重庆攀华实业有限公司董事长、重庆胖胖狗供应链管理有限公司董事长
李鑫萍	女	汉族	中共	本科	重庆市长寿区晏家街道办事处育才路社区党委书记
何镇初	男	汉族	无党派	研究生	北斗民用战略新兴产业研究院院长、北斗科技集团董事长、北斗七星集团董事长、北斗地网集团董事长、北斗物联网技术有限公司董事长
张明生	男	汉族	中共	本科	重庆市长寿区人大常委会党组书记、主任
张昌红	女	汉族	农工党	本科	重庆市长寿区副区长，农工党区委副主委
张宗清	男	汉族	中共	研究生	重庆市质量技术监督局党组书记、局长
胡继明	男	汉族	民革	研究生	民革中央委员、重庆市委会副主委，重庆广播电视大学（重庆工商职业学院）副校（院）长
赵世庆	男	汉族	中共	本科	中共重庆市长寿区委书记
郭　蓉	女	汉族	民革	本科	重庆市长寿区民政局副局长
高　杰	女	汉族	中共	大专	重庆市长寿区石堰镇新寨村党支部书记
龚致平	男	汉族	中共	研究生	重庆市长寿区中医院党委书记、院长

续表 49

姓　名	性别	民族	政治面貌	文化程度	工作单位及职务
董长明	男	汉族	九三学社	本科	重庆市长寿区人民医院疼痛科主任、麻醉科副主任，九三学社区委副主委
蒋发平	男	汉族	中共	研究生	重庆市长寿区发展和改革委员会党组书记、主任
廖　科	男	汉族	群众	本科	重庆卡贝乐化工有限责任公司装备部仪表组副经理
谭　伟	男	汉族	中共	研究生	重庆市长寿区委常委、纪委书记，区监察委员会主任

（摘自长人文〔2018〕1号）

表 50　**2018 年长寿区选举的政协重庆市第五届委员会委员**

姓　名	性别	政治面貌	界别	市政协专委会及职务	工作单位及职务
张　华	男	中共	特邀	联络委员会副主任	政协重庆市长寿区第十五届委员会主席
何以龙	男	中共	特邀	人口资源环境建设委员会委员	中共重庆市长寿区委常委、统战部部长
霍家勤	女	民进	民进	科教文卫体委员会委员	重庆市长寿区人大常委会副主任、民进长寿区委主委
王永全	男	民革	民革	民族宗教委员会委员	政协重庆市长寿区第十五届委员会副主席、民革长寿区委主委
陈志洪	男	无党派	无党派人士	学习及文史委员会常委	政协重庆市长寿区第十五届委员会副主席、长寿区知联会会长
陈　红	女	九三学社	科学技术	社会和法制委员会委员	政协重庆市长寿区第十五届委员会副主席、九三学社长寿区委主委
孔庆明	男	农工党	农工党	人口资源环境建设委员会委员	重庆市长寿区人大常委会城环工委主任、农工党长寿区委主委
谭静波	男	民革	医药卫生	人口资源环境建设委员会委员	重庆市长寿区卫计委主任、民革长寿区委副主委
许　毅	男	中共	经济	人口资源环境建设委员会常委副主任	中国石化集团重庆川维化工有限公司执行董事兼总经理、党委副书记
杨泽民	男	群众	科学技术	科教文卫体委员会委员	重庆市长寿区工商联副主席、重庆望变电气（集团）股份有限公司总裁
杨华翰	男	群众	特邀	港澳台侨和外事委员会委员	香港香江国际集团执行董事

（政协重庆市长寿区委员会办公室提供）

先进模范人物

表51　2018年长寿区获市级以上表彰先进个人

获奖项目	获奖者姓名	获奖者性别	获奖者工作单位及职务	授奖单位	授奖时间
2018中国化工园管理者改革创新贡献奖	冉洪	男	长寿经开区管委会副主任	中国石油和化学工业联合会	2018年5月
九三学社先进个人	陈红	女	长寿区政协副主席、九三学社长寿区委员会主任委员	九三学社中央委员会	2018年12月
2018年全国人民调解工作先进个人	杨松柏	男	长寿区司法局基层科科长	司法部	2018年5月
2018年全国模范司法所长	代善银	男	长寿区双龙司法所所长	司法部	2019年1月
中国好人	高培	男	长寿区棋类协会会长	中央文明办	2018年12月
2017年全国生育状况抽样调查优秀个人	韦爱群	女	长寿区卫计委人口监测与家庭发展科科长	国家卫生健康委员会	2018年6月
第十一届全国“五好家庭”	席治德	男	长寿区长寿湖镇紫竹村村民	中华全国妇女联合会	2018年5月
全国“最美家庭”	罗玉如	女	长寿区晏家街道查家湾迎宾路居民	中华全国妇女联合会	2018年5月
第七届中国侨界贡献奖一等奖	宋永端	男	重庆大学自动化学院教授、长寿区侨联海外顾问	中国全国归国华侨联合会	2018年6月
第二届全国检察机关刑事执行检察业务竞赛“业务能手”	张力川	男	长寿区人民检察院干警	最高人民检察院	2018年9月
重庆五一劳动奖章	胡刚	男	重庆金维实业有限公司班长	重庆市总工会	2018年4月
重庆五一劳动奖章	李俊兰	女	长寿区第三人民医院内科主任	重庆市总工会	2018年4月
重庆五一劳动奖章	张应琴	女	重庆佳维有限公司大班长	重庆市总工会	2018年4月

（重庆市长寿区总工会、区妇女联合会及有关单位提供）

重庆市长寿区 2017—2018 年度 贡献突出民营企业家、个体工商户和新型农业经营主体

贡献突出民营企业家

杨泽民	重庆望变电气（集团）股份有限公司董事长
李乾华	重庆市映天辉氯碱化工有限公司董事长
刘继东	重庆昊翔纸制品有限公司董事长
胡云翔	重庆鑫富化工有限公司董事长
吕志久	重庆华维实业有限责任公司董事长
文　泉	重庆双驰门窗有限公司董事长
张永红	重庆家由来家具有限公司董事长
袁昌勇	重庆华硕建设有限公司董事长
王　芳（女）	重庆立人达控股集团有限公司长寿金凤山大酒店总经理
陈舰崑	重庆市长寿区老陈菜农业综合开发有限公司董事长
宋远标	重庆市远恒佳教育管理有限公司法人代表

贡献突出个体工商户

廖姜雨	重庆市长寿区晟安达钢结构加工厂
黎孝鸿	长寿区长寿湖镇笑红餐馆
王治国	长寿区美味源食材经营部
黄建均	长寿区邻封镇东玲酒厂
黄书云	长寿区凤城街道福满多食品经营部

贡献突出种植养殖大户

张建华	重庆市长寿区邻封镇邻封村 1 组

（摘自长寿委发〔2018〕33 号）

长寿区第二届“长寿工匠”

第二届“长寿工匠”

1. 王时元　重庆合得拢食品有限公司

2. 邓刚　重庆市长寿区文化馆

3. 邓立峰　重庆金维实业有限责任公司

4. 达朝晖　重庆钢铁股份有限公司

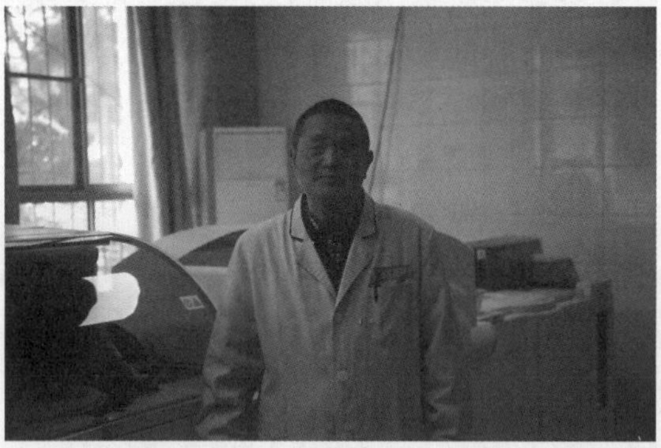

5. 李泉　重庆市长寿区人民医院

6. 张利 长寿区农业技术科研服务中心

7. 胡洪铭 重庆市映天辉氯碱化工有限公司

8. 袁学斌 重庆安豪汽车销售服务有限公司

9. 彭克利 长寿区第一实验小学校

10. 魏怀珠　重庆医工院制药有限责任公司

技术能手

1. 文敬勇　　中国石化集团重庆川维化工有限公司
2. 付军舰　　重庆博腾制药科技股份有限公司公司
3. 仪红斌　　重庆凯林制药有限公司
4. 朱振武　　重庆天泽新材料有限公司
5. 李　华　　重庆市长寿区人民医院
6. 汪　洪　　重庆长寿西南水泥有限公司
7. 张文昌　　长寿区洪湖镇
8. 张应琴　　重庆佳维人力资源有限公司
9. 张崇敏　　重庆市医药学校
10. 杨同清　　长寿区晏家街道
11. 何宇明　　重庆钢铁股份有限公司
12. 孟文学　　重庆朗天制药有限公司
13. 金明华　　友为技术有限公司
14. 柳小芬　　重庆恒美门业有限公司
15. 骆仕君　　长寿区妇幼保健计划生育服务中心
16. 项锦松　　重庆小康动力有限公司
17. 袁　政　　重庆市碧桂园凤城酒店有限公司
18. 袁自仁　　重庆市容丽平蜂业有限公司
19. 夏小群　　重庆斯泰克瑞登梅尔材料技术有限公司
20. 秦中武　　重庆华维实业有限责任公司
21. 唐永刚　　重庆豪杰食品有限公司
22. 袁佐建　　宝格丽美容美发工作室
23. 龚德丽　　重庆天勤材料有限公司
24. 喻一峰　　长寿区葛兰镇中心小学校
25. 程　万　　国网重庆长寿供电分公司
26. 简思怀　　重庆派克家具制造有限公司
27. 颜　娜　　重庆鑫富化工有限公司
28. 穆文富　　重庆名风家具有限公司
29. 戴　浩　　长寿中学校

（摘自长工发〔2018〕36 号）

长寿区“老有所为突出个人”

“老有所为突出个人”

1. 刘治安　长寿区地方志办公室退休干部，退休后仍兢兢业业参与县（区）志修编工作，坚持工作到83岁。

2. 伍炳昇　石堰镇海天村原党支部书记，退休后在石堰镇敬老院精心照顾孤寡老人，广受赞誉。

3. 周贵全　长寿区司法局退休干部，40年坚持法制宣讲，到83岁也不放弃。

4. 谭连兴　长寿区人大常委会退休干部，退休后倾情主持长寿区关心下一代工作委员会工作，成绩突出。

5. 朱凤乔（女）　长寿区委宣传部退休干部，退休后仍精益求精编纂《长寿年鉴》10年，使《长寿年鉴》成为区内外群众了解长寿的百科全书。

6. 韩德露　“长寿花鼓”市级非物质文化遗产传承人，75岁高龄坚持多种形式创作和传授花鼓艺术。

7. 罗家兴　长寿实验中学退休干部，退休15年先后在区政府督学、区教委视导组等岗位，继续为全区教育事业做贡献。

8. 高振声 长寿区委党史研究室退休干部，退休 14 年仍坚持党史研究，笔耕不止。

9. 李则民 年过七十高龄仍坚持创业，创办的“清迈良园”，成为长寿农业观光旅游的名片。

10. 刘德忠 长寿区人民医院退休医生，年过七旬还始终怀着“医者仁心”服务广大患者。

“老有所为突出个人”提名个人

1. 余培金
2. 袁自仁
3. 夏玲（女）
4. 聂炳泉
5. 陆文新
6. 梅代荣
7. 罗瑶星（女）
8. 孟禄金
9. 陶克芹
10. 孙业明

（摘自长老发〔2018〕1 号和《长寿日报》）

长寿区第三届“十佳文明家庭（最美家庭）”

1. 罗钰镕家庭　菩提街道（区人民检察院推荐）
2. 冯阳家庭　菩提街道（区卫生计生委推荐）
3. 刘运川家庭　凤城街道（区人民法院推荐）
4. 廖碧英家庭　江南街道
5. 熊中芬家庭　新市街道
6. 陈小文家庭　长寿湖镇
7. 何召兰家庭　云集镇
8. 文绍中家庭　龙河镇
9. 陈兴启家庭　石堰镇
10. 袁平家庭　万顺镇

（摘自长文明委〔2018〕5号）

长寿区第三届“十大乡贤”

第三届“十大乡贤”

1. 王　强　邻封镇
2. 曹礼远　龙河镇
3. 袁　平　万顺镇
4. 杜雪南　洪湖镇
5. 黄联忠　邻封镇
6. 文治中　石堰镇
7. 叶荣茂　葛兰镇
8. 张兴诚　新市街道
9. 刘述和　凤城街道
10. 罗云义　双龙镇

第三届“十大乡贤”提名乡贤

1. 方长福　石堰镇
2. 李挺波　海棠镇
3. 罗定华　长寿湖镇
4. 余正江　渡舟街道
5. 郭大忠　但渡镇
6. 姚长生　云台镇
7. 廖忠芬　江南街道
8. 夏玉萍　晏家街道
9. 左其勇　龙河镇
10. 朱应全　洪湖镇

（摘自长寿委宣〔2018〕124号）

长寿区第四届“十大孝星”

第四届“十大孝星”

1. 徐廷生　　凤城街道
2. 刘瑞会　　凤城街道
3. 郑长树　　云台镇
4. 黄建辉　　葛兰镇
5. 张文英　　葛兰镇
6. 舒淑兰　　邻封镇
7. 汤国芳　　云集镇
8. 叶莉容　　龙河镇
9. 范春学　　洪湖镇
10. 罗明兰　　万顺镇

第四届“十大孝星”提名孝星

1. 张杨玲　　区卫生计生委
2. 廖桂君　　菩提街道
3. 张春霞　　晏家街道
4. 张洪光　　八颗街道
5. 黄　燕　　长寿湖镇
6. 杨明芳　　云台镇
7. 任国美　　但渡镇
8. 罗以香　　双龙镇
9. 冷仲碧　　海棠镇
10. 杜万琼　　洪湖镇

（摘自长寿委宣〔2018〕120号）

2018年长寿区新评高级专业技术职称人员

表52　　2018年长寿区新评高级专业技术职称人员统计

序号	单位	姓名	资格名称	类别
1	长寿区生态环境监测站	幸良淑	正高级工程师	正高
2	福安药业（集团）股份有限公司	蒋晨	正高级工程师	
3	重庆千信能源环保有限公司	赵仕清	正高级工程师	
4	重庆钢铁股份有限公司	苟春生	正高级工程师	
5	重庆钢铁股份有限公司	黄仑	正高级工程师	
6	重庆海洲化学品有限公司	郭汝轩	正高级工程师	
7	长寿区人民医院	舒明泉	主任中医师	
8	长寿区中医院	郑显锋	主任中医师	
9	长寿区人民医院	殷清华	主任医师	
10	长寿区人民医院	车晓琪	主任医师	
11	长寿区人民医院	游海波	主任医师	
12	长寿区人民医院	陈杰	主任医师	
13	长寿中学校	石洁	正高级教师	
14	长寿中学校	罗永明	正高级教师	
15	长寿区生态环境监测站	张书然	高级工程师	副高
16	重庆盈地实业（集团）有限公司	章翔	高级工程师	
17	长寿经开区开发投资集团有限公司	陈洪勇	高级工程师	
18	长寿经开区开发投资集团有限公司	陈净	高级工程师	
19	长寿区工业园区管委会	柯德强	高级工程师	
20	长寿区街镇工业发展有限责任公司	宋礁	高级工程师	
21	重庆乐至置业发展有限公司	戚家惠	高级工程师	
22	重庆对外建设（集团）有限公司第一总承包工程公司	刘宇华	高级工程师	
23	重庆钢铁股份有限公司	王瑾	高级工程师	
24	重庆钢铁股份有限公司	赵伟	高级工程师	
25	重庆钢铁股份有限公司	唐志刚	高级工程师	
26	重庆钢铁股份有限公司	白利	高级工程师	
27	重庆钢铁股份有限公司	赵永锋	高级工程师	
28	重庆钢铁股份有限公司	锡胜	高级工程师	
29	重庆钢铁股份有限公司	蔺诗阳	高级工程师	
30	重庆钢铁股份有限公司	李川	高级工程师	
31	重庆千信能源环保有限公司	唐令	高级工程师	
32	利比投资咨询（上海）有限公司重庆分公司	吕虹霖	高级工程师	
33	重庆金维实业有限责任公司	何琴	高级工程师	

续表52

序号	单位	姓名	资格名称	类别
34	重庆柏树房地产开发有限公司	郭伟	高级工程师	副高
35	重庆川维石化工程有限责任公司	秦德超	高级工程师	
36	重庆川维石化工程有限责任公司	杨洋	高级工程师	
37	重庆川维石化工程有限责任公司	张强	高级工程师	
38	重庆川维石化工程有限责任公司	刘夏华	高级工程师	
39	重庆川维石化工程有限责任公司	凌泽伟	高级工程师	
40	重庆川维石化工程有限责任公司	陶小刚	高级工程师	
41	重庆川维石化工程有限责任公司	沈珩	高级工程师	
42	重庆川维石化工程有限责任公司	侯文正	高级工程师	
43	重庆川维石化工程有限责任公司	袁成福	高级工程师	
44	重庆川维石化工程有限责任公司	李荣君	高级工程师	
45	重庆川维石化工程有限责任公司	缪雪波	高级工程师	
46	重庆川维石化工程有限责任公司	杨月红	高级工程师	
47	重庆川维石化工程有限责任公司	曹道平	高级工程师	
48	重庆川维石化工程有限责任公司	钟汉平	高级工程师	
49	重庆川维石化工程有限责任公司	蒋刚	高级工程师	
50	重庆川维石化工程有限责任公司	李懿	高级工程师	
51	重庆川维石化工程有限责任公司	罗家勇	高级工程师	
52	重庆钢铁股份有限公司	刘志成	高级工程师	
53	重庆翰翔实业有限公司	石强	高级工程师	
54	重庆坤飞建设（集团）有限公司	刘进东（多评）	高级工程师	
55	重庆市乾宇劳务输出有限公司	左其川	高级工程师	
56	重庆望变电气（集团）股份有限公司	李斌	高级工程师	
57	重庆望变电气（集团）股份有限公司	熊必润	高级工程师	
58	重庆渝发建设有限公司	段海刚	高级工程师	
59	云集镇农业服务中心	陈晓红	高级农艺师	
60	福安药业集团重庆博圣制药有限公司	洪荣川	高级工程师	
61	福安药业（集团）股份有限公司	郭子维	高级工程师	
62	福安药业（集团）股份有限公司	邹鑫	高级工程师	
63	福安药业（集团）股份有限公司	周旭东	高级工程师	
64	长寿区广播电视台	夏智	高级工程师	
65	长寿区广播电视台	杨魏	高级工程师	
66	长寿区不动产登记中心	杨梅	高级工程师	
67	长寿区土地房屋勘测规划院	陈娟	高级工程师	
68	长寿区土地房屋勘测规划院	李小涛	高级工程师	
69	长寿区林业服务中心	李国梁	高级工程师	

续表52

序号	单位	姓名	资格名称	类别
70	长寿区凤城街道农业服务中心	刘铁	高级工程师	副高
71	重庆长寿建筑安装有限公司	杨子会	高级工程师	
72	重庆华硕建设有限公司	廖胜	高级工程师	
73	长寿区水务投资建设管理服务中心	熊梧均	高级工程师	
74	长寿区水务投资建设管理服务中心	杨俊	高级工程师	
75	长寿区水资源和河道管理站	王韬	高级工程师	
76	重庆博腾制药科技股份有限公司	唐继垒	高级工程师	
77	重庆长寿经济技术开发区开发投资集团有限公司	但洪伟	高级工程师	
78	重庆长寿经济技术开发区开发投资集团有限公司	刘博	高级工程师	
79	重庆云天化瀚恩新材料开发有限公司	陈凯	高级工程师	
80	重庆三圣实业股份有限公司	周彬	高级工程师	
81	重庆云天化瀚恩新材料开发有限公司	胡明源	高级工程师（特殊人次）	
82	长寿区港航管理处	周强	高级工程师	
83	重庆市长寿勘测规划院	刘林	高级工程师	
84	重庆渝发建设有限公司	王国华	高级工程师	
85	重庆渝发建设有限公司	胡继阳	高级工程师	
86	重庆渝发建设有限公司	刘人中	高级工程师	
87	重庆渝发建设有限公司	晏川	高级工程师	
88	重庆市鸿恩寺公园管理有限公司	邓成云	高级工程师	
89	重庆华硕建设有限公司	刘锡云	高级会计师	
90	长寿经开区开发投资集团有限公司	傅荣华	高级会计师	
91	金刚化工（重庆）有限公司	李文渝	高级会计师	
92	长寿一中	杨胜	高级教师（文科）	
93	长寿一中	何伟	高级教师（文科）	
94	长寿一中	陈慧芳	高级教师（文科）	
95	长寿一中	余琴	高级教师（文科）	
96	长寿中学	李垣惠	高级教师（文科）	
97	长寿中学	樊菊英	高级教师（文科）	
98	川维中学	祝秀杰	高级教师（文科）	
99	川维中学	蒋凤花	高级教师（文科）	
100	川维中学	王仕清	高级教师（文科）	
101	实验中学	杨淑琴	高级教师（文科）	
102	实验中学	周敏	高级教师（文科）	
103	实验中学	高莉	高级教师（文科）	
104	实验中学	梁亚贤	高级教师（文科）	
105	实验一小	陈雪莲	高级教师（文科）	

续表52

序号	单位	姓名	资格名称	类别
106	实验一小	李莅	高级教师（文科）	
107	实验二小	黄瑛	高级教师（文科）	
108	实验三小	陈经鸥	高级教师（文科）	
109	实验三小	胡华梅	高级教师（文科）	
110	凤一小	韩敏凤	高级教师（文科）	
111	桃源小学校	刘云贵	高级教师（文科）	
112	桃源小学校	周德琴	高级教师（文科）	
113	桃源小学校	王红	高级教师（文科）	
114	黄桷湾小学校	冯世慧	高级教师（文科）	
115	示范幼儿园	陈有利	高级教师（文科）	
116	长寿区教师进修学校	黄凤	高级教师（文科）	
117	长寿区教师进修学校	程小亮	高级教师（文科）	
118	桃花九年制学校	袁会蓉	高级教师（文科）	
119	桃花九年制学校	张成荣	高级教师（文科）	
120	桃花九年制学校	江兴辉	高级教师（文科）	
121	桃花九年制学校	余寿才	高级教师（文科）	
122	黄葛九年制学校	郑秀兰	高级教师（文科）	
123	渡舟街道教管中心	江岭	高级教师（文科）	
124	晏家街道教管中心	李琼	高级教师（文科）	副高
125	晏家街道教管中心	周军利	高级教师（文科）	
126	晏家街道教管中心	周敏	高级教师（文科）	
127	邻封镇教管中心	袁昌惠	高级教师（文科）	
128	海棠镇教管中心	左文秀	高级教师（文科）	
129	洪湖镇教管中心	汪小容	高级教师（文科）	
130	洪湖镇教管中心	张秀芬	高级教师（文科）	
131	双龙镇教管中心	袁红群	高级教师（文科）	
132	双龙镇教管中心	游霞	高级教师（文科）	
133	双龙镇教管中心	戴春兰	高级教师（文科）	
134	石堰镇教管中心	邓素英	高级教师（文科）	
135	石堰镇教管中心	李群芬	高级教师（文科）	
136	石堰镇教管中心	赵代川	高级教师（文科）	
137	葛兰镇教管中心	周群莉	高级教师（文科）	
138	龙河镇教管中心	王建容	高级教师（文科）	
139	龙河镇教管中心	张华刚	高级教师（文科）	
140	云集镇教管中心	王寿平	高级教师（文科）	
141	云台镇教管中心	任玉梅	高级教师（文科）	
142	万顺镇教管中心	王勇	高级教师（文科）	

续表 52

序号	单位	姓名	资格名称	类别
143	八颗街道教管中心	项伟	高级教师（理科）	副高
144	八颗街道教管中心	黄菊	高级教师（理科）	
145	八颗街道教管中心	黄碧英	高级教师（理科）	
146	渡舟街道教管中心	陈秀荣	高级教师（理科）	
147	渡舟街道教管中心	陶胜	高级教师（理科）	
148	新市街道教管中心	余伦伟	高级教师（理科）	
149	江南九年制学校	易世碧	高级教师（理科）	
150	海棠镇教管中心	黄群会	高级教师（理科）	
151	海棠镇教管中心	李炳树	高级教师（理科）	
152	双龙镇教管中心	程洪	高级教师（理科）	
153	石堰镇教管中心	周涛	高级教师（理科）	
154	石堰镇教管中心	修德荣	高级教师（理科）	
155	龙河镇教管中心	江勇	高级教师（理科）	
156	葛兰镇教管中心	叶建平	高级教师（理科）	
157	葛兰镇教管中心	张洪英	高级教师（理科）	
158	葛兰镇教管中心	邓亚强	高级教师（理科）	
159	葛兰镇教管中心	程中华	高级教师（理科）	
160	葛兰镇教管中心	何小兰	高级教师（理科）	
161	葛兰镇教管中心	杨卫平	高级教师（理科）	
162	云台镇教管中心	左兴涛	高级教师（理科）	
163	云台镇教管中心	谭书志	高级教师（理科）	
164	云台镇教管中心	余军华	高级教师（理科）	
165	长寿湖镇教管中心	徐红秀	高级教师（理科）	
166	万顺镇教管中心	袁德宽	高级教师（理科）	
167	云集镇教管中心	何超	高级教师（理科）	
168	云集镇教管中心	廖小华	高级教师（理科）	
169	洪湖镇教管中心	李贞明	高级教师（理科）	
170	实验一小	李君	高级教师（理科）	
171	实验二小	龚世彬	高级教师（理科）	
172	实验二小	王三军	高级教师（理科）	
173	凤一小	徐珍	高级教师（理科）	
174	凤一小	谭春英	高级教师（理科）	
175	桃源小学校	周孝华	高级教师（理科）	
176	桃源小学校	杨贵友	高级教师（理科）	
177	黄桷湾小学校	舒志明	高级教师（理科）	
178	长寿中学	谢百全	高级教师（理科）	
179	长寿中学	陈寿生	高级教师（理科）	

续表 52

序号	单位	姓名	资格名称	类别
180	长寿中学	聂树明	高级教师（理科）	副高
181	长寿中学	戴浩	高级教师（理科）	
182	长寿中学	余永平	高级教师（理科）	
183	实验中学	何泽茂	高级教师（理科）	
184	实验中学	黄长寿	高级教师（理科）	
185	实验中学	陈焕	高级教师（理科）	
186	川维中学	尹娟	高级教师（理科）	
187	川维中学	段喜玲	高级教师（理科）	
188	川维中学	王家康	高级教师（理科）	
189	川维中学	李德清	高级教师（理科）	
190	川维中学	董庆	高级教师（理科）	
191	川维中学	黎力	高级教师（理科）	
192	川维中学	杜瑞	高级教师（理科）	
193	龙溪中学校	张画栋	高级教师（理科）	
194	教师进修学校	陈泽明	高级教师（理科）	
195	长寿湖实验学校	曾艳	高级教师	
196	长寿区妇幼保健计划生育服务中心	车显	副主任医师	
197	长寿区第三人民医院	陈建陆	副主任医师	
198	长寿区葛兰镇卫生院	张艳玲	副主任医师	
199	长寿区葛兰镇卫生院	程凤英	副主任医师	
200	长寿区人民医院	廖李波	副主任医师	
201	长寿区人民医院	李红刚	副主任医师	
202	长寿区人民医院	聂江华	副主任医师	
203	长寿区人民医院	谢科	副主任医师	
204	长寿区人民医院	郑雪琴	副主任医师	
205	长寿区人民医院	曾登	副主任医师	
206	长寿区人民医院	夏钰东	副主任医师	
207	长寿区人民医院	郭勇	副主任医师	
208	长寿区人民医院	张少宇	副主任医师	
209	长寿区第三人民医院	石小刚	副主任医师	
210	长寿区葛兰镇卫生院	黄绍明	副主任医师	
211	长寿区云台镇卫生院	石晓东	副主任医师	
212	长寿区人民医院	韩彤	副主任医师	
213	长寿区人民医院	高立金	副主任医师	
214	长寿区人民医院	贾平	副主任医师	
215	长寿区人民医院	王鹏	副主任医师	
216	长寿区人民医院	张钟丹	副主任医师	

续表52

序号	单位	姓名	资格名称	类别
217	长寿区公共卫生服务中心	张国栋	副主任医师	副高
218	长寿区石堰镇卫生院	黄慧	副主任医师	
219	长寿区石堰镇卫生院	梁光明	副主任医师	
220	长寿区第三人民医院	叶文莉	副主任医师	
221	长寿区第三人民医院	任洪碧	副主任医师	
222	长寿区葛兰镇卫生院	贾龙玉	副主任医师	
223	长寿区邻封镇卫生院	程玉兰	副主任医师	
224	长寿区葛兰镇卫生院	刘夔辉	副主任医师	
225	长寿区中医院	董彩凤	副主任医师	
226	长寿区但渡镇卫生院	孙晓辉	副主任中医师	
227	长寿区葛兰镇卫生院	程森林	副主任中药师	
228	长寿区人民医院	张敬英	副主任护师	
229	长寿区人民医院	胡燕	副主任护师	
230	长寿区人民医院	邱孝兰	副主任护师	
231	长寿区人民医院	江艳	副主任护师	
232	长寿区人民医院	张虹艳	副主任护师	
233	长寿区人民医院	马婕	副主任护师	
234	长寿区人民医院	陶施塬	副主任护师	
235	长寿区人民医院	石代莲	副主任护师	
236	长寿区人民医院	刘国荣	副主任护师	
237	长寿区人民医院	刘勤莉	副主任护师	
238	长寿区人民医院	谭道琼	副主任护师	
239	长寿区人民医院	李丽	副主任护师	
240	长寿区第三人民医院	李秀容	副主任护师	
241	长寿区第三人民医院	邓承容	副主任护师	
242	长寿区第三人民医院	文燕	副主任护师	
243	长寿区葛兰镇卫生院	吴全珍	副主任护师	
244	长寿区葛兰镇卫生院	朱垚	副主任护师	
245	长寿区双龙镇卫生院	陈菊	副主任护师	
246	长寿区龙河镇卫生院	苏建华	副主任护师	
247	长寿区长寿湖镇卫生院	操永碧	副主任护师	
248	长寿区新市街道社区卫生服务中心	秦莉	副主任护师	
249	长寿化工园区医院	冷利容	副主任护师	
250	长寿区第三人民医院	何志芬	副主任药师	
251	长寿区云台镇卫生院	胡廷锋	副主任药师	
252	长寿区洪湖镇卫生院	李玉成	副主任药师	
253	长寿区海棠镇卫生院	王宁	副主任技师	

续表 52

序号	单位	姓名	资格名称	类别
254	长寿区葛兰镇卫生院	文飞	副主任技师	
255	长寿区云台镇卫生院	梁小斌	副主任技师	
256	长寿区长寿湖镇卫生院	吕钢	副主任技师	
257	长寿区第三人民医院	孔小梅	副主任技师	
258	长寿区洪湖镇卫生院	刘和才	副主任医师	
259	长寿区交通运行监测与应急调度中心	陈克斌	副研究馆员	
260	但渡镇畜牧兽医站	程容	高级畜牧师	
261	云集镇畜牧兽医站	廖勇	高级畜牧师	
262	长寿湖镇畜牧兽医站	李清	高级畜牧师	
263	万顺镇畜牧兽医站	刘森权	高级畜牧师	
264	凤城街道畜牧兽医站	杨朝霞	高级畜牧师	
265	江南街道畜牧兽医站	陈丽平	高级畜牧师	
266	新市街道畜牧兽医站	陈勇	高级畜牧师	
267	双龙镇畜牧兽医站	贾中维	高级兽医师	
268	长寿湖镇畜牧兽医站	张春来	高级兽医师	
269	洪湖镇畜牧兽医站	吕广宾	高级兽医师	
270	八颗街道畜牧兽医站	黄开国	高级兽医师	
271	江南街道畜牧兽医站	杜玉斌	高级兽医师	
272	晏家街道畜牧兽医站	李玉兰	高级兽医师	副高
273	晏家街道畜牧兽医站	李长生	高级兽医师	
274	重庆宏昌融资担保有限公司	陈彬	高级经济师	
275	长寿区农业技术科研服务中心	邓胜兴	高级农艺师	
276	长寿区农业执法队	黄水平	高级农艺师	
277	渡舟街道农业服务中心	吕晓刚	高级农艺师	
278	菩提街道农业服务中心	徐建明	高级农艺师	
279	新市街道农业服务中心	陈兴维	高级农艺师	
280	新市街道农业服务中心	车建中	高级农艺师	
281	龙河镇农业服务中心	李明英	高级农艺师	
282	龙河镇农业服务中心	陈平	高级农艺师	
283	长寿湖镇农业服务中心	张明	高级农艺师	
284	重庆市医药学校	李经春	高级讲师	
285	重庆市医药学校	周轮	高级讲师	
286	重庆市医药学校	余海军	高级讲师	
287	重庆市医药学校	周永红	高级讲师	
288	重庆市医药学校	汪志文	高级讲师	
289	重庆川维林德气体有限责任公司	戴微	高级审计师	
290	长寿区凤城街道文化服务中心	余蓉	副研究馆员	

续表52

序号	单位	姓名	资格名称	类别
291	长寿区文学艺术界联合会	罗小松	副研究馆员（特殊人次）	副高
292	长寿区农业技术科研服务中心	李玮娟	高级农艺师（特殊人次）	
293	长寿区农业技术科研服务中心	王振兴	高级农艺师（特殊人次）	

（重庆市长寿区人力资源和社会保障局提供）

专家人物

国务院政府特殊津贴专家　杨林森

杨林森，男，汉族，中共党员，1983年参加工作，2018年是重庆市长寿区农业委员会农业技术科研服务中心主任，农业技术推广研究员。长期在一线从事粮油、果蔬农业技术推广；2001—2018年先后主持长寿区经济作物站、粮油站、农业技术科研服务中心和农业综合开发服务中心工作，是长寿区主要的农业技术骨干。2007年被中共重庆市委评为“重庆市优秀共产党员”，2010年被中共长寿区委、区政府评为“感动长寿十大人物”，2011年被中共重庆市委组织部、重庆市人力社保局评为“重庆市优秀专业技术人才”，2016年被重庆市人力社保局、重庆市农委评为“重庆市现代农业建设贡献奖先进个人”，2012—2017年专业技术年度考核4年优秀，先后被区政府评为“科技特派员先进个人”“科技工作先进个人”“三峡后续工作先进个人”。

发挥学术专长参与农业农村规划编制。自长寿区2009年启动《长寿区现代农业园区总体规划》以后，杨林森作为区农委职称最高的农业技术专家，先后参与《长寿区现代农业园区总体规划》《长寿区现代农业产业发展总体规划》《长寿区现代农业综合示范工程建设规划》《重庆市长寿区特色效益农业园区总体规划》《长寿区特色效益农业园现代粮食生产园区总体规划》《长寿区特色效益农业园果蔬生态种植区》《长寿区特色效益农业园东山生态农业区》《长寿区特色效益农业园西山生态农业区》《三峡移民生态农业园区》等规划的编制和评审工作，为长寿区农业重要规划编制工作做出重要贡献，助推长寿区在全市率先实现适农区域现代农业规划全覆盖。

争当技术骨干扎根一线推广先进适用技术。杨林森从事农技推广36年，主持实施科技部《长寿区瓜类蔬菜安全高效生产关键技术研究与应用》《长寿区茄果类蔬菜安全高效生产关键技术示范推广》，组织实施市、区下达的《柑橘标准化幼龄果园间套作高效种植模式与技术研究应用》《长寿区晚熟柑橘防冻关键技术研究应用》和“水稻、玉米高产创建”等科技项目攻关；攻关集成“茄果类、瓜类蔬菜安全高效”系列关键技术，“晚熟柑橘越冬防冻关键技术”“幼龄果园蔬菜间套高效种植关键技术”等；按照“六化”标准主持参与现代粮食生产区高标准农田建设；示范推广水稻“一增五改”、玉米“一推三改”新技术应用180000公顷，茄果类、瓜类蔬菜安全高效系列关键技术46666.67公顷（次）［七十万亩（次）］，柑橘标准化幼龄果园间套蔬菜高效种植66666.67公顷（次）［一百万亩（次）］，晚熟柑橘冬季补微保果和树冠覆膜、果园熏烟、果实套袋等防冻关键技术20000次（公顷）［三十万次（亩）］，帮助各类农业经营主体实现节本增效和减损增效33亿元以上，受同行赞许和群众认可。

带头主持生产技术攻关助推农业园区建设。杨林森自2009年启动长寿区现代农业园区建设项目至

2018 年，作为技术带头人，带领团队主持参与标准化蔬菜基地、大棚设施化蔬菜基地、标准化柑橘果园等建设方案的制定；组织实施果蔬基地精准化（测土、测叶）配方施肥，生物、物理等绿色防控，肥水一体非充分灌溉等农业清洁化生产技术；建立柑橘、蔬菜安全生产监测，基地生态工程建设等生态保护体系；实施集成果蔬基地地力提升、幼龄果园蔬菜间套高效种植、晚熟柑橘越冬防冻关键技术等，为农业园区建成3333.33 公顷标准化晚熟柑橘基地、3000 公顷标准化沙田柚种植基地和266.67 公顷设施蔬菜基地，成功申报“国家农业产业化示范基地”“国家农业科技创新与集成示范基地”“国家农业科技园区”做出突出贡献。

认真编写技术规范和学术论著当好引路人。杨林森主持编写《长寿区标准化柑橘幼龄果园蔬菜高效种植模式及栽培技术》《长寿区现代粮食生产区粮食生产高效种植模式及技术方案》等技术规范，撰写调研报告、技术工作总结、学术论文等20 余篇，发挥学术带头人作用，为单位年轻农业技术人员当好引路人。其中，《长寿区现代都市蔬菜产业的发展思路与对策》《高淀粉甘薯0409—17 高产栽培模式研究》分别在《南方农业》2010 年第7 期和《西南大学学报》自然科学版2011 年第2 期发表；“幼龄果园蔬菜高效种植模式及栽培技术”“茄果类、瓜类蔬菜安全高效生产关键技术”“柑橘果园农业清洁化生产技术”等在重庆及西南地区得到同行肯定和推广应用。

（重庆市长寿区人力资源和社会保障局供稿）

文艺人物

（长寿区部分市级以上文艺团体会员）

陈燕萍

陈燕萍，女，1982 年生于重庆长寿，长寿区桃源小学书法教师，长寿区书法家协会理事兼副秘书长、重庆市青年书法家协会理事。

陈燕萍自幼酷爱书法，从欧楷入门，后转习赵体。2015 年3 月加入区书法家协会，兼习智永千字文和米芾行书，以米芾行书见长。作品先后在长寿区“骚风兰韵”、纪念抗战70 周年书法作品展、长寿区首届新人新作展赛中获奖，入展重庆市首届青年书法篆刻作品展、“龙乡墨韵”全国第六届教师书法作品展、重庆市第九届书法篆刻作品展、重庆市第十八届书法绘画摄影联展、重庆市首届群众书法作品展、全国七届教师书法作品展、重庆市第二届临帖书法作品展、重庆市首届妇女书法作品展。

作为一名基层社团组织者，陈燕萍热情参与对新会员的辅导，为区书法家协会培养并输送一批新的骨干力量。作为一名书法教师，她参与各种专业培训，将自己所学毫无保留的分享给书法爱好者，曾多次辅导学校教师参加区书法优质课大赛均获一等奖的好成绩。

（重庆市长寿区文学艺术界联合会提供）

人物传略

郑德泽生平

郑德泽，男，汉族，四川达州人，生于1944 年4 月，大学学历；1966 年9 月参加工作，1969 年7 月加入中国共产党，2004 年5 月退休；退休前任中共长寿区委助理巡视员。2018 年6 月3 日因病去世。

1966 年7 月—1968 年2 月，四川省大渡河木材水务局子弟校任教；1968 年3—10 月，中国人民解放军成都军区后勤部军械技工训练队服役；1968 年 10 月—1970 年 5 月，成都军区独立师修械所服役；1970 年 6 月—1992 年 11 月，长寿县人民武装部服役，任政委、党委书记；1992 年 12 月—2004 年 4 月，中共长寿县（区）委工作，任县委副书记、区委助理巡视员；2004 年 5 月退休。

2018 年 6 月 3 日因病医治无效去世，享年 75 岁。

宋仁昆生平

宋仁昆，男，汉族，山东省荣成市人，生于 1929 年 10 月，高中文化；1945 年 2 月参加革命工作，1946 年 1 月加入中国共产党；1991 年 12 月离休，离休前任长寿县司法局副局长（正科级调研员）。

1945 年 2 月—1951 年 7 月，中国人民解放军第二野战军历任战士、班长、排长、连长；1951 年 8 月—1963 年 7 月，长寿县公安局任股长、长寿县法院任副院长；1963 年 8 月—1981 年 1 月，长寿县文教局任副局长、长寿县体委任副主任；1981 年 2 月—1991 年 12 月，长寿县司法局任副局长（正科级调研员）；1991 年 12 月离休。

2018 年 9 月 2 日因病去世，享年 89 岁。

（中共重庆市长寿区委老干部局提供）

长寿老人

表 53　2018 年长寿区百岁老人情况统计

序号	所属街镇	姓名	性别	年龄	出生日期
1	八颗	李文光	男	101	1918 年 11 月 15 日
2	洪湖	黄治成	男	107	1912 年 10 月 19 日
3	洪湖	雷官发	女	103	1916 年 3 月 23 日
4	渡舟	焦玉福	女	102	1917 年 3 月 12 日
5	渡舟	陈淑贤	女	100	1919 年 1 月 15 日
6	凤城	牟佑民	男	101	1918 年 9 月 30 日
7	凤城	何素荣	女	101	1918 年 3 月 5 日
8	凤城	陈淑华	女	102	1917 年 3 月 21 日
9	凤城	肖建律	男	101	1918 年 10 月 18 日
10	葛兰	刘云华	女	102	1917 年 10 月 22 日
11	江南	李淑芳	女	101	1918 年 1 月 19 日
12	邻封	刘淑华	女	102	1917 年 2 月 21 日
13	邻封	高何氏	女	101	1918 年 8 月 8 日
14	石堰	张世淑	女	101	1918 年 2 月 12 日
15	双龙	郭树成	男	103	1916 年 10 月 24 日
16	双龙	潘淑珍	女	101	1918 年 8 月 12 日
17	晏家	罗术珍	女	110	1909 年 1 月 8 日
18	晏家	傅顺清	男	101	1918 年 3 月 14 日
19	长寿湖	夏淑华	女	101	1918 年 12 月 17 日

续表 53

序号	所属街镇	姓名	性别	年龄	出生日期
20	长寿湖	方淑兰	女	103	1916 年 6 月 28 日
21	云台	彭德扬	男	102	1917 年 12 月 8 日
22	云集	陈心芳	女	110	1909 年 11 月 2 日
23	云集	向淑方	女	102	1917 年 10 月 12 日
24	新市	江徐氏	女	107	1912 年 5 月 2 日
25	但渡	熊长寿	男	102	1917 年 9 月 12 日
26	但渡	邓淑会	女	102	1917 年 4 月 26 日

（重庆市长寿区民政局提供）

长寿区第九届“十大健康寿星”

第九届“十大健康寿星”

1. 聂惠民　女　98 岁　凤城街道
2. 何树明　男　98 岁　邻封镇
3. 王以淑　女　98 岁　渡舟街道
4. 雷玉华　女　98 岁　洪湖镇
5. 杨夕普　男　98 岁　邻封镇
6. 叶德林　男　99 岁　葛兰镇
7. 方义珍　女　99 岁　凤城街道
8. 胡腊生　男　99 岁　葛兰镇
9. 高何氏　女　101 岁　邻封镇
10. 张世淑　女　101 岁　石堰镇

第九届“十大健康寿星”提名寿星

1. 舒克明　女　96 岁　渡舟街道
2. 向丙林　男　96 岁　渡舟街道
3. 程长清　男　96 岁　凤城街道
4. 李明均　女　98 岁　云集镇
5. 王淑清　女　99 岁　凤城街道
6. 张淑清　女　100 岁　双龙镇
7. 傅顺清　男　101 岁　晏家街道
8. 彭德扬　男　101 岁　云台镇
9. 向淑方　女　102 岁　云集镇
10. 徐荣会　女　107 岁　龙河镇

（摘自长寿委宣〔2018〕121 号）

长寿市民喜迎2018年新春

文 献

文 献

中共重庆市长寿区委
重庆市长寿区人民政府
关于印发《重庆市长寿区乡村振兴战略行动计划实施方案》的通知

各街道党工委和办事处，各镇党委和人民政府，区委各部委，区级各部门，各人民团体，在长市属部门，各有关单位：

现将《重庆市长寿区乡村振兴战略行动计划实施方案》印发给你们，请结合实际认真贯彻执行。

中共重庆市长寿区委
重庆市长寿区人民政府
2018 年 3 月 12 日

重庆市长寿区乡村振兴战略行动计划实施方案

中共十九大对实施乡村振兴战略作出了总体部署。习近平总书记在中央农村工作会议上的重要讲话，从战略和全局的高度深刻阐述了实施乡村振兴战略的重大意义和科学内涵，对走中国特色社会主义乡村振兴道路作出全面部署，对加强和完善党对“三农”工作的领导提出明确要求。全市实施乡村振兴战略行动计划动员会对标对表中央精神，就做好全市当前和未来一段时间“三农”工作各项任务进行了动员部署。长寿区城市和工业发展基础良好，农业农村发展成效显著，落实乡村振兴战略恰逢其时、势在必行。为全面贯彻中共十九大报告和习近平总书记在中央农村工作会议上的重要讲话精神，认真落实《中共中央、国务院关于实施乡村振兴战略的意见》（中发〔2018〕1 号）和《中共重庆市委、重庆市人民政府关于印发〈重庆市实施乡村振兴战略行动计划〉的通知》（渝委发〔2018〕1 号）精神，结合长寿区实际，就实施乡村振兴战略制定如下方案。

一、总体要求

（一）指导思想

全面贯彻中共十九大精神，以习近平新时代中国特色社会主义思想为指导，深入贯彻中共十九大精神和中央经济工作会议、中央农村工作会议精神，按照市委五届三次全会、重庆市实施乡村振兴战略行动计划动员会部署，加强党对“三农”工作的领导，坚持稳中求进的工作总基调，牢固树立新发展理念，落实高质量发展要求，紧紧围绕统筹推进“五位一体”总体布局和协调推进“四个全面”战略布局，认真贯彻落实习近平总书记对重庆提出的“两点”“两地”定位和“四个扎实”要求，坚定不移走中国特色社会主义乡村振兴道路，坚持农业农村优先发展，按照产业兴旺、生态宜居、乡风文明、治理有效、生活富裕的总要求，紧扣“长寿区作为主城区外城市和农村并存的具有代表性和典型性的区”科学定位，坚持以城带乡、以工补农，依托“三地一中心”建设成果，以打造“四个示范区”为牵引，建立健全城乡融合发展的体制机制和政策体系，统筹推进农村经济建设、政治建设、文化建设、社会建设、生态文明建设和党的建设，加快推进乡村治理体系和治理能力现代化，加快推进农业农村现代化，加快建设宜居宜业宜游的乡村振兴示范区，加快实现产业兴百姓富生态美的有机统一，让农业成为有奔头的产业，让农民成为有吸引力的职业，让农村成为安居乐业的美丽家园。

（二）基本原则

——坚持党管农村工作要求。毫不动摇地坚持和加强党对农村工作的领导，严格落实党管农村工作体制机制要求和乡村振兴领导责任制，创新领导方式方法，提高工作能力水平，把党管农村工作的要求落到实处，为乡村振兴提供坚强有力的政治保障。

——坚持农业农村优先发展。进一步调整理顺工农城乡关系，顺应人民群众日益增长的美好生活需要，把农业农村工作摆上优先位置，在干部配备上优先考虑，在要素配置上优先满足，在资金投入上优先保障，在公共服务上优先安排，加快缩小城乡区域差距。

——坚持农民群众主体地位。充分尊重农民意愿，切实发挥农民群众主体作用，调动农民群众的积极性、主动性、创造性，把维护农民群众根本利益、促进农民共同富裕作为推进乡村振兴的出发点和落脚点，促进农民持续增收，不断提升农民的获得感、幸福感、安全感。

——坚持乡村全面振兴。准确把握走中国特色社会主义乡村振兴道路的科学内涵，把农村经济建设、政治建设、文化建设、社会建设、生态文明建设和党的建设作为一个整体，统筹谋划、协调推进。

——坚持城乡融合发展。依托大工业带大农业，大城市带大农村的发展优势，加快构建推动城乡要素自由流动、平等交换的体制机制，促进城乡在规划布局、要素配置、产业发展、公共服务、生态保护等方面深度融合，加快形成工农互促、城乡互补、全面融合、共同繁荣的新型工农城乡关系。

——坚持人与自然和谐共生。牢固树立和践行绿水青山就是金山银山的理念，落实节约优先、保护优先、自然恢复为主的方针，统筹乡村生产、生活、生态空间布局，加快推动形成绿色发展方式和生活方式，坚定走生产发展、生活富裕、生态良好的文明发展道路，使乡村让人们更向往。

——坚持突出长寿实际。准确把握“长寿农业农村发展基础良好、形势向好，但城乡发展不平衡、农村发展不充分”的科学判断，注重规划先行、突出重点、分类施策、典型引路，坚持将“长寿”名片融入乡村振兴的各个方面，因地制宜开展特色示范村镇建设，以点带面引领发展。

二、总体目标

到2020年，乡村振兴取得重要进展，城乡融合发展格局初步形成。

产业发展活力旺盛。农村一二三产业深度融合，农业综合生产能力稳步提升，农业产业结构不断优化，基本建成“1+5+2”特色效益农业产业体系（以粮油产业为基础，柑橘、渔业、畜禽、蔬菜、林果五大产业为主导，中药材、花卉苗木两大产业为特色），完成农村“三变”改革试点，累计发展新型农业经营主体5500个，农民组织化程度达到90%以上。农业总产值达到75亿元，五大特色产业链综合产值提升到100亿元以上，土地综合生产率达到6000元/亩以上，农业劳动生产率达到25000元/人·年以上。在全市率先实现适农区域农业现代化，建成全市领先的现代农业融合发展示范区。

生态环境明显改善。绿色发展初见成效，山水林田湖系统治理扎实推进，森林覆盖率提高到47.5%。化肥农药使用量实现“零增长”。实施农村人居环境整治三年行动，农村卫生厕所普及率达到85%，农村生活垃圾污水得到有效治理，村容村貌整体提升，人居环境明显改善。

乡风文明有效提升。社会主义核心价值观深入人心，优秀寿乡传统文化、农耕文化得到传承和弘扬，乡村精神文化活动日益丰富，农民群众文化水平、法治意识明显提高，新时代文明乡风加快呈现。

农村社会和谐稳定。农村基层组织、干部队伍建设全面加强，村党组织战斗力凝聚力显著增强，基层群众性自治组织、农村集体经济组织功能作用充分发挥，乡村治理机制不断完善、治理能力明显提高，农民群众获得感、幸福感、安全感日益增强。

农民生活更加富裕。现行标准下农村贫困人口全部稳定实现脱贫。农村常住居民人均可支配收入达到21000元，城乡居民收入比下降到2：1左右。城乡基本公共服务体系不断完善，农村民生持续改善，农民群众生活质量和水平明显提高。

到2035年，乡村振兴取得决定性进展，农业农村现代化基本实现。农业结构得到根本性改善，农民就业质量显著提高，相对贫困进一步缓解，共同富裕迈出坚实步伐；城乡基本公共服务均等化基本实现，城乡融合发展体制机制更加完善；乡风文明达到新高度，乡村治理更加完善；农村生态环境根本好转，农村人居环境全面改善，宜居宜业宜游的大美乡村基本建成。

到2050年，乡村全面振兴，农业强、农村美、农民富全面实现。

三、主要任务

紧扣农业农村现代化总要求，按照中央、市安排部署，结合长寿区实际，重点以2020年为时间节点安排建设时序和资金，分年度确定工作任务和建设内容。

（一）实施城乡融合发展行动，培育乡村发展新动能

全面贯彻落实习近平总书记关于“重塑城乡关系、走城乡融合发展之路”的重大部署，按照城镇乡村互促互进、共生共存的要求，加强规划引领，以构建城乡要素合理流动机制为主攻方向，提升长寿乡村魅力，吸引城乡“人”“地”“钱”等资源要素“上山下乡”，建设城乡共建共享、互联互通、安全高效的基础设施网络，推动形成工农互促、城乡互补、全面融合、共同繁荣的新型工农城乡关系。

1. 扎实推进“多规合一”。全面贯彻落实国家、市实施乡村振兴战略各项规划部署，统筹谋划城乡产业发展、人口布局、公共服务、土地利用、生态保护和乡村建设等内容，突出长寿地域文化特色和生态功能要求，进一步优化“三生”空间布局，全面划定生态保护红线、永久基本农田和城镇开发边界三条控制线，科学划分全域空间，统一多个规划的边界、坐标、精度、用地分类和规划年限，实现全域空间“一张图”全覆盖。全区预留一定城乡规划、土地规划建设用地指标向乡村倾斜。严格执行村规划，将其作为乡村项目引进、产业发展的基本依据。2018年，作为全市“蓝本”率先全面完成“多规合一”工作。

〔牵头单位：区规划局；责任单位：各街镇党委（党工委）和人民政府（办事处），区发改委、区城乡建委、区国土房管局、区环保局、区农委、区畜牧兽医局、现代农业园区管委会等〕

2. 扎实推进“新农人”培育工程。实施好“三支一扶”、农村本土人才回引培养计划、农村青年致富带头人培养“领头雁”计划、农技推广服务特聘计划、农业科研杰出人才计划和乡村振兴“巾帼行动”，加强基层农技人员知识更新培训，落实好科技成果转化收益、兼职取酬等政策，支持街镇农技人员回归本业。以种养大户、家庭农场、农民专业合作社带头人和骨干社员、农业企业骨干、农村电商骨干、返乡农民工、大中专毕业生、退役军人为重点，以田间学校为载体，重点开展生产经营型、专业技能型、社会服务型等新型职业农民培育。强化扶持引导，鼓励新型职业农民加快向种养大户、家庭农场等适度规模经营主体发展。开展新型职业农民参加城镇职工养老、医疗等社会保障试点，鼓励职业农民申报职称。到2020年，累计培育农村各类实用人才2万人，动态保持回引到村挂职本土优秀人才每村1名，累计培育新型职业农民5000人。

〔牵头单位：区委组织部、区农委、区人社局；责任单位：各街镇党委（党工委）和人民政府（办事处），区科委、区畜牧兽医局、区供销社、团区委、区妇联、现代农业园区管委会等〕

3. 扎实推进城乡土地资源统筹保障工程。用好市下达农村一二三产业融合发展用地专项指标，重点保障乡村旅游配套设施、农产品生产加工销售等项目用地。支持重点乡村旅游项目使用2010年城乡建设用地增减挂钩结余周转指标完善建设用地手续，根据项目用地需求实施村域内建设用地增减挂钩。全力保障交通、水利等政府投资基础设施用地，落实养老、电商等新业态项目用地政策，引导社会资本通过PPP的方式参与乡村基础建设。

〔牵头单位：区国土房管局；责任单位：各街镇党委（党工委）和人民政府（办事处），区发改委、区农委、区商务局、区民政局、区旅游局、区

供销社、现代农业园区管委会等〕

4. 扎实推进金融资本支农工程。开展农业政策性保险，引导商业保险机构加大农村保险市场开拓力度，建立基层服务网点，开展农村土地经营权流转履约保证保险、农产品价格指数保险试点。扩大土地出让收入使用范围，提高土地出让收入用于乡村振兴的比例。完善农村资产交易平台，盘活资源资产，为产权抵押贷款提供支持。进一步完善农村金融服务体系，鼓励金融机构差异化开展金融服务，建立农业贷款风险补偿机制，充分发挥现有政策性银行、涉农银行等支农服务功能，不断丰富拓宽农村金融支付方式，探索开发适合农村、农民需求的金融产品，确保涉农贷款稳定持续增长。

〔牵头单位：区国资金融办；责任单位：各街镇党委（党工委）和人民政府（办事处），区财政局、区农委、区国土房管局、区畜牧兽医局、现代农业园区管委会、人行长寿中心支行等〕

5. 扎实推进城乡基础设施共建共享互联互通。推进“四好农村路”建设，完成村民小组通达工程建设372千米、通畅工程建设1114千米，村民小组通达率达到100%、通畅率达到80%；行政村主干路标准达到四级及以上，路面宽度达到6米及以上。加快推进农村饮水安全巩固提升工程和农田水利建设工程，完成龙门桥水库建设，加快推进长寿区龙溪河、桃花溪水系连通工程，新增改善灌溉面积3万亩，新建供水工程4处，新改建管网2918千米，农村集中供水率、农村自来水普及率、水质达标率达到89%、84%、75%，实现巩固提升受益人口28.63万人。实施新一轮农网升级改造工程，完成新增配变容量39兆伏安，新改建10千伏及以上电力线路844千米。实施高速通信网络建设工程和“信息乡村”建设工程，加快实现人口聚居区的自然村4G网络全覆盖，建成“移动互联网村”19个，“互联网小镇”2个。加强乡村统计工作和数据开发应用。实施特色小城镇供气工程，实现天然气全覆盖。

〔牵头单位：区发改委；责任单位：各街镇党委（党工委）和人民政府（办事处），区经信委、区交委、区商务局、区水务局、区供销社等〕

6. 鼓励社会人才资本投身乡村建设。建立有效激励机制，以乡情乡愁为纽带，吸引支持企业家、党政干部、专家学者、医生、教师、规划师、建筑师、律师、技能人才等，通过下乡担任志愿者、投资兴业、包村包项目、行医办学、捐资捐物、法律服务等方式服务乡村振兴事业。认真落实国家允许符合要求的公职人员回乡任职管理办法。优化农村投资环境，稳定政策预期，引导好、服务好、保护好工商资本下乡积极性。建立完善乡村振兴重点工程项目库。加强工商资本租赁农地监管，防范经营风险。

〔牵头单位：区人社局、区投资促进局；责任单位：各街镇党委（党工委）和人民政府（办事处），区委组织部、区发改委、区财政局、区国资金融办、区教委、区科委、区城乡建委、区农委、区司法局、区规划局、区卫计委、区工商联、团区委、现代农业园区管委会、城乡统筹开发公司等〕

（二）实施共同富裕行动，激发乡村改革新活力

全面贯彻落实习近平总书记关于“巩固完善农村基本经营制度、走共同富裕之路”的重大部署，按照实施乡村振兴战略必须把制度建设贯穿其中的要求，以深化农村改革创新为主攻方向，激发长寿乡村动力活力，在巩固和完善基本经营制度的基础上，稳步推进农村各项重点改革，建立健全促进农民持续增收的长效机制。

1. 巩固和完善农村基本经营制度。落实农村土地承包关系稳定并长久不变政策和第二轮土地承包到期后再延长30年政策。全面完成土地承包经营权确权登记颁证工作。落实农村承包地“三权分置”制度，在依法保护集体土地所有权和农户承包权前提下，平等保护土地经营权。农村土地承包经营权可以依法向金融机构融资担保、入股从事农业产业化经营。

〔牵头单位：区农委；责任单位：各街镇党委（党工委）和人民政府（办事处），区国资金融办、区国土房管局、区林业局、现代农业园区管委会、人行长寿中心支行等〕

2. 深化农村土地制度改革。深入实施城乡统一、房地一体的全国不动产登记试点工作。完善农民闲置宅基地和闲置农房政策，探索宅基地所有权、资格权、使用权“三权分置”，按要求落实宅基地集体所有权，保障宅基地农户资格权和农民房屋财产权，适度放活宅基地和农民房屋使用权，不得违规违法买卖宅基地，严格实行土地用途管制，

严格禁止下乡利用农村宅基地建设别墅大院和私人会馆。完善设施农用地政策。

〔牵头单位：区国土房管局；责任单位：各街镇党委（党工委）和人民政府（办事处），区农委、区规划局等〕

3. 深入推进农村集体产权制度改革。深化完善农村集体资产清产核资工作，到2020年，基本完成农村集体经营性资产股份合作制改革。制定《长寿区完善集体林权制度实施方案》。引导进城落户农民依法自愿有偿转让土地承包权、宅基地使用权、集体收益分配权。深入推进农田水利设施产权制度改革和农业水价综合改革。

〔牵头单位：区农委；责任单位：各街镇党委（党工委）和人民政府（办事处），区国资金融办、区国土房管局、区水务局、区林业局、人行长寿中心支行等〕

4. 稳步开展农村“三变”改革试点。以打造“股份农民”为核心，蹄疾步稳开展资源变资产、资金变股金、农民变股东的“三变”改革试点。涉农主管部门每年统筹3000万元以上财政资金，用于财政补助资金股权化改革，财政资金补助扶持集体经济发展形成的资产，折股量化到集体经济组织成员，收益按股分红。盘活林业资源，到2020年，新型林业经营主体达到200家，盘活利用林地资源13万亩。

〔牵头单位：区农委；责任单位：各街镇党委（党工委）和人民政府（办事处），区发改委、区财政局、区国资金融办、区水务局、区林业局、区畜牧兽医局、区供销社、城乡统筹开发公司等〕

5. 发展壮大农村集体经济。开展农村集体经济组织登记赋码工作，将农村集体经济组织打造为带领农民群众增收致富的重要平台和经济实体。鼓励村集体以可支配的资源、资产、资金等要素为依托，以村为单位组建劳务型服务公司、成立专业合作社、协会等各类合作经济组织，探索符合市场经济要求的集体经济运行新机制。建立健全集体经济组织章程和管理制度，适时推进村民委员会事务和集体经济事务分离。到2020年，消除无经济收益的“空壳村”，90%以上的村组建新型农村集体经济组织。

〔牵头单位：区农委；责任单位：各街镇党委（党工委）和人民政府（办事处），区财政局、区民政局、区林业局、区供销社、区工商分局等〕

6. 促进小农户与现代农业发展有机衔接。鼓励新型农业经营主体与农民开展“合股联营”，完善利益联结机制，把小农生产引入现代农业发展轨道。因地制宜推进土地入股、土地流转、土地托管、联耕联种等多种经营方式，探索山地农业适度规模经营标准，根据产业实际推进“大基地、小单元”“小主体、大联合”经营模式，发展多种形式适度规模经营。发挥新型农业经营主体带动作用，开展农超对接、农社对接，帮助小农户对接市场。

〔牵头单位：区农委；责任单位：各街镇党委（党工委）和人民政府（办事处），区商务局、区林业局、区畜牧兽医局、区供销社、现代农业园区管委会等〕

（三）实施质量兴农行动，实现优势特色产业新提升

全面贯彻落实习近平总书记关于“深化农业供给侧结构性改革、走质量兴农之路”的重大部署，按照加快推进农业高质量发展的要求，以优化提升“1+5+2”特色效益农业产业体系为主攻方向，发挥长寿乡村特色特点，深化农业供给侧结构性改革，不断做大做强特色产业，不断夯实农业生产基础，不断深化农业一二三产业融合发展，有效提升农业综合效益和竞争力。

1. 做好做实“三园”“五区”综合平台。加快推进现代农业“三园”“五区”融合发展，依托园区示范带动作用，大力发展现代农业产业化集群。进一步提升现代农业“三园”基础设施和配套服务体系建设，加快建成国家农业科技园区，扎实推进现代农业生态循环示范区、现代农业科技驱动示范区、现代农业展示中心建设。持续推进现代农业“五区”基础设施建设，完善产业发展布局，力争成功创建市级产业园，形成“三园”“五区”产品优势互补、产业良性互动的新格局。

〔牵头单位：区农委；责任单位：各街镇党委（党工委）和人民政府（办事处），区发改委、区经信委、区科委、区城乡建委、区交委、区国土房管局、区规划局、区水务局、区移民局、区林业局、区畜牧兽医局、区供销社、区气象局、现代农业园区管委会、城乡统筹开发公司等〕

2. 培育壮大优势特色产业。加快推进“两区”

划定，在保障口粮生产基础上，重点发展柑橘、渔业、畜禽、蔬菜、林果五大主导优势产业，积极发展中药材、花卉苗木等特色产业，加快构建品种丰富、规模适度、效益突出的特色产业发展新格局，每年新增或改造提升优势特色产业5万亩以上，粮经作物面积比调整到40：60。力争创建生态渔业特色农产品优势区。打造“一村一品”示范村镇20个。加强农作物病虫害、动物疫病防控体系建设。强化农业标准转化应用，创建“三园两场”示范项目20个，农业标准化生产普及率达到30%以上。

〔牵头单位：区农委；责任单位：各街镇党委（党工委）和人民政府（办事处），区林业局、区畜牧兽医局、区供销社、现代农业园区管委会、城乡统筹开发公司等〕

3. 打造寿乡特色农产品品牌。深入挖掘长寿乡村特色特点，聚焦长寿柚、长寿鲜鱼、长寿鸡蛋等传统优势产业，加快打造区域公用品牌、企业品牌、产品品牌，重点打造1个全区公用品牌，培育12个市级及以上名牌农产品，发展“三品一标”200个以上。到2020年，全区“三品一标”农产品产量占农产品总产量的30%以上，品牌农产品年销售收入达到30亿元。

（牵头单位：区农委；责任单位：区商务局、区文化委、区林业局、区畜牧兽医局、区供销社、区工商分局、区质监局、区食药监分局、现代农业园区管委会等）

4. 加强农产品质量安全监管。聚焦“产出来”和“管出来”，完善“区—镇（街道）—村（社区）”三级农产品质量安全监管体系，实施街镇农产品质量安全监管示范建设项目和街镇、村（社区）监管人员全员培训计划。加大执法力度，严格农业投入品监管。加强农产品质量安全追溯体系建设。到2020年，实现村级协管员延伸配备全覆盖，街镇、村（社区）监管人员培训全覆盖，建立追溯点100个以上，力争创建国家农产品质量安全区。

〔牵头单位：区农委；责任单位：各街镇党委（党工委）和人民政府（办事处），区林业局、区畜牧兽医局、区供销社、区工商分局、区食药监分局等〕

5. 推进高标准农田建设。深入实施藏粮于地、藏粮于技战略，严守耕地红线，全面落实永久基本农田特殊保护制度。实施土地治理、农业综合开发项目，采取以奖代补、先建后补等方式，鼓励新型农业经营主体参与高标准农田建设。落实高标准农田管护措施。到2020年，建成高标准基本农田20万亩，占永久基本农田比例达到35%以上。

〔牵头单位：区国土房管局；责任单位：各街镇党委（党工委）和人民政府（办事处），区农委等〕

6. 强化农业科技成果转化应用。开展优势特色产业技术体系创新团队建设，支持有条件的农业龙头企业建立研发机构。创新基层农技推广模式，每年确定10名农技专家、100名农技人员，开展“农技专家联系到街镇、农技人员包村联户”行动。推广配方施肥、深耕扩穴土壤改良、肥水一体化、无人机统防统治、池塘内循环水养殖、畜禽粪污资源化利用等先进实用技术。到2020年，新建科技专家大院5个、庄稼医院5个，农业科技进步贡献率和科技成果转化率分别达到60%、80%。

〔牵头单位：区科委；责任单位：各街镇党委（党工委）和人民政府（办事处），区农委、区林业局、区畜牧兽医局、区供销社、现代农业园区管委会等〕

7. 推广适宜山地农业的现代农机装备。在开展主要农作物全程机械化示范的基础上，加大对符合山地农业发展要求的现代农机装备的推广力度，扩大柑橘、渔业、畜禽等特色产业在基地生产、管理、采收及加工贮藏等关键环节农机作业范围。推进耕地宜机化地块整理整治，加大对大中型农机具的示范推广。全区农作物耕种收综合机械化水平维持在50%以上，大中型耕、种、收、防、烘等农机具和特色产业基地农机数量翻一番。

（牵头单位：区农委；责任单位：区林业局、区畜牧兽医局、现代农业园区管委会等）

8. 实施农业信息化应用工程。大力推进生产端物联网应用、销售端电商发展、管理端大数据建设，开展农业特色互联网小镇示范建设。全面推进“益农信息社”建设，实现行政村全覆盖。建设精准农业气象技术服务与管理系统。提高气象为农服务能力，推进农村气象灾害防御标准化建设，提升人工增雨、防雹作业能力，人工影响天气作业覆盖面达到90%。

（牵头单位：区农委；责任单位：区经信委、区科委、区畜牧兽医局、区供销社、区气象局、现代农业园区管委会等）

9. 提升供销为农服务水平。改造建设19个街镇基层社合作社服务社（分社），广泛吸纳农民入社入会。配套建设农村综合服务社，实现行政村全覆盖。推进“新网工程”和电子商务惠农工程，打造供销骨干社会化服务组织30个，新建测土配肥站8个以上，农产品有组织产销对接率达到60%以上。

（牵头单位：区供销社；责任单位：区农委、区商务局、区畜牧兽医局等）

10. 做大农产品加工业。大力发展农产品初加工和精深加工，引进或培育市级农产品加工示范企业10家以上，发展销售收入亿元以上加工企业3家。围绕现代农业“三园”“五区”，加快建设长寿区农畜产品加工区。大力发展榨菜精深加工，推进鸡蛋、肉类腌腊制品、花椒、豆制品等农产品初加工和深加工，加强特色林产品加工贸易，到2020年，农产品加工业产值达到150亿元以上。

（牵头单位：区经信委；责任单位：区农委、区商务局、区林业局、区投资促进局、区畜牧兽医局、现代农业园区管委会、城乡统筹开发公司等）

11. 做精乡村旅游业。因地制宜重点开发生态型、景区景点依托型、特色产业支撑型、科普体验观光型等特色乡村旅游，加快发展森林旅游和森林康养。扎实推进邻封美丽乡村田园综合体、现代农业园柑橘慢城项目、渔业科技休闲园区规划建设，全面建成田园乐温、清迈良园、橘香悦动村等项目。加强特色旅游镇、特色旅游村建设试点，扶持发展乡村旅游经营主体，叫响“长寿人家”乡村旅游品牌。到2020年，建设特色旅游镇5个、特色旅游村15个，培育乡村旅游规模经营主体16个，打造乡村休闲体验基地6个，推出乡村旅游精品线路5条，乡村旅游全年接待游客500万人（次），综合收入达到30亿元。

〔牵头单位：区农委；责任单位：各街镇党委（党工委）和人民政府（办事处），区商务局、区林业局、区旅游局、区投资促进局、长寿湖管委会、现代农业园区管委会、生态旅业公司、城乡统筹开发公司等〕

12. 做活乡村流通业。实施商贸流通促进工程，完成农副产品交易市场建设，打造长寿本土电商平台，推进电子商务物流基础设施建设，强化商贸流通、交通运输、农业、供销、邮政及快递企业等农村物流服务网络的衔接整合，建立农村公共仓储配送网络，基本实现镇镇有网点、村村通快递。落实粮食等大宗农产品收储管理制度。到2020年，新改建街镇农贸市场42个，创建街镇商贸综合服务中心4个，建设产地集配中心（田头市场）1个，培育农产品电商主体750个以上，农产品网上交易额累计超过10亿元。

〔牵头单位：区商务局；责任单位：各街镇党委（党工委）和人民政府（办事处），区经信委、区农委、区供销社、商贸物流公司等〕

13. 做优乡村服务业。大力发展以代耕代种、机播机收、统防统治、统购统销等为重点的农业生产服务业，加快拓展以公共事务、乡村物业、养生养老等为重点的生活服务业。到2020年，实现全程社会化服务街镇全覆盖，农业生产服务业产值占农业总产值比重提高到3%以上，农村社区生活服务网点行政村全覆盖。

〔牵头单位：区农委；责任单位：各街镇党委（党工委）和人民政府（办事处），区民政局、区商务局、区畜牧兽医局、区供销社等〕

（四）实施乡村绿色发展行动，塑造长寿乡村新风貌

全面贯彻落实习近平总书记关于“坚持人与自然和谐共生、走乡村绿色发展之路”的重大部署，按照绿色发展引领乡村振兴的要求，以改善生产生活生态“三生”环境为主攻方向，深入实施国土绿化行动、乡村绿化行动，大力推进农村人居环境整治三年行动、农业面源污染治理、山水林田湖系统治理，打造山清水秀美丽乡村。

1. 推进农村“厕所革命”。加快推进农村厕所改造，对新建房屋和保障性安居工程、旅游沿线及农家乐，鼓励建设无公害化卫生厕所。到2020年，完成农村改厕1.8万户，农村卫生厕所普及率达到85%以上。

〔牵头单位：区卫计委；责任单位：各街镇党委（党工委）和人民政府（办事处），区城乡建委等〕

2. 推进农村污水治理工程。完成街镇、村聚居点（常住人口1000人以上）集中式生活污水处

理设施建设，加快街镇污水处理设施配套管网建设。通过农村改厕、储粪还田等措施，因地制宜处理农村分散污水。鼓励农村生活污水资源化利用。到2020年，完成12座污水处理设施技术改造，街镇生活污水集中处理率达到85%，农村生活污水集中处理率达到70%。

〔牵头单位：区环保局；责任单位：各街镇党委（党工委）和人民政府（办事处），区城乡建委、区城管局、城乡统筹开发公司等〕

3. 推进农村生活垃圾专项整治工程。按照“户集、村收、街镇转运、区域处理”模式，建立“五有”农村生活垃圾收运处理系统。开展农村生活垃圾非正规堆放点排查整治。到2020年，95%以上的行政村生活垃圾得到有效治理，农村生活垃圾、农业生产废弃物等非正规堆放点实现全面整治，农村生活垃圾分类试点取得明显成效。

〔牵头单位：区城管局；责任单位：各街镇党委（党工委）和人民政府（办事处），区城乡建委、区农委、区环保局等〕

4. 推进农村住房改造提升工程。依托市级农房建设管理信息平台，实行分类动态管理。编制农房图集，开展农村建筑工匠培训，建设体现长寿地域特色和时代特征的、具有乡韵乡愁的乡村建筑，保护保留乡村风貌，建设美丽宜居乡村。逐步建立农村低收入群体安全住房保障机制。到2020年，完成农村D级危房改造1700户，旧房整治提升6000户，培训农村建筑工匠200名。

〔牵头单位：区城乡建委；责任单位：各街镇党委（党工委）和人民政府（办事处），区发改委、区民政局、区国土房管局、区规划局、区残联等〕

5. 实施化肥农药“零增长”行动。推广有机肥替代化肥、测土配方施肥，强化病虫害统防统治和绿色防控。到2020年，测土配方施肥技术推广覆盖率达到93%，农作物病虫害统防统治覆盖率达到40%以上，实现化肥农药使用量“零增长”。

〔牵头单位：区农委；责任单位：各街镇党委（党工委）和人民政府（办事处），区畜牧兽医局、区供销社等〕

6. 加强畜禽养殖污染治理。扎实推进规模化养殖场污染防治配套设施建设，每年完成市级下达的养殖污染治理任务，大型畜禽养殖场粪污处理设施装备配套率达到100%。

（牵头单位：区畜牧兽医局；责任单位：区农委、区环保局、现代农业园区管委会、城乡统筹开发公司等）

7. 加强农业废弃物资源化利用。扎实推进绿色示范区创建，开展废弃农膜区域化回收利用试点，加强农业废弃物资源化利用技术、模式创新推广和应用。到2020年，畜禽养殖废弃物综合利用率达到75%以上，农作物秸秆综合利用率达到85%，农膜回收率达到80%。

〔牵头单位：区农委；责任单位：各街镇党委（党工委）和人民政府（办事处），区科委、区商务局、区环保局、区畜牧兽医局、区供销社等〕

8. 加强农业生态环境保护和监测。完成全国第二次污染源（农业源）普查，开展耕地土壤重金属污染国控点监测和修复试点。严禁工业和城镇污染向农业农村转移。到2020年，全面对接市级农业面源污染信息数据库和监测平台，落实农用地分级安全使用方案。

〔牵头单位：区农委；责任单位：各街镇党委（党工委）和人民政府（办事处），区发改委、区经信委、区城乡建委、区国土房管局、区环保局、区城管局等〕

9. 实施国土绿化提升行动。实施新一轮退耕还林和天然林保护二期工程，在无立木林地、宜林地实施长江防护林三期工程，开展宅旁、水旁、村旁、路旁“四旁”植树绿化，扎实推进疏林地培育、未成林地培育、森林抚育和特定灌木林培育。至2020年，完成营造林23.5万亩（其中，新造林3.9万亩，培育和改造林地、林木16.6万亩，实施营林3万亩），全区林业用地面积达到104.6万亩，森林面积达到101.2万亩，森林覆盖率达到47.5%。

〔牵头单位：区林业局；责任单位：各街镇党委（党工委）和人民政府（办事处），区农委、区国土房管局、区城管局、区水务局等〕

10. 实施废弃矿山及损毁土地修复工程。加强废弃矿山和压占、损毁土地修复，消除崩塌等安全隐患，结合土地复垦、整理、环境整治、旅游开发、区域内增减挂钩等方式，盘活存量建设用地、增加有效耕地面积、改善生态环境，合理布局康养、文旅产业。到2020年，修复历史遗留和政策性关闭矿山15公顷，修复压占、损毁土地10公顷，消除崩塌安全隐患6处。

〔牵头单位：区国土房管局；责任单位：各街镇党委（党工委）和人民政府（办事处），区发改委、区农委、区环保局、区规划局、区安监局、区旅游局等〕

11. 实施水土保持和中小河流治理工程。实施农村生态清洁小流域建设，开展打渔溪土桥支流、桃花溪汪家墩至母猪滩段、大洪河团堡段中小河流综合治理。扎实推进水土流失综合治理，规划实施坡耕地水土综合治理8580亩。到2020年，新增水土流失治理面积65平方千米，综合治理中小河流42.34千米。

〔牵头单位：区水务局；责任单位：各街镇党委（党工委）和人民政府（办事处），区发改委、区环保局等〕

（五）实施乡村文化兴盛行动，彰显长寿文化新魅力

全面贯彻落实习近平总书记关于“传承发展提升农耕文明、走乡村文化兴盛之路”的重大部署，按照物质文明和精神文明一起抓的要求，以挖掘传承创新长寿乡村优秀传统文化为主攻方向，坚持将培育和践行社会主义核心价值观与优秀传统文化创造性转化、创新性发展相结合，推动“五进农家”，加快建设乡风文明、家风良好、民风淳朴的人文乡村。

1. 推动核心价值观进农家。采取农民群众喜闻乐见的方式，加强爱国主义、集体主义、社会主义、民族团结进步教育。开设形势政策宣传“大喇叭”，完善形势政策宣讲队伍，在农村院坝、田间地头建设常态化宣传阵地。深化文明村镇创建和“美丽乡村·善美巴渝”建设。实施公民道德建设工程。加大农村道德模范、感动人物、身边好人、最美人物、脱贫光荣户等评选力度，弘扬民族精神和时代精神。深化“我们的乡贤我们评、评出的乡贤我们学”“家风润万家”活动，开展“孝善立德”主题实践活动，形成社会和谐新风尚。开设梦想课堂实用课程，每年开展梦想课堂活动76场，参与度达到50%。

〔牵头单位：区委宣传部；责任单位：各街镇党委（党工委）和人民政府（办事处），区文明办、区文化委、长寿日报社、长寿广播电视台等〕

2. 推动优秀传统文化进农家。深入挖掘继承创新长寿优秀传统乡土文化，实施民族民俗文化发展行动、传统工艺振兴计划、农耕文化体验基地建设工程，保护好优秀农耕文化遗产。加强不可移动文物保护利用，划定乡村建设的历史文化保护线，保护好文物古迹、名镇名村、传统村落、传统建筑、农业遗迹等。支持农村民间文化等传承发展。支持“三农”题材文艺创作生产和农村业余文化队伍建设。实施送流动文化进基层活动，每年为全区农民群众提供传统节日为主题的文艺演出和展览活动200场。扎实开展戏曲进乡村工作，每个村配送戏曲进乡村演出不少于1场，到2020年，在全区范围内实现戏曲进乡村制度化、常态化、普及化。健全乡村公共文化服务体系，建好镇村综合文化服务中心、室内固定放映厅、综合档案室等。加强农村文化市场管理。

〔牵头单位：区委宣传部；责任单位：各街镇党委（党工委）和人民政府（办事处），区文明办、区文化委、长寿日报社、长寿广播电视台等〕

3. 推动科学知识进农家。深化文化科技卫生“三下乡”活动，每年开展“三下乡”活动76场。聚焦农村青少年、致富带头人等重点人群，开展生态特色产业技术培训和生态环境保护宣传教育。完善乡村科普活动室、科普图书室、科普画廊等设施建设，提升农村科普服务能力，大力普及安全健康、医疗急救、环境保护等方面的知识和观念。推进科技特派员进村入户指导，每年培训街镇科技特派员10人（次）以上，选派科技特派员进村入户10名以上，开展农业实用技术培训10次以上，服务经营主体6个以上，辐射带动农户100户以上。

〔牵头单位：区委宣传部；责任单位：各街镇党委（党工委）和人民政府（办事处），区科委、区农委、区环保局、区文化委、区卫计委、长寿日报社、长寿广播电视台等〕

4. 推动文明风尚进农家。开展文明村镇、星级文明户、五好文明家庭等群众性精神文明创建活动，开展“乡村振兴新风尚”专题培训，积极开展文明院落、清洁户评选等活动，推进实施敬老孝老主题活动，组织举办生活技能大赛、文明礼仪竞赛和文化体育活动，文明村镇覆盖率达60%以上。开展“幸福满乡邻”志愿服务行动，建立枢纽型村级志愿服务站（点），鼓励新型农业经营主体建

立专业志愿服务组织，深化“红樱桃冬日针爱”“我们一起奔小康”“重庆志愿服务季”“文明单位爱心进农家”等志愿服务活动，引导城市志愿服务关爱农村弱势群体。建立健全村规民约和村民议事会、红白理事会、道德评议会、老年人协会等“一约四会”及村社风俗监督员制度。开展婚丧礼俗整治行动。

〔牵头单位：区委宣传部；责任单位：各街镇党委（党工委）和人民政府（办事处），区文明办、区民政局、区文化委、团区委、区妇联、区残联、长寿日报社、长寿广播电视台等〕

5. 推动法律法规进农家。开展“千万市民学法律”活动，广泛开展法治讲座、法治院坝会等主题宣传活动，力争到2020年全区农民普法知晓率达到70%。开展“庭审进街镇”活动，每年开展巡回庭审11场以上。创作以川剧、花灯戏、金钱板等艺术形式为载体的法治文化作品，每年开展法治文艺演出、“法治电影进村”、法治书画展等群众性法治文化活动60场次以上，实现法治宣传专栏村（社区）全覆盖，每个村（社区）每季度至少开展1次法治宣传活动。开展德法共建，把法治精神全面融入村规民约、家风家训，引导群众崇德尚法。

〔牵头单位：区司法局；责任单位：各街镇党委（党工委）和人民政府（办事处），区人民法院、区委宣传部、区文化委、长寿日报社、长寿广播电视台等〕

（六）实施乡村善治行动，构建基层治理新体系

全面贯彻落实习近平总书记关于“创新乡村治理体系、走乡村善治之路”的重大部署，按照把夯实基层基础作为固本之策的要求，以构建新型基层治理体系为主攻方向，加强基层党组织政治建设，建立健全党委领导、政府负责、社会协同、公众参与、法治保障的现代乡村社会治理体系，加快建设自治、法治、德治有效结合的和谐乡村。

1. 大力推进党建强村。扎实推进抓党建促乡村振兴，加强党的政治建设，着力提升政治能力，强化政治功能。巩固农村基层党组织领导核心地位，加强对农村各种组织和各项工作的统一领导。围绕乡村振兴转变街镇政府（办事处）职能，优化街镇党政机构设置和事业站所结构布局，充实街镇党群工作力量。加强街镇党委（党工委）建设，选优配强街镇领导班子特别是党政正职，加大从街镇事业编制人员、优秀村干部、选调生、大学生村官中选拔街镇领导干部力度。加强街镇干部人才倾斜支持，注重从优秀高校毕业生中招录街镇干部。持续整顿后进村党组织，扩大先进支部增量、提升中间支部水平、转化后进支部。实施农村带头人队伍整体优化提升行动，着力从农村创业带富能手、外出务工经商能人、复员退伍军人、本土大中专毕业生等人员中选拔一批村党组织书记，注重吸引高校毕业生、农民工、机关企事业单位优秀党员干部到村任职。全覆盖向脱贫村、后进村分类精准选派第一书记，脱贫村驻村工作队2020年前不撤离。健全从优秀村党组织书记中选拔街镇领导干部、考录街镇机关公务员、招聘街镇事业编制人员制度，加强村后备干部培养储备，确保每村1—2名。优化农村党员发展计划，脱贫村每2年、非脱贫村每3年至少发展1名年轻党员。每年培训街镇干部不少于2000人（次），每年轮训1次村党组织书记、村委会主任，结合开展“不忘初心，牢记使命”主题教育分类培训农民党员。落实村级组织运转经费和村干部报酬待遇。着力提升农村基层党组织服务群众工作水平，建好管好用好村便民服务中心，务实推进电商、金融、超市“三进村”。

〔牵头单位：区委组织部；责任单位：各街镇党委（党工委）和人民政府（办事处），区编办、区农委、区民政局、区人社局等〕

2. 完善村民自治法治德治机制。实施乡村治理创新工程。坚持自治、法治、德治相结合，构建以农村基层党组织为核心、村民自治和村务监督组织为基础、集体经济组织和农民合作组织为纽带、经济社会服务组织为补充的乡村治理格局。完善村党组织领导的村民自治有效实现形式，推动村党组织书记通过选举担任村委会主任。构建民事民议、民事民办、民事民管的多层次基层协商格局。推广基层治理“三事分流”工作机制。整合优化公共服务和行政审批职责，打造“一门式办理”“一站式服务”农村社区公共服务综合信息平台。制定完善街镇权责清单和村委会依法自治事项清单、依法协助政府工作事项清单、涉证事项清单及负面清单，推行党务、政务、财务、服务等村级事务阳光工程。深入推进综合行政执法改革向基层延伸。健

全农村公共法律服务体系，加强对农民的法律援助和司法救助。加快推进镇（街道）村（社区）“综治中心”、派出所、司法所、基层人民法庭、派驻基层检察室建设，完善便民诉讼网络建设。建立健全农村矛盾纠纷调处机制，确保重大矛盾纠纷化解率保持在95%以上。

〔牵头单位：区委政法委；责任单位：各街镇党委（党工委）和人民政府（办事处），区人民法院、区人民检察院、区委组织部、区政府法制办、区信访办、区农委、区公安局、区民政局、区司法局等〕

3. 建设平安乡村。深化网格化服务管理，实现“多网合一”“组网合一”。加快推进“雪亮工程”建设，在农村地区边界、交通干道、场镇卡口等布建600个视频监控探头，构建覆盖城乡的三级公共安全视频监控联网应用体系。继续深化平安镇（街道）、平安村（社区）等基层平安细胞创建活动，对已创建成功的平安村（社区）实行动态管理，确保平安村（社区）命名率保持在80%以上。加强社会治安综合治理，深入开展扫黑除恶专项斗争，严厉打击“村霸”和宗族恶势力，严厉打击农村地区黄赌毒、盗拐骗、封建迷信、非法宗教等不法行为。管住管好邪教问题，整治农村乱建庙宇、滥塑宗教造像。持续开展农村安全隐患治理，坚决遏制重特大安全事故。强化农村防灾减灾救灾能力建设。

〔牵头单位：区委政法委；责任单位：各街镇党委（党工委）和人民政府（办事处），区委统战部、区政府应急办、区农委、区公安局、区民政局、区国土房管局、区安监局、区民宗局、区气象局、区消防支队等〕

（七）实施民生保障改善行动，焕发长寿乡村新气象

全面贯彻落实习近平总书记关于“打好精准脱贫攻坚战、走中国特色减贫之路”的重大部署，按照抓重点、补短板、强弱项的要求，以提升乡村居民生活水平为主攻方向，坚决打好精准脱贫攻坚战，不断完善农村公共服务体系，不断满足人民日益增长的美好生活需要，加快建设人民获得感幸福感安全感更加充实、更有保障、更可持续的幸福乡村。

1. 坚决打好精准脱贫攻坚战。围绕“六个精准”要求，努力构建专项扶贫、行业扶贫、社会扶贫三位一体精准脱贫格局，全力巩固脱贫攻坚成果，确保到2020年，长寿区现行标准下的农村贫困人口全部脱贫，脱贫村农民人均可支配收入增幅高于全区平均水平，与全区同步进入全面小康。实施产业扶贫、金融扶贫、电商扶贫联动，破解贫困户产业发展缺资金、农产品销售缺通道的问题。实现教育、医疗扶贫政策全覆盖。加大危房改造、就业帮扶力度，稳定低保兜底政策，切实解决贫困户后顾之忧。以10个脱贫村为重点，大力解决水电路讯房和环保等基础设施建设“最后一公里”问题，确保基本公共服务主要指标接近全市平均水平。把扶贫同扶志、扶智结合起来，引导贫困群众自力更生、艰苦奋斗。关心爱护扶贫基层干部，落实激励政策，调动工作积极性。

〔牵头单位：区农委；责任单位：各街镇党委（党工委）和人民政府（办事处），区委组织部、区发改委、区财政局、区国资金融办、区经信委、区教委、区城乡建委、区交委、区民政局、区人社局、区环保局、区水务局、区卫计委、区供销社等〕

2. 优先发展农村教育事业。实施《长寿区第三期学前三年行动计划》，新增农村公办幼儿园3所、普惠性幼儿园3所，公办幼儿园在农村比例达到69%、普惠率达到100%，学前三年入园率达到91%。改善农村办学条件，新改扩建校舍面积6300平方米、改善运动场地11.23万平方米，农村公办学校标准化率达到95%以上。坚持义务教育招生政策，实现小学入学率和巩固率、初中入学率100%，初中巩固率保持在99.3%以上。推进区内4所市级重点高中与3所农村高中捆绑发展。强化乡村教师队伍建设，招聘农村教师150名，培养全科教师60名，培训农村教师6.3万人（次），合理分流农村初中超编教师，评选乡村师德师风标兵，评选农村骨干教师40人。实施“校村联动”，加强农村寄宿制学校建设，建立完善农村留守儿童花名册。实施农村中小学生营养改善计划。

〔牵头单位：区教委；责任单位：各街镇党委（党工委）和人民政府（办事处），区财政局等〕

3. 加强农村社会保障体系建设。全面实施全民参保计划，完善“区—镇（街道）—村（社区）”三级社保服务平台建设，落实城乡居民合作

医疗保险制度和大病保险制度，巩固城乡居民医保全国异地就医联网结算，稳妥做好城乡养老保险待遇兑现落实工作，全区城乡养老、医疗保险参保率巩固在95%以上。加强社保经办队伍建设，到2020年，实现全区社保经办人员培训全覆盖。打造“互联网+社保”，探索社保网上自助参保、网上自助缴费等服务，实现社保办理“线上线下”双轨并行。统筹城乡社会救助体系，落实最低生活保障制度，做好农村低保、医疗救助、临时救助等工作。落实失业保险政策，逐步建立农民工失业保险政策。构建多层次农村养老保障体系，创新多元化照料服务模式，健全农村留守儿童和妇女、老年人以及困境儿童关爱服务体系，加强和改善农村残疾人服务。

〔牵头单位：区人社局；责任单位：各街镇党委（党工委）和人民政府（办事处），区民政局、区妇联、区残联等〕

4. 推进健康乡村建设。持续深化医药卫生体制改革，促进优质医疗资源联动，提升基层医疗服务能力，区内就诊率保持在90%以上，基层医疗机构就诊比例提升到65%。抓好中医药传承与创新、健康扶贫、妇幼保健、公共卫生能力等提升工程，完成晏家社区卫生服务中心、洪湖镇卫生院门诊建设。实施进一步改善医疗服务行动计划，完善预约诊疗、检查检验结果互认等制度和医疗质量控制评价体系。开展“基层医疗卫生服务质量提升”“改善群众基层健康服务感受”行动，推进基本医疗和公共卫生服务均等化，做实家庭医生签约服务，电子健康档案建档率达75%。启动“健康长寿”建设，开展“三减三健”“万步有约”等行动。继续推进城乡环境卫生整洁行动。加强农村慢性病综合防控，推进农村精神卫生、职业病和重大传染病防治。

〔牵头单位：区卫计委；责任单位：各街镇党委（党工委）和人民政府（办事处），区城管局、乐至公司等〕

5. 实施乡村就业创业促进行动。实施“车站归途服务”“院坝联谊宣讲”“场镇招聘对接”行动，建立农民工流动就业监测体系，促进农民工就地就近转移就业和返乡就业。完善农村贫困劳动力信息平台，强化分类帮扶和实名制动态管理，对“4050”人员、农村建卡贫困户、贫困高校毕业生等农村就业困难群体实施精准就业援助。对难以通过市场实现就业的农村就业困难人员实行公益性岗位托底安置，三年累计安置300人以上。实施“泛海扬帆”大学生创业行动，推荐泛海扬帆大学生农业创业项目3个。开展定向培训、订单培训，全方位提升农村转移就业劳动者就业创业能力，培育农村转移就业劳动者3900人。依托现代农业园区优势打造“特色创业园”，依托工业园区打造“特色创业街”，依托长寿湖风景旅游名胜区打造“创业示范村”，培训农村创业者750人，发放创业担保贷款5000万元以上。

〔牵头单位：区人社局；责任单位：各街镇党委（党工委）和人民政府（办事处），区农委、经开区经发局、长寿湖管委会、长寿工业园区管委会、现代农业园区管委会等〕

四、保障措施

（一）强化党对“三农”工作的领导。要坚持工业农业一起抓、城市农村一起抓，把农业农村优先发展原则体现到各个方面。健全党委统一领导、政府负责、党委农村工作部门统筹协调的农村工作领导体制。落实实施乡村振兴战略领导责任制，党政一把手为第一责任人，各级书记抓乡村振兴。各部门要按照职能职责齐抓共管，强化资源要素支持和制度供给，做好协同配合，形成乡村振兴工作合力。切实加强党委农村工作部门建设，按照有关规定，做好党的农村工作机构设置和人员配置工作，充分发挥决策参谋、统筹协调、政策指导、推动落实、督导检查等职能。各街镇党委（党工委）和政府（办事处）每年要向区委、区政府报告推进乡村振兴进展情况。建立街镇党政领导班子和领导干部推进乡村振兴实绩考核制度，将考核结果作为选拔任用领导干部的重要依据。

〔牵头单位：区委办、区政府办；责任单位：各街镇党委（党工委）和人民政府（办事处），区委组织部、区委督查室、区政府督查室、区编办、区农委、区民政局、区人社局等〕

（二）培育造就“一懂两爱”的“三农”工作队伍。牢固树立“四个意识”，坚定“四个自信”，做到“四个服从”，坚决维护以习近平同志为核心的党中央权威和集中统一领导。把懂农业、爱农村、爱农民作为基本要求，加强“三农”工作干部队伍的培养、配备、管理、使用。各级党委和政府主要领导干部要懂“三农”工作、会抓“三农”工作，分管领导要真正成为“三农”工作的行家里手。分层级、全覆盖开展知识更新培训，全面提升“三农”干部队伍的能力和水平。建立农村工作干部分层分类分期培训机制。落实农村工作干部蹲点调研制度。有计划地选派区级机关熟悉“三农”工作的优秀干部到街镇党委（党工委）或政府（办事处）任职。拓宽区级“三农”工作部门和街镇干部来源渠道。把到农村一线工作锻炼作为培养干部的重要途径，注重提拔使用实绩优秀的干部，形成人才向农村基层一线流动的用人导向。

〔牵头单位：区委组织部、区人社局；责任单位：各街镇党委（党工委）和人民政府（办事处），区编办、区农委、区民政局等〕

（三）*加大乡村振兴投入力度*。积极争取中央和市级财政投入，区级有关部门要主动加强与上级业务主管部门的对接，力争将一批交通、水利、土地治理等农村基础设施重点项目纳入中央、市级投资补助范畴，扩大涉农专项资金规模。建立健全实施乡村振兴战略财政投入保障制度，加大对农村交通、水利、生态、产业等方面的专项资金支持力度。按照中央、市统一部署，积极向市级争取政府债务用于支持乡村振兴、脱贫攻坚领域的公益性项目。加强对性质相同、用途相近的涉农资金统筹使用，强化结转结余资金清理，盘活财政存量资金。加大农业财政资金撬动力度，构建完善政策性农业信贷担保体系，引导各类金融机构加大对乡村振兴投入力度。支持社会资本以特许经营、参股控股等方式参与农村基础设施等项目建设和运营。创新资金使用方式，完善“一事一议”奖补机制，将财政支持的各类小型项目优先安排给农村集体经济组织、农民合作组织等建设和管护。对点多面广、财政补助需要受益对象投劳投资、不需要专业队伍施工的农林水利项目，不再强制实行招投标，按以奖代补、先建后补、按进度拨款等方式加强补助投资管理。

（牵头单位：区财政局；责任单位：区发改委、区国资金融办、区交委、区农委、区民政局、区国土房管局、区环保局、区水务局、区林业局、区畜牧兽医局、区供销社、区气象局、现代农业园区管委会、人行长寿中心支行等）

（四）*落实税收政策*。全面贯彻落实国家、市涉农税收优惠政策。对符合西部大开发优惠政策条件的涉农企业减按15%税率征收企业所得税。对从事农林牧渔业项目，符合税法规定的企业，可免征、减征企业所得税。对从事符合条件的环境保护、节能节水项目的所得，实施“三免三减半”企业所得税优惠。严格落实涉农经营主体现有增值税免征政策。增值税小规模纳税人月销售额不超过3万元（按季纳税9万元）的，自2018年1月1日起到2020年12月31日可享受小微企业暂免征收增值税优惠政策。对承包受让荒山、荒沟、荒丘、荒滩土地使用权用于农林牧渔业生产的，免征契税。对进行股份合作制改革后的农村集体经济组织承受原集体经济组织的土地、房屋权属，免征契税。对从事乡村教育、医疗卫生服务、促进就业创业等综合社会体系建设、通过非营利组织免税资格认定的非营利组织取得的非营利收入，暂免征收企业所得税。

（牵头单位：区国税局；责任单位：区财政局、区地税局等）

（五）*加强农村党风廉政建设*。强化农村基层干部教育管理，改进农村基层干部作风。加大强农惠农富农政策宣传力度。完善对农村基层党组织和基层群众性自治组织的监督体系。全面推进农村政务公开、村务公开和党务公开。推行村级小微权力清单、农村基层党员干部及亲属涉权事项报告公示等制度，加强对基层公权力运行的制约和监督。强化农村集体资产、资源、资金管理和扶贫、支农惠农、土地征收等领域项目及资金监管，严肃查处群众身边的不正之风和腐败问题，严肃问责失职失责问题，公开通报曝光典型案例。加强农村廉洁文化建设，引导党员干部培育良好家风，发挥村规民约作用，推动社会风气持续向好。

〔牵头单位：区纪委（区监察委）；责任单位：各街镇党委（党工委）和人民政府（办事处），区委组织部、区委政法委、区财政局、区公安局、区农委、区民政局等〕

（六）*营造乡村振兴良好氛围*。凝聚全区乡村振兴强大合力，充分发挥新兴媒体和传统媒体作用，大力宣传党的乡村振兴方针政策和各街镇各部门推进乡村振兴的新做法、新创造，提振精气神，传播正能量。开展乡村振兴贡献奖等评选表彰活动，树立先进典型和榜样，充分调动社会各方投身乡村振兴的积极性、主动性和创造性。积极开展乡村振兴交流合作，讲好乡村振兴长寿故事。深入宣传发动，压紧压实责任，把思想统一起来，把力量凝聚起来，把责任担当起来，把各项任务落实下去，奋力开创新时代长寿区“三农”工作新局面。

〔牵头单位：区委宣传部；责任单位：各街镇党委（党工委）和人民政府（办事处），区委组织部、区农委、区人社局等〕

附件：重庆市长寿区乡村振兴战略行动计划实施方案三年重点项目清单（略）

中共重庆市长寿区委
重庆市长寿区人民政府
关于印发《重庆市长寿区精准脱贫攻坚战实施方案》的通知

各街道党工委和办事处，各镇党委和人民政府，区委各部委，区级各部门，各人民团体，在长市属部门，各有关单位：

现将《重庆市长寿区精准脱贫攻坚战实施方案》印发给你们，请结合实际认真贯彻执行。

中共重庆市长寿区委

重庆市长寿区人民政府

2018 年 3 月 12 日

重庆市长寿区精准脱贫攻坚战实施方案

为深入贯彻中共十九大精神和习近平总书记扶贫重要战略思想，全面落实市委五届三次全会部署，按照《中共重庆市委、重庆市人民政府关于印发〈重庆市精准脱贫攻坚战实施方案〉的通知》（渝委发〔2018〕9 号）文件要求，结合长寿区实际，就做好精准脱贫攻坚战各项工作制定如下实施方案。

一、工作要求

（一）总体思路

深入学习贯彻中共十九大精神，以习近平总书记扶贫开发战略思想为指导，切实按照中央脱贫攻坚战略部署和精准扶贫、精准脱贫的基本方略，以及全市精准脱贫攻坚战动员部署会议精神，以实施乡村振兴战略行动计划为统揽，突出抓重点、补短板、强弱项，围绕如期稳定脱贫、巩固脱贫成果、完善长效机制三大任务，坚持精准再精准，聚焦再聚焦，集中力量狠抓脱贫攻坚重点区域、重点群体、重点任务，坚决打好精准脱贫攻坚战，确保贫困人口如期进入全面小康社会。

（二）主要目标

1. 贫困人口稳定脱贫。到 2020 年，现行标准下所有农村贫困人口全部稳定实现“两不愁三保障”，贫困人口可支配收入年均增幅高于全市平均水平，贫困户危房全面改造，贫困人口教育资助、医疗救助体系全面建立。

2. 脱贫村建设全面夯实。到 2020 年，“一村一品”产业格局基本形成，特色产业效应初步显现；农村道路发展短板基本补齐；生产生活用水全面覆盖；用电、通信质量全面提高；农村居住环境全面改善；基层组织建设水平全面提升。

3. 脱贫成果切实巩固。稳定脱贫、动态监测、脱贫后扶、防止返贫长效机制不断健全，贫困地区和贫困群众自我发展能力明显增强，全区综合贫困发生率控制在 1% 以内，返贫率控制在 0.5% 以内。

（三）基本原则

1. 聚焦深度贫困。坚持向脱贫村、未脱贫户、低保户、残疾户、重病患者等特定贫困群体聚焦，以问题为导向、以政策为保障、以帮扶为抓手，人员力量、项目资金进一步倾斜，坚决攻下坚中之坚。

2. 筑牢保障政策。针对贫困人口致贫返贫主要因素，坚持问题导向，在注重公共政策惠及面和公平性的前提下，按照既不能降低标准、又不能吊高胃口的要求，坚持面上政策全面贯彻落实，创新完善有针对性的保障措施，最大限度将政策的含金量转化为贫困群众的获得感和幸福感。

3. 突出改革牵引。坚持改革创新和循序渐进相结合，以深化农村综合改革为抓手，以贫困人口持续稳定增收为着力点，积极稳妥推进农村“三变”改革试点，创新产业、就业扶贫方式，强化利益联结机制，推进乡村治理变革，不断增强贫困地区和贫困群众自我发展能力。

4. 激发内生动力。坚持扶贫同扶智、扶志相结合，教育引导贫困群众摒弃“等、靠、要”思想，注重引导贫困群众广泛参与扶贫项目建设，注重培育贫困群众发展生产和务工经商的基本技能，注重发挥基层组织的教育示范引领作用，注重激发贫困地区和贫困群众脱贫致富的内在活力。

5. 坚持分类指导。统筹推进脱贫村与非贫困村、贫困户与非贫困户扶贫脱贫，确保不让一个贫困户掉队。要切实解决“插花”贫困，对已脱贫人口，攻坚期内脱贫不脱政策，做到扶上马、送一程；对特定贫困群众，强化政策保障，确保真实脱贫。

二、工作任务

（一）基础设施提升行动

围绕全区交通行动计划，补齐交通短板。动工建设乐温大桥、老槽口大桥和官栈河大桥，全面解决龙河镇乐温片区、云集镇玛瑙片区群众出行难问题。加快推进长寿湖三角碑至涪陵界、芦池至邻水界等一批干线公路改（扩）建工程，不断优化群众出行条件。至2020年，在10个脱贫村完成“四好农村路”（通组公路）建设45千米，实现30户（或100人）以上村民小组通达率达到100%，村民小组通畅率达到80%。完成农村人行便道建设300千米，基本实现湾湾通公路、户户通人行便道。实施农村公路安保工程，确保道路通行安全。继续实施农村人饮项目，到2020年，农村集中供水率达89%以上，农村自来水普及率达84%以上。持续开展农村电网改造提质增效工程，不断提升农村用电水平。实施宽带乡村示范工程，所有脱贫村实现宽带网络和4G网络全覆盖。

（二）特色产业扶贫行动

围绕“1+5+2”特色农业产业体系，加快推进农业特色产业链全环节升级、全链条增值、全覆盖带动，支持农业企业依托脱贫村的产业、资源优势开展一二三产业融合发展项目建设。大力鼓励贫困户申请金融扶贫贷款，未脱贫户用好用活产业扶贫发展资金，因地制宜发展特色种养殖业，实现增收致富。继续实施贫困户开办家庭农场补助政策，充分调动贫困户发展产业的主动性和积极性。实施好1万亩经果林项目。在“特色”和“效益”上做足文章，培育提升脱贫村特色优势产业，每个贫困户稳定发展1—2个增收项目，做到“一村一品”“一户一业”。强化农业实用技术培训，到2020年，实现10个脱贫村农民田间学校全覆盖，农业技术推广人员对接指导2000户贫困户发展产业。启动建设农畜产品加工区，深入推进“接二连三”工程，打造加工型产业园区。全面完成供销基层社（分社）改建，依托其社有企业，开展农资配送、统防统治、代耕代种等农业社会化服务。开展农村“三变”改革试点，探索贫困户参与机制和受益机制。推进涉农领域财政补助资金股权化改革，涉农项目主管部门每年统筹3000万元以上财政资金对全区财政资金补助50万元以上的涉农项目实施股权化改革。

（三）乡村旅游扶贫行动

实施旅游扶贫工程，充分依托脱贫村的自然资源和特色产业优势，开展农事体验、瓜果采摘、垂钓等乡村旅游活动，支持贫困户发展农副产品和家庭手工旅游产品，吸引游客“干农家活、品农家果、吃农家饭、住农家院”，促进贫困户增收。依托长寿湖、菩提山等4A级景区以及重点农业企业农旅融合发展优势，探索带动脱贫村和贫困户的旅游扶贫发展模式，打造一批乡土气息浓厚、体现长寿优秀本土文化的镇村特色游玩项目，通过定向招工就业、订单采购、共建特色农产品基地、成立旅游利益联盟等方式带动贫困群众直接受益。贫困户直接发展乡村旅游项目，每户给予3万元到户补助、5万元小额扶贫信贷扶持。

（四）电子商务扶贫行动

推进农村电子商务物流基础设施建设，建立完善区、镇（街）、村三级物流体系。结合脱贫村、贫困户的脱贫项目，培育适宜网络销售的农村电子商务产业；强化产销衔接，推动贫困地区网销农特产品进社区、进超市、进食堂、进市场。加强脱贫村电子商务带头人培养，每个脱贫村至少培育1名电子商务带头人，每年开展2次农村电子商务现场观摩活动。推动电子商务带头人与贫困户建立长期、稳定的利益联结机制，结成利益共同体，发展“电子商务+带头人+贫困户”“电子商务+农民合作社+贫困户”“电子商务+龙头企业+贫困户”的带动脱贫新模式。建成区级农村电子商务公共服务中心，大力打造镇级电商服务站、村级电商服务点。贫困户通过电商平台创业就业，给予适当补助和扶贫小额信贷支持。积极推动互联网、大数据、云计算、物联网等在贫困地区的运用。

（五）就业创业扶贫行动

建立和完善农村贫困劳动力就业信息平台，精准掌握贫困户劳动力信息，积极开展各项就业服务。积极发展“雁归经济”，鼓励贫困户自主创业，搭建好服务、创业和担保贷款等就业创业平台，精准实施就业创业扶持政策。依托长寿经开区、长寿工业园区、现代农业园区等企业用工需求，鼓励贫困户就近就业脱贫。深入开展脱贫村创业致富带头人培训。整合“就业技能培训”“雨露计划”“新职农培训”等培训资源，通过校校合作、校企合作等培训模式，开展建卡贫困户订单式、定向式技能培训，实现“培训一人，就业一人”。鼓励职业院校面向贫困家庭开展职业技能培训。用好用活用足农村公益性岗位和农村服务型岗位政策，对贫困人员进行托底安置，实现过渡性就业帮扶。继续扩大贫困人口生态护林员选聘规模，指导和帮助有条件的村组建立扶贫造林合作社，吸纳贫困人口参与造林和管护。

（六）健康医疗保障行动

深化健康扶贫工程，全面夯实基本医保、大病医保、商业保险、医疗救助、慈善帮扶“五重保障”，切实解决因病致贫、因病返贫问题。将贫困人口全部纳入城乡居民合作医疗保险和大病保险参保，确保贫困人口享受基本医疗保障。对贫困人口9种大病患者进行集中救治，对患有慢性病的贫困人口提供签约服务和慢病管理，区级医疗专家“一对一”帮扶大（重）病贫困患者，对重病患者进行重点救助。将贫困人口全部纳入重特大疾病医疗救助范围，进一步提高医保报销比例，降低医保起付线，减轻贫困人口医疗费用负担。实施“光明扶贫工程”，对贫困人口白内障患者进行免费救治。完善贫困人口大病商业补充保险。完善贫困人口扶贫医疗救助基金。全面实施区域内定点医疗机构住院“先诊疗后付费”改革。贫困户家庭医生签约服务、建档全覆盖。到2020年，基层医疗机构标准化全覆盖、村卫生室标准化全覆盖，农村贫困人口区域内就诊率达到90%。加强兜底贫困户动态管理，及时将符合条件的贫困人口全部纳入农村低保，确保“应保尽保”。已纳入低保兜底、符合条件的脱贫户（除因死亡、迁出等家庭人员变化或家庭收入、财产等经济状况明显超标外），到2020年前继续享受低保政策。加大养老保险政策宣传力度，建立特定困难群体政府代缴养老保险费机制，引导贫困人口积极参保续保。

（七）教育文化扶智扶贫行动

深化教育资助扶贫行动，完善防止因学致贫返贫长效机制。完善从学前教育至大学阶段全覆盖的资助政策，实现建档立卡贫困户学生资助全覆盖，从根本上解决贫困代际传递问题。加大对考上高等院校的贫困家庭子女资助力度，确保顺利完成学业。积极帮助贫困户学生接受中、高职业教育，区内中职学校就读的建卡贫困户“两后生”每生每年资助5900元。实施“三大专项计划”和高中贫困毕业生定向培养（全科医生）招生计划、免费学前师范生和全科教师计划，每年定向招录小学全科免费师范生20名。深入实施文化扶贫工程，充分发挥图书馆、文化馆、基层文化服务中心作用，推动贫困地区文化产业发展，创作一批反映脱贫攻坚工作的优秀文艺作品。开展“三下乡”文艺演出、“星耀长寿”才艺展示、“炫动新长寿 百姓大舞台”等文体活动，丰富群众精神文化生活。扎实推进移风易俗改进不良风气专项整治行动，整治铺张浪费、厚葬薄养等问题，保持社会优良风气。开展区级文明村镇和十星级文明户评选活动，到2020年，命名区级文明村镇30个、十星级文明户200户。丰富村规民约内容，培育健康文明生活方式。设立“乡贤讲理堂”、脱贫攻坚“讲习所”。组织感动人物、道德模范、身边好人等先进典型进行巡回宣讲，激发贫困户脱贫志气。

（八）集体经济壮大行动

通过资源有效利用、资产量化确权入股、提供社会化服务、开展租赁业务、发展混合经营、林权权益让渡、发展互助资金、实施光伏扶贫、入股企业分红等方式，在脱贫村试点培育发展新型村级集体经济。支持农村集体经济组织与入驻本村的农业企业进行股份合作，支持创办农业生产经营合作社、劳务合作社等服务实体，支持开发利用集体经营性建设用地。盘活村集体闲置办公用房、闲置学校等不动产，开展设施租赁等经营业务。加强农村集体经济组织资金、资产、资源管理，强化对贫困户的利益联结。到2020年，消除无经营收益的“空壳村”。

（九）金融精准扶贫行动

集聚银行、保险、担保等行业合力，积极对接和落实上级金融扶贫政策，创新金融扶贫模式，将金融资源更加聚焦脱贫村、贫困户、扶贫帮困企业，加大贷款服务力度，推动金融服务到村到企到户到人。加强银担合作，为带动贫困户脱贫增收能力强的龙头企业等经营主体提供融资担保服务。建立“政府+银行+保险+企业+农户”扶贫小额信贷风险防控体系，探索开展龙头企业金融扶贫助推贫困户增收模式，建立完善利益联结机制，落实风险补偿政策，实现有意愿、有条件的扶贫对象全覆盖。加大农业企业上市挂牌培育辅导，推荐优质农业企业进入全市拟上市企业储备库。推进贫困人口“精准脱贫保”，完善政策性保险与商业保险相结合的保险扶贫机制。

（十）美丽乡村建设行动

完善农村生活垃圾治理长效管理机制，优化完善脱贫村垃圾收运设施，确保脱贫村垃圾有效治理。建立和完善农村再生资源回收利用网络体系。在19个街镇规范发展1—2个废旧物资回收网点，鼓励再生资源企业和供销基层社（分社）积极开展废弃农膜回收，主动参与农村生活垃圾分类试点，提高生活垃圾资源利用率。实施农村“厕所革命”，向有旅游资源的脱贫村倾斜，提高农村卫生厕所普及率。到2020年，实现全区街镇和常住人口1000人以上的农村居民聚居点集中式污水处理设施和配套管网全覆盖。生活垃圾有效处理行政村比例达到95%以上。完善住房安全保障评定标准，加大质量安全监管和排查力度。实施农村危房改造工程，2018年全面完成已确定的建档立卡贫困户D级危房改造。引导村民住房采取长寿区“一区一图”标准图集进行建设。实施新一轮退耕还林、村庄绿化美化等林业工程项目，促进贫困地区产业发展和农村人居环境改善。

（十一）社会协作动员行动

鼓励社会力量参与扶贫协作和对口支援。继续落实“区级部门—街镇”对口帮扶机制，大力推行工业反哺扶贫，鼓励在长国有企业和大型民营企业与脱贫村结对，为脱贫村提供技术、资金和项目扶持。开展脱贫村与本街镇内强村结对共建，在党组织建设、村干部能力素质培养、困难群体帮扶、产业发展等方面开展交流共建。创新完善农村留守儿童、留守妇女、留守老人“三留守”群体关爱帮助体系，形成政府、社会、家庭多方联动。组织团员青年、西部计划志愿者开展系列脱贫攻坚志愿服务活动。引导扶贫公益组织依法依规开展募捐和设立扶贫公益基金，探索发展公益众筹扶贫。完善社会扶贫激励政策，每年“扶贫日”期间广泛开展扶贫献爱心活动，为社会力量参与脱贫攻坚营造良好氛围。

三、工作保障

（一）加强组织指挥

坚持中央统筹、市负总责、区县抓落实的工作机制，强化区级负主体责任、街镇负直接责任的责任体系。区委、区政府每年召开脱贫攻坚工作推进会，逐级签订责任书，研究细化实施方案和年度计划，做好进度安排、项目落地、资金统筹、人力调配、推进实施等工作。坚持区、镇（街）两级扶贫开发领导小组“双组长”制。每季度至少召开一次区级扶贫开发领导小组会议。围绕“十一大行动”，实行区级分管领导负责制，分别牵头制定子方案，挂图作战、清单管理，每年向区扶贫开发领导小组报告任务落实情况。街镇党委、政府要切实履行直接责任，及时传达中央、市、区有关扶贫工作会议精神，每季度至少召开一次党委（政府）会议，专题研究扶贫工作，每月至少召开一次脱贫攻坚工作推进会，查找脱贫攻坚工作存在的问题，提出具体的解决办法，全面落实好精准脱贫攻坚战实施方案和年度重点工作。

（二）健全政策保障

健全财政支持政策，加大存量资金盘活力度，确保财政结转资金优先用于脱贫攻坚，推进财政涉农资金整合，充分发挥扶贫资金绩效管理。至2020年，做到农村基础设施建设投入只增不减。继续完善和落实产业扶持、教育资助、医疗救助、危房改造、社会保障等到户到人政策。落实脱贫攻坚土地支持政策。加强脱贫攻坚政策宣传阐释，把政策条目转化为具体项目，把政策措施变成群众的自觉行动。策划推出“砥砺奋进的五年·扶贫蹲点日记”等系列精准扶贫专题报道，结合“两微一端”加大正面宣传力度，开展舆情监测和涉贫舆情研判，积极营造正确舆论导向，倡导良好的社会氛围。

（三）强化精准管理

充分依托大数据、云计算手段，建立区公安局、区财政局、区人社局、区国土房管局、区扶贫办、区工商分局等部门的协作工作机制，搭建全区精准扶贫涉及的户籍人口、车辆、财政供养、房屋、经商办企业等大数据监测平台，强化数据信息成果运用，确保扶贫部门数据与行业部门信息互通。健全完善贫困动态监测机制，对致贫趋势进行预警和提前干预。严格按照识别程序和标准开展精准识别工作，深入开展脱贫村和贫困户的遍访活动，定期开展一次“地毯式”普查，防止“漏评”。适时开展建档立卡贫困户“回头看”，防止“返贫”，确保应进则进、应扶尽扶。探索解决就地“农转非”贫困识别和帮扶问题。统筹抓好“临界非脱贫村”“临界非贫困户”扶贫工作，探索开展相对脱贫村、相对贫困户识别帮扶工作，确保始终瞄准农村最薄弱、最需要扶持的地方。区交委、区水务局、区农委等部门加强对脱贫攻坚项目论证和储备，建立区级脱贫攻坚项目库。建立脱贫退出正向激励机制和脱贫荣誉制度，鼓励贫困人口主动脱贫。转变扶贫方式，除低保兜底发放现金外，其他扶贫措施要与贫困群众参与挂钩，调动贫困户自主脱贫的积极性，原则上不得采取直接发放钱物的方式进行。

（四）稳定干部队伍

选优和培养一支懂扶贫政策、爱扶贫事业、爱贫困群众的扶贫工作队伍。抓好以村党组织为核心的村级组织配套建设，选好配强村“两委”班子。健全驻村帮扶工作机制，到2020年前第一书记和驻村工作队不撤，同时实行派出单位与派驻干部项目捆绑、资金捆绑、责任捆绑，把派驻干部所驻村作为派出单位帮扶点。有序选派优秀年轻干部、专业技术人才到贫困地区开展“蹲点”帮扶。深化回引本土人才工作，培养一批有能力、有热情、有志于带领贫困群众脱贫致富的带头人，打造一支“不走的扶贫工作队”。深入实施科技特派员制度，实现脱贫村区级科技特派员全覆盖，以创业式扶贫服务理念为指导，提高贫困户科学技能和劳动生产率。组织开展脱贫村党组织书记、驻村工作队、镇村扶贫干部轮训，提高精准扶贫工作能力。

（五）实行考核评估

完善对街镇党委、政府脱贫攻坚工作考核办法，建立年度集中考核和平时工作情况相结合的考核机制，实施最严格扶贫成效考核，建立问责激励双重机制。坚持把脱贫攻坚实绩作为选拔使用干部的重要依据，重用扶贫工作成绩突出的干部；区委、区政府每年通报一批扶贫工作先进集体和先进个人；对完不成脱贫攻坚任务的干部及时调整，年度考核实行“一票否决”，考核结果对街镇和区级扶贫部门捆绑使用。建立街镇自查、区级检查、满意度调查“三位一体”贫困退出机制，严格退出标准和程序，做到扶贫工作必须务实，脱贫过程必须扎实，脱贫结果必须真实。切实减轻基层工作负担，取消不必要的考核检查，减少基层填表报数。

（六）重点监督落实

完善集中督查、重点抽查、专项巡查、随机暗访、社会监督“五位一体”的督查监督体系，以钉钉子精神抓好脱贫攻坚各项政策措施落地落细落实。建立扶贫资金项目“事前、事后”公示公告制度，充分发挥村务监督委员会和扶贫义务监督员作用，主动接受社会和群众监督。完善脱贫攻坚监督执纪问责机制，强化纪检监察、检察、财政、审计、扶贫等机关和部门之间的协作配合。扎实开展扶贫领域腐败和作风问题专项治理。深入开展扶贫领域职务犯罪集中整治行动。强化扶贫资金项目监管，加大通报曝光和追责问责力度，对贪污挪用、截留私分、优亲厚友、虚报冒领扶贫资金的违纪违法行为，坚决纠正、从严从重处理。坚决杜绝脱贫攻坚中的形式主义，严禁急于求成搞“形象工程”、盲目举债搞“政绩工程”，严禁出现“虚假脱贫”“数字脱贫”，严禁出现不作为、乱作为问题，确保脱贫成效真正获得群众认可、经得起实践和历史检验。

附件：重庆市长寿区精准脱贫攻坚战重点项目任务分解表（略）

中国共产党重庆市长寿区第十三届委员会第三次全体会议决议

（2018年4月20日中国共产党重庆市长寿区第十三届委员会第三次全体会议通过）

中国共产党重庆市长寿区第十三届委员会第三次全体会议于2018年4月20日召开。区委常委会主持会议。全会深入学习贯彻中共十九大精神，以习近平新时代中国特色社会主义思想为指引，全面贯彻习近平总书记视察重庆重要讲话和参加重庆代表团审议时重要讲话精神，认真落实市委五届四次全会部署要求，听取讨论了赵世庆同志代表区委常委会所作的讲话，审议通过了《中共重庆市长寿区委关于营造良好政治生态的意见》和《中共重庆市长寿区委关于加强法治和德治工作的实施意见》。

全会指出，政治生态是一个地方政治生活现状和政治发展环境的集中反映，是党风、政风和社会风气的综合体现。营造良好政治生态，是旗帜鲜明讲政治、坚决维护党中央权威和集中统一领导的政治要求，是持之以恒正风肃纪、推动全面从严治党向纵深发展的迫切需要，是锻造优良党风政风、确保长寿改革发展目标顺利实现的重要保障。过去十年，重庆相继发生薄熙来、王立军案件和孙政才案件，对政治生态和干部队伍伤害极大，长寿也未能幸免。2017年7月中旬以来，在以习近平同志为核心的党中央坚强领导下，在市委的统一部署下，区委坚定不移推进全面从严治党，集中精力抓好政治生态建设，风清气正的政治生态日渐形成。同时也要清醒地看到，政治生态建设是一个不断积累、不断完善、不断深化的过程。全区广大党员干部要切实增强做好工作的政治自觉、思想自觉、行动自觉，不断把长寿区政治生态建设引向深入。

全会强调，当前和今后一个时期，长寿营造良好政治生态的总体要求是：深入贯彻中共十九大精神，深学笃用习近平新时代中国特色社会主义思想，全面贯彻落实习近平总书记视察重庆和参加重庆代表团审议时重要讲话精神，增强“四个意识”，坚定“四个自信”，突出加强党的全面领导，突出严肃党内政治生活，突出党的政治纪律和政治规矩，突出思想建党和制度治党紧密结合，突出从严选好用好干部，突出领导带头和解决问题，突出肃清孙政才恶劣影响和薄熙来、王立军流毒，以永远在路上的执着把全面从严治党引向深入，为新时代长寿发展提供坚强有力的政治保证、思想保证和组织保证。

全会强调，旗帜鲜明讲政治，是党的重大政治原则，是营造良好政治生态的首要任务。营造良好政治生态，必须始终把政治建设摆在首位。对重庆来讲，正是因为有以习近平同志为核心的党中央权威和集中统一领导，我们的工作才有底气；正是因为有习近平新时代中国特色社会主义思想的正确指引，我们的发展才会健康；正是因为有习近平总书记的高度重视、亲切关怀，我们的事业才能成功。必须切实增强“四个意识”，坚定“四个自信”，深学笃用习近平新时代中国特色社会主义思想，始终在思想上政治上行动上同以习近平同志为核心的党中央保持高度一致，坚决维护习近平总书记党中央的核心、全党的核心地位，坚决维护以习近平同志为核心的党中央权威和集中统一领导，确保全区各级党组织和广大党员干部一切行动听党中央指挥、向总书记看齐，确保长寿所有工作部署都以贯彻中央精神为前提，确保长寿各项事业沿着总书记指引的正确方向前进。在这个政治前提下，要着力营造团结和谐的环境、干事创业的环境、遵纪守法的环境、崇德向上的环境、正确用权用人的环境。

全会强调，开创全区各项工作新局面，营造良好政治生态，最要紧的任务是肃清孙政才恶劣影响和薄熙来、王立军流毒。坚决肃清是为了坚定前行。只有把肃清工作抓好了、抓到位了，把正面的立起来，把反面的去掉，才能卸下包袱、轻装上阵。要深刻认识肃清工作的重要性紧迫性，客观看待肃清工作的艰巨性复杂性，切实增强肃清工作的针对性有效性，充分发挥领导干部带头肃清的示范性斗争性，在“十破十立”上狠下功夫，进一步加强教育引导、注重破立并举、抓住“关键少数”，集中力量打一场正风肃纪、刷新吏治的攻坚战持久战，确保全面彻底干净肃清孙政才恶劣影响和薄熙来、王立军流毒。

全会强调，严肃党内政治生活，是加强党内政治生态建设的基础性工作。要不断增强党内政治生活的政治性时代性原则性战斗性，自觉尊崇党章，严格执行《关于新形势下党内政治生活的若干准则》，切实加强和规范党内政治生活，烧旺锤炼党性的“大熔炉”，真正让党内政治生活严起来、实起来、活起来。要严格执行民主集中制，用好批评和自我批评这个武器，创新方式方法，不断提高组织生活质量。

全会强调，选什么样的人、用什么样的人，直接影响和反映一个地方的政治生态。要牢固树立正确选人用人导向，始终坚持党管干部原则，认真落实新时期好干部标准，大力整治选人用人上的不正之风，进一步健全完善干部考核评价机制，努力建设一支高素质专业化干部队伍。

全会强调，营造良好政治生态，必须保持正风肃纪战略定力，持之以恒加强作风建设。要驰而不息整治“四风”问题，要精准落实监督执纪“四种形态”，不断把反腐败斗争引向深入，奋力夺取反腐败斗争压倒性胜利，坚决铲除腐败这个政治生态最致命的污染源。

全会强调，政治文化是政治生活的灵魂，对政治生态具有潜移默化的影响。党内政治文化积极健康，政治生态就会风清气正；党内政治文化出了问题，政治生态必然受到污染。要进一步坚定“四个自信”，切实加强党内政治文化建设，大力倡导和弘扬正确价值观，深入继承和发扬中华优秀传统文化，坚决抵制和反对庸俗腐朽的政治文化，不断培厚良好政治生态的土壤。

全会指出，加强法治和德治建设对营造良好政治生态至关重要。要紧紧围绕习近平总书记“法安天下、德润人心”的要求，以真抓实劲、敢抓狠劲、善抓巧劲、常抓韧劲，坚持法治反对人治，既讲法治又讲德治，促进法律和道德的力量紧密结合、法治和德治的功能紧密结合、自律和他律紧密结合，为推动长寿各项工作迈上新台阶提供坚强的法治和德治保障。

全会强调，要坚持法治、反对人治。切实维护宪法法律权威，坚决防止个人凌驾于宪法法律之上；严格执法公正司法，坚决防止执法不公徇私枉法；加强权力运行制约监督，坚决防止以言代法以权压法；强化领导干部厉行法治，坚决防止藐视法治践踏法治。要既讲法治又讲德治，把道德要求融入地方法治建设全过程，运用法治解决道德领域突出问题，提高全民法治意识和道德自觉。要抓好领导干部政德建设。明大德，坚定理想信念；守公德，全心全意为人民服务；严私德，严格约束操守和行为；提高政德建设的针对性和实效性。要引导党员干部多积尺寸之功。注重点滴积累，引导党员干部树立正确政绩观；注重防微杜渐，引导党员干部筑牢思想防线；注重小事小节，引导党员干部管好生活圈交往圈娱乐圈。要加强党对法治和德治工作的领导，健全党领导法治和德治工作体制机制，树立崇尚法治和德治的选人用人导向，推动法治和德治工作落地见效。

全会强调，要把营造良好政治生态和做好改革发展稳定工作有机结合起来，切实把营造良好政治生态的成效体现和落实到改革发展稳定工作中，在做好改革发展稳定工作中检验政治生态建设的成效，将营造良好政治生态贯穿到抓兑现落实的全过程，推动长寿各项工作迈上新台阶。

全会强调，营造风清气正的良好政治生态，必须从各级领导干部做起。全区各级领导干部要自觉做营造良好政治生态的表率、加强法治和德治建设的表率，强化责任担当，坚持以上率下，始终严格自律，做到信念过硬、政治过硬、责任过硬、能力过硬、作风过硬，当好党内政治生态“护林员”。

全会号召，全区各级党组织和广大党员干部要更加紧密地团结在以习近平同志为核心的党中央周围，深学笃用习近平新时代中国特色社会主义思想，不忘初心、牢记使命，锐意进取、埋头苦干，全力营造良好政治生态，推动长寿各项事业发展，切实把中共十九大精神和习近平总书记殷殷嘱托全面落实在长寿大地上。

中共重庆市长寿区委
重庆市长寿区人民政府
关于加快推进全域旅游发展的意见

（2018年8月17日）

为贯彻落实党中央、国务院关于全域旅游发展的决策部署，推动长寿区旅游业高质量发展，打造长寿旅游业发展升级版，加快建成休闲旅游胜地，根据市委、市政府《关于加快全域旅游发展的意见》（渝委发〔2017〕42号）、市政府办公厅《贯彻落实国务院办公厅关于促进全域旅游发展指导意见重点任务分工的通知》（渝府办发〔2018〕98号）文件及全市旅游发展大会精神，现就加快推进长寿区全域旅游发展，提出如下意见。

一、总体要求

（一）指导思想

以邓小平理论、“三个代表”重要思想、科学发展观、习近平新时代中国特色社会主义思想为指导，全面贯彻中共十九大精神，深入落实习近平总书记视察重庆重要讲话精神，牢固树立和践行新发展理念，坚定不移走生态优先、绿色发展之路，围绕全景式规划、全季节体验、全产业发展、全方位服务、全区域管理，大力推进全域旅游发展，做大做强“长寿文化”“寿湖山水”“康体养生”“工业旅游”“乡村旅游”五大特色，打造“中华长寿文化旅游名城”，唱响“天赐长寿·人人向往”，推动旅游供给品质化、旅游产品丰富化、旅游参与全民化、旅游效益最大化，着力打造旅游业发展升级版，全面建成休闲旅游胜地。

（二）发展目标

到2022年，全区旅游综合收入达到80亿元，旅游业增加值占GDP比重达到10%，旅游业成为全区综合性战略支柱产业，全面建成休闲旅游胜地。建成国家4A级及以上景区4个，3A级景区3个，市级旅游度假区1个，国家级旅游度假区1个。力争建成星级饭店8家（其中：五星级饭店3家）。建成特色乡村休闲旅游区6个、特色旅游镇5个、特色旅游村15个。培育“长寿人家”20个、特色旅游商品购物点30个。培养导游30名，导游外语普及率达到50%。

二、主要任务

（一）全面推动全域旅游发展

充分发挥规划的统筹引领作用。立足全景式规划，坚持“宜游则游”，突出重点、培育亮点、做强特色、做深内涵。在编制相关行业规划时，应充分满足旅游业发展需要，做到“多规合一、部门联动、产业融合”，全面完成村规划编制工作。注重全季节体验，培育避暑避寒业态。推动全产业发展，围绕吃、住、行、游、购、娱、商、养、学、闲、情、奇等要素完善和延伸产业链，丰富产品供给，促进业态融合，增强旅游业带动作用。提供全方位服务，完善旅游集散、导览导视、咨询投诉、公共停车、旅游厕所、网络预订、WIFI覆盖等公共服务。统筹全区域管理，组建与全域旅游发展相适应的旅游综合管理机构，统筹调度旅游、交通、工商、城管、商务、食药监、安监、农业等涉旅部门联动执法，切实加强旅游市场综合监管，共同维护旅游市场秩序。支持旅游行业协会依法开展各项工作。

（二）加快推进长寿湖国家级旅游度假区建设

以养生度假业态和产品为核心，全面推进长寿湖国家级旅游度假区创建。积极培育品质度假、养老康疗、滨水休闲、游乐体验、夜游体验等业态，丰富“长寿”特色的养生度假生活体验方式。加快康养中心、养生养老社区等项目建设。全力推动星级酒店建成投用和旅游商业街全面开业。大力扶持房车营地、游艇俱乐部、休闲生态渔村等项目发展。

（三）着力提升旅游景区品质

提升长寿湖旅游区品质。积极开发水上游乐、水上训练、水上表演、水上运动赛事、夜游产品等新业态。完成长寿湖高铁站至景区旅游专线、长寿湖环湖路、景区道路绿化提升、寿岛文化公园等项目建设。完善西岸景区游客遮阳休息、住宿餐饮等功能性设施。实施景区景观绿化改造提升工程，培育核心景观点。巩固提升景观、物业管护水平。优化拓展景区范围，着力促进景区与度假区有效衔接。

提升菩提山文化旅游景区品质。建成长寿三贤园（怀清台、还珠楼主纪念园、谯定园）、菩提山游客接待中心、旅游商业配套设施等项目，积极开展各类文化活动，力争景区逐步实现商业化经营。

提升菩提古镇旅游景区品质。抓紧建设菩提古镇旅游厕所、停车导视系统、母婴设施、避暑降温等公共配套设施。提升景区讲解导游服务水平。加强商务会展、演艺活动引进和管理，强化新业态引进。加强与旅行社团队的合作。积极推动菩提古镇与菩提山景区的衔接工作。

推进滨江长寿谷建设。完善定慧寺配套设施建设，高水平保护修缮三倒拐历史文化老街，高品质完成滨江长寿谷库岸综合整治，基本建成滨江长寿谷景区。

（四）大力支持乡村旅游良性发展

以街镇为主导，以原住民为主体，结合乡村振兴和美丽乡村建设发展乡村旅游。引导现有项目规范、有序、良性发展，积极推动“长寿人家”乡村旅游品牌建设，因地制宜发展乡村度假酒店、特色精品民宿、森林木屋等多样化乡村度假业态。依托现代农业园区大力发展智慧农业、绿色农业、定制农业、跨界农业，打造集采果、品鲜、节庆活动为一体的特色农场、特色庄园、田园综合体等。支持区属重点国有企业投资经营乡村旅游项目。鼓励景区景点、宾馆饭店、游客集散中心、高速公路服务区等场所设置农副土特产品销售区，支持有条件的乡村旅游重点村实施“一村一店”。鼓励村集体以特别法人发展乡村旅游。建立旅游创新创业和就业服务平台，促进全社会参与旅游发展。

立足农业产业、自然资源、遗址遗迹、民俗文化、传统工艺、特色商品等乡村旅游资源，重点推动城周、“两山”（黄草山、五华山）、农业“三园”、两湖（长寿湖、大洪湖）地区的乡村旅游发展。理顺乡村旅游项目规划、审批和建设路径，着力解决乡村旅游的项目审批、土地出让、建设管理等重点问题。统筹整合国土、农业、林业、水利、畜牧、扶贫、移民、环保、交通等方面的项目和资金，加强农村人居环境综合整治，着力解决游客综合服务中心、停车场、污水处理、通信服务、旅游步道等基础设施配套和生态保护问题。

（五）全面提升旅游综合配套

优化完善综合交通体系。完成渝长高速公路扩能改造，力争启动明月山“两江新区至长寿（道路）隧道”项目建设。积极推进广涪铁路、铁路二环线、渝达城际铁路长寿段建设，强力争取渝汉高铁进入长寿。加快改造 S436 称沱至渝邻高速（大湾）段、S413 义和至川渝界、海棠至川渝界段等县际出入普通干线公路，启动晏西路改造升级项目。积极推动渝利铁路长寿至重庆主城的公交化运营，开通菩提山、菩提古镇、长寿湖景区、长寿湖旅游度假区旅游专线公交车。加快建设长寿城区至长寿湖景区旅游快速干线公路。建成渝宜高速公路石堰互通，打通云台、石堰至五华山旅游通道。规划建设长江旅游客运码头。

完善旅游标识标牌引导系统。高起点规划建设高速公路入口、城乡干道公路、主要交通出入口、车站、景区、乡村旅游点等位置的旅游标识标牌。完善城区游客引导服务体系和停车导视系统。

完善集散咨询服务体系。建设长寿区全域旅游集散中心，完善提升景区服务中心功能，在商业街区、交通枢纽、景点景区等游客集聚区设立旅游咨询服务中心，有效提供景区、线路、交通、气象、安全、医疗急救等信息与服务。

推行旅游志愿服务。建立旅游志愿服务工作站，制定管理激励制度，开展志愿服务公益行动，提供文明引导、游览讲解、信息咨询和应急救援等服务，打造旅游志愿服务品牌。

加快建设智慧旅游系统。建立旅游产业监测与应急指挥平台、重庆智慧旅游云长寿分平台。完善提升旅游信息网络体系、旅游电子政务及电子商务平台，建设数字景区和数字城市。长寿湖旅游度假区、4A 级旅游景区、重点乡村旅游项目实现免费 WIFI 全覆盖。全面采集旅游及涉旅行业基础信息，实现旅游服务、管理、营销、体验智慧化。

扎实推进“厕所革命”。统筹规划建设城区、景区和农村公共厕所，确保主要旅游景区、城市商圈、旅游干线、重点乡村旅游项目、客运车站等场所厕所数量充足、实用免费。提高城乡公厕管理维护水平。

（六）积极推动旅游业融合发展

推动旅游业与农业融合。以乡村振兴为主线，以农旅养生为主题，突出农业观光、农业体验、生态休闲等功能，重点开发田园观光、特色农庄、采摘体验、垂钓露营等乡村旅游模式。鼓励因地制宜开展农业节会活动。镇、村规划全面融入农旅融合理念和乡村旅游功能。用好森林资源，积极发展森林旅游，支持农民就地发展“森林人家”。加大伏羊汤、河水豆花、米粉、肥肠饭、血豆腐、鱼面等特色美食的品牌培育和推广力度。

推动旅游业与交通融合。着力实施道路美化提升工程，乡村道路、森林防火通道、农村“四好公路”、长寿湖旅游风景道等结合需要设置观景台、旅游厕所、停车场、汽车充电桩等公共设施，大力推广长寿精品自驾一日游、二日游旅游线路，积极发展房车、游船、游艇、低空旅游等特色交通旅游产品。

推动旅游业与文化体育业融合。挖掘长寿文化、水电文化、红色文化等。开展文化遗产保护、普查、发掘和利用工作，打造历史文化街区、市级文化产业基地、市级特色文化小镇和乡村文化乐园，推动文创孵化园良性运营。大力引进特色专业人才，开发文化旅游、体育旅游、旅游演艺等旅游文化业态，创作文艺佳作，讲好长寿故事。继续办好铁人三项赛、龙舟赛、马拉松等品牌体育赛事，积极承办国家（市）级大型文体新赛事，举办乡村特色文化体育品牌活动。大力发展健身休闲运动项目，重点发展游泳、皮划艇、滑水、摩托艇、赛艇、龙舟等水上娱乐项目。打造汽车露营、素质拓展培训等体育休闲旅游基地。充分发挥重庆市水上运动训练基地的品牌效应和平台作用，把长寿湖建成全国著名的水上休闲运动中心、市级户外运动基地。

推动旅游业与商贸业融合。加快提升城市入口形象。加强城市干道、主要建筑物夜景灯饰升级改造。着力培育核心商圈，大力引进知名餐饮、娱乐、商贸等企业入驻，打造集休闲旅游、购物美食和文化娱乐为一体的高档旅游商圈。提升寿星广场的寿文化氛围，开发利用缆车等特有景观，深入挖掘长寿“母城”的旅游价值，全面提升城市旅游吸引力。优化长寿湖旅游度假区商业设施规划，集中布局休闲购物街区，引进特色酒店、风味餐厅、特色小吃店、茶艺馆、咖啡店等业态。重点打造长寿湖富盈湾商业广场、清明上河坊美食街、菩提古镇韩国街、菩提古镇文化创意产业园等特色文化旅游商业街。加大特色旅游商品开发和购物基地（点）建设力度，在城区建设旅游商品购物中心，在旅游度假区以及旅游业发展较好的街镇建设旅游商品购物点，充分满足游客购物需求。

推动旅游业与工业融合。利用长寿经开区、长寿工业园区发展工业旅游。挖掘钢铁、新材料、食品等厂区的参观考察、研学、产品展示、商品售卖等功能。新建项目注重规划参观廊道、产品展示、售卖区等旅游功能。积极开展与高等院校、旅行社的合作，推动工业旅游加快发展。

（七）着力强化宣传营销

加强长寿旅游整体形象宣传。采用节目植入、专题报道、精准网络广告等形式，利用主流媒体及移动平台等开展形象和活动宣传。进一步提升官方网站、微信、微博等媒体平台的影响力，建立智慧旅游全方位综合服务平台，逐步形成方便实用的旅游信息服务体系。将旅游形象纳入全区对外整体形象宣传推广之中，促进旅游宣传与城市外宣、文化交流、经济合作等紧密结合，全面提升“天赐长寿·人人向往”旅游品牌的知名度和美誉度。

着力开展市场营销。以重庆主城为重点，辐射周边区县及周边省市，加大旅游营销推广力度。积极参与跨区域旅游营销合作。继续举办鲜花展及各类传统节日、体育赛事等系列活动。支持各街镇和行业协会、市场主体举办特色旅游节会活动。深入挖掘旅游热点和游客兴趣点，引导旅游企业策划旅游产品。加强与国内大型旅游产品销售平台合作，开展线上线下联动等多种形式的市场营销。利用好旅游奖励政策，激发旅行社营销长寿旅游的积极性。

（八）大力推进旅游扶贫和旅游富民

全面推进脱贫村旅游资源普查，制定旅游扶贫规划，加强精品旅游项目和线路设计推广，健全完善“区带村、能人带户”的旅游扶贫模式，提高旅游扶贫的精准性。支持旅游经营主体通过定向招工就业、订单采购、共建特色农产品基地、成立旅游利益联盟等方式，增加脱贫村集经济收入，带动贫困群众直接受益。

（九）不断优化旅游环境

合理利用旅游资源，科学控制大洪湖、五华山、黄草山、五堡山等自然生态区的旅游开发强度，严守生态保护红线，保护好青山绿水。加强旅行社、交通、餐饮、住宿等窗口行业旅游服务质量建设，加强旅游从业人员和服务人员的职责素质和服务技能培训，提高旅游行业服务意识和服务技能，促进旅游服务水平整体提升。健全旅游综合协调、监管和执法机制，加强旅游市场综合执法和社会治安综合治理，开展旅游市场、交通秩序、公共治安、食品卫生等专项整治，严格依法治旅。加强旅游安全的日常监管，完善旅游安全预警体系，制定旅游突发事件应急预案，建立旅游环境集中综合整治长效机制，努力营造行之顺心、住之安心、食之放心、娱之开心、购之称心、游之舒心的旅游环境。

三、保障措施

（一）加强组织领导

坚持党委领导、政府主导、部门协同、市场主体、全民兴旅。完善区旅游经济大发展推进小组会议制度和议事制度，强化统筹协调，制定发展规划，落实发展任务，定期研究旅游发展过程中的重大事项，协调解决重大问题。重大项目实行区领导、区级部门主要负责人、街镇主要负责人共同负责的包干责任制。各有关部门按照工作职责完成旅游发展的相关目标任务。各街道办事处、镇人民政府成立旅游工作领导小组，认真谋划旅游工作，制定旅游发展方案，有序有效推进旅游发展。

（二）加大政策支持

设立1亿元的旅游发展专项资金，专项用于旅游规划编制评估、旅游形象推广、旅游品牌创建、旅游公共服务、旅游项目建设、旅游配套设施建设、旅游招商引资等，支持旅游产业快速发展。建立旅游产业项目库，积极争取国家、市级旅游发展资金。积极支持区内涉旅企业境内外上市。支持金融机构开发金融产品，加大金融支持力度。

（三）强化用地保障

根据全区旅游发展规划，优先安排重大旅游项目用地报批，支持乡村旅游项目编制“多规合一”村规划，积极争取旅游基础设施项目申报新增建设用地计划，建立旅游经营性用地地票周转储备机制，鼓励旅游企业使用存量建设用地进行旅游开发，鼓励旅游企业对荒地等未利用地进行旅游开发，强化旅游用地有效供应。

（四）加强考核督查

将全域旅游发展工作纳入经济社会发展综合目标责任体系，强化任务分解和责任落实。加强对全域旅游发展的专项督查，加大督查督办力度。

中共重庆市长寿区委
重庆市长寿区人民政府
关于全面优化营商环境促进民营经济发展的实施意见

（2018年9月18日）

为全面贯彻落实中共十九大精神和习近平总书记关于促进非公有制经济发展的重要讲话精神，落实全市民营经济发展大会精神，营造稳定、公平、高效、透明的营商环境，促进民营经济高质量新发展，结合长寿区实际，提出如下实施意见。

一、总体要求

（一）重要意义。民营经济是天生的市场经济、老百姓经济，也是经济转型升级的生力军、创新创业的主力军、吸纳就业的主渠道，民营经济活则全局活，民营经济兴则全局兴。全面优化营商环境，促进民营经济发展，是深入贯彻习近平新时代中国特色社会主义经济思想、建设现代化经济体系、推动经济高质量发展的必然要求，是落实总书记对重庆提出的“两点”定位、“两地”“两高”目标的必然要求，是贯彻以人民为中心的发展思想、让人民群众共享改革发展成果的必然要求，是坚决肃清孙政才恶劣影响和薄熙来王立军流毒、营造良好政治生态的必然要求，既是重大的经济问题、发展问题，又是重大的社会问题、政治问题。当前，长寿区民营经济总体规模偏小、优质企业不多、创新能力不强、发展活力不足、质量效益不高。必须深刻认识促进民营经济发展的重大政治意义、战略意义、经济意义和社会意义，切实增强推动民营经济新发展的使命感、责任感和紧迫感，牢固树立服务民营经济就是服务长寿发展的理念，毫不动摇鼓励、支持、引导民营经济发展，坚定民营经济发展信心、恒心，促进民营经济在新时代有新发展、新作为。

（二）指导思想。以习近平新时代中国特色社会主义思想为指导，深入贯彻中共十九大精神，全面落实习近平总书记对重庆提出的“两点”定位、“两地”“两高”目标和“四个扎实”要求，贯彻落实新发展理念，从拼资源拼政策转为拼环境拼服务，持续深化“放管服”改革，全力打造公平公正的法治环境、高效透明的政务环境、平等竞争的市场环境、安商亲商的社会环境，着力保护合法权益、提高服务效率、降低制度成本、提升社会地位，推动民营企业积极投身“一带一路”建设和长江经济带发展等国家重大战略，主动参与“三大攻坚战”和“八项行动计划”，在全局中找准定位、找准方向，促进全区民营经济转型升级、提质增效、创新发展，不断提升民营经济活力、创造力和整体实力，为长寿区建设“四个示范区”，决胜全面建成“三地一中心”提供强劲动力。

（三）主要目标。努力打造国际化、法治化、便利化的一流营商环境，民营经济发展质量持续提升，力争到2022年，全区市场主体达到6万户以上，其中民营企业达到1.8万户以上，民营经济增加值占GDP比重达到60%左右，创造税收占全区税收收入比重达到60%左右，就业人员占全社会就业人员比重达到70%以上。

二、全力打造一流营商环境

（四）优化法治环境。着力营造司法机关依法执法、行政机关依法行政、民营企业依法经营的良好环境。切实加强产权保护，审慎把握处理产权与经济纠纷的司法政策，加强对涉及民营企业案件的法律监督，严格规范涉案财产处置的法律程序，依法慎用拘留、逮捕和查封、扣押、冻结等强制措施，确需采取查封、扣押、冻结措施处置涉案财物的，严格区分合法财产和违法所得、个人财产和企业法人财产、涉案人员个人财产和家庭成员财产。除依法须责令关闭的企业外，在条件允许且符合有关规定的情况下可以为企业预留必要的流动资金和往来账户，不得查封、扣押、冻结与案件无关的财产，切实保护民营企业和民营企业家合法财产不受侵犯、合法经营不受干扰。依法严厉打击侵害企业和企业家合法权益、扰乱企业正常经营秩序的违法犯罪活动，有效化解涉及企业及职工的矛盾纠纷，为民营企业发展创造安全稳定的社会环境。加大对侵犯民营企业知识产权犯罪打击力度，探索现有法律框架下以知识产权的市场价值为参照确定损害赔偿额度。加强法律顾问队伍建设，引导民营企业建立公司律师制度。抓住企业经营管理人员和企业员工两个关键，建立健全企业经营管理人员法律培训制度，着力提升民营企业管理人员的法律素养和企业员工依法维权能力。区司法局和区工商联要加强联系，优选一批律师、公证员等法律服务人员，建立民营企业法律服务人才资源库，借助“12348”法律热线和区公共法律服务中心，积极为小微企业、个体工商户和困难企业提供法律咨询服务。建立区人民法院、区人民检察院、区公安局、区司法局与区工商联、行业主管部门、商会、行业协会等单位联席会议制度，定期召开民营经济发展协调会，推动解决民营企业发展中的相关法律问题。

（五）建立“四张清单”。强化顶层设计，建立权力清单、责任清单、市场准入负面清单及政策清单，每年清理并公布一次。全面清理并公布各级行政权力清单，进一步精简事项、减少申报材料，制定行政权力运行流程图，实现“法无授权不可为”。全面实施责任清单，明确责任主体，做到权责对等、问责精准，实现“法定职责必须为”。全面实施市场准入负面清单制度，严禁擅自设置市场准入门槛，实现“法无禁止即可为”。全面公布涉企政策清单，实现行政执法信息、企业减负政策、财政奖补政策、惠民利民政策和招标投标信息等涉企政府信息集中公开。

（六）推行“全渝通办”。依托“全渝通办”全市统一的政务服务平台和网络，落实市、区、镇（街）三级审批，市、区、镇（街）、村（社区）四级服务要求，推行“就近办”“网上办”“马上办”“一次办”，推进政务服务事项清理，编制政务服务标准化事项清单、办事指南；建立“一次办结”目录，实施动态调整，不断扩大“一次不跑路”“只跑一次路”事项范围，形成覆盖行政审批、行政征收、行政裁决等领域涉企事项的“一次办结”机制。优化提升区、镇（街）、村（社区）三级服务中心“一站式”功能，推行只进“一扇门”、“一号”申请、“一窗”受理、集成服务，实行首接负责、容缺受理、容缺办理、限时办结机制，推行试点告知承诺制，全面提升行政审批和政务服务效率。

（七）实施公正监管。严格“双随机、一公开”监管，坚决避免选择性执法。重点推进城市管理、市场监管、生态环境保护、文化市场、交通运输、农业等领域综合执法改革，减少执法层级，下沉执法力量，完善执法程序，切实清除多头多重执法，实现“一次抽检、全面体检、综合会诊”。探索审慎监管，创新适合新技术、新产业、新业态、新模式的监管方式，促进新经济健康发展。拓宽监管渠道，充分发挥行业协会商会对促进行业规范发展的重要作用，推进政府监管和行业自律的良性互动。完善对商会的扶持政策，积极支持商会承接政府转移事项，参与政府购买服务，依法进入公共服务行业和领域，把商会纳入公共信息平台统一管理、共享必要的行业信息和数据。

（八）促进公平竞争。积极引导和支持民间资本参与国有企业混合所有制改革，提高民间资本在混合所有制企业中的比重。积极引导和促进民间资本投向全区产业升级、基建提质、乡村振兴、公共服务等重点领域，提高 PPP 项目民营资本参与比重。对标对表市级招投标体制改革，促进全区招标投标法治化、规范化、透明化。严格落实公平竞争审查制度，全面清理和坚决废止阻碍民营市场主体参与公平竞争的各项规定，政策制定机关不得出台排除、限制民营企业参与竞争的政策措施，依法查处并向社会公布滥用行政权力排除、限制竞争的典型案件。

（九）加强诚信建设。研究建立因政府规划调整、政策变化造成企业合法权益受损的依法依规补偿救济机制。加大合同清理力度，确保各级各单位不得以换届、相关责任人更替等理由拒绝履行政策承诺和签订的各类合同、协议，切实杜绝“新官不理旧账”行为。每年对各镇街、部门、区管重点国有企业履行协议及依法依规兑现承诺情况开展专项督查，对落实不力的予以通报并督促整改。每年集中清理兑现一次以政府、园区、区管重点国有企业为源头的资金拖欠，对核定属于政府投资工程拖欠民营企业的款项，督促依法依规分类及时清偿。建立信用评级评价和“红黑名单”制度，实施守信联合激励和失信联合惩戒。加强民营企业员工诚信建设，督促企业员工履行法定义务，依法处理员工不履行劳动合同、不遵守保密协议等失信行为。

（十）构建亲清新型政商关系。严格落实重庆市构建亲清新型政商关系行为清单，认真执行长寿区亲清新型政商关系行为规范，细化政商交往的“正面清单”和“负面清单”，划定“红线”和“绿线”，防止清而不亲、谈商色变和亲而不清、官商勾结。引导公职人员坦荡真诚同民营企业及其负责人接触交往，帮助解决实际困难，提供优质服务。大力引导企业家践行社会主义核心价值观，引导企业家积极参与光彩事业、公益慈善事业、精准扶贫、应急救灾活动等。强化民营企业家自觉遵纪守法意识，引导民营企业家在遵纪守法方面争做社会表率。指导民营企业加强党组织和工会组织建设。

（十一）营造社会氛围。探索企业家容错机制，区别对待主观故意犯错和改革创新试错，为企业家大胆改革、放手创新免除后顾之忧。定期召开全区民营经济发展大会。树立民营企业典型，适时对一批贡献突出民营企业家、民营企业、微型企业、个体工商户、新型农业经营主体等进行通报。积极弘扬企业家精神，加强对优秀企业家先进事迹和突出贡献的宣传报道，树立一批转型升级引领新发展、勇于改革创新的企业家典型。积极鼓励民营企业家申报各级劳动模范、先进工作者等各类荣誉，在全社会形成重视民营经济、尊重民营企业家的良好氛围。

三、破解民营经济发展瓶颈

（十二）着力解决“融资难”。积极扩大民营企业直接融资，加大财税支持力度，按照“培育一批、备案一批、申报一批”的原则，加快制定完善全区上市重点培育企业清单，成立由相关区级领导任组长的工作组，协调解决民营企业上市过程中遇到的重大问题，用好用活各类金融扶持政策，对实现上市、挂牌企业按长寿区政策规定给予奖励补助。鼓励金融机构开展针对民营企业的金融产品和服务创新，继续推进民营企业应收账款融资业务，继续开展“助保贷”等金融服务。着力缓解中小微企业融资难问题，采用知识产权、仓单、商铺经营权等财产权益进行质押融资；积极探索开展企业商业价值信用贷款改革试点，逐步扩大科技型企业知识价值信用贷款规模，大力发展价值链融资和物流金融；推动企业通过资产证券化拓展融资渠道，增强资产流动性，优化资产结构；支持符合条件的民营企业发行企业债、私募债、公司债。加强银企对接、产融合作，持续推进“一企一策”精准服务，着力解决银行和企业之间信息不对称问题。鼓励民营企业使用应急转贷周转资金，每年对民营经济市场主体给予不低于5亿元的应急转贷周转资金支持，进一步优化转贷应急机制，对符合条件的民营经济市场主体加快办理转贷，保持企业融资规模，避免单方面抽贷、断贷、停贷，缓释企业信贷风险。加强信用担保服务，完善宏昌融资担保公司法人治理结构，建立国有出资与市场化资本相结合的补充机制；完善风险补偿机制，探索建立银政担合作模式，提升服务民营经济的能力。

（十三）着力解决“办事难”。深化商事制度改革，优化工商、税务、刻章、社保等工作流程，推进证照分离，强化“照后减证”、“多证合一”。按照“三集中、三到位”和减环节、减资料、减时限、减费用要求，深入推进行政审批标准化、便利化。全面开展经开区行政审批首席代表制，实现收件、审查及办结等一站式服务，以长寿经开区纳入全市开发区行政审批制度改革试点为契机，全面优化审批服务。加快推进企业投资项目告知承诺制改革试点，由园区管委会牵头，对需办理的审批服务事项、告知承诺制流程、失信惩戒机制，进行统一行政告知，按照“承诺即视有”原则限时办理，“一区一园”内工业企业前期审批时间压缩至20个工作日以内。全面清理烦扰企业的不合理证明、循环证明、重复证明等各类无谓证明，大力减少盖章、审核、备案、确认、告知等各种繁琐环节和手续。推行行政服务中心建立免费代办机制，制定免费代办事项清单，采取政府购买服务或资助的方式，为企业提供免费限时代办服务。制定与电子证照、电子公文、电子签章等使用相关的规章制度，打通部门“信息孤岛”，实现相关证明信息跨部门、跨区域、跨行业共认共享，防止企业在不同部门重复的报送资料，推进办事主体足不出户办业务。实行“零土地”技改项目承诺备案制，园区项目地勘、地灾、水保、防洪、防雷等事项实行区域评估，对已经实行区域评估的企业按规定实行免评制，切实提高办事效率。

（十四）着力解决“创新难”。大力实施以大数据智能化为引领的创新驱动发展战略行动计划，深入实施“一三五十百千”工程，助推民营企业增强创新能力，建设创新生态示范区。多渠道支持民营企业加大研发投入，综合运用好研发准备金、科技创新券、研发费用加计扣除等政策，充分发挥区级1.5亿元/年创新驱动发展专项资金和经开区1亿元/年研发专项资金撬动作用。大力培育一批具备创新能力的“排头兵”企业，建立高技术性企业和高成长性企业培育库，持续推进产品创新、技术创新、管理创新、制度创新和商业模式创新。加快推进研发机构独立法人化，支持民营企业联合高校、科研院所，建设各类研发平台和技术研究中心，力争引进更多国家级、市级工程中心和研发中心。加快经开区科技创新园、光电产业校地合作研发基地、中科未来城、现代农业科技园建设，打造集科技资源共享、金融需求对接、实验检测功能于一体的公共创新服务平台。实施品牌战略，引导民营企业树立品牌意识、弘扬工匠精神，支持民营企业积极创建一批中国驰名商标、著名商标和市级名牌产品，推动“长寿制造”向“长寿创造”转变。

（十五）着力解决“维权难”。深入开展扫黑除恶专项斗争行动，严肃打击处理一批欺行霸市、非法高利贷、暴力讨债、非法插手企业经济纠纷等黑恶行动，维护民营企业正当权益。运用市政府“12345一号通”问政咨询平台，统一受理企业诉求，实现“统一热线、有求必应、分级处理、限时反馈”，做到简单事项当日回复，其他问题48小时内回复，特殊事项5个工作日内答复，区政府办公室对办理情况进行督查和汇总通报。发挥好区民营企业维权投诉中心作用，健全中小企业维权投诉服务协调机制。

（十六）着力解决“负担重”。切实降低税费负担，全面落实西部大开发、扶持高新技术企业和小微企业等税收优惠政策。建立涉企行政事业性收费和政府性基金清单目录，禁止清单外收费。按照“谁委托、谁付费”原则，政府部门委托涉企技术性中介费用由委托部门承担。全部或部分减免企业获取发票的邮寄费用，强化网上办税功能，减少企业办税成本。降低企业生产要素成本，规范劳务中介代招工行为和收费标准，严格落实社保阶段性降费政策。加大“一区一园”闲置土地清收、盘活力度，保障中小企业用地需求。加快经开区（八颗片区）增量配电项目试点改革，落实降低电网环节收费和输配电价格相关政策，进一步降低一般工商电价水平。大力推进铁公水联运体系建设，协调推动明月山两江新区至长寿快速通道建设，争取渝汉高铁等铁路过境，整合沿江码头打造市级物流枢纽，有序推进长江北岸保税仓建设工作，切实降低民营企业物流成本。

（十七）着力解决“人才缺”。把民营经济各类人才纳入科教兴区和人才强区行动计划，按照产业发展人才所需，完善人才引进、使用、激励、保障政策。统筹人才计划、人才项目，对接全市“千名优秀人才引进计划”“鸿雁计划”“巴渝工匠2020计划”“博士渝行周”等引才活动，引进一批高精尖缺人才。加强产教融合、校企合作，依托重庆化工职院，利用市级继续教育基地和经开区博士后、院士工作站，促进人才交流合作培养。大力开展创业创新能力提升培训，重点培育优秀青年创业者和企业高级经营管理人才；开展切实有效的劳动者职业技能培训，鼓励民营企业参与“双创”人物和“长寿工匠”评选活动。加强人才服务能力建设，依托区智慧人力资源市场和区高技能大师工作室，整合区内现有人才服务资源和服务功能，建立区级人才“一站式”服务平台，为人才提供居留落户、社保医保、子女入学、职称评审、创新创业等高效便捷服务。加快实施人才安居保障工程，加快推进人才公寓扩容增效，充分发挥公租房保障机制，优先保障发展所需的高技能人才。

四、强化保障机制

（十八）切实加强组织推动。充分发挥区非公有制经济工作联席会议制度作用，强化对优化营商环境、发展民营经济的组织领导和工作协调。区委统战部、区经信委、区工商联牵头，定期组织召开全区非公经济发展联席会，分析非公经济发展形势，区委督查室、区政府督查室督促协调部门解决相关问题。

（十九）着力培育市场主体。积极培育各类民营市场主体，形成“中小微企业铺天盖地、大型企业顶天立地”的良好局面。鼓励民营经济“个转企”“微升小”“小升规”“规改股”“股上市”。加大规下工业企业招商力度，着力培养成长性好、市场潜力大、发展前景好的规下企业，助推更多的规下企业升为规上企业。

（二十）完善政策落地机制。优化完善区级领导牵头、区级部门参与的联系重点民营企业制度，原则上区级领导每年带领相关区级部门到联系民营企业开展现场调研活动不低于2次，帮助民营企业解决生产经营过程中的实际问题。区委统战部、区工商联建立定期接待非公有制经济人士来访制度。区委、区政府每半年召开一次全区非公经济座谈会，听取企业意见建议，帮助企业分析形势，解决具体问题，对重点民营企业在资源配置、要素保障等方面采取“一事一议”方式给予支持。全面清理、评估、优化已出台涉企政策，建立涉企政策第三方评估和动态调整机制。制定涉及企业重大权益的规范性文件时，要采取多种形式充分听取和采纳民营企业、有关行业商（协）会的合理意见和建议。探索建立民营企业家意见建议收集、办理、反馈机制，畅通表达渠道。

（二十一）强化统计监督考核。健全民营经济统计监测体系，加强对民营经济发展趋势和问题研究分析通报。结合全区“执政为民，服务发展”测评，每年组织人大代表、政协委员、企业代表及办件企业等对具有涉企服务职能的区级部门的服务态度、服务质量、履行承诺、政策落实情况等进行评议，评议结果向社会公布，并纳入区级部门、街镇经济社会发展实绩考核。建立民营经济发展工作约谈机制，对民营企业反映的突出问题办理不力、政策执行不到位的单位主要负责人进行约谈，并对责任单位和责任人进行通报、依纪依法问责。

中共重庆市长寿区委
关于建立区人民政府向区人大常委会报告
国有资产管理情况制度的实施意见

（2018年10月26日）

为贯彻落实《中共中央关于建立国务院向全国人大常委会报告国有资产管理情况制度的意见》（中发〔2017〕33号）和《中共重庆市委关于建立市人民政府向市人大常委会报告国有资产管理情况制度的实施意见》（渝委发〔2018〕39号），加强国有资产管理和治理，根据宪法和法律有关规定，结合长寿实际，现就建立区人民政府向区人大常委会报告国有资产管理情况制度提出以下实施意见。

一、重要意义

国有资产属于国家所有即全民所有，是全体人民共同的财富，国有企业是中国特色社会主义的重要物质基础和政治基础，在推动经济社会发展、保障和改善民生、保护生态环境等方面发挥着重要作用。依据宪法和法律规定，区人民政府依法行使国有资产所有权并负有管理职责，区人大及其常委会负有国有资产监督职责。向区人大常委会报告全区国有资产管理情况是区人民政府的一项重要工作，也是区人大常委会依法履行监督职责的重要手段。

在中央、市委和区委领导下，区人民政府向区人大常委会报告国有资产管理情况的各项工作取得积极进展。区人大常委会积极推动企业国有资产法实施，逐步建立和完善国有资本经营预算审查制度，听取区人民政府关于国有企业改革发展及运营管理情况的专项工作报告，人大国有资产监督职能有所加强。区人民政府不断加强和改进国有资产管理，国有资产产权日益明晰，国有资产管理机制逐步理顺，会计统计等基础工作逐步加强。但也要看到，国有资产底数不够清楚、管理比较分散、权责利不对称，绩效还不高，损失、浪费现象仍然存在；区人民政府向区人大常委会报告国有资产管理情况的工作程序还不够规范，内容覆盖还不够完整，人大监督所需的信息还不够充分，对国有资产监督职能发挥还不够到位，有待从制度上加以完善。

建立区人民政府向区人大常委会报告国有资产管理情况制度，是长寿区落实中央和市委加强国有资产监督管理、加强人大国有资产监督职能重要决策部署的具体举措，是区委、区人民政府加强国有资产管理和治理的重要基础工作，符合宪法和法律法规的有关规定，符合人民群众期待，对于增加国有资产管理公开透明度、提升国有资产管理公信力，对于巩固和发展中国特色社会主义基本经济制度、管好人民共同财富、加强人大依法履职、促进全区经济社会健康稳定发展等具有重要意义。

二、指导思想和基本原则

（一）指导思想。全面贯彻中共十九大精神，以邓小平理论、“三个代表”重要思想、科学发展观、习近平新时代中国特色社会主义思想为指导，认真贯彻落实习近平总书记视察重庆重要讲话和重庆代表团审议时重要讲话精神，深入落实“两点”定位、“两地”“两高”目标和“四个扎实”要求，紧紧围绕统筹推进“五位一体”总体布局和协调推进“四个全面”战略布局，牢固树立和贯彻落实新发展理念，坚持党的领导、人民当家作主、依法治国有机统一，加强人大和全社会对国有资产的监督，推进国有资产管理公开透明，为加强国有资产管理和治理体系建设奠定坚实基础，使国有资产更好服务发展、造福人民。

（二）基本原则

——坚持党的领导。坚持党中央集中统一领导，坚持坚定正确的政治方向，紧紧围绕党和国家工作大局及全区中心工作，全面贯彻党的理论和路线方针政策，认真落实中央、市委精神和区委部署。

——坚持依法监督。贯彻实施宪法和监督法、预算法、企业国有资产法和《重庆市预算审查监督条例》等法律法规，坚持依法报告、依法监督，严格依照法定权限，遵循法定程序，实现正确监督、有效监督。

——坚持问题导向。从制度建设和技术创新入手，着力解决国有资产底数不够清楚、管理不够公开透明、人大监督所需信息不够充分和监督不够有力等突出问题。

——坚持稳步推进。以全面规范、公开透明、监督有力为目标，坚持从实际出发，先易后难，分类施策，区分全区各类国有资产管理不同情况，逐步扩大报告范围、充实报告内容，实现全口径、全覆盖，不断提高监督实效，确保国有资产安全。

三、报告方式和重点

区人民政府在每年的下半年向区人大常委会报告国有资产管理情况，依法由区人民政府负责同志进行报告，也可以委托有关部门负责同志报告。

（一）明确报告方式。区人民政府关于国有资产管理情况的年度报告采取综合报告和专项报告相结合的方式。综合报告全面反映长寿区各类国有资产基本情况。专项报告分别反映长寿区企业国有资产（不含金融企业）、金融企业国有资产、行政事业性国有资产、国有自然资源等国有资产管理情况。企业国有资产（不含金融企业）、金融企业国有资产报告以区属本级情况为重点。在每届区人大常委会任期内，届末年份区人民政府向区人大常委会提交书面综合报告并口头报告；其他年份在提交书面综合报告的同时就 1 个专项情况进行口头报告。区人大常委会要制定听取和审议国有资产管理情况报告的五年规划，提前确定下一年度专项报告的议题，并向社会公布。

（二）突出报告重点。根据各类国有资产性质和管理目标，确定各类国有资产管理情况报告重点。

综合报告的重点是：国有资产总量、结构、变动、收益等情况，政府重大投资项目情况，国有资本经营预算执行情况，各类国有资产负债情况，国有资产管理违法违规行为查处情况等。

企业国有资产（不含金融企业）、金融企业国有资产报告的重点是：总体资产负债，国有资本投向、布局和风险控制，国有企业改革，国有资产监管，国有资产处置和收益分配，境外投资形成的资产，企业高级管理人员薪酬等情况。

行政事业性国有资产报告的重点是：资产负债总量，相关管理制度建立和实施，资产配置、使用、处置和效益，推进管理体制机制改革等情况。

国有自然资源报告重点是：建立国有自然资源登记和管理制度情况，自然资源总量，优化国土空间开发格局、改善生态环境质量、推进生态文明建设等相关重大制度建设，自然资源保护与利用等情况。

综合报告和专项报告应当报告国有资产管理的主要做法及成效，存在的主要困难和问题，加强和改进国有资产管理工作的主要措施等。

（三）提高报告质量。区人民政府及相关牵头部门要采取有力措施，科学、准确、及时掌握全区境内外国有资产基本情况，切实摸清家底。要严格贯彻执行国家各类国有资产管理报告制度，建立健全全区国有资产报告有关制度，依法明确和规范报告范围、分类、标准。全区各管理使用国有资产的行政、事业及企业单位要按照区人民政府规定的时间、要求，将本单位国有资产管理使用情况报区人民政府及相关牵头部门汇总，由区人民政府及相关牵头部门编写并向区人大常委会报告国有资产管理情况。各级各部门各管理使用国有资产的企事业单位，要按照国家统一的会计制度规范国有资产会计处理，严格贯彻执行相关统计制度，完善工作机制，确保长寿区各部门各单位的国有资产报告结果完整、真实、可靠、可核查。要严格按照党中央、国务院和市委、市政府的统一部署，加快编制政府综合财务报告和自然资源资产负债表；按照市级要求及时组织开展国有资产清查核实和评估确认，统一方法、统一要求，建立全口径国有资产数据库；建立全口径国有资产信息共享平台，实现相关部门单位互联互通，全面完整反映长寿区各类国有资产配置、使用、处置和效益等基本情况。

区人民政府审计部门应当依法加强国有资产的审计监督，在制定年度审计计划时与国有资产年度专项报告内容相衔接；在每年报告审计工作和审计查出问题整改情况时，应报告国有资产的审计结果及其整改情况。区人大常委会主任会议可以要求区人民政府安排审计部门对社会普遍关注的国有资产实施专项审计或者审计调查，并向区人大常委会报告审计结果。

四、审议程序和重点

区人大常委会依照监督法、预算法、企业国有资产法、《重庆市预算审查监督条例》等有关法律法规规定，把听取和审议区人民政府关于国有资产管理情况报告纳入年度监督工作计划，精心组织审议，推进公开透明，实行全方位监督。

（一）审议程序。区人大常委会审议报告45日前，组织开展视察、专题调研或执法检查，并由区人大常委会财政预算工作委员会收集整理各方面意见和建议，交由区人民政府有关部门研究并在报告中作出回应。区人民政府的报告应按规定在区人大常委会会议举行20日前提交区人大常委会财政预算工作委员会征求意见，在会议举行10日前将修改后的报告送交区人大常委会。审议报告时，区人民政府相关部门负责人到会听取意见、回答询问。审议报告后，区人大常委会将审议意见送区人民政府研究处理。区人民政府要坚持问题导向，将审议意见细化分解到相关部门研究处理和整改，要健全问责机制，加大问责力度，对涉嫌违纪违法的依法依规严肃处理，并在6个月内向区人大常委会报告研究处理情况以及存在问题整改和问责情况。区人大常委会视情况需要可以综合运用专题询问、执法检查、质询和特定问题调查等方式，可以聘请第三方机构对国有资产管理情况进行专业评估、绩效评价，可以听取和审议区人民政府关于研究处理和整改问责情况的报告，必要时可依法作出决议。区人民政府应当在决议规定期限内，将执行决议情况向区人大常委会报告。

（二）审议重点。区人大常委会在审议区人民政府关于国有资产管理情况报告，开展国有资产监督时，应侧重以下方面：（1）贯彻落实中央、市委有关国有资产重大决策部署和方针政策情况；（2）有关法律法规实施情况；（3）区委关于国有资产管理工作的安排部署落实情况；（4）区人大常委会关于国有资产管理情况报告的审议意见和决议落实情况；（5）完善国有资产管理体制，落实中央、市委和区委有关国有资产和国有企业改革方案情况；（6）国有资本服务长寿区战略目标，提供公共服务、发展重要前瞻性战略性产业、保护生态环境、支撑科技进步、保障国家安全、促进区域协调发展等情况；（7）国有资本保值增值，防止国有资产流失制度的建立和完善，国有企业兼并重组、破产清算等国有资产处置以及国有资产收益分配情况；（8）推进绿色发展和生态文明建设情况；（9）有关审计查出问题整改情况；（10）有关国有资产的重大变化和主要原因；（11）社会普遍关注的有关国有资产热点难点问题的研究解决情况；（12）依法依规向社会公布国有资产状况、国有资产监督管理工作情况和接受社会公众监督情况；（13）国有重点企业重大投资决策情况和重大项目建设情况；（14）其他与国有资产管理有关的重要情况。

（三）推进公开透明。区人大常委会按照监督法等法律法规规定，及时将国有资产管理情况报告及审议意见、区人民政府对审议意见研究处理情况或者执行决议情况的报告，向区人大代表通报并向社会公布（保密法律法规规定不宜公开的内容除外）。审议报告和有关视察、调研等活动，可以邀请部分区人大常委会组成人员、区人大代表、财经专家等参加，并广泛听取各方面意见，回应社会关切。

（四）建立健全人大国有资产报告监督机制。区人大常委会加强国有资产监督，听取和审议区人民政府关于国有资产管理情况报告工作，要与预算决算审查监督紧密衔接，特别是要与国有资本经营预算决算、部门预算决算审查监督相结合，条件具备时应与政府综合财务报告监督工作相结合，充分运用预算联网监督、审计监督、绩效监督，建立起多层次多角度、既相互分工又有机衔接的人大对国有资产的监督机制。

五、组织保障

根据市人大常委会和市政府工作部署，区人大常委会和区人民政府要明确分工，建立健全工作机制，不断推进长寿区国有资产管理情况报告的规范化程序化。

（一）落实工作责任。区人民政府要加强组织协调，落实责任主体、统筹做好报告工作，根据报告需要及政府部门职责分工，落实报告的起草工作。年度综合报告由区财政局牵头，区发改委、区审计局等相关部门配合完成；企业国有资产（不含金融企业）报告由区国资金融办牵头，相关部门配合完成；金融企业国有资产报告由区财政局完成；行政事业性国有资产报告由区财政局牵头，区机关事务局等相关部门配合完成；国有自然资源报告由区国土房管局牵头，区水务局、区林业局等相关部门配合完成。相关部门单位按照有关要求及时、准确、完整提供其管理的国有资产现状及管理情况。区人大常委会要健全组织制度和工作制度，依照法定程序组织区人大常委会财政预算工作委员会和其他有关专门委员会做好国有资产监督审查相关工作；要加强区人大常委会对国有资产监督的履职能力建设，优化区人大常委会财政预算工作委员会机构设置、加强相应的工作力量，确保依法按规定程序及要求做好国有资产监督的各项具体工作。

（二）建立沟通协调机制。区人大常委会财政预算工作委员会要加强与区人民政府相关部门就国有资产管理情况报告的具体工作进行沟通协调，及时研究解决工作中遇到的问题，为区人大常委会加强国有资产监督提供服务保障。区人民政府相关部门要及时向区人大常委会财政预算工作委员会提供有关文件和资料。

（三）及时总结完善。在认真总结实践经验基础上，结合长寿区国有资产体制改革进展情况，逐步完善国有资产管理体制，健全管理制度，落实管理责任，不断健全区人民政府向区人大常委会报告国有资产管理情况制度。

中共重庆市长寿区委 重庆市长寿区人民政府 关于印发《重庆市长寿区保障和改善民生行动计划实施方案（2018—2020年）》的通知

各街道党工委和办事处、各镇党委和人民政府，区委各部委，区级各部门，各人民团体，在长市属部门：

《重庆市长寿区保障和改善民生行动计划实施方案（2018—2020年）》已经区委、区政府同意，现印发给你们，请认真组织实施。

中共重庆市长寿区委

重庆市长寿区人民政府

2018年10月29日

重庆市长寿区保障和改善民生行动计划实施方案（2018—2020年）

中共十九大强调，带领人民创造美好生活，是我们党始终不渝的奋斗目标，增进民生福祉是发展的根本目的，新时代中国特色社会主义建设必须坚持在发展中保障和改善民生。为把中共十九大精神全面落实在长寿大地上，按照市委、市政府部署，长寿区陆续实施污染防治、精准脱贫等攻坚战以及乡村振兴战略、城市提升、生态优先绿色发展等一系列政策措施，全力推动高质量发展，创造高品质生活，夯实保障和改善民生的物质基础，不断织密民生保障网。在此基础上，为重点解决好老百姓最关心最直接最现实的幼有所育、学有所教、劳有所得、病有所医、老有所养、住有所居、弱有所扶、便民设施服务、文化体育惠民等方面突出民生问题，不断提升人民群众获得感、幸福感、安全感，按照全市统一部署，结合长寿区实际，制定本行动计划。

一、总体要求

（一）指导思想。全面贯彻中共十九大精神，以习近平新时代中国特色社会主义思想为指导，深入落实习近平总书记对重庆提出的“两点”定位、“两地”“两高”目标和“四个扎实”要求，统筹推进“五位一体”总体布局和协调推进“四个全面”战略布局，全面贯彻落实市委五届三次全会精神，坚持以人民为中心的发展思想，按照推动高质量发展、创造高品质生活的要求，立足重庆全面建成小康社会发展实际，在整体协调推进脱贫攻坚、公共服务共建共享、社会治理共建共治共享等各项民生工作的同时，对标对表国家、全市和长寿区“十三五”基本公共服务清单，坚持“抓重点、补短板、强弱项”，紧扣人民群众最关心最直接最现实的利益问题，从人民群众最关心的教育、就业、医疗、住房、社会保障等民生热点问题入手，以中共十九大报告提出的“幼有所育”“学有所教”“劳有所得”“病有所医”“老有所养”“住有所居”“弱有所扶”和“深入实施文化惠民工程”为指引，精准发力、持续用力，在战略部署上“扣扣子”，在责任履行上“担担子”，在任务落实上“钉钉子”，持之以恒实施民生工程、办好民生实事，不断增强人民群众的获得感、幸福感、安全感。

（二）工作原则。各级各部门要坚持务实推进、坚持动态推进、坚持合力推进，尽力而为、量力而行，按照“坚守底线、突出重点、完善制度、引导预期”的工作原则，全力推进落实。

——坚守底线。增强民生工作的惠及面，把做好普惠性、基础性、兜底性民生建设作为首要任务，落实国家、全市和长寿区基本公共服务清单，完善基本公共服务体系，逐步缩小城乡基本公共服务差距，稳步增加就业和城乡居民收入，保障群众基本生活，织密扎牢民生保障网，不断满足人民日益增长的美好生活需要。

——突出重点。增强民生工作精准度，在整体推动老百姓息息相关的教育、就业、收入分配、社保、医疗、住房、食品安全等各项民生工作基础上，重点解决群众最关心最直接最现实的利益问题，格外关注困难群众的安危冷暖，抓好脱贫攻坚和重点民生实事，着力解决民之所急所需，让老百姓得益。

——完善制度。坚持以深化改革为动力，营利和非营利性分类管理、协调发展，不断优化资源配置，在政府切实履行好基本公共服务职责的同时，把非基本公共服务更多地交给市场，着力引导社会资本投向社会有需求、政府有规划、市场有前景的社会事业领域，形成市场多元开放、竞争公平有序的发展格局。加强民生工作管理制度建设，管好项目用好钱。

——引导预期。坚持尽力而为、量力而行，坚持民之所需、政之所能，坚决肃清孙政才恶劣影响和薄熙来、王立军流毒，不凭空许诺、吊高胃口，不邀约民心、寅吃卯粮，不搞形式主义、做表面文章，坚持说实话、谋实事、出实招、求实效，做到实打实、没有水分，切实提高民生工作质量水平，把实事办好，把好事办实，使人民群众的获得感、幸福感、安全感更加充实、更有保障、更可持续，得到人民群众认可、经得起历史检验。

二、主要任务和工作目标

重点聚焦老百姓近期最关心最直接最现实的“幼有所育”“学有所教”“劳有所得”“病有所医”“老有所养”“住有所居”“弱有所扶”“便民设施服务”“文化体育惠民”九个方面进行专项安排。2018—2020 年分年度确定工作目标，争取在 2020 年有阶段性成果，为长寿区决胜全面建成小康社会、全面建成“三地一中心”奠定坚实基础。

（一）实施“幼有所育”专项。按照“政府保基本、市场供选择”的思路，大力发展公办幼儿园，积极扶持普惠性民办幼儿园，补齐学前教育基本公共服务资源短板。2018—2020 年，启动实施公办幼儿园建设、普惠性民办幼儿园扶持、农村薄弱幼儿园条件改善、幼儿园教师队伍建设等 4 大工程、10 项任务。深化推进管理体制、办园体制和经费保障机制等 3 项改革、9 项任务。到 2020 年，全区学前三年毛入园率达到 91% 以上，普惠率达到 80% 以上，公办幼儿园占比达到 50% 以上；城区普惠性学前教育学位不足的局面得到根本扭转。建设公办乡镇中心幼儿园 2 所，改善农村薄弱幼儿园 18 所。（牵头单位：区教委；责任单位：各街道党工委和办事处、各镇党委和人民政府，区发改委、区财政局、区国土房管局、区规划局、区国资金融办、区人力社保局、区编办）

（二）实施“学有所教”专项。围绕完善基本公共教育服务制度，保障全体市民享有平等受教育的权利，持续提高教育质量，提高全民素质。2018—2020年，启动实施义务教育均衡优质发展、高中阶段教育攻坚、学生资助体系建设、儿童关爱服务、市民终身学习支持、中小学智慧校园建设等6大工程、10项任务；深入推进义务教育创新发展体制机制、考试招生制度、终身教育体制机制等3项改革、12项任务。到2020年，全区义务教育巩固率达96%以上，义务教育阶段学校“大班额”现象基本消除，就近入学难题明显缓解。高水平普及高中阶段教育，高中阶段教育毛入学率达97.5%。全区人均受教育年限达11年以上，主要劳动年龄人口平均受教育年限达12年以上，财政在教育方面的支出占公共财政支出的比重达到全市平均水平。（牵头单位：区教委；责任单位：各街道党工委和办事处、各镇党委和人民政府，区发改委、区财政局、区规划局、区国土房管局）

（三）实施“劳有所得”专项。围绕实现更高质量和更充分就业，构建和谐劳动关系，促进收入分配更合理、更有序，实现劳有所得。2018—2020年，启动实施“就在山城”“渝创渝新”2大计划、16项任务；深化推进就业创业政策城乡统筹改革的2项任务。全区城镇新增就业年均保持在1.8万人以上，应届高校毕业生年底就业率保持在90%以上，城镇登记失业率控制在4%以内。收入分配差距进一步缩小，居民收入增长与经济发展实现同步。到2020年，全区就业质量显著提高，就业机会更加充分，收入分配更加合理，劳动关系更加和谐，为全面建成小康社会作出积极贡献。（牵头单位：区人力社保局；责任单位：各街道党工委和办事处、各镇党委和人民政府，区发改委、区财政局、区经信委、区教委、区科委、区农委（区扶贫办）、区统计局、区工商联、区总工会、区工商分局、人行长寿中心支行）

（四）实施“病有所医”专项。围绕全面实施健康中国战略，以提高人民健康水平为核心，以改革创新为动力，扎实推进健康长寿建设，全方位、全周期维护和保障人民健康。2018－2020年，启动实施重点医疗卫生机构服务能力提升、儿童医疗能力提升、基层医疗卫生服务能力提升、中医药发展、人才科技创新、全民健康信息平台建设、医疗惠民、失能老人护理能力提升等8大工程、18项任务；深化推进医改便民长效机制、分级诊疗制度、现代医院管理制度、全民医疗保障制度、药品供应保障体系等5项改革、11项任务。到2020年，全区三级医院达到2所、二级医院达到6所，建成“供给足、环境美、服务优、上下联、信息通、医防融”的新型基层医疗卫生服务体系，每千常住人口拥有编制床位数、执业（助理）医师、注册护士数分别达到5.64张、2.78人和3.46人，每万常住人口全科医师达到2人。全区人均预期寿命提高到78岁，城乡居民健康水平持续提高。（牵头单位：区卫生计生委；责任单位：各街道党工委和办事处、各镇党委和人民政府，区财政局、区人力社保局、区民政局、区残联）

（五）实施“老有所养”专项。围绕建立基本公共养老服务制度，提升城乡养老服务保障能力，着力构建优质养老服务供给体系，持续提高养老服务质量，实现老年群体对美好生活的期盼。2018—2020年，启动实施社区养老服务“千百工程”、养老机构质量提升、街镇敬老院提档升级等3大工程、6项任务；深化推进公办养老机构改革、鼓励社会力量办养老、长期护理保险制度等3项改革、11项任务。到2020年，全区城镇职工和城乡居民基本养老保险参保率达到95%，65岁以上老年人健康管理率达到70%；养老服务床位达到6160张，新增社会办养老机构10家，推进4所街镇敬老院开展农村社会化养老服务，新增社区养老服务站15所，市级示范社区养老服务中心1所，政府运营的养老床位数占养老床位总数的比例不超过50%，护理型床位数占养老床位总数的比例不低于30%，养老机构提供医疗卫生服务能力达到100%，养老保障能力不断增强，养老服务质量显著提升，养老服务市场更加繁荣。（牵头单位：区民政局；责任单位：各街道党工委和办事处、各镇党委和人民政府，区发改委、区财政局、区城乡建委、区人力社保局、区国土房管局、区规划局、区卫生计生委）

（六）实施“住有所居”专项。坚持房子是用来住的、不是用来炒的定位，加快建立多主体供给、多渠道保障、租购并举的住房制度，努力让群众拥有更舒适的居住条件。2018—2020年，重点实施农村危房改造、统筹实施住房保障、加快培育发展住房租赁市场、保持房地产开发建设平稳推进、强化房地产市场监管等5大工程、20项任务；深化推进住房供给制度、优化保障性住房保障机制、住房租赁市场规范发展、房地产市场系统调控和超前调控等4项改革。到2020年，动态消除四类重点对象（农村建卡贫困户、农村分散供养特困人员、低保户、贫困残疾人家庭）存量农村危房，全面保障农村困难群众基本居住安全。全区房地产开发和市场平稳健康发展。（牵头单位：区城乡建委、区国土房管局；责任单位：各街道党工委和办事处、各镇党委和人民政府，区财政局、区规划局、区国资金融办、区经信委、区民政局、区扶贫办）

（七）实施“弱有所扶”专项。围绕实现弱有所扶，加快建设城乡统筹、制度健全、标准科学、相互衔接、运行有效的社会救助体系。2018—2020年，启动实施低保应保尽保、提升医疗救助水平、加强特困人员集中供养服务机构建设、推进“智慧救助”建设等4大工程、9项任务；深化推进完善孤儿基本生活保障制度、规范临时救助管理、优化城乡支出型贫困家庭救助政策、建立健全“一门受理、协同办理”社会救助工作机制、完善社会救助家庭经济状况核查机制等5项改革、8项任务。到2020年，城乡低保制度更加完善，符合条件的扶贫对象及时纳入低保兜底，实施城市低保对象就业补贴。全区生活不能自理特困人员集中供养率达到50%。（牵头单位：区民政局；责任单位：各街道党工委和办事处、各镇党委和人民政府，区发改委、区财政局、区国土房管局、区规划局、区卫生计生委、区教委、区人力社保局）

（八）实施“便民设施服务”专项。围绕提升城乡居民生活品质，加快打造便捷、安全、高效的便民出行设施和服务环境，不断满足人民日益增长的美好生活需要。2018—2020年，启动实施交通拥堵智能化治理、公共停车场和步行系统建设、公厕建设、公共直饮水项目、免费无线局域网建设、“增绿添园”工程、农村村社便道、城区居民住宅用水提质等8大工程。到2020年，城乡便民公共服务设施和无障碍环境进一步完善，城市交通管理智能化、信息化系统建设完成。（牵头单位：区城管局、区经信委、区城乡建委；责任单位：各街道党工委和办事处、各镇党委和人民政府，区财政局、区卫生计生委、区农委、区公安局、区旅游局、区民政局）

（九）实施“文化体育惠民”专项。围绕为群众提供更丰富的精神文化生活，加快建设文化强区，加快推进建设体育强区和满足体育民生需求。2018—2020年，启动实施基层综合性文化服务中心建设、惠民电影固定放映厅建设、流动文化进基层、基层文化队伍建设、重庆智慧文化云长寿分平台、群众身边体育场地设施建设、全民健身活动、“好体育人”志愿服务、主办承办高水平赛事等9大工程、16项任务；深化推进基层文化体育服务机制、文化馆图书馆总分馆制、公共文化机构法人治理结构等3项改革、6项任务。到2020年，基本建成覆盖城乡、便捷高效、保基本、促公平的现代公共文化服务体系，每万人拥有公共文化设施面积达到650平方米。公共图书馆、文化馆等级率达100%，建成博物馆1家，基层综合性文化服务中心覆盖率达100%，群众自发组织文化活动成为常态。基本建成城乡一体、惠及全民的公共体育服务体系，人均体育场地面积达到1.89平方米，经常参加体育锻炼的人口比例达到51%，市民体质抽样合格率达到94%。（牵头单位：区文化委；责任单位：各街道党工委和办事处、各镇党委和人民政府，区发改委、区财政局、区人力社保局）

三、保障措施

（一）加强组织领导。各级各部门要像抓经济建设一样抓民生工作，像落实发展指标一样落实民生任务，做到主要领导亲自抓、分管领导具体抓，一个事项一个事项地抓，一个项目一个项目地抓，一个指标一个指标地抓，一级抓一级、层层抓落实。各级各部门根据本行动计划和精准脱贫攻坚战、污染防治攻坚战、乡村振兴战略行动计划、城市提升行动计划、生态优先绿色发展行动计划、科教兴区和人才强区行动计划等有关民生工作部署，统筹衔接做好本辖区本部门保障和改善民生实施方案。要建立民生工作动态推进机制，根据民生工作涉及面广的特点和民生需求动态变化的实际，建立分年度的开放式、滚动式推进机制，并按照完成销号一批、延续推进一批、启动实施一批的工作要求，持续延续、补充、调整、落实年度重点民生实事工作。各牵头和责任部门要明确工作责任和时间表、路线图，抓好部门间协调联动，抓好对街镇和基层的工作指导、监督。各级各部门要上下联动、合力推进、沟通协调，集众智、汇众力，协力推进全区民生状况持续不断改善，防止各唱各的调、各吹各的号。

（二）深化改革创新。各级各部门要进一步深化民生工作体制机制改革，加快推进城乡基本公共服务资源配置机制改革，加大民生领域“放管服”改革力度，充分利用大数据、智能化技术，释放改革红利、技术红利。要全面落实政府基本公共服务职责，厘清政府兜底职责，落实政府基本公共服务清单，保证基本公共服务财政投入实现稳定增长，重点加大对公益性、非营利性和基础性公共服务设施建设支持。对接财政转移支付同农业转移人口市民化挂钩机制，促进区域间基本公共服务均等化。厘清和明晰区级与街镇在民生工作中的责任要求。要充分发挥市场机制作用，逐步加大政府购买服务力度，尽可能按照以事定费、竞争择优原则，交给社会力量承担。鼓励探索公建民营、民办公助、特许经营、开发协议配建等多种模式。要积极探索发展“智慧民生”，充分发挥互联网、大数据、智能化等现代信息技术对资源配置的优化和集成作用，大力发展“智慧校园”“智慧医院”“智慧就业”“智慧小区”“智慧救助”“智慧停车”“智慧旅游”等“互联网＋公共服务”新机制、新模式，推动公共服务供给方式和服务模式变革，提升公共服务的便捷普惠性，引导优质公共服务资源向基层覆盖，让公众享受更加公平、高效、优质、便捷的服务。要深化民生领域“放管服”改革，着力引导社会资本投向社会有需求、政府有规划、市场有前景的社会事业领域，进一步消除体制机制障碍，放宽市场准入，充分激发医疗、养老、教育、文化、体育等社会领域投资活力。进一步放宽民生领域审批权限，简化审批流程，明确工作时限，规范行政许可。加强市场规范引导和有效监管，探索市场主体服务公开承诺制，加强诚信建设，加大守信联合激励和失信联合惩戒推行力度。

（三）抓好要素保障。要抓好资金平衡，各部门要认真梳理国家对民生工作的各项补助政策，积极主动加强与市级部门沟通，抓紧做好前期准备和对接，积极争取中央补助资金及政策，力争扩大补助规模。重点加大对农村地区非营利性、公益性、基础性民生工程建设支持力度，同时要充分发挥市场机制作用，补“砖头”和补“人头”相结合，提高财政性资金使用效率；要积极引入社会投资、充分利用政策性贷款等方式扩宽融资渠道。要集约节约用地，优先保障民生工程用地需求；科学合理规划，妥善处理好公共服务设施建设用地与绿化用地的关系，不得违法违规和随意毁绿占绿，尽量使用闲置、未开发和低效使用的土地；原则上，建成区内公共服务设施未明显改善前，不得将闲置、低效用地调整为经营性开发用地；学前教育和养老服务基础设施建设实施分类分级供应土地，合理划分政府兜底边界，对属政府兜底保障的基本公共服务设施通过划拨土地方式确保在合理半径内实现覆盖。在兜底保障区域，允许社会资本为人民群众更高需求提供差异化服务，通过招拍挂方式保障土地供给。要创新人才流动，落实《医师执业注册管理办法》，推进医师区域执业注册制度；建立民办学校教师人事代理制度和交流制度，促进教师合理流动；医疗、教育、文化等领域民办机构在资格认定、职务评聘、培养培训、评优表扬等方面与公立机构专业技术人才享有同等权利。

（四）强化责任落实。各级各部门要把保障和改善民生作为重要工作来抓，压实责任，细化措施，推动工作落实，确保取得实效。要加强工作调度，实行专项方案牵头部门负责制，负责牵头专项方案的推进实施，按月调度、按季抽查、半年通报、年终考核，做好专项方案实施中期和终期评估工作，探索引入第三方开展绩效评价，及时纠偏补正。每年6月底和12月底，各专项方案牵头部门对实施成效、存在的问题和下步工作措施进行梳理，向区委、区政府专题报告。区委督查室、区政府督查室牵头制定专项督查办法，建立权责清晰、措施有力、对账销号、及时预警的督查机制，督查结果及时通报。统计部门要组织行业主管部门建立专项方案统计指标体系，进行季度、半年、年度统计。要加强民生领域监督管理，强化人财物、建设质量、安全、廉政管理，各级纪检监察机关、审计部门要加强民生领域的审计和执纪问责监督，要加强人大、政协、公众和舆论监督，及时向社会公示。各级党委、政府要充分调动人民群众参与民生建设的积极性，实现民生工作“人人共建、人人共享”。

附件：1. “幼有所育”专项方案（2018—2020年）

2. “学有所教”专项方案（2018—2020年）
3. “劳有所得”专项方案（2018—2020年）
4. “病有所医”专项方案（2018—2020年）
5. “老有所养”专项方案（2018—2020年）
6. “住有所居”专项方案（2018—2020年）
7. “弱有所扶”专项方案（2018—2020年）
8. “便民设施服务”专项方案（2018—2020年）
9. “文化体育惠民”专项方案（2018—2020年）
10. 重点任务及工作目标表

（略）

中共重庆市长寿区委
关于加强和改进新时代人民政协工作的意见

（2018年11月29日）

为全面贯彻习近平新时代中国特色社会主义思想和中共十九大精神，深入贯彻落实习近平总书记关于加强和改进人民政协工作的重要思想，更好地把习近平总书记的殷殷嘱托全面落实在长寿大地上，推动人民政协事业实现新发展，根据《中共重庆市委关于加强和改进新时代人民政协工作的意见》（渝委发〔2018〕56号）精神，现就长寿区加强和改进新时代人民政协工作提出如下意见。

一、牢牢把握新时代人民政协工作的正确政治方向

人民政协是政治组织，旗帜鲜明讲政治是人民政协的根本要求。新时代人民政协必须切实提高政治站位，增强“四个意识”，坚定“四个自信”，坚决做到“两个维护”，落实市委“三个确保”政治承诺，始终在政治立场、政治方向、政治原则、政治道路上同以习近平同志为核心的党中央保持高度一致，确保人民政协事业沿着中国特色社会主义道路不断前进。

（一）切实把习近平新时代中国特色社会主义思想作为统揽政协工作的总纲。习近平新时代中国特色社会主义思想是马克思主义中国化最新成果，是党和人民实践经验和集体智慧的结晶，是中国特色社会主义理论体系的重要组成部分，是全党全国人民为实现中华民族伟大复兴而奋斗的行动指南，必须长期坚持并不断发展。党的十八大以来，习近平总书记就推进人民政协事业发展发表一系列重要讲话，作出一系列重要指示，坚持继承创新，形成了关于加强和改进人民政协工作的重要思想，是习近平新时代中国特色社会主义思想的重要组成部分，对发展党的人民政协理论作出了原创性贡献。习近平总书记关于加强和改进人民政协工作的重要思想，深刻阐明了人民政协的地位作用、目标任务、职责使命、实践要求，科学回答了一系列方向性、全局性、战略性重大问题，为人民政协制度在新时期如何实现更加成熟更加定型指明了方向，为新时代人民政协事业发展提供了科学理论指导和行动指南。区政协要组织引导政协各参加单位、广大委员，深入学习习近平新时代中国特色社会主义思想，学习习近平总书记关于加强和改进人民政协工作的重要思想，把握核心要义、精神实质、实践要求，持续在学懂弄通做实上下功夫，做到学思用贯通、知信行统一，坚持用习近平新时代中国特色社会主义思想武装头脑、指导实践，把发挥专门协商机构作用作为新时代的新方位新使命，把加强思想政治引领、广泛凝聚共识作为中心环节，着力构建完整的制度程序和参与实践，把协商民主落实到履行职能的全过程，落实到坚持新型政党制度、巩固和发展爱国统一战线的工作中，落实到参与推进国家治理体系和治理能力现代化的各方面，更好地团结参加政协的各党派团体和各族各界人士为实现新时代党的历史使命共同奋斗。

（二）坚定不移地坚持中国共产党的领导。中国共产党领导是中国特色社会主义最本质的特征，是人民政协这一制度安排和政治组织最本质的特征。在政协各级组织和各项活动中，坚持中国共产党的领导是人民政协必须恪守的根本政治原则。区政协各级党组织要坚持和加强党的全面领导，引导广大委员坚决维护习近平总书记核心地位，坚决维护党中央权威和集中统一领导，做到党中央提倡的坚决响应、党中央决定的坚决执行、党中央禁止的坚决不做。政协组织中的共产党员要严格遵守党的政治纪律和政治规矩，把对党忠诚、为党分忧、为党尽职、为民造福作为根本政治担当，党员特别是党员领导干部在大是大非面前必须旗帜鲜明、亮明态度，不能动摇基本政治立场，不能被错误言论所左右，不能无动于衷、置身事外。要落实市委“三个确保”的政治承诺，确保各级党组织和广大党员干部一切行动听党中央指挥、向总书记看齐，确保所有工作部署都以贯彻中央精神为前提，确保各项事业沿着总书记指引的正确方向前进。注重破立并举，坚持“十破十立”，全面彻底干净肃清孙政才恶劣影响和薄熙来、王立军流毒，加强法治和德治工作，为营造风清气正的良好政治生态作出贡献。

（三）全面把握和坚持新时代人民政协性质定位。人民政协是中国人民爱国统一战线的组织，是中国共产党领导的多党合作和政治协商的重要机构，是我国政治生活中发扬社会主义民主的重要形式，是国家治理体系的重要组成部分，是具有中国特色的制度安排。团结和民主是人民政协的两大主题。区政协要坚持宪法法律和政协章程确定的性质定位，坚定不移走中国特色社会主义政治发展道路，始终围绕中心、服务大局，把实现好、维护好、发展好最广大人民根本利益作为工作的出发点和落脚点，积极主动、认真履行政治协商、民主监督、参政议政职能，更好发挥人民政协这一中国特色政治组织和民主形式的独特优势。

二、坚持大团结大联合广泛凝聚正能量

人民政协是最广泛的爱国统一战线组织，大团结大联合是人民政协组织的重要特征。人民政协要坚持在热爱中华人民共和国、拥护中国共产党的领导、拥护社会主义事业、共同致力于实现中华民族伟大复兴的中国梦的政治基础上，加强思想政治引领，最大限度调动一切积极因素，团结一切可以团结的人，汇聚起共襄伟业的强大力量。

（一）巩固团结奋斗共同思想政治基础。各级党委要引导各民主党派、无党派人士、各人民团体和各族各界人士深入学习习近平新时代中国特色社会主义思想，并同深刻理解中国共产党历史、统一战线历史、人民政协历史结合起来，不忘多党合作初心，不断增进对中国共产党和中国特色社会主义的政治认同、思想认同、理论认同、情感认同，夯实团结奋斗的共同思想政治基础，在习近平新时代中国特色社会主义思想指引下携手前进。要坚持和完善中国特色社会主义政党制度，坚持长期共存、互相监督、肝胆相照、荣辱与共，发挥好人民政协这一实行我国新型政党制度重要平台的作用，支持各民主党派按照中国特色社会主义参政党要求更好履行职能。

区政协党组要认真落实开展党的统一战线工作的职责要求，引导各民主党派、无党派人士、各人民团体和各族各界人士深刻认识人民政协是一个政治共同体，必须共同落实党中央对人民政协的领导和对政协工作的要求，坚定道路自信、理论自信、制度自信、文化自信，在道路、方向、目标上形成统一意志和步调，推动参加人民政协的各党派团体和各族各界人士与中共一起提高思想政治水平，跟上新时代步伐。正确处理一致性和多样性的关系，及时了解统一战线和人民政协内部思想动态，把在一些敏感点、风险点、关切点上强化思想政治引领同经常性思想政治工作结合起来，不断增强固守政治底线的定力。

（二）共同营造团结和谐氛围。2017 年 7 月以来，全区上下全面贯彻落实中共十九大精神，深学笃用习近平新时代中国特色社会主义思想，深入贯彻习近平总书记对重庆提出的“两点”定位、“两地”“两高”目标和“四个扎实”要求，以及习近平总书记参加重庆代表团审议时重要讲话精神，重整行装再出发、凝心聚力抓发展，开创了长寿各项事业发展新局面。成绩来之不易，需要全区各族各界人士团结一致、沉心静气，统一思想、凝聚力量，上下同心共筑中国梦，谱写长寿发展新篇章。人民政协作为最广泛的爱国统一战线组织和国家治理体系的重要组成部分，不仅要在人民政协内部加强各党派团体和各族各界人士的团结，还要面向社会广泛联系和动员各族各界群众，为改革发展稳定凝聚强大力量。区政协要充分发挥联系广泛、渠道畅通的优势，协助党委、政府解疑释惑、化解矛盾，弘扬主旋律、传递好声音、凝聚正能量，找到最大公约数、画出最大同心圆，把更多的人团结在党的周围。建立同参加政协的各民主党派、无党派人士经常性联系制度，完善工作机制，搭建更多平台，为民主党派和无党派人士在政协更好发挥作用创造条件。全面贯彻党的民族政策和宗教工作基本方针，促进民族团结、宗教和睦。加强党外知识分子工作，做好新的社会阶层人士工作，发挥其在中国特色社会主义事业中的重要作用。构建亲清新型政商关系，促进非公有制经济健康发展和非公有制经济人士健康成长。广泛团结联系港澳台同胞、海外侨胞和归侨侨眷，共同致力于中华民族伟大复兴。

（三）*加强政协系统联系交流*。支持区政协加强与市政协的联系交流，积极组织住长市政协委员为长寿改革发展稳定建言献策。支持区政协开展与市内各区县政协和市外各级政协的交流合作。区政协要切实担负起指导政协街镇联络组的责任，通过召开区政协理论研讨会、政协工作经验交流会、街镇联络组片区会等多种形式，加强与街镇联络组的联系，在履职方向、履职原则、工作思路、重大协商活动等方面指导各联络组开展工作，及时总结推广典型经验，研究解决共性问题；建立健全区政协和街镇联络组协调联动机制，围绕一些重大问题开展联合履职。建立区政协办公室与民主党派区委、区工商联机关间紧密联系的工作制度机制。

三、进一步加强人民政协协商民主建设

协商民主是我国社会主义民主政治的特有形式和独特优势。人民政协作为社会主义协商民主重要渠道和专门协商机构，要聚焦党委、政府中心任务，把协商民主贯穿履行职能全过程，完善协商议政内容和形式，着力增进共识、促进团结，切实做到参政不行政、建言不决策、监督不强制，在推动协商民主广泛多层制度化发展、推进国家治理体系和治理能力现代化中发挥不可替代的作用。

（一）*明确政协协商的内容*。在区委领导下，区级各部门、各街镇贯彻落实党和国家大政方针政策，特别是统筹推进“五位一体”总体布局和协调推进“四个全面”战略布局，全面落实习近平总书记对重庆提出的“两点”定位、“两地”“两高”目标和“四个扎实”要求，打好“三大攻坚战”、实施“八项行动计划”，围绕“聚焦高质量、发力供给侧、推动智能化”要求推动各项工作的情况；各党派参加人民政协工作的共同性事务，政协内部的重要事务，以及有关爱国统一战线的其他重要问题等。鼓励区政协根据形势发展，围绕区委、区政府中心工作，结合实际丰富完善协商内容，拓宽协商范围。区政府起草重要文件的过程中，可在区政协听取意见。

（二）*规范政协协商的形式*。支持政协不断改进会议协商的形式，适当增加专题议政性常委会会议和专题协商会次数，完善协商座谈制度，更加灵活、更为经常地开展专题协商、对口协商、界别协商、提案办理协商。

支持区政协在区委和区政府重大决策形成过程中及时召开专题座谈会，有关方面负责同志到会听取意见建议。在视察、考察、专题调研等活动中开展协商。通过视察报告、调研报告、提案、建议案等形式开展协商。整合现有网络资源，探索网络议政、远程协商等新形式，支持区政协通过网络开展联合协商。

（三）*加强政协协商的机制制度建设*。按照党委统一领导、各方分工负责的原则，统筹制定加强党委和政府工作与政协协商有效衔接的相关制度。建立健全制定政协年度协商计划的工作机制。认真落实由党委、人大、政府、民主党派、人民团体等提出议题的规定。建立健全党委同政府、政协重点协商议题会商机制。议题可由党委召开的“5 + X”办公室主任联席会议研究提出，可由区政协与区委和区政府及有关部门沟通协商提出。建立完善区委和区政府每年向区政协交办议题机制。建立健全区政协内部选题机制，通过常务委员会会议、专门委员会会议以及座谈会、发函等形式征集议题，积极探索由界别、委员联名、委员小组提出议题。健全知情明政制度，区委召开的有关重要工作会议可安排区政协领导同志参加；政府召开全体会议和有关会议，可邀请区政协有关领导同志列席；有关部门召开的重要会议可邀请区政协有关方面负责同志参加。建立相关部门定期通报情况制度，有关文件和材料可向民主党派、政协委员提供，为政协委员履行职责提供便利、创造条件。协商活动举办前，有关部门应提供需要协商的相关材料。组织委员视察调研，可邀请有关部门同志介绍情况、交换意见。区委会同区政府、区政协制定完善协商成果采纳、落实和反馈办法。协商后形成的视察报告、调研报告、政协信息、大会发言专报、重要提案摘报等成果，党政领导同志作出批示的，应及时告知区政协办公室；对领导同志要求有关部门落实的，应将落实情况抄送区政协办公室。健全在民主协商中广泛凝聚共识的政治整合机制，将多元化诉求表达纳入理性化程序化轨道，引导政治参与和利益表达依靠政治体制本身的内在力量，为推进国家治理能力和治理体系现代化发挥积极作用。区政协党组要严把各项活动的政治关，认真组织委员履职尽责，努力营造既畅所欲言、各抒己见，又理性有度、合法依章的良好协商氛围。

（四）认真履行政治协商、民主监督、参政议政职能。政治协商是对国家大政方针和地方的重要举措以及经济建设、政治建设、文化建设、社会建设、生态文明建设中的重要问题，在决策之前和决策实施之中进行协商。区委要把政协政治协商作为重要环节纳入决策程序，会同区政府、区政协制定实施年度协商计划，对明确规定需要协商的事项必须经协商后提交决策实施。区政协可根据区委、区人大常委会、区政府、民主党派、人民团体的提议，举行有各党派、团体的负责人和各族各界人士的代表参加的会议，进行协商，亦可建议上列单位将有关重要问题提交协商。

民主监督是对国家宪法、法律和法规的实施，重大方针政策、重大改革举措、重要举措部署的贯彻执行情况、涉及人民群众切身利益的实际问题解决落实情况，国家机关及其工作人员的工作等，通过提出意见、批评、建议的方式进行的协商式监督。政协民主监督工作同政协年度重点协商、通报、视察、调研计划同谋划、同部署、同组织、同实施。完善政协民主监督的组织领导、知情明政、协调落实、办理反馈、权益保障等机制。不断完善会议监督、视察监督、提案监督、专项监督形式。积极发挥社情民意信息、委员来信来访、委员举报、重要情况专报、民主评议等在政协民主监督中的作用。区政协要结合实际探索创新政协民主监督方式方法。党政督查部门要加强对政协民主监督意见办理情况的督查。

参政议政是对政治、经济、文化、社会生活和生态环境等方面的重要问题以及人民群众普遍关心的问题，开展调查研究，反映社情民意，进行协商讨论。各级党委、政府要支持和保障政协参政议政更加深入务实开展。委托政协开展重大课题调研，邀请政协委员参与重大项目研究论证，完善参政议政成果采纳落实机制，更好发挥人民政协建言资政作用。

四、推动人民政协基础性和经常性工作提质增效

各级党委要支持人民政协把履职质量导向放在更加突出的位置，把提质增效贯穿工作全过程和各方面，切实提升基础性、经常性工作质量和水平，更加务实高效地履行职能、发挥作用。

（一）加强经常性学习。支持区政协组织引导各参加单位、广大委员自觉学习马克思列宁主义、毛泽东思想、邓小平理论、“三个代表”重要思想、科学发展观、习近平新时代中国特色社会主义思想，学习习近平总书记关于加强和改进新时代人民政协工作的重要思想，学习宪法、法律和政协章程，组织学习时事政治，学习交流业务和科学技术知识。以区政协党组理论学习中心组学习为引领，与主席会议集体学习、常委会会议集体学习、委员学习培训、机关支部学习会等相配套，形成学习制度体系，推动实现以党员领导干部为重点的学习全覆盖。坚持理论联系实际，把学习教育和视察考察、专题调研等结合起来，使广大委员在履职中感受新成就、领悟新思想，切实把思想和行动统一到决胜全面建成小康社会、夺取新时代中国特色社会主义伟大胜利的任务上来。支持区政协根据统一战线组织的特点进行长寿区近代以来文史资料的征集、研究和出版工作。

（二）提高专题调研质量。按照习近平总书记“大兴调查研究之风”的要求，根据区委兴调研转作风促落实行动部署，支持区政协聚焦区委、区政府中心任务深入实际、深入基层、深入群众开展调查研究，努力在求深、求实、求细、求准、求效上下工夫，做到言之有据、言之有理、言之有度、言之有物。组织委员从理论、政策和实际工作层面，对一些具有长期性、战略性、基础性重大问题进行研究，通过持续深入跟踪研究，为高质量建言资政提供智力支持。将专题调研与大会发言、提案、反映社情民意信息等结合起来，多种渠道向区委、区政府及有关部门提出意见和建议。建立完善专题调研选题机制、协作机制、成果转化机制，形成密切协作、运转高效、富有效率、体现政协特色及优势的专题调研工作机制。

（三）改进视察考察工作。各级党委、政府要支持政协推进视察考察工作制度化规范化程序化。支持区政协对国家宪法、法律和法规的实施以及党和国家重大方针政策的贯彻落实情况，经济、政治、文化、社会、生态文明建设中的重大问题，人民群众普遍关注的重要问题，国家机关及其工作人员的工作情况等，通过常委视察、委员视察等形式，进行实地察看，咨政建言，反映社情民意，开展民主监督。支持区政协围绕各项事业和群众生活的重要问题，通过专题考察团、界别考察团、委托街镇联络组所在地政协委员跨街镇考察团和就地考察团等形式，进行实地察看，了解情况、学习提高，增进共识、献计出力。

（四）提升提案和反映社情民意信息工作水平。支持人民政协探索提高提案和社情民意信息质量的举措，正确把握数量和质量的关系，提高建言议政的精准度和实效性。增加监督性提案和集体提案比重。坚持区委办公室、区政府办公室、区政协办公室联合交办提案，党政领导在政协全会期间现场办理政协提案，区委、区政府、区政协领导牵头督办重点提案等制度，以重点提案督办为抓手，推进以商促督、以督促办。不断丰富和拓展提案办理协商、提案监督的方式和路径。完善定期向区政协常委会通报提案办理情况，区党政督查部门与区政协办公室、有关专委会联合开展提案办理工作督查等制度。支持区政协积极稳妥有序推进提案内容和办理情况公开；对区党政部门提案办理工作开展民主评议；探索评价机制，推动提、办、督等各方共同开展对提案质量和办理质量的科学评价。

五、支持人民政协加强自身建设

各级党委要支持政协适应推进国家治理体系和治理能力现代化的要求，以改革思维、创新理念、务实举措，加强自身建设，着力提高政治把握能力、调查研究能力、联系群众能力、合作共事能力。

（一）加强委员队伍建设。按照习近平总书记提出的“懂政协、会协商、善议政”和“守纪律、讲规矩、重品行”要求，切实加强委员队伍建设。

完善委员推荐提名工作机制。严格委员人选标准条件，统筹考虑委员人选结构和数量规模。委员人选要听取所在单位或街镇党组织意见，在广泛酝酿协商的基础上，由区委常委会集体研究决定。拟继续提名的委员人选，要按程序听取区政协党组的意见。建立健全委员届中调整机制，区委组织、统战部门研究确定委员届中调整方案时，要充分听取各方面意见，将区政协党组就委员履职情况提出的意见建议作为重要依据。

加强委员服务管理。区政协要加强委员学习培训规划统筹，制定委员学习五年规划和年度计划，落实初任培训，保证其每届内参加一次以上专题培训。教育督促委员正确处理个人职业活动与履行职责的关系，不准利用委员身份，通过干预执法、干涉具体司法案件或插手招投标等，牟取个人、小团体和特定关系人的利益。制定委员履职工作规则，建立委员履职档案，履职情况采取适当方式向有关方面通报，并作为是否继续提名的依据。健全完善主席会议成员、专委会、政协机关多层次联系委员制度。坚持“主席接待委员日”活动。探索在街镇建立完善委员开展履职活动的工作机制。委员所在单位要大力支持委员参加政协会议和活动，为委员履职尽责创造条件。

（二）创新政协界别工作。各级党委要支持政协适应经济社会发展和统一战线内部结构变化，深入研究增强政协界别的代表性、更好发挥政协界别作用的思路和办法，拓展有序政治参与空间。区政协要建立健全界别小组召集人、专委会联系界别等机制，活跃有序开展界别调研、界别座谈、界别联谊。充分发挥界别在视察、调研、提案、大会发言、反映社情民意信息等工作中的作用，推动界别协商与专题协商、对口协商、提案办理协商等相融合。探索界别协商的有效形式，通过全体会议、常委会会议等会议，组织委员跨界别围绕共同关注的问题深入协商讨论。

（三）发挥专委会基础性作用。要支持政协加强专委会组织建设和履职能能力建设。深化区政协机构改革，优化区政协专委会设置。专委会要定期向主席会议报告工作。建立各界别委员全员参加专委会制度。切实推进专委会工作制度化、规范化、程序化。支持各专委会密切与党政部门对口联系。支持政协以专委会和界别为依托，以对口联系为纽带，建立富有政协特色的应用型智库。

（四）加强政协机关建设。要大力支持区政协规范工作机构设置，合理配置机关人员力量。区政协主席、副主席、专委会负责人的编制可保留在原单位。要高度重视和加强政协机关干部队伍建设，坚持把政协机关干部培养、选拔、交流和任用纳入党政干部队伍建设总体规划，优化干部队伍知识结构、年龄结构，大力发现培养选拔适应新时代要求的政协系统优秀年轻干部，加强与党政机关、国有企事业单位干部的交流，努力建设一支信念过硬、政治过硬、责任过硬、能力过硬、作风过硬的高素质专业化政协干部队伍。加强政协系统信息化建设，建立履职信息库，建设“智慧政协”。保障政协工作经费，逐步提高政协委员活动和培训经费。

（五）*加强政协作风建设*。区政协党组和共产党员要坚持党的群众路线，密切同委员的联系，弘扬党的统战工作的优良传统作风，在同党外人士打交道时，坚持相互尊重、平等待人，以民主的作风、良好的形象影响人，严格贯彻落实中央八项规定及其实施细则精神，坚决反对形式主义、官僚主义、享乐主义和奢靡之风。把转作风改作风同政协各项履职结合起来，持续改进视察考察工作、坚持简约简朴办会、切实改进文风、不断改进调研方式方法。

六、加强和改进党对人民政协工作的全面领导

政协工作是党的全局工作的重要组成部分。要加强和改进党对人民政协工作的政治领导、思想领导和组织领导，支持人民政协依照章程、独立负责、协调一致地开展工作。

（一）*健全党对人民政协工作全面领导的制度*。要把政协工作特别是政协党的建设工作纳入区委工作总体布局，一体谋划，一体推进。区委每届召开1次政协工作会议，专题研究加强和改进人民政协工作，把党的建设作为重要内容进行部署。建立健全定期听取区政协党的建设工作汇报制度，及时研究和解决工作中存在的重大问题，对区政协各级党组织执行党的方针政策和决议的情况进行督促检查。坚持和完善党政主要领导联系政协工作、党政领导及部门负责人根据议题参加政协会议和活动、党政有关部门对口联系政协专委会等制度。区政协党组要建立健全并严格执行重大问题请示报告制度，区政协党组每半年向区委作1次全面工作报告，政协年度协商计划、常委会工作报告、全体会议和常委会会议、党组重要工作等要向区委请示报告，传达党中央和市委重要会议精神、执行党的重要指示和决定的情况要专题报告，贯彻落实区委重要会议和重要文件精神要及时报告，重大事项和重要情况要及时请示报告。强化区政协党组对政协履职工作和政协各级党组织工作的领导。凡提交政协主席会议、常委会会议审议的重要议题，政协党组要认真研究，有关重要事项按规定及时向区委请示报告。

（二）*加强新时代人民政协党的建设*。加强新时代人民政协党的建设，对于更好坚持人民政协这一制度安排，坚持和完善中国共产党领导的多党合作和政治协商制度这一新型政党制度，巩固和发展最广泛的爱国统一战线，坚持和巩固中国共产党的领导地位和长期执政地位，不断推进国家治理体系和治理能力现代化，坚持和发展中国特色社会主义，具有重大而深远的意义。区政协党组要按照新时代党的建设总要求，以党的政治建设为统领，全面推进人民政协党的政治建设、思想建设、组织建设、作风建设、纪律建设，把制度建设贯穿其中，深入推进反腐败斗争，不断提高党的建设质量，改进工作方式方法，充分发挥区政协党组在全区政协工作中的领导核心作用、基层党组织的战斗堡垒作用、政协组织中共产党员的先锋模范作用，把党中央决策部署和对政协工作的要求落实下去，把海内外中华儿女实现中华民族伟大复兴的中国梦的智慧和力量凝聚起来，共同为实现中共十九大确定的目标任务而奋斗。

完善区政协党组织设置，在区政协设立机关党组，在各专委会设立党支部。区政协党组和机关党组要认真研究制定党的建设工作规划和年度计划，建立健全政协党组织党建工作责任制。区政协党组在指导政协机关和专委会工作中应当把党的建设作为重要内容。区政协全体会议期间和重要视察考察调研、集中学习培训、团组出访等活动中，要设立临时党组织。支持探索建立政协党组成员联系相关界别党员委员、党员委员联系党外委员制度，探索建立联系无党派人士界、宗教界委员机制。探索实行党员委员组织关系一方隶属、参加双重组织生活的办法。实现党的组织对党员委员的全覆盖，党的工作对政协委员的全覆盖。

区政协党组要全面肩负起实现党对人民政协领导的重大政治责任，发挥好把方向、管大局、保落实的重要作用，确保党中央大政方针、市委决策部署和区委各项要求不折不扣贯彻落实到政协全部工作之中。认真开展“不忘初心、牢记使命”主题教育，引导政协组织中的共产党员牢记党的宗旨，坚定理想信念。尊崇党章，增强党内政治生活的政治性、时代性、原则性、战斗性。坚持民主集中制原则，确保政协党组织的活力和党的团结统一。切实肩负起管党治党政治责任，加强党风廉政建设和反腐败斗争，坚决防止利用政协影响力谋取私利，坚决防止利用委员资源谋取私利。支持区纪委监委派驻纪检监察组履行纪检监察职责。

（三）营造全党全社会支持人民政协事业发展的良好氛围。要紧紧围绕贯彻落实习近平总书记关于加强和改进人民政协工作的重要思想，积极组织推动人民政协理论研究，宣传教育工作。发挥理论对实践的指导和推动作用，把人民政协理论作为干部培训的一项重要内容，列入党委（党组）理论学习中心组学习计划，列入区委党校、行政学校、社会主义学院教学计划。区委宣传部门和区内主要新闻单位要将政协宣传工作纳入年度计划，支持政协加强新闻宣传阵地建设，加强正面宣传和舆论引导，不断扩大人民政协社会影响。

中共重庆市长寿区委
关于印发《长寿区贯彻〈中国共产党党务公开条例（试行）〉实施方案》的通知

各街道党工委、各镇党委，区委各部委，区级各部门党组（党委），各人民团体党组，在长市属部门党组织：

现将《长寿区贯彻〈中国共产党党务公开条例（试行）〉实施方案》印发给你们，请认真遵照执行。

制定本实施方案，是长寿区贯彻落实《中国共产党党务公开条例（试行）》和《重庆市实施〈中国共产党党务公开条例（试行）〉办法》的重要举措，确保长寿区党务公开工作走上制度化规范化程序化轨道，对于深入贯彻中共十九大精神，推进全面从严治党，更好贯彻落实党的理论和路线方针政策，推动长寿各项工作迈上新台阶，具有重要意义。全区各级党组织要以习近平新时代中国特色社会主义思想为指导，把坚持和完善党的领导要求贯彻到党务公开全过程和各方面。

中共重庆市长寿区委

2018 年 12 月 6 日

长寿区贯彻《中国共产党党务公开条例（试行）》实施方案

为深入贯彻落实中共十九大精神，推动全面从严治党向纵深发展，加强和规范党务公开工作，发展党内民主，强化党内监督，使广大党员更好了解和参与党内事务，动员组织人民群众贯彻落实好党的理论和路线方针政策，提高党的执政能力和领导水平，根据《中国共产党党务公开条例（试行）》《重庆市实施〈中国共产党党务公开条例（试行）〉办法》（以下简称《条例》《办法》）等规定要求及有关党内法规，结合长寿区实际，制定本实施方案。

一、党务公开的基本原则

本方案所称党务公开，是指党的组织将其实施党的领导活动、加强党的建设工作的有关事务，按规定在党内或者向党外公开。党务公开应当遵循以下原则：

（一）坚持正确方向。坚决维护以习近平同志为核心的党中央权威和集中统一领导，认真贯彻落实习近平新时代中国特色社会主义思想，牢固树立

"四个意识"，坚定"四个自信"，把党务公开放到新时代中国特色社会主义的伟大实践中来谋划和推进，把坚持和完善党的领导要求贯彻到党务公开的全过程和各方面。

（二）坚持发扬民主。保障党员民主权利，落实党员知情权、参与权、选举权、监督权，更好调动全体党员积极性、主动性、创造性，及时回应党员和群众关切，以公开促落实、促监督、促改进。

（三）坚持积极稳妥。注重党务公开与政务公开等的衔接联动，统筹各层级、各领域党务公开工作，一般先党内后党外，分类实施，务求实效。

（四）坚持依规依法。尊崇党章，依规治党，依法办事，科学规范党务公开的内容、范围、程序和方式，增强严肃性、公信度，不断提升党务公开工作制度化、规范化水平。

二、党务公开的内容和范围

党的组织贯彻落实党的基本理论、基本路线、基本方略情况，领导经济社会发展情况，落实全面从严治党责任、加强党的建设情况，以及党的组织职能、机构等情况，除涉及党和国家秘密不得公开或者依照有关规定不宜公开的事项外，一般应当公开。党务公开不得危及政治安全特别是政权安全、制度安全，以及经济安全、军事安全、文化安全、社会安全、国土安全和国民安全等。

（一）党务公开的范围

党的组织应当根据党务与党员和群众的关联程度合理确定公开范围，主要包括：领导经济社会发展、出台重大决策、推动重大民生工程、涉及人民群众生产生活的党务，向社会公开；涉及党的建设重大问题或者党员义务权利，需要全体党员普遍知悉和遵守执行的党务，向各级党组织和党员公开；各街镇、各部门、各单位的党务，在本地区、本部门、本单位公开；涉及特定党的组织、党员和群众切身利益的党务，对特定党的组织、党员和群众公开。

（二）党务公开的内容

（1）区委应当公开：学习贯彻习近平新时代中国特色社会主义思想，贯彻落实党中央决策部署，坚决维护以习近平同志为核心的党中央权威和集中统一领导，贯彻落实上级党组织决策部署情况；学习贯彻落实习近平总书记关于重庆工作的重要讲话精神情况；本地区经济社会发展部署安排、重大改革事项、重大民生措施等重大决策和推进落实情况，以及重大突发事件应急处置情况；履行全面从严治党主体责任，坚持贯彻民主集中制原则，严肃党内政治生活，全面负责本地区党的建设情况；党代表大会（会议）、党委全会、党委常委会会议及其他重要会议，重要文件、重要公务活动、重要人事任免情况；巡视巡察督察进驻、反馈、整改等情况；党委加强自身建设情况；其他应当公开的党务。

（2）镇、街道、社区、农村、企业、机关、学校、科研机构、社会组织和其他基层单位党的基层组织应当公开：学习贯彻习近平新时代中国特色社会主义思想，贯彻落实党中央决策部署，坚决维护以习近平同志为核心的党中央权威和集中统一领导，贯彻落实上级党组织决策部署情况；学习贯彻落实习近平总书记关于重庆工作的重要讲话精神情况；任期工作目标、阶段性工作部署、重点工作任务及落实情况；加强思想政治工作、开展党内学习教育、组织党员教育培训、执行"三会一课"制度等情况；换届选举、党组织设立、发展党员、民主评议、奖惩考核、召开组织生活会、保障党员权利、党费收缴使用管理以及党组织自身建设等情况；防止和纠正"四风"问题，联系服务党员和群众情况；落实管党治党政治责任，加强党风廉政建设，对党员作出组织处理和纪律处分情况；巡察督察进驻、反馈、整改等情况；群众反映强烈的意见建议或网络舆情处理情况；其他应当公开的党务。

（3）党的纪律检查机关应当公开：学习贯彻习近平新时代中国特色社会主义思想，学习贯彻党中央大政方针和重大决策部署，坚决维护以习近平同志为核心的党中央权威和集中统一领导，贯彻落实本级党委、上级纪律检查机关工作部署情况；学习贯彻落实习近平总书记关于重庆工作的重要讲话精神情况；开展纪律教育、加强纪律建设，维护党章党规党纪情况；查处违反中央八项规定及实施细则精神和市委实施意见要求，发生在群众身边、影响恶劣的不正之风和腐败问题情况；对党员领导干部严重违纪涉嫌违法犯罪进行立案审查、组织审查和给予开除党籍处分情况；对党员领导干部严重失职失责进行问责情况；加强纪律检查机关自身建设情况；其他应当公开的党务。

（4）党的组织贯彻落实党的基本理论、基本路线、基本方略情况，领导经济社会发展情况，落实全面从严治党责任、加强党的建设情况，以及党的组织职能、机构等情况，除涉及党和国家秘密不得公开或者依照有关规定不宜公开的事项外，一般应当公开。党的工作机关、党委派出机关、党委直属事业单位和党组应当根据此规定，结合实际确定公开内容。党的工作机关和党委直属事业单位应当重点公开落实党委决策部署、承办上级工作机关交办事项、开展党的工作情况。党委派出机关应当重点公开代表党委领导本地区、本领域、本行业、本系统党的工作情况。党组要结合实际，确定公开内容，重点公开在本单位发挥领导作用和落实党建工作责任制情况。

全区各级党组织要根据本方案确定的党务公开内容和范围，结合实际编制党务公开目录，明确公开事项、公开范围、公开方式、公开频次、责任单位等内容，并报上一级党组织备案，按照规定在党内或者向社会公开。

三、党务公开的程序

凡列入党务公开目录的事项，有关党组织应当按照以下程序及时主动公开：

（一）提出。按照“谁承办、谁提出”的原则，由党的组织有关部门研究提出党务公开方案，拟订公开的内容、范围、时间、方式等。对应当公开而未提出公开的事项，党的组织应要求有关部门提出公开意见。

（二）审核。党的组织有关部门对党务公开方案从必要性、准确性等方面进行审核，并组织进行法规、保密审查。

（三）审批。党的组织有关部门将党务公开方案、审核意见按照程序报批，重要事项报党的组织主要负责人审批或领导班子集体研究决定。需要报请上一级党的组织审批的事项，应当按照规定办理报批手续。

（四）实施。党的组织有关部门按照经批准的方案实施党务公开。

（五）归档。按照档案管理的要求，对公开工作的有关资料进行立卷归档，并妥善保存。

党务公开目录外需要公开的事项，党的组织应按程序报批后进行公开，并根据实际情况及时更新党务公开目录。

四、党务公开的方式

党的组织根据党务公开的内容、范围和时限，选择适当的公开方式。在党内公开的，一般采取召开会议、制发文件、编发简报、在局域网发布等方式。向社会公开的，一般采取发布公报、召开新闻发布会、接受采访，在报刊、广播、电视、互联网、新媒体、公开栏发布等方式，优先使用党报党刊、电台电视台、重点新闻网站等党的媒体进行发布。要进一步建立和完善党委新闻发言人制度，逐步建立健全例行发布机制，及时准确发布重要党务信息。外宣部门应当将党务新闻发布与政务新闻发布统筹安排。

党务公开的时限应与公开的内容相适应。具有长期性、稳定性的工作长期公开；年内相对稳定的常规性工作定期公开；动态性、阶段性工作分期公开；临时性、应急性工作即时公开；对于重大事项或复杂问题，根据公开反馈的意见进一步完善后，必要时可再次公开。

党务公开可以与政务公开、厂务公开、村（居）务公开、公共事业单位办事公开等方面的载体和平台实现资源共享的，应当统筹使用。其他公开载体和平台，可以转载已经依法依规公开的党务公开内容。

五、党务公开工作机制

（一）建立健全保密审查机制。依据国家保密法律法规和有关规定，规范党务公开前的保密审查工作，防止泄露党和国家秘密以及其他不宜公开的信息。对党务公开内容是否属于党和国家秘密或者属于何种密级不明确或者有争议的，应当依法报送国家保密行政管理部门确定。拟公开的党务含有涉密、敏感信息的，应按有关规定进行脱密、脱敏处理，涉及党员个人的信息，应当防止泄露个人隐私。

（二）建立健全风险评估机制。对直接关系人民群众切身利益且涉及面广、容易引发社会稳定问题的党务事项，在作出党务公开决策前，依据有关规定和程序，开展社会稳定风险评估，重点围绕合法性、合理性、可行性、可控性等方面进行研判；对重大决策事项开展网络舆情风险评估，重点围绕可行性、民意认可度等方面进行研判。

（三）建立健全信息发布机制。按照有关规定，借助媒体、网站等渠道，及时、主动、全面、准确、权威发布信息，推动工作常态化、规范化。规范发布程序，增加发布频次，提升新闻发言人的履职能力。加强突发事件新闻发布工作，及时做好风险预警信息发布。

（四）建立健全政策解读机制。出台重要政策时，牵头起草部门将文件和解读方案一并报批，确有必要公开的将相关解读材料与文件一并采取适当方式予以公布。对涉及面广、社会关注度高、专业性强的规范性文件、重要政策、重大措施，通过新闻发布、接受访谈、发表文章等方式宣讲释疑，传递权威信息。

（五）建立健全舆情回应机制。强化舆论引导，加强舆情汇集，提高舆情分析研判专业性、科学性，着力抓好舆情应急处置。强化信息监测反馈，对引起重大舆情反应的，应当及时报告；发现有不真实、不完整、不准确的信息，应当及时加以澄清和引导。

（六）建立健全民主参与机制。完善党员旁听党委会议、党的代表大会代表列席党委会议、党内情况通报反映、党内事务咨询、重大决策征求意见、重大事项社会公示和社会听证等制度，提交党委会议审议的重要改革方案和重大政策措施，除依法应当保密的外，应在决策前向党内公布决策草案、决策依据，广泛征求党员群众意见。涉及重大公共利益和公众权益的重要决策，须通过党内事务咨询、听证座谈等方式扩大公众参与。发展和用好党务公开新形式，不断拓展党员和群众参与党务公开的广度和深度。

六、监督与追责

（一）强化监督。全区各级党组织要将党务公开工作情况作为履行全面从严治党政治责任的重要内容。各级党组织要每年向有关党员和群众通报党务公开情况，并纳入党员民主评议范围，主动听取群众意见。要建立健全党务公开工作督查机制，紧密结合党风廉政建设责任制检查考核、党建工作考核、基层党建督查、区委巡察等，开展经常性检查和专项督查，并适时通报督查情况。

（二）严格追责。违反《中国共产党党务公开条例（试行）》《重庆市实施〈中国共产党党务公开条例（试行）〉办法》规定，对党中央和上级党的组织党务公开的部署和要求拒不执行或拖延懈怠的；未按照规定编制党务公开目录并进行动态调整，工作落实不到位的；未按照规定的内容、范围、程序和方式等实施党务公开，造成不良后果的；党务公开内容严重失实，欺上瞒下、弄虚作假，造成恶劣影响的；党务公开工作监督部门未履行好职责，造成上述后果的；或者其他应当追究责任的情形，严格依照《中国共产党纪律处分条例》《中国共产党问责条例》等规定追究有关党的组织、党员领导干部和工作人员的责任。

七、强化组织领导

（一）建立健全组织领导机构。在区委统一领导下，建立健全各级党委分级负责，各部门各单位各负其责的党务公开工作领导体制。区委成立由党委专职副书记担任组长的党务公开领导小组，负责组织领导和统筹推进区委党务公开工作；领导小组办公室设在区委办，承担区委公务公开的具体工作，负责统筹协调和督促指导全区党务公开日常工作。区纪委监委和组织、宣传、统战、政法等部门应结合工作职能，做好党务公开监督执纪问责、干部队伍培训、宣传引导等工作。各地各部门应当加强党务公开工作机构和人员队伍建设，建立完善工作机制，确保党务公开工作顺利开展。基层党组织也应明确人员负责此项工作。

（二）加强学习培训。全区各级党组织要认真抓好学习培训，使广大党员干部全面准确掌握《条例》《办法》的基本精神、主要内容和工作要求。各级党委（党组）理论学习中心组要切实抓好专题学习，区委党校和行政院校要将《条例》《办法》纳入培训课程。各单位要结合工作实际，制定党务公开具体实施方案，编制党务公开目录，明确工作责任，狠抓工作落实。

2018 年 4 月，长寿区“彩虹守护 2 + 1”活动

统计资料

❖ 重庆市长寿区2018年国民经济和社会发展统计公报

❖ 2018年重庆市长寿区国民经济主要统计指标

❖ 2018年重庆市长寿区各街镇人口统计指标

❖ 2018年重庆市长寿区主要经济指标在全市排位

统计资料

重庆市长寿区
2018年国民经济和社会发展统计公报
重庆长寿区统计局
2019年4月19日

2018年，全区上下认真学习贯彻中共十九大精神，全面落实中央和市委、市政府各项决策部署，坚持稳中求进工作总基调，统筹推进“五位一体”总体布局和协调推进“四个全面”战略布局，统筹推进稳增长、促改革、调结构、惠民生、防风险各项工作，经济运行稳中有进、稳中向好，经济社会保持平稳健康发展。

一、综合

全年实现地区生产总值597.5亿元，比上年增长6.2%。按产业分，第一产业增加值45.7亿元，增长1.9%；第二产业增加值305.3亿元，增长6.5%；第三产业增加值246.5亿元，增长6.5%。三次产业结构比为7.6:51.1:41.3。按常住人口计算，全区人均地区生产总值达到70604元，比上年增加9293元。

年末全区常住人口85.5万人，城镇化率66.07%，比上年提高1.67个百分点。年末户籍总人口89.3万人，其中农村居民50.5万人，新出生人口7821人，出生率8.75‰。

城镇新增就业人员20688人，下降5.3%。城镇登记失业人员就业5471人，下降21.1%。年末城镇登记失业率3.1%，上升0.2个百分点。

二、农业

全年实现农林牧渔业及其服务业增加值46.7亿元，增长1.9%。实现农业总产值68.5亿元，增长1.7%。全年粮食播种面积92.0万亩，粮食总产量33.6万吨，粮食综合单产365千克/亩。蔬菜种植面积20.4万亩，总产量33.7万吨，增长4.3%。水果收获面积22.1万亩，总产量18.8万吨，增长6.2%。出栏生猪56.4万头，下降4.5%。出栏家禽1080.6万只，下降7.9%。水产品产量35800吨，增长10.2%。

三、工业

全年实现工业增加值217.2亿元，增长6.2%，占全区地区生产总值的36.4%。年末全区拥有规上工业企业251家，全年实现规模以上工业总产值949.6亿元，增长14.2%。其中，长寿经开区752.3亿元，增长14.8%；长寿工业园区187.7亿元，增长15.3%。全年完成规上工业销售产值937.1亿元，增长14.3%；规上工业产品产销率98.69%。规上工业利润总额56.2亿元，实现税金及附加34.3亿元，增长53.1%。

全年规上工业企业实现钢材产量626万吨，增长50.7%；粗钢产量638.1万吨，增长55.1%；生铁产量578万吨，增长50.5%；焦炭产量250.5万吨，增长49.7%；精甲醇产量171.6万吨，下降7.4%；醋酸乙烯产量47.1万吨，下降10.9%；初级形态塑料产量27万吨，增长33.5%；冰醋酸产量36.9万吨，下降11.1%。

全年规上工业能源消耗总量892.1万吨标准煤，增长10.9%。其中，规上工业用电64.3亿度，增长0.6%；规上工业用煤630.7万吨，增长32.8%；规上工业用天然气23.6亿立方米，下降19.7%；规上工业用热力2205.2万百万千焦，增长6.3%。

四、建筑业和固定资产投资

全年实现建筑业增加值88.1亿元，增长7.3%，占全区地区生产总值的14.7%。全年完成固定资产投资总额233.9亿元，增长1.5%。其中工业投资98.5亿元，增长1.3%；房地产开发投资26.2亿元，下降67.6%。全年商品房施工面积324.0万平方米，下降24.1%；商品房销售面积97.2万平方米，下降40.3%。

五、国内贸易

全年批发和零售业实现增加值27.3亿元，增长14.9%，占全区地区生产总值的4.6%；住宿和餐饮业实现增加值16.6亿元，增长1.7%，占全区地区生产总值的2.8%。全年社会消费品零售总额增长3.4%，批发零售业销售总额增长28.2%，住宿餐饮业营业收入增长5.5%。

六、外经外贸招商

全年实际利用内资21.8亿元，增长5.3%。实际利用外资2.8亿美元，增长77.6%。外贸进出口总额133.5亿元，增长24.1%，其中，出口额115.9亿元，增长30.7%，进口额17.6亿元，下降6.7%。

全年招商引资共引进项目290个，项目合同总金额730亿元。其中，签约亿元以上的重点项目91个，投资额694.6亿元，占全区签约项目的95.2%；第二产业签约重点项目75个，合同引资491.8亿元，占重点项目合同引资额的70.8%。一、三产业签约重点项目16个，合同引资202.8亿元，占全区重点项目合同引资额的29.2%。

七、交通、旅游

全年交通运输、仓储和邮政业实现增加值55.3亿元，增长6.6%，占全区地区生产总值的9.3%。公路货运周转量65.9亿吨千米，增长8.6%，公路客运周转量5.3亿人千米，下降19.5%；水上货运周转量39.9亿吨千米，增长1.1%，水上客运周转量4.1万人千米，增长10.8%。铁路旅客发送量175万人（次），铁路旅客到达量182万人（次），铁路货物发送量99万吨，铁路货物到达量588万吨。

全年实现旅游收入57亿元，增长9.6%；旅游人数935万人（次），增长10.0%。长寿湖景区优化提质，国家级旅游度假区创建工作有序推进，长寿湖高铁站换乘中心、恒大特色小镇一期、龙鑫欢乐世界即将完工，高铁站至景区旅游专线、东岸环湖路、乐温大桥破土动工，重庆远恒佳学校顺利开学。菩提山景区环山公路竣工通车，三倒拐历史文化街区保护性修缮项目稳步推进，长寿缆车站成为网红景点。邻封镇、万顺镇成功创建市级特色景观旅游名镇。

八、财税、金融

全年地方财政收入94.1亿元，增长3.0%，其中一般公共预算收入35.8亿元，增长1.6%。一般公共预算收入中税收收入27.3亿元，下降1.6%。全年地方财政支出130.8亿元，增长6.7%，其中一般公共预算支出66.6亿元，下降0.2%。

全年金融业实现增加值35亿元，增长4.6%，占全区地区生产总值的5.9%。年末全区金融机构本外币存款余额为542.1亿元，增长6.7%；金融机构本外币贷款余额为332.7亿元，增长12.9%。

九、人民生活和社会服务

全区居民人均可支配收入28122元，增长8.9%。按常住地分，城镇常住居民人均可支配收入35055元，增长8.1%；农村常住居民人均可支配收入15571元，增长8.0%。

坚持精准扶贫精准脱贫方略，突出“六个精准”到户到人，全面完成224户463人建档立卡贫困户减贫任务，公益性岗位累计安置2445人就业，完成贫困户危房改造1702户。在全市首创贫困户医疗兜底制度，设立500万元医疗兜底基金，将贫困户区内住院、门诊自费比例降到5%、10%以下。

十、教育和科技

全区共有教育机构227个，教职工8653人。其中幼儿园132所，教职工1890人；小学60所，教职工2583人；九年制学校8所，教职工534人；初级中学14所，教职工814人；完全中学8所，教职工2177人；职业学校2所，教职工218人。全区共有在校学生96242人，其中幼儿园在园儿童15945人，小学生36251人，初中学生20497人，高中学生12630人，职业教育学生4574人。全区共有民办教育机构75个，教职工1553人，学生12110人；其中民办幼儿园71个，教职工1310人，在园儿童10614人。中小学校标准化率达

90%，幼儿园学前三年入园率 90.5%，义务教育、高中阶段入学率分别达 100% 和 97.8%.

大力培育创新主体，新增高新技术企业 12 家、科技型企业 101 家、市级企业技术中心 7 家。全区万人有效发明专利 6.67 件、增长 133.9%。全面贯彻落实《重庆市长寿区创新驱动发展战略专项扶持办法（试行）》（长寿府发〔2017〕60 号）文件精神，奖励 2017 年 182 家企业 379 个创新驱动发展专项，同比增幅 73.1%，兑现资金 2174.6 万元；完成 2017 年专利资助及授权奖励集中兑付，资助金额 183.4 万元。2018 年科技成果登记 78 件，同比增幅 41.8%；技术合同交易 284 个，金额达 11593.8 万元，同比增幅 4.1%。

十一、文化体育和卫生

2018 年盛大举办区第二届运动会，铁人三项赛、半程马拉松赛、全区文艺调演等大型群众文体活动丰富多彩，摔跤、拳击、艺术体操分别荣获全国专项锦标赛个人第 1 名，田径获得全市团体锦标赛第 1 名。举办了 2017 年新春音乐会、10 场全民艺术普及戏曲进校园活动、20 场文化进社区演出活动、30 场“渝州大舞台”演出等区级文体活动 100 余场。优化提升 19 个街镇、42 个社区综合文化服务中心功能设置，安装 20 套“农体工程”，建成 10 个社区健身点和 3 个街镇固定放映厅。大力实施“两馆一中心”免费开放和体育场馆免费低收费开放，年接待群众达 293 万人（次）。城市影院票房收入突破 1500 万元。

全区现有注册医疗机构 548 个，其中综合医院 20 家，民营医院 16 家，社区卫生服务中心 7 所，镇卫生院 12 所、分院 10 所，村卫生室 335 个。全区床位总数 4680 张（其中民营医疗机构床位 1230 张），执业（助理）医师 2179 人，注册护士 2828 人。全区每千人口拥有医院床位 5.67 张，每千人口卫生技术人员 5.77 人。

十二、资源、环境和安全生产

2018 年长寿区年平均气温为 18.2℃，年总降水量为 1115.7 毫米，年总日照时数为 1122 小时，城区环境空气质量优良天数达 311 天。深入推进河长制，建立河库警长制，继续治理桃花溪“母亲河”，摸排整治城区排口 42 处。实施龙溪河、御临河上下游跨境水污染生态补偿，龙溪河流域综合整治纳入国家示范试点，并获国务院第五次大督查通报表扬。完成 14 个街镇污水管网修复，提标升级 19 座乡镇污水处理厂，实现 24 小时在线监测全覆盖。畜禽粪污综合利用率达 80% 以上。危险废物、医疗废物规范处置率保持 100%。实施自然保护地排查整治和生态修复，启动明月山 29 家非煤矿山关闭退出工作，完成水土保持生态治理 10 平方千米。开展国土绿化提升行动，实施营造林 5.4 万亩，森林覆盖率达 45.7%。

深入开展扫黑除恶专项斗争，侦办黑恶势力团伙 4 个，实施“渝警行动 2018”专项工作，落实“服务学校 29 条”措施，全区刑事案件、八类案件、侵财案件分别下降 9%、18.2%、10.4%。严打非法金融活动，立案查处 1 件、化解陈案 3 件，为群众挽损 348 万元。狠抓安全生产“五大责任体系”，国家危化品应急救援重庆基地基本建成，生产安全事故起数、死亡人数分别下降 25.9%、30%，危化企业、规上工贸企业安全生产标准化达标率 100%。

2018 年重庆市长寿区国民经济主要统计指标

表 54　　**国民经济核算**

地区生产总值	1—4 季度	同比 ±%
全区生产总值（亿元）	597.5	6.2
第一产业	45.7	1.9
第二产业	305.3	6.5
工　业	217.2	6.2

续表 54

地区生产总值	1—4 季度	同比 ±%
建筑业	88.1	7.3
第三产业	246.5	6.5
其中：批发和零售业	27.3	14.9
住宿和餐饮业	16.6	1.7

表 55 **农业、居民收入**

农　　业	1—4 季度	2017 年同期	同比 ±%
农业总产值（万元）	684886	659951	3.8
粮食产量（吨）	336244	335205	0.3
出栏生猪（万头）	56.4	59	-4.4
出栏家禽（万只）	1080.6	1172.9	-7.9

居民收入	1—4 季度	2017 年同期	同比 ±%
全体居民人均可支配收入（元）	28122	25821	8.9
城镇居民人均可支配收入（元）	35055	32428	8.1
农村居民人均可支配收入（元）	15571	14418	8.0

表 56 **工业**

规模以上工业	1—4 季度	2017 年同期	同比 ±%
工业企业数（个）	251	247	1.6
工业亏损企业数（个）	57	50	14.0
工业总产值（亿元）	949.6	831.2	14.2
其中：长寿经开区	752.3	655.3	14.8
长寿高新区	187.7	162.8	15.3
工业销售产值（亿元）	937.1	820.2	14.3
其中：长寿经开区	741.5	646.0	14.8
长寿高新区	186	161.2	15.4
工业产品产销率（%）	98.69	98.70	-0.01
其中：长寿经开区	98.57	98.60	-0.03
长寿高新区	99.11	99.02	+0.09

表 57 **商贸、非公经济和文化产业**

商　　贸	1—4 季度	2017 年同期	同比 ±%
社会消费品零售总额（万元）	-	-	3.4
批发零售业销售额（万元）	-	-	28.2
住宿餐饮营业收入（万元）	-	-	5.5

续表 57

非公经济	1—4 季度	2017 年同期	同比 ±%
非公经济增加值（亿元）	365.6	–	5.2
其中：民营经济增加值（亿元）	332.3	–	5.3

文化产业	1—4 季度	2017 年同期	同比 ±%
文化产业值加值（亿元）	8.2	–	4.6

表 58　**投资、房地产**

投　资	1—4 季度	2017 年同期	同比 ±%
固定资产投资（亿元）	233.9	230.4	1.5
其中：工业	98.5	97.2	1.3
其中：房地产开发	26.2	80.8	-67.6

房　地　产	1—4 季度	2017 年同期	同比 ±%
商品房施工面积（万平方米）	324.0	426.9	-24.1
商品房销售面积（万平方米）	97.2	162.7	-40.3

表 59　**财政、金融**

财　政	1—4 季度	2017 年同期	同比 ±%
地方财政收入（万元）	940740	913060	3.0
其中：一般公共预算收入	357662	352030	1.6
地方财政支出（万元）	1307793	1225481	6.7
其中：一般公共预算支出	666417	667767	-0.2

金　融	1—4 季度	2017 年同期	同比 ±%
本外币存款余额（万元）	5421294	5082035	6.7
本外币贷款余额（万元）	3326594	2946960	12.9

表 60　**外经外贸、招商**

外经外贸	1—4 季度	2017 年同期	同比 ±%
实际利用内资（亿元）	21.8	20.7	5.3
实际利用外资（亿美元）	2.77	1.56	77.6
进出口总值（亿元）	100	107.7	-7.1

招商引资	1—4 季度	2017 年同期	同比 ±%
协议项目个数（个）	290	153	89.5
项目合同总金额（亿元）	730	618	18.1

表 61　　就业、旅游

就　　业	1—4 季度	2017 年同期	同比 ± %
城镇登记失业人员就业人数（人）	5471	6936	-21.1
城镇登记失业率（%）	3.1	2.9	上升 0.2 个百分点
城镇新增就业人数（人）	20688	21855	-5.3

旅　　游	1—4 季度	2017 年同期	同比 ± %
旅游收入（亿元）	57	52	9.6
旅游人数（万人次）	935	850	10.0

（重庆市长寿区统计局提供）

2018 年重庆市长寿区各街镇人口统计指标

表 62　　2018 年重庆市长寿区各街镇人口统计

街镇名称	户数（户）	总人口（人）	出生人数（人）	出生率（‰）	死亡人数（人）	死亡率（%）	自然增长率（‰）
凤城街道	62424	134602	800	5.94	1198	8.9	-2.96
晏家街道	27787	73648	485	6.59	474	6.4	0.15
江南街道	9861	25304	190	7.51	194	7.7	-0.16
渡舟街道	16052	43249	371	8.58	338	7.8	0.76
八颗街道	17999	43723	391	8.94	374	8.6	0.39
新市街道	9964	27330	257	9.40	246	9.0	0.40
菩提街道	31052	66058	536	8.11	211	3.2	4.92
邻封镇	12691	29516	239	8.10	284	9.6	-1.52
但渡镇	7363	20991	132	6.29	168	8.0	-1.72
云集镇	11041	28279	275	9.72	242	8.6	1.17
长寿湖镇	15430	37696	426	11.30	413	11.0	0.34
双龙镇	15940	36513	346	9.48	266	7.3	2.19
龙河镇	16912	36722	407	11.08	333	9.1	2.02
石堰镇	21264	46275	482	10.42	539	11.6	-1.23
云台镇	15916	34247	439	12.82	345	10.1	2.74
海棠镇	12794	33932	295	8.69	167	4.9	3.77
葛兰镇	27694	62177	588	9.46	512	8.2	1.22
洪湖镇	12649	30851	321	10.40	283	9.2	1.23
万顺镇	10489	28186	210	7.45	232	8.2	-0.78
长寿区	355322	839299	7190	8.57	6819	8.1	0.44

（重庆市长寿区卫生健康委员会提供）

2018 年重庆市长寿区主要经济指标在全市排位

表 63　　2018 年重庆市长寿区主要经济指标完成情况在全市排位

项目	增速（%）	全市排位	考核小组排位	总量（万元）	全市排位	考核小组排位
GDP	6.2	25	14	5974878	13	12
农业增加值	1.9	30	13	456949	13	10
工业增加值	6.2	22	14	2172433	11	11
建筑业增加值	7.3	27	16	880541	10	8
第三产业增加值	6.5	30	15	2464955	13	12

（重庆市长寿区统计局提供）

2018 年 3 月，长寿邻封镇油菜花节吸引美术创作

附 录

附　录

2018年长寿区领导人名录

中共重庆市长寿区委员会书记、副书记、常委、委员、候补委员名录

书　记：赵世庆
副书记：巴川江（蒙古族）
　　左永祥（2018年1月离任）
常　委：赵世庆　巴川江（蒙古族）
　　左永祥（2018年1月离任）
　　何以龙　王身高　谭　伟
　　蒋牧宸（2018年12月离任）
　　李　松　师明萌（女）　胡建川
　　李雪松（挂职，2018年3月离任）
　　李　伟（2018年10月任）
区委委员（以姓氏笔画为序）：
　　王身高　巴川江（蒙古族）　邓永春
　　左永祥（2018年1月离任）　冉　洪
　　师明萌（女）　汤晓强　孙　建
　　李　松　李长春　李兴建
　　李　伟（2018年10月任）
　　李雪松（挂职，2018年3月离任）
　　杨岸鸿　肖庆华　何一波　何以龙
　　宋　平　张　华　张明万　张明生
　　张新明　陈　勇　卓大林
　　罗小玲（女，2018年12月任）　赵世庆
　　胡建川　柳德新（2018年7月离任）
　　洪其昌　唐贤明　涂山全　黄广荣
　　黄　伟　黄　亮　龚小平
　　梁经顺（2018年12月离任）
　　梁德志（2018年12月离任）　蒋发平
　　蒋牧宸（2018年12月离任）　程学明
　　廖智辉（女）　谭　伟　蹇世儒
区委候补委员（以得票多少为序）：
　　罗小玲（女，2018年12月离任）
　　聂华甫　殷　铭　刘　刚　陈显明
　　周　剑　张常宝　殷湖北

中共重庆市长寿区委员会工作部门领导人名录

区委办公室
　主　　任：李兴建
　常务副主任：邓　军
　副 主 任：贺　楠　殷　铭（兼）
　　李晓裕（女，挂职）
　　樊　飞（挂职）　程　涛
　区纪委驻区委办公室纪检组组长：
　　刘　彦（2018年7月离任）
　区纪委监委驻区委办公室纪检监察组组长：
　　姚雪玲（女，2018年7月任）
　区委机要局（密码管理局）局长：贺　楠（兼）
　　副局长：李　浩
　　专职密码督查员：
　　钟其东（副处级，2018年3月任）
　区国家保密局局长：樊　飞
　区委政策研究室主任：邓　军（兼）
　　副主任：周昊杰（女）　吴权平
　区委督查室主任：李晓裕（女）
　　副主任：余　勇

区委组织部
　部　　长：胡建川
　常务副部长：罗建平
　副 部 长：刘亚敏（女，兼）
　　张安才　朱　浩

区考核办主任：
副主任：张　灿（兼，2018 年 7 月离任）
黄小波
区委非公工委书记：朱　浩（兼）
专职副书记：蒋　川（2018 年 10 月离任）
区委人才办主任：张安才（兼）
区纪委驻区委组织部纪检组组长：
江　彤（2018 年 7 月离任）
区纪委监委驻区委组织部纪检监察组组长：
刘　彦（2018 年 7 月任）
副组长：
陶小琴（女，2018 年 7 月任）

区委宣传部

部　　长：师明萌（女）
常务副部长：李元凯
副 部 长：叶绍举（挂职）
张茂荣　张　莲（女）
区纪委驻区委宣传部纪检组组长：
殷嘉寿（2018 年 7 月离任）
区纪委监委驻区委宣传部纪检监察组组长：
邓　文（女，2018 年 7 月任）
副组长：
程小莉（女，2018 年 7 月任）
区精神文明办公室主任：李元凯（兼）
专职副主任：王　舰
区委网络安全和信息化领导小组办公室主任：
叶绍举
副主任：王　舰
曾　娅（女）
区委对外宣传办公室（区政府新闻办公室、区互联网信息办公室）主任：王　舰

区委统战部

部　长：何以龙
常务副部长：张　剑
副 部 长：韩建宏（挂职）　宦仕发
杨洪梅（女）　董瑞芳（女，挂职）
区纪委驻区委统战部纪检组组长：
喻　璐（女，2018 年 7 月离任）
区台办主任：宦仕发（兼）
区侨办主任：
副主任：杨洪梅（女，兼）

区委政法委

书　　记：王身高
常务副书记：张　兵
副 书 记：何一波　张明万
周怀念　余　伟　周　锋（挂职）
政治处主任：王利飞
区纪委驻区委政法委纪检组组长：
刘宗亮（2018 年 7 月离任）
副组长：
韦爱国（2018 年 7 月离任）
区综合治理办公室主任：张　兵
副主任：骆　莉（女）
区委（区政府）防范和处理邪教问题办公室主任：周怀念
副主任：余津丞
区国家安全办公室主任：周　锋（兼）

区委巡察办

主　　任：黄述明（2018 年 3 月任，7 月离任）
但晓琴（女，2018 年 7 月任）
副 主 任：王小强（2018 年 3 月任）
区委第一巡察组组长：王　彬（2018 年 3 月任）
副组长：胡志淑（女，2018 年 3 月任，7 月离任）
陈炯莉（女，2018 年 10 月任）
区委第二巡察组组长：吕广文（2018 年 3 月任）
副组长：瞿　怡（女，2018 年 10 月任）
区委第三巡察组组长：
杨俊淑（女，2018 年 3 月任）
副组长：张国慧（女，2018 年 3 月任，7 月离任）
王童灵（2018 年 10 月任）
区委第四巡察组组长：
杨胜英（女，2018 年 3 月任）
副组长：汤世华（2018 年 10 月任）

区机构编制委员会办公室

主　任：陈　睿（女）
副主任：彭　飞　何忠娟（女，2018 年 3 月任）

区直机关工委

书　　记：胡建川（兼）

常务副书记：孙　建

副 书 记：李　蓉（女）

纪工委书记：张俊逸

区信访办

主　　任：殷　铭

副 主 任：项利君（女）　周　伟

周科建

区信访督查专员：余　豹（女）　向小云

区委老干部局（区委离退休干部党工委）

局　长：刘亚敏（女）

副局长：向　林

区委离退休干部党工委书记：刘亚敏（兼，女）

专职副书记：庞仁建

区委党校

党校校长：左永祥（兼，2018 年 1 月离任）

区行政学校校长和重庆广播电视大学长寿分校校长：蒋牧宸（兼）

区社会主义学院院长：何以龙（兼）

常务副校长（兼行政学校常务副校长、广播电视大学长寿分校常务副校长、区社会主义学院常务副院长）：李长春

副　校　长（兼区行政学校副校长、广播电视大学长寿分校副校长、区社会主义学院副院长）：喻　科　张容华（女）

区社会主义学院副院长：杨洪梅（女，兼）

校务委员：黄游芳（女）　陈国富

区委党研室（区地方志办公室）

主　　任：游　江

副 主 任：杨　耀

区委农村工作委员会

书　　记：黄广荣

专职副书记：黄道平

副 书 记：张　剑（挂职，补遗：2017 年 10 月离任）

陈代禹（挂职）

区委教育工作委员会

书　　记：张新明

专职副书记：黄广泉

长寿日报社

社长、总编辑：蒙　明（女）

副社长、副总编辑：陈小平　袁　准

区广播电视台

台　　长：杨　渝

副 台 长：廖诗平　汤鸿静（女）　张世路

重庆市长寿区人大常委会主任、副主任名录

主　　任：张明生

副 主 任：潘晓林　霍家勤（女）

郑　勇　唐　华　李吉华

重庆市长寿区人民代表大会专门委员会负责人名录

法制委员会

主任委员：湛秀英（女，补遗：2017 年 1 月任）

副主任委员：韩志书（补遗：2017 年 1 月任）

财政经济委员会

主任委员：黄正桥（补遗：2017 年 1 月任）

副主任委员：

王小玉（女，补遗：2017 年 1 月任）

教育科学文化卫生委员会

主任委员：徐向荣（补遗：2017 年 1 月任）

副主任委员：韦学明（补遗：2017 年 1 月任）

重庆市长寿区人大常委会机关工作机构负责人名录

办公室

主　任：程　茂

副主任：黄　磊　秦　雪（女）

法制委办公室

主　任：湛秀英（女）

副主任：韩志书　董祥凯

财经委办公室

主　任：黄正桥

副主任：王小玉（女）　郝　赟

教科文卫委办公室

主　任：徐向荣

副主任：韦学明　项　晓（女）

人事代表工委

主　任：张玉涛（女）

副主任：张兰平　向中明

城环工委

主　任：孔庆明

副主任：向瑞芳（女）　鲁　斌

财政预算工委

主　任：余　旭

副主任：唐志鹏　但玉榕（女）

信访办

主　任：郑　勇

重庆市长寿区人民政府区长、副区长名录

区　长：巴川江（蒙古族）

副区长：蒋牧宸（2018 年 12 月离任）

李雪松（挂职，2018 年 3 月离任）

宋　平　汤晓强　卓大林　何一波

张昌红（女）　张明万

重庆市长寿区人民政府工作部门及直属事业单位领导人名录

区政府办公室

主　任：杨岸鸿

副主任：赵永旗（挂职）

戴家强（兼政府法制办主任）

伍文波（挂职）　代　勇

殷　铭（兼）　余　波（挂职）

程　勇　鲁　巧（女，挂职）

袁建军（2018 年 4 月任）

熊　浩（挂职）

区纪委驻区政府办公室纪检组组长：

郑可萍（女，2018 年 7 月离任）

区纪委监委驻区政府办公室纪检监察组组长：

郑可萍（女，2018 年 7 月任）

区政府研究室主任：程　勇

副主任：赖纪伟（2018 年 4 月任）

区政府督查室主任：余　波

副主任：况敬蓉（女）

区公共资源交易中心主任：余　勇

区政府政务公开办公室（电子政务办）主任：

鲁　巧（女）

副主任：王国兵

区政府应急管理办公室副主任：熊　浩

杨　瑶（2018 年 4 月任）

区发改委

主　　任：蒋发平

副 主 任：彭长龙　陶中荣　尹　红（女）

区纪委驻区发改委纪检组组长：

李　川（女，2018 年 7 月离任）

副组长：

程小莉（女，2018 年 7 月离任）

区纪委监委驻区发改委纪检监察组组长：

黄胜蓉（女，2018 年 7 月任）

区纪委监委驻区发改委纪检监察组副组长：

李思军（女，2018 年 7 月任）

区教育委员会

主　　任：张新明

副 主 任：杨胜中　赵　明　李切勇

区纪委驻区教育委员会纪检组组长：

杨胜英（女，2018 年 3 月离任）

孟　霞（女，2018 年 3 月任）

区科学技术委员会

主　　任：梁　健

副 主 任：任世于　孙艳艳（女）

区经济和信息化委员会

主　　任：谭福明
副 主 任：徐宗诚　黄诗明
　　　　　向剑平（2018 年 11 月离任）
区纪委驻区经济和信息化委员会纪检组组长：
　　　　　罗素琼（女，2018 年 7 月离任）
区纪委驻区经济和信息化委员会纪检组副组长：
　　　　　李思军（女，2018 年 7 月离任）

区公安局

局　　长：何一波
政　　委：徐鲜华
副 局 长：罗玉平　文应船　袁小平
　　　　　唐　峰（挂职）
政治处主任：张　力
区纪委驻区公安局纪检组组长：
　　　　　程　斌（2018 年 7 月离任）
区纪委监委驻区公安局纪检监察组组长：
　　　　　程　斌（2018 年 7 月任，2018 年 12 月离任）
　　　　　张　林（2018 年 12 月任）
交巡警支队政委：张　彪
治安支队支队长：唐　峰
　　　　政　委：阳荣亮
校园安保支队政委：李益辉
警卫处政委：包云兵
刑警支队支队长：梁　军
　　　　政委：罗渝梅（女）

区监察局

局　　长：黄述明（2018 年 1 月离任）
副 局 长：唐红伟（2018 年 1 月离任）
　　　　　周应林（2018 年 1 月离任）

区民政局

局　　长：廖智辉（女）
副 局 长：胡建允　郭　蓉（女）　邓商国
党委委员：袁　波（正处级，2018 年 10 月任）
区纪委驻区民政局纪检组组长：
　　　　　宋　淼（2018 年 7 月离任）
　　　　　副组长：李　平（2018 年 7 月离任）
区老龄委办公室副主任：周茂怀

区司法局

局　　长：邹楚蕾（女）
副 局 长：黄云奎　姚　立　李　佳（女）
政治处主任：彭庆良

区财政局

局　　长：程学明
副 局 长：席　琼（女）　陈春云　郭健智
区纪委驻区财政局纪检组组长：
　　　　　税诗凯（2018 年 7 月离任）
　　　　　副组长：
　　　　　孟　霞（女，2018 年 7 月离任）
区纪委监委驻区财政局纪检监察组组长：
　　　　　胡志淑（女，2018 年 7 月任）
国资金融办主任：黄　勇
　　　　　副主任：汪　涛
　　　　　　　　　周　磊（2018 年 4 月任）
区政府投资项目评审中心主任：雷康平

区人力资源和社会保障局

局　　长：傅显城
副 局 长：叶　静（女）　唐　克　黎　韬
区纪委驻区人力资源和社会保障局纪检组组长：
　　　　　左晓红（女，2018 年 7 月离任）
区就业和人才服务局局长：梁建雯

区社会保险局

局　　长：蒲　实
副 局 长：邓念龙　席小兵　李苏刚

区国土资源和房屋管理局

局　　长：洪其昌
专职副书记：宣　念（女）
副 局 长：舒建平　车文利　余上云
区纪委驻区国土房管局纪检组组长：杨　权
区农村土地整治中心主任：顾艳春（蒙古族）

区环境保护局

局　　长：刘　刚
副 局 长：尤明刚　陈　波　任　虹（女）
区纪委驻区环境保护局纪检组组长：
　　　　　陶小琴（女，2018 年 7 月离任）

环境监察支队支队长：王世平
教导员：杜全超

区交通委员会

主　　任：黄　亮
专职副书记：张真明
副 主 任：袁建军（2018 年 4 月离任）
袁　翔　胡安志（2018 年 4 月任）
区纪委驻区交通委员会纪检组组长：
卢　莉（女，2018 年 7 月离任）
区公路局局长：胡安志（2018 年 4 月离任）

区城乡建设委员会

主　　任：蹇世儒（兼区民防办主任）
副 主 任：李川龙　徐晓核　彭　涛
区纪委驻区城乡建设委员会纪检组组长：
黄胜蓉（女，2018 年 7 月离任）
副组长：李　伟（2018 年 7 月离任）
区纪委监委驻区城乡建设委员会纪检监察组组长：卢　莉（女，2018 年 7 月任）

区规划局

局　　长：殷湖北
副 局 长：吴从波　戚谊熙　何　扬

区城市管理局（原区市政园林管理局）

局　　长：龚小平
副 局 长：任小平　彭朝辉　黎　勇
区城管执法局局长：龚小平（兼，补遗：2017 年 12 月任）
副局长：唐　枫（兼，补遗：2017 年 12 月任）
王　东（兼，补遗：2017 年 12 月任）

区水务局

局　　长：王　涛
副 局 长：胡　勇（挂职）　陈松涛
冉华山
左　虹（女，2018 年 4 月任）
原纪委书记：杨俊淑（女，区第三巡察组组长，2018 年 3 月离任）
区纪委驻区水务局纪检组组长：
邓　文（女，2018 年 7 月离任）
区水务投资建管中心主任：胡　勇
副主任：左　虹（女，2018 年 4 月离任）　李军毅
水务开发投资有限公司总经理：胡　勇
副总经理：李军毅

区农业委员会

主　　任：黄广荣
副 主 任：樊学武　阳　兰（女）
徐　冰（女）
区纪委驻区农业委员会纪检组组长：
姚　君（女，2018 年 7 月离任）
区纪委监委驻区农业委员会纪检监察组组长：
姚　君（女，2018 年 7 月任）
区纪委监委驻区农业委员会纪检监察组副组长：
李　平（2018 年 7 月任）
区农业执法队队长：郑永红
区农业技术科研服务中心主任：吴雷波

区商务局

局　　长：刘兴波
副 局 长：黄茂盛　余云清　韩忠东
原纪检组长：胡志淑（女，区第一巡察组成员，2018 年 3 月离任）

区文化委员会（区体育局）

主任、局长：蒋中尧
副主任、副局长：袁国宁　程凤光
张秀兰（女）
文化市场行政执法支队支队长：李　勇

区卫生和计划生育委员会

党委书记：黄　伟
主　　任：谭静波
专职副书记：何斗锡
副 主 任：罗　强　冯胜梅（女）
区爱国卫生运动委员会办公室主任：刘江鹏
区纪委驻区卫生和计划生育委员会纪检组组长：
姚雪玲（女，2018 年 7 月离任）
区纪委监委驻区卫生和计划生育委员会纪检监

察组组长：税诗凯（2018 年 7 月任）

区审计局

局　　长：聂华甫
副 局 长：黄忠勇　李　敏（女）
　　　　　舒　畅（女，2018 年 7 月离任）
纪检组长：陈湧健
区经济责任审计工作联席会议办公室主任：
　　　　　邱建斌

区移民局

局　　长：刘祥云
副 局 长：陈志刚　张　余（女）　邓雪峰
　　　　　何家军（挂职）

区安全生产监督管理局

局　　长：华一兵（兼区煤管局局长，2018 年 5 月离任区煤管局局长）
副 局 长：余晓明（补遗：2007 年 10 月兼区煤管局副局长，2018 年 5 月离任区煤管局副局长）
　　　　　程洪平　王　旭（女）

区统计局

局　　长：张　灿（2018 年 7 月离任）
　　　　　程　康（2018 年 7 月任）
副 局 长：余光表　徐胜利　向　祝

区旅游局

局　　长：张春兰（女）
副 局 长：陶　颖（女）　陈　渝（土家族）
原纪检组长：吕广文（2018 年 3 月离任）

区林业局

局　　长：但小平
副 局 长：高智伟　陈大强　张恩勤
区纪委驻区林业局纪检组组长：
　　　　　杨春蓉（女，2018 年 7 月离任）

区档案局

局　　长：操中亚
副 局 长：邓　健（女）　张云川

原纪检组长：张国慧（女，区第三巡察组成员，2018 年 3 月离任）

区供销合作社联合社

主　　任：车晓琴（女）
副 主 任：向　军　叶明昌　陈治全
原副主任：王　彬（区第一巡察组组长，2018 年 3 月离任）

区民族宗教事务局

局　　长：董瑞芳（女）
副 局 长：黄晓庆

区投资促进局

局　　长：程　康（2018 年 7 月离任）
副 局 长：黄广木　张溪桥（女）　高小平

区行政服务中心管理办公室

主　　任：伍文波
副 主 任：刘维红（女）　杨俊勇

区机关事务管理局

局　　长：赵永旗（兼任区接待办公室主任、区政府采购中心主任）
副 局 长：江小平　江翊萍（女）

区畜牧兽医局

局　　长：陈代禹
副 局 长：余福龙　刘盛春　刘海平

长寿湖风景名胜区

党工委书记：左永祥（兼，2018 年 12 月离任）
党工委副书记：唐贤明
管委会主任：唐贤明
管委会副主任：张　勇（苗族）
　　　　　　　陈　路（挂职）

长寿工业园区（街镇工业走廊管委会）

党工委书记：蒋牧宸（兼，2018 年 12 月离任）
党工委常务副书记：卓大林（兼）
党工委副书记：孙廷胜　刘　瑛（女）
管委会常务副主任：孙廷胜（挂职）

管委会副主任：刘　瑛（女，挂职）
张古灵（挂职）
邓　珊（女，挂职）
王　东（挂职）

区现代农业园区管委会

区城乡统筹发展中心党组书记：汤晓强（兼）
区城乡统筹发展中心党组副书记：
黄广荣（挂职）
主　　任：黄广荣（兼）
副 主 任：王小瑜　张　斌
胡继均（2018 年 4 月任）

区公共民生工程建管服务中心

党组书记：李　松（兼）
副 主 任：胡　云　黄亚微（女）

区城市开发管理服务中心

党组书记：张明万（兼）
党组副书记：蔡书明
主　　任：蔡书明
副 主 任：李西彬

区商贸物流建设管理中心

党组书记：宋　平（兼）
党组副书记：罗　立　龚　均
主　　任：罗　立
副 主 任：龚　均　陆传彪

重庆市长寿生态旅业开发有限公司

董事长、总经理：陈　路
监 事 长：周　建
副总经理：杨俊伟　江朝柱　黄　勇

重庆市长寿区城市开发投资（集团）有限公司

董 事 长：杨福仁
总 经 理：陈碧容（女）
副总经理：张　飞　李西彬（挂职）

重庆市长寿区城乡统筹开发（集团）有限公司

董事长、总经理：孔　涛
监 事 长：王　强
副总经理：宗华东

重庆乐至置业发展有限公司（公共民生工程公司）

董事长、总经理：陈忠平
监 事 长：孔　奎
副总经理：薛咏涛　黄亚微（女）
胡　云（挂职）

重庆市长寿区商贸物流中心开发投资有限责任公司

董事长、总经理：郑　策
监 事 长：但唐勇
副总经理：吕零平　晏　丽（女）

重庆盈地实业有限公司（街镇工业发展有限公司）

董 事 长：孙廷胜
总 经 理：刘　瑛（女）
监事会主席：王　强（兼，2018 年 1 月任，10 月离任）
樊广义（2018 年 10 月任）
副总经理：张古灵　邓　珊（女）　王　东

区土地房屋征收安置办公室

主　　任：王如雪
副 主 任：余夕成　张建中　陈代学

区土地储备中心

主　　任：王国清
副 主 任：吕　云

政协重庆市长寿区委员会主席、副主席、秘书长名录

主　　席：张　华
副 主 席：付　恺　李彬旭　王永全　邓有国
江　涛（兼）　陈志洪　陈　红（女）
秘 书 长：杨华林

政协重庆市长寿区委员会副秘书长、机关工作机构负责人名录

副秘书长（兼）：罗建平
张　剑（2018 年 1 月任）
吕兴建　罗德明　杨　莉（女）

程　庸　宦仕发　韩建宏

办公室

主　任：孔庆春

副主任：许孟雯（女）　韩　峰

学习文史委员会

主　任：林家义

副主任：韩　静（女）

副主任（兼）：陈小平　叶绍举　杨　渝

余国斌　李永明

提案委员会

主　任：龚成才

副主任：石　静（女）

副主任（兼）：罗建平　李晓裕（女）

况敬蓉（女）

经济委员会

主　任：张腊全

副主任：罗雪松

副主任（兼）：张古灵　黄广荣　彭长龙

李发平　毛大金

社会法制委员会

主　任：舒　鸿

副主任：刘　洪（女）

副主任（兼）：韩建宏　邓明成

熊尧艺（女）　张满丽（女）

社会事务委员会

主　任：李健康

副主任：夏郡伯

副主任（兼）：任世于　何斗锡

孟　翱（女）　杨胜中　叶　静（女）

城建环保委员会

主　任：张国清

副主任：张　伟

副主任（兼）：彭　涛　王世平

吴忠刚（2018年9月离任）

委员联络委员会

主　任：向　表（2018年9月离任）

副主任：李华锋

副主任（兼）：陈　睿（女）　唐红伟

政协重庆市长寿区委员会委员联络组负责人名录

菩提片区联络组

组　长：李超平（女，补遗：2017年3月任）

副组长：郭水英（女）　黄油华（女）

杨建军

渡舟片区联络组

组　长：黄　颖（女）

副组长：徐向阳　叶炳轩　陈　辉

八颗片区联络组

组　长：唐远鸿

副组长：甘　彦（女）　甘　松　陶　然

长寿湖片区联络组

组　长：勾洪文

副组长：王　千（女）　刘　科　程建军

云台片区联络组

组　长：王仁科

副组长：陈　影（女）　陈雪容（女）

长寿经济技术开发区管理委员会主任、副主任名录

主　任：巴川江（蒙古族）

副主任：肖庆华　冉　洪　涂山全

长寿经济技术开发区管委会内设机构负责人名录

办公室

主　任：张小明

副主任：李发平　周　强

经济发展局

局　长：余河海

副局长：周莉萍（女，2018年12月离任）

建设管理局

局　长：代柏林

副局长：王益兵

经济运行局

局　长：陈　列

副局长：曹友树

环境保护局

局　长：唐雅江

副局长：熊　彬

安全生产监督管理局

局　长：杨　勇

副局长：兰　鹰（2018 年 5 月离任）

宋　杨（2018 年 11 月任）

应急管理中心

主　任：王廷勇

副主任：何世林　肖书东

财务局

局　长：陈小钢（2018 年 4 月任）

副局长：陈小钢（2018 年 4 月离任）

王　林

土地保障中心

主　任：叶　毅

副主任：陈　跃　蒋　轩

创新服务中心

主　任：周莉萍（女，2018 年 12 月任）

副主任：黄立轩（2018 年 8 月任）

团工委

书　记：李发平

副书记：吴　瑜（女）

集团公司

董事长：董泽明

副总经理：向红深　张玉书　陶伯林　胡　军

中共重庆市长寿区纪律检查委员会书记、副书记、常委名录

书　记：谭　伟

常务副书记：黄述明（2018 年 1 月任）

副书记：黄述明（2018 年 1 月离任）

但晓琴（女）　余　建

常　委：唐红伟　周应林　冯　渝

樊晓君　杨　刚

重庆市长寿区监察委员会主任、副主任、委员名录

主　任：谭　伟（2018 年 1 月任）

副主任：黄述明（2018 年 1 月任）

但晓琴（女，2018 年 1 月任）

余　建（2018 年 1 月任）

委　员：唐红伟（2018 年 1 月任）

周应林（2018 年 1 月任）

冯　渝（2018 年 1 月任）

张　刚（2018 年 12 月任）

中共重庆市长寿区纪检监察机关工作机构负责人名录

办公室主任：韩　靖

组织部部长：程　莉（女）

宣传部部长：任元元（2018 年 2 月任，7 月离任）

江　彤（2018 年 7 月任）

法规研究室主任：任元元（2018 年 7 月任，12 月离任）

党风政风监督室（区政府纠正部门行业不正之风办公室）主任：

任元元（2018 年 12 月任）

信访室主任：余东升

案件监督管理室主任：

张　林（2018 年 12 月离任）

第一纪检监察室主任：骆　驰（2018 年 2 月任）

第二纪检监察室主任：黎　云

第三纪检监察室主任：伍　斌（2018 年 2 月任）

第四纪检监察室主任：丁　鹄（2018 年 2 月任）

案件审理室主任：张　刚

纪检监察干部督察室主任：

李　川（女，2018 年 7 月任）

重庆市长寿区人民法院、人民检察院领导人名录

重庆市长寿区人民法院

党组书记、院长：柳德新（2018 年 7 月离任）
谭　卫（2018 年 7 月任党组书记，9 月任代理院长）
副 院 长：王义尧　余正华　殷俊勇
政治处主任：余声文
纪检组长：殷　俊
执行局局长：王俊义
政委：谢　葵
审委会专职委员：徐　静（女）　赵　蓉（女）　罗淑芳（女）
党组成员：邹　伟（2018 年 7 月离任）

重庆市长寿区人民检察院

党组书记、检察长：
梁经顺（2018 年 12 月离任）
陈　康（2018 年 12 月任党组书记）
副检察长：周　红　袁　刚（2018 年 8 月离任）
王　康（兼）　但　愉（女）
政治处主任：江　瑛（女）
纪检组长：丁　涛
职侦局局长：王　康
政委：龚文彬（2017 年 9 月离任）
检委会专职委员：韩为民　代　鹏　陈万堂
祖小彬

重庆市长寿区民主党派、工商联领导人名录

民革长寿区委

主　　委：王永全
副 主 委：罗德明（专职）　谭静波（兼）
郭　蓉（女，兼）
朱　玲（女，兼）

民进长寿区委

主　　委：霍家勤（女）
副 主 委：吕兴建（专职）　鲁自力（兼）
邓雪峰（兼）　李　佳（女，兼）

农工党长寿区委

主　　委：孔庆明
副 主 委：张昌红（女）　徐　冰（女，兼）
周　兵（兼）　张古灵（兼）
杨　莉（女，专职）

九三学社长寿区委

主　　委：陈　红（女）
副 主 委：程　庸（专职）　陈正江（兼）
董长明（兼）　李春华（兼）

区工商业联合会（总商会）

主席（会长）：江　涛
党组书记：韩建宏
副主席（副会长）：韩建宏
张中华（补遗：2017 年 3 月任）
蒋　玲（女）
秘 书 长：蒋　玲（女）

重庆市长寿区群众团体领导人名录

区总工会

主　　席：李吉华（兼）
常务副主席：陈显明
副 主 席：邓明成　廖　霞（女）

共青团长寿区委

书　　记：周　剑
副 书 记：熊芫艺（女）　万　阳

区妇女联合会

主　　席：罗小玲（女）
副 主 席：张满丽（女）　雷斯雅（女）

区科学技术协会

主　　席：周俊屏
副 主 席：黄国文　余国斌

区归侨侨眷联合会

主　　席：廖传荣（女）
副 主 席：黄小明（补遗：2017 年 5 月任）
副主席（兼）：顾　敏　余　舸　熊　群
李晓明　徐开泰　余正华

范治明　汪　园（女）
湛秀英（女）　任　凌

区残疾人联合会

理 事 长：孟　翱（女）
副理事长：熊中志　陈　键

区社会科学界联合会

主　　席：文平林（2018 年 1 月离任）
李元凯（2018 年 1 月任）
副 主 席：李国辉（2018 年 1 月离任）
邓　军　蒋中尧　游　江

区文学艺术界联合会

主　　席：蒋中尧
专职副主席：雷丽群（女）

区法学会

会　　长：周隆海（2018 年 1 月离任）
王身高（2018 年 1 月任）
常务副会长：张　兵（兼）
秘 书 长：张　兵（兼）
副会长（兼）：周　红　王义尧
徐鲜华（2018 年 1 月离任）
戴家强　湛秀英（女）
邹楚蕾（女）
文应船（2018 年 1 月任）

重庆市长寿区镇（街道）领导人名录

菩提街道

党工委书记：陈　勇
办事处主任：任明全
人大工委主任：袁长青
专职副书记：杨　玲（女）
人大工委副主任：杨　玲（女，兼）
纪工委书记：周　勇
政法书记：李泉勇
武装部长：戴远贵
办事处副主任：黄长丰　傅军化　戴远贵
叶建彬
组织委员：杨　一（女，2018 年 3 月离任）
孔　轶（2018 年 3 月任）
宣传委员：李超平（女）
统战委员：李超平（女）

凤城街道

党工委书记：邓永春
办事处主任：向长生
人大工委主任：聂小平
专职副书记：刘海容（女）
人大工委副主任：马　勇（兼）
纪工委书记：李泽碧（女）
政法书记：操晓彬
武装部长：操展跃
办事处副主任：阳年志　杨　柳　操展跃
杨运全
组织委员：马　勇
宣传委员：郭水英（女）
统战委员：郭水英（女）

晏家街道

党工委书记：梁德志（2018 年 10 月离任）
张　涛（2018 年 10 月任）
办事处主任：王　宣
人大工委主任：杨　勇
专职副书记：吴　平
人大工委副主任：刘江红（女，兼）
纪工委书记：但文胜
政法书记：付家利
武装部长：王　平
办事处副主任：王　平　王　斌　廖明胜
罗　耀（2018 年 4 月任）
组织委员：刘江红（女）
宣传委员：黄油华（女）
统战委员：黄油华（女）

江南街道

党工委书记：余　罡
办事处主任：傅家成
人大工委主任：文定全
专职副书记：邹红梅（女）
人大工委副主任：邹　涛（兼）
纪工委书记：张轶彭
政法书记：李银元（2018 年 6 月离任）

周　琳（2018 年 8 月任）
武装部长：吴诗华
办事处副主任：雷光东　周建伟　吴诗华
李小凤（女）
组织委员：邹　涛
宣传委员：杨建军
统战委员：杨建军

渡舟街道

党工委书记：罗方全
办事处主任：张自力
人大工委主任：洪　勇
专职副书记：杨　一（女，2018 年 3 月任）
人大工委副主任：黄　勇（兼）
纪工委书记：李文秀（女）
政法书记：余明木
武装部长：王兴荣
办事处副主任：陈有苗　王兴荣　段小刚
王平贵
组织委员：黄　勇
宣传委员：黄　颖（女）
统战委员：黄　颖（女）

新市街道

党工委书记：韦本能
办事处主任：李健康
人大工委主任：白腊泉
专职副书记：马志强
人大工委副主任：徐向阳（兼）
纪工委书记：向　青（女）
政法书记：廖柏树
武装部长：樊桥梁
办事处副主任：樊桥梁　叶立军　黄忠诚
邹世明
组织委员：周　昕（女）
宣传委员：徐向阳
统战委员：徐向阳

八颗街道

党工委书记：袁轲七
办事处主任：刘洪英（女）
人大工委主任：黄洪飞
专职副书记：罗万川
人大工委副主任：唐远鸿（兼）
纪工委书记：袁　方（女）
政法书记：刘作诗
武装部长：周泽渊
办事处副主任：周泽渊　李金荣　袁　健
杨　寒（2018 年 4 月任）
组织委员：白　兵
宣传委员：唐远鸿
统战委员：唐远鸿

长寿湖镇

党委书记：刘　明
镇　　长：叶海涛
人大主席：邓亚林
人大副主席：郑　颖（女，兼）
纪委书记：赵雪峰
政法书记：张志强
武装部长：李家明
副 镇 长：王福明　李家明　胥宏亮
黄学梅（女）
组织委员：郑　颖（女）
宣传委员：勾洪文
统战委员：勾洪文

云台镇

党委书记：陶进文（2018 年 12 月离任）
镇　　长：高　波
人大主席：陈显华
专职副书记：余振勇
人大副主席：伍锋林（兼）
纪委书记：夏心明
政法书记：陈　华
武装部长：高　峰
副 镇 长：江凤梅（女）　江小洪　高　峰
高　强
组织委员：伍锋林
宣传委员：王仁科
统战委员：王仁科

葛兰镇

党委书记：刘　勇

镇　　长：张麒麟
人大主席：王　伟
专职副书记：程伯超
人大副主席：王　涛（女，兼）
纪委书记：彭继坎
政法书记：刘建平
武装部长：余和平
副 镇 长：王丽萍（女）　孙宏斌　余和平
焦跃彬
组织委员：王　涛（女）
宣传委员：甘　彦（女）
统战委员：甘　彦（女）

但渡镇

党委书记：张冬芬（女）
镇　　长：陈　红
人大主席：夏　阳
专职副书记：李文宪（女）
人大副主席：孔　铁（兼，2018 年 3 月离任）
纪委书记：刘　箭
武装部长：张　平
政法书记：廖仿志
副 镇 长：张　平　廖仿志　胡瑞清
组织委员：孔　铁（2018 年 3 月离任）
张　刚（2018 年 3 月任）
宣传委员：叶炳轩
统战委员：叶炳轩

邻封镇

党委书记：李智勇
镇　　长：张常宝
人大主席：喻可君（女）
专职副书记：黄发中
人大副主席：张雪彬（兼）
纪委书记：胡韩霞（女）
政法书记：雷现平
武装部长：彭　渝
副 镇 长：雷现平　彭　渝　石坤君
组织委员：张雪彬
宣传委员：陈　辉
统战委员：陈　辉

云集镇

党委书记：刘伦科
镇　　长：雷现强
人大主席：马绍全
专职副书记：廖昆明
人大副主席：陈华强（兼）
纪委书记：孙　静
政法书记：车选科
武装部长：车选科
副 镇 长：勾晓勇　车选科　张碧英（女）
组织委员：陈华强
宣传委员：王　千（女）
统战委员：王　千（女）

双龙镇

党委书记：张光勇
镇　　长：叶俊英（女）
人大主席：邓建国
专职副书记：陶治国
人大专职副主席：徐　斌
纪委书记：郑小林
政法书记：江　洞
武装部长：王　伟
副 镇 长：王　伟　张青彦　郑　雪（女）
组织委员：张凤青
宣传委员：刘　科
统战委员：刘　科

龙河镇

党委书记：邹翔名（2018 年 10 月任）
镇　　长：邹翔名（2018 年 11 月离任）
张　忠（2018 年 11 月任）
人大主席：张　忠（2018 年 11 月离任）
沈洪英（女，2018 年 11 月任）
党委副书记：樊广义（2018 年 10 月离任）
专职副书记：沈洪英（女，2018 年 10 月离任）
蒋　川（2018 年 10 月任）
人大专职副主席：刘成福
纪委书记：祝明合
政法书记：车　念（2018 年 11 月离任）
程光术（2018 年 11 月任）
武装部长：车　念（2018 年 12 月任）

副 镇 长：车　念（2018 年 11 月任）
罗　利（女）　李　英（女）
组织委员：徐　嘉
宣传委员：程建军
统战委员：程建军

海棠镇

党委书记：黎维新
镇　　长：刘伯胜
人大主席：李　迅
专职副书记：袁永生
人大副主席：黄　林（兼）
纪委书记：夏白川
政法书记：章　静
武装部长：殷家斌
副 镇 长：殷家斌　章　静　操千秋（女）
组织委员：黄　林
宣传委员：陈　影（女）
统战委员：陈　影（女）

石堰镇

党委书记：张　涛（2018 年 10 月离任）
镇　　长：汪升平
人大主席：黄　媛
专职副书记：唐慧芳（女）
人大专职副主席：刘政林
纪委书记：余淑碧（女）
政法书记：甘立勇
武装部长：余超航
副 镇 长：王　剑　余超航　陈忠云
组织委员：康　彪
宣传委员：陈雪容（女）
统战委员：陈雪容（女）

洪湖镇

党委书记：殷道川
镇　　长：魏　伟
人大主席：熊道富
专职副书记：席光勇
人大副主席：黄　帮（兼）
纪委书记：危　勇
政法书记：程光术（2018 年 10 月离任）
武装部长：周其明
副 镇 长：程光术（2018 年 10 月离任）
周其明　高雪莲（女）
组织委员：黄　帮
宣传委员：甘　松
统战委员：甘　松

万顺镇

党委书记：余代中
镇　　长：苏　勇
人大主席：吴国全
专职副书记：潘正庆
人大副主席：刘俊材（兼）
纪委书记：操良超
政法书记：杨普顺
武装部长：杨普顺
副 镇 长：殷道学　杨普顺　张建美（女）
组织委员：刘俊材
宣传委员：陶　然
统战委员：陶　然

（备注：关于干部职级以正式文件为准）

中央市属在长寿部门单位领导人名录

重庆市凤城监狱

党委书记、监狱长：王智慧
党委副书记、政委：杨光权
纪委书记：吴志勇
副监狱长（长宁工贸有限公司总经理）：李泽明
副监狱长：李永贵（2018 年 11 月离任）
张祥彬　唐洪毅
政治处主任：刘　洋（女）
长宁工贸有限公司副总经理：雷　伟　罗明松

中国石化集团重庆川维化工公司

执行董事、总经理、党委副书记：许　毅
党委书记、副总经理：严　红
党委副书记、纪委书记、工会主席、监事：
赵　寰
副总经理：袁代红
总会计师：康太全

扬子江乙酰化工有限公司

总 经 理：黄　远

副总经理：罗海宁

国网重庆市电力公司长寿供电分公司

总经理、党委副书记：丰 强

党委书记、副总经理：

李洪扬（2018 年 5 月离任）

匡红刚（2018 年 7 月任）

副总经理：田　勇

杨文蓉（文，2018 年 7 月离任）

杨雪松　张　航（2018 年 9 月任）

纪委书记、工会主席：李卫平

副总经理、总工程师：

肖　辉（2018 年 9 月离任）

易鹏飞（总工程师，2018 年 7 月任）

重庆长风化学工业有限公司

董事长、党委书记、总经理：周卫平

副总经理、总工程师：周树新

监事会主席、党委副书记、纪委书记、工会主席：张贵谦

副总经理：王　征　张光兵　唐　勇　杨振宁

国家电投集团重庆狮子滩发电有限公司

执行董事兼总经理：岳宗科

党委书记：张君生

纪委书记、工会主席：

张君生（2018 年 6 月离任）

李其昌（2018 年 6 月任）

副总经理、财务总监：刘　强

副总经理：邱存兵（2018 年 6 月离任）

邢建模

重庆长航川江船业有限公司

党总支书记、执行董事、总经理：

杨　强（2018 年 2 月任）

副总经理、安全副总监：

刘志凯（2018 年 2 月任）

副总经理：向先彬（2018 年 2 月任）

工会主席：张德明（2018 年 2 月任）

西南油气田分公司重庆气矿长寿天然气运销部

经理、党委副书记：马代强

党委书记：李建川

副 经 理：车常飞　熊东宁

任茂平（2018 年 2 月任）

副 书 记：高朝举（2018 年 2 月任）

重庆凯源石油天然气有限责任公司长寿分公司

经理、副书记：马世权

书记、副经理、工会主席：张　伟

副 经 理：冉　林　刘　勇

吴德才（2018 年 10 月离任）

崔旭东（2018 年 10 月任）

中国化学工程第七建设有限公司重庆分公司

党委书记、经理：袁向东

副经理、工会主席、纪委书记：段　波（女）

副 经 理：韩明旭 何小兵

重庆化工码头有限公司

党委书记、执行董事、总经理：孙　勇

党委副书记、纪委书记、工会主席：宋　伟

副 经 理：詹冠寿　吴立方　霍彰忠　秦　宇

重庆渝长燃气自来水有限责任公司

执行董事、党委书记：李　明

总经理、党委副书记：

彭定川（2018 年 1 月离任）

廖　强（2018 年 1 月任）

副总经理：陈德全

副总经理、安全总监：李兆吉

党委副书记、纪委书记、工会主席：宣　见

重百长寿商场

总 经 理：傅　勇

副总经理：王秋兰（女）　陈　竹

重庆商社新世纪百货长寿商都

总 经 理：傅　勇

副总经理：王秋兰（女）　陈　竹

重庆市汽车运输（集团）有限责任公司六分公司

党总支书记（兼经理）：张　雪（2018年3月任，11月离任）
党总支副书记（兼副经理）：聂　凤（女，2018年3月离任）
曾勇念（2018年11月任）
副 经 理：叶　云　李　全　苏健伟
经理助理：马　江　程　林（2018年12月任）

重庆市汽车运输集团长寿公共交通有限公司
执行董事、经理：
聂　凤（女，2018年3月离任）
张　雪（补遗：2017年4月任，2018年10月离任）
曾勇念（2018年11月任）
副 经 理：高万辉

重庆市长寿区凤城公共交通有限公司
董 事 长：叶　云（2018年3月离任）
苏健伟（2018年3月任）
副董事长：曾维国　叶　云（2018年3月离任）
总 经 理：李伟红（2018年3月任）
副 经 理：杨贵兵　阳建平（2018年3月离任）

中国邮政集团公司重庆市长寿区分公司
党总支书记、总经理：韦先兵
副总经理、工会主席：
张　强（2018年12月离任）
夏　曦（2018年12月任）
副总经理：杨　文（2018年9月任）

中国电信股份有限公司长寿分公司
总 经 理：孙伟山（2018年9月离任）
石　昂（2018年9月任）
副总经理：敬　钰　张中萍　龚　璞　姜　纯

中国移动通信集团重庆有限公司长寿分公司
总 经 理：费文华
副总经理：苟卫民（2018年12月任）
总经理助理：常鸣（补遗：2017年2月任）

中国联合网络通信有限公司重庆市长寿区分公司
总 经 理：唐世友
副总经理：周　伟

重庆市住房公积金管理中心长寿区分中心
副主任（主持工作）：敬　行（女）

中国人民银行长寿中心支行
行　　长：郭　力
副 行 长：左　鹏　何先哺
纪委书记：黄宪荣
工会主任：吕　军

中国农业发展银行重庆市长寿区支行
行　　长：游　云（2018年10月离任）
魏祥飞（2018年10月任）
副 行 长：张必逾（2018年10月任）
彭翰林

中国工商银行股份有限公司重庆长寿支行
行　　长：胡显明
纪委书记：罗兴国
副 行 长：杨　斌　严子清（2018年4月离任）

中国农业银行股份有限公司重庆长寿支行
党委书记、行长：任　容
副行长、纪委书记：罗　军（2018年1月离任）
纪委书记：舒光明（2018年1月任）
副 行 长：覃　波　廖　骏

中国建设银行股份有限公司重庆长寿支行
行　　长：杨　东
副 行 长：唐　宏　王小波
高级风险经理：王强升

中国银行股份有限公司重庆长寿支行
行　　长：夏黎露
副 行 长：程建波　廖志勇
王　尧（于2018年7月离任）

重庆农村商业银行长寿支行
行　　长：赵国忠
副 行 长：唐　平（2018年9月离任）
李克波（2018年9月任）

郎　均（2018 年 9 月任）

重庆银行长寿支行

党支部书记、行长：殷　斌

副 行 长：刘锦波（2018 年 2 月离任）

罗　展（2018 年 2 月离任）

杨升达（2018 年 2 月离任）

袁　强（2018 年 2 月任）

行长助理：周随峰（2018 年 8 月任）

中国邮政储蓄银行重庆长寿区支行

行　　长：黄淑娟（女，2018 年 10 月离任）

副 行 长：马旭升（2018 年 10 月主持工作）

招商银行股份有限公司重庆长寿支行

行　　长：吴小敏（女，2018 年 2 月离任）

吴　亮（2018 年 2 月任）

行长助理：张世韬

上海浦东发展银行股份有限公司重庆长寿支行

行　　长：李康明

副 行 长：刘小军

中国人民财产保险股份有限公司重庆市长寿支公司

总经理：李　林

天安财产保险股份有限公司重庆市长寿支公司

总经理（主持工作）：袁美容

中国平安财产保险股份有限公司重庆市长寿支公司

总 经 理：彭　勃（补遗：2017 年 8 月任）

副总经理：袁　平　丁祖飞（2018 年 7 月任）

中国人寿保险股份有限公司重庆市长寿区支公司

总 经 理：霍　春

副总经理：余中文　龙　宇（女）

程睿祥（2018 年 11 月任）

总经理助理：程睿祥（2018 年 11 月离任）

中国平安人寿保险股份有限公司重庆市长寿支公司

经　理：王拴牢

重庆市长寿区国家税务局

副 局 长（主持工作）：

张　尧（2018 年 6 月离任）

副 局 长：刘德荣（2018 年 6 月离任）

熊　群（2018 年 6 月离任）

刘　澜（2018 年 6 月离任）

纪检组长：杨　彦（女，2018 年 6 月离任）

总经济师：傅伟峰（2018 年 6 月离任）

总会计师：徐盛航（2018 年 6 月离任）

重庆市长寿区地方税务局

局　　长：叶　茂（2018 年 6 月离任）

副 局 长：黄　平（2018 年 6 月离任）

张小文（2018 年 6 月离任）

罗　旋（2018 年 6 月离任）

纪检组长：黄荣明（2018 年 6 月离任）

局长助理：曾　晶（女，2018 年 5 月离任）

国家税务总局重庆市长寿区税务局

联合党委书记、局长：

叶　茂（2018 年 6 月任，9 月离任）

联合党委副书记、副局长：张　尧（2018 年 6 月任，9 月离任）

联合党委委员、副局长：刘德荣（2018 年 6 月任，9 月离任）

黄　平（2018 年 6 月任，9 月离任）

张小文（2018 年 6 月任，9 月离任）

熊　群（2018 年 6 月任，9 月离任）

刘　澜（2018 年 6 月任，9 月离任）

黄荣明（2018 年 6 月任，9 月离任）

罗　旋（2018 年 6 月任，9 月离任）

联合党委委员、纪检组长：杨　彦（女，2018 年 6 月任，9 月离任）

联合党委委员、总会计师：徐盛航（2018 年 6 月任，9 月离任）

联合党委委员、总经济师：傅伟峰（2018 年 6 月任，9 月离任）

国家税务总局重庆市长寿区税务局

党委书记、局 长：叶　茂（2018 年 9 月任）

党委副书记、副局长：张　尧（2018 年 9 月任）

党委委员、副局长：刘德荣（2018 年 9 月任）

黄　平（2018 年 9 月任）
熊　群（2018 年 9 月任）
刘　澜（2018 年 9 月任）
黄荣明（2018 年 9 月任）
罗　旋（2018 年 9 月任）
党委委员、纪检组长：
杨　彦（女，2018 年 9 月任）
党委委员、总会计师：徐盛航（2018 年 9 月任）
党委委员、总经济师：
傅伟峰（2018 年 9 月任）

重庆市工商行政管理局长寿区分局

党组书记、局长：黄金平
副 局 长：祖能武　王　平　毛大金　陈绍中
纪检组长：黄　蓉（女）

重庆市长寿区质量技术监督局

党组书记、局长：刘德明
副 局 长：张轩明　高　忠
副局长、纪检组长：雷现用

重庆市食品药品监督管理局长寿区分局

局　　长：戴俊明（2018 年 1 月离任）
莫元明（2018 年 1 月任）
副 局 长：谭晵覃　杨　涛
刘　宁（2018 年 5 月任）
纪检组组长：余　科

重庆市长寿区烟草专卖局、中国烟草总公司重庆市公司长寿分公司

党组书记、局长、经理：
刘　晗（2018 年 11 月离任）
杨万长（2018 年 11 月任）
副经理、党组纪检组长：
窦远奎（2018 年 12 月离任）
副 局 长：李宏岩（2018 年 4 月离任）
副 经 理：李　砚（2018 年 12 月任）

重庆市盐业（集团）有限公司长寿分公司

经　　理：郑光华
副 经 理：刘哲豪

重庆市长寿区气象局

党组书记、局长：田凤国
副 局 长：饶德华　徐进明（兼纪检组长）

长寿各场（镇）名的由来

凤城：因境内桃花溪和西岩观小溪纵向切割，凤山矗立其后，形如飞凤而得名。也有小山城之称。

长寿湖：1953 年，新中国的第一个五年计划在县境内的龙溪河上建梯级发电站，拦河坝筑成后形成湖泊——长寿湖，因湖得名。

葛兰：是县境内古驿道的驿站之一。清代有葛、兰两姓在背兜寺旁共同修建一座石平桥，得名葛兰桥，故名葛兰。

扇沱：清乾隆年间，境内芝麻坪形成的集市，因处于长江南岸的扇背沱处，故称扇沱。

晏家：清顺治元年，晏姓人氏在境内设店，逐渐形成集市，故名晏家场，以场得名。

沙溪：因清代在沙溪河畔建场，故名沙溪。是省内入县的第一个驿站，也叫新沙乡。

十字：因地处垫江至重庆，长寿至江北的大道交叉处，故取名十字。

古佛：明代万历年间，因其境内的庙宇大殿正中塑有一尊弥勒古佛造像，取名古佛寺。以寺得名。

邻封：清初，涪陵和长寿两县各建场于各自境内，仅一沟之隔。取“以邻为友，各自为政为封”之意，故名邻封。

但渡：清代，以但姓为首的人在龙溪河犁鸳沱附近渡口处建场，故名但渡。老场于 1957 年下硐电站扩建被淹没，迁至三宝石建场。

焦家：因境内焦姓居多，族人集资建场，故名焦家。曾名复兴场。

石回：原名石马场。1928 年以前归涪陵管。1953 年，因修建狮子滩发电厂，回龙寺等 3 个堡并入，故以石马、回龙两个地名各取一字，得名石回。

云集场：原名罗家庙，因明末罗姓家族建庙而得名。清光绪三十四年，以罗姓为首，在十大姓的支持下募资建场，远近商贾云集，后童生操秉璋将罗家庙改名为云集。

华中：原名罗家场。因乡境罗姓居多，以姓氏命名。民国十九年更名为华严镇，民国二十六年因中兴乡并入而改名为华中。

双龙：因场侧有石龟山、宋家寺山，山脊形如龙故名。明末，韩、栾、傅等姓在其境内两山余脉建场，因场中有一条小溪横流而过，犹如双龙饮水，故名双龙。

罗围：因建场于大罗山腰，场后为小罗山，地处大、小罗山之间，故名罗围。

合兴：清嘉庆年间，张、李、殷、陈四姓在此设店经商，取齐心合力、兴旺发达之意，取名合兴。

龙河：原叫双河场。1956 年狮子滩电厂建成，场被淹没，迁于徐家寺新建。徐家寺附近有一个寨子，叫龙河寨（清初，王姓在龙溪河岸的石岭上筑寨，取名龙河寨），故名龙河。

回龙：原属涪陵管辖，地处长寿和涪陵两县交界处，因人们都赶双龙场，十分不便，所以大家集资在本地建场，为了大家不赶双龙，取回龙（笼）赶场之意，定名回龙。

乐温：原名仁和乡。因系古乐温县治地，故更名乐温。

兴隆：明正德年间，余姓在此开店，生意兴隆，店逐渐发展为场，故取名兴隆。

黄葛：因其境内黄葛坪有黄葛树 56 株，最大的一株九枝朝天，喻为“九龙朝玉帝”，故得名黄葛。

石堰：因其场口一石坡形如燕，原名石燕场。后取积水成堰之意，改名为石堰。是古时驿道递铺之一。

云台：因清初商人苟云台在境内建房设栈，逐渐形成集市，故名云台。是古时驿道递铺之一。

海棠：原是驿站，称海棠铺。因其旁的山塘内种有莲藕，荷叶满塘，莲花盛开，景色俱佳，有“海塘（棠）莲花开，香风佛面来”之说而得名。

义和：清末建场名为意合。于 1961 年更名为义和。

新市：清代建集市于新家坪，民国 2 年迁苏家岭岗建集市，故名新市。

天台：因其境内麟潜山顶有高大石柱两座，石柱旁有一寺庙名旮旯寺。清末，一长寿知县到石柱上登高远望，四方景色尽收眼底，故将旮旯寺更名为天台寺。以寺得名。清光绪年间建场于葛兰、付何两场之间，又名中心场。

付何：清初，范、何二姓各修水井一口，供人们饮用。到清嘉庆末年建场时，人们饮水思源，故定名为范何场。嘉庆三年，达州农民军攻长寿，途经范何场，乡绅傅昌黎率团勇截击，双方搏杀，全军覆灭，死 336 人。由于傅家子弟占绝大部分，为纪念傅家，改名傅何。解放后简化字，将傅写成付，便有了付何。长寿 1995 年县志所写“讹传为付何”是不恰当的。

大坝：因建场处于山谷之间的一平坝子上，故取名大坝子场，后简称大坝。

梓潼：原名沙镇铺。是古驿道递铺之一，明清时有驿站。1896 年更名沙镇场，1931 年因场内有梓潼观，因而得名梓潼。在清末至民国以麻糖闻名，有句话叫“沙镇铺的麻糖”就是指梓潼的麻糖。

渡舟：清初，建了一座寺庙在桃花溪两岸，后为便利交通，设舟摆渡，取名渡舟。

太平：清中期建场，因距场内有太平寨、太平寺、太平桥，称“一里三太平”，故名太平。也叫三平。

复元：系唐永安县治地，古称阳关城。永安县废后修有永安寺，亦因年久而废，清同治年间修复寺庙，故称复元。

八颗：相传明万历年间，乡人在夜晚见颜氏烂坝处有珠光溢出，共有八颗。后来，大家就挖，结果掘出石佛多尊，故修建庙宇，取名八颗庙。以庙得名。是古驿道递铺之一。

永顺：因其地形似碾盘，名碾盘场。同治元年，府官张某晚年得独子，望子长寿，更名为永寿场，后讹传为永顺场。

万顺：清初建场设市，取万事顺遂之意，故定名万顺。

称沱：有“御临河中有一石，形如称砣”而得名的说法；有因其地形“像马蹄形秤砣，故名称沱”的说法。

芦池：该场原址在三合村。1906 年，清同治年间，陈、吴、周三姓修房设店，取三姓合建之意，故定名三合场。1966 年，三合乡迁于回龙湾新建，因境内有芦池坝，故名。

长寿区从六十年代中期起先后修建大中型工厂，人员密集，自发形成市场，人民政府订为百日场的有：

大营门：长寿化工厂门口，1960年有菜市，七十年代有肉市。

牌坊沟：川染厂从1965年建厂，该地设有商店、粮点、菜市、肉市。

长风：1967年长风化工厂建厂后，设有商店、粮点、菜市、肉市。

查家塆，喇叭口：因川维厂从1974年建厂，1985年7月朱家镇建立于此，该地逐渐形成市场。

江边：因四川驳船厂（川江船厂）从1970年12月建厂，逐渐形成市场。

檬子垭口：因西山茶场而逐渐形成市场。

大园门：因狮子滩长寿湖渔场而形成市场。1985年7月狮子滩镇建于此，市场更趋繁荣。

（来源于网络）

新中国成立初期长寿地区的童谣

又哭又笑，黄狗飚尿。鸡公打锣，鸭子吹号。

报告司令官，没得裤儿穿，扯了三尺布，缝根叉叉裤。

王婆婆，在卖茶，三个观音来吃茶。后花园，三匹马，两个童儿打一打，王婆婆，骂一骂，隔壁幺姑儿说闲话。

张打铁，李打铁，打把剪刀送姐姐。姐姐留我歇，我不歇，我要回切割燕麦。燕麦高头有条蛇，把我耳朵咬出血。我到山上去采药，耗子把我踢一脚；我到河边去洗手，乌龟把我拖起走。

天老爷，快下雨，保佑娃娃吃白米。

下雨了，打雷了，楼上的桶子打倒了。新疆姑娘回来了，骑着马，打着伞，后头跟着个毛脚杆。

推磨扬磨，推粑粑，请嘎嘎（ga）。推豆腐，请舅母，舅母不来，拿个轿子去抬，轿子一断，把舅母达个稀粑烂。

踩到我的脚，啷个说？送医院，巴膏药。啥子膏？牙膏。啥子牙？豆芽。啥子豆？豌豆，啥子豌？台湾。啥子台？抬你娃娃进棺材。

周扒皮，爱吃鸡，半夜三更来偷鸡。我们正在做游戏，一把抓住周扒皮。

李承晚，大坏蛋，坐起飞机丢炸弹，炸死人民千千万。

老婆婆，尖尖脚，汽车来了跑不脱，火车来了绊下河，河头有个鬼脑壳。

麻子麻得很，参加打日本；日本投了降，麻子得表扬；表扬得的多，麻子起窝窝；窝窝起得圆，麻子坐轮船；轮船一倒拐，麻子滚下海；海里螃蟹多，夹得麻子光窝窝。

从前有个地主，屙屎不开屁股；别个喊他站住，他说他是干部。

楼上的客，楼下的客，听我幺师来交涉：要屙屎，有草纸，不要撕我篾席子；要屙尿，有夜壶，不要在床上画地图；要放屁，有罐罐，不要在床上放闷烟；要起早，打招呼，滑竿儿送你上成都，上成都嘛上成都。

拉大锯，扯大锯，家婆门口有本戏，请个外孙来看戏，看个牛肉包子夹狗屁。

月亮月亮光光，芝麻地头烧香，烧死麻大姐，气死幺姑娘。

婆婆点灯，烧倒鼻子眼睛。姑娘姑娘不要哭，买个娃娃打鼓鼓。鼓鼓叫唤，买个灯盏；灯盏漏油，买个枕头；枕头开花，结个干妈；干妈脚小，气死癞疙宝。

胖娃儿胖嘟嘟，骑马上成都。成都又好耍，胖娃儿骑白马。白马跳得高，胖娃儿耍关刀。关刀要得圆，胖娃儿坐海船。海船倒过拐，胖娃儿绊下海。

折耳根，满坡生，我是外婆的好外孙。我走外婆门前过，外婆请我进屋坐。

太阳落了坡，羊儿过了河。背时老师紧倒不放学，吃了二两饭，点点大一坨。吃又吃不饱，睡又睡不着。半夜起来偷馒头，老师看到咯，给我两皮砣，老子明天要逃学！

房顶上的冬瓜两头滚，你喊老子去买粉。粉买来你不擦，你喊老子去买茶。茶买来你不喝，你喊老子去买锅。锅买来你不煮，你喊老子去买鼓。鼓买来你不敲，你喊老子去买刀。刀买来你不磨，你喊老子去买鹅。鹅买来你不喂，你喊老子去买柜。柜买来你不装，你喊老子去买枪。枪买来你不打，看你龟儿哈不哈。

（来源于网络）

索 引

索　引

说　明

一、本索引按主题词首字汉语拼音（同音字按声调）顺序排列，若首字拼音相同则按第二字音序排列，以此类推。索引主题词后的阿拉伯数字表示该主题内容所在页码。

二、本索引收录的是分目；条目、《综述》分目和《特载》《大事记》《文献》《统计资料》等部目的相关内容未做索引。

三、以数字开头的索引词集中放在末尾。

A

B

C

D

F

G

H

J

K

L

M

N

P

Q

R

S

T

W

X

Y

Z

2018 年 3 月，长寿湖郁金香节一瞥